《中国人民政治协商会议年鉴(2004)》

《中国人民政治协商会议年鉴(2004)》

中国人民政治协商会议

年　鉴

2004

人　民　出　版　社

中國人民政治協商會議會徽

EMBLEM OF THE CHINESE PEOPLE'S POLITICAL CONSULTATIVE CONFERENCE

全国政协举办新年茶话会

全国政协2004年新年茶话会。

2004年1月1日，胡锦涛、吴邦国、温家宝、贾庆林、曾庆红、黄菊、吴官正、李长春、罗干等党和国家领导人与各民主党派、人民团体和各族各界人士共庆新年。

中共中央总书记、国家主席、中央军委副主席胡锦涛在新年茶话会上发表重要讲话。

中共中央政治局常委、全国政协主席贾庆林主持全国政协新年茶话会。

全国工商联主席黄孟复代表各民主党派中央、全国工商联和无党派人士在新年茶话会上讲话。

中国人民政治协商会议第十届全国委员会

中国人民政治协商会议第十届全国委员会第二次会议会场。

2004年3月3日，贾庆林主席在全国政协十届二次会议上作常务委员会工作报告。

2004年3月3日，王忠禹副主席主持全国政协十届二次会议。

2004年3月3日，李蒙副主席在全国政协十届二次会议上作提案工作情况报告。

2004年3月4日，中共中央总书记、国家主席胡锦涛参加全国政协十届二次会议民建组、工商联组委员联组讨论会，听取委员们的意见和建议。

2004年3月4日，中共中央政治局常委、全国人大常委会委员长吴邦国参加全国政协十届二次会议无党派组委员讨论会，听取委员们的意见和建议。

2004年3月4日，中共中央政治局常委、国务院总理温家宝参加全国政协十届二次会议经济组、农业组委员联组讨论会，听取委员们的意见和建议。

2004年3月9日，中共中央政治局常委、全国政协主席贾庆林参加全国政协十届二次会议科协组、科技组委员联组讨论会，听取委员们的意见和建议。

2004年3月4日，中共中央政治局常委、国家副主席曾庆红参加全国政协十届二次会议农工组、九三组委员联组讨论会，听取委员们的意见和建议。

2004年3月4日，中共中央政治局常委、国务院副总理黄菊参加全国政协十届二次会议工会组、社会福利和社会保障组委员联组讨论会，听取委员们的意见和建议。

2004年3月4日，中共中央政治局常委、中央纪律检查委员会书记吴官正参加全国政协十届二次会议社科组委员讨论会，听取委员们的意见和建议。

2004年3月4日，中共中央政治局常委李长春参加全国政协十届二次会议新闻出版组、对外友好组委员联组讨论会，听取委员们的意见和建议。

2004年3月4日，中共中央政治局常委罗干参加全国政协十届二次会议体育组、教育组委员联组讨论会，听取委员们的意见和建议。

贾庆林主席访问韩国、奥地利、西班牙、葡萄牙(2004年8月至9月)

2004年8月27日，贾庆林主席会见韩国总统卢武铉。

2004年8月27日，贾庆林主席会见韩国国会议长金元基。

2004年9月1日，贾庆林主席会见奥地利联邦议会议长哈泽尔巴赫女士。

2004年9月1日，贾庆林主席会见奥地利国民议会议长科尔。

2004年9月2日，贾庆林主席会见奥地利总统菲舍尔。

2004年9月6日，贾庆林主席会见西班牙参议院议长罗霍。

2004年9月8日，贾庆林主席会见葡萄牙总统桑帕约。

2004年9月9日，贾庆林主席会见葡萄牙议长阿马拉尔。

庆祝人民政协成立55周年

2004年9月21日，首都各界人士庆祝中国人民政治协商会议成立55周年大会。

2004年9月22日，庆祝中国人民政治协商会议成立55周年座谈会。

2004年9月21日，中共中央总书记、国家主席、中央军委主席胡锦涛在庆祝中国人民政治协商会议成立55周年大会上发表重要讲话。

2004年9月21日，中共中央政治局常委、全国政协主席贾庆林主持庆祝人民政协成立55周年大会。

2004年9月21日，庆祝人民政协成立55周年书画展开幕剪彩。

全国政协举行常务委员会会议

2004年7月5日，全国政协十届六次常委会在北京开幕。中共中央政治局委员、国务院副总理曾培炎作《关于树立和落实科学发展观，实现全面协调可持续发展》的报告。

2004年9月22日，全国政协十届七次常委会在北京开幕。中共中央政治局常委、书记处书记曾庆红作《关于中共十六届四中全会会议情况和会议精神》的报告。

2004年3月1日，全国政协十届常委会举办学习讲座。

2004年3月6日，全国政协书画室举办“全国政协十届二次会议委员书画联谊会”。

2004年3月13日，由全国政协民族和宗教委员会举办的“中国宗教界和平委员会第二届委员会第一次会议”在北京开幕。

2004年3月18日，全国政协十届二次会议提案交办大会。

2004年8月23日，“全国政协纪念邓小平同志诞辰100周年暨邓小平关于人民政协理论研讨会”在北京举行。

2004年9月28日，中共中央政治局常委、全国政协主席贾庆林会见全国政协特邀的2004年港澳台侨人士国庆观光团一行。

2004 年 10 月 12 日，中国侨联和全国政协港澳台侨委员会联合举办“纪念陈嘉庚先生诞辰 130 周年座谈会”。

2004 年 11 月 9 日，全国政协经济委员会和农业部联合举办“统筹城乡发展理论研讨会”。

2004年11月22日，全国政协办公厅举办的政协秘书长工作座谈会在北京开幕。

2004年11月26日，文化部、中央电视台、全国政协京昆室、天津中华民族文化促进会在北京联合举办《中国京剧音配像精粹》二期工程新闻发布会。

目　录

中共中央重要文献

全国委员会篇

领导人讲话、报告、发言、文章

决议、决定

制度建设

重要会议、活动

【其他工作】

组织情况

机关建设

报刊社论

2004年大事记

地方委员会篇

中共中央重要文献

中国共产党第十六届中央委员会第四次全体会议公报

(2004年9月19日中国共产党第十六届中央委员会第四次全体会议通过)

中国共产党第十六届中央委员会第四次全体会议,于2004年9月16日至19日在北京举行。

出席这次全会的有,中央委员会委员194人,中央委员会候补委员152人。中央纪律检查委员会委员和有关方面负责同志列席了会议。

全会由中央政治局主持。中央委员会总书记胡锦涛作了重要讲话。

全会听取和讨论了胡锦涛受中央政治局委托作的工作报告,审议通过了《中共中央关于加强党的执政能力建设的决定》。曾庆红就《决定(讨论稿)》向全会作了说明。

全会充分肯定党的十六届三中全会以来中央政治局的工作。一致认为,中央政治局团结带领全党全国各族人民,坚持以邓小平理论和"三个代表"重要思想为指导,全面贯彻党的十六大和十六届三中全会精神,认真落实以人为本、全面协调可持续的科学发展观,加强和改善国家对经济的宏观调控,继续推进各方面改革,着力解决经济运行中的突出矛盾和问题,保持了经济社会发展的良好势头,民主法制建设、精神文明建设和党的建设取得新进展,开创了改革开放和社会主义现代化建设的新局面。

全会全面分析了当前的形势和任务,着重研究了加强党的执政能力建设的若干重大问题。一致认为,加强党的执政能力建设,是时代的要求、人民的要求。进入新世纪新阶段,在机遇和挑战并存的国内外条件下,我们党要带领全国各族人民全面建设小康社会,实现继续推进现代化建设、完成祖国统一、维护世界和平与促进共同发展这三大历史任务,必须大力加强执政能力建设。这是关系中国社会主义事业兴衰成败、关系中华民族前途命运、关系党的生死存亡和国家长治久安的重大战略课题。只有不断解决好这一课题,才能保证我们党在建设中国特色社会主义的历史进程中始终成为坚强的领导核心。

全会回顾了党的执政历程,一致认为,党执政55年来,团结带领全国各族人民,战胜各种风险和挑战,把四分五裂、贫穷落后的旧中国建设成为人民生活总体上达到小康水平、正在蓬勃发展的新中国,取得了举世瞩目的成就。党经过艰辛探索和实践,积累了执政的成功经验,主要是:必须坚持党在指导思想上的与时俱进,用发展着的马克思主义指导新的实践;必须坚持推进社会主义的自我完善,增强社会主义的生机和活力;必须坚持抓好发展这个党执政兴国的第一要务,把发展作为解决中国一切问题的关键;必须坚持立党为公、执政为民,始终保持党同人民群众的血肉联系;必须坚持科学执政、民主执政、依法执政,不断完善党的领导方式和执政方式;必须坚持以改革的精神加强党的建设,不断增强党的创造力、凝聚力、战斗力。这些主要经验,也是加强党的执政能力建设的重要指导原则,必须在实践中长期坚持并继续丰富和完善。

全会强调,加强党的执政能力建设,必须坚持以马克思列宁主义、毛泽东思想、邓小平理论和"三个代表"重要思想为指导,全面贯彻党的基本路线、基本纲领、基本经验,以保持党同人民群众的血肉联系为核心，以建设高素质干部队伍为关键，以改革和完善党的领导体制和工作机制为重点，以加强党的基层组织和党员队伍建设为基础，努力体现时代性、把握规律性、富于创造性。总体目标是：通过全党共同努力，使党始终成为立党为公、执政为民的执政党，成为科学执政、民主执政、依法执政的执政党，成为求真务实、开拓创新、勤政高效、清正廉洁的执政党，归根到底成为始终做到"三个代表"、永远保持先进性、经得住各种风浪考验的马克思主义执政党，带领全国各族人民实现国家富强、民族振兴、社会和谐、人民幸福。

全会确定了当前和今后一个时期加强党的执政能力建设的主要任务和各项部署。要坚持把发展作为党执政兴国的第一要务，不断提高驾驭社会主义市场经济的能力，扭住经济建设这个中心不动摇，坚持科学发展观，坚持社会主义市场经济的改革方向，全面提高对外开放水平，完善党领导经济工作的体制机制和方式。要坚持党的领导、人民当家作主和依法治国的有机统一，不断提高发展社会主义民主政治的能力，推进社会主义民主的制度化、规范化和程序化，贯彻依法治国基本方略，推进决策的科学化、民主化，加强对权力运行的制约和监督，改革和完善党的领导方式。要坚持马克思主义在意识形态领域的指导地位，不断提高建设社会主义先进文化的能力，加强马克思主义理论研究和建设，深化文化体制改革，牢牢把握舆论导向，加强和改进思想政治工作，优先发展教育和科学事业。要坚持最广泛最充分地调动一切积极因素，不断提高构建社会主义和谐社会的能力，不断增强全社会的创造活力，妥善协调各方面的利益关系，推进社会管理体制创新，加强和改进新形势下的群众工作，维护社会稳定。要坚持独立自主的和平外交政策，不断提高应对国际局势和处理国际事务的能力，提高科学判断国际形势和进行战略思维的水平，掌握处理国际事务的主动权，增强同国际社会交往的本领，坚决维护国家安全。全党要紧紧围绕上述任务，不断研究新情况、解决新问题、创建新机制、增长新本领，全面加强和改进党的建设，使党的执政方略更加完善、执政体制更加健全、执政方式更加科学、执政基础更加巩固。

全会强调，坚持国防建设与经济建设协调发展，建设一支现代化、正规化的革命军队，是党执政的一项重大战略任务。要坚持党对军队的绝对领导，按照政治合格、军事过硬、作风优良、纪律严明、保障有力的总要求，紧紧围绕打得赢、不变质两个历史性课题，积极推进中国特色军事变革和军事斗争准备，加强军队全面建设。

全会指出，保持香港、澳门长期繁荣稳定是党在新形势下治国理政面临的崭新课题。要坚持"一国两制"、"港人治港"、"澳人治澳"、高度自治的方针，严格按照特别行政区基本法办事，不断开创"一国两制"事业的新局面。解决台湾问题、实现祖国的完全统一是党肩负的神圣使命。要贯彻"和平统一、一国两制"的基本方针和现阶段发展两岸关系、推进祖国和平统一进程的八项主张，推进祖国统一大业。坚决反对和遏制"台独"分裂势力，坚定不移地捍卫国家主权和领土完整。

全会强调，提高党的执政能力，关键在于加强党的建设。要以加强党的执政能力建设为重点，全面推进党的建设新的伟大工程。坚持用邓小平理论和"三个代表"重要思想武装全党，建设一支善于治国理政的高素质干部队伍，把各级领导班子建设成为坚强领导集体，使党的基层组织真正成为贯彻"三个代表"重要思想的组织者、推动者、实践者，增强党的团结和活力。进一步加强党风廉政建设，深入开展反腐败斗争。

全会审议通过了《中国共产党第十六届中央委员会第四次全体会议关于同意江泽民同志辞去中共中央军事委员会主席职务的决定》和《中国共产党第十六届中央委员会第四次全体会议关于调整充实中共中央军事委员会组成人员的决定》。

全会高度评价江泽民同志为党、为国家、为人民作出的杰出贡献。江泽民同志是中国共产党第三代中央领导集体的核心。从党的十三届四中全会到党的十六大的13年中，在国际国内十分复杂的形势下，以江泽民同志为核心的党的第三代中央领导集体，高举邓小平理论伟大旗帜，坚持党的基本路线不动摇，团结带领全党全国各族人民，抓住机遇、深化改革、扩大开放、促进发展、保持稳定，推动中国特色社会主义事业取得了举世瞩目的新进展。江泽民同志担任中央军委主席15年来，深刻洞察和把握世界新军事变革的发展趋势，对加强国防和军队现代化建设提出了一系列新论断、新举措，丰富和发展了毛泽东军事思想和邓小平新时期军队建设思想，创立了江泽民国防和军队建设思想，领导国防和军队现代化建设取得了巨大成就。江泽民同志坚持马克思主义的思想路线，尊重实践，尊重群众，集中全党智慧创立"三个代表"重要思想，实现了我们党在指导思想上的又一次与时俱进。"三个代表"重要思想是马克思主义中国化的最新成果，是实现全面建设小康社会宏伟目标的根本指针，必须贯彻到社会主义现代化建设的各个领域，体现在党的建设的各个方面。

全会决定，胡锦涛任中共中央军事委员会主席。全会一致认为，这有利于坚持党对军队绝对领导的根本原则和制度，有利于加强军队的革命化、现代化、正规化建设。

全会决定，徐才厚任中共中央军事委员会副主席，增补陈炳德、乔清晨、张定发、靖志远为中共中央军事委员会委员。

全会按照党章规定，决定递补中央委员会候补委员艾斯海提·克里木拜、王正伟为中央委员会委员。

全会审议并通过了《中共中央纪律检查委员会关于田凤山问题的审查报告》，决定撤销田凤山中央委员会委员职务，给予其开除党籍处分。

全会号召，全党同志更加紧密地团结在以胡锦涛同志为总书记的党中央周围，高举马克思列宁主义、毛泽东思想、邓小平理论和"三个代表"重要思想伟大旗帜，全面贯彻党的十六大精神，同心同德，艰苦奋斗，扎实工作，开拓进取，带领全国各族人民为全面建设小康社会、实现中华民族的伟大复兴而不懈奋斗！

（2004年9月20日《人民日报》）

中共中央关于加强党的执政能力建设的决定

（2004年9月19日中国共产党第十六届中央委员会第四次全体会议通过）

中国共产党第十六届中央委员会第四次全体会议，全面分析了当前的形势和任务，着重研究了加强党的执政能力建设的若干重大问题，作出如下决定。

一、加强党的执政能力建设的重要性和紧迫性

我们党成为执政党，是历史的选择、人民的选择。加强党的执政能力建设，是时代的要求、人民的要求。进入新世纪新阶段，国际局势发生新的深刻变化，世界多极化和经济全球化的趋势继续在曲折中发展，科技进步日新月异，综合国力竞争日趋激烈，各种思想文化相互激荡，各种矛盾错综复杂，敌对势力对我国实施西化、分化的战略图谋没有改变，我们仍面临发达国家在经济、科技等方面占优势的压力。我国改革发展处在关键时期，社会利益关系更为复杂，新情况新问题层出不穷。在机遇和挑战并存的国内外条件下，我们党要带领全国各族人民全面建设小康社会，实现继续推进现代化建设、完成祖国统一、维护世界和平与促进共同发展这三大历史任务，必须大力加强执政能力建设。这是关系中国社会主义事业兴衰成败、关系中华民族前途命运、关系党的生死存亡和国家长治久安的重大战略课题。只有不断解决好这一课题，才能保证我们党在世界形势深刻变化的历史进程中始终走在时代前列，在应对国内外各种风险和考验的历史进程中始终成为全国人民的主心骨，在建设中国特色社会主义的历史进程中始终成为坚强的领导核心。

党的执政能力，就是党提出和运用正确的理论、路线、方针、政策和策略，领导制定和实施宪法和法律，采取科学的领导制度和领导方式，动员和组织人民依法管理国家和社会事务、经济和文化事业，有效治党治国治军，建设社会主义现代化国家的本领。执政能力建设是党执政后的一项根本建设，党的三代中央领导集体对此高度重视，领导全党紧紧围绕提高领导水平和执政水平、提高拒腐防变和抵御风险的能力这两大历史性课题，着重从思想和作风、体制和机制、方式和方法、素质和本领等方面加强和改进，有力地推动了党和国家事业的发展。十六大以来，各级党委和领导干部按照提高科学判断形势、驾驭市场经济、应对复杂局面、依法执政、总揽全局的能力的要求，进行了新的探索和实践。执政五十五年来，党带领全国各族人民战胜各种风险和挑战，把四分五裂、贫穷落后的旧中国建设成为人民生活总体上达到小康水平、正在蓬勃发展的新中国，取得了举世瞩目的成就。我们党在实践中锻炼得更加成熟、更加坚强，党的执政能力同党肩负的重任和使命总体上是适应的。但是，面对新形势新任务，党的领导方式和执政方式、领导体制和工作机制还不完善；一些领导干部和领导班子思想理论水平不高、依法执政能力不强、解决复杂矛盾本领不大，素质和能力同贯彻落实“三个代表”重要思想、全面建设小康社会的要求还不适应；一些党员干部事业心和责任感不强、思想作风不端正、工作作风不扎实、脱离群众等问题比较突出；一些党的基层组织软弱涣散，一些党员不能发挥先锋模范作用；腐败现象在一些地方、部门和单位还比较严重。这些问题影响党的执政成效，必须引起全党高度重视，切实加以解决。

无产阶级政党夺取政权不容易，执掌好政权尤其是长期执掌好政权更不容易。党的执政地位不是与生俱来的，也不是一劳永逸的。我们必须居安思危，增强忧患意识，深刻汲取世界上一些执政党兴衰成败的经验教训，更加自觉地加强执政能力建设，始终为人民执好政、掌好权。当前，国内外形势总体上对推进党和国家各项事业比较有利。全党要抓住机遇、锐意进取，在全面建设小康社会的进程中把党的执政能力提高到一个新的水平。

二、五十五年来党执政的主要经验

我们党是一个勇于追求真理、修正错误，善于总结经验、不断提高自己的党。在半个多世纪的执政实践中，党紧紧围绕什么是社会主义、怎样建设社会主义和建设什么样的党、怎样建设党这两大问题，进行了艰辛探索，积累了成功经验，也有过失误的教训。坚持十六大提出的基本经验，认真总结和汲取党执政的历史经验，对于提高党的执政能力，对于党和国家事业继往开来至关重要。

第一，必须坚持党在指导思想上的与时俱进，用发展着的马克思主义指导新的实践。马克思主义是我们立党立国的根本指导思想。必须坚持以马克思列宁主义、毛泽东思想、邓小平理论和“三个代表”重要思想为指导，立足于新的实践和新的发展，着眼于对重大问题的理论思考，解放思想、实事求是、与时俱进，不断开拓马克思主义理论发展的新境界，不断开创社会主义事业发展的新局面。

第二，必须坚持推进社会主义的自我完善，增强社会主义的生机和活力。只有社会主义才能救中国，只有中国特色社会主义才能发展中国。要坚持社会主义制度，又要通过改革开放不断促进生产关系和生产力、上层建筑和经济基础相适应，促进经济社会各个领域、各个方面、各个环节相协调，促进弘扬中华文明和借鉴国外文明相结合，使社会主义制度的优越性更加充分地发挥出来。

第三，必须坚持抓好发展这个党执政兴国的第一要务，把发展作为解决中国一切问题的关键。党领导人民建设社会主义的根本任务是解放和发展生产力，增强综合国力，满足人民群众日益增长的物质文化需要。要坚持以经济建设为中心，树立和落实科学发展观，正确处理改革发展稳定的关系，不断开拓发展思路、丰富发展内涵，推动社会主义物质文明、政治文明、精神文明协调发展。

第四，必须坚持立党为公、执政为民，始终保持党同人民群众的血肉联系。人民群众的拥护和支持是我们党的力量源泉和胜利之本。党只有一心为公，立党才能立得牢；只有一心为民，执政才能执得好。要牢记全心全意为人民服务的根本宗旨，牢记“两个务必”，坚决惩治腐败，坚持权为民所用、情为民所系、利为民所谋，实现好、维护好、发展好最广大人民的根本利益，保证人民群众共享改革发展的成果。

第五，必须坚持科学执政、民主执政、依法执政，不断完善党的领导方式和执政方式。要结合中国实际不断探索和遵循共产党执政规律、社会主义建设规律、人类社会发展规律，以科学的思想、科学的制度、科学的方法领导中国特色社会主义事业。要坚持为人民执政、靠人民执政，支持和保证人民当家作主，坚持和完善人民民主专政，坚持和完善民主集中制，以发展党内民主带动人民民主，壮大最广泛的爱国统一战线。要坚持依法治国，领导立法，带头守法，保证执法，不断推进国家经济、政治、文化、社会生活的法制化、规范化。

第六，必须坚持以改革的精神加强党的建设，不断增强党的创造力、凝聚力、战斗力。坚持党的领导核心地位，坚持党的团结统一，是党和人民事业成功的根本保证。要坚持治国必先治党、治党务必从严，适应时代发展和新形势新任务的要求，以提高执政能力为重点，持之以恒地加强和改进党的建设，使党的各方面建设成效最终都体现到提高党的执政能力、完成党的执政使命上来。

这六条主要经验，也是加强党的执政能力建设的重要指导原则，必须在实践中长期坚持并继续丰富和完善。

三、加强党的执政能力建设的指导思想、总体目标和主要任务

加强党的执政能力建设，必须坚持以马克思列宁主义、毛泽东思想、邓小平理论和"三个代表"重要思想为指导，全面贯彻党的基本路线、基本纲领、基本经验，以保持党同人民群众的血肉联系为核心，以建设高素质干部队伍为关键，以改革和完善党的领导体制和工作机制为重点，以加强党的基层组织和党员队伍建设为基础，努力体现时代性、把握规律性、富于创造性。

加强党的执政能力建设的总体目标是：通过全党共同努力，使党始终成为立党为公、执政为民的执政党，成为科学执政、民主执政、依法执政的执政党，成为求真务实、开拓创新、勤政高效、清正廉洁的执政党，归根到底成为始终做到"三个代表"、永远保持先进性、经得住各种风浪考验的马克思主义执政党，带领全国各族人民实现国家富强、民族振兴、社会和谐、人民幸福。

当前和今后一个时期，加强党的执政能力建设的主要任务是：按照推动社会主义物质文明、政治文明、精神文明协调发展的要求，不断提高驾驭社会主义市场经济的能力、发展社会主义民主政治的能力、建设社会主义先进文化的能力、构建社会主义和谐社会的能力、应对国际局势和处理国际事务的能力。全党要紧紧围绕上述任务，立足现实、着眼长远，抓住重点、整体推进，不断研究新情况、解决新问题、创建新机制、增长新本领，全面加强和改进党的建设，使党的执政方略更加完善、执政体制更加健全、执政方式更加科学、执政基础更加巩固。

四、坚持把发展作为党执政兴国的第一要务，不断提高驾驭社会主义市场经济的能力

提高党的执政能力，首先要提高党领导发展的能力。在社会主义条件下发展市场经济，既是一个伟大创举，又是一个全新课题。要适应世界经济、科技发展趋势和我国改革发展的新形势，把握社会主义市场经济的内在要求和运行特点，自觉遵循客观规律，充分发挥社会主义制度的优越性和市场机制的作用，不断提高领导经济工作的水平。

（一）牢固树立抓住机遇、加快发展的战略思想，扭住经济建设这个中心不动摇。我国正处于并将长期处于社会主义初级阶段，推动发展是党执政兴国的第一要务。要紧紧抓住重要战略机遇期，聚精会神搞建设，一心一意谋发展，不断增强综合国力和提高人民生活水平。按照全面建设小康社会、走新型工业化道路的要求，以经济结构调整为主线，以改革开放和科技进步为动力，着力转变经济增长方式，全面提高国民经济的整体素质和竞争力。大力实施科教兴国战略，加快国家创新体系建设，充分发挥科学技术第一生产力的作用。科学确定到二〇二〇年发展的总体思路和重大战略，抓紧研究制定国民经济和社会发展中长期规划。及时全面分析经济形势，增强预见性，准确把握经济运行中的主要矛盾和突出问题，适时提出和有效贯彻应对的方针政策，防止大起大落，推动经济持续快速协调健康发展。

（二）坚持以人为本、全面协调可持续的科学发展观，更好地推动经济社会发展。深入

体察人民群众的意愿,切实把维护和实现最广大人民的根本利益体现在党领导发展的大政方针和各项部署中,落实到经济社会发展的各个方面。把推进经济建设同推进政治建设、文化建设统一起来,促进社会全面进步和人的全面发展。推动建立统筹城乡发展、统筹区域发展、统筹经济社会发展、统筹人与自然和谐发展、统筹国内发展和对外开放的有效体制机制。建立体现科学发展观要求的经济社会发展综合评价体系。在指导方针、政策措施上注重加强薄弱环节,特别要重视解决好农业、农村、农民问题;重视实施西部大开发战略和振兴东北地区等老工业基地战略,促进中部地区崛起,支持革命老区、少数民族地区、边疆地区和其他欠发达地区加快发展;重视扩大就业再就业和健全社会保障体系;重视发展教育、科技、文化、卫生、体育等各项社会事业;重视计划生育、节约资源、保护环境和安全生产,大力发展循环经济,建设节约型社会。贯彻落实科学发展观,要坚持从实际出发,因地制宜,分类指导,积极推进。

(三)坚持社会主义市场经济的改革方向,始终站在时代前列领导和谋划改革。我国经济体制改革仍处在攻坚阶段,建成完善的社会主义市场经济体制和更具活力、更加开放的经济体系的任务还很艰巨。要尊重群众的首创精神,围绕改革的重点和难点,鼓励大胆探索、勇于实践,坚决破除一切妨碍发展的观念和体制机制弊端。切实解决好关系经济体制改革全局的重大问题。正确处理坚持公有制为主体和促进非公有制经济发展的关系,毫不动摇地巩固和发展公有制经济、发挥国有经济的主导作用,毫不动摇地鼓励、支持和引导个体、私营等非公有制经济发展,使两者在社会主义现代化建设进程中相互促进、共同发展。正确处理按劳分配为主体和实行多种分配方式的关系,鼓励一部分地区、一部分人先富起来,注重社会公平,合理调整国民收入分配格局,切实采取有力措施解决地区之间和部分社会成员收入差距过大的问题,逐步实现全体人民共同富裕。正确处理市场机制和宏观调控的关系,坚持按市场经济规律办事,更大程度地发挥市场在资源配置中的基础性作用,加强和改善国家宏观调控,促进国民经济充满活力、富有效率、健康运行。正确处理中央和地方的关系,合理划分经济社会事务管理的权限和职责,做到权责一致,既维护中央的统一领导,又更好地发挥地方的积极性。正确处理经济体制改革和其他方面改革的关系,加强统筹协调,使各项改革互相促进。正确处理改革发展稳定的关系,注意把握好改革措施出台的时机和节奏,把改革的力度、发展的速度和社会可承受的程度统一起来,在社会稳定中推进改革发展,通过改革发展促进社会稳定。

(四)掌握对外开放的主动权,全面提高对外开放水平。坚持对外开放的基本国策,密切关注世界经济形势变化,制定和实施正确的涉外经济方针政策,在更大范围、更广领域、更高层次上参与国际经济技术合作和竞争。坚持"引进来"和"走出去"相结合,利用好国际国内两个市场、两种资源,注重发挥我国的比较优势。既立足于国内需求又大力开拓国际市场,既充分用好内资又有效利用外资,既依靠和开发国内人力资源又借助和引进国外智力。提高引进外资质量,坚持引进先进技术和消化、吸收、创新相结合,提高自主开发能力,保护知识产权,增强关键行业和领域的控制力,不断提高国际竞争力。推动建立健全妥善应对国际贸易争端的机制,善于运用国际通行规则发展和保护自己。

(五)按照发展社会主义市场经济的要求,完善党领导经济工作的体制机制和方式。党领导经济工作,主要是把握方向,谋划全局,提出战略,制定政策,推动立法,营造良好环境。地方党委要结合本地实际,确定经济社会发展的基本思路和工作重点,加强和改进对经济社会重大事务的综合协调，确保中央的方针政策和各项部署的贯彻落实。涉及国民经济和社会发展规划、重大方针政策、工作总体部署以及关系国计民生的重要问题，由党委集体讨论决定，经常性工作由政府及其部门按照职责权限决策和管理。党委要支持政府依法充分履行职责，推动政府依法行政，加快转变职能，深化行政体制改革，真正实现政企分开、政资分开、政事分开，主要运用经济和法律手段管理经济活动，集中精力抓好经济调节、市场监管、社会管理和公共服务。

五、坚持党的领导、人民当家作主和依法治国的有机统一，不断提高发展社会主义民主政治的能力

坚持和发展人民民主，是我们党执政为民的本质要求和根本途径。要坚定不移地走中国共产党和中国人民自己选择的政治发展道路，坚持四项基本原则，积极稳妥地推进政治体制改革，发挥社会主义政治制度的特点和优势，巩固和发展民主团结、生动活泼、安定和谐的政治局面。

（一）推进社会主义民主的制度化、规范化和程序化，保证人民当家作主。健全民主制度，丰富民主形式，扩大公民有序的政治参与，保证人民依法实行民主选举、民主决策、民主管理、民主监督。坚持和完善人民代表大会制度，保证各级人民代表大会都由民主选举产生、对人民负责、受人民监督，支持人民通过人民代表大会行使国家权力，支持人民代表大会及其常委会依法履行职能，密切人大代表同人民群众的联系，使国家的立法、决策、执行、监督等工作更好地体现人民的意志，维护人民的利益。尊重和保障人权，保证人民依法享有广泛的权利和自由。

坚持和完善中国共产党领导的多党合作和政治协商制度，巩固和发展最广泛的爱国统一战线。贯彻长期共存、互相监督、肝胆相照、荣辱与共的方针，加强同民主党派合作共事，健全有关重大问题决策前协商的制度，真诚接受民主党派监督，巩固同党外人士的联盟。选拔和推荐更多优秀党外干部担任领导职务。支持人民政协围绕团结和民主两大主题，履行政治协商、民主监督、参政议政的职能。坚持和完善民族区域自治制度，保证民族自治地方依法行使自治权，巩固和发展平等团结互助的社会主义民族关系，促进各民族共同繁荣进步。全面做好党的宗教工作，贯彻党的宗教信仰自由政策，依法管理宗教事务，坚持独立自主自办的原则，积极引导宗教与社会主义社会相适应。做好侨务工作。做好党外知识分子、非公有制经济人士和其他社会阶层人士工作。团结一切可以团结的力量，巩固各党派、各团体、各民族、各阶层及一切热爱中华民族的人们的大团结。

扩大基层民主，完善基层政权、基层群众性自治组织、企事业单位的民主管理制度，坚持和完善政务公开、厂务公开、村务公开等办事公开制度，保证基层群众依法行使选举权、知情权、参与权、监督权等民主权利。

（二）贯彻依法治国基本方略，提高依法执政水平。依法执政是新的历史条件下党执政的一个基本方式。党的领导是依法治国的根本保证。加强党对立法工作的领导，善于使党的主张通过法定程序成为国家意志，从制度上、法律上保证党的路线方针政策的贯彻实施，使这种制度和法律不因领导人的改变而改变，不因领导人看法和注意力的改变而改变。全党同志特别是领导干部要牢固树立法制观念，坚持在宪法和法律范围内活动，带头维护宪法和法律的权威。督促、支持和保证国家机关依法行使职权，在法治轨道上推动各

项工作的开展,保障公民和法人的合法权益。加强和改进党对政法工作的领导,支持审判机关和检察机关依法独立公正地行使审判权和检察权,提高司法队伍素质,加强对司法活动的监督和保障。以保证司法公正为目标,逐步推进司法体制改革,形成权责明确、相互配合、相互制约、高效运行的司法体制,为在全社会实现公平和正义提供法制保障。

(三)改革和完善决策机制,推进决策的科学化、民主化。完善重大决策的规则和程序,通过多种渠道和形式广泛集中民智,使决策真正建立在科学、民主的基础之上。对涉及经济社会发展全局的重大事项,要广泛征询意见,充分进行协商和协调;对专业性、技术性较强的重大事项,要认真进行专家论证、技术咨询、决策评估;对同群众利益密切相关的重大事项,要实行公示、听证等制度,扩大人民群众的参与度。建立决策失误责任追究制度,健全纠错改正机制。有组织地广泛联系专家学者,建立多种形式的决策咨询机制和信息支持系统。

(四)加强对权力运行的制约和监督,保证把人民赋予的权力用来为人民谋利益。各级党组织和干部都要自觉接受党员和人民群众监督。拓宽和健全监督渠道,把权力运行置于有效的制约和监督之下。认真贯彻党内监督条例,进一步加强党内监督。建立和完善巡视制度,加强和改进对领导班子特别是主要领导干部的监督。建立健全领导干部个人重大事项报告制度、述职述廉制度、民主评议制度、谈话诫勉制度和经济责任审计制度,依法实行质询制、问责制、罢免制。加强对各级纪律检查机关的领导,改革和完善党的纪律检查体制,全面实行对派驻机构的统一管理。支持和保证人大、政府专门机关、司法机关依法履行监督职能。支持和保证政协依照章程开展民主监督。加强社会监督,保障公民的检举权、控告权、申诉权。

(五)按照党总揽全局、协调各方的原则,改革和完善党的领导方式。发挥党委对同级人大、政府、政协等各种组织的领导核心作用,发挥这些组织中党组的领导核心作用。党委既要支持人大、政府、政协和审判机关、检察机关依照法律和章程独立负责、协调一致地开展工作,及时研究并统筹解决他们工作中的重大问题,又要通过这些组织中的党组织和党员干部贯彻党的路线方针政策,贯彻党委的重大决策和工作部署。规范党政机构设置,完善党委常委会的组成结构,适当扩大党政领导成员交叉任职,减少领导职数,切实解决分工重叠问题,撤并党委和政府职能相同或相近的工作部门。规范各类领导小组和协调机构,一般不设实体性办事机构。围绕提高行政效率、降低行政成本、整合行政资源,加强行政体制改革的总体研究,继续推进行政体制改革。加强和改进党对工会、共青团、妇联等人民团体及各类群众团体的领导,支持他们依照法律和章程独立自主地开展工作,充分发挥他们联系群众的桥梁和纽带作用。

六、坚持马克思主义在意识形态领域的指导地位,不断提高建设社会主义先进文化的能力

党要带领人民推进中国特色社会主义伟大事业,必须大力发展社会主义文化,不断巩固全党全国人民团结奋斗的共同思想基础。要牢牢把握先进文化的前进方向,坚持为人民服务、为社会主义服务的方向和百花齐放、百家争鸣的方针,贴近实际、贴近生活、贴近群众,创新内容、创新形式、创新手段,努力铸造中华文化的新辉煌,为激励人民奋勇前进提供强大的精神动力和智力支持。

(一)积极推进理论创新,加强马克思主义理论研究和建设。坚持马克思主义在意识形态领域的指导地位,不断增强党的思想理论工作的创造力、说服力、感召力,着力回答重大理论和实际问题。善于把人民群众的实践经验升华为理论,善于用理论创新的成果指导路线方针政策的制定,通过理论创新推动制度创新、科技创新、文化创新以及其他各方面的创新。大力营造理论创新的社会环境,反对主观主义和形而上学,破除对马克思主义的错误的和教条式的理解,抵制各种否定马克思主义的错误观点。加强马克思主义执政理论建设,深入探索党的执政规律。实施马克思主义理论研究和建设工程,繁荣发展哲学社会科学,建设充分反映当代马克思主义最新理论成果的学科体系和教材体系。全面落实用邓小平理论和"三个代表"重要思想武装全党、教育人民的战略任务。推动"三个代表"重要思想的普及,抓好进教材、进课堂、进头脑的工作。关心和爱护理论工作者,培养和造就一批马克思主义理论家,特别要重视培养中青年理论人才,鼓励他们为党和人民事业的发展发挥思想库作用。

(二)深化文化体制改革,解放和发展文化生产力。根据社会主义精神文明建设的特点和规律,适应社会主义市场经济的要求,进一步革除制约文化发展的体制性障碍。坚持把社会效益放在首位,实现社会效益和经济效益的统一,把文化发展的着力点放在满足人民群众精神文化需求和促进人的全面发展上。以体制机制创新为重点,增强微观活力,健全文化市场体系,依法加强管理,促进文化事业全面繁荣和文化产业快速发展,增强我国文化的总体实力。推动中华文化更好地走向世界,提高国际影响力。抓好队伍建设,引导文化工作者深入实际、深入生活、深入群众,为人民奉献更多无愧于时代的精神文化产品。加强文化发展战略研究,抓紧制定文化发展纲要和文化体制改革总体方案。

(三)牢牢把握舆论导向,正确引导社会舆论。坚持党管媒体的原则,增强引导舆论的本领,掌握舆论工作的主动权。坚持团结稳定鼓劲、正面宣传为主,引导新闻媒体增强政治意识、大局意识和社会责任感,进一步改进报刊、广播、电视的宣传,把体现党的主张和反映人民心声统一起来,增强吸引力、感染力。重视对社会热点问题的引导,积极开展舆论监督,完善新闻发布制度和重大突发事件新闻报道快速反应机制。高度重视互联网等新型传媒对社会舆论的影响,加快建立法律规范、行政监管、行业自律、技术保障相结合的管理体制,加强互联网宣传队伍建设,形成网上正面舆论的强势。

(四)努力探索新方式新方法,加强和改进思想政治工作。加强理想信念教育,弘扬以爱国主义为核心的民族精神和以改革创新为核心的时代精神,弘扬集体主义、社会主义思想,使全体人民始终保持昂扬向上的精神状态。坚持依法治国和以德治国相结合,实施公民道德建设工程,发扬中华民族传统美德,在全社会倡导爱国守法、明礼诚信、团结友善、勤俭自强、敬业奉献的基本道德规范,反对拜金主义、享乐主义、极端个人主义,消除封建主义残余影响,抵御资本主义腐朽思想文化的侵蚀。坚持尊重人、理解人、关心人,有针对性地解决不同社会群体的思想问题,既要鼓励先进又要照顾多数,既要统一思想又要尊重差异,既要解决思想问题又要解决实际问题。广泛开展群众性精神文明创建活动,积极发展健康向上、各具特色的群众文化。切实抓好青少年的思想品德和心理素质教育,健全学校、家庭、社会各负其责又密切配合的教育网络,把社会主义思想道德生动具体地融入青少年成长的各个环节,营造有利于青少年健康成长的思想文化环境。

(五)优先发展教育和科学事业,提高全民族的科学文化素质。深化教育和科技体制改革,充分发挥教育和科技在现代化建设中的基础性、先导性、全局性作用。全面贯彻党的教育方针,培养德智体美全面发展的社会主义建设者和接班人。营造全民学习、终身学习的浓厚氛围,推动建立学习型社会。弘扬科学精神,传播科学知识,提高干部群众识别和抵制封建迷信和伪科学的能力。加强文化设施建设,提高基层特别是农村教育、科技、文化、卫生、体育服务能力。

七、坚持最广泛最充分地调动一切积极因素,不断提高构建社会主义和谐社会的能力

形成全体人民各尽其能、各得其所而又和谐相处的社会,是巩固党执政的社会基础、实现党执政的历史任务的必然要求。要适应我国社会的深刻变化,把和谐社会建设摆在重要位置,注重激发社会活力,促进社会公平和正义,增强全社会的法律意识和诚信意识,维护社会安定团结。

(一)全面贯彻尊重劳动、尊重知识、尊重人才、尊重创造的方针,不断增强全社会的创造活力。激发各行各业人们的创造活力,坚决破除各种障碍,使一切有利于社会进步的创造愿望得到尊重、创造活动得到支持、创造才能得到发挥、创造成果得到肯定。坚持全心全意依靠工人阶级的方针。既要充分发挥包括知识分子在内的工人阶级、广大农民推动经济社会发展根本力量的作用,又要鼓励和支持其他社会阶层人员为经济社会发展积极贡献力量;既要保护发达地区、优势产业和先富群体的发展活力,又要高度重视和关心欠发达地区、比较困难的行业和群众。在全社会大力提倡团结互助、扶贫济困的良好风尚,形成平等友爱、融洽和谐的人际环境。

(二)妥善协调各方面的利益关系,正确处理人民内部矛盾。坚持把最广大人民的根本利益作为制定政策、开展工作的出发点和落脚点,正确反映和兼顾不同方面群众的利益。高度重视和维护人民群众最现实、最关心、最直接的利益,坚决纠正各种损害群众利益的行为。教育引导广大干部群众正确处理个人利益和集体利益、局部利益和整体利益、当前利益和长远利益的关系,增强主人翁意识和社会责任感。健全正确处理人民内部矛盾的工作机制,完善信访工作责任制,综合运用政策、法律、经济、行政等手段和教育、协商、调解等方法,依法及时合理地处理群众反映的问题。建立健全社会利益协调机制,引导群众以理性合法的形式表达利益要求、解决利益矛盾,自觉维护安定团结。

(三)加强社会建设和管理,推进社会管理体制创新。深入研究社会管理规律,完善社会管理体系和政策法规,整合社会管理资源,建立健全党委领导、政府负责、社会协同、公众参与的社会管理格局。更新管理理念,创新管理方式,拓宽服务领域,发挥基层党组织和共产党员服务群众、凝聚人心的作用,发挥城乡基层自治组织协调利益、化解矛盾、排忧解难的作用,发挥社团、行业组织和社会中介组织提供服务、反映诉求、规范行为的作用,形成社会管理和社会服务的合力。健全社会保险、社会救助、社会福利和慈善事业相衔接的社会保障体系。加强和改进对各类社会组织的管理和监督。

(四)健全工作机制,维护社会稳定。坚持稳定压倒一切的方针,落实维护社会稳定的工作责任制。建立社会舆情汇集和分析机制,畅通社情民意反映渠道。建立健全社会预警体系,形成统一指挥、功能齐全、反应灵敏、运转高效的应急机制,提高保障公共安全和处置突发事件的能力。有效发挥司法机关惩治犯罪、化解矛盾和维护稳定的职能作用。坚持打防结合、预防为主,专群结合、依靠群众,加强和完善社会治安综合治理工作机制,

依法打击各种犯罪活动,保障人民生命财产安全。

(五)坚持党的群众路线,加强和改进新形势下的群众工作。加强马克思主义群众观点和党的群众路线的宣传教育,改进群众工作,密切党群、干群关系。各级党委和政府要积极研究和把握新形势下群众工作的特点和规律,探索新途径、新方法,不断提高组织群众、宣传群众、教育群众、服务群众的本领。各级领导干部要深入基层,倾听群众呼声,关心群众疾苦,以群众关心的热点和难点问题为工作重点,善于运用说服教育、示范引导和提供服务等方法把群众工作做深、做细、做实,凝聚和激励群众共同前进。

八、坚持独立自主的和平外交政策,不断提高应对国际局势和处理国际事务的能力

在复杂多变的国际形势下,党要领导人民抓住机遇、应对挑战,实现全面建设小康社会的宏伟目标,为维护世界和平与促进共同发展作出贡献,必须正确应对国际局势,妥善处理国际事务和国际关系,争取良好的国际环境和周边环境。

(一)坚持用宽广的眼界观察世界,提高科学判断国际形势和进行战略思维的水平。深刻认识国内大局和国际大局、内政和外交的紧密联系,科学把握世界的深刻变化及其特点,主动顺应维护和平、促进发展的时代潮流,正确应对世界多极化、经济全球化和科技进步的发展趋势,做到审时度势、因势利导、内外兼顾、趋利避害。善于从国际形势和国际条件的发展变化中把握发展方向,用好发展机遇,创造发展条件,掌握发展全局。重视学习和掌握国际经济、政治、法律、科技、文化、军事等各方面知识,重视研究国际形势的发展规律,增进对世界历史和现实情况的了解,增强判断国际形势的战略性、前瞻性、指导性。

(二)坚定不移地贯彻执行对外方针政策,掌握处理国际事务的主动权。高举和平、发展、合作的旗帜,坚持独立自主的和平外交政策,走和平发展的道路,永远不称霸。坚持从中国人民的根本利益和各国人民的共同利益出发,根据事情本身的是非曲直,确定我们的立场和政策,伸张正义,支持公道,反对霸权主义和强权政治,反对恐怖主义。正确处理大国外交、周边外交、发展中国家外交的关系,主动参与多边外交活动,积极在联合国等重要国际组织中发挥作用,按照和平共处五项原则和其他公认的国际关系准则同世界各国发展友好互利合作。加强和改进党的对外交往工作,加强民间外交,更好地为发展国家关系服务。坚持以冷静观察、沉着应对的方针和相互尊重、求同存异的精神处理国际事务,促进世界多极化和国际关系民主化,促进经济全球化朝着有利于共同繁荣的方向发展,促进新安全观的树立,维护世界的多样性,推动建立公正合理的国际政治经济新秩序。

(三)全面认识和把握国际因素对我国的影响,不断提高同国际社会交往的本领。全面分析和妥善应对来自外部环境的机遇和挑战,善于扬长避短,坚持平等互利、共赢共存,充分利用有利因素,积极化解不利因素,努力变挑战为机遇。加快熟悉和善于运用国际规则和国际惯例,积极参与有关国际事务和国际规则的磋商和制定,充分反映合理主张,坚决维护我国人民和各国人民的共同权益。妥善回应国际社会对我国情况的关注。加强和改进对外宣传工作,积极开展对外文化交流,进一步推动形成有利于我国发展的国际舆论环境。

(四)始终把国家主权和安全放在第一位,坚决维护国家安全。针对传统安全威胁和非传统安全威胁的因素相互交织的新情况,增强国家安全意识,完善国家安全战略,抓紧构建维护国家安全的科学、协调、高效的工作机制。坚决防范和打击各种敌对势力的渗

透、颠覆和分裂活动，有效防范和应对来自国际经济领域的各种风险，确保国家的政治安全、经济安全、文化安全和信息安全。

坚持国防建设与经济建设协调发展，建设一支现代化、正规化的革命军队，确保国防安全，是党执政的一项重大战略任务。要按照政治合格、军事过硬、作风优良、纪律严明、保障有力的总要求，紧紧围绕打得赢、不变质两个历史性课题，加强军队全面建设。坚持党对军队的绝对领导，始终把思想政治建设摆在首位，永葆人民军队的性质、本色和作风。坚持积极防御的军事战略方针，积极推进中国特色军事变革和军事斗争准备，坚定不移地走中国特色的精兵之路，按照建设信息化军队、打赢信息化战争的目标，提高信息化条件下的防卫作战能力。坚持从严治军、依法治军，加强军事法制建设，提高军队正规化水平。探索新的历史条件下治军的特点和规律，推进军队各项建设创新发展。加强武装警察部队全面建设，加强国防后备力量建设。加快国防科技工业发展。加强国防动员工作，坚持军民结合、平战结合，增强全党全民的国防意识，巩固和发展军政军民团结。

保持香港、澳门长期繁荣稳定是党在新形势下治国理政面临的崭新课题，解决台湾问题、实现祖国的完全统一是党肩负的神圣使命。要坚持"一国两制"、"港人治港"、"澳人治澳"、高度自治的方针，严格按照特别行政区基本法办事，支持特别行政区行政长官和政府依法施政、提高管治水平。在爱国爱港、爱国爱澳旗帜下，广泛团结香港、澳门各界人士，不断开创"一国两制"事业的新局面。坚决反对外部势力干涉香港、澳门事务。贯彻"和平统一、一国两制"的基本方针和现阶段发展两岸关系、推进祖国和平统一进程的八项主张，促进两岸人员往来和经济文化等领域的交流，切实做好台湾人民工作，努力维护台海地区和平稳定，推进祖国统一大业。以最大的诚意、尽最大的努力争取和平统一的前景，坚决反对和遏制"台独"分裂势力，坚决反对和阻止外国干涉势力插手两岸事务，坚决粉碎一切把台湾从中国分割出去的图谋，坚定不移地捍卫国家主权和领土完整。

九、以提高党的执政能力为重点，全面推进党的建设新的伟大工程

提高党的执政能力，关键在于搞好党的建设，不断增强党的创造力、凝聚力、战斗力。必须坚持党要管党、从严治党的方针，紧密联系治国理政的实践，全面加强和改进党的思想、组织、作风和制度建设。

（一）坚持用邓小平理论和"三个代表"重要思想武装全党，不断提高马克思主义理论水平。坚持把党的思想理论建设放在首位，大力弘扬理论联系实际的学风，增强把马克思主义基本原理同中国具体实际相结合的能力，提高全党的理论思维和战略思维水平。不断把学习贯彻"三个代表"重要思想引向深入，在武装头脑、指导实践、推动工作上取得扎扎实实的成效。重点抓好领导干部的理论和业务学习，带动全党的学习，努力建设学习型政党。围绕增强执政意识、提高执政能力，创新培训方法，提高培训质量，大规模培训干部。建立和落实领导干部的学习考核和激励机制。在全党开展以实践"三个代表"重要思想为主要内容的保持共产党员先进性教育活动，学习贯彻党章，坚定理想信念，坚持党的宗旨，增强党的观念，发扬优良传统，保持党员队伍的先进性和纯洁性。

（二）深化干部人事制度改革，建设一支善于治国理政的高素质干部队伍。坚持党管干部的原则，全面贯彻革命化、年轻化、知识化、专业化的方针。坚持德才兼备、注重实绩、群众公认，坚持任人唯贤、公道正派，把那些政治上靠得住、工作上有本事、作风上过得硬

的干部选拔到各级领导岗位上来。继续推行和完善民主推荐、民主测评、差额考察、任前公示、公开选拔、竞争上岗、全委会投票表决、党政领导干部辞职等制度。加大干部交流力度,进一步落实和完善领导干部任职回避制度。抓紧制定体现科学发展观和正确政绩观要求的干部实绩考核评价标准,完善职务和职级相结合的制度,实行党政领导干部职务任期制度,健全公务员制度。完善党内选举制度,改进候选人提名方式,适当扩大差额推荐和差额选举的范围和比例。严格控制选任制领导干部任期内的职务变动。大力培养选拔优秀年轻干部,特别要培养选拔胜任重要岗位的年轻干部。注重培养选拔妇女干部和少数民族干部。有计划地组织和安排干部到艰苦地区、复杂环境和基层一线经受锻炼和考验。实施人才强国战略,贯彻党管人才原则,坚持党政人才、企业经营管理人才和专业技术人才三支队伍一起抓,把各方面优秀人才集聚到党和国家的各项事业中来。

(三)按照政治坚定、求真务实、开拓创新、勤政廉政、团结协调的要求,把各级领导班子建设成为坚强领导集体。各级领导班子要坚持不懈地加强思想政治建设,讲学习、讲政治、讲正气,顾全大局,增强团结,保持奋发有为的精神状态;要按照集体领导、民主集中、个别酝酿、会议决定的原则,完善并严格执行党委内部的议事规则和决策程序,保持协调高效运转,增强整体合力;要加强党内生活的原则性,认真开展批评与自我批评并形成制度,提高解决自身问题的能力。坚决反对和防止个人独断专行,反对好人主义、自由主义。优化领导班子素质结构,形成合理的年龄梯次配备。加强对党政主要领导干部的选配和管理、监督。重视县(市)党政领导班子建设。减少地方党委副书记职数,实行常委分工负责,充分发挥集体领导作用。逐步加大党委、人大、政府、政协之间的干部交流。优化人大、政协领导班子结构,逐步减少人大、政协领导职数。修订地方党委工作条例,制定党组工作条例。

(四)加强和改进党的基层组织建设,使党的基层组织真正成为贯彻"三个代表"重要思想的组织者、推动者、实践者。党的基层组织是党的全部工作和战斗力的基础。根据基层党组织建设面临的新情况新问题,调整组织设置,改进工作方式,创新活动内容,扩大覆盖面,增强凝聚力,使基层党组织都紧密联系群众、充分发挥作用。农村基层党组织建设要以创建"五个好"村党组织、"五个好"乡镇党委和农村基层组织建设先进县(市)活动为载体,建立干部经常受教育、农民长期得实惠的有效机制。国有企业党组织要适应建立现代企业制度的要求,完善工作机制,充分发挥政治核心作用。机关党组织要严格组织生活,加强对党员特别是领导干部的教育和监督。高校党组织要围绕培养社会主义建设者和接班人的根本任务,着力做好学生和青年教师的思想政治工作。社区党组织要以服务群众为重点,构建党建工作新格局。加大在新经济组织、新社会组织中建立党组织的工作力度,探索党组织和党员发挥作用的方法和途径。坚持标准,保证质量,重点在工人、农民、知识分子、军人、干部中发展党员,同时做好在其他社会阶层先进分子中发展党员工作,不断增强党的阶级基础、扩大党的群众基础。探索党员教育管理工作的新机制,加强流动党员管理,促进广大党员发挥先锋模范作用。及时整顿软弱涣散、不起作用的党组织,严肃处置不合格党员。关心爱护党员和基层干部,特别要帮助在艰苦环境中工作的党员、下岗失业职工中的党员、生活困难的党员和老党员解决实际困难。加强党务工作者队伍建设,充分发挥他们的作用。

(五)坚持和健全民主集中制,增强党的团结和活力。发展党内民主,是政治体制改革和政治文明建设的重要内容。要认真贯彻党员权利保障条例，建立和完善党内情况通报制度、情况反映制度、重大决策征求意见制度，逐步推进党务公开，增强党组织工作的透明度，使党员更好地了解和参与党内事务。营造党内不同意见平等讨论的环境，鼓励和保护党员讲真话、讲心里话。建立健全常委会向全委会负责、报告工作和接受监督的制度。建立党的代表大会代表提案制度。积极探索党的代表大会闭会期间发挥代表作用的途径和形式，建立代表提议的处理和回复机制。加强代表同选举单位党员的联系，听取和反映党员的意见和建议。党的各级全委会召开会议时，可根据议题事先征求同级党代会代表意见或邀请部分代表列席会议。扩大在市、县实行党代会常任制的试点。逐步扩大基层党组织领导班子成员直接选举的范围。加强民主基础上的集中，全党全国在指导思想和路线方针政策及重大原则问题上必须保持高度一致。全党同志必须自觉坚持党员个人服从党的组织、少数服从多数、下级组织服从上级组织、全党各个组织和全体党员服从党的全国代表大会和中央委员会的原则，坚决维护党的团结统一，维护中央权威，严肃党的纪律，保证政令畅通。

（六）大兴求真务实之风，保持党同人民群众的血肉联系。加强思想教育，健全相关制度，提高执政效率，真正做到为民、务实、清廉。各级领导干部都要牢固树立马克思主义的世界观、人生观、价值观，坚持正确的权力观、地位观、利益观，始终与人民群众同呼吸、共命运、心连心，坚决反对脱离群众、以权谋私；坚持科学发展观和正确政绩观，重实际、说实话、办实事、求实效，坚决反对形式主义、官僚主义和弄虚作假；坚持谦虚谨慎、艰苦奋斗，坚决反对骄傲自满、铺张浪费。从中央做起，改革会议制度，大力精简会议、文件和简报，切实改进文风。严格规范和控制各种检查、评比、达标活动。健全领导干部联系基层、联系群众制度。领导干部搞调查研究，要注重实效，轻车简从。

（七）加强党风廉政建设，深入开展反腐败斗争。党风廉政建设和反腐败斗争关系党的生死存亡。党越是长期执政，反腐倡廉的任务越艰巨，越要坚定不移地反对腐败，越要提高拒腐防变的能力。各级党委要把党风廉政建设和反腐败斗争作为提高党的执政能力、巩固党的执政地位的一项重大政治任务抓紧抓实。坚持标本兼治、综合治理，惩防并举、注重预防，抓紧建立健全与社会主义市场经济体制相适应的教育、制度、监督并重的惩治和预防腐败体系。认真落实党风廉政建设责任制。以解决群众反映的突出问题为重点，坚决纠正损害群众利益的不正之风；以查处发生在领导机关和领导干部中滥用权力、谋取私利的违法违纪案件为重点，严厉惩处腐败分子。加强廉政法制建设，真正形成用制度规范从政行为、按制度办事、靠制度管人的有效机制，保证领导干部廉洁从政。加强思想道德和纪律教育，表彰勤政廉政典型，督促各级党员领导干部加强党性修养，常修为政之德、常思贪欲之害、常怀律己之心，自觉经受住改革开放和发展社会主义市场经济条件下长期执政的考验。

提高党的执政能力，完成执政兴国的历史重任，必须加强全党的团结，加强党同人民的团结，加强全国各族人民的团结。全党同志一定要自觉维护大局，倍加珍视团结，在以胡锦涛同志为总书记的党中央领导下，高举马克思列宁主义、毛泽东思想、邓小平理论和“三个代表”重要思想伟大旗帜，全面贯彻十六大精神，同心同德，艰苦奋斗，扎实工作，开拓进取，带领全国各族人民为全面建设小康社会、实现中华民族的伟大复兴而不懈奋斗！

（2004年9月27日《人民日报》）

在庆祝中国人民政治协商会议成立55周年大会上的讲话

（2004年9月21日）

胡锦涛

同志们，朋友们：

今天，我们在这里隆重集会，庆祝中国人民政治协商会议成立55周年。首先，我代表中共中央，向中国人民政治协商会议成立55周年表示热烈的祝贺！向共同致力于中国特色社会主义事业的各民主党派、无党派人士、人民团体和各族各界人士，表示崇高的敬意！向香港特别行政区同胞、澳门特别行政区同胞、台湾同胞和海外侨胞，表示诚挚的问候！

回顾人民政协走过的光辉历程，展望人民政协发展的光明前景，我们要进一步推进人民政协事业的发展，把最广泛的爱国统一战线巩固好、发展好，把中国共产党领导的多党合作和政治协商制度坚持好、完善好，团结各方面力量为全面建设小康社会、实现中华民族的伟大复兴而共同奋斗。

中国人民政治协商会议是中国人民爱国统一战线的组织，是中国共产党领导的多党合作和政治协商的重要机构，是我国政治生活中发扬社会主义民主的重要形式。中国人民政治协商会议是中国共产党把马克思列宁主义统一战线理论同中国具体实践相结合的伟大创造，是中国共产党同各民主党派、人民团体和各族各界人士风雨同舟、团结奋斗的伟大成果。

中国人民政治协商会议是同新中国一起诞生的。新中国成立前夕，随着中国人民革命的全面胜利，建立人民当家作主的全国政权、带领全国各族人民建设新生活的历史重任提到了我们党面前。要建设新中国、新社会，迅速荡涤反动政府留下来的污泥浊水，有组织、有步骤地在全国范围内开展各项建设工作，必须广泛调动全民族的积极性和创造性，凝聚起全社会的智慧和力量。1949年6月15日，毛泽东同志就提出："必须召集一个包含各民主党派、各人民团体、各界民主人士、国内少数民族和海外华侨的代表人物的政治协商会议，宣告中华人民共和国的成立，并选举代表这个共和国的民主联合政府，才能使我们的伟大的祖国脱离半殖民地的和半封建的命运，走上独立、自由、和平、统一和强盛的道路。"各民主党派、人民团体和各族各界人士热烈响应这一号召，认真参与筹备工作。1949年9月21日至29日，中国人民政治协商会议第一届全体会议召开，标志着人民政协正式成立。这次会议代行全国人民代表大会的职权，通过了具有临时宪法性质的《中国人民政治协商会议共同纲领》和《中国人民政治协商会议组织法》、《中华人民共和国中央人民政府组织法》，作出了关于中华人民共和国国都、国旗、国歌、纪年4个重要决议，选举了中国人民政治协商会议全国委员会和中华人民共和国中央人民政府委员会，宣告了中华人民共和国的成立。新中国成立后，人民政协为恢复和发展我国国民经济、巩固新生的人民政权、促进社会主义革命和建设作出了重大贡献。1954年，第一届全国人民代表大会召开后，中国人民政治协商会议作为民主协商机构和统一战线组织，继续在国家政治生活和社会生活中开展了卓有成效的工作。1978年中共十一届三中全会以来，我国进入了社会主义建设新的历史时期，人民政协在改革开放和社会主义现代化建设的火热进程中，焕发出新的强大生机和蓬勃活力，取得了显著成绩。

中国共产党三代中央领导集体都高度重视和关心人民政协事业的发展，提出了一系列重要思想和重大方针政策，为人民政协事业的发展指明了前进方向。以毛泽东同志为核心的中国共产党第一代中央领导集体，就人民政协的共同政治基础、中国共产党对统一战线和人民政协的领导、人民政协的性质和任务及工作方针，提出了一系列独创性的重要思想，有力地指导了人民政协事业的创建和发展。以邓小平同志为核心的中国共产党第二代中央领导集体，明确提出了新时期统一战线和人民政协的性质和任务，确立了中国共产党与各民主党派"长期共存、互相监督、肝胆相照、荣辱与共"的方针，人民政协的性质和作用被庄严地载入宪法。以江泽民同志为核心的中国共产党第三代中央领导集体，明确提出中国共产党领导的多党合作和政治协商制度是我国的一项基本政治制度，并在宪法中确定这项基本政治制度将长期存在和发展。中共十五大把坚持和完善中国共产党领导的多党合作和政治协商制度作为我们党的基本纲领的重要内容，强调要继续推进人民政协政治协商、民主监督、参政议政的规范化、制度化。中共十六大明确提出，要坚持和完善中国共产党领导的多党合作和政治协商制度，加强同民主党派合作共事，更好地发挥我国社会主义政党制度的特点和优势。刚刚闭幕的中共十六届四中全会强调，中国共产党支持人民政协围绕团结和民主两大主题履行政治协商、民主监督、参政议政的职能。这一切充分说明，中国共产党始终高度重视发挥人民政协在推动国家各项事业发展中的重要作用。

人民政协辉煌的55年，是与人民共和国一起成长，与全国人民一道努力，为国家富强、人民幸福和祖国统一团结奋斗的55年。人民政协坚持贯彻中共中央关于人民政协工作的方针政策，始终高举爱国主义、社会主义的旗帜，牢牢把握团结和民主两大主题，切实履行政治协商、民主监督、参政议政职能，自觉服从和服务于国家改革发展稳定的大局，广泛团结海内外一切热爱祖国的中华儿女，在推进社会主义物质文明、政治文明、精神文明建设和促进祖国统一大业等方面发挥了重要作用。我们对人民政协55年来所取得的不平凡的业绩由衷地感到高兴。我们永远缅怀毛泽东同志、周恩来同志、邓小平同志、邓颖超同志、李先念同志等老一辈人民政协事业的伟大开拓者和卓越领导人。

各级人民政协组织和广大政协委员为实现国家富强、民族振兴、人民幸福所作出的杰出贡献，为人民政协事业发展所作出的杰出贡献，已经载入我们国家和民族发展的光辉史册，也为人民政协事业的未来发展奠定了坚实基础。

人民政协55年的实践，积累了丰富的经验，为我们继续推进人民政协事业发展提供了重要启示。

——必须充分发挥人民政协作为中国人民爱国统一战线组织的作用，不断为党和人民事业的发展增添力量。统一战线始终是推进党和人民事业发展的重要法宝，也是中国共产党执政兴国的重要法宝。在中国共产党领导下，发展最广泛的爱国统一战线，实现各党派、各团体、各民族、各阶层及一切热爱中华民族的人们的大团结，是推进党和人民事业发展的必然要求。人民政协在热爱中华人民共和国、拥护中国共产党的领导、拥护社会主义事业、共同致力于中华民族伟大复兴的政治基础上，充分发挥职能作用，有利于团结一切可以团结的力量，调动一切可以调动的积极因素，集中全国各族人民和全体中华儿女的意志、智慧和力量，为实现国家富强、人民幸福和祖国统一而共同奋斗。

——必须充分发挥人民政协作为中国共产党领导的多党合作和政治协商重要机构的作用，不断加强中国共产党同民主党派的合作共事、巩固中国共产党同党外人士的联盟。中国共产党领导的多党合作和政治协商制度是适合我国国情、具有中国特色的政党制度。中国共产党领导、多党派合作，中国共产党执政、多党派参政，各民主党派同共产党亲密合作，是这一政党制度的本质和鲜明特点。中国共产党同各民主党派在国家重大问题上进行民主协商、科学决策，有利于集中力量办大事，中国共产党和各民主党派互相监督，有利于改善中国共产党的领导，有利于加强参政党建设。人民政协是中国共产党领导的多党合作和政治协商的重要机构，发展人民政协事业有利于发挥我国社会主义政党制度的特点和优势，巩固共同建设中国特色社会主义的社会政治基础。

——必须充分运用人民政协这一我国政治生活中发扬社会主义民主的重要形式，不断发展社会主义民主政治、建设社会主义政治文明。人民政协是我国政治体制的重要组成部分，在我国政治生活中具有不可替代的作用。它是我国各民主党派参政议政、团结合作的重要场所，有利于使各民主党派的意见和主张在国家政治生活中得到充分表达。它具有广泛的代表性和包容性，有利于吸收各民族、各团体、各阶层、各方面人士参与国事。它实行民主协商、求同存异的工作原则，有利于广开言路、集思广益、尊重多数、照顾少数，促进决策的科学化、民主化。它坚持把发扬民主与加强团结统一起来，有利于形成融洽和谐、生动活泼的局面。坚持和完善人民政协这种民主形式，既符合社会主义民主政治的本质要求，又体现了中华民族兼容并蓄的优秀文化传统，具有鲜明的中国特色，是我国社会主义民主政治的一大优势。

——必须牢牢把握团结和民主两大主题，为实现党和国家的中心任务而不懈努力。在中国共产党领导下实行团结和民主，是人民政协性质的集中体现，是人民政协产生和发展的历史根据。实现紧密团结，发展民主才更有基础；发扬广泛民主，加强团结才更有力量。牢牢把握团结和民主两大主题，把这两大主题贯穿于人民政协工作的各方面、贯穿于人民政协事业发展的全过程，人民政协就能不断增强感召力、凝聚力，调动各方面的积极性更好地履行职能，不断开拓工作新局面。围绕中心、服务大局，是人民政协履行职能必须遵循的重要原则。人民政协围绕党和国家工作的大局，充分发挥人才荟萃、联系广泛、智力密集的特点和优势，积极参与中国特色社会主义伟大事业的历史进程，不断促进人民政协事业的发展，不断为国家各项事业的发展作出自己的贡献。

同志们、朋友们！

我国正处在全面建设小康社会、加快推进社会主义现代化的新的发展阶段。当前，国际局势继续发生深刻变化，世界多极化和经济全球化的趋势在曲折中发展，科技进步日新月异，综合国力竞争日益激烈，各种矛盾错综复杂。我们要全面建设惠及十几亿人口的更高水平的小康社会，任务十分艰巨繁重。在人民生活总体上达到小康、人均国内生产总值跃上1000美元的台阶后，我国改革发展进入了一个关键时期，经济结构深刻调整，社会利益关系更为复杂，新情况新问题层出不穷。我们既面临难得的发展机遇，又面对着严峻挑战。我们要抓住机遇、战胜挑战，实现全面建设小康社会的宏伟目标，就必须紧紧依靠全国各族人民的团结奋斗，紧紧依靠全体中华儿女的团结奋斗。全面建设小康社会、加快推进社会主义现代化，是全国各族人民在中国共产党领导下共创自己美好生活的事业，也是需要全国各族人民同心同德奋斗才能完成的事业。在全面建设小康社会的征程上，人民政协肩负的责任重大，地位重要。进一步动员、组织、团结全国各族人民和一切爱国力量为实现新世纪新阶段我国发展的宏伟目标而奋斗，是摆在我们面前的一项重大任务，也是人民政协的历史使命。

中共十六大提出了发展社会主义民主政治、建设社会主义政治文明的任务，并把它作为全面建设小康社会的一个重要目标。这是我们党领导人民坚持不懈地推进人民民主的必然要求。这一目标的确立，对于当代中国的政治建设具有重大意义，对于人民政协事业的发展也具有重大意义。发展社会主义民主政治、建设社会主义政治文明，必须把坚持党的领导、人民当家作主和依法治国有机统一起来，既借鉴人类政治文明的有益成果，又坚持走中国共产党和中国人民自己选择的政治发展道路。中国共产党和中国人民在长期实践中，经过反复探索、不断总结，逐步建立起一套适合我国国情的社会主义政治制度，主要是人民代表大会制度、中国共产党领导的多党合作和政治协商制度以及民族区域自治制度。这些制度，集中体现了我国社会主义民主政治的特点。发展社会主义民主政治、建设社会主义政治文明，最重要的就是要坚持好、发展好这些制度。

人民政协事业是建设中国特色社会主义事业的有机组成部分，人民政协的命运始终与我们国家、民族的发展紧密相联。面对新世纪新阶段党和人民事业发展的新要求，人民政协要坚持以邓小平理论和“三个代表”重要思想为指导，牢牢把握团结和民主两大主题，围绕党和国家的工作大局，切实加强自身建设，不断提高政治协商、民主监督、参政议政的水平。

第一，要坚持以邓小平理论和“三个代表”重要思想统揽政协工作，使人民政协事业真正体现时代性、把握规律性、富于创造性。马克思列宁主义、毛泽东思想、邓小平理论和“三个代表”重要思想，是全党全国各族人民团结奋斗的共同思想基础，也是人民政协做好工作、发挥作用的根本思想基础。中国人民政治协商会议第十届全国委员会第二次会议通过的《中国人民政治协商会议章程修正案》，把“三个代表”重要思想同马克思列宁主义、毛泽东思想、邓小平理论一道确立为人民政协的指导思想。高举邓小平理论和“三个代表”重要思想伟大旗帜，是人民政协坚持坚定正确的政治方向的思想保证。要把思想理论建设摆在人民政协各项建设的首要位置，坚持用“三个代表”重要思想武装头脑、指导实践、推动工作，解放思想、实事求是、与时俱进，不断研究新情况、解决新问题，不断认识和把握人民政协工作的特点和规律，不断开创人民政协工作的新局面。

第二，要按照围绕中心、服务大局的要求开展工作，积极为中国特色社会主义事业贡献力量。继续推进现代化建设、完成祖国统一、维护世界和平与促进共同发展，是中国共产党在新世纪的三大历史任务，是需要包括各民主党派、人民团体和各族各界人士在内的全国各族人民共同为之奋斗的宏伟目标。发展，是解决中国当前各种问题的基础；发展，是海内外中华儿女的共同愿望。人民政协只有围绕国家发展的大目标，立足整个国家建设的大格局，才能有所作为、多作贡献。人民政协开展工作，要坚持以经济建设为中心，牢固树立和全面落实科学发展观，按照聚精会神搞建设、一心一意谋发展的要求，更好地为推进经济持续快速协调健康发展和社会全面进步服务，为维护改革发展稳定的大局贡献力量；要坚持“和平统一、一国两制”的基本方针和现阶段发展两岸关系、推进祖国和平统一进程的八项主张，积极开展同台湾同胞和各界人士的联系，加强同归侨、侨眷和海外侨胞的联系，坚决反对和遏制“台独”分裂势力，为实现祖国完全统一贡献力量；要高举和平、发展、合作的旗帜，坚持贯彻独立自主的和平外交政策，积极主动地开展人民外交，加强同各国人民的友好往来和合作，为给我国现代化建设争取良好的国际环境和周边环境、促进世界和平与发展贡献力量。

第三，要切实做好各方面的团结工作，不断壮大最广泛的爱国统一战线。团结是构建社会主义和谐社会的前提，是集中各方智慧、形成伟大力量的源泉。人民政协要充分发挥团结各界、凝聚人心的作用，最广泛、最充分地调动一切积极因素，促进国家发展目标的实现。我国统一战线已经发展成为包括全体社会主义劳动者、社会主义事业的建设者、拥护社会主义的爱国者和拥护祖国统一的爱国者的最广泛的联盟。要不断巩固社会主义劳动者之间的团结，充分发挥包括知识分子在内的工人阶级、广大农民推动我国先进生产力发展和社会全面进步根本力量的重大作用，不断巩固和发展中国共产党领导的统一战线的基础。要切实做好团结包括新的社会阶层在内的全体社会主义事业的建设者的工作，进一步加强同他们的联系，了解他们的愿望和要求，坚定他们走中国特色社会主义道路的信念，引导他们爱国、敬业、诚信、守法，维护他们的合法权益，鼓励他们为促进国家发展、改善人民生活和增加社会财富多贡献智慧和力量。要坚持高举爱国主义旗帜，发挥人民政协组织的优势，多形式、多渠道、多领域地开展工作，广泛团结香港特别行政区同胞、澳门特别行政区同胞、台湾同胞和海外侨胞以及海内外各方面爱国力量，共同为中华民族的伟大复兴而奋斗。

第四，要推动政治协商、民主监督、参政议政的制度化、规范化、程序化，进一步发挥人民政协的特点和优势。开展政治协商、民主监督、参政议政，是人民政协的主要职能，也是发展社会主义民主政治、建设社会主义政治文明的重要内容。政治协商是发扬社会主义民主的重要形式，也是党和政府广集民智、实行科学民主决策的重要环节。对国家和地方的大政方针以及政治、经济、文化和社会生活中的重要问题，在决策之前和就决策执行中的重要问题在人民政协进行协商，广泛听取各方面意见，有利于集思广益、避免和减少决策失误，也有利于增进理解、扩大共识，使党和政府的决策成为最大多数人的自觉行动。各级党委和政府要结合自身实际，把作出重大决策前进行民主协商作为重要民主程序切实搞好。人民政协的民主监督是我国社会主义监督体系的重要组成部分。要积极发挥人民政协通过提出建议和批评，对国家宪法、法律和法规的实施，重大方针政策的贯彻执行、国家机关及其工作人员工作的监督作用。参政议政是人民政协履行职能的重要形式，也是党政领导机关经常听取参加人民政协的各民主党派、人民团体和各族各界人士的意见和建议、切实做好工作的有效方式。各级人民政协组织中人才荟萃，汇聚了各个领域的专家学者，要充分运用自己的有利条件，围绕政治、经济、文化和社会生活中的重要问题及人民群众普遍关心的问题，选择一些具有综合性、全局性、前瞻性的课题，深入开展调查研究，反映社情民意，进行协商讨论，提出有见解、有分量的意见和建议，为党和政府决策提供依据和参考。

第五，要重视加强自身建设，发挥政协委员在履行职能中的主体作用。人民政协要履行好职能，必须不断提高工作能力和水平。各级人民政协组织要主动适应新形势新任务的要求,依据宪法和政协章程的规定,全面加强自身建设。要提高思想理论水平和政策水平,认真学习并自觉遵守宪法和法律,坚决维护宪法和法律的权威、维护社会主义法制的统一,提高依法履行职能的能力。要认真学习政协章程,切实贯彻章程,坚持按章程开展工作。要按照发展社会主义民主政治的要求,以与时俱进的精神坚持改革创新,研究探索开展人民政协工作的新形式、新方法,建立健全履行职能的各种制度和程序。要加强作风建设,大力弘扬求真务实精神,大兴求真务实之风,牢记人民的利益高于一切,切实把实现好、维护好、发展好最广大人民的根本利益作为人民政协履行职能的根本出发点和归宿,倾听人民的呼声,反映人民的要求。要大力加强人民政协理论研究工作,为人民政协事业更好地发展提供理论指导。各级政协委员是各界群众的代表,要密切联系人民群众,坚持深入实际、深入基层、深入群众,体察人民群众的情绪和愿望,做好了解和反映社情民意的工作,同时要积极主动地宣传党和国家的方针政策,协助党和政府做好协调关系、化解矛盾、理顺情绪的工作,为维护改革发展稳定的大局多作贡献。

同志们、朋友们!

中国共产党是中国特色社会主义事业的领导核心。坚持中国共产党的领导,是人民政协开展工作必须始终遵循的一项根本原则。坚持中国共产党的领导,必须不断加强和改善党的领导。刚刚闭幕的中共十六届四中全会,根据新世纪新阶段我们党所面临的新形势新任务,对加强党的执政能力建设作出了全面部署。加强和改善对人民政协的领导,推动人民政协富有成效地开展工作,充分发挥人民政协在国家政治生活中的作用,是加强中国共产党执政能力建设的一个重要方面。各级党委要从提高执政能力、发展社会主义民主政治、构建社会主义和谐社会、推进改革开放和现代化建设胜利发展的战略高度,进一步提高对人民政协地位和作用的认识,进一步加强和改善对人民政协的领导,充分发挥人民政协的重要作用。

各级党委要深刻认识人民政协工作的重要性,善于运用人民政协这一政治组织和民主形式为实现党的总任务、总目标服务。要按照党总揽全局、协调各方的原则,进一步加强和改善对同级人民政协组织的领导,切实支持人民政协围绕团结和民主两大主题履行好政治协商、民主监督、参政议政的职能。党委既要支持人民政协依照章程独立负责、协调一致地开展工作,及时研究并统筹解决人民政协工作中的重大问题,又要通过人民政协中的党组织和党员干部贯彻党的理论和路线方针政策,贯彻党委的重大决策和工作部署。各级党委和政府要认真倾听来自人民政协的批评和建议,自觉接受人民政协的监督。要依法保护政协委员的民主监督权利,鼓励政协委员负责任地提出意见和建议。政协章程是参加人民政协的各党派、人民团体和各族各界人士共同的行为准则。中国人民政治协商会议第十届全国委员会第二次会议通过《中国人民政治协商会议章程修正案》后,中共中央办公厅发出通知,要求全党全国学习贯彻政协章程。各级党委要认真检查贯彻落实通知精神的情况,把加强和改善党对人民政协的领导同积极支持人民政协依照法律和章程履行职能结合起来,把是否重视人民政协工作、能否发挥好人民政协在社会主义物质文明、政治文明、精神文明建设中的作用作为检验领导水平和执政能力的一项重要内容。

人民政协中的中国共产党党组是党在人民政协中的派出机构,对于实现中国共产党对人民政协的领导肩负着重大责任,必须坚定不移地贯彻党的基本理论、基本路线、基本纲领、基本经验,坚定不移地贯彻执行党关于人民政协的方针政策,把党的有关重大决策和工作部署贯彻到人民政协的全部工作中去，扎扎实实地完成党所赋予的各项任务。要通过自己的工作，推动参加人民政协的各民主党派、人民团体和各族各界人士自觉接受中国共产党的领导。要通过广泛深入的协商和讨论，使党的主张成为各民主党派、人民团体和各族各界人士的共识，团结人民政协各参加单位和广大政协委员为实现党提出的共同目标和任务而奋斗。人民政协中的中国共产党的组织和党员干部要带头遵守政协章程，自觉按政协章程办事。政协委员中的中共党员和人民政协机关中的中共党员，是受党组织委派从事人民政协工作的，要增强政治责任感，努力提高自身修养和能力，继承和发扬党的统一战线和人民政协的优良传统，广交、深交党外朋友，努力成为合作共事的模范、发扬民主的模范、廉洁奉公的模范。

各级人民政协组织的干部是做好人民政协工作的重要组织保证。各级党委要着眼于统一战线和人民政协事业长远发展的全局，高度重视并切实加强人民政协组织的干部队伍建设。要加强人民政协干部的选拔、交流和任用，加大对人民政协干部培训工作力度，关心他们的成长和进步，努力造就一支政治坚定、作风优良、学识丰富、业务熟练的高素质政协工作干部队伍。

同志们、朋友们！

人民政协事业的发展同党和国家事业的发展息息相关。全面建设小康社会、加快推进社会主义现代化的伟大实践，为人民政协事业的发展提供了广阔的舞台。人民政协是大有可为的，也一定能够大有作为。让我们高举邓小平理论和“三个代表”重要思想伟大旗帜，同心同德、团结奋进，求真务实、开拓进取，为全面建设小康社会、开创中国特色社会主义事业新局面而共同奋斗！

全 国 委 员 会 篇

领导人讲话、报告、发言、文章

在全国政协新年茶话会上的讲话

(2004年1月1日)

胡锦涛

同志们,朋友们:

今天是2004年元旦,我们在这里欢聚一堂,畅谈国是,共叙友情,喜庆佳节,感到格外高兴。我代表中共中央、国务院、中央军委,向各民主党派和工商联、各人民团体和各界人士,向全国广大工人、农民、知识分子和干部,向人民解放军指战员、武警官兵和公安民警,向香港特别行政区同胞、澳门特别行政区同胞、台湾同胞和海外侨胞,向一切关心和支持中国现代化建设的国际友人,致以诚挚的节日问候!祝大家新年好!

刚刚过去的2003年,是全党全国人民认真学习贯彻"三个代表"重要思想和十六大精神、全面建设小康社会取得良好开局的一年。

在这一年里,面对复杂多变的国际形势和繁重艰巨的国内建设任务,面对各种突发事件和自然灾害,全党全国人民同心同德,迎难而上,顽强拼搏,坚定不移地推进中国特色社会主义伟大事业。我们广泛兴起学习贯彻"三个代表"重要思想新高潮,进一步巩固了全党全国人民团结奋斗的共同思想基础;顺利完成人大、政府和政协的换届工作,为党和国家事业的发展提供了重要组织保证;坚持聚精会神搞建设、一心一意谋发展,深化改革,扩大开放,保持了经济较快增长和社会事业全面发展的良好势头;大力发扬万众一心、众志成城,团结互助、和衷共济,迎难而上、敢于胜利的精神,开展抗击非典的人民战争,夺取了防治非典工作的重大胜利;我国首次载人航天飞行取得圆满成功,实现了中华民族自古以来的飞天梦想;深入开展关心群众特别是困难群众生产生活的工作,人民生活水平继续提高;社会主义政治文明和精神文明建设取得新进展,党的建设新的伟大工程全面推进。

在这一年里,中国共产党胜利召开十六届三中全会,审议通过了《中共中央关于完善社会主义市场经济体制若干问题的决定》和《中共中央关于修改宪法部分内容的建议》。这次会议,对于推动新世纪新阶段我国社会主义市场经济、社会主义民主政治和社会主义先进文化的发展,对于全面建设小康社会、开创中国特色社会主义事业新局面具有十分重大的意义。

在这一年里,我们坚持独立自主的和平外交政策,积极参加一系列多边外交活动,广泛加强双边外交,大国外交、周边外交、发展中国家外交取得新成绩,在重大国际和地区问题上发挥了建设性作用,我国的国际地位和影响力进一步提高。

放眼大江南北、长城内外，我们伟大的祖国呈现出一派欣欣向荣的喜人景象，各族人民正满怀信心地朝着全面建设小康社会的宏伟目标阔步前进。形势越好，我们越要保持清醒头脑，越要增强忧患意识，越要居安思危，越要谦虚谨慎。我们要高度重视和认真分析我国经济社会发展存在的突出问题，高度重视和认真分析人民群众反映强烈的突出问题，特别是涉及全局的倾向性和苗头性问题，采取切实有力的政策措施，千方百计予以解决。我们坚信，只要坚持中国共产党的领导，坚持以马克思列宁主义、毛泽东思想、邓小平理论和"三个代表"重要思想为指导，紧紧依靠全党全国人民，我们就能不断战胜前进道路上的各种困难和风险，开创事业发展的新局面。

同志们、朋友们！

2004年，是全面落实十六大和十六届三中全会精神、实现"十五"计划目标的关键一年。做好今年的各项工作，继续保持经济社会发展的良好势头，意义重大而深远。

在新的一年里，我们要把学习贯彻"三个代表"重要思想新高潮的活动不断引向深入，进一步在武装头脑、指导实践、推动工作上狠下功夫，为全面建设小康社会的伟大事业提供强有力的理论指导和思想保证。

在新的一年里，我们要紧紧抓住发展这个党执政兴国的第一要务，坚持全面、协调、可持续的发展观，继续实施扩大内需的各项政策措施，按照稳定政策、适度调整，深化改革、扩大开放，把握全局、解决矛盾，统筹兼顾、协调发展的思路，加快经济结构的战略性调整，着力提高经济增长的质量和效益，实现经济社会全面发展。进一步加强社会主义民主法制建设和精神文明建设。以加强党的执政能力建设为重点，全面推进党的建设新的伟大工程。

在新的一年里，我们要坚持立党为公、执政为民，坚持权为民所用、情为民所系、利为民所谋，树立正确的政绩观，切实转变干部作风，真正做到为民、务实、清廉。要把人民群众的安危冷暖时刻挂在心上，继续做好关心群众生产生活的工作，想群众之所想，急群众之所急，帮群众之所需，千方百计促进农民增收，切实做好就业再就业工作，加快社会保障体系建设，加大扶贫帮困力度，不断改善人民生活。要正确处理改革发展稳定的关系，保持社会安定团结。

在新的一年里，我们要坚定不移地贯彻"一国两制"、"港人治港"、"澳人治澳"、高度自治的方针，严格按照香港基本法和澳门基本法办事，全力支持香港、澳门特别行政区政府和行政长官依法施政，密切内地同香港、澳门的经贸关系，广泛团结香港、澳门各界人士，共同维护和发展香港、澳门繁荣稳定的局面。

在新的一年里，我们要坚持"和平统一、一国两制"的基本方针和现阶段发展两岸关系、推进祖国和平统一进程的八项主张，积极推进两岸人员往来和经济文化交流，促进祖国和平统一进程。我们将以最大的诚意、尽最大的努力实现祖国和平统一。我们坚决反对任何形式的"台独"分裂活动，绝不允许任何人以任何方式把台湾从中国分割出去。我们呼吁，包括台湾同胞在内的全体中华儿女一起努力，共同推动祖国的完全统一早日实现。

在新的一年里，我们要继续坚定不移地奉行独立自主的和平外交政策，高举和平、发展、合作的旗帜，继续发展同各国的友好交往和互利合作，同各国人民一道，努力推动建立公正合理的国际政治经济新秩序，维护世界和平，促进共同发展。

同志们、朋友们!

团结就是力量。这是颠扑不破的真理。实现全面建设小康社会的宏伟目标,完成中华民族伟大复兴的神圣事业,必须团结一切可以团结的力量。新世纪新阶段的爱国统一战线工作和人民政协工作,必须以此为根本出发点和落脚点。我们要进一步坚持和完善中国共产党领导的多党合作和政治协商制度,进一步巩固和发展爱国统一战线,最广泛最充分地调动一切积极因素,不断为中华民族的伟大复兴增添新力量。在过去的一年里,人民政协牢牢把握团结和民主两大主题,认真履行各项职能,为促进我国经济社会全面发展、维护改革发展稳定的大局发挥了重要作用。在新的一年里,希望人民政协紧紧围绕党和国家的中心工作,进一步做好政治协商、民主监督、参政议政工作,发扬优良传统,发挥自身优势,深入调查研究,积极建言献策,为全面建设小康社会作出新的更大的贡献。

"天时人事日相催,冬至阳生春又来。"新春的到来,总是给人们带来美好的憧憬。让我们更加紧密地团结起来,高举邓小平理论和"三个代表"重要思想的伟大旗帜,在十六大精神的指引下,团结一心,艰苦奋斗,锐意进取,与时俱进,继续谱写实现中华民族伟大复兴的新篇章!

(新华社北京1月1日电)

在全国政协新年茶话会上的讲话

(2004年1月1日)

黄孟复

同志们,朋友们:

在我们昂首阔步跨入2004年之际,大家欢聚一堂,辞旧迎新,感到无比高兴。刚才胡锦涛总书记发表了重要讲话,回顾了过去一年的成就,展望了新的一年的形势,我们深受鼓舞。借此机会,我谨代表各民主党派中央、全国工商联和无党派人士,向伟大的中国共产党表示崇高的敬意,向全国各族人民致以节日的祝贺,向香港特别行政区同胞、澳门特别行政区同胞、台湾同胞和海外侨胞致以节日的问候。祝大家新年好!

过去的一年,是贯彻中共十六大精神和全面建设小康社会的开局之年,也是我国发展进程中重要而又很不寻常的一年。面对国际形势复杂多变,国内非典疫情来势凶猛和多种自然灾害频繁发生的严峻考验,以胡锦涛同志为总书记的党中央,高举邓小平理论和"三个代表"重要思想伟大旗帜,统揽全局,沉着应对,妥善处置,带领全国人民万众一心,奋力拼搏,战胜困难与险阻,保持了社会的稳定,实现了国民经济的持续、快速、协调、健康发展,推进了社会主义政治文明和精神文明建设。特别是我国首次载人航天飞行取得圆满成功,标志着我国综合国力和科技实力进一步增强。

过去的一年，是我国经济体制改革具有标志性意义的一年。中国共产党胜利召开了十六届三中全会，通过了《中共中央关于完善社会主义市场经济体制若干问题的决定》，明确提出了完善社会主义市场经济体制的目标、任务、指导思想和原则。《决定》是对马克思主义经济理论的重大发展，是指导我国新世纪新阶段深化经济体制改革、促进经济社会和人的全面发展的纲领性文件，必将对全面实现小康社会目标和继续推进中国特色社会主义事业，产生重大而深远的影响。去年，我国的行政管理体制改革有了新的进展，金融体制改革稳步推进，农村税费改革在全国范围展开。中国又迎来新一轮经济体制改革大潮。

过去的一年，是中国共产党领导的多党合作和政治协商制度取得新进展的一年。中共中央、国务院坚持对重大决策进行协商，协商于决策之前，认真听取各民主党派中央、全国工商联和无党派人士的意见，高度重视发挥统一战线的作用。在胡锦涛总书记亲自走访各民主党派中央和全国工商联机关时所作重要指示精神的鼓舞下，新一届民主党派中央和全国工商联领导集体以邓小平理论和“三个代表”重要思想为指导，认真贯彻落实中共十六大精神，领导各自组织，围绕中心，服务大局，积极履行参政议政、民主监督职能，不断加强自身建设，各项工作都取得了新的成绩，为国家的政治稳定、经济发展、社会进步和民族团结做出了新的贡献。

总之，过去的一年，是我国经济与社会全面、协调、可持续发展方面取得重大成就的一年。我们为有中国共产党的坚强正确领导，为全国各族各界人民的紧密团结，为我国蓬勃发展的大好局面感到无比的自豪和振奋。

在这里还需要特别指出的是，过去的一年，祖国大陆坚持“和平统一、一国两制”的基本方针，贯彻江泽民同志关于解决台湾问题的八项主张，继续大力推动两岸经济文化等领域的交流与人员往来，以最大的诚意、尽最大的努力争取和平统一的前景。我们充分理解并尊重台湾同胞的民主诉求，但坚决反对台湾当局假民主之名进行“台独”分裂活动，坚决反对任何人以任何方式把台湾从中国分裂出去。我们相信，具有光荣爱国主义传统的广大台湾同胞在事关国家主权和领土完整、事关中华民族根本利益、事关台湾前途的大是大非问题上，能够深明大义、明辨是非，做出正确的抉择。

2004年，是实现“十五”计划的关键一年，也是全面落实中共十六大和十六届三中全会精神，深化改革、扩大开放、促进发展的重要一年。做好今年的工作，对于保持“十五”开局以来经济和社会发展的好势头，全面建设小康社会，把中国特色社会主义的伟大事业继续推向前进，意义十分重大。伟大的事业需要伟大的团结，我们各民主党派、工商联和无党派人士，决心发挥各自的优势，牢牢把握团结和民主两大主题，调动一切积极因素，团结一切可以团结的力量，与全国人民一道，共同创造祖国的美好未来。

同志们、朋友们，新一年的到来，预示着我们又开始了新的征程。我们各民主党派、工商联和无党派人士决心紧密团结在以胡锦涛同志为总书记的中共中央周围，高举邓小平理论和“三个代表”重要思想伟大旗帜，进一步坚持和完善中国共产党领导的多党合作和政治协商制度，努力做好各自的工作，为全面建设小康社会，促进祖国统一大业的完成和实现中华民族的伟大复兴再立新功。

谢谢大家！

（2004年1月2日《人民日报》）

在全国宗教工作座谈会上的讲话(摘要)

(2004年1月6日)

贾庆林

"三个代表"重要思想中关于宗教工作的一系列重要论述,是对马克思主义宗教观的丰富和发展,是做好新世纪新阶段宗教工作的强大思想武器和行动指南。我们要坚持用"三个代表"重要思想统领宗教工作,全面贯彻党的宗教工作基本方针和基本政策,把广大信教群众和不信教群众紧密团结在党和政府周围,将智慧和力量凝聚到全面建设小康社会的宏伟目标上来。

在2001年召开的全国宗教工作会议上,江泽民同志站在历史和时代的高度,从理论和实践的结合上,科学回答了社会主义初级阶段的宗教和宗教工作的一系列重大问题,为做好党的宗教工作指明了方向。以胡锦涛同志为总书记的新一届中央领导集体,坚持以"三个代表"重要思想统领宗教工作,立足于我国的基本国情,充分认识宗教存在的长期性、宗教问题的群众性和特殊复杂性,重申宗教工作要坚持全面贯彻党的宗教信仰自由政策,依法管理宗教事务,坚持独立自主自办的原则,积极引导宗教与社会主义社会相适应的基本方针,使宗教工作在保持连续性、稳定性的基础上继续向前推进。

近年来,各级党委和政府认真学习领会中央精神,全党进行了一次普遍的马克思主义宗教观和党的宗教理论、政策的教育。宗教工作的力度不断加大,特别是在重点问题的落实和难点问题的突破上取得了新的进展。爱国宗教团体在维护民族团结和社会稳定、促进经济发展和祖国统一中发挥了积极作用。各宗教在积极探索宗教与社会主义社会相适应方面迈出了新的步伐。我国宗教工作的成绩是显著的,宗教方面的形势是好的。实践证明,党的宗教政策是正确的。

宗教工作贯彻"三个代表"重要思想,要落实到团结和带领广大信教群众投身全面建设小康社会的伟大事业上来。要坚持以经济建设为中心,把广大信教群众的注意力更多地引导到发展经济、改善生活上来。要用先进文化引导和丰富人民群众的精神生活,不断发展社会主义文化,丰富人民群众的精神世界。要把包括广大信教群众在内的最广大人民群众的利益实现好、维护好、发展好。

中央关于宗教工作的方针政策已经明确,关键是狠抓落实。各级党委和政府要从巩固党的执政地位、加强党的群众工作、保证国家长治久安、实现全面建设小康社会宏伟目标的高度,真正重视并加强宗教工作和抵御境外利用宗教对我国进行渗透的工作。要把宗教工作列入重要议事日程,及时研究和处理宗教方面的重大问题。要结合各地实际,抓住各宗教中存在的重点、难点问题,分类指导,采取有效措施,切实推动解决。

加强宗教工作,关键在于提高党政领导干部、统战和宗教工作干部、宗教界人士这三支队伍的综合素质和能力。要加强宗教领域法制建设，努力提高宗教工作干部依法行政、依法管理宗教事务的能力和水平。要加强基层党组织和政权建设。要坚持不懈地对基层干部和广大党员进行马克思主义宗教观、党的宗教政策和国家法律法规的教育。

（摘自2004年1月7日《人民日报》）

在全国统战部长会议上的讲话（摘要）

（2004年1月8日）

贾庆林

在全面建设小康社会的伟大进程中，统一战线承担着光荣而艰巨的历史使命。各级统战部门要认清形势、把握大局，进一步增强使命感和责任感，坚持用“三个代表”重要思想统领统战工作，以奋发有为的精神状态，更好地为全面建设小康社会的宏伟目标服务。

十六大以后，在以胡锦涛同志为总书记的党中央领导下，各级统战部门动员和组织各党派团体、各族各界人士，以邓小平理论和“三个代表”重要思想为指导，自觉围绕中心、服务大局，各项工作取得了新的进展。

统一战线的根本任务就是争取人心、凝聚力量，为实现党和国家的宏伟目标而团结奋斗。发展是中国共产党执政兴国的第一要务，是各民主党派参政议政的第一要务，也是统一战线各界人士团结奋斗的第一要务。统一战线为促进经济社会发展服务，具有独特的优势，大有用武之地。统一战线各方面成员要坚持全面、协调、可持续的科学发展观，为促进经济社会和人的全面发展服务。要积极参与改革，为完善社会主义市场经济体制服务。要自觉维护稳定，为巩固和发展安定团结的政治局面服务。

要把握主题、与时俱进，努力实现全体社会主义劳动者、社会主义事业的建设者、拥护社会主义的爱国者和拥护祖国统一的爱国者的最广泛的大团结。最近，党中央关于修改宪法部分内容的建议，第一次把“社会主义事业的建设者”纳入统一战线的内部构成，反映了我们党在统一战线基本理论上的与时俱进。认真领会中央建议的精神，充分认识统一战线内部构成的发展变化，在巩固工人、农民和知识分子团结的基础上，进一步团结作为社会主义事业的建设者新的社会阶层，不断为中华民族伟大复兴增添新力量，这是贯彻落实“三个代表”重要思想和十六大精神的必然要求，也是巩固和发展新世纪新阶段统一战线的重要战略任务。

要突出重点、整体推进，全面提高统一战线工作水平。要着眼于实施人才强国战略，切实加强培养党外人才工作；着眼于全面贯彻党的宗教工作基本方针和基本政策，坚决抵御境外利用宗教进行渗透；着眼于维护和促进香港的繁荣、稳定与发展，积极做好香港同胞的工作；着眼于实现祖国的完全统一，团结台湾各族各界和各阶层一切拥护祖国统一的爱国力量，广泛团结和联合海内外中华儿女，共同反对“台独”，反对分裂。

（摘自《人民政协报》）

在全国性宗教团体负责人迎春座谈会上的讲话（摘要）

（2004 年 1 月 14 日）

贾庆林

要坚持用“三个代表”重要思想统领宗教工作，认真贯彻党的宗教工作基本方针和基本政策，把广大信教群众更加紧密地团结在党和政府周围，为全面建设小康社会凝聚智慧和力量。

过去的一年，我国宗教工作的成绩是显著的，宗教方面的形势是好的。各级党委和政府认真学习领会中央精神，不断增强贯彻执行党的宗教工作基本方针和基本政策的自觉性和坚定性，在重点问题的落实和难点问题的突破上取得了新的进展。爱国宗教团体自觉服务于全面建设小康社会的大局，切实加强自身建设，在维护民族团结和社会稳定、促进经济发展和祖国统一中发挥了积极作用。

刚刚召开的全国宗教工作座谈会是党中央、国务院召开的一次重要会议，对于进一步统一思想、明确任务，切实加强和改进宗教工作，坚决抵御境外利用宗教对我国进行的渗透，巩固和发展团结稳定的政治局面，为全面建设小康社会的宏伟目标服务，具有非常重要的意义。我们要认真学习领会这次会议精神，并结合实际加以贯彻落实。

希望宗教界继续深入学习“三个代表”重要思想，更好地支持、协助党和政府全面贯彻落实宗教工作方针政策，进一步将信教群众的智慧和力量凝聚到全面建设小康社会的宏伟目标上来。要加强同广大信教群众的联系，不断增强宗教团体的凝聚力，把广大信教群众的注意力更多地引导到发展经济、改善生活上来。自觉坚持爱国爱教，积极引导宗教与社会主义社会相适应。加强对宗教界人士和广大信教群众的爱国主义、社会主义教育，引导他们在政治上热爱祖国，拥护社会主义制度，拥护共产党的领导，积极参与建设中国特色社会主义的实践。引导宗教界人士和信教群众学政治、学经济、学文化、学科技，跟上时代前进的步伐。要毫不动摇地坚持独立自主自办的原则，坚决抵御境外利用宗教进行渗透。高度重视对中青年教职人员的培养，努力建设一支合格的爱国爱教教职人员队伍。

（摘自 2004 年 1 月 15 日《人民日报》）

学习“三个代表”重要思想　切实履行参政党职能

（2004年1月）

李　蒙

世纪之交，江泽民同志提出了“三个代表”重要思想，论述了在新的历史条件下，“什么是社会主义，怎样建设社会主义，建设一个什么样的执政党，怎样建设执政党”这样重大的历史性课题。作为与中国共产党团结合作的参政党，同样面临这样的问题。我们要以与时俱进的精神，围绕建设一个什么样的参政党和怎样建设参政党这一重大问题进行探索和实践，着眼于提高政治协商和参政议政、民主监督的能力和水平，努力把农工党建设成为适应新世纪要求、始终保持进步性与广泛性相统一，能够在建设中国特色社会主义事业中有所作为的参政党。

一

“三个代表”重要思想的产生是历史的必然。如同其他科学理论体系一样，“三个代表”重要思想不是主观推断的结论，而是社会实践发展的产物。从根本上讲，“三个代表”重要思想是当代中国共产党人带领中国人民建设中国特色社会主义伟大实践的结晶，它植根于中国大地，植根于人民群众的实践，是对时代的反映、生活的反映、实践的反映。每一个时代都有属于自己的理论发展。国家和社会每进入一个新的历史发展时期，都需要并且必然会产生与之相适应的新思想、新理论。这是一个不以人们的主观意志为转移的思想理论发展的客观历史规律。“三个代表”重要思想就是马克思列宁主义、毛泽东思想、邓小平理论这一先进思想理论发展的历史规律在21世纪中国的体现。

“三个代表”重要思想是一个系统的科学理论，是一个内涵丰富、构成完整的科学理论体系。这个理论体系包括改革发展稳定、内政外交国防、治党治国治军诸方面的新思想、新观点、新论断，包括十三届四中全会以来中国共产党的全部理论和实践创新成果。多党合作理论是“三个代表”重要思想理论体系的重要的组成部分。以江泽民同志为核心的中国共产党第三代领导集体，创造性地回答了在新的历史条件下“为什么要支持和完善多党合作制度，怎样坚持和完善多党合作制度”这一重大历史性课题。十三届四中全会以来在多党合作的实践基础上形成的新的理论创新，集中起来有七个方面：1.明确提出了中国共产党领导的多党合作制度是符合中国国情的社会主义政党制度，中国的政局要稳定，就必须稳定共产党领导的多党合作这个格局。2.提出了我国多党合作制度的显著特征，即共产党领导，多党派合作，共产党执政，多党派参政。3.提出了衡量中国政治制度和政党制度的四条标准：一看是否促进社会主义生产力的持续发展和社会全面进步；二看能否实现和发展人民民主，增强党和国家的活力，保持和发扬社会主义制度的特点和优势；三看能否保持国家政局的稳定和社会安定团结；四看能否实现和维护最广大人民的根本利益。

4.强调了在总结历史和实践经验的基础上大力加强多党合作制度建设,不断推进多党合作的制度化、规范化和程序化。5.提出保持宽松稳定、团结和谐的政治环境,照顾同盟者利益是多党合作中的一条重要原则。6.进一步明确了我国各民主党派进步性和广泛性的内涵。7.提出了要扩大民主党派的知情范围和参与程度,进一步搞好参政议政,特别是要完善民主监督机制,畅通下情上达的渠道,加大民主监督的力度。

中共十六大以来,以胡锦涛为总书记的中共中央新的领导集体以"三个代表"重要思想为指导,继承和发扬与民主党派的亲密合作、协商共事的优良传统,高度重视多党合作,有力地推动了多党合作的进一步发展。

"三个代表"重要思想作为中国共产党和全国一切工作的根本指针,也包含着对统一战线和多党合作的根本要求。中国共产党要认真学习"三个代表"重要思想,民主党派也要努力学习实践"三个代表"重要思想,深入领会"三个代表"重要思想在统一战线和多党合作中的指导地位。

二

民主党派学习实践"三个代表"重要思想,有助于提高对中国共产党先进性和执政必然性的认识,能使我们进一步增强接受和维护共产党领导和执政的自觉性;有助于更加坚定走建设中国特色社会主义道路的信心,能使我们更好地领会和贯彻执行中国共产党的路线、方针、政策,沿着中国特色社会主义道路不断前进;有助于增强坚持和完善中国共产党领导的多党合作和政治协商制度的自觉性,能使我们提高对中国基本政治制度优越性的认识,自觉抵制西方"多党制"和"政党轮替"等错误思潮的影响;有助于提高对加强参政党自身建设重要性的认识,能使我们不断提高参政议政能力和民主监督水平,为国家的改革发展稳定作出新贡献;有助于增强历史责任感和使命感,能使我们积极履行参政议政、民主监督职能,充分发挥参政党的作用。

2002年底召开的农工党第十三次代表大会,把"高举邓小平理论伟大旗帜,学习实践'三个代表'重要思想,切实履行参政党职能"写进了党章总纲,作为农工党积极参与全面建设小康社会,加强推进社会主义现代化建设新的发展阶段的指导思想。2003年胡锦涛总书记"七一"重要讲话后,农工党在深入学习的基础上,进一步认识到,"三个代表"重要思想是全党全国人民在新世纪新阶段继续团结奋斗的共同思想基础,也是多党合作的思想基础,既是中国共产党的指导思想,也是民主党派履行参政党职能、发挥参政党作用的指导思想。在新的历史条件下,坚持"三个代表"重要思想,就是真正坚持马克思主义、毛泽东思想和邓小平理论;高举"三个代表"重要思想的旗帜,就是真正高举邓小平理论的伟大旗帜。这是广大农工党员对"三个代表"重要思想的共识,反映了时代发展对农工党提出的必然要求,体现了农工党的进步性。

三

民主党派学习实践"三个代表"重要思想,归根到底要在履行参政议政、民主监督职能中加以体现。换句话说,就是民主党派要以"三个代表"重要思想为指导,充分发挥人才荟萃、智力密集、联系广泛的特点和优势,努力为先进生产力和先进文化的发展、为广大人民群众的利益服务,献智出力,发挥作用。

民主党派学习实践“三个代表”重要思想,必须努力为先进生产力的发展服务。我们要把推动先进生产力的发展作为自己参政议政的着眼点和落脚点,敏锐把握我国社会生产力的发展趋势和要求,积极参与政治协商和履行参政议政、民主监督职能。在参政议政中要充分发挥整体优势,牢牢把握经济建设这个中心,突出发展这条主线,以推动生产力跨越式发展为立足点,以科技进步为突破口,以我国加入世界贸易组织为切入点,重点围绕加快经济结构调整的步伐,实现传统产业现代化、高新技术产业化、区域经济特色化,建言立论,为促进生产力快速发展献计出力。

民主党派学习实践“三个代表”重要思想,必须努力为先进文化的发展服务。我们要牢牢把握先进文化的发展趋势和要求,坚持以“三个代表”重要思想为指导,立足于建设有中国特色社会主义的实践,着眼于世界科学文化发展的前沿,积极进行文化创新,不断增强有中国特色社会主义文化的吸引力和感召力,推进健康向上、丰富多彩的、全民族的科学的大众的有中国特色社会主义文化的发展。广大农工党党员具有较高的科学文化素质,他们中的大多数人本身就是先进文化和优秀精神产品的生产者和传播者,这一特点决定了民主党派在推动社会主义精神文明建设中既要参政议政、献计献策,又要身体力行、弘扬光大。我们必须在中国共产党的领导下,大力引导和激励广大党员特别是中青年党员进一步坚定追求科学真理,增强社会主义信念、集体主义思想道德观念,大力弘扬科学的世界观、人生观、价值观,大力支持广大党员发挥自身优势,积极开展科技扶贫、医疗下乡、文化帮困等活动,为社会主义精神文明建设做好事、办实事。

民主党派学习实践“三个代表”重要思想,必须努力为广大人民群众的利益服务。民主党派为广大人民群众利益服务,最直接和基础的工作就是积极反映社情民意,促进党和国家决策的科学化、民主化。我们要坚持民主党派进步性和广泛性相统一的特点,充分了解和反映广大成员及所联系群众的政治意愿和要求,代表和维护本界别的利益,做好广大成员的思想政治工作,做到下情上达,上情下达,努力成为执政党联系本界别群众的桥梁和纽带,努力发挥争取人心、凝聚力量的作用,为维护社会政治稳定、为创造和保持宽松稳定、团结和谐的政治环境做出应有的贡献。

四

加强民主党派自身建设是民主党派学习实践“三个代表”重要思想的重要任务。进入新世纪以来,国际国内形势的深刻变化对民主党派的建设提出了更高要求,而在民主党派建设过程中,又面临许多重大的理论问题和实践问题,迫切需要进行理论上的研究和概括。2002 年民主党派换届后,中共中央领导同志多次要求我们要建设适应新世纪要求的参政党。民主党派的党建目标应该是以提高自身素质、增强参政能力为重点,坚持与时俱进,参政为民,在中国共产党领导下,不断把中国特色社会主义事业推向前进。学习实践“三个代表”重要思想,加强民主党派的自身建设,必须努力做好以下几个方面工作:

一是切实加强民主党派的思想建设。思想建设是民主党派自身建设的中心环节。思想建设担负着为改革开放和现代化建设提供精神动力、舆论支持和思想保证的重大责任。对于民主党派来说,思想建设又是巩固和发展中国共产党领导的多党合作和政治协商制度的基础性工作。只有重视和加强思想建设,才能确立正确的政治方向,才能在多党合作的格局中发挥作用,作出贡献。思想建设需要遵循“继承又发展、务实又创新”的方针,认真研究新形势下思想建设工作的特点和规律，积极开辟新途径、探索新方法、创造新经验，这是新形势下增强思想建设工作针对性和实效性的需要，只有这样思想建设才能提高水平，跟上形势，贴近实际，深入人心。

二是抓好领导班子建设。搞好领导班子建设，是民主党派搞好政治交接，充分发挥参政党职能的重要保证。加强领导班子建设的关键是要提高领导班子成员的政治素质和业务素质，健全领导机制，充分发挥领导集体的作用。要努力做到“两个坚持，一个提高”，即坚持中国共产党的基本路线、方针、政策，坚持学习实践“三个代表”重要思想，在事关大局、事关政治方向以及根本原则问题上，是非分明，头脑清醒；努力提高领导水平和参政水平。以求真务实、开拓创新的态度，努力掌握民主党派工作的规律和运作规则，这样才能带领广大成员更好地履行参政党的各项职能，才能真正担负起时代与历史赋予的重任。

三是加强后备干部队伍建设。民主党派各级组织不仅要建设有力的领导班子，还要培养一批忠于职守、素质较高的工作骨干。要从战略高度抓紧选拔培养后备干部，下大力气，常抓不懈。要健全工作机制，把后备干部的物色、考察、培养、选拔等各项工作制度化、规范化。要把工作的重点放在后备干部的培养提高上，加快培养步伐，有计划、有步骤地选派一批骨干，通过参加培训学习或者挂职锻炼等多种形式对他们进行比较系统的理论与实践的教育和多党合作优良传统的教育，全面提高他们的政治素质。

四是要贯彻民主集中制原则。民主党派是按照民主集中制原则组织起来的参政党，因此，认真贯彻民主集中制也成为民主党派自身建设的一个重要方面，需要从制度上加以保证。要在决策和实施决策的过程中，坚持“集体领导、民主集中、个别酝酿、会议决定”的方针；要坚持和完善集体领导和个人分工负责相结合的制度，既要防止一言堂，又要防止遇事推诿；要建立健全内部自我约束和自我监督机制，建立对各级领导班子成员的考核制度，通过年终述职和届中评议等办法，保证领导班子自觉接受本党成员和群众的监督。

五是健全各项工作机制。民主党派工作机制的建设是参政党性质、职能的规范，也是参政党各项建设不可缺少的载体。进入新世纪，随着民主党派在国家政治生活中作用的增强和成员增加后内部管理任务的加重，需要进一步建立和健全参政党的工作机制。根据参政党的性质和特点，健全参政党的工作机制应该着重放在：健全参政工作机制；健全反映社会政治信息的机制；健全内部思想教育机制；健全内部监督机制等等，并在实际运作和执行过程中，注意检查落实情况，使之逐步完善。

（选自《中国政协》）

在会见全国社会主义学院工作会议代表时的讲话(摘要)

(2004年2月9日)

贾庆林

要着眼于坚持和完善共产党领导的多党合作和政治协商制度,着眼于巩固和发展新世纪新阶段最广泛的爱国统一战线,推动社会主义学院工作迈上新台阶,把社会主义学院建设成为培养统一战线人才的重要基地。

在新世纪新阶段,实现全面建设小康社会的宏伟目标,完成中华民族伟大复兴的神圣使命,必须团结一切可以团结的力量,巩固和壮大最广泛的爱国统一战线。社会主义学院作为中国共产党领导的统一战线性质的政治学院,作为民主党派和无党派人士的联合党校,作为开展党的统一战线工作的重要部门,任重道远,大有可为。要坚持以邓小平理论和"三个代表"重要思想为指导,巩固多党合作的思想基础,努力把社会主义学院建设成为学习、研究和宣传马克思列宁主义、毛泽东思想、邓小平理论和"三个代表"重要思想的阵地。要坚持社会主义的办学方向,坚持理论联系实际,帮助学员提高在中国共产党领导下走社会主义道路的自觉性和坚定性。要坚持以人为本,着力提高学员的政治把握能力、参政议政能力、组织领导能力、合作共事能力,为统一战线和多党合作事业提供高素质的人才。要认真学习贯彻《社会主义学院工作暂行条例》,进一步提高教学质量和科研水平,要加强学院党的建设、领导班子建设和教学队伍建设。要适应新形势新任务的要求,有效整合全国社会主义学院的资源,加强各级社会主义学院的协作。

社会主义学院工作是党的统一战线工作的重要组成部分。各级党委和政府要从巩固和发展统一战线和多党合作事业的战略高度,充分认识加强社会主义学院工作的重要性,关心和支持社会主义学院的建设与发展。各级统战部门要切实担当起指导和管理责任,为社会主义学院更好地发挥作用创造条件。

(摘自2004年2月10日《人民日报》)

在纪念邓颖超同志诞辰100周年座谈会上的讲话

（2004年2月10日）

胡锦涛

同志们，朋友们：

今天我们在这里举行座谈会，隆重纪念邓颖超同志诞辰100周年。

邓颖超同志是伟大的无产阶级革命家、政治家，著名社会活动家，坚定的马克思主义者，党和国家的卓越领导人，中国妇女运动的先驱。她在70多年的革命生涯中，为中国革命、建设和改革事业毫无保留地奉献了自己的一切。她是20世纪中国妇女的杰出代表，也是中国妇女的骄傲，在国内外享有崇高声誉，深受全党和全国人民的尊敬和爱戴。

邓颖超同志一生追求真理。她少年时就立志救国，在天津读书期间曾发出“振起精神，谋国家之进步”的誓言。1919年，她投身五四爱国运动，同周恩来等人共同发起组织进步青年团体——觉悟社，表现出强烈的爱国热忱和坚定的革命精神。1925年3月，邓颖超同志加入中国共产党，成为一名忠诚的共产主义战士。此后，无论是在革命战争年代还是在社会主义建设和改革时期，她都勇于探索、不懈奋斗，经受住各种艰难困苦的考验，始终保持坚定的共产主义信念，表现出共产党人坚忍不拔的奋斗精神。

邓颖超同志是中国妇女运动的先驱和卓越领导人。她曾担任第一、二、三届全国妇联副主席，第四届全国妇联名誉主席。她不止一次地说过：“我对妇女工作的关心和责任，一直承担到生命的终止。”她坚持“只有求得社会解放与民族解放，妇女才能得到解放”的观点，始终把推动妇女解放作为党的一项重要工作来完成。她参与领导起草的新中国第一部婚姻法，成为中国妇女获得婚姻自由等权益的法律保障。她很早就致信党中央提出节制生育的意见。她还参与制定并积极贯彻党的妇女工作的各项方针政策，重视保护妇女儿童的合法权益，积极培养妇女干部，热情鼓励优秀妇女和先进典型，号召广大妇女奋发图强，做自尊、自信、自立、自强的新女性。邓颖超同志为增进中国妇女同各国妇女的友谊、推动世界和平运动做了大量工作，赢得了各国妇女的敬重。

邓颖超同志为党的统一战线事业作出了重要贡献。第一次国共合作时期，她以共产党员身份参加国民党中央妇女部的工作，同部长何香凝真诚合作，联合和组织各界妇女投身国民革命。抗日战争和解放战争时期，她先后担任国民参政会中共方面唯一的女参政员和唯一的女政协代表，为坚持抗战、团结、进步，争取国内和平进行了不懈努力。她是中国人民政治协商会议第六届全国委员会主席。她积极推动落实党关于民族、宗教、华侨和知识分子的各项政策，致力于坚持和完善中国共产党领导的多党合作和政治协商制度，坚定地贯彻“长期共存、互相监督、肝胆相照、荣辱与共”的方针，为开创和发展爱国统一战线和政协工作的新局面做了大量卓有成效的工作，受到各界人士的信赖和尊敬。邓颖超同志从上世纪50年代开始协助周恩来同志积极开展对台工作。1979年12月，她担任中央对台工作领导小组组长后,认真贯彻落实邓小平同志提出的"和平统一、一国两制"的方针,推动海峡两岸的交流和交往,为祖国统一大业倾注了大量心血。

邓颖超同志是实践和发扬党的优良传统和作风的楷模。她始终坚持党性原则,严守组织纪律,襟怀坦白,光明磊落,艰苦奋斗,廉洁奉公,从不计较个人得失,始终保持人民公仆的本色。她始终坚持严以律己,功高而不自满,位高而不自居,一贯谦虚谨慎、平易近人,密切联系群众,待人诚恳,严格要求亲属不搞特殊化,为继承和发扬党的优良传统和作风作出了表率。

邓颖超同志敢于坚持真理、抵制错误。"文化大革命"期间,她在极其困难的情况下,坚持原则,实事求是,协助周恩来同志保护了党内外一大批干部和知名人士,对林彪、江青反革命集团进行了坚决的抵制和斗争。

邓颖超同志始终坚持生命不息、战斗不止的革命精神。改革开放以后,她不顾年事已高、体弱多病,仍以顽强的拼搏精神继续为党和人民兢兢业业地工作。她积极参与党和国家一系列重大决策的制定,为确立和贯彻党在社会主义初级阶段的基本路线,推进改革开放和社会主义现代化建设、发展新时期我国对外友好事业作出了巨大努力。"春天过后不是秋,何必为年龄发愁,你的生命要与人民的事业结合起来,白发就上不了你的头"这是邓颖超同志喜爱的诗句,也是她晚年精神风貌的生动写照。1988 年,邓颖超同志从领导岗位退下来后,仍以活到老、学到老、革命到老的精神,关注着党和国家的命运,关注着社会主义事业的发展。她在广大人民群众中享有崇高的威望,是我们学习的好榜样。

同志们,建设富强民主文明的社会主义现代化国家,实现中华民族的伟大复兴,是毛泽东同志等老一辈革命家终身为之奋斗的伟大理想。我们纪念邓颖超同志诞辰 100 周年,就是要继承老一辈革命家的遗志,学习他们的革命精神、崇高品德、优良作风和治党治国经验,坚持以马克思列宁主义、毛泽东思想、邓小平理论和"三个代表"重要思想为指导,团结奋斗,开拓进取,与时俱进,锐意创新,实现全面建设小康社会的宏伟目标,不断把中国特色社会主义伟大事业推向前进!

(2004 年 2 月 11 日《人民日报》)

在纪念邓颖超同志诞辰 100 周年座谈会上的讲话

(2004 年 2 月 10 日)

王忠禹

今天,我们隆重集会,纪念伟大的无产阶级革命家、政治家,著名社会活动家,坚定的马克思主义者,党和国家的卓越领导人,政协第六届全国委员会主席邓颖超同志诞辰 100 周年,深切缅怀她为中国革命和建设事业特别是为巩固和发展爱国统一战线和人民政协事业作出的卓越贡献。

邓颖超同志长期担任党和国家的领导职务，为我国社会主义建设事业和改革开放，为健全社会主义民主和法制，为发展中国共产党领导的多党合作和政治协商制度，呕心沥血，鞠躬尽瘁，付出了全部精力。1983 年至 1988 年她担任政协第六届全国委员会主席。在她主持下，政协全国委员会认真贯彻中共中央的部署，切实履行各项职能，广泛团结各方面人士，积极发展爱国统一战线，为推动改革开放和社会主义现代化建设，为促进祖国统一和发展对外友好关系，为开创人民政协工作的新局面，进行了卓有成效的工作，作出了重要贡献。

邓颖超同志把贯彻中国共产党的统一战线政策作为开创统一战线和人民政协工作新局面的重要任务，扎实细致地做好落实政协委员政策的工作。在她主持下，全国政协六届二次常委会议集中讨论了落实各项统战政策的工作。通过统战政策的落实极大地调动了政协委员及社会各界人士为社会主义现代化建设贡献力量的积极性，巩固和发展了安定团结的政治局面，扩大了爱国统一战线，提高了人民政协在全国各族人民中的政治声望。

邓颖超同志坚持和贯彻中国共产党领导的多党合作和政治协商制度，积极推进政协履行职能的制度化、规范化建设。经她提议，全国政协恢复了大会发言制度；将原先大会期间设立的提案审查委员会改为常设的提案工作委员会，随时接收和办理委员的提案；将政府工作报告讨论稿提前交给全国政协常委会议讨论。在她领导下，全国政协建立了主席办公会议制度，主席、副主席和秘书长们定期一起办公，实行集体领导；每月安排一次委员活动日，大大密切了委员之间的关系；在政协外事活动方面也进行了改进，扩大了出访国家的范围。邓颖超同志十分关心政协机关的建设，对机关改革和改进工作作风提出了殷切希望和要求。她还主持召开了全国地方政协工作座谈会，有力地推动了人民政协事业的发展。

邓颖超同志大力恢复和倡导人民政协的优良传统，重视政协的作风建设。她把我国统一战线和人民政协在长期革命和建设的实践中形成的优良传统和作风概括为："政治协商、民主监督、合作共事、广交朋友和自我教育。"在全国政协六届二次全体会议的讲话中强调政治协商是我国发扬社会主义民主和正确处理统一战线内部关系的一种重要方式。民主监督就是在共同政治准则的基础上，互相提意见、作批评。她说，党内外合作共事是统一战线中最普遍、最经常的关系，搞好党内外合作共事，是做好各方面工作的重要条件。共产党员特别是领导干部一定要主动同党外同志多交朋友，谈心交心，虚心听取党外同志的意见和要求，使他们敢于讲真心话，真正做到肝胆相照。她要求人民政协要充分发扬自我教育的优良传统，提倡在自愿的基础上学习马列主义、毛泽东思想，学习时事政策和现代科学文化知识，把学习与实践结合起来，与调查研究、参观访问结合起来。这些都是她留给我们的宝贵精神财富，对于我们做好新形势下的政协工作具有重要的启发和指导意义。

邓颖超同志对共产主义具有坚定的信念，对党、对国家、对人民无限忠诚。她顾全大局，坚持原则，模范遵守党的纪律。她光明磊落，谦虚谨慎，艰苦朴素，廉洁奉公，为了党和人民的利益无私奉献。她密切联系群众，平易近人，善于同各民主党派和各界人士团结合作，认真听取各方面的意见，具有伟大的人格魅力。邓颖超同志在国内外享有崇高的威望，受到广大政协委员、政协机关干部和各族各界人士的衷心爱戴。

今天，在我们纪念邓颖超同志诞辰100周年的时候，我们国家已进入全面建设小康社会的新的历史阶段。我们在这里缅怀她的历史功绩和崇高风范，是为了更好地学习、继承和发扬她的革命精神和优秀品质。让我们紧密团结在以胡锦涛同志为总书记的中共中央周围，深入学习邓小平理论和“三个代表”重要思想，认真贯彻中共十六大和十六届三中全会精神，团结一致，扎实工作，与时俱进，开拓创新，努力推进人民政协事业在新世纪的新发展。

（选自《中国政协》）

在北京市考察工作时的讲话（摘要）

（2004年2月）

贾庆林

要高举邓小平理论和“三个代表”重要思想伟大旗帜，深入学习贯彻十六大和十六届三中全会精神，坚持以人为本，牢固树立和认真落实全面、协调、可持续的科学发展观，统筹城乡发展，努力在全面建设小康社会的基础上，率先基本实现现代化。

北京作为我国的首都，是全国的政治、文化和国际交往中心，地位十分重要。各级党委和政府一定要按照胡锦涛总书记对北京市工作的重要指示和中央的一系列重大决策部署，深入贯彻落实北京市“两会”精神，踏实苦干，狠抓落实，在实现我国新世纪新阶段发展目标的伟大征程中努力走在全国的前列。

实现十六大和十六届三中全会提出的各项任务，关键是要紧紧围绕经济建设这个中心，切实抓好发展这个党执政兴国的第一要务。我们党提出的全面、协调、可持续的科学发展观，体现了我们党在实践中对发展这个第一要务的深刻理解和科学把握，体现了我们党对社会主义现代化建设规律在认识上的进一步深化，对于实现全面建设小康社会的宏伟目标具有重大而深远的意义。最近，中央又举办了省部级主要领导干部树立和落实科学发展观专题研究班。我们要认真学习这次研究班的主要精神，深刻领会和准确把握科学发展观的实质、内涵和要求，把思想统一到中央的决策和要求上来，自觉地运用科学发展观指导各项工作。

统筹城乡发展，逐步改变城乡二元经济结构，是我们党为从根本上解决城乡发展的矛盾和问题，实现全面建设小康社会的宏伟目标而提出的战略思路和方针。从北京的实际来看，统筹城乡发展，是北京率先基本实现现代化的必然要求，是加快首都城市建设和发展的客观需要，也是解决“三农”问题的根本举措。各级党委和政府一定要按照十六届三中全会和中央经济工作会议的部署，结合实际，做好统筹城乡发展的各项工作。要抓住首都总体规划这个龙头，构建城乡一体化发展的新格局。要突出结构调整这条主线，充分挖掘城区与郊区两个优势,努力实现城乡优势互补、共同发展。

要围绕增加农民收入这个中心,切实解决好“三农”问题。解决好农业、农村和农民问题,是全党工作的重中之重。我们要认真贯彻中央的精神,落实“多予、少取、放活”方针,努力实现农民收入长时期较快增长。要加大农业结构调整力度,加快实施优势农产品区域布局规划,积极推进农业产业化。要努力促进二三产业快速增长,积极发展符合城市需要和郊区特点的加工组装业、加工制造业、新型建材业、现代物流配送业和各类服务业,改变农村二三产业总量不足的状况。要按照公平对待、合理引导、完善管理、搞好服务的方针,切实做好农村富余劳动力转移就业工作,清理和取消针对农民进城务工就业的各种歧视性规定和不合理收费,为农民创造更多的就业机会,提供更好的就业环境。要建立健全对农村劳动力的培训机制,增强农民的就业和创业能力。要高度重视和不断提高粮食的综合生产能力,实行最严格的耕地保护制度,积极推进农村集体建设用地流转制度改革,在加快工业化、城市化、现代化的进程中,要特别注意解决好失地农民的社会保障问题,尽快研究和制定有关政策,将失地农民、农转居人员纳入社会保障体系。

要重视农村社会事业这个环节,努力提高农民的生活质量。要在充分发挥市场资源配置基础性作用的前提下,更好地发挥政府调节各方面利益关系的作用,在规划、政策、法规、科技、资金、体制等方面向农村倾斜,不断提高农民的生活质量。要切实加强和改进农村党的工作,真情关爱农民,真诚对待农民,真心帮助农民,积极探索和落实让干部经常受教育、使农民长期得实惠的有效途径,使农村基层党组织真正成为贯彻“三个代表”重要思想的组织者、推动者和实践者。

做好北京的工作,统筹城乡发展,完成率先基本实现现代化和举办一届最出色的奥运会这两大战略任务,必须团结一切可以团结的力量,调动一切可以调动的积极因素,不断巩固和发展最广泛的爱国统一战线,同心同德、群策群力地为之奋斗。各级党委要切实加强对统一战线和人民政协工作的领导,充分发挥统战部门和政协组织的作用,为其更好地开展工作创造条件。

（摘自《人民政协报》）

中国需要千千万万创业者

（2004 年 2 月）

黄孟复

全国工商联一方面引导广大民营企业家扩大生产经营规模,发展劳动密集型产业,创造就业岗位;另一方面,积极倡导发展民营经济,鼓励和引导广大群众用自己的双手和智慧,创造美好富裕生活。希望更多的大学毕业生能走创业的路子。

创业一定是艰辛的。民营企业家对此最有发言权,他们都曾有过很多困难的经历,对贫穷的磨难、无助的境遇、创业的艰辛有着深刻的体会,他们愿意把自己的感受和经验介绍给即将走上创业之路的年轻人。而且,现在民营企业中已经有不少大学生,对于如何完成从“精英学子”到“普通员工”观念的转变,做一名称职的工作人员,企业家也有自己的认识。这些认识对帮助大学毕业生迈好走上社会第一步,让自己尽快成熟起来,是非常有益处的。绝大多数企业家以前是工人、农民、知识分子、基层干部和复转军人,他们中还有修鞋匠、小商贩、小木匠,他们的门路恐怕比许多现在的大学生还差很多。

有人说民营企业家的财富大多是靠门路、行贿、攫取国家资财或偷漏税等不正当的手段得来的,这就是有些人的民企“原罪”。这些说法使得一些大学生认为,自己没有这个门路,也不想出卖良心,所以要创业,难。所谓“原罪”,是来自《圣经》的说法。“原罪”的含义一是生来有罪,二是全体有罪,三是不能自救。借用这样一个带有宗教色彩的词来描述民营企业在发展过程中所经历的环境改变、体制变迁,逻辑上是错误的,政治上也是错误的,以此来评价民营企业的发展更是不公正的。一些人认为:中国民营企业家是一个暴富阶层,从一起家便是违法乱纪,他们创业初期的种种行为都是犯罪行为,“第一桶金”都是不干净或者来路不明的,如此等等。把个别人的问题扩大到全体,把过程中的某些问题,扩大到全过程,这是非常错误的。民企“原罪”之说,其实是一个伪命题、假命题。民营企业家积极响应党的改革开放的好政策,他们中绝大多数是好的,是遵纪守法的,是靠自己的勤劳和智慧取得今天的成绩。不能把改革开放的先觉者当作“原罪”者来追究。人民群众中孕育着无穷的创造美好生活的激情和智慧,民营企业家自谋出路,自筹资金,自主经营,自负盈亏,不等不靠,白手起家,艰苦创业,在党的富民政策指引下,创造了让世界为之惊讶的经济奇迹。他们同广大的莘莘学子一样,也是值得我们为之骄傲的时代骄子。我们要尊重知识,尊重人才,尊重创造,营造一种让人们干事业、干成事业的氛围和环境,让中国涌现出更多的创业者。

现在,全面建设小康社会的伟大事业已经蓬勃展开,我们的事业需要有觉悟的青年,有知识的青年,有创新精神的青年,中国需要千千万万创业者。他预言,在今天的大学毕业生中将走出数量更多、层次更高、实力更强、财富更巨、贡献更大的民营企业家。

(摘自《人民政协报》)

增强学习自觉性　全面提高参政议政本领

——在全国政协十届常委会第二次学习讲座上的讲话(摘要)

(2004 年 3 月 1 日)

贾庆林

各级政协组织和广大政协委员,特别是常委会组成人员,都要从事关国家富强、民族振兴的高度来认识学习的重要性,增强学习的自觉性,带头学习时事政治和现代科技知识,全面提高参政议政本领,更好地完成党和人民赋予的重任。

第一,高度重视科学技术的重要作用。我们要深刻认识科学技术是第一生产力的科学论断,深刻认识创新对推动我国科学技术事业发展的重大意义,深刻认识科学技术对推动经济发展和社会进步的巨大作用,更好地运用科学技术的强大力量,促进我国先进生产力和先进文化的发展,维护和发展我国最广大人民的根本利益。

第二,努力学习科学知识。面对现代科学技术迅猛发展、知识更新异常迅速的新形势,人民政协作为中国共产党领导的多党合作和政治协商的重要机构,只有坚持深入持久的学习,才能就国家的政治经济文化和社会生活中的重要问题提出科学合理的意见和建议,才能充分发挥政协组织的作用。

第三,大力弘扬求真务实的科学精神。各级政协组织和广大政协委员,必须大力弘扬求真务实精神,大兴求真务实之风,坚持用科学精神来指导工作,不断增强贯彻科学精神和科学方法的自觉性和坚定性。在履行职能的各项工作中,要讲实话、报实情、出实招,自觉地为党和国家的中心工作服务。

第四,积极为我国科学技术事业的发展献计出力。各级政协组织和广大政协委员,特别是科协和科技界的政协委员,要紧紧围绕国家重大战略的实施、科技规划的制订、科技体制的改革、重大科技决策的贯彻,进行深入调查研究,提出高水准的意见和建议,为我国科技事业的发展和社会主义现代化建设做出新的贡献。

(摘自《人民政协报》)

用“三个代表”重要思想统领政协工作
为全面建设小康社会作出新的更大的贡献

——在中国人民政治协商会议第十届全国委员会第二次会议上的工作报告

(2004年3月3日)

贾庆林

各位委员:

我受中国人民政治协商会议第十届全国委员会常务委员会的委托,向大会作工作报告,请予审议。

一、2003年工作回顾

2003年,是我国各族人民在全面建设小康社会伟大征程中迈出重要步伐的一年。面对复杂多变的国际形势和繁重艰巨的国内建设任务,面对突如其来的“非典”疫情和频繁发生的自然灾害,全国各族人民在以胡锦涛同志为总书记的中共中央坚强领导下,高举邓小平理论和“三个代表”重要思想伟大旗帜,全面贯彻中共十六大精神,万众一心,团结奋斗,取得了改革开放和现代化建设的新成就。我国经济发展、民族团结、社会稳定,呈现出一派欣欣向荣的景象。

2003年,也是十届全国政协的开局之年。在中共中央领导下,新一届全国政协常委会坚持以“三个代表”重要思想为指导,牢牢把握团结和民主两大主题,切实履行政治协商、民主监督、参政议政职能,广泛动员和组织政协各参加单位和政协委员,为全面建设小康社会献计出力,使十届政协的各项工作在历届政协工作的基础上迈出了新的步伐。

(一)切实把学习摆在突出位置

根据新形势新任务和换届后的实际情况,常委会明确提出,各级政协组织和广大政协委员都要从关系党和国家事业兴旺发达、关系人民政协事业长远发展的高度,把加强学习作为一项重要而紧迫的战略任务,切实抓紧抓好。

学习贯彻“三个代表”重要思想和中共十六大精神是人民政协的首要政治任务。新一届政协常委会组成后,积极推动各级政协组织和广大政协委员按照围绕主题、把握灵魂、狠抓落实的要求,形成了学习贯彻中共十六大精神的热潮。中共中央发出兴起学习贯彻“三个代表”重要思想新高潮的通知后,全国政协常委会又及时作出部署,要求各级政协组织和广大政协委员通过深入学习贯彻“三个代表”重要思想,在武装头脑、指导实践和推动工作三个方面取得新成效。

组织新委员进行了集中学习和培训,使来自不同方面的新委员比较系统地了解我国的基本政治制度和人民政协的性质、职能,熟悉委员的权利、义务和责任,尽快实现角色的转换。

建立了多种学习制度，包括每次常委会议后举办学习讲座，通过政协办公厅或专门委员会组织报告会、研讨会和专题讲座等，组织广大政协委员学习党和国家的重大方针政策，学习统一战线和人民政协的理论政策和规章制度，学习时事政治和经济、管理、科技、法律等方面的知识，不断提高履行职能、开展工作的水平。

通过开展形式多样、内容丰富的学习活动，进一步增进了参加政协的各党派团体、各族各界人士的共识，牢固树立了围绕中心、服务大局的意识，增强了为全面建设小康社会、开创中国特色社会主义事业新局面服务的自觉性和坚定性。

（二）坚持把促进发展作为履行职能的第一要务

围绕中心、服务大局，是人民政协履行职能必须遵循的原则，是政协工作不断开创新局面的前提。正如江泽民同志指出的："人民政协只有自觉服从和服务于国家改革、发展、稳定的大局，坚持把自身的工作融入维护祖国统一和实现祖国现代化的宏伟事业之中，才能不断以新的光荣业绩走向未来。"常委会广泛动员和组织参加政协的各党派团体和各族各界人士，把促进发展作为履行职能的第一要务，以推动改革和完善社会主义市场经济体制作为参政议政的重点课题，集中力量，深入调研，提出了一批有重要价值的意见和建议。

全委会议和常委会议是政协履行职能的重要形式。政协十届二次常委会议把紧紧抓住发展这个第一要务，围绕促进国民经济持续快速健康发展和完善社会主义市场经济体制两大任务建言献策作为中心议题。第三次常委会议专题学习贯彻中共十六届三中全会精神，深入讨论完善社会主义市场经济体制问题。中共中央、国务院对这两次会议高度重视，中共中央政治局常委、国务院总理温家宝同志和中共中央政治局常委、国务院副总理黄菊同志分别到会作重要报告，国务院有关部委负责同志到会认真听取意见和建议，一些部委负责同志还深入到分组会场，与委员面对面介绍情况、交换意见。为开好这两次常委会议，各民主党派、政协各专门委员会和各界委员，会前做了大量调查研究、科学论证的工作。会上，委员们提出许多对我国经济社会发展有重要价值的意见和建议。会后，全国政协向中共中央、国务院报送了会议情况和专项建议。同时，还在报纸、广播、电视、网络等各种新闻媒体上，进行了广泛宣传，《人民日报》、《人民政协报》开辟专版刊登了委员的意见和建议。

专题调研是人民政协参政议政的重要方式。一年来，各专门委员会就新阶段农村扶贫工作、我国现代物流发展政策、加快实施"走出去"战略、经济与环境协调发展、推动非公有制经济发展、科技发展规划中的体制性问题、建立国家高等教育质量保证与咨询体系、政府在就业工作中的职能定位、促进民族地区农民增收、宗教院校建设、吸引海外侨胞参与家乡经济社会发展、敦煌莫高窟的保护和利用、名人故居的保护与纪念馆的建设等一系列问题，深入开展专题调研，形成调研报告 37 份，专项建议 114 件。这些重要成果，凝结着政协各参加单位和广大政协委员的心血和智慧，集中了委员们对经济社会发展的真知灼见，受到中共中央、国务院的高度重视，为科学决策发挥了重要作用。

（三）积极参加抗击"非典"的斗争

去年上半年，我国遭受了一场突如其来的"非典"疫情。全国政协及时召开主席会议，号召广大政协委员坚决贯彻中共中央一手抓防治"非典"这件大事不放松，一手抓经济建设这个中心不动摇的方针，为夺取防治"非典"和经济建设双胜利作出贡献。各级政协组织和广大政协委员通过多种渠道、采取多种形式，积极投入抗击“非典”的斗争。一是针对“非典”疫情，积极建言献策，既有紧急应对“非典”的对策性建议，也有关于建立公共卫生防疫体系、建立应对各种突发事件机制的意见。二是广大医药界和科技界委员恪尽职守，在抗击“非典”第一线忘我工作、救死扶伤、科学攻关。特别是政协委员中这方面的专家发挥了重要作用，他们的专业水准以及在关键时刻表现出的崇高的献身精神，受到了党和政府的高度评价和人民群众的热情称赞。三是政协各参加单位、广大政协委员和各界人士慷慨解囊，捐款捐物，为急需帮助的地区和单位奉献爱心和真情。据不完全统计，“非典”期间的捐款、捐物折合人民币7亿多元。四是各级政协组织和广大政协委员积极协助党和政府做好协调关系、排忧解难、凝聚人心的工作，努力维护社会稳定。在这个过程中，全国政协办公厅的干部职工坚守岗位，确保了各项工作的正常运转。各专门委员会和许多政协委员在受“非典”影响的情况下，通过互联网等现代通讯工具发表意见、参政议政，开辟了履行职能的新途径。

（四）认真组织好修改政协章程工作

修改《中国人民政治协商会议章程》，是关系坚持和完善中国共产党领导的多党合作和政治协商制度、建设社会主义政治文明的一件大事。中共中央对修改章程工作高度重视，明确了这次修改章程的指导思想和基本原则。全国政协常委会把修改章程工作列入2003年度工作要点，十届二次常委会议通过了《关于部分修改〈中国人民政治协商会议章程〉的决定》，并成立了章程修改领导小组。在修改章程的过程中，常委会始终按照中共中央的要求，坚持党的领导，充分发扬民主，广泛征求意见，严格按照程序进行。先后召开了三个片会，31个省区市党委和政协的负责同志参加了会议，并作了认真发言。同时，还征求了各民主党派中央、有关人民团体和无党派人士、中共中央和国务院有关部门、有关专家学者以及长期从事政协工作的老同志等多方面的意见。

通过修改章程的工作，不仅了解和掌握了各方面对修改章程的意见，而且促进了整个政协系统关于政协工作理论与实践的调研和讨论。修改章程的过程，是一个总结经验、研究理论、深化认识的过程。各地政协组织普遍结合本地的具体实践，总结近些年来的工作成果和新鲜经验，通过研究和思考，对许多关系人民政协全局和长远发展的重大问题取得了共识。修改章程的过程，是一个开展教育、普及知识、扩大宣传的过程。修改章程工作促进了政协理论与知识的普及和教育，推动了各方面对我国的基本政治制度和人民政协在国家政治生活中地位、作用的了解，为政协工作的深入开展营造了良好的环境。修改章程的过程，也是一个加强政协自身建设的过程。这对于增强各级政协组织按章办事的自觉性，提高各级政协履行职能的制度化、规范化和程序化水平，起到了重要的促进作用。在此期间，我们还修订和制定了主席会议工作规则、常委会议请假规定等，并对下一段政协工作的制度建设进行了通盘考虑和安排。

（五）重视发挥各民主党派和无党派人士在政协中的作用

人民政协是中国共产党领导的多党合作和政治协商的重要机构，各民主党派和无党派人士是政协组织的重要参加单位。贯彻“长期共存、互相监督、肝胆相照、荣辱与共”的方针，搞好参加政协的各党派、无党派人士的团结合作，发挥他们在社会主义物质文明、政治文明和精神文明建设中的作用，是中国特色社会主义政党制度的重要体现，也是人民政协工作的重要内容。

全国政协在全委会议、常委会议、主席会议及其他各种活动中，努力营造民主和谐、合作共事的政治氛围，为各民主党派和无党派人士表达主张和意见创造条件。一年来，各民主党派中央、全国工商联和无党派人士在全国政协全委会议和常委会议上踊跃发言，就我国经济和社会发展的重大问题发表见解。各民主党派中央、全国工商联和无党派人士提出的提案受到高度重视，许多被作为重点提案办理。各民主党派和无党派人士通过政协渠道反映社情民意的工作得到加强，成为民主党派和无党派人士参政议政的一种有效形式。常委会还积极组织委员中的民主党派成员和无党派人士参加政协的视察、专题调研等活动，把合作共事的精神贯彻到政协工作的各个领域、各个环节。

(六)加强提案、视察和反映社情民意等经常性工作

提案、视察和反映社情民意是人民政协履行职能的重要形式，是政协各参加单位和委员行使民主权利、开展民主监督的重要渠道，也是委员知情明政、团结合作的重要途径。

十届一次会议结束后，中共中央办公厅、国务院办公厅转发了《全国政协办公厅关于办理政协提案的意见》。为进一步推动和改进提案工作，我们认真贯彻"围绕中心、服务大局、提高质量、讲求实效"的方针，通过召开提案委员会、提案者、承办单位"三结合"的协商办理座谈会，对重点提案进行调研，创办《重要提案摘报》等措施，不断提高提案质量和办理实效。

十届一次会议以来，全国政协共组织视察团 23 个，有 500 多位常委、委员赴全国各地就改革发展稳定中的重要问题进行视察，向中共中央、国务院提交了 22 份视察报告。根据新制定的关于发挥京外委员作用的决定，京外的全国政协委员普遍参加了委托各省区市政协组织的就地视察。

一年来，反映社情民意工作得到进一步加强。全国政协办公厅制定了《关于改进信息工作的若干意见》，进一步明确了这项工作的指导思想和工作思路，强调全国政协反映社情民意工作，要为党政机关决策服务、为广大委员履行职责服务、为政协各参加单位和地方政协工作服务，重点加强了政协各参加单位和各专门委员会收集和反映社情民意工作。与此同时，把搞好政协信访工作作为了解与反映社情民意的一条重要渠道，作为为政协委员和统一战线人士服务的重要方式。全国政协办公厅去年共报送《政协信息》和《政协信息专报》236 期，《参政议政动态》16 期，中共中央和国务院领导同志作出批示的数量明显增加。

(七)大力开展促进祖国统一和海外联谊工作

广泛团结海内外力量，不断增强中华民族的凝聚力，实现中华民族的伟大复兴，是人民政协的一项重要任务。我们高举爱国主义、社会主义旗帜，积极开展各种形式的团结联谊活动。进一步加强了与港澳委员和各界人士的联系，宣传中央对港澳的方针政策，引导港澳委员团结广大爱国爱港爱澳人士，坚持"一国两制"、"港人治港"、"澳人治澳"、高度自治的方针，自觉遵守香港特别行政区基本法和澳门特别行政区基本法，支持特别行政区政府和行政长官依法施政，为保持香港、澳门的繁荣稳定作出贡献。及时向港澳委员通报常委会议精神，组织港澳委员在内地视察，为国家的改革开放和现代化建设建言献策。采取"请进来、走出去"等多种形式，密切与海外华侨、华人的联系，海外联谊工作更加活跃。

积极开展对台湾人民的工作，促进祖国和平统一大业。针对台湾民众关心的问题，组织政协委员开展调研和视察，精心做好台湾人士来访的接待工作，推动海峡两岸的经济、科技和文化等领域的交流与人员往来。加强与有关部门的协调与配合，积极宣传“和平统一、一国两制”的基本方针，坚决反对任何形式的“台独”分裂活动，努力争取广大台湾同胞对我方针政策的理解和支持。

（八）继续扩大对外友好交往

人民政协的对外交往是我国总体外交的重要组成部分。我们立足于国家外交大局，致力于维护世界和平、促进共同发展，加强同世界各国的友好往来与交流合作，本着“积极、稳妥、务实”的方针，进一步开展同周边国家和发展中国家有关机构和组织的交往，加强同大国有关机构和组织的接触，拓宽了人民政协对外交往工作的领域。

一年来，全国政协主席、副主席及办公厅、专委会共组成19个团组出访35个国家，接待了12个国家的17个团组来访，与4个国家的有关机构和1个区域性组织建立了新的友好关系。在对外交往中，介绍了我国经济社会的发展情况，展示了新一届中共中央领导集体坚持深化改革、扩大开放的形象；阐述了我国独立自主的和平外交政策，表达了在和平共处五项原则基础上发展同各国友好合作关系的愿望；就涉及我国主权和根本利益的重大问题有针对性地开展工作，取得了积极成效；宣传了中国共产党领导的多党合作和政治协商制度，增进了国际社会对我国社会主义民主政治的了解；加强了我国政协组织与这些国家相关机构和组织的关系，促进了相互了解和交流。成功举办了以“投资中国——世界的选择和中国的政策”为主题的“21世纪论坛”2003年会议。截至目前，全国政协已同世界上101个国家的170个机构和8个国际性、区域性组织建立了联系，并开展了友好交往。

各位委员！过去的一年，我们的各项工作开局顺利、成效显著，呈现出良好的发展态势。这些成绩的取得，是以胡锦涛同志为总书记的新一届中共中央领导集体高度重视、正确领导的结果，是各级党委、政府和社会各方面大力支持的结果，是人民政协各参加单位和广大政协委员共同努力的结果。在此，我代表全国政协常委会对大家表示衷心的感谢！

我们也清醒地看到，与新形势新任务的要求和广大委员的期望相比，我们工作中还存在不少差距和不足，还有许多方面工作需要继续拓展和深化。比如，在全委会议和常委会议闭会期间，如何更好地发挥全体政协委员尤其是京外委员的作用；在专题调研工作中，如何密切与有关部门的配合，选准调研课题，提高调研质量，使我们提出的建议能更好地为党和政府的决策服务；在履行职能的各项工作中，如何总结各级政协的实践经验，搞好人民政协的民主监督；在坚持以往行之有效做法的基础上，如何探索联系各民主党派以及充分发挥他们在政协中作用的新途径和新形式；在政协的日常工作中，如何进一步提高各种会议、活动的质量和服务水平等等，都是需要下大力气研究和改进的。我们真诚希望广大委员对常委会的工作提出意见和批评，以利把人民政协的各项工作做得更好。

二、2004年工作任务

2004年，是我国改革和发展十分关键的一年。中共中央总书记胡锦涛同志在全国政协新年茶话会上的重要讲话中指出：“在新的一年里，希望人民政协紧紧围绕党和国家的中心工作，进一步做好政治协商、民主监督、参政议政工作，发扬优良传统，发挥自身优势，深入调查研究，积极建言献策，为全面建设小康社会作出新的更大的贡献。”各级政协组织和广大政协委员一定要认真学习领会胡锦涛同志的讲话精神，在中共中央的领导下，坚持以邓小平理论和“三个代表”重要思想为指导，深入贯彻中共十六大和中共十六届三中全会精神，围绕中心、服务大局，团结各界、发扬民主，突出特点、发挥优势，树立和落实科学发展观，大力弘扬求真务实的精神，认真履行职能，巩固和发展民主团结、生动活泼、安定和谐的政治局面，促进社会主义物质文明、政治文明和精神文明协调发展。

（一）深入学习“三个代表”重要思想，大力推进人民政协各项工作

“三个代表”重要思想是全党全国人民在新世纪新阶段团结奋斗的共同思想基础，也是人民政协事业实现新发展、开创新局面的强大动力。要充分认识加强学习的重大意义，发扬政协重视学习的优良传统，组织和推动政协委员把学习贯彻“三个代表”重要思想新高潮的活动不断引向深入，进一步在武装头脑、指导实践、推动工作上下功夫。要把学习“三个代表”重要思想同学习中共十六大和中共十六届三中全会精神结合起来，同学习中央经济工作会议、全国宣传思想工作会议和全国人才工作会议精神结合起来，同学习政协履行职能、开展工作所需要的理论、政策和业务知识结合起来，深入研究与人民政协事业发展密切相关的重大问题，努力提高运用科学理论分析和解决实际问题的能力。比如，如何最广泛最充分地调动一切积极因素，不断为中华民族的伟大复兴增添新力量；如何坚持和完善中国共产党领导的多党合作和政治协商制度，充分发挥人民政协在社会主义民主政治建设中的作用；如何正确把握人民政协团结和民主两大主题，切实有效地推进人民政协工作；如何认识人民政协的界别特点，充分体现政协的界别优势；如何运用人民政协人才密集的有利条件，为决策部门提供有价值、高质量的研究成果，等等。我们要始终坚持解放思想、实事求是、与时俱进，不断在新的实践基础上推进理论创新、制度创新和工作创新，使人民政协的各项工作真正体现时代性、把握规律性、富于创造性。

（二）发扬民主、深入调研，为全面建设小康社会建言献策

全面建设小康社会，为人民政协事业的发展提供了难得的机遇，也为政协委员参政议政提供了广阔的舞台。要认真落实把促进发展作为履行职能第一要务的要求，围绕中心、服务大局，突出特点、发挥优势，选择关系国计民生和人民群众切身利益的一些重大问题参政议政。政协组织作为各党派团体团结合作的机构，具有很高的政治地位和社会影响，应该多关注一些重大方针政策性问题，积极提出意见和建议；政协组织由34个界别组成，与各方面群众具有广泛的联系，应该多了解一些社会普遍关注的问题，及时反映社情民意，发挥民主监督作用；政协组织中汇聚了各个方面的人才，具有综合优势，应该多选择一些具有综合性、战略性、前瞻性、党和政府决策迫切需要研究的重大问题，充分发挥专委会作用，集中力量，深入进行调研。比如，落实科学发展观问题、制定第十一个五年计划问题、深化经济体制改革问题、“三农”问题、西部大开发和振兴东北地区等老工业基地问题、社会分配问题、就业和再就业问题、正确处理人民内部矛盾问题、反腐倡廉问题、贯彻人才强国战略问题、发展高科技及其产业化问题、加强民族和宗教工作问题、文化产业政策和文化体制改革问题、公共卫生体系建设特别是农村医疗卫生体制问题、发挥港澳政协委员作用问题等。人民政协要通过发挥自己的独特优势，把各界别的人才组织起来，把各方面的智慧集中起来，充分发扬民主，深入调查研究，向党和政府提出切实可行的意见和建议。

（三）发挥我国政党制度的优势，进一步促进参加政协的各党派、无党派人士的团结合作

中国共产党领导的多党合作和政治协商制度，是我国一项基本政治制度，应当长期坚持，不断完善。人民政协是中国共产党与各民主党派共同创建的，是实现中国共产党领导的多党合作和政治协商制度的重要组织形式。努力促进参加政协的各党派之间的合作与协商，始终是人民政协工作的重要内容。我们要认真贯彻“长期共存、互相监督、肝胆相照、荣辱与共”的方针，切实搞好各党派、无党派人士在政协中的团结合作。

在新世纪新阶段，中国共产党领导的多党合作和政治协商，基础更加巩固，领域更加广阔。我们要切实搞好参加政协的各党派、无党派人士的政治协商活动，特别是全委会议、常委会议、主席会议和秘书长会议各个层面的政治协商，使之更加经常、更加有效。要加强与民主党派和无党派人士的联系，及时沟通有关情况，就共同关心的一些重大问题交换意见。要坚持平等协商议事，鼓励委员中的民主党派成员和无党派人士畅所欲言，为他们发表意见提供充分的机会。要更加重视民主党派和无党派人士的批评监督，认真听取和反映他们的意见和建议，维护他们履行职责的民主权利。要积极办理各民主党派和无党派人士的提案，反映他们提供的社情民意，进一步搞好与他们的联合考察和专题调研，努力为他们参政议政开辟畅通的渠道，为他们发挥作用创造良好的氛围。

（四）努力增进团结，切实维护稳定

随着我国经济社会的发展，统一战线已经成为全体社会主义劳动者、社会主义事业的建设者、拥护社会主义的爱国者和拥护祖国统一的爱国者的最广泛的联盟。人民政协作为最广泛的爱国统一战线组织，要充分体现广泛的代表性和包容性，把一切可以团结的力量都团结起来，把一切可以调动的积极因素都调动起来，共同推进中国特色社会主义的伟大事业和中华民族的伟大复兴，并以此作为人民政协工作的根本出发点和落脚点。要把团结新的社会阶层作为一项重要任务，加强与他们的联系，不断为全面建设小康社会增添新力量。要努力促进包括香港特别行政区同胞、澳门特别行政区同胞、台湾同胞和海外侨胞在内的海内外中华儿女的大团结，为祖国的现代化建设提供强大的力量支持。

稳定是改革发展的前提。完成改革发展的各项任务，必须保持和谐稳定的社会环境。人民政协由各党派团体和各族各界人士组成，在维护社会稳定方面可以也应该发挥重要作用。各级政协组织要针对当前社会上存在的影响稳定的突出问题，组织委员深入调研，为维护社会稳定出主意、谋良策。要及时了解社会生活中的重要情况和群众关注的热点问题，如实反映人民群众的意见、呼声和要求，积极协助党和政府做好协调关系、化解矛盾、理顺情绪的工作。要认真宣传和贯彻党的民族、宗教政策，进一步发挥政协少数民族和宗教界委员的作用，及时反映少数民族和信教群众的意见和要求，促进民族团结、宗教和睦，努力维护民主团结、生动活泼、安定和谐的政治局面。

（五）充分发挥优势，促进祖国和平统一大业

实现祖国完全统一，是海内外中华儿女的共同心愿。人民政协在促进祖国统一方面具有独特的优势和作用。要继续加强与有关单位的协调和配合，进一步拓展与港澳台侨各界人士的联系渠道，广泛开展各种形式的联谊活动，努力团结港澳台侨各界人士，为实现祖国的完全统一作出新贡献。

要坚决贯彻“一国两制”、“港人治港”、“澳人治澳”、高度自治的方针，严格按照香港基本法和澳门基本法办事；及时向港澳委员通报有关政策和会议精神，组织港澳委员在内地视察，为港澳委员了解情况、履行职能创造条件；进一步发挥各级政协组织中港澳委员的作用，团结广大爱国爱港爱澳人士，支持特别行政区政府和行政长官依法施政，促进香港和澳门的繁荣、稳定和发展。

要继续贯彻"和平统一、一国两制"的基本方针和现阶段发展两岸关系、推进祖国和平统一进程的八项主张；始终坚持一个中国原则，坚决反对任何形式的"台独"分裂活动，绝不允许任何人以任何方式把台湾从中国分割出去；积极推动两岸人员往来和经济文化交流，弘扬中华文化的优秀传统，增进台湾各界对"和平统一、一国两制"基本方针的理解和认同；深入贯彻寄希望于台湾人民的方针，最大限度地密切两岸人民的关系，最大范围地团结台湾各族各界和各阶层一切拥护祖国统一的爱国力量；加强与海外华侨华人和归侨侨眷的联系，继续支持全球华侨华人反独促统活动，促进祖国统一大业的早日完成。

（六）认真贯彻宪法和政协章程，不断加强自身建设

宪法是国家的根本法，也是人民政协一切活动的根本准则。十届人大二次会议即将对宪法修正案草案进行审议。修改后的宪法将更加完善，更加适应全面建设小康社会、开创中国特色社会主义事业新局面的要求，更好地体现时代精神。各级政协组织和广大政协委员一定要认真学习宪法，维护宪法尊严，模范地遵守宪法，严格按照宪法办事。

政协章程是参加人民政协的各党派团体、各族各界人士和各级政协组织共同的行为规范。即将提请本次大会审议的政协章程修正案草案，体现了"三个代表"重要思想和中共十六大精神，体现了新时期政协工作的一些成熟经验，凝聚了各级政协组织、政协各参加单位和广大委员的共识。各级政协组织、政协各参加单位和每一位政协委员，都要认真学习章程，广泛宣传章程，切实贯彻章程。要完整、准确地把握人民政协的性质，全面履行政治协商、民主监督、参政议政职能，特别要努力落实民主监督的有关规定。要适应社会主义民主政治建设的要求，逐步建立完善各种程序，包括履行职能的程序、委员产生和撤销的程序、各种会议的程序、提案以及其他各项工作的程序等，进一步推进政协工作的制度化、规范化、程序化。要针对修改章程过程中反映出的一些理论性和政策性问题，从理论和实践的结合上进行深入探讨。章程修正案草案增列了一条对政协委员条件和职责要求的规定，这是适应形势发展、加强政协队伍建设的一项重大举措。应当充分认识到，作为政协委员不仅仅是一种地位和荣誉，更是一种责任。我们要不负人民的重托和期望，努力为国家和民族的事业、为人民政协的发展作出贡献。

今年是人民政协成立55周年，也是邓小平同志诞辰100周年。邓小平同志是新时期人民政协事业和人民政协理论的奠基人。我们将举办一系列庆祝和纪念活动，回顾人民政协走过的光辉历程，缅怀邓小平同志的丰功伟绩，深入研究和宣传邓小平新时期统一战线和人民政协理论，展望人民政协的美好前景，推动人民政协事业不断向前发展。

各位委员！

我们正处在一个伟大的时代，肩负着光荣的历史使命。让我们紧密团结在以胡锦涛同志为总书记的中共中央周围，高举邓小平理论和"三个代表"重要思想伟大旗帜，求真务实，开拓进取，继续谱写实现中华民族伟大复兴的新篇章！

（2004年3月13日《人民日报》）

中国人民政治协商会议第十届全国委员会常务委员会关于政协十届一次会议以来提案工作情况的报告

——在政协第十届全国委员会第二次会议上

(2004年3月3日)

李　蒙

各位委员：

我受政协第十届全国委员会常务委员会的委托，向大会报告政协十届一次会议以来的提案工作，请审议。

政协十届一次会议以来，政协委员、政协的各参加单位和政协专门委员会，在中共十六大精神的鼓舞下，围绕全面建设小康社会的奋斗目标，认真履行人民政协的职能，积极建言献策，共提交提案3819件，经提案委员会审查，立案3576件。其中，八个民主党派中央和全国工商联提案84件，界别小组提案59件，政协专门委员会提案4件。按类别分，有关经济建设方面的提案1541件，占43.1%；教科文卫体方面的提案1017件，占28.4%；政法、统战和其他方面的提案1018件，占28.5%。

政协十届一次会议闭幕后，全国政协立即组织召开了提案交办会，将提案分别送交中共中央、全国人大常委会、国务院、全国政协、中央军委所属有关部门，最高人民法院、最高人民检察院办公厅，各省、自治区、直辖市中共党委和人民政府，以及有关人民团体等共150多个承办单位办理；大会后提交的提案，也及时转交有关部门办理；未予立案的已作为委员来信转送有关部门研究处理。截至2004年2月20日，98.8%的提案已经办复，其中，问题已经解决或列入计划准备解决的占83.4%；因条件所限，一时确实难以解决的，承办单位也实事求是地向委员作了解释。

一

政协十届一次会议以来，委员们在建设社会主义物质文明、政治文明和精神文明等方面，提出了许多有情况、有分析、有具体建议的提案。政协提案得到了中共中央、国务院领导的高度重视，温家宝总理、多位副总理和国务委员，对一些重要提案的办理作了批示，有力地促进了提案的落实。提案承办单位从贯彻“三个代表”重要思想、坚持和完善中国共产党领导的多党合作和政治协商制度的高度出发，认真学习贯彻中共中央办公厅、国务院办公厅联合转发的《全国政协办公厅关于办理政协提案的意见》的通知(厅字[2003]8号，简称“两办通知”)，许多职能部门主动走访提案者，积极采纳和落实提案中的意见和建议，使政协提案在实现决策的民主化和科学化，促进经济和社会的协调发展，改进部门工作等方面，发挥了重要的作用。

在经济建设方面，完善社会主义市场经济体制、推进经济结构调整、促进农业和农村经济全面发展等重大问题始终是委员们关注的重点，这方面的提案得到了承办单位的高度重视和认真办理。例如，关于加强企业法人诚信度管理、建立信誉档案的提案，由中国人民银行牵头，会同16个部委组成个人和企业征信体系专题工作小组，经过调查研究，向国务院报送了工作总体方案；国家工商行政管理总局同时加大了市场监管力度。关于改革完善征地制度、保障被征地农民利益的提案，国土资源部与提案者交换意见后，在起草关于征地管理的政策意见及《土地征用条例》中，吸收了提案的一些重要建议。关于将黑龙江省列为全国分离企业办社会职能试点省的提案，国资委在办理提案的同时加快了分离企业办社会职能的工作，并下发了进一步做好改制工作的通知。关于鼓励、支持、引导民营企业家健康成长和加强非公有制企业党建工作的提案，中共中央组织部和统战部等部门当面与提案者沟通情况，进一步研究了加强对非公有制经济人士的培养教育工作，中共中央组织部还就非公有制企业的党建工作进一步作出了部署。水利部为了办好有关南水北调工程方面的提案，多次组织召开专家座谈会，广泛深入地听取意见。关于聘请政协委员担任特邀环保监督员的提案，国家环保总局与全国政协人口资源环境委员会共同就环保监督员的职责与任务、具体工作方案和工作机制进行了多次研究，目前已聘请了太湖流域、三峡库区等环保重点敏感地区的30多位全国政协委员担任环保监督员。

在教科文卫体方面，委员们就实施科教兴国战略、加快发展文化事业和文化产业、深化城乡医疗体制改革等亟待解决的问题提出了许多提案，承办单位认真研究、积极采纳提案的建议。例如，关于改进当前科学技术评价体系的提案，科技部采纳了其中的意见，会同有关单位联合印发了《关于改进科学技术评价工作的决定》和《科学技术评价办法》（试行）。教育部十分重视委员们呼吁治理教育乱收费的提案，专门走访提案者沟通情况，进行了大量而深入的调查研究，会同有关部委建立了治理教育乱收费部际联席会议制度，及时起草了治理教育乱收费工作的实施意见。关于加快发展我国文化产业方面的提案，文化部在起草《关于促进文化产业发展的若干意见》时积极予以采纳。关于加强农村卫生医疗体制改革的提案，国家发展和改革委员会、农业部、卫生部等单位积极参加全国政协组织的重点提案调研，采取相应措施，促进了农村卫生服务体系和新型合作医疗制度等相关政策的落实。在抗击"非典"期间，委员们面对突如其来的灾难，积极献计献策，提出了关于设置发热门诊、在城市郊区设立集中收治医院、加大流行病学调查研究等提案，卫生部按紧急提案特事特办原则，在制定相关政策措施及组织防治"非典"疫情过程中，及时与有关部门沟通，积极办理。

政法、统战、社会保障及一些与人民群众利益密切相关的社会热点问题，是委员们关注的另一个重要方面。对这方面的提案，各承办单位积极加以办理和解决。例如，关于深化户籍制度改革、加强流动人口管理的提案，公安部在广泛调查研究的基础上，出台了有关户籍管理的7项便民利民措施，并正在继续研究其他改革措施。关于尽快出台宗教事务条例的提案，国家宗教事务局、国务院法制办公室十分重视，多方面征求意见后，加快完成了宗教事务综合性行政法规的起草工作。关于缩小收入分配差距，深化分配制度改革的提案，财政部、人事部、国家税务总局等相关承办单位，在大会期间通过协商办理座谈会直接与提案者及部分委员沟通了情况，加强了分配制度改革的政策研究。关于农垦企业职工参加基本养老保险的提案，劳动和社会保障部在进行了多次调研后，向国务院报送了专题报告，会同财政部、农业部、国务院侨务办公室联合下发了《关于农垦企业参加企业职工基本养老保险有关问题的通知》，并积极组织落实。关于促进祖国和平统一以及反腐倡廉、完善法制建设和发展体育事业等方面的提案，也都得到了承办单位的认真办理。

为了使委员们更多地了解提案办理情况，本报告选择了六个承办单位的办理工作概况作为附件，供大家参阅。

二

一年来，在中共中央、国务院及全国政协领导的高度重视下，在全国政协委员和全国政协各参加单位，以及提案承办单位的共同努力下，十届政协的提案工作在九届政协的基础上，实现了良好的开局。政协十届一次会议闭幕后，全国政协常委会坚持“围绕中心、服务大局、提高质量、讲求实效”的提案工作方针，根据贾庆林主席和王忠禹常务副主席提出的新要求，为进一步提高提案质量、办理质量和服务质量，采取了一些新的举措，开展了多方面的工作。

（一）推动落实中办、国办关于做好政协提案办理工作的通知精神

2003年5月11日，中共中央办公厅、国务院办公厅联合发出通知，转发了《全国政协办公厅关于办理政协提案的意见》，充分体现了中共中央、国务院对政协提案工作的重视，这对于推进政协提案工作乃至人民政协履行职能的制度化、规范化、程序化建设，具有重要的现实意义和历史意义。为推动“两办通知”精神的贯彻落实，全国政协在加大宣传力度的同时，加强了与提案承办单位的沟通与协作，及时推广富有成效的落实措施。各承办单位认真学习贯彻“两办通知”精神，进一步健全和完善了提案办理工作制度。许多承办单位的主要领导同志亲自部署、亲自批示或亲自参与提案的办理。国家发展和改革委员会、财政部等单位，承办的提案数量多，办理难度大，他们采取了一系列措施，努力使提案的办理更快、更实。一些地方党委和政府办公厅，陆续联合转发了地方政协办公厅关于办理政协提案的意见，有力推动了提案的办理和落实。

（二）创办《重要提案摘报》

为使中共中央、国务院和全国政协领导及时了解提案中有分量的意见和建议，全国政协创办了《重要提案摘报》，得到了中央领导同志的关注。贾庆林主席指出，创办这样一个《摘报》很有必要，可以使领导及有关部门及时了解重要提案的情况，又能促使政协委员积极提出重要提案。国务院多位领导同志分别对相关的重要提案摘报作了批示，要求相关部门积极予以落实。

（三）努力提高提案质量

提案自身质量是提案工作的基础，政协委员和政协各参加单位以高度的政治责任感和历史使命感，越来越重视提案质量。为使政协提案工作的基础更加坚实，全国政协采取多种措施和办法，不断推动提案质量的提高。首先是做好服务工作。为使委员围绕中心工作和热点问题有针对性地提出提案，向全体委员发送了政协十届一次会议提案分类总目录、可检索提案全文的光盘及政协十届二次会议提案选题参考。为进一步增强提案质量意识，提案委员会起草了提高提案质量的宣传提纲，将由提案委员会委员在大会期间的小组会上作专题发言。二是充分发挥高质量提案的典型示范作用。党派团体和政协专门委员会的提案，集中了集体的智慧，选题贴切，分析透彻，建议可行，质量突出。全国政协召开有各民主党派和全国工商联、全国政协各专门委员会负责人参加的提案工作座谈会,交流推广提高提案质量的经验。通过出版发行《把握人民的意愿——政协第十届全国委员会提案及复文选(2003年卷)》一书,使提高提案质量有了一批可供学习借鉴的样板。三是严格把好提案审查立案关。按照全国政协提案工作条例的规定,对于不符合立案标准的,不予立案,并及时同提案者进行沟通,说明情况。

(四)积极推动提案的办理工作

一是促进重点提案的重点办理。全国政协坚持过去行之有效的做法,对研究确定的重点提案,采取提案委员会、提案者和承办单位"三结合"的方式,进行面对面的协商座谈,或者进行联合调研,进一步深化、充实提案的建议,积极推动重点办理。全国政协多位副主席分别参加了提案协商办理座谈会、重点提案调研活动和提案办理工作座谈会,加大了提案办理工作的力度。一年来,共召开协商办理座谈会8次,进行重点提案调研7次。例如,一些民主党派和政协委员就建立健全城市应急机制问题,提出了多件提案,在政协十届一次会议期间,全国政协及时召开了协商办理座谈会,组织提案者及9家承办单位当面沟通情况。全会后,全国政协提案委员会又会同有关部门进行了调研,向中共中央、国务院报送了调研报告,国务院有关领导同志作了重要批示,明确要求有关部门认真考虑提案委员会的建议,提出采纳意见。为推动关于敦煌莫高窟保护、利用设施建设提案的落实,全国政协组织了有提案者与国家发展和改革委员会、国家文物局、国家旅游局等承办单位参加的联合调研,在报送中共中央、国务院的调研报告中提出了具体建议,温家宝总理、贾庆林主席等领导同志分别作了批示,有关部门正在认真研究、落实。二是加强与承办单位的联系和协作。全国政协通过与承办单位协商交办提案、联合调研、召开座谈会、上门走访等多种形式,与提案承办单位交流情况,增进共识。一年来,提案委员会先后走访了国家环保总局、国家知识产权局、浙江省人民政府、中央机构编制委员会办公室、中国人民银行、商务部等承办单位。2003年9月,全国政协召开了部分提案承办单位办理工作座谈会,交流贯彻"两办通知"情况,推广办理工作经验。

(五)多渠道地发挥提案作用

一是将民主党派中央和全国工商联、政协专门委员会的提案,及时报送全国政协主席或有关副主席阅示。二是按照不同内容,将相关提案分送各专门委员会,作为调研参考。三是围绕十届政协第二次常委会议的议题,将有关提案整理成7份综述材料,提供会议参阅,并在重点提案调研的基础上,对我国就业与再就业工作中面临的问题及对策作了大会发言。四是将提案中一些重要情况和观点通过《政协信息》向中央领导反映,中央有关领导同志作了批示。

(六)加大提案工作的宣传力度

在充分发挥《提案工作通讯》、《提案工作简报》等内部刊物作用的同时,采取多种方式,加强与新闻媒体的联系与协作,不断扩大提案工作的社会影响。例如,邀请新闻单位参加提案委员会的有关活动,召开提案工作情况通气会向新闻单位系统地提供新闻报道线索,通过中央电视台新闻频道《声音》栏目积极宣传政协的作用和影响,在政协报刊上宣传提案内容综述及办理情况,在互联网上公布部分提案全文等等。

(七)加强与地方政协的联系

全国政协通过调研活动、现场办理提案、研讨会、座谈会等多种方式,积极与地方政协沟通情况，加强协作，交流经验，相互促进。大力宣传推广地方政协开展提案工作的新思路、新举措、新成果。

三

提案工作，是人民政协的一项全局性的重要工作，面对新形势新要求，任重道远，在新的一年里，需要着重研究和解决以下问题：

继续提高对提案工作重要性的认识，坚持与时俱进、开拓创新。全国政协常委会在深入研究的基础上，积极探索提案工作新的切实可行的方式方法，使有关部门各负其责，各尽其力，协调配合，整体推进。

正确处理提案数量与质量的关系，进一步提高提案质量。要使提案真正得到职能部门的重视并得以落实，关键在于提案自身质量，因此，不仅要关注提案数量，更要注重提案质量。要牢固树立提案质量意识，求精求实，围绕中心工作，服务国家大局，关注决策需要，精心选择提案题目，提出切实可行的意见和建议。

注重发挥政协的整体优势，增大提案工作的合力。政协专委会要利用自身的优势，注重把调研成果以及各种重要会议中有分量的意见建议，转化为提案，并积极参与重点提案的重点办理。提案委员会要进一步加强同各民主党派中央和全国工商联以及有关人民团体的联系，通过联合调研共同推动提案的落实。

进一步加强与承办单位的联系和协作，促使提案办理工作更加富有成效。提案委员会及其办公室要充分发挥在提案者与承办单位之间的桥梁纽带作用，主动与承办单位沟通协调，紧密配合，加强跟踪与落实，努力提高提案办理质量。

不断加强提案工作机构自身建设，努力提高服务质量。要进一步加强制度化、规范化、程序化建设，根据新修订的政协章程，做好提案工作条例的修改工作，并在今年适当时候召开全国政协第五次提案工作座谈会。要充分应用现代信息技术，大力提高工作效率，全面提升服务水平。

各位委员，让我们在建设中国特色社会主义伟大事业中，以邓小平理论和“三个代表”重要思想为指导，紧密团结在以胡锦涛同志为总书记的中共中央周围，认真履行人民政协职能，为开创政协提案工作新局面而努力奋斗！

（2004年3月14日《人民日报》）

自觉用科学发展观指导各项工作推动经济社会全面发展

——在北京代表团审议政府工作报告时的发言(摘要)

(2004年3月5日)

贾庆林

要坚持以人为本,牢固树立和认真落实全面、协调、可持续的科学发展观,推动经济社会和人的全面发展,努力实现全面建设小康社会的宏伟目标。

2003年是我国经济社会发展史上具有标志性意义的一年。在以胡锦涛同志为总书记的党中央坚强领导下,全党全国人民以邓小平理论和"三个代表"重要思想为指导,认真贯彻落实十六大和十六届三中全会精神,团结奋斗,夺取了防治非典工作的重大胜利,改革开放和现代化建设取得了举世瞩目的新成就。温家宝总理所作的政府工作报告实事求是地总结了去年的工作,提出了今年的主要任务,思路清晰、目标明确、鼓舞人心,是一个解放思想、实事求是、与时俱进的好报告。

坚持以人为本,牢固树立和认真落实全面、协调、可持续的科学发展观,促进经济社会和人的全面发展。这是全面建设小康社会和实现现代化的根本指导方针。我们一定要充分认识树立和落实科学发展观的重大意义,把思想统一到中央的决策和要求上来,自觉地用科学发展观指导各项工作。要深刻理解、全面把握科学发展观的主要内涵和基本要求,坚持以经济建设为中心,坚持以人为本,坚持"五个统筹",努力实现国民经济持续快速协调健康发展和社会全面进步。

树立和落实科学发展观,不仅要在思想上高度重视,更要付诸实践取得实效。北京是全国的政治、文化中心和国际交往中心,维护改革发展稳定大局,责任重大,使命光荣。一定要把科学发展观贯穿于首都现代化建设的全过程,体现在经济社会发展的各个领域,落实在规划、政策和制度等各个环节,努力使各项工作走在全国的前列。

办好2008年奥运会不仅是北京市的一件大事,也是全国的一件大事。要切实加强领导、统筹协调,继续抓好奥运场馆和相关设施建设,努力把2008年奥运会办成历史上最出色的一届奥运会。要以筹办奥运会为动力,大踏步推进北京的现代化建设。

(摘自2004年3月6日《人民日报》)

在中国宗教界和平委员会二届一次会议上的讲话(摘要)

(2004年3月13日)

王忠禹

"中宗和"的工作意义重大,过去取得了显著成绩,今后的工作大有可为。

做好新时期的宗教工作,是全面建设小康社会的必然要求。在2001年的全国宗教工作会议上,江泽民同志站在历史和时代的高度,从理论和实践的结合上,科学回答了社会主义初级阶段的宗教和宗教工作面临的一系列重大问题,为做好党的宗教工作指明了方向。以胡锦涛同志为总书记的新一届中共中央领导集体,坚持以邓小平理论和"三个代表"重要思想统领宗教工作,立足于我国的基本国情,重申了宗教工作必须坚持的基本方针。在今年1月的全国宗教工作座谈会上,贾庆林主席紧密联系宗教工作实际,深刻阐述了全面建设小康社会新阶段党的宗教理论政策和任务。这对于做好新时期"中宗和"工作,开创新的工作局面,具有十分重要的指导意义。中国历来主张和平,主张共同发展,强调不同文化之间互相尊重,主张通过和平对话解决国际争端。中共十六大进一步明确把"维护世界和平与促进共同发展"列为新时期党的三大历史任务之一。在新的形势下,做好"中宗和"的工作,对内通过维护世界和平事业有利于增进各大宗教间的交流与沟通,增进团结与协作。对外则代表中国宗教界发展同世界各宗教和平组织的友好往来与交流,开展与国外反华势力和分裂势力针锋相对的斗争,积极参与世界和平事业,促进共同发展。"中宗和"成立十年来的工作也说明,它在宗教领域确实起到了"让中国走向世界、让世界了解中国"的作用,向世界展示了我国宗教信仰自由的真实状况,展示了我国各大宗教平等、和谐与团结合作的良好形象。做好"中宗和"工作,对于团结和引导广大信教群众抵御境外利用宗教对我国进行的渗透,反对民族分裂主义、宗教极端势力、暴力恐怖主义和邪教活动,维护国内各民族的团结和社会稳定,维护国家的统一和世界和平,都具有十分重要的意义。

"中宗和"要加强自身建设,扎扎实实做好各项工作。新形势下如何进一步做好"中宗和"的工作,有很多方面,总的讲可以概括为:如何在更好地为实现全面建设小康社会的宏伟目标服务中,为维护和促进世界和平与共同发展服务,为营造有利于我们"聚精会神搞建设、一心一意谋发展"的国际环境服务。这就要求我们第一要加强学习,不断提高自身素质和工作水平。宗教界要为全面建设小康社会服务,就必须深入学习、深刻领会"三个代表"重要思想,在实际工作中贯彻落实。要通过学习不断提高自身宗教修养和政策水平,了解国情,了解社会,了解党和国家的大政方针政策。特别要注意学习时事政治和民间外交工作的基本知识。第二要注意加强与各有关方面的协调与合作,进一步形成有利于开展工作的整体合力。要搞好同国内各宗教团体相互之间的协调与合作,在"中宗和"这个平台上要做到有事情大家共同商量,在重大问题上要主动与各有关部门和有关方面沟通、协调。尤其是要主动取得中央和国家有关部门的指导、帮助和监督。第三要坚持求真务实，扎实工作。希望大家进一步发扬以往的好传统、好作风，切实把“中宗和”的各项工作做细、做实、做好。只有这样，才能真正有所作为。第四，“中宗和”的对外交往工作要服从和服务于我国外交工作的大局。要尽可能多地掌握国际问题的相关知识，尽可能多地了解国际社会情况，以宽广的眼界观察世界。要把握好有所为和有所不为的原则，一定要注意与国家外交工作的方针政策保持一致。

各方面要通力合作，为“中宗和”发挥更大作用创造良好环境。“中宗和”要发挥更大的作用，需要各大宗教团体及其代表人士的团结合作，更离不开方方面面尤其是党政有关部门的大力支持与配合。“中宗和”要在搞好内部各大宗教代表人士之间团结的基础上，主动与党政各部门沟通与交流，争取各方面的支持。全国政协将一如既往地对“中宗和”的工作给予关心、帮助和支持。要发挥政协自身联系面广、渠道通达的特点和优势，加强与各党政有关部门的沟通与协调，为“中宗和”今后工作的顺利开展，营造良好的环境。

（摘自《人民政协报》）

高举合作制旗帜　开创供销社工作新局面

（2004年3月13日）

白立忱

一、审时度势　谱写“三农”新篇章

党的十六届三中全会作出了《关于完善社会主义市场经济体制若干问题的决定》，我国的改革开放和社会主义现代化建设进入了一个新的历史阶段，供销社的改革与发展也进入了重要的战略机遇期。随着改革的不断深化，各种经济力量都在抢抓时机，全面加快资源整合步伐，努力争取市场的主动地位，社会经济格局正在发生深刻变化。社会资源正在重新整合配置的大环境，有利于供销社通过改造和调整，充分激活自身资源潜力；有利于推进开放办社，跳出系统和行业圈子，整合社会网络、资本和人才资源，拓宽生存和发展空间。如果我们不能以变应变，借势发展，就会在竞争和整合中处于被动和劣势，发展空间就会被逐步挤压，市场位置就会被逐步取代。

十六届三中全会和中央农村工作会议都明确提出要深化供销社改革。胡锦涛总书记、温家宝总理、回良玉副总理等中央领导同志对供销社工作非常关心，多次听取供销社的工作汇报，并作出一系列重要指示，既肯定了供销社工作，又对供销社加大为“三农”服务力度提出了更高的要求。

面对新的形势，我们要抢抓重要战略机遇期，高举合作制旗帜，始终不渝地坚持为农服务的办社宗旨，继续深入推进“四项改造”，充分利用自身的组织体系和网络优势，全面融入“三农”之中，通过促进合作经济发展创新农村经营体制，通过发展现代流通方式创新农村市场体系，通过健全服务网点创新农村社会化服务体系，在助农增收、统筹城乡经济社会发展、全面建设小康社会中发挥应有的作用。

二、与时俱进 大力推进“四项改造”

2003年，全国供销社系统认真贯彻十六大精神，按照总社三届四次理事会议要求，立足改革创新求发展，大力推进“四项改造”，自身活力不断增强，各项工作都取得了显著成绩。

(一)立足自身改造求发展，经济效益再上新台阶

一年来，各地围绕深化“四项改造”，进行了大胆的实践和探索，取得了显著成效。全系统全年实现销售总额4860亿元，同比增长8.2%。其中消费品零售额1323亿元，同比增长6.3%；直接售给农民的农业生产资料733亿元，同比增长2.7%；直接收购和帮助农民推销的农副产品742亿元，同比增长16.8%；进出口总额334亿元，同比增长36.5%。全系统汇总实现利润42.3亿元，同比增长47.5%，这已是连续4年汇总盈利。经济效益持续增长，经济发展逐步呈现良性态势。

(二)推动农业产业化经营，助农增收取得新成绩

专业合作社在普遍发展的同时，更加注重质量的提高。2003年，总社下发了《农村专业合作社示范章程(试行)》和《农村专业合作社指导办法(试行)》，在全系统开展了示范专业合作社确认活动。通过典型带动，不断提升专业合作社的规范化程度和发展水平。在农业部确定的31个试点专业合作社中，有16个是由各地供销社领办的。同类专业合作社出现了联合与合作的趋势。浙江省供销社联合省内的几十个同类专业合作社和加工龙头企业，成立了茶叶、香菇两个省级专业合作社联合社，扩大了经营规模，提高了市场竞争能力，社员增收效果明显。

大力引进连锁、配送等新的经营业态，整合县、乡、村三级服务网络，成为农村社会化服务体系的一个重要组成部分，在促进农业产业化和农村经济社会发展中发挥了积极作用。河南省林州市供销社改建和新建农村经营服务网点600多个，并建立连锁配送体系，把基层网点嫁接改造成连锁超市，实现全市村村都有供销社网点，使农民像城里人一样得到了购物的便利和实惠。

(三)加强联合与合作，网络整合实现新突破

全系统认真学习贯彻《中共中央、国务院关于做好2003年农业和农村工作的意见》(中发[2003]3号)和回良玉副总理重要批示精神，进一步加快了传统经营网络的改造步伐。全国已有20多个省(区、市)供销社提出了网络改造实施意见，把连锁、配送等现代流通方式引入农村，迅速推进了网络建设。浙江省供销社90%的连锁超市、门店建立在县以下集镇，日用品67%的销售额是在农村市场实现的，供销社重新成为农村商品流通的主角。

(四)实行产权多元化，社有企业改革进入新阶段

各地大力推进社有企业改革，由单纯的减人减债减负，向优化社有资本结构、建立现代企业制度转变，股份制和股份合作制成为社有企业产权制度改革的主要形式。积极探索社企分开、加强社有资产管理的有效途径。与产权制度改革相适应,努力建立新型劳动用工关系。浙江、重庆、四川等地供销社已基本完成社有企业改制,建立了灵活的运行机制,焕发了企业的生机与活力。

(五)推进开放办社,创新组织体系获得新进展

各级联合社积极争取地方党委、政府的领导和支持,充分利用自身的组织资源优势,探索建立合作经济组织联合机构,为各类合作经济组织的发展提供了平台。吉林、黑龙江省及全国20多个地(市)以供销社为依托建立了合作经济联合会。吉林省政府大力支持供销社引领农村合作经济组织发展,以供销社为依托成立了省合作经济联合会,全省已有9个市(地)、52个县(市)成立了合作经济联合会,掀起了农村合作经济组织发展的热潮。

广泛吸纳社会各类合作经济组织、为农服务组织加入供销社体系。全国已有1万多个为农服务的社会化组织和企业加入供销社系统,为合作社事业的发展注入了新鲜血液,增添了新的活力。重庆市开县供销社敞开社门,吸收一批系统外的为农服务企业和农村能人加入供销社,从县城商业区到乡村集市,到处是挂着醒目社徽的供销社企业和网点,重树了供销社形象。

(六)整顿和规范市场秩序,精神文明建设呈现新面貌

各地供销社进一步强化行业优质文明服务,在整顿和规范市场秩序中发挥了积极作用。农资、棉花、烟花爆竹、再生资源等重点行业不断增强诚信自律意识,积极配合有关部门的质量打假和安全整顿工作,维护了市场秩序,保护了农民和广大消费者的合法权益。

在2003年上半年突如其来的非典疫情面前,北京、广东、山西、内蒙古、河南等地供销社按照各级党委、政府的统一部署和总社要求,克服困难,顾全大局,全力组织相关商品的市场供应,为维护市场秩序和社会稳定、保护人民群众生命健康和安全、赢得防治非典工作的阶段性重大胜利做出了重要贡献。北京市昌平新世纪商城、佳之兴商业有限公司等供销社企业在非典时期,分别承担解放军小汤山医院大部分的日用物资和全市消毒液的供应任务,他们始终不忘供销社的服务宗旨,保障市场供应,平抑物价,在关键时刻向党和人民交出了一份满意的答卷。

三、创新合作经济组织 推进农村小康建设

2004年是贯彻党的十六大、十六届三中全会精神的重要一年,也是供销社深化改革、加快发展的重要一年。根据新的形势和任务,2004年供销社工作的总体要求是:以邓小平理论和“三个代表”重要思想为指导,认真贯彻十六大、十六届三中全会、中央经济工作会议和中央农村工作会议精神,适应社会主义市场经济体制的要求,高举合作制旗帜,坚持为农服务的宗旨,深化供销社改革,促进农村合作经济发展,着力推进农业产业化经营,加快整合流通网络,建立健全现代产权制度,大力推进行业协会建设,积极整顿和规范市场秩序,切实实施人才强社战略,努力改善外部环境,为促进农民增收、发展农业生产、推进农村小康社会建设、完善社会主义市场经济体制做出新的贡献。

(一)高举合作制旗帜,促进农村合作经济发展

合作制是市场经济发展不可或缺的一种组织形态。发展市场经济必然产生弱势产业和弱势群体,农业是弱势产业、农民是弱势群体,解决弱势产业和弱势群体的问题,需要大力发展合作制。合作制是供销合作社的灵魂,办成真正的合作经济组织是供销社改革与

发展的方向。我们必须旗帜鲜明地坚持合作制原则和理念,在各级党委和政府的领导和支持下,充分发挥自身优势,努力促进农村合作经济的发展。

大力发展专业合作社,进一步发挥示范引导作用。继续加大对示范专业合作社的指导力度,培育和建立一批具有示范效应和龙头带动功能的专业合作社,通过典型带动、示范引导等方式,促进农村专业合作经济组织的健康发展。打破区域和所有制界限,引导和推进同类专业合作社加强联合,发展专业合作社联合社,增强专业合作社的市场竞争力。

(二)着力推进农业产业化经营,千方百计助农增收

农业产业化是集农产品生产、加工、销售、服务为一体的完整的经营体系和产业链条。供销社在这个链条的每一个环节都应扮演重要角色。尤其是随着我国农业产业化经营水平的不断提高,市场和流通在农业产业化经营中的主导作用日益明显。我们要充分发挥在流通领域的优势,结合当地农业结构调整,突出特色,以市场为导向,大力发展“龙头企业+专业合作社+农户”的产业化经营模式,挖掘农业内部增收潜力,不断提升农业产业化水平。

社有企业要努力改造成为产业化龙头企业,实现龙头企业、专业合作社和农民利益的一体化,促进农业产业化经营的持续健康发展,给农民带来更多的实惠。

(三)加快整合流通网络,推动农村流通现代化

当前,一场新的流通革命正在我国蓬勃兴起,经营方式连锁化、流通业态多样化、流通组织联合化、经营战略多角化、营销方式多元化、流通手段现代化、商务活动电子化、网点布局郊区化已是大势所趋。国内外大型流通企业集团都在大力发展现代流通方式,构建现代流通网络,加速抢占城乡市场。面对激烈的市场竞争,我们必须加快用现代流通方式改造传统经营网络的步伐,尽快建立起高效、通畅、有序、智能的农村现代流通网络。

围绕支柱产业,构建全国性现代化经营网络。继续发挥新合作商贸连锁股份有限公司和“中国农资连锁配送为农服务工程”的示范带动作用,推进全国性日用工业品和农资网络的整合。采取多种形式,大力培育发展具有强大资本运作能力和核心竞争力的大型现代化流通集团,尤其是茶叶、棉花、果品、烟花爆竹、再生资源等企业集团,带动全系统经营网络的整合。

充分利用国际国内两个市场、两种资源,抓住入世机遇,加强与国际合作社和企业之间的合作,搭建国内与国际合作社企业之间的交流平台,构建具有供销社特色的现代化的国内国际双向流通网络。

(四)建立健全现代产权制度,壮大为农服务实力

深化产权制度改革,建立现代产权制度,目的是发展壮大供销社事业、增强为农服务实力。社有企业要发展股份制,供销社“母体”要坚持合作制,不能把两者对立起来。积极探索能充分发挥股份制和合作制优点的有效形式和最佳结合点。

全面推行以股份制为主要形式的社有企业改革,加大产权多元化的力度。以建立“归属清晰、权责明确、保护严格、流转顺畅”的现代产权制度为目标,积极探索社有资本的多种实现形式。充分利用现有资源,整合社会资本,壮大经济实力。发展股份合作制和其他类型的混合所有制经济,采取多种形式重组、放活社有企业,形成具有较强竞争力的大公司、大企业集团。在产权多元化过程中,供销社的持股比例、以何种方式持股,应根据企业实际情况决定,不搞“一刀切”。

(五)大力推进业协会建设,强化为农服务功能

随着我国农业专业化、市场化、国际化程度不断提高,发展农产品行业协会已成为完善农业社会化服务体系的重要举措,也是供销社延伸服务网络、扩大服务领域、强化服务功能的有效途径。要提高认识,切实加强对协会的领导和指导,把协会工作提到重要议事日程,充分利用网络和组织优势以及现有的基础条件,大力推进行业协会的发展。

积极组建新协会。要围绕传统主营业务、当地特色农业和主导产品,依托龙头企业、专业合作社、批发市场及经营服务网络,广泛联合生产、加工、销售等各种企业、组织和个人,按市场化原则规范发展各类农产品行业协会及其分会。

(六)积极整顿和规范市场秩序,切实保障农民利益

积极整顿和规范市场秩序,是完善社会主义市场经济体制的必然要求。积极主动地整顿和规范市场秩序,是供销社应尽的责任和义务,也是供销社发挥合作经济组织作用、切实保障农民利益的具体体现。

要自觉维护农资、棉花、烟花爆竹、再生资源等重点行业的市场秩序。农资企业要开展规模经营,不断提高流通效率、降低流通费用,组织充足货源,努力稳定农资商品价格,降低农民的生产成本,减轻农民负担。积极配合有关部门,进一步加强农业生产资料市场管理,严厉打击制售假冒伪劣农资等坑农伤农行为,切实保护农民利益。棉花企业要摒弃一买一卖的传统模式,通过产权联结纽带,与棉花专业合作社和棉农结成经济利益共同体,增强棉农抵御市场风险的能力。充分发挥棉花行业协会的功能和作用,建立棉花价格预警机制,维护棉花市场稳定。

(七)切实实施人才强社战略,为合作社事业发展提供智力支持

人才资源是事业发展的最重要的战略资源。各级供销社要树立科学的人才观,以人为本,实施人才强社战略。

坚持改革创新,完善人才工作的体制和机制。积极探索和完善公开选拔、公平竞争、能上能下、有利于人才脱颖而出的用人体制。选拔热爱供销社事业、熟悉农村工作的能人,参与合作社领导与管理。加强制度建设,建立科学有效的人才激励机制,努力为人才充分发挥潜能创造条件,做到用事业造就人才、用环境凝聚人才、用机制激励人才。

(八)努力改善外部环境,营造合作社事业发展的良好氛围

认真总结推广典型经验,充分发挥示范带动作用。围绕合作经济组织发展、农业产业化经营、流通网络整合、行业协会建设、社有企业改革等中心工作,进行深入细致的调查研究,及时总结发现先进典型,向全社会特别是农村干部群众大力宣传和推广。通过生动事例说服干部,使干部认识到合作社的作用,自觉利用和支持合作社开展工作;通过典型示范带动群众,使农民群众看到合作社的好处,自愿参加合作社。

各地供销社要及时向地方党委、政府汇报农村合作经济组织的发展情况,争取把合作社工作列入党委和政府整个农村工作的重要组成部分,统一领导和部署。针对当前合作经济发展中遇到的一些突出问题,积极主动地协调与政府有关部门之间的关系,为合作经济发展争取更多的政策支持。

合作社立法工作十分重要和迫切,需要系统上下的共同努力。总社要积极参与全国人大《农民合作经济组织法》的起草工作,促使其早日出台。

在完善社会主义市场经济体制和全面建设小康社会的伟大征程中,供销社任务艰巨、责任重大。我们要紧密团结在以胡锦涛同志为总书记的党中央周围,在邓小平理论和"三个代表"重要思想指引下,抓住机遇,与时俱进,深化改革,加快发展,为完善社会主义市场经济体制、全面建设小康社会做出新的、更大的贡献!

(选自《人民政协报》)

不断开创"中宗和"工作新局面
为促进世界和平事业做出新贡献

——在接见中国宗教界和平委员会第二届委员会全体委员时的讲话(摘要)

(2004年3月15日)

贾庆林

新一届"中宗和"委员会要继承和发扬优良传统,紧密团结宗教界人士和广大信教群众,不断开创"中宗和"工作的新局面,为促进世界和平事业做出新的贡献。

"中宗和"成立十年来,在党中央的重视和关怀下,高举维护世界和平这面旗帜,遵循"友好、和平、合作、发展"的宗旨,广泛开展同世界各宗教和平组织的交往与合作,坚决反对企图在世界宗教领域分裂中国的行为,为维护祖国统一、民族团结、社会稳定,促进世界和平与共同发展做出了重要贡献。

"中宗和"作为以维护世界和平为主旨的宗教社会团体,作为党和政府联系广大信教群众的桥梁和纽带,将以其独特的地位和优势,发挥不可替代的作用和影响。他在讲话中提出四点希望。第一,坚持以"三个代表"重要思想为指导。刚刚闭幕的两会把"三个代表"重要思想写入宪法和政协章程,为全党全国各族人民在新世纪新阶段继续团结奋斗提供了共同的思想基础。我们要深入学习贯彻,坚定不移地用"三个代表"重要思想统领"中宗和"的各项工作。第二,坚持维护世界和平。"中宗和"要在坚持独立自主、平等友好、互相尊重的基础上,积极开展同世界各宗教和平组织的友好交往,大力宣传我国宗教信仰自由的政策,为促进我国社会主义现代化建设营造良好的国际环境。第三,坚持促进祖国统一。要坚持一个中国的原则,在世界宗教领域与各种分裂势力、敌对势力进行针锋相对的斗争。要加强内地宗教界与台湾宗教界之间的交往,坚决反对任何利用"世宗和"、"亚宗和"制造"两个中国"的图谋。第四,坚持抵御境外利用宗教渗透。"中宗和"组织和成员要始终保持清醒头脑,扎扎实实地开展工作,努力成为抵御境外利用宗教进行渗透的重要力量。

(摘自2004年3月16日《人民日报》)

"中宗和"未来的工作任重道远

（2004 年 3 月 15 日）

刘延东

面对复杂多变的国际形势，促进和维护世界和平的任务十分艰巨，中国宗教界和平委员会未来的工作任重道远。

第一，努力把宗教与社会主义社会相适应不断推向前进。希望全国性宗教团体认真学习贯彻全国宗教工作座谈会的精神，协助党和政府全面贯彻党的宗教工作基本方针，努力使宗教与我国社会的发展和睦相处，各宗教之间和睦相处，使信教群众同不信教群众、信仰不同宗教的群众，在全面建设小康社会的宏伟目标下最大限度地团结起来，为建设中国特色社会主义的伟大事业贡献力量。

第二，进一步弘扬中国各宗教崇尚和平的传统。中国各宗教在历史的发展中都形成了讲求和谐、崇尚和平的优良传统。各宗教的宗教经典和教义富含和平的训导和教诲。希望中国各宗教在新世纪新阶段，进一步弘扬崇尚和平的优良传统，从各宗教的经典和教义中进一步挖掘崇尚和平的思想和主张，促进社会和谐，增进民族团结，努力为全面建设小康社会创造稳定的社会环境，努力为促进祖国和平统一和维护世界和平事业做出应有的贡献。

第三，积极参与国际交往和合作。希望中国宗教界和平委员会继续按照"友好、和平、发展、合作"的宗旨，继续加强同世界宗教和平组织和各国宗教和平组织的友好交往，扩大影响，在国际社会进一步树立我国爱好和平的良好形象。同时，在对外交往中要自觉地维护国家的利益和民族的尊严，坚持独立自主自办的原则，挫败一切反华势力的任何图谋。

第四，大力开展宗教外宣工作。希望中国宗教界和平委员会在积极参与国际交往和合作中，结合亲身的体会和经历，积极宣传我国的宗教信仰自由政策，把我国宗教信仰自由的实际情况介绍给世界各国人民，增进同各国人民包括宗教界之间的了解和友谊，积极营造对我有利的国际舆论环境。

第五，切实加强自身建设。加强自身建设，是宗教团体强基固本，做好工作的根本。希望中国宗教界和平委员会进一步加强自身建设，适应新形势、新任务的要求。

（选自《人民政协报》）

充分发挥中国宗教界和平委员会的作用

（2004年3月16日）

丁光训

我讲两点。

第一点："中宗和"在世界宗教工作中的地位和作用。

我记得上世纪九十年代初，世界宗教和平会议（以下简称"世宗和"——编者）在美国普林斯顿大学举行过一次世界大会，赵朴老去参加了，并带去了一个相当大的中国宗教代表团，我也在这个团的成员当中。就在那个会上，主持人专门举行了欢迎赵朴老和中国代表团的仪式，说："有了中国代表参加，我们的大会才真正成为了'世宗和'，否则最多只是一个国际会议。"这话很足以鼓舞我们中国人。我们在场的中国代表都很高兴，很自豪，因为我们是中国人。也就是说，咱们中国宗教界有祖国在作后盾，在世界宗教界是有地位的，赵朴老相当于主席团成员的地位，我相当于常务委员的地位。我们可以充分利用这块"阵地"，与世界宗教界广交朋友，致力于维护世界和平，发展同亚洲宗教者和平会议（以下简称"亚宗和"——编者）、"世宗和"的友好交往，抵制"台独"势力和一切反华势力，促进祖国的和平统一。

第二点：在国内，也要充分发挥"中宗和"的优势，加强各宗教团体和广大信教群众的团结与合作，达到相互促进与提高。

"中宗和"成立已10年，我们除了和平友好，扩大交流走出去，请进来广交朋友，增进友谊以外，还要在国内加强各宗教团体的团结与合作，现在发展国内五大宗教团体之间的团结和交流，是中国历史上最好的时期，是前所未有的。我们要在以往团结合作的基础上，更加珍惜当前这种来之不易的团结局面。各宗教之间也都有与时俱进的愿望。今后应加强各宗教之间的交流，达到相互促进，共同提高的效果。

在这里，我想引用同赵朴老密切相关的两句短语，每句只有4—5个字。第一句是"宗教是文化"，这句话对我们从事宗教工作的人提出了很高的要求，尤其今天各教内部存在着反文化的现象很多，"中宗和"应采取多种形式，积极开展各教之间的文化交往，加强文化交流和对外宣传工作，以达到增进了解、巩固友谊、发展合作的目的。同时，还要求我们在办宗教事业的时候，要结合中国的文化历史，如造庙寺也好，建礼拜堂也好，不是越多越好，越大越好。中国的宗教建设要从祖国的文化出发，要能够代表祖国的文化，要提高广大信徒的文化水平，使我们的宗教建设与祖国社会主义社会制度和社会主义文化相适应。第二句是"人间宗教"。赵朴老生前把建设"人间佛教"作为发展的目标，并做了许多有建设性的工作，现在"人间佛教"建设也有了良好的开端。我想趁"中宗和"换届的机会，把赵朴老提倡的"人间佛教"愿望再扩展一下，在中国五大宗教团体间加强联合，共同建设"人间宗教"。

我很高兴,过去这三天过得特别有意义,大家觉得这的确是一次中国宗教界的会议。在此,我们很感谢全国政协的领导和机关同志,对"中宗和"工作的开展给予了大力支持和诸多帮助。感谢中央统战部、国家宗教局领导和有关部门对"中宗和"工作的支持和帮助。他们的最大帮助,就是使我们感到这是宗教界自己的会议,我们自己有责任作出符合宗教界特色的决定。这三天的体会告诉我们,宗教工作既接受党的领导,又享受人民民主,兼顾这二者是办得到的。爱因斯坦说过,从惧怕的宗教到自由的宗教,这是一个很大飞跃。现在,中国的宗教工作受到党和政府如此的重视,中央政治局还专门研究讨论如何解决宗教团体办公会所和宗教院校办学条件问题,还从国家财政中拨出很大一笔专款来建设宗教设施,也是我们实现这一飞跃的具体体现。如果以前我们心存疑虑、害怕,通过这些年的实践,我们宗教界人士可以畅所欲言,我们觉得很解放、很自由,通过这三天的会议,我们觉得今后的"中宗和"工作很有希望。

1.我们希望"中宗和"要有一支好的办事队伍,就是工作班子,也是研究熟悉宗教的班子。

2.我们希望"中宗和"要有一个好的办公场所,好的工作环境。

3.我们希望"中宗和"有一整套办事程序和制度。

总之,新一届"中宗和"已经产生,也确定了今后的工作任务,我们有党和政府的领导和全国政协的支持和帮助,有中央统战部和国家宗教局的支持,一定会把工作做得更好。

(注:本文分别为作者在"中宗和"二届一次会议上的讲话。)

(选自《人民政协报》)

在全国政协十届二次会议提案交办会上的讲话(摘要)

(2004年3月18日)

王忠禹

政协十届二次会议已经闭幕,全国政协在每年的大会结束后都要及时召开提案交办会。首先,我代表全国政协,向各承办单位的同志们表示热烈的欢迎!

政协十届二次会议共收到提案4312件,立案4116件,任务比去年还要重。为做好今年的提案办理工作,我讲几点意见:

一、切实贯彻"两办通知",认真做好办理工作

去年5月,中共中央办公厅、国务院办公厅联合发出通知,转发了《全国政协办公厅关于办理政协提案的意见》,这充分体现了中共中央、国务院对政协提案办理工作的重视,对于推进政协提案工作乃至人民政协履行职能的制度化、规范化、程序化建设,具有重大意

义。“两办通知”既明确了提案办理工作的方向，又对提案办理工作提出了明确、具体的要求，是我们办理政协提案的指导性文件，必须认真深入地学习和领会，落实到提案办理工作的每一个环节中。

提案工作是人民政协一项具有特殊重要意义的工作。提案是政协委员、参加政协的党派、人民团体和政协专门委员会行使民主权利的重要形式。今年大会期间收到的四千多件提案，凝聚着委员们的智慧和辛劳，体现了委员们参政议政的积极性，充分反映了委员对国家对人民高度负责的政治责任感。这些提案是委员们在深入调查研究、广泛了解社情民意基础上提出的，既涉及到经济建设和社会发展中的重点、难点问题，也涉及到关系广大人民群众切身利益的突出问题。需要承办单位给予高度重视，认真研究办理。对承办单位来说，办理好提案是一项光荣的政治任务，而不是一般性业务，更不是额外的负担。应当从坚持和完善中国共产党领导的多党合作和政治协商制度、加强社会主义政治文明建设、密切同人民群众联系的高度来认识提案办理工作，认真采纳、吸收提案中好的意见和建议，推进社会主义物质文明、政治文明和精神文明的协调发展。

人民政协人才荟萃，代表性强，位置超脱，视野宽阔，能够比较广泛地反映各方面群众的愿望和要求，比较客观地提出改进工作的意见和建议。广大政协委员将党委和政府希望及时了解的信息、解决矛盾的对策、人民群众的呼声等，通过提案形式反映出来，这对拓宽工作思路、解决工作难题、落实工作部署，都有重要意义。政协提案是广大政协委员、参加政协的各个单位，包括各民主党派中央、全国工商联等有关人民团体，为实现全面建设小康社会的共同目标献计献策，是社会主义民主政治的重要体现，因此，应当把提案的办理工作当作一项政治任务来抓，不断增强自觉性和主动性，广纳良策，博采众长，从而更好地改进和完善各项工作。

二、加强跟踪检查，注重实际效果

提案办理既要讲究态度，认真进行答复，更要讲求实效，重在落实。贾庆林主席非常重视提案办理工作，多次作出批示，他既肯定了提案工作的成效，又明确提出要在提案办理的跟踪和落实上多下功夫，使提案工作取得更大的效果。办理提案不仅是让提案人满意，给提案人一个明确的答复，更重要的是通过办理提案，吸收提案中的合理建议，改进工作，取得实效，这就必须讲求工作的方式方法，及时总结，找出一些规律性的东西来。

第一，要对提案进行认真分析，分出轻重缓急。提案的内容十分丰富，但意见和建议的内容，有重要问题，有一般问题，要在综合分析之后选出重点提案，实行重点提案重点办。

第二，要仔细阅读提案内容，提高承办和回复的准确性。新一届政府成立后，各部门的职能分工有所调整。了解各部门的职责，是准确确定承办单位的关键。在提案的回复工作中，也要根据提案的内容，有针对性地、实事求是地进行答复，要避免答非所问，文不对题，敷衍了事的现象。

第三，要加强跟踪办理，促进提案落实。有些提案尽管答复了，还要考虑怎么落实，要有具体措施。我们不仅要对重点提案的办理落实情况进行跟踪，而且对那些带有普遍性、倾向性或者多年反复提出的问题，也要依据具体情况跟踪办理，并实事求是地向提案人进行反馈。

第四，要加强与委员的沟通，取得委员的理解和支持。在办理提案过程中，对一些重点提案，特别是那些多年反复提出的“老案”，或者涉及面广、情况复杂，一时难以解决的问题，要最大限度地与提案人进行各种形式的沟通，逐步变“文来文往”为“人来人往”。

第五，要发扬合作精神，形成办理提案的合力。今年的提案中有相当一部分提案涉及多个部门，需要多方协作，联合办理，主办单位与会办单位以及承办单位内部各部门，要各司其责，各尽其力，加强协调、积极配合。

第六，要认真总结经验，不断改进办理工作。用经验推动工作，是提案办理实践中形成的一个有效办法。根据“两办通知”精神，承办单位每年提案办理工作结束后，都要认真作出书面总结，这可以使一些好办法，及时得到推广，使存在的突出问题，及时得到解决。

三、切实加强领导，完善规章制度

近年来，特别是“两办通知”下发之后，各承办单位的领导高度重视政协提案办理工作，把办理好政协提案，作为推动和改进本部门工作的一种动力。许多单位的主要负责同志，对提案办理工作亲自部署或作出批示，有的还参与重点提案的办理，有力地推动了提案办理工作。实践充分证明，领导重视是办理工作的关键。领导重视了，具体办理人员就会更加认真，而且许多意见和建议，还需领导最后拍板才能落实，所以，我们再三强调要加强领导，真正把提案办理工作列入重要议事日程。对一些事关全局、影响深远、政策性强的提案，主管领导要亲自过问或亲自主持部分重点提案的办理工作，及时解决提案办理过程中出现的问题。加强领导，还要重视规章制度的建设，根据新的形势和任务，不断对现有规章制度进行补充、修订、完善，使工作职责、工作程序、督促检查、总结表彰等都有制度保障，切实按照规章制度办事，真正做到提案的办理级级有人抓，案案有人办，件件有落实，事事有回音。

同志们，提案办理工作，是一项政治性、政策性很强，又十分艰苦细致的工作。我们希望与各承办单位密切配合，加强协作，大家共同努力，以求真务实的精神，把政协提案办理好，把政协提案的作用发挥好，为全面建设小康社会、加快推进社会主义现代化作出贡献！

（选自《人民政协报》）

学习贯彻政协章程　推进统战政协工作

——在江西省调研时的讲话（摘要）

（2004年3月）

贾庆林

刚刚结束的十届全国人大二次会议审议并批准了政府工作报告，审议通过了《中华人民共和国宪法》(修正案);全国政协十届二次会议审议通过了《中国人民政治协商会议章程》(修正案)。各级党委和政府一定要把学习贯彻"两会"精神作为当前的一项重要工作,放在突出位置,切实抓好落实。要充分认识学习和贯彻实施宪法的重要性,切实组织好学习宪法的工作,推动宪法在全社会的贯彻实施。

贯彻落实"两会"精神,其中一个重要方面就是牢固树立和认真落实科学发展观。科学发展观是我们党着眼于新世纪新阶段发展全局提出的重要战略思想,是全面建设小康社会和实现现代化的根本指导方针。牢固树立科学发展观,是全面贯彻"三个代表"重要思想和党的十六大精神的要求,关系党和国家工作的大局,关系中国特色社会主义事业的长远发展。

政协章程是参加人民政协的各党派、无党派人士、各人民团体和各族各界人士共同的行为准则,是各级政协组织开展工作的基本依据。修改政协章程是关系坚持和完善共产党领导的多党合作和政治协商制度、巩固和发展最广泛的爱国统一战线的一件大事,也是加强政协自身建设的一件大事。经过这次修改,政协章程更加完善,更加符合中国特色社会主义事业发展的要求,更加适应人民政协事业发展的需要。

学习贯彻政协章程,是深入贯彻落实"三个代表"重要思想和十六大精神的需要,是发展社会主义民主政治、建设社会主义政治文明的需要,是推进统一战线和人民政协事业发展的需要,是加强统战部门和政协组织自身建设的需要。现在,中央办公厅发出通知,对学习贯彻政协章程作出了部署,明确要求各级政协组织和广大政协委员要认真学习贯彻,各级党委和政府、各民主党派和人民团体也要认真学习贯彻。我们一定要按照中央的要求,从党和国家事业发展的全局和战略的高度,统一思想,提高认识,增强学习贯彻政协章程的自觉性和主动性;要把学习贯彻政协章程作为当前的一项重要工作,摆在突出位置,切实抓好落实,广泛开展一次关于人民政协理论、政策和知识的宣传教育活动,把人民政协事业进一步推向前进。

政协章程对人民政协的性质、职能、任务、工作原则、委员的权利和义务以及有关制度作出了明确规定。我们要认真学习领会、准确理解和把握其主要内容和精神实质,并结合实际,深入贯彻。

要从六个方面全面准确地理解和把握政协章程的精神实质:

政协章程修正案第一次把马克思列宁主义、毛泽东思想、邓小平理论和"三个代表"重要思想确定为人民政协的指导思想,从根本上保证了统一战线和人民政协工作坚持正确的政治方向。要全面准确地理解和把握"三个代表"重要思想成为统一战线和人民政协指导思想的重要意义,在履行职能过程中进一步增强坚持"三个代表"重要思想的自觉性和坚定性。

中国共产党领导的多党合作和政治协商制度,是中国共产党和中国人民政治经验和政治智慧的结晶,是世界政党制度发展史上的一大创新成果。把这一基本政治制度写入政协章程,进一步明确了坚持和完善多党合作制度的制度保障。要全面准确地理解和把握这一基本政治制度,把这一基本政治制度坚持好、完善好、落实好。

这次政协章程修改中,在"中国人民政治协商会议是中国人民爱国统一战线的组织,是中国共产党领导的多党合作和政治协商的重要机构"后,增加了"是我国政治生活中发扬社会主义民主的重要形式",使人民政协性质的表述更加完整。要全面准确地理解和把握人民政协性质的重要意义，充分认识人民政协在我国政治生活中的重要地位，紧密结合人民政协的特点和优势，在社会主义物质文明、政治文明、精神文明建设中发挥更大的作用。

政协章程修正案在关于统一战线的表述中增加了“社会主义事业的建设者”，使统一战线内部构成的表述由“三者”发展为“全体社会主义劳动者、社会主义事业的建设者、拥护社会主义的爱国者和拥护祖国统一的爱国者”的联盟。这是新世纪新阶段统一战线理论的又一重大创新，有利于最广泛最充分地调动一切积极因素。要全面准确地理解和把握这一新的表述的重要意义，努力实现劳动者、建设者和爱国者的广泛团结，为全面建设小康社会、实现中华民族伟大复兴增添新力量。

将“团结和民主是人民政协的两大主题”写入政协章程，是对人民政协实践和经验的科学总结，必将有利于人民政协更好地将团结和民主贯穿于工作的各个环节和全部过程。要全面准确地理解和把握两大主题的科学内涵，推动人民政协各方面工作的深入开展。

政协章程修正案把政治协商、民主监督、参政议政三项职能合并表述，并增写了参政议政的具体内容，这是党中央关于新时期人民政协理论和实践发展的重大成果，拓宽了人民政协履行职能的空间。要全面准确地理解和把握人民政协的三项职能的内容和实质，发挥优势、发挥专长，进一步增强人民政协工作的生机和活力。

学习贯彻政协章程的出发点和落脚点，是为了推进新世纪新阶段统一战线和人民政协事业的发展，为全面建设小康社会做出应有的贡献。在学习贯彻政协章程的活动中，要努力做到“三个结合”：

一是要把学习贯彻政协章程同统一战线和人民政协履行职能结合起来。政治协商、民主监督、参政议政是人民政协的主要职能，围绕中心、服务大局是人民政协履行职能必须遵循的原则，促进发展是人民政协履行职能的第一要务。要把学习贯彻政协章程落实到围绕经济建设这个中心、服务改革发展稳定这个大局上来，落实到凝聚各方面的力量，同心同德、群策群力地实现全面、协调、可持续、经济社会和人的全面发展上来。要充分发挥人才荟萃、智力密集的优势，注意选择一些具有综合性、战略性、前瞻性，又是党和政府决策迫切需要研究的重大问题，深入调研，为党委和政府决策提供有价值、高质量的意见和建议，要发挥团结面大、联系面广的优势，密切联系群众，反映社情民意，协助党和政府做好团结稳定的工作。通过学习贯彻章程，推动履行职能，同时也使履行职能的各项工作更加生动活泼、富有成效。

二是要把学习贯彻政协章程同加强统战部门和政协组织自身建设结合起来。各级政协在学习、宣传、贯彻章程的过程中，要不断增强按章办事的自觉性，推动政协工作的制度化、规范化和程序化。要积极主动配合党委及有关部门检查和总结中共中央关于政协工作有关规定的贯彻落实情况，注意总结近些年来的好经验、好做法，不断探索履行职能的新形式和新方法，对那些被实践证明是成熟的经验，进行理论上的提炼和概括，上升为制度规范。要根据修改后的政协章程中的有关原则和规定，制定或完善适合本地实际的配套的各项规章制度，逐步建立健全各种工作规则和工作程序，包括各种会议的议事规则和工作程序，加强与党政有关部门联系协作的具体办法等等，使我们的各项工作都有制度可以遵循，各种活动都有明确的程序规范，推动政协工作的制度化、规范化和程序化建设。

三是要把学习贯彻政协章程同推动统一战线与人民政协的理论和实践创新结合起

来。要以学习贯彻政协章程为契机,大力推动人民政协的理论、政策研究。针对修改政协章程过程中反映出来的一些理论性和政策性问题,从理论和实践的结合上进行深入探讨,正确认识和把握新时期人民政协工作的特点和规律,提高运用科学理论分析和解决实际问题的能力,使人民政协的各项工作真正体现时代性、把握规律性、富于创造性。

统战和政协工作是党和国家的工作全局的重要组成部分。学习贯彻政协章程,不仅仅是统一战线和人民政协的重要任务,也是各级党委和政府的重要任务。各级党委要按照中共中央办公厅通知的要求,带头学习贯彻政协章程,切实加强对学习宣传贯彻政协章程工作的领导。要按照总揽全局、协调各方的原则,加强对政协工作的领导,运用好人民政协这种有效的民主形式,为实现党的总目标、总任务服务。按照规定应当协商的问题要积极主动地在政协进行协商,支持和保证政协履行好政治协商、民主监督、参政议政职能。要把搞好同各民主党派团体和各族各界人士的团结合作和民主协商作为重大课题,认真研究,及时总结,不断改进。要定期听取政协工作的汇报,给政协出题目、交任务,充分发挥政协的重要作用。要广泛开展一次关于人民政协理论、政策和知识的宣传教育活动,检查和总结中央关于政协工作有关规定的落实情况,把人民政协事业进一步推向前进。

各级统战部门和政协组织、统一战线各党派团体、各族各界人士和广大政协委员,要做学习贯彻政协章程的模范。要抓住学习贯彻政协章程的有利时机,充分利用报刊、广播、电视等新闻媒体,向全社会广泛宣传政协章程,宣传人民政协的历史、性质、地位和作用以及相关的理论知识,为人民政协履行职能创造更有利的社会环境。

(摘自《人民政协报》)

重在突出特点　贵在求真务实

——在接见政协干部教育培训工作座谈会代表时的讲话(摘要)

(2004年4月13日)

贾庆林

全面建设小康社会的新形势新任务,对人民政协提出了新的更高的要求,也为政协干部教育培训工作提供了难得的机遇。政协干部教育培训工作重在突出特点,贵在求真务实。

一要统一思想,提高认识。要从党和国家事业发展全局和战略的高度,从人民政协事业长远发展的高度,进一步增强做好政协干部教育培训工作的责任感和紧迫感。

二要抓住重点,丰富内容。要把学习贯彻“三个代表”重要思想摆在首位,认真学习胡锦涛总书记在全国政协新年茶话会上的讲话,学习贯彻政协章程,不断提高各级政协履行职能的水平,提高广大政协委员和政协机关干部的政治素质。

三要突出特点，增强实效。要根据政协工作特点和政协干部的实际情况，科学确定教育培训工作的内容，注重把培训成效体现到加强和改进政协工作的实践中去。

四要加强领导，提高质量。各级党委要把政协干部教育培训工作纳入干部培训的总体规划，切实加强领导，统筹协调，加大投入。各级政协组织要制定切实可行的培训计划，不断提高培训质量。

（摘自《人民政协报》）

在政协干部教育培训工作座谈会上的讲话（摘要）

（2004年4月13日）

王忠禹

全国政协办公厅召开的政协干部教育培训工作座谈会是一次重要的会议。这次会议深入学习贯彻全国人才工作会议和政协十届二次会议精神，研究探讨新形势下的政协干部教育培训工作，对进一步加强政协干部队伍建设具有十分重要的意义。会议期间，贾庆林主席会见了大家，并作了重要讲话。大家要认真学习，深刻领会，坚决贯彻。

这次座谈会，是近年来全国政协办公厅召开的第一次专题研究政协干部教育培训工作的会议。去年下半年以来，中共中央和中央有关部门先后印发了《关于在全党兴起学习贯彻"三个代表"重要思想新高潮的通知》、《关于今年下半年对县处级以上领导干部进行"三个代表"重要思想轮训的实施意见》、《关于深入学习贯彻"三个代表"重要思想，做好大规模培训干部的意见》和《全国干部学习培训教材建设五年规划》等一系列重要文件。中共中央、国务院召开了第一次全国人才工作会议，作出了《中共中央、国务院关于进一步加强人才工作的决定》，胡锦涛总书记、温家宝总理在会上发表了重要讲话。《决定》和锦涛同志、家宝同志的讲话，从党和国家事业发展全局的战略高度，科学总结了新中国成立以来，特别是改革开放以来人才工作的成绩和经验，明确提出了新世纪新阶段人才工作的指导方针、目标任务和政策措施，我们要认真学习贯彻。

下面，我就落实全国人才工作会议和中央关于大规模培训干部的精神，抓住机遇，乘势而上，全面推进政协干部教育培训工作，讲几点意见。

一、深刻认识加强学习在人才培养工作中的重要性，切实做好政协干部教育培训工作

当今世界，随着经济全球化趋势的不断发展和科技进步的突飞猛进，各国之间以经济为基础、科技为先导的综合国力竞争日益激烈。综合国力的竞争说到底是人才的竞争，谁拥有人才优势，谁就掌握了竞争优势。国内，我国已进入全面建设小康社会，加快推进社

会主义现代化建设新的发展阶段。过去的一年,面对复杂多变的国际形势和繁重艰巨的国内建设任务,面对突如其来的“非典”疫情和频繁发生的自然灾害,全国人民在以胡锦涛同志为总书记的党中央坚强领导下,迎难而上,开拓进取,在改革开放和经济社会发展等方面都取得了重要进展。但是,全面建设小康社会的任务仍然十分艰巨,经济社会发展和人民群众生活中还有许多问题需要我们抓紧去解决。这些都给政协履行职能实施参政议政工作提出了新的更高的要求。对人民政协机关干部来讲,加强学习,既是工作的重要内容,又是完成各项任务的重要保证。因此,必须加强学习,提高做好机关工作为委员服务的能力和水平。

各级政协机关是党的统一战线工作的政治机关,是为政协委员履行职能服务的机关。我们所处的环境和服务的对象对机关干部职工提出了很高的要求。政协委员是社会各界的代表人物,知识层次高,社会影响大。为他们参政议政服务,没有一定的理论素养、知识水平、业务本领和办事能力,是很难做好工作的。面对新的形势和新的任务,切实抓好各级政协干部的学习,比以往任何时候都显得更为重要、更为迫切。政协干部教育培训工作是推动干部学习的一条重要途径,是加强各级政协机关建设,全面提高干部素质的一个重要环节。各级政协要从全局和战略的高度,充分认识大力加强干部教育培训工作的重要意义,切实把这项工作抓紧抓好,落到实处。

二、坚持理论联系实际的原则,在研究问题和推动工作上下功夫

政协干部教育培训工作必须理论联系实际,增强教育培训工作的针对性和实效性,切实把干部培训工作的出发点和落脚点放在提高工作能力、水平和推动工作上。

在学习中要坚持把学习理论、总结经验、研究工作结合起来,使学习培训的过程变成提高理论、工作水平,研究解决工作中实际问题能力的过程。

在理论指导下,研究新情况,解决新问题,总结新经验,是我们当前工作的急迫需要,也是学习培训理论联系实际的一个重要方面。比如政协的性质、地位、作用,我们党的三代领导人和以胡锦涛同志为总书记的新一届中央领导集体,都有过明确的论述。我国宪法、中共中央一些文件、政协章程对此也都有明确的规定。但是具体到落实和实际操作中还要不断深化我们的认识。又比如,如何在社会主义、爱国主义和中华民族伟大复兴的共同基础上,尽一切努力,调动一切积极因素,团结一切可以团结的力量,为实现我国各族人民的根本任务而奋斗;如何做好协调关系,化解矛盾,维护稳定的工作;如何积极反映社情民意,疏通党和政府与人民群众的联系渠道;在政协闭会期间如何发挥委员特别是京外委员的作用;如何改进政协机关作风,提高工作质量,更好地为委员服务。

能不能坚持理论联系实际,不仅是一个学习方法的问题,同时也是一个学习态度和学习目的的问题。干部教育培训只有坚持理论联系实际,才能学得进、学得深、学有成效。

三、突出重点,着力抓好各级政协中青年干部的教育培训

各级政协中青年干部是政协干部队伍的骨干力量,肩负着人民政协工作继往开来的历史重任。现在各级政协这一批中青年干部,绝大多数是改革开放以来进入干部队伍、逐步走上领导岗位的。他们年富力强,文化程度较高,思想比较活跃,开拓进取精神较强,许多同志在自己的岗位上做出了出色成绩。但也要看到,他们当中一些同志程度不同地缺

少统一战线和人民政协理论的系统学习，缺少对人民政协历史和优良传统的深刻了解。政协干部教育培训要结合政协中青年干部队伍的实际，突出加强三个方面：一是要教育中青年干部坚定正确的政治方向。我们的干部一定要头脑清醒。在大是大非上要站稳立场，坚持原则，不随波逐流；在工作方式方法上要灵活，充分尊重委员。如果在这个问题上把握不好，就可能影响同委员，特别是同党外人士的团结，就会背离人民政协工作的主题，就不是一个称职的、合格的政协工作者。二是要教育中青年干部求真务实。求真务实是我们党的优良传统，是共产党人应该具备的政治品格。能不能做到求真务实，直接关系到政协工作的全局，关系到党的统一战线事业的巩固和发展。因此，我们在工作中，一定要实事求是，讲真话，踏踏实实做事，一步一个脚印地做工作。要充分认识到政协机关是政治机关，政协工作中的事务工作大多是政治事务。小事也可变成大事。三是要教育中青年干部学会做人、做事、做官。首先是要学会做人。做人，是做事、做官的基础。做人首先是做正直的人，敢于讲真话、办实事，遇事坚持原则不苟同。做人要有好品德。品德不好的人，当不好官也办不好事。

四、继承和发扬人民政协工作的优良传统，不断探索干部教育培训工作的新路子

重视学习，提倡学习，是人民政协工作的一个优良传统。各级政协在长期的干部教育培训工作中积累了许多好的经验做法，这是一笔宝贵的财富，必须很好地继承下来，不断发扬光大。同时，也要清醒地看到，在社会主义市场经济条件下，政协干部队伍所面临的内部和外部环境已经发生和正在发生着深刻的变化。政协干部教育培训工作只有坚持与时俱进、不断创新，才能跟上时代的步伐。从大的方面讲，有以下几条需在工作中坚持做到：一是在教育培训的观念上，要树立人才资源是第一资源的观念，树立人人都可以成才的观念，树立以人为本的观念，强化教育培训是人才资源开发的基础性理念，树立与时代发展相适应的新的教育思想，充分认识干部教育培训是最具有经济和社会综合效益的工作。二是在教育培训的内容上，在突出马克思列宁主义、毛泽东思想、邓小平理论和“三个代表”重要思想的学习的同时，还注重关于统一战线理论的学习，要注重在实践中对这些理论的发展研究；既要突出思想政治教育和新知识、新技能的学习，又要注重传授学习方法，提高广大政协干部的学习能力和创新能力。三是在教育培训的方式方法上，要更好地把读书学习与研究问题，特别是研究现实问题结合起来，把课堂教授与调查研究、实践锻炼结合起来，把传统的教学方法与现代教学手段结合起来，进一步提高教学质量和培训效果。四是在教育培训组织管理上，要坚持各级政协党组（党委）统一领导，全国政协与地方政协密切配合，有关部门分工负责的工作格局；要逐步建立述学、考学、评学和学用结合的制度措施，形成一套有效的激励和约束机制；要广泛利用社会教育培训资源，积极吸收借鉴党政部门以及国外在人才培养上的有益经验。

五、加强领导，确保政协干部教育培训各项任务落到实处

加强政协干部教育培训，提高政协干部队伍素质，是一项事关政协工作长远的一件大事，各级政协都要高度重视，加强领导，科学规划，抓好落实。

第一，实行政协干部教育培训目标管理。各级政协要按照“十五”全国干部教育培训规划和“十五”国家公务员培训纲要的总体要求，结合本单位干部培训需求和培训资源条

件的实际情况，制定切实可行的干部教育培训目标体系。要根据总目标、总规划确定年度目标、年度计划，并落实到各有关部门和个人。各级政协要加强对目标实施的组织管理，抓好监督检查。

第二，建立和完善政协干部教育培训工作责任制。各级政协组织要高度重视干部教育培训工作，把这项工作列入重要议事日程。在制定工作规划和计划时，要把干部教育培训工作作为重要内容，同步考虑，统筹安排。各级政协主要领导同志要经常了解干部教育培训工作情况，及时研究解决工作中的问题；各级政协干部教育培训工作部门要充分发挥职能作用，积极主动地取得领导的支持；要充分调动各方面的积极性，分工负责，形成合力，共同完成好干部教育培训工作任务。

第三，加强政协干部教育培训工作队伍的建设。从事干部教育培训工作的队伍状况，直接影响着干部教育培训工作的质量和效果，应该对他们提出更高的要求。要积极为他们加强学习、开展社会调查和进行理论研究创造更好的条件，帮助他们不断提高思想政治素质和业务素质。同时，还要帮助他们解除后顾之忧，使他们能全身心地投入到工作中去。

（摘自《人民政协报》）

在会见中国经济社会研究会第二届会员代表大会代表时的讲话（摘要）

（2004年4月16日）

贾庆林

在全面建设小康社会的新形势下，研究会要立足国内，面向国际，在促进我国经济社会发展、开展民间外交活动等方面提供服务，发挥独特的优势和作用。

研究会一要立足国内，努力为我国经济社会发展建言献策。做好国内工作，是研究会有效发挥作用、永葆生机活力的重要前提，要坚持全面、协调、可持续的科学发展观，努力把工作的着力点放在我国经济社会发展中带有全局性、综合性和前瞻性的问题上，积极开展研究、咨询和服务，为促进社会主义物质文明、政治文明和精神文明协调发展贡献智慧和力量。二要面向国际，积极开展国际交流与合作。研究会要充分利用非政府组织这个舞台，以多种形式积极开展民间外交，促进交流与交往，加强合作与信任。要广泛宣传党和国家的有关方针政策，宣传我国改革开放和社会主义现代化建设的伟大成就，促进国际社会对我国的了解和认同，为国内的改革和建设创造更为有利的外部环境。三要提供服务，促进人民政协更好地履行职能。研究会隶属于全国政协，为人民政协履行职能服务应是其重要工作任务。研究会要进一步加强与政协专门委员会的联系，与政协的提案、调研、反映社情民意等工作更好地结合起来,为提高政协履行职能的质量和水平发挥作用。

(摘自《人民政协报》)

开拓进取 求真务实 开创中国经济社会研究会工作新局面

——在中国经济社会研究会第二届会员代表大会第一次会议上的讲话(摘要)

(2004年4月16日)

王忠禹

首先感谢大家对我的信任和支持,选举我为中国经济社会研究会第二届会长。今天大会前,贾庆林主席会见了与会代表,并就经社研究会今后发展提出了希望和要求,我们在工作中要切实落实这些要求。第一届理事会在锦华同志的领导下,在全国政协办公厅和相关专委会的支持和帮助下,做了大量的工作,使中国经济社会研究会在国内外都有了一定的影响。新一届理事会在年龄结构和人员构成上都有很大变化,我相信通过大家共同努力,以开拓进取、求真务实的精神,一定会开创中国经济社会研究会工作的新局面。

一、适应新形势,充分发挥研究会作用

中国经济社会研究会成立于2001年7月,是隶属于全国政协的国内第一个综合研究经济社会问题的全国性社团组织。成立之后,就以非政府组织的身份替代全国政协加入了经社理事会和类似组织国际协会,以研究、咨询和服务为宗旨,围绕促进经济与社会协调发展,开展了一系列有益的工作。

20世纪90年代以来,伴随经济全球化发展,要求世界多样化和国际关系民主化的呼声日益高涨,国际形势发生了许多引人注目的变化。非政府组织作为国际社会中的非国家行为体迅速崛起,成为国际政治、经济和社会生活中的一个显著特征。当今世界,许多问题的解决,不仅需要国与国之间,而且需要多种形式、多种层次地开展政府组织与非政府组织以及非政府组织之间的对话与沟通。因此,非政府组织的作用越来越引起人们的重视。他们不仅在各自国家的社会、经济以至政治事务中扮演日益重要的角色,而且在国际事务中的作用也日益显著。

积极有效地参与国际多边活动,是进入新世纪国际局势发生深刻变化的大背景下我国非政府组织在国际领域中肩负的一项重大使命。中国经济社会研究会正是顺应形势,应运而生,并成为"国际协会"领导机构——管理委员会委员。我们要很好地利用这一舞台,争取发挥积极主导作用,通过各方面富有成效的工作,进一步促进与其成员组织及各

国经社机构之间的对话、交流与合作。要采取“请进来，走出去”的方式开展国际研讨、咨询和服务。不仅对已开展的工作要总结经验，加以提高，而且要不断探索新的形式、新的做法，以适应客观形势的发展和需要。新一届经社理事会要在已有的基础上，着眼实际，立足国内，放眼世界，对我国经济社会发展中的一些重大问题进行研究，使国内外经常有我们的声音和影响，不断扩大对外交流的辐射面，推动我国非政府组织进一步走向世界。

新世纪，新阶段，随着改革开放的不断深入，有许多新情况、新问题需在研究、解决。遵循全面、协调、可持续的发展观，围绕统筹城乡发展、统筹区域发展、统筹经济社会发展、统筹人与自然和谐发展和统筹国内发展和对外开放，中国经济社会研究会的工作大有可为。温家宝总理在今年的《政府工作报告》中强调“要坚持科学民主决策”，明确“要进一步完善公共参与、专家论证和政府决策相结合的决策机制，保证决策的科学性和正确性”。这是党和国家为研究咨询服务机构提供的大舞台。中国经济社会研究会只要坚持解放思想、实事求是，与时俱进、开拓创新，就能够做出应有的贡献。要充分利用现有的平台，发挥优势，整合资源，适应现代社会研究咨询市场化综合化发展的需求。可以选择带有全局性、综合性的国内国外普遍关注的重大课题，充分利用社会资源，围绕课题组织队伍，实现知识定向流动，汇溪流为大河，快出成果出好成果，为政府、社会、企业提供研究、咨询和服务。为了推进工作的开展，我们要在章程允许的框架内，积极探索一些有利于充分发挥经济社会研究会智力资源的行之有效的组织、管理和运作形式。总之，研究会要充分利用已有优势，更好发挥潜在优势，在研究、咨询、服务等方面确立自己的综合优势，逐步成为国内经济社会领域有影响的社会团体，成为一个知名的品牌。

二、开创新局面，必须切实加强自身建设

首先要明确和处理好几个关系。一是与全国政协的关系，中国经济社会研究会隶属于全国政协，研究会要自觉接受全国政协的领导。二是与政协各专委会的关系，研究会设立的几个事务委员会，可与全国政协专委会就共同关心的题目合作开展活动。三是与其他研究机构的关系，参加研究会的有不少科研院所、高校和党政部门的研究机构，中国经济社会研究会要为这些参加单位发挥组织和中介作用。四是长远与近期的关系，中国经济社会研究会要把长远工作和近期工作结合起来。五是国内工作和对外工作的关系，中国经济社会研究会要把国内工作和对外工作很好结合起来。

第二，积极稳妥地发展壮大会员队伍。中国经济社会研究会要以个人和团体会员为主。一方面要吸收与中国经济社会研究会有关的专家、学者，以及富有管理经验的人士和企业界的佼佼者；另一方面要积极发展一批团体会员，包括党政部门研究机构和社会上的相关院所、高校等。中国经济社会研究会人员构成要不断更新，不断充实。

第三，抓好研究、咨询和服务队伍建设。中国经济社会研究会开展工作主要依靠社会力量，但是没有自身的队伍，社会力量也无法很好组织。要本着精悍、有效的原则，吸收一睚有研究、咨询、服务能力和有管理专长的同志作为专职人员。同时，以灵活的形式吸纳一些兼职同志。主要任务是承担研究、咨询、服务课题和活动的组织、论证、筛选及跟踪落实。

第四，逐步形成具有特色的组织形式和活动方式。论坛、研讨会、咨询组织、服务组织等都应办出特色、形成影响，逐步使中国经济社会研究会形成一个知名品牌，凝聚一批有

识之士。要尽快创办由中国经济社会研究会主办的刊物,刊登研究会的成果,可以搞成中英文双语文本;条件成熟时,可以发给国际组织的成员国和有关组织,扩大影响。

第五,要加强秘书处工作。秘书处工作很重要,要尽快配备一定数量有研究水平、有办事能力、外语比较好的专职工作人员,负责组织管理、活动开展、国际交流及开展研究和对外宣传等日常工作。

三、落实会议精神,认真做好本年度的几项主要工作

本年度内要集中精力做好以下几项主要工作。

第一,做好出访和出席国际会议及接待来访工作。5月中旬,应经社理事会和类似组织国际协会、法国经社理事会、阿尔及利亚全国经社理事会、摩洛哥议会的邀请,中国经济社会研究会将派团访问阿尔及利亚、摩洛哥、法国,并出席国际协会在日内瓦召开的2004年年会。这是中国经济社会研究会换届后的第一次出访和参加国际协会会议,要做好充分准备。应经社理事会和类似组织国际协会及非洲经社理事会联盟邀请,我们将派团出席在巴黎召开的"关于不发达国家反贫困讨论会"。

第二,要集中力量开好研讨会和办好论坛。今年下半年将与欧盟经社委员会共同举办"结构调整与再就业"研讨会以及与国家计生委一起在武汉召开"国际人口与发展论坛"。要与承办单位认真组织、精心策划、周密安排、相互配合,达到预期目的,产生积极影响。与此同时,做好与香港中文大学共同举办"促进内地与香港经济共同繁荣"第二次学术研讨会的准备工作。

第三,修改中国经济社会研究会章程。适应形势和中国经济社会研究会发展需要,现在的章程许多条款需要修改,还要增加一些有关的内容。为了做好这项工作,要认真进行总结,广泛听取意见,吸取有益的经验,抓紧完成这项工作。

第四,尽快研究和确定国内开展研究的课题。今年,结合我国经济社会发展,要确定几个大的研究题目,尽早落实,以便开展工作。

第五,充实和健全秘书处工作班子。秘书处工作对研究会开展工作十分重要,加强秘书处的工作要抓紧,使秘书处成为高素质、高效率、优质的办事机构,保证工作有效运转。

中国经济社会研究会面临新的形势和任务,我们要加倍努力工作,把研究会办成有凝聚力和影响力的、国际化的一流社团。让我们以邓小平理论和"三个代表"重要思想为指导,在全国政协领导下,切实把中国经济社会研究会的工作推向一个新的阶段。

(摘自《人民政协报》)

采取有效措施积极创造条件
进一步发挥全国政协委员尤其京外委员作用

——在山东与部分全国政协委员座谈时的讲话(摘要)

(2004年4月19日)

王忠禹

政协委员是政协工作的主体,要采取有效措施,积极创造条件,进一步发挥全国政协委员尤其京外委员的作用,使广大委员充分利用人民政协这个大舞台,围绕团结和民主两大主题,施展自己的才干,更好地履行政治协商、民主监督、参政议政的职能,为全面建设小康社会贡献力量。

发挥全国政协委员尤其京外委员作用问题,是委员们反映多年的一个老问题。在今年全国政协十届二次会议期间,许多委员就解决这个问题提出了一些好的意见和建议。全国政协主席会议对委员们的意见十分重视,认为政协委员尤其京外委员作用发挥得如何,是事关全国政协能不能很好地履行职能的大问题,应当积极创造条件,逐步加强这方面的工作,力争在本届政协任期内取得新的进展。为此,全国政协办公厅起草了《进一步发挥全国政协委员尤其京外委员作用的意见》的文件。

十届全国政协委员中,京外委员约占全国政协委员总数的60%。全国政协被人们誉为"人才库"、"智囊团",这是对全体政协委员来说的,既没有地域之分,也没有京内京外之别,所有委员都是国家的宝贵财富,是人民政协工作的重要力量,履行职能的责任和使命都是一样的。本届政协委员参政议政的积极性很高,紧紧围绕团结和民主两大主题,认真履行职能,切实开展工作,取得了很好的成绩。这些成绩凝聚了包括京外委员在内的全体委员的心血和努力。

为发挥政协委员尤其京外委员的作用,从七届政协开始,先后制定了一些规定。十届全国政协第一次主席会议又制定了《关于委托京外省级政协主席为所在地全国政协委员活动召集人的意见》。尽管全国政协及其办公厅作了许多努力,也采取了一些措施,但由于受各种因素的制约,许多措施仍没有落实到位。大家反映比较突出的问题是,委员了解情况有限,京外委员参加活动少,对委员在全会和常委会议闭会期间履行职能的要求不够明确等。这都不同程度地影响到委员参政议政的积极性,影响到委员履行职能的质量和水平。

我们将进一步采取积极措施,充分发挥全国政协委员尤其京外委员的作用。

一是要加强联络,开展活动,提供情况,专人负责。全国政协领导到地方视察调研或参加会议活动时,视情况可请当地全国政协委员参加,也可专门召集当地全国政协委员进行座谈。在已委托省级政协主席为当地委员活动召集人的基础上,再请各省级政协指派一名副秘书长或办公厅主任为联络员,协助召集人开展工作。注重加强提案、视察、信息等工作,切实为政协委员尤其京外委员开展经常性工作提供机会。要充分发挥专门委员会的作用,为委员履行职能创造条件,组织委员赴京外进行视察、调研和召开会议时,应邀请当地有关的全国政协委员参加。要重视委员的学习,除邀请委员参加各种会议外,还要给他们及时发放有关文件、材料和报刊。拟创办《全国政协委员通讯》,通报全国政协有关工作安排、委员开展活动以及委员发挥作用等情况。

二是各级地方政协要把组织当地全国政协委员开展活动纳入总体工作计划。要从各个工作层面上切实把组织委员参加活动落到实处。省级政协主席作为当地全国政协委员活动召集人,要组织所在地委员根据全国政协的工作安排开展视察、调研和其他活动,邀请委员列席或参加当地政协的有关会议、视察、调研、学习、座谈和联谊活动。委员人数较多的地方,可按委员专长组成若干小组,由担任全国政协委员的省级政协主席、副主席和全国政协常委担任组长,机动灵活地开展活动。对距离省会城市较远的委员,委托所在地政协组织他们开展活动。

三是要加强组织委员开展活动的制度建设。各级政协组织要认真贯彻有关文件精神,制定并实行责任制,做到各司其职,各负其责。政协办公厅要指定专门机构负责落实每项具体工作。委托省级政协开展的活动,也要落实专人负责。要加强对委员活动情况的了解和动态管理,可以量化的要尽可能量化。要加强督促和检查,切实保证各项工作落到实处。同时,还要与时俱进,不断探索、创新,完善委员开展活动的方式和途径。

四是委员应主动履行职能,积极发挥作用。政协委员不仅仅是一种地位和荣誉,更是一种义务和责任。在任何时候任何地方,都要牢记自己的历史使命,都要在各自的工作岗位上尽职尽责。要密切联系群众,特别是密切联系自己所代表的本界别的群众。要充分了解和反映群众的愿望和要求,发挥沟通群众和政府的桥梁作用。要积极参加政协组织的会议和活动,自觉遵守有关规定,努力为国家的富强、社会的发展、民族的振兴做出贡献。

(摘自《人民政协报》)

把握发展机遇以“三个代表”重要思想为指导
大力推进光彩事业

——在会见中国光彩事业十周年纪念会全体代表时的讲话(摘要)

(2004年4月22日)

贾庆林

我代表中共中央、国务院,向大会表示热烈祝贺,向积极参与光彩事业的非公有制经济人士、港澳台以及海外工商界朋友,表示崇高的敬意和亲切的慰问。

在党和政府的关心和支持下，光彩事业开展10年来，积极推动贫困地区的经济发展和社会进步，为先富帮助后富、实现共同富裕探索了有效途径；积极引导非公有制经济人士扶危济困，为实现他们造福社会的愿望创造了重要载体；积极探索民间扶贫开发的新形式，为国际社会消除贫困积累了有益经验。实践证明，光彩事业体现了社会主义的本质要求，弘扬了中华民族的传统美德，反映了非公有制经济人士的理想追求。

前不久召开的十届全国人大二次会议审议通过了宪法修正案，现在各地区各部门都在组织学习。特别是宪法修正案对第十一条关于非公有制经济的规定作了第三次修改，进一步明确了国家鼓励、支持和引导非公有制经济发展的方针。这就为非公有制经济的发展创造了更加有利的条件，也为光彩事业发挥作用提供了更加广阔的舞台。

要明确发展思路，牢固树立和落实科学发展观。光彩事业的发展要从实现经济社会全面、协调、可持续发展的目标出发，按照"五个统筹"的要求，积极投身西部大开发和东北等老工业基地的振兴，努力促进贫困地区经济和社会事业的发展。特别是要把推动"三农"问题的解决作为工作重点，为促进农民收入较快增长做出贡献；要拓宽活动领域，积极为完善社会主义市场经济体制贡献力量。要运用市场经济的规律和机制，鼓励和支持非公有制企业投资国家和地方的重点建设项目，在增强企业活力和竞争力等方面发挥积极作用；要搞好政治引导，努力建设一支合格的中国特色社会主义事业建设者队伍。要坚持以人为本、加强培训和自我教育，在推进光彩事业的实践中锻炼和培养人才，全面提高非公有制经济人士队伍的整体素质；要加强国际合作，共同探讨消除贫困、促进社会协调发展的新路子。

光彩事业是一个伟大的创举。希望各级党委和政府要进一步加大对光彩事业的扶持力度，为光彩事业的实施创造更加有利的条件和环境。各级统战部门和工商联要及时研究解决光彩事业发展中遇到的主要问题，为实施光彩事业项目的非公有制经济人士排忧解难。

（新华社北京2004年4月22日电）

在光彩事业10周年纪念会
暨中国光彩事业促进会二届四次理事会上的讲话（摘要）

（2004年4月22日）

刘延东

新世纪新阶段，要努力推动光彩事业迈上一个新的台阶。

彩事业实施10年来取得了丰硕成果：帮助老少边穷地区群众脱贫致富，参与国有企业改组改造改制，有效缓解社会就业压力，参与国家重点建设，促进农业产业结构调整，改善区域生态环境，开展社会公益事业，帮助非公有制经济人士提高素质，加强对外交流合作等方面做出积极贡献。

光彩事业要坚持把“发扬中华民族传统美德，促进共同富裕”作为根本宗旨，把自愿参加、量力而行，互惠互利、义利兼顾作为基本原则，把引导非公有制经济人士做合格中国特色社会主义事业建设者作为主要内容，把运用统一战线的方式作为有效途径，把依靠党委和政府的支持作为根本保证。

新世纪新阶段，要以邓小平理论和“三个代表”重要思想为指导，大力弘扬“光彩精神”，着眼于经济社会和人的全面发展探索新的发展思路，着眼于党和国家的工作大局拓宽发展领域，着眼于壮大队伍和提高素质加强教育引导，着眼于扩大影响和长远发展加强国际交流与合作，着眼于创造条件和提供服务加强领导和支持。努力推动光彩事业迈上一个新的台阶。

（摘自《人民政协报》）

加强政协干部的教育培训是做好政协工作的重要基础

——在全国政协第40期干部培训班开学典礼上的讲话

（2004年5月15日）

李兆焯

各级政协干部要以邓小平理论和“三个代表”重要思想为指导，充分认识政协干部教育培训工作的重要性，明确学习任务，全面提高政治、业务素质和工作能力，以适应政协工作不断开创新局面的要求。

加强政协干部的教育培训，是人民政协贯彻“三个代表”重要思想，确保政协工作正确的原则和方向的重要举措。当前，人民政协就是要以邓小平理论和“三个代表”重要思想为指导，全面贯彻十六大精神，认真落实十六大对人民政协提出的各项任务要求，坚持团结和民主两大主题，切实履行政治协商、民主监督和参政议政的职能，最大限度地把一切可以团结的力量都团结起来，把一切能调动的积极因素都调动起来，为全面建设小康社会，为中华民族的伟大复兴贡献力量。政治路线确定以后，干部就是决定因素。建设一支合格的、高素质的政协干部队伍，是做好政协工作的重要基础。政协工作的政治性、原则性和业务性都很强，通过举办政协干部培训班，加强政治和业务学习，对于政协干部正确地把握政协工作的原则和方向，规律和特点，是非常必要的。加强政协干部的教育培训，是提高政协干部工作创新能力的需要。目前，我国的经济、政治和社会正在经历着前所未有的深刻变革，我们的工作任务和服务对象，都与过去有了很大的不同，这对政协干部的素质提出了更高的要求。政协干部队伍不仅要在年龄结构上进一步优化，在学历和知识层次上进一步提高，而且必须在理论素养、思想作风和领导能力上进一步加强。我们一定要认真按照中央的指示，按照贾庆林主席的要求，不断加强学习，努力提高素质，不断开创人民政协工作的新局面。

干部培训工作要着眼于干部各方面素质的全面提高。当前，根据政协工作的实际需要，政协干部的培训一是要深入学习"三个代表"重要思想，坚持用"三个代表"重要思想统领人民政协工作。广大政协干部要认真学习、准确把握、全面贯彻好"三个代表"重要思想，坚持和完善中国共产党领导的多党合作和政治协商制度，发展和壮大最广泛的爱国统一战线，抓住发展这个第一要务，共同推进社会主义物质文明、政治文明和精神文明的协调发展。二是要把学习和贯彻实施宪法、学习贯彻政协章程摆在突出位置。今年全国"两会"的重要成果之一，就是分别通过了《中华人民共和国宪法修正案》和《中国人民政治协商会议章程修正案》。经过这次修正，我国宪法更加完善，更加符合国情，更加反映时代精神，更加适应全面建设小康社会、开创中国特色社会主义事业新局面的要求。政协章程修正案与宪法修改相衔接，总结吸收了新时期政协工作的成熟经验，凝聚了各级政协组织和党内外各方面人士的智慧，更加适应人民政协事业发展的需要。我们一定要按照中央有关部署和通知精神，认真深入地进行学习，完整、准确地把握这次宪法和政协章程修改的意义和各项内容，深刻领会其精神实质，进一步增强贯彻实施宪法和依照政协章程履行职责的自觉性。三是要切实加强统战政协理论和其他相关业务知识的学习，进一步提高政协干部的业务素质和工作水平。政协干部的教育培训，要把统战政协理论、业务知识作为必修课，学习要做到经常化、系统化，并随着理论的创新和知识的扩展不断重新学习，以深化对人民政协性质、地位和职能作用的认识，进一步增强理论思维和把握政协工作全局的能力。

（摘自《人民政协报》）

加强交流　促进中法友好合作关系的发展

——在法国经社理事会全体会议上的演讲

（2004年5月25日　法国巴黎）

王忠禹

主席先生，女士们，先生们：

感谢戴尔马涅主席对我和我的同事们的盛情邀请，使我们有机会来法国访问并同诸位进行交流。能够在法国经社理事会全体会议上讲话，是我的殊荣，也体现了法国对中国的友好情谊。希望通过我的讲话，能够增进相互了解，推动我们之间的合作。

法兰西民族和中华民族是两个伟大的民族，都有着悠久的历史和灿烂的文化，为人类文明的发展做出过不可磨灭的贡献。建交40年来,两国关系经历了国际风云变幻的考验。今年以来,两国在各个领域的交流与合作又取得了举世瞩目的成就。今年中国农历新年伊始,中国国家主席胡锦涛对法国的访问进一步向世界表明,巩固和发展中法关系是中国的既定方针,中国高度重视中法关系,愿意为推动两国全面战略伙伴关系的发展做出不懈的努力。我深信,在新的世纪,中法关系必将取得更大的发展。两国之间的交往,包括非政府组织之间的交往,必将揭开崭新的一页。

女士们、先生们,中国自1978年实行邓小平先生倡导的改革开放政策以来,发生了翻天覆地的变化。在过去的25年里,我国经济年均增长9.4%,市场经济体制基本建立,人民生活有了明显的改善,整个社会充满着蓬勃的生机和活力。2003年是我国各项事业取得巨大成就的一年,国内生产总值比上年增长9.1%,达到11.67万亿元,人均国内生产总值首次突破1000美元,达到1090美元;对外贸易大幅度增长,达到8512亿美元,居世界第四位;就业超过预期的目标,城镇新增就业859万人;高等教育毛入学率达到17%,首次达到世界平均水平;中国人的平均期望寿命已从1949年前的35岁上升到71.4岁。

中国的发展举世瞩目,很多人都在研究中国发生翻天覆地变化的原因,作为这个进程的实践者、亲历者,我们认为,最重要的是,中国人民在中国共产党的领导下,找到了一条适合中国国情、具有中国特色的社会主义道路。在各项工作中坚持以经济建设为中心、以发展为第一要务,在发展中解决中国的一切问题;坚持正确处理改革发展稳定的关系,坚持改革是动力、发展是目标、稳定是前提;坚持以人为本,尊重人民群众的首创精神,关心大多数人的利益;坚持一切从本国实际出发,遵循客观规律办事;坚持对外开放、扩大交往、加强联系,学习和借鉴人类创造的一切文明成果。

在取得巨大成就的同时,我们也清醒地看到,中国的进一步发展还面临着许多矛盾、问题和困难:城乡差距、地区差距和居民收入差距持续扩大;就业和社会保障压力增加;社会事业发展相对滞后;人口增长、经济发展与自然资源、生态环境的矛盾加剧等。中国政府正在采取积极有效的措施加以解决。令人欣喜的是,今年中国全国人民代表大会通过了中国政府提出的以科学发展观作为我国实现现代化建设的根本指导方针。其基本内容是:坚持以人为本,树立全面、协调、可持续的发展观,促进经济、社会和人的全面发展,按照统筹城乡发展、统筹区域发展、统筹经济社会发展、统筹人与自然和谐发展、统筹国内发展和对外开放的要求,推进改革和发展。在科学发展观的指导下,伴随着一系列重大方针政策的贯彻实施,必将促进和实现中国经济社会更加均衡、协调的发展。

勤劳善良、热爱和平、珍惜友谊的中国人民一向渴望与世界各国人民的交流和合作,一向追求与外部世界和谐共处。中国人追求和谐,但不主张完全同一。《国语》中说:"夫和实生物,同则不继",意谓不同的事物和谐相处能够化生万物,而完全同一的东西相加则使事物的发展停滞不前。这一深刻的思想对我们今人仍有启示。这个世界因为不同民族、不同国家的和谐相处,才得以取长补短、不断发展、共同进步;又因为有各个民族、各个国家不同的文化、传统、信仰和价值观念,才使这个世界变得如此的丰富多彩。中法两国之间的友好合作又一次证明了这个古老的哲理,说明不同文明之间是完全可以和谐相处、共同发展的。中国人的上述看法与希拉克总统所主张的"全球化并不意味着单一化"、"必须维护文化的多样性"是完全一致的。

女士们、先生们:去年6月1日胡锦涛主席在埃维昂对希拉克总统说:"中法两国关系进入建交以来最好时期。"希拉克总统完全赞成胡主席的这一评价。两国建交40年以来,双边合作取得了长足进展,中法进一步发展经贸合作的潜力是巨大的,在有些领域还需加大开发和合作的力度。比如两国中小企业之间就具有很大的合作空间。希望在这方面我们继续加强往来,增进了解,促进合作,努力把两国间的合作潜力发挥好,造福于两国人民。

中法两国都是经社理事会和类似组织国际协会的创始国。1999年,中国全国政协加入国际协会,成为正式会员。2001年7月2日,中国经济社会研究会在北京成立,同年7月6日,加入经社理事会和类似组织国际协会并当选为管理委员会成员。中国经济社会研究会是隶属于中国全国政协的第一个综合研究经济社会问题的全国性社团组织。为便于与全国政协的工作相衔接,理事中大部分为全国政协委员,同时参照各国经社理事会成员组成,增加了中华全国总工会、国务院发展研究中心、中国社会科学院和其他研究机构、各类企业及香港中华总商会等方面的负责人。第二届理事会共有理事143人,常务理事72人。新当选的理事中有十届全国政协委员52人,专家学者20人,企业负责人12人,有关部门负责人11人。本届设会长1人、副会长14人、顾问1人。研究会的执行机构为理事会,理事会下设经济、社会、环境、教育科学、文化、外事等6个事务委员会。通过发挥研究、咨询、协调、服务作用,对内致力于团结联合经济社会各界对国家的重大问题进行研究讨论,提出意见建议,提供咨询和信息,为国家经济建设和社会各项事业的发展服务;在国际活动中,致力于推动与经济社会理事会和类似组织国际协会及其成员组织、各国经济社会研究机构之间的交流与合作,通过广泛对话与交流,促进世界各经济、社会伙伴的相互了解、友谊和合作,为世界经济社会的进一步发展做出贡献。

女士们、先生们,近些年来,我们两会之间合作关系发展良好,2001年签订了合作协定书,2003年1月在巴黎共同举行了中法公共债务研讨会,取得了双方满意的成果。法国经社理事会在缓解法国的社会问题,促进经济、社会问题的解决方面发挥了积极作用,有着丰富的经验。我们愿意加强同贵会的合作,共同推动中法全面战略伙伴关系的发展。我深信,在双方的共同努力下,两会之间友好合作的前景必将更加美好!

谢谢大家!

(选自《人民政协报》)

在经济社会理事会和类似组织国际协会年会上的发言

(2004年5月27日,瑞士日内瓦)

王忠禹

尊敬的戴尔马涅主席,女士们,先生们:

有机会率中国经济社会研究会代表团来到风景如画的日内瓦,出席经社理事会和类似组织国际协会年会,和大家相聚一堂,就共同关心的问题进行交流和讨论很有意义。首先向在座的各位致以良好的祝愿!

国际劳工组织"全球化社会影响问题世界委员会"报告向公民社会征求意见,这一做法值得赞赏。中国经济社会研究会和我本人原则上同意"报告"的基本观点和建议,这些观点和建议是在综合各国的实际情况、总结各国的实践经验、研究各国遇到的问题而提出来的,其目的是推动全球化沿着公平、正义、均衡、有序的方向发展,对于推进全球化进程而言,是富有建设性的。我和我的同事对国际劳工组织就此付出的努力深表敬意。

关于全球化问题的讨论是近年来世界各国的热门话题之一。全球化启动了一个正在影响着每个国家和地区的具有深远意义的变革过程,更加开放的政策和高新技术的支持,创造了一个比以往任何时候都更加紧密联系的世界,全球化是一个不可逆转的时代潮流。但全球化也是一把机遇和挑战并存的"双刃剑",它既可以为生活在各国的人们创造更好的工作和生活条件,为减少全球的贫困和实现一个繁荣、公正、和平、文明的新世界做出巨大的贡献,也可以加剧地区与地区之间、国家与国家之间的不平衡,甚至使富者恒富、贫者恒贫,强者恒强、弱者恒弱。我们认为,全球化应该是全世界人民共同的旗帜,一切国家不分大小、贫富、强弱,都是国际社会中平等的一员,都应当平等地参与全球化的进程。只有遵循平等协商、友好合作的民主精神,才能有效地扩大各国的共识。我们认为,全球化的过程应该是发达国家和发展中国家共同受益、共同发展的过程。处于优势的发达国家应利用全球化的动力,通过切实的政策和措施,在自身获得更好发展的同时,努力使发展中国家在全球化进程中获益,而不应坐视其孤立无援、处于被边缘化的境地;处于劣势的发展中国家要主动迎接全球化的挑战,在主动参与合作中不断发展和壮大自己。我们认为,在推进全球化的进程中,应该始终坚持以人为本,尊重各国人民的基本权利和尊严,尊重各国人民的首创精神,关注各国人民的生存境遇,提高各国人民的生活水平。我们认为,在推进经济全球化的进程中,应该制订和遵循公平的市场规则,促进全球经济的共同繁荣。在发展经济的过程中,应该充分考虑到各项社会事业的发展,充分考虑到环境和资源的承受能力,实现经济与社会、经济与人口资源环境之间协调、可持续的发展。我们还认为,应该尊重并且支持和赞赏各国人民从本国的国情出发、走具有各自发展特色的道路,尊重各国在历史发展过程中形成的独特的文化、传统、信仰和价值观。承认人类文明的多样性,促进不同发展模式、不同文明之间的相互交流和借鉴,在竞争比较中取长补短,在求同存异中共同发展。因此我们赞同在推进全球化进程中对情况千差万别的国家只能提出普遍性的原则和指导性的目标,以便每个国家按着自己的需要和特定条件去实施。只有这样,才能如"报告"所言,"一个更好的世界是可能出现的"。

女士们、先生们:中华民族是一个具有5000年历史的伟大民族,曾经创造了光辉灿烂的文化,但十六世纪以后逐渐衰落了,19世纪中叶沦为半殖民地半封建国家,自那以后,不甘屈辱的中国人民进行了英勇顽强的抗争,迎来了中华人民共和国的诞生。新中国的成立为中国的发展创立了重要的制度条件,1978年开始由邓小平先生倡导的改革开放为中国的发展开辟了前所未有的广阔道路。经过25年的改革开放和持续发展,中国的综合国力大大增强,人民生活总体上达到小康水平。大家可以从下面的一组数据对比中感受到中国的巨大变化:中国国内生产总值1979年为1473亿美元,2003年达到14000多亿美元,年均增长9.4%;进出口贸易总额1979年为206亿美元,2003年达到8512亿美元;外汇储备1979年为1.67亿美元,2003年达4033亿美元;农村贫困人口1979年为2.5亿,现在则减少到2900万人左右;1979年前,中国没有高速公路,现在则有29000公里。像这样反映中国发生前所未有的重大变化的数据还可列举很多。

中国的发展举世瞩目,很多人都在研究中国发生翻天覆地变化的原因,作为这个过程的实践者、亲历者,我们认为,最重要的是,中国人民在中国共产党的领导下,找到了一条适合中国国情、具有中国特色的发展道路。在各项工作中首先坚持以经济建设为中心、以发展为第一要务,在发展中解决中国的一切问题;二是,坚持正确处理改革发展稳定的关系,坚持改革是动力、发展是目标、稳定是前提;三是,坚持以人为本,尊重人民群众的首创精神,关心大多数人的利益;四是,坚持一切从本国实际出发,遵循客观规律办事;五是,坚持对外开放、扩大交往、加强联系,学习和借鉴人类创造的一切文明成果。

在取得巨大成就的同时,我们也清醒地看到,中国的进一步发展还面临着许多矛盾和困难。主要表现在:城乡差距、地区差距和居民收入差距持续扩大,特别是占中国人口绝大多数的农民的收入增长缓慢;就业和社会保障压力持续增加;教育、卫生、文化等社会事业发展相对滞后;人口增长、经济发展与自然资源、生态环境之间的矛盾加剧等。中国政府高度重视这些问题和困难,正在采取措施积极加以解决。为了实现经济社会更快更好更加均衡协调的发展,中国政府以邓小平理论和"三个代表"重要思想为指导,在认真总结国内外发展的经验教训的基础上,根据新的形势和任务,提出了科学的发展观,作为进行现代化建设的根本指导方针,其基本内容是:坚持以人为本,树立全面、协调、可持续的发展观,促进经济社会和人的全面发展,按照统筹城乡发展、统筹区域发展、统筹经济社会发展、统筹人与自然和谐发展、统筹国内发展和对外开放的要求,推进改革和发展。

在树立和落实科学发展观过程中,中国政府始终坚持以人为本,把解决人民的生存权和发展权放在首位,重视公民的劳动权,维护劳动者的合法权益。公民的劳动权利是获得生存权的必要条件。没有劳动权,生存权利就没有保障。就业是享有劳动权的直接体现。就业是民生之本。在人口众多、经济还欠发达的中国就业始终是经济社会生活中的头等大事。中国政府高度重视就业问题,为增加就业岗位,千方百计发展劳动密集型产业,扶持各类中小企业的发展,支持个体、私营等非公有制经济的发展,建立新增就业目标责任制,在税收、贷款等方面给予优惠,还通过各种方法对求职人员进行培训、职业介绍等服务。2003年新增就业岗位859万个。中国政府还十分重视维护劳动者的合法权益,完善劳动保障方面的法律法规,全国已制定29类、1682项有关法规和规章。有关国家安全卫生标准452项,设立劳动监察机构2700多个。加强了劳动保障制度的建设,特别注重保护广大农民和农民工的合法权益。在推进劳动和社会保障制度改革过程中,中国积极参加国际劳工组织的各项活动,多次考察学习一些国家好的做法,借鉴和吸收了许多宝贵的经验。中国改革开放的经验,也引起了国际劳动社会的广泛重视。双方的合作取得了很好的成效。

女士们、先生们:1999年,中国全国政协加入国际协会,成为正式会员。2001年7月2日中国经济社会研究会在北京成立,同年7月6日,正式加入经社理事会和类似组织国际协会并当选为管理委员会成员。中国经济社会研究会是隶属于中国全国政协的第一个综合研究经济社会问题的全国性社团组织。为便于与全国政协的工作相衔接,理事中大部分为全国政协委员,同时参照各国经社理事会成员组成,增加了中华全国总工会、国务院发展研究中心、中国社会科学院和其他研究机构、各类企业及香港中华总商会等方面的负责人。第二届理事会共有理事143人,常务理事72人。新当选的理事中有十届全国政协委员52人,专家学者20人,企业负责人12人,有关部门负责人11人。本届设会长1人、副会长14人、顾问1人。研究会的执行机构为理事会,理事会下设经济、社会、环境、教育科学、文化、外事等6个事务委员会。通过发挥研究、咨询、协调、服务作用,对内致力于团结联合经济社会各界对国家的重大问题进行研究讨论,提出意见建议,提供咨询和信息,为国家经济建设和社会各项事业的发展服务;在国际活动中,致力于推动与经济社会理事会和类似组织国际协会及其成员组织、各国经济社会研究机构之间的交流与合作,通过广泛对话与交流,促进世界各经济、社会伙伴的相互了解、友谊和合作,为世界经济社会的进一步发展作出贡献。

中国经济社会研究会成立以来,积极参与国际社会相关组织的活动,我们希望今后进一步加强彼此间的交流与合作。目前我们正在申办2007年经济社会理事会和类似组织国际协会的第10次国际会议,希望给大家一个共同相聚在东方文明古国的机会。届时,一个改革开放的中国、一个生机蓬勃的中国、一个热情好客的中国将张开友谊的臂膀迎接各位的光临!

谢谢大家!

(选自《人民政协报》)

同唱一台戏　同坐一条船

——在河南省调研时的讲话(摘要)

(2004年5月)

贾庆林

全国政协十届二次会议审议通过了政协章程修正案。中共中央办公厅和全国政协办公厅已经分别发出了学习贯彻政协章程的通知,不仅要求全国各级统战政协系统,而且要求各级党委政府和社会各界都要认真学习贯彻政协章程。现在,一个学习贯彻政协章程的热潮正在全国各地掀起。我们要在前一阶段全面学习的基础上,抓住重点,不断把学习贯彻政协章程活动引向深入。所谓重点,就是要从六个方面全面准确领会和把握政协章程的实质:一是把"三个代表"重要思想同马列主义、毛泽东思想、邓小平理论一道确立为人民政协的指导思想;二是明确提出中国共产党领导的多党合作和政治协商制度是我国的一项基本政治制度;三是对人民政协性质进行了更规范的表述;四是在统一战线的表述中,增加了"社会主义事业的建设者"的内容;五是把民主和团结作为人民政协的两大主题写进了政协章程;六是对人民政协的三项职能即政治协商、民主监督、参政议政进行了规范。这六个方面,就是政协章程修改的主要内容,也是章程的核心精神。

学习贯彻政协章程,最重要的就是要把兴起学习贯彻"三个代表"重要思想新高潮的活动不断引向深入,坚定不移地用"三个代表"重要思想统领统战和政协工作,保证统一战线和人民政协事业始终沿着正确的方向前进。

河洛文化体现了中华民族兼容并蓄、团结合作的优良传统,是非常宝贵的精神财富。进一步做好统一战线和人民政协工作,必须牢牢把握大团结、大联合这一主题,充分发挥统一战线的独特优势,通过血缘的、文化的、历史的、地理的纽带和桥梁,最大限度地团结一切可以团结的力量、调动一切可以调动的积极因素,为全面建设小康社会、实现中华民族伟大复兴作出新贡献。

团结就是力量,稳定才能发展。我们要认真研究当前我国社会阶层和统一战线内部构成出现的新情况、新变化,进一步加强同各方面人士包括新的社会阶层人士的联系,搞好各党派团体和各族各界人士的团结,努力实现全体劳动者、建设者和爱国者的最广泛的团结,这是人民政协的一项重要任务。

政协组织还要搞好同其他班子的团结,摆正位置,选好角度,在党委的领导下,同人大、政府同唱一台戏,同坐一条船,为实现共同的目标而努力奋斗。我们要向群众宣传和解释党和政府的方针政策,反映社情民意,协助党和政府维护社会稳定,这也是人民政协的一项重要职责。

各级统战部门和政协组织中的机关干部,是我们党和国家干部队伍和人才队伍的重要组成部分,是做好统战和政协工作的重要依靠力量。各级党委要着眼统一战线和人民政协事业长远发展的全局,高度重视统战部门和政协组织的机关干部队伍建设,真正把人才强国战略落到实处。各级统战部门和政协组织要同组织人事部门密切配合,采取多种方式,加大干部培训工作力度,关心干部的成长和进步,努力造就一大批政治坚定、作风优良、学识丰富、业务熟练的高素质干部队伍。

十三届四中全会以来,以江泽民同志为核心的第三代中央领导集体,对新形势下统一战线的基本理论和各个领域的方针政策提出的一系列新思想、新观点、新论断,是对毛泽东统一战线思想和邓小平新时期统一战线理论的继承和发展,是"三个代表"重要思想的重要组成部分,是推动新世纪新阶段爱国统一战线发展壮大的强大思想武器和行动指南。中共十六大以来,以胡锦涛同志为总书记的新一届中央领导集体高度重视统一战线和人民政协工作,胡锦涛同志多次就统一战线和人民政协事业发展作出重要指示。实现全面建设小康社会的宏伟目标,完成中华民族伟大复兴的神圣事业,必须团结一切可以团结的力量,新世纪新阶段的爱国统一战线和人民政协工作,必须以此为根本出发点和落脚点;各民主党派、工商联和无党派人士要坚持把发展作为参政议政的第一要务;人民政协要把"长期共存、互相监督、肝胆相照、荣辱与共"的方针贯彻于全部工作的始终,搞好各个层面的政治协商;要就一些综合性、战略性、前瞻性重大问题深入开展调查研究,形成有分量的成果,等等。这些讲话精神对我们进一步做好统战和政协工作具有重要的指导意义,我们要认真学习,切实贯彻,努力把统一战线和人民政协工作提高到一个新的水平。

今年是《中共中央关于坚持和完善中国共产党领导的多党合作和政治协商制度的意见》颁发15周年。15年来,各级党委以及统战部门、政协组织认真贯彻文件的精神,推动了多党合作事业的蓬勃发展,并在实践中创造和积累了丰富的经验。各级党委以及统战部门、政协组织，要按照中央的统一部署，认真总结15年来的经验，进一步加强党领导的多党合作和政治协商的规范化、制度化建设。

民族、宗教工作是党和国家工作全局的重要组成部分。做好新世纪新阶段的民族、宗教工作，不仅关系到民族团结、宗教和谐和社会稳定，而且关系到全面建设小康社会的伟大事业。当前民族、宗教工作形势是好的，各民族团结和睦，经济发展，社会进步；党同宗教界的爱国统一战线日益巩固。当然，我们也必须看到，目前民族、宗教工作中还存在一些问题，各级党委和统战部门、政协组织要认真贯彻党的民族、宗教工作方针政策，认真分析当前面临的形势，切实解决好存在的问题，把民族、宗教工作做得更好。

统战和政协事业的发展需要各级党委、政府的重视、关心和支持。各级党委要继续加强对统战和政协工作的领导，党政主要领导同志要亲自做统战工作，努力形成全党重视、全社会支持统战工作的格局。要重视统战部门和政协机关干部队伍建设，尽可能帮助统战部门和政协组织解决工作中的实际困难，为他们开展工作创造良好的条件。

（摘自《人民政协报》）

嘉会结胜缘　和气暖香江

——与香港宗教界人士谈话（摘要）

（2004年5月）

刘延东

在香港这样一个多元文化共存的社会，宗教具有广泛的社会影响。长期以来，各宗教热心于兴办学校、医院、敬老院、技能培训班等社会公益事业，坚持服务社会、造福人群，对香港的社会发展和文明进步起到了积极推动的作用。多年来，特别是九七回归之后，香港宗教界踊跃参与内地赈灾扶贫、捐资助学、经济建设的各项义举，充分体现了同胞之情和爱国情怀。香港的六大宗教彼此欣赏，和睦相处，体现了中华民族以和为贵的优秀文化传统。中华民族数千年的文明史是一部不同民族、不同文化、不同宗教信仰相互交流、相互融合，形成多元一体文化的历史。先哲早在两千多年前就提出“和为贵”的思想，这一宝贵精神财富，对中华民族凝聚力的不断增强起到了重要的作用。今天的中国是历史中国的传承。虽然我们在信仰上、在某些问题上的看法可能有所不同，但我们都是中华民族的子孙，都有着对祖国、对民族强烈的责任感，都愿意为中国的和平崛起而奋斗。这就是我们今天“和”的基础，是我们能够成为朋友的基础。香港宗教界的朋友十分关注内地的宗教状况。新一届中央政府提出以人为本、执政为民的理念，“尊重和保障人权”写入了宪法，并强调切实依法行政，改进工作作风。在这样的背景下，我们对宗教的认识进一步深化，宗教信仰自由政策将得到更为切实的贯彻执行，人民享有的宗教信仰自由权利作为一项基本人权将得到更好更有力的保障。对香港与内地宗教界的交流、交往,中央政府一贯予以支持,今后将继续鼓励两地宗教界在坚持“一国两制”和基本法的基础上,按照“互相尊重、互不干涉、互不隶属”原则,积极开展友好交往。这次佛指舍利来港供奉就是两地宗教界友好交往的一次盛举。

香港的长期繁荣稳定既是香港同胞的福祉,也关系到中国现代化建设的大局,关系到全国人民的整体利益。中央政府所做的一切都是为了香港的稳定和发展,中央政府将一如既往地爱护香港、支持香港同胞在特区政府的领导下同舟共济,共创美好未来。有中央政府的有力支持,有祖国内地的强大后盾,有香港同胞的共同努力,香港的明天一定会更加美好。

(摘自《人民政协报》)

为了祖国的繁荣　为了社会的发展

(2004 年 6 月 2 日)

徐匡迪

各位院士,各位嘉宾,女士们,先生们:

今天,中国工程院全体院士和来自世界各国工程科技界的朋友们欢聚一堂,共同庆祝中国工程院建院 10 周年。我代表中国工程院热烈欢迎各位嘉宾的到来,并向为中国工程科技事业发展做出贡献的全体院士和朋友们表示崇高的敬意和衷心的感谢!

各位院士,各位嘉宾,工程科学技术是推动人类文明进步的发动机,是科学和产业之间的重要桥梁。近代世界社会生产力的发展史,就是一部科学发现、技术革命和产业革命相互推进的壮丽史册。

第二次世界大战后,工程科技在全世界取得了巨大发展,其广度和深度超过了历史上的任何一个时代。宇宙之宏大,粒子之细微,天地之变迁,生物之奥秘,火箭之飞速,机械之精巧,视听之便捷,共同为人类描绘出缤纷多彩的新的风景线。工程科技在人类社会发展中的作用越来越受到重视。20 世纪 60 年代后,世界上许多国家相继成立了工程和技术科学院。

新中国诞生后的半个世纪中,工业化建设取得了巨大的成就,一代又一代的工程科技工作者用艰苦而富有创造性的劳动,为中国工程科学技术的发展和祖国的繁荣富强做出了卓越贡献。上个世纪 80 年代,中国进入改革开放的新的历史时期,“科学技术是第一生产力”成为尽人皆知的响亮口号,工程科学技术的重要作用日益凸显。

邓小平同志在 1988 年指出:“中国这么一个国家,必须在高科技领域里边有一席之地。现在世界的发展,特别是高科技领域的发展一日千里,中国不能落后,必须始终占有一席之地。”

面对世界科学技术的迅猛发展和我国工业化建设高潮的到来，一批有识之士意识到，必须尽快提高中国工程科技的整体水平，这将决定我国现代化建设的成败乃至中华民族的前途和命运。科技界许多专家积极地酝酿在我国建立工程院，成立中国工程院已经势在必行。

1992年，中国科学院张光斗、王大珩、师昌绪、张维、侯祥麟和罗沛霖等6位院士提出了“关于早日建立中国工程与技术科学院的建议”，引起了国家的高度重视。1994年初，国务院正式批准成立中国工程院，1994年6月3日，中国工程院成立暨首次院士大会在北京举行，中国工程院正式宣布成立。

10年前的这一天，是中国工程院全体院士们的节日、也是全国一千多万工程科学技术人员的节日。中国工程院在全世界科学技术迅猛发展和中国向实现工业化的宏伟目标奋勇迈进的形势下应运而生。

正如江泽民同志所指出：“中国在现代化建设中取得的一切成就，都离不开工程科技的巨大支撑。尊重工程师的创造性劳动，培养大批工程技术人才，是推进经济建设和社会发展的必然要求。这就是中国成立中国工程院的原因所在。”

今天回顾历史，我们可以自豪地说，中国工程院的成立不仅是中国工程科学技术发展史上的一个重要里程碑，而且也将成为中国现代化建设历史上浓墨重彩的一笔。

各位院士，各位嘉宾，中国工程院是中国工程科学技术界的最高荣誉性、咨询性学术机构，中国工程院院士是中国工程科技领域的最高学术称号，授予对中国工程科技发展做出杰出成就和贡献的工程科技工作者。

中国工程院的中心任务是充分发挥院士队伍跨学科、跨部门、高水平的群体优势，努力推动科教兴国战略的实施，围绕国家、产业和地方经济社会发展面临的重大工程科技问题，开展宏观性、战略性、前瞻性、综合性的决策咨询。

中国工程院建院之初，设有机械与运载工程，信息与电子工程，化工、冶金与材料工程，能源与矿业工程，土木、水利与建筑工程，农业、轻纺与环境工程等6个学部，1995年和2000年又分别增设了医药卫生工程和工程管理学部。

十年来，经过五次增选，中国工程院现有院士661名，外籍院士27名，院士的一级学科覆盖率达到100%，二级学科达到73%，已经建成一支与国家工程科技发展状况相适应的院士队伍。

十年来，全体院士始终以发展工程科技、促进经济社会发展为己任，他们勤奋工作，忘我奉献，殚精竭虑，鞠躬尽瘁，为祖国的繁荣昌盛、为国家安全和国防建设，做出了卓越的贡献，赢得了全国人民的尊重。他们是中国工程科技领域的佼佼者，是中华民族的骄傲！

我们为拥有钱学森等为代表的一批国际著名工程科技专家而自豪，为拥有荣获中国科学技术最高奖的袁隆平、王选、金怡濂和王永志等一大批新时代的著名工程科技专家而自豪！

三峡水利工程是举世瞩目的宏伟工程。钱正英、张光斗、潘家铮、陆佑楣等一大批院士，为三峡这一世界上规模最大的水利工程建设做出了重要贡献，三峡工程取得的成就，记录着数十位不同专业院士的智慧、辛劳与汗水。

去年10月，我国载人航天工程取得重大成就。丁衡高、王永志、戚发轫等一大批院士和工程科技人员艰苦奋斗十几年,攻克了一个又一个技术难关。“神舟”五号遨游太空,实现了中华民族几千年来的“飞天”梦想,极大地鼓舞了中国人民攀登世界科学技术高峰的壮志。

去年春夏之交,我国暴发了非典疫情,严重危及广大人民的生命和健康,党中央、国务院高度重视,果断决策,依靠科技,战胜疫情。在此生死考验的关键时刻,钟南山院士等一大批医务工作者挺身而出,为抗击非典做出了重大贡献,赢得了全国人民的高度赞扬。

在过去的十年中,中国工程院组织全体院士为工程科技和国家经济社会发展献计献策,先后开展了100多项咨询研究,内容涵盖国家经济、社会、科学技术发展的计划和规划、重大工程建设项目、产业技术提升、地区经济发展、企业技术创新、工程科学教育等广泛领域,为政府、企业、大学和科研院所的决策提供了重要支持。

中国工程院组织院士和专家开展《国家“十一五”计划咨询项目研究》,涉及振兴装备制造业、能源发展战略、综合交通网络规划、技术创新和高技术产业发展、农业发展、医药卫生、区域发展和重大建设工程等8个课题,为国家经济社会发展提供决策支持。

《国家中长期科学技术发展规划》是部署我国未来科学技术发展的纲领性文件,中国工程院承担了规划战略研究中的《制造业科技发展战略研究》专题,并组织院士和专家对全部20个专题研究的报告进行咨询评议。

我国人口众多,水资源严重短缺。中国工程院从1999年起,组织院士和专家开展了《我国可持续发展水资源战略研究》,涉及水资源状况、防洪减灾、农业和城市用水、水体污染防治、生态环境和重大水利工程布局等内容。研究报告提出的一批重要发展建议在政府工作中得到广泛的采纳。

中国是世界石油生产大国,但随着经济社会不断发展,石油消费迅速增加,2003年进口石油达到9000多万吨,中国政府对此极为关注。去年5月,温家宝总理亲自委托侯祥麟院士组织开展《我国可持续发展油气资源战略研究》。去年10月,温家宝总理听取课题组汇报后指出:研究内容丰富,集中和反映了科学家、政府部门和企业的意见,是科学民主决策方法的新的尝试。

十年来,中国工程院开展了多种形式的咨询工作。我院近年来开展了企业技术创新院士行活动,先后组织300多名院士和专家奔赴30多个企业进行现场咨询,推动了企业的技术进步。我院先后与山东、北京、上海、深圳等省、市建立了合作关系,为振兴地方经济和促进地方科技发展服务。我院还通过工程科技论坛等各种学术交流活动,推动我国工程科技事业发展,促进优秀年轻工程科技人才的成长。

在过去的十年中,中国工程院的国际交流与合作日益扩大和丰富,1997年,中国工程院加入了国际工程与技术科学院理事会(CAETS),国际交流与合作的渠道日益畅通,我们的朋友越来越多。

十年的时间并不漫长,但中国工程院已经逐渐走向成熟,这是全体院士和工作人员共同努力、携手并进的结果。我代表全体院士向中国工程院的第一任院长朱光亚院士、第二任院长宋健院士表示最崇高的敬意!他们为中国工程院的发展奠定了坚实的基础,并为中国工程科技的发展做出了卓有成效的贡献。

中国工程院的诞生、成长、壮大,得到了党中央和国务院、有关政府部门、地方政府、相关单位和社会各界的大力支持和帮助。我代表中国工程院向所有关心和支持中国工程院和中国工程科技事业的朋友们表示衷心的感谢！

十年携手并进，十年共同创业。在我们祖国过去十年取得的巨大进步中，有中国工程院院士们的一份贡献，这是我们的最大欣慰，也是一千多万中国工程科技人员的至高荣誉！

各位院士，各位嘉宾，在今后的20多年中，祖国的辽阔大地上将掀起人类历史上最宏伟的工业化建设高潮，它为工程科技的发展提供了更为广阔的舞台，也对中国工程院的发展提出了更高的要求。

今天，中国的工程科技水平在总体上仍落后于发达国家。我国农业生产技术水平不高，生物、信息技术的应用还十分薄弱；我国制造业规模虽居世界第三，但总体上处于产品低端，大量先进技术装备依赖进口，亟待用高技术提升改造传统制造业；我国在工业化进程中，面临巨大的资源和环境压力，必须依靠先进的工程科学技术，实现高效、清洁、可循环的资源利用。

在21世纪中国实现工业化和现代化的进程中，挑战与机遇并存，工程科学技术肩负着巨大的历史责任。我们决心坚持以人为本、全面、协调、可持续的科学发展观，努力引进、消化、吸收国外先进技术，加强自主研究开发，不断推进技术创新，力争在2020年前后，使我国的产业技术在整体上接近或达到工业化国家水平，采用先进技术建设一大批重大工程项目，为我国全面建设小康社会、走新型工业化道路提供强有力的支撑。

中国工程院建院十年来取得了有目共睹的成就，但今后的道路更漫长、任务更繁重。中国工程院为能够推动中国工程科技的进步而感到无比的荣幸，也因此深感责任重大，不能有丝毫的懈怠。中国工程院将继续加强院士队伍建设，全力做好决策咨询工作，团结全国广大工程科技人员，与国际工程科技界的朋友们共同努力，为了祖国的繁荣，为了社会的发展，付出我们更多的心血，奉献我们全部的才华！

最后，请允许我用李白的诗句来衷心地祝愿中国工程院的明天："长风破浪会有时，直挂云帆济沧海。"

祝大家事业有成，生活愉快，身体健康。

谢谢。

（选自《人民政协报》）

政协干部要不断加强对马克思主义理论的学习

——在全国政协第41期干部培训班开学典礼上的讲话(摘要)

(2004年6月6日)

陈奎元

加强学习是党对干部的一贯要求,也是人民政协的优良传统。每位政协干部都要不断加强学习,特别是加强对马克思主义、毛泽东思想、邓小平理论和“三个代表”重要思想的学习,用科学的理论武装头脑,指导实践,以适应政协工作不断开拓创新的需要。

我们要提高思想认识,端正学习态度。首先要认清面临的新形势。当前,以党的十六大召开为标志,我国已进入了全面建设小康社会、加快推进社会主义现代化建设的新的发展阶段,人民政协事业也进入了新的发展时期,面临着新的形势和新的任务。二是要认清政协干部队伍建设的重任。政协干部不仅要在年龄结构上优化,在学历和知识层次上提高,而且必须在理论修养、思想作风和工作能力上进一步加强。三是要认清建设学习型政协组织的重要性。要密切联系实际,研究思考问题。发扬理论联系实际的马克思主义学风,把理论与实践、学习与应用很好地结合起来。密切联系国内外形势的发展变化,联系本地政协工作和政协干部思想的实际,坚持四项基本原则,开动脑筋,研究思考如何更加自觉地用“三个代表”重要思想统领人民政协工作,如何树立和贯彻落实科学发展观,如何学习和贯彻好新修订的政协章程,如何加强政协自身建设等一系列重大问题。政协干部在实际工作中要立足国情,了解和反映人民群众的真实需要,协助党和政府解决人民群众迫切需要解决的问题。

希望同志们要珍惜这次很好的学习机会,认真学习理论,广泛交流经验,互相启发、共同提高。

(摘自《人民政协报》)

在黄埔军校建校八十周年纪念大会上的讲话

（2004年6月17日）

贾庆林

同志们，朋友们：

今天，来自海内外的黄埔同学在这里隆重集会，纪念黄埔军校建校80周年和黄埔军校同学会成立20周年。我代表中共中央，向大会的召开表示热烈的祝贺！向到会的各位黄埔同学，并通过你们向所有海内外黄埔师生及亲属，致以诚挚的问候！

80年前，中国伟大的爱国主义者、民主革命的伟大先行者孙中山先生，在中国共产党的支持和帮助下，毅然改组国民党，提出“联俄、联共、扶助农工”的三大政策，实现了第一次国共合作。为了创建革命军队，用武装的革命力量同武装的反革命作斗争，孙中山先生同以周恩来同志为代表的中国共产党人一道，共同创建了黄埔军校。黄埔军校一经建立，就成为当时的革命摇篮。一批批革命军人从这里成长起来，在东征、北伐和抗日战争中英勇奋战、流血牺牲，为中华民族的独立和解放建立了不朽的功勋，用鲜血和生命铸就了“爱国、革命”的黄埔精神。毛泽东同志在抗战时期曾对黄埔军校的历史功绩给予高度评价。他说：“昔日之黄埔，今日之抗大，是先后辉映，彼此竞美的。”

在新的历史时期，黄埔精神薪火相传，得到了发扬光大。1984年，在邓小平同志的亲切关怀下，徐向前、聂荣臻等革命先辈亲自筹建了黄埔军校同学会。1994年，江泽民同志为黄埔军校同学会亲笔题词：“发扬爱国革命的黄埔精神，促进祖国和平统一。”20年来，黄埔军校同学会坚持“发扬黄埔精神，联络同学感情，促进祖国统一，致力振兴中华”的宗旨，大力宣传党和国家“和平统一、一国两制”的基本方针和各项对台政策，为推动祖国统一大业的进程做了许多卓有成效的工作；广泛联络海内外黄埔同学、亲友，为促进海峡两岸的交流交往作出了重要贡献；积极发挥自身优势，为引进资金、技术、人才，推进改革开放和现代化建设，发挥了独特的作用。

80年过去了，中国共产党领导中国人民完成了孙中山先生没有完成的民主革命，取得了社会主义革命、建设和改革的辉煌成就。党的十六大以来，以胡锦涛同志为总书记的党中央，高举邓小平理论和“三个代表”重要思想伟大旗帜，坚持以人为本，全面、协调、可持续的科学发展观，团结和带领全国各族人民，把中国特色社会主义事业继续推向前进。今天的中国，经济发展，民族团结，社会进步，人民生活显著改善，国家面貌发生了翻天覆地的变化。一个富强民主文明的社会主义中国正在和平崛起，中华民族的伟大复兴展现出灿烂的前景。

实现祖国的完全统一，是包括黄埔同学在内的全体中华儿女的共同心愿。按照“一国两制”的伟大构想，我们成功解决了香港问题和澳门问题。在“和平统一、一国两制”方针的指引下，我们正在为早日解决台湾问题、完成祖国统一大业而继续奋斗。近年来，台湾当局领导人纠集各种分裂势力进行“台独”活动,将两岸关系推到了危险的边缘。坚决制止旨在分裂中国的“台湾独立”活动,维护台海和平稳定,是两岸同胞当前最紧迫的任务。孙中山先生曾说过:“凡是爱国的中国人,都应该为祖国的和平统一而努力奋斗。”在这方面,海内外黄埔同学责无旁贷。黄埔军校同学会是爱国统一战线的重要组织,是推动祖国统一的重要力量。希望黄埔军校同学会广泛团结海内外黄埔同学和亲友,进一步扩大与台湾黄埔同学和亲友的交往,大力弘扬“爱国、革命”的黄埔精神,坚决反对任何形式的“台独”分裂活动,为早日解决台湾问题、完成祖国统一大业,为全面建设小康社会、实现中华民族的伟大复兴,发挥更大的作用,作出更大的贡献。

(2004 年 6 月 18 日《人民日报》)

当前政协干部要侧重加强科学发展观、政协章程和党的民族宗教政策的学习

——在全国政协第 42 期干部培训班开学典礼上的讲话(摘要)

(2004 年 6 月 28 日)

阿不来提·阿不都热西提

学习是时代发展对干部的要求,是提高政协干部自身素质、做好人民政协工作的需要。政协干部要发扬多学习多思考的优良传统,在学习中着重把握好以下三个方面:

一是要加深对科学发展观的认识和理解。党的十六届三中全会提出的“坚持以人为本,树立全面、协调、可持续的发展观”,是我们党对社会主义市场经济条件下社会发展规律认识的升华,是我们党执政理念的重大飞跃,是贯彻落实“三个代表”重要思想的具体体现。它创新了发展观念,开拓了发展思路,破解了发展难题,进一步指明了新世纪新阶段我国现代化建设的发展道路、发展模式和发展战略。人民政协如何联系经济、社会发展的实际,做好树立和落实科学发展观的大文章,是摆在广大政协工作者面前的一项重大课题。广大政协干部要结合学习理论,加深对科学发展观的认识和理解,掌握它的丰富内涵和精神实质,并在日常工作中加以贯彻和落实。

二是要加深对政协章程的认识和理解。政协章程是各级政协组织的行为准则和开展工作的基本依据,政协十届二次会议对政协章程作了重要的修改,使其更具实际操作性。广大政协干部要从全局和战略的高度充分认识学习章程的重大意义,在全面学习领会的基础上抓住重点,把学习贯彻政协章程与政协的理论和实践创新结合起来,推动统一战线和人民政协的各项工作。

三是要加强对党的民族宗教政策的学习,增强做好民族宗教工作的自觉性与主动性。党的十六大把做好民族工作写入了我们党领导人民建设中国特色社会主义必须坚持的基

本经验，进一步确定了做好民族工作的大政方针，广大政协干部一定要认真学习，坚决贯彻。要始终高举爱国主义、社会主义的旗帜，加强全国各族人民大团结，坚持和完善民族区域自治制度；要扎实推进西部大开发战略的实施，支持民族地区加快发展；要全面贯彻党的民族政策，巩固和发展平等团结互助的社会主义民族关系，促进各民族共同繁荣进步；要扶持老少边穷地区和中西部地区的教育文化事业的发展，进一步做好培养和选拔少数民族干部的工作；要在思想上筑起坚决维护祖国统一、反对民族分裂的坚固长城。

宗教工作是我们党和国家工作的重要组成部分，在党和国家事业发展的大局中有着重要地位。要坚持用“三个代表”重要思想统领宗教工作，团结和引导广大信教群众积极投身全面建设小康社会的伟大实践；要全面贯彻执行党的宗教工作基本方针。宗教信仰自由是宪法赋予公民的一项基本权利，要尊重群众信仰宗教的自由，也要尊重群众不信仰宗教的自由。要依法加强对宗教事务的管理，保护合法，制止非法，抵御渗透，打击犯罪。要继续毫不动摇地坚持独立自主自办的原则。要不断巩固和发展对宗教界的爱国统一战线，团结教育好宗教界人士，鼓励支持宗教界和信教群众发扬爱国爱教、遵纪守法、团结进步、服务社会的优良传统，面向现实，服务社会，造福人群，在积极与社会主义社会相适应方面不断迈出新步伐。

（摘自《人民政协报》）

巩固大团结　促进大发展

——在四川省调研时的讲话（摘要）

（2004年6月）

贾庆林

要全面、准确、积极地理解和贯彻中央确定的政策措施，坚定不移地搞好宏观调控。各地区各部门一定要牢固树立和认真落实科学发展观，把各方面加快发展的积极性保护好、引导好、发挥好。要充分认识宏观调控的艰巨性和复杂性，在实践中不断提高驾驭市场经济的能力和水平。

解决好“三农”问题，不仅是经济工作，也是全部工作的重中之重。做好新形势下的“三农”工作，要坚持抓好粮食生产不动摇，要坚持农村改革不放松，要坚持推进农业产业化经营不松劲。

推进工业化进程，要坚持走新型工业化道路。要大力振兴装备制造业，要加快推进企业科技进步，要重视培育大公司、大企业集团，鼓励和引导企业做大做强、创出国内外知名品牌。

要充分认识统一战线在全面建设小康社会新阶段的重要地位和作用，切实加强党对统一战线的领导,坚持把团结一切可以团结的力量作为统战和政协工作的根本出发点和落脚点,坚持把促进发展作为参政议政的第一要务,把统一战线和人民政协工作提高到一个新的水平。

邓小平同志是第五届全国政协主席,是新时期人民政协事业的奠基人,这是人民政协的骄傲。在小平同志的故乡做统一战线和人民政协工作,责任重大,使命光荣。要认真学习邓小平理论和"三个代表"重要思想,进一步做好统战政协工作,巩固大团结,共谋大发展。

我们党八十多年的历史证明,统一战线是我们战胜一切困难,夺取革命、建设和改革事业胜利的重要法宝,也是我们党执政兴国的重要法宝。邓小平同志早在主持中共中央西南局工作期间,就发表了《关于西南少数民族问题》、《全党重视做好统一战线工作》等一系列重要讲话,对统一战线的重要地位、作用和原则策略进行了深刻的论述,对于我们做好统一战线工作具有十分重要的现实意义。在这些讲话中,小平同志用了许多历史事实,说明统一战线工作的重要性。小平同志指出,在历史上,统一战线是决定革命胜利的三大因素之一。没有统一战线工作,任何一件事情都办不好。统战工作是我们党的总路线总政策的一部分,是要贯彻到底的。

党的十一届三中全会以后,小平同志根据国内阶级关系的根本变化和工作重点的战略转移,创造性地提出了新时期统一战线理论、方针和政策,形成了邓小平新时期统一战线理论。小平同志关于人民政协的理论可以概括为六个方面:一是提出新时期统一战线已成为全体社会主义劳动者、拥护社会主义的爱国者和拥护祖国统一的爱国者的联盟,是最广泛的爱国统一战线。要调动一切积极因素,化消极因素为积极因素,团结一切可以团结的力量,维护和发展安定团结的政治局面,为把我国建设成为现代化的社会主义强国而共同奋斗,还要为完成祖国统一大业而共同努力。二是提出中国共产党领导的多党合作和政治协商制度是我国政治制度的特点和优点,要长期坚持和完善这个制度。三是提出了人民政协的性质、地位和作用,指出人民政协是巩固和扩大我国爱国统一战线的组织,是中国共产党领导下实现各党派团结合作的组织形式,也是我国政治体制中发扬社会主义民主和进行相互监督的重要组织。四是提出了人民政协的基本职能是广泛联系各界人士,发挥政治协商、民主监督的作用,就国家的大政方针、政治生活和现代化建设中的各项经济社会政策进行协商、讨论,实行民主监督,发挥对宪法、法律和政府工作人员的监督作用。五是提出了人民政协必须贯彻"长期共存、互相监督、肝胆相照、荣辱与共"的"十六字方针",搞好中国共产党与各党派和无党派人士之间的团结合作。六是提出了人民政协要发扬自我教育的优良传统,推动各界的学习,组织好委员的视察、参观、专题调研以及其他方面的活动,不断改进人民政协的活动方式和工作方式。

邓小平同志对人民政协的一系列重要论述,是他创立的建设有中国特色社会主义理论的重要组成部分,是新时期人民政协工作的理论基础和科学指南。在全面建设小康社会的新阶段,我们要认真学习邓小平理论和"三个代表"重要思想,坚持把团结一切可以团结的力量作为统战和政协工作的根本出发点和落脚点;坚持把发展作为参政议政的第一要务;坚持把"十六字方针"贯穿于统战政协工作的始终,搞好各个方面的政治协商;坚持就一些综合性、战略性、前瞻性重大问题深入开展调查研究,积极建言献策,努力把统一战线和人民政协工作提高到一个新的水平。

民族、宗教工作是党和国家工作的重要组成部分,也是统一战线的重要内容,在党和国家事业发展的全局中有着非常重要的地位。要全面贯彻党的十六大提出的新世纪新阶段的民族、宗教工作的方针政策,狠抓贯彻落实。要密切关注民族、宗教方面出现的新情况新问题,在保持连续性、稳定性的基础上,不断完善民族、宗教工作方面的具体政策。

要坚持依法管理宗教事务,坚决抵御境外利用宗教进行的渗透;要坚持固本强基,不断巩固和发展党同宗教界的爱国统一战线。

加快少数民族和民族地区的发展,是党的民族政策的基本出发点和归宿,是加强民族团结、保持社会稳定、维护祖国统一的要求。它不仅是一个重大的经济问题,也是一个重大的政治问题。这项工作的重点,要放在解决农牧民的生活问题上。我们一定要充分认识做好这项工作的重要性和紧迫性,进一步加大工作力度,尽快改善少数民族群众的生产生活。

加快民族地区发展,要治穷、治愚、治病。治穷,就是要牢牢把握经济建设这个中心,千方百计加快发展,特别是解决好基础设施、生态环境保护等问题;治愚,就是要加快民族地区教育文化的发展,全面提高少数民族群众的素质;治病,就是要加快农村卫生事业的发展,努力改善农村医疗卫生条件。

当前,统战政协工作要加强三项建设。

要加强思想理论建设。要认真学习邓小平理论和"三个代表"重要思想,学习政协履行职能、开展工作所需要的理论、政策和业务知识,深入研究与人民政协事业发展密切相关的重大理论课题。

要加强规章制度建设。新时期以来,人民政协事业有了很大发展,各地政协在履行职能的实践中积累了丰富的经验,同时也遇到一些需要进一步明确和规范的问题。各级政协组织和广大政协委员对推进政协工作的制度化、规范化和程序化,提出了不少好的意见和建议。这次修改政协章程,就是适应新形势的要求,加强政协制度建设的重大举措。要结合学习政协章程,进一步提高认识,逐步完善各项规章制度。修改政协章程,是人民政协事业思想理论建设的重大成果,也是人民政协制度建设的重要成果。我们要结合学习政协章程,进一步完善制度建设。最近,全国政协正在研究,如何与政协章程相配套,进一步建立完善各项规章制度,各级政协组织也要结合自己的实际,切实加强规章制度建设,全面推进政协工作制度化、规范化和程序化的进程。

要加强干部队伍建设。中央正在大力推进人才强国战略。我们常讲,统一战线成员和政协委员中人才济济,实际上,在我们统战部门和政协机关内部也有很多人才。我们要切实加强机关干部队伍建设,树立尊重劳动、尊重知识、尊重人才、尊重创造的良好风气,同时,各级党委也要重视这些人才,把他们的培养、交流和使用纳入整个干部工作的总体规划中,关心他们的成长和进步,更好地发挥他们的作用。

(摘自《人民政协报》)

增强五种意识　促进中部崛起

——在湖南省考察时的讲话(摘要)

(2004 年 6 月)

罗豪才

促进中部地区的崛起,是全国落实科学发展观,实现区域经济协调发展的重要内容,是全面建设小康社会的必然要求。湖南及中部地区要实现崛起的目标,还需要增强开放意识、市场意识、协调意识、环保意识和法制意识。

增强开放意识,要立足本地求发展,放眼外界寻商机;要进一步扩大开放领域,提高服务水平,既要大力引进高新技术企业,又要注意引进劳动密集型企业;要加快调整农业进出口结构,发展创汇农业;充分发挥湖南文化资源和旅游资源丰富的优势,积极发展旅游业。他还特别指出,海外侨胞和港澳台同胞是投资的重要力量,要充分利用这一资源,为湖南的发展增添活力。

增强市场意识,要发挥市场在引导企业调整投资方向、合理配置资源方面的基础性作用;要把产业升级与市场前景紧密结合起来;要以市场化的方式推进大公司和企业集团的改革与发展;大力发展非公有制经济,在排除市场准入歧视、发展社会服务体系等方面营造良好的环境。

增强协调意识,要加强区域协调发展,对内要打破行政分割和贸易壁垒;对外要进一步加强与中部地区的交流与合作,主动接受东部地区的辐射,并推动与西部地区关系的发展。

增强环保意识,要大力发展生态农业、环保农业、有机农业。在工业园的建设过程中,要正确处理经济发展与环境保护的关系,一方面要学习沿海发达地区的经验,另一方面也要汲取他们的教训。至关重要的是,湖南在接受沿海产业梯度转移时,要避免污染的转移。

增强法制意识,要继续加强政府法制建设,推进政府管理体制的改革,转变政府职能,加强社会治理,提供公共服务,提高办事效率,努力营造良好的法制环境和重诚信、守信用的氛围。

(摘自《人民政协报》)

在政协第十届全国委员会常务委员会第六次会议闭幕会上的讲话(摘要)

(2004 年 7 月 8 日)

贾庆林

坚持以人为本,全面、协调、可持续的科学发展观,是以胡锦涛同志为总书记的中共中央以邓小平理论和"三个代表"重要思想为指导,从新世纪新阶段党和国家事业发展全局出发提出的重大战略思想,揭示了经济社会发展的客观规律,反映了我们党对发展问题的新认识。牢固树立和认真落实科学发展观,关系党和国家工作的战略全局,关系中国特色社会主义事业的长远发展,关系中华民族的伟大复兴,具有重大而深远的意义。

各级政协组织和广大政协委员要加强对科学发展观的学习和宣传,把各党派团体和各族各界人士的思想与行动统一到中央的决策和部署上来。当前,人民政协学习和落实科学发展观的一个重要任务就是要全面、准确、积极地理解和贯彻中央关于加强宏观调控的政策措施。坚定不移地支持政府搞好宏观调控。要认识到,中央作出的关于加强宏观调控的决策,是在科学认识经济发展规律的基础上提出来的,是一种有预见性的、主动的行为,是树立和落实科学发展观的一次重要实践。要坚持以经济建设为中心,把促进发展作为人民政协履行职能的第一要务。发挥优势、精益求精、整合资源,不断提高建言献策的质量和水平。要坚持以人为本,把维护人民群众的根本利益作为政协工作的出发点和落脚点。广泛关注人民群众的生产生活问题,积极协助党和政府解决群众的实际困难。要适应形势发展要求,把增进团结、维护稳定作为政协履行职能的重要任务。

各级政协组织和广大政协委员一定要从贯彻邓小平理论和"三个代表"重要思想的战略高度,从确保实现全面建设小康社会宏伟目标的战略高度,深刻认识科学发展观的科学内涵、基本要求和精神实质,深刻认识树立和落实科学发展观的重大现实意义和深远历史意义,自觉地坚持以科学发展观指导政协工作,把科学发展观的要求贯彻到人民政协履行职能的各项工作之中,更好地完成新世纪新阶段人民政协的历史任务。

(摘自《人民政协报》)

在政协第十届全国委员会常务委员会第三次学习讲座上的讲话(摘要)

(2004年7月9日)

贾庆林

要提倡学习历史,以史为鉴,吸取历史上成败兴衰的经验教训,认识历史发展和社会进步的规律,把握时代发展的大趋势,推动中国特色社会主义事业的不断发展。

历史是一面镜子,记载着社会发展的轨迹,蕴涵着得失成败的经验教训。中国共产党人历来十分重视对历史经验的研究和运用,并善于从历史中认识和把握社会发展规律。

以史为鉴,就要总结世界各国发展的历史经验,吸取历史教训,与时俱进,加快发展,更加自觉地推进改革开放和现代化建设;就要坚持以辩证唯物主义和历史唯物主义为指导,不断提高对中国共产党执政规律、社会主义建设规律和人类社会发展规律的认识水平,不断提高运用规律的能力,牢固树立和认真落实科学发展观;就要紧紧抓住并用好发展的重要战略机遇期,增强主动精神和忧患意识,抓住机遇而不可丧失机遇,开拓进取而不可因循守旧,集中全党全国人民的智慧和力量,聚精会神搞建设,一心一意谋发展,确保全面建设小康社会宏伟目标的实现。

今年是邓小平同志诞辰100周年,也是人民政协成立55周年。各级政协组织和广大政协委员要把回顾和总结人民政协的历史,与学习中国近代史、中国现代史结合起来,进一步认识走中国特色社会主义道路的历史必然性,进一步认识中国共产党领导的多党合作和政治协商制度的特点和优势,进一步认识人民政协的性质、地位和作用,更好地团结动员各党派团体和各族各界人士,共同致力于建设中国特色社会主义伟大事业。

(摘自《人民政协报》)

在全国政协港澳委员座谈会上的讲话(摘要)

(2004年7月14日)

王忠禹

刚刚闭幕的全国政协十届六次常委会议是又一次以专题议政为主要内容的常委会

议,会议的议题是围绕树立和落实科学发展观建言献策。中共中央、国务院对这次会议高度重视,中共中央政治局委员、国务院副总理曾培炎到会作了报告,中央、国务院37个部门的负责同志列席会议并参加讨论。会议紧扣中心、着眼大局,就树立和落实科学发展观的一些重大问题、中央实行宏观调控的政策措施以及当前经济社会形势等问题展开了讨论。常委们认为,树立和落实科学发展观,是贯彻落实"三个代表"重要思想的具体体现,是全面建设小康社会的必然要求,是妥善应对我国经济社会发展关键时期可能遇到的各种风险和挑战的正确选择,是提高党的执政能力和执政水平的迫切需要,意义重大、影响深远。常委们一致赞成和拥护中央关于树立和落实科学发展观的决策和加强宏观调控的方针政策,普遍认为,当前的经济形势总的是好的,宏观调控取得了明显的成效,同时,有些问题还没有从根本上得到解决。常委们表示要认真履行职能,积极为落实科学发展观和各项宏观调控措施,推动国民经济持续快速协调健康发展献计出力。

这次常委会议十分重要。为了开好这次常委会议,会前,各民主党派和全国政协各专门委员会、办公厅和各位常委事先做了充分的准备,开展了深入的调查研究。有的专题调查组提前两个月就开始进行精心准备,这次会议仅大会发言材料就印发了118份。委员们紧紧围绕优化经济结构、转变增长方式,统筹城乡发展、解决"三农"问题,促进区域协调发展,经济社会协调发展中的有关社会政策,发展科教文卫体事业、促进社会全面进步,统筹人与自然协调发展、增强可持续发展能力,坚持"引进来"与"走出去"相结合、提高对外开放水平等方面的问题,从理论到实践进行了广泛、深入的研讨,提出了很多重要的意见和建议,对于进一步完善和充实科学发展观、推进国家经济社会实现更快更好的发展必将产生积极的作用。

全国政协港澳委员要进一步发挥作用,贯彻落实好这次常委会议精神。一是要深入学习和领会科学发展观,正确理解中央采取的一系列宏观调控政策措施。通过学习,把思想观念统一到科学发展观的要求上来,寻觅和捕捉到更多的商机,找到互利共赢的投资领域和发展空间,在发展自己的事业中,为国家和港澳的发展作出更大的贡献;二是要认真学习修改后的政协章程。政协章程是参加人民政协的各党派团体、各族各界人士和各级政协组织共同的行为规范,当然也是港澳委员履行职能的根本依据。港澳委员要在中国特色民主政治建设的进程中积极履行职能、充分发挥作用,就必须认真学习政协章程,完整、准确地把握政协章程内容和基本要求。三是要充分发挥港澳委员的作用,港澳委员是维护香港和澳门社会稳定的重要力量,大家在努力发展自己事业的同时,可以及时地把自己了解到的情况、遇到的问题,以委员提案、信息、社情民意等形式反映上来,为内地完善社会主义市场经济体制和进一步加强港澳与内地的经济交流与合作积极建言献策;四是要关注、关心和积极参加全国政协的重大会议和活动。

(摘自《人民政协报》)

在全国政协民族和宗教工作研讨班上的讲话（摘要）

（2004年7月18日）

张思卿

要从实际出发，研究新情况，解决新问题，求真务实，按照客观规律办事，共同开创政协民族和宗教工作的新局面。

今年是全面落实中共十六大和十六届三中全会精神、实现“十五”计划的关键一年。全国政协民宗委举办研讨班，深入学习贯彻落实政协十届二次会议精神，研究、探讨新形势下如何进一步做好政协民族和宗教工作，很有意义。

要认真学习政协章程，进一步增强从事民族和宗教工作的使命感和责任感。学习好、理解好、掌握好章程，对我们做好新形势下的民族和宗教工作有着十分重要的意义。大家要紧密结合民族和宗教工作，认真学习、深刻领会，广泛宣传、切实贯彻。

要学习政策理论，提高自身素质。政协的民族和宗教工作者，要深刻认识做好新形势下民族和宗教工作的重要性，注重学习马克思主义关于民族、宗教问题的基本理论和基本知识，学习党的民族、宗教政策和国家的有关法律法规，不断提高政策理论水平和自身素质，以时不我待的使命感和责任感，积极而为地做好新形势下政协的民族和宗教工作。

要深入调查研究，进一步做好政协民族和宗教工作，为我国经济社会的可持续发展建言献策。各级政协的民族和宗教工作，要继续围绕党和国家的中心工作，选择一些具有全局性、战略性、前瞻性、党和政府决策迫切需要研究的重大问题，选择民族界、宗教界普遍关心的问题，充分发挥优势，深入调查研究，周密思考论证，积极向党和政府提出切实可行的意见和建议。

要不断总结经验，努力开创政协民族和宗教工作的新局面。我们要通过总结和借鉴成功经验，使政协的民族和宗教工作与时俱进、开拓创新、紧跟时代。要从实际出发，研究新情况，解决新问题，求真务实，按照客观规律办事，共同开创政协民族和宗教工作的新局面。

（摘自《人民政协报》）

在"中国和平统一论坛"开幕会上的讲话(摘要)

(2004年8月6日)

张克辉

16年前,祖国大陆的23个民主党派和人民团体共同发起成立了中国和平统一促进会。目前全球已有80多个国家和地区成立了130多个中国和平统一促进会或类似组织。全球范围内的反"独"促统活动不断高涨,包括台湾同胞在内的海内外中华儿女共同致力于中国和平统一的大团结、大联合的新局面正在形成。

长期以来,我们坚定不移地执行"和平统一、一国两制"基本方针,一如既往地贯彻落实江泽民提出的发展两岸关系、推进祖国和平统一进程的八项主张,促进了两岸关系的发展。在两岸同胞的共同努力下,两岸之间交流与合作日益密切,融合不断深化。这是两岸关系发展的必然趋势,有利于维护台海形势的稳定,有利于促进两岸的和平统一,最终也有利于促进整个亚太地区乃至全世界的和平、繁荣与稳定。

岛内"台独"分裂势力不愿看到两岸关系的正常发展。他们挖空心思,破坏两岸关系朝和平统一的方向发展。他们拒不承认一个中国原则,顽固推行"一边一国"的"台独"主张,大搞所谓"去中国化"、"台湾正名"等各种渐进式"台独"活动,使两岸关系滑向危险的边缘。

早日解决台湾问题,完成祖国统一大业,我们寄希望于广大台湾同胞。求和平、求安定、求发展是广大台湾同胞的共同愿望和迫切需要。两岸和则两利,通则双赢,分则两害。两岸同胞应当不断发展共同的利益,携起手来,各展优长,相互扶持,共同促进中华民族的伟大复兴。

中国和平统一事业是正义的事业。广泛联系、团结海内外一切致力于祖国和平统一的力量,不断促进中国和平统一事业向前发展,是全体中华儿女的崇高历史责任。

(摘自2004年8月7日《人民日报》)

在统一战线各界人士
纪念邓小平同志诞辰100周年座谈会上的讲话

（2004年8月16日）

刘延东

同志们，朋友们：

今天，统一战线各界人士汇聚一堂，隆重纪念邓小平同志诞辰100周年，进一步学习邓小平理论特别是邓小平新时期统一战线理论。刚才，各民主党派中央、全国工商联领导同志和无党派人士、民族宗教界、港澳台侨界代表，从不同方面深情缅怀邓小平同志作为改革开放和社会主义现代化建设总设计师所建立的丰功伟绩，回顾邓小平同志作为新时期爱国统一战线奠基人所作出的杰出贡献。邓小平同志是20世纪为中华民族作出巨大贡献的三位伟人之一，他对中国共产党和中国人民作出的最大贡献，就是留给我们的最珍贵遗产——邓小平理论。我们纪念邓小平同志诞辰100周年，就是要通过缅怀邓小平同志一生的伟大业绩，深入地学习邓小平理论特别是邓小平统一战线理论，更加自觉地高举邓小平理论的伟大旗帜，继承和发扬党的统一战线优良传统和作风，全面贯彻"三个代表"重要思想，努力开创全面建设小康社会新阶段爱国统一战线的新局面。

统一战线是马克思主义的一个基本战略问题，中国共产党人将其与中国革命和建设的实践相结合，形成了毛泽东统一战线思想，使统一战线成为中国共产党夺取革命和建设事业胜利的一大法宝。在改革开放和社会主义现代化建设新时期，邓小平同志领导爱国统一战线走过了近20年的光辉历程。他继承和发展了毛泽东统一战线思想，高举爱国主义和社会主义伟大旗帜，科学阐述了新时期统一战线的性质、地位、任务、对象、作用等一系列基本理论问题和各领域的方针政策，创立了邓小平统一战线理论。这一理论的伟大创新，主要体现在以下方面：

第一，科学界定新时期统一战线的性质，统一战线由四个阶级的联盟发展为全体社会主义劳动者、拥护社会主义的爱国者和拥护祖国统一的爱国者的政治联盟。新民主主义革命时期和建国初期，我国统一战线是由工人阶级、农民阶级、民族资产阶级、小资产阶级组成的联盟，统一战线的关系是阶级关系。我国社会主义改造基本完成后，资产阶级作为一个阶级已经不存在，统一战线的性质和内部构成发生了深刻变化。在新时期，邓小平同志科学分析了我国社会状况和阶级关系发生的根本变化，明确提出新时期统一战线已经成为工人阶级领导的、工农联盟为基础的社会主义劳动者、拥护社会主义的爱国者和拥护祖国统一的爱国者的广泛联盟，是爱国统一战线。统一战线由阶级联盟转变为政治联盟，明确了新时期爱国统一战线的性质和地位，为我们党制定新时期各个领域统战工作的方针、政策奠定了理论基础。

第二，明确提出新时期爱国统一战线要服从服务于经济建设这个中心，实现了统一战线任务的历史性转变。统一战线历来是为党的总路线总任务服务的。新民主主义革命时期,统一战线主要为民族独立、人民解放、建立新中国服务。建国初期,统一战线主要为巩固新生的人民政权、建立社会主义制度服务。社会主义制度初步建立后,统一战线的主要任务也应转变到为经济建设和发展生产力服务上来。但由于"左"的指导思想的影响,统一战线的任务未能实现历史性的转变。党的十一届三中全会后,党和国家的工作着重点转移到经济建设上来,邓小平同志明确提出新时期统一战线的任务,"就是要调动一切积极因素,努力化消极因素为积极因素,团结一切可以团结的力量,同心同德,群策群力,维护和发展安定团结的政治局面,为把我国建设成为现代化的社会主义强国而奋斗",从而开启了统一战线为经济建设中心和改革发展稳定大局服务的新的历史征程。

第三,建立两个范围的联盟,高举爱国主义和社会主义两面旗帜,促进实现整个中华民族的大团结。统一战线对象和范围在各个历史时期有所不同。新民主主义革命时期,毛泽东同志提出了以工农联盟为基础的全体劳动者与一切可以联合的非劳动者联盟的两个联盟的重要思想。进入新的历史时期,邓小平同志强调统一战线要为社会主义现代化建设,完成台湾归回祖国、实现祖国统一和反对霸权主义、维护世界和平的三大任务服务,使统一战线形成了两个范围的联盟:一个是大陆范围内以社会主义为政治基础的全体劳动者和爱国者的联盟,一个是大陆范围外以爱国主义和拥护祖国统一为政治基础的团结台湾同胞、港澳同胞和国外侨胞的联盟。两个范围的联盟,高举爱国主义和社会主义两面旗帜,突破了不同社会制度和意识形态的界限,使爱国统一战线具有了空前的广泛性和巨大的包容性。

第四,强调多党合作是我国政治制度和政党制度的特点和优点,中国共产党领导的多党合作和政治协商制度逐步走上制度化、规范化轨道。建国初期,毛泽东同志深刻总结中国政治发展和苏联搞一党制的经验教训,提出了共产党与民主党派"长期共存、互相监督"的方针,使多党合作成为我国基本政治格局。改革开放后,邓小平同志根据民主党派与中国共产党长期合作的光荣历史和各党派社会基础的变化,明确指出民主党派"已经成为各自所联系的一部分社会主义劳动者和一部分拥护社会主义的爱国者的政治联盟,都是在中国共产党领导下为社会主义服务的政治力量",为巩固和发展新时期多党合作奠定了重要的理论基础。邓小平同志强调"在中国共产党的领导下,实行多党派的合作,这是我国具体历史条件和现实条件所决定的,也是我国政治制度中的一个特点和优点",指导制定了《中共中央关于坚持和完善中国共产党领导的多党合作和政治协商制度的意见》,使多党合作作为我国的一项基本政治制度,走上制度化、规范化轨道。

第五,提出了尊重知识、尊重人才的方针,使党外知识分子工作成为统一战线的基础性工作。知识分子在中国革命和建设事业中发挥了重要作用。1957 年反右斗争扩大化以后,由于"左"的错误思想的影响,知识分子被看作"资产阶级知识分子"。在新的历史时期,邓小平同志作出"科学技术是第一生产力"的重要论断,重申"知识分子是工人阶级的一部分",强调他们"与工人、农民一道成为社会主义现代化建设的重要依靠力量",提出了"尊重知识、尊重人才"的基本方针。这些重要论述,既是新时期我们党的知识分子政策的核心内容,也为统一战线做好党外知识分子工作指明了方向,使之成为统一战线的一项基础性工作。

第六,强调平等、团结、互助的民族关系和发展民族地区经济,为维护民族团结、社会稳定和国家统一奠定了坚实基础。我国是一个统一的多民族国家,民族问题是我国革命和建设总问题的一部分。邓小平同志历来高度重视民族工作,强调要"从政治上、经济上、文化上诚心诚意地帮助他们"。在社会主义现代化建设新时期,邓小平同志进一步指出:"我国各兄弟民族经过民主改革和社会主义改造,早已陆续走上社会主义道路,结成了社会主义的团结友爱、互助合作的新型民族关系。"强调发展民族地区经济,"使全国各族人民都能比较快地富裕起来",是巩固民族团结的关键,也是实行民族区域自治的重要条件。这不仅提出了做好新时期民族工作的要求,而且进一步巩固和发展了我国社会主义民族团结、维护了社会稳定和国家统一。

第七,强调要全面贯彻宗教信仰自由政策,使宗教不与社会主义、人民利益相违背,为引导宗教与社会主义社会相适应提供了理论依据。我国主要有佛教、道教、天主教、基督教、伊斯兰教五种宗教,信教群众一亿多人。邓小平同志根据我国社会阶级状况和宗教状况变化的现实,指出"各民族的不同宗教的爱国人士有了很大的进步",强调要尊重和保护宗教信仰自由,党同宗教界人士要政治上团结合作,信仰上互相尊重。他总结建国以来在宗教工作方面的历史经验教训,强调指出:"对于宗教,不能用行政命令办法,但宗教方面也不能搞狂热,否则同社会主义,同人民的利益相违背",这为做好新时期宗教工作指明了方向。

第八,创造性地提出了"和平统一、一国两制"的科学构想,为实现祖国完全统一开辟了新途径。实现祖国的完全统一,是所有中华儿女的共同心愿,也是中国共产党的崇高历史使命。邓小平同志认为,和平与发展已经成为时代的主题,社会主义现代化建设要争取国际和平环境,创造性地提出了"和平统一、一国两制"的科学构想。这一科学构想的提出,不仅极大地丰富、发展了马克思主义国家学说和统一战线理论,而且有力地推动了我国和平统一大业的进程。这一科学构想在香港、澳门实现主权的顺利回归后已成为现实。在"和平统一、一国两制"方针指引下,海峡两岸人员往来,经贸、科技、教育、文化、体育等方面的交流合作,取得很大发展。实践证明,坚持一个中国原则,坚持"一国两制",是实现祖国完全统一的最佳途径。

第九,明确提出允许非公有制经济发展,开辟了新时期统一战线工作的新领域。改革开放以后,邓小平同志开辟了中国特色社会主义的正确道路,提出我国还处在社会主义初级阶段,必须集中力量解放和发展生产力,必须在坚持公有制为主体的前提下发展多种所有制经济;强调非公有制经济是"社会主义经济的有益补充",允许它的存在和发展,"是要更有力地发展生产力,加强公有制经济";指出"个别资产阶级分子可能会出现,但不会形成一个资产阶级"。邓小平同志关于非公有制经济的重要论述,使非公有制经济在新时期得到了迅速发展,在社会主义现代化建设中发挥了举足轻重的作用。做好非公有制经济人士统战工作,团结和引导他们做合格的中国特色社会主义事业建设者,为改革开放和现代化建设增添新力量,也成为新时期统一战线一个新的重要领域。

第十,进一步明确了人民政协的性质、地位和任务,为人民政协工作的恢复和发展指明了方向。人民政协是统一战线的组织,在我国社会政治生活中发挥着重要作用。邓小平同志 1978 年 2 月担任政协第五届全国委员会主席后,为新时期人民政协的恢复和发展做了许多开创性的工作。邓小平同志明确指出:"人民政协是巩固和扩大我国革命的爱国的统一战线的重要组织,也是我国政治体制中发扬社会主义民主和实行互相监督的重要形式”,人民政协不同于西方的两院制。强调新时期人民政协要广泛联系多方面人民群众和各界人士,充分发挥政治协商和民主监督的职能,在推动社会主义现代化建设、实现祖国统一和反对霸权主义、维护世界和平的宏伟事业中发挥重要作用。邓小平同志关于人民政协的论述,为新时期人民政协保持正确发展方向,奠定了重要理论基础。

同志们,朋友们,当前我国已经进入全面建设小康社会、加快推进社会主义现代化新的发展阶段。按照邓小平同志“三步走”的战略,我国要在本世纪中叶达到中等发达国家的水平。这是一项摆在全体中国人民面前的宏伟而艰巨的任务,是中国共产党和各民主党派共同肩负的光荣而神圣的历史责任。我们必须自觉以邓小平理论和“三个代表”重要思想为指导,坚持和发展邓小平统一战线理论,巩固和壮大中国共产党领导的最广泛的爱国统一战线,团结海内外全体中华儿女,为实现全面建设小康社会和中华民族的伟大复兴而努力奋斗。

坚持和发展邓小平统一战线理论,就是要深入学习贯彻“三个代表”重要思想对统一战线的根本要求。十三届四中全会以来,以江泽民同志为核心的党的第三代领导集体,面对世界多极化、经济全球化加速发展,国内社会结构深刻变化和完成祖国统一大业任务十分繁重的复杂形势,对新形势下统一战线的基本理论和各个领域的方针政策,提出了一系列新思想、新观点、新论断,形成了“三个代表”重要思想关于统一战线的理论,这是对毛泽东统一战线思想和邓小平新时期统一战线理论的继承和发展。“三个代表”重要思想与马克思列宁主义、毛泽东思想和邓小平理论一脉相承,是新世纪新阶段全党全国人民继往开来、与时俱进,实现全面建设小康社会宏伟目标的根本指针,也是团结和凝聚统一战线广大成员的精神支柱。党的十六大后,以胡锦涛同志为总书记的中共中央承前启后,继往开来,从历史和现实的结合上,对新世纪新阶段爱国统一战线的重要地位和作用作了进一步的阐述和概括。胡锦涛同志指出:“统一战线是中国共产党团结一切可以团结的力量,夺取中国革命、建设和改革事业胜利的重要法宝,也是中国共产党执政兴国的重要法宝。”统一战线坚持和发展邓小平统一战线理论,就是要深入学习贯彻“三个代表”重要思想对统一战线的根本要求,学习贯彻以胡锦涛同志为总书记的中共中央的一系列重要指示,求真务实,埋头苦干,努力开创新世纪新阶段统战工作的新局面。

坚持和发展邓小平统一战线理论,就是要自觉以“三个代表”重要思想统领统战工作全局。“三个代表”重要思想作为一个完整的科学理论体系,统一战线是其中的重要内容;作为对中国革命、建设和改革经验的系统总结,其中包括了对党领导的统一战线经验的总结;作为新世纪党和国家各项工作的指导思想,其中也包含了对统一战线的根本要求;作为邓小平理论的丰富和发展,已经成为推动新世纪新阶段爱国统一战线发展壮大的强大思想武器和行动指南。因此,坚持和发展邓小平理论,就要深入学习贯彻“三个代表”重要思想,并用以指导统一战线各个领域的工作,使各项工作体现时代性、把握规律性、富于创造性。要紧紧围绕发展这个党执政兴国的第一要务,树立科学的发展观,最广泛最充分地调动一切积极因素,努力促进社会主义物质文明、政治文明、精神文明的协调发展;紧紧围绕巩固党的领导地位和执政地位,积极做好大团结大联合的工作,不断巩固党的阶级基础和扩大党的群众基础;紧紧围绕实现和维护最广大人民根本利益这个出发点和落脚点,积极做好反映民意、协调关系、化解矛盾的工作,为深化改革、扩大开放、加快发展提供广泛的力量支持。

坚持和发展邓小平统一战线理论，就是要最广泛最充分地调动一切积极因素，为全面建设小康社会凝聚新力量。全面建设小康社会是一个空前而伟大的创举，是一项亿万人民群众广泛参与的伟大的创造性事业，需要把社会各方面成员都团结和联合起来，把智慧和力量都凝聚到推进社会主义现代化建设上来。包括知识分子在内的工人阶级和农民阶级作为社会主义劳动者，是推动我国先进生产力发展和社会全面进步的根本力量。新的社会阶层作为中国特色社会主义事业的建设者，是全面建设小康社会新的重要力量。港澳台同胞和国外侨胞作为拥护祖国统一和民族振兴的爱国者，是我国的一个独特优势，也是加快社会主义现代化、推进祖国统一大业不可缺少的力量。我们必须坚持邓小平统一战线理论和“三个代表”重要思想统一战线理论，继续高举爱国主义和社会主义两面旗帜，进一步增强全体社会主义劳动者、中国特色社会主义事业的建设者、拥护社会主义的爱国者和拥护祖国统一爱国者的大团结，为全面建设小康社会、实现中华民族伟大复兴凝聚新力量。

坚持和发展邓小平统一战线理论，就是要不断巩固和壮大新世纪新阶段爱国统一战线。团结一切可以团结的力量，调动一切积极因素，不断巩固和壮大爱国统一战线，为实现社会主义现代化和中华民族伟大复兴凝聚强大力量，是邓小平统一战线理论的本质要求。坚持和发展邓小平统一战线理论，就是要充分认识新世纪新阶段爱国统一战线在党和国家全局中的重要地位，发挥统一战线的优势和作用，为中国特色社会主义事业作出新的更大贡献。要努力保持和发展党的先进性，不断提高党的领导水平和执政水平，加强和改进党对统一战线的领导。要坚持和完善共产党领导的多党合作和政治协商制度，加强同民主党派和无党派人士的合作共事，更好地体现和发挥我国政党制度的特点和优势。要坚持和完善民族区域自治制度，巩固和发展团结、平等、互助的社会主义民族关系，加快少数民族和民族地区的经济发展和社会进步，实现各民族的共同繁荣和共同发展。要全面贯彻宗教信仰自由政策，依法管理宗教事务，坚持独立自主自办原则，积极引导宗教与社会主义社会相适应，巩固和发展党同爱国宗教界的统一战线。要毫不动摇地坚持公有制为主体、多种所有制经济共同发展的基本经济制度，毫不动摇地鼓励、支持和引导非公有制经济发展，引导非公有制经济人士爱国、敬业、诚信、守法，做合格的中国特色社会主义事业建设者。要认真贯彻尊重劳动、尊重知识、尊重人才、尊重创造的方针，营造鼓励人们干事业、支持人们干成事业的社会氛围。要坚持“一国两制”、“港人治港”、“澳人治澳”、高度自治的方针，严格按照香港基本法和澳门基本法办事，全力支持香港和澳门特别行政区行政长官和政府依法施政，切实加强各界人士在爱国爱港、爱国爱澳旗帜下的广泛团结，共同维护和促进香港、澳门的繁荣稳定。要坚持一个中国原则和“一国两制”方针，坚决反对分裂，反对“台独”，争取早日解决台湾问题，实现祖国的完全统一。

同志们，邓小平同志曾用“前程远大，大有可为”形容爱国统一战线的广阔前途和重要作用。这是对统一战线的最大鼓舞和鞭策。让我们在以胡锦涛同志为总书记的中共中央领导下，高举邓小平理论伟大旗帜，全面贯彻“三个代表”重要思想，与时俱进，奋发图强，不断发展和壮大新世纪新阶段爱国统一战线，为全面建设小康社会、实现中华民族伟大复兴而团结奋斗！

（摘自《人民政协报》）

在会见全国政协第五次提案工作座谈会代表时的讲话(摘要)

(2004年8月23日)

贾庆林

全面建设小康社会的历史性任务为政协提案工作提供了一个广阔的舞台。在新的形势下,政协提案工作责任重大,使命光荣,大有可为。

提案工作是人民政协一项具有全局性重要意义的工作。近几年,各级政协组织坚持以质量建设为中心,以制度建设为主线,不断提高提案工作的水平,为推进人民政协事业的发展,为推进改革开放和现代化建设,作出了积极的贡献。去年中共中央办公厅、国务院办公厅转发了《全国政协办公厅关于办理政协提案的意见》,这充分体现了以胡锦涛同志为总书记的新一届中央领导集体对政协提案工作的高度重视。各级政协组织和各承办单位认真学习贯彻"两办"通知精神,进一步完善提案办理工作制度,使提案工作迈上了一个新台阶。

为了进一步做好政协提案工作,我提出以下三点希望:一是要围绕中心、服务大局。要牢牢抓住促进发展这个人民政协履行职能的第一要务,着眼于全局性、战略性、前瞻性问题的思考。注意选择党和政府高度重视、人民群众普遍关注、政协有条件做好的课题进行研究、提出提案。二是要提高质量、讲求实效。提案工作要坚持标准、严格把关、以质取胜、多出精品;同时要提高提案办理质量和服务质量,把提案中的合理建议用到改进工作中去。三是要加强协作、形成合力。政协提案委员会要加强同各个方面的联系,努力形成一个联合办理、整体推进、协调高效的工作机制。

希望各级党委和政府从加强社会主义民主政治建设的高度,从坚持和完善共产党领导的多党合作和政治协商制度的高度,进一步提高对政协提案办理工作重要性的认识,切实加强领导,努力改进工作,把提案办理好,把提案的作用发挥好。

(摘自《人民政协报》)

坚持以科学的理论指导和推动人民政协工作

——在全国政协纪念邓小平同志诞辰100周年暨邓小平关于人民政协理论研讨会上的讲话

（2004年8月24日）

贾庆林

同志们，朋友们：

我们这次理论研讨会是一次具有十分重要意义的会议。会议期间，大家认真学习了胡锦涛同志在邓小平同志诞辰100周年纪念大会上的重要讲话，深切缅怀了邓小平同志为中华民族的独立和解放、为中国的社会主义现代化建设事业建立的丰功伟绩，深情回顾了邓小平同志为新时期统一战线和人民政协事业的发展作出的杰出贡献，深入研讨了邓小平关于人民政协的理论，总结交流了近些年来人民政协履行职能取得的新经验。会议开得生动活泼、富有成效，达到了预期的目的。

人民政协是中国共产党把马克思列宁主义的统一战线理论与中国的具体实践相结合的伟大创造，是中国共产党同各民主党派、人民团体和各族各界爱国人士长期团结奋斗的成果。在中国革命、建设和改革的波澜壮阔的历史进程中，中国共产党同各民主党派、人民团体和各族各界爱国人士风雨同舟、荣辱与共，用心血和智慧创立和发展了统一战线和人民政协事业，丰富和发展了马克思列宁主义的统一战线理论。

以毛泽东同志为主要代表的中国共产党人开创了统一战线和人民政协事业。在长期的革命斗争中，毛泽东同志和他的战友们缔造了一个用马克思列宁主义革命理论和革命风格武装起来的无产阶级政党、一个在党的绝对领导下为人民的解放事业英勇奋战的人民军队、一个团结全民族绝大多数人共同奋斗的统一战线。经过艰苦卓绝的斗争，终于夺取了新民主主义革命的胜利，实现了近代以来几代中国人梦寐以求的民族独立和人民解放。1948年4月30日，中国共产党发布具有重要历史意义的纪念“五一”劳动节口号，得到了各民主党派、人民团体和无党派民主人士的热烈响应。1949年9月21日至30日，中国人民政治协商会议第一届全体会议在北平召开。这次会议代行全国人民代表大会的职权，通过了具有临时宪法性质的《中国人民政治协商会议共同纲领》，作出了关于中华人民共和国国都、国旗、国歌、纪年四个重要决议，选出了中国人民政治协商会议全国委员会和中华人民共和国中央人民政府委员会，宣告了中华人民共和国的成立。1954年，全国人民代表大会召开后，人民政协作为民主协商机构和统一战线组织，继续在国家政治生活中发挥重要作用。1956年，在生产资料私有制的社会主义改造基本完成以后，毛泽东同志提出中国共产党要与各民主党派“长期共存、互相监督”的方针，进一步为中国共产党领导的多党合作和政治协商制度奠定了思想政治基础。在创建人民政协和领导人民政协开展工作的过程中，以毛泽东同志为主要代表的中国共产党人，把马克思列宁主义的统一战线理论同中国革命和建设的具体实践结合起来，在人民政协的共同政治基础，中国共产党对统一战线和人民政协的领导，人民政协的性质、任务和工作方针等问题上，提出了一系列独创性的重要思想观点，形成了毛泽东关于人民政协的思想。

邓小平同志是我国社会主义改革开放和现代化建设的总设计师，也是新时期统一战线和人民政协事业的奠基人。中共十一届三中全会以后，我国进入改革开放和社会主义现代化建设的新时期，统一战线和人民政协事业也开始了一个新的发展时期。在以邓小平同志为核心的党的第二代中央领导集体的领导下，我们党在实践中形成了以经济建设为中心、坚持四项基本原则、坚持改革开放的基本路线，开辟了建设中国特色社会主义的新道路，同时领导和推动了政协工作的恢复和发展，领导人民政协完成了思想路线和指导方针上的拨乱反正，全面开创了人民政协事业发展的新局面。1978 年 2 月，邓小平同志当选为政协第五届全国委员会主席。1979 年 6 月，邓小平同志在全国政协五届二次会议上发表了重要讲话，科学分析了我国社会阶级状况的变化和统一战线内部结构的变化，明确提出了新时期统一战线和人民政协的任务，成为指导新时期统一战线和人民政协工作的纲领性文献。邓小平同志亲自主持修订了《中国人民政治协商会议章程》。在邓小平同志的推动下，1982 年，人民政协的性质、作用被庄严地载入国家宪法，为人民政协履行职能、开展工作提供了坚实的法律依据。在新的历史时期，以邓小平同志为主要代表的中国共产党人，结合国际国内新的历史条件和时代特征，按照我们党的基本路线和战略布局，总结党领导人民政协事业发展的实践经验，继承和发展了毛泽东关于人民政协的思想，创立了邓小平关于人民政协的理论。

邓小平关于人民政协的理论内容丰富，是一个完整的科学的思想体系。它回答了新时期人民政协存在和发展的历史依据，人民政协的性质地位、根本任务、政治基础、主要职能、组成原则和工作原则等基本问题，创造性地提出了一系列关于人民政协事业发展的新思想、新观点和新论断。

关于新时期人民政协存在与发展的历史依据。强调我国社会阶级状况和社会主要矛盾发生了根本变化，我们国家进入了以实现社会主义现代化为中心任务的新的历史时期，统一战线也进入了一个新的历史发展阶段。要完成逐步实现现代化，把我国建设成为富强、民主、文明的社会主义国家的总任务，必须紧紧依靠广大的工人、农民和知识分子，必须进一步增进各族人民的团结，必须不断巩固和发展最广泛的爱国统一战线。指出要发扬与扩大社会主义民主，没有民主就没有社会主义，就没有社会主义的现代化。人民政协是发扬人民民主、联系各方面人民群众的一个重要组织。中国的社会主义现代化建设事业，继续需要政协就有关国家的大政方针、政治生活和四个现代化建设中的各项社会经济问题，进行协商、讨论，实行互相监督，发挥对宪法和法律实施的监督作用。人民政协任务光荣，前程远大，大有可为。

关于中国共产党领导的多党合作和政治协商制度。科学地阐明了新时期民主党派的性质及其社会基础的发展变化，指出各民主党派已经成为各自所联系的一部分社会主义劳动者和一部分拥护社会主义的爱国者的政治联盟，都是在中国共产党领导下为社会主义服务的政治力量。我国实行共产党领导的多党合作和政治协商制度，这是我国具体历史条件和现实条件所决定的，也是我国政治制度的一个特点和优点。将毛泽东同志提出的中国共产党同各民主党派实行“长期共存、互相监督”的方针发展成为“长期共存、互相监督、肝胆相照、荣辱与共”的方针，指出在新的历史条件下，处于执政党地位的中国共产党,更加需要听取来自各方面包括各民主党派的不同意见,需要接受各个方面的批评监督。

关于人民政协的性质和作用。指出在新的历史时期,统一战线已经发展成为工人阶级领导的、以工农联盟为基础的全体社会主义劳动者、拥护社会主义的爱国者和拥护祖国统一的爱国者的联盟,是最广泛的爱国统一战线。强调人民政协是巩固和扩大我国爱国统一战线的重要组织,是在共产党领导下实现各党派和无党派人士团结合作的重要组织,也是我国政治体制中发扬社会主义民主和实行互相监督的重要形式,应当充分发挥人民政协在我国政治生活中的重要作用。

关于新时期人民政协的任务。指出在党和国家的工作重点转移到社会主义现代化建设上来以后,新时期统一战线和人民政协的任务,就是要调动一切积极因素,努力化消极因素为积极因素,团结一切可以团结的力量,同心同德,群策群力,维护和发展安定团结的政治局面,为把我国建设成为现代化的社会主义强国而奋斗。

关于人民政协的职能。在充分肯定中共第一代中央领导集体确定的人民政协作为协商机构继续发挥政治协商作用的基础上,把民主监督增加为新时期人民政协的又一项主要职能,要求政协在搞好对国家大政方针、政治生活和现代化建设中各项社会经济问题的协商讨论,实行互相监督的同时,要发挥对宪法和法律实施的监督作用。人民政协要积极开展工作,发展爱国统一战线,促进祖国统一大业。要积极主动地开展人民外交活动,加强同国际朋友的友好往来,为反对霸权主义、维护世界和平作出努力。

关于人民政协的政治基础。继承和发展了毛泽东同志关于人民政协共同政治基础的思想,强调这个政治基础是爱国统一战线巩固和发展的前提条件,并根据新的任务和新的形势,把四项基本原则明确为参加人民政协的各党派团体和各族各界代表人士团结合作的政治基础。指出新时期爱国统一战线在社会主义和爱国主义的基础上更加巩固和发展了。他主持修订的政协章程把"热爱中华人民共和国、拥护中国共产党的领导和拥护社会主义事业"规定为人民政协各参加单位和个人都必须遵守的政治基础。

关于人民政协的组成原则。强调统一战线和人民政协要努力做好广泛团结各方面人士和充分调动他们积极性的工作,要把一切能够联合的力量都联合起来,范围以宽为宜,宽有利,不是窄有利。贯彻邓小平同志这一思想,人民政协提出了"大团结、大统一、囊括一切代表人物"的方针,增加界别、扩大阵容,形成了包括各党派团体和各族各界代表人士广泛团结的格局。

关于人民政协工作的原则和作风。提出人民政协一定要坚持"长期共存、互相监督、肝胆相照、荣辱与共"的方针,广泛联系各界人士,反映他们及其所联系的群众的意见和要求,充分发挥民主协商和监督的作用。要广开言路,广开才路,坚持不抓辫子、不扣帽子、不打棍子的"三不主义",让各方面的意见、要求、批评和建议充分反映出来。要发扬自愿学习、自我教育、自我改造的传统,继续组织和推动各界人士学习马列主义、毛泽东思想,学习时事政治和科学技术知识,帮助各方面的人士和群众在为社会主义服务的共同基础上不断增强团结,取得新的进步。

邓小平关于人民政协的理论博大精深,上述八个方面的内容只是初步概括,还有许多重要的观点、重要的内容需要我们进一步研究探讨,有不少重要的思想需要我们继续深入学习领会,以更加全面准确地把握它的精神实质,更好地发挥它对人民政协工作的指导作用。

同志们，朋友们！

中共十三届四中全会以来，以江泽民同志为主要代表的当代中国共产党人，高举邓小平理论伟大旗帜，准确把握时代特征，科学判断我们党所处的历史方位，集中全党智慧，进一步回答了什么是社会主义、怎样建设社会主义的问题，创造性地回答了建设什么样的党、怎样建设党的问题，逐步形成了“三个代表”重要思想。在邓小平理论和“三个代表”重要思想的指引下，我们党团结和带领全国各族人民，战胜了前进道路上的各种困难和风险，取得了改革开放和现代化建设的新成就。在这一伟大历史进程中，以江泽民同志为核心的党的第三代中央领导集体，继承和发扬老一辈无产阶级革命家的优良传统，着眼于国内外形势的变化和建设中国特色社会主义实践的发展，运用马克思主义的立场、观点和方法，对新形势下的统一战线和人民政协工作作出了一系列重要的论述，卓有成效地运用统一战线这个法宝为中国特色社会主义事业服务，开创了人民政协事业的新局面。1989 年底，《中共中央关于坚持和完善中国共产党领导的多党合作和政治协商制度的意见》明确提出，中国共产党领导的多党合作和政治协商制度是我国一项基本政治制度。1993 年 3 月，八届全国人大一次会议把“中国共产党领导的多党合作和政治协商制度将长期存在和发展”写入了宪法。在此基础上，1995 年初，中共中央转发的《政协全国委员会关于政治协商、民主监督、参政议政的规定》，对人民政协履行职能的规范化、制度化作了全面的阐述。1999 年，江泽民同志在庆祝中国人民政治协商会议成立 50 周年大会上发表重要讲话，全面回顾了人民政协 50 年不平凡的发展历程，科学阐述了人民政协工作的宝贵经验和优良传统，为人民政协事业的发展进一步指明了方向。中共十六大以来，以胡锦涛同志为总书记的中共中央高度重视统一战线和人民政协工作，作出了一系列重要指示，把人民政协事业继续推向前进。今年 3 月，全国政协十届二次会议适应新形势对人民政协工作的要求，贯彻落实中共十六大精神，对政协章程的部分内容进行了修改，这对于人民政协更好地履行职能、发挥作用具有重要意义。在领导全国人民继续推进中国特色社会主义伟大事业的历史进程中，我们党丰富和发展了毛泽东关于人民政协的思想、邓小平关于人民政协的理论，提出了许多重要的新思想、新观点，成为指导新世纪新阶段人民政协工作的行动指南。

——中国共产党领导的多党合作和政治协商制度是我国的一项基本政治制度。这一制度的显著特征是：共产党领导、多党派合作，共产党执政、多党派参政，各民主党派不是在野党和反对党，而是同共产党亲密合作的友党和参政党；共产党和各民主党派在国家重大问题上进行民主协商、科学决策，集中力量办大事；共产党与各民主党派互相监督，促进共产党领导的改善和参政党建设的加强。衡量中国的政治制度和政党制度，最根本的是要从中国的国情出发，从中国革命、建设和改革实践的效果着眼，一是看能否促进社会生产力的持续发展和社会全面进步；二是看能否实现和发展人民民主，增强党和国家的活力，保持和发挥社会主义制度的特点与优势；三是看能否保持国家政局的稳定和社会的安定团结；四是看能否实现和维护最广大人民的根本利益。半个多世纪的实践证明，我国的政党制度是符合中国国情、经得起实践检验的正确有效的政党制度，具有自己的优势和强大的生命力。人民政协根据中国共产党同各民主党派和无党派人士“长期共存、互相监督、肝胆相照、荣辱与共”的方针，促进参加政协的各党派、无党派人士的团结合作，充分体现和发挥我国社会主义政党制度的特点和优势。

——马克思列宁主义、毛泽东思想、邓小平理论和"三个代表"重要思想是人民政协的指导思想。要在这个正确的指导思想指引下，在热爱中华人民共和国、拥护中国共产党的领导、拥护社会主义事业、共同致力于中华民族伟大复兴的政治基础上，尽一切努力，进一步巩固和扩大爱国统一战线，广泛团结海内外中华儿女，维护和发展安定团结的政治局面，不断促进社会主义物质文明、政治文明和精神文明的协调发展，为实现振兴中华、统一祖国的宏伟目标而共同奋斗。

——人民政协在我国政治体制中具有十分重要的地位和不可替代的作用。在我们这个幅员辽阔、人口众多的多民族、多党派的社会主义国家里，关系国计民生的重大问题，要通过人民政协进行协商，广泛听取各民主党派、各人民团体以及各族各界代表人士的意见，由人民代表大会行使国家权力进行决策，由人民政府执行实施。这样一种政治体制，集中体现了我国广泛的人民民主。它对于我们实现决策的民主化、科学化，避免或减少决策失误，保证各项方针政策的贯彻执行，都具有十分重要的意义。人民通过选举、投票行使权利与人民内部各方面在选举、投票之前进行充分协商，尽可能就共同性问题取得一致意见，是我国社会主义民主的两种重要形式。

——团结和民主是人民政协的两大主题。在中国共产党的领导下实行团结和民主，是人民政协性质的集中体现，是人民政协产生和发展的历史根据，是人民政协继往开来的方向和使命。这两大主题应继续贯穿于人民政协的全部工作之中。实现紧密团结，发展民主才更有基础；发扬广泛民主，加强团结才更有力量。人民政协要在国家和民族的发展中不负使命，必须按照团结和民主的要求履行职能、发挥优势。

——人民政协要认真履行政治协商、民主监督、参政议政职能。人民政协是中国人民爱国统一战线的组织，是中国共产党领导的多党合作和政治协商的重要机构，是我国政治生活中发扬社会主义民主的重要形式。要有组织有计划地把政治协商引向深入、切实有效地开展民主监督、进一步拓展参政议政的领域，努力推进人民政协政治协商、民主监督、参政议政的制度化、规范化和程序化。

——围绕中心、服务大局是人民政协履行职能必须遵循的原则。人民政协开展的所有活动都要有利于促进改革开放和现代化建设，有利于维护安定团结的政治局面。要坚持从实际出发，注重对客观实际的调查研究，实事求是，积极稳妥，按照政协职能的要求创造性地开展工作。要坚持求同存异、民主协商，在为实现社会主义现代化和祖国统一而共同奋斗这个大前提下，照顾和协调各方面的利益、要求和意见，并通过各自学习和互相协商、互相监督，共同提高，在重大原则问题上逐步达到一致。要注意突出特点、发挥优势，选择党和政府重视、人民群众关心、政协有条件做好的题目特别是一些综合性、战略性、前瞻性的重大问题，深入开展调查研究，形成有分量的成果，供决策机关参考，使人民政协的参政议政工作更加生动活泼、富有成效。

——人民政协要适应新形势新情况的要求，扩大团结面，增强包容性，努力把各方面力量团结起来，凝聚起来。随着我国经济社会的发展，统一战线已经成为全体社会主义劳动者、社会主义事业的建设者、拥护社会主义的爱国者和拥护祖国统一的爱国者的最广泛的联盟。要坚持以人为本，把维护人民群众的根本利益作为政协工作的出发点和落脚点。要进一步发挥人民政协在协调关系、化解矛盾方面的作用，保持反映社情民意渠道的畅通,加强同社会各界的联系,努力维护安定团结的社会政治局面,不断为中华民族的伟大复兴增添新的力量。

——坚持共产党对统一战线的领导,坚持党在政协中的领导核心地位,过去是今后仍然是我们的一项根本原则。要按照党总揽全局、协调各方的原则,规范党委与人大、政府、政协以及人民团体的关系,支持政协围绕团结和民主两大主题履行职能。各级党委要充分认识人民政协的地位和作用,从政治原则、政治方向和方针政策上加强对政协的领导。各级政协党组要加强自身建设,在政协工作中起好政治核心作用,保证党的路线方针政策的贯彻执行。政协中的共产党员要发扬党的优良传统和作风,认真贯彻执行党的路线方针政策,真心实意地同党外人士交朋友,努力做合作共事的模范、廉洁奉公的模范、发扬民主作风的模范。

同志们,朋友们!

半个多世纪以来的实践证明,人民政协事业的创建和发展始终是在中国共产党创立的人民政协理论指引下前进的。人民政协理论经过几代人的探索奋斗,经过实践—认识—再实践—再认识的循环往复过程而逐步形成并不断深化。这个认识过程将贯穿于人民政协存在与发展的整个历史进程中。在我国进入全面建设小康社会、加快推进社会主义现代化的新的发展阶段,我们必须比以往任何时候都更加重视理论研究,更加自觉主动地用邓小平理论和"三个代表"重要思想武装头脑、指导实践、推动工作。我们要学习邓小平同志运用马克思主义立场、观点和方法研究新情况、解决新问题的科学态度,坚持解放思想、实事求是、与时俱进,使人民政协的各项工作真正体现时代性、把握规律性、富于创造性。下面,我就加强人民政协理论研究工作再强调几点:

第一,必须坚持正确的政治方向。坚定正确的政治方向,是确保人民政协事业和政协理论研究工作不断发展的首要前提。要坚持以邓小平理论和"三个代表"重要思想为指导,密切结合改革开放和现代化建设的实际,不断深化对邓小平理论和"三个代表"重要思想的学习、研究,深入领会和准确把握其科学体系和精神实质,提高马克思主义的政治理论水平。要坚持工人阶级领导的、以工农联盟为基础的人民民主专政,坚持和完善人民代表大会制度这一根本政治制度,坚持和完善中国共产党领导的多党合作和政治协商制度,任何时候都决不能动摇、削弱和丢掉这些制度,决不能照搬西方两党制、多党制、两院制和三权鼎立的政治制度模式。要更好地把坚持党的领导、人民当家作主和依法治国有机统一起来,发展社会主义民主政治,建设社会主义政治文明,不断巩固和发展民主团结、生动活泼、安定和谐的政治局面,为维护祖国统一、民族团结和社会稳定,促进经济发展和社会全面进步服务。

第二,必须坚持理论联系实际的马克思主义学风。实践是理论的源泉,是理论发展的动力,是检验理论的标准,也是理论的最终目的。我们要注重对现实问题的理论思考,密切跟踪新的实践和新的发展,从理论和实践的结合上正确回答我们工作中面临的新问题,提高对政协工作规律的认识和把握能力,不断通过理论创新推动工作创新。比如,如何用邓小平理论和"三个代表"重要思想指导政协工作;如何发挥我国政治制度和政党制度的特点和优势;如何树立和落实科学发展观,为全面建设小康社会服务;如何提高人民政协履行职能的能力和水平。要认真总结各级政协在实践中探索与创造出来的新鲜经验,把被实践证明是成熟的、具有普遍意义的经验,进行提炼、概括,上升到理论的高度,运用到实际工作中并继续接受实践的检验。要加强调查研究，完善调查研究工作的机制和方法，深入基层，深入群众，掌握第一手材料，认真分析研究事物的内在联系和规律，努力得出科学的结论，推动各项工作的发展。

第三，必须重视对人民政协理论的宣传。人民政协理论只有被社会各界和广大群众所了解、所认识，才能产生积极的社会效果。因此，我们应当把理论研究工作与宣传工作有机地结合起来，使人民政协理论研究的过程同时成为向社会宣传的过程。要理直气壮地阐释中国共产党领导的多党合作和政治协商制度的特点和优点，大力宣传统一战线和人民政协的成功实践，发挥理论在宣传、引导、教育方面的独特作用，为人民政协事业的发展创造良好的社会环境。要注意发挥报刊、广播电台、电视台、互联网等传媒在理论宣传中的作用。要切实改进文风，采取灵活多样、生动活泼、为广大群众喜闻乐见的形式，做好政协理论的普及宣传工作，使我们党关于人民政协的基本理论和基本政策，在广大人民群众中入耳入心。与此同时，也要注意在国际交往中，用生动的事实说明人民政协作为中国特色社会主义民主政治的重要组成部分，具有重要的地位和作用，使国际社会正确认识人民政协的性质。

第四，必须加强对人民政协理论研究工作的领导。各级政协的中共党组和主要领导同志，要充分认识加强政协理论研究的重要性，把人民政协理论研究工作纳入重要议事日程，制定研究计划，加强组织领导，并以身作则带头开展研究。要把理论研究作为提高政协工作水平、提高政协工作人员素质的重要途径，在各级政协机关大力倡导研究问题之风，使注重总结经验、注重研究理论在政协系统逐步形成习惯，形成氛围。要加强人民政协理论研究工作队伍建设，努力培养和造就一支高素质的政协理论研究工作队伍。要从多方面关心从事理论研究工作的同志，为他们的学习、工作、生活和发挥作用创造条件。从事理论工作的同志要进一步增强责任意识，加强各方面知识的学习和实际工作的锻炼。要整合各方面的理论研究力量，加强各级政协理论研究工作的协作与配合，推动研究成果的交流与共享。要同统战部门、科研单位、各级党校、高等院校和社会主义学院等各方面热心于人民政协理论研究的力量加强联系、协作，不断深化政协理论研究。

同志们，朋友们！

全面建设小康社会，开创中国特色社会主义事业新局面，是新世纪新阶段全党全国各族人民的奋斗目标，也是时代赋予人民政协的庄严使命。今天，我们对邓小平同志的最好纪念，就是要把邓小平同志开创的建设中国特色社会主义的伟大事业继续推向前进。让我们紧密地团结在以胡锦涛同志为总书记的中共中央周围，高举邓小平理论和“三个代表”重要思想伟大旗帜，全面贯彻十六大精神，与时俱进，开拓创新，不断巩固和壮大新世纪新阶段最广泛的爱国统一战线，为在中国特色社会主义道路上实现中华民族的伟大复兴作出新的贡献，谱写人民政协事业更加辉煌的篇章。

（选自《求是》杂志）

加强互利合作　共创美好未来

——在韩国经济四团体午餐会上的演讲

（2004年8月28日）

贾庆林

各位朋友：

承蒙韩国经济四团体的邀请，使我有机会与韩国经济界的各位朋友欢聚一堂。在座诸位都是韩国经济界的精英，也是中韩友好合作的积极参与者和推动者，为发展中韩关系作出了积极贡献。借此机会，我谨向各位并通过各位，向所有致力于中韩友好合作事业的韩国各界朋友们，表示崇高的敬意和衷心的感谢。

这是我第一次来到韩国，但我对韩国并不陌生。我在福建省、北京市工作期间，曾结识不少韩国朋友。期间北京市同现代汽车、现代电子开展合作，结出丰硕果实。此次踏上贵国国土，我又亲眼目睹了韩国的锦绣河山和“汉江奇迹”造就的现代化风貌，进一步感受到了韩国人民自强不息、奋发进取的民族精神和对中国人民的友好情谊。

中韩两国隔海相望，两国人民的友好往来源远流长。我此访正值中韩建交12周年。12年来，中韩关系取得了全面迅速的发展。仅从经贸角度看，两国贸易额增长了近12倍，韩国对华投资增长77倍，中国已成为韩国最大的出口对象国和投资对象国，韩国也已成为中国的第三大贸易伙伴国和第二大外资来源国。目前，两国每年人员交往已超过250万人次，每周有300多个航班往来于两国，数万名留学生在彼此土地上学习和生活。“韩流”和“中国热”在两国持续升温。可以说，中韩关系的迅速发展，已将我们两国和两国人民紧紧地连在一起。两国合作的领域正在拓宽，形式日趋多样，潜力不断扩大，前景无限广阔。

朋友们，

改革开放26年来，中国经济社会发展实现了历史性跨越。去年中国国内生产总值超过1.4万亿美元，人均突破1000美元，对外贸易总额达到8512亿美元。今后，我们将继续以经济建设为中心，坚持以人为本，全面、协调、可持续的科学发展观，全面建设小康社会。我们的目标是，到2020年，国内生产总值比2000年翻两番，使经济更加发展、民主更加健全、科教更加进步、文化更加繁荣、社会更加和谐、人民生活更加殷实。中国的和平发展，有利于亚太地区乃至世界的和平、稳定与繁荣。

各位想必都很关心中国宏观调控的情况，在此我愿向朋友们作简要介绍。

去年以来，中国经济在加快发展的同时，也出现了一些不稳定、不健康的因素，突出表现为，粮食供求关系趋紧，播种面积和产量连年减少；固定资产投资增长过猛，由此带来货币信贷投放过大、煤电油运和重要原材料供求偏紧等。针对这些问题，中国政府及时采取了一系列有针对性的调控措施。一方面，紧紧抓住农业特别是粮食生产这个薄弱环节，采取一系列更直接、更有力的措施,支持粮食生产,促进农民增收。另一方面,紧紧抓住投资膨胀这个突出矛盾,严把信贷和土地供应两个闸门,遏制固定资产投资过快增长,遏制一些行业的盲目投资和低水平扩张。在调控过程中,我们始终注意既严格控制部分行业过度扩张,又切实加强经济发展中的薄弱环节;既坚决控制投资需求膨胀,又注意适时适度,努力扩大消费需求,避免经济运行起伏过大;既从宏观上把该管的管住,又充分发挥市场机制的作用;既着力解决当前突出问题,又注重长远继续全面推进改革。

总的看,我国宏观调控措施正逐步落实并已经见到成效。农业特别是粮食生产出现重要转机,固定资产投资和货币信贷增幅明显回落,土地市场整顿取得重要进展。今年上半年,经济保持平稳较快发展势头,国内生产总值同比增长9.7%。对外贸易继续快速增长,进出口总额达5230亿美元,同比增长39.5%,其中出口2581亿美元,进口2649亿美元,分别增长35.7%和42.6%。特别是从韩国进口同比增幅高达55.5%。实际使用外商直接投资339亿美元,同比增长12%。6月末,国家外汇储备超过4700亿美元。实践证明,中国采取的宏观调控政策措施是必要的、有效的,已经和必将使整个经济焕发出更旺盛、更持久的活力。

中国经济的发展已经同世界经济紧紧地连在一起。随着中国经济的持续快速发展、人民消费水平的上升、对外开放程度的提高、西部大开发和东北地区等老工业基地振兴战略的实施以及2008年奥运会有关工程的全面铺开,中国将进一步为世界各国发展提供巨大的市场和机遇。中韩经济互补性强,韩国开拓中国市场有地缘、人文、产业等方面的独特优势,希望中韩两国的企业家们审时度势,把握机遇,推动中韩经济合作再上一个新台阶。

朋友们,

中国的发展,需要一个长期的和平稳定的国际环境,需要同世界各国进行广泛的交流与合作。中韩两国都是东亚地区的重要国家,都面临着加快本国经济社会发展的繁重任务,都致力于建立和平、稳定、公正、合理的国际政治经济新秩序。面对激烈的国际竞争,面对经济全球化和区域经济一体化的潮流,我们更应携起手来,同舟共济,加强合作,实现共赢。我们已经创造了双边友好合作的典范,我们必将继续推进两国关系的新发展。为此,我愿提出以下建议:

第一,坚持相互尊重,谋求和谐共存。东亚是一个多样化的地区,各国的意识形态、政治制度、文化背景、发展水平和彼此关切各不相同,新旧问题错综复杂。各国唯有相互尊重、坦诚相待、求同存异、互谅互让,才能共同营造一个和谐的政治环境、和平的安全环境和共赢的合作环境,才能在相互理解与信任的基础上,推动区域合作进程不断向前发展。

中国奉行和平共处五项原则,坚持"与邻为善、以邻为伴"的睦邻外交方针和"睦邻、安邻、富邻"的周边外交政策。在上述精神指导下,中国同东亚邻国建立起了不同形式的伙伴关系,共同致力于本地区的和平、稳定与繁荣。目前,胡锦涛主席和卢武铉总统共同确立的中韩全面合作伙伴关系已取得良好进展。我们愿同韩方进一步相互尊重,增进政治上的互信,妥善解决存在的问题,推动两国关系继续健康稳定地向前发展,为两国共同致力于区域合作奠定更为稳固的基础。

第二,经济合作优先,推进全面发展。东亚区域合作应以经济合作为重点和主线,本着互利互惠、优势互补、利益共享的原则,逐步完善合作机制和领域,不断挖掘和扩大各国共同利益的汇合点。经过多年努力,东盟、中韩日和10+3等为东亚区域合作进一步发展和逐步实现区域经济一体化提供了很好的平台。东亚各国有必要在现有基础上,深入探索建立区域性自由贸易安排、投资保障机制和金融合作体系,研究建立东亚经济共同体的可行性与有效途径。逐步推动和加强域内成员在财政、信息、农业、科技、能源、金融、环保、人力资源开发、基础设施建设等各领域的互利合作。

东北亚合作是东亚区域合作的重要组成部分,中国对此一向持积极态度。今年9月,中国将在大连举行"振兴东北暨东北亚合作国际研讨会",我们欢迎韩国工商界人士积极与会,共谋合作大计。

第三,对话增进信任,合作谋求安全。历史和现实都清楚地表明,以军事实力抗衡谋求安全优势的旧安全观,无助于保障安全。动辄诉诸武力或以武力相威胁,就会影响乃至破坏世界的和平与安宁。本地区国家应摒弃冷战思维,以对话求安全,以合作求稳定。基于上述认识,中国政府提出了以互信、互利、平等、协作为核心的新安全观。其宗旨就是要超越差异和分歧,通过对话增进互信,通过谈判解决争端,通过合作促进安全。

我们高兴地看到,近年来朝鲜半岛南北和解合作进程不断推进,北京六方会谈进程也已取得积极进展。这些都是对话增进信任、合作谋求安全的有益探索。维护半岛的和平与稳定,符合各国人民的根本利益。我们愿同韩方继续在涉及本地区和平与安全的重大问题上保持密切沟通与合作,为实现本地区的持久和平与繁荣作出不懈努力。

第四,深化民间友好,加强合作交流。民间交往是国家关系的重要一环,只有人民之间加强相互了解和友谊,合作才能稳定、持久。我们主张东亚国家间大力拓展旅游合作,开展丰富多彩的文化交流,推动青少年友好往来,发挥工商界、民间团体、学术机构和新闻媒体的积极作用。

中韩两国在这方面已有很好基础。希望双方继续全方位、多层次地推进两国文化交流和民间交往,并以此带动本地区的民间友好交流与合作。希望韩国经济四团体继续在这方面发挥重要作用。

朋友们,

中国全国政协在中国政治生活中发挥着重要的作用,同世界各国的交往也很活跃。各级政协有大量来自各界的知名人士参与,其中不乏企业家。我此次访韩就有多位担任全国政协委员的企业家随行,同韩国同行互相交流,共谋商机。我们愿意为推动中韩以及本地区的互利合作作出自己的贡献。

贵国古代诗人许筠曾有"肝胆每相照,冰壶映寒月"的著名诗句,揭示了我们两国人民"贵相知心"的相处之道。这也正是中韩友谊历久不衰的源泉所在。在新世纪,我们愿继承和发扬先人风范,与韩国永远做"肝胆相照"的好邻居、好朋友、好伙伴。让我们登高望远,共同努力,加强互利合作,共创美好未来。

谢谢!

(选自《人民政协报》)

我聆听小平同志在政协五届二次会议上的开幕词

(2004年8月)

帕巴拉·格列朗杰

在全党全国各族人民深切缅怀邓小平同志之际,我作为中国共产党领导的爱国统战人士,曾经与小平同志交往多年,聆听了不少小平同志的教诲。抚今追昔,我感慨万千,一种深切的缅怀之情油然而生,久久不能平静,更加为小平同志的丰功伟绩感到肃然起敬。特别是1979年6月15日,我以全国政协副主席的身份出席了全国政协五届二次会议,聆听了时任全国政协主席的邓小平同志在会议开幕式上发表的题为《新时期的统一战线和人民政协的任务》的功垂史册的重要讲话,我和当时在场的其他同志无不深感振奋和鼓舞。这篇篇幅不长的讲话集中体现了邓小平同志对新时期社会阶级状况、统一战线内部结构和人民政协的性质、地位、任务和主要职能等基本问题作出的科学论述,为新时期人民政协理论奠定了坚实基础,是我们从事人民政协工作的同志做好新时期爱国统一战线和人民政协工作的纲领性文献。

在纪念邓小平同志诞辰100周年之际,再次重温25年前的这篇光辉文献,更是倍感亲切,深受启迪。

一、讲话标志着新时期统一战线和人民政协工作的重大转折

我记得邓小平同志在会议一开始就指出,我们这次会议是在中共中央决定把党和国家的工作重点转移到社会主义现代化建设上来以后召开的。这次会议的目的,就是要进一步动员、团结全国各族人民和一切爱国力量,促进社会主义现代化建设的发展。邓小平同志说:"我们的国家进入了以实现四个现代化为中心任务的新的历史时期。我们的革命统一战线也进入了一个新的历史发展阶段。"使我深刻地感受到了邓小平同志所阐明的党和国家的总路线总任务,是与统一战线紧密联系着的这样一个基本理论和基本实践问题,指明了统一战线存在和发展的必要性、可行性、长期性这样一个基本规律问题。提出了新时期爱国统一战线和人民政协的任务这样一个基本方向问题。澄清了许多同志对统一战线的模糊观点,推进了党在统一战线各个领域的拨乱反正,起到了团结一切可以团结的力量,调动一切积极因素,并且尽可能地化消极因素为积极因素的伟大作用。这标志着统一战线和人民政协工作的重大转折,这对开创和发展新时期统一战线和人民政协工作具有划时代的意义。

二、讲话奠定了新时期爱国统一战线的理论、政策基础,为扩大统战范围、做好爱国统战工作注入了强大的内在动力

邓小平同志以解放思想、实事求是、团结一致向前看的精神,对我国社会阶级状况发

生的根本变化做出了正确的判断，明确指出：中国各民主党派在民主革命中有过光荣的历史，在社会主义改造中也做了重要的贡献。这些都是中国人民所不会忘记的。“现在它们都已经成为各自所联系的一部分社会主义劳动者和一部分拥护社会主义的爱国者的政治联盟，都是在中国共产党领导下为社会主义服务的政治力量”。在这个基础上小平同志阐明了两个结论：一是上述各个方面的变化表明，中国的统一战线已经成为工人阶级领导的、以工农联盟为基础的社会主义劳动者和拥护社会主义爱国者的广泛联盟。二是新时期的统一战线和人民政协的任务，就是要调动一切积极因素，努力化消极因素为积极因素，团结一切可以团结的力量，同心同德，群策群力，维护和发展安定团结的政治局面，为把我国建设成为现代化的社会主义强国而奋斗。

邓小平同志指出：“我国各兄弟民族经过民主改革和社会主义改造，早已陆续走上社会主义道路，结成了社会主义的团结友爱、互助合作的新型民族关系。各民族的不同宗教的爱国人士有了很大的进步。在实现四个现代化进程中，各民族的社会主义一致性将更加发展，各民族的大团结将更加巩固。”这里无处不涵溢着邓小平同志对包括西藏在内的各兄弟民族的殷切期望和关爱之心。我深深地体会到，作为祖国大家庭一员的西藏，由于历史的原因，是一个宗教信仰氛围浓厚、大多数群众信教的民族地区，藏传佛教的存在具有深刻的社会历史根源，它与经济、政治、文化等问题交织在一起，对西藏社会的发展和稳定产生重大影响。另一方面，居住在国外的藏胞较多，这就要求我们以新时期的爱国统一战线的理论为指导，认真贯彻落实党的民族宗教政策，做好新时期的爱国统一战线工作。把工人、农牧民、广大知识分子、干部和改革开放以来出现的社会新阶层等社会主义事业的建设者、拥护社会主义和党的领导、热爱祖国、愿意为西藏建设做贡献的一切力量，包括宗教界人士、党外人士、国外藏胞等一切爱国力量团结起来，形成最广泛的爱国统一战线，共同建设团结、富裕、文明的社会主义新西藏，以实现中华民族的振兴为基础，促进海内外全体中华儿女的团结，实现整个中华民族的大团结、大联合。这样就把统一战线由人民民主革命时期的阶级联盟，发展成为全民族大团结的政治联盟，把统一战线由国内扩展到国外，把统一战线由政治领域扩大到经济、文化及社会各个领域。在邓小平同志新时期统一战线理论的指引下，爱国主义战线呈现出全方位、大范围、大团结、大统一的全新格局，出现了蓬勃发展的大好局面，充满了生机与活力。

三、讲话为新时期人民政协事业指明了前进方向

邓小平同志明确指出：“人民政协作为统一战线组织，任务是十分光荣的，工作是大有可为的。”“人民政协是发扬人民民主、联系各方面人民群众的一个重要组织。中国的社会主义现代化建设事业，继续需要政协就有关国家的大政方针、政治生活和四个现代化建设中的各项社会经济问题，进行协商、讨论，实行互相监督，发挥对宪法和法律实施的监督作用。”在此基础上，全国政协历次修订政协章程，都更加准确地体现了以邓小平同志为核心的党的第二代中央领导集体、以江泽民同志为核心的党的第三代中央领导集体、以胡锦涛同志为总书记的党中央，关于新时期人民政协的一系列重要论断和指示精神，为人民政协事业的发展指明了前进的方向。

就西藏而言，以全国政协五届二次会议为起点，人民政协工作也掀开了新的一页，出现了崭新局面。自治区政协在自治区党委的坚强领导下，始终坚持以邓小平同志关于新

时期人民政协理论为指导,不断加强自身建设,充实和完善各项规章制度,拓展工作领域,履行政协职能的质量不断得到提高,各项工作取得了可喜的成绩。25年的实践证明:邓小平同志关于新时期统一战线和人民政协理论和实践,永远是我们党争取人心、凝聚力量,全面建设小康社会,开创中国特色社会主义事业新局面的宝贵财富。西藏之所以呈现出经济发展、社会进步、局势稳定、边防巩固、人民安居乐业、老百姓的生活水平不断提高的大好形势,都是与小平同志新时期关于统一战线和人民政协理论的正确指导分不开的。

西藏的发展已进入一个崭新的阶段,要实现经济社会跨越式发展,"在中国四个现代化建设中走进前列",要完成"一加强、两促进"的历史任务,实现全面建设小康社会的宏伟目标,任重而道远。我们必须高举邓小平理论和"三个代表"重要思想的伟大旗帜,认真贯彻落实党的十六大和十六届三中全会精神,树立和落实科学的发展观,团结一切可以团结的力量,调动一切积极因素,不断巩固和扩大党的爱国统一战线,切实履行好人民政协政治协商、民主监督、参政议政的职能。加强民族团结,坚决反对民族分裂,切实维护社会稳定。在以胡锦涛同志为总书记的党中央的亲切关怀和正确领导下,在全国人民的无私援助下,继续发扬"老西藏精神",团结奋斗,开拓创新,以跨越式发展的步伐,向着全面建设小康社会的目标迈步,西藏的社会主义现代化建设的宏伟目标一定能够实现。

(选自《人民政协报》)

邓小平社会主义初级阶段民主与法制思想

(2004年8月)

张思卿

邓小平的民主与法制思想是他的建设有中国特色社会主义理论的重要组成部分,有着极为丰富的内容,是我们当前和今后建设社会主义民主和法制的重要思想武器和理论依据。

发展社会主义民主、健全社会主义法制是我们党要长期坚持的基本方针

邓小平提出发展社会主义民主、健全社会主义法制是我们党要长期坚持的基本方针,是关系到社会主义现代化建设事业兴衰成败的战略步骤,从而把民主和法制建设的地位和作用提到了空前的高度。

社会主义制度本身的内在要求。马克思、恩格斯在《共产党宣言》中指出:"工人革命的第一步就是无产阶级上升为统治阶级,争得民主。"邓小平创造性地发展了马克思、恩格斯的这一思想,提出"没有民主就没有社会主义"的新思想,从而把社会主义民主政治建设列为整个社会主义现代化建设事业的重要组成部分。

中华人民共和国的建立使广大人民群众第一次获得了当家作主的权利,这是中国民主发展史上的一次历史性的进步和飞跃。但在建国后,对民主制度的认识和实践上,也经历了一段曲折的道路。过去,我们在讲社会主义的本质时,往往只强调生产资料的公有制、按劳分配等经济方面的特征,而对于工人阶级和劳动人民在政治上当家作主的权利,只看成是达到经济目的的手段;在民主政治建设上,只强调民主的实质意义,而忽视了民主形式、民主程序的重要作用。另外,由于我国长期受封建社会历史传统的影响,缺乏民主和法制的意识,民主和法制建设一度受到了冷落。党内民主、国家政治生活中的民主有时遭到破坏和践踏,以至于出现像“文化大革命”那样严重的动乱,给国家和人民利益、社会主义建设事业造成了严重的损失。邓小平在总结历史教训的基础上,在得出“没有民主就没有社会主义,就没有社会主义的现代化”重要论断的同时,还反复强调:“民主集中制是社会主义制度的一个不可分的组成部分。”这就深刻揭示了社会主义民主的历史地位,阐明了社会主义民主是社会主义制度的有机组成部分,是社会主义的重要特征,是社会主义优越性的重要表现。

社会主义现代化建设的客观需要。首先,大力发展社会生产力,加速经济建设是我们党和国家在社会主义初级阶段的中心任务,而要完成这一艰巨复杂的任务,实现经济发展分三步走的战略目标,必须不断深化改革,扩大开放。改革开放,建设有中国特色的社会主义是一项前无古人的事业,没有现成的经验可循,必须解放思想,大胆探索,勇于开拓,才能取得成功。如何才能解放思想,邓小平说:“民主是解放思想的重要条件。”只有发扬民主,形成良好的民主气氛,才能发挥人民群众的聪明才智和创造精神,为改革开放和经济建高发展提供科学的决策依据,避免决策中的盲目性和脱离实际。

其次,改革开放和现代化建设事业是全体中国人民的共同事业,这就要求在涉及改革开放和经济建设过程中,每一项重大决策和所采取的每一个重大步骤,都必须符合人民的利益,反映人民的意志,决不能只符合少数人和个别集团的意志和利益。而要做到这一点,必须充分发扬民主,使人民真正享有管理国家事务、管理各项企业事业的权利。当前,特别需要强调国家机关及其工作人员的廉政建设,克服各种消极腐败和特权现象,而要做到这一点,离开了人民群众和民主更是不可能的。因此,必须健全民主制度,“要有群众监督制度,让群众和党员监督干部,特别是领导干部。凡是搞特权、特殊化,经过批评教育而又不改的,人民就有权依法进行检举、控告、弹劾、撤换、罢免,要求他们在经济上退赔,并使他们受到法律、纪律处分。”

再次,社会主义现代化建设是一项伟大而艰巨的任务,特别是在经济文化落后的国家,其任务尤为艰巨。要完成这样的任务,离不开广大人民群众的积极性和创造性的发挥。为此,必须充分发挥社会主义民主,使人民群众真正认识到社会的发展、国家的兴旺与个人利益的一致性,从而树立起主人翁的责任感和使命感,积极投身到改革开放和现代化建设的实践中去,只有充分调动广大人民群众的热情和积极性,改革开放大业才成功有望。

最后,加强民主、健全法制对社会主义精神文明的建设也具有推动的作用。

建立与社会发展进程相适应的政治体制、维护国家稳定和长治久安的需要。邓小平多次强调政治体制改革的必要性,指出:“不改革政治体制,就不能保障经济体制改革的成果,不能使经济体制改革继续前进,就会阻碍生产力的发展,阻碍四个现代化的实现。”政治体制改革,“第一个目标是始终保持党和国家的活力”,“第二个目标是克服官僚主义,提高工作效率”,“第三个目标是调动基层和工人、农民、知识分子的积极性”。进行政治体制改革只能依靠社会主义民主和法制。首先,必须下放应该下放的权力,相应地扩大地方、企业事业单位、人民群众的自主权和各项民主权利,同时保持中央对经济和各项事业的宏观调控和管理。其次,必须改革党和国家的各项领导制度、组织制度和工作制度,依据“精简、高效”的原则,提高政府管理机构的工作效率。为此必须加强各个方面的法律和制度建设,做到对各方面工作实行依法管理和依法行政。

要改革开放,发展经济,实现现代化,除了必须建立适应经济发展、高效灵活的政治体制以外,另一个不可缺少的重要条件就是政治和社会的稳定。邓小平反复强调稳定对于改革开放和经济发展的至关重要的意义,他指出:“中国的问题,压倒一切的是需要稳定。”“中国不能乱哄哄的,只有在安定团结的局面下搞建设才有出路。一切反对、妨碍我们走社会主义道路的东西都要排除,一切导致中国混乱甚至动乱的因素都要排除。这是总结历史和现实的深刻经验教训得出的基本结论。”

发扬社会主义民主,加强社会主义法制,必须坚持四项基本原则,维护安定团结的政治局面,服从和服务于改革开放的大局,反对大民主和西方民主,反对资产阶级自由化

邓小平在论证民主和法制建设的重要意义的同时,对社会主义民主和社会主义法制的关系也给予了充分的论述,充分揭示了社会主义民主和社会主义法制辩证的、不可分割的关系,为社会主义民主和法制建设指明了正确的方向。邓小平指出:“社会主义民主和社会主义法制是不可分的。不要社会主义法制的民主,不要党的领导的民主,不要纪律和秩序的民主,决不是社会主义民主。”“我们在宣传民主的时候,一定要把社会主义民主同资产阶级民主、个人主义民主严格地区别开来,一定要把对人民的民主和对敌人的专政结合起来,把民主和集中、民主和法制、民主和纪律、民主和党的领导结合起来。”“在发扬社会主义民主的同时,还要加强社会主义法制,做到既能调动人民的积极性,又能保证我们有领导有秩序地进行社会主义建设。这是一整套相互关联的方针政策。”

必须坚持四项基本原则。在我国,四项基本原则是立国之本,是维护国家稳定、社会发展必须依靠的政治基础,是社会主义现代化事业保持正确的发展方向和取得成功的根本保障。

要维护安定团结的政治局面,服从和服务于改革开放的大局。我们需要发展社会主义民主,但是发展民主不能危害稳定的大局,而必须服从和服务于这个大局。这是邓小平多次阐明的一贯思想。

要反对大民主和西方民主,反对资产阶级自由化。针对搞资产阶级自由化的人提出的“在中国实行多党政治”主张,邓小平指出:“资本主义国家的多党制有什么好处?那种多党制是资产阶级互相倾轧的竞争状态所决定的,它们谁也不代表广大劳动人民的利益。”“这种状况是他们的弱点而不是强点,这使它们每个国家的力量不可能完全集中起来,很大一部分力量互相牵制和抵消。”历史经验证明中国共产党是中国人民革命和建设事业的中流砥柱。没有中国共产党,中国革命不可能取得胜利。今天,没有中国共产党的

领导,“社会主义四个现代化建设、祖国的统一、反霸权主义的斗争,也就没有一个力量能够领导进行。这是谁也无法否认的客观事实。”

针对资产阶级国家的“三权鼎立”制度,邓小平指出:“我们讲民主,不能搬用资产阶级的民主,不能搞三权鼎立那一套。我经常批评美国当权者,说他们实际上有三个政府。当然,美国资产阶级对外用这一手来对付其他国家,但对内自己也打架,造成了麻烦。这种办法我们不能采用。”

当然,不照搬资产阶级的民主制度,并不等于对资产阶级民主制度一概采取排斥的态度,我们不排除对资产阶级民主制度中的某些合理成分及其某些民主形式进行借鉴和吸收,为发展社会主义民主服务。

民主法制建设必须在党的领导下有步骤地进行

我国的民主和法制建设必须遵循以下两个原则:

第一,发展社会主义民主,健全社会主义法制,必须坚持党的领导。邓小平反复强调坚持党的领导在发展社会主义民主、健全社会主义法制中的重要性,指出:“我们人民的团结,社会的安全,民主的发展,国家的统一,都要靠党的领导。”

第二,发展社会主义民主、健全社会主义法制,必须有秩序、有步骤地进行。邓小平指出:“民主化和现代化一样,也要一步一步地前进。”发展民主、健全法制不能抱急于求成的态度。幻想一蹴而就的良好愿望往往会得到相反的结果。“我们坚持发展民主和法制,这是我们党的坚定不移的方针。但是实现民主和法制,同实现四个现代化一样,不能用大跃进的做法,不能用‘大鸣大放’的做法。就是说,一定要有步骤,有领导。否则,只能助长动乱,只能妨碍四个现代化,也只能妨碍民主和法制。”这是邓小平根据唯物史观的基本原理,结合我国的经验教训,对如何发展社会主义民主、健全社会主义法制所做出的科学论断。

要在全体人民中树立法制观念

邓小平针对我们国家普遍存在的轻视法律、法制观念淡薄的状况,多次提出要在全体人民(包括党员干部)中间加强法制的宣传和教育,认为这是改变法制不健全的一项根本措施。1986年6月,邓小平在一次中央政治局常委会上就在全体人中间培养和树立法制观念的问题做了一个专门讲话,他说:“我们国家缺少执法和守法的传统,从党的丨一届三中全会以后就开始抓法制,没有法制不行。法制观念与人们的文化素质有关。现在这么多青年人犯罪,无法无天,没有顾忌,一个原因是文化素质太低。所以,加强法制重要的是要进行教育,根本问题是教育人。法制教育要从娃娃开始,小学、中学都要进行这个教育,社会上也要进行这个教育。纠正不正之风中属于法律范围、社会范围的问题,应当靠加强法制和社会教育来解决。”

(选自《中国政协》)

以实际行动坚持好、完善好、落实好多党合作

（2004年8月）

罗豪才

邓小平同志是公认的享有崇高威望的卓越领导人，我国改革开放和现代化建设的总设计师，建设中国特色社会主义理论的创立者。他在70多年的革命生涯中，为中国新民主主义革命的胜利和新中国的成立，为中国社会主义的创建、巩固和发展，建立了永不磨灭的功勋。他创立的建设中国特色社会主义理论和在这个理论指导下制定的党在社会主义初级阶段的基本路线，是留给我们的宝贵财富。

邓小平同志是新时期统一战线的开拓者和奠基人。1989年，根据他的批示精神，中共中央经与各民主党派协商，总结了中国共产党和各民主党派长期合作的经验和传统，制定了《中共中央关于坚持和完善中国共产党领导的多党合作和政治协商制度的意见》。这一重要文件首次明确了各民主党派的参政党地位，是新时期坚持和完善我国多党合作的纲领性文件。从此，我国的多党合作从形式到内容都更趋完备，走上了制度化和规范化的轨道。

邓小平同志不仅是新时期统一战线的奠基人，也是新时期侨务工作和海外留学人员工作的奠基人。邓小平同志的侨务思想是邓小平理论的重要内容，是新时期侨务工作的理论依据和行动指南。邓小平同志高瞻远瞩，在设计中国特色社会主义道路时，十分重视发挥几千万海外同胞的重要作用。早在1977年10月，他就有针对性地阐明，“我们现在不是海外关系太多而是太少，这是个好东西，可以打开各方面的关系。”1993年，邓小平同志再一次精辟地指出，“对于中国人来说，大发展的机遇并不多。中国与世界其他国家不同，有着自己独特的机遇。比如，我们有几千万爱国同胞在海外，他们对祖国做出了很多贡献。”邓小平同志为侨务工作的拨乱反正，为在改革开放新的历史条件下拓展侨务工作，为发挥海外同胞在中国社会主义现代化建设、统一大业和发展对外友好关系中的积极作用，提出了一系列方针和政策，极大地推动了新时期侨务工作的发展。

邓小平同志非常重视海外留学工作。1978年，邓小平同志富有远见地指出，“留学生的数量要增大”，“要成千成万地派”，“要千方百计加快步伐”。1992年，邓小平同志号召广大留学人员“要做出贡献，还是回国好”。这些光辉论断，掀起了我国改革开放后莘莘学子留学海外、回国服务和为国服务的热潮。在这一过程中，我们致公党始终遵循小平同志关于统一战线、侨务工作和海外留学工作的重要论述，致力于加强同海外侨胞和归国留学人员的沟通与联系，在协助政府做好侨务工作和海外留学工作方面做出了自己的努力。

我们深深地体会到，作为多党合作总格局中的成员，我们今天对邓小平同志最好的纪念，就是高举邓小平理论伟大旗帜，全面贯彻“三个代表”重要思想，在以胡锦涛同志为总书记的中共中央领导下，坚持和落实科学发展观，始终不渝地坚持和完善中国共产党领导

的多党合作和政治协商制度，团结广大成员和所联系的归侨侨眷和归国留学人员，切实履行参政党职能，为实现全面建设小康社会的奋斗目标，为中华民族在新世纪的伟大复兴做出新的更大的贡献！

（选自《人民政协报》）

继承邓小平同志的爱国主义精神
继续为祖国统一大业而努力奋斗

（2004年8月）

张克辉

二十世纪是中国发生翻天覆地变化的100年，中国人民经历了三次历史性的巨大变化：辛亥革命、新民主主义革命和改革开放；产生了三位划时代的伟大人物：孙中山、毛泽东和邓小平。相对于辛亥革命和新民主主义革命，通过改革开放实现社会主义现代化，是更为深刻的革命。邓小平同志是中国走向社会主义现代化的倡导者、开拓者和奠基人，是举世公认的伟大的革命家、政治家和思想家，赢得了包括广大台湾同胞在内的全体中国人民的崇敬和爱戴。邓小平同志留给我们的最可宝贵的财富，就是邓小平理论。

台盟全体盟员和居住在祖国大陆的广大台胞，尤其难以忘怀的是，作为第二代中共中央领导集体的核心，邓小平同志十分重视并亲自领导对台工作，为解决台湾问题，实现祖国的完全统一建立了不朽功勋。邓小平同志七十年代末就明确指出并在以后多次强调："现在最大的统一战线问题，是台湾归回祖国，实现祖国统一问题。"邓小平同志多次接见台湾同胞，倾听他们的意见建议，谋求台湾人民的福祉，充分肯定和高度评价台湾同胞的爱国热情，指出台湾同胞"在实现统一祖国大业、支持祖国现代化建设和加强国际反霸斗争方面，日益发挥着重要的积极作用"，相信"台湾同胞富有爱国传统，一定能为祖国统一大业做出宝贵贡献。"1989年，邓小平同志从领导岗位上退下来，但仍然以高度的历史责任感，继续关注着祖国的统一大业，听取对台工作汇报，会见台湾同胞和海外侨胞，直至生命的最后一息。

在推进祖国统一的伟大实践中，邓小平同志以非凡的理论勇气和高超的政治智慧，创造性地提出"一个国家、两种制度"的伟大构想，为解决香港、澳门和台湾问题，实现祖国的完全统一奠定了理论基础。香港、澳门顺利回归祖国并继续保持繁荣稳定的成功实践证明，"和平统一、一国两制"方针既尊重历史，尊重现实，又照顾了各方的利益，符合包括台湾同胞在内的全体中国人民的根本利益，是解决台湾问题的最佳方式。

早在二十世纪八十年代中期，邓小平同志就敏锐地洞察到岛内"台独"思潮与活动开始抬头的危险性，强调台湾问题最根本的是坚持一个中国，反对"台湾独立"。指出，解决台湾问题我们不承诺放弃使用武力,决不是针对台湾同胞,而是针对外国势力干涉中国统一和台湾当局搞"台湾独立"图谋的。今天,我们重温小平同志关于祖国统一的论述,深刻领会"和平统一、一国两制"的科学内涵,深深敬佩小平同志的高瞻远瞩和远见卓识。

"哲人其萎,后世继之"。邓小平同志激越的爱国主义情怀、坚定的原则立场、高超的政治智慧和彻底的实事求是精神,将激励我们继续为最终实现祖国完全统一而努力奋斗。我们坚信,不管祖国统一的道路如何艰难曲折,在"和平统一、一国两制"基本方针的指引下,在以胡锦涛同志为总书记的中共中央领导下,统一祖国、振兴中华的伟业一定能够实现,小平同志的夙愿一定能够实现!

(选自《人民政协报》)

伟人之风 山高水长

(2004年8月)

周铁农

今年,是敬爱的邓小平同志诞辰100周年,我们格外怀念他。回想七年之前,小平同志逝世的消息传出,一时间天宇低垂,山河同悲,全国各族人民莫不为伟人的离去而痛悼。我们都记得,江泽民同志在邓小平追悼会上的讲话中这样说,"邓小平同志这样说过:如果没有毛泽东同志,我们中国人民至少还要在黑暗中摸索更长的时间。我们今天同样应当说,如果没有邓小平同志,中国人民就不可能有今天的新生活,中国就不可能有今天改革开放的新局面和社会主义现代化的光明前景。"七年多时间过去了,在全国人民团结在以胡锦涛同志为总书记的中共中央周围,为全面建设小康社会而一路奋进的时候,抚今思昔,我们对江泽民同志的这番话,有了更为深切的理解和感受。

当我们回顾改革开放的奋斗历程,我们深深缅怀为开创改革开放新时期做出巨大贡献的邓小平同志。他留给我们的最可宝贵的财富,就是他创立的建设中国特色社会主义理论和在这个理论指导下制定的党在社会主义初级阶段的基本路线和基本纲领。这就为我们解决了什么是社会主义,怎样建设社会主义等一系列基本问题,为中国改革开放和现代化建设指明了前进的方向和道路,中国近代百余年来无数志士仁人痛苦叩问,建国以来中国共产党人曲折探索的问题,终于有了正确而系统的答案。邓小平同志无愧是我国实行改革开放和现代化建设的总设计师。

在邓小平同志建设中国特色社会主义理论中,统一战线占有重要地位。邓小平同志极大地丰富和创造性地发展毛泽东同志的统一战线理论。他明确指出,在社会主义建设新时期,统一战线仍然是一个重要法宝。1979年6月,邓小平在中国人民政治协商会议第五届全国委员会第二次会议的开幕词中指出:我国各民主党派"都已经成为各自所联系的一部分社会主义劳动者和一部分拥护社会主义的爱国者的政治联盟，都是在中国共产党领导下为社会主义服务的政治力量”。邓小平对于我国阶级状况已发生了根本变化的分析，为党的统一战线工作的历史性转变奠定了理论基础。统一战线工作呈现了新的局面，统一战线工作进入了一个新的历史阶段。

邓小平新时期统一战线理论作为统一战线的根本指针，极大地调动了广大统战成员投身社会主义现代化建设事业的积极性、主动性和创造性，使统一战线在新的历史条件下焕发出勃勃生机。这些年来，统一战线在国际斗争风云变幻、国内改革不断深化的复杂形势下，在经济、政治、自然的严峻考验面前，既保持了团结稳定的政治局面，又创造了振奋活跃的民主气氛，最根本的就是始终坚持邓小平理论特别是邓小平新时期统一战线理论的指导。现在，一条最广泛的爱国统一战线正在巩固和发展，共产党领导的多党合作和政治协商制度正在逐步完善，并在十六大提出的全面建设小康社会中发挥应有的作用。

邓小平同志提出，中国共产党领导的多党合作和政治协商制度，是我国的基本政治制度，是我国政治制度的一个特点和优点，是建设中国特色社会主义理论的重要组成部分。1979年邓小平同志指出，“在中国共产党领导下，实行多党派的合作，这是我国具体历史条件和现实条件所决定的，是我国政治制度的一个特点和优点”。邓小平同志又说，“多党合作是发扬社会主义民主，实行相互监督的重要形式”，这是从政治制度的角度来认识多党合作。1982年在中共十二大报告中正式提出“长期共存、互相监督、肝胆相照、荣辱与共”的十六字方针，这是“八字方针”在新的历史条件下的发展，是中国共产党同民主党派长期合作的科学总结，反映了新时期为共同目标奋斗的中国共产党与民主党派结成了战友和诤友的关系。邓小平同志在1987年与外宾的一次谈话中首次明确提出我们国家“实行中国共产党领导的多党合作和政治协商制度”，完整规范地提出“中国共产党领导的多党合作和政治协商”这个政治概念，使中国共产党同各民主党派团结得更加紧密，合作共事的思想政治基础更为牢固。

1989年，在邓小平同志的提议下，中共中央与各民主党派共同协商制定了《中共中央关于坚持和完善中国共产党领导的多党合作和政治协商制度的意见》，肯定了这个制度是中国的基本政治制度。在多党合作中，共产党是执政党，是领导核心，各民主党派是同共产党通力合作的亲密友党，是参政党。这个纲领性文件的制定和颁布，标志着我国的多党合作制度进入了规范化、制度化的新阶段，文件对于推进多党合作制度的进一步完善，对于更有效地发挥民主党派参政议政、民主监督作用，产生了深远的影响。今年是《中共中央关于坚持和完善中国共产党领导的多党合作和政治协商制度的意见》颁布15周年。15年来，在中国共产党的正确领导下，多党合作理论与实践取得重大发展。以江泽民同志为核心的党的第三代领导集体，在新的历史条件下，创造性地回答了“为什么要坚持和完善多党合作制度，怎样坚持和完善多党合作制度”这一重大历史性课题，在邓小平同志开创的新时期多党合作伟大实践的基础上，形成了新的理论创新，大大推动了多党合作事业的发展。党的十六大以来，以胡锦涛为总书记的中共中央新的领导集体，以“三个代表”重要思想为指导，高度重视推动和发展小平同志开创的多党合作事业。今年年初，胡锦涛同志在党外人士迎春座谈会上指出：“要认真总结多党合作的好经验好做法，着眼于推进社会主义政治文明，进一步推进中国共产党领导的多党合作和政治协商制度的制度化、规范化、程序化，扎扎实实地把我国多党合作事业推向前进。”

自中国民主革命以来,民主党派即与中国共产党合作,历经革命、建设和改革,为新中国的建立、建设和发展作出了独特贡献。改革开放以来,尤其是1989年民主党派确立参政党地位以来,我国统一战线和多党合作事业进入了一个前所未有的大发展时期。中国共产党领导的多党合作和政治协商制度在改革开放以来的实践,显示了这一制度的极大优越性,发挥了特殊的、不可替代的作用。民主党派在国家政治生活中的作用越来越显著,我国政党制度的优点和特点,不但在国内,而且在国际上也越来越得到广泛的理解和认同。在国家建设中,各民主党派发挥智力密集、人才荟萃、联系广泛的优势,围绕推进改革开放、推进现代化建设和推进祖国统一大业的完成,积极建言献策,作出了积极贡献。近几年,民革围绕着国家金融管理、淮河污染治理、环渤海地区经济发展、社区管理等关乎国家建设、社会发展、人民生活方面的问题进行调研,向执政党和政府提出了大量意见和建议,受到了高度重视,许多意见和建议已在工作中得到落实。在自身建设方面,民革从1948年成立到今天已在全国建立了30个省级组织、300多个市级组织;党员人数从改革开放初的8000余人到现在的70000多人。党员的思想政治素质不断提高,组织的运作更加制度化、规范化。民革的发展历程和自身建设的成果,从一个侧面反映了我国多党合作和政治协商制度的不断巩固和发展。回顾和总结15年来多党合作的经验做法,有着极其重要的现实意义和历史意义,为进一步推进中国共产党领导的多党合作事业注入了强大生命力和极其丰富的内涵,也是对小平同志的最好纪念。

数十年来,邓小平同志与民革老一辈领导人之间的真挚友谊,以及他对民革组织的关怀,特别是从政治上所给予的教育和帮助,深刻地反映了中国共产党与民革之间风雨同舟、患难与共的战友关系,更体现了邓小平同志这位伟大的无产阶级革命家的高尚风范、远大眼光、坦荡胸怀和平等待人的民主作风。他留给我们的宝贵精神财富,将永远鼓舞和激励我们前进。小平同志生前曾多次说过,他深情地爱着他的祖国和人民。同样,祖国和人民包括广大民主党派成员,也深深地热爱小平同志,永远地缅怀他的历史功绩,在他所开辟的中国特色社会主义道路上,坚定地走下去。在纪念小平同志诞辰100周年之际,我们决心在胡锦涛同志为总书记的中共中央新的领导集体领导下,解放思想,实事求是,与时俱进,为不断坚持和完善中国共产党领导的多党合作和政治协商制度,为全面建设小康社会,实现中华民族的伟大复兴而努力奋斗。

(选自《人民政协报》)

深切缅怀邓小平同志
努力把工商联工作提高到一个新水平

（2004年8月）

黄孟复

邓小平同志非常重视和关心工商联工作，注意调动和发挥工商联的作用，强调在新的历史时期中，各民主党派和工商联仍然具有重要的地位和不容忽视的作用。在统一战线方面，邓小平同志留下了很多重要论述和动人的佳话。工商联的同志常常深情回忆起1979年初，邓小平同志约见胡厥文、胡子昂、荣毅仁、周叔弢、古耕虞等工商界领导人，座谈如何搞好经济建设等问题。小平同志在这次座谈中关于调动原工商业者的积极性、为社会主义现代化建设服务的重要讲话，使原工商业者受到极大鼓舞。工商联各级组织积极响应邓小平同志的号召，坚决贯彻党的以经济建设为中心的基本路线，按照“坚定不移跟党走，尽心竭力为四化”的工作方针，发挥自身的特点和优势，积极调查研究，参政议政，开展了多层次、多形式、多渠道的经济咨询服务和工商专业培训等活动，受到了党和政府的高度重视和好评。

邓小平同志对非公有制经济的发展，从理论和实践上都作出了重要贡献。八十年代初期，在个体私营经济特别是“雇工大户”出现后，是否肯定其合法地位，党内外看法有比较大的分歧，但邓小平同志提出采取“看一看”的方针。经过几年的观察、研究之后，中央对私营经济逐渐加以肯定，党的十三大报告第一次明确私营经济在我国合法存在与发展，并提出党对私营经济的基本政策是“鼓励、保护、引导、监督和管理”。不久，根据党的十三大建议，1988年在全国人大七届一次会议通过的宪法修改案中，进一步肯定了私营经济的合法地位。1992年春，邓小平同志南巡讲话，不仅解决了长期困扰人们思想的姓“社”、姓“资”问题，还提出了“三个有利于”这一极其重要的科学论断，为非公有制经济发展扫除了理论上的障碍。

发展外资经济是小平同志对党关于非公有制经济理论的又一个重要贡献。小平同志提出改革开放政策后，又高瞻远瞩地提出了加速社会主义现代化建设的战略构想。利用外资就是实现这一战略构想的重大举措之一。小平同志一再强调“吸收外国资金、外国技术，甚至包括外国在中国建厂，可以作为我们发展社会主义生产力的补充。”小平同志还对利用外资的利弊得失做了深入分析和全面权衡，断定利用外资加速发展的积极效果要远远超过可能带来的副作用，实践证明小平同志的论述是正确的。

在新世纪新阶段，工商联要坚决按照邓小平理论和“三个代表”重要思想，认真履行自己的职能，努力促进非公有制经济健康发展和非公有制经济人士健康成长，培养和建立一支坚决拥护党的领导，坚定走社会主义道路的非公有制经济人士队伍。要引导非公有制经济人士坚持以人为本，树立全面、协调、可持续的科学发展观，苦练内功，增强企业的核心竞争力,在规范经营前提下逐步做强做大,在新世纪新阶段实现新的发展。要继承和发扬工商联的优良传统,扎实工作,团结奋进,把工商联工作提高到一个新水平,为全面建设小康社会作出新贡献。

(选自《人民政协报》)

在邓小平理论指导下开创参政党工作新局面

(2004年8月)

张怀西

邓小平同志是我国改革开放和现代化建设的总设计师,是新时期统一战线和人民政协工作的奠基人。邓小平理论坚持解放思想、实事求是的思想精髓,把马克思主义与当代中国实践和时代特征相结合,开辟了马克思主义的新境界,把对社会主义的认识提高到新的科学水平。邓小平理论是毛泽东思想的继承和发展,是马克思主义在中国发展的新阶段,它是建设中国特色社会主义的科学指南,是中国共产党和各民主党派共同的思想基础。邓小平新时期统一战线理论是推动爱国统一战线不断发展、不断前进的强大思想武器。

1997年民进"八大"以后,新一届中央领导集体继承民进老一辈领导人的优良传统,始终用邓小平理论指导参政党的工作实践,提出了"以政治交接为主线,以参政议政和自身建设为重点,建设适应新世纪的高素质参政党"的工作思路,坚持与时俱进、求真务实、开拓创新,为坚持和完善中国共产党领导的多党合作和政治协商制度,做出了自己的努力和探索。

一、继承优良传统,弘扬时代精神,不断深化政治交接的成果

1979年10月19日,邓小平提出了一个著名的论断,即"在中国共产党的领导下,实行多党派的合作,这是我国具体历史情况和现实条件所决定的,也是我国政治制度中的一个特点和优点"。这一科学论断将多党派合作提升到政治制度的高度,包含了政治交接的核心理念,就是坚持共产党的领导,坚持和完善中国共产党领导的多党合作和政治协商制度。当前,我国的社会结构正在发生深刻变化,东西方文化相互激荡,如何使民进老一辈领导人做出的历史选择成为新一代民进成员的现实选择,是一个重大的课题。民进中央新一届领导集体在推进政治交接中,赋予民进优良传统以新的内涵,坚持在继承中发展,在发展中继承。中国共产党领导的多党合作和政治协商制度的建立,是马克思主义与中国实际相结合的产物。民进在继承老一辈领导人的"坚持接受中国共产党的领导、坚持爱国、民主、团结、求实,坚持立会为公"的优良传统和高尚风范时,努力挖掘中华民族优秀传

统文化对新老民进会员的影响,巩固政治交接的内在基础。同时,注意弘扬以人为本、促进人的全面发展的时代要求,丰富政治交接的时代内涵。民进"八大"以来,全会大兴理论学习之风,倡导理性思考,深化理论研究和会史研究,加强组织培训,把优良传统和时代精神结合起来,逐步丰富了政治交接的内涵。近年来有针对性地开展了"树立中国特色的政党观和参政党意识"的宣传教育。会中央领导多次撰文、授课,从历史与现实的纵向结合上,从东西方的横向对比中,联系个人的经历和见闻,把接受中国共产党的领导的现实必然性,我国政党制度的优势和特点说清楚,说透彻。在各种培训中,要求各级领导干部和新老会员树立接受共产党领导的多党合作意识,社会主义方向目标意识,参政议政、民主监督意识和政党组织和政党行为规范意识。通过系统科学的教育,力求把政治交接的内容内化成为民进成员的思维方式和行为标准,进而形成科学的世界观和方法论。只有做到这一点,才能经得起各种风浪和风险的考验。去年,民进各界会员不畏艰险、坚毅果敢地投身抗击非典的斗争,表现出很高的思想境界,在陕西渭南抗洪前线,传诵着英勇献身的民进会员王文烈士的事迹。随着政治交接成果的不断深化,全会进一步巩固了新时期多党合作的思想基础。

二、坚持立会为公、参政为民的宗旨,积极履行参政党的职能

邓小平同志科学地阐明了新时期民主党派的社会基础和性质,中共中央制定的《关于坚持和完善中国共产党领导的多党合作和政治协商制度的意见》,第一次确定了民主党派的参政党地位,明确民主党派的职能是参政议政、民主监督,极大地调动了民进各级组织和9万会员的积极性、主动性和创造性,先后开辟了参政议政、社会服务和反映社情民意等各项工作的广阔天地。

民进作为来自教育、文化、出版和其他领域的知识分子的参政党,坚持"立会为公"、"参政为民"的宗旨,围绕实现党和国家在新世纪的奋斗目标和各项任务,积极发挥参政议政、民主监督作用,不但反映成员及其所联系群众的利益和要求,而且协助执政党协调关系,化解矛盾,维护稳定,努力为我国最广大人民的根本利益服务。1997年后,民进中央提出"参政议政是参政党的命脉"和"巩固老阵地,开辟新领域"的工作方针,在继续关注教育文化出版领域的改革和发展的同时,就科技、经济、可持续发展、西部大开发、"三农"问题和民族地区的经济社会发展等重大课题,带着深厚的感情,深入调查研究,积极建言献策,广泛反映社情民意,扎实开展社会服务和公益活动。坚持讲真话、讲实话,做挚友,做诤友,切实发挥民主监督的作用,为社会主义三个文明建设做出了应有的贡献。

民主党派如何解决工作需求和自身条件的矛盾是新形势下履行参政党职能的关键。民进中央坚持走群众路线,集中全会的智慧和力量,努力提高参政议政工作的组织化、社会化、信息化程度,注重发挥整体优势,形成了新的工作机制和工作模式。目前,从中央到地方,以机关参政议政工作机构为枢纽,形成了联系各专门委员会、会内外专家、基层组织和广大会员的工作网络,建立了人才库,开展了横向、纵向和全方位多层次的协作。近年来加强与政府部门的联系,开展联合调研、项目合作,实现了资源共享、成果转化,既提高了参政议政的水平和质量,又促进了政府部门决策的民主化、科学化。民进履行参政党职能的实践,丰富了多党合作的内容与形式,体现了中国特色的政党制度的优越性。

三、坚持民主决策，建立制度规范，全面提高自身建设的水平

邓小平多党合作思想特别强调发扬民主，注重加强制度建设，这些思想对民进的自身建设产生了深刻的影响，发挥了重要的指导作用。1997年以来，民进将思想建设放在首位，大力加强领导班子建设、组织建设、制度建设、机关建设和后备干部队伍建设，朝着建设高素质参政党的目标不断迈进。其中，最为显著的变化是，在全会范围内促进了领导决策的民主化、科学化，机关管理的制度化和规范化。

民进作为一个参政党，应当加强自己的民主化建设，实现民主的制度化、程序化，以防止权力过分集中。民进中央新一届领导集体作出了《关于加强贯彻民主集中制、改进领导作风的决定》，坚持重大问题集体讨论、民主决策，民进"九大"通过的新会章，对领导干部的任职期限和建立健全监督制度和机制，作出了明确的规定。

制度建设带有根本性、稳定性和长期性，以建章立制，推动民进的思想建设、组织建设、作风建设和机关建设，是一种新的工作方式。目前，民进中央已建立了一整套切实可行的制度，共有25项，形成了六大机制，基本实现了各项工作的制度化和规范化。

民进关于自身建设的经验和做法，特别是领导决策方式的改进和工作方式的转变，对建立参政党的运行机制做出了有益的探索，巩固了中国共产党领导的多党合作和政治协商制度的组织基础。

回顾民进"八大"以来努力开创参政党工作新局面的进程，我们深刻地体会到，只有在邓小平理论和"三个代表"重要思想的指导下，民进才能沿着正确的方向健康发展，才能永葆生机和活力，才能在国家的政治生活和社会生活中发挥越来越大的作用。让我们在科学世界观和方法论的指导下，在政治交接、参政议政和自身建设的实践中不断总结新的经验，形成新的认识，努力把新世纪、新阶段我国的多党合作事业不断推向前进！

（选自《人民政协报》）

认真学习邓小平新时期统战工作理论

（2004年8月）

李　蒙

今年是邓小平同志诞辰一百周年，缅怀邓小平同志走过的革命道路，总结他对中国革命和建设所做的伟大贡献，对建设中国特色社会主义，做好当前的各项工作，实现全面建设小康社会的宏伟目标，尤其是对于我们民主党派的同志来讲，在更加深入学习和贯彻邓小平同志统一战线和多党合作理论以及实现祖国的完全统一等方面都具有非常重要的意义。

邓小平同志是我国改革开放和现代化建设的总设计师。"解放思想、实事求是"在继承的基础上,根据新的实践经验,打破原有框框,开拓了马克思主义理论的新境界。十一届三中全会以来,中共中央在统一战线方面采取的一系列重大措施和方针政策给国内、国外的统一战线工作带来了新气象,呈现出了团结向上、蓬勃发展的新局面。统一战线在我国改革开放,现代化建设和国际事务中发挥了重要作用,邓小平同志的统战理论是邓小平同志对中国革命和建设的巨大理论贡献中的一个不可分割的组成部分。

十三届四中全会以来,随着我国改革开放和社会主义建设进入新的发展阶段,特别是社会主义市场经济的发展和经济全球化、政治多极化和科学技术的迅猛发展,我国的多党合作制度也面临着新的情况和新的问题。

邓小平同志明确指出,中国共产党领导的多党合作和政治协商制度是我国的一项基本政治制度,从而为统一战线理论在改革开放和经济建设时期的新发展指明了方向,也为各民主党派的恢复建立和发展,为各民主党派在社会主义初级阶段与执政的中国共产党长期共存、团结合作和参政议政奠定了理论基础。邓小平同志对统一战线理论有许多新发展,例如:

一、在"关于建国以来党的若干历史问题的决议"等文件中把"革命的统一战线"发展为"革命的爱国统一战线",进而将新时期统一战线确定为"爱国统一战线"。他说,爱国统一战线就是工人阶级领导的,以工农联盟为基础的社会主义劳动者和拥护社会主义的爱国者、拥护祖国统一的爱国者的广泛联盟。他指出,统一战线是把一切能够联合的都联合起来,范围以宽为宜,宽有利,不是窄有利。统一战线在新的历史时期仍然是重要法宝。不可削弱,应该加强;不可缩小,应该扩大。

二、在中国共产党的十二大上把"长期共存、互相监督"八字方针发展为"长期共存、互相监督、肝胆相照、荣辱与共"的十六字方针,成为指导统一战线工作的重要原则和方针,也受到各民主党派、工商联和无党派人士的广泛拥护,成为执政党和参政党关系的真实写照。

三、统一战线的主要任务是调动一切积极因素,努力变消极因素为积极因素。团结一切可以团结的力量,维护和发展安定团结的政治局面。

江泽民同志将其概括为统一战线要做到为四个服务,即:为巩固和发展安定团结的政治局面服务;为推进社会主义现代化建设和改革开放服务;为促进社会主义民主和法制服务;为促进"一国两制"和平统一祖国服务。

四、提出重视知识,重视人才的知识分子政策——知识分子是工人阶级的一部分。他们从事的是脑力劳动。脑力劳动和体力劳动的不同,只是社会分工的不同,都是社会主义社会的劳动者;提出"科学技术是生产力,而且是第一生产力"的论断;提出中国的社会主义建设要依靠科学技术和科学知识,要"尊重知识,尊重人才",对待知识分子要在政治上一视同仁,工作上放手使用,生活上关心照顾,要创造使优秀人才能够脱颖而出的环境和机制。

五、明确人民政协的性质和作用。

邓小平同志作为全国政协的主席,多次强调人民政协是发扬社会主义民主的爱国统一战线的重要形式,是中国共产党领导的多党合作和政治协商的重要机构。人民政协的作用是:政治协商和民主监督;自我教育和自我改造;促进祖国的和平统一;维护世界和平。

邓小平同志关于统一战线的理论发展了毛泽东同志的统一战线理论。既体现了马克思主义又有中国特色，是在实践中把马克思主义、毛泽东思想与中国国情相结合的理论。

改革开放以来，我国取得了世界瞩目的进步，中国共产党也根据“与时俱进”的思想不断地把统一战线理论进一步完善，在实际工作中也有新的措施。例如：我国政党制度的显著特征在于“共产党领导、多党派合作、共产党执政、多党派参政”，各民主党派不是在野党和反对党，而是同共产党亲密合作的友党和参政党；中国共产党和各民主党派、工商联、无党派人士对重大问题要进行协商，而且重大问题的协商不但要在决策之前进行，在决策的实施过程中也要听取各民主党派的意见并接受民主党派、工商联、无党派人士的监督。

近年来，在中共中央的关注下，中国共产党领导的多党合作和政治协商制度和统一战线工作又有了新的发展。

一、继续贯彻落实中共中央文件，健全配套措施，使多党合作进一步规范化、制度化、程序化。把政治协商纳入决策程序，重大方针政策和重要人事安排都事先与参政党进行协商，邀请参政党领导参加国事活动，同时支持民主党派、工商联、无党派人士围绕改革开放、经济建设和社会发展的全局问题进行调查研究，建言献策。民主监督、参政议政等方面都有新的发展。

二、进一步贯彻和落实执政党和参政党的平等原则，尊重各民主党派享有的宪法范围内的政治自由、组织独立和社会与法律平等，协助各民主党派改善工作条件，增加调研经费，保证同级干部享受平等待遇，帮助加强各民主党派的自身建设及基层组织建设。

三、通过对人民政协章程的修改，把爱国统一战线的范围进一步扩大涵盖了“社会主义事业的建设者”。

四、中共中央不断出台加强统一战线工作的新文件，新精神，进一步强调统一战线工作在全面建设小康社会，促进经济发展，维护社会稳定及推动和平统一祖国方面的作用。

比如，2000年中共中央做出了“关于加强统一战线工作的决定”，有力推进了统战工作和民主党派的各项工作。今年在“中共中央关于坚持和完善中国共产党领导的多党合作和政治协商制度的意见”颁布15周年之际，中共中央通过听取各方面的意见来总结、检查这一文件实施的情况，进一步加强统一战线工作的政策落实。

江泽民同志、胡锦涛同志多次在党外人士迎春座谈会上讲话，对各民主党派提出了新的要求和希望，等等。

所有这些都是中共中央以“三个代表”重要思想为指导，与时俱进，继承和发扬邓小平解放思想、实事求是的统战理论的重要举措。

当前我国的经济社会发展和改革开放取得了伟大成绩，但也还是存在一些结构性和体制性的问题，我们要按照胡锦涛总书记关于越是在形势好的时刻越要提高忧患意识的要求，更加深入地学习邓小平理论，宣传邓小平理论，用邓小平理论指导我们的工作，围绕经济建设这个中心，研究国内国外的热点问题，调查研究，集思广益，建言献策。把邓小平的统一战线理论贯彻到农工民主党参与的政治协商、民主监督、参政议政中去，应用到农工民主党的自身建设中去，把农工民主党建设成一个适应新世纪、新时期要求的参政党，用实际的成绩来纪念邓小平同志诞辰一百周年。

（选自《人民政协报》）

要增强学习的自觉性和紧迫感

——在全国政协第43期干部培训班开学典礼上的讲话(摘要)

(2004年9月1日)

张怀西

要把学习工作放在战略和全局的高度来认识,增强学习的自觉性和紧迫感。党的十六大以来,人民政协肩负着更加繁重的历史任务,因此,加强学习不仅是提高干部自身素质的需要,更是时代和形势发展的需要,是做好新世纪新阶段政协工作的需要。特别是领导干部只有从国家发展战略和政协工作全局的高度出发,努力提升对学习的重要性和必要性的认识,自觉加强对马克思主义理论的学习,坚持用邓小平理论和"三个代表"重要思想武装头脑、统领工作,全面提高政治业务素质,才能不负党和人民的重托,完成时代赋予的使命。

学习邓小平理论和"三个代表"重要思想,增强以"三个代表"重要思想指导、统领政协工作的坚定性和自觉性。全国各级政协组织要深入、扎实、持久地开展学习贯彻"三个代表"重要思想的活动,深刻认识学习贯彻"三个代表"重要思想,是关系党和国家工作全局,关系中国特色社会主义事业的长远发展,关系中华民族伟大复兴的重大意义,推动政协工作的理论创新,制度创新和工作创新。

(摘自《人民政协报》)

认真学习《"三个代表"重要思想统一战线理论学习纲要》努力开创新世纪统战工作新局面

(2004年9月17日)

刘延东

为了深入学习贯彻"三个代表"重要思想,在中央宣传部的统一组织下,中央统战部编写了《"三个代表"重要思想统一战线理论学习纲要》。这是全党把学习贯彻"三个代表"重要思想新高潮不断引向深入的重要方面,也是统一战线理论建设的一件大事。最近,中央宣传部和中央统战部联合发出《关于认真学习〈“三个代表”重要思想统一战线理论学习纲要〉的通知》,要求各级党委把《纲要》纳入学习计划,作为干部培训、党员学习的重要内容,特别是要重点组织好县(处)级以上领导干部的学习。各级统战部门要结合工作实际组织好本系统广大党员干部和统一战线广大成员的学习。各级宣传部门要注意推广各地区、各部门好的学习经验,并搞好宣传引导,切实推动这方面的学习。

一、编写《“三个代表”重要思想统一战线理论学习纲要》,是深入学习贯彻“三个代表”重要思想的重要举措

十六大把“三个代表”重要思想同马列主义、毛泽东思想、邓小平理论一道确立为党必须长期坚持的指导思想,这是一个历史性决策和历史性贡献。自从去年中共中央下发《关于在全党兴起学习贯彻“三个代表”重要思想新高潮的通知》和胡锦涛同志发表“七一”重要讲话以来,统一战线采取各种形式,认真学习贯彻“三个代表”重要思想,在深化对“三个代表”重要思想的时代背景、实践基础、科学内涵、精神实质和历史地位的认识上达到了新高度,在用“三个代表”重要思想武装思想、指导实践、推动工作方面取得了显著成效。学习贯彻“三个代表”重要思想是一个长期的、不断深化的过程。当前,统一战线要把学习贯彻“三个代表”重要思想新高潮不断引向深入,就是要在全面、系统地学习贯彻“三个代表”重要思想的基础上,重点学习贯彻“三个代表”重要思想关于统一战线的新思想、新观点、新论述。为了帮助广大党员干部和统一战线各界人士进一步加强对“三个代表”重要思想统一战线理论的学习,使“三个代表”重要思想真正成为统一战线各项工作的根本指针,成为广大统一战线成员的行动指南,中央统战部编写了《“三个代表”重要思想统一战线理论学习纲要》。《纲要》是一本全面、准确、系统阐述“三个代表”重要思想关于统一战线新思想、新观点和新论述的权威性辅助材料,将有助于各级党政领导和广大统战干部以及统一战线成员,深刻认识“三个代表”重要思想是全面、系统的科学体系,统一战线理论是其重要的组织部分;深刻认识“三个代表”重要思想是新世纪党和国家各项工作的根本指针,准确把握“三个代表”重要思想对统一战线的根本要求;深刻认识“三个代表”重要思想对统战工作的现实指导作用,切实用“三个代表”重要思想统领统一战线各项工作,把“三个代表”重要思想贯彻到统战工作的各个领域、各个环节和各个方面。

二、《纲要》阐述的“三个代表”重要思想关于统一战线的理论,是党的统一战线理论的又一重大成果

《纲要》阐明了“三个代表”重要思想关于统一战线的理论,是“三个代表”重要思想的重要组成部分。统一战线是党的总路线、总政策的重要组成部分,是党和国家工作全局中一个极为重要的方面。中国共产党在八十多年的奋斗历程中,把马克思主义基本原理同中国具体实际相结合,坚定不移地走自己的路,形成了三大理论成果———毛泽东思想、邓小平理论和“三个代表”重要思想。在这三大理论成果中,毛泽东统一战线思想、邓小平新时期统一战线理论和“三个代表”重要思想统一战线理论,都是其中璀璨夺目、极富创造性的重要组成部分。十三届四中全会以来,我们党在实践中形成的建设中国特色社会主义的基本理论、基本政策、基本纲领和基本经验中,都包含着丰富的统一战线内容;统一战线理论的创新和发展,也成为“三个代表”思想体系的一个重要方面。

《纲要》阐明了“三个代表”重要思想统一战线理论同马列主义关于统一战线论述、毛泽东统一战线思想和邓小平统一战线理论继承与发展的关系。以毛泽东同志为代表的中国共产党人，在反动势力极其强大、革命力量十分弱小、革命任务异常艰巨的情况下，科学分析和探索解决中国社会的性质、中国革命的道路以及对象、动力、同盟军等问题，创造性地提出要战胜异常强大的敌人，必须建立占全民族绝大多数的广泛统一战线，并明确了革命和建设时期统一战线的基本理论、方针和政策，形成了毛泽东统一战线思想。以邓小平同志为核心的第二代党的领导集体，适应我国阶级关系的根本变化以及党和国家工作重心的战略转移，完成了对党的统一战线理论的拨乱反正，全面阐述了改革开放新时期统一战线的性质、任务、范围、对象等一系列重大理论政策问题，形成了邓小平新时期统一战线理论。以江泽民同志为核心的党的第三代领导集体，面对世界多极化、经济全球化加速发展，国内社会结构深刻变化和完成祖国统一大业任务十分繁重的复杂形势，对新形势下统一战线的基本理论和各个领域的方针政策提出了一系列新思想、新观点、新论断，继承和发展了毛泽东统一战线思想和邓小平新时期统一战线理论，形成了"三个代表"重要思想关于统一战线的理论，成为推动新世纪新阶段爱国统一战线发展壮大的强大思想理论武器和行动指南。

《纲要》阐明了"三个代表"重要思想关于统一战线的理论，是对我们党领导的统一战线实践经验的科学总结。进入20世纪90年代，经济全球化加速发展，各国间经济、文化交流日益频繁，各种思想文化观念剧烈碰撞，以经济和科技为主要标志的综合国力的竞争更加激烈，国际形势的发展变化对我国社会的影响更加迅速和直接；苏联解体、东欧剧变后，使持续了近40年的美苏长期对峙的冷战格局被打破，西方敌对势力利用所谓民主、人权、民族、宗教、西藏、台湾等问题，对我实施"西化"、"分化"的战略图谋进一步加剧；社会主义市场经济体制的建立和完善，使我国的经济社会结构发生了深刻变化，出现了许多新的社会阶层，利益矛盾、相互关系更加复杂具体；我们党所处的历史方位发生了重大变化，社会主义民主政治建设不断推进，依法治国成为基本国策，改进党的领导方式和执政方式成为坚持和改善党的领导的重要内容。国际国内形势发生的这些重大而深刻的变化，对我国的经济、政治、文化和社会生活，对新世纪新阶段统一战线的巩固和发展，都产生了极为重要的影响。"三个代表"重要思想统一战线理论，深刻总结了统一战线的实践经验，着眼新的社会历史条件和时代发展趋势，与时俱进、开拓创新，提出了一系列新的理论观点和政策思想。这是我们党在新的历史条件下把马克思统一战线原理与中国实际相结合形成的又一个重大理论成果，把党的统一战线理论推向了一个新的发展阶段。

《纲要》阐明了"三个代表"重要思想关于统一战线的理论，是一个系统的科学理论。它科学地回答了在国际国内形势发生重大而深刻变化的条件下，建立什么样的统一战线以及怎样巩固和发展统一战线的问题，内容涵盖统一战线的性质、地位、主题、任务以及多党合作、知识分子、民族、宗教、非公有制经济人士、港澳台海外、合作共事、人民政协等各个方面。围绕巩固发展最广泛的爱国统一战线，"三个代表"重要思想统一战线理论深刻阐明：统一战线是我们党执政兴国的重要法宝，永恒主题是大团结大联合，根本任务是争取人心、凝聚力量；共产党领导的多党合作和政治协商制度是我国的一项基本政治制度，坚持和完善这项制度是建设社会主义政治文明的重要内容，要从中国国情出发、从革命、建设和改革的实践效果着眼，衡量我国的政治制度和政党制度；加强民族团结、促进各民族共同发展和共同繁荣是整个社会主义初级阶段民族工作的行动纲领；宗教走向最终消亡可能比阶级、国家的消亡还要久远，广大信教群众是建设中国特色社会主义的积极力量，要积极引导宗教与社会主义社会相适应；非公有制经济人士是中国特色社会主义事业的建设者；尊重劳动、尊重知识、尊重人才、尊重创造是党和国家的一项重大方针，知识分子工作的核心问题是人才问题；坚持"一国两制"、"港人治港"、"澳人治澳"、高度自治的方针，支持特区政府依法施政，发展壮大爱国爱港爱澳力量，保持香港、澳门的长期繁荣、稳定和发展；坚持"一个中国"原则，形成全体中华儿女反对"台独"、反对分裂，共同致力于祖国统一的局面；党同党外人士合作共事是我们党坚定不移的方针；人民政协要始终坚持团结和民主两大主题，充分履行政治协商、民主监督、参政议政的职能等。这些紧密联系、相互贯通的新思想、新观点、新论断，构成了"三个代表"重要思想统一战线理论的完整的科学体系。

三、学习《"三个代表"重要思想统一战线理论学习纲要》，是开创新世纪新阶段统战工作新局面的重要保证

"三个代表"重要思想统一战线理论，反映了统一战线与"三个代表"重要思想的内在联系，是"三个代表"重要思想在统一战线工作中的重要体现，是推动全面建设小康社会新阶段爱国统一战线发展壮大的强大思想理论武器和行动指南。我们要按照中央的要求，把学习《纲要》作为当前深入学习贯彻"三个代表"重要思想的一个重要内容，全面、准确、深入地学习领会"三个代表"重要思想统一战线理论，牢牢把握解放思想、实事求是、与时俱进这个精髓，努力在思想认识上达到新高度，在联系实际、推动工作上取得新成效。

学习《纲要》，最重要的就是要始终用"三个代表"重要思想统一战线理论统领统战工作全局。要紧紧围绕发展这个党执政兴国的第一要务，树立科学的发展观，最广泛最充分地调动一切积极因素，努力促进社会主义物质文明、政治文明、精神文明的协调发展；紧紧围绕巩固党的领导地位和执政地位，积极做好大团结大联合的工作，不断巩固党的阶级基础和扩大党的群众基础；紧紧围绕实现和维护最广大人民根本利益这个出发点和落脚点，积极做好反映民意、协调关系、化解矛盾的工作，为深化改革、扩大开放、加快发展提供广泛的力量支持。学习《纲要》，要同学习马克思列宁主义、毛泽东思想、邓小平理论结合起来，同研读江泽民同志原著结合起来，同学习以胡锦涛同志为总书记的党中央关于统一战线的重要论述结合起来。通过学习，从整体上把握"三个代表"重要思想统一战线理论与毛泽东统一战线思想、邓小平统一战线理论，是一脉相承而又与时俱进的科学体系，深刻理解以胡锦涛同志为总书记的党中央对统一战线的一系列新要求，努力提高应用这些新的理论成果分析和解决问题的能力，在贯彻"三个代表"重要思想对统一战线的根本要求上取得新进展。

学习《纲要》，必须发扬理论联系实际的马克思主义学风。要把"三个代表"重要思想统一战线理论贯彻到统战工作的各个领域，体现在各个方面，使各项工作体现时代性、把握规律性、富于创造性。要围绕全面建设小康社会的统一战线，提出具体奋斗目标，形成新的发展思路和举措，推动各项工作取得新进展，打开新局面。要紧密联系国内外形势变化对统一战线的影响，紧密联系统一战线各个领域工作的实际，紧密联系统一战线成员的思想实际，努力做到学以致用、用以促学、学用相长，在运用科学理论指导实践、推动工作上取得明显成效。

学习《纲要》，必须坚持与时俱进的理论品质。"三个代表"重要思想统一战线理论作为科学理论，必然随着时代、实践和科学的发展而不断发展。进入新世纪新阶段，统一战线所面临的环境、形势和任务都会发生新的变化，将会遇到从未遇到过的新情况、新问题。我们要努力掌握贯穿“三个代表”重要思想统一战线理论中与时俱进的马克思主义理论品质，树立创新观念，增强创新意识，着眼全面建设小康社会新阶段统一战线实践的发展，不断研究新问题，探索新思路，总结新经验，提出新举措，使理论政策创新和工作创新在统一战线发展壮大中起到实实在在的推动作用。

新的世纪是中华民族实现伟大腾飞的世纪，也是统一战线大有作为、再铸辉煌的世纪。我们要紧密团结在胡锦涛同志为总书记的党中央周围，高举邓小平理论伟大旗帜，全面贯彻“三个代表”重要思想，万众一心、奋发图强，与时俱进、开拓创新，最广泛最充分地调动一切积极因素，团结一切可以团结的力量，不断巩固和壮大爱国统一战线，为加快社会主义现代化建设、实现祖国完全统一和中华民族的伟大复兴，做出新的更大的贡献。

（选自《人民政协报》）

在庆祝中国人民政治协商会议成立五十五周年座谈会上的讲话

（2004年9月22日）

贾庆林

同志们：

今天，我们在这里召开座谈会，庆祝人民政协成立55周年。刚才四位同志的发言，从不同侧面回顾了人民政协55年的光辉历程，抒发了对人民政协事业的热爱之情，发自肺腑，感人至深，讲得都很好。在座的很多同志，在政协委员和政协工作者的岗位上工作了多年，有的同志甚至从一届政协开始就投身到了人民政协事业之中，亲身经历了人民政协成长和发展的过程。在这里，我代表全国政协，向你们并通过你们向所有为人民政协事业发展作出积极贡献的同志们，向一切关心和支持人民政协事业的同志们和朋友们，表示崇高的敬意和亲切的慰问！

人民政协是中国共产党把马克思列宁主义的统一战线理论与中国的具体实践相结合的伟大创造，是中国共产党同各民主党派、人民团体和各族各界爱国人士风雨同舟、团结奋斗的伟大成果。55年来，在中国共产党的领导下，人民政协始终高举爱国主义、社会主义的旗帜，紧紧围绕团结和民主两大主题，切实履行政治协商、民主监督、参政议政职能，为国家富强、社会进步、人民幸福和祖国统一事业作出了不可磨灭的贡献。实践证明，中国共产党领导的多党合作和政治协商制度适合中国国情，鲜明地体现了我国政治制度的特点和优势，具有强大的生命力。

当前，我国进入了全面建设小康社会、加快推进社会主义现代化的新的发展阶段，人民政协也迎来了蓬勃发展的又一个好时期。刚刚闭幕的中共十六届四中全会，根据新形势新任务的要求，对加强党的执政能力建设、提高党的执政水平作出了全面部署。这次会议，对于进一步动员全国人民为全面建设小康社会、开创中国特色社会主义事业新局面而团结奋斗，具有十分重大的意义。坚持和完善中国共产党领导的多党合作和政治协商制度，巩固和发展最广泛的爱国统一战线，是加强党的执政能力建设的重要内容。昨天，中共中央召开庆祝中国人民政治协商会议成立55周年大会，胡锦涛同志发表了重要讲话。讲话高度评价了人民政协在我国革命、建设和改革的各个历史时期所作出的重要贡献，科学总结了推进人民政协事业发展必须坚持的宝贵经验，明确提出了人民政协的方针原则和工作要求。讲话高屋建瓴、内涵丰富、思想深刻，是指导新世纪新阶段人民政协工作的纲领性文献。这篇重要讲话，充分体现了新一届中央领导集体对人民政协工作的高度重视，对于我们在新世纪新阶段坚持和发展爱国统一战线，推进人民政协事业的发展，必将产生重大而深远的影响。

下面，我就学习十六届四中全会精神和胡锦涛同志在庆祝人民政协成立55周年大会上的重要讲话，做好新形势下的人民政协工作讲五点意见：

第一，要坚持用邓小平理论和"三个代表"重要思想统揽政协工作。"三个代表"重要思想同马克思列宁主义、毛泽东思想和邓小平理论是一脉相承而又与时俱进的科学体系，是马克思主义在中国发展的最新成果，是全党全国人民实现全面建设小康社会宏伟目标的根本指针。新修订的政协章程，将"三个代表"重要思想同马克思列宁主义、毛泽东思想、邓小平理论一道，确立为人民政协的指导思想，反映了各党派团体和各族各界人士的共同意愿，为参加人民政协的各党派团体和各族各界人士在新世纪新阶段继续团结奋斗提供了共同思想基础。高举邓小平理论和"三个代表"重要思想伟大旗帜，是人民政协坚持坚定正确的政治方向的思想保证。人民政协必须把思想理论建设摆在各项建设的首要位置。参加人民政协的各党派团体、各族各界人士要继续深入学习贯彻"三个代表"重要思想，自觉以"三个代表"重要思想统揽人民政协工作。要把深入学习"三个代表"重要思想同深入学习邓小平理论结合起来，同学习贯彻十六大和十六届四中全会精神结合起来，同学习胡锦涛同志关于统一战线和人民政协的一系列重要讲话结合起来，同研究新情况、总结新经验、解决新问题结合起来，坚持用发展着的马克思主义指导新的实践，使我们的事业始终保持旺盛的生机与活力。

第二，要坚持按照围绕中心、服务大局的要求开展工作。围绕中心、服务大局，是人民政协开展工作必须遵循的原则，是人民政协不断开创新局面的基础。胡锦涛同志指出："人民政协只有围绕国家发展的大目标，立足整个国家建设的大格局，才能有所作为、多做贡献。"我们要认真学习、深刻领会胡锦涛同志这一指示精神，牢固树立和认真落实科学发展观，动员和团结各方面力量，聚精会神搞建设，一心一意谋发展，为推进社会主义物质文明、政治文明、精神文明协调发展，为全面建设小康社会作出贡献。要坚定不移地贯彻"和平统一、一国两制"的基本方针和现阶段发展两岸关系、推进祖国和平统一进程的八项主张，努力团结港澳台侨各界人士，促进祖国统一大业的早日完成。要坚决贯彻"一国两制"、"港人治港"、"澳人治澳"、高度自治的方针，广泛团结港澳各界人士，共同维护和促进香港、澳门的长期繁荣、稳定和发展。要立足国家外交大局，致力于加强同世界各国的友好往来与交流合作，维护世界和平、促进共同发展，为我国现代化建设争取良好的国际环境和周边环境。

第三,要为构建社会主义和谐社会发挥积极作用。十六届四中全会强调,要坚持最广泛最充分地调动一切积极因素,不断提高构建社会主义和谐社会的能力。人民政协由各党派团体和各族各界人士组成,团结面广,联系面大,在社会主义和谐社会的建设中具有特殊重要的作用。要充分发挥政协组织具有广泛代表性和包容性的优势,最广泛最充分地调动一切积极因素,不断巩固社会主义劳动者之间的团结,切实做好包括新的社会阶层在内的全体社会主义事业建设者的工作,做好港澳同胞、台湾同胞和海外侨胞的工作,为了祖国的完全统一和中华民族的全面振兴,团结的人越多越好,团结的面越宽越好。要引导各党派团体、各族各界人士正确认识和处理好个人利益和集体利益、局部利益和整体利益、当前利益和长远利益的关系,增强主人翁意识和社会责任感。要坚持以人为本,切实把维护人民群众的根本利益作为政协一切工作的出发点和落脚点,及时了解社会生活中的重要情况和群众关注的热点问题,如实反映人民群众的意见和要求,积极协助党和政府做好协调关系、化解矛盾、理顺情绪的工作,努力维护民主团结、生动活泼、安定和谐的政治局面。

第四,要推进人民政协履行职能的制度化、规范化、程序化。开展政治协商、民主监督、参政议政,是人民政协的基本职能,也是发展社会主义民主政治、建设社会主义政治文明的重要内容。新修订的政协章程,把政治协商、民主监督、参政议政这三项职能合并表述,并对参政议政的内容作出了规定。胡锦涛同志在昨天的讲话中,又对人民政协履行政治协商、民主监督、参政议政职能作了深刻的阐述。这就进一步拓宽了人民政协履行职能的空间,为广大政协委员及其所联系的群众参与国是、发挥专长创造了良好的条件,必将进一步增强人民政协工作的生机和活力。各级政协组织和广大政协委员一定要深刻领会胡锦涛同志的重要讲话精神,认真学习贯彻政协章程,准确理解和把握政治协商、民主监督、参政议政的科学内涵,有组织有计划地把政治协商引向深入,切实有效地开展民主监督,进一步拓展参政议政的领域。要继续建立健全与政协章程相配套的各项规章制度,逐步完善各种工作程序,进一步推进政协履行职能的制度化、规范化和程序化,使人民政协更好地为改革开放和现代化建设服务。

第五,要进一步加强人民政协的自身建设。搞好自身建设,是人民政协发挥作用的重要基础。人民政协要切实履行职能、发挥作用,必须自觉适应新形势新任务的要求,全面加强自身建设。要提高思想理论水平和政策水平,认真学习宪法和法律,自觉遵守宪法和法律,坚决维护宪法和法律的权威、维护社会主义法制的统一,提高依法履行职能的能力。要认真学习政协章程,切实贯彻章程,坚持按章程开展工作。要把作风建设摆在重要位置,大力弘扬求真务实精神,大兴求真务实之风,经常深入基层,深入群众,体察群众疾苦,倾听群众呼声,反映群众意愿。要大力加强人民政协理论研究工作,为人民政协事业更好地发展提供理论指导。政协委员是政协工作的主体,是各界群众的代表。广大政协委员要进一步增强光荣感、责任感和使命感,不负人民的重托和期望,更加关注民生、参与国是、致力发展、奉献社会,积极投身到全面建设小康社会的宏伟事业中去。

同志们,早在改革开放之初,邓小平同志就指出:“在新的历史时期,人民政协作为统一战线组织,任务是十分光荣的,工作是大有可为的。”让我们在以胡锦涛同志为总书记的党中央领导下,高举邓小平理论和“三个代表”重要思想伟大旗帜,团结奋斗,扎实工作,为全面建设小康社会、实现中华民族的伟大复兴作出新的更大的贡献。

（选自《人民政协报》）

团结奋进　开拓进取　继续谱写民族复兴新篇章

——在庆祝中国人民政治协商会议成立五十五周年座谈会上的发言（摘要）

（2004年9月22日）

罗豪才

今天，我们欢聚一堂，共同纪念人民政协成立55周年。我谨代表各民主党派中央、全国工商联表示最热烈的祝贺。值此之际，我们深切怀念人民政协事业的缔造者和领导者毛泽东、周恩来、邓小平、邓颖超、李先念等老一辈无产阶级革命家，深切怀念为人民政协事业做出了重要贡献的老一辈民主党派领导人和无党派民主人士。我们也向全国政协历届领导人，向历届政协委员，向一切关心和支持人民政协事业的同志和朋友，表示崇高的敬意！

1949年9月21日，中国人民政治协商会议在北平正式召开，宣告了人民政协的光荣诞生，揭开了新中国革命和建设的历史新篇章。人民政协的建立，是中国共产党领导中国人民长期斗争的胜利成果，是中国新民主主义革命历史发展的必然选择，是中国共产党人创造性地将马克思主义统一战线理论、政党理论同中国具体实践相结合的产物。

过去的55年，是人民政协在中国大地上生根、发展、壮大的55年；是人民政协为国家繁荣、社会进步、人民幸福和祖国统一做出不可磨灭贡献的55年；是我们各民主党派、工商联在中国共产党的领导下，高举爱国主义和社会主义旗帜，为实现中华民族伟大复兴而不懈奋斗的55年。55年来，作为中国特色社会主义民主政治制度的重要组成部分，作为共产党领导的多党合作和政治协商的重要机构，作为我国最广泛的爱国统一战线组织，人民政协在国家建设、经济发展、社会进步、祖国统一和社会主义民主政治建设等方面，发挥了十分重要的作用。而我们各民主党派、工商联与各人民团体和各族各界代表人士一道，始终坚持中国共产党领导的多党合作和政治协商制度，始终坚持团结和民主两大主题，始终坚持服从和服务于中国人民革命和建设的大局，在人民政协这个爱国统一战线组织形式中，最充分地履行了建设国家、服务人民的职能，并且在自身建设上也得到了很大的加强和发展。

团结就是力量，民主才能兴旺。实现全面建设小康社会的宏伟目标，完成中华民族伟大复兴的事业，人民政协必须牢牢把握团结和民主两大主题。我们相信，在中国共产党的领导下，人民政协一定能够在充分发扬民主的基础上更加卓有成效地把一切可以团结的力量团结起来，把一切可以调动的积极因素调动起来，在新时期、新阶段展现新的时代风貌,呈现更加夺目的光辉。

我们各民主党派、工商联决心高举邓小平理论和“三个代表”重要思想的伟大旗帜,更加紧密地团结在以胡锦涛同志为总书记的中共中央周围,始终不渝地坚持和完善中国共产党领导的多党合作和政治协商制度,坚定不移地走中国特色社会主义道路,在新的征程中,团结奋进,开拓进取,继续谱写实现中华民族伟大复兴的新篇章。

(选自《人民政协报》)

在政协第十届全国委员会常务委员会第七次会议闭幕会上的讲话(摘要)

(2004年9月25日)

贾庆林

认真学习贯彻中共十六届四中全会精神,是当前和今后一个时期全党全国人民的共同任务,也是人民政协的重要政治任务。各级政协组织和广大政协委员,一定要从关系我国社会主义事业兴衰成败、关系中华民族前途命运、关系党的生死存亡和国家长治久安的战略高度,充分认识中国共产党加强执政能力建设的重要意义,切实把各党派团体和各族各界人士的思想统一到中共中央的决策和部署上来,同心同德,扎实工作,为全面建设小康社会、加快推进社会主义现代化贡献智慧和力量。

要坚持以邓小平理论和“三个代表”重要思想统揽政协工作,进一步增强使命感和责任感,认真研究政协履行职能中遇到的新情况新问题,充分认识和把握人民政协工作的特点和规律,不断探索在围绕中心、服务大局中发挥作用的新途径,努力使人民政协的工作真正体现时代性、把握规律性、富于创造性。要团结和动员各方面力量,更好地为实现新世纪的三大历史任务服务。要发挥我们的政治优势,把中国共产党领导的多党合作和政治协商制度运用好、发挥好,更好地为发展社会主义民主政治服务。要做好凝聚人心、协调关系的工作,不断巩固全体社会主义劳动者、社会主义事业的建设者、拥护社会主义的爱国者和拥护祖国统一的爱国者的最广泛的联盟,更好地为构建社会主义和谐社会服务。

要把坚持中国共产党的领导作为人民政协开展工作必须始终遵循的一项根本原则。人民政协的各级组织,参加政协的各民主党派、人民团体和各族各界人士,都要坚决拥护和接受中国共产党的领导。各级政协组织中的中共党组,要按照十六届四中全会的要求,加强自身的思想、组织、制度和作风建设,不断提高党对人民政协的领导能力和水平。各级党委要从提高执政能力、发展社会主义民主政治、推进改革开放和现代化建设的战略高度,进一步提高对人民政协的重要地位和作用的认识,进一步加强和改善对人民政协的领导,充分发挥人民政协的重要作用。

(摘自《人民政协报》)

在政协第十届全国委员会常务委员会第四次学习讲座上的讲话(摘要)

(2004年9月25日)

贾庆林

大力发展科学技术,是我们在激烈的国际竞争中抓住机遇、赢得主动的基础条件,是落实科学发展观、实现全面建设小康社会宏伟目标的关键因素,是加强党的执政能力建设、提高党的执政水平的重要内容。

中国共产党要执政兴国、强国富民,必须不断提高自身的执政能力和水平。党的执政能力体现在管理国家的各项工作之中,包括大力实施科教兴国战略,引导和推进我国科技事业的发展。以宽广的眼界和开放的心态,正确认识和科学判断世界科技发展的趋势,高度重视科技的重大作用,清醒了解我国科技发展的优势和劣势,实行正确的科技发展战略,为我国的科技发展创造良好的制度和环境条件,这是党的执政能力、执政水平的具体体现,也是全心全意为人民服务宗旨的具体体现。

人民政协汇集并在工作中联系着大量科技界知识分子和专家学者,在推进我国科技事业发展中,具有特殊重要的地位和作用。各级政协组织和广大政协委员特别是常委会组成人员,要深刻认识我国科技工作面临的机遇和挑战,积极主动地学习现代科技知识,了解和把握现代科技发展的趋势,不断加强自身的科技修养。要积极围绕科教兴国、可持续发展、人才强国等战略的实施,围绕国家科技发展战略规划的制定、科技体制的改革、重大科技政策的执行等问题,进行深入调研,提出真知灼见,为党和政府的科学决策、民主决策提供咨询和建议。

(摘自《人民政协报》)

在中国和平统一促进会第七届理事大会闭幕会上的讲话(摘要)

(2004年9月27日)

贾庆林

中国共产党和中国政府历来高度重视台湾问题。以毛泽东、邓小平、江泽民同志为核心的中共中央三代领导集体,从国家根本利益和民族振兴的大局出发,提出了一系列和平解决台湾问题的方针政策。中共十六大后,以胡锦涛同志为总书记的中共中央进一步强调,要始终坚持一个中国原则,坚决反对"台独"等任何分裂活动,大力促进两岸人员往来和经济文化交流,深入贯彻"寄希望于台湾人民"的方针,两岸同胞携手共同推进中华民族的伟大复兴。

长期以来,中国政府和中国人民坚定不移地推进祖国和平统一进程,坚决打击"台独"分裂势力及其活动,促进两岸人员往来和经济文化等各项交流,捍卫了台湾是中国一部分的地位,维护了两岸关系大局的基本稳定。但是,台湾当局拒不承认一个中国原则,公然抛出两岸"一边一国"等"台独"分裂主张,大肆进行"去中国化"、"台湾正名"等"台独"分裂活动。"台独"分裂势力已成为两岸关系发展的最大威胁,成为祖国和平统一的最大障碍。

实现祖国完全统一,是人心所向、大势所趋,是任何人、任何势力都阻挡不了的历史潮流。我们将认真贯彻"和平统一、一国两制"基本方针、江泽民同志关于现阶段发展两岸关系、推进祖国和平统一进程的八项主张和胡锦涛同志关于对台工作的四点意见,毫不动摇地坚持一个中国原则,尽最大的努力争取和平统一,深入贯彻"寄希望于台湾人民"的方针,进一步壮大反"独"促统力量,形成海内外中华儿女共同反分裂、反"台独"、促统一的局面。

在新形势新任务面前,新一届中国和平统一促进会要高举爱国主义旗帜,大力宣传"和平统一、一国两制"基本方针,坚决开展反分裂、反"台独"斗争,大力推进两岸人员往来和经济文化交流,积极参与和引导全球反"独"促统运动,为祖国统一和中华民族伟大复兴作出新的贡献。

我们深信,在以胡锦涛同志为总书记的中共中央的领导下,经过包括台湾同胞在内的全体中华儿女的共同努力,祖国的完全统一一定能够早日实现,中华民族的伟大复兴一定能够早日到来。

(摘自《人民政协报》)

继承和弘扬中国优秀传统文化
更好地为建设中国社会主义先进文化服务

——在纪念孔子诞辰2555周年国际学术研讨会上的讲话(摘要)

(2004年10月9日)

贾庆林

要植根于中国特色社会主义的伟大实践,继承和弘扬中国优秀传统文化,更好地为建设中国社会主义先进文化服务。

国际儒学联合会和孔子基金会成立以来,为弘扬中华五千年优秀文明,密切中国文化与世界各国文化的交流,扩大孔子和中国儒学在世界的影响力,做了大量卓有成效的工作,取得了显著的成绩,在国际儒学研究领域具有重要影响。

中国共产党和中国政府十分重视保护、弘扬和继承、发展包括儒学在内的优秀传统文化,非常关心国际儒学联合会和孔子基金会的工作。可以说,由于中国共产党和中国政府的高度重视,由于海内外各界人士的关心支持,目前包括儒学在内的中国优秀传统文化,得到了有效的保护与弘扬,获得了空前的繁荣与发展。

前不久闭幕的中国共产党十六届四中全会明确提出,要坚持科学发展观,不断提高建设社会主义先进文化的能力。在当代中国,建设社会主义先进文化,就是要植根于中国特色社会主义的伟大实践,继承、弘扬中华民族五千年的优秀传统文化,吸收借鉴全人类所创造的文明成果,努力建设面向现代化、面向世界、面向未来的,民族的科学的大众的社会主义文化。

当前,如何更好地继承和弘扬包括儒学在内的优秀传统文化,并以此服务于中国社会主义先进文化的建设,是我们面临的一个重大课题。我们要以科学的态度、运用科学的方法,努力加强对儒家文化的挖掘、整理和研究,取其精华、去其糟粕,将儒学研究与建设社会主义先进文化紧密结合起来,真正做到古为今用、服务现实。要积极向世界介绍、推广儒学研究的成果,把介绍中国优秀传统文化和宣传生气蓬勃的当代中国社会主义先进文化结合起来,从而更好地让中国走向世界,让世界了解中国。

(摘自《人民政协报》)

认真学习贯彻十六届四中全会精神 提高政协工作水平开拓工作新局面

——在地市级政协主席培训班开学典礼上的讲话(摘要)

(2004年10月19日)

王忠禹

要认真学习贯彻中共十六届四中全会和胡锦涛总书记在庆祝人民政协成立55周年大会上的讲话精神,加强对人民政协理论的研究,认真贯彻落实章程,进一步提高政协工作水平。

中共十六大以来,以胡锦涛为总书记的新一届中央领导集体对人民政协工作非常重视,提出了许多新的要求,这集中体现在党的十六届四中全会《决定》、胡锦涛总书记在庆祝人民政协成立55周年大会上的讲话和全国政协十届二次会议通过的政协章程修正案中。认真学习和贯彻中共中央关于人民政协工作的一系列重要指示精神,努力开创人民政协工作的新局面,是当前摆在各级政协组织和广大政协委员面前的一项十分紧迫的任务。各级政协组织和广大政协委员要认真学习中共中央关于政协工作的指示精神,坚持以邓小平理论和"三个代表"重要思想统揽政协工作,并同具体工作实际紧密结合起来,用以指导工作、改进工作、创新工作。

要加强对人民政协理论的研究,不断深化对政协工作规律性的认识,进一步提高政协工作的水平。理论是实践的先导,发挥着指导实践的重要作用。人民政协事业的不断发展迫切需要理论创新提供支撑。全面建设小康社会的新形势新任务,为政协事业的发展提供了新的机遇,也对人民政协提出了新的更高的要求。党和国家对人民政协寄予很大的希望,这对人民政协来说是动力也是压力。要进一步开创政协工作新局面,就必须重视和加强对政协理论的研究。希望大家解放思想、实事求是、与时俱进、开拓创新,积极开动脑筋,共同推进人民政协理论的研究工作。

要认真贯彻落实政协章程,推进政协工作的规范化、制度化、程序化建设。要逐章、逐条、逐句地研读政协章程,在准确领会和把握精神实质上下功夫。要把学习政协章程与推动当前的政协工作结合起来,扎扎实实地做好各级政协工作。要以政协章程为依据进一步制定和完善与政协章程相配套的各项规章制度,逐步建立健全各项工作规则和工作程序,促进人民政协的制度化、规范化、程序化建设。

政协的培训工作要求真务实,确保取得实效。中共中央对干部教育和培训工作十分重视。十六届四中全会明确要求抓好干部的理论学习和业务学习,要求"创新培训方法,提高培训质量,大规模培训干部"。十届全国政协十分重视干部培训工作,建立完善了培训制度,开展了内容丰富、形式多样的培训活动,取得了显著的成效。培训班要加强领导,做好各方面服务。积极探索,积累经验。学员们要刻苦学习,理论联系实际、深入研究问题，团结协作，互相理解、互相帮助、交流经验、取长补短、共同进步。通过这次难得的培训机会，使自己的思想和理论水平都有新的提高。

（摘自《人民政协报》）

深入学习贯彻十六届四中全会精神
切实做好新形势下的统战和政协工作

——在福建省调研时的讲话（摘要）

（2004年10月）

贾庆林

要深入学习贯彻十六届四中全会精神，进一步做好新形势下的统一战线和人民政协工作，充分发挥华侨华人、归侨侨眷、台湾同胞的优势和作用，更好地为全面建设小康社会、实现党的三大历史任务服务。

党的十六届四中全会是在我国改革发展关键时期召开的一次极其重要的会议。学习贯彻十六届四中全会精神，是摆在全党同志面前的一项重大政治任务。我们一定要按照中央的要求，把学习贯彻十六届四中全会精神认真抓紧抓好，不断引向深入，真正把全党同志的思想和行动统一到中央的部署和要求上来，不断提高党的执政能力，全面推进党的建设新的伟大工程和中国特色社会主义伟大事业。

十六届四中全会审议通过的《中共中央关于加强党的执政能力建设的决定》和胡锦涛同志在庆祝人民政协成立55周年大会上发表的重要讲话提出了一系列新的重要思想和重要观点，对于推动统一战线和人民政协事业的发展具有十分重要的指导意义，我们一定要认真学习、深刻领会、全面贯彻。一是要毫不动摇地坚持以经济建设为中心，把促进发展作为履行职能的第一要务，牢固树立和认真落实科学发展观，更好地为促进社会全面进步和人的全面发展服务；二是要毫不动摇地坚持和完善中国共产党领导的多党合作和政治协商制度，巩固和发展最广泛的爱国统一战线，更好地为发展社会主义民主政治服务；三是要毫不动摇地坚持马克思主义在意识形态领域的指导地位，更好地为建设社会主义先进文化服务；四是要毫不动摇地坚持最广泛最充分地调动一切积极因素，积极协助党和政府做好协调利益关系、维护社会稳定的工作，更好地为构建社会主义和谐社会服务；五是要毫不动摇地坚持“和平统一、一国两制”的基本方针和现阶段发展两岸关系、推进祖国和平统一进程的八项主张，充分发挥爱国统一战线的独特优势，切实做好台湾人民工作，更好地为解决台湾问题、实现祖国的完全统一服务。

台湾同胞、华侨华人具有光荣的爱国主义传统，是实现中华民族伟大复兴和祖国完全统一的重要力量。在全面建设小康社会、加快推进社会主义现代化的新的发展阶段，我们一定要把他们的优势和作用充分发挥出来,把加快经济社会发展和做好对台工作、侨务工作紧密结合起来,通过密切与台湾同胞、华侨华人的合作,推进经济社会全面发展,通过加快经济社会发展,为做好对台工作、侨务工作打下坚实的基础。要加大对台湾同胞、海外侨胞的招商引资、招贤引智和交往交流的力度,切实维护台胞的合法权益,关心归侨侨眷的生产生活。

(摘自2004年10月21日《人民日报》)

振奋精神,锐意进取,努力开创统一战线和人民政协工作的新局面

——在政协秘书长工作座谈会上的讲话

(2004年11月24日)

贾庆林

同志们:

全国政协召开由各省、自治区、直辖市和副省级市政协秘书长参加的工作座谈会,这在新时期以来还是第一次。几天来,大家在一起沟通情况,交流经验,研究问题,会议开得很成功,达到了预期的目的。在这里,我对会议的圆满成功表示祝贺,向在座的各位秘书长并通过你们向全国各级政协的同志们表示诚挚的问候,对大家多年来的辛勤工作和为人民政协事业做出的贡献表示衷心的感谢!

刚才,王忠禹同志对会议进行了总结,对如何贯彻好会议精神提出了要求;郑万通同志在会议开始时也作了报告,讲得都很好。秘书长是非常重要的岗位,必须具备较高的素质和水平。在我们党的历史上,邓小平同志曾先后三次担任过党中央的秘书长,并对秘书长和办公厅工作有不少重要论述。比如,要"忠诚服务","为党负责,为革命负责,力求进步,力求革新","对党忠诚、埋头苦干","加强政治文化学习,提高党性锻炼","多办实事,多做少说"等等,这些都是指导我们做好秘书长工作的极其珍贵的精神财富。政协的组织系统与党和政府系统不完全相同。政协组织中全国政协对地方政协和地方政协对下一级政协是指导关系,这个特点决定了政协各级组织之间的工作具有自己的特殊性。政协秘书长在这个系统中担负着沟通上下、联系各方、参谋服务的重要职责。秘书长是政协主席的助手,既要参与集体领导,又要搞好各种服务;既要为全委会、常委会和主席会议当好参谋,又要负责各项工作的督促检查和落实;既要对机关工作进行协调,还要同党政部门搞好协作。可以说,秘书长在政协工作中位置重要、责任重大,起着枢纽的作用。秘书长们的素质如何、水平如何、作用发挥得如何,直接关系到政协机关的运转,关系到政协履行职能的成效。

当前,人民政协工作的形势很好,正处于又一个改革发展的最好时期。这样讲是因为,我们国家已经进入全面建设小康社会、加快推进社会主义现代化的新的发展阶段,我国的改革发展正处在一个非常关键的时期。世界上不少国家的经验证明,人均 GDP 从 1000 美元到 3000 美元这个阶段,既是一个黄金发展期,也是一个矛盾凸显期。这样一个关键时期,为人民政协工作提供了可以有所作为的广阔舞台,也对人民政协工作提出了新的更高的要求。这样讲还因为,党的十六大以来,以胡锦涛同志为总书记的党中央对统一战线和人民政协寄予厚望,并始终高度重视和支持人民政协工作。有几点给大家的印象非常深刻:一是把统一战线和人民政协工作纳入党和国家工作的全局中去部署,明确为党提高执政能力和领导水平的一个重要方面。二是率先垂范,认真贯彻协商于决策之前的原则。党和国家在作出每项重大决策之前,都要同各民主党派和党外各界人士进行充分的民主协商,十六大至今党中央、国务院召开或委托有关部门召开各类协商会、座谈会、情况通报会已近 40 次;每次政协全体会议和常委会议期间,党中央、国务院有关部门的负责同志都深入委员之中听取意见、共商国是;党和国家的许多重要文件和重大决策,都是在充分听取政协委员和各民主党派意见后形成的。三是就统一战线和人民政协工作作出了一系列新的重要论述,提出了新的更高的要求。特别是党的十六大报告、十六届四中全会决定和胡锦涛同志在庆祝人民政协成立 55 周年大会上的重要讲话,对坚持和完善共产党领导的多党合作和政治协商制度,巩固和发展最广泛的爱国统一战线,构建社会主义和谐社会,支持人民政协围绕团结和民主两大主题充分履行政治协商、民主监督、参政议政职能,充分发挥党委的领导核心作用和党组在政协组织中的政治核心作用等方面,提出了一系列新的重要思想和观点,为统一战线和人民政协事业在新世纪新阶段的发展指明了方向。四是进一步加强了对人民政协的政治领导和工作指导。中央召开会议研究政协章程的修改问题,中央主要领导对政协章程修改工作亲自进行具体指导,并对人民政协如何围绕中心服务大局、如何突出特点发挥优势等提出了明确要求。党中央和国务院领导同志还经常就政协报送的专项建议、调研报告和反映社情民意的信息作出重要批示。总之,当前我们国家各项事业发展的形势很好,人民政协工作的形势也很好。各级政协的同志,一定要增强责任感和使命感,振奋精神,锐意进取,扎实工作,不辜负党中央的关怀和期望,努力开创统一战线和人民政协工作的新局面。对此,我谈三点意见:

第一,必须始终坚持把邓小平理论和"三个代表"重要思想作为工作的指南。马克思列宁主义、毛泽东思想、邓小平理论和"三个代表"重要思想,是全党全国各族人民团结奋斗的共同思想基础,也是人民政协做好工作、发挥作用的根本思想基础。只有高举邓小平理论和"三个代表"重要思想伟大旗帜,人民政协才能始终保持坚定正确的政治方向。对于在座各位秘书长来说,要做的工作很多,但其中最重要的一条,就是要始终坚持把思想理论建设摆在人民政协各项建设的首要位置,坚持用邓小平理论和"三个代表"重要思想武装头脑、指导实践、推动工作。要特别注意学习和把握十六大以来党中央提出的关于统一战线和人民政协工作的一系列新思想、新观点和新要求,紧密结合实际,认真研究、深入思考一些事关统一战线和人民政协事业发展的重大问题。通过学习理论、深入研究,不断深化对人民政协在我国政治生活中的地位和作用的认识,更好地把握人民政协工作的特点和规律,提高人民政协履行职能的能力和水平。当前,我们要特别注意研究统一战线和人民政协如何为构建社会主义和谐社会服务的问题。党的十六届四中全会提出构建社会主义和谐社会,这是我们党从全面建设小康社会全局出发作出的一项重大战略部署,也是需要依靠全党全社会共同努力才能完成的一项重大战略任务。在构建社会主义和谐社会的进程中,统一战线和人民政协肩负着义不容辞的责任,也具有得天独厚的优势。前几天我在湖北省与省政协、省委统战部和各民主党派、工商联负责人见面时,曾就统一战线和人民政协在构建社会主义和谐社会中应发挥什么作用谈了五点意见。各级政协组织要把为构建社会主义和谐社会服务工作作为我们下一阶段的中心工作,找准位置,认清责任,弘扬优势,发挥作用。从理论和实践的结合上深入探讨,深入研究统一战线和人民政协在和谐社会建设中能够发挥什么作用,以及要发挥好这些作用从工作方式和内容上应当有哪些改进与创新,从而最大限度地团结和动员各党派团体和各族各界人士,为构建社会主义和谐社会做出应有的贡献。

第二,必须始终坚持把围绕中心、服务大局作为工作的重要原则。围绕中心、服务大局是人民政协履行职能必须遵循的原则,也是政协工作不断开创新局面的基础。对于人民政协的各级组织而言,无论是讲地位、讲作用,还是讲贡献、讲发展,都必须从围绕中心、服务大局的工作中去体现。对于各级政协的秘书长而言,牢牢树立大局意识、不断增强服务观念至关重要。要时刻关注大局,认真研究大局,准确把握大局,自觉地把政协工作放到国际国内的大背景中去思考,放到党和国家事业发展的大局中去把握。围绕中心、服务大局,最重要的是要坚持把促进发展作为政协履行职能的第一要务,按照科学发展观的要求,努力为促进国家经济社会发展贡献智慧和力量。当前,要特别注意做好为国家制订"十一五"发展规划建言献策的工作。要集中政协的优势资源,充分调动各方面的力量,认真组织好调查研究,提出确能代表政协水平的、对制订国家发展规划确能发挥实际作用的高质量的意见和建议。

第三,必须始终坚持把加强自身建设作为履行职能的重要保证。一是要加强作风建设。要弘扬马克思主义的思想作风和学风,解放思想、实事求是、与时俱进,坚持理论联系实际,锐意改革创新,按照发展社会主义民主政治的要求,不断研究和探索适应新形势新要求的新的工作方式和方法。要改进工作作风和领导作风。政协是个团结各界的组织,是个各党派合作共事的机构,政协的工作方式与其他机关有一个很大的不同,就是不能靠行政命令而要靠民主协商。在这个组织里工作,特别是担任领导工作,更应当注意品格和形象,更应当谦虚谨慎、平等待人、协商办事,善于听取别人的意见特别是不同的意见。二是要加强制度建设。在今年全国政协十届二次会议对政协章程进行修订之后,尽快建立健全与政协章程相配套的履行职能的各种制度和程序,就成为当前工作中的一个重要任务。在这次会议上,大家对全国政协将要制定和修改的一系列规章制度草案进行了比较深入的讨论,提出了许多很好的意见。希望各级地方政协会后也能结合自己的实际,抓紧搞好各自的制度建设,把经过实践检验的好做法、好经验以制度的形式明确下来,使人民政协的各项工作都能做到有依据、有章法、有程序、有规范。三是要加强干部队伍建设。政协机关干部是我们党的干部队伍的重要组成部分,也是做好政协工作的重要依靠力量。各级政协都要把干部队伍建设作为自身建设的一项重点工作抓紧抓好。要结合政协组织和政协工作的特点,有针对性地加强对机关干部的思想教育,加大对干部职工的培训力度,严格政治纪律、工作纪律和生活纪律。人民政协中的中共党组是党在人民政协中的派出机构,政协委员中的中共党员和政协机关中的中共党员是受党组织委派从事人民政协工作的。他们的作用发挥得如何,关系到党对人民政协的领导,关系到党在各党派团体和各族各界人士心目中的形象。要按照十六届四中全会的要求,结合即将在全党开展的保持共产党员先进性教育活动,切实加强对人民政协中的中共党组、政协委员中的中共党员及政协机关中的中共党组织和党员的教育管理,充分发挥他们的政治核心作用和先锋模范作用。同时要通过加大干部培训力度,加强与党政有关部门的干部交流等各种有效措施,努力造就一支政治坚定、作风优良、学识丰富、业务熟练的高素质的政协机关干部队伍。

同志们,新形势新任务为人民政协事业提供了难得的发展机遇,党中央的高度重视和关怀为我们做好人民政协工作创造了良好的条件。让我们紧密团结在以胡锦涛同志为总书记的党中央周围,高举邓小平理论和"三个代表"重要思想伟大旗帜,与时俱进,开拓进取,为全面开创统一战线和人民政协事业的新局面而努力奋斗!

(选自《人民政协报》)

统筹兼顾　勇于创新　切实做好政协秘书长工作

——在政协秘书长工作座谈会上的讲话

(2004 年 11 月 24 日)

王忠禹

同志们:

这次政协秘书长工作座谈会已经完成了各项预定的议程,今天就要结束了。庆林同志对这次会议非常重视,亲切接见大家,并合影留念,还要发表重要讲话,我们要很好地学习,在工作中认真贯彻。会议的第一天,万通同志作了一个很好的报告,我都赞同。会议期间,大家对如何做好政协秘书长的工作进行了热烈的讨论,对提交会议的文件充分发表了意见,会议开得很好。我先讲几点意见。

一、关于全国政协今年的工作和这次会议的情况

十届政协以来,在贾庆林主席的领导下,认真贯彻落实以胡锦涛同志为总书记的新一届中共中央关于人民政协工作的一系列重要指示,人民政协事业不断发展。特别是今年以来,人民政协工作取得了许多新进展。全国政协十届二次会议审议通过了政协章程修正案,章程体现了"三个代表"重要思想和中共十六大精神,吸收了各级政协的成熟经验,适应了新形势新任务对政协工作的新要求;隆重举行了庆祝人民政协成立 55 周年大会,胡锦涛总书记在会上发表的重要讲话,是指导新世纪新阶段人民政协工作的纲领性文件;召开了纪念邓小平同志诞辰 100 周年暨邓小平关于人民政协理论研讨会,贾庆林主席在

讲话中第一次系统概括了中国共产党关于人民政协理论的形成、丰富和发展，推动了人民政协理论研究和宣传工作的开展；坚持把促进发展作为政协履行职能的第一要务，围绕树立和落实科学发展观，就改革发展中的重大问题特别是“十一五”规划，组织政协各参加单位和广大委员积极开展视察、专题调研、提案、反映社情民意等各项工作；认真学习贯彻中共十六届四中全会精神，大力推进政协工作的制度化、规范化、程序化，建立健全与政协章程相配套的各项规章制度。这期间，中共中央对人民政协的一系列重要论述和新的要求，集中体现在中共十六届四中全会文件、胡锦涛总书记在庆祝人民政协成立55周年大会上的讲话和全国政协十届二次会议通过的政协章程中。把中央《决定》的有关精神、胡锦涛同志重要讲话的精神和修改后的政协章程学习领会好、贯彻落实好，努力开创人民政协工作的新局面，是人民政协当前和今后一个时期的重要任务。大家都感到，当前人民政协事业蓬勃发展，是历史上最好的时期之一。这次会议，就是在这样的新形势下召开的，也是贯彻落实这些精神的一个实际行动。这次会议，是新时期以来召开的第一次政协秘书长工作座谈会，召开这次会议，是人民政协适应当前新形势新任务的需要，也是开创人民政协工作新局面的需要。

这次会议内容丰富，开得生动活泼，其成果我认为主要体现在以下两个方面：

一是总结交流了各地政协开展工作的新情况新经验。这次全国31个省区市、15个副省级市政协的秘书长汇聚一堂，沟通各地根据新形势开展工作的新情况，总结交流新经验，很有必要。全国政协和地方政协的关系是指导关系，体现这种关系的一个重要形式就是总结交流经验。新时期以来政协工作发展的事实证明，来自各地的富有创造性和生命力的经验，始终是推动人民政协工作前进的强大力量。十届政协十分重视根据新的形势要求，与时俱进，不断创新，并及时总结新的工作经验。庆林主席经常深入基层考察，各位副主席也多次赴各地调研，了解、总结各地的新鲜经验；全国政协办公厅还通过《政协通报》，及时印发中共中央关于政协工作的新精神、新要求以及各地政协的新经验，同时通过《政协信息》渠道向中共中央反映重要的意见和建议；人民政协报和中国政协杂志也注重宣传和报道各级政协的新情况新进展。这些都是我们推动工作的有效形式和方法。我们要继续重视、用好这些形式和方法，进一步发展、完善，努力使其更有成效。

二是研究讨论了政协工作的一系列制度性文件。这次提交会议讨论的共有8个文件。这些文件有的是新制订的，也有在原有基础上修改的。制订和修改这些文件，是为了与修订后的政协章程相配套，是推进人民政协履行职能制度化、规范化、程序化建设的实际步骤。对于人民政协的“三化”建设，中央的方针很明确，要求也很高。要扎扎实实地贯彻落实好中央的精神和要求，就必须对一系列的制度性文件进行整理和修改。十届政协以来，特别重视制度建设，今年常委会议、主席会议都对此提出了明确要求。全国政协办公厅在这方面做了许多工作，多次召开会议研究讨论，并征询、听取各方面的意见。制度建设关系全局、关系长远，必须广泛听取方方面面包括各地政协的意见。大家一起研究讨论制度的过程，就是一个交换意见、统一认识的过程，也是一个理清思路、研究推进工作的过程。从这一点上说，这次会议开得很成功，达到了预期的目的。会议不仅总结了经验、沟通了情况、增进了共识，而且大家对如何推动人民政协的制度建设，提出了许多有价值、有深度的意见和建议。对这些意见和建议，会后办公厅要认真研究、整理，用好这次会议的成果。

二、要充分认识政协秘书长工作的重要性

政协秘书长工作是非常重要的工作。秘书长一职责任重大,需要很高的政治、理论和政策水平,需要丰富的实际工作经验,也需要很强的组织协调能力。做好这个工作,确实很不容易。

政协秘书长与党委和政府秘书长一样,都处在重要的位置,但在工作内容和工作形式等方面也有不同之处。由于政协工作的特殊性,政协的秘书长在工作中具有特殊的作用、特殊的要求。首先,秘书长既是中共政协党组的成员,又是政协常务委员会和主席会议的组成人员,既要参与政协重大事务的决策,又要负责决策的贯彻落实。其次,秘书长是政协工作承上启下、连接左右的中枢环节。秘书长既要为政协的整体工作提出政策性、建议性的意见,并根据常委会和主席会议的思路性意见提出具体的工作方案,又要将各个部门、各个方面对工作的意见认真进行归纳整理,向常委会和主席会议反映并提出建议。第三,由秘书长领导的秘书长会议是政协的一个协商层次。政协秘书长会议的成员一般都包括有民主党派和工商联负责人,政协和各民主党派、工商联的共同性问题以及自身建设的问题要在秘书长会议上研究讨论,提交主席会议、常委会议、全体会议审议的重要事项一般也要先在秘书长会议上协商。第四,秘书长是政协办公厅的首长。他领导政协机关各个部门和单位,主持政协机关的日常工作,负责政协机关的思想建设、组织建设、制度建设和作风建设,保证机关的高效有序运转,完成常委会、主席会议交付的各项任务。第五,秘书长受主席会议委托,协调专委会的参政议政活动,组织开展提案、视察、调研、反映社情民意等经常性工作。第六,秘书长在许多场合,要代表政协与党委、人大、政府和各民主党派及有关单位进行联系,沟通情况、开展协作,研究讨论需要协调的工作问题和活动安排;地方政协的秘书长还要联系上级和下级政协,与他们交流情况、总结经验、加强合作。

说到政协机关的工作,我想强调一个问题,政协机关是政治机关,所办理的事务绝大部分是政治事务。政协办公厅与党委、政府办公厅基本要求是一样的,都是做服务工作的。这一点万通同志在报告中已经讲得很清楚了。就是为主席会议服务、为常委会服务、为政协委员服务。但是,办公厅内部工作人员之间的关系,不是政协委员之间的关系,是上下级关系,必须摆正。政协机关内部要讲纪律、有章法,办事要讲程序、讲效率,要加强请示报告制度,不仅办公厅一般工作人员要这样,就是秘书长之间也要这样。副秘书长有事要向秘书长报告。秘书长不仅要知道副秘书长的去向,还要了解他在做什么。办任何事情都要做到事事有回音,件件有着落,力戒松松散散、敷衍了事。要建立科学合理的工作分配机制和成绩考核机制,调动每个人工作的积极性,解决忙闲不均的问题。

政协秘书长的工作,绝不限于事务性的工作,而是政治性、政策性很强的工作,任务重、责任大,关系到政协工作的全局,关系到政协履行职能的成效。担任政协秘书长是党的信任,也是广大政协委员的信任。要充分认识秘书长工作的重要性,不辱使命、不负重托,努力做一个合格的秘书长。大家要站在党和国家事业发展全局的高度、站在政协工作全局的高度大力支持秘书长的工作。

三、勇于创新,切实做好政协秘书长的各项工作

当前,人民政协事业发展面临着新的形势和新的发展机遇。以胡锦涛同志为总书记

的中共中央对政协工作非常重视，对人民政协寄予了很高的期望，提出了很高的要求。十届政协以来，在庆林同志的领导下，紧紧围绕党和国家工作的大局履行职能，每次常委会议，都紧扣国家经济社会发展的主题，积极建言献策，中共中央和国务院对常委会议都非常重视，温家宝、曾庆红、黄菊、曾培炎等领导同志分别到会作了重要报告。政协各参加单位和广大委员踊跃参加政协组织的各项活动，认真反映社情民意，提出了许多对国家经济发展社会进步有价值的意见和建议，今年以来，中共中央和国务院领导同志在《政协信息》上的批示就有120多次。中央已经再次明确人民政协是我国政治体制的重要组成部分，是中国共产党领导的多党合作和政治协商制度的重要机构，在我国政治生活中具有不可替代的重要作用。政协工作的指导思想、"两大主题"、"三项职能"、"四个必须"在胡锦涛同志讲话中和政协章程中都已明确。应当说，在做好政协工作，落实这些任务中，秘书长责任重大。

适应新形势新任务，进一步推动人民政协事业的发展，就要勇于创新，这对当前政协工作来讲特别重要。我到政协工作后，到各地政协座谈，通过接触，感觉到在政协机关工作的同志都很勤奋，也很能吃苦。尽管工作劳累、生活清苦，但是大家都很满足。这些年各级政协工作条件有很大改善，各地政协工作取得了很大成绩，但也要看到各方面发展都很快，外界变化很大，视野要宽一些，要从变化了的客观实际出发，从整个形势发展的要求出发，加快推进政协工作。当前世界变化很快，我国改革开放和现代化建设日新月异，人民政协要更好地完成新世纪新阶段的历史任务，就必须大胆创新。

创新既是一种思想方法，也是一种工作态度，更是实实在在的实践活动。胡锦涛总书记在庆祝人民政协成立55周年大会上的讲话中就政协的自身建设指出："要按照发展社会主义民主政治的要求，以与时俱进的精神坚持改革创新，研究探索开展人民政协工作的新形式、新方法，建立健全履行职能的各种制度和程序。"我们要切实贯彻锦涛同志的这个要求，善于总结自己的成功经验，善于借鉴别人的有益成果，坚持解放思想、实事求是、与时俱进，自觉地把思想认识从那些不合时宜的观念、做法和束缚中解放出来，不断适应实践的发展和时代的需要，推动开展各项工作，努力使政协工作融入中心、服务大局，在促进发展上有新贡献；增进团结、促进民主，在凝聚人心上有新作为；创新思路、拓宽渠道，在协商监督上有新特色；贴近实际、建言立论，在参政议政上有新成果；加强学习、与时俱进，在自身建设上有新面貌，使人民政协工作真正体现时代性、把握规律性、富有创造性。

如何做好秘书长工作，在座的许多人都有经验和体会。借这个机会，我就如何当好政协秘书长提几点希望。

一是要了解全局、掌握政策。围绕中心、服务大局，是人民政协工作必须遵循的重要原则。要服务好大局，就必须了解大局。要全面掌握国家和地方的大政方针和基本政策，特别要熟悉中共中央关于统一战线和人民政协的方针政策。政协秘书长中，许多同志是从党委、政府部门转过来的，对统战和政协方面的情况、政策不很熟悉，这就要求大家必须重视学习、加强研究，边干边学，不断提高自己的理论素养和政策水平。同时，作为政协的秘书长，由于其特殊的工作角色和职责，不仅要全面掌握政策，参与制定政策，而且要组织政策的实施，为常委会和主席服务，贯彻落实中共中央的决定、常委会议和主席会议的决定，将决策变成实际的工作方案和步骤，变成履行职能、开展工作的措施和成果。

二是要抓住重点、兼顾各方，学会"弹钢琴"。"弹钢琴"是毛主席总结出来的一种领导方法、工作艺术。政协的秘书长工作千头万绪、纷繁复杂，要学会并且善于运用这一方法。作为秘书长，在工作中要理清头绪，分清事情的轻重大小、先后缓急。注意抓住中心、突出重点、带动其他，该抓的要抓实、该放的要放开，切忌漫无中心，胡子眉毛一把抓，整天忙忙碌碌，疲于被动应付。同时，要注意统筹兼顾。比如，当前政协参政议政的各项工作中，一项重点工作就是要为制订国家新的经济和社会发展规划建言献策。中共中央、国务院对制定国家新的经济和社会发展规划高度重视，将广泛听取各方面意见，其中也包括政协的意见。应当看到，这是中央提出的一项重要任务，也是政协参与国家重大决策前的协商、充分发挥自身优势的一个很好的机遇。要抓住这个机遇，围绕这件大事，组织好各项工作，包括委员视察、专委会调研、提案、反映社情民意和宣传等等。政协的参政议政，要议国事、议大事，要积极探索、体现特色，做到人无我有、人有我新、人新我深。秘书长要在统筹安排好其他协商议政工作的同时，确保将这项重点工作首先做好。

明年全国政协要围绕团结和民主两大主题、围绕履行三项职能，组织一些专题调研。各位秘书长在安排明年工作时要把这项工作作为重点，及早总结出这方面的经验，协助全国政协认真组织好。

三是要抓好制度建设，积极推进政协履行职能的“三化”建设。制度具有根本性、全局性、稳定性和长期性。加强制度建设是政协履行好职能的关键之举。全国政协十届二次会议对政协章程的修订，是适应新形势新任务要求，加强政协制度建设的重大举措。对于新修订的政协章程的学习贯彻，中共中央办公厅专门发出了通知，全国政协也发出了通知，各级党委和各级政协都很重视，组织了形式多样的学习贯彻活动。但是要看到，政协章程的学习贯彻不同于一项具体工作，开几次会、搞几次活动就能完成的。特别是这次章程修改，修改的量比较大，有很多新内容，需要逐章、逐条、逐句地研读，认真领会、准确把握其精神实质。政协章程是政协开展工作的基本依据，秘书长要带头认真学习章程，切实贯彻章程。同时，还要积极建立健全与政协章程相配套的各项制度。各级地方政协会后也要结合自己的实际，搞好各自的制度建设，我们共同把人民政协的制度化、规范化、程序化建设全面推向前进。

四是要当好机关领导班子的班长，抓好机关各项建设。搞好政协机关建设，是做好人民政协工作的重要保证。胡锦涛总书记在庆祝人民政协成立55周年大会上的讲话中，专门就政协机关的思想建设、组织建设和作风建设的问题提出了希望和要求，指出要“努力造就一支政治坚定、作风优良、学识丰富、业务熟练的高素质政协工作干部队伍”。秘书长是政协机关领导班子的班长，要不辜负党的期望，认真履行好职责。要带好机关干部队伍，不断提高队伍的政治和业务素质，提高服务水平，做到服务委员精心细致讲周到，开展工作合作共事讲配合，完成任务迅速准确讲质量，参政议政开拓务实讲效果。要加强教育，积极引导干部职工把实践“三个代表”、做好本职工作，作为实现人生价值的崇高目标，形成忠于党、忠于人民，爱岗敬业、乐于奉献的精神风貌。要加强管理，严格政治纪律和工作纪律，做到任何时候都有全局观念，头脑清醒、立场坚定，与党中央保持高度一致；工作按规矩办事、按程序运作，做到严谨细致，克服官僚习气。要教育干部保持清正廉洁，耐得住清苦，抵得住诱惑；同时，在各方面关心干部的成长和进步，加大对干部的培训力度，努力改善他们的工作环境和生活条件，最大限度地把广大干部的积极性调动起来，以适应新世纪新阶段人民政协事业发展的需要。

同志们,人民政协事业是党和国家事业的重要组成部分,全面建设小康社会、加快推进社会主义现代化的伟大实践,为人民政协事业的发展提供了广阔的舞台。做好新形势下的政协工作,责任重大,使命光荣。让我们在以胡锦涛同志为总书记的中共中央领导下,高举邓小平理论和"三个代表"重要思想的伟大旗帜,同心同德,扎实工作,求真务实,开拓进取,为推进人民政协事业的发展,为全面建设小康社会、开创中国特色社会主义事业的新局面而共同奋斗!

(选自《人民政协报》)

中国特色和中国气派

——纪念《中共中央关于坚持和完善中国共产党领导的多党合作和政治协商制度的意见》发布15周年

(2004年11月30日)

罗豪才

《中共中央关于坚持和完善中国共产党领导的多党合作和政治协商制度的意见》(以下简称《意见》)自发布至今已经有15年的历史。15年来,《意见》在发展和完善中国特色政党制度、推进我国社会主义政治文明的发展进程中,发挥了重大的历史作用。中共十六大报告明确将建设社会主义政治文明与坚持中国特色政党制度结合起来,使中国特色政党制度在新世纪、新阶段获得了进一步发展和完善的新契机。带有鲜明中国特色的多党合作制度作为我国社会主义政治文明建设的重要内容,日益显示出其特有的海纳百川、生机盎然的恢弘政治气派。

我国中国共产党领导的多党合作政党制度作为社会主义政治文明的重要组成部分,经历了一个不断演进的过程。1948年,在新政协的筹备和召开过程中,中国共产党与各民主党派亲密合作、充分协商,体现了共产党领导、多党派合作的基本精神,中国特色政党制度得以初步形成。中共八大报告中明确提出"长期共存、互相监督"的八字方针,这标志着中国特色政党制度完全确立。

为了进一步推动中共领导的多党合作制度制度化、规范化建设,中共中央在1989年底发布了《意见》,第一次明确了中共和各民主党派在国家政治生活中的地位、作用以及共产党领导的多党合作制度实施的原则、内容和形式。《意见》发布以后,我国的多党合作事业进入一个相对成熟和规范的发展阶段,这为将中国特色政党制度写入宪法做了理论和实践上的充分准备。

1993年3月,八届全国人大一次会议通过了新的宪法修正案,其中第四条增加了"中国共产党领导的多党合作和政治协商制度将长期存在和发展"的内容,这标志着中国特色政党制度自此开始具有法理上的依据。随后,中共和国家领导人又提出了一系列新思想、新观点和新论断,理论界发表了为数众多、富有新意的论著,特别是中共十六大明确将建设社会主义政治文明与坚持中国特色政党制度相结合,使我国多党合作事业得到了进一步发展和完善。

中共十六大报告指出:“党的领导是人民当家作主和依法治国的根本保证,人民当家作主是社会主义民主政治的本质要求,依法治国是党领导人民治理国家的基本方略。”这种“三位一体”的社会主义民主政治构建了我国社会主义政治文明的基本框架。在15年的政治实践中我们可以看到,《意见》对多党合作制度化、规范化的规定符合我国“三位一体”社会主义政治文明建设发展的内在逻辑,在坚持和加强中国共产党的领导,切实实现人民当家作主,促进依法治国等方面发挥了积极作用,成为推动我国社会主义政治文明建设不断发展的重要力量。

“中国共产党是社会主义事业的领导核心,是执政党。”《意见》开篇就确定了中共在中国特色政党制度中的领导核心地位。只有坚持中国共产党的领导这一社会主义政治文明建设的核心,中国特色的政党制度才能充分体现其活力。“人民代表大会是我国人民行使国家权力的机关,也是民主党派成员、无党派人士参政议政和发挥监督作用的重要机构”;“人民政协应当成为各党派、各人民团体、各界代表人物团结合作、参政议政的重要场所”;“各民主党派是反映人民群众意见、发挥监督作用的一条重要渠道”。《意见》中的这些规定都集中体现了人民当家作主这一我国政治文明的基础性原则。“中国共产党和各民主党派都必须以宪法为根本活动准则,负有维护宪法尊严、保证宪法实施的职责。民主党派享有宪法规定的权利和义务范围内的政治自由、组织独立和法律地位平等”;“民主党派成员、无党派人士中的人大代表在人大中以人民代表的身份,依照《宪法》及《全国人民代表大会组织法》、《全国人民代表大会议事规则》等法律进行活动。”《意见》中对多党合作事业法律层面上的规定,既确定了中共和各民主党派在多党合作政治格局中的行动准则,更切实实践了我国依法治国的政治方略。

15年来,《意见》在为我国政治文明的发展提供强有力的制度保证的同时,也为中国致公党切实履行职能,充分发挥参政党作用提供了广阔舞台。作为具有“侨”、“海”特色的参政党,中国致公党与中国共产党通力合作,积极履行参政党职能,紧紧围绕全面建设小康社会的目标,把广大党员的智慧和力量凝聚到改革与建设的伟大实践中,见证和参与了我国社会主义事业不断从一个胜利走向另一个胜利的辉煌历程。

中国致公党在中国共产党的正确领导和《意见》精神的正确指引下,各级组织和广大党员,以“致力为公、参政兴国”为己任,在参政议政、海外联谊、自身建设等方面都取得了较大的发展。截止到今年10月底,中国致公党全国共有党员24551人,其中146位党员在各级政府和司法机关担任领导职务,担任部级以上领导职务的共有6位,直接参加政府管理和司法实践活动,全党“侨”、“海”特色进一步巩固,党员知识结构更加多元,参政议政能力不断提高。

参政议政作为参政党的基本职能,是参政党发挥作用的最集中体现。到目前,中国致公党共有各级人大代表551名,各级政协委员2596名。广大致公党员以高度的政治责任感、使命感和饱满的政治热情,对国家改革和建设中的重大事件以及人民群众普遍关心的现实问题,提出了许多建设性的意见和建议,并被各级政府相关部门所重视和采纳。近年来，中国致公党精选题目，与政府有关部门合作，就区域经济协调发展、弘扬中华优秀传统文化、风景名胜资源保护与利用、农村劳动力转移等课题深入调研。在全国政协十届二次会议上，中国致公党提交的《大力发展循环经济，加快东北老工业基地改造》提案得到了政府有关部门的采纳，引起了各界广泛关注。前不久，本党中央向中共中央提出的《关于加强海外侨务工作，促进华侨华人资源可持续发展的建议》和与全国政协办公厅一道提交的"海峡西岸经济区的建设"问题调研报告，受到中共中央领导同志的高度重视，胡锦涛总书记和贾庆林主席等党和国家领导人分别作了重要批示。

这些年来，我们致公党中央积极参与和推动"五侨"协作机制良性运行，在反映侨情、维护侨益、促进侨业进步方面发挥了积极作用。祖国统一，是大势所趋，人心所向。中国致公党一直十分重视通过海外联谊活动来参与"反独促统"。我们始终遵循"调动一切积极因素，团结一切可以团结的力量，反对'台独'，实现祖国完全统一"的方针，积极开展与海外华人社团的交流与沟通，加强与世界性、区域性华侨华人"反独促统"组织的联系和交往，根据海内外侨情的变化，适时调整工作重点，探寻新的工作方法，走出去，请进来，为争取祖国的早日完全统一贡献力量。

《意见》发布以来的15年，是中国致公党不断发展壮大的15年，是中国共产党领导的多党合作事业蓬勃发展的15年，也是我国经济发展和社会变革最为深刻的15年。15年来，我国多党合作制度存在的国际环境、体制环境、社会环境和社会经济基础等都发生了深刻的变化。作为新时期实现全面建设小康社会伟大目标的重要制度保证之一，中国特色的政党制度在中国大发展、大变革的背景下，面临着许多新的课题和任务。例如，在经济成分、利益主体、社会生活日益多样化，出现并将继续出现新的社会阶层的情况下，如何使我国的政党制度具有最大的包容性；在执政党理论和实践都有很大的发展和突破的前提下，如何形成具有参政党特色的理论体系；如何在保持各民主党派的历史特点的同时，又使之适应社会的新的发展等等，这些问题都急需进一步发展和完善的多党合作制度化、规范化的文件来调整和规范。

我国不断发展的社会主义政治文明在为多党合作制度化、规范化文件的发展和完善提供广阔空间的同时，也对发展和完善所应遵循的原则与方向提出了客观要求：进一步解放思想、开拓创新，大胆借鉴和吸收人类社会所创造政治文明的积极成果，从社会主义政治文明乃至人类整体文明的高度来审视和考察中国特色政党制度，理性地坚持和发展文件的核心和精髓，自觉地发掘中国特色政党制度作为一种政治存在所具有的特点和优势。

当前，中共中央正在着手进行多党合作制度化、规范化文件的发展和完善工作，这既是坚持和完善中共领导下的多党合作政党制度的题中应有之意，也顺应了新时期我国政治文明建设不断发展对我国政党制度所提出的必然要求。作为马克思主义政党理论在中国政治文明建设中的新创造和新发展，我国多党合作制度所具有的与马克思主义一脉相承的开放性特点，必然随着多党合作制度化、规范化文件的不断发展和完善，为中国特色政党制度建设的不断推进增添新的活力。

回首中国致公党不断发展的历程，梳理我国政党制度的演进历史，展望我国社会主义政治文明建设的美好前景，我们有理由相信，中国共产党领导下的中国特色政党制度必将在我国全面建设小康社会、不断开创中国特色社会主义事业新局面的进程中发挥更大的作用。《意见》也必将因为其卓越的历史贡献和特有的政治气派而永载我国社会主义政治文明建设的史册。

（选自《人民政协报》）

为制定新的宏伟蓝图建言献策

——在重庆市调研时的讲话（摘要）

（2004年11月）

贾庆林

本世纪头20年是我国发展的一个重要战略机遇期。2006年到2010年是一个承前启后的重要阶段。规划好这个阶段的发展蓝图，努力使经济总量、综合国力和人民生活水平再上一个大台阶，对于抓住并用好重要战略机遇期，全面建设小康社会，有着十分重要的意义。

编制"十一五"规划蓝图，必须坚持以科学发展观为指导。树立和落实以人为本、全面协调可持续的科学发展观，是以胡锦涛同志为总书记的党中央作出的一项重大决策，是我们党指导经济工作在理论和认识上的又一次升华。我们要在发展理念、发展思路和发展方式等各方面真正贯穿和落实科学发展观的要求，以这条"红线"来统一思想，凝聚力量。共识，就是编制好"十一五"规划的发展蓝图，要抓住重点，认真研究和解决重大的战略性、宏观性和政策性问题。

要巩固和加强农业的基础地位，继续把解决好"三农"问题作为全党工作的重中之重，进一步加大领导力度、投入力度和改革力度，促进粮食增产，确保农民增收，努力实现农村社会稳定和全面进步。要下决心转变经济增长方式，坚持走新型工业化道路，大力调整产业结构，实现产业结构的优化升级。要注重制度建设和体制创新，进一步深化国有企业改革，鼓励、支持和引导非公有制经济发展，完善社会主义市场经济体制，不断解放和发展生产力。要大力实施科教兴国战略和人才强国战略，为促进经济社会发展提供强大的科技支撑和人才支撑。要总结经验，自觉适应我国经济社会发展和科技事业发展的要求，进一步深化科技体制改革，加快科技创新体系建设，提高科技创新能力，促进科技资源的合理配置，使科学技术在富民兴渝、建设长江上游经济中心的宏伟事业中发挥更大作用。

我们要应对国内外形势的发展变化，全面建设小康社会，实现中华民族的伟大复兴，必须大力实施科技兴国战略和人才强国战略。重庆市科技教育实力雄厚，人才相对密集。要充分发挥自身的优势，坚定不移地贯彻落实科教兴国战略和人才强国战略，大力推进科技进步和创新，加速科技成果向现实生产力的转化，积极促进教育与生产劳动和社会实践相结合，大胆探索人才工作的新思路和新方法，努力把重庆建成长江上游科教文化中心和人才集聚的高地，为促进经济社会发展提供强大的科技支撑和人才支撑。

在我们党统战工作的历史上，重庆有着光荣的历史和优良的传统。在全面建设小康社会的发展阶段，各级政协组织和统战部门要认真学习贯彻中共十六届四中全会精神和胡锦涛同志在庆祝人民政协成立55周年大会上的重要讲话，充分发挥统战和政协的优势和作用，为促进"十一五"时期经济社会的发展贡献智慧和力量。

第一，要发挥统一战线和人民政协人才荟萃、智力密集的优势，为促进"十一五"的发展建言献策。统一战线和人民政协是"人才库"和"智囊团"，在促进经济社会发展上优势独特、大有可为。各级党委和政府要按照科学决策、民主决策的要求，根据编制"十一五"规划的总体部署，给统战和政协出题目、交任务，鼓励他们敢为发展献诤言，善为发展谋良策，勇为发展出高招，多为发展鼓实劲。特别是要就经济结构、区域结构、科技教育、改革开放、社会发展、环境分析、人民生活等领域的重大课题，开展深入扎实的调查研究，提出有见解有分量的意见和建议，为党和政府决策提供依据和参考。

第二，要发挥统一战线和人民政协广泛团结、凝聚人心的优势，为促进"十一五"期间的发展凝聚力量。我国的经济社会结构发生了很大变化，统一战线已经发展成为包括全体社会主义劳动者、社会主义事业的建设者、拥护社会主义的爱国者和拥护祖国统一的爱国者的最广泛的联盟，这给我们做好新形势下的团结工作提出了新的更高的要求。我们要适应新的形势，在增强工人、农民和知识分子团结的基础上，进一步加强同新的社会阶层的联系，了解他们的愿望和要求，坚定他们走中国特色社会主义道路的信念，引导他们爱国、敬业、诚信、守法，维护他们的合法权益，鼓励他们为促进国家发展、改善人民生活和增加社会财富贡献智慧和力量。

第三，要发挥统一战线和人民政协协调关系、化解矛盾的优势，为促进"十一五"期间的发展营造环境。构建社会主义和谐社会是十六届四中全会的一个重要内容，也是编制"十一五"规划的一个重要方面。维护社会稳定，统一战线和人民政协的代表面广、包容性强，有着协调关系、化解矛盾，畅通民意、理顺情绪的优势，在构建社会主义和谐社会中的作用是独特的。要积极引导各党派团体、各族各界人士正确认识和处理各种利益关系，把维护人民群众的根本利益作为一切工作的出发点和落脚点，既要善于联系群众、服务群众，又要协助党和政府做好宣传群众、教育群众的工作。

加强和改善党对统一战线和人民政协的领导，充分发挥统一战线和人民政协的优势和作用，是加强党的执政能力建设的一个重要方面。各级党委要进一步加强和改善对统一战线和人民政协的领导，推动各级政协组织和统战部门富有成效地开展工作。统战部门和各级政协组织要努力加强自身建设，以适应新形势，作出新贡献。

（摘自《人民政协报》）

发挥统一战线和人民政协的优势为构建社会主义和谐社会作出贡献

在湖北省调研时的讲话(摘要)

(2004年11月)

贾庆林

坚持以人为本、全面协调可持续的科学发展观,是我们党从新世纪新阶段党和国家事业发展全局出发提出的重大战略思想。在全面建设小康社会的进程中,我们要牢固树立和认真落实科学发展观,更加自觉地推动经济社会更快更好地发展。要按照统筹城乡发展的要求,继续把解决好"三农"问题作为全党工作的重中之重,推进农业产业化经营和农业科技创新,促进粮食增产和农民增收。要深化国有企业改革,积极发展具有国际竞争力的大公司大企业集团,大力发展循环经济,充分发挥科学技术作为第一生产力的重要作用,坚定不移地走新型工业化道路。同时,要加快发展现代服务业特别是旅游业,进一步提高服务业的市场化、产业化和社会化水平。

中共十六大在提出全面建设小康社会的宏伟目标时,把社会更加和谐作为其中的重要内容。中共十六届四中全会进一步提出,要建设社会主义和谐社会。这是一项重大战略任务,必须依靠全党全社会的共同努力才能完成。而在建设社会主义和谐社会的进程中,统一战线和人民政协肩负着义不容辞的责任,也有着得天独厚的优势。

各级政协组织和统战部门,要深入学习贯彻十六大和十六届四中全会精神,把和谐社会建设摆在重要位置,团结和动员各党派团体和各族各界人士,最广泛最充分地调动一切积极因素,为构建社会主义和谐社会作出应有的贡献。

要坚持把促进发展作为履行职能的第一要务,以经济建设为中心,牢固树立和认真落实科学发展观,深入调查研究,积极建言献策,促进国民经济持续快速协调健康发展,为构建社会主义和谐社会提供坚实的物质基础。

要坚持大团结大联合,在中国共产党的领导下,发展最广泛的爱国统一战线,团结一切可以团结的力量,巩固各党派、各团体、各民族、各阶层及一切热爱中华民族的人们的大团结,不断增强全社会的创造活力,为构建社会主义和谐社会提供广泛的力量支持。

要坚持发扬民主,认真学习并自觉遵守宪法和法律,认真学习并切实贯彻政协章程,推动政治协商、民主监督、参政议政的制度化、规范化、程序化,把中国共产党领导的多党合作和政治协商制度坚持好、完善好,为构建社会主义和谐社会提供可靠的政治保障。

要坚持牢牢把握先进文化的前进方向,积极参与社会主义精神文明建设,增强全社会的法律意识和诚信意识,在全社会大力提倡团结互助、扶贫济困的良好风尚,形成平等友爱、融洽和谐的人际环境,为构建社会主义和谐社会提供有力的精神支撑。

要坚持深入实际、深入基层、深入群众,切实把实现好、维护好、发展好最广大人民的根本利益作为履行职能、开展工作的根本出发点和归宿,妥善协调统一战线内部各方面的利益关系,协助党和政府做好协调关系、化解矛盾、理顺情绪的工作,维护社会稳定,为构建社会主义和谐社会提供雄厚的群众基础。

(摘自《人民政协报》)

在"促进内地与香港经济共同繁荣学术研讨会"第二次会议开幕会上的讲话

(2004年12月7日)

王忠禹

各位专家、学者,各位朋友:

由中国经济社会研究会主办、香港大学和深圳大学承办的"促进内地与香港经济共同繁荣学术研讨会"第二次会议今天开幕了。首先,我代表中国经济社会研究会对会议的召开表示热烈的祝贺!对与会的专家学者和各界人士表示诚挚的欢迎!对支持和帮助本次会议的香港大学、深圳大学和有关人士表示衷心的感谢!

"促进内地与香港经济共同繁荣学术研讨会"第一次会议是2002年12月在深圳大学召开的,主要就香港经济的战略定位、发展思路,发展香港与内地合作关系的战略思考等重大问题进行研讨。这次会议是上次会议的深化,会议的主题是贯彻落实《内地与香港关于建立更紧密经贸关系的安排》,推动两地经贸合作与发展。通过对《安排》实施后的成效及问题的分析,对进一步实施《安排》从体制、机制上做些深入的研讨,提出改进、完善的建议。

我们这次研讨会是在中央经济工作会议刚刚闭幕时召开的,时机选择得很好。中央经济工作会议深刻分析了今年的宏观经济形势,并对明年的经济工作做出了部署。会上提出来的鼓励外商投资,参与国有企业改组、改造,继续发展多边经贸关系和区域合作等,这些都与贯彻落实《安排》,推动合作问题有关。因此,中国经济社会研究会举办的这次研讨会,也是学习和贯彻中央经济工作会议精神的一次会议。

(一)

我们正处在经济全球化的时代。全球化启动了一个正在影响着每个国家和地区的具有深远意义的变革过程。更加开放的政策和高新技术的支持,创造了一个比以往任何时候都更加紧密联系的世界,日新月异的科技进步为劳动生产力的提高提供了强大的支撑,不断加快的国际生产要素优化重组和产业转移加深了各国经济的相互依存,和平、发展、合作是国际形势的主流。

在经济全球化情况下，国际社会对当前中国经济的形势和发展趋势格外关注。近年来，中国经济发展形势很好。中国政府以人为本，树立和落实科学发展观，坚持以经济建设为中心，不断推进改革开放和现代化建设事业，经济建设和各项社会事业的发展取得了新的成就，受到国际好评。今年以来，中央针对经济运行中出现的一些矛盾和问题，及时、果断地采取进一步加强和改善宏观调控的政策措施，积极推进改革开放，保持经济平稳较快发展，防止经济出现大起大落，保持了经济社会发展的良好势头。主要表现在：第一，经济继续保持增长比较快、效益比较好、活力比较强的良好势头。1—9月国民生产总值增长9.5%，进出口总额1—10月已逾9264亿美元，同比增长35.8%，预计全年进出口总额将突破万亿美元。第二，经济运行中不健康、不稳定因素得到有效遏制。固定资产投资增幅明显回落，1—10月同比增长29.5%，比一季度回落了14个百分点，钢铁、水泥、铝业等过热行业投资增幅均明显回落。货币信贷增势明显放缓，金融运行平稳。乱占滥用耕地的现象明显减少。第三，农业基础地位得到进一步加强。加大了对农林牧副渔的投资力度，粮食生产出现重要转机，全年粮食播种面积超过15亿亩，扭转了粮食生产连续5年减产的局面，将可实现年初预定9100亿斤的产量目标。第四，经济社会发展薄弱环节得到加强。社会事业基础设施建设力度加大，前三季度，教育、卫生投资分别增长24.8%和27.4%。环境保护和生态建设工作力度加大。能源投资大幅度增长，电力、煤炭投资分别增长50.5%和63.7%。西部开发和东北老工业基地调整改造取得新进展。第五，人民生活进一步改善。居民收入特别是农民收入增加较多。前三季度，城镇居民人均可支配收入和农民人均现金收入实际分别增长7%和11.4%。新增城镇就业774万人。社会保障工作继续加强，社会保险覆盖面进一步扩大。第六，各项改革继续推进。农村费税改革取得重要进展，取消了农业特产税，减免了农业税，一些地方政府还率先取消了农业税。在投融资体制改革、国有企业改革、行政审批制度改革等方面也取得了较大的进展。从总体上看，当前，中国经济运行情况良好，全年经济和社会发展的各项目标任务可以顺利实现。但同时，当前经济生活中仍然存在不少矛盾和问题，特别是经济结构不合理，增长方式粗放，体制机制转换滞后等深层次矛盾和问题，还制约着经济增长整体质量和效益的提高。因此，巩固宏观调控成果，改革和发展的任务还很繁重。

展望2005年，中国经济有望继续保持平稳较快发展的势头。世界经济继续保持增长，复苏形势趋于稳定，美、欧、日等主要经济体及我周边国家经济积极的增长态势，为我国经济发展提供了良好的外部环境。中央将继续把发展作为第一要务，进一步完善和落实宏观调控的各项政策措施，切实防止国内经济发展中的一些不健康不稳定因素出现反弹，促进经济平稳发展。同时，抓住宏观调控已见成效的有利时机，下更大力气深化经济体制改革、进一步扩大对外开放、推进经济结构的调整和经济增长方式的转变，使国民经济真正走上持续快速协调健康发展的道路。

（二）

内地人民和港澳同胞情同手足。内地经济和香港经济唇齿相依，紧密相连。香港为内地的改革开放和现代化建设做出过巨大贡献，内地对香港的进一步繁荣十分关心。去年6月底在香港签署了《内地与香港关于建立更紧密经贸关系的安排》。这是在坚持“一国两制”、“港人治港”方针和遵循香港基本法的前提下，为加强内地与香港经济合作，建立更紧密的经贸关系做出的重大安排。今年1月1日正式实施以来,加快了两地在贸易、投资、专业服务、旅游等方面的合作,带动了香港经济的回升,也推动了内地经济贸易的发展,达到了互利双赢的目的。今年10月在香港又签署了《〈安排〉补充协议》。随着《〈安排〉补充协议》内容的落实,两地将在更广范围、更高层次上扩大开放领域,进而为两地经贸合作全面发展注入新的活力。因此有不少学者指出,"一国两制"从政治层面上解决了香港的定位,《安排》第一次使内地和香港双边贸易合作关系机制化,从法律上保障了香港和内地经济关系的进一步发展。

内地和香港在经济方面的合作十分重要。合作事关两地人民福祉,合作人心所向,合作大有可为。但两地的合作也还有许多问题需要我们去研究、去建言、去促进。此时此刻,我们正是抱着这样美好的愿望相聚到一起来了。希望大家在"促进内地与香港经济共同繁荣"的主题框架下,围绕"促进两地货物贸易投资便利化"、"两地服务业优势互补形成合力"、"两地高等院校的合作"、"加快推进珠三角地区经济一体化和香港与上海等长三角地区的合作"四个课题进行广泛而深入的研讨,着眼全局,着眼长远,解放思想,开阔思路,比如2005年内地加入世贸组织后服务领域的过渡期将逐步结束等情况,对实施CEPA可能带来哪些新问题,如何进一步加强两地的经贸合作?这些都需要方方面面早作筹划。

这次会议是学术研讨会,不强求一致,也不作结论。我们希望通过研讨达成一些共识,也欢迎大家提出不同的意见。请各位畅所欲言,各抒己见,把会议开成一个生动活泼、深刻独到的高水准研讨会。会后,我们将对这次会议的成果进行整理,以适当的形式向中央政府和有关方面报告,为中央有关部门和香港特区政府决策提供参考。

(三)

各位朋友,中国经济社会研究会由经济社会领域的专家、学者、企业家、实业家和各方面代表人士组成,是经社理事会和类似组织国际协会的正式成员和管理委员会委员。研究会的宗旨是发挥研究、咨询、服务作用,支持国家改革开放和经济社会发展,致力于团结、联合经济社会各界,对国家经济社会发展方面的重大问题进行研究讨论,提出建议和意见,提供咨询和信息,为国家经济建设和社会发展服务;在国际活动中,研究会致力于推动与经济社会理事会和类似组织国际协会及其成员组织、各国经济社会研究机构之间的交流与合作,通过广泛对话与交流经验,促进世界经济社会的进一步发展。今年4月研究会换届以来,开展了许多活动。与中国国家人口与计划生育委员会在武汉成功举办国际人口与发展论坛,与欧盟经社委员会联合在大连召开了结构调整和再就业研讨会,还在北京召开了企业社会责任标准(SA8000)研讨会等。我们欢迎各位专家、学者积极参加研究会的活动,我们亦将采取各种形式继续为经济社会领域的研究机构和专家、学者提供研讨的平台,希望各方面一如既往地关心和支持研究会的工作。

(选自《人民政协报》)

以高度的责任感和使命感
努力开创新世纪新阶段统一战线工作的新局面

——在全国统战部长会议上的讲话(摘要)

(2004年12月22日)

贾庆林

必须坚持以邓小平理论和“三个代表”重要思想为指导,围绕中心,服务大局,以高度的责任感和使命感,努力开创新世纪新阶段统一战线工作的新局面。

即将过去的一年,在以胡锦涛同志为总书记的党中央领导下,各级统战部门自觉运用“三个代表”重要思想武装头脑、指导工作、推动实践,各领域工作都取得了新的进展,统一战线继续保持了团结、稳定、振奋、活跃的局面。

要坚持把促进发展作为统一战线团结奋斗的第一要务,牢固树立和全面落实科学发展观,在为经济建设、社会发展服务上迈出新步伐。要围绕经济建设和社会发展中的重大问题进行考察调研,积极建言献策;发挥联系广泛的优势,帮助开展招商引资、引智、引才活动;组织统一战线成员开展智力支边,推动当地的经济建设和社会进步;组织非公有制经济人士开展光彩事业,帮助贫困地区群众脱贫致富;支持参与国有企业的改革,促进社会主义市场经济体制的完善;参与制定政策和搞好服务,吸引和鼓励海外留学人员回国创业和为国服务,把统一战线为发展服务的工作搞得更加活跃而又富有成效。

党的十六大提出,全面建设小康社会,就要使社会更加和谐,努力形成全体人民各尽其能、各得其所而又和谐相处的局面。当前,学习贯彻十六届四中全会精神,构建社会主义和谐社会,就要最广泛最充分地调动一切积极因素,激发全社会的创造活力;妥善协调各方面的利益关系,促进社会的公平和正义;不断创新和健全社会管理体制,实现社会的文明法治和秩序稳定;积极倡导团结互助、扶贫济困的良好风尚,形成平等友爱、融洽和谐的人际环境。在构建社会主义和谐社会的进程中,统一战线肩负着义不容辞的责任,也具有得天独厚的优势,要加强中国共产党同各民主党派的团结合作,促进各民族团结和睦共同发展,促进宗教与社会主义社会的相适应,妥善协调社会各阶层的利益关系,努力实现海内外中华儿女的大团结,为构建社会主义和谐社会作出积极贡献。

统一战线是党和国家工作全局中一个极为重要的方面,统一战线的发展同党和国家事业的发展紧密相连。全面建设小康社会、加快推进社会主义现代化的伟大进程,使统一战线的巩固和壮大面临新的机遇,也对统一战线工作提出了更高的要求。我们要从提高党的执政能力的高度,加强党对统一战线工作的领导;以求真务实的作风,狠抓中央一系列重要会议和文件精神的贯彻落实;加强统战部门自身建设,全面提高履行职责的水平,以与时俱进的精神和求真务实的作风,推动统战工作不断发展。

(摘自《人民政协报》)

认真学习贯彻中央经济工作会议精神 为促进发展与构建和谐社会多做贡献

——在安徽省调研时的讲话（摘要）

（2004 年 12 月）

贾庆林

要认真学习贯彻中央经济工作会议精神，发挥统一战线和人民政协的优势，为促进经济社会全面协调可持续发展，构建社会主义和谐社会做出应有贡献。

学习贯彻好中央经济工作会议精神，最根本的是要牢固树立和认真落实科学发展观，用科学发展观统领经济社会发展全局。要充分认识社会主义市场经济条件下宏观调控的必要性、长期性和艰巨性，增强贯彻落实中央各项措施的自觉性和坚定性。要努力把握市场经济运行的特点和规律，不断增强驾驭社会主义市场经济的能力。要抓紧研究和解决经济社会发展中的深层次矛盾和问题，促进经济平稳较快发展。

“三农”问题是我们全部工作的重中之重，任何时候都不能放松。要加强农业综合生产能力建设，促进粮食稳定增产和农民持续增收。要稳定、完善和强化扶持农业发展的政策，对已经实行的政策和给农民的实惠不能变、不能减，还要逐步加大支农力度，让农民真正得到实实在在的好处。要切实推动农村富余劳动力有序转移，搞好技能培训，努力改善就业环境。要做好扶贫工作，着力改善贫困群众生产生活条件，建立健全城乡低收入困难群众救助体系，帮助困难群众解决实际问题。

要按照中央决策和部署，加大改革力度，毫不动摇地巩固和发展公有制经济，毫不动摇地鼓励、支持和引导非公有制经济发展。要深化国有企业改革，推进企业的体制、技术和管理创新，不断增强企业的活力和竞争力。要转变经济增长方式，大力节约资源，发展循环经济，着力提高经济增长的质量和效益。

统战政协当前要着重做好两项工作，一是抓住发展这个履行职能的第一要务不放松。要紧紧围绕落实中央经济工作会议精神、编制“十一五”发展规划建言献策。二是坚持为构建社会主义和谐社会服务这个工作重点不动摇。要坚持和完善中国共产党领导的多党合作和政治协商制度，切实搞好中国共产党同各民主党派和无党派人士的合作共事。要巩固和发展最广泛的爱国统一战线，激发和凝聚全社会的创造活力。要坚持社会主义先进文化的前进方向，大力弘扬中华民族崇尚和谐的优秀文化传统，积极倡导团结互助、扶危济困的良好风尚。要深入了解、正确反映社情民意，协助党和政府做好协调关系、化解矛盾的工作。各级党委要从提高党的执政能力的高度，切实加强对统一战线和人民政协的领导，充分发挥党委对同级政协的领导核心作用，支持政协围绕团结和民主两大主题履行职能。

（摘自《人民政协报》）

2005年元旦致港澳台同胞、海外侨胞

（2004年12月29日）

全国政协副主席、中国致公党中央主席　罗豪才

佳报频传辞旧岁，锐意昂扬迎乙酉。承载着我们无限期望的2005年已经到来！我谨代表中国致公党，祝港澳台同胞、海外侨胞在新的一年里万事顺利、阖家欢乐！

在刚刚过去的2004年里，我们伟大的祖国政通人和、国运昌盛。面对改革发展稳定的繁重任务，以胡锦涛同志为总书记的中共中央以邓小平理论和"三个代表"重要思想为指导，树立和落实科学发展观，及时加强和改善宏观调控，着力解决经济运行中的突出矛盾和问题，成功应对了中国经济社会发展面临的新考验，国民经济继续保持良好的发展势头。中国与其他国家高层领导互访频繁，在扩展我国政治、经贸、科技、文化和安全等国际合作方面取得了世人瞩目的进展。同时，"一国两制"方针成功地付诸港澳实践并显示出强大的生命力，香港与内地在建立更紧密经贸合作关系的框架下，不断扩大在各个领域的交流与合作；澳门回归祖国5年来，社会面貌焕然一新。面对2004年取得的丰硕成果，我们更加缅怀中国改革开放的总设计师邓小平同志，在他诞辰100周年之际，我们更加坚定了走建设中国特色社会主义道路的信心。

2005年是实施"十五"计划的最后一年，"十五"计划的成功实践，将为"十一五"计划的制定与实施奠定坚实的基础。在中国共产党的正确领导下，我们要贯彻中央经济工作会议精神，不断完善社会主义市场经济体制，为实现全面建设小康社会的宏伟目标而努力奋斗；我们要坚持以人为本，努力构建经济与社会协调发展的社会主义和谐社会。

在社会各界的大力支持下，中国致公党在过去的一年里除运用党内的智力支持，积极为国家的发展建言献策外，更充分利用自身的"侨""海"特色，扩大与海外的交往，为增强中华民族的凝聚力做出了应有的贡献。2005年适逢中国致公党建党80周年。80年来，致公党高举爱国主义旗帜，为中国革命、建设和改革事业作出了重要贡献，在国家政治生活中发挥了应有的作用。今后我们要继续弘扬"致力为公"的优良传统，为实现祖国的完全统一和中华民族在新世纪的宏伟蓝图而戮力进取，奋斗不辍。

中华伟业中无不凝聚着港澳台同胞、海外侨胞的心血与真情。今天，在这一元复始，万象更新的日子里，我谨向所有为家乡、为祖国的发展作出贡献的港澳台同胞、海外侨胞表示崇高的敬意和衷心的感谢！真诚地希望你们在新的一年里，以更加饱满的热情，促进自身事业的更大发展，为祖国的建设事业作出更大贡献。让我们一起为了伟大祖国的国泰民安而祝福吧！

（选自《人民政协报》）

决议、决定

关于召开中国人民政治协商会议第十届全国委员会第二次会议的决定

（2004年2月27日政协第十届全国委员会常务委员会第四次会议通过）

中国人民政治协商会议第十届全国委员会常务委员会第四次会议决定：中国人民政治协商会议第十届全国委员会第二次会议于2004年3月3日在北京召开。建议会议的主要议程是：听取和审议中国人民政治协商会议第十届全国委员会常务委员会工作报告和政协十届一次会议以来提案工作情况的报告，审议通过中国人民政治协商会议章程修正案；列席中华人民共和国第十届全国人民代表大会第二次会议，听取并讨论政府工作报告及其他有关报告。

中国人民政治协商会议第十届全国委员会第二次会议政治决议

（2004年3月12日政协第十届全国委员会第二次会议通过）

中国人民政治协商会议第十届全国委员会第二次会议，听取并审议通过了贾庆林主席代表常务委员会所作的工作报告和李蒙副主席代表常务委员会所作的提案工作情况的报告，审议通过了《中国人民政治协商会议章程修正案》；列席了第十届全国人民代表大会第二次会议，听取和讨论了温家宝总理所作的政府工作报告，讨论了《中华人民共和国宪法修正案（草案）》，听取并讨论了关于2003年国民经济和社会发展计划执行情况与2004年国民经济和社会发展计划草案的报告、关于2003年中央和地方预算执行情况及2004年中央和地方预算草案的报告、最高人民法院工作报告和最高人民检察院工作报告。会议对政府工作报告、宪法修正案草案和其他报告表示赞同。

会议认为，过去的一年，全国各族人民在以胡锦涛同志为总书记的中共中央坚强领导下，坚持以邓小平理论和“三个代表”重要思想为指导，认真贯彻落实中共十六大和十六届三中全会精神，迎难而上，顽强拼搏，开拓创新，夺取了抗击“非典”斗争的重大胜利，取得了改革开放和社会主义现代化建设的显著成就。与会委员对过去一年的成就给予高度评价,对完成政府工作报告中提出的今年的各项任务充满信心。

会议认为,过去的一年,十届全国政协在中共中央领导下,牢牢把握团结和民主两大主题,围绕中心、服务大局,以促进发展作为政协履行职能的第一要务,广泛动员和组织政协各参加单位和政协委员,为全面建设小康社会献计出力,各项工作都取得了新的进展,为促进我国经济社会的全面发展发挥了重要作用。委员们认为,会议提出的今年的工作任务切实可行、催人奋进,我们要同心协力、努力实现。

会议认为,宪法修正案草案是在广泛听取各方面意见的基础上形成的,体现了"三个代表"重要思想和中共十六大精神,反映了全国人民的共同愿望,符合全国人民的根本利益。宪法修改后将更加完善,更加适应全面建设小康社会、开创中国特色社会主义事业新局面的要求。宪法是国家的根本法,是人民政协一切活动的根本准则。人民政协各级组织、各参加单位和政协委员,要认真学习宣传宪法,自觉遵守宪法,进一步增强宪法意识,维护宪法尊严。

会议认为,这次对政协章程部分内容进行修改,是坚持和完善中国共产党领导的多党合作和政治协商制度的一件大事,是适应新形势新任务对人民政协工作的新要求而采取的一项重大举措,必将对人民政协事业的发展产生重大影响。政协章程修正案体现了"三个代表"重要思想和中共十六大精神,吸收了新时期政协工作的成熟经验,凝聚了各级政协组织、政协各参加单位和广大委员的共识。政协章程是参加人民政协的各党派团体、各族各界人士和各级政协组织共同的行为规范,人民政协的各级组织、各参加单位和政协委员要深入学习、广泛宣传、切实贯彻,完整、准确地认识和把握这次章程修改的意义和各项内容,进一步增强依照章程履行职责的自觉性。

会议认为,坚持以人为本,牢固树立和切实贯彻全面、协调、可持续的科学发展观,按照统筹城乡发展、统筹区域发展、统筹经济社会发展、统筹人与自然和谐发展、统筹国内发展与对外开放的要求,不断推进改革开放和现代化建设,就一定能够妥善解决我国发展进程中存在的矛盾和问题,实现全面建设小康社会的宏伟目标。委员们对经济社会各方面的工作提出了意见和建议,主要有:积极实施人才强国战略、改革收入分配制度、切实增加农民收入、克服资源短缺引发的经济运行结构性矛盾、继续实施西部大开发战略、振兴东北地区等老工业基地、完善金融监管体制、防止国有资产流失、积极鼓励和引导非公有制经济发展、扩大就业与再就业、完善社会保障制度、加快社会信用体系建设、确保国家粮食安全、强化食品安全管理、加强公共卫生体系建设、充分发挥哲学社会科学的作用、深化文化体制改革、健全预防和惩治腐败的制度体系、弘扬求真务实精神力戒官僚主义与形式主义、促进社会主义物质文明政治文明精神文明协调发展、切实履行政协职能等问题。

会议认为,"一国两制"在香港、澳门的实践是建设中国特色社会主义的重要组成部分。要坚定不移地贯彻"一国两制"、"港人治港"、"澳人治澳"、高度自治的方针,严格按照香港特别行政区基本法和澳门特别行政区基本法办事,进一步发挥各级政协组织中港澳委员的作用,团结广大爱国爱港爱澳人士,支持香港、澳门特别行政区行政长官和政府依法施政,共同维护和发展香港、澳门繁荣稳定的局面。

会议认为,实现祖国的完全统一,是海内外中华儿女的共同心愿,符合包括台湾同胞在内的全中国人民的共同利益。参加人民政协的各党派团体和各族各界人士,坚决拥护

"和平统一、一国两制"的基本方针和现阶段发展两岸关系、推进祖国和平统一进程的八项主张，坚持一个中国的原则，坚决反对任何形式的"台独"分裂活动，绝不允许任何人以任何方式把台湾从中国分割出去。委员们真诚希望两岸同胞携起手来，为早日实现祖国统一大业作出贡献。

会议号召，人民政协的各级组织、各参加单位和政协委员，紧密团结在以胡锦涛同志为总书记的中共中央周围，高举邓小平理论和"三个代表"重要思想伟大旗帜，坚持和完善中国共产党领导的多党合作和政治协商制度，切实围绕团结和民主两大主题履行职能，求真务实，开拓进取，为不断推进中国特色社会主义的伟大事业，实现中华民族的伟大复兴而努力奋斗！

(2004年3月13日《人民日报》)

中国人民政治协商会议第十届全国委员会第二次会议关于常务委员会工作报告的决议

(2004年3月12日政协第十届全国委员会第二次会议通过)

中国人民政治协商会议第十届全国委员会第二次会议，批准贾庆林主席代表政协第十届全国委员会常务委员会所作的工作报告，并对常务委员会一年来的工作给予充分肯定。会议认为，报告对过去一年工作的总结符合实际，对今年工作的安排切实可行，体现了求真务实的精神，要求常务委员会认真组织落实。

(2004年3月13日《人民日报》)

中国人民政治协商会议第十届全国委员会第二次会议关于政协十届一次会议以来提案工作情况报告的决议

(2004年3月12日政协第十届全国委员会第二次会议通过)

中国人民政治协商会议第十届全国委员会第二次会议，批准李蒙副主席代表常务委员会所作的关于政协十届一次会议以来提案工作情况的报告，对一年来提案工作取得的成绩予以充分肯定。会议要求常务委员会进一步推动落实全国政协办公厅关于办理政协提案的意见，坚持"围绕中心、服务大局、提高质量、讲求实效"的提案工作方针，求真务实，更加富有成效地开展工作，充分发挥提案在履行政协职能中的作用。

(2004年3月13日《人民日报》)

中国人民政治协商会议第十届全国委员会第二次会议关于中国人民政治协商会议章程修正案的决议

（2004年3月12日政协第十届全国委员会第二次会议通过）

中国人民政治协商会议第十届全国委员会第二次会议，批准常务委员会提出的中国人民政治协商会议章程修正案。修正后的《中国人民政治协商会议章程》自公布之日起生效。

（2004年3月13日《人民日报》）

制度建设

关于中国人民政治协商会议章程修正案(草案)的说明

(2004年3月7日在政协第十届全国委员会第二次会议上)

郑万通

主席、各位副主席、各位委员:

我受章程修改领导小组的委托,对《中国人民政治协商会议章程修正案(草案)》(以下简称《修正案(草案)》)作说明。

一、修改章程部分内容总的原则和《修正案(草案)》形成过程

自1954年第一部章程诞生以来,先后已经过1978年、1982年、1994年和2000年四次修改。现行章程的总体框架和主要内容是1982年邓小平任政协主席时亲自主持修改确定的,是一部好章程,总体上适应我国改革开放、现代化建设和人民政协事业发展的需要,应当保持稳定。这次提出部分修改章程,主要是基于以下考虑:一是中共十六大确立了"三个代表"重要思想的历史地位,提出了一系列重大理论观点和重大方针政策,并对人民政协工作作出了重要论述,这些都关系到人民政协事业的长远发展,需要在章程中加以体现;二是中国共产党章程已作了修改,宪法也在进行修改,政协章程必须与之相衔接;三是新时期以来人民政协事业有很大发展,各级政协在履行职能的实践中积累了丰富经验,同时也遇到一些需要进一步明确和规范的问题,各级政协组织、政协的参加单位和政协委员对推进政协工作制度化、规范化和程序化提出了不少意见和建议。对章程部分内容进行修改,是适应新形势新任务对人民政协工作的新要求,坚持与时俱进的需要。

这次部分修改章程总的原则是:坚持中国共产党的领导,坚持以马克思列宁主义、毛泽东思想、邓小平理论和"三个代表"重要思想为指导,落实中共十六大精神,与宪法修改相衔接,适应新形势对人民政协工作的新要求,反映各级政协工作实践的新成果,推进政协履行职能的制度化、规范化和程序化。对实践证明是成熟的、需要通过章程加以规范的、非改不可的部分内容进行修改,对可改可不改的或通过建立健全专项规章制度可以解决的不改。

这次修改章程始终是在中共中央的领导下进行的。全国政协十届一次会议后,中共政协全国委员会党组向中共中央报送了关于对政协章程进行部分修改的请示。中共中央政治局常委会议和政治局会议同意了政协党组的请示,并明确了这次修改章程的指导思想和基本原则,批准成立了以贾庆林主席为组长的、由全国政协副主席、秘书长和没有担

任副主席的民主党派中央负责人组成的章程修改领导小组。在修改过程中,胡锦涛总书记专门听取了中共政协全国委员会党组关于章程修改工作情况的汇报,对修改稿予以充分肯定并作了重要指示,要求修改工作要充分发扬民主,广泛听取各方面意见,严格按程序办事。全国政协在整个修改章程过程中都切实贯彻了这个精神。

全国政协把修改章程作为2003年工作的重点。在2003年5月中央批准修改章程后,全国政协办公厅就着手进行筹备工作。7月,政协第十届全国委员会常务委员会第二次会议通过了《关于部分修改〈中国人民政治协商会议章程〉的决定》。接着,全国政协向各省、自治区、直辖市政协发出了征求对章程修改意见的通知。8月份和9月初,章程修改领导小组在贾庆林主席带领下,分别在西安、大连和苏州召开了三次片会,征求全国31个省、自治区、直辖市党委和政协对部分修改章程的意见,王忠禹副主席还在武汉听取了15个副省级市政协的意见。9月中下旬,在北京又召开了三次座谈会,分别邀请各民主党派中央、有关人民团体负责人和无党派人士,中共中央、国务院有关部门,部分专家学者和一些参加过章程修改工作的老同志进行座谈。各省(区、市)党委和政协及有关方面对部分修改章程非常重视,召开了座谈会、研讨会,广泛听取各方面的意见。各省(区、市)政协的修改意见都经主席会议、中共政协党组讨论通过并报省(区、市)党委同意,有些还经过当地党委常委会议讨论同意。大家对这次修改章程的必要性和重要性形成了广泛共识,提出的意见和建议内容比较集中,而且都是积极的、建设性的,为这次修改好章程奠定了坚实基础,也为今后进一步做好政协工作提供了重要参考。在广泛听取和逐条研究各方面意见的基础上,章程修改领导小组形成了《修正案(草案)》征求意见稿。12月上旬,全国政协办公厅向各民主党派中央、有关人民团体、中共中央和国务院有关部门,各省、自治区、直辖市政协,书面征求了对该稿的意见。2004年1月上旬,章程修改领导小组第三次会议暨主席会议对反馈意见进行了认真研究,形成了《修正案(草案)》送审稿,并报送中共中央审批。2月中下旬,中共中央政治局常委会议和政治局会议讨论并原则同意了《修正案(草案)》送审稿。2月底,政协第十届全国委员会常务委员会第四次会议审议通过了《修正案(草案)》,并决定提交中国人民政治协商会议第十届全国委员会第二次会议审议。

二、章程修改的主要内容

1.增加有关"三个代表"重要思想的表述。中共十六大把"三个代表"重要思想同马克思列宁主义、毛泽东思想、邓小平理论一道确立为中国共产党必须长期坚持的指导思想。"三个代表"重要思想已成为全国人民在新世纪新阶段团结奋斗的共同思想基础,成为全党全国人民继往开来、与时俱进,实现全面建设小康社会宏伟目标的根本指针。《中国共产党中央委员会关于修改宪法部分内容的建议》和中国共产党章程中都增加了对"三个代表"重要思想的表述。作为人民政协重要参加单位的各民主党派也把"三个代表"重要思想写入了各自的章程。人民政协作为我国政治体制的重要组成部分,也必须在工作中体现"三个代表"重要思想。为此,《修正案(草案)》在章程总纲第五自然段"中国人民政治协商会议要"之后增加:**"在马克思列宁主义、毛泽东思想、邓小平理论和'三个代表'重要思想指引下"**;在章程第十条"组织和推动委员在自愿的基础上学习马克思列宁主义、毛泽东思想、邓小平理论"之后增加:**"和'三个代表'重要思想"**。

2.体现中共十六大确立的有关重大理论观点和重大方针政策。根据中共十六大报告的有关论述,《修正案(草案)》在章程总纲第五自然段中,将"促进社会主义民主和法制的建设,促进社会主义精神文明建设,推动社会主义市场经济的发展"修改为:"**不断**促进社会主义**物质文明、政治文明和精神文明的协调发展**";在章程第三条中,将"推动社会力量积极参加物质文明和社会主义精神文明的建设事业"修改为:"推动社会力量积极参加**社会主义**物质文明、**政治文明**和精神文明的建设事业";在章程第七条中,将"积极传播先进思想"修改为"积极传播先进**文化,弘扬和培育民族精神**";将章程第十二条关于宣传贯彻知识分子政策的内容修改为:"宣传和协助贯彻执行国家的**人才强国战略**和知识分子政策,**尊重劳动、尊重知识、尊重人才、尊重创造**,以利于充分发挥**各类人才和**知识分子在社会主义现代化建设中的作用。"

3. 增加"社会主义事业的建设者"的内容。随着我国改革开放和现代化建设的不断发展,爱国统一战线不断扩大。中共十六大报告作出了关于在社会变革中出现的新的社会阶层是中国特色社会主义事业的建设者的论断。《中国共产党中央委员会关于修改宪法部分内容的建议》在关于统一战线的表述中增加了"社会主义事业的建设者"的内容。据此,《修正案(草案)》将章程总纲第一自然段关于爱国统一战线组成的表述修改为:"由全体社会主义劳动者、**社会主义事业的建设者**、拥护社会主义的爱国者和拥护祖国统一的爱国者组成的";将章程总纲第四自然段中关于民主党派的表述修改为:各民主党派"已经成为各自所联系的一部分社会主义劳动者、**社会主义事业的建设者**和拥护社会主义的爱国者的政治联盟"。

4. 规范对人民政协性质的表述。1995 年 1 月中共中央转发的《政协全国委员会关于政治协商、民主监督、参政议政的规定》和 2000 年《中共中央关于加强统一战线工作的决定》,对人民政协的性质都有完整、规范的表述。但现行章程总纲中对涉及政协性质的三句话是拆开在章程总纲第三自然段和第六自然段两处表述的。为进一步明确人民政协的性质及其在国家政治生活中的地位和作用,《修正案(草案)》按照中共中央有关文件的规范提法,将章程总纲第三自然段开头一句修改为:"中国人民政治协商会议是中国人民爱国统一战线的组织,是中国共产党领导的多党合作和政治协商的重要机构,**是我国政治生活中发扬社会主义民主的重要形式**。"

5. 增加团结和民主是人民政协两大主题的内容。明确团结和民主是人民政协的两大主题,是中共中央关于新时期人民政协理论和实践的重大发展,对于人民政协正确地履行职能、开展工作具有重要意义。中共十六大报告明确提出要"支持政协围绕团结和民主两大主题履行职能"。据此,《修正案(草案)》在章程总纲第三自然段关于人民政协性质的表述后增加:"**团结和民主是人民政协的两大主题**。"

6. 增加中国共产党领导的多党合作和政治协商制度是我国的一项基本政治制度的内容。中国共产党领导的多党合作和政治协商制度已被确定为我国的一项基本政治制度。中共十六大把坚持和完善这项制度作为坚持和完善我国社会主义民主制度、建设社会主义政治文明的重要内容。人民政协是实行中国共产党领导的多党合作和政治协商制度的重要组织形式,搞好参加政协的各党派及无党派人士之间的团结合作,是人民政协工作的重要内容。为此,《修正案(草案)》在章程总纲第六自然段的开头处增加:"**中国共产党领导的多党合作和政治协商制度是我国的一项基本政治制度**。"在此段末尾增写:"**促进参加中国人民政治协商会议的各党派、无党派人士的团结合作,充分体现和发挥我国社会**

主义政党制度的特点和优势。”同时，为避免与章程第二条内容重复，删去本段末尾的“对国家的大政方针和群众生活的重要问题进行政治协商，并通过建议和批评发挥民主监督作用。”

7. **规范对人民政协主要职能的表述。**中共十六大报告提出要“保证人民政协发挥政治协商、民主监督和参政议政的作用。”1995 年 1 月中共中央转发的《政协全国委员会关于政治协商、民主监督、参政议政的规定》中，对人民政协三项主要职能的内容和形式都作了明确规定。但在章程原条文中，没有把参政议政职能与政治协商、民主监督职能并列在一起表述，并且对其内容也没有同政治协商、民主监督一样作出具体规定。为有利于人们对参政议政作为人民政协一项主要职能的正确理解和把握，《修正案（草案）》将章程第二条第一款修改为：“中国人民政治协商会议全国委员会和地方委员会的主要职能是政治协商、民主监督、参政议政”；并在此条中增写一款关于参政议政内容的表述：“**参政议政是对经济社会发展中的重大问题以及人民群众普遍关心的问题，开展调查研究，反映社情民意，进行协商讨论。通过调研报告、提案、建议案或其他形式，向中国共产党和国家机关提出意见和建议。**”

8. **调整对现阶段我国阶级状况的表述。**现行章程总纲第四自然段关于我国阶级状况的分析，是根据 1979 年邓小平同志在全国政协五届二次会议上的讲话精神表述的。20 多年来我国社会状况已经发生了很大变化，需要对章程中这方面的内容作出相应的修改。《修正案（草案）》将“原来属于剥削阶级的人，绝大多数已经成为自食其力的劳动者”一句删去，因为这部分人作为一个社会阶层已不复存在。根据中共十六大报告精神，在“宗教界的爱国人士积极参加祖国的社会主义建设”之后增加：“**在社会变革中出现的新的社会阶层是中国特色社会主义事业的建设者。**”

9. **增加“共同致力于中华民族伟大复兴”的内容。**中共十六大报告提出：“贯彻‘三个代表’重要思想，必须最广泛最充分地调动一切积极因素，不断为中华民族的伟大复兴增添新力量。”据此，《修正案（草案）》在章程总纲第五自然段“拥护社会主义事业”之后增写：“**共同致力于中华民族伟大复兴**”。这样修改，有利于政协组织广泛团结海内外中华儿女，巩固和扩大爱国统一战线，为促进社会主义现代化建设和早日实现祖国的完全统一而共同奋斗。

10. **增加“巩固和发展公有制经济，鼓励、支持和引导非公有制经济发展”的内容。**中共十六大报告提出：“必须毫不动摇地巩固和发展公有制经济”；“必须毫不动摇地鼓励、支持和引导非公有制经济发展”。《中国共产党中央委员会关于修改宪法部分内容的建议》中也作了相应表述。据此，《修正案（草案）》在章程第四条关于坚持基本经济制度的表述后增加：“**巩固和发展公有制经济，鼓励、支持和引导非公有制经济发展。**”

11. **增加“坚持和完善民族区域自治制度”等内容。**民族区域自治制度是我国的一项基本政治制度。根据中共十六大报告关于民族问题的有关论述，《修正案（草案）》将章程第十三条中“改善和发展社会主义的民族关系”修改为：“**坚持和完善民族区域自治制度，巩固和发展平等团结互助的**社会主义民族关系，**促进各民族共同繁荣进步**”。

12. **增加宣传和协助贯彻执行宗教信仰自由政策等内容。**根据中共十六大报告关于宗教问题的有关论述，《修正案（草案）》将章程第十四条中“宣传和协助贯彻执行国家的宗教政策”修改为：“宣传和协助贯彻执行国家的宗教**信仰自由**政策，**支持依法管理宗教事**

务,坚持独立自主自办的原则,积极引导宗教与社会主义社会相适应”。

13. **增加界别设置的内容**。按界别组成是人民政协一成立就具有的一个特点。新时期以来,中共中央在提出经与各方面协商确定的政协委员名单时,把所有政协参加单位都称之为“界别”,并明确提出了“界别设置”的概念。根据界别特点开展界别活动已成为各级政协普遍认同的一条重要经验。基于这些情况,《修正案(草案)》在章程第二十条中国人民政治协商会议全国委员会的组成方面之后增加:“**设若干界别**”;在章程第三十条第一款、四十一条第一款的“参加单位、委员名额和人选”之后分别加上“**及界别设置**”的内容。

14. **进一步明确政协委员的条件、义务和产生程序**。政协委员是政协工作的主体,章程应当对委员的权利、义务、责任等方面作出明确的规定。因此,《修正案(草案)》对章程中有关条文作如下修改:一是根据章程总纲关于人民政协的政治基础等规定,在第二十四条分两款增写委员应具备的基本条件和对委员的基本要求:“**中国人民政治协商会议全国委员会委员和地方委员会委员应热爱祖国,拥护中国共产党的领导和社会主义事业,维护民族团结和国家统一,遵守国家的宪法和法律,在本界别中有代表性,有社会影响和参政议政能力。**”“**中国人民政治协商会议全国委员会委员和地方委员会委员要密切联系群众,了解和反映他们的愿望和要求,参加本会组织的会议和活动。**”二是根据1995年1月中共中央转发的《政协全国委员会关于政治协商、民主监督、参政议政的规定》中“政协委员的民主权利应受到保护。在政协的各种会议上,各种意见都可以充分发表”的规定,将章程第二十七条中有关内容修改为:“有通过本会会议和组织**充分发表各种意见**、参加讨论国家大政方针和各该地方重大事务的权利”,以体现对委员民主权利的尊重和政协组织的特点。三是对政协界别和委员产生的程序进行补充完善,把“经主席会议审议同意”这一多年来行之有效的基本程序写入章程,将章程第三十条第一款的有关内容修改为:“每届中国人民政治协商会议全国委员会的参加单位、委员名额和人选**及界别设置**,**经**上届全国委员会**主席会议审议同意后,由**常务委员会协商决定”;将此条第二款的有关内容修改为:“每届全国委员会任期内,有必要增加或者变更参加单位、委员名额和决定人选时,**经本届主席会议审议同意后,由**常务委员会协商决定。”对章程第四十一条的第一款和第二款作同样修改。

15. **对一些重要的工作程序进行规范**。根据政协工作制度化、规范化、程序化的要求和各级政协换届工作的实践,在章程第三十六条第二款、第四十七条第一款中增加预备会议的有关程序,将“每届第一次全体会议由会议选举主席团主持”修改为:“每届第一次全体会议**前召开全体委员参加的预备**会议,选举**第一次全体会议**主席团,**由主席团**主持**第一次全体会议**”;在章程第三十七条末、第四十八条末各增加同样内容的一款:“**主席会议受常务委员会的委托,主持下一届第一次全体会议预备会议。**”

16. **修改一些不够准确、不够完善的表述**。一是将章程第二十五条“常务委员会的议案,应经全体常务委员过半数通过”修改为:“应经常务委员**会全体组成人员**过半数通过”,以与章程第三十五条的有关规定相一致。二是将章程第二十四条“中国人民政治协商会议全国委员会对地方委员会的关系和地方委员会对下一级地方委员会的关系是指导关系”中的“一”字删去,以明确上级政协地方委员会对其以下各级政协都是指导关系,并将此段内容移至第十九条作为其第二款。三是将章程第四十三条中“县、自治县、不设区的市和市辖区的地方委员会根据具体情况,也可不设秘书长”一句删去。地方政协反映,这一条实际上已成为各地在县级机构改革中取消政协秘书长一职的理由,影响到县级政协工作的正常开展。

此外,《修正案(草案)》根据各级政协和有关方面的意见,还对一些文字和提法作了修改、完善:将"无党派民主人士"改为"无党派人士";将章程第三条"宣传和执行国家的宪法、法律和各项方针、政策"改为"宣传和执行国家的宪法、法律、**法规**和各项方针、政策";将章程总纲第一和第四自然段、第十一条、第十五条和第二十条中"港澳同胞"改为"**香港特别行政区同胞、澳门特别行政区同胞**","国外侨胞"改为"**海**外侨胞"或"**归侨、侨眷和海**外侨胞";在章程第二十五条第一句"中国人民政治协商会议全国委员会"之后增加"**和地方委员会**"。

在征求意见过程中,各级政协和各方面还提出了其他一些意见和建议,其中许多意见和建议都是好的,有益于推动政协工作。但鉴于有的还有待于在实践中进一步检验和完善,有的超出了这次修改章程的范围,有的可以通过制定或健全专项规章制度解决,故这次修章未予采纳。

今年的"两会",人大要审议通过宪法修正案,政协要审议通过章程修正案。由于政协会议闭幕在前,政协章程修正案将先于宪法修正案通过。本着这次章程修改要与宪法修改相衔接的原则,章程修正案将在宪法修正案通过后公布生效。

我的说明完了,请审议。

中国人民政治协商会议章程修正案

(2004年3月12日中国人民政治协商会议第十届全国委员会第二次会议通过)

一、章程总纲第一自然段增加"**社会主义事业的建设者**";"无党派民主人士"改为"无党派人士";"台湾同胞、港澳同胞和国外侨胞"改为"**香港特别行政区同胞、澳门特别行政区同胞**、台湾同胞和**海**外侨胞",章程总纲第四自然段、第十一条、第十五条和第二十条作类似修改。这一自然段相应地修改为:"中国人民在长期的革命和建设进程中,结成了由中国共产党领导的,有各民主党派、无党派人士、人民团体、少数民族人士和各界爱国人士参加的,由全体社会主义劳动者、**社会主义事业的建设者**、拥护社会主义的爱国者和拥护祖国统一的爱国者组成的,包括**香港特别行政区同胞、澳门特别行政区同胞**、台湾同胞和**海**外侨胞在内的最广泛的爱国统一战线。"

二、章程总纲第三自然段"中国人民政治协商会议是中国人民爱国统一战线的组织,是中国共产党领导的多党合作和政治协商的重要机构"后增加"**是我国政治生活中发扬社会主义民主的重要形式。团结和民主是中国人民政治协商会议的两大主题**。"相应删去章程总纲第六自然段中"是我国政治生活中发扬社会主义民主的一种重要形式"。

三、章程总纲第四自然段删去"原来属于剥削阶级的人,绝大多数已经成为自食其力的劳动者”，增加“**社会主义事业的建设者**”。这一自然段相应地修改为：“中华人民共和国成立以后，我国各族人民在中国共产党的领导下，消灭了剥削制度，建立了社会主义制度。我国社会阶级状况发生了根本的变化。工农联盟更加巩固。知识分子同工人、农民一样是社会主义事业的依靠力量。在人民革命和建设事业中同中国共产党一道前进、一道经受考验并作出重要贡献的各民主党派，已经成为各自所联系的一部分社会主义劳动者、**社会主义事业的建设者**和拥护社会主义的爱国者的政治联盟，日益发挥其重要作用。全国各民族已经形成平等、团结、互助的社会主义民族关系。宗教界的爱国人士积极参加祖国的社会主义建设。**香港特别行政区同胞**、**澳门特别行政区同胞**、台湾同胞和海外侨胞热爱祖国，拥护祖国统一，支援祖国建设事业。在新的历史时期，我国的爱国统一战线具有更强大的生命力，仍然是中国人民团结战斗、建设祖国和统一祖国的一个重要‘法宝’，它将更加巩固，更加发展。”

四、章程总纲第五自然段增加“**在马克思列宁主义、毛泽东思想、邓小平理论和‘三个代表’重要思想指引下**”，“**共同致力于中华民族伟大复兴**”，“**物质文明、政治文明和精神文明的协调发展**”，删去“民主和法制的建设，促进社会主义精神文明建设，推动社会主义市场经济的发展”。这一自然段相应地修改为：“我国将长期处于社会主义初级阶段，面临的主要矛盾是人民日益增长的物质、文化需要同落后的社会生产之间的矛盾。由于国内的因素和国际的影响，我国人民同国内外的敌对势力和敌对分子的斗争还将是长期的，阶级斗争还将在一定范围内长期存在，但已经不是我国社会的主要矛盾。我国各族人民的根本任务是，沿着中国特色社会主义道路，坚持社会主义初级阶段的基本路线，集中力量进行社会主义现代化建设，自力更生、艰苦奋斗，逐步实现工业、农业、国防和科学技术现代化，把我国建设成为富强、民主、文明的社会主义国家。中国人民政治协商会议要**在马克思列宁主义、毛泽东思想、邓小平理论和‘三个代表’重要思想指引下**，在热爱中华人民共和国、拥护中国共产党的领导、拥护社会主义事业、**共同致力于中华民族伟大复兴**的政治基础上，尽一切努力，进一步巩固和发展爱国统一战线，调动一切积极因素，团结一切可能团结的人，同心同德，群策群力，以经济建设为中心，维护和发展安定团结的政治局面，**不断促进**社会主义**物质文明、政治文明和精神文明的协调发展**，为实现我国各族人民的根本任务而奋斗。”

五、章程总纲第六自然段增加“**中国共产党领导的多党合作和政治协商制度是我国的一项基本政治制度。**”“**促进参加中国人民政治协商会议的各党派、无党派人士的团结合作，充分体现和发挥我国社会主义政党制度的特点和优势。**”删去“对国家的大政方针和群众生活的重要问题进行政治协商，并通过建议和批评发挥民主监督作用。”这一自然段相应地修改为：“**中国共产党领导的多党合作和政治协商制度是我国的一项基本政治制度。**中国人民政治协商会议根据中国共产党同各民主党派和无党派人士‘长期共存、互相监督、肝胆相照、荣辱与共’的方针，**促进参加中国人民政治协商会议的各党派、无党派人士的团结合作，充分体现和发挥我国社会主义政党制度的特点和优势。**”

六、章程第二条第一款中删去“组织参加本会的各党派、团体和各族各界人士”。这一款相应地修改为：“中国人民政治协商会议全国委员会和地方委员会的主要职能是政治协商、民主监督、参政议政。”增写一款，作为第四款：“**参政议政是对政治、经济、文化和社会生活中的重要问题以及人民群众普遍关心的问题，开展调查研究，反映社情民意，进行协**

商讨论。通过调研报告、提案、建议案或其他形式,向中国共产党和国家机关提出意见和建议。”

七、章程第三条增加“**法规**”和“**政治文明**”。这一条相应地修改为:“中国人民政治协商会议全国委员会和地方委员会贯彻依法治国方略,宣传和执行国家的宪法、法律、法规和各项方针、政策,推动社会力量积极参加社会主义物质文明、**政治文明**和精神文明的建设事业。”

八、章程第四条中增加“**巩固和发展公有制经济,鼓励、支持和引导非公有制经济发展。**”这一条相应地修改为:“中国人民政治协商会议全国委员会和地方委员会坚持公有制为主体、多种所有制经济共同发展的基本经济制度。**巩固和发展公有制经济,鼓励、支持和引导非公有制经济发展**。坚持按劳分配为主体、多种分配方式并存的分配制度。促进社会生产力的解放和发展。”

九、章程第七条中增加“积极传播先进**文化,弘扬和培育民族精神**”。这一条相应地修改为:“中国人民政治协商会议全国委员会和地方委员会通过各种形式,积极传播先进**文化,弘扬和培育民族精神**,开展爱祖国、爱人民、爱劳动、爱科学、爱社会主义的公德以及革命的理想、道德和纪律的宣传教育工作。”

十、章程第十条中增加“‘**三个代表’重要思想**”。这一条相应地修改为:“中国人民政治协商会议全国委员会和地方委员会组织和推动委员在自愿的基础上学习马克思列宁主义、毛泽东思想、邓小平理论**和‘三个代表’重要思想**,学习时事政治,学习和交流业务和科学技术知识,增强为祖国服务的才能。”

十一、章程第十二条中增加“**人才强国战略**”,“**尊重劳动、尊重知识、尊重人才、尊重创造**”,“**各类人才**”。这一条相应地修改为:“中国人民政治协商会议全国委员会和地方委员会宣传和协助贯彻执行国家的**人才强国战略和**知识分子政策,**尊重劳动、尊重知识、尊重人才、尊重创造**,以利于充分发挥各类人才和知识分子在社会主义现代化建设中的作用。”

十二、章程第十三条中增加“**坚持和完善民族区域自治制度,巩固**和发展**平等团结互助的**社会主义民族关系,**促进各民族共同繁荣进步**”。这一条相应地修改为:“中国人民政治协商会议全国委员会和地方委员会宣传和协助贯彻执行国家的民族政策,反映少数民族的意见和要求,为发展少数民族地区的经济、文化,维护少数民族的合法权利和利益,**坚持和完善民族区域自治制度,巩固**和发展**平等团结互助的**社会主义民族关系,**促进各民族共同繁荣进步**,增进各族人民的大团结和维护祖国的统一贡献力量。”

十三、章程第十四条中增加“宗教**信仰自由政策,支持政府依法管理宗教事务,坚持独立自主自办的原则,积极引导宗教与社会主义社会相适应**”。这一条相应地修改为:“中国人民政治协商会议全国委员会和地方委员会宣传和协助贯彻执行国家的宗教**信仰自由政策,支持政府依法管理宗教事务,坚持独立自主自办的原则,积极引导宗教与社会主义社会相适应**,团结宗教界爱国人士和宗教信仰者为祖国的建设和统一贡献力量。”

十四、章程第十五条中增加“归侨、侨眷”。这一条相应地修改为:“中国人民政治协商会议全国委员会和地方委员会宣传和协助贯彻执行国家的侨务政策,加强同归侨、侨眷和海外侨胞的联系和团结,鼓励他们为祖国的建设事业和统一祖国的大业作出贡献。”

十五、章程第二十条中增加“**设若干界别**”。这一条第一款相应地修改为:“中国人民政治协商会议全国委员会由中国共产党、各民主党派、无党派人士、人民团体、各少数民族和各界的代表,**香港特别行政区同胞、澳门特别行政区同胞**、台湾同胞和归国侨胞的代表以及特别邀请的人士组成,**设若干界别**。”

十六、章程第二十四条“中国人民政治协商会议全国委员会对地方委员会的关系和地方委员会对下一级地方委员会的关系是指导关系”中删去“一”,并将此句移到第十九条作第二款。第二十四条中增加两款:

“中国人民政治协商会议全国委员会委员和地方委员会委员应热爱祖国,拥护中国共产党的领导和社会主义事业,维护民族团结和国家统一,遵守国家的宪法和法律,在本界别中有代表性,有社会影响和参政议政能力。

中国人民政治协商会议全国委员会委员和地方委员会委员要密切联系群众,了解和反映他们的愿望和要求,参加本会组织的会议和活动。”

十七、章程第二十五条“常务委员会的议案,应经全体常务委员过半数通过”修改为:“常务委员会的议案,应经常务委员**会全体组成人员**过半数通过”;删去此条末尾的“地方委员会同。”这一条相应地修改为:“中国人民政治协商会议全国委员会**和地方委员会**全体会议的议案,应经全体委员过半数通过。常务委员会的议案,应经常务委员**会全体组成人员**过半数通过。各参加单位和个人对会议的决议,都有遵守和履行的义务。如有不同意见,在坚决执行的前提下可以声明保留。”

十八、章程第二十七条中“有通过本会会议和组织参加讨论国家大政方针和各该地方重大事务的权利”,修改为:“有通过本会会议和组织**充分发表各种意见**、参加讨论国家大政方针和各该地方重大事务的权利”。

十九、章程第三十条增加“**及界别设置**”和“**主席会议审议同意后**”。这一条相应地修改为:“每届中国人民政治协商会议全国委员会的参加单位、委员名额和人选**及界别设置,经**上届全国委员会**主席会议审议同意后,由**常务委员会协商决定。

每届全国委员会任期内,有必要增加或者变更参加单位、委员名额和决定人选时,**经**本届**主席会议审议同意后,由**常务委员会协商决定。”

章程第四十一条也作了同样修改。

二十、章程第三十六条第二款、第四十七条第一款中增加预备会议的有关程序,修改为:“每届第一次全体会议**前召开全体委员参加的预备**会议,选举**第一次全体会议**主席团,**由主席团**主持**第一次全体会议**”。

二十一、章程第三十七条末、第四十八条末各增加同样内容的一款,作为第二款:“**主席会议受常务委员会的委托,主持下一届第一次全体会议预备会议。**”

二十二、章程第四十三条中删去“县、自治县、不设区的市和市辖区的地方委员会根据具体情况,也可不设秘书长。”

(**注**:以上修改条款中只列出增加内容,对删除的文字未一一标出,详见《中国人民政治协商会议章程原条文与修改后条文对照表》)

(2004 年 3 月 17 日《人民政协报》)

中国人民政治协商会议章程原条文与修改后条文对照表

（[_]内的内容表示删除；黑体字表示增加的内容）

总纲

原条文

中国人民在长期的革命和建设进程中，结成了由中国共产党领导的，有各民主党派、无党派民主人士、人民团体、少数民族人士和各界爱国人士参加的，由全体社会主义劳动者、拥护社会主义的爱国者和拥护祖国统一的爱国者组成的，包括台湾同胞、港澳同胞和国外侨胞在内的最广泛的爱国统一战线。

修改后的条文

中国人民在长期的革命和建设进程中，结成了由中国共产党领导的，有各民主党派、无党派[民主]人士、人民团体、少数民族人士和各界爱国人士参加的，由全体社会主义劳动者**、社会主义事业的建设者**、拥护社会主义的爱国者和拥护祖国统一的爱国者组成的，包括**香港特别行政区同胞、澳门特别行政区同胞、**台湾同胞[、港澳同胞]和**海**[国]外侨胞在内的最广泛的爱国统一战线。

原条文

中国人民政治协商会议是中国人民爱国统一战线的组织，是中国共产党领导的多党合作和政治协商的重要机构。

修改后的条文

中国人民政治协商会议是中国人民爱国统一战线的组织，是中国共产党领导的多党合作和政治协商的重要机构，**是我国政治生活中发扬社会主义民主的重要形式。团结和民主是中国人民政治协商会议的两大主题。**

原条文

中华人民共和国成立以后，我国各族人民在中国共产党的领导下，消灭了剥削制度，建立了社会主义制度。我国社会阶级状况发生了根本的变化。工农联盟更加巩固。知识分子同工人、农民一样是社会主义事业的依靠力量。原来属于剥削阶级的人，绝大多数已经成为自食其力的劳动者。在人民革命和建设事业中同中国共产党一道前进、一道经受考验并作出重要贡献的各民主党派，已经成为各自所联系的一部分社会主义劳动者和拥护社会主义的爱国者的政治联盟，日益发挥其重要作用。全国各民族已经形成平等、团结、互助的社会主义民族关系。宗教界的爱国人士积极参加祖国的社会主义建设。台湾同胞、港澳同胞和国外侨胞热爱祖国，拥护祖国统一，支援祖国建设事业。在新的历史时期，我国的爱国统一战线具有更强大的生命力，仍然是中国人民团结战斗、建设祖国和统一祖国的一个重要"法宝"，它将更加巩固，更加发展。

修改后的条文

中华人民共和国成立以后，我国各族人民在中国共产党的领导下，消灭了剥削制度，建立了社会主义制度。我国社会阶级状况发生了根本的变化。工农联盟更加巩固。知识分子同工人、农民一样是社会主义事业的依靠力量。[原来属于剥削阶级的人,绝大多数已经成为自食其力的劳动者。]在人民革命和建设事业中同中国共产党一道前进、一道经受考验并作出重要贡献的各民主党派,已经成为各自所联系的一部分社会主义劳动者、**社会主义事业的建设者**和拥护社会主义的爱国者的政治联盟,日益发挥其重要作用。全国各民族已经形成平等、团结、互助的社会主义民族关系。宗教界的爱国人士积极参加祖国的社会主义建设。**香港特别行政区同胞、澳门特别行政区同胞**、台湾同胞[、港澳同胞]和**海**[国]外侨胞热爱祖国,拥护祖国统一,支援祖国建设事业。在新的历史时期,我国的爱国统一战线具有更强大的生命力,仍然是中国人民团结战斗、建设祖国和统一祖国的一个重要“法宝”,它将更加巩固,更加发展。

原条文

我国将长期处于社会主义初级阶段,面临的主要矛盾是人民日益增长的物质、文化需要同落后的社会生产之间的矛盾。由于国内的因素和国际的影响,我国人民同国内外的敌对势力和敌对分子的斗争还将是长期的,阶级斗争还将在一定范围内长期存在,但已经不是我国社会的主要矛盾。我国各族人民的根本任务是,沿着建设有中国特色社会主义的道路,坚持社会主义初级阶段的基本路线,集中力量进行社会主义现代化建设,自力更生、艰苦奋斗,逐步实现工业、农业、国防和科学技术现代化,把我国建设成为富强、民主、文明的社会主义国家。中国人民政治协商会议要在热爱中华人民共和国、拥护中国共产党的领导和拥护社会主义事业的政治基础上,尽一切努力,进一步巩固和发展爱国统一战线,调动一切积极因素,团结一切可能团结的人,同心同德,群策群力,以经济建设为中心,维护和发展安定团结的政治局面,促进社会主义民主和法制的建设,促进社会主义精神文明建设,推动社会主义市场经济的发展,为实现我国各族人民的根本任务而奋斗。

修改后的条文

我国将长期处于社会主义初级阶段,面临的主要矛盾是人民日益增长的物质、文化需要同落后的社会生产之间的矛盾。由于国内的因素和国际的影响,我国人民同国内外的敌对势力和敌对分子的斗争还将是长期的,阶级斗争还将在一定范围内长期存在,但已经不是我国社会的主要矛盾。我国各族人民的根本任务是,沿着[建设有]中国特色社会主义[的]道路,坚持社会主义初级阶段的基本路线,集中力量进行社会主义现代化建设,自力更生、艰苦奋斗,逐步实现工业、农业、国防和科学技术现代化,把我国建设成为富强、民主、文明的社会主义国家。中国人民政治协商会议要**在马克思列宁主义、毛泽东思想、邓小平理论和“三个代表”重要思想指引下,**在热爱中华人民共和国、拥护中国共产党的领导[和]、拥护社会主义事业、**共同致力于中华民族伟大复兴**的政治基础上,尽一切努力,进一步巩固和发展爱国统一战线,调动一切积极因素,团结一切可能团结的人,同心同德,群策群力,以经济建设为中心,维护和发展安定团结的政治局面,**不断**促进社会主义[民主和法制的建设,促进社会主义精神文明建设,推动社会主义市场经济的发展]**物质文明、政治文明和精神文明的协调发展,**为实现我国各族人民的根本任务而奋斗。

原条文

中国人民政治协商会议是我国政治生活中发扬社会主义民主的一种重要形式,根据中国共产党同各民主党派和无党派人士“长期共存,互相监督”,“肝胆相照,荣辱与共”的方针,对国家的大政方针和群众生活的重要问题进行政治协商,并通过建议和批评发挥民主监督作用。

修改后的条文

中国共产党领导的多党合作和政治协商制度是我国的一项基本政治制度。中国人民政治协商会议[是我国政治生活中发扬社会主义民主的一种重要形式,]根据中国共产党同各民主党派和无党派人士“长期共存[,]、互相监督[”,“]、肝胆相照[,]、荣辱与共”的方针,**促进参加中国人民政治协商会议的各党派、无党派人士的团结合作,充分体现和发挥我国社会主义政党制度的特点和优势。**[对国家的大政方针和群众生活的重要问题进行政治协商,并通过建议和批评发挥民主监督作用。]

第一章　工作总则

原条文

第二条　中国人民政治协商会议全国委员会和地方委员会的主要职能是政治协商和民主监督,组织参加本会的各党派、团体和各族各界人士参政议政。

政治协商是对国家和地方的大政方针以及政治、经济、文化和社会生活中的重要问题在决策之前进行协商和就决策执行过程中的重要问题进行协商。中国人民政治协商会议全国委员会和地方委员会可根据中国共产党、人民代表大会常务委员会、人民政府、民主党派、人民团体的提议,举行有各党派、团体的负责人和各族各界人士的代表参加的会议,进行协商,亦可建议上列单位将有关重要问题提交协商。

民主监督是对国家宪法、法律和法规的实施,重大方针政策的贯彻执行、国家机关及其工作人员的工作,通过建议和批评进行监督。

修改后的条文

第二条　中国人民政治协商会议全国委员会和地方委员会的主要职能是政治协商[和]、民主监督、[,组织参加本会的各党派、团体和各族各界人士]参政议政。

政治协商是对国家和地方的大政方针以及政治、经济、文化和社会生活中的重要问题在决策之前进行协商和就决策执行过程中的重要问题进行协商。中国人民政治协商会议全国委员会和地方委员会可根据中国共产党、人民代表大会常务委员会、人民政府、民主党派、人民团体的提议,举行有各党派、团体的负责人和各族各界人士的代表参加的会议,进行协商,亦可建议上列单位将有关重要问题提交协商。

民主监督是对国家宪法、法律和法规的实施,重大方针政策的贯彻执行、国家机关及其工作人员的工作,通过建议和批评进行监督。

参政议政是对政治、经济、文化和社会生活中的重要问题以及人民群众普遍关心的问题,开展调查研究,反映社情民意,进行协商讨论。通过调研报告、提案、建议案或其他形式,向中国共产党和国家机关提出意见和建议。

原条文

第三条　中国人民政治协商会议全国委员会和地方委员会贯彻依法治国方略,宣传和执行国家的宪法、法律和各项方针、政策,推动社会力量积极参加物质文明和社会主义精神文明的建设事业。

修改后的条文

第三条　中国人民政治协商会议全国委员会和地方委员会贯彻依法治国方略，宣传和执行国家的宪法、法律、**法规**和各项方针、政策，推动社会力量积极参加**社会主义**物质文明、**政治文明**和[社会主义]精神文明的建设事业。

原条文

第四条　中国人民政治协商会议全国委员会和地方委员会坚持公有制为主体、多种所有制经济共同发展的基本经济制度，坚持按劳分配为主体、多种分配方式并存的分配制度，促进社会生产力的解放和发展。

修改后的条文

第四条　中国人民政治协商会议全国委员会和地方委员会坚持公有制为主体、多种所有制经济共同发展的基本经济制度[，]。**巩固和发展公有制经济，鼓励、支持和引导非公有制经济发展。**坚持按劳分配为主体、多种分配方式并存的分配制度[，]。促进社会生产力的解放和发展。

原条文

第七条　中国人民政治协商会议全国委员会和地方委员会通过各种形式，积极传播先进思想，开展爱祖国、爱人民、爱劳动、爱科学、爱社会主义的公德以及革命的理想、道德和纪律的宣传教育工作。

修改后的条文

第七条　中国人民政治协商会议全国委员会和地方委员会通过各种形式，积极传播先进**文化**[思想]，**弘扬和培育民族精神，**开展爱祖国、爱人民、爱劳动、爱科学、爱社会主义的公德以及革命的理想、道德和纪律的宣传教育工作。

原条文

第十条　中国人民政治协商会议全国委员会和地方委员会组织和推动委员在自愿的基础上学习马克思列宁主义、毛泽东思想、邓小平理论，学习时事政治，学习和交流业务和科学技术知识，增强为祖国服务的才能。

修改后的条文

第十条　中国人民政治协商会议全国委员会和地方委员会组织和推动委员在自愿的基础上学习马克思列宁主义、毛泽东思想、邓小平理论**和“三个代表”重要思想，**学习时事政治，学习和交流业务和科学技术知识，增强为祖国服务的才能。

原条文

第十一条　中国人民政治协商会议全国委员会和地方委员会宣传和参与贯彻执行国家关于统一祖国的方针政策，积极开展同台湾同胞和各界人士的联系，促进祖国统一大业的实现。

加强同港澳同胞的联系和团结，鼓励他们为保持港澳地区的繁荣和稳定，为建设祖国和统一祖国作出贡献。

修改后的条文

第十一条　中国人民政治协商会议全国委员会和地方委员会宣传和参与贯彻执行国家关于统一祖国的方针政策，积极开展同台湾同胞和各界人士的联系，促进祖国统一大业的实现。

加强同**香港特别行政区同胞、澳门特别行政区**[港澳]同胞的联系和团结，鼓励他们为保持港澳地区的繁荣和稳定，为建设祖国和统一祖国作出贡献。

原条文

第十二条　中国人民政治协商会议全国委员会和地方委员会宣传和协助贯彻执行国家的知识分子政策，以利于充分发挥知识分子在社会主义现代化建设中的作用。

修改后的条文

第十二条　中国人民政治协商会议全国委员会和地方委员会宣传和协助贯彻执行国家的**人才强国战略和**知识分子政策，**尊重劳动、尊重知识、尊重人才、尊重创造，**以利于充分发挥**各类人才和**知识分子在社会主义现代化建设中的作用。

原条文

第十三条　中国人民政治协商会议全国委员会和地方委员会宣传和协助贯彻执行国家的民族政策，反映少数民族的意见和要求，为发展少数民族地区的经济、文化，维护少数民族的合法权利和利益，改善和发展社会主义的民族关系，增进各族人民的大团结和维护祖国的统一贡献力量。

修改后的条文

第十三条　中国人民政治协商会议全国委员会和地方委员会宣传和协助贯彻执行国家的民族政策，反映少数民族的意见和要求，为发展少数民族地区的经济、文化，维护少数民族的合法权利和利益，**坚持和完善民族区域自治制度，巩固**[改善]和发展**平等团结互助的**社会主义[的]民族关系，**促进各民族共同繁荣进步，**增进各族人民的大团结和维护祖国的统一贡献力量。

原条文

第十四条　中国人民政治协商会议全国委员会和地方委员会宣传和协助贯彻执行国家的宗教政策，团结宗教界爱国人士和宗教信仰者为祖国的建设和统一贡献力量。

修改后的条文

第十四条　中国人民政治协商会议全国委员会和地方委员会宣传和协助贯彻执行国家的宗教**信仰自由政策，支持政府依法管理宗教事务，坚持独立自主自办的原则，积极引导宗教与社会主义社会相适应，**团结宗教界爱国人士和宗教信仰者为祖国的建设和统一贡献力量。

原条文

第十五条　中国人民政治协商会议全国委员会和地方委员会宣传和协助贯彻执行国家的侨务政策。加强同国外侨胞的联系和团结，鼓励他们为祖国的建设事业和统一祖国的大业作出贡献。

修改后的条文

第十五条　中国人民政治协商会议全国委员会和地方委员会宣传和协助贯彻执行国家的侨务政策[。]，加强同**归侨、侨眷和海**[国]外侨胞的联系和团结，鼓励他们为祖国的建设事业和统一祖国的大业作出贡献。

第二章　组织总则

原条文

第十九条　中国人民政治协商会议设全国委员会和地方委员会。

修改后的条文

第十九条　中国人民政治协商会议设全国委员会和地方委员会。

中国人民政治协商会议全国委员会对地方委员会的关系和地方委员会对下[一]**级地方委员会的关系是指导关系。**

原条文

第二十条　中国人民政治协商会议全国委员会由中国共产党、各民主党派、无党派民主人士、人民团体、各少数民族和各界的代表，台湾同胞、港澳同胞和归国侨胞的代表以及特别邀请的人士组成。

中国人民政治协商会议地方委员会的组成，根据当地情况，参照全国委员会的组成决定。

修改后的条文

第二十条　中国人民政治协商会议全国委员会由中国共产党、各民主党派、无党派[民主]人士、人民团体、各少数民族和各界的代表，**香港特别行政区同胞、澳门特别行政区同胞**、台湾同胞[、港澳同胞]和归国侨胞的代表以及特别邀请的人士组成，**设若干界别**。

中国人民政治协商会议地方委员会的组成，根据当地情况，参照全国委员会的组成决定。

原条文

第二十四条　中国人民政治协商会议全国委员会对地方委员会的关系和地方委员会对下一级地方委员会的关系是指导关系。

修改后的条文

第二十四条　[中国人民政治协商会议全国委员会对地方委员会的关系和地方委员会对下一级地方委员会的关系是指导关系。]

中国人民政治协商会议全国委员会委员和地方委员会委员应热爱祖国，拥护中国共产党的领导和社会主义事业，维护民族团结和国家统一，遵守国家的宪法和法律，在本界别中有代表性，有社会影响和参政议政能力。

中国人民政治协商会议全国委员会委员和地方委员会委员要密切联系群众，了解和反映他们的愿望和要求，参加本会组织的会议和活动。

原条文

第二十五条　中国人民政治协商会议全国委员会全体会议的议案，应经全体委员过半数通过。全国委员会常务委员会的议案，应经全体常务委员过半数通过。各参加单位和个人对会议的决议，都有遵守和履行的义务。如有不同意见，在坚决执行的前提下可以声明保留。地方委员会同。

修改后的条文

第二十五条　中国人民政治协商会议全国委员会**和地方委员会**全体会议的议案，应经全体委员过半数通过。[全国委员会]常务委员会的议案，应经[全体]常务委员**会全体组成人员**过半数通过。各参加单位和个人对会议的决议，都有遵守和履行的义务。如有不同意见，在坚决执行的前提下可以声明保留。[地方委员会同。]

原条文

第二十七条　参加中国人民政治协商会议全国委员会和地方委员会的单位和个人，

有通过本会会议和组织参加讨论国家大政方针和各该地方重大事务的权利，对国家机关和国家工作人员的工作提出建议和批评的权利，以及对违纪违法行为检举揭发、参与调查和检查的权利。

修改后的条文

第二十七条　参加中国人民政治协商会议全国委员会和地方委员会的单位和个人，有通过本会会议和组织**充分发表各种意见、**参加讨论国家大政方针和各该地方重大事务的权利，对国家机关和国家工作人员的工作提出建议和批评的权利，以及对违纪违法行为检举揭发、参与调查和检查的权利。

第三章　全国委员会

原条文

第三十条　每届中国人民政治协商会议全国委员会的参加单位、委员名额和人选，由上届全国委员会常务委员会协商决定。

每届全国委员会任期内，有必要增加或者变更参加单位、委员名额和决定人选时，由本届常务委员会协商决定。

修改后的条文

第三十条　每届中国人民政治协商会议全国委员会的参加单位、委员名额和人选**及界别设置，**[由]**经**上届全国委员会**主席会议审议同意后，由**常务委员会协商决定。

每届全国委员会任期内，有必要增加或者变更参加单位、委员名额和决定人选时，[由]**经**本届**主席会议审议同意后，由**常务委员会协商决定。

原条文

第三十二条　中国人民政治协商会议全国委员会设主席、副主席若干人和秘书长。

修改后的条文

第三十二条　中国人民政治协商会议全国委员会设主席[、]，副主席若干人和秘书长。

原条文

第三十六条　中国人民政治协商会议全国委员会常务委员会行使下列职权：

一、解释中国人民政治协商会议章程，监督章程的实施；

二、召集并主持中国人民政治协商会议全国委员会全体会议；每届第一次全体会议由会议选举主席团主持；

三、组织实现中国人民政治协商会议章程规定的任务；

四、执行全国委员会全体会议的决议；

五、全国委员会全体会议闭会期间，审查通过提交全国人民代表大会及其常务委员会或国务院的重要建议案；

六、根据秘书长的提议，任免中国人民政治协商会议全国委员会副秘书长；

七、决定中国人民政治协商会议全国委员会工作机构的设置和变动，并任免其领导成员。

修改后的条文

第三十六条　中国人民政治协商会议全国委员会常务委员会行使下列职权：

一、解释中国人民政治协商会议章程,监督章程的实施;

二、召集并主持中国人民政治协商会议全国委员会全体会议;每届第一次全体会议[由]**前召开全体委员参加的预备**会议,选举**第一次全体会议**主席团,**由主席团主持第一次全体会议;**

三、组织实现中国人民政治协商会议章程规定的任务;

四、执行全国委员会全体会议的决议;

五、全国委员会全体会议闭会期间,审查通过提交全国人民代表大会及其常务委员会或国务院的重要建议案;

六、根据秘书长的提议,任免中国人民政治协商会议全国委员会副秘书长;

七、决定中国人民政治协商会议全国委员会工作机构的设置和变动,并任免其领导成员。

原条文

第三十七条　中国人民政治协商会议全国委员会主席主持常务委员会的工作。副主席、秘书长协助主席工作。

主席、副主席、秘书长组成主席会议,处理常务委员会的重要日常工作。

修改后的条文

第三十七条　中国人民政治协商会议全国委员会主席主持常务委员会的工作。副主席、秘书长协助主席工作。

主席、副主席、秘书长组成主席会议,处理常务委员会的重要日常工作。

主席会议受常务委员会的委托,主持下一届第一次全体会议预备会议。

第四章　地方委员会

原条文

第四十一条　每届中国人民政治协商会议地方委员会的参加单位、委员名额和人选,由上届地方委员会常务委员会协商决定。

每届地方委员会任期内,如有必要增加或者变更参加单位、委员名额和决定人选,由本届地方委员会常务委员会协商决定。

修改后的条文

第四十一条　每届中国人民政治协商会议地方委员会的参加单位、委员名额和人选**及界别设置,**[由]**经**上届地方委员会**主席会议审议同意后,由**常务委员会协商决定。

每届地方委员会任期内,如有必要增加或者变更参加单位、委员名额和决定人选,[由]**经**本届地方委员会**主席会议审议同意后,由**常务委员会协商决定。

原条文

第四十三条　中国人民政治协商会议各级地方委员会设主席,副主席若干人和秘书长。县、自治县、不设区的市和市辖区的地方委员会根据具体情况,也可不设秘书长。

修改后的条文

第四十三条　中国人民政治协商会议各级地方委员会设主席,副主席若干人和秘书长。[县、自治县、不设区的市和市辖区的地方委员会根据具体情况,也可不设秘书长。]

原条文

第四十七条　中国人民政治协商会议地方委员会常务委员会行使下列职权：

一、召集并主持地方委员会全体会议；每届第一次全体会议由会议选举主席团主持；

二、组织实现中国人民政治协商会议章程规定的任务和全国委员会所作的全国性的决议以及上级地方委员会所作的全地区性的决议；

三、执行地方委员会全体会议的决议；

四、地方委员会全体会议闭会期间，审议通过提交同级地方人民代表大会及其常务委员会或人民政府的重要建议案；

五、根据秘书长的提议，任免地方委员会的副秘书长；

六、决定地方委员会工作机构的设置和变动，并任免其领导成员。

修改后的条文

第四十七条　中国人民政治协商会议地方委员会常务委员会行使下列职权：

一、召集并主持地方委员会全体会议；每届第一次全体会议[由]**前召开全体委员参加的预备**会议，选举**第一次全体会议**主席团，**由主席团**主持**第一次全体会议；**

二、组织实现中国人民政治协商会议章程规定的任务和全国委员会所作的全国性的决议以及上级地方委员会所作的全地区性的决议；

三、执行地方委员会全体会议的决议；

四、地方委员会全体会议闭会期间，审议通过提交同级地方人民代表大会及其常务委员会或人民政府的重要建议案；

五、根据秘书长的提议，任免地方委员会的副秘书长；

六、决定地方委员会工作机构的设置和变动，并任免其领导成员。

原条文

第四十八条　中国人民政治协商会议各级地方委员会的主席主持常务委员会的工作。副主席、秘书长协助主席工作。

主席、副主席、秘书长组成主席会议，处理常务委员会的重要日常工作。

修改后的条文

第四十八条　中国人民政治协商会议各级地方委员会的主席主持常务委员会的工作。副主席、秘书长协助主席工作。

主席、副主席、秘书长组成主席会议，处理常务委员会的重要日常工作。

主席会议受常务委员会的委托，主持下一届第一次全体会议预备会议。

（2004 年 3 月 17 日《人民政协报》）

中国人民政治协商会议章程

（1982年12月11日中国人民政治协商会议第五届全国委员会第五次会议通过
根据1994年3月19日中国人民政治协商会议第八届全国委员会第二次会议通过的《中国人民政治协商会议章程修正案》、2000年3月11日中国人民政治协商会议第九届全国委员会第三次会议通过的《中国人民政治协商会议章程修正案》和2004年3月12日中国人民政治协商会议第十届全国委员会第二次会议通过的《中国人民政治协商会议章程修正案》修订）

目 录

总 纲

中国人民在长期的革命和建设进程中，结成了由中国共产党领导的，有各民主党派、无党派人士、人民团体、少数民族人士和各界爱国人士参加的，由全体社会主义劳动者、社会主义事业的建设者、拥护社会主义的爱国者和拥护祖国统一的爱国者组成的，包括香港特别行政区同胞、澳门特别行政区同胞、台湾同胞和海外侨胞在内的最广泛的爱国统一战线。

中华人民共和国宪法规定：中国共产党领导的多党合作和政治协商制度将长期存在和发展。

中国人民政治协商会议是中国人民爱国统一战线的组织，是中国共产党领导的多党合作和政治协商的重要机构，是我国政治生活中发扬社会主义民主的重要形式。团结和民主是中国人民政治协商会议的两大主题。一九四九年九月，中国人民政治协商会议第一届全体会议代行全国人民代表大会的职权，代表全国人民的意志，宣告中华人民共和国的成立，发挥了重要的历史作用。一九五四年第一届全国人民代表大会召开后，中国人民政治协商会议继续在国家的政治生活和社会生活以及对外友好活动中进行了许多工作，作出了重要的贡献。一九七八年十二月中国共产党十一届三中全会以来，在拨乱反正、巩固和发展安定团结的政治局面，实现国家工作中心向经济建设转移，推进改革开放和社会主义现代化建设，争取实现包括台湾在内的祖国统一，反对霸权主义、维护世界和平的斗争中，中国人民政治协商会议进一步发挥了重要作用。

中华人民共和国成立以后,我国各族人民在中国共产党的领导下,消灭了剥削制度,建立了社会主义制度。我国社会阶级状况发生了根本的变化。工农联盟更加巩固。知识分子同工人、农民一样是社会主义事业的依靠力量。在人民革命和建设事业中同中国共产党一道前进、一道经受考验并作出重要贡献的各民主党派,已经成为各自所联系的一部分社会主义劳动者、社会主义事业的建设者和拥护社会主义的爱国者的政治联盟,日益发挥其重要作用。全国各民族已经形成平等、团结、互助的社会主义民族关系。宗教界的爱国人士积极参加祖国的社会主义建设。香港特别行政区同胞、澳门特别行政区同胞、台湾同胞和海外侨胞热爱祖国,拥护祖国统一,支援祖国建设事业。在新的历史时期,我国的爱国统一战线具有更强大的生命力,仍然是中国人民团结战斗、建设祖国和统一祖国的一个重要"法宝",它将更加巩固,更加发展。

我国将长期处于社会主义初级阶段,面临的主要矛盾是人民日益增长的物质、文化需要同落后的社会生产之间的矛盾。由于国内的因素和国际的影响,我国人民同国内外的敌对势力和敌对分子的斗争还将是长期的,阶级斗争还将在一定范围内长期存在,但已经不是我国社会的主要矛盾。我国各族人民的根本任务是,沿着中国特色社会主义道路,坚持社会主义初级阶段的基本路线,集中力量进行社会主义现代化建设,自力更生、艰苦奋斗,逐步实现工业、农业、国防和科学技术现代化,把我国建设成为富强、民主、文明的社会主义国家。中国人民政治协商会议要在马克思列宁主义、毛泽东思想、邓小平理论和"三个代表"重要思想指引下,在热爱中华人民共和国、拥护中国共产党的领导、拥护社会主义事业、共同致力于中华民族伟大复兴的政治基础上,尽一切努力,进一步巩固和发展爱国统一战线,调动一切积极因素,团结一切可能团结的人,同心同德,群策群力,以经济建设为中心,维护和发展安定团结的政治局面,不断促进社会主义物质文明、政治文明和精神文明的协调发展,为实现我国各族人民的根本任务而奋斗。

中国共产党领导的多党合作和政治协商制度是我国的一项基本政治制度。中国人民政治协商会议根据中国共产党同各民主党派和无党派人士"长期共存、互相监督、肝胆相照、荣辱与共"的方针,促进参加中国人民政治协商会议的各党派、无党派人士的团结合作,充分体现和发挥我国社会主义政党制度的特点和优势。

中国人民政治协商会议的一切活动以中华人民共和国宪法为根本的准则。

中国人民政治协商会议全国委员会和地方委员会,依法维护其参加单位和个人按照本章程履行职责的权利。

第一章　工作总则

第一条　中国人民政治协商会议全国委员会和地方委员会,按照中国人民政治协商会议章程进行工作。

第二条　中国人民政治协商会议全国委员会和地方委员会的主要职能是政治协商、民主监督、参政议政。

政治协商是对国家和地方的大政方针以及政治、经济、文化和社会生活中的重要问题在决策之前进行协商和就决策执行过程中的重要问题进行协商。中国人民政治协商会议全国委员会和地方委员会可根据中国共产党、人民代表大会常务委员会、人民政府、民主党派、人民团体的提议,举行有各党派、团体的负责人和各族各界人士的代表参加的会议,进行协商，亦可建议上列单位将有关重要问题提交协商。

民主监督是对国家宪法、法律和法规的实施，重大方针政策的贯彻执行、国家机关及其工作人员的工作，通过建议和批评进行监督。

参政议政是对政治、经济、文化和社会生活中的重要问题以及人民群众普遍关心的问题，开展调查研究，反映社情民意，进行协商讨论。通过调研报告、提案、建议案或其他形式，向中国共产党和国家机关提出意见和建议。

第三条 中国人民政治协商会议全国委员会和地方委员会贯彻依法治国方略，宣传和执行国家的宪法、法律、法规和各项方针、政策，推动社会力量积极参加社会主义物质文明、政治文明和精神文明的建设事业。

第四条 中国人民政治协商会议全国委员会和地方委员会坚持公有制为主体、多种所有制经济共同发展的基本经济制度。巩固和发展公有制经济，鼓励、支持和引导非公有制经济发展。坚持按劳分配为主体、多种分配方式并存的分配制度。促进社会生产力的解放和发展。

第五条 中国人民政治协商会议全国委员会和地方委员会密切联系各方面人士，反映他们及其所联系的群众的意见和要求，对国家机关和国家工作人员的工作提出建议和批评，协助国家机关进行机构改革和体制改革，改进工作，提高工作效率，克服官僚主义，加强廉政建设。

第六条 中国人民政治协商会议全国委员会和地方委员会调整和处理统一战线各方面的关系和中国人民政治协商会议内部合作的重要事项。

第七条 中国人民政治协商会议全国委员会和地方委员会通过各种形式，积极传播先进文化，弘扬和培育民族精神，开展爱祖国、爱人民、爱劳动、爱科学、爱社会主义的公德以及革命的理想、道德和纪律的宣传教育工作。

第八条 中国人民政治协商会议全国委员会和地方委员会坚持发展科学、繁荣文化的"百花齐放、百家争鸣"的方针，密切联系国家机关和其他有关组织，在政治、法律、经济、教育、科学技术、文化艺术、医药卫生、体育等方面开展调查研究等活动，广开言路，广开才路，充分发挥委员的专长和作用。

中国人民政治协商会议全国委员会和地方委员会推动和协助社会力量兴办各种有利于社会主义建设的事业。

第九条 中国人民政治协商会议全国委员会和地方委员会组织委员视察、参观和调查，了解情况，就各项事业和群众生活的重要问题进行研究，通过建议案、提案和其他形式向国家机关和其他有关组织提出建议和批评。

第十条 中国人民政治协商会议全国委员会和地方委员会组织和推动委员在自愿的基础上学习马克思列宁主义、毛泽东思想、邓小平理论和"三个代表"重要思想，学习时事政治，学习和交流业务和科学技术知识，增强为祖国服务的才能。

第十一条 中国人民政治协商会议全国委员会和地方委员会宣传和参与贯彻执行国家关于统一祖国的方针政策，积极开展同台湾同胞和各界人士的联系，促进祖国统一大业的实现。

加强同香港特别行政区同胞、澳门特别行政区同胞的联系和团结，鼓励他们为保持港澳地区的繁荣和稳定，为建设祖国和统一祖国作出贡献。

第十二条 中国人民政治协商会议全国委员会和地方委员会宣传和协助贯彻执行国家的人才强国战略和知识分子政策，尊重劳动、尊重知识、尊重人才、尊重创造，以利于充分发挥各类人才和知识分子在社会主义现代化建设中的作用。

第十三条 中国人民政治协商会议全国委员会和地方委员会宣传和协助贯彻执行国家的民族政策，反映少数民族的意见和要求，为发展少数民族地区的经济、文化，维护少数民族的合法权利和利益，坚持和完善民族区域自治制度，巩固和发展平等团结互助的社会主义民族关系，促进各民族共同繁荣进步，增进各族人民的大团结和维护祖国的统一贡献力量。

第十四条 中国人民政治协商会议全国委员会和地方委员会宣传和协助贯彻执行国家的宗教信仰自由政策，支持政府依法管理宗教事务，坚持独立自主自办的原则，积极引导宗教与社会主义社会相适应，团结宗教界爱国人士和宗教信仰者为祖国的建设和统一贡献力量。

第十五条 中国人民政治协商会议全国委员会和地方委员会宣传和协助贯彻执行国家的侨务政策，加强同归侨、侨眷和海外侨胞的联系和团结，鼓励他们为祖国的建设事业和统一祖国的大业作出贡献。

第十六条 中国人民政治协商会议全国委员会和地方委员会宣传和协助贯彻执行国家的外交政策，根据具体情况，积极主动地开展人民外交活动，加强同各国人民的友好往来和合作。

第十七条 中国人民政治协商会议全国委员会和地方委员会根据统一战线组织的特点进行关于中国近代史、现代史资料的征集、研究和出版工作。

第十八条 中国人民政治协商会议全国委员会加强同地方委员会的联系，沟通情况，交流经验，研究地方委员会带共同性的问题。

第二章 组织总则

第十九条 中国人民政治协商会议设全国委员会和地方委员会。

中国人民政治协商会议全国委员会对地方委员会的关系和地方委员会对下级地方委员会的关系是指导关系。

第二十条 中国人民政治协商会议全国委员会由中国共产党、各民主党派、无党派人士、人民团体、各少数民族和各界的代表，香港特别行政区同胞、澳门特别行政区同胞、台湾同胞和归国侨胞的代表以及特别邀请的人士组成，设若干界别。

中国人民政治协商会议地方委员会的组成，根据当地情况，参照全国委员会的组成决定。

第二十一条 凡赞成本章程的党派和团体，经中国人民政治协商会议全国委员会常务委员会协商同意，得参加中国人民政治协商会议全国委员会。个人经中国人民政治协商会议全国委员会常务委员会协商邀请，亦得参加中国人民政治协商会议全国委员会。参加地方委员会者，由各级地方委员会按照本条上述规定办理。

第二十二条 参加中国人民政治协商会议全国委员会或地方委员会的单位和个人，都有遵守和履行本章程的义务。

第二十三条 中国人民政治协商会议地方委员会对全国委员会的全国性的决议，下级地方委员会对上级地方委员会的全地区性的决议，都有遵守和履行的义务。

第二十四条 中国人民政治协商会议全国委员会委员和地方委员会委员应热爱祖国，拥护中国共产党的领导和社会主义事业，维护民族团结和国家统一，遵守国家的宪法和法律，在本界别中有代表性，有社会影响和参政议政能力。

中国人民政治协商会议全国委员会委员和地方委员会委员要密切联系群众，了解和反映他们的愿望和要求，参加本会组织的会议和活动。

第二十五条 中国人民政治协商会议全国委员会和地方委员会全体会议的议案，应经全体委员过半数通过。常务委员会的议案，应经常务委员会全体组成人员过半数通过。各参加单位和个人对会议的决议，都有遵守和履行的义务。如有不同意见，在坚决执行的前提下可以声明保留。

第二十六条 中国人民政治协商会议全国委员会和地方委员会的委员，在本会会议上有表决权、选举权和被选举权；有对本会工作提出批评和建议的权利。

第二十七条 参加中国人民政治协商会议全国委员会和地方委员会的单位和个人，有通过本会会议和组织充分发表各种意见、参加讨论国家大政方针和各该地方重大事务的权利，对国家机关和国家工作人员的工作提出建议和批评的权利，以及对违纪违法行为检举揭发、参与调查和检查的权利。

第二十八条 参加中国人民政治协商会议全国委员会和地方委员会的单位和个人，有声明退出的自由。

第二十九条 参加中国人民政治协商会议全国委员会和地方委员会的单位和个人，如果严重违反中国人民政治协商会议章程或全体会议和常务委员会的决议，由全国委员会常务委员会或地方委员会常务委员会分别依据情节给予警告处分，或撤销其参加中国人民政治协商会议全国委员会或地方委员会的资格。

受警告处分或撤销参加资格的单位或个人，如果不服，可以请求复议。

第三章 全国委员会

第三十条 每届中国人民政治协商会议全国委员会的参加单位、委员名额和人选及界别设置，经上届全国委员会主席会议审议同意后，由常务委员会协商决定。

每届全国委员会任期内，有必要增加或者变更参加单位、委员名额和决定人选时，经本届主席会议审议同意后，由常务委员会协商决定。

第三十一条 中国人民政治协商会议全国委员会每届任期五年。如遇非常情况，由常务委员会以全体组成人员的三分之二以上的多数通过，得延长任期。

第三十二条 中国人民政治协商会议全国委员会设主席，副主席若干人和秘书长。

第三十三条 中国人民政治协商会议全国委员会全体会议每年举行一次。常务委员会认为必要时，得临时召集之。

第三十四条 中国人民政治协商会议全国委员会全体会议行使下列职权：

一、修改中国人民政治协商会议章程，监督章程的实施；

二、选举全国委员会的主席、副主席、秘书长和常务委员；

三、听取和审议常务委员会的工作报告；

四、讨论本会重大工作方针、任务并作出决议；

五、参与对国家大政方针的讨论，提出建议和批评。

第三十五条 中国人民政治协商会议全国委员会设常务委员会主持会务。

常务委员会由全国委员会主席、副主席、秘书长和常务委员组成，其候选人由参加中国人民政治协商会议全国委员会的各党派、团体、各民族和各界人士协商提名，经全国委员会全体会议选举产生。

第三十六条 中国人民政治协商会议全国委员会常务委员会行使下列职权：

一、解释中国人民政治协商会议章程，监督章程的实施；

二、召集并主持中国人民政治协商会议全国委员会全体会议；每届第一次全体会议前召开全体委员参加的预备会议，选举第一次全体会议主席团，由主席团主持第一次全体会议；

三、组织实现中国人民政治协商会议章程规定的任务；

四、执行全国委员会全体会议的决议；

五、全国委员会全体会议闭会期间，审查通过提交全国人民代表大会及其常务委员会或国务院的重要建议案；

六、根据秘书长的提议，任免中国人民政治协商会议全国委员会副秘书长；

七、决定中国人民政治协商会议全国委员会工作机构的设置和变动，并任免其领导成员。

第三十七条 中国人民政治协商会议全国委员会主席主持常务委员会的工作。副主席、秘书长协助主席工作。

主席、副主席、秘书长组成主席会议，处理常务委员会的重要日常工作。

主席会议受常务委员会的委托，主持下一届第一次全体会议预备会议。

第三十八条 中国人民政治协商会议全国委员会设副秘书长若干人，协助秘书长进行工作。设立办公厅，在秘书长领导下进行工作。

第三十九条 中国人民政治协商会议全国委员会根据工作需要，设立若干专门委员会及其他工作机构，由常务委员会决定。

第四章 地方委员会

第四十条 省、自治区、直辖市设中国人民政治协商会议的省、自治区、直辖市委员会；自治州、设区的市、县、自治县、不设区的市和市辖区，凡有条件的地方，均可设立中国人民政治协商会议各该地方的地方委员会。

第四十一条 每届中国人民政治协商会议地方委员会的参加单位、委员名额和人选及界别设置，经上届地方委员会主席会议审议同意后，由常务委员会协商决定。

每届地方委员会任期内，如有必要增加或者变更参加单位、委员名额和决定人选，经本届地方委员会主席会议审议同意后，由常务委员会协商决定。

第四十二条 中国人民政治协商会议的省、自治区、直辖市、自治州、设区的市、县、自治县、不设区的市和市辖区的地方委员会每届任期五年。

第四十三条 中国人民政治协商会议各级地方委员会设主席，副主席若干人和秘书长。

第四十四条 中国人民政治协商会议各级地方委员会的全体会议每年至少举行一

次。

第四十五条 中国人民政治协商会议各级地方委员会全体会议行使下列职权：

一、选举地方委员会的主席、副主席、秘书长和常务委员；

二、听取和审议常务委员会的工作报告；

三、讨论并通过有关的决议；

四、参与对国家和地方事务的重要问题的讨论，提出建议和批评。

第四十六条 中国人民政治协商会议各级地方委员会设常务委员会主持会务。

常务委员会由地方委员会主席、副主席、秘书长和常务委员组成，其候选人由参加各该地方委员会的各党派、团体、各民族和各界人士协商提名，经全体会议选举产生。

第四十七条 中国人民政治协商会议地方委员会常务委员会行使下列职权：

一、召集并主持地方委员会全体会议；每届第一次全体会议前召开全体委员参加的预备会议，选举第一次全体会议主席团，由主席团主持第一次全体会议；

二、组织实现中国人民政治协商会议章程规定的任务和全国委员会所作的全国性的决议以及上级地方委员会所作的全地区性的决议；

三、执行地方委员会全体会议的决议；

四、地方委员会全体会议闭会期间，审议通过提交同级地方人民代表大会及其常务委员会或人民政府的重要建议案；

五、根据秘书长的提议，任免地方委员会的副秘书长；

六、决定地方委员会工作机构的设置和变动，并任免其领导成员。

第四十八条 中国人民政治协商会议各级地方委员会的主席主持常务委员会的工作。副主席、秘书长协助主席工作。

主席、副主席、秘书长组成主席会议，处理常务委员会的重要日常工作。

主席会议受常务委员会的委托，主持下一届第一次全体会议预备会议。

第四十九条 中国人民政治协商会议各级地方委员会可以按照需要设副秘书长一人至数人，协助秘书长进行工作。

第五十条 省、自治区、直辖市的地方委员会设立办公厅，专门委员会及其他工作机构的设置，按照当地实际情况和工作需要，由常务委员会决定。

自治州、设区的市、县、自治县、不设区的市和市辖区的地方委员会的工作机构的设置，按照当地实际情况和工作需要，由常务委员会决定。

第五章 附则

第五十一条 本章程经中国人民政治协商会议全国委员会全体会议通过后实行。

（新华社北京3月16日电）

政协全国委员会办公厅
关于进一步发挥全国政协委员
尤其京外委员作用的意见(试行)

(2004年5月10日)

全国政协委员是全国政协工作的主体。充分发挥委员的作用,是人民政协履行政治协商、民主监督、参政议政职能的重要基础。为进一步发挥全国政协委员尤其是京外委员,在政协全国委员会全体会议及常委会议闭会期间的作用,不断推进政协工作的规范化、制度化、程序化建设,根据《中国人民政治协商会议章程》,特提出如下意见:

一、建立和完善学习制度

组织和推动全国政协委员在自愿的基础上,学习马克思列宁主义、毛泽东思想、邓小平理论和"三个代表"重要思想,学习党和国家的重大方针政策,学习统一战线和人民政协的理论及规章制度,学习时事政治和经济、管理、科技、法律等方面的知识,树立和落实科学发展观,不断提高委员履行职责的能力和水平。

二、认真探索全国政协委员履行职责的方式和途径

加强提案、视察、专题调研、反映社情民意等经常性工作;组织委员围绕中心、服务大局,就社会各项事业和群众生活的重要问题深入调查研究,通过建议案、提案、视察和调研报告、反映社情民意、信息及其他形式,向国家机关和其他有关组织提出意见和建议。

三、建立健全同全国政协委员的联系制度

(一)委托担任全国政协委员的京外省级政协主席为当地全国政协委员活动召集人,负责联系当地全国政协委员,并组织开展视察、调研等各种活动。省级政协安排一位副秘书长为当地全国政协委员活动联络员,协助召集人做好委员参加各项活动的组织协调工作。

(二)及时对委员出席会议、提交提案、参加视察和专题调研、反映信息等情况进行统计汇总,加强对发挥委员作用的了解和动态管理。

(三)将政协全国委员会及其办公厅的有关工作文件、报刊和资料等按时发送委员,以便委员全面了解情况。

(四)创办《全国政协委员通讯》,通报全国政协有关方面重要事项及组织委员开展活动和委员参加活动的情况。

四、努力丰富京外全国政协委员的活动内容和方式

(一)政协全国委员会主席、副主席、秘书长到地方视察工作和参加政协有关会议时，可请当地全国政协委员参加，也可视情组织当地的全国政协委员进行座谈，通报情况，听取意见和建议。

(二)注重发挥京外全国政协委员在提案工作中的作用。通过《提案工作通讯》和各类新闻媒体，宣传、交流政协委员做好提案工作的心得体会，促进提案质量的提高；办理重点提案时，根据工作需要邀请京外的有关委员参加协商办理座谈会；组织重点提案调研时，邀请当地的有关委员参加。

(三)切实做好京外全国政协委员的视察工作。委托各省级政协每届组织当地的委员进行一次跨省视察，其余四年每年组织一次在当地的视察。对由于特殊原因未能参加本省级政协当年组织的跨省视察的委员，可于次年参加由政协全国委员会办公厅组织的跨省视察活动。在组织全国政协委员界别视察时，该界别的委员可自愿报名参加。组织全国政协委员赴京外视察、参观时，邀请当地的有关委员参加。

(四)加强京外全国政协委员反映社情民意的信息工作。在京外召开信息工作会议时，可邀请当地的有关委员参加；组织委员开展视察、专题调研等活动时，注意收集和报送京外委员提出的重要意见；全国政协聘任信息特约委员时，京外委员应占一定比例。

五、政协全国委员会各专门委员会为京外全国政协委员履行职责提供条件

(一)没有参加专门委员会的京外全国政协委员，可自愿报名同政协全国委员会某一个专门委员会建立联系。各专门委员会要加强同这些委员的联系，并根据工作需要，采取适当方式邀请委员参加活动。

(二)组织全国政协委员赴京外进行专题调研，召开专题研讨会、座谈会以及开展其他活动时，邀请当地有关委员参加。

六、各省级政协组织当地的全国政协委员开展活动

(一)各省级政协要把组织当地全国政协委员开展活动纳入工作整体计划，保证活动的经常化、制度化。

(二)组织委员参加或列席当地政协组织的有关会议、视察、专题调研、学习、座谈、联谊等活动。每年定期召开委员座谈会，交流学习和履行职责的经验和体会。

(三)各省级政协应按当地全国政协委员的人数和专长情况，组成若干活动小组，由担任全国政协委员的省级政协主席或副主席、全国政协常委为小组召集人，结合当地的实际情况，开展灵活多样的活动。

(四)对居住过于分散，距离省会较远的全国政协委员，由各省级政协委托当地政协组织他们参加有关活动。

(五)每年年底，各省级政协应认真总结组织当地全国政协委员开展活动的情况，并书面通报政协全国委员会办公厅。

七、积极争取并逐步提高全国政协委员的活动经费

（一）视察专项经费由财政部每年下拨。在京委员的视察经费由政协全国委员会办公厅集中使用；京外委员的视察经费，由政协全国委员会办公厅根据各省、自治区、直辖市委员的实际人数，按一定比例拨至各省级政协。

（二）全国政协委员参加专门委员会活动的经费，由各专门委员会在专项经费中支付。

（三）全国政协委员参加视察和调研及地方政协组织活动的经费不足部分，请各地财政部门根据政协全国委员会办公厅、财政部《关于切实解决地方政协活动经费的通知》（全办发[1995]38号）文件精神，予以保证。

八、依法维护全国政协委员履行职责的权利

努力营造民主和谐、合作共事的政治氛围，调动委员履行职责的积极性和主动性。当全国政协委员在履行职责过程中受到不公正对待时，政协组织有责任依法维护委员的权利。

附：

印发《政协全国委员会办公厅关于进一步发挥全国政协委员尤其京外委员作用的意见(试行)》的通知

政协各省、自治区、直辖市委员会：

为了进一步发挥全国政协委员，尤其是京外全国政协委员的作用，政协全国委员会办公厅制订了《关于进一步发挥全国政协委员尤其京外委员作用的意见(试行)》。经全国政协领导同志批准，现将该文件印发你们，请结合实际情况制定具体方案予以实施。

政协全国委员会办公厅

二〇〇四年五月十日

重要会议、活动

新年茶话会 2004年1月1日在北京全国政协礼堂三楼大厅举行。胡锦涛、吴邦国、温家宝、曾庆红、黄菊、吴官正、李长春、罗干等党和国家领导人及各民主党派中央、全国工商联负责人、无党派人士出席了茶话会。茶话会由中共中央政治局常委、全国政协主席贾庆林主持。

中共中央总书记、国家主席、中央军委副主席胡锦涛发表了重要讲话。胡锦涛代表中共中央、国务院、中央军委，向各民主党派和工商联、各人民团体和各界人士，向全国广大工人、农民、知识分子和干部，向人民解放军指战员、武警官兵和公安干警，向香港特别行政区同胞、澳门特别行政区同胞、台湾同胞和海外侨胞，向关心和支持中国现代化建设的国际友人，致以亲切的节日问候。胡锦涛说，实现全面建设小康社会的宏伟目标，完成中华民族伟大复兴的神圣事业，必须团结一切可以团结的力量。新世纪新阶段的爱国统一战线工作和人民政协工作，必须以此为根本出发点和落脚点。我们要进一步坚持和完善中国共产党领导的多党合作和政治协商制度，进一步巩固和发展爱国统一战线，最广泛最充分地调动一切积极因素，不断为中华民族的伟大复兴增添新力量。希望人民政协紧紧围绕党和国家的中心工作，进一步做好政治协商、民主监督、参政议政工作，发扬优良传统，发挥自身优势，深入调查研究，积极建言献策，为全面建设小康社会作出新的更大的贡献。

全国政协副主席、全国工商联主席黄孟复代表各民主党派中央、全国工商联和无党派人士，向全国各族人民致以节日的良好祝愿，向香港、澳门特别行政区同胞和台湾同胞、海外侨胞致以诚挚的问候，向伟大的中国共产党表示崇高的敬意并发表了讲话。

贾庆林代表政协全国委员会向各位来宾表示热烈的欢迎和诚挚的问候，祝大家身体健康、工作顺利、阖家幸福。最后，贾庆林说，胡锦涛同志的重要讲话，对我们在新的一年里同心同德、和衷共济地做好各方面工作，具有十分重要的指导意义。我们一定要认真加以落实。他强调指出，今年是全面贯彻落实中共十六大和十六届三中全会精神，深化改革、扩大开放、促进发展的重要一年，也是实现“十五”计划的关键一年。在新的一年里，让我们紧密团结在以胡锦涛同志为总书记的中共中央周围，坚持以邓小平理论和“三个代表”重要思想为指导，围绕中心，服务大局，与时俱进，不断巩固和发展最广泛的爱国统一战线，为全面建设小康社会、实现中华民族的伟大复兴而努力奋斗。

出席茶话会的还有王兆国、回良玉、刘淇、刘云山、吴仪、周永康、贺国强、曹刚川、曾培炎、王刚、荣毅仁、徐才厚、何勇、李铁映、司马义·艾买提、何鲁丽、丁石孙、成思危、许嘉璐、蒋正华、顾秀莲、路甬祥、乌云其木格、韩启德、傅铁山、唐家璇、华建敏、陈至立、肖扬、贾春旺、王忠禹、廖晖、刘延东、张思卿、白立忱、罗豪才、张克辉、周铁农、郝建秀、陈奎元、徐匡迪、李兆焯、王选、张怀西、李蒙和谷牧、孙起孟、王光英、吴阶平、杨汝岱、钱正英、朱光亚、万国权、胡启立、陈锦华、经叔平、王文元，以及中央军委委员梁光烈、廖锡龙、李继耐，全国政协秘书长郑万通，在京全国政协常委、中央和国家机关有关方面负责人，首都各族各界的代表人士共400余人。在茶话会上，胡锦涛等领导同志来到各界人士中间，同大家亲切交谈，互致问候。首都文艺工作者表演了京剧、歌舞等节目。

（杜庆鑫　夏薇　编写　金学锋　审稿）

纪念邓颖超同志诞辰100周年座谈会 2月10日上午在北京人民大会堂举行。中共中央政治局常委、全国政协主席贾庆林主持座谈会。

中共中央总书记、国家主席胡锦涛出席座谈会并发表重要讲话。胡锦涛说，邓颖超同志是伟大的无产阶级革命家、政治家，著名社会活动家，坚定的马克思主义者，党和国家的卓越领导人，中国妇女运动的先驱。她在70多年的革命中，为中国革命、建设和改革事业毫无保留地奉献了自己的一切。她是20世纪中国妇女的杰出代表，也是中国妇女的骄傲，在国内外享有崇高声誉，深受全党和全国人民的尊敬和爱戴。他强调，我们要继承老一辈革命家的遗志，学习他们的革命精神、崇高品德、优良作风和治党治国经验，坚持以马克思列宁主义、毛泽东思想、邓小平理论和“三个代表”重要思想为指导，团结奋斗，开拓进取，与时俱进，锐意创新，实现全面建设小康社会的宏伟目标，不断把中国特色社会主义伟大事业推向前进。

贾庆林在主持座谈会时说，胡锦涛总书记的重要讲话高度评价了邓颖超同志为我国革命、建设和改革事业做出的巨大贡献，热情颂扬了邓颖超同志生命不息、战斗不止的革命精神和艰苦奋斗、谦虚谨慎的崇高品质，对于我们继承老一辈革命家的遗志，学习他们的革命精神、崇高品德、优良作风和治党治国经验，推进中国特色社会主义伟大事业，具有十分重要的意义。我们一定要认真学习领会。

全国政协副主席王忠禹，全国人大常委会副秘书长、机关党组书记王云龙，中央文献研究室主任滕文生，全国妇联副主席、书记处第一书记黄晴宜，天津市政协主席宋平顺在座谈会上先后发言。

中共中央政治局常委、国家副主席曾庆红，王兆国、刘云山、周永康、贺国强、王刚、宋平、何勇、李铁映、何鲁丽、丁石孙、蒋正华、顾秀莲、唐家璇、刘延东、罗豪才等党和国家领导人，陈慕华、彭珮云同志，全国政协秘书长郑万通，在京部分全国政协常委、委员，各民主党派中央、全国工商联负责人，有关方面负责人，以及邓颖超亲属和原身边工作人员等近300人出席座谈会。

（杜庆鑫　夏薇　编写　金学锋　审稿）

政协第十届全国委员会常务委员会第四次会议 2004年2月27日至29日在北京举行。会议的主要议题是审议筹备全国政协十届二次会议的有关事项。

中共中央政治局常委、全国政协主席贾庆林出席并主持了开幕会。会议决定政协十届二次会议于2004年3月3日在北京召开。会议听取了全国政协秘书长郑万通关于政协十届常委会工作报告草案起草情况的说明、中国人民政治协商会议章程修正案草案的说明，全国政协提案委员会主任傅杰关于政协十届一次会议以来提案工作情况报告草案起草情况的说明，全国政协副秘书长王巨禄关于政协十届二次会议议程、日程草案的说明。会议还听取了各专门委员会主任关于本委员会2003年度工作情况的汇报。

会议期间，常委们围绕本次会议的主要议题进行了分组讨论。常委会组成人员对新一届全国政协开局之年的工作给予充分肯定，对政协常委会工作报告草案和政协章程修正案草案等表示赞同，并就加强和改进政协工作以及修改完善有关草案提出了意见和建议。

全国政协副主席王忠禹主持闭幕会。会议听取了全国政协秘书长郑万通关于小组讨论情况的综合汇报，通过了政协十届二次会议议程草案和日程、政协十届常委会工作报告、政协十届常委会关于政协十届一次会议以来提案工作情况的报告、中国人民政治协商会议章程修正案草案，并决定将上述报告和草案提请政协十届二次会议审议。

全国政协副主席廖晖、刘延东、阿沛·阿旺晋美、李贵鲜、张思卿、马万祺、白立忱、罗豪才、张克辉、周铁农、郝建秀、陈奎元、阿不来提·阿不都热西提、徐匡迪、李兆焯、黄孟复、张怀西、李蒙，全国政协秘书长郑万通和常委共275人出席会议。全国政协副秘书长、各专门委员会负责人和全国政协办公厅研究室主任，各省、自治区、直辖市及副省级市政协主席列席会议。

（杜庆鑫　夏薇　编写　金学锋　审稿）

政协第十届全国委员会第二次会议 2004年3月3日至12日在北京举行。会议应出席委员2229人，实到2095人。党和国家领导人胡锦涛、吴邦国、温家宝、贾庆林、曾庆红、黄菊、吴官正、李长春、罗干出席了开幕会和闭幕会，江泽民出席了开幕会。

全国政协副主席王忠禹主持开幕会。中共中央政治局常委、全国政协主席贾庆林代表政协第十届全国委员会常务委员会作《政协常委会工作报告》。贾庆林在报告中指出，2003年，是十届全国政协的开局之年。在中共中央领导下，新一届全国政协常委会坚持以邓小平理论和“三个代表”重要思想为指导，牢牢把握团结和民主两大主题，切实履行政治协商、民主监督、参政议政职能，广泛动员和组织政协各参加单位和政协委员，为全面建设小康社会献计出力。报告从切实把学习摆在突出位置、坚持把促进发展作为履行职能的第一要务等8个方面总结了去年的工作，认为十届政协的各项工作在历届政协工作的基础上迈出了新的步伐。贾庆林强调，2004年是我国改革和发展十分关键的一年。各级政协组织和广大政协委员要坚持以邓小平理论和“三个代表”重要思想为指导，推动人民政协事业实现新发展；发扬民主、深入调研，为全面建设小康社会建言献策；发挥我国政党制度的优势，进一步促进参加政协的各党派、无党派人士的团结合作；努力增进团结，切实维护稳定；充分发挥优势，促进祖国和平统一大业；深入学习宪法和政协章程，不断加强自身建设。全国政协副主席李蒙代表政协第十届全国委员会常务委员会作《政协十届一次会议以来提案工作情况的报告》。

全体委员列席了十届全国人大二次会议，听取了国务院总理温家宝作的《政府工作报告》，以及国家发展和改革委员会主任马凯作的《关于2003年国民经济和社会发展计划执行情况与2004年国民经济和社会发展计划草案的报告》、财政部部长金人庆作的《关于2003年中央和地方预算执行情况及2004年中央和地方预算草案的报告》、全国人大常委会副委员长王兆国作的《关于中华人民共和国宪法修正案（草案）的说明》、最高人民法院院长肖扬作的《最高人民法院工作报告》、最高人民检察院检察长贾春旺作的《最高人民检察院工作报告》等重要报告。

委员们对以上报告进行了分组讨论和联组讨论。在讨论《政协常委会工作报告》时，与会委员对新一届全国政协开局之年的工作给予充分肯定。委员们认为，十届政协牢牢把握团结和民主两大主题，切实履行政治协商、民主监督、参政议政职能，各项工作都取得了新的进展，在促进我国经济社会全面发展，维护改革发展稳定的大局等方面发挥了重要作用。会议同意常委会工作报告对今后一年政协工作提出的各项建议，并要求常务委员会认真组织落实。委员们还对改进政协工作提出了一些意见和建议。在讨论《政府工作报告》时，委员们对本届政府工作给予了高度评价，对工作报告普遍表示赞同。委员们认为，本届政府面对复杂多变的国际形势和突如其来的“非典”疫情及频繁发生的自然灾害，迎难而上，开拓创新，夺取了抗击“非典”斗争的重大胜利，取得了改革开放和社会主义现代化建设的显著成绩，赢得了全国人民的信任和广泛的国际赞誉。《政府工作报告》以邓小平理论和“三个代表”重要思想为指导，坚持科学发展观，体现了执政为民的要求。在讨论《中华人民共和国宪法修正案（草案）》时，委员们充分肯定了这次修改宪法的重要性、必要性，完全赞同此次修改宪法总的原则，高度评价了《中华人民共和国宪法修正案（草案）》，认为它坚持以马列主义、毛泽东思想、邓小平理论和“三个代表”重要思想为指导，把中共十六大确定的重大理论观点和重大方针政策写入宪法，反映了全党和全国各族人民的共同意愿，将使宪法更加完善，更加适应全面建设小康社会、开创建设中国特色社会主义事业新局面的要求，更加能够发挥宪法作为国家的根本法的作用。在讨论《中国人民政治协商会议章程修正案（草案）》时，委员们认为，《章程修正案（草案）》充分体现了中共十六大精神，反映了各级政协实践中的成熟经验，适应了新形势对人民政协工作的新要求。特别是把“三个代表”重要思想写入政协章程，意义重大而深远。委员们在表示赞成的同时，也提出了一些具体修改意见。

讨论中，委员们还就进一步重视“三农”问题、搞好宏观调控、科教兴国战略与人才强国战略应当并举、缓解资源环境压力、改变社会事业发展滞后状况、规范股份制改造、确保金融稳健运行、建立社会信用体系、提高对外开放水平、重视社会保障工作、加强城市灾害应急管理等方面问题提出了意见和建议。

会议就经济建设和可持续发展，教育科技文化，民主法制、社会稳定、统战政协工作等专题组织了 3 次大会发言，37 位委员（或代表政协参加单位、或代表联名委员、或以个人身份）就上述专题在全体会议上发表了意见。会议还印发书面发言材料 686 份。

会议收到委员提交提案 4435 件。

胡锦涛、吴邦国、温家宝、贾庆林、曾庆红、黄菊、吴官正、李长春、罗干和吴仪、曹刚川、顾秀莲、陈至立等党和国家领导人分别到 24 个界别 34 个委员小组或联组看望委员并参加讨论会，听取委员的意见和建议。中央和国务院有关负责人应邀听取了大会发言。中共中央、国务院有关部门负责人应邀列席各次全体会议并参加了委员联组讨论会。高法、高检负责人应邀列席了关于“两高”报告的委员分组讨论会。

会议通过了《政协第十届全国委员会第二次会议关于常务委员会工作报告的决议》、《关于政协十届一次会议以来提案工作情况报告的决议》、《关于中国人民政治协商会议章程修正案的决议》、《政协十届二次会议政治决议》、《政协提案委员会关于政协十届二次会议提案审查情况的报告》。

中共中央政治局常委、全国政协主席贾庆林主持闭幕会并发表了重要讲话。

（杜庆鑫　夏薇　编写　金学锋　审稿）

政协第十届全国委员会常务委员会第五次会议　2004 年 3 月 11 日下午在北京

举行。这次会议是在全国政协十届二次会议期间召开的。

中共中央政治局常委、全国政协主席贾庆林主持会议。受主席会议的委托,全国政协秘书长郑万通作了政协十届二次会议情况的综合汇报。

会议通过了《政协十届二次会议关于常委会工作报告的决议(草案)》、《政协十届二次会议关于政协十届一次会议以来提案工作情况报告的决议(草案)》、《政协十届二次会议关于政协章程修正案的决议(草案)》、《政协十届二次会议政治决议(草案)》,审议通过了《政协十届全国委员会提案委员会关于政协十届二次会议提案审查情况的报告(草案)》,并决定将上述草案提交3月12日举行的政协十届二次会议闭幕会表决。

全国政协副主席王忠禹、刘延东、帕巴拉·格列朗杰、李贵鲜、张思卿、丁光训、马万祺、白立忱、罗豪才、张克辉、周铁农、郝建秀、陈奎元、阿不来提·阿不都热西提、徐匡迪、李兆焯、黄孟复、李蒙和常委共298人出席会议。十届二次会议副秘书长、各专门委员会负责人、全国政协办公厅研究室主任和各省、自治区、直辖市、副省级市政协主席列席会议。

(杜庆鑫　夏薇　编写　金学锋　审稿)

全国政协十届二次会议提案交办会 2004年3月18日在全国政协机关召开。提案委员会主任傅杰主持会议。王忠禹副主席出席会议并讲话。王忠禹副主席强调了做好提案办理工作的重要意义,并对今年的提案办理工作提出了具体要求。他指出,办理政协提案是一项政治性和政策性很强的工作,需要承办单位给予高度重视,认真研究办理。办理提案不仅要让提案人满意,给提案人一个明确的答复,更重要的是通过办理提案,吸收提案中的合理建议,改进工作,取得实效,这就必须讲求工作的方式方法,及时总结,找出一些规律性的东西来。具体来说,第一,要对提案进行认真分析,分出轻重缓急;第二,要仔细阅读提案内容,提高承办和回复的准确性;第三,要加强跟踪办理,促进提案落实。第四,要加强与委员的沟通,取得委员的理解和支持。第五,要发扬合作精神,形成办理提案的合力。第六,要认真总结经验,不断改进办理工作,用经验推动工作。

与会人员观看了国家发展和改革委员会网上办理提案管理系统的演示。国家发展和改革委员会办公厅主任师荣耀作了介绍。

全国政协秘书长郑万通、中共中央办公厅副主任樊士晋、国务院副秘书长焦焕成、国家发展和改革委员会党组成员宋晓梧、教育部部长助理郑树山、财政部部长助理张少春,全国政协副秘书长王巨禄、孙怀山、傅志煌,提案委员会副主任杨振杰、宋宝瑞、张工、张岳琦、郑社奎、范宝俊、俞泽猷、倪豪梅,人口资源环境委员会副主任张洽、教科文卫体委员会副主任傅庚辰、社会和法制委员会副主任肖建章、民族和宗教委员会副主任李晋有、港澳台侨委员会副主任张道诚、外事委员会副主任李北海、文史资料委员会副主任李济民,以及120多个在京提案承办单位有关负责人出席了会议。

(刘巧丽　编写　张怡　审稿)

中国经济社会研究会第二届会员代表大会第一次会议① 2004年4月16日,

① 11月19日,经民政部批准,中国经济社会研究会更名为中国经济社会理事会,原研究会会长、副会长改称为理事会主席、副主席。12月18日,在荷兰海牙召开的中国——欧盟领导人会晤发表的联合声明中提出:"双方领导人希望欧盟经济社会委员会和中国经济社会理事会,根据2002年两会负责人签署的备忘录,在双方公民社会间建立对话机制"。

中国经济社会研究会第二届一次会议在北京举行。全国政协主席贾庆林在会议召开前会见了出席会议的理事并发表重要讲话。全国政协副主席王忠禹当选第二届中国经济社会研究会会长并在会议上发表讲话。全国政协秘书长、研究会副会长郑万通作了研究会第一届理事会工作报告。会议由全国政协副秘书长、研究会副会长李昌鉴主持。会议选出理事143名、常务理事72名。郑万通、陈清泰、张俊九、刘仲藜、陈邦柱、刘忠德、李其炎、刘剑锋、程世峨、蒋以任、陈绍基、李昌鉴、陈佳贵、张永珍当选为研究会副会长；原全国政协副主席、研究会第一届会长陈锦华为顾问；王胜洪当选为研究会秘书长。

经济社会理事会和类似组织国际协会(以下简称“国际协会”)主席、非洲经社理事会联盟主席、法国经社理事会主席、贝宁经社理事会主席、西班牙经社理事会主席、马里经社文理事会主席、加蓬经社理事会主席、欧盟经社理事会主席来电表示祝贺。

贾庆林主席对研究会成立以来所做的工作给予充分肯定，并对今后的工作提出了希望。他讲话中指出，研究会一要立足国内，努力为我国经济社会发展建言献策。二要面向国际，积极开展国际交流与合作。三要提供服务，促进人民政协更好地履行职能。

王忠禹在讲话中指出，研究会要适应新形势，充分利用已有优势，更好发挥潜在优势，在研究、咨询、服务等方面确立自己的综合优势，逐步成为国内经济社会领域有影响的社会团体。

会议还审议通过了中国经济社会研究会事务委员会主任名单和中国拉丁美洲经济技术合作小组组长名单：经济事务委员会主任刘仲藜；环境事务委员会主任陈邦柱；科教事务委员会主任刘忠德；社会事务委员会主任李其炎；外事委员会主任刘剑锋；文化事务委员会主任刘炳森；中国拉丁美洲经济技术合作小组组长李北海。

(艾丽　耿广民　编写　刘明　审稿)

黄埔军校建校80周年纪念大会　6月17日在北京人民大会堂举行。大会由全国政协副主席、中央统战部部长刘延东主持。中共中央政治局常委、全国政协主席贾庆林出席大会并发表讲话。贾庆林指出，黄埔同学会是爱国统一战线的重要组织，是推动祖国统一的重要力量。希望黄埔同学会广泛团结海内外黄埔同学和亲友。进一步扩大与台湾黄埔同学和亲友的交往，大力弘扬“爱国、革命”的黄埔精神，坚决反对任何形式的“台独”分裂活动，为早日解决台湾问题、完成祖国统一大业，为全面建设小康社会、实现中华民族的伟大复兴，发挥更大的作用，作出更大的贡献。黄埔同学会顾问胡立教、黄埔同学代表苗青圃在会上先后发言。全国政协副主席王忠禹、全国政协秘书长郑万通以及海内外来宾共200余人出席大会。会前，出席会议的有关领导和与会代表合影留念。

(杜庆鑫　夏薇　编写　金学锋　审稿)

政协第十届全国委员会常务委员会第六次会议　2004年7月5日至8日在北京举行。会议的主要议题是围绕树立和落实科学发展观问题建言献策。

中共中央政治局常委、全国政协主席贾庆林出席并主持开幕会。会议邀请中共中央政治局委员、国务院副总理曾培炎作题为《关于树立和落实科学发展观，实现全面协调可持续发展》的报告。

本次会议在总的议题下共设七个专题：一、优化经济结构，转变增长方式；二、统筹城乡发展，解决“三农”问题；三、促进区域协调发展；四、经济社会协调发展中的有关社会政策；五、发展教科文卫体事业，促进社会全面进步；六、统筹人与自然协调发展，增强可持续发展能力；七、坚持“引进来”与“走出去”相结合，提高对外开放水平。

会议组织了常委分组讨论、专题分组讨论和大会发言，共有9位常委、6位委员在大会上发言。本次常委会议首次邀请非常委的政协信息特邀委员列席会议，并专门安排时间反映社情民意。

全国政协副主席王忠禹主持闭幕会。中共中央政治局常委、全国政协主席贾庆林出席闭幕会并讲话，他说，这次常委会议是十届政协召开的又一次以专题议政为主要内容的常委会议。会议紧扣中心、着眼大局，就树立和落实科学发展观的一些重大问题、中央实行宏观调控的政策措施以及当前经济社会发展形势等问题开展了讨论。会议开得积极而富有成效。他强调指出，各级政协组织和广大政协委员一定要从贯彻邓小平理论和“三个代表”重要思想的战略高度，从确保实现全面建设小康社会宏伟目标的战略高度，深刻认识科学发展观的科学内涵、基本要求和精神实质，深刻认识树立和落实科学发展观的重大现实意义和深远历史意义，自觉坚持以科学发展观指导政协工作，把科学发展观的要求贯彻到人民政协履行职能的各项工作之中，更好地完成新世纪新阶段人民政协的历史任务。

会议通过了《关于撤销韩桂芝政协第十届全国委员会委员资格的决定》。

全国政协副主席廖晖、刘延东、阿沛·阿旺晋美、李贵鲜、张思卿、霍英东、马万祺、白立忱、罗豪才、张克辉、周铁农、郝建秀、陈奎元、阿不来提·阿不都热西提、徐匡迪、李兆焯、黄孟复、王选、张怀西、李蒙、全国政协秘书长郑万通和常委共252人出席会议。中共中央和国务院有关部门负责人，全国政协副秘书长、各专门委员会负责人，各省、自治区、直辖市及副省级市政协主席，全国政协办公厅研究室主任和全国政协信息特邀委员列席会议。

（杜庆鑫　夏薇　编写　金学锋　审稿）

学习政协章程知识竞赛活动　为贯彻落实中共中央办公厅和政协全国委员会的通知精神，深入开展学习政协章程活动，人民政协报开展了“学习政协章程知识竞赛”活动，受到了各级政协组织和广大政协委员的欢迎，在不到一个月的时间里，收到答卷6万多份，有近500个政协组织、民主党派、人民团体和企事业单位集体参赛。全国政协机关文明委、民建中央等单位获得组织奖和组织荣誉奖，145名个人分别获得一、二、三等奖及纪念奖。

全国政协副主席张思卿，全国政协副秘书长王巨禄、陈洪，办公厅研究室主任卞晋平出席了于7月7日在政协礼堂举办的颁奖仪式并为获奖者颁奖。

（武静　编写　邹旦生　审稿）

纪念邓小平同志诞辰100周年《同一首歌》特别节目　8月13日，为纪念邓小平同志诞辰100周年，缅怀中国改革开放总设计师的丰功伟绩，人民政协报社与中央电视台在全国政协礼堂共同举办《同一首歌》特别节目——“回顾春天的故事”录播晚会。王忠禹、李兆焯副主席，万国权同志，陈洪、范西成副秘书长，办公厅研究室主任卞晋平出席了此项活动。

（武静　编写　邹旦生　审稿）

全国政协纪念邓小平同志诞辰100周年暨邓小平关于人民政协理论研讨会　2004年8月23日至24日，在北京全国政协礼堂召开。这是全国政协历史上第一次组织召开这种规模的理论研讨会。会议期间，与会同志认真学习了胡锦涛同志在邓小平同志诞辰100周年纪念大会上的重要讲话，缅怀了邓小平同志为中华民族的独立和解放、为中国的社会主义现代化建设事业建立的丰功伟绩，回顾了邓小平同志为新时期统一战线和人民政协事业的发展做出的杰出贡献，研讨了邓小平关于人民政协的理论，总结交流了近些年来人民政协履行职能取得的新经验。

贾庆林主席在会上发表了重要讲话。贾主席在简要回顾人民政协的发展历程后指出，在创建人民政协和领导人民政协开展工作的过程中，以毛泽东同志为主要代表的中国共产党人，把马克思列宁主义的统一战线理论同中国革命和建设的具体实践结合起来，在人民政协的共同政治基础，中国共产党对统一战线和人民政协的领导，人民政协的性质、任务和工作方针等问题上，提出了一系列独创性的重要思想观点，形成了毛泽东关于人民政协的思想。

贾庆林主席在讲话中高度评价了邓小平同志对新时期人民政协事业发展所作出的卓越贡献。贾主席指出，邓小平同志是我国社会主义改革开放和现代化建设事业的总设计师，也是新时期统一战线和人民政协事业的奠基人。在新的历史时期，以邓小平同志为主要代表的中国共产党人，结合国际国内新的历史条件和时代特征，按照我们党的基本路线和战略布局，总结党领导人民政协事业发展的实践经验，继承和发展了毛泽东关于人民政协的思想，创立了邓小平关于人民政协的理论。邓小平关于人民政协的理论内容丰富，是一个完整的科学的思想体系。贾主席的讲话重点从新时期人民政协存在与发展的历史依据、中国共产党领导的多党合作和政治协商制度、人民政协的性质和作用、新时期人民政协的任务、人民政协的职能、人民政协的政治基础、人民政协的组成原则、人民政协工作的原则和作风等八个方面对邓小平关于人民政协的理论进行了概括。

贾庆林主席在讲话中系统阐述了以江泽民同志为核心的党的第三代中央领导集体和以胡锦涛同志为总书记的党中央对人民政协理论的丰富和发展。主要有：中国共产党领导的多党合作和政治协商制度是我国的一项基本政治制度；马克思列宁主义、毛泽东思想、邓小平理论和“三个代表”重要思想是人民政协的指导思想；人民政协在我国政治体制中具有十分重要和不可替代的作用；团结和民主是人民政协的两大主题；人民政协要认真履行政治协商、民主监督、参政议政职能；围绕中心、服务大局是人民政协履行职能必须遵循的原则；人民政协要适应新形势新情况的要求，扩大团结面，增强包容性，努力把各方面力量团结起来，凝聚起来；坚持共产党对统一战线的领导，坚持党在政协中的领导核心地位，过去是今后仍然是我们的一项根本原则。

贾庆林主席在讲话中还对加强人民政协理论研究工作提出了四点要求：一是必须坚持正确的政治方向，二是必须坚持理论联系实际的马克思主义学风，三是必须重视对人民政协理论的宣传，四是必须加强对人民政协理论研究工作的领导。

这次研讨会共收到中共中央有关部门、各民主党派中央、各级政协和各大院校、科研单位和个人的来稿260篇。

全国政协副主席王忠禹出席会议并发表了讲话。副主席刘延东、李贵鲜、张思卿、罗豪才、张克辉、周铁农、郝建秀、陈奎元、阿不来提·阿不都热西提、徐匡迪、黄孟复、王选、张怀西，秘书长郑万通出席了会议。各民主党派中央、全国工商联和有关人民团体的负责人，中共中央有关部门和各省、自治区、直辖市政协以及各副省级市政协的负责人，全国政协各专门委员会主任和其他方面有关人士以及应征论文作者代表共160余人出席了研讨会。

（丁四海　编写　黄安理　审稿）

全国政协第五次提案工作座谈会 2004年8月23—25日在政协礼堂召开。会议的主要议题是总结交流提案工作经验,研究新形势下提案工作出现的新情况和新问题,进一步提高提案工作整体质量,并对《中国人民政治协商会议全国委员会提案工作条例》提出修改意见。

会前,全国政协主席贾庆林会见与会代表并发表重要讲话,他在讲话中指出,提案工作是人民政协一项具有全局性重要意义的工作。在新形势下,政协提案工作责任重大,使命光荣,大有可为。贾庆林就进一步做好政协提案工作提出三点希望:一是要围绕中心,服务大局。二是要注意质量,讲求实效。三是要加强协作,形成合力。全国政协副主席王忠禹、李贵鲜、张思卿、罗豪才、张克辉、周铁农、郝建秀、陈奎元、阿不来提·阿不都热西提、徐匡迪、黄孟复、张怀西和秘书长郑万通参加了会见。

开幕会由郑万通秘书长主持,王忠禹副主席出席并讲话。他强调指出,做好政协提案工作,需要进一步提高对提案工作的认识,提高提案工作整体质量。要充分认识到提案工作是一项政治性很强的工作。政协提案作为坚持和完善中国共产党领导的多党合作和政治协商制度的重要载体,已经成为人民政协履行政治协商、民主监督、参政议政职能的重要形式,成为协助中国共产党和国家机关实现决策民主化、科学化的重要渠道。新世纪新阶段,对人民政协工作提出了新的更高的要求。提案工作必须与时俱进。开拓创新,提高整体质量。第一,要在进一步提高提案质量上下功夫。第二,要在进一步提高提案办理质量上下功夫。第三,要在进一步提高提案服务质量上下功夫。

国务院副秘书长焦焕成在座谈会上介绍了去年以来政府系统办理政协提案的基本情况,并对今后提案办理工作提出几点意见:一要进一步提高和深化对提案办理工作重要意义的认识;二要采取措施,进一步提高提案办理质量;三要通过办理提案,不断改进政府工作。傅杰主任作了《求真务实,不断提高提案工作整体质量》的主题报告。报告对55年来提案工作的历史进行了回顾,对近年来尤其是全国政协第四次提案工作座谈会以来的经验进行了总结,对今后一段时期的提案工作提出了四点要求,一是坚持求真务实,努力提高提案工作整体质量;二是建立健全规章制度,不断规范提案工作程序;三是加强自身建设,培养高素质提案工作队伍;四是加大宣传力度,扩大政协提案工作社会影响。范宝俊副主任作了《中国人民政治协商会议全国委员会提案工作条例》的修改说明,朱培康副主任在闭幕会上作了会议总结。各省、自治区、直辖市和副省级市政协提案委员会,各民主党派中央、全国工商联、全国政协提案部分承办单位负责人,以及全国政协提案委员会委员约170多人出席了会议。

(刘巧丽　编写　张怡　审稿)

“华明杯”邓小平与统一战线理论征文活动　为了做好纪念邓小平同志诞辰100周年宣传报道工作,人民政协报社与中央统战部宣传办公室联合举办“华明杯”邓小平与统一战线理论征文活动,共收到征文1112篇,人民政协报选登61篇。从来稿中共评出特别奖17名,一等奖5名,二等奖10名,三等奖25名。这些文章对于帮助读者系统学习、领会邓小平及第三代中央领导集体关于新时期统一战线理论和人民政协理论,发挥了有益的作用。

9月20日下午,周铁农副主席在中央统战部礼堂出席“华明杯”邓小平与统一战线理论征文颁奖仪式并为获奖者颁奖。中央统战部常务副部长梁金泉主持颁奖仪式。陈洪副秘书长出席并讲话。各民主党派中央宣传部、中央社会主义学院有关人员及部分获奖代表出席。

(武静　编写　邹旦生　审稿)

庆祝中国人民政治协商会议成立 55 周年大会 9月21日上午在北京全国政协礼堂举行。庆祝大会由中共中央政治局常委、全国政协主席贾庆林主持。

中共中央总书记、国家主席、中央军委主席胡锦涛出席庆祝大会并发表重要讲话。胡锦涛强调，全面建设小康社会、加快推进社会主义现代化，是全国各族人民在中国共产党领导下共创自己美好生活的事业，也是需要全国各族人民同心同德奋斗才能完成的事业。进一步动员、组织、团结全国各族人民和一切爱国力量为实现新世纪新阶段我国发展的宏伟目标而奋斗，是摆在我们面前的一项重大任务，也是人民政协的历史使命。我们要高举邓小平理论和"三个代表"重要思想伟大旗帜，进一步推进人民政协事业的发展，把最广泛的爱国统一战线巩固好、发展好，把中国共产党领导的多党合作和政治协商制度坚持好、完善好，团结各方面力量为全面建设小康社会、实现中华民族的伟大复兴而共同奋斗。胡锦涛还对新世纪新阶段人民政协工作提出五点希望。第一，要坚持以邓小平理论和"三个代表"重要思想统揽政协工作，使人民政协事业真正体现时代性、把握规律性、富于创造性。第二，要按照围绕中心、服务大局的要求开展工作，积极为中国特色社会主义事业贡献力量。第三，要切实做好各方面的团结工作，不断壮大最广泛的爱国统一战线。第四，要推动政治协商、民主监督、参政议政的制度化、规范化、程序化，进一步发挥人民政协的特点和优势。第五，要重视加强自身建设，发挥政协委员在履行职能中的主体作用。要以与时俱进的精神坚持改革创新，研究探索开展人民政协工作的新形式、新方法，建立健全履行职能的各种制度和程序。

贾庆林在主持大会时说，胡锦涛同志的重要讲话，高度评价了人民政协成立 55 年来在我国社会主义革命、建设、改革进程中所作出的重大贡献，全面总结了人民政协事业发展积累的宝贵经验，明确提出了新世纪新阶段开展人民政协工作的方针原则和工作要求。这对于人民政协在新世纪新阶段更好地履行职能、发挥作用，进一步为推进中国特色社会主义伟大事业、实现中华民族的伟大复兴贡献力量，具有重要的指导意义。我们一定要认真学习领会，全面贯彻落实。

党和国家领导人吴邦国、曾庆红、黄菊、吴官正、李长春、罗干、王兆国、回良玉、刘淇、刘云山、周永康、贺国强、郭伯雄、曹刚川、曾培炎、王刚、李瑞环、刘华清、徐才厚、何勇、李铁映、司马义·艾买提、何鲁丽、丁石孙、成思危、蒋正华、顾秀莲、热地、盛华仁、韩启德、傅铁山、唐家璇、华建敏、陈至立、肖扬、贾春旺、王忠禹、廖晖、刘延东、阿沛·阿旺晋美、帕巴拉·格列朗杰、李贵鲜、张思卿、丁光训、霍英东、白立忱、罗豪才、张克辉、周铁农、郝建秀、陈奎元、阿不来提·阿不都热西提、徐匡迪、李兆焯、黄孟复、王选、张怀西和彭冲、谷牧、王光英、任建新、钱正英、孙孚凌、朱光亚、万国权、胡启立、陈锦华、赵南起、经叔平、王文元，全国政协秘书长郑万通，中央有关部门和北京市负责人，各民主党派中央、全国工商联的负责人和无党派人士代表，以及全国政协常委，各省、自治区、直辖市及副省级市政协主席等800余人出席大会。

（杜庆鑫　夏薇　编写　金学锋　审稿）

庆祝中国人民政治协商会议成立 55 周年座谈会 9月22日上午在北京全国政协礼堂举行。会议由全国政协副主席王忠禹主持。中共中央政治局常委、全国政协主席贾庆林出席并作重要讲话。全国政协副主席、致公党中央主席罗豪才代表各民主党派中央和全国工商联，共青团中央书记处第一书记周强代表人民团体，全国政协常委王蒙，第六、七、八届全国政协副秘书长、九届全国政协文史资料委员会主任朱作霖在座谈会上先后发言。全国政协副主席刘延东、帕巴拉·格列朗杰、李贵鲜、张思卿、丁光训、白立忱、罗豪才、张克辉、郝建秀、阿不来提·阿不都热西提、徐匡迪、李兆焯、黄孟复、王选、张怀西和任建新、钱正英、孙孚凌、万国权、陈锦华，全国政协秘书长郑万通，部分在京全国政协常委、委员，部分全国政协副秘书长，全国政协办公厅研究室主任，以及各民主党派中央、全国工商联和有关人民团体负责人等80余人出席座谈会。

（杜庆鑫 夏薇 编写 金学锋 审稿）

政协第十届全国委员会常务委员会第七次会议 2004年9月22日至25日在北京举行。会议的主要议题是学习和贯彻中共十六届四中全会精神。

中共中央政治局常委、全国政协主席贾庆林出席并主持开幕会。中共中央政治局常委、书记处书记曾庆红应邀到会作关于中共十六届四中全会会议情况和会议精神的报告。

会议组织了分组学习讨论。常委会组成人员学习了中共十六届四中全会文件和会议公报、胡锦涛同志在庆祝人民政协成立55周年大会上的重要讲话，并就此进行了讨论。常委们一致拥护胡锦涛同志代表中共中央政治局所作的工作报告和重要讲话，一致拥护《中共中央关于加强党的执政能力建设的决定》，高度评价了江泽民同志为党、为国家、为人民作出的杰出贡献，对胡锦涛同志任中共中央军事委员会主席和关于调整充实中共中央军事委员会组成人员的决定，一致表示拥护。常委们还就进一步加强中国共产党的执政能力建设提出了意见和建议。

全国政协副主席王忠禹主持闭幕会。中共中央政治局常委、全国政协主席贾庆林出席闭幕会并讲话。会议听取了各小组学习和讨论《中共中央关于加强党的执政能力建设的决定》情况的汇报。

全国政协副主席廖晖、刘延东、阿沛·阿旺晋美、帕巴拉·格列朗杰、李贵鲜、张思卿、丁光训、霍英东、白立忱、罗豪才、张克辉、周铁农、郝建秀、陈奎元、阿不来提·阿不都热西提、徐匡迪、李兆焯、黄孟复、张怀西，全国政协秘书长郑万通和常委共275人出席会议。中共中央和国务院有关部门负责人，全国政协副秘书长、各专门委员会负责人，各省、自治区、直辖市及副省级市政协主席，全国政协办公厅研究室主任和全国政协信息特邀委员列席会议。

（杜庆鑫 夏薇 编写 金学锋 审稿）

发挥全国政协京外委员作用座谈会 2004年10月20日在广西壮族自治区北海市举行。全国政协副主席王忠禹主持会议并讲话。天津市、辽宁省、上海市、河南省、广东省、广西壮族自治区、海南省、四川省、陕西省政协负责人，全国政协副秘书长赵喜明、李昌鉴出席会议。

这次座谈会的主要内容是检查了解各地贯彻落实《政协全国委员会办公厅关于进一步发挥全国政协委员尤其京外委员作用的意见(试行)》的有关情况，探讨交流如何充分发挥全国政协京外委员的作用问题。座谈会上，马庆生、艾不善、周绍熹、张成伦、宋仪侨、郭国三、王兆林、吴葵光、冯崇泰等有关省(自治区、直辖市)政协负责同志发言，分别介绍了各地进一步发挥全国政协京外委员作用的情况。

王忠禹在座谈会上指出，京外委员占全国政协委员一半以上，是推动人民政协事业不断发展的重要力量。全国政协对发挥他们的作用高度重视，采取了许多措施。京外委员反映的意见建议与当地的实际工作密切相关。发挥好他们的作用，对促进当地经济建设和社会进步有重要意义。京外委员来自基层,贴近实际,能够直接倾听人民的呼声,反映人民的要求。发挥好这部分委员的作用,是人民政协求真务实地开展工作,体察人民群众的情绪和愿望,了解和反映社情民意,围绕实现好、维护好、发展好最广大人民群众的根本利益履行职能的需要。总结经验,用经验推动工作是我们行之有效的一个工作方法。要认真总结发挥京外委员作用工作中好的做法和经验,不断认识和把握这项工作的特点和规律,为进一步探索新的思路和途径奠定基础,使我们的实践真正体现时代性、把握规律性、富于创造性。王忠禹要求各级政协以与时俱进、开拓创新的精神,结合实际,充分利用自身的优势,解放思想,实事求是,不断研究探索新的形式和途径,进一步提高对发挥全国政协京外委员作用重要性的认识,拓宽全国政协京外委员发挥作用的渠道,推动这项工作的制度化、规范化、程序化建设。

2004 年 4 月 19 日在山东省济南市召开。座谈会的主要议题是征求委员对《政协全国委员会办公厅关于进一步发挥全国政协委员尤其京外委员作用的意见(征求意见稿)》的意见。王忠禹副主席主持会议。王忠禹指出,发挥全国政协委员尤其京外委员作用问题,是委员们反映多年的一个老问题。全国政协主席会议对此十分重视,认为政协委员尤其京外委员作用发挥的如何,事关全国政协能不能很好地履行职能,应当积极创造条件,逐步加强这方面的工作。全国政协办公厅将适时出台进一步发挥全国政协委员尤其京外委员作用的文件,力争使这项工作在本届政协任期内取得新的进展。王忠禹就进一步发挥全国政协委员尤其京外委员作用问题提出了四点要求:一是要加强联络,开展活动,提供情况,专人负责;二是各级地方政协要把组织当地全国政协委员开展活动纳入总体工作计划;三是要加强组织委员开展活动的制度建设;四是委员应主动履行职能,积极发挥作用。

山东省政协主席孙淑义、全国政协副秘书长赵喜明及 26 位驻山东省的全国政协委员出席会议,17 位委员作了发言。

(谭凯林　编写　郝争鸣　审稿)

政协秘书长工作座谈会　11 月 22 日至 24 日在北京召开。这是政协全国委员会新时期以来召开的第一次政协秘书长工作座谈会。会议的主要议题是总结交流近年来各地政协秘书长和办公厅工作的成果和经验,分析政协办公厅工作面临的新形势和新任务,并对全国政协将要制定和修改的规章制度草案提出意见和建议。

中共中央政治局常委、全国政协主席贾庆林在会议期间会见与会同志并在座谈会上讲话强调,政协秘书长在政协工作中地位重要、责任重大、起着枢纽的作用。各级政协的同志一定要增强责任感和使命感,振奋精神,锐意进取,扎实工作,努力开创统一战线和人民政协工作的新局面。贾庆林就进一步做好政协工作提出三点要求。第一,必须始终坚持把邓小平理论和“三个代表”重要思想作为工作的指南;第二,必须始终坚持把围绕中心、服务大局作为工作的重要原则;第三,必须始终把加强自身建设作为履行职能的重要保证。

全国政协副主席王忠禹在闭幕会上讲话。他说,要勇于创新,切实做好政协秘书长的各项工作,一是要了解全局、掌握政策;二是要抓住重点、兼顾各方,学习“弹钢琴”;三是要抓好制度建设,积极推进政协履行职能的制度化、规范化、程序化建设;四是要当好机关领导班子的班长,抓好机关各项建设。

全国政协秘书长郑万通在开幕会上讲话,就做好秘书长和办公厅工作谈了五点体会。一是抓学习,不断适应形势和人民政协事业发展的需要；二是抓服务，全面提升政协机关工作的水平；三是抓协调，充分发挥秘书长班子的作用；四是抓落实，积极推进各项工作任务的完成；五是抓队伍，努力形成干好政协机关工作的合力。

会议进行了分组讨论和大会交流。北京、上海、江西、河南、西藏、南京、深圳、沈阳、济南、广州等十个地方政协的秘书长作了大会发言。与会各地政协分别提交了书面交流材料。会议还专门讨论了全国政协办公厅制定和修订的政协全国委员会全体会议工作规则、常委会工作规则、主席会议工作规则、秘书长会议工作规则、专门委员会通则、提案工作条例、视察工作条例、反映社情民意信息工作条例等八项制度（征求意见稿）。全国政协副秘书长王巨禄在闭幕会上作关于座谈会各组讨论情况的综合汇报。

全国政协副秘书长和办公厅研究室主任，各省、自治区、直辖市及副省级市政协秘书长、办公厅主任等140余人出席座谈会。

（杜庆鑫　夏薇　编写　金学锋　审稿）

纪念滕代远同志诞辰100周年座谈会 11月16日在人民大会堂举行。全国政协副主席王忠禹主持座谈会。他说，滕代远同志是中国共产党的优秀党员、久经考验的老一辈无产阶级革命家、人民军队领导者之一、新中国人民铁路事业的奠基人。他一生为公，鞠躬尽瘁，为国家立下不朽功勋，我们要继承和发扬老一辈无产阶级革命家的革命精神和优良传统，学习他们的高尚品德。

滕代远1904年出生在湖南省麻阳县，1925年加入中国共产党，1928年与彭德怀等领导平江起义，创立中国工农红军第五军。新中国成立后长期担任铁道部部长，1964年至1974年任全国政协副主席，是中国共产党第七、八、九、十届中央委员，第一、二、三届国防委员会委员。

铁道部部长刘志军，军事科学院政治委员温宗仁，湖南省委副书记戚和平和滕代远亲属代表、夫人林一在座谈会上先后发言。

国务委员兼国务院秘书长华建敏，全国政协副主席周铁农和刘复之、丁关根、韩杼滨，中央军委委员、总政治部主任李继耐，以及有关方面和滕代远生前友好代表等百余人出席座谈会。

（杜庆鑫　夏薇　编写　金学锋　审稿）

经常性工作

【委员视察工作】

2004年度全国政协委员视察工作简况 根据《政协全国委员会办公厅关于2004年全国政协委员视察工作计划》的安排,2004年全国政协办公厅组织了30个视察团,其中常委视察团3个,无党派、侨联、台联和台盟、对外友好等界别视察团5个,在京委员视察团10个,京外委员跨省视察团9个,港澳委员视察团3个;共有752位委员参加视察活动,其中在京委员473人,京外委员187人,港澳委员92人。全国政协李贵鲜、张思卿、白立忱、罗豪才、周铁农、陈奎元、阿不来提·阿不都热西提、徐匡迪、李兆焯、张怀西、李蒙等11位副主席18次率团视察。此外,全国政协办公厅还委托京外各省级政协组织驻当地的全国政协委员开展了就地视察。

本年度委员视察围绕党和国家的中心工作及社会关注的热点问题,内容涉及到"三农"问题、城市化建设、海峡西岸经济带建设、振兴东北老工业基地、侨资及台资企业发展、非公经济发展、食品安全体系建设、公共卫生安全体系建设、土地的合理利用和保护、草原生态保护和资源开发、渤海海域环境保护、淮河流域治理、南水北调中线工程建设、内河航运资源保护、沿江(长江)经济发展、进城农民工管理服务和权益保障、旅游资源开发利用、文化教育和人才建设等十几个方面。视察遍及26个省(自治区、直辖市)的近200个市、县。

视察中,委员们围绕经济社会发展中的重大问题,认真了解情况,广泛听取意见,从不同的角度提出许多重要意见和建议。在集思广益的基础上,全年形成了26份视察报告。胡锦涛、贾庆林、回良玉、吴仪、曾培炎、华建敏、王忠禹、罗豪才等党和国家领导人共计15人次,在常委视察团关于加快海峡西岸经济发展、城镇化建设等视察报告,委员视察团关于云南省农业产业结构调整、宁夏回族自治区农业基础设施建设、内蒙古自治区资源开发与草原生态保护、河北省渤海海域环境治理与可持续发展、安徽省境内淮河治理、山西省产业结构调整与老工业基地改造、四川省改革发展情况等视察报告上作了重要批示。为贯彻落实中央领导的批示,全国政协经济委员会和港澳台侨委员会将常委视察团提出的关于加快海峡西岸经济发展的建议作为专题,进一步加强研究。

视察期间,委员们不仅为地方谋发展、献计策,还力所能及地为群众办实事、送温暖。赴四川省视察团为当地抗洪救灾捐款6万元;赴甘肃省视察团筹资20万元为当地建了两所希望小学;驻广东省全国政协委员赴新疆视察团为发展民族地区教育事业筹集捐款10万元;驻沪全国政协委员在黑龙江省考察期间捐款56万元支持当地发展教育事业。

本年度的委员视察工作在履行人民政协职能,推动我国社会主义物质文明、政治文明、精神文明建设方面发挥了积极的作用。

本年度在改进委员视察组织服务工作方面也有一些新的特点。一是进一步加强了视察组织工作；二是发挥委员在视察选题中的主体作用；三是注重与基层干部群众的座谈；四是切实为京外委员参加视察创造条件；五是出台《中国人民政治协商会议委员视察条例》；六是加大委员视察工作的宣传力度。

附:《2004 年度全国政协委员视察团情况一览表》

（谭凯林　编写　郝争鸣　审稿）

2004年度全国政协京外委员参加活动简况　2004 年全国政协办公厅组织京外委员参加活动、发挥京外委员作用工作取得明显进展。政协十届二次会议闭幕后，根据贾庆林主席“应努力创造条件，逐步加强和推动这项工作，力争在本届有新的进展”的指示精神，王忠禹副主席召集办公厅有关领导和部门负责人就发挥京外全国政协委员作用问题进行专门研究。2004 年 4 月，王忠禹副主席在山东济南召开部分驻鲁全国政协委员座谈会，听取对《政协全国委员会办公厅关于发挥全国政协委员尤其京外委员作用的意见》的修改建议。5 月份办公厅以文件形式出台该文件。为检查了解文件落实情况，2004 年 10 月，王忠禹副主席在广西北海主持召开有九个省(自治区、直辖市)政协参加的“关于发挥全国政协京外委员作用座谈会”。会后形成了“关于进一步发挥全国政协京外委员作用情况的报告”。贾庆林主席在报告上批示：“今年在发挥京外委员作用方面取得了明显进展，要进一步抓好这一‘主体性’、‘基础性’的工作，及时总结、推广各级地方政协创造的经验，使这项工作开展得生动活泼”。

全国政协办公厅高度重视加强京外委员参加活动工作的落实。在年度视察计划中明确规定，通过组织京外常委视察、邀请上年度因故未参加跨省视察的委员参加视察、京内外委员均可报名参加界别视察、在京委员赴外地视察请当地有关委员参加等方式，为京外委员参加视察创造机会。

各省级政协认真贯彻全国政协办公厅文件和《关于委托各省级政协主席为当地全国政协委员活动召集人的意见》精神，相继采取措施，加强发挥京外委员作用。各省级政协明确由担任全国政协委员的政协主席作为京外委员活动召集人，委派副秘书长或办公厅主任为联络员，指定具体职能部门负责联络委员开展活动。根据全国政协办公厅的文件精神，各省级政协结合自身实际，相继制定了在本省(区、市)范围内发挥驻当地全国政协委员作用的实施意见或办法，通过建立学习、联系、情况通报、委员活动小组等制度，把组织京外委员参加活动、发挥作用的工作进一步细化，使京外委员参加活动工作逐步走上制度化、规范化、程序化轨道。

各省级政协重视利用驻当地全国政协委员的独特优势，结合本地中心工作积极创造条件，发挥他们在地方经济社会发展中的作用。一是开展异地视察和参观。2004 年，有 9 个省级政协受全国政协办公厅委托，组织驻本省全国政协委员进行跨省视察（详见《2004 年度全国政协委员视察团情况一览表》），并形成 7 份视察报告，其中 3 份视察报告分别得到中央有关领导的批示。此外，驻粤委员赴新疆视察、驻沪委员赴黑龙江考察时为当地发展教育事业捐款数十万元。二是组织委员开展就地视察、调研。受全国政协办公厅委托，2004 年各省级政协或单独组织驻本省的全国政协委员，围绕经济社会发展的重大问题进行就地视察、调研，或组织委员与省政协委员联合视察、调研。各地视察、调研涉及的内容主要包括振兴老工业基地、科技创新、水利建设、农业经济、国企改革、食品安全、药品价格、发展民营经济、社会保障体系建设、旅游开发建设、移民扶贫、新型农村合作医疗试点工作等方面的情况。通过视察、调研活动，全国政协委员实事求是地反映了许多基层的情况，提出了有价值、有影响的建议。三是充分发挥委员联系中央和地方的作用，积极反映地方实际情况和呼声。四是邀请委员参加本省（区、市）组织的重要会议及活动。

各地还结合实际积极探索京外委员参加活动的新形式。一是把单独组织委员跨省视察、考察同与本地政协委员联合视察、调研相结合。二是组织和推荐委员参加民主监督方面的社会活动。三是充分发挥全国政协委员层次高、影响大的优势，邀请全国政协委员为地方政协委员作报告，广泛开展学习交流。四是组织委员进行专题性资政议政，发挥其智力和影响力优势。

（谭凯林　编写　郝争鸣　审稿）

2004年度全国政协委员视察团情况一览表

时间	视察地区	视察委员驻地	内　容	人数	团长 副团长	视察报告题目
5月23日至31日	上海	全国	公益性文化设施建设与发挥作用情况	47	张思卿 艾青春 王巨才 蔡　武	关于公益性文化设施建设和发挥作用情况的视察报告
5月24日至6月2日	云南昆明、红河州、版纳州、丽江市、大理州	江西	农业产业结构调整	8	钟起煌 刘运来 倪国熙	关于云南省农业产业结构调整情况的视察报告
5月24日至6月4日	浙江杭州、金华、温州、宁波、舟山、绍兴	河南	城市化建设	17	范钦臣 张　涛	关于浙江省城市化建设情况的视察报告
5月25日至6月5日	广东汕头、潮州，福建厦门、漳州、泉州、福州	全国（特邀常委）	海峡西岸经济建设	12	罗豪才 郭东坡	加快海峡西岸经济发展　促进祖国和平统一
6月2日至12日	广东广州、佛山、珠海、深圳	新疆	发展民营经济	23	阿不来提·阿不都热西提 艾斯海提·克里木拜	
6月15日至24日	宁夏银川、石嘴山、中卫、固原、彭阳	在京	农业基础设施建设情况	19	高占祥 任玉岭	关于宁夏回族自治区农业基础设施建设情况的视察报告
6月21日至28日	山东济南、青岛、威海	全国（无党派界委员）	山东沿海经济发展情况	26	张　洽 叶　朗 齐续春	
7月12日至21日	吉林长春、吉林、四平、辽源	在京	加快东北老工业基地民营经济发展	24	保育钧 白文庆 于宗林	关于加快东北老工业基地民营经济发展的视察报告

时间	视察地区	视察委员驻地	内　容	人数	团长 副团长	视察报告题目
7月13日至23日	内蒙古赤峰、锡林浩特、鄂尔多斯、呼和浩特	在京	资源开发与草原生态保护	32	李兆焯 肖建章 鲁志强	关于内蒙古自治区资源开发与草原生态保护情况的视察报告
7月16日至23日	黑龙江哈尔滨、牡丹江、大庆	澳门	振兴东北老工业基地、推动可持续发展	18	吴　福 李勇武 杨俊文 （张怀西副主席参加视察）	关于视察黑龙江省情况的报告
7月20日至28日	黑龙江哈尔滨、齐齐哈尔、大庆	湖南	国有企业体制改革	14	胡　彪 石玉珍 李贻衡	关于黑龙江省国企改革情况的视察报告
7月20日至29日	河北沧州、唐山、秦皇岛	在京	渤海海域环境治理与可持续发展	24	周铁农 汪纪戎 张登义	关于河北省渤海海域环境治理与可持续发展情况的视察报告
7月23日至28日	北京、甘肃	香港	航天科技发展情况	24	吴光正 伍淑清 （徐匡迪副主席参加视察）	关于视察航天科技发展情况的报告
8月15日至26日	新疆乌鲁木齐、喀什、伊犁、新源县、疏勒县、岳普湖县	广东	少数民族地区义务教育	21	韩大建 龚谷成 李延保	关于新疆维吾尔自治区义务教育情况的视察报告
8月17日至25日	甘肃兰州、白银、天水、会宁	在京（对外友好界委员）	人才培养和使用状况	10	李　蒙 徐颂陶	关于甘肃省人才培养和使用状况的视察报告
8月30日至9月8日	山西太原、晋中、大同	福建	结构调整和老工业基地改造	26	陈明义 李祖可 陈家骅	关于山西省产业结构调整与老工业基地改造情况的视察报告
8月30日至9月9日	河南郑州、洛阳、许昌、漯河、新乡、焦作	全国（特邀常委）	推进城市化建设	12	张思卿 卢荣景 叶连松	关于推进城镇化建设情况的视察报告
9月5日至14日	四川成都、泸州、自贡	全国（侨联界委员）	引进侨资侨智情况	17	罗豪才 何添发 林明江	关于引资引智、维护侨益情况的视察报告

时间	视察地区	视察委员驻地	内　　容	人数	团长 副团长	视察报告题目
9月10日至18日	安徽蚌埠、阜阳、六安、合肥	在京	安徽省境内淮河流域治理情况	18	李　蒙 张德楠 高安泽	关于安徽省境内淮河治理情况的视察报告
9月19日至27日	山东济南、曲阜、泰安、莱芜、潍坊、寿光、青岛	天津	农业产业化	23	叶厚荣 俞海潮 周绍熹 陆锡蕾 韩忠朝 朱　坦	
9月20日至30日	江苏南京、无锡、苏州、江阴、张家港、扬州、镇江	宁夏	沿江经济发展	11	任启兴 周振中	关于江苏省沿江开发建设情况的视察报告
10月10日至19日	陕西西安、延安、咸阳、宝鸡	广西	旅游资源开发利用	26	马庆生	关于陕西省旅游资源开发利用情况的视察报告
10月11日至18日	四川成都、广安、阿坝	香港	经济和社会事业发展情况	50	徐展堂 刘汉铨 余国春 黄光汉 （阿不来提·阿不都热西提副主席参加视察）	关于视察四川省情况的报告
10月13日至22日	江西南昌、吉安、九江	全国（京外常委）	加强食品安全保障体系建设	25	白立忱 安启元 任文燕 石四箴	关于江西省食品安全保障体系建设情况的视察报告
10月18日至28日	福建福州、莆田、泉州、漳州、厦门	全国（无党派界委员）	土地的合理利用及保护	27	周铁农 叶　朗 张　洽	关于福建省土地合理利用和保护情况的视察报告
10月19日至28日	湖北武汉、潜江、襄樊、丹江口、十堰	在京	南水北调中线工程建设	46	李兆焯 伍绍祖 孙永福 李志民	关于南水北调中线湖北省境内工程建设情况的视察报告
10月26日至11月3日	湖南长沙、常德、张家界	全国（台盟、台联界委员）	台资企业发展与台商权益保护	22	刘亦铭 陈贵州	关于湖南省台资企业发展及台商权益保护情况的视察报告

时间	视察地区	视察委员驻地	内容	人数	团长 副团长	视察报告题目
11月5日至14日	海南海口、万宁、琼海、三亚	在京	加强公共卫生体系建设	70	张怀西 张廷翰 李赣骝 殷大奎 李立明	关于加强公共卫生体系建设情况的视察报告
11月16日至27日	广西南宁、百色、大化、贵港、桂平、梧州、桂林	在京	内河航运资源保护情况	37	陈奎元 洪善祥 傅立民 张　皎	关于广西壮族自治区内河航运资源开发利用和保护情况的视察报告
11月22日至26日	北京	在京	进城农民工管理服务与权益保障	20	李贵鲜 陈　虹 张宝明	

（谭凯林　编写　郝争鸣　审稿）

【专门委员会工作】

提案委员会　政协十届二次会议以来，政协委员、政协的各参加单位和专门委员会，共提交提案4478件，经提案委员会审查立案4263件。其中，委员提案4114件，八个民主党派中央和全国工商联提案115件，界别小组提案34件。按照提案内容分类，有关经济建设方面的提案1905件，占44.69%；科教文卫体方面的提案1178件，占27.63%；政法、统战和其他方面的提案1180件，占27.68%。审查立案的提案已分别送交中共中央、全国人大常委会、国务院、全国政协、中央军委所属有关部门，最高人民法院、最高人民检察院办公厅，各省、自治区、直辖市中共党委和人民政府，以及有关人民团体等150多个承办单位办理；未予立案的作为委员来信转送有关部门研究处理。截至2005年2月20日，99.15%的提案已经办复。其中，提案涉及的问题已经解决或列入计划准备解决的占85.49%；因条件所限，暂时难以解决的，承办单位也及时向提案者作了说明。

2004年度提案反映的热点问题相对集中，质量普遍较高，得到了中共中央、国务院领导的高度重视。温家宝、贾庆林等多位领导对一些重要提案和提案工作及相关的调研报告作了批示，有力促进了提案的落实。各承办单位认真学习贯彻中共中央办公厅、国务院办公厅联合转发的《全国政协办公厅关于办理政协提案的意见》的通知（简称“两办通知”），进一步深化认识，加强领导，明确责任，完善制度，抓好落实，把办理政协提案同推进本部门重点工作及解决突出问题紧密结合起来，不断改进工作，进一步提高了办理质量。

2004年度，提案委员会继续坚持“围绕中心、服务大局、提高质量、讲求实效”的提案工作方针，主要开展了以下工作：

一、组织修改《中国人民政治协商会议全国委员会提案工作条例》。

按照全国政协关于建立健全与政协章程相配套的各项规章制度的要求，提案委员会组织修改了《中国人民政治协商会议全国委员会提案工作条例》。为做好提案工作条例的修改工作，提案委员会专门成立了领导小组，提出了提案工作条例修订草案。分别在全国政协系统秘书长工作座谈会、地方政协提案工作座谈会、各民主党派中央和全国工商联以及部分政协委员座谈会、提案承办单位座谈会上广泛征求各方面的意见。经全国政协第五次提案工作座谈会上集中讨论、修改后,又征求了中共中央办公厅、国务院办公厅、中央军委办公厅的意见,作了进一步修改。新修订的提案工作条例已由政协第十届全国委员会第八次常务委员会会议审议通过。

二、召开全国政协第五次提案工作座谈会。

2004年8月,提案委员会组织召开了全国政协第五次提案工作座谈会。贾庆林主席、王忠禹副主席在会上作了重要讲话,各省、自治区、直辖市和副省级市政协提案委员会,各民主党派中央、全国工商联、全国政协专门委员会以及全国政协提案部分承办单位有关负责人出席会议。会议回顾了55年来人民政协提案工作的发展历程,交流了党派团体撰写提案、承办单位办理提案、地方政协开展提案工作的基本经验,强调了“围绕中心、服务大局、提高质量、讲求实效”的提案工作方针,明确了提案工作是人民政协一项具有全局意义的工作,提出了加强协作、形成合力的工作要求,有力地促进了提案工作的发展。

三、围绕提高提案质量做好服务工作。

一是将承办单位提供的工作重点、难点及希望委员帮助出谋划策的重要问题进行归纳分类,整理出提案选题参考题目提供给委员参考。二是向委员发送《提案分类总目录》、提案内容可检索光盘、《把握人民的意愿——政协第十届全国委员会提案及复文选(2004年卷)》等资料。三是为方便委员查询提案及相关信息,进一步升级改造提案网络管理系统。

四、充分挖掘提案在发挥政协整体功能中的作用。

一是在政协十届二次大会结束后,按照提案类别,将相关提案分送政协专门委员会为组织调研提供参考。二是及时整理提案内容综述,分送政协专门委员会及有关部门,并在人民政协报上进行宣传。三是将提案中反映社情民意的重要内容,通过《政协信息》、《政协信息专报》等渠道,报送中央领导。共摘编《政协信息专报》10期。其中许多问题受到了中央有关领导的重视。四是围绕十届政协第六次常委会议“树立和落实科学发展观”议题,就《优化经济结构,转变增长方式》、《统筹城乡发展,解决‘三农’问题》、《促进区域协调发展》、《经济社会协调发展中的有关社会政策》、《发展教科文卫体事业,促进社会全面发展》、《统筹人与自然协调发展,增强可持续发展能力》、《坚持‘引进来’与‘走出去’相结合,提高对外开放水平》问题整理了7份提案内容综述,作为会议参阅材料。五是为配合全国政协专题协商会为国家制定“十一五”规划献计献策,提案委员会就《关于制订“十一五”规划问题》、《关于就业再就业工作问题》、《关于推进城乡经济社会协调发展问题》、《关于改善非公有制经济发展环境问题》、《关于建立健全城市应急机制问题》、《关于改革我国现行征地制度问题》、《关于建立和完善社会信用体系问题》、《关于水资源保护和科学合理利用问题》,把提案工作中有关制定“十一五”规划的内容分别归纳整理为综述材料。

五、进一步做好民主党派、人民团体提案工作。

提案委员会高度重视各民主党派中央、全国工商联的提案。对于党派、团体提案,均及时报送政协主席、副主席阅示。在党派、团体提案提出之前,组织召开提案者及相关承办单位参加的座谈会,进行沟通、协商,增强提案的针对性和可操作性。为推动党派、团体提案的办理,建议承办单位确定专人跟踪,狠抓落实,并组织提案者参与开展办理效果的跟踪检查。召开了党派、团体提案工作座谈会，交流推广经验，广泛听取意见。徐匡迪副主席出席会议并讲话。

六、切实推动提案的办理落实。

在提案数量逐年增加、办理任务日益繁重的情况下，提案委员会通过多种方式，努力提高办理质量。

一是加强与承办单位的联系，通过提案交办大会、承办单位座谈会、上门走访等方式，督促落实。一年来，先后走访了北京市人民政府、公安部、广东省人民政府、国家体育总局、国家林业局等承办单位。

二是对研究确定的重点提案，以提案委员会、提案者、承办单位相结合的协商座谈、联合调研等方式，推动办理工作。1.协商办理。一年来，共召开提案协商办理座谈会8次，有力促进了提案的办理工作，提高了提案的办理质量。对《关于发展循环经济，振兴东北老工业基地》、《关于加强农民工权益维护和保障工作》、《关于改善民营企业市场竞争环境，促进中小企业社会化服务体系建设》、《关于切实加强两岸青少年交流工作》、《关于加强职业教育，全面提高新生劳动力素质》、《关于严格审查和禁止主流媒体上的虚假药品、化妆品和保健品广告》、《关于城乡居民节水》、《关于降低生产事故，保持社会稳定》等方面的提案召开了协商办理座谈会。2.重点提案调研。一年来，共进行重点提案调研5次，并形成调研报告送中办、国办供有关部门参考。分别就《关于对我国传媒制度创新的策略思考与建议的提案》、《关于防控外来生物入侵、维护国家生态安全的提案》、《关于尽快制定中华人民共和国调解法的提案》、《关于发挥大型科研设施作用的提案》、《关于利用香港航空枢纽地位协助中西部发展的提案》进行了调研。

三是对提案中当年难以解决的重要问题，进行跟踪办理。例如，政协十届一次大会后，针对关于敦煌莫高窟保护、利用设施建设的提案，组织提案者及承办单位进行了调研。政协十届二次大会期间又召开了跟踪办理协商座谈会。关于制定中华人民共和国调解法的提案，在组织国内联合调研后，又组团赴国外进行了考察，调研报告提出的建议受到中央领导的重视。

四是将提案中的一些重要意见和建议，继续通过《重要提案摘报》报送中央有关领导。2004年度，共印发《重要提案摘报》13期，温家宝总理、贾庆林主席、回良玉副总理、曾培炎副总理、国务委员兼国务院秘书长华建敏、国务委员陈至立等多位领导作了批示。

七、加大提案工作宣传力度。

政协十届二次会议期间，积极配合新闻媒体进行集中报道。日常工作中，及时邀请新闻单位对重点提案的协商办理和调研等活动进行专题报道。在日常工作中积极为新闻单位提供报道线索。同时，积极开辟宣传工作新途径，充分利用网络传媒及出国考察的机会，加大提案工作的宣传力度。例如，为推动城市交通管理体制改革提案的办理，在组团赴国外考察时，积极同各方面人士交流，扩大中国政协及其提案工作的影响。

八、加强对地方政协提案工作的联系与指导。

为更好地发挥指导作用，提案委员会采取多种方式加强与地方政协的联系。先后参加了华东地区、华北东北地区、中南地区、西部地区、全国副省级市政协提案工作座谈会以及一些地方政协的提案工作研讨会、优秀提案和先进承办单位表彰会等交流情况，推广经验；通过《提案工作通讯》交流各级政协提案工作动态及理论研究成果；利用重点提案调研、走访地方政府等机会，与当地政协互通情况，交换意见，共同研讨提案工作面临的新情况、新问题。

（刘巧丽　编写　张怡　审稿）

经济委员会　2004年，经济委员会对加强和改善宏观调控、大力发展农业特别是粮食生产、制定“十一五”规划等综合性、全局性、前瞻性问题，开展了调查研究。共报送了10份调研报告和25份《政协信息》，1份《会议纪要》，3份《专委会简报》。很多意见和建议受到中央领导的重视，对一些决策和政策的出台发挥了一定的参考作用。

一、专题调研

1.完成沿黄河地区全面建设小康社会专题的后续调研工作。经济委员会专题组对山东、河南、陕西、山西四省进行调研后，报送了《建立统一协调体系，充分发挥人工影响天气工程的增雨防灾作用》、《关于尽快解决渭洛河入黄流域防洪保安问题的建议》、《关于实施黄河中下游滩区解危搬迁移民建镇的建议》、《关于济南市开发利用北展宽滞洪区，实现“北跨”发展的建议》四份调研报告。这些报告得到回良玉副总理等国务院领导的高度重视。

2.围绕中央关于东北地区等老工业基地振兴战略意见的贯彻落实情况进行调研。经济委员会专题组先后赴黑龙江、吉林和辽宁省调研并形成调研报告《振兴东北老工业基地起步阶段亟待解决的若干问题与建议》，报告认为，中央应尽快加大对东北振兴工作的统筹协调和推进力度，切实解决东北地区国有企业改革面临的企业分离办社会职能、企业债务负担沉重、社会保障资金缺口和“厂办大集体”等问题。黄菊副总理对报告作了批示，要求有关部门对调研反映的问题和建议应当统筹协调，有关问题要抓紧研究，积极解决。

3.对粮食安全问题进行调研。经济委员会专题组分赴粮食主产区河南、湖北，主销区福建和粮食不能自给的贵州调研。专题组两位负责人分别向中央报送了根据调研情况写成的单项材料《发展优势小麦，实现强企富民》和《关于稳定粮食生产、保证粮食安全的一点建议》，胡锦涛总书记等领导作了批示，要求有关部门认真研究。专题组《关于我国粮食安全问题的几点看法和建议》的报告认为，保证粮食安全的关键是保住主产区，提高主产区的粮食生产能力，要合理调整粮食主产区与主销区的利益关系，支持主产区小型农田基本建设。温家宝总理、曾培炎副总理对报告作了批示，回良玉副总理认为报告“对粮食安全问题既有深层次的思考和很鲜明的看法，又有可操作性的政策建议，很有参考价值”，批示要求“中农办在研究明年农村的有关政策时考虑。”

4.经济委员会与资本市场研究会共同主办了证券市场风险控制高级研讨会。会议分析了我国证券市场的风险状况，提出了建立有效的融资融券机构，放宽证券公司的经营范围，改革监管方式、加快相关制度建设等建立防范证券市场风险长效机制的思路和对策。贾庆林主席对经济委员会报送的《证券市场风险控制高级研讨会会议纪要》作出批示。黄菊副总理指示证监会结合贯彻落实刚颁布的《国务院关于推进资本市场改革开放和稳定发展的若干意见》的各项措施，一并研究。此外，经过多次对我国政策性金融改革的基本思路和发展方向进行的研讨，经济委员会还报送了《深化政策性金融改革座谈会情况综述》简报。

5.就统筹城乡发展问题进行调研。经济委员会专题组先后前往广东、上海、浙江、安徽、湖北、内蒙调研。11月，经济委员会与农业部联合召开了统筹城乡发展理论研讨会。贾庆林主席出席了研讨会。回良玉副总理，王忠禹、阿不来提·阿不都热西提副主席出席会议并分别发表了重要讲话。会后，经济委员会报送了《关于“统筹城乡发展”理论研讨会的情况报告》和数份信息。国务委员、国务院秘书长华建敏对其中四份信息作了批示。专题组还报送了《关于统筹城乡发展的调研报告》。报告提出，应将实行城乡区别对待的不符合统筹城乡发展要求的法律、法规、规定、制度等进行修改，应逐步建立公共财政体制，形成工业反哺农业的机制，应修改《土地管理法》，推进征地制度改革，建立土地增值的共享机制，维护农民合法土地权益。温家宝总理、回良玉副总理对报告作了批示。

6.成立专题组研究“十一五”规划编制问题。经济委员会专题组多次召开会议进行研讨，形成调研报告《关于“十一五”规划必须突出促进经济增长方式根本转变的建议》。报告提出了应把真正实现增长方式根本转变作为“十一五”规划的主线，充分发挥市场配置资源的基础性作用，持续提高服务业在国民经济构成中的比重等意见建议。曾培炎副总理对报告作了批示。

7.为“促进非公有制经济发展政策性文件”的起草提出意见建议。经济委员会《关于促进非公有制经济发展的建议》上报后，温家宝总理作了重要批示，要求有关部门着手研究一些重大的政策性问题，最好能够形成一个指导性的文件。在国务院有关部门落实温家宝总理的批示要求，着手起草文件期间，根据王忠禹副主席的意见，经济委员会召开座谈会，邀请文件起草组同志介绍“促进非公有制经济发展政策性文件”的框架思路，李贵鲜副主席出席会议并发表讲话。会后经济委员会上报了《对促进非公有制经济发展政策性文件（修改稿）的意见建议》，主要内容有：把非公有制经济放到国民经济的全局中进行分析，从市场准入、投融资、税收负担等方面确立非公有制经济参与市场经济公平竞争的主体地位，强化各级政府对非公有制经济政策的连续性，建设服务型政府等。温家宝总理对意见建议作了批示，指示发改委、国务院研究室进行研究。

二、对“十一五”规划编制提出意见建议

经济委员会从10月起，在一个多月时间里，对“十一五”期间统筹城乡发展、农村经济社会发展、粮食安全、促进非公经济发展、政策性金融改革等五个问题召开了专题性研讨会。此外，还分别召开了深化国企改革座谈会、改革与发展问题座谈会。贾庆林主席、王忠禹副主席出席深化国企改革座谈会并讲话。经济委员会在为“十一五”规划编制建言献策期间，共报送了1份报告和11份《政协信息》，温家宝、回良玉同志对一些《政协信息》作了批示。

三、举办宏观经济形势报告会和座谈会

1月，经济委员会分四个半天举办宏观经济形势报告会，分别邀请国家发改委、财政部、商务部、中国人民银行的负责人介绍2003年我国经济社会发展的总体情况、财政预算执行情况、商务运行情况、货币政策执行情况以及2004年有关工作思路及部署。周铁农副主席及部分委员出席了会议。

6月中旬，经济委员会围绕宏观经济运行中的热点问题，召开了2004年上半年宏观经济形势座谈会。李贵鲜副主席出席并讲话，郝建秀副主席出席了会议。国家统计局局长在会上介绍了我国上半年国民经济运行情况。会议就如何进一步加强和改善宏观调控、优化经济结构、转变经济增长方式、深化经济体制改革等问题进行讨论。《关于宏观经济形势座谈会的情况反映》以《政协信息》形式上报后，受到了党中央、国务院主要领导的高度关注。

（邹纯瑾　编写　邓宗良　审稿）

人口资源环境委员会　人口资源环境

委员会在常委会领导下，在推进国家可持续发展战略的实施、促进经济发展和人口资源环境相协调方面，针对流动人口管理、能源发展战略、发展循环经济、防治农业面源污染等问题开展调查研究，反映社情民意，切实履行职能。全年共组织开展十六项专题调研和考察，组织了两次大型会议和多项环保公益活动。

一、专题调研和考察

1.天津滨海新区整体发展与循环经济考察。陈邦柱主任率考察组就天津滨海新区整体发展与循环经济进行考察，报送了《关于进一步发挥天津滨海新区在振兴环渤海区域经济中作用的建议》。考察组分析了天津滨海新区在振兴环渤海区域经济中的综合优势和潜力，认为滨海新区在基础设施方面有巨大的存量优势，建议依托滨海新区的综合优势，加快建设新型的环渤海经济区。具体建议如下：国家发改委指导编制天津滨海新区整体发展规划，国务院尽早审批规划并授权天津市政府组织实施；授权天津市政府自行审批符合整体发展规划的工业东移项目；批准将滨海新区重点规划建设范围内的农业用地变更为建设用地，授权天津市政府组织实施；批准以滨海新区2002年上缴中央财政的收入为基数，将新增部分在十年内全部或按比例留在新区，授权天津市政府统筹使用；优先考虑把滨海新区建设成为自由贸易区。国务院总理温家宝在报告上批示："规划和建设好天津滨海新区，不仅关系天津的长远发展，而且对于振兴环渤海区域经济有着重要作用。政协的建议，请发改委结合制订经济、社会发展'十一五'和长远规划予以统筹研究。"

2.循环经济专题考察。陈邦柱主任率考察组赴芬兰、德国、日本就大力发展循环经济清洁生产问题进行了考察。考察团访问了上述国家的相关环保部门、研究单位和企业，了解他们在发展循环经济方面的先进做法和经验，报送了《关于芬兰、德国、日本发展循环经济情况的考察报告》。报告建议我国在发展循环经济过程中，要建立健全法律法规体系，制定和完善鼓励支持循环经济的法律法规和经济政策、税收政策；要加大循环经济技术支撑体系的研究和投资力度；要加强循环经济的宣传教育，提高公众参与意识；要在企业、区域和社会三个层面开展循环经济试点工作。

3.综合治理出生人口性别比偏高问题专题调研。杨魁孚副主任率调研组赴福建就综合治理出生人口性别比偏高问题进行了专题调研。调研组认为，当前我国出生人口性别比持续偏高，形势严峻，将给全面建设小康社会带来严重挑战。在对福建省进行考察后，报送了《关于福建省综合治理出生人口性别比偏高问题的调查报告》。报告建议，治理出生人口性别比偏高问题，一是要提高思想认识，党政一把手亲自抓，负总责；二是完善法律法规，建议全国人大常委会对《刑法》有关内容作补充规定，加大执法力度，严厉打击非法胎儿性别鉴定、非医疗性中期引产和贩卖、残害、遗弃女婴的行为；三是大力开展对新型生育文化的宣传教育活动；四是完善政策体系，全面开展对农村计划生育家庭的奖励扶助制度。国家人口计生委张维庆主任在报告上批示："政协的调查和建议很好。一、福建省综合治理出生人口性别比的经验要认真总结，人口报要予以宣传；二、修改《刑法》请商法工委和法律委，要尽快启动，争取法律修改有利于打击这三项犯罪行为。"

4.南水北调中线工程水源保障问题专题调研。张洽副主任和索丽生常委率调研组赴陕西、湖北、河南就南水北调中线工程水源保障问题进行专题调研。调研组考察了三省水源地水土流失治理工程、污水处理基础设施建设、水文站有关水文资料以及有关企业排污和治污的情况，报送了《关于南水北调中线工程水源保障问题的调研报告》。报告建议：加快立法和规划，依法管理水源地水污染防治工作；统筹研究考虑汉江流域经济社会发展问题；中央和地方各负其责，权责明确，保障水质安全；建立保障水源安全的长效机制，包括建立水源地生态功能保护区，完善水量、水质监测网络，建立污水处理市场运营机制等；有效控制水土流失和面源污染；对水源地给予适度的经济补偿；密切关注中线工程远期可调水量问题，继续开展"远期引江"的研究工作。

5.加快煤田灭火进度专题调研。张宝明副主任率调研组赴新疆就我国煤田火区的资源破坏和环境污染情况进行调研。调研组考察了新疆煤田火区的资源损失和环境污染状况，听取了新疆自治区政府有关部门和煤矿工人、干部群众的意见和建议，报送了《加快新疆煤田灭火进度，建设能源可持续发展基地》的调研报告。调研组认为，煤炭是不可再生资源，要加快我国煤田灭火进度，抢救和保护珍贵的煤炭资源。报告建议：加快煤田灭火步伐，将煤田灭火计划由20年缩短为10年或者更短；加大国家财政资金支持力度，引入市场机制多渠道筹集资金；关闭小煤矿，防止火区范围扩大；加大煤田勘探力度，建设能源可持续发展基地。胡锦涛总书记在调研报告上做出重要批示："此事既有重大经济价值，又关系资源和环境保护，如技术上可行，似应增加支持力度，早日解决新疆煤田灭火问题。"温家宝总理在报告上批示："建议由发改委会同有关部门，在原有《新疆煤田火区治理规划》的基础上，认真总结经验，提出加快新疆煤田灭火进度的措施，落实锦涛同志的批示。"曾培炎副总理批示："赞同调整'新疆煤田火区的灭火规划。'加快灭火进度，有利资源保护和生态保护。"

6.三江源和环青海湖地区人工增雨与生态环境监测专题调研。温克刚副主任率人口资源环境委员会和中国气象局联合调研组赴青海就三江源和环青海湖地区人工增雨与生态环境监测情况进行了专题调研，报送了《三江源和环青海湖地区人工增雨与生态环境监测工作调研报告》。报告认为，三江源和环青海湖地区是我国生态系统的天然屏障，但也是自然生态系统最敏感和脆弱的地区，应进一步加大该地区生态环境保护和建设工作的力度。建议：国务院尽快批复和实施《青海三江源自然保护区生态保护和建设总体规划》；强化和完善青海省生态环境监测和评估工作，提高生态环境监测的科技含量；重视并加强三江源和环青海湖地区以及整个青藏高原地区的气候变化对生态环境影响的科学研究；进一步加强黄河上游的人工增雨工作力度。曾培炎副总理对报告作出批示。

7.天然林保护工程实施情况考察。陈邦柱主任率由人口资源环境委员会、全国绿化委员会、国家林业局等单位组成的"关注森林"组委会考察组深入内蒙古、黑龙江大兴安岭腹地，就我国天然林资源保护工程实施情况和存在的问题进行了考察，报送了《关于进一步加强东北内蒙古天然林资源保护工程的几点建议》。考察组建议：制定长远规划，抓紧编制和实施天然林资源保护工程第二阶段的规划；给予林区振兴东北老工业基地的有关优惠政策，促进林业经济向林区经济的转变；提高对解决"三林"问题的认识，研究实施有利于提高林业工人和林农群众收入、稳定林区社会、繁荣林区经济的政策和措施；强化林业行政管理体系，将国家林业局恢复为林业部，从组织上确保天然林保护等六大林业重点工程顺利实施。

8.矿山地质环境治理与保护专题调研。陈洲其副主任率调研组先后赴浙江、江苏、辽宁、黑龙江四省就矿山环境恢复与治理等问题进行专题调研，报送了《我国矿山环境问题及对策建议》调研报告。调研组认为，矿山环境恶化的问题不仅影响和制约区域经济的发展，有时还引发社会问题和矛盾。报告建议：实施矿产资源开发与环境保护并重的方针，加强矿山环境保护监督管理；加强法律、法规和制度化建设，推进《矿山环境保护管理条例》立法工作；强化开采矿产资源的环境影响评价制度；实施矿山环境恢复与土地复垦保证金制度；多渠道融资，推进废弃矿山环境治理产业化。

9.我国矿业城市分类专题调研。陈洲其副主任率调研组赴辽宁和黑龙江就我国矿业城市的分类与可持续发展问题进行了专题调研，报送了《关于我国矿业城市分类与可持续发展的调研报告》。调研组认为，计划经济体制的弊端严重制约了矿业城市的全面协调可持续发展，当前应大力进行经济结构调整，发展支柱产业和接续产业。报告建议：矿业城市要坚持科学发展观，以实现全面协调可持续发展和提高居民生活质量为目标，积极转型和发展接续产业；加大矿城可持续发展政策研究力度，加强矿城转型的分类指导；加大对矿城的政策支持，建立反哺机制，制定优惠的财政税收政策，设立矿城结构转型专项基金；实施特别援助计划，扶持和加快棚户区改造；加快矿业体制改革，吸引社会资金投入地质勘查工作。

10.西藏自治区草场保护与建设专题跟踪调研。张洽副主任率由人口资源环境委员会和西藏自治区政协经济环境资源委员会组成的联合调研组，在日喀则、那曲、山南等地区就自治区草场保护与建设情况进行了跟踪调研，报送了《关于西藏自治区草场保护与建设的跟踪调研报告》。调研组认为，自2003年7月就这一专题进行调研并提出意见建议以来，自治区党委政府高度重视，并组织相关部门认真研究、积极落实，取得了一定成效，但鉴于目前西藏草原沙化、退化、荒漠化的严重现状，国务院有关部门和自治区政府应加紧明确对西藏草原的功能定位并在政策上有所倾斜。调研组建议：进一步加大实施退牧还草工程的力度；建立健全草原监理机构，推进依法治草；尽快修改完善《西藏自治区实施草场承包责任制办法》，依法落实草原承包责任制。温家宝总理、回良玉副总理对报告作了批示。

11.农业面源污染防治专题调研。刘成果副主任率调研组先后赴山东、河南和江苏、云南就农业面源污染防治问题进行了专题调研。调研组考察了南四湖、太湖、滇池等敏感区域、重点养殖场和高集约化农区，比较全面地了解了我国农业面源污染情况，报送了《关于防治农业面源污染的调研报告》。调研组认为，农业面源污染已经成为造成水体富营养化的重要因素，并且污染地下水，影响我国农产品在国际市场上的竞争力。针对目前农业面源污染防治工作中存在的问题，建议：高度重视农业面源污染防治工作，尽快制定《农业环境污染防治条例》；加强全国重点和敏感地区农业环境监测网络建设，建立完善的动态监测网络体系；尽快制定全国重点和敏感地区的《农业面源污染防治规划》；尽快建立农业面源污染防治专项财政资金和基本建设资金；加强宣传，唤起农民和社会各界的重视。

12.流动人口管理体制专题调研。张榕明、李伟雄副主任率调研组赴广东就流动人口管理体制进行了专题调研，并在北京与公安部、民政部、建设部以及北京市有关单位进行了座谈，报送了《关于进一步改革和完善流动人口管理体制的调查报告》。调研组认为，大规模的人口流动显示中国正在逐步走向更为开放的现代化社会，目前我国流动人口管理工作还存在机制明显滞后、管理服务不相适应的问题，迫切需要进行改革和创新。报告建议：国家发改委组织有关部门和专家对流动人口发展趋势进行预测和分析；成立流动人口综合协调领导机构，出台专门的行政法规；流入地政府进一步提高城市管理能力，做好流动人口工作；进一步修订和完善房屋租赁管理办法，抓好出租房屋管理；推广成熟经验和做法，积极探索符合现代管理理念的人性化管理服务措施。中共中央政治局委员、公安部部长周永康在报告上批示："请景富同志阅研。对政协人口资源环境委调查报告提出的建议，要予以高度重视，把有关工作纳入明年的改革(改进)措施中，使我国流动人口的管理，更体现以人为本的精神，更有利于城乡人民的生产生活。"

13.矿业城市经济可持续发展专题考察。陈洲其副主任率考察团赴意大利、希腊、西班牙就矿业城市经济可持续发展问题进行了专题考察，报送了《关于欧盟国家矿业城市经济可持续发展问题的考察报告》。考察组认为，欧盟国家解决矿业城市发展问题的一些经验和教训为我国提供了宝贵的借鉴。关于我国的矿业城市转型和可持续发展问题，报告建议：把矿业城市可持续发展纳入国家规划体系，落实政府管理职责；确定矿城救哺机制，调动各级政府的积极性；重视运用经济杠杆，有效调动私人资本；明确矿产资源战略，抓好资源外交工作。

14.石漠化防治专题调研。江泽慧、陈洲其副主任分别率调研组赴广西和贵州就石漠化防治问题进行了专题调研，报送了《关于推进石漠化综合治理的调研报告》。调研组认为，石漠化导致生态严重恶化、自然灾害频发、耕地减少、贫困加剧，甚至使人们丧失基本的生存条件，已经成为我国南方岩溶地区生态建设最难啃的"硬骨头"，社会经济发展的"绊脚石"。报告建议：加强石漠化基本情况调查和治理研究工作，科学编制治理规划；进一步加强石漠化综合治理，科学合理开发利用大气降水和地下水资源，加强农村能源工程建设，加大生态移民力度等；加大石漠化治理投入；加强组织领导；制定长效良性机制，为石漠化综合治理提供制度保障。

15.小城镇建设中的环保问题专题调研。陈邦柱主任，马国良、王克英副主任率领调研组分别赴福建、广东和安徽、江苏就小城镇建设中的环境保护情况进行了专题调研，报送了《关于小城镇建设中的环保问题的调研报告》。调研组考察了各地小城镇规划建设情况和垃圾处理场、污水处理厂，认为各地在推进城镇化过程中，环保工作取得一定成绩，但是仍然存在环境污染严重，规划滞后，机构不健全等突出问题。针对这些问题，调研组建议：加强环境保护宣传教育，提高小城镇领导和广大居民的环保意识；加强对小城镇环境规划编制的指导和实施的监督；加快小城镇环境基础设施建设；抓好小城镇污染防治和生态保护工作；加强小城镇环保机构和队伍建设。

16.长江三角洲气候变化对生态环境影响专题调研。温克刚副主任率调研组分别赴浙江、江苏、上海就长江三角洲气候变化对生态环境影响进行了专题调研。

二、会议活动

1.人口资源环境委员会工作培训班。6月22日至28日，人口资源环境委员会在浙江杭州举办首期工作培训班。本期培训班的主题是落实贾庆林主席和王忠禹副主席、郑万通秘书长关于切实加强培训工作的指示，改善和充实政协人口资源环境委员会系统干部的知识结构，进一步提高参政议政和实际工作水平。张思卿副主席出席了开班仪式并发表重要讲话。各省、自治区、直辖市和副省级市政协人口资源环境委员会主任及办公室负责人160余人参加了培训班。

2.保护长江万里行。10月10日至23日,陈邦柱主任率由人口资源环境委员会和中国发展研究院组成的"保护长江万里行"考察团,从四川宜宾出发,沿江而下,就长江流域的生态建设、退耕还林、水污染处理、三峡工程建设中的环境保护、长江沿途水质等情况,赴长江中下游的八个省市进行了深入的考察,开展环保宣传和调研活动。贾庆林主席对此活动作了重要批示:"'保护长江万里行'是一项很有意义的活动。希望你们与有关部门密切配合,认真组织好这一调研活动,为推进长江流域的环境保护和生态建设出谋划策,为我国经济社会可持续发展贡献力量。"李贵鲜、张思卿副主席分别参加了"保护长江万里行"研讨会、启动仪式和考察活动。考察团在沿江省市组织了现场考察、环保文艺演出、"保护长江、爱我中华"万名市民和青少年签名等形式多样的活动。新华社、人民日报、中央人民广播电台、中央电视台、人民政协报等多家新闻单位对活动进行了宣传报道。考察团报送了《关于长江流域生态建设和环境保护的调研报告》,报告认为,长江生态建设和环境保护形势严峻,保护长江任重道远。报告建议:加大宣传教育、舆论监督力度,深化行政首长负责制;全国人大专门立法,强化环保部门的执法权;设立综合领导协调机构,统筹长江治理工作;依靠先进科技,借鉴发达国家经验;加快产业结构调整;增加投入,建立生态补偿机制。

3.国际人口与发展论坛。9月7日至9日,人口资源环境委员会与国际人口与发展南南合作伙伴组织、国家人口计生委、全国政协外事委联合,在湖北武汉举办了国际人口与发展论坛。王忠禹副主席出席开幕式并讲话。联合国和数十个国家的高级官员、国际组织负责人、中外知名专家学者共400余人参加了会议。此次论坛通过消除贫困、生殖健康与计划生育、艾滋病防治以及对艾滋病人的关爱、青少年性与生殖健康、降低孕产妇和婴幼儿死亡率、妇女赋权与社会性别平等、非政府组织的作用、官方发展援助与伙伴关系等8个专题的研讨,交流了各国在计划生育和生殖健康方面的经验和挑战,共同探讨未来十年国际社会在加强合作和实现目标方面的战略。论坛发布了由21个南南合作伙伴组织成员国共同签署的《长江宣言》。

4.与有关部门合作,进行专题考察和研讨,组织多项环保公益宣传活动。一是与国家林业局联合,继续开展"关注森林"活动,组织东北、内蒙古天然林资源保护工程专题考察并提出建议;二是与国家环保总局联合,主办了内容丰富多彩的"2004年中国环境文化节";三是与共青团中央等部门合作,继续开展"保护母亲河"系列活动;四是协助全国政协办公厅,在四川广安市邓小平故居筹建"政协林";五是与辽宁省政府、中国矿业联合会共同主办"中国矿业城市可持续发展论坛";六是与国家林业局、贵州省政府联合举办"全国首届城市森林论坛"。

三、认真做好十届六次常委会有关专题讨论的组织工作

7月上旬召开的十届六次常委会议题为"坚持以人为本,树立和落实全面、协调、可持续的科学发展观",人口资源环境委员会负责"统筹人与自然协调发展,增强可持续发展能力"专题组的组织工作。根据可持续发展领域目前比较突出的资源能源短缺、生态环境形势严峻、人口结构不合理等热点难点问题,确立和组织了推进钢铁工业发展循环经济、努力建设节水型社会、综合治理出生人口性别比偏高问题等重点发言。会后就特大城市发展、环保执法、新型

能源化工、汽车产业发展战略等发言内容，报送了政协信息。

四、就国家有关资源、环保方面的法律法规草案进行研讨

应全国人大环资委和国家发改委邀请，委员会组织委员和专家分别就《可再生能源法》、《废旧家电及电子产品回收处理管理条例》和《关于加快发展循环经济的指导意见》、《海水利用专项规划》的征求意见稿进行认真研讨，并提出了修改意见。

五、以政协信息形式积极反映社情民意

委员会充分利用政协信息这一反映社情民意的重要渠道，在专题调研和有关活动中，注意发现和收集其中重要的情况和建议，并及时以政协信息的形式专门报送中共中央和国务院，供有关部门参考。一年来向中央报送20份《政协信息》，所提的许多建议受到中央领导和有关职能部门的重视。

（王亚男　编写　卫宏　审稿）

教科文卫体委员会　一、围绕常委会议题积极建言献策

为配合十届六次常委会议关于树立和落实科学发展观的议题，委员会承担了“发展教科文卫体事业，促进社会全面进步”专题组的筹备和组织工作。并就科技高新技术产业化、高等教育和西部地区义务教育，以及医疗卫生防预等问题分别作了重点发言。其中《促进高新技术产业化是实现新兴工业化的必由之路》建议内容：(1)大力发展战略高技术；(2)加强“产学研”协调合作；(3)国家立法并制定相应政策鼓励风险投资业的发展。(4)完善科技企业创新孵化体系；(5)坚持以人为本，重视人才；(6)坚持从实际情况出发，有所为有所不为。国务院副总理曾培炎对此建议作了批示，科技部根据批示对报告中的有关建议和意见进行了认真研究，并在专门给国务院的报告中表示，赞成委员们提出的发展高新技术产业应该坚持以人为本、提倡自主创新的建议。《关于搞好西部地区“两基”攻坚的几点建议》建议内容：(1)必须充分认识西部地区“两基”攻坚的艰巨性复杂性；(2)进一步加大中央的财政投入，进一步采取特殊的扶持政策；(3)要科学规划，要加强教育的改革；(4)加大宣传力度，加大对口支援；国务委员陈至立对此建议批示：“这份建议很重要，分析情况实事求是，提出了关键问题。请发改委、教育部、财政部认真研究进一步加大西部地区‘两基’攻坚力度和措施，以确保预定目标的实现。”《稳定博士生招生规模　着重提高培养质量》建议内容：(1)进一步优化我国高等学校的体制结构，严格控制博士生授予单位数量增加；(2)加强博士生导师队伍建设；(3)深化研究生管理机制改革，实行研究生教育收费制度和“三助”岗位制度。国务委员陈至立对此建议批示：“请教育部认真研究此件并结合教育发展纲要的制定，对博士生培养工作进行系统研究，做出科学规划”。《防止血吸虫病任重道远》建议内容：(1)应加强血吸虫病疫情的监控；(2)应加大投入，完善政策措施；(3)应对洞庭湖区的血吸虫病防治采取一些特殊政策；(4)应募集资金救助晚期血吸虫病病患者；(5)应积极开展血防科研工作；(6)应尽快出台《中华人民共和国血吸虫病防治条例》；(7)应正确把握对血防工作进行新闻宣传的舆论导向。国务院副总理吴仪，秘书长华建敏对此建议分别作了批示，卫生部对进一步加强血防工作采取了五项措施。

二、按照年度计划认真组织专题调研

1.开展了科技兴农问题专题调研，科技组赴江苏、贵州、湖南进行调研。形成了《关于推进科技兴农工作的意见和建议》调研报告，主要内容：(1)调整完善农业科研院所改革方案，加快农业科技创新体系建

设步伐；(2)完善以政府投入为主的多元化投入体系；(3)加快发展多元化的农技推广服务体系；(4)强化对农民的职业技能培训；(5)理顺农业科技管理体制。国务院副总理回良玉对此建议作了批示。2.开展了我国民营书业发展状况问题专题调研，文化组与新闻出版署联合组成调研组赴四川、重庆、湖北三省进行专题调研，形成了《关于民营书业发展状况的调研报告》。3.开展了广播电视走出去工程实施状况问题专题调研，文化组与国务院新闻办、国家广电总局中央电视台、国际广播电台联合组成调研组赴广东、福建等地进行专题调研，形成了《关于“广播电视走出去工程”实施情况的调研报告》。4.开展了推行新型农村合作医疗试点工作问题专题调研，卫生组与卫生部联合组成调研组赴甘肃、四川、贵州三省进行专题调研，形成了《关于进一步做好新型农村合作医疗试点工作的意见和建议》。5.开展了我国农村体育工作问题专题调研，体育组与国家体育总局联合组成调研组赴西藏、江西进行专题调研，形成了《关于发展我国农村体育的建议》。

(三)举办座谈会进行专题研讨

1.召开了“我国西部地区农村教育问题及两基攻坚实施情况”座谈会，教育部部长周济介绍了我国农村教育及西部地区两基攻坚实施情况，郝建秀副主席及在京教育界委员30余人出席会议。部分九届政协委员，民进中央、民盟中央、中华职教社等有关党派、团体的负责人20余人应邀与会。这次会议为形成《关于搞好西部地区“两基”攻坚的几点建议》提供了重要依据。2.召开了“高等医学教育改革和发展座谈会”，与会代表就高校合并后医学教育所取得的经验和面临的问题及进一步促进高校管理体制改革等问题进行了充分的交流和热烈的讨论。教育部、卫生部有关领导，全国部分综合大学和医学院校领导，医学教育专家学者40余人参加了会议。3.召开了“我国农村体育工作问题”研讨会，天津、上海、江西、西藏政协相关委员会递交了书面报告。这次会议为形成《关于发展我国农村体育的建议》报告提供了重要依据。4.召开了“为形成港澳地区与北京2008年奥运会互动局面献计献策”座谈会。体育界委员与香港委员各抒己见，充分发表了意见。朱树豪等委员及香港体育发展局副主席胡晓明、澳门奥委会第一副主席、第四届东亚运动会组委会主席萧威利参加了会议。会后，根据朱树豪委员就发挥香港优势办好2008年奥运会提出的意见和建议形成了《政协信息》报送中共中央、国务院参阅。

(四)开展多种形式的参观考察及联谊活动

1.配合办公厅组织2005年元旦茶话会文艺演出。2.举办2005年教科文卫体界新春茶话会。3.教师节前，郝建秀副主席率全国政协教科文卫体委员会与民进中央、中华职教社共同组织的慰问团赴北京延庆县慰问农村教师，并向师生赠送了价值4万元的书籍和其他纪念品。4.继续坚持“三下乡”活动，组织部分文艺界委员和文艺工作者赴广州军区先后在广州、惠州、珠海、深圳等地进行了四场文艺演出，并派出小分队三次下连队演出。5.为纪念邓小平同志诞辰100周年，与全国人大教科文卫委员会共同主办了“纪念邓小平同志诞辰100周年专题音乐会”。6.组织部分体育界委员就“我国全民健身服务业现状”赴河北省进行考察。7.应国家体育总局的邀请，组织体育界部分委员赴江西就“第八届农民体育运动会”进行考察。8.应贵州省政协邀请，郝建秀副主席及本委副主任出席了“西部地区政协职业教育专题研讨会”。

(田占云 编写 张振山 审稿)

社会和法制委员会 2004年主要工作：

一、围绕“团结”和“民主”两大主题，紧紧抓住“收入分配体制改革”、“进城务工人员权益保护”、“未成年人法律保护”、“社区矫正”等经济社会发展中的热点、难点问题，提出综合性、全局性、前瞻性的意见和建议。

1.组织委员就收入分配体制改革专题进行调研并取得初步成果。本委先后邀请财政部、民政部、劳动和社会保障部、税务总局、统计局、发展和改革委员会、全国总工会、中国社会科学院等单位分别介绍情况，王建伦副主任、刘是龙委员分别率调研组赴甘肃、贵州、吉林、上海、浙江、北京等6省市调研，与当地财政、税务、劳动和社会保障、民政、发展和改革委员会等部门、民主党派和工商联代表、专家学者以及基层群众代表座谈。在充分调研的基础上，撰写5份分省调研报告，并就企业普通职工工资增长缓慢、深化公务员工资制度改革、事业单位体制改革的制约因素等情况报送5条政协信息。贾庆林主席专门做了重要批示：“请政协办公厅将建伦同志调研报告，分别报送国务院领导和有关部门参阅。收入分配问题，是当前普遍关心的热点、难点问题，也是构建社会主义和谐社会的重要方面。请全国政协社会和法制委员会，继续作为重点调研课题，进一步调查研究，为党和政府决策提供参考和依据。”

2.根据城镇化进程中农村劳动力向非农产业转移的情况，组织委员就“进城务工人员权益保护”专题展开调研。本委先后邀请劳动和社会保障部、全国总工会等9个部门介绍情况，周铁农、阿不来提·阿不都热西提副主席，李奇生、朱治宏副主任分别率调研组，赴河南、安徽、湖南、广东四省进行调研形成《关于维护进城务工人员合法权益问题的调查报告》，回良玉副总理对报告作了批示。多名委员还就此问题在《人民日报》上发表文章。

3.根据未成年人权益易受侵害、青少年犯罪已成社会热点的情况，组织委员就“未成年人法律保护”专题进行调研。本委先后邀请最高人民法院、最高人民检察院、公安部、教育部、文化部、共青团中央、全国妇联等单位介绍情况，刘家琛副主任率调研组赴上海、山东、西藏、黑龙江、河南、北京等6省区市进行调研，先后召开18次座谈会，撰写了《关于未成年人法律保护工作的调研报告》。

4.根据我国刑罚执行制度改革的新形势，组织委员就“社区矫正”专题进行调研，本委邀请司法部等有关单位介绍情况，肖建章副主任率调研组赴上海、山东、北京等省市进行调研以及赴社区矫正制度较完善的美国、加拿大考察。撰写了《关于我国开展社区矫正试点工作的考察报告》和《关于加拿大、美国社会矫正制度考察情况的报告》。

5.根据十六届三中全会提出的，关于坚持以人为本、全面协调可持续的科学发展观问题，组织委员就“贯彻落实科学发展观”进行专题调研，调研组首先听取有关单位介绍情况并座谈，李其炎主任率调研组赴浙江、广东进行调研，并形成《率先构建社会主义和谐社会——浙江、广东落实科学发展观考察报告》。

二、借助多个平台、利用多种形式履行职能。

1.与全国人大常委会法制工作委员会、全国人大常委会香港基本法委员会联合在人民大会堂香港厅举行纪念香港基本法颁布十四周年座谈会。中共中央政治局委员、全国人大常委会副委员长王兆国、全国人大常委会副委员长兼秘书长盛华仁，国务委员唐家璇，全国政协副主席廖晖、刘延东，社会和法制委员会主任李其炎，中联办,国务院港澳办,部分港区人大代表、政协委员,社会和法制委员会部分委员,法学专家及有关人士60人出席会议。全国人大常委会香港基本法委员会主任乔晓阳主持会议,盛华仁副委员长发表讲话。

2.与中国经社研究会、欧盟经社委员会在大连市联合举办“中欧结构调整和再就业”国际研讨会,齐续春副秘书长主持开幕式,大连市政协主席林庆民致欢迎辞,全国政协社会和法制委员会副主任王建伦、欧盟经济社会委员会委员、工业变革与调整委员会主席约斯列·皮亚特分别代表中方和欧盟作主题报告。

3.在云南省昆明市召开“收入分配体制改革”和“未成年人的法律保护”专题研讨会,学习贯彻中共十六届四中全会精神、胡锦涛总书记和贾庆林主席在庆祝人民政协成立55周年大会等重要活动上的讲话精神及全国政协第七次常委会议精神,会议围绕上述两个专题进行座谈研讨,并对2004年的工作及2005年的工作设想进行情况交流。开幕会由朱治宏副主任主持,李其炎主任讲话,王建伦、朱治宏、刘家琛、张绪武副主任,云南省政协主席杨崇汇、副主席和占钧出席,杨崇汇主席致欢迎辞,云南省政府负责人到会介绍了云南经济和社会发展情况。全国42个省、区、市及副省级市政协社会和法制委员会负责人等共110余人参加了会议,提交会议发言稿40余篇,6省市有关专委会作大会发言。

4.邀请新闻出版总署原副署长桂晓风、公安部原副部长罗锋分别就进一步加强文化法制建设、当前我国禁毒工作情况举办报告会。王建伦、江蓝生、刘家琛、赵登举、萧灼基副主任,港澳台侨委员会副主任王永海及社会和法制委员会、提案委员会、外事委员会、文史资料委员会部分委员出席报告会。

三、进行专题考察,深入了解并及时反映社情民意。

1.围绕社会信用体系建设专题,萧灼基副主任率调研组赴广东省汕头市进行考察,形成《借鉴汕头市信用体系建设经验,推进我国社会信用体系建设》考察报告。罗豪才副主席批示:“建议新华社、中新社、人民政协报等媒体对汕头市信用体系建设的成就进行报道,让社会各界及海外侨胞对潮汕地区的发展有个比较全面的了解。”

2.赵登举副主任率“巩固和完善农村村民自治制度”专题组赴江苏、江西进行考察,委员们深入乡镇和农村了解情况,就村委会规范竞选行为等问题提出了意见和建议。

3.与司法部组成联合考察组,张绪武副主任率考察组就“当前我国律师队伍建设”专题赴上海、海南、广西考察,形成《关于律师队伍建设的考察报告》,中共中央政治局常委罗干作出重要批示,中共中央政治局委员、国务委员周永康也批示指出:“请福森同志高度重视政协社会和法制委对我国律师队伍考察中提出的队伍分析和工作建议。随着依法治国方略的进一步实施,律师在社会生活中的作用更显突出,建设一支高素质的律师队伍是时代的要求,人民的期盼,是经济建设、社会稳定的必需,请在今年集中教育整顿活动基础上,进一步在完善法制、健全体制、加强队伍培训、创造更好的执法环境上下功夫,为实现社会公平和正义作出更好的贡献。”

4.应全国妇联邀请,由波兰参议院副议长达涅拉克女士为团长的波兰议会妇女代表团,与全国政协社法委部分女委员就妇女就业、医疗、社会保障等问题进行座谈。

5.与全国妇联共同举办第一期“全国政协女委员参政议政研讨班”。研讨班就“关于中国共产党领导的多党合作和政治协商制度”、“社会性别平等政策及热点问题”及“如何写好提案”进行研讨。妇联界委员、社会和法制委员会女委员和部分在京女委员共30余人参加研讨班。

此外，我委还对高法、高检的工作报告和国务院法制办的《道路交通安全法实施条例》、《治安管理处罚条例》草案、《公务员法》和《紧急状态法》征求意见稿、《关于深化预防青少年违法犯罪工作的意见(征求意见稿)》、《妇女权益保障法》(第二稿)和《残疾人权利国际公约(草案)》提出了修改建议。

四、利用“两会”、全委会、专题讨论会、情况报告会、小型论坛等形式积极提出意见建议。

“两会”结束后，国务院总理温家宝在社会和法制委员会转呈的福利保障界委员反映农民工合法权益保护、建设工程领域非法转包等问题的信函上批示：“请培炎同志阅示。建议建设部研究提出制止工程非法转包的具体措施。”国务院副总理曾培炎批示：“建设工程领域的非法转包行为，严重扰乱正常建设市场，滋生腐败，损害农民工利益。请建设部、发改委落实家宝同志批示，按照‘招标投标法’规定，制定有关实施细则，尤其是要加大执法力度，整顿建筑市场。”

根据十届六次常委会总体安排，我委认真筹划了“经济社会协调发展中的有关社会政策”专题讨论会，就农民工维权、技工队伍培养、社会保障体系建立、加快保险立法、大力发展慈善事业等问题，请常委、委员和专家撰写10余篇发言材料；会后就讨论情况向主席会议提交综合报告，并编写了5篇《政协信息》和《参政议政动态》。国务委员陈至立在《关于加强我国技能人才培养的建议》信息专报上批示：“此建议十分中肯。对于如何加强我国技能人才培养问题，最近教育部、劳动保障部、人事部、农业部、发改委和财政部及扶贫办等已开会进行了系统部署。请教育部等部门狠抓落实，继续推动此项工作”。

为“十一五”规划编制建言献策。我委邀请委员和专家学者分别就“收入分配制度改革”、“民生和社会政策”、“民主与法制建设”问题座谈讨论，向中央提出了关于“十一五”规划编制若干意见和建议。

(刘栋 编写 吴亚东 审稿)

民族和宗教委员会 2004年，民族和宗教委员会主要工作：

一、以科学发展观为指导，突出发展这一主题，组织多种形式的调研活动。1.围绕政协十届六次常委会议题，以“树立和落实科学发展观，加快民族地区经济社会发展”为题赴重庆市、四川省进行调研，形成《关于重庆市和四川省少数民族地区“树立和落实科学发展观”》调研报告。根据调研成果，在常委会上作了《关于坚持以人为本的科学发展观，加快民族地区经济社会发展的几点建议》的发言，又以政协信息方式向国务院领导报送了相关材料。为进一步促进横跨湘、鄂、黔、渝四省市的连片少数民族聚居区经济社会发展，我委会同上述四省市政协邀请国务院西部开发办、国务院扶贫办、国家民委等15个部委有关部门的负责人以及国务院发展研究中心等4个研究机构的专家学者，在重庆市召开“武陵山民族地区经济社会发展问题”专题座谈会，就该地区区域经济合作与发展的思路和机制及有关具体举措等问题进行了深入探讨，并达成共识。张思卿副主席出席开幕会并发表了重要讲话。会后向中共中央和国务院报送了《关于加快武陵山民族地区经济社会发展的建议》和《会议纪要》。2.以“民族地区人才教育培养问题”为题赴贵州省民族地区进行专题调研。根据调研情况，向中央报送了《关于贵州省民族地区人才教育培养问题的调研报告》。国务委员、国务院秘书长华建敏、国务委员陈至立和国务院副秘书长陈进玉分别对报告作出了批示。国务委员陈至立还特别指出，有关建议十分中肯，要求有关部委积极采纳并帮助贵州解决实际问题。3.组织调研组就落实宗教房产政策情况赴上海市、北京市进行调研。形成《关于上海市落实宗教房产政策情况的调研报告》和《关于北京市落实宗教房产政策情况的调研报告》。阿不来提·阿不都热西提副主席出席了调研组在北京召开的座谈会。回良玉副总理将两份报告批转国家宗教事务局，并分别在报告上批示："此调研报告所提建议很好，应总结推广上海市落实宗教房产政策的经验"、"请对此调研报告所提的意见和建议予以认真研酌"。曾培炎副总理也分别对两份报告作了批示。北京市民族宗教工作领导小组就《报告》中建议尽快落实道教吕祖宫房产政策和尽快成立北京市道教协会，恢复东岳庙为道教活动场所的建议，召开了专题会议，研究解决方案。北京市道教协会在吕祖宫正式挂牌成立；东岳庙恢复为道教活动场所也指日可待。国家建设部根据曾培炎副总理对我委《报告》的批示，向国务院办公厅报送了《建设部关于宗教房产历史遗留问题及有关政策问题的报告》，建议"由中共中央统战部，国家宗教事务局牵头，建设部、财政部等有关部门参加，对宗教房产历史遗留问题进行全面调查研究，进一步摸清现状，清理政策，分类提出政策建议，妥善加以解决"。

二、组织形式多样、内容丰富的活动，帮助委员知情明政，更好地履行职能。1.为了解改革开放以来，特别是"十五"期间西藏自治区的经济社会发展和党的民族宗教政策贯彻执行情况，并为促进西藏各项事业发展建言献策，以"西藏自治区经济社会发展和民族宗教工作情况"为题，组织考察团赴西藏自治区进行考察，向中央报送了《关于西藏经济社会发展和民族宗教工作情况的考察报告》和5条信息。温家宝总理在关于保护西藏地质和战略能源情报的信息上作了重要批示。2.为学习和了解沿海经济发达地区开展民族工作的经验和改革开放取得的成就，就"福建省民族宗教工作情况"组织考察团赴福建省进行了考察。考察组认为福建省的民族和宗教工作部门做了大量很有意义的研究探索工作，取得了很多经验，值得学习和推广。在此基础上形成了《关于福建省民族宗教工作情况的考察报告》。3.围绕如何做好新时期人民政协的民族和宗教工作，在北戴河干部培训中心举办"政协民族宗教工作研讨班"。全国40个省、自治区、直辖市、副省级市政协民族和宗教委员会工作部门的80余位负责人参加了研讨。研讨班得到全国政协领导的高度重视和大力支持。贾庆林主席，刘延东副主席分别于会前作出重要批示，张思卿副主席出席开幕会并发表了重要讲话。研讨班邀请有关部委领导、专家、学者就当代民族宗教工作面临的新情况和新问题作了报告和专题讲座。4.坚持举办委员学习日活动。先后邀请有关专家学者就"关于宗教与社会主义社会相适应的几个问题"、"世界民族宗教问题与中亚、新疆的形势"等专题作了报告。《宗教事务条例》颁布后，我委为协助党和政府做好学习宣传贯彻《条例》的工作，及时与中央统战部、国务院法制办和国家宗教局联合举办报告会，邀请国务院法制办，国家宗教局负责人就《条例》的内容和贯彻《条例》的重要意义与措施等问题作了专题讲座。阿不来提·阿不都热西提副主席先后两次出席了我委的学习日活动。

三、围绕宣传和促进民族团结，成功举办了中华人民共和国成立55周年、人民政协成立55周年庆祝活动。我委和中央民族大学共同主办了"中国各民族人物画服装服饰大展"。全国人大常委会副委员长傅铁山，全国政协副主席王忠禹、丁光训、白立忱、阿不来提·阿不都热西提、李兆焯出席了开幕式。此次大展内容丰富，包括中国各民族传统服装服饰展览、我国56个民族人物画展览和少数民族服装模特表演。大展展示了中华民族源远流长的灿烂文化和各民族团结奋斗的精神风貌，体现和宣传了平等、团结、互助的社会主义民族关系，受到社会各界好评。

四、认真实践"三个代表"重要思想，把为民族地区和宗教界办实事、办好事贯穿于委员会的各项工作之中。我委在为民族地区和宗教界办实事、办好事方面取得了一定成效。在赴西藏考察时，我委向那曲藏族小学赠送了书包和纪念品。在山南地区，看到昌珠寺（文成公主曾在此修行，并藏有文成公主亲手用珍珠绣制的佛像等极其珍贵文物）因年久失修即将坍塌，为保护和维修这座在西藏历史和现实中有重要意义，象征汉藏团结的重要寺庙，圣辉委员以全国政协民宗委的名义捐赠10万元。自治区领导对此举表示赞赏，并决定拨政府专款对昌珠寺予以重点维修。考察格鲁派（黄教）创始人宗喀巴大师在西藏创建的第一座寺庙甘丹寺时，当地僧众反映甘丹寺饮水十分困难。为此，我委在考察后专门召开会议，邀请水利部有关负责人共同研究解决方案，会后向水利部送交了《关于解决西藏甘丹寺僧众饮水困难问题的建议》。在重庆调研期间，了解到重庆市1万多穆斯林群众没有殡葬专用车后，积极呼吁和协调有关方面，为他们解决了一辆殡葬专用车。

委员会通过调研和参观考察推动了一些民族地区和宗教界呼吁解决的问题的落实，同时还帮助民族界和宗教界委员解决了一些工作和生活中的具体困难和问题，体现了"委员之家"的温暖，得到委员的好评，进一步起到增进团结、凝聚人心的作用。

五、首次组织民族界委员出访，收到了开拓思路、增进了解、广交朋友、宣传政策的预期效果。应国际合作社联盟（ICA）及意大利合作社和瑞典消费合作社邀请，组织民族界委员赴意大利热那亚出席"发展的文化、全球化和合作社企业"国际会议，与国际合作社联盟负责人和热那亚省省长进行了会谈，并对瑞典进行了友好访问。通过此次出访，宣传了人民政协，扩大了影响，广交了朋友，为拓宽我委今后对外交往工作提供了新的思路。在此基础上，向中央报送了《全国政协民族和宗教委员会代表团访问意大利、瑞典情况的报告》。

六、进一步重视加强同中央和国家有关部门、地方政协和宗教团体的联系与合作，努力形成民族宗教工作的合力。配合国家民委的工作，组织委员认真对《国务院关于贯彻实施〈中华人民共和国民族区域自治法〉若干问题的规定》（征求意见稿）进行研究，委员们提出的多条原则性意见和具体修改建议，得到重视和采纳；与中央统战部、全国人大民委、国家民委、司法部联合举办了"纪念民族区域自治法颁布实施20周年座谈会"，并作了发言。对于地方政协和宗教团体邀请我委参加的各种会议与活动，我们始终给予高度重视，尽可能派代表参加。通过积极参与相关工作和各种会议活动，我们与各方面的联系更加紧密，合作更加务实，为发挥民族宗教工作的整体功能奠定了基础。

七、中国宗教界和平委员会的工作进一步得到重视与加强。1.3月份，"中宗和"二届一次会议在京举行。贾庆林主席，傅铁山副委员长，王忠禹、刘延东、丁光训副主席分别在会上发表了重要讲话。会议推选出104名委员，通过了《中国宗教界和平委员会第一届委员会工作报告》、《中国宗教界和平委员会章程修正案》，一致选举全国政协副主席丁光训主教为“中宗和”第二届委员会主席，一致通过“中宗和”第二届委员会副主席、秘书长建议人选名单，选举出11位副主席、1位秘书长。会议一致通过了聘请全国人大常委会副委员长傅铁山主教和全国政协副主席帕巴拉·格列朗杰活佛为“中宗和”名誉主席的决定。会后编印了《中国宗教界和平委员会第二届委员会第一次全体会议文件汇编》。2. 以全国政协民宗委和“中宗和”名义接待了来华访问的以世界伊斯兰联盟秘书长图尔基博士为团长的世界伊斯兰联盟代表团一行，并举行了座谈会。全国政协副主席阿不来提·阿不都热西提会见代表团一行。图尔基博士一行回国后，致信阿不来提·阿不都热西提副主席和钮茂生主任，对全国政协民宗委和“中宗和”的热情接待表示感谢。3.“中宗和”代表团一行8人赴斯里兰卡首都科伦坡出席了“亚宗和”2004年执委会议。顺访了新加坡，受到新加坡宗教界的热情接待。此次活动是“中宗和”换届后首次组团出席国际宗教会议，代表团由我国五大宗教团体的代表人士组成，展示了新一届“中宗和”成员团结和谐、朝气蓬勃的面貌，受到“亚宗和”的欢迎和与会代表的尊敬。4. 举办庆祝中国宗教界和平委员会成立十周年座谈会。贾庆林主席出席会议。王忠禹副主席出席会议并讲话。全国人大常委会副委员长，“中宗和”名誉主席傅铁山，全国政协副主席，“中宗和”名誉主席帕巴拉·格列朗杰出席会议。全国政协副主席，“中宗和”主席丁光训发表了讲话。国家宗教局局长叶小文和五大全国性宗教团体的代表在会上发了言。会后编印了《庆祝“中宗和”成立十周年座谈会宗教界代表人士发言材料汇编》。5. 邀请并接待以印度尼西亚前总统瓦希德为团长的印尼宗教代表访华团。这是“中宗和”自成立以来首次接待这样高规格、多宗教的代表团。贾庆林主席会见并宴请了代表团，刘延东副主席和有关部门负责人及“中宗和”部分在京副主席参加此项活动。“中宗和”领导分别在北京、上海与代表团进行了座谈。此次活动不仅增进了两国宗教界的沟通和了解，宣传了我国实行宗教信仰自由政策所取得的巨大成就，也扩大了“中宗和”在亚洲乃至世界宗教界的地位和影响，打击了“台独”、“法轮功”邪教势力在东南亚地区的气焰。6. 应印尼多元文化协会和伊斯兰教国立大学邀请，“中宗和”副秘书长、中国佛协副会长兼秘书长学诚法师作为“中宗和”代表，赴雅加达出席第一届“和平与多元信仰教育”国际会议，在会上作了题为《让世界因多元宗教的存在而更加和谐更加美丽》的演讲。印尼前总统瓦希德出席了开幕会。印尼总统苏西洛在总统府会见与会代表，并致闭幕辞。来自9个国家的100余位宗教界人士和宗教学者参加会议。此次活动进一步扩大了“中宗和”在世界宗教领域中的影响，并对促进对外文化交流，增进中国同发展中国家人民之间的相互了解与友谊发挥了积极作用。

（*周毅然* 编写 *伊丽苏娅* 审稿）

港澳台侨委员会 2004年，港澳台侨委员会主要做了以下工作：

一、根据新形势新情况积极开展工作，港澳方面工作得到明显加强。

1. 举办情况报告会、传达会，组织视察活动，为港澳政协委员进一步知情明政，更好地履行职能做好服务工作。年初，与全国人大办公厅共同在珠海举办“两会”前情况报告会，请国家发改委、财政部、教育部和科技部领导向港澳地区全国人大代表和全国政协委员介绍国家经济社会发展情况。2月，在深圳召开京外委员会议，听取港澳委员对政协港澳台侨工作的意见和建议。6月，廖晖副主席率港澳工商、专业界人士考察团赴东北三省考察。7月，王忠禹副主席在广东东莞向港澳委员传达全国政协十届六次常委会议精神。委员会积极参与港澳委员的视察活动,张道诚、张廷翰副主任分别参加了香港委员对我国航天科技发展情况和四川省情况的视察,徐匡迪、张怀西、阿不来提·阿不都热西提副主席也分别参加并指导了港澳委员的三次视察。贾庆林主席对香港委员视察四川的报告做出重要批示,充分肯定了这次视察取得的良好成效。

2.接待港澳来访团组,增进了相互了解。委员会先后接待了48个团组来访,特别加强了与港澳法律界、专业界、侨界等团体及中青年人士的交流。主要接待了香港大律师公会访京团、香港博爱医院董事局访京团、香港仁爱堂访京团、香港侨界社团联会访问团、香港广东社团总会青年委员会访京团、香港大学学生会"中国政治经济研究团"、香港大中学生中华航天科技考察团、澳门律师公会代表团、澳门青年企业家协会访京团、澳门学生访问团等。7月下旬,罗豪才副主席出席教育部举办的"我的祖国——京港澳学生交流营"活动开幕式并讲话,鼓励内地和港澳学生为祖国的共同繁荣稳定发展贡献力量。来访的港澳同胞通过与全国政协领导和委员会领导的座谈交流,加深了对党和国家有关方针政策的了解,许多人表示要为促进港澳与内地的进一步沟通交流做出贡献。

3.出席在港澳举办的活动,密切与港澳各界的联系。全国政协领导、办公厅领导和委员会领导多次赴港澳参加活动,接触各界人士,深入了解情况。3月,罗豪才副主席赴港出席香港侨界社团联会成立大会,并与香港法律界人士晤谈。5月,厉有为、郭荣昌副主任出席港区全国人大代表、政协委员在广东东莞举行的"人大政协同乐日"活动。6月,罗豪才副主席赴东莞与6名香港大律师座谈。7月底至8月初,郑万通秘书长应邀出席香港友好协进会成立15周年暨庆祝香港回归祖国7周年纪念大会,并看望驻港副主席、部分常委和委员。10月,郭荣昌副主任应邀赴香港、澳门,参加香港广东社团活动、澳门第二届妈祖文化旅游节开幕式和澳门闽台总商会成立5周年庆典等活动。12月,王忠禹副主席赴香港出席由中国经社研究会主办的"促进内地与香港经济共同繁荣学术研讨会"第二次会议开幕式,并看望霍英东副主席,会见了驻港全国政协常委和部分委员,介绍了中央经济工作会议精神等情况。12月底,罗豪才副主席会见香港"清华大学明日领袖国情培训班"150名学员,就香港青年人关心的问题进行交流。上述这些活动,使全国政协联系港澳委员和有关社团、有关人士的工作得到明显加强。

4.关注CEPA的实施,加强与港澳经济界人士的联系。委员会关注CEPA实施的进展情况,郭荣昌副主任和吴光正、杨俊文常委在6月常委会专题会做了发言,并通过政协信息专报对重要问题做了及时反映。委员会还加强了与港澳经济界人士的联系,先后接待了香港中华厂商会访京团、香港玩具厂商会访京团、澳门闽台总商会访京团等工商团体和有关人士,深入交换意见和看法,及时反映了他们提出的问题。

二、积极稳妥地开展争取台湾民心工作,对台工作取得新进展。

2004年以来,海峡两岸关系更趋严峻复杂,委员会紧密配合党和国家对台工作战略部署,拓展思路,探索新做法,从多方面积极稳妥地开展对台工作。

1.开展调研、研讨活动,为决策部门提供参考建议。继2003年委员会对海峡两岸空中通航情况进行调研之后,今年继续就此进行调研。4月,以王永海副主任为组长,国台办、交通部、国家民航总局有关负责人参加的海峡两岸"通航"情况调研组赴上海、福州、厦门就两岸空中和海上通航情况进行调研，何少川副主任参加了在福建的调研。调研报告得到全国政协领导的重视。4月下旬，就台湾"大选"后两岸关系情况和进一步做好台湾人民工作问题，委员会和研究室信息局在福建泉州共同举办座谈会，对今后一个时期的对台工作进行研讨、提出意见和建议。福建省政协、泉州市政协有关领导及从事台湾问题研究的部分专家学者出席会议，提出了具有针对性的建议，得到有关部门的重视。

2.接待台湾来访团组，出席相关涉台活动。委员会接待了一大批台湾重要团组和有关人士，加强了与台湾各界人士的联系。如台湾中国统一联盟访问团、海外知名台商企业家经贸考察团、台湾"海峡评论"杂志社访京团、台湾海峡两岸经济文化促进会访京团、台湾国民党中兴菁英理事会访京团、台湾青年商会总会访京团等。通过坦诚交流意见、沟通情况，增进了他们对中央有关对台政策的了解，消除了对一些问题的疑虑和误解。2月，张克辉副主席、杨思泽委员出席了全国台联举办的"海峡两岸青年学生交流"活动。4月，张廷翰副主任赴澳大利亚出席"大洋洲中国和平统一促进会"成立大会等活动。5月，以罗豪才副主席为团长、郭东坡主任为副团长的全国政协常委视察团一行，就加快海峡西岸经济发展，扩大两岸经济合作与交流，分别赴福建厦门、漳州、泉州、莆田、福州和广东汕头、潮州等地进行视察，参观台资企业、与台商和台资企业代表座谈。7月，郭东坡主任、王永海副主任参加民革中央"'和平统一、一国两制'与台湾问题知识大奖赛"开幕式。通过上述活动，全国政协领导和委员会领导广泛地接触了台湾各方面人士，增进了相互了解，在促进两岸交往及"反独促统"方面发挥了重要作用。

3.推动中华优秀传统文化的研究，从历史文化层面探索"反独促统"工作。在罗豪才副主席的倡议和支持下，委员会与河南省政协共同倡议成立了中国河洛文化研究会，积极推动内地、港澳台地区及海外的专家开展河洛文化与台湾文化渊源关系的研究。10月下旬，罗豪才副主席、郭东坡主任出席了在郑州举办的第四届河洛文化国际研讨会。

三、侨务工作在求真务实中更加活跃。

1.围绕中心，服务大局，做好专题调研工作。为贯彻落实胡锦涛总书记在全国政协十届二次会议上关于华文教育工作重要讲话精神，以郭东坡主任为组长的华文教育和港澳台青年教育专题调研组于4月中旬赴福建、广东进行调研，走访了华侨大学、厦门大学、暨南大学、中山大学、广州中医药大学等单位，听取了有关情况介绍，召开了教师、学生、海外培训教师出席的座谈会，形成了《关于华文教育和港澳台学生教育问题的调研报告》。结合十届六次常委会议专题，郭东坡主任做了《弘扬传承中华文化，做好华文教育工作》的发言。调研中了解到的有关情况及提出的相应建议，对有关方面进一步关注和重视港澳台侨青年的教育问题起到了参考作用。

2.海外侨胞的团结联谊工作取得新进展。8月中旬，郭东坡主任率团访问南非、毛里求斯和法属留尼旺，经停马来西亚。8月下旬，何添发副主任率团访问英国、德国、匈牙利，经停奥地利。10月底至11初，罗豪才副主席率团访问澳大利亚、新西兰、斐济，并出席澳洲致公总堂成立150周年庆祝活动。在访问国和经停国，出访团深入了解侨情，慰问侨胞，同时了解了海外侨胞子女及其新生代接受华文教育等情况，并认真听取海外华文教育机构、部分中文学校校长意见，参加了有关华文教育专题的研讨会。出访团与国内华文教育专题调研组把共同了解到的情况和问题向国内有关部门反映，同时也为委员会今后关注在海外传播和推广中华优秀传统文化、进一步推进华文教育工作奠定了基础。委员会邀请接待了旅荷部分侨团负责人访问团来访，增进了他们对国内情况的了解和与涉侨部门的联系沟通。

3.邀请海外华侨列席全国政协十届二次会议。今年有来自11个国家18位海外侨胞列席了政协大会。王忠禹、罗豪才副主席，郭东坡主任和国务院侨办领导分别会见和座谈，通报情况、听取意见。除安排列席侨联界委员小组讨论会外，还多次组织他们进行座谈，围绕国家建设和经济发展等问题提出意见建议。

4.组织海外专家学者为国家发展建言献策。结合全国政协十届六次常委会议议题，就“关于树立和落实科学发展观”系列专题，委员会征集了9个国家21位海外专家学者涉及多方面的建议性文章27篇作为常委会参考材料，丰富了常委会讨论的议题，也为海外专家学者报效祖国提供了平台和渠道。

四、其他有关工作：

1.接待了港澳台侨人士国庆观光团。贾庆林主席和王忠禹副主席会见了观光团全体成员。

2.加大力度，进一步做好信息工作，使本年度提供信息的数量和质量都有进一步提高，在政协系统年度评比中获得一等奖。

3.继续加强与中央“五侨”、“六台”等单位和地方政协的协调与合作。年初，委员会与国务院台办等七家单位在人民大会堂共同举办了纪念江泽民《为促进祖国统一大业的完成而继续奋斗》重要讲话发表九周年座谈会。委员会多次与“五侨”、“六台”等单位及其他有关部门共同组织会议、开展活动、接待来访团组和交流情况与信息。如，邀请国务院港澳办、台办有关领导在全国各省、区、市政协港澳台侨工作座谈会上介绍有关政策和情况；与民革中央等单位共同举办“纪念于右任先生著名爱国诗作《望大陆》发表40周年暨书法真迹展”等活动。委员会重视归国侨眷保护法的实施情况，关心华侨农场改制进展情况和农场困难职工生活情况。1月上旬，陈玉益副主任参加了罗豪才副主席率领的中央“五侨”慰问组，到海南省四个华侨农场看望和慰问职工，了解情况。1月中旬，罗豪才副主席、郭东坡主任、张道诚副主任到新东方学校和中关村科技园区归国留学生创业园考察，看望和慰问归国留学生。10月，委员会与中国侨联共同举办纪念爱国侨领陈嘉庚先生诞辰130周年座谈会。罗豪才副主席主持会议，王忠禹副主席出席并讲话。为密切与地方政协的联系，进一步做好人民政协港澳台侨工作，本专委会和外事委员会于11月在广东省增城市共同召开全国各省、区、市政协港澳台侨和外事工作座谈会，邀请全国各省、区、市政协港澳台侨和外事委员会及办公室负责人共130余人与会，听取阿不来提·阿不都热西提副主席所做的重要报告及国务院港澳办、台办、侨办、外交部有关领导关于港澳台侨和外事工作的专题报告，并就新形势下人民政协加强港澳台侨和外事工作的经验进行了交流。

4.重视宣传报道工作。委员会加强了与人民政协报新闻版和反映港澳台侨活动的《华声》周刊的合作，及时报道委员会调研、港澳委员视察，河洛文化研究和海峡西岸经济区视察等文稿共20多篇。郭东坡主任还接受政协报记者的专题采访。

5.其他工作。委员会办公室和机关人事局与蒋氏工业慈善基金于11月在香港共同举办“香港社情高级研讨班”，机关各单位37人参加了培训。一年来，委员会举办或联合举办形势报告会、情况报告会、纪念会、座谈会、研讨会50余次。召开主任会议4次，全体委员会议1次，安排主席、副主席，办公厅和本专委会领导参加各种活动200余场，全年共邀请接待港澳台侨来访团组近100个，1700余人次；委员会65位委员中有56位委员提出126件提案，有11位委员在政协十届二次大会上提出29篇书面发言；编写专委会简报9期，调研报告2篇，视察报告和有关出访报告4篇，委员会和主任会议纪要7期，被采用的政协信息33篇，办理委员和人民来信20件。委员会领导先后接待了新疆、河南、浙江、辽宁、山东潍坊、河北、广东佛山、江西、广州、沈阳、吉林、黑龙江等12个省市政协港澳台侨委员会并交流了工作情况。

（齐仪　编写　乐美真　审稿）

外事委员会　2004年，外事委员会主要做了以下工作：

一、深入开展调研工作，反映社情民意

（一）关于外商企业劳动关系问题的调研。组织调查组赴广州、苏州进行专题调研，形成了《关于外商投资企业劳动关系问题的调研报告》。

（二）关于实施“走出去”战略的调研。配合十届六次常委会专题研讨的议题，就民营企业实施“走出去”战略问题赴浙江调研，形成了《关于民营企业“走出去”的思考和建议》，贾庆林主席、吴仪副总理分别作了批示。2005年1月，外事委员会组团访问印度和巴基斯坦期间，就中国企业在印、巴两国的投资与发展情况进行调研。外事委员会有关领导还出席了商务部、中国集团公司促进会举办的“中国企业‘走出去’国际论坛”。

（三）继续加强反映社情民意工作，提交了《关于遏制内地人员境外赌博风的建议》、《用国际化视野审视我国对外开放的政策环境》、《欧美推行SA8000标准认证引起我国企业强烈关注》、《建议完善出口退税办法》、《建议成立“走出去”国家级工作领导小组》等17篇信息，得到了有关部门的普遍重视，有些已被中央或地方采纳。

二、参与筹备第六次常委会专题会议

根据全国政协十届六次常委会安排，外事委员会负责第七专题“坚持‘引进来’与‘走出去’相结合，提高对外开放水平”中三个专题讨论的筹备与组织工作。外事委员会在会前邀请有关专家学者、企业代表、部分委员及有关主管部委领导分别座谈，组织了13篇专题发言，提出了许多有价值的政策性建议。

三、筹备“21世纪论坛”2005年会议

“21世纪论坛”2005年会议是全国政协继1996年、2000年后召开的第三次大型国际会议，将于2005年9月召开，主题为“可持续发展——中国与世界”。外事委员会全面启动“论坛”2005年会议的工作：成立“论坛”组委会；多次对主题和专题进行调研和论证；对国内、国外与会者的邀请工作等进行前期筹备；对中方与会者的论文进行研究和准备。

2004年9月，外事委员会还与人口资源环境委员会、国际人口与发展南南合作伙伴组织、国家人口和计划生育委员会在湖北共同举办了“国际人口与发展论坛”。会议发表的《长江宣言》作为联合国文件在第五十九届联大上广为散发。

四、发挥政协优势，开展形式多样的对外交往活动

（一）配合我国总体外交部署，加强涉台工作力度。组团访问澳大利亚及南太平洋岛国瑙鲁、斐济和萨摩亚。邀请接待尼加拉瓜经济社会计划理事会执行秘书何塞·路易斯访华。

（二）巩固与有关国家议会外事委员会的关系。分别邀请罗马尼亚参议院外事委员会代表团、葡萄牙议会外交与欧洲事务委员会代表团、日本民主党议员代表团和法国参议院法中友好小组代表团访华，并

与来访的数个美国议员助手团举行座谈。

（三）广交朋友，积极开展民间交往。接待了日本社会教育团体碧波会50人的大型代表团，并积极配合有关部门与来访的美国“中国问题专家交流团”、美国“国家战略论坛”主席和南非国际问题研究所所长等会见、会谈。

五、开展与地方政协外事委员会的交流。为交流政协外事工作的经验，进一步开展人民政协对外交往活动，2004年11月，外事委员会与港澳台侨委员会在广东省增城首次联合召开各省、市、区政协港澳台侨和外事工作座谈会。

六、举办报告会，组织参观考察

结合国际形势，针对重大涉外问题，举办报告会，请外交部部长助理李辉就俄罗斯总统普京访华和中俄关系作报告等。组织委员参观北京的工业开发区和现代农业项目。

（冯燕华 编写 陈默 审稿）

文史资料委员会 2004年主要工作：

一、召开全国暨地方政协文史委员会主任会议。会议于5月16日至20日在浙江省义乌市召开。全国政协副主席陈奎元出席会议并在开幕会上讲话，文史资料委员会副主任刘济民代表全国政协文史资料委员会作了《以“三个代表”重要思想为指导，继续推进人民政协文史资料工作》的主题报告，全国政协副秘书长陈洪在闭幕会上就进一步加强人民政协的文史资料工作发表讲话，全国政协文史资料委员会和各省、自治区、直辖市、副省级市政协文史委员会负责人及各民主党派中央、全国工商联相关部门负责人共130多人出席了会议。会议以邓小平理论和“三个代表”重要思想为指导，总结交流近年来各地政协开展文史资料工作的经验，并共同探讨新形势下如何进一步做好文史资料工作。会议明确了本届政协文史资料工作的指导方针、工作思路、具体任务和工作目标。

二、落实本届政协文史资料选题协作规划。全面落实全国暨地方政协文史委员会主任会议所确定的选题协作规划，做好各专题的起步工作，是本委员会2004年的工作重点。1.抓好重点选题。9月8日—10日在天津市召开名人故居研讨会，交流名人故居考察、调研的经验和成果，研究名人故居专题史料征集编辑工作中遇到的问题，进一步完善征编方案。2.做好本委员会牵头选题征集编辑方案的制订和征集工作。经与浙江、上海等省、市政协反复磋商，制订了“温州民营企业的崛起”、“宝钢建设”等专题的征集编辑方案，征编工作已经展开。其他专题也起草了征集编辑方案。3.做好大协作的组织协调工作。保持与各专题牵头单位的联系，掌握专题进展情况，帮助解决协作中遇到的问题。

三、开展音像史料征集工作。随着社会的发展和科技的进步，引进录音录像技术应用于文史资料工作，既是文史资料工作自身发展的需要，也是同国际口述历史学科接轨的需要。2004年提出了首批征集对象，拟订了访谈方案，落实了工作人员。

四、组织“历史文化名城”的专题考察活动，为保护文化遗产建言献策。1.分别组织委员赴陕西、云南两省就历史文化名城的保护与建设进行专题考察。全国政协副主席徐匡迪率团在北京市就此专题进行考察。委员们考察了50余处各级重点文物保护单位、历史街区和传统民宅院落，听取了当地政府领导和有关部门负责人关于历史文化名城的规划、保护、建设和开发利用的情况介绍。在调查研究的基础上，委员们针对存在问题提出了建设性意见，并形成书面报告送政府有关部门参阅。2.在第28届世界遗产大会在苏州召开之际，协助人民日报“议政与建言”周刊组织“与文明对话，为中华存珍”专版，发表了8位政协委员和专家对保护文化遗产的意见和建议。

五、配合人民政协成立55周年举办纪念活动。1.编辑出版《人民政协纪事》一书，全国政协副主席王忠禹为书名题签。全书收录了部分历届政协领导、政协委员和工作人员的回忆文章120多篇、60多万字，记述了半个多世纪以来人民政协风雨历程中的一些重要事件、重要活动和履行职能、发挥作用的重要事例。2.由文史资料委员会主办，文史委办公室和纵横杂志社协办，举办纪念人民政协成立55周年知识竞赛。竞赛试题先后在纵横杂志和人民政协报刊登，共收到答卷9万多份。全国政协副主席李兆焯、张怀西，秘书长郑万通等出席了颁奖座谈会。

六、举办澳门文史资料工作研讨会。会议于11月9日至13日在澳门召开。文史资料委员会副主任刘济民、吴福，全国政协副秘书长陈洪，以及中央驻澳联络办主任白志健等出席会议。会议期间；分别召开了两次有驻澳门全国政协常委、委员和澳门知名人士、社团负责人等30多人参加的澳门文史资料征集工作座谈会。

七、举办全国政协文史干部培训班。培训班于10月21日至28日在陕西省西安市举办，各地政协文史专职干部近80人参加培训。培训班以如何做好新形势下的文史资料工作为主线，安排了文史资料专业课和相关业务课9讲，并组织学员赴延安等地学习考察。

（杨卫东　编写　霍明光　审稿）

【对外交往】

贾庆林主席访问韩国、奥地利、西班牙和葡萄牙　2004年8月26日至9月10日，应韩国、奥地利、西班牙和葡萄牙议会邀请，全国政协主席贾庆林对上述四国进行正式友好访问。这是我国2004年与上述四国的一次重要外交活动。贾主席的主要陪同人员有全国政协秘书长郑万通、中央外办主任刘华秋、经济委员会主任刘仲藜、教科文卫体委员会主任刘忠德、山西省政协主席刘泽民、九三学社中央副主席冯培恩和外交部副部长张业遂。

访问期间，贾主席分别会见了四国国家元首、政府首脑、议会领导人和各界人士，参观了一些有影响的企业，并在韩国经济企业界发表了重要演讲。四国高度重视贾主席的访问，均给予热情、友好和高规格的接待。当地媒体作了积极的报道和评价。

巩固和发展在新形势下同四国的友好合作关系是此次访问的重点。贾主席积极评价我国同四国业已存在的友好合作关系，并分别提出了进一步发展双边关系的具体建议。贾主席指出，中国与四国经济互补性强，合作潜力大。双方政府应采取更加积极的步骤，支持彼此经贸、技术交流与合作，双方企业特别是中小型企业要加强接触和沟通，寻找新的商机，不断提升双边经贸、技术合作水平。韩国议长金元基称，贾主席访问是推动两国关系发展的良好契机。奥、西、葡三国领导人均表示，欧盟正经历前所未有的发展阶段。中国经济快速发展为双边经贸合作开辟了广阔的前景，欧盟特别需要中国这样的合作伙伴。在韩国，贾主席转达了胡锦涛主席带给卢武铉总统的重要口信，表示中国不论在任何情况下，都坚持奉行对韩友好的政策。希望双方从大局和长远战略高度看待两国关系，友好协商，妥善处理有关问题，避免问题复杂化、政治化。两国完全有能力、有智慧解决两国关系中的问题。卢武铉总统说，胡锦涛主席的重要口信，贾主席认真、坦诚的意见，显示了中方的诚意，增加了韩方对中方的信任感和协商解决问题的信心。他本人和韩国政府愿以理性态度，通过耐心对话寻求解决分歧。历史问题可由学者讨论。相信双方有能力,以建设性方式处理好问题。贾主席访韩使一度被炒热的高句丽问题得以降温。韩国舆论总体反应趋于理性。

贾主席就涉及我国重大利益的台湾、西藏等问题向四国阐明了中方观点。贾主席指出,台湾问题事关中国主权和领土完整,牵动中国各族人民的民族感情。中国政府愿尽最大努力,以最大诚意实现和平统一,但决不允许任何人把台湾从祖国分割出去。希望并相信四国继续坚持"一个中国"的原则立场,不支持"台独",不与台官方往来。关于西藏问题,贾主席用具体事实说明,达赖不是宗教和精神领袖,而是分裂祖国、破坏民族团结的政治流亡者,希望四国对其欺骗性保持警惕,不为其所利用。关于欧盟解除对华军售禁令和给予我国完全市场经济地位问题,贾主席希望奥、西、葡三国继续发挥积极作用,推动欧盟尽早做出明智的政治决定。四国领导人都作了对我有利的表态。

贾主席还就反恐、联合国改革、朝核、伊拉克等重大国际和地区问题与四国领导人充分交换意见,阐述我国政策主张。四国领导人高度评价我国在国际事务中,尤其是在联合国事务和解决朝核等周边问题中的重要作用,称赞中国是维护世界和平、促进共同发展的稳定力量。

由中国全国工商联组织的民营企业家代表团随访是贾主席此行的一个重要特点。中国全国工商联分别与奥地利、西班牙和葡萄牙的商会签署了合作协议。一些企业家在许多领域同对方达成合作意向协议和签订了有实质内容的协定。四国政府和工商界对我国民营企业家随访给予积极评价。随访企业家普遍认为,安排民营企业家随党和国家领导人出访,表明了中央对发展民营企业的重视,对外产生了良好反响。这次随访开阔了眼界,增长了见识,结交了朋友,发现了商机,增强了信心。

其他重要对外交往

出访情况:

2004 年 1 月 5 日至 19 日,全国政协副主席阿不来提·阿不都热西提率全国政协代表团一行 9 人对柬埔寨、老挝和泰国进行友好访问。

2004 年 3 月 22 日至 4 月 5 日,中国经济社会研究会(简称"研究会")常务理事、全国政协社会和法制委员会副主任王建伦和全国政协副秘书长陈洪率研究会代表团一行 8 人赴欧盟访问并前往法国、比利时、卢森堡和德国就"经济结构调整与劳动就业关系"专题进行考察。

2004 年 4 月 5 日至 9 日,以全国政协副秘书长傅志煌为团长、由中央民族大学 56 个民族的师生组成的"中华文化教育交流团"赴美国夏威夷开展文化交流活动。

2004 年 4 月 20 日至 30 日,港澳台侨委员会副主任张廷翰一行 3 人出席在澳大利亚悉尼召开的"大洋洲中国和平统一促进会"成立大会。

2004 年 4 月 26 日至 5 月 1 日,全国政协经济委员会副主任、中国经济社会研究会常务理事洪绂曾一行 3 人出席非洲经社理事会联盟在法国巴黎召开的消除贫困讨论会。

2004 年 5 月 11 日至 27 日,刘剑锋主任率外事委员会代表团一行 8 人对澳大利亚、瑙鲁、斐济和萨摩亚进行友好访问。

2004 年 5 月 11 日至 25 日,陈邦柱主任率人口资源环境委员会代表团一行 9 人对芬兰、德国和日本发展循环经济的情况进行考察。

2004 年 5 月 14 日至 31 日,全国政协副主席、中国经济社会研究会(简称"研究会")会长王忠禹率研究会代表团一行 12 人对阿尔及利亚、摩洛哥和法国进行友好访问,并出席在瑞士日内瓦召开的经社理事会和类似组织国际协会2004年年会。

2004年6月5日至20日,全国政协副主席李蒙率全国政协代表团一行10人对摩尔多瓦、叙利亚、埃塞俄比亚和赞比亚进行了友好访问。

2004年6月27日至29日,全国政协委员、中国伊斯兰教协会副会长兼秘书长、中国宗教界和平委员会(简称"中宗和")副秘书长余振贵率团一行6人出席在斯里兰卡科伦坡举行的"亚宗和"执委会会议,并顺访新加坡。

2004年6月30日至7月9日,黄璜副主任率民族和宗教委员会代表团一行7人出席在意大利热那亚召开的"发展的文化、全球化和合作社企业"国际会议并访问上述两国。

2004年8月6日至22日,郭东坡主任率港澳台侨委员会代表团一行7人访问南非、毛里求斯和法属留尼旺。

2004年8月12日至27日,何添发副主任率港澳台侨委员会代表团一行4人出席在英国伯明翰举行的欧洲华侨华人联合会第十二届年会,并访问英国、德国和匈牙利。

2004年8月16日至9月4日,全国政协副主席李光焯率全国政协代表团一行10人对菲律宾、泰国和朝鲜进行友好访问。

2004年9月20日至27日,全国政协副主席李蒙率全国政协代表团一行6人赴河内出席越南祖国阵线第六次全国代表大会(简称"六大"),并对越南进行友好访问。

2004年10月9日至27日,全国政协副主席刘延东率全国政协代表团一行11人对埃及、爱沙尼亚、罗马尼亚和塞黑进行友好访问。

2004年10月23日至11月5日,宋宝瑞副主任率提案委员会代表团一行6人对波兰、德国和法国的交通管制系统等进行考察。

2004年10月31日至11月14日,全国政协副主席、致公党中央主席罗豪才率团出席澳洲致公总堂成立150周年纪念活动,并对新西兰、澳大利亚和斐济三国进行友好访问。

2004年11月14日至25日,杨振杰副主任率提案委员会代表团一行8人对英国、瑞士和意大利调解工作中的法律问题进行考察。

2004年11月22日至12月6日,陈洲其副主任率人口资源环境委员会代表团一行6人对意大利、西班牙和希腊的矿业城市经济可持续发展问题进行考察。

2004年11月28日至12月8日,陈耀邦副主任率经济委员会代表团一行6人对德国和丹麦的农业经济合作组织进行考察。

2004年12月11日至29日,肖建章副主任率社会和法制委员会代表团一行8人对加拿大和美国的社区矫正制度进行考察。

来访情况:

2004年1月13日至18日,应全国政协办公厅邀请,罗马尼亚参议院秘书长康斯坦丁·萨瓦率参议院代表团一行7人访华。

2004年2月15日至23日,应全国政协主席贾庆林邀请,哥伦比亚参议长赫尔曼·巴尔加斯一行8人访华。

2004年3月26日至29日,应全国政协外事委员会和中国经济社会研究会邀请,鹤健市会长率日本社会教育团体碧波会代表团一行50人访华。

2004年3月30日至4月7日,应全国政协邀请,越南祖国阵线中央委员会秘书长黄担率祖国阵线代表团一行10人访华。

2004年4月13日至18日,应全国政协协外事委员会邀请，罗马尼亚参议院外事委员会主席格奥尔基·普里瑟卡鲁率外事委员会代表团一行4人访华。

2004年4月25日至30日，应全国政协邀请，纳米比亚全国委员会副主席蒙萨·威廉姆斯·玛格丽特率全国委员会代表团一行9人访华。

2004年4月29日至5月2日，泰国上议长素春·差里科一行36人自费来京私人访华。

2004年5月9日至15日，应全国政协邀请，法国参议院法中友好小组主席让·贝松率参议院法中友好小组代表团一行8人访华。

2004年5月15日至23日，应全国政协邀请，菲律宾参议院副议长李松年率参议院代表团一行8人访华。

2004年5月31日至6月6日，应全国政协主席贾庆林邀请，尼泊尔国务委员会主席帕拉舒·纳拉扬·乔杜里率国务委员会代表团一行9人访华。

2004年7月2日至8日，应全国政协办公厅邀请，泰国上议院秘书长蒙迪·普素旺率上议院秘书处代表团一行18人访华。

2004年7月11日至17日，应中国经济社会研究会(简称"研究会")邀请，巴西塞尔希培州州长若昂·阿尔维斯率州代表团一行9人访华。

2004年7月24日至8月4日，应全国政协主席贾庆林邀请，巴基斯坦参议院主席穆罕默德·米安·苏姆罗一行18人访华。

2004年9月2日至10日，应全国政协邀请，芬兰最高行政法院院长佩卡·哈尔贝里偕夫人访华。

2004年9月3日至12日，应中国经济社会研究会邀请，经社理事会和类似组织国际协会执行秘书迪吕弗勒偕夫人访华并出席在武汉举办的"国际人口与发展论坛"。

2004年9月21日至25日，应全国政协外事委员会邀请，日本众议员近藤昭一率民主党议员代表团一行15人访华。

2004年9月21日至10月2日，应中国经济社会研究会(简称"研究会")邀请，以欧盟经社委员会委员、工业变革协商委员会主席约斯利·皮亚特为团长的欧盟经社委员会代表团一行16人访华并出席在大连举行的"中欧结构调整和再就业"研讨会。

2004年9月23日至28日，应全国政协办公厅邀请，孟加拉国总理议会事务顾问萨拉乌丁·卡德尔·乔杜里偕夫人访华。

2004年10月8日至14日，应中国经济社会研究会(简称"研究会")邀请，阿尔及利亚全国经社理事会主席穆罕默德·萨拉·门图里一行7人访华。

2004年10月14日至20日，应全国政协邀请，卢森堡国务委员会主席皮艾尔·默里斯率国务委员会代表团一行9人访华。

2004年10月24日至30日，应全国政协外事委员会邀请，葡萄牙议会外交与欧洲事务委员会主席雅伊梅·伽玛率外交与欧洲事务委员会代表团一行5人访华。

2004年11月10日至16日，应全国政协邀请，匈牙利国会副主席曼杜尔·拉斯洛一行3人访华。

2004年11月21日至27日，应全国政协主席贾庆林邀请，约旦参议长宰伊德·里法伊率参议院代表团一行7人访华。

2004年11月26日至12月2日，应中国经济社会研究会邀请，尼加拉瓜经济社会计划理事会执行秘书何塞·路易斯访华。

2004年11月30日至12月5日，应全国政协邀请，斯洛文尼亚国民委员会主席雅奈兹·苏什尼克主席率国民委员会代表团一行7人访华。

2004年12月16日至23日，应中国宗教界和平委员会邀请，以前总统阿卜杜拉赫曼·瓦希德为团长的印度尼西亚宗教代表团一行29人访华（瓦希德22日离京回国，代表团23日离沪回国）。

2004年12月20日至29日，应全国政协主席贾庆林邀请，埃塞俄比亚议会联邦院议长穆拉图·特肖梅一行7人访华。

2004年12月22日至26日，应全国政协主席贾庆林邀请，哈萨克斯坦上院议长努尔泰·阿贝卡耶夫一行21人乘专机访华。

（冯燕华　编写　陈默　审稿）

【新闻宣传工作】

第十三届宣传中国共产党领导的多党合作和政治协商制度好新闻（万里健杯）评选　2004年4月中旬开始，9月底结束。评选委员会办公室共收到参评作品229件，其中中央新闻单位推荐作品121件，地方政协选送作品108件。评选委员会按照评选程序和评选办法，评出获奖作品116件，其中一等奖作品5件，二等奖作品34件，三等奖作品77件。2004年10月29日在全国政协机关举行了颁奖仪式，全国政协副主席王忠禹、周铁农出席并为获奖者颁奖。全国政协副秘书长李昌鉴代表评选委员会对第十三届政协好新闻评选情况作了说明。本届获奖作品努力实践“贴近实际、贴近生活、贴近群众”的要求，大力宣传了中国共产党领导的多党合作和政治协商制度的特点和优点，充分反映了一年来统一战线和人民政协各项工作取得的新进展，深入宣传了人民政协围绕中心服务大局的典型事例，积极报道了各级政协组织以学习贯彻政协章程为契机大力推进履行职能制度化、规范化和程序化的生动实践。

（曾子熠　编写　张敬安　审稿）

组织中央新闻单位赴江苏省采访政协工作　2004年5月，全国政协办公厅新闻办公室邀请人民日报等14家新闻单位记者组成中央新闻单位采访团，由全国政协副秘书长李昌鉴担任采访团团长，对江苏省进行了为期10天的采访。这次采访活动的主题是“服务‘两个率先’，积极履行职能”。采访团先后采访了中共江苏省委、江苏省政府和省政协的负责人；采访了南京、镇江、苏州、泰州、盐城等地党政部门和政协组织的负责人。采访活动充分反映了江苏省各级党委和政府认真学习贯彻“三个代表”重要思想，树立和落实科学发展观，在加快“两个率先”的进程中，抓住机遇，发挥优势，促进本地经济社会全面、协调、可持续发展的情况；各级党委加强和改进对政协工作领导，各级政府重视和支持政协工作的情况。充分反映了江苏省各级政协认真学习贯彻新修订的政协章程的情况；发挥自身优势，围绕全省现代化建设中重要问题深入调查研究、积极建言献策的典型事例和围绕关系群众利益的重大问题开展协商监督等方面的情况。采访团共播发、刊发各类新闻60多件，在人民日报、中央电视台等中央主要媒体上做了宣传和报道。

（曾子熠　编写　张敬安　审稿）

【干部培训工作】

第四十期至四十三期政协干部培训班　在全国政协干部培训中心（北戴河）举办，每期20天。31个省、自治区、直辖市的县、区、市、州、盟政协主席或副主席以及各级政协机关处级以上干部共计1588人参加了学习。全国政协副主席李兆焯、陈奎元、阿不来提·阿不都热西提、张怀西分别在第四十期、四十一期、四十二期、四十三期培训班上发表重要讲话，看望了全体学员并与大家合影留念。这四期培训班的主要授课内容是形势理论教育和统战政协基础知识教育。主要举办了《宪法的修改与实施》、《我国目前的宏观经济形势与任务》、《坚持科学发展观，促进国民经济全面发展》、《目前反腐败的形势和任务》、《国际形势与我国的对外交往》、《世界军事安全形势与我国的国防现代化》、《围绕团结民主两大主题，提高参政议政能力》、《学习贯彻新修订的政协章程，推进政协工作发展》、《中国共产党领导的多党合作和政治协商制度》、《人民政协性质和职能的若干问题》、《新时期的统一战线理论与方针政策》、《人民政协的基础性和经常性工作》、《人民政协的专门委员会工作》、《台海局势与两岸关系》等专业辅导讲座。全体参训学员理论联系实际，就人民政协如何以"三个代表"重要思想为指导，坚持以人为本，树立和落实科学发展观，认真履行职能，充分发挥自身作用以及学习新修订的政协章程，进一步推进履行职能的制度化、规范化和程序化建设等问题进行了交流和探讨。

地市级政协主席培训班 在广西北海市举办，为期10天，总计116人参加学习。王忠禹副主席发表重要讲话。这期培训班的培训重点是贯彻落实中共十六届四中全会和胡锦涛总书记在庆祝人民政协成立五十五周年大会上的讲话精神，加强人民政协的理论研究，认真贯彻落实政协章程，进一步提高履行人民政协主要职能的水平。全体参训学员围绕上述重点进行了认真的研讨。

（管荣 编写 杜沛才 审稿）

【反映社情民意工作】

政协信息工作 2004年，共收到全国政协委员、全国政协各参加单位及地方政协反映社情民意信息稿7324件，编辑出刊《政协信息》325期，与上年度同比增加91期，共采用稿件1390篇，与上年度同比增加76篇。据不完全统计，温家宝、贾庆林、罗干、黄菊、吴仪、曾培炎、回良玉、周永康、唐家璇、华建敏、陈至立等中央领导及中央有关部、委、办的负责人对《政协信息》、《政协信息专报》批示达133人次，比上年度增加64人次。有关部门对《政协信息》的回函达到72件，比上年度增加64件。《政协信息》反映的重要意见、建议，有些被党和国家的重要决策所采纳，有些转化为党政部门的工作措施，推动了一些实际问题的解决。为加强信息工作的规范化、制度化和程序化建设，制定了《中国人民政治协商会议全国委员会反映社情民意信息工作条例》。首次采取聘请全国政协信息特邀委员的办法，政协第十届全国委员会第十五次秘书长办公会议通过了《关于聘请全国政协信息特邀委员的办法(试行)》，对信息特邀委员的产生、权利、义务及参加活动等事项做出了明确的规定。办公厅聘请了34位全国政协信息特邀委员，并通过多种形式组织他们反映社情民意，产生了较好的效果。通过转化全体会议、常委会议期间委员参政议政的成果、聘请信息特邀委员、召开委员小型座谈会、围绕中心工作重点报送信息、综合提炼重点报送信息等形式，大大提高了政协信息质量。全国政协办公厅评选并表彰了本年度28个政协信息工作先进单位。获一等奖的政协信息先进单位是：民盟中央参政议政部、全国政协港澳台侨委员会办公室、浙江省政协办公厅、山西省政协办公厅、北京市海淀区政协、宁波市政协研究室、杭州市政协研究室；获二等奖的政协信息工作先进单位是：九三学社中央办公厅、民建中央调研部、全国政协经济委员会办公室、重庆市政协办公厅、潍坊市政协、河北省政协研究室、北京市政协研究室、哈尔滨市政协研究室；获三等奖的政协信息工作先进单位是：民进中央研究室、全国政协民族和宗教委员会办公室、全国政协人口资源环境委员会办公室、佛山市政协、泰州市政协、南京市政协办公厅、武汉市政协办公厅、吉林省政协研究室、安徽省政协办公厅、广东省政协办公厅、内蒙古自治区政协办公厅、黑龙江省政协研究室、四川省政协研究室。刘骆生、齐仪、孙薇、曹亮、贺冉、陈正飞、张少华、张瑛、李照谦、朱文明、吕琳、吕俊峰、欧阳东、景向辉、包雷等15位同志被评选为全国政协办公厅2004年度政协信息工作先进个人。

（彭丽文　编写　陈唐晓　审稿）

政协信访工作　2004年，全国政协办公厅信访局共收到各界群众来信25907件，其中各级政协委员、党派成员来信1356件（含全国政协委员反映社情民意362件）。编发《政协委员和群众给贾庆林主席来信情况》4期，《信访动态》8期，《要信呈报》3件，发出信访公函247件，收到查报结果的回函132件，来信反映的问题得到解决的67件。来信反映较多的问题是工资待遇、揭发各级干部违法违纪、社会治安、司法不公、城镇拆迁安置、农村征地补偿等问题。接待各级政协委员、统战对象、知名人士和人民群众来访412人次。来访人员中，政协委员、统战对象约占11%。反映的问题主要是个人合法权益受到侵害寻求保护；华侨、外籍华人、海外友人、港澳同胞在内地投资经商纠纷；政协委员因履行职责受到打击报复等。

2004年12月22日，中央国家机关信访协作组（第二协作组）协调会在全国政协召开。国家信访局、全国人大信访局、中纪委信访室等14个单位的信访部门负责人出席会议。会议的议题是预防和处置群体性事件。刘明局长在会上介绍了全国政协信访局2004年的信访工作情况，以及预防和处置群体性事件的做法和经验。

（赵桂先　编写　陈爱菲　审稿）

政协信息化建设工作

一、信息化建设基本情况

根据国家信息化领导小组第四次会议精神，全国政协办公厅依据中办有关文件和发改委有关文件规定，完成了对原《全国政协信息化系统工程项目建议书》的合理优化和必要调整，并以办公厅名义正式报出《全国政协办公资源信息系统工程》项目立项的报告。12月9日，中央机构编制委员会办公室正式批复同意成立全国政协办公厅信息中心。

二、委员信息查询服务

在十届二次大会期间，接待查询信息1501人次，其中委员1003人次，占接待人次的66.8%。在大会信息专网发布大会发言686篇；大会简报53篇；大会文件4篇；提案目录4435条；会议新闻414篇；图片信息73篇，其中会议图片302幅；摘自其他媒体的新闻荟萃68篇，其中图片38幅。累计文字量500余万字。

三、网络及网络内容建设

完成机关局域网的评估和验收工作，实现了副省级以上地方政协与机关局域网的点对点连接，值班日报报送、邮件系统及信息报送系统投入使用。机关内部试用网络办公系统。

局域网全年累计发布信息96282万字，互联网全年累计发布10400万字信息资料。

对礼堂进行结构化布线，实现礼堂互联网和机关局域网的接入。

（赵海涓　编写　王宝明　审稿）

【其他工作】

全国政协书画室工作　1985年1月，在全国政协主席邓颖超的关怀下，在刘海粟、启功、华君武、黄胄、黄苗子等著名书画家的积极参与下，全国政协书画室正式成立。多年以来，书画室积极联系和团结书画界政协委员，发挥他们的特殊优势，推动以书画会友、以翰墨传情为特色的联谊活动，为人民政协事业的发展，为团结海内外中华儿女，为弘扬中国传统文化艺术，促进美术事业的进步发展，发挥了特殊的作用。政协书画室汇集了各党派、无党派人士及各民族的书画界代表人士，他们以艺术家的身份参政议政，同时用手中的笔为我国的社会主义现代化建设、祖国统一事业做出了特殊的贡献。

一、书画室工作概况

1993年政协全国委员会第八次会议后，赵朴初副主席为书画室名誉主任，启功任主任，白雪石、尹瘦石、吴冠中、靳尚谊、韩美林、刘炳森任副主任。政协全国委员会九届一次会议期间，增补郭怡琮、王成喜为副主任。十届政协一次会议后，启功任书画室主任，白雪石、吴冠中、靳尚谊、韩美林、刘炳森、王成喜、赵喜明、王明明等任书画室副主任，现有书画室成员53人。书画室办公室隶属全国政协办公厅联络局，负责联系书画界委员、书画室成员及联络有关部门和美术单位，组织开展调研、采风、对外交流等活动，并承担书画室日常服务工作。

进入新世纪以来，在全国政协领导的高度重视和大力支持下，政协书画工作以其鲜明的政协特色和风格，得到了海内外人士的广泛赞誉，成为人民政协履行职能的重要组成部分。

——围绕团结主题积极开展工作

1986年5月，全国政协书画室在香港举办了"当代中国绘画展"，向大陆、台湾、香港以及旅居海外的华人华侨书画家发出了广泛的邀请，并获得了多方面的积极响应。台湾李奇茂、陈其宽、楚戈等八位著名书画家不仅积极参展，还参加了当代中国绘画艺术研讨会。这是继1949年后，海峡两岸艺术家第一次倾心交流，由此打开了两岸文化艺术交流的大门。画展还邀请了法国、英国、日本、马来西亚等十多个国家的华人华侨画家参展，引起了国际媒体的广泛关注。此后，全国政协书画室多次邀请港澳台书画家和喜爱书画艺术的企业界人士访问大陆，让港澳同胞和台湾同胞亲眼目睹祖国的新变化和新成就，加深对祖国大陆的了解。邀请台湾故宫博物院副院长楚戈先生到北京访问，与大陆书画家交流；在炎黄艺术馆，全国政协书画室参与了大陆著名书画家和台湾画家联袂举办的《海峡两岸书画展》；为庆祝澳门特别行政区政府成立两周年，全国政协书画室在澳门特别行政区艺术博物馆举办政协委员书画作品展；在北京，书画室为黎雄才、关山月和香港著名画家赵少昂、杨善深举办"岭南画派"画展等。

——配合重大活动举办书画展并编辑出版画册

1999年9月，为庆祝人民政协成立50周年，书画室联合故宫博物院、中国美术馆、荣宝斋、北京画院等单位，完成了《近代国画名家》画册的编印工作，并成功举办了"近代国画名家作品展"，受到中央领导的高度评价；2000年，为纪念人民政协成立51周年编辑出版了《艺海腾欢》书画集；2001年，组织举办纪念辛亥革命90周年书画展；2002年"两会"期间，举办了政协委员"澳门印象展"画展；2004年"两会"期间，举办了"书画界委员赴贵州采风作品汇报展"，贾庆林主席参观画展并与每一位作者合影留念；"当代国画优秀作品系列展"在全国政协礼堂已成功举办了11次优秀作品展。2003年，全国政协书画室与人民政协报联合创办了《画界》杂志，2005年9月经国家新闻出版署批准，正式出版发行。《画界》一面世就受到美术界的普遍关注。此外，政协书画室还为部分书画家举办个人书画作品展提供了力所能及的服务。

——加强对外交流弘扬传统文化

近年来，全国政协书画室先后在联合国大厦、纽约亚洲文化中心、日本日中友好会馆等地成功举办了中国当代著名书画家作品展，通过举办书画展加强了与这些国家的政治文化交流、增进了理解和友谊，同时也积极地宣传了中国共产党领导的多党合作和政治协商制度,弘扬了我国的优秀传统文化,受到海外各界人士的广泛关注。为配合政协外事工作需要,书画室组织书画界委员创作上百幅书画作品作为中央领导人出访的礼品,使中华文化逐步进入国际视野。

——热心公益事业泼墨挥毫献爱心

近年来,书画界委员积极热心于公益事业,捐款资助希望工程、建立希望小学。1998年,35位书画家为抗洪赈灾义演捐赠书画作品72幅,捐款21.5万元。2003年突发的非典疫情,在全国人民心中留下了难以忘却的记忆。为了向抗击非典一线的医务工作者表达敬意,书画室邀请欧阳中石、沈鹏、刘炳森、张立辰、郭怀孮、王成喜、杨延文、龙瑞、王明明、苏士澍等十几位书画家,代表在京的36位政协书画界委员创作了两件大幅国画和两幅书法作品,在中央电视台"同一首歌"晚会上以全国政协办公厅名义赠送北京市政府和卫生部,韩美林委员也在晚会现场向首都医务工作者赠送了他的雕塑作品,书画界委员团结合作的爱国主义精神,得到了社会各界的广泛赞誉。非典时期疫情严重,适当隔离是控制疫情的必要措施,在集体创作国画有困难的特殊情况下,为了完成大幅绘画作品,几位画家通过电话联系,统一作品的创作思路,每人画一部分,由书画室工作人员负责传递到下一位委员手中,通过这一特殊的方式,委员书画家向抗击非典一线的医务工作者表达了敬意。

——积极开展考察调研和采风活动

书画室的工作是政协工作的重要组成部分,书画界委员也是政协委员中有自身特色的一部分人。在艺术上,他们勤奋创作,不断有新的追求和创新;在参政议政方面,他们积极了解社情民意,认真履行职责。为了使委员了解国情、开拓视野,同时为了给委员提供艺术创作的素材,书画室每年组织一至两次到北京近郊、边远山区或少数民族地区考察、采风。艺术家们不辞劳苦,每次一路行程结束,画家的笔下就已记录了大量的民风民情和祖国的锦山秀水,同时,委员艺术家们也了解了当地的社会经济发展状况,为参政议政奠定了基础。近年来,已组织书画界委员赴内蒙古、云南、贵州、新疆等地调研采风,行程几万里,委员们感到收获颇丰。

——开展书画联谊活动

每年"两会"期间举办的书画联谊活动是书画界委员在参会中特殊的联谊交流形式,得到委员和各方面的大力支持。2001年的委员书画家联谊会改为专题研讨会,会议就美术界的现状及发展进行研究探讨,受到与会者和社会各界的高度重视;2002年和2003年"两会"期间,书画室举办了"全国政协书画界委员与首都书画家联谊会",出席联谊活动的艺术家现场创作,展示技艺,抒发情感,恳谈交流,成为书画界的一件盛事。此外,政协书画室加强了与地方政协、美术单位和其他有关部门的联系,2001年和2004年两次召开了"全国政协系统书画工作联系会",交流工作经验,探讨工作思路,对推动全国政协和地方政协的书画工作发挥了促进作用。

二、认真组织当代国画优秀作品展

由全国政协书画室和省级政协主办的"当代国画优秀作品展",自2002年7月浙江省首展后,到2003年12月,两年中相继有11个省级单位成功举办了画展。因展出规格高,作品精美,参展书画家有一定的知名度,引起了美术界的很大反响和新闻媒体的广泛关注。

2002年春天,时任九届政协主席的李瑞环在与浙江省有关负责人谈话时提出要加强对国画艺术的宣传,倡导省市当代国画优秀作品晋京展览,并由全国政协牵头在政协礼堂展出。全国政协办公厅先后以会议形式向中国美术家协会、文化部艺术司、中国画研究院、中央美术学院、中国美术出版总社、北京画院、中国艺术研究院美术研究所等首都美术界权威机构和部分在京全国政协委员，转达了李瑞环对这项工作的意见，得到了各界的理解和支持。

由浙江省政协、全国政协书画室主办，中国美术学院、浙江省美术家协会承办的“当代国画优秀作品展”首展“浙江当代国画优秀作品展”于2002年7月10日至14日在北京全国政协礼堂举行。浙江当代中国画界具有代表性的10位画家的89幅作品参展。李瑞环亲自为画展剪彩并作了《继承和繁荣国画艺术》的重要讲话。六位九届全国政协副主席和秘书长郑万通、浙江省政协主席刘枫、文化部部长孙家正、中国文联党组书记李树文，启功、白雪石、吴冠中、刘炳森、黄苗子等300多名书画界知名人士出席了开幕式。为期一周的画展吸引了上千人前来观摩。这次画展不仅引起美术界的高度关注，在社会上也产生了很大影响。继浙江首展后，江苏、广东、上海、天津、山东、福建、河北等省市，相继成立了由省委、省政府、省政协共同组建的画展组委会。画展组委会主任由政协主席担任，由本省美术院校、省美协等美术专业团体组成工作机构，由专家评选出在本省具有代表性的10位中青年国画家，将初选画家的作品在本省先作一次预展，听取各方面的意见，经整理完善后的作品参加在全国政协礼堂的正式展出。十届政协主席贾庆林对“当代国画优秀作品展”非常重视，要求有关部门做好画展的各项工作，并出席了山东、福建、河北等省的画展开幕式，接见了参展画家。

全国政协新闻办公室召开了新闻发布会。人民日报、新华社、中央电视台等首都20家新闻单位积极报道画展情况；光明日报、人民政协报开辟专版为画展宣传；各省市新闻媒体也对画展作了详细报道。

为了把“当代国画优秀作品展”办成一个高规格、高水平的展览，画展组委会还在每个画展期间举行一次专题研讨会，研讨会受到北京美术理论界的高度重视。同时，邀请20位美术评论专家对参展的作品进行评论，对当代中国画发展问题发表意见，并分析目前国画发展中存在的问题。

三、2004年的几项工作

——在政协十届二次会议期间，举办全国政协委员书画联谊会，并同时展出“书画界委员贵州采风作品展”。贾庆林主席出席委员采风作品展并与书画家亲切交谈。

——组织部分书画界委员赴四川广安为邓小平纪念馆捐赠书画作品。与中协服务开发中心、广州市政协联合举办“纪念邓小平诞辰一百周年书画展”。

——圆满完成了“庆祝人民政协成立55周年书画展”的承办工作。

——为了进一步深入生活、扩大视野、积累创作素材，组织书画界委员赴新疆少数民族地区调研、采风。

——配合政协外事工作需要，为领导人出访提供书画礼品20余幅。为领导人祝寿和布置办公大楼邀请书画家创作书画作品。应外交部请求，书画室组织创作两幅国画，分别以中国政府名义赠送美国前总统老布什祝贺其九十岁生日和向新落成的克林顿图书馆表示祝贺。

——承办了全国政协办公厅召开的“全国政协系统书画工作联席会”，组织来自全国各省、自治区、直辖市和副省级市政协书画工作负责人认真交流工作经验。

——加强与地方政协书画工作的联系。邀请部分委员书画家参加内蒙古政协书画院成立等有关活动。观摩湖南省政协举办的“当代国画优秀作品展——湖南作品展”预展。

——办好《画界》杂志。

（刘静　马凤茹　编写　庄国荣　审稿）

全国政协京昆室工作　全国政协京昆室成立于1986年1月16日，由全国政协委员中的著名京昆艺术家、戏曲理论家、戏曲界知名人士及部分京昆艺术爱好者组成。京昆室主任万国权，副主任冯牧、俞振飞、张君秋、张庚、李世济、杨秋玲。基本任务是：组织京昆戏曲表演观摩、知识讲座、讨论研究京昆艺术等活动，并开展与海内外京昆爱好者的联系。京昆室成立以来，曾邀请香港京昆爱好者丁存坤、李和声、金如新、邓宛霞等来京联欢；接待美籍华人张元和、张充和、张惠之、邹苇澄等在京演出京剧、昆曲折子戏；举办首届中国戏曲脸谱艺术展览；为纪念毛泽东诞辰98周年举办毛泽东诗词演唱会，全国政协委员和全国人大代表中的著名表演艺术家骆玉笙、红线女、李世济、李默然、张继青、杨乃珍、李维康等参加了演出。此外，还举办了多次戏曲观摩、研讨及其他艺术活动。多年以来，京昆室工作紧紧围绕"团结"和"民主"两大主题，以京昆艺术为媒介，广泛联系海内外京昆艺术家和爱好者，广交朋友，扩大团结，弘扬中华传统文化，为现代化建设和祖国统一事业做出了积极贡献。作为一项具有鲜明特色的工作，京昆室成立以来，得到委员和海内外各方面人士的肯定，成为政协履行职能的组成部分。

十届政协京昆室设主任1名，副主任6名，顾问1名，成员17名。主任王选（十届全国政协副主席），顾问万国权（原全国政协副主席），副主任刘忠德（全国政协常委、文化部原部长），李世济（全国政协常委、著名京剧程派表演艺术家），叶少兰（全国政协常委、著名京剧叶派表演艺术家），张国祥（全国政协常委、九届全国政协副秘书长），叶朗（全国政协常委、北京大学教授兼艺术学系主任），张永珍（全国政协常委、香港中华总商会副会长）。

为保护扶持昆曲艺术建言献策　2004年3月3日至6日，中共中央总书记、国家主席胡锦涛在京昆室顾问万国权、京昆室副主任叶朗常委提出的"关于加大昆曲抢救和保护力度的几点建议"上批示："家宝并至立同志：赞成对昆曲实施抢救和保护，具体措施请文化部研究，请酌。"中共中央政治局常委、国务院总理温家宝在该建议上批示："昆曲在文学、戏剧、艺术上有着重要的价值，应采取抢救保护和扶持措施，请至立同志批转文化部研究。"国务委员陈至立在该建议上批示："家正同志，锦涛同志和家宝同志批示很重要，请尽快研究落实。要组织力量研究对昆曲的抢救、保护和扶持的政策和措施，商有关部门形成系统的意见，适当时开一次会专题研究。"中共中央政治局常委李长春在全国政协副主席、京昆室主任王选和京昆室副主任叶朗常委在政协十届二次会议上"关于加大昆曲抢救和保护力度的几点建议"的联合发言上批示："至立并家正：在文化体制改革中，要落实对优秀民间文化遗产的保护。昆曲当属此列。"国务委员陈至立批示："将尽快落实。"文化部部长孙家正等根据中央领导同志的批示，作了详细落实布置，并将有关情况反馈全国政协办公厅。

2004年5月12日，王选副主席（京昆室主任）在政协机关主持召开了"全国政协保护扶持昆曲艺术新闻发布会"。中宣部、文化部、广电总局、中国文联、中央人民广播电台、中央电视台、北京电视台、上海新闻出版局等部门有关负责人以及上海音乐出版社和全国昆剧界6团1所的主要负责人应邀出席。32家新闻单位媒体的新闻记者参加了新闻发布会。

编辑、出版《中国昆曲精选剧目曲谱大成》　由全国政协京昆室牵头，整理、编辑、出版了《中国昆曲精选剧目曲谱大成》，汇集了昆曲半个世纪以来所积累的70台大戏的演出本、唱腔和配乐，在昆曲艺术600余年的发展史上尚属首次，在我国出版史上也是极具文化积累意义的大事，堪称是中国戏曲史上的一大工程。王选副主席书写了序言。欧阳中石题写了书名，在新中国和人民政协成立55周年之际举办了首发式。

开展专题调研活动 2004年7月1日至11日，组织委员赴河南、黑龙江、内蒙古等省区就京剧院团现状进行了专题调研，调研报告报送中共中央和国务院。

举办庆祝人民政协成立55周年戏曲晚会 2004年9月21日至25日举办了5场戏曲晚会。邀请全国昆曲院团、京津冀河北梆子院团、全国人大代表、全国政协委员中的艺术家共同展演。参演单位17个院团，中央人民广播电台、中央电视台全程录音录像。

召开音配像二期工程新闻发布会 2004年11月26日，由全国政协京昆室、文化部、中央电视台、天津市民族文化促进会联合主办的《中国京剧音配像精粹》二期工程新闻发布会在政协礼堂举行。贾庆林主席，李瑞环同志发表重要讲话。王忠禹常务副主席，京昆室顾问万国权，郑万通秘书长，赵喜明、孙怀山副秘书长出席。王选副主席主持发布会。会议听取了天津市政协副主席、天津市中华民族文化促进会常务副会长叶厚荣关于《中国京剧音配像精粹》二期工程情况汇报，并向国家图书馆、中央电视台等十家单位赠送二期工程首批产品光盘。京剧名家和中、青年演员代表作了发言。文化部部长孙家正，中国文联党组书记、常务副主席李树文，广电总局副局长胡占凡，中央电视台台长赵化勇，天津市委副书记刘胜玉，天津市中华民族文化促进会会长方放以及京剧界人士共200余人参加发布会。

（赵景发　翟波　编写　庄国荣　审稿）

组 织 情 况

关于撤销韩桂芝中国人民政治协商会议第十届全国委员会委员资格的决定

（2004 年 7 月 8 日政协第十届全国委员会常务委员会第六次会议通过）

中国人民政治协商会议第十届全国委员会委员韩桂芝，涉嫌重大经济问题，已构成严重违纪。根据《中国人民政治协商会议章程》第二十九条的规定，撤销其中国人民政治协商会议第十届全国委员会委员的资格。

机 关 建 设

干部人事管理工作 紧紧围绕全国政协和机关中心工作,认真学习贯彻全国人才工作会议和全国组织部长、人事厅局长会议精神,坚持把"三个代表"重要思想、十六大和十六届四中全会精神体现在干部人事工作的各个方面,着力加强领导班子、干部队伍和后备干部队伍建设,继续深化干部人事制度改革,努力开创人事工作新局面,为圆满完成机关各项工作提供了有力的组织保证。

一、不断适应新形势、新要求,从整体上推进机关干部人事工作规范化、制度化和程序化建设。一是制定并以机关党组名义印发了《政协全国委员会机关人事工作暂行办法》和《政协全国委员会办公厅事业单位人事管理暂行办法》,同时,制定并印发了《政协全国委员会机关干部年度考核暂行办法》、《政协全国委员会机关工作人员出国(境)留学、探亲、旅游等工作管理暂行办法》、《〈全国政协机关实施领导干部任职试用期制暂行办法〉补充规定》三个配套文件。二是结合机构改革情况,重新修订了《政协全国委员会办公厅管理的干部职务名称表》。三是收集编印了《干部人事管理有关政策、法规、文件汇编》。四是完成了《人事局各处业务工作程序汇编》。通过建立健全规章制度,使机关干部人事管理工作更加有章可循,更加规范。

二、认真贯彻执行《党政领导干部选拔任用工作条例》,进一步做好干部考察、选拔任用等工作。一是把对干部的平时考核、年度考核和任职考核有机结合起来,加强了对局、处班子和局级干部的综合分析和跟踪考察,首先通过民主测评和与全体同志个别谈话等方式,对研究室领导班子、局级干部情况及干部队伍建设进行了考察。全年共个别谈话300余人次,为机关党组正确任用干部提供了可靠依据。在年度考核方面,根据中组部、人事部有关文件精神制定了暂行办法,明确了机关干部年度考核工作的具体程序;在原有"优秀"、"称职"、"不称职"三个考核等次基础上,增加了"基本称职"等次;完善了对局级干部考核的具体方式,把在本单位述职、在机关进行民主推荐和测评、机关党组研究决定作为确定干部考核等次的必经程序,提高了局级干部年度考核工作的群众公认程度,增强了激励作用。行政室、局336名干部、职工和事业单位37名局级干部参加了由机关统一组织的考核,除4人按规定不评定等次外,均被评为称职以上等次,其中54人被评为优秀等次。二是认真落实机关党组决定,坚持标准,严格程序,全年共办理机关干部提任及改任103人次,其中局长3人、副局长3人,巡视员1人、助理巡视员4人,处长16人、副处长16人,调研员7人、助理调研员4人,科级干部18人,专职秘书11人(其中副局级1人、正处级3人、科级1人);按规定办理干部免职16人次(其中局级干部7人,处级干部9人);内部平职调整24人次;办理处级干部试用期满考察正式任职2人;办理干部退休手续11人(其中局级9人,处级2人)。三是结合机构改革后机关空编和干部结构情况，严把“进口”关，努力做好干部调配工作，全年共选调和招录干部13名，其中从外单位选调9名，招录应届高校毕业生4人，进一步改善和优化了机关干部队伍结构。

三、不断深化干部人事制度改革，抓好民主推荐、民主测评以及任前公示制、试用期制等已出台措施的贯彻落实，并结合新的情况不断总结完善。继续组织开展处级领导干部竞争上岗工作，进一步拓宽选人用人渠道，逐步形成优秀人才脱颖而出、富有生机与活力的选人用人机制，激发机关广大干部爱岗敬业、奋发向上的精神。根据中组部新出台的竞争上岗工作文件和机关党组部署，在2002年机关局、处级领导干部竞争上岗工作基础上，组织实施了2004年机关处级领导干部竞争上岗工作，并进一步严格了条件，完善了程序。通过笔试、面试、民主测评、考察和机关党组任命等程序，有5名干部走上正处级领导岗位，3名干部走上副处级领导岗位。

四、以提高机关干部能力为重点，进一步加大机关干部培训工作力度。与干部培训中心共同召开了全国政协干部教育培训工作座谈会，会议交流了教育培训工作情况，总结了教育培训工作经验，使政协系统干部教育培训工作得到整体推进。积极与中央和国务院有关部门联系，申请建立了全国政协干部国外引智培训项目，为政协干部出国培训开辟了新渠道。坚持不懈地用“三个代表”重要思想教育干部，一年来共组织120多名机关干部参加了各类培训，其中参加中央党校培训35名。加强对局、处级干部的培训力度，会同有关业务局先后组织21名局、处级干部赴欧洲五国考察；37名局、处级干部赴香港参加了“香港社情高级研讨班”学习。

五、注重对事业单位人事管理工作的指导，努力增强为事业单位服务的功能。加强对事业单位领导班子成员的年度考核工作，听取事业单位领导班子成员的年度工作总结，为机关党组及时了解和掌握事业单位领导班子建设情况提供基础性材料。积极与中编办沟通，为人民政协报社申请报批增加了50名经费自理事业编制；与中编办、财政部沟通，申请报批成立了一个局级事业单位——全国政协办公厅信息中心，20名全额拨款事业编制；向中编办申请核定了10名两委人员编制，在原有编制限额内重新核批了事业单位内设机构“三定”方案，并以此为契机积极推进事业单位人事制度改革，进一步推行人员聘用制度，做好事业单位管理人员和专业技术人员职务聘任工作。组织事业单位人事干部参加了“深化事业单位人事制度改革”等3期培训班，增强了对国家有关政策的了解。

六、努力加强人事部门的自身建设，把开展以“公道正派”为主要内容的“树组工干部形象”学习教育活动引向深入。通过开展学习教育活动，不断提高人事干部的政治业务素质，树立正确的人才观，努力开拓机关干部人事工作新局面，按照“对己清正，对人公正，对内严格，对外平等”的基本要求，为机关中心工作和广大干部做好服务工作。

（逄春华　王穗洁　编写　张接应　审稿）

中共全国政协机关委员会工作　2004年，全国政协机关党委在中直工委的领导和机关党组的指导下，坚持以邓小平理论和“三个代表”重要思想为指导，主要做了以下工作。

一、加强思想建设，不断把学习贯彻“三个代表”重要思想引向深入。机关党委坚持把用马克思主义、毛泽东思想、邓小平理论和“三个代表”重要思想武装党员头脑作为思想建设的头等大事，一是深入学习十六大和十六届三中、四中全会精神，把加强党的执政能力建设作为进一步深化思想建设的重要方面，不断把学习贯彻“三个代表”重要思想引向深入。二是深入学习“两会”精神以及树立和落实科学发展观。全国政协秘书长郑万通，全国人大法律委员会副主任张春生，全国政协副秘书长李昌鉴先后为机关全体党员作了关于树立和落实科学发展观、学习贯彻实施宪法和学习贯彻政协章程的辅导报告。三是结合机关工作实际进行经常性的党的路线方针政策和形势教育，不断提高党员干部的党性修养和大局意识。如，结合纪念邓小平诞辰100周年组织党员干部认真学习邓小平理论和“三个代表”重要思想，并组织了以“邓小平生平和思想”为主题的征文活动；结合庆祝建党83周年，深入学习党章、党史；结合庆祝人民政协成立55周年，深入学习毛泽东、邓小平、江泽民同志关于统一战线和人民政协的重要论述，学习胡锦涛同志在庆祝人民政协成立55周年大会上的讲话，学习政协新章程等。四是定期利用宣传橱窗做好党的路线方针政策的学习宣传。机关党委还努力做好机关党组中心组学习的服务工作；进一步加强了对各级基层党组织学习情况的督促检查。

二、加强机关党的组织建设，继续深入贯彻落实《中国共产党党和国家机关基层组织工作条例》。机关党委认真贯彻落实《条例》，坚持把工作重点放在支部建设上，通过健全班子，加强培训，健全党内生活制度，严格党的组织生活，使支部工作更加规范，更加活跃。一是召开了全国政协机关第八次党员代表大会，选举产生了中共政协全国委员会机关第八届委员会和中共全国政协机关纪律检查委员会，制定了《关于认真学习贯彻中共政协全国委员会机关第八次代表大会精神的意见》。二是根据中央精神和中直工委的部署，认真做好保持共产党员先进性教育活动准备阶段的工作。机关党组、机关党委高度重视先进性教育活动的准备工作，明确提出了工作要求，成立了全国政协机关保持共产党员先进性教育活动领导小组和领导小组办公室，走访、学习了中央统战部等试点单位的经验；采用座谈、走访、问卷调查等方式，摸清了机关党员队伍的思想状况、党员的教育管理工作状况、基层党组织的建设状况、党员队伍中存在的突出问题，并形成了调研报告；草拟了《全国政协机关开展保持共产党员先进性教育活动实施方案》，为机关开展的集中教育活动做了准备。三是严格党的组织生活，坚持民主生活会制度。机关党委要求各级党组织按党章的要求，严格党内民主生活制度，定期召开党内民主生活会，并要求各支部将党内民主生活会的情况及时上报机关党委以备督促检查。四是做好党员发展工作。按照“坚持标准，保证质量，改善结构，慎重发展”的原则，2004年，批准发展了12名同志为预备党员、13名预备党员按期转正。五是树立典型，弘扬正气。机关党委结合实际，积极开展“创先争优”活动。2004年，有5个先进党支部，33名优秀共产党员和6名优秀党务工作者受到机关党委表彰。六是健全组织，加强班子建设。2004年共有1个党总支、7个党支部委员会进行了换届改选。举办党支部书记培训班，提高机关专兼职党务工作者的工作水平，为进一步加强和改进机关党支部工作培训了骨干。

三、进一步加强思想政治工作，努力营造团结、和谐、向上的工作氛围。机关党委结合我国改革开放发展的实际和机关干部职工的思想实际，努力增强思想政治工作的主动性、针对性，进一步做好经常性的思想政治工作。一是机关各级党组织认真做好政策宣传和教育工作，经常性地开展思想交流，引导帮助干部职工树立正确的人生观和价值观。二是积极组织机关干部职工参加中直工委等部门举办的理想信念和形势政策教育系列讲座。三是关心群众的思想、工作和生活，了解掌握群众思想动态，分析思想状况，及时做好疏导情绪、化解矛盾的工作。四是利用多种形式宣传机关党建工作和先进模范人物，营造团结和谐积极向上的工作氛围。

四、切实抓好党风廉政建设。加强机关党风廉政建设是“三个代表”重要思想的根本要求，是贯彻执行党的路线方针政策的根本保证。机关党委始终重视加强机关党的作风建设和廉政建设。一是注重抓学习教育。按照中央纪委和中直纪工委的要求，组织机关广大党员和干部职工认真学习了邓小平理论、“三个代表”重要思想中关于党风廉政建设和反腐败工作的论述；深入学习了中央纪委三次、四次全会精神和中直纪工委的有关文件精神，认真学习《中国共产党党内监督条例(试行)》和《中国共产党纪律处分条例》，以帮助广大党员特别是党员领导干部增强居安思危意识、提高拒腐防变能力，筑牢思想防线。二是落实党风廉政建设责任制，深化源头治理工作。根据“全国落实党风廉政建设责任制工作电视电话会议”的要求，结合机关实际，研究制定了《关于贯彻落实“全国落实党风廉政建设责任制工作电视电话会议”精神的意见》，并狠抓落实。三是严格党的组织生活。努力提高党员领导干部民主生活会的质量，加强对党员领导干部的管理和监督。这些工作的开展促进了党员干部廉洁从政意识的增强，推动了机关党的作风建设。

五、加强领导，积极指导、支持群团组织开展工作。机关党委在抓好党建工作的同时，紧紧围绕机关的中心工作，围绕提高机关工作人员的整体素质，充分发挥群团组织的作用，经常听取他们的工作汇报，积极指导、支持他们独立地开展工作。一是组织开展各类活动。机关工会承办的机关春节团拜会，送温暖活动；机关团委、机关青联举办的纪念五四运动85周年图片展，学习宪法、政协章程知识竞赛活动、“全国政协机关青年岗位能手”评选活动；机关妇委会组织的“全国巾帼文明岗”评选等活动。二是结合机关实际，活跃文化生活。机关工会承办的运动会，与机关团委联合举办的书标展览，羽毛球比赛活动；机关团委、机关青联组织的“周末午间系列讲座”；机关妇委会举办的“培养生活情趣，创造美好生活”讲座、运动健身科学讲座和“女职工风采和才艺展”等活动，既活跃了机关文化生活、也为机关职工提供了锻炼和展示自我的舞台，产生了很好的反响。三是积极开展社会公益活动。在机关开展了节约资源、反对浪费活动，组织参与了向内蒙、江西灾区捐款等活动。

机关党委坚持做好机关内部的统战工作，进一步加强与机关民主党派成员的联系，及时向他们通报情况，听取意见，并帮助他们反映和解决问题。

（刘焕性　编写　李清贤　审稿）

报 刊 社 论

团 结 奋 进 再 谱 新 篇

——热烈祝贺全国政协十届二次会议开幕

春光明媚,大地生辉。

全国政协十届二次会议今天在北京隆重开幕。来自各党派团体、各族各界的全国政协委员汇聚一堂,共商国是,建言献策,对于做好今年改革和发展的各项工作,更好地把全面建设小康社会的宏伟事业推向前进,具有重要的意义。我们对会议的召开表示热烈祝贺。

2003年,是我国各族人民在全面建设小康社会伟大征程中迈出重要步伐的一年。在这一年里,面对复杂多变的国际形势和繁重艰巨的国内建设任务,面对各种突发事件和自然灾害,全国各族人民在以胡锦涛同志为总书记的党中央坚强领导下,高举邓小平理论和"三个代表"重要思想伟大旗帜,全面贯彻十六大精神,万众一心,团结奋斗,取得了改革开放和现代化建设的新成就。我国经济发展、民族团结、社会稳定,全面建设小康社会开局良好。

一年来,人民政协坚持以"三个代表"重要思想为指导,牢牢把握团结和民主两大主题,认真履行政治协商、民主监督、参政议政职能,做了大量的富有成效的工作。新一届政协常委会切实把学习贯彻"三个代表"重要思想和十六大、十六届三中全会精神作为一项重要任务摆在突出位置;坚持把促进发展作为履行职能的第一要务,提出了一批有重要价值的意见和建议;通过多种渠道、采取多种形式,积极投入抗击非典的斗争;广泛听取意见、深入研讨问题,认真做好政协章程的修改工作;努力营造民主和谐、合作共事的政治氛围,积极发挥各民主党派和无党派人士在政协中的作用;加强提案、视察和反映社情民意等经常性工作;大力开展促进祖国统一和海外联谊工作、扩大对外友好交往。这一切,都为促进我国经济社会全面发展、维护改革发展稳定的大局发挥了重要作用。

2004年,是我国改革和发展十分关键的一年,是我们奋进在全面建设小康社会征程上的重要一年。胡锦涛同志在全国政协新年茶话会上发表的重要讲话中指出,在新的一年里,我们要紧紧抓住发展这个党执政兴国的第一要务,坚持全面、协调、可持续的发展观,实现经济社会全面发展。我们要坚持立党为公、执政为民,真正做到为民、务实、清廉,继续做好关心群众生产生活的工作,千方百计促进农民增收,切实做好就业再就业工作,加快社会保障体系建设,加大扶贫帮困力度,不断改善人民生活。各级政协要围绕中心、服务大局,团结各界、发扬民主,突出特点、发挥优势,认真履行职能,巩固和发展民主团结、生动活泼、安定和谐的政治局面，促进社会主义物质文明、政治文明和精神文明协调发展，为全面建设小康社会作出新的更大的贡献。这是人民政协的光荣职责和重要任务。

团结就是力量，团结才能兴旺。实现全面建设小康社会的宏伟目标，完成中华民族伟大复兴的事业，必须团结一切可以团结的力量。新世纪新阶段的爱国统一战线工作和人民政协工作，必须以此为根本出发点和落脚点。人民政协作为最广泛的爱国统一战线组织，作为实现中国共产党领导的多党合作和政治协商制度的重要组织形式，一定能够更加卓有成效地把一切可以团结的力量团结起来，把一切可以调动的积极因素调动起来，不断为中华民族的伟大复兴增添新力量。

让我们高举邓小平理论和“三个代表”重要思想的伟大旗帜，团结奋进，求真务实，开拓进取，谱写实现中华民族伟大复兴的新篇章。

预祝大会圆满成功。

（《人民日报》社论）

凝聚民智共谋发展

——热烈祝贺全国政协十届二次会议开幕

中国人民政治协商会议第十届全国委员会第二次会议今天在北京隆重开幕。我们对大会的召开表示热烈的祝贺！

过去的一年是我国贯彻落实中共十六大精神，全面建设小康社会的第一年。面对复杂多变的国际形势和繁重艰巨的建设任务，全国各族人民在以胡锦涛同志为总书记的中共中央坚强领导下，万众一心，团结奋斗，取得了改革开放和现代化建设的重大成就。全国广泛兴起了学习贯彻“三个代表”重要思想新高潮，进一步巩固了全党全国人民团结奋斗的思想基础；中共十六届三中全会对建成完善的社会主义市场经济体制和更具活力更加开放的经济体系作出了全面部署，确立了科学的发展观，国民经济保持持续较快发展；夺取了抗击非典工作的阶段性重大胜利；首次载人航天飞行圆满成功；深入开展关心群众特别是困难群众生产生活的工作，人民生活水平继续提高；社会主义政治文明和精神文明建设取得新进展，党的建设新的伟大工程全面推进；坚持独立自主的和平外交政策，大国外交，周边外交，发展中国家外交，取得新成绩，在重大国际和地区问题上发挥建设性作用。

去年是十届全国政协的开局之年。新一届政协全国委员会认真贯彻中共十六大精神，紧紧围绕党和国家的中心工作，牢牢把握团结和民主两大主题，着眼于发挥人民政协的政治优势，认真履行职能，各项工作都取得了新的进展。一年来，政协第十届全国委员会始终把学习工作摆在突出位置，以“三个代表”重要思想统领政协工作全局，不断夯实共同的政治思想基础；以促进发展为履行职能的第一要务，为推动经济与社会发展建言献策，成绩显著；以修改政协章程为加强政协自身建设的重点，努力推进政协工作的制度化、规范化和程序化建设;注重发挥各民主党派和无党派人士在政协中的作用,把合作共事的精神贯彻到政协工作的各个领域、各个环节;广泛动员各级政协组织和委员投入抗击非典的斗争,做出了重要贡献;加强和改进履行职能的各项经常性工作,求真务实,真抓实干,为推动社会主义物质文明、政治文明和精神文明协调发展做出了新贡献。

今年是我国改革发展十分关键的一年,各项任务十分繁重。做好今年的工作,继续保持经济社会发展的良好势头,必须牢牢抓住发展这个第一要务。

发展是党执政兴国的第一要务,也是人民政协履行职能的第一要务。惟有发展,才能解决我们面临的困难和问题,不断推进社会主义现代化进程;不断改善人民群众的物质文化生活;惟有发展,才能提高我国的综合国力,维护国家的安全和稳定;惟有发展,才能增强社会主义祖国的吸引力和凝聚力,最终完成祖国的统一大业。人民政协也惟有把促进发展作为履行职能的第一要务,把一切可以团结的力量团结起来,把一切积极因素调动起来,把各方面的智慧和力量凝聚到聚精会神搞建设,一心一意谋发展上来,才能发挥优势,发挥作用。

在全面建设小康社会的新时期,人民政协发挥作用的天地十分广阔,责任十分重大。参加人民政协的各党派、各团体、各族各界人士要进一步增强责任感和紧迫感,把促进发展作为发挥作用的着力点,选好角度,发挥优势,围绕党和国家全局工作中具有前瞻性、综合性和决策前迫切需要研究的重大问题,围绕完善社会主义市场经济体制的重大课题,围绕人民群众关注的热点问题,深入调研,建言献策。

来自全国各地的全国政协委员们将在本次会议上为国是建言,为发展谋策。希望委员们围绕大会议程,紧紧抓住发展这个履行职能的第一要务,认真研究,深入思考,畅所欲言,充分运用提案、大会发言、联组和小组讨论等各种形式,为促进经济社会全面发展贡献真知灼见,把本次会议开成一个民主、求实、团结、鼓劲的大会,顺利完成大会确定的各项任务。

预祝大会圆满成功!

(《人民政协报》社论)

同心同德　朝着全面建设小康社会宏伟目标阔步前进

——热烈祝贺全国政协十届二次会议胜利闭幕

全国政协十届二次会议完成各项预定议程,胜利闭幕了。我们对大会的圆满成功表示热烈祝贺。

这次会议,高举邓小平理论和"三个代表"重要思想的伟大旗帜,深入贯彻党的十六大和十六届三中全会精神,牢牢把握团结和民主两大主题,围绕中心、服务大局,认真履行政治协商、民主监督、参政议政职能,畅所欲言,建言献策,共商国是。这是一次民主、求实、团结、鼓劲的大会,对于做好今年的各项工作,把全面建设小康社会伟大事业推向前进,必将起到重要的作用。

会议期间，全体委员认真听取和审议了十届政协常委会工作报告和提案工作情况报告，审议和通过了政协章程修正案以及政协十届二次会议各项决议和提案审查情况的报告；列席十届人大二次会议，听取和讨论了温家宝总理所作的《政府工作报告》和其他重要报告，讨论了《中华人民共和国宪法修正案（草案）》。委员们高度评价在过去的一年里，我国各族人民在中国共产党的领导下，万众一心，迎难而上，取得改革和建设的新的伟大成就。一致认为，《政府工作报告》总揽全局，求真务实，令人鼓舞，催人奋进。委员们对《中华人民共和国宪法修正案（草案）》给予高度评价。委员们以高度的责任感，围绕改革开放和现代化建设的一些重大问题，展开热烈讨论，提出了许多具有建设性的意见和建议。

这次会议对政协章程部分内容进行了修改，意义重大。根据党的十六大对人民政协工作作出的重要部署，政协章程中明确了人民政协要在马克思列宁主义、毛泽东思想、邓小平理论和“三个代表”重要思想指引下开展工作，确定了中国共产党领导的多党合作和政治协商制度是我国的一项基本政治制度，把社会主义事业的建设者增加为爱国统一战线的组成部分，明确了人民政协的性质及其在国家政治生活中的地位和作用，完整、规范地表述为“中国人民政治协商会议是中国人民爱国统一战线组织，是中国共产党领导的多党合作和政治协商的重要机构，是我国政治生活中发扬社会主义民主的重要形式”，规定了政协的主要职能是政治协商、民主监督、参政议政，明确了团结和民主是人民政协的两大主题等。对政协章程部分内容的修改，符合中国特色社会主义事业发展的要求，符合人民政协事业发展的要求，有利于人民政协更好地履行职能，更好地发挥作用。

聚众智能深谋远虑，齐众力可填海移山。实现全面建设小康社会的宏伟目标，需要集中全国各族人民的智慧，团结一切可以团结的力量。搞好参加政协各党派团体和各族各界人士的团结合作，切实履行好政协的职能，这是党中央对人民政协工作的基本要求，也是发展社会主义民主政治、建设社会主义政治文明的重要内容。坚持发扬团结合作、协商共事的优良传统，把“长期共存、互相监督、肝胆相照、荣辱与共”的方针贯彻于全部工作的始终，发扬民主，广开言路，集思广益，搞好各个层面的政治协商；坚持发挥政协智力密集、各方面的人才比较集中的优势，围绕中心任务，服务国家大局，就一些综合性、战略性、前瞻性重大问题深入开展调查研究，形成有分量的成果，供决策机关参考，使参政议政更加生动活泼、富有成效；坚持深入实际、深入群众，掌握社情民意，及时向党和政府反映社会生活中的重要情况和各方面关注的热点问题，在搞好民主监督的同时，主动向群众宣传党和国家的方针政策，最大限度地化消极因素为积极因素，协助党和政府做好团结稳定的工作；坚持认真研究当前我国社会结构和统一战线内部出现的新情况、新变化，进一步加强同各方面人士包括新的社会阶层人士的联系，把各方面的力量凝聚起来，共同推进全面建设小康社会的伟大事业。做好这些工作，人民政协大有作为。

今年是我国改革和发展十分关键的一年。我们要抓住重要战略机遇期，抓好发展这个第一要务，进一步树立和落实科学发展观，按照“五个统筹”的要求，推动经济社会全面、协调、可持续发展，实现社会主义物质文明、政治文明和精神文明共同进步。让我们紧密团结在以胡锦涛同志为总书记的党中央周围，以邓小平理论和“三个代表”重要思想为指导，全面贯彻党的十六大、十六届三中全会精神和中央的各项工作部署，同心同德，开拓进取，求真务实，扎实工作，朝着全面建设小康社会的宏伟目标阔步前进。

（《人民日报》社论）

求真务实开拓进取

——祝贺全国政协十届二次会议闭幕

中国人民政治协商会议第十届全国委员会第二次全体会议，完成了预定的各项议程，昨天在北京胜利闭幕。我们对大会的圆满成功表示热烈祝贺！

这次会议以邓小平理论和“三个代表”重要思想为指导，深入贯彻中共十六大和十六届三中全会精神，紧紧围绕党和国家的中心工作，认真履行政治协商、民主监督、参政议政的职能。会议期间，委员们认真听取和审议了全国政协常委会工作报告和政协十届一次会议以来提案工作情况的报告；列席了十届全国人大二次会议，听取并讨论了温家宝总理所作的政府工作报告以及其他重要报告；审议通过了中国人民政治协商会议章程修正案及其他各项决议。委员们高度评价过去一年我国改革开放和社会主义现代化建设所取得的新成就；高度评价政府工作报告求真务实，鼓舞人心；充分肯定十届全国政协开局之年的工作。委员们以高度的责任感，对关系党和国家事业、关系人民政协事业长远发展的重大问题，提出了许多重要的意见和建议。这是一次民主、求实、团结、鼓劲的大会。

深入学习贯彻“两会”精神，进一步落实中共十六届三中全会的决定，深化改革，扩大开放，促进发展，是当前党和国家首要的政治任务，也是人民政协的首要任务。各级政协组织和广大政协委员要求真务实，开拓进取，努力推动人民政协各项事业在新的一年里实现新发展。

求真务实是党和人民事业兴旺发达的关键所在，是实现加快发展的必由之路，也是做好人民政协工作必须遵循的根本要求。只有坚持求真务实，人民政协的组织和委员队伍才能更加富有朝气和活力；只有坚持求真务实，人民政协的作用才能得到更大的发挥；只有坚持求真务实，中国共产党领导的多党合作和政治协商事业才能更顺利发展。

要把求真务实落实到人民政协履行职能的各项工作中去。人民政协的政治协商、民主监督和参政议政，人民政协的提案、视察、专题调研和反映社情民意，以及其他各项经常性的工作，都应在正确认识基本国情、科学把握发展规律的基础上展开。要在认识规律、把握规律、遵循和运用规律上下功夫，围绕党和国家工作的大局，就全面建设小康社会中的重大问题进行深入调研，提出切实可行的解决办法。

要把求真务实落实到人民政协加强自身建设的各项工作中去。政协章程是政协组织和政协委员履行职责的主要依据和必须遵循的行为准则。本次会议审议通过了政协章程修正案，各级政协组织、政协各参加单位和每一位政协委员要认真学习，广泛宣传，把握政协工作的规律和方法，不断推进履行职能的制度化、规范化和程序化建设，不断提高履行职能的能力和水平。

要把求真务实落实到人民政协的工作作风上去。各级政协组织和广大委员要深入基层、密切联系群众特别是本界别的群众，乐民之乐，忧民之忧，说诤言，讲真话，如实反映人民群众的意见、呼声和要求；要深入实际，及时了解社会生活中的重要情况和热点问题，出实招，鼓实劲，办实事，务实效，切实发扬民主，促进团结。

我们正处在一个伟大的时代，肩负着光荣的历史使命。大力弘扬求真务实精神，大力发扬求真务实作风，真抓实干促发展，开拓进取奔小康，中国特色社会主义的伟大事业就一定能够不断取得新胜利，人民政协事业就一定能够不断实现新发展。

（《人民政协报》社论）

2004 年 大 事 记

1月

1日

政协全国委员会在政协礼堂举行2004年新年茶话会。中共中央政治局常委、全国政协主席贾庆林主持。中共中央总书记、国家主席胡锦涛发表重要讲话。全国政协副主席、全国工商联主席黄孟复代表各民主党派中央、全国工商联和无党派人士讲话。党和国家领导人吴邦国、温家宝、曾庆红、黄菊、吴官正、李长春、罗干、王兆国、回良玉、刘淇、刘云山、吴仪、周永康、贺国强、曹刚川、曾培炎、王刚、荣毅仁、徐才厚、何勇、李铁映、司马义·艾买提、何鲁丽、丁石孙、成思危、许嘉璐、蒋正华、顾秀莲、路甬祥、乌云其木格、韩启德、傅铁山、唐家璇、华建敏、陈至立、肖扬、贾春旺、王忠禹、廖晖、刘延东、张思卿、白立忱、罗豪才、张克辉、周铁农、郝建秀、陈奎元、徐匡迪、李兆焯、王选、张怀西、李蒙副主席，郑万通秘书长，谷牧、孙起孟、王光英、吴阶平、杨汝岱、钱正英、朱光亚、万国权、胡启立、陈锦华、经叔平、王文元等同志，在京全国政协常委，各民主党派中央和全国工商联负责人、无党派人士，中央和国家机关有关方面的负责人，首都各族各界代表近400人出席茶话会。部分全国政协委员及首都文艺工作者表演了文艺节目。

2日

政协章程修改领导小组办公室召开会议，研究各民主党派中央、各人民团体、中央和国务院有关部门、各省级政协对政协章程(修正案)征求意见稿的意见。副秘书长、政协章程修改领导小组办公室副主任李昌鉴，办公厅研究室主任、政协章程修改领导小组办公室副主任卞晋平出席会议。

4日

中共中央政治局常委、全国政协主席贾庆林，全国政协副主席、中共中央统战部部长刘延东，全国政协副主席李兆焯在人民大会堂出席全国宗教工作座谈会。贾庆林主席发表重要讲话。

4日至9日

肖建章、萧灼基副主任率社会和法制委员会企业诚信考察组就“企业的诚信状况”问题在广东省汕头、潮州等地进行考察。

5日

郑万通秘书长在政协北楼十层会议室主持召开政协十届全国委员会第十三次秘书长办公会议。主要议题：一、审议政协十届常委会第四次会议议程和日程(草案)；二、审议关于召开政协十届二次会议的决定(草案)；三、审议政协十届二次会议议程和日程(草案)；四、审议政协十届二次会议秘书处各组工作职责、各组组长、副组长名单(草案)；五、审议政协十届二次会议委员小组召集人名单(草案)；六、研究政协十届二次会议大会发言方案(草案)；七、研究政协十届二次会议委员驻地分配表(草稿)；八、审议政协十届常委会工作报告(稿)；九、审议办公厅2003年度工作总结(稿)；十、研究关于组织常委会第二次学习讲座活动的方案；十一、审议办公厅2003年度委员视察工作总结(稿)；十二、其他事项。

王巨禄、赵喜明、孙怀山、陈洪、傅志煌副秘书长，办公厅研究室和各局室主要负责人出席会议。

5日至19日

应柬埔寨参议院、老挝建国阵线中央委员会和泰国上议院邀请，阿不来提·阿不都热西提副主席率全国政协代表团访问上述三国。代表团成员有河北省政协副主席王建忠，全国政协常委、人口资源环境委员会副主席张洽和办公厅研究室主任卞晋平等。

6日

郑万通秘书长在政协北楼十层会议室主持召开政协十届全国委员会第五次秘书长会议。主要议题：一、审议政协第十届全国委员会常务委员会第四次会议议程和日程(草案)；二、审议关于召开政协第十届全国委员会第二次会议的决定(草案)；三、审议政协第十届全国委员会第二次会议议程和日程(草案)；四、审议政协第十届全国委员会第二次会议秘书长、副秘书长、新闻发言人名单(草案)；五、审议政协第十届全国委员会第二次会议秘书处组织机构及各组工作职责、各组正副组长名单(草案)；六、审议政协第十届全国委员会第二次会议委员小组召集人名单(草案)；七、审议政协第十届全国委员会常委会工作报告(草稿)；八、审议政协第十届全国委员会常务委员会关于政协十届一次会议以来提案工作情况的报告(草案)；九、审议政协全国委员会办公厅2003年度委员视察工作总结(稿)。王巨禄、赵喜明、吴明熹、张梅颖、李敏宽、陈洪、陈明德、傅志煌、刘民复、潘贵玉、陈宗兴、张龙之副秘书长，办公厅研究室和有关局室负责人出席会议。

经济委员会举行系列经济形势报告会，邀请国家发展和改革委员会副主任刘江介绍2003年我国经济社会发展的总体情况，并针对农民增收缓慢、就业形势严峻、货币投放过快和盲目投资等问题，提出2004年工作安排和部署。经济委员会主任刘仲藜，副主任石万鹏、陈耀邦、厉以宁、邵奇惠、程安东，外事委员会副主任李北海、张国祥，经济委员会委员近60人出席报告会。

罗豪才副主席在北京华侨大厦出席北京市侨联归国留学人员联合会成立大会。

6日至18日

中共中央政治局常委、全国政协主席贾庆林分别看望曾任全国政协领导职务的老同志和担任全国人大、全国政协领导职务的党外朋友，向他们致以节日问候。王忠禹、刘延东副主席和郑万通秘书长陪同看望。

7日

经济委员会举行系列经济形势报告会，邀请财政部副部长楼继伟介绍2003年财政预算执行情况和2004年工作部署。周铁农副主席，经济委员会主任刘仲藜，副主任陈耀邦、厉以宁、刘永好、邵奇惠、程安东，外事委员会副主任李北海、张国祥，经济委员会委员近50人出席报告会。

人口资源环境委员会在政协机关举办情况介绍会，邀请国家发改委介绍资源节约与环境保护有关情况。陈洲其、杨魁孚、张宝明、温克刚副主任及部分委员出席会议。

张克辉副主席在人民大会堂出席台盟中央、全国台联共同举办的“在京台胞新春同乐会”，并看望与会台商、台生。

教科文卫体委员会在政协礼堂举行教科文卫体界新春茶话会。王忠禹副主席讲话，张思卿、罗豪才、郝建秀、徐匡迪、张怀西、李蒙副主席出席茶话会。教科文卫体委员会主任刘忠德主持会议。全国人大教科文卫委员会主任朱丽兰，赵喜明、齐续春、孙怀山、傅志煌副秘书长，教科文卫体委员会副主任于友先、韦钰、孙隆椿、杨伟光、宋金升、张发强、徐善衍、栾恩杰、傅庚辰、翟泰丰、蔡睿贤，有关部委负责人张宝庆、刘燕华、孙家正、高强、朱庆生、许善达、徐光春、李志坚、沈仁干、郑筱萸、李振吉、江蓝生、王淀佐、宋南平、朱作言以及相关知名人士400余人出席茶话会。

7日至8日

办公厅邀请中国航天科技集团第一研究院科技委副主任黄春平委员为无党派委员介绍“神舟五号”发射有关情况，并组织与会委员赴韩村河参观考察，召开无党派委员2003年度工作总结会，研究确定政协十届二次会议无党派委员大会发言及视察选题等事宜。

8日

张思卿副主席率教科文卫体委员会委员和在京部分委员就《民办教育促进法》实施后的新情况，对北京体育舞蹈艺术学校和北京市大成学校进行考察。教科文卫体委员会副主任杨伟光、傅庚辰参加，北京市副市长范伯元、市政协副主席张和平陪同考察。

8日

经济委员会举行系列经济形势报告会，邀请商务部部长助理傅自应介绍2003年商务运行情况和2004年的工作思路。经济委员会主任刘仲藜，副主任石万鹏、厉以宁、刘立清、邵奇惠、程安东，外事委员会副主任李北海、张国祥，部分经济委员会委员近40人出席报告会。

人口资源环境委员会在政协机关召开全体会议，讨论总结2003年工作，研究2004年工作计划。陈邦柱主任作本专委会工作总结。张宝明副主任主持会议。张人为、张榕明、陈洲其副主任及30多位委员出席会议。

人口资源环境委员会副主任马国良、刘成果赴黑龙江省哈尔滨出席全国首届生态省建设论坛。

9日

贾庆林主席在政协会议楼第九会议室主持召开政协第十届全国委员会第九次主席会议。主要议题：一、审议政协第十届全国委员会常务委员会第四次会议议程和日程（草案）；二、审议关于召开政协第十届全国委员会第二次会议的决定（草案）；三、审议政协第十届全国委员会第二次会议议程和日程（草案）；四、审议政协第十届全国委员会第二次会议秘书长、副秘书长名单（草案）；五、审议政协第十届全国委员会第二次会议新闻发言人名单（草案）；六、审议政协第十届全国委员会常务委员会工作报告（稿）和确定报告人；七、审议政协第十届全国委员会常务委员会关于政协十届一次会议以来提案工作情况的报告（稿）和确定报告人；八、审议中国人民政治协商会议章程修正案（草案）；九、审议各专门委员会2003年度工作情况总结（书面）；十、审议全国政协办公厅2003年度委员视察工作总结（书面）。王忠禹常务副主席，刘延东、张思卿、白立忱、罗豪才、张克辉、周铁农、陈奎元、徐匡迪、李兆焯、黄孟复、王选、张怀西、李蒙副主席，郑万通秘书长出席会议。王巨禄、赵喜明、吴明熹、齐续春、孙怀山、陈洪、陈明德、傅志煌、朱维群、潘贵玉、陈宗兴、陈抗甫副秘书长，各专门委员会负责人傅杰、陈耀邦、陈邦柱、翟泰丰、李其炎、金日光、郭东坡、刘剑锋、李仁臣列席会议。

经济委员会举行系列经济形势报告会，邀请中国人民银行副行长吴晓灵介绍2003年货币执行情况和2004年信贷工作安排情况，并针对利率市场化、公开市场操作和加强房地产信贷管理等问题作了具体说明。石万鹏副主任主持会议，厉以宁、刘立清、邵奇惠、程安东副主任和部分经济委员会委员近40人出席报告会。

已故党外全国政协委员、知名人士夫

人春节茶话会在政协礼堂举行。贾庆林主席出席茶话会,王忠禹常务副主席发表讲话,郑万通秘书长主持茶话会。刘延东、白立忱、周铁农、陈奎元、徐匡迪、李兆焯、黄孟复、张怀西、李蒙副主席,王光英、万国权同志,孙怀山、李敏宽、陈洪、傅志煌、范西成副秘书长出席茶话会。国务院办公厅、中共中央组织部、中共中央统战部、国务院机关事务管理局、中国老龄协会等有关单位负责人应邀参加茶话会。

罗豪才副主席在京会见以黄石华为团长的香港(港澳)海峡两岸关系研究中心访京团。

人口资源环境委员会、外事委员会与国家人口计划生育委员会共同召开会议,商谈拟于9月份召开的国际人口与发展论坛有关事宜。全国政协常委、国家人口计划生育委员会副主任潘贵玉主持会议,人口资源环境委员会主任陈邦柱、副主任李伟雄,外事委员会副主任马振岗,国家人口计划生育委员会副主任赵白鸽等出席会议。

9日至14日

罗豪才副主席率中央"五侨"慰问组赴海南省,看望和慰问华侨农场归难侨职工,了解农场目前各方面情况。

10日

马文瑞同志遗体送别仪式在八宝山革命公墓大礼堂举行。贾庆林主席,王忠禹、张思卿、白立忱副主席,郑万通秘书长,赵喜明、吴明熹、傅志煌副秘书长参加送别仪式。下午,赵喜明副秘书长在八宝山革命公墓参加马文瑞同志骨灰安放仪式。

港澳台侨委员会主任郭东坡在京出席北京市侨办举办的"海外华侨华人、港澳同胞在京企业家新春联谊会"。

12日

贾庆林主席,王忠禹副主席在北京京西宾馆出席中共中央纪律检查委员会第三次全体会议。

政协第十届全国委员会第二次会议秘书处第一次会议在政协机关举行。郑万通秘书长作动员讲话,傅志煌副秘书长主持并通报政协十届二次会议秘书长、副秘书长名单及秘书处各组组长、副组长名单。大会副秘书长张梅颖、齐续春、孙怀山、李敏宽、范西成、刘民复、陈宗兴、张国祥、黄跃金及秘书处各组负责人共120余人出席会议。

经济委员会主任刘仲藜在政协机关主持召开委员会第九次主任会议,审议非公有制经济专题调研组《关于消除制约非公有制经济发展障碍的建议》调研报告稿,并讨论决定本专委会今年调研工作的安排。石万鹏、厉以宁、刘立清、陈耀邦、邵奇惠、洪绂曾、程安东副主任出席会议。

13日

全国政协办公厅召开2004年度委员视察选题座谈会,邀请部分在京常委和委员就今年的视察选题发表意见。傅志煌副秘书长主持会议并讲话。

提案委员会在政协机关召开提案工作情况通报会,向在京的部分新闻单位通报政协十届一次会议以来提案工作情况。提案委员会主任傅杰主持,朱培康、杨振杰、俞泽猷、倪豪梅副主任,傅志煌副秘书长,各民主党派中央和全国工商联负责人,提案人代表,部分提案承办单位负责人及30余家新闻单位的记者参加会议。

经济委员会在政协机关召开第二次全体会议,传达胡锦涛总书记关于政协调研工作的重要谈话精神,审议委员会2003年度工作总结及今年工作思路和调研计划。刘仲藜主任主持会议,石万鹏、厉以宁、刘立清、邵奇惠、段应碧、洪绂曾、程安东副主任,范西成副秘书长出席会议。

外事委员会主任刘剑锋在政协机关主持召开委员会主任扩大会议,研究"21世纪论坛”2005 年会议选题。马振岗、王淑贤、李北海、陈昊苏、张国祥、武韬、周可仁、原㮊副主任，徐更生常委及部分外委会委员出席会议。

马万祺副主席在广东省珠海出席全国人大常委会办公厅组织举办的国务院有关部委向港澳全国人大代表和港澳全国政协委员汇报工作情况会。此次汇报单位有国家发展和改革委员会、财政部、教育部和科学技术部。

刘延东、徐匡迪副主席在钓鱼台国宾馆出席中共中央统战部、国务院办公厅举办的国务院参事、中央文史研究馆馆员迎春招待会。

13 日至 18 日

应我会办公厅邀请，以参议院秘书长康斯坦丁·萨瓦为团长的罗马尼亚参议院代表团对我国进行友好访问。期间，王忠禹副主席会见了代表团，郑万通秘书长与代表团会谈并举行欢迎宴会。民族和宗教委员会主任钮茂生，副秘书长李昌鉴分别参加上述活动。全国人大常委会副秘书长曹卫洲会见并宴请代表团。代表团访问了北京和深圳。

14 日

徐匡迪副主席在政协机关会见“太平洋盆地经济理事会”副理事长、香港汇丰银行主席大卫·艾尔顿先生。

民族和宗教委员会与中央统战部、全国人大民委、国家民委、北京市政府在人民大会堂联合举办“首都各民族人士迎新春茶话会”。全国人大副委员长乌云其木格出席并讲话，全国政协副主席、中央统战部部长刘延东主持茶话会。白立忱、李兆焯副主席，民族和宗教委员会主任钮茂生，副主任江家福、李晋有、陈广元、金日光等出席茶话会。

港澳台侨委员会主任郭东坡接受《人民政协报》记者专题采访，就委员会如何更好地发挥港澳委员作用、更加广泛地联系和团结海外侨胞以及开展专题调研和加强信息工作等方面的问题回答了记者提问。

港澳台侨委员会与全国人大华侨委员会、国务院侨办、中国致公党中央、中国侨联在人民大会堂联合举办 2004 年侨界新春茶话会。国务委员唐家璇出席会议并讲话。全国人大常委会副委员长王兆国、何鲁丽，王忠禹、罗豪才、周铁农副主席，副秘书长齐续春、孙怀山、范西成，港澳台侨委员会副主任王永海、李赣骝、何添发、张伟超、张道诚、俞晓松出席会议。港澳台侨委员会主任郭东坡主持会议。

15 日

罗豪才副主席到北京新东方学校和中关村科技园区归国留学生创业园考察，对新东方学校建校十周年取得的成就表示祝贺，同时祝愿科技园区的归国留学生创业园越办越好，并向学校全体师生和创业园区的科技专业人士致以节日问候。港澳台侨委员会主任郭东坡，副主任张道诚陪同考察。

民族和宗教委员会与中央统战部、国家宗教事务局在中央统战部礼堂联合举办“宗教界人士迎春茶话会”。民族和宗教委员会主任钮茂生主持会议，中央统战部副部长朱维群讲话，五大宗教代表人士致词。贾庆林主席，王忠禹常务副主席在中国剧院出席军民迎新春文艺晚会。

教科文卫体委员会与中国音乐家协会、中共北京市委宣传部、北京市文化局在北京航天城共同举办慰问航天城新春音乐会——航天之歌。张思卿、周铁农副主席，教科文卫体委员会副主任翟泰丰、于友先、傅庚辰出席此项活动，北京市委常委、宣传部长蔡赴朝，北京市政协副主席张和平及解放军总装备部副政委李栋恒等陪同。音乐会上，演出了由翟泰丰和傅庚辰共同创作的音乐套曲“航天之歌”。

16 日

赵喜明副秘书长代表机关党组和郑万通秘书长，对政协机关享受政府特殊津贴和早期回国定居的专家们进行集中团拜，向他们致以节日慰问和祝贺。

机关举行春节团拜会，贾庆林主席出席并讲话。他指出，十届政协在开局之年，以修改政协章程为契机，认真总结经验，充分发扬民主，积极推进政协工作的制度化、规范化和程序化；提案、视察、专题调研、反映社情民意、促进祖国统一和海外联谊以及对外友好交往等各项工作都稳步推进。希望政协机关在新的一年里继续深入学习贯彻“三个代表”重要思想，学习胡锦涛总书记在全国政协新年茶话会上的重要讲话，发扬优良传统，加强自身建设，为人民政协事业的发展，为全面建设小康社会做出新的贡献。郑万通秘书长致辞，赵喜明副秘书长主持团拜会。王忠禹、刘延东、张思卿、白立忱、周铁农、郝建秀、张怀西、李蒙副主席出席团拜会，李昌鉴、齐续春、孙怀山、傅志煌、范西成副秘书长，机关干部职工和离退休老干部共 1000 余人参加。机关干部职工自编自演了文艺节目。

17 日

中共中央在中南海召开党外人士迎春座谈会，邀请各民主党派中央、全国工商联的负责人和无党派代表人士共商国是、畅叙友情、喜迎新春。中共中央总书记、国家主席胡锦涛代表中共中央、国务院，向各民主党派、工商联和无党派的同志们致新春祝福。中共中央政治局常委、全国政协主席贾庆林主持座谈会。民革中央主席何鲁丽、民盟中央常务副主席张梅颖、民建中央主席成思危、民进中央主席许嘉璐、农工党中央主席蒋正华、致公党中央主席罗豪才、九三学社中央主席韩启德、台盟中央主席张克辉、全国工商联主席黄孟复、无党派代表人士阿沛·阿旺晋美、民建中央名誉主席孙起孟、九三学社中央名誉主席吴阶平先后发言。胡锦涛在听取发言后发表重要讲话。刘延东、周铁农、王选、张怀西、李蒙副主席，王光英、孙孚凌、万国权、经叔平、王文元同志以及各民主党派中央、全国工商联有关负责人出席会议。

18 日

提案委员会走访北京市政协，对北京市政协过去一年来与全国政协在提案工作中的良好协作和给予的大力支持表示感谢。傅杰主任，傅志煌副秘书长参加。北京市政协主席程世峨、副主席黄承祥参加座谈。

范西成副秘书长主持召开各民主党派中央、全国工商联大会发言工作协调会，研究落实郑万通秘书长在政协十届二次会议秘书处第一次会议上的讲话。会议通报了政协十届二次会议有关准备情况，各民主党派中央和全国工商联介绍了为大会发言所作的准备工作和下一步工作部署。

19 日

港澳台侨委员会与中共中央台湾事务办公室等七家单位在人民大会堂共同举办纪念江泽民同志《为促进祖国统一大业的完成而继续奋斗》重要讲话发表九周年座谈会。贾庆林主席，刘延东、张克辉、周铁农、黄孟复、张怀西、李蒙副主席，港澳台侨委员会主任郭东坡，齐续春副秘书长，港澳台侨委员会副主任王永海、刘亦铭、李赣骝、张伟超、张道诚、俞晓松等出席座谈会。

20 日

中共中央、国务院在人民大会堂举行 2004 年春节团拜会。贾庆林主席，王忠禹、廖晖、刘延东、李贵鲜、张思卿、白立忱、罗豪才、张克辉、周铁农、阿不来提·阿不都热西提、徐匡迪、黄孟复、王选、李蒙副主席，谷牧、任建新、宋健、钱正英、孙孚凌、朱光亚、万国权、陈锦华、经叔平、王文元同志和郑万通秘书长及部分副秘书长出席团拜会。

30日

全国政协在京常委专题座谈会在政协会议楼举行。主要议题:阅读并讨论《政府工作报告(征求意见稿)》。

人口资源环境委员会在政协机关召开“加强我国湿地保护座谈会”。张思卿副主席出席会议并讲话。温克刚副主任主持会议,江泽慧副主任,索丽生、张新时常委和北京市政协副主席朱相远等发言。

2月

1日

王忠禹副主席,钱正英、万国权同志,傅志煌副秘书长在人民大会堂出席电视文献纪录片《邓颖超》首映式。

阿不来提·阿不都热西提副主席在北京国际饭店出席中国伊斯兰教协会举行的古尔邦节招待会。

2日

徐匡迪副主席在中国科技会堂听取国家中长期科学与技术规划有关制造业专题汇报。

民族和宗教委员会召开主任扩大会议,研究中国宗教界和平委员会换届有关事宜。钮茂生主任主持会议,刘柏年、江家福、李晋有、陈广元、金日光、黄璜副主任及各宗教团体负责人出席会议。

3日

徐匡迪副主席陪同国务委员陈至立视察钢铁研究总院、有色金属研究总院、中石化石油化工科学研究院等科研院所。

4日

贾庆林主席在政协礼堂会见法国经社理事会主席戴尔马涅一行,并积极评价中法关系,表示中国全国政协、中国经济社会研究会愿意进一步发展与法国经社理事会的友好合作关系。郑万通秘书长、李昌鉴副秘书长会见时在座。戴尔马涅一行是应全国人大经济和财政委员会邀请访华的。

王忠禹副主席在政协机关与法国经社理事会主席戴尔马涅举行会谈。宾主双方就增进中国经济社会研究会与法国经社理事会的交流与合作以及经社理事会及类似组织国际协会的工作交换了意见。社会和法制委员会主任李其炎,副秘书长李昌鉴参加会谈。

刘延东副主席,万国权、经叔平同志,郑万通秘书长,李昌鉴、孙怀山、傅志煌副秘书长在政协礼堂出席周恩来邓颖超研究中心举办的“永恒的妈妈——纪念邓颖超同志诞辰100周年文艺晚会”。

港澳台侨委员会在中协宾馆召开在京全体委员会议,讨论通过2003年委员会工作总结,并对2004年工作计划提出意见和建议。郭东坡主任,王巨禄副秘书长,王永海、刘亦铭、李赣骝、张伟超、张道诚、俞晓松副主任出席会议。

5日

张克辉副主席在人民大会堂接见台湾大学生访京团一行。

贾庆林主席,王忠禹、廖晖、刘延东、罗豪才、陈奎元、徐匡迪副主席出席中共中央在人民大会堂举办的元宵节联欢晚会。

6日

社会和法制委员会召开主任会议,研究本年度专题调研工作。李其炎主任主持会议,王建伦、刘家琛、肖建章、赵登举、萧灼基副主任出席会议。

文史资料委员会副主任李仁臣赴天津出席“天津文史资料创刊百辑座谈会”,并代表全国政协文史资料委员会向天津市政协文史资料委员会表示祝贺。

7日

徐匡迪副主席在海南省博鳌出席中国工业经济联合会主席团第二次会议并讲话。

9日

全国社会主义学院工作会议在京召开。中共中央政治局常委、全国政协主席贾庆林会见会议代表。全国人大常委会副委员长、民革中央主席、中央社会主义学院院长何鲁丽代表各民主党派中央、全国工商联、无党派人士和中央社会主义学院向工作会议的召开表示祝贺。全国政协副主席、中央统战部部长刘延东发表讲话。齐续春副秘书长,各省、自治区、直辖市及副省级市党委统战部和社会主义学院的有关负责人,各民主党派中央、全国工商联负责人,无党派人士代表和中央国家机关有关部门负责人共100多人出席会议。

徐匡迪副主席在中国科技会堂会见来访的国际能源署前任总裁Robert Priddle先生,就中国能源可持续发展战略及相关政策、立法等问题交换意见。

王忠禹副主席在政协机关听取关于“国际人口与发展论坛”筹备情况的汇报,并就如何开好此次论坛作出重要指示。郑万通秘书长,人口资源环境委员会主任陈邦柱、副主任张洽,外事委员会副主任张国祥,副秘书长李昌鉴、范西成参加。国家人口和计划生育委员会副主任潘贵玉,国家人口和计划生育委员会副主任赵白鸽汇报有关情况。该论坛将由人口资源环境委员会、外事委员会与国家人口和计划生育委员会于今年9月联合主办。

张克辉副主席在台盟中央会见台湾《海峡评论》杂志社访京团一行12人,并在政协礼堂宴请访京团一行。港澳台侨委员会副主任、台盟中央副主席刘亦铭,台盟中央副主席李敏宽,港澳台侨委员会副主任李赣骝等出席此项活动。

10日

中共中央办公厅、全国政协办公厅、中央文献研究室在人民大会堂以中共中央名义举行纪念邓颖超同志诞辰100周年座谈会。中共中央政治局常委、全国政协主席贾庆林主持会议。中共中央总书记、国家主席胡锦涛发表重要讲话。王忠禹副主席,全国人大常委会副秘书长王云龙,中央文献研究室主任滕文生,全国妇联副主席黄晴宜和天津市政协主席宋平顺分别发言。中共中央政治局常委、国家副主席曾庆红,王兆国、刘云山、周永康、贺国强、王刚、宋平、何勇、李铁映、何鲁丽、丁石孙、蒋正华、顾秀莲、唐家璇、刘延东、罗豪才等党和国家领导人,陈慕华、彭珮云同志,郑万通秘书长,在京部分全国政协常委、委员,各民主党派中央、全国工商联负责人,中央和国家机关有关部门、人民团体以及天津市负责人,邓颖超同志的亲属和生前身边工作人员等近300人出席座谈会。

港澳台侨委员会在深圳召开京外委员会议,总结去年工作,研究今年工作计划,重点听取港澳委员对港台工作的意见和建议。郭东坡主任主持会议,厉有为、张廷翰、张道诚、胡应湘、郭荣昌、廖泽云副主任,王巨禄副秘书长和部分港澳委员、京外委员出席会议。

11日

王忠禹副主席、郑万通秘书长约请政协十届二次会议秘书处总务组组长、财政部副部长廖晓军,政协十届二次会议秘书处总务组组长、卫生部副部长马晓伟,“两会”警卫组组长、公安部警卫局局长董福元,在政协机关研究政协十届二次会议有关筹备工作。廖晓军、马晓伟、董福元分别汇报了政协十届二次会议经费安排、防控“非典”和高致病性禽流感以及安全保卫方面的准备工作,并对可能发生的问题进行了研究、分析。孙怀山、傅志煌副秘书长和总务组有关负责人参加。

罗豪才副主席在广东暨南大学调研,并就“如何做好新形势下的侨务工作”与研究华侨华人的专家座谈。港澳台侨委员会主任郭东坡、副主任郭荣昌及国务院侨办副主任刘泽彭随同调研。

人口资源环境委员会主任陈邦柱，副秘书长李昌鉴在政协机关与九届全国政协委员、中国发展研究院院长艾丰等研究开展“保护长江万里行”活动事宜。张克辉副主席在人民大会堂出席由全国台联主办的“海峡两岸青年学生交流恳谈联谊会”。

12日

中共中央政治局召开常委会议，讨论修改《中国人民政治协商会议章程》为第二项内容。中共中央政治局常委、全国政协主席贾庆林出席。全国政协副主席王忠禹、秘书长郑万通列席会议。

全国政协办公厅召开与有关部委联谊座谈会，向有关部委办公厅负责人通报2003年委员视察情况，并就2004年委员视察选题交换意见。赵喜明副秘书长出席并讲话。

人口资源环境委员会副主任张洽在政协机关与新疆维吾尔自治区政协人口资源环境委员会专职副主任罗建基一行就加强工作联系进行座谈。

教科文卫体委员会就北京市部属高等院校离退休人员工资待遇问题召开座谈会。李蒙副主席出席会议，陈文博委员主持会议，教科文卫体委员会部分委员及一些高校的专家学者参加会议。

外事委员会在政协机关召开全体会议，研究外委会2003年度工作总结。刘剑锋主任主持会议，王淑贤、李北海、杨正泉、张国祥、周可仁、原嵩副主任和外委会部分委员出席会议。

13日

王忠禹副主席在政协机关听取关于反映社情民意信息工作情况汇报，并对进一步做好信息工作发表意见。他指出，做好下一步的信息工作，首先，要提高认识，从为中央和政协领导服务、为政协委员服务、为政协各参加单位和地方政协服务的高度进一步认识信息工作的重要性；第二，要扩大信息来源，提高信息质量，注重提炼和深化信息中有参考价值的内容；第三，要加强信息队伍建设，不断提高信息工作人员素质；第四，要加强领导，办公厅要经常指导并支持信息工作，在人力、财力等方面对信息工作给予支持。郑万通秘书长，李昌鉴副秘书长，办公厅研究室主任卞晋平对做好信息工作提出具体要求。

15日至23日

应贾庆林主席邀请，哥伦比亚参议长赫尔曼·巴尔加斯一行10人访华。其间，全国人大常委会委员长吴邦国会见代表团；全国政协主席贾庆林会见并宴请代表团。秘书长郑万通，副秘书长李昌鉴，外交部副部长周文重，外事委员会副主任原嵩，港澳台侨委员会副主任俞晓松等分别参加上述活动。原嵩副主任到机场迎送并陪同代表团访问北京、西安和上海。

16日

人口资源环境委员会在政协机关召开第七次主任(扩大)会议，研究2004年专题调研计划，通报“国际人口与发展论坛”筹备情况，讨论修改委员会大会发言稿。陈邦柱主任主持，叶青、刘成果、李伟雄、张洽、张人为、张宝明、张榕明、温克刚副主任，范西成副秘书长，汪纪戎、索丽生委员出席会议。

“国际人口与发展论坛”第二次筹备工作会议在政协机关召开，研究论坛新闻发布及宣传工作。会议决定成立组委会办公室。人口资源环境委员会副主任李伟雄、张洽、张榕明，外事委员会副主任张国祥出席会议。国家人口和计划生育委员会副主任赵白鸽主持会议。

16日至25日

应泰国国会和缅甸政府邀请，罗豪才副主席率中国国际交流协会代表团赴泰国和缅甸进行友好访问。中联部副部长马文普到机场送行。

17日

政协十届二次会议秘书处新闻组邀请人民日报社、新华社、中央电视台、人民政协报社、中国政协杂志社负责人及有关编辑记者召开座谈会,介绍政协十届二次会议宣传报道工作筹备情况。副秘书长、"两会"新闻报道组组长李昌鉴、陈洪,办公厅研究室主任卞晋平出席座谈会。

提案委员会与致公党中央在政协机关联合召开"推进中心城市交通行政管理体制改革研讨会",就致公党中央拟提交的相关提案,听取国家主管部门有关负责人和专家学者意见。阿不来提·阿不都热西提副主席出席会议。提案委员会主任傅杰主持会议,杨振杰、倪豪梅副主任,傅志煌副秘书长,致公党中央副主席杜宜瑾、吴明熹,部分全国政协委员,国家发展和改革委员会、公安部、建设部、交通部和中央编制委员会办公室以及北京、上海、重庆、武汉主管城市交通部门的负责人,有关专家学者,部分新闻单位记者参加会议。

18日

贾庆林主席在人民大会堂会见罗马尼亚众议长多尔内亚努。宾主双方就双边关系和共同关心的问题交换了意见。王忠禹副主席,李昌鉴副秘书长等参加会见。多尔内亚努议长是应全国人大邀请访华的。

郑万通秘书长主持召开政协十届二次会议秘书处第三次会议,听取秘书处各组关于大会筹备工作情况的汇报。大会副秘书长王巨禄、赵喜明、齐续春、孙怀山、陈洪、傅志煌、范西成、张国祥,办公厅研究室主任卞晋平出席会议。会议强调,一、严格把关,确保不出任何政治性错误;二、在全面做好各项筹备工作的同时,要切实抓好重点环节、重点部位的重要工作;三、要切实做好安全保卫和卫生防疫工作;四、增强紧迫感,注重协调与配合;五、根据各自工作实际,制定倒计时工作日程表。

19日

徐匡迪副主席在北京航空航天大学出席国家中长期科学和技术发展规划"月球探测工程(二、三期)"重大专项论证会议。

全国政协办公厅反映社情民意信息工作座谈会在政协机关召开。会议传达了王忠禹副主席、郑万通秘书长近期作出的进一步做好政协信息工作的指示,回顾了十届政协开局以来开展反映社情民意信息工作的情况。李昌鉴副秘书长出席会议并对做好信息工作提出要求。办公厅研究室主任卞晋平主持会议。各民主党派中央、全国工商联信息工作部门负责人及机关各专门委员会办公室和有关局室负责人出席会议。

20日

贾庆林主席在政协机关常委会议楼第九会议室主持召开政协第十届全国委员会第十次主席会议。主要议题:一、审议政协第十届全国委员会第二次会议各次全体会议执行主席和主持人名单(草案);二、听取政协第十届全国委员会第二次会议和常务委员会第四次会议筹备工作情况的汇报。王忠禹、刘延东、李贵鲜、张思卿、白立忱、张克辉、周铁农、郝建秀、陈奎元、阿不来提·阿不都热西提、李兆焯、黄孟复、李蒙副主席,郑万通秘书长出席会议。大会副秘书长王巨禄、赵喜明、李昌鉴、吴明熹、张梅颖、齐续春、孙怀山、李敏宽、陈洪、陈明德、傅志煌、范西成、刘民复、陈宗兴、陈抗甫、张龙之、张国祥、王东明,各专门委员会负责人刘仲藜、陈邦柱、刘忠德、刘剑锋、杨振杰、赵登举、李晋有、张道诚、刘济民,办公厅研究室主任卞晋平等列席会议。

人口资源环境委员会主任陈邦柱与天津市政协副主席曹秀荣、王家瑜就天津市滨海新区发展问题进行座谈。郑万通秘书长，王巨禄副秘书长出席座谈会。

22日

杨成武同志遗体送别仪式在八宝山革命公墓大礼堂举行。贾庆林主席，李瑞环同志，王忠禹、刘延东、白立忱、陈奎元副主席，谷牧、任建新、宋健、钱正英、孙孚凌、朱光亚同志，郑万通秘书长，赵喜明副秘书长参加送别仪式。

23日

中共中央政治局召开会议，讨论《政府工作报告》稿和修改《中国人民政治协商会议章程》部分内容。中共中央总书记胡锦涛主持会议。中共中央政治局常委、全国政协主席贾庆林出席会议。全国政协副主席王忠禹，秘书长郑万通列席会议。

23日至25日

人口资源环境委员会主任陈邦柱在四川省广安邓小平同志故居参加"人民政协林"选址工作。

24日

全国政协部分女委员在政协机关与波兰议会妇女小组代表团座谈。外事委员会副主任王淑贤主持会议，社会和法制委员会副主任王建伦等出席会议。

经济委员会在政协机关召开第10次主任会议，审议各专题组调研计划，审议经济委员会拟提交政协十届二次会议题为《当前非公有制经济进一步发展亟待解决的几个问题》的大会发言稿，审议沿黄河地区全面建设小康专题组《建立统一协调体系，充分发挥人工影响天气工程的增雨防灾作用》调研报告。陈耀邦副主任主持会议，厉以宁、叶连松、刘立清、刘永好、刘廷焕、陈耀先、段应碧、洪绂曾、程安东副主任，范西成副秘书长出席会议。

社会和法制委员会"收入分配体制改革"专题组在政协机关召开会议，听取民政部、劳动和社会保障部同志介绍相关情况。萧灼基副主任主持会议。

外事委员会副主任张国祥在政协机关与新疆维吾尔自治区政协副主席蒋珊、自治区政协港澳台侨联络委员会副主任高新梅座谈，就加强相互协作进行交流。

贾庆林主席在人民大会堂会见波兰参议院副议长达涅拉克率领的波兰议会妇女小组代表团。全国妇联副主席黄晴宜，副秘书长李昌鉴参加会见。该团是应全国妇联邀请访华的。

马万祺副主席为2008年奥运会场馆"国家游泳中心"捐赠1000万元港币。

徐匡迪副主席在钓鱼台国宾馆会见英国BP集团执行董事兼首席财务官高拜伦博士。双方就世界能源格局以及中国能源所面临的挑战与对策进行交谈。

25日

王忠禹副主席出席政协十届二次会议秘书处召开新闻宣传工作协调会并发表讲话。郑万通秘书长主持会议并对大会宣传工作提出具体要求。王巨禄、李昌鉴、陈洪副秘书长，办公厅研究室主任卞晋平出席会议。

社会和法制委员会"收入分配体制改革"专题组在政协机关召开会议，听取全国总工会和中国社会科学院有关专家介绍情况。王建伦、萧灼基副主任等出席会议。

港澳台侨委员会主任郭东坡在机关与新疆维吾尔自治区政协副主席蒋珊交流政协工作。

李兆焯副主席在人民大会堂出席最高人民法院和司法部联合召开的全国人民调解工作座谈会。

26日

郑万通秘书长主持召开政协十届二次会议大会发言工作协调会，研究部署大会发言工作。王忠禹副主席出席并讲话。范西成副秘书长汇报了大会发言工作进展情况。各民主党派中央、全国工商联、有关人民团体负责人朱培康、王佐书、陈宗兴、洪绂曾、李敏宽、徐德明、赵勇、赵少华，全国政协有关专门委员会负责人厉以宁、杨魁孚、徐善衍、萧灼基、李晋有出席会议并介绍了大会发言选题内容。王巨禄、李昌鉴、陈洪、傅志煌副秘书长出席会议。

27日

政协十届全国委员会常务委员会第四次会议开幕会在政协常委会议厅举行。贾庆林主席主持会议。会议的主要议题是：一、审议通过政协第十届全国委员会常务委员会第四次会议议程；二、审议通过关于召开政协第十届全国委员会第二次会议的决定；三、听取关于政协第十届全国委员会常务委员会工作报告（草案）起草情况的说明；四、听取关于政协第十届全国委员会常务委员会关于政协十届一次会议以来提案工作情况的报告（草案）起草情况的说明；五、听取关于中国人民政治协商会议章程修正案（草案）的说明；六、听取关于政协第十届全国委员会第二次会议议程、日程（草案）的说明。王忠禹、廖晖、刘延东、阿沛·阿旺晋美、李贵鲜、张思卿、马万祺、白立忱、罗豪才、张克辉、周铁农、郝建秀、陈奎元、阿不来提·阿不都热西提、徐匡迪、李兆焯、黄孟复、张怀西、李蒙副主席，郑万通秘书长和常委共275人出席会议。省级地方政协主席，全国政协副秘书长、各专门委员会负责人和办公厅研究室主任列席会议。

开幕会后，王忠禹副主席主持召开政协第十届全国委员会常务委员会第四次会议小组召集人会议。

政协第十届全国委员会常务委员会第四次会议举行第二次全体会议。贾庆林主席出席会议。黄孟复副主席主持会议。主要议题：听取专门委员会负责人关于本委员会2003年度工作情况的汇报。刘仲藜、陈邦柱、刘忠德、李其炎、钮茂生、郭东坡、刘剑锋常委，刘济民委员分别代表各专门委员会报告工作。王忠禹、李贵鲜、张思卿、马万祺、白立忱、罗豪才、张克辉、周铁农、郝建秀、陈奎元、阿不来提·阿不都热西提、李兆焯、李蒙副主席，郑万通秘书长和常委共257人出席会议。省级地方政协主席，全国政协副秘书长、各专门委员会负责人和政协办公厅研究室主任列席会议。

全国政协和中央统战部在政协礼堂共同宴请出席政协十届四次常委会议的港澳地区常委。贾庆林主席，王忠禹、廖晖、刘延东、张克辉副主席，郑万通秘书长，王巨禄副秘书长，中央统战部黄跃金副部长出席宴会。

28日

政协第十届全国委员会常务委员会第四次会议举行分组讨论会，主要内容为讨论常委会工作报告（草案）和提案工作情况的报告（草案）。贾庆林主席，王忠禹、张思卿、白立忱、罗豪才、张克辉、周铁农、陈奎元、阿不来提·阿不都热西提、徐匡迪、李兆焯、李蒙副主席分别到各组参加讨论。

政协第十届全国委员会常务委员会第四次会议继续举行分组讨论会，主要内容为讨论政协章程修正案（草案）。王忠禹、李贵鲜、张思卿、罗豪才、张克辉、陈奎元、阿不来提·阿不都热西提、徐匡迪、李兆焯、李蒙副主席分别到各组参加讨论。

29日

贾庆林主席在政协会议楼第九会议室主持召开政协第十届全国委员会第十一次主席会议。主要议题：听取郑万通秘书长关于第四次常委会议各小组讨论情况的综合汇报。王忠禹、刘延东、李贵鲜、张思卿、马万祺、白立忱、罗豪才、张克辉、周铁农、郝建秀、陈奎元、阿不来提·阿不都热西提、徐匡迪、李兆焯、李蒙副主席出席会议。各小组召集人张发强、朱培康、俞泽猷、张榕明、蔡睿贤、陈宗兴、邹哲开、金开诚、程世峨，政协十届二次会议副秘书长王巨禄、赵喜明、李昌鉴、吴明熹、张梅颖、齐续春、孙怀山、李敏宽、陈洪、陈明德、范西成、朱维群、刘民复、陈抗甫、王东明，专委会负责人傅杰、刘仲藜、陈邦柱、刘忠德、李其炎、钮茂生、郭东坡、刘剑锋、邓成城，办公厅研究室主任卞晋平等列席会议。

政协第十届全国委员会常务委员会第四次会议举行分组讨论会，主要内容为讨论提交会议审议的各项文件草案。王忠禹、张思卿、周铁农、阿不来提·阿不都热西提、李蒙副主席到各组参加讨论会。

政协十届全国委员会常务委员会第四次会议闭幕会在政协会议楼常委会议厅举行。王忠禹副主席主持会议。主要议题：一、听取各小组讨论情况的综合汇报；二、通过政协第十届全国委员会第二次会议议程(草案)和日程；三、通过政协第十届全国委员会常务委员会工作报告；四、通过政协第十届全国委员会常务委员会关于政协十届一次会议以来提案工作情况的报告；五、通过中国人民政治协商会议章程修正案(草案)。贾庆林主席，刘延东、李贵鲜、张思卿、马万祺、白立忱、罗豪才、张克辉、周铁农、郝建秀、陈奎元、阿不来提·阿不都热西提、徐匡迪、李兆焯、李蒙副主席，郑万通秘书长和常委共272人出席会议。省级地方政协主席，全国政协副秘书长、各专门委员会负责人和办公厅研究室主任列席会议。

3月

1日

政协第十届全国委员会常务委员会第二次学习讲座在政协常务会议厅举行。中共中央委员，中国航天科技集团公司党组书记、总经理张庆伟作《我国航天技术发展的现状》报告。贾庆林主席主持，王忠禹、刘延东、李贵鲜、张思卿、白立忱、罗豪才、张克辉、周铁皮、郝建秀、阿不来提·阿不都热西提、徐匡迪、李兆焯、李蒙副主席，郑万通秘书长，参加政协十届四次常委会议的常委，各省、自治区、直辖市、副省级市政协主席，全国政协副秘书长、各专门委员会负责人和办公厅研究室主任出席报告会。

全国政协副主席、国务院港澳办主任廖晖主持召开关于"两会"期间做好港澳特区全国人大代表和全国政协委员工作协调会。

文史资料委员会在政协机关召开第五次主任会议，讨论文史资料委员会2004年工作设想(征求意见稿)，研究"全国暨地方政协文史委员会主任会议方案(草案)"。刘济民副主任主持会议，邓成城、刘枫、李仁臣、吴福、金开诚、龚心瀚、崔占福副主任，陈洪副秘书长出席会议。

2日

政协十届二次会议在人民大会堂举行新闻发布会，新闻发言人张国祥向中外记者发布会议情况并回答中外记者的提问。近400位中外记者出席会议。

提案委员会召开第五次全体会议，讨论通过《政协第十届全国委员会第二次会议提案工作方案》。傅杰主任主持会议，杨振杰、宋宝瑞、张工、张岳琦、郑社奎、范宝俊、俞泽猷、贾军、倪豪梅副主任，傅志煌副秘书长出席会议。

3日

中共全国人大常委会党组和中共全国政协党组在人民大会堂召开"两会"中共党员负责人会议，胡锦涛总书记作重要讲话。中共全国政协党组成员、政协十届二次会议秘书处党员负责人、各专门委员会主任、45个委员小组的中共党员负责人及各省、自治区、直辖市政协党组负责人参加会议。

中央统战部向出席政协十届二次会议的全国性宗教团体负责人传达全国宗教工作座谈会精神。

政协第十届全国委员会第二次会议开

幕会在人民大会堂举行。王忠禹副主席主持会议,贾庆林主席代表政协第十届全国委员会常务委员会作工作报告,李蒙副主席受政协第十届全国委员会常务委员会委托作关于政协十届一次会议以来提案工作情况的报告。廖晖、刘延东、阿沛·阿旺晋美、帕巴拉·格列朗杰、李贵鲜、张思卿、丁光训、马万祺、白立忱、罗豪才、张克辉、周铁农、郝建秀、陈奎元、阿不来提·阿不都热西提、徐匡迪、李兆焯、黄孟复、张怀西副主席,郑万通秘书长和委员共2103人出席会议。党和国家领导人胡锦涛、江泽民、吴邦国、温家宝、曾庆红、黄菊、吴官正、李长春、罗干等在主席台就座。在主席台就座的还有王乐泉、王兆国、回良玉、刘淇、刘云山、吴仪、张立昌、张德江、周永康、俞正声、贺国强、郭伯雄、曹刚川、曾培炎、王刚、刘华清、徐才厚、何勇、李铁映、司马义·艾买提、何鲁丽、丁石孙、成思危、许嘉璐、蒋正华、顾秀莲、热地、盛华仁、路甬祥、乌云其木格、韩启德、傅铁山、唐家璇、华建敏、陈至立、肖扬、贾春旺等。中共中央、国务院32个部门的负责人应邀列席会议。各国驻华使节应邀旁听会议。

18名海外侨胞应邀列席政协十届二次会议。会议期间,王忠禹、罗豪才副主席,港澳台侨委员会主任郭东坡分别会见并宴请列席会议的海外侨胞。

政协十届二次会议委员小组召集人会议在政协常委会议厅举行。王忠禹副主席作重要讲话,陈奎元、徐匡迪副主席,郑万通秘书长,各委员小组召集人出席会议。

4日

政协十届二次会议分组讨论政协第十届全国委员会常务委员会工作报告和政协第十届全国委员会常务委员会关于政协十届一次会议以来提案工作情况的报告。

中共中央总书记、国家主席胡锦涛,中共中央政治局常委、全国政协主席贾庆林到华润饭店看望民建、工商联组委员并参加联组讨论,听取委员们的意见和建议。胡锦涛总书记发表重要讲话。全国政协副主席王忠禹、刘延东、黄孟复,秘书长郑万通,副秘书长王巨禄陪同参加会议。全国人大常委会副委员长成思危、中央统战部副部长胡德平参加委员小组讨论会。中央政研室主任王沪宁、中央办公厅副主任令计划随同参加会议。

中共中央政治局常委、全国人大常委会委员长吴邦国到中协宾馆看望无党派组委员,参加小组讨论会,听取委员们的意见、建议,并发表重要讲话。全国政协副主席罗豪才,副秘书长赵喜明陪同参加讨论会。中央统战部副部长陈喜庆参加讨论会。

中共中央政治局常委、国务院总理温家宝到铁道大厦看望经济、农业组委员,参加联组讨论,听取委员们的意见、建议,并发表重要讲话。全国政协副主席李贵鲜、白立忱,副秘书长范西成陪同参加讨论会。国务院副秘书长徐绍史、发展改革委副主任刘江、财政部部长金人庆、劳动保障部部长郑斯林、农业部副部长张宝文、人民银行行长周小川、国资委主任李荣融、国研室主任魏礼群、银监会主席刘明康、证监会主席尚福林、保监会主席吴定富随同参加讨论会。

中共中央政治局常委、国家副主席曾庆红到华润饭店看望农工、九三组委员,参加联组讨论会,听取委员们的意见、建议,并发表重要讲话。全国政协副主席徐匡迪、李蒙,副秘书长陈洪陪同参加讨论会。全国人大常委会副委员长蒋正华、韩启德,中央统战部副部长楼志豪参加讨论会。中央政研室副主任何毅亭随同参加讨论会。

中共中央政治局常委、国务院副总理黄菊到京丰宾馆看望总工会、福利保障组委员,参加联组讨论,听取委员们的意见、建议,并发表重要讲话。全国政协副主席郝建秀、阿不来提·阿不都热西提,副秘书长孙怀山陪同参加讨论会。国务院副秘书长尤权、发展改革委副主任朱之鑫、民政部部长李学举、财政部副部长肖捷、劳动保障部副部长刘永富、人民银行副行长吴晓灵、国资委副主任李毅中、国研室副主任侯云春随同参加讨论会。

中共中央政治局常委吴官正到二十一世纪饭店看望社科组委员并参加小组讨论,听取委员们的意见、建议,并发表重要讲话。全国政协副主席陈奎元,办公厅研究室主任卞晋平陪同参加讨论会。

中共中央政治局常委李长春到京丰宾馆看望新闻出版、对外友好组委员,参加联组讨论,听取委员们的意见、建议,并发表重要讲话。全国政协副主席张克辉、李兆焯,副秘书长傅志煌陪同参加讨论会。中宣部常务副部长吉炳轩、中央外宣办主任赵启正、新闻出版总署署长石宗源随同参加讨论会。

中共中央政治局常委罗干到大观园酒店看望教育、体育组委员,参加联组讨论,听取委员们的意见、建议,并发表重要讲话。全国政协副主席张思卿、周铁农,副秘书长齐续春陪同参加讨论会。教育部部长周济、国家体育总局副局长李志坚参加讨论会。

5日

十届全国人大第二次会议在人民大会堂举行开幕会。温家宝总理作政府工作报告。贾庆林主席,王忠禹、廖晖、刘延东、帕巴拉·格列朗杰、李贵鲜、张思卿、丁光训、马万祺、白立忱、罗豪才、张克辉、周铁农、郝建秀、陈奎元、阿不来提·阿不都热西提、徐匡迪、李兆焯、黄孟复、张怀西、李蒙副主席,郑万通秘书长应邀在主席台就座。全体委员列席人大会议。

政协十届二次会议分组讨论政府工作报告。

政协十届二次会议秘书处召开会议研究确定委员大会发言问题。王忠禹副主席出席会议并讲话。郑万通秘书长主持会议,王巨禄、赵喜明、李昌鉴、齐续春、孙怀山、陈洪、傅志煌、范西成副秘书长,办公厅研究室主任卞晋平出席会议。

6日

十届全国人大二次会议在人民大会堂举行第二次全体会议。主要内容:一、听取国家发展和改革委员会主任马凯作国务院关于2003年国民经济和社会发展计划执行情况与2004年国民经济和社会发展计划草案的报告;二、听取财政部部长金人庆作国务院关于2003年中央和地方预算执行情况及2004年中央和地方预算草案的报告。贾庆林主席,王忠禹、刘延东、李贵鲜、张思卿、丁光训、马万祺、白立忱、罗豪才、张克辉、周铁农、郝建秀、陈奎元、阿不来提·阿不都热西提、徐匡迪、李兆焯、黄孟复、李蒙副主席,郑万通秘书长应邀在主席台就坐,全体委员列席人大会议。

中共中央政治局常委、全国政协主席贾庆林在政协礼堂看望香港、澳门委员,参加联组讨论,听取委员们的意见和建议,并发表重要讲话。王忠禹、刘延东、马万祺副主席,郑万通秘书长,王巨禄、傅志煌副秘书长,港澳台侨委员会主任郭东坡陪同参加会议。国务院港澳办副主任陈佐洱、建设部副部长黄卫参加讨论。中央统战部副部长梁金泉随同参加会议。

政协十届二次会议分组讨论政府工作报告、计划报告和预算报告。

提案委员会就敦煌莫高窟保护、利用设施建设的提案,在政协机关召开追踪办理协商座谈会。傅杰主任主持会议,杨振杰、张工副主任,甘肃省政协主席仲兆隆,部分全国政协委员及国家发展和改革委员会、国家文物局、国家旅游局、甘肃省政府有关部门负责人出席会议。

全国政协书画界委员在政协机关举行“全国政协十届二次会议委员书画联谊会”。贾庆林主席出席联谊会并与委员亲切交谈。张思卿副主席,郑万通秘书长,赵喜明、孙怀山副秘书长,办公厅研究室主任卞晋平和全国政协书画界委员及部分全国人大代表共100余人出席联会。

7日

中共中央总书记、国家主席胡锦涛,中共中央政治局常委、全国政协主席贾庆林到友谊宾馆看望致公、侨联组委员并参加联组讨论,听取委员们的意见和建议。胡锦涛总书记发表重要讲话。全国政协副主席王忠禹、刘延东、罗豪才,秘书长郑万通,副秘书长王巨禄、傅志煌、港澳台侨委员会主任郭东坡陪同参加联组讨论会。中共中央统战部副部长梁金泉、国务院侨办主任陈玉杰、中国侨联主席林兆枢、商务部副部长张志刚、国务院侨办副主任许又声参加讨论会。中共中央办公厅副主任令计划随同参加会议。

中共中央政治局委员、中央军委副主席曹刚川到京丰宾馆看望特邀组(军队)委员,听取联组讨论并讲话。全国政协副秘书长孙怀山陪同会议。国防科工委副主任张维民、民政部副部长罗平飞参加讨论。总参谋长助理范长龙、总政治部副主任张树田、总后勤部副部长孙志强、总装备部副部长张诗明、军委办公厅副主任曹育民随同参加会议。

全国人大常委会副委员长、全国妇联主席顾秀莲到二十一世纪饭店看望妇女组委员,听取联组讨论并讲话。全国妇联党组书记、副主席黄晴宜,公安部政治部主任孙明山参加讨论会。全国妇联副主席、书记处书记陈秀榕随同参加讨论会。

国务委员陈至立到大观园酒店看望教育组委员,听取联组讨论并讲话。全国政协副秘书长赵喜明陪同参加讨论会。教育部部长周济、国务院参事室副主任陈鹤良、国务院副秘书长陈进玉随同参加讨论会。

政协十届二次会议举行小组或联组会,讨论政府工作报告,中共中央、国务院47个部门和有关人民团体负责人分别参加17个联组和11个小组的讨论会,听取委员们的意见、建议。

政协十届二次会议在人民大会堂举行“振兴东北地区等老工业基地”记者招待会。王国发、王涛志、兰云升、萧灼基委员,辽宁省政协主席郭廷标回答中外记者提问。李昌鉴、陈洪副秘书长出席招待会。200多位记者到会采访。

政协十届二次会议第二次全体会议在人民大会堂举行。贾庆林主席出席会议,刘延东副主席主持会议。主要议题:一、听取郑万通秘书长关于中国人民政治协商会议章程修正案(草案)的说明;二、委员大会发言。宋林飞、张卓元、袁隆平、陈耀先、任文燕、厉以宁、段永基、王少阶、张大宁、曾钰成、牛文元委员先后作大会发言。王忠禹、帕巴拉·格列朗杰、李贵鲜、张思卿、丁光训、马万祺、白立忱、罗豪才、张克辉、周铁农、郝建秀、陈奎元、阿不来提·阿不都热西提、徐匡迪、李兆焯、黄孟复、李蒙副主席和委员共1797人出席大会。中共中央政治局委员、国务院副总理曾培炎,以及中共中央和国务院21个部门的负责同志应邀列席大会。

8日

政协十届二次会议第三次全体会议在人民大会堂举行。贾庆林主席出席会议,张克辉副主席主持会议。严隽琪、卢强、文家庭、栾恩杰、徐善衍、俞汝勤、赵光华、舒乙、李伟雄、方廷钰、江泽慧、洪绂曾、刘民复委员先后作大会发言。王忠禹、帕巴拉·格列朗杰、李贵鲜、张思卿、丁光训、马万祺、白立忱、罗豪才、周铁农、郝建秀、陈奎元、阿不来提·阿不都热西提、徐匡迪、李兆焯、黄孟复、李蒙副主席,郑万通秘书长和委员共1649人出席大会。中共中央政治局委员、书记处书记刘云山,国务委员陈至立,以及国务院14个部门的负责同志应邀列席大会。

十届全国人大第二次会议在人民大会堂举行第三次全体会议,听取全国人大常委会副委员长王兆国关于中华人民共和国宪法修正案(草案)的说明。贾庆林主席,王忠禹、刘延东、李贵鲜、张思卿、丁光训、马万祺、白立忱、罗豪才、张克辉、周铁农、郝建秀、陈奎元、阿不来提·阿不都热西提、徐匡迪、李兆焯、黄孟复、李蒙副主席,郑万通秘书长应邀在主席台就座,全体委员列席会议。

民族和宗教委员会召开全体会议,总结委员会2003年度委员参政议政情况,表彰先进个人;讨论通过委员会2004年度工作计划。黄璜副主任主持会议,钮茂生主任,巴桑、邓福村、刘柏年、江家福、克尤木·巴吾东、李晋有、杨同祥、肖作福、陈广元、金日光、香根·巴登多吉、夏日副主任出席会议。

9日

中共中央政治局常委、全国政协主席贾庆林到京丰宾馆参加科协、科技联组讨论会,听取意见和建议并发表重要讲话。全国政协副主席王忠禹、陈奎元、徐匡迪,秘书长郑万通,副秘书长王巨禄、傅志煌,办公厅研究室主任卞晋平陪同参加会议。中国科协副主席张玉台,科技部副部长马颂德,信息产业部副部长娄勤俭,国家知识产权局副局长张勤列席会议。

中共中央政治局委员、国务院副总理吴仪到二十一世纪饭店看望医卫组委员,听取联组讨论并讲话。全国政协副秘书长齐续春陪同参加会议。卫生部副部长王陇德、马晓伟,国务院副秘书长徐绍史随同列席会议。

政协十届二次会议举行小组或联组讨论会,就宪法修正案草案提出意见和建议。

提案委员会就“关于推进城乡经济社会协调发展问题”,在政协机关召开提案协商办理座谈会。李兆焯、李蒙副主席出席会议,傅杰主任主持会议,朱培康、宋宝瑞、张岳琦、郑社奎、范宝俊副主任,提案委员会部分委员,民盟中央、民建中央、民进中央、九三学社中央有关负责人,相关提案人,国家发展和改革委员会副主任朱之鑫以及劳动和社会保障部、国土资源部、建设部、农业部有关负责人参加会议。

政协十届二次会议在人民大会堂举行“大力发展和积极引导非公有制经济”记者招待会。王玉锁、厉以宁、孙安民、刘家琛、杨崇春委员回答中外记者提问。李昌鉴、陈洪副秘书长出席招待会,近200位记者到会采访。

外事委员会副主任张国祥在政协机关会见美国佐治亚州公益法人东西方联盟日本分部事务局长长谷部治孝和顾问冈本康男,就日方向北京2008年奥运会捐赠希腊女神雕像复制品有关事宜进行商谈。

政协十届二次会议第四次全体会议在人民大会堂举行。贾庆林主席出席会议,李贵鲜副主席主持会议。张俊九、孙继业、萧灼基、莫文秀、王瑞璞、左焕琛、赵勇、李晋有、李金明、吴建民、张绪明、陈杰、廖泽云委员先后作大会发言。王忠禹、帕巴拉·格列朗杰、张思卿、丁光训、马万祺、白立忱、罗豪才、张克辉、周铁农、郝建秀、陈奎元、阿不来提·阿不都热西提、徐匡迪、李兆焯、黄孟复、李蒙副主席,郑万通秘书长和委员共1618人出席会议。中共中央政治局委员、国务委员周永康,以及中共中央和国务院15个部门的负责人应邀列席会议。

全国政协办公厅和中共中央统战部在钓鱼台国宾馆共同宴请出席政协十届二次

会议的香港、澳门特别行政区委员。贾庆林主席参加宴会,王忠禹副主席致词,中共中央统战部部长、全国政协副主席刘延东主持此项活动。马万祺、罗豪才、张克辉、徐匡迪、黄孟复副主席,郑万通秘书长,部分副秘书长参加宴会。国务委员唐家璇,中央人民政府驻香港、驻澳门联络办公室,国务院有关部委以及有关人民团体负责人应邀参加宴会。

提案委员会在政协机关召开分组会议,听取提案组各业务组对提案审查情况的汇报并进行讨论。傅杰主任,朱培康、杨振杰、宋宝瑞、张工、郑社奎、范宝俊、俞泽猷、贾军、倪豪梅副主任,傅志煌副秘书长出席会议。

10日

贾庆林主席在人民大会堂出席中央人口资源环境工作座谈会。人口资源环境委员会主任陈邦柱参加会议。

国务委员陈至立到大观园酒店看观文艺界委员,参加联组讨论会并讲话。文化部部长孙家正随同参加会议。

政协十届二次会议分组讨论政协章程修正案草案。

提案委员会在政协机关就"关于以就业为导向促进高教改革和发展问题",召开提案协商办理座谈会。罗豪才、徐匡迪副主席出席会议。杨振杰副主任主持会议。傅杰主任,张工、俞泽猷、贾军、倪豪梅副主任,傅志煌副秘书长,部分提案委员会委员,民盟中央副主席卢强,人事部副部长侯建良参加会议。

政协十届二次会议在人民大会堂举行记者集体采访。余渐富、胡成中、张文中、王玉锁等四位委员就"打造中国的'物流航母'——光彩大市场"接受中外记者采访。

十届全国人大第二次会议在人民大会堂举行第四次全体会议。主要内容:一、听取全国人大常委会委员长吴邦国作全国人民代表大会常务委员会工作报告;二、听取最高人民法院院长肖扬作最高人民法院工作报告;三、听取最高人民检察院检察长贾春旺作最高人民检察院工作报告。贾庆林主席,王忠禹、刘延东、帕巴拉·格列朗杰、李贵鲜、张思卿、丁光训、马万祺、白立忱、罗豪才、张克辉、周铁农、郝建秀、陈奎元、阿不来提·阿不都热西提、徐匡迪、李兆焯、黄孟复、李蒙副主席,郑万通秘书长应邀在主席台就座,全体委员列席会议。

提案委员会在机关召开第六次全体会议,讨论通过《政协十届二次会议提案审查情况的报告(草案)》。傅杰主任主持会议,杨振杰、宋宝瑞、张工、张岳琦、郑社奎、范宝俊、俞泽猷、贾军、倪豪梅副主任,傅志煌副秘书长出席会议。

11日

贾庆林主席在政协会议楼第九会议室主持召开政协第十届全国委员会第十二次主席会议。主要议题:一、听取郑万通秘书长作关于政协十届二次会议情况的综合汇报;二、审议政协第十届全国委员会第二次会议政治决议(草案);三、审议政协第十届全国委员会第二次会议关于常务委员会工作报告的决议(草案);四、审议政协第十届全国委员会第二次会议关于政协十届一次会议以来提案工作情况报告的决议(草案);五、审议政协第十届全国委员会第二次会议关于中国人民政治协商会议章程修正案的决议(草案);六、审议政协第十届全国委员会提案委员会关于政协十届二次会议提案审查情况的报告(草案)。王忠禹、刘延东、帕巴拉·格列朗杰、李贵鲜、张思卿、丁光训、马万祺、白立忱、罗豪才、张克辉、周铁农、郝建秀、陈奎元、阿不来提·阿不都热西提、徐匡迪、李兆焯、黄孟复、李蒙副主席出席会议。政协十届二次会议副秘书长王巨禄、赵喜明、李昌鉴、吴明熹、张梅颖、孙怀山、李敏宽、陈洪、陈明德、傅志煌、范西成、朱维群、刘民复、陈抗甫、张龙之、张国祥、王东明、黄跃金,专委会负责人傅杰、刘仲藜、陈邦柱、翟泰丰、李其炎、陈广元、郭东坡、刘剑锋、刘济民,办公厅研究室主任卞晋平列席会议。

政协十届二次会议分组讨论各项决议草案和"两高"报告。最高人民法院副院长黄松有、江必新,最高人民检察院副检察长邱学强、胡克惠、赵登举、赵虹、王振川,中纪委驻最高人民检察院纪检组组长叶青纯,以及"两高"有关部门负责人共23人应邀列席16个委员小组讨论会。

政协第十届全国委员会常务委员会第五次会议在政协常委会议厅举行。贾庆林主席主持会议。主要议题:一、听取郑万通秘书长作关于政协十届二次会议情况的综合汇报;二、通过政协第十届全国委员会第二次会议关于常务委员会工作报告的决议(草案);三、通过政协第十届全国委员会第二次会议关于政协十届一次会议以来提案工作情况报告的决议(草案);四、通过政协第十届全国委员会第二次会议关于中国人民政治协商会议章程修正案的决议(草案);五、通过政协第十届全国委员会第二次会议政治决议(草案);六、审议通过政协第十届全国委员会提案委员会关于政协十届二次会议提案审查情况的报告(草案)。王忠禹、刘延东、帕巴拉·格列朗杰、李贵鲜、张思卿、丁光训、马万祺、白立忱、罗豪才、张克辉、周铁农、郝建秀、陈奎元、阿不来提·阿不都热西提、徐匡迪、李兆焯、黄孟复、李蒙副主席和常委共298人出席会议。全国政协副秘书长、各专门委员会负责人、办公厅研究室主任和各省、自治区、直辖市、副省级市政协主席列席会议。

政协十届二次会议分组讨论政协工作。

全国政协办公厅在政协礼堂设便宴招待出席政协十届二次会议的各省、自治区、直辖市、副省级市政协主席。贾庆林主席出席宴会。郑万通秘书长致辞。王忠禹、刘延东、帕巴拉·格列朗杰、李贵鲜、张思卿、白立忱、罗豪才、张克辉、周铁农、陈奎元、阿不来提·阿不都热西提、徐匡迪、李兆焯、黄孟复、李蒙副主席,地方政协主席,曾任地方政协主席的委员,全国政协部分副秘书长、办公厅研究室主任参加宴会。

12日

王忠禹副主席主持召开新闻工作协调会,约请中央主要新闻单位负责人,研究部署政协第十届全国委员会第二次会议闭幕后的宣传报道工作。郑万通秘书长,李昌鉴、陈洪副秘书长,办公厅研究室主任卞晋平出席会议。

孙中山先生逝世79周年纪念仪式在中山公园中山堂举行。周铁农副主席主持纪念仪式,白立忱副主席代表政协全国委员会向孙中山先生像敬献花篮。张思卿、罗豪才、张克辉、李蒙副主席,孙孚凌、万国权、经叔平同志,齐续春、傅志煌、刘民复副秘书长参加了此项活动。

经济委员会召开"东北老工业基地的振兴和改造"专题组座谈会,邀请东北三省及副省级市政协负责人就东北老工业基地改造的重点和思路,及全国政协经济委员会与有关省市政协合作开展调研工作交换意见。邵奇惠、叶连松副主任,范西成副秘书长,辽宁、吉林、黑龙江省和沈阳、长春、哈尔滨、大连市政协负责人出席会议。

政协第十届全国委员会第二次会议闭幕会在人民大会堂举行。贾庆林主席主持会议。主要议题:一、通过政协第十届全国委员会第二次会议关于常务委员会工作报告的决议;二、通过政协第十届全国委员会第二次会议关于政协十届一次会议以来提案工作情况报告的决议;三、通过政协第十届全国委员会第二次会议关于中国人民政治协商会议章程修正案的决议;四、通过政协第十届全国委员会第二次会议政治决议；五、通过政协第十届全国委员会提案委员会关于政协十届二次会议提案审查情况的报告。王忠禹、廖晖、刘延东、阿沛·阿旺晋美、帕巴拉·格列朗杰、李贵鲜、张思卿、丁光训、霍英东、马万祺、白立忱、罗豪才、张克辉、周铁农、郝建秀、陈奎元、阿不来提·阿不都热西提、徐匡迪、李兆焯、黄孟复、王选、张怀西、李蒙副主席，郑万通秘书长和委员共2000人出席会议。党和国家领导人胡锦涛、江泽民、吴邦国、温家宝、曾庆红、黄菊、吴官正、李长春、罗干等在主席台就座。出席闭幕会的领导同志还有刘华清、王乐泉、王兆国、回良玉、刘淇、刘云山、吴仪、张立昌、张德江、陈良宇、周永康、俞正声、贺国强、郭伯雄、曹刚川、曾培炎、王刚、徐才厚、何勇、李铁映、司马义·艾买提、何鲁丽、丁石孙、成思危、许嘉璐、蒋正华、顾秀莲、热地、盛华仁、路甬祥、乌云其木格、韩启德、傅铁山、唐家璇、华建敏、陈至立、肖扬、贾春旺等。中共中央、国务院有关部门负责人应邀列席会议。各国驻华使节应邀旁听闭幕会。

全国政协社会和法制委员会与全国人大常委会法制工作委员会在人民大会堂举行纪念香港基本法颁布十四周年座谈会。全国人大常委会副委员长王兆国、盛华仁，国务委员唐家璇，廖晖、刘延东副主席，社会和法制委员会主任李其炎和部分委员，以及部分香港人大代表和政协委员出席会议。

中国宗教界和平委员会第二届委员会第一次会议在京召开预备会议，审议通过此次会议主席团主席、副主席、秘书长、副秘书长名单和会议议程及选举办法等。全国政协副主席、中国宗教界和平委员会第一届委员会主席丁光训出席会议。民族和宗教委员会副主任、中国伊斯兰教协会会长、中国宗教界和平委员会第一届委员会副主席陈广元主持会议。民族和宗教委员会主任钮茂生出席并就有关议题作说明，邓福村、刘柏年、香根·巴登多吉副主任，齐续春副秘书长出席会议。

13日

中国宗教界和平委员会第二届委员会第一次会议开幕会在政协礼堂举行。王忠禹副主席出席并讲话。全国政协副主席、中共中央统战部部长刘延东出席会议。全国政协副主席、会议主席团主席丁光训发表讲话。郑万通秘书长，民族和宗教委员会主任钮茂生，齐续春副秘书长，中央统战部副部长朱维群，国家宗教事务局局长叶小文，民政部副部长李立国和有关人士应邀出席会议。会议主席团副主席圣辉作《中国宗教界和平委员会第一届委员会工作报告》。会议主席团副主席、中国伊斯兰教协会会长、全国政协民族和宗教委员会副主任陈广元主持会议。中国宗教界和平委员会第二届委员会委员共80人出席会议。

以特奥多罗·伦·阿罗亚韦为团长的墨西哥新闻代表团到人民政协报社参观考察。该团是应中华全国新闻工作者协会邀请访华的。

14日

中国宗教界和平委员会第二届委员会第一次会议在北京友谊宾馆举行全体会议，听取会议主席团副主席陈广元作关于《中国宗教界和平委员会章程修正案》(草案)和中国宗教界和平委员会第二届委员会主席、副主席和秘书长建议人选名单的说明。全国政协副主席、会议主席团主席丁光训，民族和宗教委员会主任钮茂生出席会议。会议主席团副主席、中国基督教“三自”爱国运动委员会主席季剑虹主持会议。

十届全国人大第二次会议在人民大会堂举行闭幕会。贾庆林主席，王忠禹、廖晖、刘延东、李贵鲜、张思卿、白立忱、罗豪才、张克辉、周铁农、郝建秀、陈奎元、阿不来提·阿不都热西提、徐匡迪、李兆焯、黄孟复、李蒙副主席，郑万通秘书长应邀在主席台就座。

中国宗教界和平委员会二届一次会议主席团主席丁光训主持召开“中宗和”二届一次会议主席团会议，听取对“中宗和”章程修正案（草案）和“中宗和”第二届委员会主席、副主席、秘书长建议人选名单的分组讨论情况汇报。民族和宗教委员会主任钮茂生参加会议。

15日

贾庆林主席，刘延东、李贵鲜、白立忱、陈奎元副主席，杨汝岱、钱正英、孙孚凌、胡启立同志前往八宝山革命公墓为段君毅同志送别。

中国宗教界和平委员会二届一次会议在北京友谊宾馆举行全体会议，原则通过《中国宗教界和平委员会章程》（修正案草案），一致选举全国政协副主席、中国基督教“三自”爱国运动委员会名誉主席、中国基督教协会名誉会长、“中宗和”第一届委员会主席丁光训主教为“中宗和”第二届委员会主席，一致通过“中宗和”第二届委员会副主席、秘书长建议人选名单，选举出11位副主席、1位秘书长。会议决定聘请全国人大常委会副委员长、中国天主教爱国会主席傅铁山主教和全国政协副主席、中国佛教协会名誉会长帕巴拉·格列朗杰活佛为“中宗和”名誉主席。“中宗和”二届一次会议主席团副主席刘柏年主持会议。民族和宗教委员会主任钮茂生，齐续春副秘书长出席会议。

中国宗教界和平委员会第二届委员会举行第一次主席会议。全国政协副主席、“中宗和”第二届委员会主席丁光训主持会议。会议根据丁光训的建议，决定由“中宗和”第二届委员会副主席圣辉主持“中宗和”日常工作。会议还决定了“中宗和”第二届委员会四名副秘书长人选。

中共中央政治局常委、全国政协主席贾庆林在政协礼堂接见出席中国宗教界和平委员会二届一次会议的全体委员，与委员合影留念并发表重要讲话。全国人大常委会副委员长傅铁山，全国政协副主席王忠禹，全国政协副主席、中共中央统战部部长刘延东，全国政协副主席、中国宗教界和平委员会主席丁光训，全国政协秘书长郑万通，民族和宗教委员会主任钮茂生，国家宗教事务管理局局长叶小文，民政部副部长李立国等参加会见。

中国宗教界和平委员会二届一次会议在政协礼堂举行闭幕会。全国人大常委会副委员长、中国天主教爱国会主席傅铁山，全国政协副主席、中共中央统战部部长刘延东，全国政协副主席、“中宗和”主席丁光训出席会议并发表讲话。郑万通秘书长，齐续春副秘书长，民政部副部长李立国出席会议。民族和宗教委员会主任钮茂生，国家宗教事务管理局局长叶小文出席会议并致词。“中宗和”副主席、中国道教协会副会长张继禹主持会议。

16日

徐匡迪副主席在京会见来华访问的戴姆勒·克莱斯勒公司副总裁英纳克博士。宾主双方就汽车工业的发展、清洁能源的应用和相关技术标准等问题交换意见。英纳克博士是应中国工业经济联合会邀请访华的。

外事委员会在政协机关召开主任会议，研究2004年外事委员会工作计划。刘剑锋主任主持会议，万永祥、马振岗、王淑贤、李北海、杨正泉、陈昊苏、张国祥、武韬、周可仁、原泰副主任出席会议。

17日

王忠禹副主席在政协机关主持召开2004年工作座谈会。主要议题：一、郑万通秘书长汇报办公厅本年度若干重要活动安排计划；二、各专门委员会汇报本年度工作要点；三、赵喜明副秘书长汇报办公厅本年度委员视察计划；四、研究讨论政协十届常委会第六次会议议题。王巨禄、李昌鉴、齐续春、孙怀山、陈洪、傅志煌、范西成副秘书长，各专门委员会负责人傅杰、陈邦柱、李其炎、钮茂生、郭东坡、刘剑锋、陈耀邦、翟泰丰、刘济民出席会议。

17日至4月2日

以经济委员会副主任程安东为组长的“沿黄河地区小康建设”专题组一行12人赴山东、河南、陕西、山西进行调研。民族和宗教委员会副主任黄璜参加了此项活动。

18日

全国政协十届二次会议提案交办会在常委会议厅召开。王忠禹副主席出席并讲话。国家发展和改革委员会办公厅主任师荣耀介绍本部门网上办理提案管理系统。提案委员会主任傅杰主持会议。郑万通秘书长，中共中央办公厅副主任樊士晋，国务院副秘书长焦焕成，国家发展和改革委员会有关负责人宋晓梧，教育部部长助理郑树山，财政部部长助理张少春，王巨禄、孙怀山、傅志煌副秘书长，提案委员会副主任杨振杰、宋宝瑞、张工、张岳琦、郑社奎、范宝俊、俞泽猷、倪豪梅，人口资源环境委员会副主任张洽，教科文卫体委员会副主任傅庚辰，社会和法制委员会副主任肖建章，民族和宗教委员会副主任李晋有，港澳台侨委员会副主任张道诚，外事委员会副主任李北海，文史资料委员会副主任李济民，以及116个在京提案承办单位有关负责人出席会议。

19日

提案委员会召开第七次全体会议研究重点提案题目。傅杰主任主持会议并传达3月17日召开的2004年工作座谈会会议精神。杨振杰、宋宝瑞、张工、张岳琦、郑社奎、倪豪梅副主任出席会议。

人口资源环境委员会副主任张洽在政协机关主持召开“世界水日”座谈会。水利部有关部门负责人介绍了建设节水型社会的工作情况。王东、王光谦、李慈君常委，中国气象局局长秦大河及部分委员就“‘三农’与水利”、“开发利用空中水资源”、“加强地下水保护”、“重视农村饮用水安全”等问题发言。范西成副秘书长出席会议。

贾庆林主席在政协会议楼第九会议室主持召开政协第十届全国委员会第十三次主席会议。主要议题：贯彻政协十届二次会议精神，研究和部署2004年工作。会议建议政协十届常委会第六次会议把坚持以人为本、树立和落实科学发展观作为主要议题，要求政协各参加单位、各专门委员会和政协委员，围绕这个主要议题，选择若干专题，深入调查研究，积极建言献策。会议责成办公厅加强对委员视察和专题调研工作的统筹协调。王忠禹、刘延东、李贵鲜、张思卿、白立忱、罗豪才、张克辉、周铁农、郝建秀、陈奎元、阿不来提·阿不都热西提、徐匡迪、李兆焯、张怀西、李蒙副主席，郑万通秘书长出席会议。各专委会负责人傅杰、陈耀邦、张洽、翟泰丰、李其炎、钮茂生、郭东坡、刘剑锋、刘济民分别汇报本委员会2004年度工作要点，赵喜明副秘书长汇报办公厅关于本年度委员视察计划。王巨禄、李昌鉴、吴明熹、齐续春、孙怀山、李敏宽、陈洪、傅志煌、范西成、刘民复、陈宗兴、陈抗甫副秘书长列席会议。

罗豪才副主席在京会见西班牙人民党助理国际书记马丁内斯一行。

20日

刘延东、罗豪才、张克辉副主席在政协礼堂出席电影《台湾往事》新闻发布会。作为影片的原著编剧，张克辉副主席在讲话中希望这部影片能增进两岸同胞的相互了解，使骨肉亲情更加深厚，"让回家的路不再遥远"。

21日

徐匡迪副主席在钓鱼台国宾馆出席"中国发展高层论坛"，并作题为"合理利用资源，走新兴工业化道路"的演讲。

21日至23日

阿不来提·阿不都热西提副主席在河北省保定、石家庄等地考察当地经济社会发展情况，并参观西柏坡。人口资源环境委员会副主任张洽陪同考察。

21日至30日

以人口资源环境委员会副主任江泽慧、陈洲其为组长的"石漠化防治"专题组赴广西调研。

22日

贾庆林主席在人民大会堂会见西班牙驻华大使艾利赛。李昌鉴副秘书长、外事委员会副主任原焘出席会见。

徐匡迪副主席在京出席中国可持续发展油气资源战略研究专题会议。

22日至4月5日

应欧盟经社委员会邀请，社会和法制委员会副主任王建伦率中国经济社会研究会代表团一行8人前往法国、比利时、卢森堡和德国就"结构调整与再就业"课题进行考察。陈洪副秘书长参加考察。

23日

港澳台侨委员会主任郭东坡在政协礼堂会见应国务院侨办邀请来访的日本新华侨华人会访问团一行30人，张道诚副主任出席会见。

文史资料委员会在政协机关召开全体会议，传达贯彻政协第十届全国委员会第十三次主席会议精神，讨论委员会2004年度工作安排。刘济民副主任主持会议，邓成城、金开诚、崔占福副主任等出席会议。

王忠禹副主席在政协机关主持会议，研究政协闭会期间如何发挥委员特别是京外委员作用问题。郑万通秘书长，王巨禄、赵喜明、李昌鉴、孙怀山、傅志煌副秘书长以及办公厅有关局室负责人出席会议。

张克辉副主席在人民大会堂出席国家主席胡锦涛为欢迎密克罗尼西亚联邦总统约瑟夫·乌鲁塞马尔访华举行的欢迎仪式和欢迎晚宴。

24日

经济委员会金融体制改革和金融安全专题组召开会议，研究近期工作安排。会议决定，4月初分别邀请国家开发银行、中国进出口银行和中国农业发展银行介绍各自体制改革和金融风险控制的有关情况。刘廷焕、陈耀先副主任等出席会议。

港澳台侨委员会主任郭东坡在政协机关会见美国百人会成员柯约瑟先生一行4人。

港澳台侨委员会副主任王永海在政协机关会见台湾客人萧政之先生，就台湾"选举"后形势交换意见。

25日

港澳台侨委员会在政协机关召开在京主任会议，学习胡锦涛总书记、贾庆林主席关于港澳台侨工作的重要讲话，传达主席会议、专委会主任会议和提案交办会精神，并结合今年工作、近期形势进行讨论。郭东坡主任主持会议，王永海、刘亦铭、李赣骝、张伟超、张道诚、俞晓松副主任出席会议。

港澳台侨委员会主任郭东坡在政协机关会见并宴请西班牙爱儿协会工作访问团一行5人。

由全国政协常委何鸿燊和全国政协委员廖泽云、崔世昌倡议，并得到澳门特别行政区行政长官何厚铧和立法会主席曹其真支持，以澳门特别行政区全国政协委员、人大代表为主的澳门工商界人士40人，通过中央人民政府驻澳门特别行政区联络办公室向"北京市港澳台侨同胞共建北京奥运场馆委员会”捐赠1400万澳元。

25日至28日

中共中央政治局常委、全国政协主席贾庆林在江西省委书记孟建柱、省长黄智权、省政协主席钟起煌的陪同下，先后赴赣州、南昌等地，就学习贯彻“两会”精神、树立和落实科学发展观、进一步做好统一战线和人民政协工作进行调查研究。经济委员会副主任陈耀邦、人口资源环境委员会副主任陈洲其，范西成副秘书长和中共中央统战部副部长黄跃金陪同考察。

26日

全国政协副主席、京昆室主任王选主持召开京昆室第三次主任扩大会议，传达胡锦涛、温家宝、李长春、陈至立等中央领导同志对抢救和保护昆曲工作的批示精神，听取整理出版昆曲曲谱工作进展情况的汇报，研究确定召开整理出版昆曲曲谱新闻发布会、第二次编委会以及2004年对重点京剧院团专题调研计划等工作。京昆室顾问万国权，副主任张国祥、李世济、叶少兰以及部分京昆室成员参加会议。

第11次“六台”联席会议在台盟中央召开。会议就2004年台湾“总统”选举情况分析、选后岛内政局演变分析及台湾当局大陆政策研判和我因应对策等进行座谈。全国政协副主席、台盟中央主席张克辉，全国政协副主席、民革中央常务副主席周铁农，全国政协港澳台侨委员会主任郭东坡，中央统战部副部长梁金泉，国台办副主任王在希、孙亚夫，民革中央副主席李赣骝、刘民复，台盟中央常务副主席林文漪、副主席刘亦铭，全国台联副会长陈贵州、陈杰等出席会议。台盟中央副主席李敏宽主持会议。

港澳台侨委员会主任郭东坡在政协机关会见荷兰中国商会会长胡志光先生。

26日至29日

应全国政协外事委员会和中国经济社会研究会的邀请，以鹤健市会长为团长的日本社会教育团体碧波会代表团一行50人访问北京。其间，周铁农副主席在政协机关会见并宴请代表团，外事委员会副主任张国祥、原le及部分委员参加了此项活动。

28日

黄孟复副主席在南京出席国家外国专家局、江苏省政府和南京市政府共同举办的“2004年中国国际人才交流大会”并致开幕词。

29日

徐匡迪副主席在京出席“全球纺织经济论坛”并致词。

30日

罗豪才副主席赴海南省出席第八届世界海南乡团联谊大会开幕会。港澳台侨委员会主任郭东坡、副主任陈玉益，李昌鉴副秘书长出席会议。

社会和法制委员会“农村进城务工人员权益保护”专题组在政协机关召开会议，请全国总工会有关负责人介绍情况。李奇生副主任主持会议。

外事委员会在政协机关召开全体会议，传达专委会主任会议精神，并讨论外委会2004年工作计划。刘剑锋主任主持会议，马振岗、王淑贤、张国祥、周可仁和原le副主任出席会议。

徐匡迪副主席在京会见德国泰克奇公司首席执行官卓文卡·豪尔女士，就将于今年11月在德国汉堡举办的“汉堡峰会——中国与欧洲相会”以及相关主题交换意见。

30日至4月7日

应全国政协邀请，以越南祖国阵线中央委员会秘书长黄担为团长的祖国阵线代表团一行10人访华。其间，贾庆林主席在人民大会堂会见，郑万通秘书长、外交部副部长王毅、外事委员会副主任李北海以及越南驻华大使陈文律出席会见；郑万通秘书长在政协机关与黄担秘书长会谈，并为代表团举行欢迎宴会，民族和宗教委员会副主任李晋有、港澳台侨委员会副主任张伟超、外事委员会副主任李北海以及越南驻华大使陈文律参加此项活动。外事委员会副主任李北海陪同代表团访问了北京、西安、广州和深圳。

31日

社会和法制委员会"农村进城务工人员权益保护"专题组在政协机关召开会议，邀请劳动和社会保障部有关负责人介绍情况。李奇生副主任主持会议。

中国宗教界和平委员会召开秘书长办公会议，研究中国宗教界和平委员会2004年工作计划。民族和宗教委员会主任钮茂生，副秘书长齐续春出席会议。

贾庆林主席在军事博物馆参观国防科工委主办的"中国民用工业企业技术与产品参与国防建设展览"。经济委员会主任刘仲藜，教科文卫体委员会副主任蔡睿贤，王巨禄副秘书长陪同参观。

王忠禹副主席在政协礼堂会见阿尔巴尼亚外交部长伊斯拉米。赵喜明副秘书长等陪同会见。伊斯拉米一行是应外交部长李肇星邀请访华的。

白立忱副主席在政协礼堂会见阿富汗文化和信息部部长拉希姆为团长的阿富汗政府文化代表团。该团是应文化部邀请访华的。

4月

1日

人口资源环境委员会召开第八次主任会议，传达第十三次主席会议精神，并结合第六次常委会议议题研究该专委会调研工作。陈邦柱主任主持会议，刘成果、李伟雄、杨魁孚、张洽、张人为、张宝明、张榕明、陈洲其、温克刚副主任出席会议。

社会和法制委员会"农村进城务工人员权益保护"专题组在政协机关召开会议，邀请农业部有关负责人介绍情况。李奇生副主任主持会议。

外事委员会主任刘剑锋，副主任马振岗、张国祥在政协机关研究"21世纪论坛"2005年会议筹备工作。

2日

罗豪才副主席在北京大学法学院出席"中国宪政之路"理论研讨会。

郑万通秘书长主持召开政协第十届全国委员会第十四次秘书长办公会议。主要议题：一、研究政协十届二次会议秘书处工作总结；二、协调2004年度全国政协委员视察、各专门委员会调研活动；三、研究办公厅关于十届全国人大二次会议代表建议和全国政协十届二次会议委员提案的承办工作；四、研究中国经济社会研究会换届后秘书处设置等有关问题；五、研究第六次常委会议筹备工作。王巨禄、赵喜明、齐续春、孙怀山、傅志煌、范西成副秘书长，办公厅研究室和各局级单位有关负责人出席会议。

提案委员会召开第六次主任会议，传达第十三次主席会议精神，讨论《提案委员会2004年度工作要点》(稿)。傅杰主任主持会议，朱培康、杨振杰、宋宝瑞、张工、张岳琦、郑社奎、范宝俊、俞泽猷、贾军、倪豪梅副主任出席会议。

经济委员会副主任吴敬琏主持召开"十一五"规划专题组会议，邀请国家发改委规划司负责人介绍"十一五"规划编制工作思路和前期工作情况。与会委员在讨论中认为，应加强对社会主义市场经济条件下规划的性质、任务、内容和编制方法的研究，重视"十五"计划中期评估所反映出来的问题，提高"十一五"规划的权威性和有效性。阿不来提·阿不都热西提副主席，刘仲藜主任，刘立清、段应碧副主任等出席会议。

经济委员会与资本市场研究会在深圳举办“上市公司股权流动的法律问题”座谈会，研究上市公司一股独大、政府干预过多等问题。陈耀先副主任出席会议。

教科文卫体委员会召开主任会议，传达第十三次主席会议精神，讨论通过教科文卫体委员会2004年度工作计划和围绕第六次常委会议议题开展调研有关问题。刘忠德主任主持会议，于友先、杨伟光、宋金升、徐善衍、覃志刚、傅庚辰、翟泰丰、蔡睿贤副主任出席会议。

社会和法制委员会“农村进城务工人员权益保护”专题组在政协机关召开会议，邀请公安部、建设部和卫生部有关负责人介绍情况。周铁农副主席，李奇生副主任等出席会议。

罗豪才副主席在政协礼堂会见并宴请泰国“泰华进出口商会青年企业家访华团”。该团是应国务院侨办邀请来华访问的。港澳台侨委员会主任郭东坡等陪同会见。

徐匡迪副主席在中国科技会堂会见法国威立雅水务公司北中国区董事总经理罗荣汉先生一行。

3日

罗豪才副主席在清华大学出席《中华人民共和国紧急状态法》立法研讨会。

罗豪才副主席在钓鱼台国宾馆会见美国安良工商会代表团。港澳台侨委员会主任郭东坡、致公党中央常务副主席杜宜瑾等陪同会见。

4日

李蒙副主席在陕西省黄陵县出席甲申年清明公祭轩辕黄帝典礼活动。范西成副秘书长参加。

5日

经济委员会副主任陈耀邦在政协机关主持召开“统筹城乡发展”专题组会议，邀请国家发改委、农业部有关负责人介绍目前我国城乡协调发展中存在的问题和矛盾、解决问题的思路及采取的相关措施。阿不来提·阿不都热西提副主席，洪绂曾副主任，陈明德副秘书长等出席会议。

罗豪才副主席在钓鱼台国宾馆会见莫桑比克总统希萨诺，中共中央统战部副部长梁金泉陪同会见。

5日至9日

应美国夏威夷州政府商务、经济发展及旅游部负责人理查德·巴哈尔邀请，以傅志煌副秘书长为团长，外事委员会办公室主任王胜洪、中央民族大学副校长艾比布拉为副团长，由我国56个民族共63名青少年组成的“中华文化教育交流团”访问美国夏威夷。

6日

经济委员会金融体制改革和金融安全专题组在政协机关召开会议，分别听取中国农业发展银行行长何林祥、国家开发银行副行长姚中民介绍农发行和开发行的基本情况、问题、风险状况以及今后的改革思路。李贵鲜副主席，石万鹏、刘立清、刘廷焕、陈耀先、陈耀邦、段应碧、洪绂曾副主任，范西成副秘书长等出席会议。

罗豪才、周铁农副主席在中山公园出席“在全球化视野下的中华文化”研讨会开幕式。

王选副主席在政协机关主持召开会议，听取文化部有关负责人关于我国京剧院团发展现状的情况介绍并进行座谈。京昆室顾问万国权，副主任张国祥、叶少兰、叶朗，部分京昆室成员及政协委员出席会议。

经济委员会副主任陈耀邦在政协机关主持召开“统筹城乡发展”专题组会议，国务院研究室、中央财经领导小组办公室有关负责人就统筹城乡经济社会发展问题作情况介绍。阿不来提·阿不都热西提副主席，洪绂曾副主任出席会议。

社会和法制委员会副主任李奇生在政协机关主持召开“农村进城务工人员权益保护”专题组会议，邀请教育部、国家人口和计划生育委员会以及全国妇联有关负责人就相关问题介绍情况。

港澳台侨委员会主任郭东坡在政协机关会见并宴请南美华侨华人访问团一行15人，王永海副主任等陪同会见。该团由中国侨联邀请，成员均为侨居南美的台胞，团长雷滨及夫人曾应港澳台侨委员会邀请来京参加国庆活动。

罗豪才副主席在北京饭店会见泰国华侨崇圣大学校长许树镇。

提案委员会召开第八次全体会议，传达第十三次主席会议精神，讨论《提案委员会2004年度工作要点》(稿)。傅杰主任主持会议，朱培康、杨振杰、宋宝瑞、张工、张岳琦、倪豪梅副主任等出席会议。

人口资源环境委员会主任陈邦柱、副主任张洽在政协机关与湖南省政协人口资源环境委员会主任陈本洪一行就进一步加强工作联系与合作进行座谈。

7日

办公厅召开政协第十届全国委员会第六次常委会议筹备工作会，研究第六次常委会议工作方案。王忠禹副主席，郑万通秘书长出席会议。王巨禄副秘书长主持会议，赵喜明、李昌鉴、齐续春、范西成副秘书长和办公厅研究室主任卞晋平以及有关局室负责人参加会议。

张克辉副主席在北京饭店会见并宴请台湾政治大学以社科院院长高安邦先生为团长的参访团一行24人。

徐匡迪副主席在科技会堂会见澳大利亚FMG公司总裁Andrew Forrest先生率领的代表团。宾主双方就未来10年到20年的中国经济发展及澳大利亚与中国的矿产资源合作等问题广泛交流了意见。

人口资源环境委员会南水北调中线工程水源保障问题调研组召开会议，讨论本委员会调研工作安排。张洽副主任主持会议，王光谦、索丽生常委等出席会议。

社会和法制委员会“基层民主政治建设”专题组在政协机关召开会议，听取民政部、中国社会科学院有关负责人介绍情况并讨论调研事宜。赵登举副主任主持会议，江蓝生、周子玉副主任出席会议。

社会和法制委员会在政协机关召开第七次主任会议，传达第十三次主席会议和专门委员会主任会议精神，并研究为第六次常委会议准备专题和大会发言事宜及本委员会近期工作安排。李其炎主任主持会议，王建伦、江蓝生、刘家琛、肖建章、周子玉、赵登举、萧灼基副主任出席会议。

港澳台侨委员会主任郭东坡在政协礼堂会见并宴请加拿大、澳大利亚香港移民青年代表访问团一行33人。

8日

社会和法制委员会“收入分配体制改革”专题组在政协机关召开会议，邀请财政部、人事部和国家统计局有关负责人介绍情况。王建伦副主任主持会议。

人口资源环境委员会“中国矿业城市的分类和对策”专题调研组召开会议，邀请中国矿业联合会有关部门负责人介绍情况并讨论调研安排。陈洲其副主任主持会议。

罗豪才副主席在政协机关与河南省政协副主席陈义初商讨开展河洛文化研究的有关工作。港澳台侨委员会主任郭东坡等出席此项活动。

经济委员会在政协机关召开第三次全体会议，学习《中共中央办公厅关于学习贯彻〈中国人民政治协商会议章程〉的通知》和《政协全国委员会关于进一步学习贯彻〈中国人民政治协商会议章程〉的通知》；传达十届政协第十三次主席会议精神，研究有关专题组为第六次常委会议作准备的有关事宜。刘仲藜主任主持会议，石万鹏、陈耀先、陈耀邦副主任，范西成副秘书长出席会议。

8日至11日

阿不来提·阿不都热西提副主席在云南省昆明、大理进行考察，并出席2004年中国昆明国际文化旅游节开幕式。

9日

王忠禹副主席在常委会议楼第九会议室主持召开专门委员会主任会议，研究部署第六次常委会议有关工作。王巨禄副秘书长就第六次常委会议工作方案作了说明，各专委会负责人对第六次常委会议的专题设置和工作安排提出意见和建议。王忠禹副主席发表了讲话。各专委会负责人杨振杰、陈耀邦、杨魁孚、翟泰丰、李其炎、钮茂生、郭东坡、张国祥、刘济民，副秘书长赵喜明、李昌鉴、齐续春、孙怀山、陈洪、范西成，办公厅研究室主任卞晋平出席会议。

社会和法制委员会"收入分配体制改革"专题组在政协机关召开会议，邀请国资委、国务院发展研究中心有关部门负责人介绍情况。王建伦副主任等出席会议。

外事委员会副主任吴建民在政协机关宴请巴基斯坦外交部长米安·卡苏里，巴基斯坦驻华大使里亚兹·穆罕默德·汗出席宴会。客人是应外交部邀请访华的。

港澳台侨委员会主任郭东坡、副主任何添发等在京出席中央"五侨"负责人联席会。国务院侨办负责人介绍了侨务工作会议《工作报告(稿)》有关内容，并听取各单位的修改意见。各单位在会上通报了各自的近期工作。

外事委员会与美国议员助手访华团在政协机关举行座谈会。张国祥副主任主持会议，马振岗副主任及部分委员出席会议。该团是应外交学会邀请访华的。

9日至10日

人口资源环境委员会主任陈邦柱率"天津滨海新区整体发展与循环经济"考察组赴天津进行调研，并与中共中央政治局委员、天津市委书记张立昌，天津市委副书记、市长戴相龙，天津市委副书记、政协主席宋平顺等进行座谈。社会和法制委员会副主任萧灼基，王东、王光谦、汪纪戎常委，国务院发展研究中心副主任鲁志强及有关专家参加调研。

9日至11日

郑万通秘书长在贵州参加香港工商界知名人士考察团活动，并参加了贵州省政协学习政协章程座谈会，介绍政协章程修改的过程和基本情况。贵州省政协主席王思齐主持会议，省政协副主席、专委会主任等和省各民主党派、工商联负责人以及贵阳市政协负责人出席了座谈会。

9日至18日

龚心瀚副主任、安启元常委率文史资料委员会"历史文化名城"考察团一行19人赴陕西省考察。

10日至20日

港澳台侨委员会主任郭东坡率调研组赴福建、广东就华文教育及港澳台青少年教育问题进行专题调研。郭荣昌、何少川副主任等参加了调研。

11日至24日

周铁农副主席、李奇生副主任率社会和法制委员会"农村进城务工人员权益保护"专题组赴河南、安徽调研。

11日至25日

以经济委员会副主任陈耀邦、洪绂曾、刘永好为组长的"统筹城乡发展"专题组一行14人赴广东、上海、浙江就我国城乡协调发展问题进行调研。阿不来提·阿不都热西提副主席，陈明德副秘书长参加此项活动。

12日

政协干部教育培训工作座谈会在中协宾馆开幕。王巨禄副秘书长代表全国政协办公厅讲话，全国政协干部培训中心负责人汇报了全国政协干部培训中心工作情况。

经济委员会"东北老工业基地的振兴和改造"专题组召开座谈会。国务院发展和改革委员会副主任兼国务院振兴东北地区等老工业基地领导小组办公室主任张国宝介绍了实施东北地区等老工业基地振兴战略近期工作重点和难点问题，并与委员就东北三省发展规划的协调、重视东北的农业发展等问题进行了座谈。邵奇惠副主任主持会议，叶连松副主任，范西成副秘书长出席会议。

民族和宗教委员会召开在京主任会议，传达4月9日专委会主任会议精神，并对委员会2004年度工作计划调整进行说明。钮茂生主任主持会议，刘柏年、李晋有、杨同祥、陈广元、金日光、黄璜副主任出席会议。

外事委员会副主任马振岗在政协机关会见美国联邦参议员哈格尔的高级政策顾问戴维·多尔曼。

12日至13日

经济委员会与浙江省政协"深化省属国有企业改革"赴京调研组就省属国有企业的布局调整、管理体制和法人治理结构改革等问题进行座谈。厉以宁副主任，范西成副秘书长，国务院发展研究中心副主任陈清泰，浙江省政协副主席王玉娣、徐鸿道等出席会议。

12日至15日

郑万通秘书长在四川省广安就在邓小平纪念馆捐建"全国政协林"有关事宜进行考察，并应中共四川省委、省人大、省政府、省政协的邀请，就进一步学习贯彻《中国人民政治协商会议章程》作专题报告。中共四川省委副书记陶武先主持报告会，省委书记、省人大常委会主任张学忠在会议结束时讲话。中共四川省委副书记、省长张中伟，省委常委、省人大常委会副主任、省政府副省长、省政协副主席，省法院院长、省检察院检察长，在蓉全国政协委员、省政协委员和部分市政协委员，省级各部门负责人，省各民主党派、工商联主要负责人等近800人出席报告会。

13日

贾庆林主席，王忠禹副主席在政协礼堂接见参加政协干部教育培训工作座谈会的全体代表。贾庆林主席对新时期政协干部教育培训工作提出四点希望：一、统一思想，认识政协干部教育培训工作的重要意义；二、抓住重点，丰富和完善政协干部教育培训的内容和体系；三、突出特点，切实增强干部教育培训的针对性和实效性；四、加强领导，提高干部教育培训工作的水平。王巨禄、赵喜明、齐续春、孙怀山、陈洪、傅志煌、范西成副秘书长，办公厅研究室主任卞晋平参加会见。

政协干部教育培训工作座谈会在政协礼堂举行全体会议。王忠禹副主席出席并讲话。王巨禄、赵喜明、齐续春、陈洪副秘书长，办公厅研究室主任卞晋平出席会议。

社会和法制委员会"未成年人法律保护"专题调研组在政协机关召开会议，听取劳动和社会保障部、团中央有关负责人介绍情况。刘家琛副主任主持会议。

13日至18日

应全国政协外事委员会邀请，以罗马尼亚参议院外事委员会主席格奥尔基·普里瑟卡鲁为团长的罗马尼亚参议院外事委员会代表团一行4人访华。其间，贾庆林主席会见代表团；全国人大常委会副委员长顾秀莲会见代表团；外事委员会主任刘剑锋与格奥尔基·普里瑟卡鲁团长举行会谈并宴请代表团一行。李昌鉴副秘书长，外委会副主任马振岗、张国祥、武韬分别出席上述活动，武韬副主任陪同代表团访问北京和深圳。

13日至23日

应罗马尼亚参议院秘书长康斯坦丁·萨瓦和英国“欧亚论坛”主席切尼邀请，孙怀山副秘书长率全国政协办公厅代表团一行6人赴罗马尼亚和英国进行友好访问。

13日至25日

以钮茂生主任为组长，肖作福副主任、任玉岭常委为副组长的民族和宗教委员会专题调研组赴重庆、四川就“树立和落实科学发展观，促进民族地区全面发展”进行调研。

14日

人口资源环境委员会“小城镇建设中的环保问题”专题调研组在政协机关听取民政部、建设部、农业部、国家环保总局有关部门负责人介绍情况。陈邦柱主任，马国良、王克英副主任出席会议。

港澳台侨委员会两岸“通航”情况调研组在政协机关听取交通部有关领导介绍海上通航的有关情况。张克辉副主席，交通部副部长洪善祥，港澳台侨委员会副主任王永海、张道诚等调研组成员出席会议。

15日

经济委员会“东北老工业基地的振兴和改造”专题组召开会议，邀请国务院发展研究中心、国有资产监督管理委员会有关负责人介绍振兴东北老工业基地的基本思路，并围绕国有企业的调整和改造、分离企业办社会职能、解决“大集体”等问题座谈。刘仲藜主任，邵奇惠、叶连松副主任等出席座谈会。

经济委员会粮食安全专题组在政协机关召开座谈会，邀请农业部有关负责人介绍今年粮食生产和耕地保护等情况。段应碧副主任主持会议，石万鹏、刘立清、程安东副主任出席会议。

教科文卫体委员会在政协机关召开会议，邀请教育部部长周济介绍农村教育和西部地区“两基”攻坚工作情况，并座谈。韦钰副主任主持会议。郝建秀副主席，齐续春副秘书长，文史资料委员会副主任李仁臣，50余名委员及有关民主党派、团体负责人出席会议。

罗豪才副主席在人民大会堂出席国家主席胡锦涛为拉脱维亚总统维基耶·弗赖贝加访华举行的欢迎仪式和欢迎宴会。

经济委员会副主任程安东在京主持召开“沿黄地区全面建设小康社会”专题组座谈会，对渭洛河入黄流域防洪保安、黄河中下游滩区解危搬迁移民建镇及开发利用黄河北展宽滞洪区等问题进行研讨。民族和宗教委员会副主任黄璜等出席会议。

15日至27日

人口资源环境委员会主任陈邦柱率“小城镇建设中的环保问题”专题调研组一行14人赴福建、广东调研。马国良、王克英副主任参加了此项活动。

16日

贾庆林主席在政协礼堂接见出席中国经济社会研究会第二届会员代表大会的代表，与全体代表合影留念，并发表重要讲话。王忠禹副主席，陈锦华同志，郑万通秘书长，王巨禄、赵喜明、李昌鉴副秘书长，经济委员会主任刘仲藜、人口资源环境委员会主任陈邦柱、社会和法制委员会主任李其炎、外事委员会主任刘剑锋，北京市政协主席程世峨、上海市政协主席蒋以任参加会见。

中国经济社会研究会第二届会员代表大会在政协礼堂举行。郑万通秘书长作第一届理事会工作报告，李昌鉴副秘书长主持会议。王忠禹副主席当选为研究会第二届会长，并在会上发表了讲话。研究会聘请陈锦华同志为顾问。郑万通、陈清泰、张俊九、刘仲藜、陈邦柱、刘忠德、李其炎、刘剑锋、程世峨、蒋以任、陈绍基、李昌鉴、陈佳贵和张永珍当选为副会长。会议还审议通过了新一届各事务委员会主任、常务理事和理事名单。中组部、中联部有关部门负责人应邀出席会议。

经济委员会粮食安全专题组在政协机关召开座谈会，邀请国家粮食局和水利部有关负责人介绍我国粮食供需形势和加强农田灌排设施建设保障粮食安全等情况。石万鹏副主任主持会议，刘立清副主任等出席会议。

16 日至 20 日

中共中央政治局常委、全国政协主席贾庆林在山西省委书记田成平、省长张宝顺、省政协主席刘泽民的陪同下，先后赴汾阳、中阳、孝义、交城和太原等地，就深入学习贯彻“两会”精神，树立和落实科学发展观，进一步做好统一战线和人民政协工作进行调研。社会和法制委员会主任李其炎、经济委员会副主任段应碧，中央统战部副部长梁金泉，王巨禄副秘书长，办公厅研究室主任卞晋平等陪同调研。

18 日

罗豪才副主席在京会见并宴请北美洲至孝笃亲公所昆仲访华团一行 35 人，港澳台侨委员会副主任张伟超和吴明熹副秘书长等参加会见。该团是应国务院侨办邀请来访的。

18 日至 25 日

以邵奇惠、叶连松副主任为组长的经济委员会“东北老工业基地的振兴和改造”专题组一行 10 人赴黑龙江、吉林等地就《国务院关于实施东北地区等老工业基地振兴战略的若干意见》的贯彻落实情况及存在的问题进行调研。

19 日

王忠禹副主席在山东省济南市主持召开“驻山东省全国政协委员座谈会”，听取委员们对办公厅《关于进一步发挥全国政协委员尤其京外委员作用的意见(征求意见稿)》的意见并发表讲话。山东省政协主席孙淑义，赵喜明副秘书长和驻山东省的 26 位全国政协委员参加会议。

郑万通秘书长主持研究部署近期工作。一、邓小平同志诞辰 100 周年纪念活动；二、人民政协成立 55 周年庆祝活动；三、落实中共中央十六届四中全会议题的征求意见工作；四、政协十届第六次常委会议的筹备工作。李昌鉴、齐续春、陈洪、傅志煌、范西成副秘书长出席会议，办公厅研究室和有关局室负责人列席会议。

港澳台侨委员会副主任张廷翰应澳洲中国和平统一促进会会长邱维廉先生邀请，赴澳大利亚出席“大洋洲中国和平统一促进会”成立大会，并看望当地侨胞。

王忠禹副主席到山东省政协机关看望并慰问省政协工作人员。赵喜明副秘书长陪同此项活动。

19 日至 26 日

以王永海副主任为组长的港澳台侨委员会海峡两岸“通航”情况调研组一行 11 人赴上海、福州、厦门等地就两岸空中和海上通航情况进行调研。国务院台办、交通部、国家民航总局有关负责人应邀参加此项活动。何少川副主任参加了在闽调研活动。

19 日至 27 日

应江苏省政协，中共广东省委、省政协，中共陕西省委、省政协的邀请，郑万通秘书长到南京、广州、西安分别就学习贯彻政协章程作专题报告，并在南京参加副省级市政协工作协作会，在西安参加全国政协年鉴暨研究室主任会议。

王忠禹副主席在山东寿光出席“第五届中国(寿光)国际蔬菜博览会”开幕式。赵喜明副秘书长陪同出席。

经济委员会副主任刘廷焕主持召开金融体制改革和金融安全专题组会议，邀请中国进出口银行副行长钱中涛介绍中国进出口银行的基本情况。会议研究了关于进出口银行的定位、立法、增加资本金以及健全政策性业务风险补偿机制等问题，并就专题组的下一步调研作了部署。陈耀先副主任等出席会议。

21日

教科文卫体委员会副主任徐善衍主持召开科技组会议，讨论科技组2004年主要工作计划及围绕第六次常委会议议题进行专题研讨事宜。蔡睿贤副主任等出席会议。

文史资料委员会副主任龚心瀚在上海出席上海鲁迅纪念馆召开的李霁野同志诞辰一百周年纪念活动。

21日至22日

李蒙副主席率教科文卫体委员会“民营药厂的发展状况及存在问题”专题调查组一行14人，赴河北省石家庄市考察。孙隆椿副主任参加考察。

22日

人口资源环境委员会“矿山地质环境保护问题”调研组召开会议，听取有关情况介绍，通报赴浙江、江苏两省调研有关事宜。陈洲其副主任主持会议。

周铁农副主席在人民大会堂出席国家主席胡锦涛为捷克总统瓦茨拉夫·克劳斯访华举行的欢迎仪式和欢迎宴会。

23日

王选副主席在国家图书馆出席“全民阅读”徽标揭牌暨经典美文——百人朗读会。这次活动旨在宣传联合国教科文组织1995年确定的“4·23世界读书日”。

提案委员会召开全国政协第五次提案工作座谈会筹备工作领导小组会议，讨论《关于全国政协第五次提案工作座谈会的安排方案》和《关于部分修改〈全国政协提案工作条例〉的工作方案》。傅杰主任主持会议，杨振杰、朱培康、范宝俊、倪豪梅副主任，陈益群委员，傅志煌副秘书长出席会议。

陈奎元副主席在钓鱼台国宾馆出席国际易学联合会成立大会。

23日至29日

人口资源环境委员会副主任陈洲其率“矿山地质环境保护问题”调研组一行14人赴浙江、江苏等地进行调研。

24日

王选副主席出席北京大学庆祝建校106周年纪念大会暨首届国际文化节开幕式和邮折首发式。

由人口资源环境委员会、中国绿化基金会等单位联合举办的中华合符林植树暨揭碑仪式在河北省涿鹿县黄帝城举行。张洽副主任出席并为中华合符林揭碑。

文史资料委员会副主任刘枫在陕西参加“第三届法门寺茶文化旅游节及国际学术研讨会”。

24日至26日

由办公厅研究室主办、陕西省政协办公厅协办的“政协年鉴暨研究室工作交流会”在西安召开。主要议题：一、交流研究室工作情况和商讨理论研究合作课题；二、《政协年鉴》的组稿、审稿。郑万通秘书长出席并讲话。研究室主任卞晋平主持会议并做会议总结。陕西省政协主席艾丕善，西安市政协主席傅继德，各省、自治区、直辖市研究室主任和年鉴编辑，全国政协办公厅研究室有关负责人出席会议。

24日至30日

港澳台侨委员会主任郭东坡、副主任张道诚参加“海外华商山东周”活动。

25日至28日

教科文卫体委员会在深圳召开“为形成港澳地区与北京2008年奥运会互动局面献计献策”座谈会。张发强副主任出席并参观考察有关体育设施。

25日至30日

应全国政协邀请，纳米比亚全国委员会副主席蒙萨率纳米比亚全国委员会代表团一行10人访华。其间，贾庆林主席和全国人大常委会副委员长顾秀莲分别会见代表团一行；李蒙副主席会谈并宴请代表团。李昌鉴副秘书长，经济委员会副主任段应碧，外事委员会副主任王淑贤，外交部部长助理吕国增分别出席上述活动。王淑贤副主任陪同代表团访问北京、济南和青岛。

26日

阿不来提·阿不都热西提、李兆焯副主席在政协机关接见出席"全国政协系统书画工作联席会"会议代表并合影留留。王巨禄、赵喜明副秘书长参加。

26日至5月1日

应经社理事会和类似组织国际协会主席戴尔马涅邀请，全国政协常委、经济委员会副主任、中国经济社会研究会常务理事洪绂曾一行3人赴法国巴黎出席非洲经社理事会联盟举行的消除贫困讨论会。

27日

教科文卫体委员会在政协机关召开研讨会，讨论我国高等教育面临的一些问题，为十届六次常委会议作准备。王大中常委主持会议，部分教育界委员、在京高校专家学者出席会议。28日上午继续讨论。

港澳台侨委员会和办公厅研究室信息局在福建省泉州市共同举办台湾问题座谈会，就台湾大选后的两岸关系和进一步做好台湾人民工作进行座谈，重点是对今后的对台工作提出意见建议。港澳台侨委员会副主任王永海主持会议。何少川副主任，泉州市政协领导，港澳台侨委员会部分委员，福建省政协以及从事台湾问题研究的部分专家学者等出席会议。

28日

社会和法制委员会"社区矫正"专题调研组召开座谈会，听取司法部、公安部、最高人民检察院、最高人民法院有关部门的情况介绍。肖建章副主任主持会议。

李蒙副主席在人民大会堂出席庆祝"五一"国际劳动节大会，为全国"五一"劳动奖状、奖章获得者代表颁奖。

李兆焯副主席在政协礼堂观看中华全国总工会主办的"劳动颂歌"——庆祝"五一"共创美好未来文艺晚会。

29日

王忠禹副主席召集中国经济社会研究会秘书处组成人员会议，听取中国经济社会研究会第二届第一次会长会议准备情况汇报。郑万通秘书长，李昌鉴副秘书长出席会议。

王忠禹副主席在政协礼堂会见来华出席"中国就业论坛"的国际劳工组织总干事胡安·索马维亚。社会和法制委员会主任李其炎，赵喜明副秘书长陪同会见。

阿不来提·阿不都热西提副主席在国家奥林匹克中心体育馆观看纪念五四运动85周年大型文艺晚会——青春万岁。

29日至5月2日

泰国上议长素春·差里科一行来京进行自费私人访问。其间，贾庆林主席会见并宴请。白立忱副主席，郑万通秘书长，民族和宗教委员会主任钮茂生、外事委员会主任刘剑锋，李昌鉴副秘书长，外事委员会副主任马振岗等出席此项活动。

30日

王忠禹副主席在人民大会堂出席任弼时同志诞辰100周年纪念座谈会。

李蒙副主席在北京航空航天大学观看纪念五四运动85周年主题晚会——"青春"。

5月

1日

贾庆林主席向黄克立先生治丧委员会致唁电，对政协第六届全国委员会委员，第七、八、九届全国委员会常委，中华海外联谊会名誉副会长黄克立先生逝世表示哀悼并慰问其亲属。王忠禹、廖晖、刘延东副主席，郑万通秘书长也表示哀悼和慰问。办公厅向黄克立先生治丧委员会并黄先生家属发去唁电。

黄克立先生于 5 月 1 日在香港病逝，享年 94 岁。

2 日

罗豪才副主席在钓鱼台国宾馆会见香港大律师胡鸿烈、香港大学法学院院长陈文敏、香港城市大学法学院院长迈克康维尔等香港律师界、法律界人士。

4 日

罗豪才副主席在人民大会堂会见以香港青年联会主席容永祺为团长的香港各界青年才俊"五四"访京团。

8 日

周铁农副主席在人民大会堂出席中国红十字会建会 100 周年纪念大会。

社会和法制委员会"未成年人法律保护"专题调研组召开座谈会，听取教育部、文化部、全国妇联有关部门的情况介绍。刘家琛副主任主持会议。

8 日至 13 日

罗豪才副主席在河南省考察河洛文化研究情况。港澳台侨委员会主任郭东坡参加考察。

9 日

全国政协副主席、中国经济社会研究会会长王忠禹主持召开中国经济社会研究会第二届第一次会长会议。会议讨论并原则通过"中国经济社会研究会 2004 年度工作计划"和"中国经济社会研究会工作规则"，通报了中国经济社会研究会秘书处机构设置及秘书长分工。中国经济社会研究会副会长郑万通、陈清泰、张俊九、陈邦柱、刘忠德、李其炎、刘剑锋、程世峨、蒋以任、陈绍基、李昌鉴、陈佳贵、张永珍出席会议。

人口资源环境委员会副主任张宝明在江苏省无锡出席国家环保总局召开的重点流域水污染防治现场会议。

社会和法制委员会"未成年人法律保护"专题调研组召开座谈会，听取最高人民法院、最高人民检察院、公安部有关部门介绍情况。刘家琛副主任主持会议。

文史资料委员会召开主任会议，研究全国暨地方政协文史委员会主任会议筹备工作。刘济民副主任主持会议，李仁臣、龚心瀚、崔占福副主任出席会议。

9 日至 15 日

应全国政协邀请，以法中友好小组主席让·贝松为团长的法国参议院法中友好小组 8 人代表团访华。其间，国家副主席曾庆红和全国人大常委会副委员长何鲁丽分别会见代表团，阿不来提·阿不都热西提副主席与让·贝松主席会谈并宴请。赵喜明、李昌鉴副秘书长，港澳台侨委员会副主任张道诚，外事委员会副主任吴建民，外交部领导成员乔宗淮以及法国驻华大使蓝峰等分别出席上述活动，外事委员会委员王昌义陪同代表团访问了北京和新疆。

10 日

贾庆林主席，刘延东副主席在京出席全国加强和改进未成年人思想道德建设工作会议第一次全体会议。

人口资源环境委员会在政协机关召开会议，邀请国家环保总局科技标准司负责人介绍国内循环经济发展现状。陈邦柱主任，范西成副秘书长等出席会议。王克英副主任主持会议。

11 日

王忠禹副主席在政协机关主持召开第六次常委会议专题组负责人会议。主要议题：听取各专题组负责人关于本专题筹备情况的汇报。七个专题组的负责人吴敬琏、陈耀邦、钮茂生、李其炎、翟泰丰、张洽、张国祥和张道诚分别汇报了本专题的筹备情况。郑万通秘书长，王巨禄、齐续春、孙怀山副秘书长出席会议。第六次常委会议各工作组负责人参加会议。

张思卿副主席在最高人民法院出席纪念国家赔偿法颁布十周年座谈会。

提案委员会在政协机关召开关于“振兴东北老工业基地”提案协商办理座谈会。阿不来提·阿不都热西提副主席出席并讲话。张岳琦副主任主持会议。傅杰主任，致公党中央副主席吴明熹，部分提案委员会委员、有关提案人和国务院振兴老工业基地办公室、国家发改委、财政部、劳动和社会保障部、国土资源部、国资委等有关部门负责人就振兴东北老工业基地问题进行了座谈。

贾庆林主席在政协礼堂会见来华出席“国际反恐形势与反恐合作”国际学术研讨会的日本前首相桥本龙太郎。郑万通秘书长会见时在座。

张思卿副主席在政协机关会见德国工会联合会主席米夏埃尔·佐默尔率领的代表团。该团是应全国总工会邀请访华的。

11日至25日

由陈邦柱主任率领的人口资源环境委员会考察团赴芬兰、德国、日本等国就循环经济问题进行考察。考察团主要成员有：王克英副主任和范西成副秘书长等。

社会和法制委员会“收入分配体制改革”专题组赴甘肃、贵州调研。王建伦副主任、刘是龙委员带队。

11日至27日

应澳大利亚参议院、斐济政府、瑙鲁议会和萨摩亚政府邀请，外事委员会主任刘剑锋率全国政协外事委员会代表团对上述四国进行友好访问。代表团主要成员有全国政协常委张吾乐、外事委员会副主任武韬和全国政协副秘书长齐续春等。

12日

秘书长郑万通在政协礼堂主持全国政协与以罗马尼亚总理办公厅入欧盟协议监督执行特派部长(内阁成员)、社会民主党副主席兼该党青年组织主席维克多·蓬塔为团长的罗马尼亚青年代表团的座谈并设宴招待代表团。副秘书长孙怀山、民族和宗教委员会副主任金日光、外事委员会副主任原焘、社会和法制委员会委员敬一丹等出席上述活动。该团是应全国青联邀请来华出席庆祝中罗建交55周年青年联欢节活动的。

京昆室召开“保护扶持昆曲艺术”新闻发布会。全国政协副主席、京昆室主任王选出席并讲话。李蒙副主席，京昆室顾问万国权，赵喜明、孙怀山副秘书长，办公厅研究室主任卞晋平出席发布会。京昆室副主任刘忠德主持发布会。中宣部、文化部、广电总局、中国文联、中央人民广播电台、中央电视台、北京电视台、上海新闻出版局等部门有关负责人以及上海音乐出版社和全国昆剧界6团1所的主要负责人应邀出席发布会。32家新闻媒体的新闻记者参加发布会。

王忠禹副主席在政协机关会见并宴请芬兰第一副议长高斯基。民族和宗教委员会主任钮茂生，李昌鉴副秘书长以及芬兰驻华大使巴鑫出席。高一行是自费来华访问的。

13日

阿不来提·阿不都热西提副主席在人民大会堂出席国家主席胡锦涛为马达加斯加总统马克·拉瓦卢马纳纳访华举行的欢迎仪式和欢迎宴会。

徐匡迪副主席考察太原理工大学。

14日

外事委员会在政协机关召开主任会议，研究落实专项工作。张国祥副主任主持会议，马振岗、王淑贤、李北海、杨正泉、原焘副主任等出席会议。

阿不来提·阿不都热西提副主席在政协机关会见以美国联合国协会康涅狄格州分会会长欧文·斯托博格为团长的美国联合国协会代表团。港澳台侨委员会副主任张道诚等出席会见。该团是应对外友协邀请访华的。

14日至18日

中共中央政治局常委、全国政协主席贾庆林在河南省委书记李克强、省长李成玉、省政协主席范钦臣的陪同下，先后赴洛阳、焦作、开封、郑州等地，就树立和落实科学发展观，进一步做好新形势下的统一战线和人民政协工作进行调研。其间，贾庆林主席会见了河南省统战部门、政协机关工作人员和各民主党派负责人，并听取河南省委、省政府的工作汇报。提案委员会副主任宋宝瑞、社会和法制委员会副主任王建伦，中央统战部副部长陈喜庆，全国政协副秘书长陈洪等陪同调研。

14日至31日

应阿尔及利亚全国经社理事会主席蒙杜里，摩洛哥众议院议长拉迪，经社理事会和类似组织国际协会主席、法国经社理事会主席戴尔马涅的邀请，全国政协副主席、中国经济社会研究会会长王忠禹率代表团一行12人对上述三国进行友好访问，并出席在日内瓦召开的“国际协会”2004年年会。代表团主要成员有：社会和法制委员会主任李其炎、安徽省政协主席方兆祥和赵喜明副秘书长。

15日

李兆焯副主席在全国政协北戴河干部培训中心出席全国政协第40期干部培训班开学典礼，并作动员讲话。李昌鉴副秘书长主持会议，来自28个省、自治区、直辖市和9个副省级市政协的343名学员参加开学典礼。

李蒙副主席在北京展览馆出席2004年全国科技活动周暨北京科技周开幕式，并参观“科技以人为本，全面建设小康”大型主题展览。

15日至16日

港澳台侨委员会副主任厉有为、郭荣昌在广东省东莞出席港区全国人大代表、政协委员和各省市自治区政协港区常委举行的“人大政协同乐日”活动。

15日至20日

全国暨地方政协文史委员会主任会议在浙江省义乌召开。陈奎元副主席出席开幕会。文史资料委员会副主任刘枫、刘济民、李仁臣、龚心瀚、崔占福，陈洪副秘书长出席会议。

15日至23日

应全国政协邀请，菲律宾参议院副议长李松年率参议院代表团一行8人访华。其间，全国人大常委会副委员长韩启德会见，李兆焯副主席在政协机关与李松年副议长会谈。李昌鉴副秘书长、教科文卫体委员会副主任孙隆椿、外事委员会副主任马振岗和教科文卫体委员会委员姚乃礼分别出席上述活动。外事委员会副主任马振岗陪同代表团访问了北京、西安和上海。

16日

罗豪才、张克辉副主席在福建省福州市出席第四届世界福建人恳亲大会开幕会。港澳台侨委员会副主任何少川出席会议。

16日至22日

以邵奇惠副主任为组长的经济委员会“东北老工业基地的振兴和改造”专题组赴辽宁省就《中共中央、国务院关于实施东北地区等老工业基地振兴战略的若干意见》的贯彻落实情况和存在的问题进行调研。

17日

刘延东、罗豪才、张克辉、黄孟复副主席在福建省福州出席首届世界闽商大会开幕会。港澳台侨委员会副主任何少川出席会议。

张思卿副主席在人民大会堂出席国家主席胡锦涛为哈萨克斯坦总统纳扎尔巴耶夫访华举行的欢迎仪式和欢迎宴会。

17日至26日

经济委员会副主任段应碧、石万鹏、刘立清率“粮食安全”专题组赴湖北、河南等地调研。

18日

经济委员会主任刘仲藜、副主任吴敬琏应邀出席温家宝总理在中南海主持召开的座谈会，并在会上发言。座谈会听取了专家学者对当前宏观经济形势的分析及做好宏观调控工作的对策建议。

张克辉副主席在福建省福州市出席第六届中国（福州）海峡经贸交易会和首届中国（福建）商品交易会开幕式。

提案委员会在政协机关就“关于加强农民工权益维护和保障工作问题”，邀请有关民主党派中央、有关委员等提案人及相关承办单位负责人召开提案协商办理座谈会。李兆焯副主席出席会议。提案委员会副主任张工主持会议。傅志煌副秘书长，民盟中央副主席李重庵、民建中央常务副主席张榕明、农工党中央秘书长游宏炳、台盟中央副主席李敏宽，部分提案委员会委员，相关提案人以及公安部、民政部、劳动和社会保障部、建设部、农业部、全国总工会有关负责人参加会议。

民族和宗教委员会在政协机关举办二季度委员学习日，邀请中央党校民族宗教理论室主任、博士生导师龚学增教授作“关于宗教与社会主义相适应的几个问题”专题报告。阿不来提·阿不都热西提副主席出席并讲话。钮茂生主任主持报告会。提案委员会主任傅杰，民族和宗教委员会副主任江家福、陈广元、金日光等出席报告会。

副秘书长、中国经济社会研究会副会长李昌鉴在政协机关会见瑞士圣加伦大学同学会代表团。

提案委员会办公室与全国人大常委会办公厅联络局在政协机关举行座谈会，交流提案、议案工作和相关制度建设情况。傅志煌副秘书长、全国人大常委会副秘书长刘镇出席会议。

外事委员会副主任吴建民、原泰及部分委员应邀出席世界总裁会2004年年会晚宴，来自20个国家400多位企业首席执行官以及部分港澳委员参加了这项活动。世界总裁会是一个全球性组织，拥有4000多名会员，在70多个国家进行商业活动。此次年会是该组织成立30多年来首次在北京举行。

18日至24日

李蒙副主席赴湖北、重庆、四川、云南等地就三峡库区及金沙江下游生态环境状况进行考察。

人口资源环境委员会副主任杨魁孚率人口问题与专题组一行14人赴福建省调研。

19日

港澳台侨委员会海峡两岸“空中和海上通航”专题调研组在政协机关召开座谈会。王永海副主任出席会议。

20日

港澳台侨委员会主任郭东坡在政协机关会见台籍旅日华侨、日本华侨华人联合会名誉会长陈焜旺先生和台湾学者张昆雄先生。

徐匡迪副主席，宋健、胡启立同志在人民大会堂出席中国人民对外友好协会成立五十周年庆祝大会。

21日

港澳台侨委员会在中协宾馆召开主任会议，传达中央关于当前经济工作的通知、中央对台工作的精神，学习中央台办和国台办“5·17”受权声明。并就第六次常委会议相关专题会议的具体准备工作进行了认真研究。郭东坡主任主持会议，王永海、厉有为、李赣骝、何少川、何添发、张伟超、张廷翰、陈玉益、俞晓松、郭荣昌副主任等出席会议。

贾庆林主席在人民大会堂会见越南总理潘文凯。潘文凯是应国务院总理温家宝邀请访华的。

提案委员会在政协机关就“关于改善民营企业市场竞争环境,促进中小企业社会化服务体系建设”的提案,邀请提案单位民建中央及相关提案承办单位负责人召开协商办理座谈会。宋宝瑞副主任主持会议。傅杰主任,部分提案委员会委员及国家发改委、财政部、中国证监会、国家外汇局有关负责人参加会议。

23日

罗豪才副主席在北京饭店会见世界越棉寮华人中国和平统一促进会会长洪绍平先生一行。

23日至30日

应国际工程科学技术院理事会邀请,徐匡迪副主席率中国工程院代表团出访挪威。

23日至31日

张思卿副主席率全国政协委员视察团赴上海市就“公益性文化设施建设与发挥作用情况”进行视察。

24日

全国政协常委赴广东、福建省视察团召开组团会,请国家发改委、国台办有关负责人介绍情况。罗豪才副主席,王巨禄副秘书长出席会议。

人口资源环境委员会副主任温克刚应邀出席第七届中国北京国际科技产业博览会,并在2004中国环境保护与绿色产业可持续发展大会上作主题发言。

外事委员会副主任张国祥在政协机关主持与美国议员助手访华团座谈会。全国政协常委、人口资源环境委员会委员李慈君,外事委员会委员潘占林等出席会议。美国议员助手团是应外交学会邀请访华的。

外事委员会赴浙江省调研组在政协机关召开会议,听取全国工商联有关负责人介绍民营企业“走出去”面临的形势和特点以及存在的问题。周可仁副主任主持会议,张国祥副主任等参加会议。

陈洪副秘书长代表办公厅在上海华东医院看望巴金副主席。上海市政协副主席宋仪侨陪同看望。

贾庆林主席在人民大会堂会见以朝鲜民主女性同盟中央委员会委员长朴顺姬为团长的朝鲜民主女性同盟代表团。该团是应全国妇联邀请访华的。

罗豪才副主席在北京饭店会见以王瑞升为团长的中国台湾致公党访问团。吴明熹副秘书长参加会见。该团是应致公党中央邀请来大陆访问的。

张克辉副主席在政协礼堂会见并宴请以主席陈钦铭为团长的台湾“中国统一联盟”访问团一行14人。双方就台湾当前局势及两岸关系交换了意见。

陈奎元副主席在人民大会堂出席国家主席胡锦涛为巴西总统路易斯·伊纳西奥·卢拉·达席尔瓦访华举行的欢迎仪式和欢迎宴会。

24日至6月2日

李昌鉴副秘书长率中央新闻单位采访团在江苏省采访。采访团由人民日报、新华社、中央电视台等14家新闻单位组成,这是由办公厅新闻局组织的第十三次赴地方采访活动。

以钟起煌委员为团长的全国政协委员(驻江西省)赴云南省视察团一行8人,就“农业产业结构调整”情况进行视察。

24日至6月4日

以范钦臣委员为团长的全国政协委员(驻河南省)赴浙江省视察团一行18人,就“城市化建设情况”进行视察。

25日

李蒙副主席在四川省成都出席第五届

中国西部国际博览会开幕式并出席向少数民族贫困地区捐赠药品仪式。

25日至6月1日

以孙隆椿副主任为组长的教科文卫体委员会“血吸虫病防治”专题组一行16人赴湖南省进行调研。卫生部有关负责人应邀参加调研。

25日至6月5日

以罗豪才副主席为团长、郭东坡常委为副团长的全国政协常委视察团一行25人,就“加快海峡西岸经济带建设”赴广东(潮汕地区)、福建省进行视察。

26日

经济委员会副主任吴敬琏主持召开“十一五”规划专题组会议。与会委员就“十一五”规划应该涉及的内容展开讨论,重点就确定规划的性质、实现经济增长方式的转变、处理宏观调控与市场机制的关系以及政府职能转变等问题进行了研究。刘仲藜主任、陈耀邦副主任等出席会议。

港澳台侨委员会致电台湾中国统一联盟,对该盟创盟名誉主席胡秋原先生于5月24日在台北逝世表示哀悼并对其亲属表示慰问。胡秋原先生生前长期坚持反对“台独”的立场,一直致力于祖国统一大业。

27日

教科文卫体委员会邀请新闻出版总署图书发行司负责人介绍我国民营书业的有关情况。于友先副主任主持会议,傅庚辰副主任及委员会部分委员出席会议。

外事委员会赴浙江调研组在政协机关召开会议,听取国家商务部对外经济合作司负责人介绍民营企业“走出去”面临的形势和特点以及目前存在的问题等情况。周可仁副主任主持会议,张国祥副主任参加会议。

27日至6月4日

人口资源环境委员会南水北调中线工程水源保障问题调研组一行20人赴湖北、陕西、河南等地调研。张洽副主任、索丽生常委带队。

27日至6月11日

阿不来提·阿不都热西提副主席率社会和法制委员会“农村进城务工人员权益保护”专题组赴湖南、广东调研。社会和法制委员会副主任朱治宏、李奇生参加调研。

28日

郑万通秘书长在政协机关主持召开政协第十届全国委员会第十五次秘书长办公会议。主要议题:一、研究关于举办纪念邓小平同志诞辰100周年暨邓小平人民政协理论研讨会筹备方案;二、审议政协十届常委会第六次会议议程和日程(草案);三、研究关于聘请全国政协信息特邀委员的意见(试行);四、研究关于在人民网创办“中国政协新闻”网页的有关事实;五、听取办公厅2004年预算分配情况的汇报;六、部署办公厅近期和下一阶段工作。李昌鉴、孙怀山、傅志煌、范西成副秘书长,办公厅研究室主任卞晋平,研究室和各局级单位有关负责人出席会议。

人口资源环境委员会副主任温克刚出席国家环保总局为纪念六·五世界环境日举办的“科学发展观世界环境名人大型报告会”。

31日

文史资料委员会副主任龚心瀚在政协机关出席文史资料委员会与建设部、国家文物局共同主办的“建筑艺术论坛——保护人类遗产、关注名城名镇名村”新闻发布会。

提案委员会在政协机关与四川省政协提案委员会举行座谈会,交流提案工作经验。提案委员会主任傅杰、副主任杨振杰、傅志煌副秘书长,四川省政协提案委员会主任鄢正刚、副主任曾宪章等出席会议。

港澳台侨委员会副主任张伟超在政协机关会见美国纽约州立大学布法罗分院教

授访华团。

31日至6月6日

应贾庆林主席邀请,尼泊尔国务委员会主席乔杜里率团访华。其间,国务院总理温家宝在中南海紫光阁会见,贾庆林主席在钓鱼台会见并宴请,王忠禹副主席,郑万通秘书长、外委会主任刘剑锋、李昌鉴副秘书长、外交部副部长周文重、外委会副主任王淑贤以及尼泊尔驻华大使纳南德拉·潘迪等分别出席上述活动。外事委员会副主任王淑贤陪同尼泊尔国务委员会代表团访问了北京、上海和深圳。

31日至6月16日

以教科文卫体委员会副主任于友先为组长的“民营书业发展状况”联合调查组一行12人赴四川、重庆、湖北等地调研。新闻出版总署有关负责人参加调研。

6月

1日

经济委员会在政协机关召开第10次主任会议。主要内容:一、审议沿黄地区全面小康建设专题组的两个调研报告《关于尽快解决渭洛河入黄流域防洪保安问题的建议(草稿)》、《关于实施黄河中下游滩区解危搬迁移民建镇的建议(草稿)》;二、听取各专题组工作汇报;三、研究该委员会承担的第六次常委会议的第一、二专题的有关事宜,审议陈耀邦副主任代表该委员会拟提交第六次常委会议的发言稿《解决“三农”问题的出路在于统筹城乡发展》;四、审议经济形势分析座谈会的会议方案(草稿)。刘仲藜主任主持会议,叶连松、刘立清、吴敬琏、陈耀先、陈耀邦、邵奇惠、洪绂曾副主任出席会议。民族和宗教委员会副主任黄璜代表沿黄地区全面小康建设专题组列席会议。

港澳台侨委员会副主任张道诚在政协机关会见并宴请“世界抗日战争史实维护联合会”会长李竞芬女士一行。

1日至8日

以外事委员会副主任周可仁为组长的专题调研组一行10人,就民营企业实施“走出去”战略情况赴浙江省调研。张国祥副主任参加调研。

2日

中共中央政治局常委、全国政协主席贾庆林,全国政协副主席王忠禹、徐匡迪、王选在人民大会堂出席中国科学院第十二次院士大会和中国工程院第七次院士大会开幕式并接见全体与会院士。

李蒙副主席在政协机关听取外交部有关部门负责人关于摩尔多瓦、叙利亚、埃塞俄比亚和赞比亚情况的介绍。傅志煌副秘书长和文史资料委员会副主任龚心瀚出席会议。

2日至7日

阿不来提·阿不都热西提副主席率全国政协委员(驻新疆维吾尔自治区)视察团赴广东省考察民营经济发展情况。

3日

人口资源环境委员会在“六·五”世界环境日前夕,组织委员赴北京市奥运场馆施工现场考察绿色奥运环保情况,并参观北京市金盏乡生态农业发展情况。郝建秀副主席,人口资源环境委员会主任陈邦柱,副主任张榕明、温克刚,范西成副秘书长参加了此项活动。北京市副市长、奥组委常务副主席刘敬民介绍了奥运环保的有关情况,北京市政协副主席王长连陪同考察。

教科文卫体委员会在政协机关召开“为未成年人健康成长营造良好的社会文化环境”专题座谈会。翟泰丰副主任主持会议,社会和法制委员会副主任江蓝生,教科文卫体委员会部分委员及有关专家学者参加会议。

外事委员会副主任马振岗在政协机关

会见并宴请美国“国家战略论坛”主席弗雷德曼。客人是应中国国际问题研究所邀请访华的。

4 日

徐匡迪副主席在政协礼堂会见美国俄克拉荷马州州长布拉德·亨利率领的代表团。该团是应对外友协邀请访华的。

提案委员会在政协机关就“关于切实加强两岸青少年交流工作”提案,邀请有关民主党派和提案人以及相关提案承办单位负责人召开协商办理座谈会。傅杰主任主持会议。朱培康副主任,民革中央副主席刘民复,中宣部副部长高俊良,部分提案委员会委员,相关提案人以及民革中央、台盟中央、全国台联、国务院台办、财政部、教育部、中宣部、广电总局有关部门负责人参加会议。

贾庆林主席,刘延东、阿沛·阿旺晋美、帕巴拉·格列朗杰副主席在人民大会堂接见中国西藏文化保护与发展协会理事并合影。

白立忱副主席在人民大会堂出席国家主席胡锦涛为叙利亚总统巴沙尔·阿萨德访华举行的欢迎仪式和欢迎宴会。

5 日

黄孟复副主席赴连云港市出席“中国沿海地区民营企业家论坛及沿海地区十一城市商会联谊会”。

李兆焯副主席赴云南省昆明国际会展中心会见老挝副总理波松一行。

5 日至 20 日

应摩尔多瓦议长欧金尼娅·奥斯塔普丘克、叙利亚全国进步阵线秘书长阿卜杜拉·阿希、埃塞俄比亚议会联邦院议长穆拉图·特肖梅和赞比亚国民议会议长阿穆萨·卡通达·姆瓦纳姆万布瓦邀请,李蒙副主席率全国政协代表团一行 10 人赴上述四国进行友好访问。代表团主要成员有副秘书长傅志煌、文史资料委员会副主任龚心瀚和江苏省政协副主席曹卫星等。李昌鉴副秘书长到机场送迎。

6 日

陈奎元副主席在北戴河出席全国政协第 41 期干部培训班开学典礼并作动员讲话。李昌鉴副秘书长陪同并主持开学典礼。来自 30 个省、自治区、直辖市和 10 个副省级市的 338 名学员出席了开学典礼。

徐匡迪副主席赴上海出席 2004 年中国国际钢铁大会、发表讲话并视察宝钢一钢厂。

李兆焯副主席赴云南省昆明出席 2004 年中国昆明进出口商品交易会开幕式。

6 日至 16 日

民族和宗教委员会落实宗教房产政策调研组一行 23 人赴上海、北京市进行调研。钮茂生主任带队,全国人大常委、中国道教协会副会长张继禹,全国人大代表、中国天主教主教团秘书长马英林,上海市政协民宗委主任沈善初、北京市政协民宗委副主任李宝浚等参加此项活动。

7 日

黄孟复副主席赴江苏省南京市出席长江三角洲十五城市工商联工作交流会和南京市重大项目投资洽谈会。

郑万通秘书长在政协北楼十层会议室主持召开政协第十届全国委员会第六次秘书长会议。会议审议通过政协第十届全国委员会常务委员会第六次会议议程和日程(草案)。副秘书长吴明熹、张梅颖、齐续春、孙怀山、陈明德、范西成、陈宗兴、陈抗甫出席会议,办公厅研究室主任卞晋平,第六次常委会议各工作组负责人列席会议。

人口资源环境委员会主任陈邦柱主持召开委员会第九次主任会议,研究政协第十届全国委员会常务委员会第六次会议第六专题组的准备工作,讨论修改拟提交常委会议的大会发言稿,安排部署委员会近期工作。叶青、李伟雄、杨魁孚、张洽、张榕明、温克刚副主任出席会议。

外事委员会副主任吴建民在政协机关会见法国国民议会议员布里昂、诺伟利、施耐德和法国参议院议员苏威。客人是应我国商务部的邀请随法国外贸部长访华的。外事委员会委员王林旭参加会见。

罗豪才副主席在钓鱼台国宾馆会见美国伯克利大学王灵智教授。

港澳台侨委员会主任郭东坡在政协机关会见并宴请应国务院侨办邀请来访的泰国中华总商会主席郑明如一行。

7日至8日

全国政协办公厅召开反映社情民意座谈会。部分全国政协常委、委员(包括部分全国政协信息特邀委员)就资源节约问题进行了座谈。办公厅研究室主任卞晋平主持会议。

7日至13日

全国政协副主席、国务院港澳办主任廖晖率"港澳工商、专业界人士赴东北考察团"赴东北三省进行考察。考察团听取了东北三省和大连、沈阳、长春、哈尔滨四市的情况介绍,考察了东北老工业基地的主要工厂。考察团中有40位全国政协港澳委员。国务院港澳办和振兴东北办等有关部门负责人,以及港澳特区政府财政司、旅游发展局和生产力促进局等职能司局官员参加了考察活动。

7日至17日

经济委员会副主任段应碧率粮食安全专题组一行10人赴福建、贵州省进行调研。石万鹏、刘立清副主任和部分委员参加调研。

8日

贾庆林主席在政协会议楼第九会议室主持召开政协第十届全国委员会第十四次主席会议。主要议题:一、审议通过政协第十届全国委员会常务委员会第六次会议议程(草案)和日程;二、听取政协第十届全国委员会常务委员会第六次会议各专题组负责人吴敬琏、陈耀邦、黄璜、李其炎、翟泰丰、陈邦柱、刘剑锋和郭东坡关于本专题组准备情况的汇报。会议还讨论通过了政协全国委员会办公厅《纪念邓小平诞辰100周年暨邓小平人民政协理论研讨会筹备方案》。王忠禹、刘延东、李贵鲜、张思卿、白立忱、罗豪才、张克辉、郝建秀、陈奎元、阿不来提·阿不都热西提、徐匡迪、李兆焯、王选、张怀西副主席,郑万通秘书长出席会议。专委会负责人傅杰、崔占福,副秘书长李昌鉴、吴明熹、张梅颖、孙怀山、陈明德、范西成、潘贵玉、陈宗兴、陈抗甫列席会议。

8日至10日

港澳台侨委员会副主任何添发应邀出席河北省第七次归侨侨眷代表大会。

9日

港澳台侨委员会主任郭东坡在政协机关会见以会长何荣祥为团长的澳门青年企业家协会访问团一行40人。该协会成立于2003年6月,宗旨是推动澳门青年工商企业人士与海峡两岸及香港、海外青年企业家互相学习、共同进步、参与社会、服务社会。

9日至16日

中共中央政治局常委、全国政协主席贾庆林和中共中央政治局委员、书记处书记、国务委员周永康以及随行的全国政协副主席王忠禹、刘延东,在四川省委书记张学忠、省长张中伟、省政协主席秦玉琴陪同下,先后赴四川省阿坝、绵阳、德阳、南充、广安、乐山、成都等地进行调研。其间,贾庆林主席瞻仰了邓小平同志故居;深入民族地区,详细了解当地群众的收入和生产生活情况;在农村乡镇、工厂企业和科研院校,与农民和工人群众、企业管理和科研人员交谈,了解中央有关方针政策的落实情况;会见了四川省统战、政协机关工作人员和各民主党派负责人，并听取了四川省委、省政府的工作汇报。郑万通秘书长，人口资源环境委员会主任陈邦柱，孙怀山副秘书长，国家民委主任、中央统战部副部长李德洙，中央统战部副部长朱维群，国家林业局局长周生贤陪同调研。

10 日

提案委员会与民建中央在政协机关就提高提案质量、进一步做好提案工作进行座谈。提案委员会主任傅杰、副主任杨振杰，民建中央副主席路明及民建中央调研部有关负责人参加会议。

10 日至 16 日

人口资源环境委员会副主任刘成果率“农业面源污染防治”专题组一行 13 人赴山东、河南省进行调研。

11 日

李贵鲜副主席在俄罗斯驻华大使馆出席俄驻华大使罗高寿为庆祝俄罗斯日举行的招待会。

马万祺副主席通过办公厅致电常香玉家属，对我国著名表演艺术大师常香玉的逝世表示痛惜，并向常香玉家属表达诚挚问候。

教科文卫体委员会举办报告会，请科技部副秘书长李健介绍我国高新技术及其产业发展情况。徐善衍副主任主持会议，部分科技界委员参加会议。

外事委员会副主任马振岗在京出席菲律宾驻华大使举办的纪念菲律宾独立 106 周年招待会。

12 日

民族和宗教委员会“落实宗教房产政策”调研组在北京市政协听取北京市委、市政府有关情况介绍并进行座谈。全国人大常委会副委员长傅铁山，全国政协副主席阿不来提·阿不都热西提，北京市政协主席程世峨，全国政协副秘书长齐续春，中共北京市委副书记龙新民，北京市副市长孙安民等出席会议。市政协副主席王长林主持会议。阿不来提·阿不都热西提副主席，民族和宗教委员会主任钮茂生，副主任陈广元、金日光、刘柏年、香根·巴登多吉等作了发言。

14 日

阿不来提·阿不都热西提副主席在京出席由外交部举办的“和平共处五项原则国际研讨会”开幕式。

全国政协委员赴宁夏视察团召开全体会议，听取农业部有关负责人介绍情况。

港澳台侨委员会与国务院台办、中央统战部、民革中央、台盟中央、全国台联在京西宾馆召开第十二次“六台”工作联系会。国务院台办副主任王在希介绍近期台湾情况，各单位就如何做好对台工作提出了意见、建议。张克辉副主席，港澳台侨委员会主任郭东坡、副主任王永海及相关单位负责人出席会议。

阿不来提·阿不都热西提副主席在人民大会堂出席国家副主席曾庆红为布隆迪副总统路阿尔方斯－马里·卡德盖访华举行的欢迎仪式和欢迎宴会。

15 日

陈奎元副主席在国务院出席国家中长期科学和技术发展规划战略研究专题汇报会。

阿不来提·阿不都热西提副主席在政协礼堂会见应北京市政协邀请来访的越南河内市祖国阵线主席范利一行。

徐匡迪副主席在北京国际俱乐部出席由外交学会主办的“中美非官方高层对话”，并作为中方代表团团长主持会议。美国前国务卿舒尔茨、基辛格以及美国前驻联合国及日本大使等出席会议。双方就中美两国关心的热点问题广泛交换了意见。会前，徐匡迪副主席会见了美方代表团团长舒尔茨。

经济委员会在政协机关召开宏观经济

形势座谈会。国家统计局局长李德水介绍了我国上半年宏观经济运行情况，与会同志对经济发展中存在的问题进行了分析，提出了建议。李贵鲜、郝建秀副主席出席会议，刘仲藜主任主持会议。厉以宁、叶连松、陈耀邦、邵奇惠、洪绂曾副主任，王巨禄、陈明德、范西成副秘书长，经济委员会部分委员，特邀专家学者40多人参加会议。

港澳台侨委员会主任郭东坡在政协礼堂会见并宴请以许自励为团长的澳门闵台总商会访京团一行30人。

15日至24日

以高占祥常委为团长、任玉岭常委为副团长的全国政协赴宁夏视察团一行19人就银川"农业基础设施建设情况"进行视察。

16日

经济委员会在政协机关继续举行宏观经济形势座谈会。李贵鲜副主席出席会议并讲话，刘仲藜主任主持会议。厉以宁、陈耀邦副主任等与会委员重点就找准部分行业投资过热问题的"病灶"、完善宏观调控手段、加强经济发展战略研究、切实转换政府职能、重视宏观调控的后续效应等问题提出意见建议。叶连松、陈耀邦、邵奇惠、洪绂曾副主任，王巨禄、李昌鉴、范西成副秘书长及部分经济委员会委员共30多人参加会议。

民族和宗教委员会"关于北京市落实宗教房产政策问题"调研组结束在北京市的调研活动，与北京市委、市政府、市政协有关领导交换意见。钮茂生主任，陈广元、金日光、刘柏年、香根·巴登多吉副主任，齐续春副秘书长，中共中央统战部、国家宗教事务管理局有关负责人出席会议。

外事委员会副主任原焘在政协机关会见并宴请西班牙驻华大使艾力赛。

王选副主席在政协机关会见台湾著名作家、国民党爱国将领白崇禧之子白先勇先生及全国政协委员、昆曲名家汪世瑜一行，并商议庆祝人民政协成立55周年戏曲晚会等事宜。京昆室顾问万国权，副主任张国祥、叶朗等参加会见。

17日

张思卿副主席在人民大会堂出席"加快治沙步伐，促进农民增收"座谈会。

外事委员会在政协机关召开会议，向特邀参加第六次常委会议第七专题讨论的有关企业界人士介绍相关情况，并交流专题讨论发言内容。张国祥副主任主持会议，周可仁副主任、张宏伟常委和部分外委会委员出席会议。

经济委员会副主任洪绂曾、人口资源环境委员会副主任张洽在人民大会堂出席由全国人大环境与资源保护委员会、农业与农村委员会，全国政协经济委员会、人口资源环境委员会和国家林业局联合召开的"加快治沙步伐，促进农民增收"座谈会。

贾庆林主席在人民大会堂出席黄埔军校建校80周年纪念大会并作重要讲话。刘延东副主席主持会议，王忠禹副主席、郑万通秘书长出席会议。会前，出席会议的领导人和与会代表合影。

港澳台侨委员会主任郭东坡在政协礼堂会见"首期华侨华人社团中青年负责人研习班"学员一行40人。该研习班是国务院侨办为鼓励海外更多中青年精英投身侨团工作而举办的。

18日

经济委员会副主任邵奇惠在政协机关主持召开"东北老工业基地的振兴和改造"专题组会议，讨论专题调研报告《振兴东北老工业基地起步阶段亟待解决的若干问题与建议》(修改稿)。

外事委员会赴浙江调研组在政协机关召开讨论调研报告会议，周可仁副主任主持会议,张国祥副主任及参加调研组的外事委员会委员等出席会议。

阿不来提·阿不都热西提副主席在政协礼堂会见伊斯兰世界联盟秘书长图尔基博士一行,并向客人介绍全国政协的基本情况。民族和宗教委员会主任钮茂生,副主任陈广元、刘柏年,齐续春副秘书长及中国宗教界和平委员会有关负责人参加会见并与代表团座谈。

20日

刘延东、阿沛·阿旺晋美、阿不来提·阿不都热西提副主席,赵南起同志在人民大会堂出席纪念《中华人民共和国民族区域自治法》颁布实施20周年座谈会。

20日至30日

以周铁农副主席为组长、提案委员会副主任杨振杰为副组长的提案委员会调研组赴湖南、湖北两省,就"关于对我国传媒制度创新的策略思考与建议"提案办理工作进行调研。

21日

教科文卫体委员会在政协礼堂举行"高等医学教育改革和发展座谈会"。韦钰副主任主持会议,教育部、卫生部有关负责人,部分综合大学和医学院校负责人,医学教育专家学者40余人出席会议。

22日

白立忱副主席在人民大会堂出席国家主席胡锦涛为叙利亚总统巴沙尔·阿萨德访华举行的欢迎仪式和欢迎宴会。

徐匡迪副主席在政协礼堂会见由美国俄克拉荷马州州长布拉德·亨利率领的代表团。该团是应对外友协邀请访华的。

23日

徐匡迪副主席在京会见美国《纽约时报》著名专栏作家弗里德曼并接受其采访,就中国的科技政策和教育体制等问题回答了客人的提问。

港澳台侨委员会副主任王永海在政协机关会见以林竹松先生为团长的台湾海峡两岸经济文化促进会访问团一行11人,向访问团介绍了祖国大陆有关对台方针政策和人民政协的情况。双方就近期岛内局势及促进两岸人员、经贸往来等问题交换了意见。

港澳台侨委员会委员、办公厅研究室主任卞晋平在政协机关会见香港大学学生会"中国政治经济研究团"一行12人,向访问团介绍了人民政协的发展历程及其在国家政治生活中的地位和作用、中国共产党领导的多党合作制度以及政协委员和各民主党派参政议政等情况,并回答了访问团成员关注的有关民主政治建设问题。

23日至28日

人口资源环境委员会培训班在浙江省杭州市举办。张思卿副主席出席并讲话,他希望从事政协人口资源环境工作的同志牢固树立全面、协调和可持续的科学发展观,通过加强学习和培训,努力开创工作新局面。陈邦柱主任发表讲话。全国政协委员、中国科学院可持续发展战略组组长牛文元在培训班上作《全面建设小康社会的科学发展观》专题讲座。温克刚、刘成果、杨魁孚、陈洲其副主任,浙江省政协主席李金明、副主席张蔚文出席讲座。来自全国各省、自治区、直辖市及副省级市政协人口资源环境委员会的100多名干部参加培训。

23日至30日

教科文卫体委员会"加速发展高科技,实现产业化"专题调研组一行11人赴浙江省调研。徐善衍副主任带队。

24日

阿不来提·阿不都热西提副主席在政协机关会见以老挝中国友好协会副会长、老挝体育部长朴通·显阿空为团长的老中友协代表团。该团是应对外友协邀请访华的。

徐匡迪副主席在政协礼堂会见以夏威夷中华总商会会长庞锦棠率领的第54届、第55届水仙花皇后代表团。傅志煌副秘书长参加会见。该团是应中国国际友好联络会邀请访华的。

徐匡迪副主席在政协礼堂会见德国前驻华大使于培寿先生。

教科文卫体委员会“广播电视走出去”工程实施情况专题调研组在政协机关召开会议，邀请国家广电总局有关负责人介绍情况。杨伟光副主任主持会议。

外事委员会在政协机关召开主任会议，研究第六次常委会议第七专题准备工作、“21世纪论坛”2005年会议筹备工作和下半年工作。刘剑锋主任主持会议，马振岗、王淑贤、杨正泉、陈昊苏、张国祥、武韬、周可仁、原焘副主任出席会议。

贾庆林主席在人民大会堂会见越南外长阮怡年一行。郑万通秘书长出席会见。阮怡年是应外交部长李肇星邀请访华的。

李贵鲜副主席在政协礼堂会见俄罗斯中央人民银行副行长一行。

25日

徐匡迪副主席在国务院出席中国可持续发展油气资源战略研究汇报会。

李蒙副主席在政协礼堂出席香港汉荣书局董事总经理石汉基先生向内地图书馆捐赠图书仪式。吴明熹、傅志煌、刘民复副秘书长，港澳台侨委员会副主任张道诚出席仪式。

白立忱副主席在人民大会堂会见以日本道路绿化保全协会会长铃木忠义为团长、日本建设技术友好协会副会长梅木信秋为顾问的日本道路建设友好访华团。该团是应全国青联邀请访华的。

徐匡迪副主席在中央党校出席国家人口发展战略研究重点课题“以人为本，全面协调可持续发展观课题研究”汇报会。

港澳台侨委员会主任郭东坡在政协机关会见并宴请新加坡侨领唐裕先生一行4人。

26日

罗豪才副主席在政协机关会见汕头市市委书记林木声一行，就海峡西岸经济区建设等问题交换了意见。港澳台侨委员会主任郭东坡参加会见。

陈奎元、阿不来提·阿不都热西提副主席在人民大会堂出席“中华纵横”全国诗书画摄影征文颁奖大会。教科文卫体委员会主任于友先、覃志刚，文史资料委员会副主任龚心瀚出席会议。

罗豪才副主席在政协机关会见并宴请以阙圳为团长的海外知名台商企业家经贸考察团一行17人，向考察团成员介绍了祖国大陆经济社会发展的有关情况和台商投资有关政策，双方就共同关心的问题进行了深入交流。港澳台侨委员会主任郭东坡、副主任王永海等出席会见。该团是港澳台侨委员会和全国台联第四次共同邀请接待，由来自美国等海外多个国家的知名台商组成，此行参观了广西、福建、北京等地。

港澳台侨委员会主任郭东坡、副主任张道诚在政协机关会见荷兰中国总商会会长胡志光一行，就海外华文教育情况和侨务工作进行了交流。

27日至29日

中国宗教界和平委员会（简称“中宗和”）代表团赴斯里兰卡科伦坡出席“亚宗和”2004年执委会会议，并顺访新加坡。代表团主要成员明生法师、黄信阳道长等。

28日

罗豪才副主席在政协礼堂会见并宴请以澳洲中国和平统一促进会会长邱维廉为团长的“侨心光明万里情——四川行”医疗队一行30人。罗豪才副主席对该团为中国贫困地区送医上门、让白内障患者重见光明、义务培训当地医务人员、慷慨解囊捐赠医疗器械等行为给予高度评价和赞扬，认为此举功德无量、精神可嘉，必将促进中国慈善事业的发展。港澳台侨委员会主任郭东坡、副主任张道诚等出席会见。

阿不来提·阿不都热西提副主席在北戴河出席全国政协第42期干部培训班开学典礼并讲话。李昌鉴副秘书长陪同并主持开学典礼。来自30个省、直辖市、自治区和13个副省级市的391名学员参加培训。

社会和法制委员会“收入分配体制改革”专题组邀请国家税务总局、教育部、西部开发办公室有关负责人介绍情况。罗豪才副主席出席会议。王建伦、萧灼基副主任等参加会议。

外事委员会副主任马振岗、李北海、杨正泉、张国祥、原焘在人民大会堂出席外交部举办的“和平共处五项原则创立五十周年纪念大会”。

文史资料委员会副主任刘枫出席浙江省政协文史工作会议并讲话。

徐匡迪副主席在人民大会堂出席国家主席胡锦涛为阿根廷总统内斯托尔·卡洛斯·基什内尔访华举行的欢迎仪式和欢迎宴会。

教科文卫体委员会体育组在政协机关召开会议，邀请国家体育总局有关负责同志介绍我国农村体育工作情况。张发强副主任主持会议。

28日至7月3日

提案委员会副主任范宝俊一行5人赴哈尔滨出席华北东北地区政协提案工作座谈会。

29日

中国经济社会研究会中国－拉丁美洲经济技术合作组在机关举行第二次全体会议。全国政协副主席、中国经济社会研究会会长王忠禹会见与会代表并讲话。全国政协秘书长、中国经济社会研究会副会长郑万通陪同会见。中国－拉丁美洲经济技术合作组是中国经济社会研究会特设的一个事务委员会，是中国经济社会研究会第一个以世界一个特定地区为主要对象的工作委员会。

徐匡迪副主席在京会见美国康奈尔大学校长 Jeffrey Sean Lehman 率领的代表团，宾主双方就工程科技合作，特别是在能源、资源与环境、材料、纳米技术、可持续发展等领域的合作广泛交换了意见。

社会和法制委员会在政协机关召开第八次主任会议，听取第六次常委会议相关专题准备情况和近期工作汇报，研究部署下半年工作。李其炎主任主持会议，王建伦、江蓝生、祁培文、李奇生、张绪武、周子玉、赵登举、曹克明、萧灼基副主任出席会议。

30日

全国政协副主席、京昆室主任王选在政协机关主持召开京津冀文化厅(局)京剧院团负责人、演员代表与考察团成员座谈会，研讨京剧院团发展现状及调研事宜。京昆室顾问万国权，全国政协常委、京昆室副主任张国祥、叶朗、叶少兰出席会议。

外事委员会副主任张国祥在政协机关主持与中美学术交流团暨美国“中国问题专家交流团”座谈会。马振岗副主任和外事委员会、教科文卫体委员会部分委员出席会议。中美学术交流项目是经教育部批准，由美国东西方中心、夏威夷大学与我国高校联合举办的。

30日至7月9日

应国际合作社联盟的邀请，民族和宗教委员会代表团一行7人赴意大利出席“发展文化、全球化及合作企业”国际会议，并访问国际合作社联盟在瑞典的总部。黄璜副主任带队，肖作福、李晋有副主任等参加此项活动。

7月

1日

罗豪才副主席在政协机关会见香港广播事务管理局主席、资深大律师冯华健先生,并就贯彻落实香港基本法、加强香港同内地在法律事务与法学研究等方面的交流合作交换了看法。

郑万通秘书长在政协机关主持召开会议,听取第六次常委会议各专题组和大会发言准备情况的汇报。王忠禹常务副主席出席会议。王巨禄、李昌鉴、齐续春、孙怀山、范西成副秘书长,第六次常委会议工作机构有关负责人参加会议。

人口资源环境委员会副主任、“关注森林”活动组委会副主任温克刚出席由国家林业局和中央电视台西部频道联合举办的“秦岭探访”活动新闻记者采访出发式并讲话。

贾庆林主席主持召开政协第十届全国委员会第十五次主席会议。主要议题:审议关于撤销韩桂芝政协第十届全国委员会委员资格的决定(草案)。王忠禹、刘延东、李贵鲜、张思卿、马万祺、白立忱、罗豪才、张克辉、周铁农、郝建秀、陈奎元、阿不来提·阿不都热西提、徐匡迪、黄孟复、张怀西副主席,郑万通秘书长出席。副秘书长赵喜明、李昌鉴、吴明熹、张梅颖、齐续春、孙怀山、陈明德、傅志煌、范西成、刘民复、张龙之,专委会负责人张工、刘仲藜、温克刚、刘忠德、李其炎、钮茂生、郭东坡、张国祥、崔占福,办公厅研究室主任卞晋平列席会议。

2日

贾庆林主席,白立忱、罗豪才副主席,郑万通秘书长在中国美术馆出席《情感·创新——吴冠中水墨里程》画展开幕式。赵喜明、孙怀山副秘书长,办公厅研究室主任卞晋平,文化部副部长陈晓光,辽宁省政协副主席徐文才、贺旻,大连市政协主席林庆民参加开幕式。

提案委员会部分委员、提案人走访北京市政府,了解对全国政协十届一次会议以来提案的办理情况,听取对全国政协提案工作的意见和建议。宋宝瑞副主任带队,杨振杰副主任,港澳台侨委员会副主任张道诚参加此项活动。北京市市长王岐山、常务副市长翟鸿祥参加座谈会。

人口资源环境委员会在政协机关召开节约资源和有关环保问题调研组会议,听取五个子课题负责人关于课题准备情况的汇报,并研究讨论下半年工作安排。叶青副主任主持会议,张人为副主任等出席会议。

贾庆林主席在人民大会堂会见哈萨克斯坦副总理叶西莫夫。叶西莫夫是应吴仪副总理邀请来华参加中哈合作委员会第一次会议的。

罗豪才副主席会见由林玉唐会长率领的马来西亚中华大会堂总会访华团一行。该团是应国务院侨办邀请来华访问的。

李蒙副主席在中南海出席温家宝总理主持召开的党外有关经济专家座谈会。

2日至8日

应我会办公厅邀请,泰国上议院秘书长蒙迪·普素旺率上议院秘书处代表团访华。其间,阿不来提·阿不都热西提副主席会见代表团;郑万通秘书长与蒙迪·普素旺秘书长会谈并宴请代表团,李昌鉴副秘书长及办公厅有关局室负责人出席会见。代表团访问了北京、上海和广州。

3日

徐匡迪副主席在京出席西藏自治区发展咨询委员会成立大会。

5日

政协第十届全国委员会常务委员会第六次会议开幕会在政协会议楼常委会议厅举行。贾庆林主席主持会议。会议主要议题:一、审议通过政协第十届全国委员会常务委员会第六次会议议程;二、听取中共中央政治局委员、国务院副总理曾培炎作《树立和落实科学发展观,实现全面协调可持续发展》的报告。王忠禹、廖晖、刘延东、阿沛·阿旺晋美、李贵鲜、张思卿、霍英东、马万祺、白立忱、罗豪才、张克辉、周铁农、郝建秀、陈奎元、阿不来提·阿不都热西提、徐匡迪、李兆焯、黄孟复、王选、张怀西、李蒙副主席,郑万通秘书长和常委共273人出席会议。中共中央办公厅、国务院办公厅、国家发展和改革委员会、教育部、科技部、财政部、劳动和社会保障部、建设部、水利部、农业部、商务部、文化部、卫生部、国务院国有资产监督管理委员会、国家税务总局、国务院西部地区开发领导小组办公室、国务院东北地区等老工业基地振兴领导小组办公室等17个部门的负责人,省级地方政协主席,全国政协副秘书长、各专门委员会负责人、办公厅研究室主任和全国政协信息特邀委员列席会议。开幕会后,王忠禹副主席主持召开第六次常委会议小组召集人会议。

经济委员会副主任段应碧,范西成副秘书长在国谊宾馆出席国务院召开的全国农村税费改革试点工作会议。

港澳台侨委员会主任郭东坡在政协机关会见辽宁省政协港澳台侨和外事委员会主任刘廷耀一行,进行工作交流。外事委员会办公室负责人参加会见。

李贵鲜副主席在人民大会堂出席国家主席胡锦涛为蒙古总统巴嘎班迪访华举行的欢迎仪式和欢迎宴会。

政协第十届全国委员会常务委员会第六次会议进行专题分组讨论,主要内容是胡锦涛总书记在中央人口资源环境工作座谈会上的讲话,温家宝、曾庆红和曾培炎同志在省部级主要领导干部树立和落实科学发展观专题研究班上的讲话,温家宝总理关于当前经济形势和宏观调控的两次讲话,贾庆林主席近期关于政协工作的若干讲话和曾培炎副总理所作的报告。

全国政协信息特邀委员座谈会在政协机关举行首批聘请的特邀委员会议。郑万通秘书长出席并讲话。李昌鉴副秘书长主持会议。

民族和宗教委员会主任钮茂生在政协机关邀请重庆市政协主席刘志忠、湖北省政协副主席王少阶、湖南省政协副主席王汀明、贵州省政协副主席何永康、国务院发展研究中心发展战略和区域经济研究部部长李善同就“建立武陵山民族地区经济协作区”进行座谈。

6日

政协第十届全国委员会常务委员会第六次会议进行专题分组讨论。此次会议共分七个专题:一、优化经济结构,转变增长方式;二、统筹城乡发展,解决“三农”问题;三、促进区域协调发展;四、经济社会协调发展中的有关社会政策;五、发展教科文卫体事业,促进社会全面进步;六、统筹人与自然协调发展,增强可持续发展能力;七、坚持“引进来”与“走出去”相结合,提高对外开放水平。贾庆林主席,王忠禹、刘延东、李贵鲜、张思卿、白立忱、罗豪才、周铁农、郝建秀、陈奎元、阿不来提·阿不都热西提、徐匡迪、李兆焯、黄孟复、张怀西、李蒙副主席,郑万通秘书长分别参加各小组的讨论。中央、国务院有关部委以及相关单位35个部门的负责人共计68人次列席专题讨论会。

7日

政协十届全国委员会常务委员会第六次会议第二次全体会议在政协会议楼常委会议厅举行。贾庆林主席出席会议。阿不来提·阿不都热西提副主席主持会议。会议主要议题是:一、听取大会发言。刘仲藜、张榕明、陈耀邦、李雅芳、金日光、杨俊文、谢丽娟、陈益群、吴光正常委，杨邦杰、张龙之、董力、文喆、罗冰生、周可仁委员分别代表部分专门委员会、专题组、民主党派中央和全国工商联以及常委个人，围绕树立和落实科学发展观问题作了发言。二、听取刘延东副主席关于撤销韩桂芝政协第十届全国委员会委员资格的决定(草案)的说明。王忠禹、刘延东、李贵鲜、张思卿、马万祺、白立忱、罗豪才、张克辉、周铁农、郝建秀、陈奎元、徐匡迪、李兆焯、黄孟复、王选、李蒙副主席，郑万通秘书长和常委共252人出席会议。国家发改委、教育部、科技部、财政部、建设部、农业部、商务部、文化部、卫生部、国资委、国务院西部开发办等11个部门的负责人，省级地方政协主席，全国政协副秘书长、各专门委员会负责人、办公厅研究室主任和信息特邀委员列席会议。

政协第十届全国委员会常务委员会第六次会议进行小组讨论。主要内容：反映社情民意和人事问题。王忠禹、李贵鲜、白立忱、罗豪才、张克辉、周铁农、阿不来提·阿不都热西提、徐匡迪、李兆焯、黄孟复、张怀西、李蒙副主席分别参加小组讨论会。

张思卿副主席在政协礼堂出席“学习政协章程知识竞赛”颁奖仪式。王巨禄副秘书长讲话，陈洪副秘书长、办公厅研究室主任卞晋平及部分获奖个人、单位代表出席颁奖仪式。

中央统战部和全国政协办公厅在统战部礼堂共同宴请出席政协十届六次常委会议的港澳地区常委。贾庆林主席，王忠禹、刘延东、霍英东、马万祺、李蒙副主席，郑万通秘书长，中央统战部副部长梁金泉、黄跃金出席宴会。宴会前，贾庆林主席接见港澳地区常委并合影。

8日

受贾庆林主席委托，王忠禹副主席主持召开政协第十届全国委员会第十六次主席会议。主要议题：听取郑万通秘书长关于反映社情民意、人事问题和会议进展情况的综合汇报。廖晖、李贵鲜、张思卿、马万祺、白立忱、罗豪才、张克辉、周铁农、郝建秀、陈奎元、阿不来提·阿不都热西提、徐匡迪、李兆焯、黄孟复、张怀西、李蒙副主席出席会议。王巨禄、赵喜明、李昌鉴、吴明熹、齐续春、孙怀山、李敏宽、陈洪、陈明德、傅志煌、范西成、朱维群、刘民复、潘贵玉、陈宗兴、陈抗甫副秘书长，各专委会负责人傅杰、陈耀邦、陈邦柱、傅庚辰、李其炎、钮茂生、郭东坡、刘剑锋、金开诚，第六次常委会议各常规组召集人宋瑞祥、韩汝琦、章祥荪、陈益群、阎洪臣、程津培、王占，办公厅研究室主任卞晋平列席会议。

文史资料委员会在政协机关召开主任会议，研究近期工作。刘济民副主任主持会议，邓成城、刘枫、李仁臣、吴福、龚心瀚、崔占福副主任出席会议。

政协第十届全国委员会常务委员会第六次会议闭幕会在政协会议楼常委会议厅举行。主要议题：一、通过关于撤销韩桂芝政协第十届全国委员会委员资格的决定；二、听取各专题组讨论情况的汇报，吴敬琏、洪绂曾、任玉岭、李其炎、翟泰丰、张洽、刘剑锋常委分别代表各专题组作了汇报。贾庆林主席出席会议并作重要讲话。王忠禹副主席主持会议。贾庆林主席在讲话中通报了全国政协下半年的几项重点工作：一、举办“纪念邓小平同志诞辰100周年暨邓小平人民政协理论研讨会”；二、举办庆祝人民政协成立55周年系列活动；三、召开全国政协十届七次常委会议，围绕加强中国共产党执政能力建设这个主要议题建言献策；四、建立健全与政协章程相配套的各项规章制度。廖晖、刘延东、李贵鲜、张思卿、马万祺、白立忱、罗豪才、张克辉、周铁农、郝建秀、陈奎元、阿不来提·阿不都热西提、徐匡迪、李兆焯、黄孟复、张怀西、李蒙副主席,郑万通秘书长和常委共252人出席会议。中共中央办公厅、国务院办公厅以及国家发展和改革委员会等17个部门的负责人,省级地方政协主席,全国政协副秘书长、各专门委员会负责人、办公厅研究室主任和信息特邀委员列席会议。

贾庆林主席在政协礼堂宴请参加政协十届六次常委会议的地方政协主席。郑万通秘书长主持此项活动。王忠禹、刘延东、李贵鲜、张思卿、白立忱、罗豪才、张克辉、周铁农、郝建秀、陈奎元、阿不来提·阿不都热西提、徐匡迪、李兆焯、黄孟复副主席,省级地方政协主席,曾任地方政协主席的常委、专委会副主任,全国政协部分副秘书长、办公厅研究室主任出席宴会。

9日

政协第十届全国委员会常务委员会举行第三次学习讲座,邀请南京大学钱乘旦教授、首都教师范大学齐世荣教授作题为"15世纪以来世界主要国家发展历史考察"的报告。贾庆林主席主持报告会并讲话。王忠禹、李贵鲜、张思卿、马万祺、白立忱、罗豪才、周铁农、郝建秀、陈奎元、阿不来提·阿不都热西提、徐匡迪、李兆焯、黄孟复、李蒙副主席,郑万通秘书长和其他常委会组成人员出席报告会。

全国政协委员赴吉林省视察团在机关召开组团会,邀请国家发展和改革委员会工业司司长兼国务院振兴东北办体制组负责人介绍情况。

办公厅研究室主任卞晋平在政协礼堂会见来自泰国普密蓬国王学院的50人代表团。该团是自费来华进行学术访问的。

9日至16日

教科文卫体委员会"我国农村体育工作问题"专题组一行13人赴西藏进行专题调研。张发强副主任带队。

9日至20日

提案委员会副主任张岳琦一行14人赴广西、广东就关于防控外来生物入侵、维护国家生态安全的提案进行专题调研。宋宝瑞副主任、部分提案委员会委员、农工党中央和国家环保总局有关负责人参加。

11日

罗豪才副主席在北京大学出席"世界文明与郑和远航"国际学术研讨会。

11日至17日

应中国经济社会研究会邀请,巴西塞尔希培州州长若昂·阿尔维斯一行访华。其间,全国政协常务副主席、中国经济社会研究会会长王忠禹在政协礼堂会见;全国政协经济委员会主任、中国经济社会研究会副会长刘仲藜主持与巴西塞尔希培州州长若昂·阿尔维斯的座谈并代表中国经济社会研究会宴请代表团。全国政协人口资源环境委员会副主任张洽、范西成副秘书长分别参加上述活动。全国政协外事委员会副主任、中国经济社会研究会常务理事原焘全程陪同访问北京、南京、扬州和上海。

12日

罗豪才副主席在人民大会堂出席"侨法宣传月"新闻发布会。

郑万通秘书长主持召开政协第十届全国委员会第十六次秘书长办公会议。主要议题:听取关于第六次常委会议会议成果转化情况的汇报。王忠禹副主席出席会议并讲话。各专题工作组、文件起草组、发言组、信息局负责人分别汇报情况。王巨禄、齐续春、孙怀山、陈洪、傅志煌、范西成副秘书长,办公厅研究室主任卞晋平出席会议。

全国政协委员赴内蒙古自治区视察团召开组团会,邀请农业部及国家环保总局有关负责人介绍内蒙古草原生态保护和建设情况。李兆焯副主席出席会议。

港澳台侨委员会与全国人大华侨委员会、国务院侨办、致公党中央、中国侨联在人民大会堂联合举办"侨法宣传月"新闻发布会。郭东坡主任代表港澳台侨委员会讲话。罗豪才副主席，港澳台侨委员会副主任何添发出席会议。

罗豪才副主席在西苑饭店会见丹麦中国和平统一促进会访京团。

12日至13日

黄孟复副主席在大连市出席中华海外联谊会举行的"振兴中华，海联论坛"。

12日至21日

以保育钧委员为团长、白文庆委员为副团长的全国政协委员视察团就"加快东北老工业基地民营经济发展问题"赴吉林省长春、吉林、四平、辽源等地视察。

12日至23日

文史资料委员会"历史文化名城"考察团一行18人赴云南考察。刘枫副主任、安启元常委带队。

13日

罗豪才副主席在京出席"河洛文化国际研讨会北京预备会"并讲话，港澳台侨委员会主任郭东坡参加会议。

罗豪才副主席在政协机关会见了港区全国政协委员、律师黄英豪先生，宾主就加强内地与港澳的律师界及有关法律研究方面的合作交换了意见。司法部有关部门负责人参加了会见。

13日至23日

以李兆焯副主席为团长、肖建章、鲁志强委员为副团长的全国政协委员视察团，就"资源开发与草原生态保护情况"赴内蒙古自治区赤峰、锡林浩特、鄂尔多斯、呼和浩特等地进行视察。

14日

王忠禹副主席在广东省东莞市向港澳特区全国政协委员传达十届政协第六次常委会议情况和贾庆林主席在常委会议上的讲话。王巨禄副秘书长主持会议，广东省政协副主席石安海，东莞市政协有关领导及港澳委员近百人参加会议。

港澳台侨委员会副主任张伟超在政协机关会见以主席萧楚基先生为团长的香港仁爱堂第二十五届董事局北京访问团一行。仁爱堂是香港六大慈善团体之一，以"匡老扶幼、举学育才、助弱保康、关社睦邻"为宗旨。

外事委员会副主任马振岗在政协机关会见宴请英国伦敦经济学院专家安妮·鲍尔、萨尼·库玛和约翰·西尔斯。客人是应中国社会政策研究中心邀请出席在北京举行的"发挥公共部门在城市住房发展中的作用"国际会议来华的。

14日至21日

教科文卫体委员会副主任徐善衍率"关于加快发展高科技，实现产业化问题"专题组一行11人赴陕西省进行调研。

15日

罗豪才副主席在钓鱼台国宾馆会见并宴请印尼侨领林文镜等。港澳台侨委员会副主任张伟超出席会见。

李蒙副主席在人民大会堂出席国家主席胡锦涛为马里总统阿马杜·图马尼·杜尔访华举行的欢迎仪式和欢迎宴会。

15日至25日

人口资源环境委员会副主任张宝明率"加快新疆煤田灭火进度，减少环境污染和资源损失"专题调研组一行9人赴新疆调研。

16日

张克辉副主席在北京奥林匹克森林公园参加全国台联2004年台胞青年夏令营"海峡两岸青年林植树揭牌仪式"。

贾庆林主席在钓鱼台国宾馆会见以奥地利国民议会（下院）第一副议长、社民党副主席、奥中友协理事普拉玛为团长的奥地利高级人士代表团。李昌鉴副秘书长参加会见。该团是应对外友协邀请访华的。

16 日至 23 日

以吴福常委为团长的澳门特别行政区全国政协委员视察团赴黑龙江省视察哈航集团、哈尔滨工业大学、黑龙江省商务高级技校、黑龙江省农垦总局宁安农场、镜泊湖自然保护区、东宁口岸、铁人纪念馆和黑龙江省八一农大等，并与黑龙江省省委书记宋法棠等省委、省政府、省政协的有关领导深入交换了意见。张怀西副主席和齐续春副秘书长参加视察。

19 日

罗豪才、王选、李蒙副主席在中南海出席中共中央召开的征求民主党派、全国工商联和无党派人士对经济工作意见的座谈会。

徐匡迪副主席在北京国际会议中心出席"2004 年全球华人生物科学家大会开幕式"。

19 日至 24 日

全国政协民族和宗教委员会在北戴河干部培训中心举办政协民族宗教工作研讨班。张思卿副主席出席开班仪式并发表讲话。钮茂生主任主持开班仪式，克尤木·巴吾东、李晋有、肖作福、金日光、黄璜副主任和河北省政协副主席刘德忠等出席此项活动。来自全国 40 个省、自治区、直辖市和副省级市政协民族和宗教委员会或相关工作部门的 80 余人参加研讨班。

20 日

中共中央政治局常委、全国政协主席贾庆林，全国人大常委会副委员长、民革中央主席何鲁丽，全国政协副主席刘延东、罗豪才在人民大会堂出席第七次全国归侨侨眷代表大会开幕会并接见全体代表。

全国政协委员赴河北省视察团召开会议，听取国家海洋局、国家环保总局有关负责人介绍情况。周铁农副主席参加会议。

提案委员会副主任杨振杰带队就《关于对我国传媒制度创新的策略思考与建议》提案赴北京进行调研。部分全国政协委员及国家广电总局有关负责人参加调研。

罗豪才副主席一行赴山西考察。办公厅研究室主任卞晋平、港澳台侨委员会副主任张伟超等陪同考察。

21 日至 29 日

以周铁农副主席为团长，汪纪戎常委、张登义委员为副团长的全国政协委员赴河北省视察团一行 24 人就"渤海海域环境治理与可持续发展"情况进行视察。

21 日至 30 日

社会和法制委员会"收入分配体制改革"专题组赴吉林省调研。王建伦副主任带队，朱治宏副主任等参加调研。

23 日

提案委员会主任傅杰、副主任俞泽猷及部分提案委员会委员走访公安部，了解公安部办理全国政协十届二次会议提案情况，并听取公安部对提案委员会工作的意见和建议。

港澳台侨委员会召开主任会议，讨论中央有关对台工作精神，研究落实有关工作。郭东坡主任主持会议，王永海、张道诚、俞晓松副主任等出席会议。

23 日至 28 日

以吴光正常委为团长、伍淑清常委为副团长的香港特别行政区全国政协委员视察团就我国航天科技发展情况进行视察。徐匡迪副主席和 25 名港区全国政协委员参加。视察团听取了中国载人航天工程总设计师王永志、神州飞船系统总设计师戚发轫对我国航天科技发展情况和载人航天工程情况的有关介绍，视察了酒泉卫星发射中心和北京航天城，听取了神州 5 号发射的有关情况介绍，并会见了首飞航天员杨利伟。港澳台侨委员会主任郭东坡、副主任王永海，总装备部副部长、载人航天工程副总指挥胡世祥中将陪同参加在京视察活动。

23日至31日

人口资源环境委员会副主任温克刚率调研组一行11人,就"三江源和环青海湖地区人工增雨与生态环境监测"专题在青海省进行调研。

24日至8月4日

应贾庆林主席邀请,巴基斯坦参议院主席苏姆罗一行18人对我国进行正式友好访问。其间,全国人大常委会委员长吴邦国和国务院总理温家宝分别会见代表团;贾庆林主席会见并宴请;阿不来提·阿不都热西提副主席出席巴基斯坦驻华大使里亚兹·默罕默德·汗为苏姆罗主席访华举行的宴会,并到机场迎送。阿不来提·阿不都热西提副主席,全国人大外事委员会主任委员姜恩柱,全国政协教科文卫体委员会主任刘忠德、民族和宗教委员会主任钮茂生、经济委员会副主任陈耀邦、外事委员会副主任周可仁、全国人大常委会副秘书长曹卫星、全国政协副秘书长李昌鉴、外交部副部长王毅和巴基斯坦驻华大使亚兹·默罕默德·汗等分别出席上述活动。陈耀邦副主任全程陪同代表团访问了新疆、陕西、上海和北京。

25日至31日

提案委员会主任傅杰、副主任范宝俊一行5人赴广东参加中南六省(区)政协提案工作座谈会。

24日至8月4日

社会和法制委员会"未成年人法律保护"专题组赴黑龙江省调研。刘家琛副主任带队。

27日

罗豪才副主席在人民大会堂出席国务院侨办举办的"2004海外华裔及港澳地区青少年中国寻根之旅夏令营"开营仪式。

提案委员会主任傅杰、副主任范宝俊一行走访广东省政府,了解广东省政府办理全国政协十届二次会议提案情况,并听取对提案委员会工作的意见和建议。

罗豪才副主席在政协礼堂会见并宴请美国洛杉矶中华会馆访华团一行40人。港澳台侨委员会主任郭东坡,致公党中央副主席吴明熹等出席会见。

28日

罗豪才副主席在北京饭店会见以泰国上议院预算委员会主席颂蓬·沙卡威为团长的泰国上议院议员代表团。该团是应中国国际交流协会邀请来华访问的。

29日

贾庆林主席、王忠禹副主席在北戴河全国政协干部培训中心看望暑休的委员、老同志及书画界人士,接见干部培训中心全体干部职工及实习师生并合影留念。

30日

郑万通秘书长一行4人应香港友好协进会李东海主席的邀请,前往香港参加该会举办的庆祝香港友好协进会成立15周年和香港回归祖国7周年纪念大会,并看望在香港、澳门特别行政区的全国政协副主席、常委和委员。

刘延东副主席在人民大会堂出席国家主席胡锦涛为约旦国王阿卜杜拉二世·本·侯赛因访华举行的欢迎仪式和欢迎宴会。

31日至8月10日

由人口资源环境委员会、国家林业局等单位联合组成的关注森林活动组委会调研组赴内蒙古、黑龙江就生态环境保护和林业情况进行调研。人口资源环境委员会主任陈邦柱带队,副主任马国良、张洽等参加调研。

8月

2日至10日

人口资源环境委员会副主任陈洲其率"矿业城市的分类与对策"专题调研组赴辽

宁、黑龙江两省调研。

3日

港澳台侨委员会主任郭东坡在政协机关会见美国旧金山湾区论坛前召集人、曾任美国国家教育委员会委员的杨菁荪先生等旧金山湾区学者访问团一行8人。访问团成员都是来自祖国大陆、台湾、香港等地的美籍华人。宾主就台湾局势、促进两岸和平统一等问题进行了坦诚交流。王永海副主任等参加会见。

5日

港澳台侨委员会副主任王永海在政协机关会见并宴请美国洛杉矶华夏政略研究会王中平先生一行3人。

6日至15日

经济委员会"统筹城乡发展"专题组赴安徽、湖北就统筹城乡发展、缩小城乡差距及农村税费改革问题进行调研。阿不来提·阿不都热西提副主席参加调研,经济委员会副主任陈耀邦、洪绂曾任组长。

6日至22日

郭东坡主任率港澳台侨委员会代表团一行7人访问南非、毛里求斯和法属留尼旺。代表团主要成员有王巨禄副秘书长、王永海副主任和乐美真委员。

9日

文史资料委员会副主任、中国国际茶文化研究会会长刘枫考察中国农业科学院茶叶研究所,就我国茶叶发展问题进行调研。

10日

提案委员会在政协机关召开各民主党派中央、全国工商联以及部分承办单位座谈会,征求对《中国人民政治协商会议全国委员会提案工作条例(修订草案)》(征求意见稿)的修改意见。傅杰主任主持会议。傅志煌副秘书长,部分提案委员会委员,各民主党派中央、全国工商联以及部分承办单位有关负责人出席会议。

罗豪才副主席在政协机关会见以台湾十大杰出青年基金会名誉董事长王甲乙先生为名誉团长的2004台湾青年学生友好访问团一行6人。

11日

经济委员会主任刘仲藜在政协机关主持召开委员会第十一次主任会议,审议粮食安全专题组调研报告《关于我国粮食安全问题的几点看法和建议(草稿)》;审议沿黄河地区全面小康建设专题组调研报告《关于济南市开发利用北展宽滞洪区,实现"北跨"发展的建议(草稿)》;讨论并安排本专委会下半年主要工作。石万鹏、刘立清、刘廷焕、邵奇惠、段应碧副主任出席会议。

11日至16日

人口资源环境委员会副主任刘成果赴内蒙古自治区呼和浩特市出席华北五省(市、区)政协人口资源环境工作联席会议并讲话。

11日至19日

人口资源环境委员会副主任张洽率"加强西藏天然草场保护与建设"专题组一行6人赴西藏调研。

12日

张克辉副主席在人民大会堂出席中央人民广播电台对台湾广播五十周年纪念会。

经济委员会主任刘仲藜、社会和法制委员会副主任萧灼基,范西成副秘书长参加在八宝山革命公墓大礼堂举行的九届全国政协经济委员会副主任董辅礽同志遗体送别活动。

阿不来提·阿不都热西提副主席在乌鲁木齐视察新落成的新疆地质矿产陈列馆。新疆维吾尔自治区政协主席艾斯海提·克里木拜、秘书长居来提·买卖提明陪同视察。

外事委员会副主任马振岗在政协机关与美国国会助手团举行座谈,并设宴招待。

11日晚和12日中午，马振岗副主任和潘占林委员还分别出席为该团举办的欢迎宴会。该团是由美亚基金会组织、应外交学会邀请访华的。

12日至26日

以黄璜副主任为团长的民族和宗教委员会考察团赴西藏考察，主要了解实施西部大开发战略以来西藏自治区经济和社会发展情况，以及当地民族和宗教工作情况。巴桑副主任就地参加考察活动。

12日至27日

何添发副主任率港澳台侨委员会代表团一行4人出席在英国伯明翰市举行的欧洲华侨华人联合会第十二届年会，并访问英国、德国和匈牙利。

13日

邓小平铜像揭幕仪式在四川省广安举行。中共中央总书记、国家主席胡锦涛出席仪式，并为铜像揭幕。中共中央、全国人大常委会、国务院、全国政协、中央军委敬献花篮。全国人大常委会副委员长何鲁丽、全国政协副主席罗豪才等出席铜像揭幕仪式。

郑万通秘书长应邀为辽宁省委、省政协举行的学习政协章程报告会作题为《人民政协理论与实践的几个问题》的辅导报告，就人民政协理论与实践发展的几个重要历史时期、新修订的政协章程对人民政协理论与实践的重要贡献和人民政协理论与实践发展需要深入研究的若干问题进行了系统阐述。受中共辽宁省委书记闻世震委托，省委副书记王万宾出席并讲话。会议由辽宁省政协主席郭廷标主持。辽宁省委、省人大、省政府的部分领导人，省政协领导班子成员，各市政协主席、市委统战部部长，省各民主党派、工商联主委和驻会副主委，在沈的全国政协委员、省政协常委，省政府主要部门的负责人，省委统战部和省政协机关处级以上干部，沈阳市政协各部门负责人以及各市(县、区)政协主席等约200人参加报告会。

13日至15日

提案委员会在京召开第七次主任(扩大)会议，听取提案委员会办公室关于全国政协第五次提案工作座谈会筹备情况的汇报，并研究座谈会文件稿。傅杰主任主持会议，杨振杰、张岳琦、郑社奎、范宝俊、倪豪梅副主任，傅志煌副秘书长及提案委员会部分委员参加会议。

15日至28日

社会和法制委员会"收入分配体制改革"专题组赴上海、浙江调研。王建伦副主任带队，萧灼基副主任参加调研。

16日

徐匡迪、王选副主席在国务院出席国家中长期科学和技术发展规划总体战略顾问专家组会议。

郑万通秘书长在政协机关主持召开政协第十届全国委员会第十七次秘书长办公会议。主要议题：一、审议政协第十届全国委员会常务委员会第七次会议议程和日程(草案)；二、研究关于政协机关停开班车、发放交通补贴的有关事宜。赵喜明、李昌鉴、孙怀山、傅志煌、范西成副秘书长，办公厅研究室和各局级单位负责人参加会议。

中共中央统战部召开统一战线各界人士纪念邓小平同志诞辰100周年座谈会。全国政协副主席、中共中央统战部部长刘延东主持座谈会，各民主党派中央和全国工商联负责人何鲁丽、丁石孙、成思危、许嘉璐、蒋正华、韩启德、罗豪才、张克辉、周铁农、黄孟复、张怀西、李蒙，孙孚凌、万国权、王文元同志等出席会议，并到国家博物馆参观大型展览《世纪伟人邓小平》。

16日至18日

外事委员会副主任张国祥赴南京出席日本教育团体碧波会和江苏省文化联合会联合举办的中日少年儿童书画比赛颁奖仪

式，并在南京考察。

16日至9月4日

应菲律宾参议院、泰国上议院、朝鲜祖国战线中央委员会的邀请，李兆焯副主席率全国政协代表团对上述三国进行友好访问。代表团主要成员有全国政协常委、副秘书长李昌鉴、甘肃省政协副主席喇敏智，全国政协经济委员会副主任段应碧等。

17日

罗豪才副主席在友谊宾馆出席“邓小平与中国统一——纪念邓小平同志诞辰100周年座谈会”。

郑万通秘书长在政协北楼十层会议室主持召开政协第十届全国委员会第七次秘书长会议，审议政协第十届全国委员会常务委员会第七次会议议程和日程（草案）。副秘书长赵喜明、吴明熹、张梅颖、齐续春、孙怀山、李敏宽、陈明德、傅志煌、范西成、刘民复出席会议，办公厅研究室主任卞晋平，第七次常委会议各工作组负责人列席会议。

罗豪才副主席在政协机关出席学习贯彻《归侨侨眷权益保护法》及实施办法座谈会。

17日至23日

金日光副主任代表民族和宗教委员会应邀出席在哈尔滨召开的“全国部分省（区、市）政协第六次民族和宗教工作研讨会”。

17日至25日

以李蒙副主席为团长的全国政协委员视察团在甘肃省兰州、白银、会宁、天水等地就人才培养和使用状况进行视察。视察团听取各市县党政领导的汇报，视察西北师范大学、白银公司、星火机床责任有限公司等单位，与干部职工进行座谈，并在会宁向希望小学捐款20万元。21日，李蒙副主席及视察团成员出席在天水举行的伏羲公祭仪式。

18日

王忠禹副主席在政协北楼十层会议室主持会议，听取第七次常委会议和庆祝人民政协成立55周年活动筹备工作情况的汇报。郑万通秘书长，赵喜明、齐续春、孙怀山、傅志煌、范西成副秘书长，研究室、秘书局、管理局、服务局负责人参加会议。

徐匡迪副主席在政协机关会见美国亚洲学会会长德赛女士。德赛是应对外友协邀请访华的。

王选副主席在中南海出席中共中央召开的征求各民主党派中央、全国工商联和无党派人士对《中共中央关于加强党的执政能力建设的决定（征求意见稿）》的意见座谈会。

贾庆林主席，王忠禹副主席在政协机关出席中国文史出版社出版的大型理论工具辞书《邓小平理论辞典》首发式。陈奎元副主席发表讲话。郑万通秘书长致辞，就编撰《邓小平理论辞典》的有关情况及该书的出版意义发表了意见。原中央党校副校长、《求是》杂志原总编辑邢贲思代表与会理论界专家学者发言。赵喜明、孙怀山、傅志煌、范西成副秘书长，教科文卫体委员会副主任于友先、文史资料委员会副主任金开诚、办公厅研究室主任卞晋平，中共中央宣传部副部长高俊良、中共中央文献研究室副主任杨胜群、中共中央党史研究室副主任张启华，国家新闻出版总署副署长柳斌杰、中国社会科学院副院长李慎明，以及石仲泉、汝信、江流等数十名来自各有关单位的负责人、专家学者出席会议。首发式举行前，贾庆林主席，王忠禹、陈奎元副主席及郑万通秘书长接见对编撰《邓小平理论辞典》作出贡献的专家学者和参与编辑出版工作的同志，并合影留念。

港澳台侨委员会副主任张道诚在政协机关会见由香港特区全国政协常委伍淑清率领的香港中华科技考察交流团一行60

人。

刘延东副主席在民族文化宫参观纪念邓小平同志诞辰100周年全国文史研究馆书画展。

19日

阿不来提·阿不都热西提副主席在国家民委出席在京各民族人士纪念邓小平同志诞辰100周年座谈会。

20日

贾庆林主席主持召开政协第十届全国委员会第十七次主席会议。会议审议通过政协十届常委会第七次会议议程草案和日程,决定将议程草案提请政协十届常委会第七次会议审议。贾庆林主席指出,即将召开的中共十六届四中全会,将研究加强党的执政能力建设的问题。加强党的执政能力建设,是十六大根据新世纪新阶段党所面临的新形势新任务而作出的一项战略决策。是一个关系社会主义事业兴衰成败、关系中华民族前途命运、关系党和国家长治久安的重大战略课题。贾庆林主席强调,政协常委会组成人员要全面深刻地领会全会精神,围绕主题积极建言献策。王忠禹、刘延东、阿沛·阿旺晋美、李贵鲜、张思卿、罗豪才、张克辉、周铁农、郝建秀、陈奎元、阿不来提·阿不都热西提、徐匡迪、黄孟复、王选、张怀西副主席,郑万通秘书长出席会议。赵喜明、齐续春、孙怀山、李敏宽、傅志煌、范西成、刘民复、陈宗兴、陈抗甫副秘书长,专委会负责人傅杰、刘仲藜、陈邦柱、刘忠德、李其炎、江家福、张道诚、刘剑锋、龚心瀚,办公厅研究室主任卞晋平列席会议。

贾庆林主席在政协机关听取出访亚欧四国筹备工作情况汇报。郑万通秘书长主持会议,中央外办主任刘华秋,全国政协经济委员会主任刘仲藜、教科文卫体委员会主任刘忠德,外交部副部长张业遂,全国工商联副主席王以铭,以及全国政协办公厅、中央警卫局、外交部、商务部、北京市外办、民航总局等有关部门负责人出席会议。

傅志煌副秘书长在机关会见以摩尔多瓦共青团中央第一书记彼得伦科·格里高雷为团长的摩共青团代表团。该团是应团中央邀请访华的。

贾庆林主席,王忠禹、刘延东、张思卿、罗豪才、张克辉、周铁农、郝建秀、陈奎元、阿不来提·阿不都热西提、徐匡迪、黄孟复、张怀西副主席,杨汝岱、任建新、钱正英、孙孚凌、万国权、胡启立、赵南起、王文元同志,部分在京常委在人民大会堂观看纪念邓小平同志诞辰100周年大型文艺晚会《小平你好》。

22日

中共中央、全国人大常委会、国务院、全国政协、中央军委在人民大会堂隆重举行邓小平同志诞辰100周年纪念大会。中共中央总书记、国家主席胡锦涛发表重要讲话。中央政治局常委、全国政协主席贾庆林,王忠禹、廖晖、刘延东、阿沛·阿旺晋美、李贵鲜、张思卿、罗豪才、张克辉、周铁农、郝建秀、陈奎元、阿不来提·阿不都热西提、徐匡迪、黄孟复、王选、张怀西副主席,谷牧、杨汝岱、任建新、宋健、钱正英、孙孚凌、朱光亚、万国权、胡启立、陈锦华、赵南起、经叔平、王文元同志,郑万通秘书长出席纪念大会并在主席台就坐。部分在京常委和副秘书长出席纪念大会。

23日

全国政协纪念邓小平同志诞辰100周年暨邓小平关于人民政协理论研讨会开幕式在政协礼堂举行。贾庆林主席出席会议,王忠禹副主席致开幕词,郑万通秘书长主持会议。中共中央党校新时期党史教研室副主任曹普、民盟中央常务副主席张梅颖、广东省政协副主席王兆林、武汉市政协主席刘善璧、致公党中央副主席俞云波、甘肃省政协副主席蔚振忠在开幕会上作了大会发言。刘延东、李贵鲜、张思卿、罗豪才、张克辉、周铁农、郝建秀、陈奎元、阿不来提·阿不都热西提、徐匡迪、黄孟复、王选、张怀西副主席和会议代表共 163 人出席会议。

贾庆林主席接见出席全国政协第五次提案工作座谈会的代表并发表重要讲话。王忠禹、李贵鲜、张思卿、罗豪才、张克辉、周铁农、郝建秀、陈奎元、阿不来提·阿不都热西提、徐匡迪、黄孟复、张怀西副主席，郑万通秘书长，傅志煌副秘书长，办公厅研究室主任卞晋平，中共中央办公厅副主任毛林坤，国务院副秘书长焦焕成，提案委员会主任傅杰，副主任朱培康、杨振杰、宋宝瑞、张工、张岳琦、范宝俊、俞泽猷、贾军、倪豪梅，经济委员会副主任陈耀邦，人口资源环境委员会副主任张宝明，教科文卫体委员会副主任、民进中央副主席蔡睿贤，社会和法制委员会副主任肖建章，民族和宗教委员会副主任刘柏年，港澳台侨委员会副主任张伟超，外事委员会副主任原焘，文史资料委员会副主任金开诚，民盟中央副主席李重庵，民建中央副主席路明，农工党中央副主席陈宗兴，致公党中央秘书长邱国义，九三学社中央常务副主席陈抗甫，台盟中央副主席李敏宽，全国工商联副主席程路参加会议。

全国政协第五次提案工作座谈会在政协礼堂开幕。王忠禹副主席就提案工作作重要讲话，国务院副秘书长焦焕成介绍国务院系统办理提案的基本情况，提案委员会主任傅杰作提案工作报告，提案委员会副主任范宝俊作关于《中国人民政治协商会议全国委员会提案工作条例(修订草案)》(讨论稿)的说明。李贵鲜、周铁农、阿不来提·阿不都热西提副主席出席会议。郑万通秘书长主持会议。中共中央办公厅副主任毛林坤，全国政协副秘书长傅志煌、办公厅研究室主任卞晋平，提案委员会副主任朱培康、杨振杰、宋宝瑞、张工、张岳琦、俞泽猷、贾军、倪豪梅，经济委员会副主任陈耀邦，人口资源环境委员会副主任张宝明，教科文卫体委员会副主任、民进中央副主席蔡睿贤，社会和法制委员会副主任肖建章，民族和宗教委员会副主任刘柏年，港澳台侨委员会副主任张伟超，外事委员会副主任原焘，文史资料委员会副主任金开诚，民盟中央副主席李重庵，民建中央副主席路明，农工党中央副主席陈宗兴，致公党中央秘书长邱国义，九三学社中央常务副主席陈抗甫，台盟中央副主席李敏宽，全国工商联副主席程路，提案委员会委员，各省、自治区、直辖市、副省级城市提案委员会及其办公室负责人，各民主党派中央和全国工商联以及部分在京承办单位有关负责人参加会议。

全国政协纪念邓小平同志诞辰 100 周年暨邓小平关于人民政协理论研讨会进行分组讨论。罗豪才副主席参加小组讨论会。

贾庆林主席在政协机关会见并宴请出席第十次驻外使节会议的使节。宴会由王忠禹副主席主持，贾庆林主席发表讲话，感谢驻外使节多年来给予人民政协对外交往工作的一贯支持，向驻外使节等工作在外交战线一线的同志们表示崇高的敬意，贾庆林还介绍了人民政协的重要地位和影响以及在国家总体外交中的独特优势。国务委员唐家璇，刘延东、李贵鲜、张思卿、罗豪才、张克辉、周铁农、陈奎元、阿不来提·阿不都热西提、徐匡迪、黄孟复、张怀西副主席，郑万通秘书长，中央外办主任刘华秋，中联部部长王家瑞，外交部部长李肇星、党委书记戴秉国，商务部部长薄熙来，全国政协提案委员会主任傅杰，经济委员会副主任陈耀邦，人口资源环境委员会主任陈邦柱，教科文卫体委员会主任刘忠德，社会和法制委员会主任李其炎，民族和宗教委员会主任钮茂生，外事委员会主任刘剑锋，港澳台侨委员会副主任张伟超，外事委员会副主任王淑贤、李北海、吴建民、陈昊苏、武韬、原焘，文史资料委员会副主任龚心瀚，王巨禄、赵喜明、张梅颖、孙怀山、李敏宽、傅志煌、刘民复、陈抗甫副秘书长，办公厅研究室主任卞晋平，中联部副部长马文普、外交部副部长乔宗淮、张业遂、周文重、吕新华，外交部部长助理沈国放、李金章、李辉，以及我173位驻外使节（含12位副部级大使或特派员）约260余人出席会议。

24日

全国政协第五次提案工作座谈会与会代表在驻地分组交流提案工作经验，讨论修改《全国政协提案工作条例》。提案委员会主任傅杰，副主任朱培康、杨振杰、宋宝瑞、张工、张岳琦、范宝俊、俞泽猷、贾军、倪豪梅，提案委员会委员，各省、自治区、直辖市和副省级城市提案委员会及其办公室负责人，各民主党派中央和全国工商联以及部分在京承办单位有关负责人参加会议。

全国政协纪念邓小平同志诞辰100周年暨邓小平关于人民政协理论研讨会进行分组讨论。阿不来提·阿不都热西提副主席参加小组讨论会。

徐匡迪副主席在国务院出席国务院第四次学习讲座，题目是“中国可持续发展油气资源战略研究”。

郑万通秘书长在政协机关主持召开贾庆林主席访问亚欧四国全体随行人员会议。教科文卫体委员会主任刘忠德，九三学社中央副主席冯培恩，外交部副部长张业遂，全国工商联副主席王以铭以及全体随行人员出席会议。办公厅、外交部、中办警卫局、民航总局等单位有关部门负责人介绍了相关情况以及注意事项等。郑万通秘书长根据贾庆林主席在听取出访筹备工作情况汇报会上的讲话精神，对全体随行人员提出六点要求。

郑万通秘书长在政协机关接受深圳市政协《政协论坛》专题片摄制组的采访。《政协论坛》由深圳市政协和深圳电视台联合开办，至今已经10年。

纪念邓小平同志诞辰100周年暨邓小平关于人民政协理论研讨会闭幕会在政协礼堂举行。贾庆林主席出席并发表重要讲话，王忠禹副主席主持会议。刘延东、李贵鲜、张思卿、罗豪才、张克辉、周铁农、郝建秀、陈奎元、阿不来提·阿不都热西提、徐匡迪、黄孟复、张怀西副主席，郑万通秘书长和会议代表共168人出席会议。贾庆林主席在讲话中深切缅怀了以毛泽东同志为主要代表的中国共产党人开创统一战线和人民政协事业的杰出贡献，高度评价了邓小平同志对人民政协事业发展作出的卓越贡献，系统阐述了邓小平人民政协理论的基本内容，全面论述了以江泽民同志为核心的党的第三代领导集体和以胡锦涛同志为总书记的党中央对人民政协理论的丰富与发展。贾庆林主席还就加强人民政协理论研究工作提出了四点要求：第一，必须坚持正确的政治方向。第二，必须坚持理论联系实际的马克思主义学风。第三，必须重视对人民政协理论的宣传。第四，必须加强对人民政协理论研究工作的领导。闭幕会后，全国政协领导同志与全体与会代表合影。

王忠禹、李贵鲜、张思卿、陈奎元、徐匡迪副主席，赵喜明、齐续春、孙怀山、陈洪、傅志煌副秘书长，出席全国政协纪念邓小平同志诞辰100周年暨邓小平关于人民政协理论研讨会的代表、全国政协各专门委员会负责人和部分机关干部在中国国家博物馆参观“世纪伟人邓小平——纪念邓小平同志诞辰100周年展览”。

提案委员会召开第九次全体会议，听取办公室关于上半年工作情况的汇报。傅杰主任主持会议，副主任朱培康、杨振杰、宋宝瑞、张工、张岳琦、范宝俊、俞泽猷、贾军、倪豪梅及提案委员会委员出席会议。

25日

贾庆林主席在人民大会堂会见韩国驻华大使金夏中。郑万通秘书长，外交部副部长武大伟会见时在座。

全国政协第五次提案工作座谈会进行大会发言，交流各地工作情况和工作经验。提案委员会副主任杨振杰主持会议。北京、湖北、新疆、河北、济南、黑龙江、山东、云南、厦门、天津、深圳等11个地方政协提案委员会负责人先后作了大会发言。闭幕会开幕前，继续进行大会发言，民盟中央，上海市、沈阳市政协提案委员会，国家发展和改革委员会、北京市政府负责人作了大会发言。

教科文卫体委员会举办报告会，请科技部副部长李学勇作关于当前我国科技兴农情况的报告。蔡睿贤副主任主持会议，部分科技界、农业界委员参加会议。

国务院台办主持召开中央六家涉台单位第13次联席会议。国台办副主任王在希介绍了近期台湾局势和我对台政策，与会单位分别就台湾局势、两岸关系情况及对台工作提出意见建议。张克辉、周铁农副主席分别代表台盟中央、民革中央参加会议。港澳台侨委员会主任郭东坡，副主任王永海、张道诚等参加会议。

全国政协第五次提案工作座谈会闭幕。提案委员会主任傅杰主持会议，朱培康副主任作会议总结。李贵鲜、周铁农副主席，王巨禄、齐续春、陈洪、傅志煌副秘书长，提案委员会副主任杨振杰、宋宝瑞、张工、张岳琦、俞泽猷、贾军、倪豪梅，提案委员会委员，各省、自治区、直辖市和副省级城市提案委员会及其办公室负责人，各民主党派中央和全国工商联以及部分在京承办单位有关负责人出席会议。

罗豪才副主席在北京市政协出席纪念致公党中央原副主席伍禅同志诞辰100周年座谈会。

26日

人口资源环境委员会在政协机关召开专题座谈会，围绕《中华人民共和国可再生能源法》（草案征求意见稿）听取委员们的意见和建议。张人为副主任主持会议，有关方面的委员、专家参加会议。

教科文卫体委员会举办报告会，邀请农业部科教司司长张凤桐作关于当前我国科教兴农情况的报告。蔡睿贤副主任主持会议，部分科技界、农业界委员参加会议。

26日至9月10日

应韩国国会议长金元基、奥地利联邦议会议长哈泽尔巴赫、西班牙参议院议长罗霍、葡萄牙议会议长阿马拉尔邀请，贾庆林主席对上述四国进行正式友好访问。陪同贾庆林主席访问的有：郑万通秘书长，中央外办主任刘华秋，经济委员会主任刘仲藜、教科文卫体委员会主任刘忠德，山西省政协主席刘泽民，九三学社中央副主席冯培恩，外交部副部长张业遂。王巨禄、孙怀山副秘书长，外交部副部长武大伟到机场送行。

27日

为庆祝第20个教师节，教科文卫体委员会与民进中央、中华职教社等单位共同组织部分在京全国政协常委、委员赴京郊延庆县山区四海小学，向师生们表示慰问，并送去价值4万元的书和其他物品。郝建秀副主席，教科文卫体委员会副主任蔡睿贤，赵喜明副秘书长，民进中央副主席王佐书等参加慰问活动。北京市副市长范伯元、市政协副主席张和平陪同前往。

罗豪才副主席在人民大会堂出席由全国人大华侨委承办的“五侨”领导联席会议。主要议题是：通报近期工作。港澳台侨委员会主任郭东坡，副主任俞晓松等出席会议。

27日至30日

周铁农副主席一行赴新疆考察引额济乌工程。新疆政协副主席李东辉、朱振中陪同考察。此前,中共中央政治局委员、新疆维吾尔自治区党委书记王乐泉会见周铁农副主席一行。

28日

张思卿副主席在济南出席《中国政协》杂志社召开的宣传工作研讨会,传达贾庆林主席在纪念邓小平同志诞辰100周年理论研讨会上关于加强政协理论研究工作和政协宣传工作的讲话精神,并强调指出,加强宣传工作是推动政协工作的一个主要工作,做好宣传工作一定要研究新情况、新问题;办好杂志,一定要突出特色,在"新"字上下功夫。山东省政协主席孙淑义,全国政协副秘书长陈洪,济南市政协主席徐华东出席并讲话。全国28个省(自治区)、13个副省级市地方政协宣传工作负责人参加会议。

罗豪才副主席在北京大学出席北京大学/香港树人学院2004年毕业典礼。

李兆焯副主席在国宾酒店会见以菲律宾中正学院校友总会理事长黄俊人为团长的校友总会110人访华团,并合影留念。该团是由国务院侨办邀请访华的。

王选副主席出席由中国民(私)营经济研究会在人民大会堂举办的"首届民营企业高峰会"开幕式,并就企业家素质问题发表讲话。全国人大常委会副委员长蒋正华、韩启德,孙孚凌、万国权同志出席开幕式,并与全体与会人员合影留念。

港澳台侨委员会主任郭东坡在政协礼堂会见以香港特区全国政协常委余国春、委员何志平(香港特区政府民政事务局局长)为荣誉团长的香港"广东社团总会青年委员会"北京访问团一行60人。

29日至9月4日

教科文卫体委员会"科技兴农问题"专题调研组一行11人赴江苏省调研。蔡睿贤副主任带队。

社会和法制委员会"未成年人法律保护"专题组赴河南调研。刘家琛副主任带队。

30日

徐匡迪副主席在政协机关就"中国企业在中国经济的发展中所起作用"接受德国《经济周刊》驻京记者的采访。

黄孟复副主席在人民大会堂会见以香港工商及科技局局长曾俊华先生为团长的香港工商及科技界访问团一行。

李蒙副主席在政协机关会见并宴请驻摩尔多瓦大使徐中楷、驻叙利亚大使周秀华、驻埃塞俄比亚离任大使艾平和驻赞比亚大使胡守勤。傅志煌副秘书长和文史资料委员会副主任龚心瀚参加宴请。

罗豪才副主席在人民大会堂会见以国民议会议长、执政党革阵主席弗朗西斯·古特雷斯·卢奥洛为团长的东帝汶国民议会代表团。该团是应中联部邀请来华访问的。

全国政协常委视察团在河南省郑州市召开会议,请建设部有关负责人介绍我国城市化建设情况。

港澳台侨委员会副主任张伟超在政协机关会见并宴请泰国侨领袁经纶先生一行4人。

30日至31日

徐匡迪副主席率文史资料委员会"历史文化名城"考察团一行40余人在北京市考察。文史资料委员会副主任崔占福、李仁臣、龚心瀚等参加考察。

31日

罗豪才副主席在政协会议楼接见厅会见广东省佛山市南海区政协港澳委员访京团一行28人。罗豪才副主席向该团介绍全国政协的有关情况,双方就有关问题进行交流。

31日至9月3日

文史资料委员会副主任刘枫出席在甘肃省天水召开的西北五省(区)暨西安市政协第18次文史资料工作协作会议并讲话。

31日至9月9日

以张思卿副主席为团长,卢荣景、叶连松常委为副团长的全国政协常委视察团,就"城市化建设情况"赴河南省郑州、洛阳、焦作、新乡、开封、漯河、许昌等市视察。

9月

1日

全国政协副主席、中央统战部部长刘延东在京出席中央社会主义学院2004年秋季开学典礼。

张怀西副主席在北戴河出席全国政协第43期干部培训班开学典礼并讲话。赵喜明副秘书长主持开学典礼。来自全国31个省、自治区、直辖市和11个副省级市的393名学员参加培训班。

徐匡迪副主席在人民大会堂参加国家主席胡锦涛为欢迎菲律宾总统阿罗约访华举行的欢迎仪式和宴会。

全国人大教科文卫委员会、全国政协教科文卫体委员会、中国作家协会、中国音乐家协会在政协礼堂联合举办"纪念邓小平同志诞辰100周年交响音乐会"。中共中央书记处书记、中央军委委员徐才厚,全国人大常委会副委员长蒋正华、盛华仁、路甬祥,全国政协副主席罗豪才、张克辉出席音乐会。全国人大教科文卫委员会副主任吴基传、邢世忠,全国政协教科文卫体委员会副主任傅庚辰、翟泰丰、张发强,全国政协副秘书长齐续春及部分在京委员和相关单位人员950余人出席音乐会。

2日

王忠禹常务副主席、徐匡迪副主席在人民大会堂出席欢迎第二十八届奥运会中国体育代表团招待会。

社会和法制委员会"收入分配体制改革"专题组在北京市调研。刘是龙委员带队。

2日至10日

应全国政协邀请,芬兰最高行政法院院长佩卡·哈尔贝里偕夫人对我国进行友好访问。期间,全国人大常委会副委员长成思危会见;罗豪才副主席会见并宴请,陪同其访问北京大学,并到上海为其饯行;罗豪才副主席夫人刘端端,孙怀山副秘书长,社会和法制委员会副主任赵登举分别出席上述活动。最高人民法院院长肖扬会见并宴请。赵登举副主任到机场迎接,设便宴招待,并陪同客人访问北京、大连、杭州和上海。

3日至12日

应中国经济社会研究会邀请,经社理事会和类似组织国际协会执行秘书迪吕弗勒偕夫人访华并出席在武汉举办的"国际人口与发展论坛"。其间,全国政协副主席、中国经济社会研究会会长王忠禹会见并宴请。迪吕弗勒夫妇访问了北京、湖北、海南和广东。

5日至14日

罗豪才副主席率全国政协(侨联界)委员视察团一行17人赴四川省成都、泸州、自贡等地就"引进侨资侨智情况"进行视察。视察团听取了省市有关情况介绍,参观了成都高新区、留学生创业园和15家侨资侨属企业,与有关负责人进行了座谈,并就做好侨务工作提出建议。视察团还向四川达州等遭遇水灾的地区捐款6万元(参加视察的委员及工作人员自发捐款1万元,中国侨联捐款5万元)。此次视察由全国政协办公厅与中国侨联联合组织。

6日

王忠禹副主席在武汉市东湖宾馆听取国际人口与发展论坛组委会副主席、国家人口和计划生育委员会主任张维庆及湖北省委、省政府关于国际人口与发展论坛筹备工作情况的汇报并讲话。人口资源环境委员会主任陈邦柱、外事委员会主任刘剑锋，副秘书长李昌鉴、范西成，人口资源环境委员会副主任李伟雄、杨魁孚、张洽出席会议。

7日

国际人口与发展论坛在湖北省武汉隆重开幕。王忠禹副主席出席开幕式并讲话。他指出：解决好人口问题，是实现国家经济社会协调、持续发展的关键。政协组织将继续倡导开罗国际人口与发展大会精神，积极开展国际交流与合作，学习借鉴各国的有益经验，为国家实施更加完善的人口战略积极建言献策，为促进世界人口与发展事业做出新的贡献。此次论坛由国家人口和计划生育委员会，全国政协人口资源环境委员会、外事委员会，人口与发展南南合作伙伴组织等有关国际组织共同主办。国务委员兼国务院秘书长华建敏出席开幕式并讲话。人口资源环境委员会主任陈邦柱，副主任李伟雄、杨魁孚、张洽、张榕明，外事委员会主任刘剑锋、副主任王淑贤，国家人口和计划生育委员会主任张维庆，湖北省委书记俞正声、省长罗清泉，伙伴组织成员国高级官员，有关国际组织代表，国内专家学者约400人出席论坛。晚上，王忠禹常务副主席出席论坛招待会，并代表论坛中国组委会向与会的中外来宾致欢迎辞。

8日

经济委员会副主任吴敬琏在政协机关主持召开“十一五”规划专题组会议，对制订“十一五”规划的目标、途径以及需要解决的重点问题进行研究，并部署下一阶段的调查研究工作。

李蒙副主席在人民大会堂参加国家主席胡锦涛为欢迎加蓬总统邦戈访华举行的欢迎仪式和宴会。

港澳台侨委员会主任郭东坡在政协机关会见并宴请欧洲中国和平统一促进会主席张曼新先生、奥地利华人总会会长胡元绍先生一行4人。

8日至10日

文史资料委员会在天津市召开名人故居研讨会。主要内容：一、交流开展名人故居考察、调研活动的成果和经验；二、研究制订名人故居资料征集编辑方案。刘济民、龚心瀚副主任主持会议，陈洪副秘书长出席开幕会并讲话。

9日

港澳台侨委员会主任郭东坡在政协机关会见美国芝加哥知名侨领、美籍华人丘瑞图一行7人。

港澳台侨委员会主任郭东坡在政协机关会见并宴请美国劳工部副部长莫天成一行5人。

徐匡迪副主席在政协机关会见塞舌尔反对党领袖拉姆卡拉旺。客人是应中国人民外交学会邀请访华的。

10日

徐匡迪副主席在对外友协出席中美友协第四届理事会，并当选为中美友协会长。

港澳台侨委员会副主任李赣骝在政协机关会见以叶寿山先生为团长的中国国民党中兴菁英理事会参访团一行16人。李赣骝副主任向客人介绍了祖国大陆的发展情况，鼓励台湾同胞积极推动两岸交流，增进相互了解，早日实现国家的和平统一。

10日至18日

李蒙副主席率全国政协委员视察团一行18人赴安徽就淮河治理情况进行视察。其间，委员们听取了安徽省人民政府及蚌埠、阜阳、六安市和阜南县人民政府的情况汇报，视察了淮河干流上中游河道整治及堤防加固工程、怀洪新河续建工程、临淮岗洪水控制工程、佛子岭水库加固等治淮工程和 2003 年灾后移民迁建工程，与基层干部群众进行了座谈，并深入圩台、民宅走访了居住在濛洼蓄洪区内的群众，了解他们灾后生产生活情况。视察结束前，与安徽省有关负责人交换了意见，并就治淮工作提出建议。

11 日

贾庆林主席结束对韩国、奥地利、西班牙和葡萄牙的正式友好访问，乘专机回到北京。王巨禄、孙怀山副秘书长到机场迎接。

11 日至 16 日

人口资源环境委员会副主任温克刚率全国政协与上海、江苏、浙江等省市政协联合组成的“长江三角洲气候变化对生态环境影响”专题组在江苏进行调研。

13 日

《纪念人民政协成立 55 周年邮票珍藏册》首发式在政协机关举行。王忠禹副主席出席发行仪式。纪念邮票珍藏册收录有关人民政协的邮资票品 80 余枚，其中包括新中国成立后国家正式发行的第一、第二套纪念人民政协会议邮票，历届全国政协主席纪念邮票以及重大事件纪念邮票等。

14 日

徐匡迪副主席在政协机关会见德国汉堡市市长伯思特率领的代表团。全国政协副秘书长李昌鉴、中国工业经济联合会常务副会长杜金陵、外交学会常务副会长王云翔、中国驻汉堡总领事马晋生陪同会见。代表团是应中国人民外交学会邀请访华的。

文史资料委员会办公室和《纵横》杂志社在政协礼堂举行人民政协 55 周年“飘影杯”知识竞赛颁奖会。李兆焯、张怀西副主席出席会议，郑万通秘书长讲话。陈洪、范西成副秘书长，文史资料委员会副主任刘济民、崔占福和机关各局室主要负责人参加会议。

14 日至 15 日

提案委员会在北京召开全国政协提案部分承办单位办理工作座谈会，传达全国政协第五次提案工作座谈会精神，交流提案办理工作情况，听取承办单位对提案工作条例的修改意见。提案委员会主任傅杰，副主任杨振杰、范宝俊，部分提案委员会委员及部分在京提案承办单位有关部门负责人出席会议。

社会和法制委员会与全国妇联共同举办第一期全国政协女委员参政议政研讨班，就“中国共产党领导的多党合作和政治协商制度”、“社会性别平等政策及热点问题”及“如何写好提案”问题进行研讨。

15 日

首都各界纪念全国人民代表大会成立 50 周年大会在人民大会堂举行。中共中央总书记、国家主席胡锦涛发表重要讲话。中共中央政治局常委、全国政协主席贾庆林，王忠禹、刘延东、阿沛·阿旺晋美、李贵鲜、张思卿、白立忱、罗豪才、张克辉、周铁农、郝建秀、阿不来提·阿不都热西提、徐匡迪、李兆焯、王选、张怀西副主席，郑万通秘书长出席纪念大会并在主席台就座。部分在京常委、专委会副主任、副秘书长和机关干部出席纪念大会。

16 日

港澳台侨委员会主任郭东坡在政协机关会见香港博爱医院甲申年董事局访京团一行 22 人。郭东坡主任向客人介绍了全国政协的有关情况，并就加强交流及促进社会福利事业发展等问题进行了交谈。

17 日

港澳台侨委员会副主任俞晓松在政协机关会见以会长高月明先生为团长的香港玩具厂商会访京团一行 31 人，就港资在内地遇到的税收等问题交换了意见。

罗豪才副主席在山东省政协出席“弘扬儒学、齐鲁文化，做好港澳台侨工作”座谈会。

20日

由人民网与全国政协办公厅新闻办公室联合创办的“中国政协新闻”网站在政协机关举行开通仪式。贾庆林主席对在人民网上创办“中国政协新闻”网站作了批示，要求努力办好这个网站，更好地宣传中国共产党领导的多党合作和政治协商制度的特点和优点，宣传统一战线和人民政协围绕中心、服务大局的成功实践。王忠禹副主席，郑万通秘书长，李昌鉴、陈洪副秘书长，办公厅研究室主任卞晋平和人民日报社社长王晨出席开通仪式。

王忠禹副主席在人民大会堂出席2004年中国特困大学生关爱行动捐赠表彰大会暨彭磷基捐赠仪式。

以全国政协委员、天津市政协副主席、市委统战部部长叶厚荣为团长的住天津全国政协委员视察团一行40余人赴山东省就农业产业化情况进行视察。

社会和法制委员会主任李其炎在政协机关主持召开委员会第九次主任会议，学习讨论中共十六届四中全会精神，研究部署委员会近期工作安排和即将在云南召开的研讨会有关事宜。王建伦、刘家琛、李奇生、肖建章、周子玉、赵登举、萧灼基副主任出席会议。

贾庆林主席，王忠禹、刘延东、黄孟复副主席，郑万通秘书长在政协礼堂三楼大厅出席大型油画《初春》揭幕暨赠送仪式。揭幕暨赠送仪式前，贾庆林主席，王忠禹、刘延东、黄孟复副主席，郑万通秘书长会见了油画作者、全国政协委员刘宇一父女，油画资助人、全国政协委员高敬德及北亚集团总裁刘贵亭并合影留念。

周铁农副主席在中央统战部礼堂出席由中央统战部宣传办公室、人民政协报社举办的“华明杯”邓小平与统一战线理论征文颁奖仪式并为获奖者颁奖。中央统战部常务副部长梁金泉主持颁奖仪式。陈洪副秘书长出席并讲话。各民主党派中央宣传部、中央社会主义学院有关人员及部分获奖代表出席颁奖仪式。

郝建秀副主席，郑万通秘书长，王巨禄、李昌鉴、孙怀山副秘书长，文史资料委员会龚心瀚副主任在政协机关出席“政协宝鼎”、“政和宝鼎”揭幕仪式，并向制作单位上海中外文化艺术交流协会和赠送单位中国经纬集团颁发收藏证书。

罗豪才副主席在政协机关会见并宴请以吴智深博士为团长的留日博士2004年(第4次)为国服务青海·四川访问团一行13人。

20日至27日

应越南祖国阵线中央委员会邀请，李蒙副主席率全国政协代表团一行6人离京前往河内出席越南祖国阵线第六次全国代表大会，并访问越南。

21日

政协全国委员会在政协礼堂举行庆祝中国人民政治协商会议成立55周年大会。贾庆林主席主持大会。中共中央总书记、国家主席、中央军委主席胡锦涛发表重要讲话。党和国家领导人吴邦国、曾庆红、黄菊、吴官正、李长春、罗干、王兆国、回良玉、刘淇、刘云山、周永康、贺国强、郭伯雄、曹刚川、曾培炎、王刚、李瑞环、刘华清、徐才厚、何勇、李铁映、司马义·艾买提、何鲁丽、丁石孙、成思危、蒋正华、顾秀莲、热地、盛华仁、韩启德、傅铁山、唐家璇、华建敏、陈至立、肖扬、贾春旺、王忠禹、廖晖、刘延东、阿沛·阿旺晋美、帕巴拉·格列朗杰、李贵鲜、张思卿、丁光训、霍英东、白立忱、罗豪才、张克辉、周铁农、郝建秀、陈奎元、阿不来提·阿不都热西提、徐匡迪、李兆焯、黄孟复、王选、张怀西，彭冲、谷牧、王光英、任建新、钱正英、孙孚凌、朱光亚、万国权、胡启立、陈锦华、赵南起、经叔平、王文元等同志，郑万通秘书长，在京中央党政军有关部门和北京市负责人，各民主党派中央、全国工商联和无党派人士代表，全国政协常委，各省级和副省级市等地方政协负责人约800人出席会议。

庆祝人民政协成立55周年书画展开幕剪彩仪式在政协礼堂举行。贾庆林主席出席剪彩仪式，王忠禹副主席致词，郑万通秘书长主持剪彩仪式。张思卿、张克辉、周铁农副主席，赵喜明、孙怀山、刘民复副秘书长，出席政协十届七次常委会议的部分常委，全国政协书画室负责人和书画界委员，各省级和副省级市等地方政协负责人，各民主党派中央和全国工商联负责人以及部分首都美术界人士共200余人参加此项活动。

文史资料委员会在政协机关召开主任会议，研究名人故居编辑方案。刘济民副主任主持会议，邓成城、李仁臣、龚心瀚副主任，陈洪副秘书长出席会议。

21日至25日

应全国政协外事委员会邀请，以日本众议员近藤昭一为团长的日本民主党议员访华团一行15人对我国进行友好访问。贾庆林主席会见了代表团一行，郑万通秘书长、外事委员会主任刘剑锋、外交部部长助理沈国放、日本驻华使馆公使原田亲仁出席会见；外事委员会与代表团举行座谈，刘剑锋主任主持会议并于会后宴请代表团，台盟中央副主席、全国政协副秘书长李敏宽，外事委员会副主任马振岗、武韬、周可仁、原泰以及日本驻华使馆公使吉田雅治等出席此项活动；中联部部长王家瑞、国家民族事务委员会主任李德洙、外交部副部长戴秉国、团中央书记处第一书记周强、国际交流协会副会长李成仁和顾问张香山分别会见了代表团；中国社会科学院日本问题研究所与代表团举行座谈；外事委员会主任刘剑锋、副主任武韬出席代表团举行的答谢宴会。代表团从上海抵京时，原泰副主任到机场迎接。代表团访问了上海和北京。

22日

庆祝中国人民政治协商会议成立55周年座谈会在政协礼堂举行。贾庆林主席出席会议并作重要讲话，王忠禹副主席主持会议。全国政协副主席、致公党中央主席罗豪才，共青团中央书记处第一书记周强，全国政协常委王蒙和文史资料委员会主任朱作霖先后发言。刘延东、帕巴拉·格列朗杰、李贵鲜、张思卿、丁光训、白立忱、张克辉、郝建秀、阿不来提·阿不都热西提、徐匡迪、李兆焯、黄孟复、王选、张怀西副主席，任建新、钱正英、孙孚凌、万国权、陈锦华同志，郑万通秘书长，部分在京全国政协常委、委员，部分副秘书长，办公厅研究室主任，各民主党派中央、全国工商联和有关人民团体负责人等约80人出席会议。

政协第十届全国委员会常务委员会第七次会议开幕会在政协会议楼常委会议厅举行。贾庆林主席主持会议。会议主要议题：一、审议通过政协第十届全国委员会常务委员会第七次会议议程；二、听取中共中央政治局常委、书记处书记曾庆红同志关于中共十六届四中全会会议情况和会议精神的报告。王忠禹、廖晖、刘延东、阿沛·阿旺晋美、帕巴拉·格列朗杰、李贵鲜、张思卿、丁光训、霍英东、白立忱、罗豪才、张克辉、周铁农、郝建秀、陈奎元、阿不来提·阿不都热西提、徐匡迪、李兆焯、黄孟复、张怀西副主席，郑万通秘书长和常委共275人出席会议。中央纪委、中央办公厅、国务院办公厅、中央组织部、中央宣传部、中央党校、中央文献研究室、中央党史研究室的负责人，各省级和副省级市政协主席，全国政协副秘书长、各专门委员会负责人、办公厅研究室主任，中央统战部副部长和全国政协信息特邀委员列席会议。开幕会后，王忠禹副主席在政协会议楼第九会议室主持召开政协第十届全国委员会常务委员会第七次会议小组召集人会议。

22日至10月2日

应中国经济社会研究会(简称"研究会")邀请,以欧盟经社委员会委员、工业变革协商委员会主席约斯利·皮亚特为团长的欧盟经社委员会代表团一行16人,对我国进行友好访问并出席在大连举行的"中欧结构调整和再就业"研讨会。其间,全国政协副主席、研究会会长王忠禹会见代表团,全国政协副秘书长、研究会副会长李昌鉴和社会和法制委员会副主任、研究会常务理事王建伦等参加会见;王建伦副主任陪同代表团访问了北京、辽宁和上海。

23日

政协第十届全国委员会常务委员会第七次会议进行分组讨论。主要内容是阅读中共十六届四中全会文件。张思卿、陈奎元副主席分别参加小组学习讨论。

民族和宗教委员会在政协机关召开主任会议,总结委员会工作,研究布置近期工作。钮茂生主任主持会议,巴桑、邓福村、刘柏年、江家福、克尤木·巴吾东、李晋有、肖作福、金日光、夏日、黄璜副主任出席会议。

港澳台侨委员会在政协机关召开主任会议,总结今年已完成的工作,对下一步工作进行具体部署。郭东坡主任,王永海、厉有为、刘亦铭、李赣骝、何少川、何添发、张伟超、张廷翰、张道诚、陈玉益、郭荣昌副主任出席会议。

贾庆林主席在人民大会堂会见英国国防大臣杰弗·胡恩一行。胡恩一行是应国防部部长曹刚川的邀请访华的。

政协第十届全国委员会常务委员会第七次会议进行分组讨论。主要内容是四中全会文件和领导报告。王忠禹、张思卿、白立忱、罗豪才、周铁农、陈奎元、阿不来提·阿不都热西提、李兆焯、黄孟复副主席分别参加各小组的讨论会。

23日至28日

应全国政协办公厅邀请,孟加拉国总理议会事务顾问乔杜里偕夫人访华。全国人大常委会副委员长顾秀莲会见了乔杜里先生,李昌鉴副秘书长出席会见;王忠禹副主席会见了乔杜里先生,郑万通秘书长、李昌鉴副秘书长出席会见;李昌鉴副秘书长举行欢迎宴会。孟加拉国驻华使馆公使曼南出席上述活动。乔杜里夫妇访问北京和深圳后,自费访问了上海。

24日

政协第十届全国委员会常务委员会第七次会议继续进行分组讨论。主要内容是:四中全会文件和领导报告。贾庆林主席,王忠禹、李贵鲜、张思卿、白立忱、罗豪才、阿不来提·阿不都热西提、李兆焯、黄孟复、张怀西副主席分别参加各小组的讨论会。

外事委员会副主任张国祥在政协机关会见俄罗斯科学院远东研究所副研究员斯捷潘诺娃·嘉·阿。斯捷潘诺娃从事中国政治体制研究,曾出版两本介绍中国政协的图书及数篇文章,此次是应中国社科院邀请访华的。

政协第十届全国委员会常务委员会第七次会议进行分组讨论。主要内容是反映社情民意。王忠禹、白立忱、周铁农、陈奎元、李兆焯、黄孟复副主席分别参加各小组的讨论会。

25日

政协第十届全国委员会常务委员会第七次会议在政协会议楼常委会议厅举行闭幕会。贾庆林主席出席闭幕会并讲话。会议听取了各小组学习和讨论情况的汇报,倪润峰、朱培康、赵勇、陈明德、邓伟志、陈宗兴、高国才、刘汉铨常委和王国发委员分别代表各小组作了汇报。王忠禹副主席主持闭幕会。帕巴拉·格列朗杰、李贵鲜、张思卿、丁光训、白立忱、罗豪才、周铁农、郝建秀、陈奎元、阿不来提·阿不都热西提、徐匡迪、李兆焯、黄孟复、王选、张怀西副主席,郑万通秘书长和常委共245人出席会议。中央纪委、中央办公厅、国务院办公厅、中央组织部、中央宣传部、中央党校、中央文献研究室、中央党史研究室的负责人,地方政协主席,全国政协副秘书长、各专门委员会负责人、信息特邀委员、办公厅研究室主任列席会议。

政协第十届全国委员会常务委员会在政协会议楼常委会议厅举行第四次学习讲座,邀请全国人大常委会副委员长、中国科学院院长路甬祥主讲,题目是《世界科学技术发展的新趋势及其影响》。路甬祥向常委会组成人员介绍了科学技术对经济社会发展的影响、世界主要国家科技发展政策以及我国科技发展现状与对策等情况。贾庆林主席主持学习讲座并讲话。王忠禹、李贵鲜、张思卿、丁光训、白立忱、罗豪才、周铁农、郝建秀、陈奎元、阿不来提·阿不都热西提、徐匡迪、李兆焯、黄孟复、张怀西副主席,郑万通秘书长,出席第七次常委会议的全国政协常委,列席常委会议的地方政协主席,全国政协部分副秘书长、各专门委员会负责人、信息特邀委员及机关干部出席学习讲座。

26日

庆祝中国宗教界和平委员会成立十周年座谈会在政协礼堂举行。贾庆林主席出席。王忠禹副主席,全国政协副主席、中国宗教界和平委员会主席丁光训,国家宗教事务局局长叶小文出席并讲话,各全国性宗教团体的代表作了发言。全国人大常委会副委员长、中国宗教界和平委员会名誉主席傅铁山,全国政协副主席、中国宗教界和平委员会名誉主席帕巴拉·格列朗杰,全国政协秘书长郑万通,中央统战部副部长黄跃金,全国政协副秘书长齐续春,国家民政部副部长姜力和有关部门负责人出席座谈会。全国政协民族和宗教委员会主任钮茂生主持会议。

26日至28日

教科文卫体委员会"我国农村体育工作"专题组一行12人赴河北省进行专题调研。张发强副主任带队。

26日至30日

为庆祝建国55周年和人民政协成立55周年,民族和宗教委员会、中央民族大学共同在中央民族大学主办"中国各民族人物画服装服饰大展"。全国人大常委会副委员长傅铁山,全国政协副主席王忠禹、丁光训、白立忱、阿不来提·阿不都热西提、李兆焯,副秘书长齐续春、傅志煌,部分全国政协常委和专委会负责人及民族和宗教委员会部分委员参加开幕式。民族和宗教委员会主任钮茂生主持开幕式。

27日

中国和平统一促进会第七届理事大会在人民大会堂闭幕。中共中央政治局常委、全国政协主席贾庆林当选为中国和平统一促进会第七届理事会会长。何鲁丽、丁石孙、成思危、许嘉璐、蒋正华、韩启德、刘延东、丁光训、罗豪才、张克辉、周铁农、黄孟复、李运昌当选为副会长,梁金泉当选为秘书长。大会聘请钱伟长、程思远、董寅初、王光英、万国权、孙孚凌、吴阶平、王文元为中国和平统一促进会第七届理事会名誉会长。

经济委员会副主任厉以宁在政协机关主持召开座谈会,邀请国家发改委副秘书长曹玉书和国务院研究室副主任侯云春介绍"促进非公有制经济发展政策性文件"的框架思路。李贵鲜副主席,经济委员会主任刘仲藜、副主任郑家纯,副秘书长范西成出席会议。

王忠禹副主席在匈牙利驻华大使馆出

席庆祝匈中建交55周年招待会并致词。匈牙利驻华大使美沙洛什主持招待会，匈牙利外交国务秘书豪伊杜出席并致词，外交部副部长张业遂等出席招待会。

刘延东副主席在政协机关会见塞尔维亚和黑山国防部长普尔沃斯拉夫·达维尼奇和总参谋长克尔加。客人是应中央军委副主席、国务委员兼国防部长曹刚川上将邀请访华的。中国人民解放军副总参谋长张黎上将、总参军训和兵种部副部长岳万英上将、塞黑驻华大使莫姆西洛维奇等参加会见。

张怀西副主席在人民大会堂出席国家主席胡锦涛为亚美尼亚共和国总统罗伯特·谢德拉科维奇·科恰良访华举行的欢迎仪式和欢迎宴会。

提案委员会召开主任扩大会议，审议《全国政协提案工作条例(修订草案)》(讨论稿)和《提案委员会2004年度有关活动调整安排》，听取提案办公室近期工作情况的汇报。傅杰主任主持会议，朱培康、宋宝瑞、张工、范宝俊、贾军、倪豪梅副主任以及条例修改领导小组成员参加会议。

李贵鲜、黄孟复副主席在人民大会堂出席庆祝中华人民共和国成立55周年外国专家招待会。

外事委员会主任刘剑锋出席波兰驻华使馆举办的庆祝中波建交55周年宴会。

28日

李蒙副主席在人民大会堂出席国家副主席曾庆红为南非副总统祖马访华举行的欢迎仪式和欢迎宴会。

贾庆林主席在人民大会堂会见全国政协邀请的2004年港澳台侨人士国庆观光团全体客人。贾庆林主席对观光团客人来京参加国庆55周年活动表示欢迎，对所有关心、支持祖国各项建设事业的朋友们表示感谢，并简要介绍了新中国成立以来，特别是改革开放以来，祖国各项事业所取得的伟大成就，希望他们为促进港澳的繁荣稳定和发展，为支持祖国现代化建设，弘扬中华民族优秀传统文化，为反对和遏制“台独”分裂势力的活动，维护国家主权和领土完整，促进祖国早日统一而继续努力。王忠禹副主席，郑万通秘书长，王巨禄副秘书长，港澳台侨委员会主任郭东坡参加会见。

全国政协办公厅和中共中央统战部在人民大会堂联合举办庆祝中华人民共和国成立55周年招待会，招待应邀来京观光的港澳台侨客人。贾庆林主席出席招待会，王忠禹副主席主持招待会，全国政协副主席、中共中央统战部部长刘延东致祝酒辞。全国人大常委会副委员长何鲁丽、丁石孙、成思危、许嘉璐、韩启德，国务委员唐家璇，全国政协副主席李贵鲜、张思卿、白立忱、罗豪才、张克辉、周铁农、郝建秀、阿不来提·阿不都热西提、黄孟复、张怀西、李蒙，秘书长郑万通，部分副秘书长，港澳台侨委员会负责人等出席招待会。

陈奎元副主席在中国大饭店出席南非副总统雅各布·祖马关于“民主自由新南非成立十年”演讲会，并在演讲会上致辞。

28日至29日

由中国经济社会研究会、欧盟经济社会委员会共同举办，全国政协社会和法制委员会、政协辽宁省委员会、政协大连市委员会协办的“中欧结构调整和再就业研讨会”在大连举行。全国政协副秘书长齐续春主持开幕会，大连市政协主席林庆民致欢迎辞，全国政协社会和法制委员会副主任王建伦，欧盟经济社会委员会委员、工业变革与调整委员会主席约斯利·皮亚特分别代表中方和欧方作报告。

29日

港澳台侨委员会在政协礼堂东南厅举行宴会，宴请应全国政协邀请的由港澳台同胞和海外华侨组成的国庆观光团客人60余人。港澳台侨委员会主任郭东坡致欢迎辞，副主任王永海、张廷翰、刘亦铭、张道诚、俞晓松出席宴会。

刘延东副主席听取外交部有关负责人关于埃及、爱沙尼亚、罗马尼亚和塞黑四国情况的汇报。

贾庆林主席，王忠禹、廖晖、刘延东、罗豪才、张克辉副主席在人民大会堂宴会厅出席 2004 年华侨港澳台同胞和外籍华人国庆招待会。

30 日

贾庆林主席，王忠禹、廖晖、刘延东、李贵鲜、张思卿、白立忱、罗豪才、周铁农、张克辉、郝建秀、陈奎元、阿不来提·阿不都热西提、黄孟复、王选、张怀西、李蒙副主席，谷牧、杨汝岱、任建新、钱正英、孙孚凌、万国权、胡启立、陈锦华、赵南起、经叔平、王文元同志，郑万通秘书长和部分在京全国政协常委在人民大会堂出席以国务院总理温家宝的名义举行的 2004 年国庆招待会。

贾庆林主席，廖晖、刘延东、陈奎元、张怀西、李蒙副主席，杨汝岱、任建新、赵南起、王文元同志在人民大会堂观看庆祝中华人民共和国成立 55 周年大型文艺晚会“五星红旗迎风飘扬”。

10 月

1 日

中共中央政治局常委、全国政协主席贾庆林，中共中央政治局常委李长春，中共中央政治局委员贺国强，中共中央政治局委员、中央军委副主席曹刚川，全国人大常委会副委员长许嘉璐，国务委员陈至立，全国政协副主席罗豪才、秘书长郑万通、副秘书长王巨禄，北京市政协主席程世峨等在天坛公园参加首都国庆 55 周年游园活动；王忠禹、刘延东、白立忱、周铁农副主席分别在中山公园、劳动人民文化宫、北海公园、中华民族园参加了游园活动。

8 日

经济委员会副主任吴敬琏在政协机关主持召开“十一五”规划专题组会议，研究对制订“十一五”规划的建议。与会委员围绕调研重点，分别从“十一五”期间我国经济社会发展面临的形势和任务、需关注的矛盾和问题、如何加快经济增长方式转变、经济结构优化和经济体制改革以及“十一五”规划要认真研究和把握社会主义市场经济规律等方面进行了研讨。经济委员会主任刘仲藜出席会议。

经济委员会金融体制改革和金融安全专题组在政协机关召开会议，讨论政策性金融改革专题调研报告的起草和工作安排等问题。刘廷焕副主任主持会议，陈耀先副主任等出席会议。

8 日至 11 日

经济委员会副主任陈耀邦率“统筹城乡发展”专题组赴内蒙古自治区就统筹城乡发展、缩小城乡差距（含草地畜牧业发展）问题进行调研。阿不来提·阿不都热西提副主席参加调研。

8 日至 14 日

应中国经济社会研究会邀请，阿尔及利亚全国经社理事会主席蒙杜里一行 7 人访华。贾庆林主席会见代表团一行，全国政协副主席、中国经济社会研究会会长王忠禹会见并宴请，社会和法制委员会主任、中国经济社会研究会副会长李其炎宴请。郑万通秘书长、李昌鉴副秘书长、外交部部长助理吕国增以及阿尔及利亚驻华大使马吉德·布盖拉等参加了上述活动。外事委员会委员王昌义到机场迎接并陪同蒙杜里访问了北京、安徽、广东和上海。

8 日至 27 日

应埃及协商会议、爱沙尼亚议会、罗马尼亚参议院和塞黑议会邀请，刘延东副主席率全国政协代表团一行 11 人对上述四国进行友好访问。代表团主要成员有四川省政协主席秦玉琴，全国政协外事委员会副主任、致公党中央副主席俞云波等。

9日

中共中央政治局常委、全国政协主席贾庆林出席纪念孔子诞辰2555周年国际学术研讨会暨国际儒学联合会第三届会员大会。他强调，要植根于中国特色社会主义的伟大实践，继承和弘扬中国优秀文化传统，更好地为建设中国社会主义先进文化服务。全国人大常委会副委员长何鲁丽和国际儒学联合会名誉会长谷牧、会长叶选平出席会议。

人口资源环境委员会在政协机关召开"保护长江万里行"情况通报会。陈邦柱主任主持会议并介绍活动筹备情况，国务院三峡建设委员会办公室和国家环境保护总局负责人分别就库区生态、三峡建设和长江流域水环境保护现状作了情况介绍。李昌鉴、范西成副秘书长，陈洲其、温克刚副主任，国务院三峡建设委员会办公室主任蒲海清出席会议。

王忠禹副主席在人民大会堂出席国家主席胡锦涛为法兰西共和国总统雅克·希拉克访华举行的欢迎仪式和欢迎宴会。

9日至14日

文史资料委员会副主任龚心瀚出席在四川省召开的西南、中南地区政协文史工作第五次协作会议并讲话。

9日至21日

教科文卫体委员会"科技兴农问题"专题调研组一行13人赴贵州、湖南调研。蔡睿贤副主任带队。

10日至12日

由民族和宗教委员会主办、重庆市政协承办的"武陵山民族地区经济社会发展座谈会"在重庆市召开。张思卿副主席出席开幕会并讲话。民族和宗教委员会主任钮茂生、副主任江家福，国家西部开发办、财政部、水利部、农业部等十余个有关部委的相关负责人和国家发改委宏观经济研究院、社科院的专家，以及重庆、湖北、湖南和贵州等省市政协有关负责人以及部分民族自治州县政府、政协负责人共70余人参加座谈。

10日至22日

由陈邦柱主任率领的人口资源环境委员会"保护长江万里行"调研组赴四川、重庆、湖北、湖南、江西、安徽、江苏、上海等省市调研。范西成副秘书长，陈洲其、温克刚副主任等参加调研。

11日

张思卿副主席在四川省宜宾出席"保护长江万里行"活动启动仪式。范西成副秘书长宣读贾庆林主席对"保护长江万里行"活动的批示。人口资源环境委员会主任陈邦柱、四川省政府副省长刘晓峰及有关部门负责人发表讲话。人口资源环境委员会副主任温克刚主持启动仪式。

社会和法制委员会"贯彻落实科学发展观"专题组召开会议，邀请中国社会科学院和国务院发展研究中心专家介绍情况。李其炎主任主持会议，王建伦、赵登举副主任出席会议。

11日至19日

以徐展堂常委为团长的香港特区全国政协委员视察团一行52人赴四川视察。此次视察重点是四川省经济、教育、生态环境保护和旅游事业发展等情况。阿不来提·阿不都热西提副主席参加视察。港澳台侨委员会副主任张廷翰、四川省政协常务副主席孙同川等陪同视察。

12日

王忠禹副主席在人民大会堂出席港澳台侨委员会和中国侨联举办的纪念陈嘉庚先生诞辰130周年座谈会。罗豪才副主席主持会议。王巨禄副秘书长，港澳台侨委员会主任郭东坡，副主任何添发、张伟超等出席会议。

提案委员会在政协机关就致公党中央提出的“关于加强职业教育，全面提高新生劳动力素质”的提案，召开协商办理座谈会。提案委员会副主任朱培康主持会议。部分提案委员会委员，致公党中央及教育部、财政部、劳动和社会保障部有关负责人参加会议。

李蒙副主席在政协礼堂会见叙利亚大马士革省省长穆罕默德·巴沙尔·穆夫提。客人是应对外友协邀请访华的。

港澳台侨委员会副主任张伟超在政协机关会见印尼宏伟基金会卢秀奇一行5人。

李蒙副主席在政协机关会见摩尔多瓦议会第一副议长瓦迪姆·米申。傅志煌副秘书长和摩驻华大使鲍尔舍维奇会见时在座。米申副议长系自费来华治病的。

12日至17日

人口资源环境委员会副主任张榕明率“流动人口管理体制”专题组一行10人赴广东省调研。李伟雄、杨魁孚、张洽副主任等参加调研。

13日至23日

以白立忱副主席为团长，安启元、石四箴、任文燕常委为副团长的全国政协常委视察团一行27人就“加强食品安全卫生保障体系建设”情况赴江西视察。国家食品药品监督管理局负责人在南昌召开的组团会上介绍了有关情况。

民族和宗教委员会“民族地区人才的培养问题”调研组一行9人赴贵州省进行调研。肖作福副主任带队。

14日

徐匡迪副主席在人民大会堂出席国家主席胡锦涛为俄罗斯联邦总统弗拉基米尔·弗拉基米罗维奇·普京访华举行的欢迎仪式和欢迎宴会。

“保护长江万里行”组委会在湖北省巴东县举行捐赠仪式。人口资源环境委员会主任、“保护长江万里行”组委会主任陈邦柱受组委会委托，向三峡库区移民新建的巴东县官渡口镇中心小学捐赠15万元人民币。为使保护长江的教育后继有人，代代相传，该小学更名为长江小学。陈邦柱主任为新校揭牌。人口资源环境委员会副主任、“保护长江万里行”组委会副主任温克刚讲话。

14日至20日

贾庆林主席在福建省委代理书记、省长卢展工，省政协主席陈明义，省委副书记黄瑞霖等陪同下，先后赴福建省龙岩、漳州、厦门、泉州、福州等地进行调研。贾庆林主席瞻仰了古田会议会址，考察了一些台资、侨资、中外合资企业和电力、交通等基础设施建设项目，深入农村乡镇、城市社区和高等院校，慰问受灾农户，看望归侨侨眷和高校师生员工，与干部群众亲切交谈，共商改革发展大计。中央统战部常务副部长梁金泉，中央台办主任陈云林、副主任李炳才，中国侨联主席林兆枢，全国政协副秘书长王巨禄、办公厅研究室主任卞晋平陪同调研。全国政协副主席罗豪才、港澳台侨委员会主任郭东坡参加了在福州的调研活动。

应全国政协邀请，以国务委员会主席默里斯为团长的卢森堡国务委员会代表团一行8人对我国进行友好访问。中共中央政治局常委李长春在人民大会堂会见代表团一行，王忠禹副主席在政协机关与默里斯主席举行会谈并宴请。郑万通秘书长，外事委员会主任刘剑锋，李昌鉴副秘书长，经济委员会副主任刘立清、教科文卫体委员会副主任傅庚辰、社会和法制委员会副主任刘家琛、外事委员会副主任原焘以及卢森堡驻华大使温鷴豪等分别出席上述活动。代表团访问了北京、上海和苏州。

15日

王忠禹副主席主持召开专委会主任会

议，研究筹备为“十一五”规划编制建言献策专题协商会的有关事宜。王忠禹副主席对专题协商会的准备工作作了部署，郑万通秘书长通报了有关情况。各专委会负责人宋宝瑞、陈耀邦、刘立清、叶青、徐善衍、李其炎、萧灼基、金日光、郭东坡、原泰、龚心瀚，副秘书长赵喜明、李昌鉴、张梅颖、齐续春、孙怀山、陈洪、陈明德、陈宗兴、张龙之，民主党派中央负责人朱培康、洪绂曾、刘亦铭，民主党派中央有关部门负责人赵光华、张兆生，办公厅研究室及有关局负责人出席会议。

15日至19日

以张发强副主任为组长的教科文卫体委员会与国家体育总局“我国农村体育工作”联合调研组一行9人赴江西省进行调研，并出席第五届全国农民运动会开幕式。

15日至29日

以孙隆椿副主任为组长的教科文卫体委员会“推行新型农村合作医疗试点工作”专题调研组一行17人赴四川、贵州省调研。

18日至23日

社会和法制委员会在云南省昆明市召开“收入分配体制改革”和“未成年人的法律保护”专题研讨会。朱治宏副主任主持开幕会，李其炎主任讲话，王建伦、朱治宏、刘家琛、张绪武副主任出席会议。云南省政协主席杨崇汇致欢迎辞，云南省政府负责人到会介绍云南经济和社会发展情况。全国42个省、区、市及副省级市政协社会和法制委员会负责人等共110余人参加会议。

18日至25日

应香港广东社团总会和澳门中华妈祖基金会及澳门闽台总商会的邀请，港澳台侨委员会副主任郭荣昌先后访问香港和澳门。在香港期间，郭荣昌副主任与香港广东社团总会，香港潮属社团总会的负责人进行了座谈，会见了部分全国政协和广东省政协在香港的新老委员。在澳门期间，参加了澳门第二届妈祖文化旅游节开幕式和澳门闽台总商会成立五周年庆典等活动，看望了港澳台侨委员会在澳的副主任和委员。

19日

提案委员会就“关于严格审查和禁止主流媒体上的虚假药品、化妆品和保健品广告的提案”在政协机关召开协商办理座谈会。朱培康副主任主持会议。范宝俊副主任，部分提案委员会委员，提案人及卫生部、国家工商总局、国家食品药品监管局、中宣部有关负责人参加会议。

贾庆林主席在福州会见西班牙加泰罗尼亚自治区政府主席帕斯夸尔·马拉加尔。王巨禄副秘书长会见时在座。

社会和法制委员会主任李其炎在昆明主持召开委员会第十次主任会议，分析汇总“收入分配体制改革”和“未成年人的法律保护”专题研讨会情况，并就委员会为“十一五”规划编制建言献策及明年的工作思路进行讨论。王建伦、朱治宏、刘家琛、张绪武副主任出席会议。

人口资源环境委员会在京召开座谈会，听取北京、天津等八省市有关专家介绍我国建筑、建材节能和供热体制改革情况并座谈讨论。张人为副主任，王东、王光谦常委等出席会议，郑一军委员主持会议。

19日至27日

由全国政协干部培训中心举办的地市级政协主席培训班在广西北海举行。王忠禹常务副主席出席开学典礼并讲话。广西壮族自治区政协常务副主席王汉民，中共广西壮族自治区委常委、北海市委书记温卡华，代市长唐成良，市政协主席宁铿出席开学典礼。来自全国各地的109名地市级政协主席、副主席参加培训。

19日至28日

以周铁农副主席为团长、叶朗和张洽常委为副团长的全国政协(无党派)委员视察团一行26人,就“土地的合理利用及保护”赴福建视察。

以李兆焯副主席为团长的全国政协委员视察团一行47人,就“南水北调”中线工程建设情况赴湖北视察。

20日

王忠禹副主席在广西北海主持召开有部分省级政协参加的“发挥全国政协京外委员作用座谈会”。赵喜明、李昌鉴副秘书长出席会议,有关省(区、市)政协负责人马庆生、艾丕善、周绍熹、张成伦、宋仪侨、郭国三、王兆林、吴葵光、冯崇泰分别在座谈会上发言。

徐匡迪副主席在政协礼堂分别会见应对外友协邀请访华的美国芝加哥外交委员会主席莱斯特·克朗率领的代表团和应中国国际战略学会邀请访华的日本政治家、前防卫厅长官加藤纮一以及德国驻华大使史丹泽博士。

提案委员会在政协机关就“关于城乡居民节水的提案”召开协商办理座谈会。提案委员会副主任范宝俊主持会议。部分提案委员会委员,提案人及国家发改委、建设部、农业部、水利部有关负责人参加会议。

罗豪才副主席在福建省厦门市出席纪念陈嘉庚先生诞辰130周年座谈会。港澳台侨委员会主任郭东坡参加会议。

20日至31日

应港澳台侨委员会邀请,以荷兰中国商会会长胡志光为顾问、荷兰中国和统会胡允革为团长的旅荷部分侨团负责人访问团一行16人,对北京、山东、湖南、浙江等省市进行商务考察和参观游览。罗豪才副主席、港澳台侨委员会郭东坡主任和中央统战部、国务院侨办、致公党中央、中国侨联以及山东、湖南、浙江省有关领导会见访问团一行。该团成员均为80年代以来积极参加荷兰侨团工作并有一定贡献的中青年负责人,在旅荷侨胞中有较大影响,其中二人曾荣获荷兰女王颁发的绅士和骑士勋章。

21日

徐匡迪副主席在政协机关会见以全国政协常委、香港香江国际集团董事长杨孙西为会长的香港中华厂商联合会访京团一行40余人。该会成立于1934年,是香港最具代表性和综合实力的工商社团之一,是一支重要的爱国爱港力量。港澳台侨委员会副主任张伟超参加会见。

21日至22日

李贵鲜副主席率人口资源环境委员会“保护长江万里行”考察团一行赴江苏和上海,考察了苏州工业园区和金鸡湖生态建设、上海宝山钢铁集团公司及其二期中央水处理系统和三号彩涂机组、崇明岛东滩湿地和森林公园污水处理系统。陈邦柱主任、温克刚副主任参加上述活动。江苏省政协副主席吴冬华陪同在江苏省的考察活动,上海市政协主席蒋以任、副主席王荣华,上海市副市长杨雄出席在上海召开的研讨会。

21日至28日

文史资料委员会在陕西省西安市举办全国政协文史干部培训班。刘济民副主任、陕西省政协副主席石学友在开学仪式上致词,各省、自治区、直辖市和副省级市政协文史干部80人参加培训班。此次培训班授课内容有:文史专业课和近代史、中共党史、中华人民共和国史等相关业务课,共9讲。

22日

提案委员会在政协机关就“关于降低生产事故,保持社会稳定的提案”召开协商办理座谈会。提案委员会副主任倪豪梅主持会议。部分提案委员会委员，提案人及劳动和社会保障部、国家安全生产监督管理局、中编办、全国总工会有关负责人参加会议。

经济委员会召开会议，就如何在“十一五”规划中体现促进非公有制经济发展的内容建言献策。厉以宁副主任主持会议。

贾庆林主席在人民大会堂会见苏黎世金融服务集团首席执行官金世禄。金世禄是应新华人寿保险公司邀请访华的。中央外办副主任裘援平等出席会见。

22日至11月6日

应法国运输部，德国联邦议院交通、建设与住房委员会和波兰参议院邀请，以宋宝瑞副主任为团长的提案委员会代表团一行7人对上述三国的交通管理体制进行考察。代表团主要成员有全国政协委员冯淬、王惠通和周晋峰等。

23日

贾庆林主席在人民大会堂会见日本日中友好会馆名誉会长后藤田正晴。李昌鉴副秘书长等陪同会见。后藤田一行是应中日友协邀请访华的。

外事委员会主任刘剑锋在政协礼堂会见并宴请即将离任的波兰驻华大使布尔斯基。

24日至30日

应外事委员会邀请，以葡萄牙议会外交与欧洲事务委员会主席雅伊梅·伽玛为团长的葡萄牙议会外交与欧洲事务委员会代表团一行5人对我国进行友好访问。全国政协主席贾庆林、全国人大常委会副委员长成思危、外交部部长助理吕国增分别会见代表团一行；外事委员会与代表团座谈，刘剑锋主任主持会议并宴请代表团。郑万通秘书长、李昌鉴副秘书长，外事委员会主任刘剑锋、外事委员会副主任武韬，外交部部长助理李辉以及葡萄牙驻华大使桑塔纳·卡洛斯等分别出席上述活动。武韬副主任陪同代表团访问了北京、西安和广州。

25日

经济委员会主任刘仲藜在政协机关主持召开主任会议，传达10月15日召开的专委会主任会议精神，落实经济委员会各专题组为“十一五”规划建言献策的有关工作，讨论经济委员会明年工作思路。石万鹏、叶连松、吴敬琏、刘立清、邵奇惠、段应碧副主任，陈明德副秘书长及部分专题组负责人出席会议。

经济委员会副主任段应碧在政协机关主持召开粮食安全专题组会议，就粮食安全与提高农民收入问题进行座谈，并对“十一五”规划中如何体现这些内容提出意见和建议。石万鹏、刘立清副主任出席会议。

社会和法制委员会在政协机关召开第十一次主任扩大会议，重点就如何在“十一五”规划的编制中体现社会分配问题、民生问题、民主法制建设问题的内容建言献策，并在此基础上讨论2005年工作思路。李其炎主任主持会议，王建伦、刘家琛、萧灼基副主任及刘是龙委员出席会议。

26日

贾庆林主席、王忠禹副主席在政协机关出席由经济委员会召开的“深化国有企业改革座谈会”，听取经济委员会部分委员关于“十一五”规划期间深化国有企业和国有资产管理体制改革的意见和建议，并发表了讲话。全国政协常委陈清泰主持座谈会，郑万通秘书长，经济委员会主任刘仲藜，副主任厉以宁、吴敬琏，社会和法制委员会副主任萧灼基，王巨禄、范西成副秘书长等参加会议。

罗豪才副主席在河南省郑州市出席由港澳台侨委员会、河南省政协主办的“第四届河洛文化国际研讨会”开幕会并讲话，阐述深入研究河洛文化对传承中华优秀传统文化、广泛团结包括港澳台同胞和海外侨胞在内的海内外中华儿女、促进祖国和平统一的重大意义。港澳台侨委员会主任郭东坡主持开幕会。河南省委副书记王全书出席开幕会并讲话,河南省政协主席范钦臣、副主席陈义初等与会。全国人大华侨委员会、中宣部、国务院台办、中国侨联等有关负责人出席会议。

教科文卫体委员会在政协机关召开主任会议,传达全国政协领导同志关于围绕编制国家“十一五”规划献计献策的指示精神,并就今年委员会的工作总结和明年的工作思路进行讨论。刘忠德主任主持会议,于友先、杨伟光、韦钰、徐善衍、傅庚辰、蔡睿贤副主任出席会议。

27日

社会和法制委员会邀请组织部分委员和中国人民大学、首都经贸大学部分专家就“民生问题和社会政策”进行专题座谈。萧灼基副主任主持会议,李其炎主任等出席会议。

罗豪才副主席在政协礼堂会见并宴请应国务院侨办邀请来访的南太地区参政华人访问团一行10人。王巨禄副秘书长、港澳台侨委员会副主任张伟超及国务院侨办副主任许又声等参加上述活动。

28日

社会和法制委员会“收入分配体制改革”专题组在政协机关召开会议,邀请国家发改委宏观经济研究院、劳动和社会保障部等部门专家同委员座谈,为“十一五”规划编制建言献策。李其炎主任、王建伦副主任等出席会议。

外事委员会在政协机关举行报告会,请外交部部长助理李辉作关于“俄罗斯总统访华和中俄关系”的报告。原焘副主任主持报告会。阿不来提·阿不都热西提副主席,外事委员会副主任王淑贤、杨正泉、张国祥,提案委员会副主任朱培康、张工,民族和宗教委员会副主任李晋有,港澳台侨委员会副主任张伟超,文史资料委员会副主任刘济民和部分外事委员会委员出席报告会。

29日

贾庆林主席在人民大会堂会见巴基斯坦国民议会议长乔杜里·侯赛因一行。郑万通秘书长、中央外办主任刘华秋、提案委员会主任傅杰、外交部副部长武大伟等陪同会见。侯赛因一行是应吴邦国委员长邀请访华的。

第十三届政协好新闻“万里健杯”颁奖仪式在政协机关举行。王忠禹、周铁农副主席,李昌鉴副秘书长、办公厅研究室主任卞晋平及中央主要新闻单位的负责人出席颁奖仪式。王忠禹副主席发表讲话。

31日至11月14日

应我驻澳大利亚、新西兰、斐济大使馆邀请,罗豪才副主席一行6人对上述国家进行访问,了解侨情,慰问侨胞,并出席澳洲致公总堂成立150周年活动。

11月

1日

社会和法制委员会在政协机关召开会议,邀请中国社会科学院、中国政法大学、首都经贸大学有关专家学者,就“十一五”规划编制中体现加强社会主义民主与法制建设的内容进行座谈。刘家琛副主任主持会议,王景荣、罗锋委员出席会议。

社会和法制委员会组织部分委员与中央党校、全国总工会、中国社会科学院、国家发改委、清华大学部分专家就“民生问题和社会政策”专题进行座谈。萧灼基副主任主持会议,王建伦副主任等出席会议。

2日

人口资源环境委员会在政协机关举行流动人口管理情况介绍会,邀请北京市有关部门负责同志介绍流动人口户籍管理、权益保护、计划生育、子女就学等方面情况。周铁农副主席,陈邦柱主任,李伟雄、杨魁孚、张洽、张宝明、温克刚副主任,李慈君常委及部分委员出席会议。张榕明副主任主持会议。

阿不来提·阿不都热西提副主席在人民大会堂会见玻利维亚国防部长阿雷东多和武装力量总司令阿兰达海军上将一行。客人是应中央军委副主席、国务委员兼国防部长曹刚川邀请访华的。

经济委员会主任刘仲藜在机关主持召开"改革与发展问题"座谈会。与会委员围绕"十一五"期间经济发展速度、改革与发展的关系以及调整结构和转变经济增长方式等问题建言献策。吴敬琏、邵奇惠副主任出席会议。

2日至3日

人口资源环境委员会与中国矿业联合会在辽宁阜新联合举办矿业城市可持续发展论坛。陈洲其副主任出席并讲话。

3日

人口资源环境委员会在政协机关继续召开流动人口管理情况介绍会,邀请公安部、民政部、建设部介绍有关情况。周铁农副主席,李伟雄、杨魁孚、张洽、温克刚副主任及部分委员出席会议。张榕明副主任主持会议。

4日

李贵鲜副主席率中国国际交流协会代表团赴日本东京出席新世纪第二届中日亚洲形势与和平问题座谈会。

全国政协委员赴海南省视察团在政协机关召开组团会,听取卫生部疾病控制司负责人关于我国公共卫生体系建设总体情况的介绍。张怀西副主席出席会议并讲话。

郑万通秘书长在政协机关主持召开政协第十届全国委员会第十八次秘书长办公会议。主要议题:一、审议全国政协系统秘书长工作座谈会日程草案;二、研究讨论全国政协围绕"十一五"规划编制建言献策的有关问题;三、研究落实中办发〔2004〕30号文件精神的有关问题;四、研究如何进一步发挥全国政协京外委员作用的有关问题;五、研究学习政协章程暨人民政协知识电视大赛方案草案。王巨禄、李昌鉴、齐续春、孙怀山、陈洪副秘书长,办公厅研究室主任卞晋平,机关各局级单位负责人参加会议。

民族和宗教委员会召开在京主任会议,传达全国政协领导关于围绕编制"十一五"规划建言献策的指示精神,研究如何结合民宗委工作实际,将近年来调研成果纳入对"十一五"规划编制的建议,并商定近期主要工作。钮茂生主任主持会议,李晋有、金日光、黄璜副主任等出席会议。

张思卿副主席在北京出席中国民航总局举办的纪念"两航起义"55周年座谈会。

4日至14日

以张怀西副主席为团长,李赣骝、张廷翰常委和殷大奎、李立明委员为副团长的全国政协委员视察团一行67人,赴海南省就"公共卫生体系建设情况"进行视察。视察团听取了海南省政府及有关地方政府的情况汇报,考察了16个医院和疾病预防控制中心,与有关的基层领导、群众进行了座谈,并与中共海南省委书记汪啸风等有关方面负责人交换了意见。

5日

王忠禹副主席在政协礼堂会见乌克兰驻华大使萨里伊·卡米谢夫。李昌鉴副秘书长、外事委员会副主任武韬等参加会见。

教科文卫体委员会办公室与文化部市场司在国家博物馆共同主办"第5届中国艺术产业论坛和2004年中国画廊推介展暨国际画廊邀请展"。周铁农副主席出席开幕式,教科文卫体委员会部分委员及有关专家学者百余人参加开幕式。

教科文卫体委员会举行科技、科协界委员座谈会，围绕国家“十一五”规划的编制建言献策。徐善衍副主任主持会议。

社会和法制委员会在政协机关召开第十二次主任会议，讨论该委员会关于“十一五”规划的建议稿，内容涉及收入分配、社会政策与民生、民主法制建设等问题。李其炎主任主持会议，王建伦、江蓝生、刘家琛、张绪武、周子玉、赵登举、萧灼基副主任出席会议。

9日

经济委员会和农业部共同举办“统筹城乡发展”理论研讨会。中共中央政治局常委、全国政协主席贾庆林，中共中央政治局委员、国务院副总理回良玉，全国政协副主席王忠禹、阿不来提·阿不都热西提，郑万通秘书长出席会议。回良玉副总理在讲话中肯定了全国政协经济委员会对“统筹城乡发展”所作的调研工作，并强调要牢固树立和落实科学发展观，坚持把“三农”工作作为重中之重，不断创新统筹城乡发展机制，坚持“多予、少取、放活”的方针，提高农业综合生产力，促进粮食增产和农民收入持续增长，促进农村经济和社会全面发展。王忠禹副主席发表了讲话，18位委员、部委负责人和专家学者分别作了发言。经济委员会主任刘仲藜，农业部部长杜青林，经济委员会副主任陈耀邦、叶连松、刘永好、陈耀先、段应碧、洪绂曾，全国政协副秘书长范西成，农业部副部长张宝文，中央农村工作领导小组办公室主任陈锡文，国务院研究室主任韩长斌，国务院扶贫办公室主任刘坚，财政部副部长廖晓军，劳动和社会保障部副部长王东进，国家税务总局副局长王力，共青团中央书记处常务书记赵勇等十六个部委的负责人和六个省区市的有关负责人、全国政协经济委员会委员和有关专家学者共90余人参加会议。

人口资源环境委员会副主任温克刚在政协机关同来访的斯洛文尼亚共和国国会环境委员会主席兼斯洛文尼亚工商会会长约什科·楚克一行举行会谈，双方就环境保护领域合作及加强相互友好往来达成共识。外事委员会有关负责人和斯洛文尼亚共和国驻华使馆临时代办乌拉哥参加了会谈。

外事委员会在政协机关召开主任会议，就配合“十一五”规划编制开展调研工作进行研究。刘剑锋主任主持会议，马振岗、李北海、张国祥和周可仁副主任出席会议。

10日

全国政协副主席、中国经济社会研究会会长王忠禹，阿不来提·阿不都热西提副主席，研究会顾问陈锦华在政协机关出席“企业社会责任标准(SA8000)”研讨会。社会和法制委员会主任、研究会副会长李其炎主持会议。全国总工会副主席、书记处第一书记、研究会副会长张俊九，经济委员会主任、研究会副会长刘仲藜，人口资源环境委员会主任、研究会副会长陈邦柱，外事委员会主任、研究会副会长刘剑锋，副秘书长、研究会副会长李昌鉴，外事委员会副主任、研究会常务理事张国祥，全国总工会书记处书记张鸣起、原副主席薛昭鋆，全国工商联副主席谢伯阳和有关专家学者共80余人参加会议。

文史资料委员会在澳门召开澳门文史资料征集工作座谈会。刘济民、吴福副主任，陈洪副秘书长，中央驻澳联络办白志健主任出席会议并讲话，澳门全国政协委员16人参加会议并对推进澳门地区文史资料工作提出积极建议。

10日至15日

中共中央政治局常委、全国政协主席贾庆林在重庆市委书记黄镇东、市长王鸿举等陪同下，先后到重庆市大足、九龙坡、沙坪坝、万州、云阳、奉节等地进行调研。

贾庆林主席在歌乐山烈士陵园向烈士碑敬献了花篮，瞻仰了红岩革命纪念馆；深入到城市社区、工厂企业、高等学校，与干部群众亲切交谈，共同探讨如何加快改革发展，创造美好生活；就三峡工程建设和移民工作的进展情况，深入百安坝移民新区，走访移民家庭。考察期间，贾庆林主席会见了重庆市政协、统战部及各民主党派、工商联负责人，听取了重庆市委、市政府的工作汇报，对重庆市近年来经济社会发展取得的成绩给予充分肯定。全国政协秘书长郑万通、北京市政协主席程世峨、全国政协人口资源环境委员会副主任叶青、中央统战部副部长黄跃金、全国政协经济委员会副主任段应碧、社会和法制委员会副主任王建伦等陪同调研。

10日至16日

应全国政协邀请，匈牙利国会副主席曼杜尔·拉斯洛一行3人访华。贾庆林主席和全国人大常委会副委员长顾秀莲会见匈牙利客人；王忠禹副主席会见并宴请；郑万通秘书长、李昌鉴副秘书长、外事委员会副主任李北海、外交部副部长张业遂以及匈牙利驻华大使美沙洛什·山道尔分别参加上述活动。匈牙利驻华大使美沙洛什·山道尔为曼杜尔副主席访华举行欢迎宴会，李北海副主任出席。李北海副主任以及匈牙利驻华大使美沙洛什·山道尔到机场迎送。曼杜尔副主席访问了北京和上海。

11日

王忠禹副主席，孙孚凌同志在政协礼堂出席庆祝中国人民政治协商会议北京市委员会成立五十五周年大会。

全国政协“21世纪论坛”2005年会议组织委员会在政协机关举行组委会成立暨第一次会议。贾庆林主席担任组委会名誉主席，王忠禹副主席任组委会主席，徐匡迪、李蒙副主席任组委会副主席，外事委员会主任刘剑锋任组委会秘书长。“论坛”组委会主席王忠禹发表讲话，转达贾庆林主席对组委会成立的祝贺并对“论坛”会议筹备工作提出具体要求。外事委员会主任、“论坛”组委会秘书长刘剑锋就“论坛”2005年会议筹备方案作了说明。“论坛”组委会成员、人口资源环境委员会主任陈邦柱，社会和法制委员会主任李其炎，“论坛”组委会副秘书长、人口资源环境委员会副主任陈洲其，外事委员会副主任张国祥、原泰，组委会成员、全国政协常委任玉岭，教科文卫体委员会副主任韦钰，外事委员会副主任武韬、周可仁等出席会议。中央外事工作领导小组办公室主任刘华秋，全国政协副秘书长孙怀山，全国政协常委、国家环境保护总局副局长汪纪戎等有关部委负责人应邀参加会议。“21世纪论坛”2005年会议将于2005年9月5日至7日在北京举行，主题为“可持续发展——中国与世界”。

刘延东副主席在中央统战部会见并宴请埃及、爱沙尼亚、罗马尼亚和塞黑四国驻华大使，感谢四国大使为全国政协代表团10月成功访问四国所做的工作。

12日

全国政协办公厅在中山公园中山堂举行纪念孙中山先生诞辰138周年仪式。王忠禹副主席主持纪念仪式。李贵鲜副主席代表政协全国委员会，何鲁丽代表民革中央，楼志豪代表中共中央统战部，孙安民代表北京市人民政府分别向孙中山先生雕像敬献花篮。全国人大常委会副委员长许嘉璐、蒋正华、傅铁山，全国政协副主席周铁农、郝建秀、陈奎元、阿不来提·阿不都热西提、黄孟复、王选、李蒙，全国政协副秘书长吴明熹、齐续春、刘民复、张龙之，部分在京全国人大常委，部分在京全国政协常委、委员，在京民革中央委员以及北京市各界人士代表出席纪念仪式。

社会和法制委员会“当前我国律师队

伍建设状况”考察组在政协机关召开会议，听取司法部有关负责人介绍情况并研究考察事宜。张绪武副主任主持会议。

李蒙副主席在人民大会堂会见阿尔巴尼亚国防部长马伊科一行。

13日至19日

教科文卫体委员会组织部分文艺界委员和文艺工作者一行47人赴广州军区进行慰问，并在广州、珠海、深圳为当地部队演出四场文艺节目。刘忠德主任带队，方祖岐、傅庚辰、蔡睿贤副主任参加慰问活动。

14日至25日

提案委员会副主任杨振杰率提案委员会代表团一行8人赴英国、瑞士、意大利就调解工作中的法律问题进行考察。

15日

民族和宗教委员会听取中央民族大学民族学和社会学学院院长杨圣敏教授关于“世界民族宗教问题与中亚、新疆形势”的报告。钮茂生主任主持报告会，阿不来提·阿不都热西提副主席出席报告会，李晋有副主任、齐续春副秘书长，九届全国政协民宗委副主任、委员，北京市政协民宗委负责人，全国佛教协会、道教协会、伊斯兰教协会、天主教爱国会的代表出席了此项活动。

全国政协委员赴广西视察团召开组团会，邀请交通部有关负责人介绍“内河航运资源开发、保护和利用”等有关情况。陈奎元副主席出席会议。

15日至20日

中共中央政治局常委、全国政协主席贾庆林在中共中央政治局委员、湖北省委书记俞正声，省长罗清泉，省政协主席王生铁陪同下，先后到湖北省神农架林区、三峡坝区、宜昌市长阳土家族自治县和武汉等地，深入工厂企业、农村乡镇、高等院校进行调研，与企业职工、农民群众、基层干部和科研人员亲切交谈，共商经济社会发展大计。调研期间，贾庆林会见了湖北省政协、统战部及各民主党派、工商联负责人，听取了湖北省委、省政府的工作汇报，对湖北省近年来经济社会发展和统战政协工作取得的成绩给予了充分肯定。

全国政协秘书长郑万通，北京市政协主席程世峨，全国政协人口资源环境委员会副主任叶青，中央统战部副部长黄跃金，全国政协经济委员会副主任段应碧、委员孙树义，社会和法制委员会副主任王建伦等陪同调研。

16日

全国政协办公厅和铁道部在人民大会堂以全国政协名义举办滕代远同志诞辰100周年纪念座谈会。座谈会由全国政协副主席王忠禹主持。铁道部部长刘志军，军事科学院政治委员温宗仁，湖南省委副书记戚和平和滕代远夫人林一先后发言；滕代远同志生前友好陈鹤桥作了书面发言。国务委员兼国务院秘书长华建敏，全国政协副主席周铁农，原最高人民检察院检察长刘复之、韩杼滨，原中共中央政治局委员、书记处书记丁关根，中央军委委员、解放军总政治部主任李继耐，原中央军委委员、解放军总政治部副主任王瑞林；全国政协办公厅、铁道部、军事科学院和中共湖南省委的有关负责人，以及滕代远亲属和生前友好代表等百余人出席会议。

民族和宗教委员会与中共中央统战部、全国人大民委、国家民委、西藏自治区人民政府在人民大会堂联合举办“西藏江孜抗英100周年座谈会”。全国人大常委会副委员长热地、全国政协副主席刘延东出席并讲话，全国政协民宗委副主任江家福、李晋有、金日光，委员伊丽苏娅，九届全国政协民宗委委员陈永柱参加座谈会。中共中央统战部副部长朱维群主持会议。

16日至27日

以陈奎元副主席为团长，洪善祥、傅立

民、张皎委员为副团长的全国政协委员视察团一行37人赴广西就“内河航运资源保护情况”进行视察。

16日至28日

社会和法制委员会与司法部联合组成的“当前我国律师队伍建设状况”专题组赴上海、海南、广西考察。张绪武副主任带队。

17日

以社会和法制委员会刘家琛、肖建章副主任为组长的“未成年人法律保护”专题调研组到北京市海淀区人民法院调研。社会和法制委员会、经济委员会、人口资源环境委员会、民族和宗教委员会的25位委员参加调研。

全国政协副主席、宋庆龄基金会副主席刘延东在政协礼堂会见乌克兰总统夫人、全乌慈善基金会理事会主席柳德米拉·库奇马一行。库奇马一行是应宋庆龄基金会邀请访华的。

教科文卫体委员会举行社会科学界委员座谈会,议题为国家“十一五”规划中的科技发展问题。徐善衍副主任主持会议。

17日至18日

王忠禹副主席赴河北省邯郸市进行调研,参观邯钢并召开座谈会。齐续春副秘书长、国资委副主任邵宁等陪同调研。

18日

首届城市森林论坛在贵州省贵阳举行。中共中央政治局常委、全国政协主席贾庆林为论坛题词:让森林走进城市,让城市拥抱森林。张思卿副主席出席论坛开幕式并讲话。人口资源环境委员会主任陈邦柱主持开幕式。贵州省委书记钱运录、省长石秀诗、省政协副主席李金顺等出席开幕式。

社会和法制委员会“社区矫正”调研组在北京市调研。肖建章副主任带队,社法委部分委员参加调研。

刘延东、罗豪才副主席赴江西省赣州市出席世界客属第十九届恳亲大会开幕式。港澳台侨委员会副主任张伟超参加此项活动。

18日至19日

外事委员会视察北京市区及密云县的市政建设、工业开发区和现代农业项目。刘剑锋主任带队,王淑贤、张国祥、周可仁、原泰副主任和部分委员参加视察。

18日至26日

提案委员会副主任宋宝瑞,部分提案委员会委员和提案人,国家发展和改革委员会、科技部、财政部有关负责人一行就“关于发挥大型科研设施作用的提案”赴青岛、合肥、昆明调研。

19日

港澳台侨委员会主任郭东坡会见并宴请法国国会华裔议员、留尼旺顶磅市市长曾宪建先生。

20日至26日

以李贵鲜副主席为团长,陈虹、张宝明常委为副团长的全国政协委员视察团一行24人在北京市就“农民工的管理服务与权益保障问题”进行视察。视察团先后听取了北京市及市公安局、市劳动和社会保障局、市民政局、市建委、市教委等有关部门负责人关于进城农民管理服务与权益保障情况的汇报,走访了东城区、西城区和朝阳区相关单位和部门,并同外来务工人员进行了座谈。

21日至27日

应贾庆林主席邀请,约旦参议长里法伊率约旦参议院代表团一行7人访华。全国人大常委会委员长吴邦国会见代表团;全国政协主席贾庆林会见代表团并宴请;全国政协副主席李蒙会见代表团;全国人大副秘书长王云龙,全国政协民族和宗教委员会主任钮茂生、经济委员会副主任陈耀邦,李昌鉴副秘书长,全国人大副秘书长孙伟、外事委员会副主任委员吉佩定,全国政协外事委员会副主任马振岗、委员潘占林,外交部部长助理李金章以及约旦驻华大使安马尔·穆德分别参加上述活动。钮茂生主任到机场迎接。潘占林委员陪同代表团访问北京、西安和上海。

22日至24日

政协秘书长工作座谈会在京召开。这是政协全国委员会新时期以来召开的第一次政协秘书长工作座谈会。全国政协秘书长、副秘书长,各省、自治区、直辖市及副省级市政协秘书长和办公厅主任共140余人出席会议。会议主要议题是:总结交流近年来地方政协秘书长和办公厅工作的情况和经验,进一步提高为政协履行职能服务的水平。

贾庆林主席在会议期间会见与会同志并在座谈会上发表讲话。

王忠禹副主席在闭幕会上发表讲话。

郑万通秘书长在开幕式上讲话,就做好秘书长和办公厅工作谈了五点体会:一是抓学习,不断适应形势和人民政协事业发展的需要;二是抓服务,全面提升政协机关工作的水平;三是抓协调,充分发挥秘书长班子的作用;四是抓落实,积极推进各项工作任务的完成;五是抓队伍,努力形成干好政协机关工作的合力。

会议进行了分组讨论和大会交流。北京、上海、江西、河南、西藏、南京、深圳、沈阳、济南、广州等十个地方政协的秘书长作了大会发言。与会各地政协分别提交了书面交流材料。会议还专门讨论了全国政协办公厅组织制定和修订的政协全国委员会全体会议工作规则、常委会工作规则、主席会议工作规则、秘书长会议工作规则、专门委员会通则、提案工作条例、视察工作条例、反映社情民意信息工作条例等八项制度的征求意见稿。王巨禄副秘书长在闭幕会上作了关于座谈会各组讨论情况的综合汇报。

22日至26日

提案委员会主任傅杰赴广西出席西部省(区、市)提案工作座谈会并讲话。

22日至30日

提案委员会副主任张岳琦,部分提案委员会委员和提案人,国家民航总局有关负责人一行赴青海、深圳就"关于利用香港航空枢纽地位协助中西部发展的提案"进行调研。

22日至12月6日

陈洲其副主任率人口资源环境委员会代表团一行6人赴意大利、西班牙和希腊三国考察矿业城市发展情况。

23日

社会和法制委员会在政协机关召开座谈会,邀请最高人民法院、最高人民检察院、公安部有关负责人介绍当前我国政法部门信访接待工作的情况。李其炎主任主持会议,江蓝生、刘家琛、肖建章、周子玉、赵登举副主任等出席会议。

罗豪才副主席在北京饭店会见美加华侨华人法律界人士代表团。致公党中央副主席吴明熹参加了会见。该团是应全国人大华侨委员会邀请来华访问的。

24日

全国政协副主席、中国工业经济联合会会长徐匡迪在政协礼堂会见德国驻华大使史丹泽并商讨德国总理施罗德近期访华的有关事宜。中国工业经济联合会常务副会长杜金陵等会见时在座。

24日至12月1日

社会和法制委员会"贯彻落实科学发展观情况"考察组赴浙江考察,李其炎主任带队,王建伦、赵登举副主任等参加考察。

25日

经济委员会副主任吴敬琏政协机关主持召开"十一五"规划专题组会议,讨论修改"十一五"规划调研报告草稿。

文史资料委员会在政协机关召开主任会议，研讨2004年工作总结和2005年工作要点。刘济民副主任主持会议，刘枫、李仁臣、金开诚、崔占福副主任，陈洪副秘书长等出席会议。

罗豪才副主席在人民大会堂会见并宴请俄罗斯生活党代表团。该团是应中联部邀请访华的。

25日至27日

港澳台侨委员会、外事委员会在广州增城共同举办"全国各省、区、市政协港澳台侨和外事工作座谈会"，学习胡锦涛总书记、贾庆林主席的一系列重要讲话精神，研究新形势下深入开展人民政协港澳台侨工作和对外交往工作。全国各省、自治区、直辖市和副省级市政协港澳台侨和外事委员会负责人等160余人参加会议。阿不来提·阿不都热西提副主席出席会议并讲话，港澳台侨委员会主任郭东坡，副主任郭荣昌、张道诚，外事委员会主任刘剑锋，副主任张国祥、武韬，广东省政协主席陈绍基，副主席李统书，广州市政协主席陈开枝及广州增城市政府、市政协负责人出席。会议还邀请国务院港澳办常务副主任陈佐洱、国务院侨办副主任许又声、外交部部长助理沈国放和国务院台办研究局负责人介绍港澳台侨和外事工作情况以及中央的有关方针政策。

26日

经济委员会副主任刘廷焕、陈耀先在中协宾馆主持召开"政策性金融改革"座谈会，邀请中财办、国务院研究室、财政部等12个部门的专家学者研究我国政策性金融改革的基本思路和发展方向。陈耀邦、段应碧副主任，范西成副秘书长及经济委员会部分委员出席会议。

由文化部、中央电视台、全国政协京昆室、天津市中华民族文化促进会联合主办的《中国京剧音配像精粹》二期工程新闻发布会在政协礼堂举行。贾庆林主席，李瑞环同志发表讲话。王忠禹副主席，万国权同志，郑万通秘书长，赵喜明、孙怀山副秘书长出席发布会。王选副主席主持发布会。文化部部长孙家正，中国文联党组书记、常务副主席李树文，广电总局副局长胡占凡，中央电视台台长赵化勇，天津市委副书记刘胜玉，天津市中华民族文化促进会会长方放以及京剧界人士共200余人参加发布会。

李蒙副主席在阿尔巴尼亚驻华大使馆出席阿尔巴尼亚共和国国庆节和阿中建交55周年招待会。

26日至12月2日

应中国经济社会研究会邀请，尼加拉瓜经济社会计划理事会执行秘书何塞·路易斯访华。全国政协副主席、研究会会长王忠禹会见来访客人；外事委员会副主任、研究会常务理事李北海与来访客人会谈并宴请。外事委员会副主任、研究会常务理事原泰等参加上述活动。

28日至12月8日

陈耀邦副主任率经济委员会代表团一行6人赴德国和丹麦考察农业经济合作组织。

以钮茂生主任为组长、巴桑副主任为副组长的民族和宗教委员会考察组赴福建省就"散杂居民族工作情况"进行考察。克尤木·巴吾东、李晋有、夏日副主任等参加考察。

29日

王忠禹副主席在政协机关会见并宴请芬兰议长帕沃·利波宁。经济委员会主任刘仲藜、人口资源环境委员会主任陈邦柱、民族和宗教委员会主任钮茂生，王巨禄副秘书长，全国人大中芬友好小组副主席、环境与资源保护委员会委员姜云宝，中国驻芬兰大使张直鉴以及芬兰驻华大使巴鑫出席此项活动。利波宁议长一行是应吴邦国委员长邀请访华的。

29日至12月5日

应全国政协邀请,雅奈兹·苏什尼克主席率斯洛文尼亚国民委员会代表团一行7人访华。贾庆林主席、全国人大常委会副委员长何鲁丽分别会见代表团一行;王忠禹副主席与苏什尼克主席会谈并宴请;外交部部长李肇星、商务部副部长魏建国分别会见代表团。外事委员会主任刘剑锋,副秘书长孙怀山,人口资源环境委员会副主任温克刚,外事委员会副主任李北海、外交部副部长张业遂以及斯洛文尼亚驻华使馆临时代办柳博米·乌拉格分别出席上述活动。温克刚副主任到机场迎送。代表团访问了北京、西安、苏州和上海。

30日

提案委员会副主任宋宝瑞,部分提案委员会委员和提案人,国家发展和改革委员会、科技部、财政部有关负责人一行就关于发挥大型科研设施作用的提案办理工作在北京地区进行调研。

王忠禹、周铁农副主席在北京中国现代文学馆出席民革中央举办的"纪念于右任先生著名爱国诗作《望大陆》发表40周年暨于右任先生书法真迹展"开幕式。港澳台侨委员会主任郭东坡,副主任王永海、刘亦铭、李赣骝、张道诚,齐续春、刘民复副秘书长等参加开幕式。

郑万通秘书长应海南省委、省政协邀请,为中共海南省委召开的全省政协工作会议作题为"关于人民政协理论与实践的几个问题"的报告。海南省委书记汪啸风到会讲话,省委副书记、省长卫留成主持会议。海南省委、省人大、省政府、省政协、省高院、省检察院有关负责人,历届省政协主席、副主席,海南省各市、县委书记、政协主席、统战部长,省直机关各委、办、局处以上干部,驻琼全国政协常委、委员等900多人参加会议。

30日至12月1日

全国政协信息特邀委员座谈会在京召开。15位委员围绕收入分配等问题展开讨论。国家发展和改革委员会就业和收入分配司负责人介绍了收入分配方面的情况。办公厅研究室主任卞晋平主持会议。

30日至12月2日

教科文卫体委员会在上海举办"我国农村体育工作问题"研讨会。国家体育总局和天津、河北、上海、江西、西藏等五省(自治区、直辖市)政协相关委员会派代表出席会议。张发强副主任主持会议。

30日至12月4日

周铁农副主席一行4人赴澳门出席"澳门地区中国和平统一促进会成立大会"、"华侨华人聚濠江联谊大会开幕典礼暨二十世纪华侨华人图片展"等活动。

12月

1日

外事委员会在政协机关召开主任会议,总结外事委员会2004年工作及2005年工作计划。刘剑锋主任主持会议,李北海、杨正泉、张国祥、武韬和周可仁副主任等出席会议。

贾庆林主席在达园宾馆设宴为马万祺副主席祝寿。王忠禹、刘延东副主席,王巨禄、赵喜明副秘书长及马万祺家属出席宴会。

3日

人口资源环境委员会在政协机关召开座谈会,邀请国家环保总局、国务院三峡办、国家林业局等有关部门讨论"保护长江万里行"调研报告。温克刚副主任主持会议。

6日

经济委员会副主任洪绂曾在政协机关听取河南省政协经济委员会关于中部六省政协就促进中部地区崛起有关政策建议进

行联合研讨的情况介绍。

刘延东副主席在人民大会堂出席国家主席胡锦涛为意大利共和国总统卡洛·阿泽利奥·钱皮访华举行的欢迎仪式和欢迎宴会。

郑万通秘书长主持召开会议，传达中央经济工作会议精神。郝建秀、阿不来提·阿不都热西提副主席，王巨禄、赵喜明、齐续春、孙怀山、陈洪、范西成副秘书长，办公厅研究室和部分局室负责人出席会议。

7日

人口资源环境委员会在政协机关召开会议，传达中央经济工作会议精神。陈邦柱主任主持会议，温克刚副主任及部分委员出席会议。

港澳台侨委员会在政协机关召开会议，传达中央经济工作会议精神。郭东坡主任主持会议，王永海、何添发、张伟超、张道诚副主任，唐闻生、黄军军、郭麟恭等委员出席会议。

外事委员会在政协机关召开会议，传达中央经济工作会议精神。刘剑锋主任主持会议，杨正泉、张国祥、周可仁副主任和部分委员出席会议。

港澳台侨委员会主任郭东坡在政协机关会见并宴请香港侨界社团联会访京团一行52人。

刘延东副主席在中央统战部会见乌克兰驻华大使卡米谢夫。卡米谢夫在会见中交流了目前乌克兰的国内局势。

罗豪才副主席在政协机关会见澳门律师公会代表团一行17人，并向客人简要介绍内地经济、法律等方面的情况，港澳台侨委员会主任郭东坡，王巨禄副秘书长，社会和法制委员会副主任刘家琛，港澳台侨委员会副主任张道诚等参加会见。

提案委员会在政协机关召开第十次主任会议，传达中央经济工作会议精神，讨论修改《政协十届二次会议以来提案工作情况的报告》(稿)。傅杰主任主持会议，杨振杰、宋宝瑞、张工、张岳琦、范宝俊、倪豪梅副主任，傅志煌副秘书长出席会议。

社会和法制委员会在政协机关召开会议，传达中央经济工作会议精神。李其炎主任主持会议，王建伦、朱治宏、肖建章、赵登举副主任等出席会议。

外事委员会副主任张国祥在政协礼堂会见纳扎连科·瓦西里·尼科拉耶维奇为团长的俄罗斯远东地区青年议员代表团。该团是应外交学会邀请来访的。

7日至8日

由中国经济社会研究会主办、香港大学和深圳大学承办的“促进内地与香港经济共同繁荣学术研讨会”第二次会议在香港大学举行。会议主题是贯彻落实CEPA、推动两地经贸合作与发展。全国政协副主席、中国经济社会研究会会长王忠禹出席开幕会并讲话。全国政协经济委员会主任、中国经济社会研究会副会长刘仲藜主任主持开幕会。上海市政协主席、中国经济社会研究会副会长蒋以任，广东省政协主席、中国经济社会研究会副会长陈绍基，全国政协副秘书长、中国经济社会研究会副会长李昌鉴，全国政协常委、中国经济社会研究会副会长张永珍，全国政协经济委员会副主任、中国经济社会研究会常务理事吴敬琏出席会议。

王忠禹副主席在港期间，看望霍英东副主席；会见香港特首董建华；会见并宴请港区全国政协常委和部分委员，向他们简要介绍中央经济工作会议的主要精神和内地经济社会发展情况，对港区各级政协委员在支持以董建华为首的香港特区政府依法施政、维护香港的繁荣稳定与和谐发展方面发挥的重要作用给予充分肯定，希望大家团结香港社会各界人士，支持特区政府工作，为香港的繁荣稳定发挥更大作用。李昌鉴副秘书长陪同出席上述活动。

8日

提案委员会在政协机关召开会议，传达中央经济工作会议精神。傅杰主任主持会议，杨振杰、宋宝瑞、张岳琦、张工副主任及部分委员出席会议。

贾庆林主席在钓鱼台国宾馆会见并宴请韩国现代汽车集团会长郑梦九一行。中共北京市委书记刘淇、全国政协秘书长郑万通、中央外办主任刘华秋、北京市市长王岐山、全国政协教科文卫体委员会主任刘忠德和北京市副市长陆昊等出席会见和宴请。

9日

罗豪才副主席在政协礼堂会见并宴请由美国洛杉矶中华会馆主席刘健民，美洲各地中华会馆、中华会所、华侨总会联谊会秘书长黄金泉等组成的洛杉矶中华会馆暨大洛杉矶地区促进中国统一联合会访京团一行8人。吴明熹副秘书长、港澳台侨委员会副主任张伟超等陪同会见和宴请。

10日

经济委员会在政协机关召开会议，传达中央经济工作会议精神。刘仲藜主任主持会议，叶连松、刘立清、邵奇惠副主任等出席会议。

人口资源环境委员会在政协机关召开第十次主任会议，讨论委员会2004年工作总结和2005年工作计划。陈邦柱主任主持会议，马国良、刘成果、李伟雄、张沿、张人为、张宝明、张榕明、温克刚副主任出席会议。

民族和宗教委员会在政协机关召开会议，传达中央经济工作会议精神。黄璜副主任主持会议，江家福、李晋有副主任，李国安、拉巴平措、金仁燮委员出席会议。

贾庆林主席参观北京天文馆、故宫博物院"玉缘·德安堂藏玉展"和北京市规划展览。郑万通秘书长，北京市副市长范伯元陪同参观。

11日至29日

以社会和法制委员会副主任肖建章为团长的"社区矫正"考察团一行8人赴美国、加拿大考察其社区矫正制度。曹克明副主任等参加考察。

13日

社会和法制委员会举办报告会，邀请新闻出版总署原副署长桂晓风委员介绍我国社会和法制工作中进一步加强文化建设的情况。江蓝生副主任主持报告会。社会和法制委员会副主任王建伦、萧灼基，港澳台侨委员会副主任王永海及社会和法制委员会、提案委员会、外事委员会、文史资料委员会部分委员出席报告会。

13日至23日

人口资源环境委员会副主任王克英率"小城镇建设中的环保问题"专题调研组一行10人赴安徽、江苏调研。

14日

郑万通秘书长主持召开十届政协第十九次秘书长办公会议，审议政协第十届全国委员会第三次会议秘书长、副秘书长名单(草案)，秘书处组织机构及各组组长名单(草案)，秘书处各组第一副组长名单(草案)；研究政协第十届全国委员会第三次会议大会发言工作方案及改进意见(草案)、记者招待会选题(征求意见稿)；听取政协第十届全国委员会常务委员会工作报告(草案)及关于政协十届二次会议以来提案工作情况的报告(草案)起草情况的汇报；研究政协第十届全国委员会第三次会议中央领导下组看望委员时讲话稿的起草工作、政协第十届全国委员会常务委员会第五次学习讲座方案(草案)以及关于举办2005年新春京剧晚会的有关事宜。赵喜明、李昌鉴、齐续春、孙怀山、陈洪、范西成副秘书长，办公厅研究室主任卞晋平出席会议。研究室和各局级单位负责人参加会议。

社会和法制委员会在政协机关举行报

告会，由委员会委员、公安部原副部长罗锋介绍当前我国禁毒工作的情况。刘家琛副主任主持会议，社会和法制委员会副主任王建伦、萧灼基，港澳台侨委员会副主任王永海，社会和法制委员会、港澳台侨委员会、外事委员会部分委员出席会议。

港澳台侨委员会副主任张伟超赴广东省增城出席国务院侨办举行的"国际华文教育研讨会"。来自30多个国家和地区以及国务院部委办有关人士参加会议。

外事委员会副主任原焘在政协机关会见西班牙驻华大使艾力赛。

李蒙副主席在政协机关会见以米哈伊尔·卡梅尔赞副议长为团长的摩尔多瓦议会常设局代表团。傅志煌副秘书长参加会见。该团是应中联部邀请来访的。

15日

社会和法制委员会在政协机关召开第13次主任会议，研究讨论委员会2004年工作总结及2005年工作计划。李其炎主任主持会议。王建伦、刘家琛、赵登举、萧灼基副主任，齐续春副秘书长出席会议。

16日

罗豪才副主席赴福州市出席福建省举办的纪念郑和下西洋600周年学术交流大会。

民族和宗教委员会召开会议，就民宗委赴西藏考察时当地反映的甘丹寺饮水难问题，研究解决方案并提出建议。黄璜副主任主持会议。钮茂生主任、金日光副主任、部分赴藏委员及水利部计划司负责人出席会议。

贾庆林主席在人民大会堂会见巴基斯坦总理肖卡特·阿齐兹一行。郑万通秘书长等参加会见。阿齐兹是应温家宝总理邀请访华的。

周铁农副主席在西苑饭店会见并宴请台湾东南九省乡亲旅台联谊总会访问团。

16日至17日

办公厅召开2004年度视察团团长座谈会，就加强和改进委员视察工作以及2005年视察选题的策划进行座谈。赵喜明副秘书长主持会议并讲话。曾担任本年度视察团团长的在京常委和委员出席会议。

16日至23日

应中国宗教界和平委员会(简称"中宗和")邀请，以前总统瓦希德为团长的印度尼西亚宗教代表团一行29人访华(瓦希德22日离京回国，代表团23日离沪回国)。贾庆林主席会见并宴请代表团；民族和宗教委员会主任钮茂生与瓦希德会谈并宴请；国家宗教事务局局长叶小文与瓦希德会谈。刘延东副主席，郑万通秘书长，齐续春、朱维群副秘书长，外交部副部长武大伟，中国佛教协会会长、"中宗和"副主席一诚，中国佛教协会副会长、"中宗和"常务副主席圣辉，中国道教协会副会长、"中宗和"副主席张继禹，中国伊斯兰教协会会长、"中宗和"副主席陈广元，中国天主教爱国会副主席、"中宗和"副主席刘柏年，中国伊斯兰教协会副会长兼秘书长、"中宗和"秘书长余振贵以及印尼驻华使馆临时代办谭舵分别出席上述活动。钮茂生主任、齐续春副秘书长、陈广元会长以及谭舵临时代办到机场迎送。陈广元会长陪同访问了烟台、上海。

17日

人口资源环境委员会副主任张洽在北京国际文化大厦出席由联合国教科文组织、环境人口与可持续发展教育全国工作委员会等五家单位联合主办的首届"中国再生资源论坛"开幕式。

港澳台侨委员会主任郭东坡在政协机关会见台湾青年商会总会访京团一行32人。王永海副主任等参加会见。

外事委员会"开展对未建交国家工作"研究小组在政协机关召开会议，研究相关工作及2005年工作计划。李北海副主任主持会议,原焘副主任等出席会议。

罗豪才副主席在人民大会堂出席教育部举办的霍英东教育基金会第九届青年教师基金和青年教师奖颁奖大会。

17日至21日

中共中央政治局常委、全国政协主席贾庆林在安徽省委书记郭金龙、省长王金山、省政协主席方兆祥陪同下,先后到芜湖、马鞍山、无为、合肥等地深入企业、乡镇、科研院所和城市社区进行调研。期间,贾庆林主席会见了安徽省政协、统战部及各民主党派、工商联负责人,并听取安徽省委、省政府的工作汇报,对安徽省近年来经济社会发展和统战政协工作取得的成绩给予充分肯定。

经济委员会副主任石万鹏,赵喜明副秘书长,经济委员会副主任洪绂曾,社会和法制委员会副主任刘家琛陪同调研。

19日至25日

人口资源环境委员会副主任陈洲其率"石漠化防治"调研组一行10人赴贵州省进行专题调研。

20日

王选副主席在政协礼堂出席纪念富连成社创办100周年座谈会。

人口资源环境委员会在政协机关召开座谈会,邀请部分委员和农业部、国家环保总局、国家林业局的有关领导和部门负责人就"十一五"规划制定中关于环境保护方面的问题进行研讨。张洽副主任主持会议,刘成果副主任、国家林业局副局长李育材等出席会议。

外事委员会副主任武韬在钓鱼台国宾馆会见并宴请澳大利亚自由党主席施安·司通。

20日至29日

应贾庆林主席邀请,埃塞俄比亚议会联邦院议长穆拉图·特肖梅一行7人访华。全国人大常委会委员长吴邦国会见代表团一行;全国政协主席贾庆林会见并宴请;全国政协副主席李蒙会见并宴请。全国政协秘书长郑万通、教科文卫体委员会主任刘忠德,全国人大常委会副秘书长王云龙、孙伟,全国人大外事委员会副主任吉佩定,外交部部长助理吕国增,全国政协民族和宗教委员会副主任李晋有、文史资料委员会副主任龚心瀚以及埃塞俄比亚驻华使馆代办伊亚苏·达拉等分别参加上述活动。中联部副部长张志军在中联部会见代表团成员、埃执政党埃革阵中央执委、组织部长差盖耶·曼莫。李晋有副主任和伊亚苏·达拉代办到机场迎送。李晋有副主任陪同穆拉图议长一行访问了北京、海南和深圳。

21日

经济委员会主任刘仲藜在政协机关主持召开委员会第13次主任会议,讨论委员会2005年专题调研选题,审议2004年经济委员会工作总结、审议"十一五"专题组调研报告《关于"十一五"规划必须突出促进经济增长方式根本转变的建议(稿)》。叶连松、吴敬琏、刘立清、陈耀先、陈耀邦、邵奇惠、段应碧副主任,范西成副秘书长出席会议。

港澳台侨委员会承办第19次中央"五侨"领导联席会议。罗豪才副主席出席并讲话。港澳台侨委员会主任郭东坡主持会议。会议主要议题是听取华文教育基金会工作进展情况的汇报,各单位通报近期工作,研究致公党中央提出的双重国籍问题等。港澳台侨委员会副主任张伟超、俞晓松,吴明熹副秘书长以及全国人大华侨委员会、国务院侨办、致公党中央、中国侨联的主要负责人和有关人士参加会议。

22日

全国政协办公厅在政协礼堂举行大型油画《初春》复制品赠送仪式。王忠禹、罗豪才、周铁农、张怀西副主席出席仪式。王巨禄副秘书长代表郑万通秘书长向各民主党派中央、全国工商联、北京市政协赠送油画收藏证及复制品，向出资人黄金富先生赠送纪念证。赵喜明、齐续春、孙怀山、陈洪、傅志煌副秘书长，各民主党派中央、全国工商联和北京市政协负责人朱培康、张梅颖、陈明德、陈宗兴、吴明熹、陈抗甫、刘亦铭、张龙之、张和平出席仪式。

外事委员会出访印度、斯里兰卡和巴基斯坦代表团在政协机关召开会议，听取外交部亚洲司有关负责人介绍往访国情况。周可仁副主任主持会议，张国祥副主任等出席会议。

22 日至 26 日

应贾庆林主席邀请，哈萨克斯坦上院议长努尔泰·阿贝卡耶夫一行 21 人对我国进行友好访问。国家主席胡锦涛、全国人大常委会委员长吴邦国分别会见；全国政协主席贾庆林会见并宴请；全国政协副主席阿不来提·阿不都热西提会见并宴请。全国政协秘书长郑万通，提案委员会主任傅杰，全国人大常委会副秘书长王云龙、孙伟，全国人大外事委员会副主任委员吕聪敏，全国政协副秘书长李昌鉴、齐续春，经济委员会副主任石万鹏，社会和法制委员会副主任赵登举，外事委员会副主任武韬，外交部副部长戴秉国、张业遂及部长助理李辉，胡锦涛主席办公室主任陈世炬以及哈萨克斯坦驻华大使卡里布扎诺夫分别出席上述活动。傅杰主任、武韬副主任以及哈萨克斯坦驻华大使卡里布扎诺夫到机场迎送。武韬副主任陪同努尔泰·阿贝卡耶夫议长一行访问了北京和西安。

23 日

王忠禹副主席召集会议，研究“中宗和”有关工作。民族和宗教委员会主任钮茂生、齐续春副秘书长和“中宗和”秘书长余振贵等出席会议。

外事委员会出访印度、斯里兰卡和巴基斯坦代表团在政协机关召开会议，听取商务部亚洲司、对外经济合作司负责人介绍往访国情况。周可仁副主任主持会议，张国祥副主任等出席会议。

黄孟复副主席出席国家主席胡锦涛在人民大会堂为委内瑞拉玻利瓦尔共和国总统乌戈·拉斐尔·查韦斯·弗里亚斯访华举行的欢迎仪式和欢迎宴会。

23 日至 24 日

无党派委员在京召开年终总结座谈会，总结交流 2004 年度无党派委员履行职能、参加各项活动的情况，研究政协十届三次会议无党派委员大会发言主题和 2005 年度视察选题。赵喜明副秘书长出席并讲话。

23 日至 25 日

文史资料委员会副主任龚心瀚率“细菌战纪实”专题组赴内蒙古通辽进行调研。

24 日

王忠禹副主席主持召开政协十届三次会议筹备工作协调会，研究政协十届三次会议大会发言、新闻报道的改进和中央领导下组看望委员并参加小组讨论会的有关事宜。郑万通秘书长，王巨禄、范西成副秘书长，办公厅研究室主任卞晋平和机关有关局室负责人出席会议。

港澳台侨委员会召开主任会议，讨论 2004 年工作总结和 2005 年工作计划。郭东坡主任主持会议，王永海、李赣骝、张伟超、张道诚、俞晓松副主任出席会议。

人口资源环境委员会副主任温克刚在人民大会堂出席首届“鄂尔多斯环保志愿者服务与生态建设奖”颁奖典礼。此项活动由全国政协人资环委员会与全国人大环资委、团中央等单位共同举办。

外事委员会副主任、中国经济社会研究会常务理事张国祥在政协机关会见并宴请贝宁经社理事会社会事务和教育委员会主任加斯东一行。加斯东一行是应商务部和中华全国总工会的邀请来华参加“非洲国家工会领导人研修班”的。

26日

刘延东、徐匡迪副主席，宋健、钱正英、朱光亚同志在人民大会堂出席朱光亚院士科技思想座谈会暨“朱光亚星”命名仪式。

27日

中共北京市朝阳区委为贯彻国务院主要负责人在民族和宗教委员会《关于北京市落实宗教房产政策情况的调研报告》上的批示精神，落实北京市“关于恢复东岳庙为道教活动场所专题会议纪要”要求，邀请民族和宗教委员会副主任陈广元，就朝阳区恢复东岳庙为道教活动场所的有关问题征求意见。

罗豪才副主席在政协机关会见香港“蒋震基金清华大学明日领袖国情培训班”的全体学员150余人。会见前，来自香港8所大学和部分中学的学员参观了政协展室和常委会议厅。港澳台侨委员会副主任张道诚，办公厅研究室主任卞晋平参加会见。

28日

提案委员会在政协机关召开各民主党派中央、全国工商联和政协专门委员会提案工作座谈会，总结提案工作经验并对政协提案工作提出意见和建议。徐匡迪副主席出席会议并讲话。傅杰主任主持会议。王巨禄副秘书长，提案委员会副主任朱培康、杨振杰、宋宝瑞、张工、张岳琦、俞泽猷、贾军、倪豪梅和部分提案委员会委员，民建中央副主席路明、民进中央副主席王佐书、农工党中央副主席陈宗兴、全国工商联副主席孙晓华，经济委员会委员寿嘉华、人口资源环境委员会副主任张治、教科文卫体委员会副主任傅庚辰、社会和法制委员会副主任王建伦、民族和宗教委员会副主任金日光、港澳台侨委员会副主任张伟超、外事委员会副主任李北海，各民主党派中央和全国工商联提案工作的负责人，以及各专门委员会办公室的负责人参加会议。

民族和宗教委员会主任钮茂生、副主任夏日赴呼和浩特出席内蒙古德德玛音乐艺术专修学院校址奠基暨丽柏集团主席刘军先生捐赠仪式。

29日

郑万通秘书长主持召开十届政协第二十次秘书长办公会议。会议议题：一、审议政协第十届全国委员会常务委员会第八次会议议程和日程（草案）；二、审议关于召开政协第十届全国委员会第三次会议的决定（草案）；三、研究政协第十届全国委员会第三次会议议程和日程（草案）；四、审议政协第十届全国委员会第三次会议秘书处各组工作职责，各组组长、副组长名单（草案）；五、审议政协第十届全国委员会第三次会议委员小组召集人名单（草案）；六、研究政协第十届全国委员会第三次会议委员驻地分配表（草稿）；七、审议政协第十届全国委员会常务委员会工作报告（稿）；八、审议政协第十届全国委员会关于政协十届二次会议以来提案工作情况的报告（稿）；九、审议关于2004年委员视察工作情况的报告（稿）；十、研究关于2005年全国政协外事出访和来访安排初步方案（草案）；十一、审议与新修订的政协章程相配套的八项规章制度（稿）。王巨禄、赵喜明、李昌鉴、齐续春、孙怀山、陈洪、傅志煌、范西成副秘书长，办公厅研究室主任卞晋平出席会议。研究室和各局级单位负责人参加会议。

30日

受郑万通秘书长委托，办公厅研究室主任卞晋平邀请各民主党派中央、全国工商联秘书长进行座谈，总结2004年度工作并听取对做好2005年政协工作的意见建议。

王忠禹副主席与各专门委员会主任座谈，总结2004年度工作并听取对做好2005年政协工作的意见建议。受郑万通秘书长委托，办公厅研究室主任卞晋平主持会议。

地方委员会篇

政 协 北 京 市 委 员 会

【全体委员会议】

十届二次会议 于2004年2月15日至19日召开，本次大会应出席委员731名，实到672名，缺席59名。程世峨主席以《坚持和发扬求真务实精神，努力开创政协工作新局面》为题致开幕词。委员们听取并分组审议了韩汝琦副主席代表常务委员会所作的《中国人民政治协商会议北京市第十届委员会常务委员会工作报告》和陈建生副主席代表常务委员会所作的《关于中国人民政治协商会议北京市第十届委员会第一次会议以来提案工作情况的报告》。列席了北京市第十二届人民代表大会第二次会议，听取并讨论了王岐山代市长所作的《政府工作报告》，讨论了《关于北京市2003年国民经济和社会发展计划执行情况与2004年国民经济和社会发展计划草案的报告》、《关于北京市2003年财政预算执行情况和2004年财政预算草案的报告》、《北京市高级人民法院工作报告》和《北京市人民检察院工作报告》。

会议组织了大会发言，市各民主党派、工商联代表和政协委员等13人作大会发言；举行了新北京、新奥运，首都经济建设发展，教育、文化和社会保障等3个专题座谈会，62位委员作了发言。中共北京市委、市人民政府领导及有关委、办、局负责人参加大会和专题座谈会，听取了委员们的意见建议。会议期间开展了政务咨询活动，市政府委、办、局和市高级人民法院、市人民检察院等单位和部门的领导到现场接受政协委员的咨询，解决和解答委员提出的问题。大会收到提案1589件，经审查立案1458件。

会议通过了《中国人民政治协商会议北京市第十届委员会第二次会议关于常务委员会工作报告的决议》和《中国人民政治协商会议北京市第十届委员会第二次会议政治决议》。刘淇书记代表中共北京市委作了重要讲话，朱相远副主席致闭幕词。

【常务委员会会议】

第6次会议 2004年2月5日召开，应出席成员140名，实到110名，黄以云副主席主持。会议审议了《中国人民政治协商会议北京市第十届委员会第二次会议议程(草案)》、《中国人民政治协商会议北京市第十届委员会第二次会议决议起草委员会委员名单(草案)》；审议通过了《中国人民政治协商会议北京市第十届委员会常务委员会关于安兴柱等9名同志不再担任委员的决定》、《中国人民政治协商会议北京市第十届委员会常务委员会关于增补委员的决定》、《中国人民政治协商会议北京市第十届委员会第二次会议日程》、《中国人民政治协商会议北京市第十届委员会第二次会议委员分组办法和各组召集人名单》；审议通过《中国人民政治协商会议北京市第十届委员会常务委员会工作报告》和《中国人民政治协商会议北京市第十届委员会常务委员会关于提案工作情况的报告》，决定将两份报告提交十届二次会议审议；听取了市政府提案办理情况的通报。程世峨主席就开好市政协十届二次会议做了讲话。

第7次会议 2004年2月18日召开，应出席成员140名，实到120名，程世峨主席主持。会议听取了各小组讨论市政府工作报告和市政协常务委员会工作报告的情况汇报；听取了关于市政协常务委员会工作报告的修改说明；审议了《中国人民政治协商会议北京市第十届委员会第二次会议关于常务委员会工作报告的决议》和《中国人民政治协商会议北京市第十届委员会第二次会议政治决议》，决定修改后提交十届二次会议审议通过。

第8次会议 2004年2月19日召开，应出席成员140名，实到123名，程世峨主席主持会议并讲话。会议审议通过了常委会2004年工作要点，明确了重点任务。

第9次会议 2004年4月22日召开，应出席成员140名，实到91名，黄以云副主席主持。会议学习贯彻十届全国人大二次会议和全国政协十届二次会议精神；审议通过了《关于推进城乡统筹发展，切实解决失地农民问题的建议案》及调研报告。程世峨主席出席会议并讲话，刘志华副市长到会听取意见并讲话。

第10次会议 2004年6月24日召开，应出席成员140名，实到105名，王长连副主席主持。会议审议通过了《关于缓解北京城市交通拥堵问题的建议案》及调研报告；审议通过了《关于副秘书长任免的决定》和《关于港澳台侨委员会主任任免的决定》。吉林副市长到会听取意见并讲话。

第11次会议 2004年8月26日召开，应出席成员140名，实到101名，满运来副主席主持。会议审议通过了《关于加强危旧房改造与古都风貌保护工作的建议案》和《关于进一步加强京郊义务教育的建议案》及相关调研报告；审议通过了《关于撤销毕玉玺委员资格的决定》；听取了《关于2004年上半年提案工作情况的报告》；书面通报了《关于市政府系统办理市政协十届委员会第一次会议建议案工作情况的报告》。程世峨主席出席会议并讲话，刘志华副市长到会听取意见并讲话。

第12次会议 2004年11月30日召开，应出席成员140名，实到100名，满运来副主席主持。会议审议通过了《关于召开中国人民政治协商会议北京市第十届委员会第三次会议的决定》、《关于任命副秘书长的决定》；听取了市政协各专委会和机关局级部门工作情况的汇报；结合常委会工作报告初步思路对2004年常委会工作完成情况和2005年工作设想进行了讨论。程世峨主席出席会议并讲话。

【专门委员会工作】

提案委员会 十届二次会议以来，共收到提案1665件，经审查，立案1520件；提案所提出的建议，得到采纳的达83%；经主席会议审议，同意对14件民主党派市委、市人民团体、市政协专委会提案和112件委员提案予以表彰。加强对提案办理检查督促工作的领导，确定8件提案由政协领导进行重点检查督促，为解决综合性提案的办理提供了有效途径。拓宽检查评议提案的工作范围，首次对市高级人民法院提案办理工作进行了检查评议。围绕提高提案质量问题，邀请市政府领导通报2004年全市经济社会发展情况，为委员知情知政搭建平台；开办如何写好提案的专题讲座，并将部分优秀提案汇编成册发给委员参考；结合传达全国政协第五次提案工作座谈会精神，召开了提高提案质量研讨会；为方便各界委员用现代化手段查询和提交提案创造条件。通过市政协网站及首都之窗邀请市民对10件提案进行了网上点评，共有2016人次进行点评，发表意见3806条；通过网络征集群众关心的热点问题，并进行归纳整理，作为提出提案的参考。对收到的1154份《委员意见征询表》进行分析，对委员明确提出有不同意见的55件提案，与有关部门进行了协商处理。推进提案工作的制度化、规范化和程序化建设。主席会议审议通过了《关于提案审查工作的办法》、《关于提案分析工作的办法》、《关于政协主席、副主席、秘书长检查督促提案办理工作的办法》和《关于评选表彰优秀提案的办法》等4个修订的暂行办法。开办了《重要提案摘报》，向市委市政府报送5期，7位市领导作出批示，推动了提案的办理和落实。

学习委员会 根据形势的发展和委员要求，围绕全国经济形势与宏观调控、政协章程修正案、国防现代化建设、中美关系、人文奥运、行政许可法等方面内容，组织学习报告会11场。召开委员学习座谈会，学习贯彻中共十六届四中全会精神；与有关部门合作召开纪念邓小平同志诞辰100周年座谈会、庆祝中国人民政治协商会议成立55周年座谈会。会同有关专委会及民主党派市委，就“人文奥运”的有关问题组织系列研讨活动，形成了《政协委员和民主党派成员关于实施“人文奥运”理念的意见和建议》，送市委市政府有关部门参考。开展新闻舆论导向和舆论监督评议活动，召开三次评议会，分别对本市新闻媒体三个季度的舆论导向和舆论监督情况进行了评议，还走访、参观了部分报社并进行座谈。与北京娱乐信报合作，开辟“走进您身边，为您办实事”专栏，这种民主监督和舆论监督相结合的实践，促使一些问题得到解决，密切了党委、政府和群众之间的关系，市委宣传部将这一做法在市属新闻媒体中进行了推广。就社会分配差距过大、北京城市发展战略、治安状况、垄断行业涨价、未成年人思想道德建设等问题，召开社情恳谈会和社会心态研讨会，反映、分析社情民意，提出意见建议。与有关部门联合组织委员暑期读书班，共有60多位委员参加；组织所联系的委员进行参观考察；对委员们提出的社会科学方面60余件提案进行了分析，还对深化“一站式”办公的提案进行了督办、检查；编辑内部刊物《学习》10期。

文史资料委员会 全年共组织活动70次，出席446人次。召开北京市政协文史资料工作会议，传达贯彻全国暨地方政协文史委员会主任会议精神，对“北京市文史资料精选”和“北京民主党派、工商联史料”等选题的协作任务提出要求。与有关专委会及部分民主党派市委联合开展危旧房改造和古都风貌保护问题的调研，完成《关于北京危旧房改造与古都风貌保护工作的调研报告》，经常委会会议审议通过，形成建议案报送市委市政府，受到市领导重视；还提交了《关于加强北京旧城保护和改善居民住房的几点建议》，对呼吁加强北京四合院保护工作等重点提案进行了督办。与市有关部门联合召开了纪念北平和平解放55周年座谈会。开展文史资料的征编与协作，全年共征集文史资料116篇109万字，出版了《北京文史资料》第68、69辑；召开了《名人与老房子》出版座谈会；启动与区县政协共同编纂文史资料精选丛书的协作工作，各区县分卷的选稿工作已初步完成；参与全国政协文史资料征编协作，召开了“五七干校”选题协作会。围绕古都风貌保护问题进行视察考察，开展民主监督，与民进市委联合提出了《关于尽快拆除中山公园西墙内简易工棚，彻底整治公园周边环境的建议》的团体提案；组织委员和专家就《北京历史文化名城保护条例草案》进行讨论。与有关专委会及部分民主党派市委联合召开了人文奥运研讨会，提出意见建议。举办了第16期区县政协、党派和工商联文史干部培训班。

经济科技委员会 全年共组织活动125次，出席1895人次。围绕推进城乡统筹发展，切实解决失地农民问题，与有关民主党派市委联合开展调查研究，形成了《推进城乡统筹发展，切实解决失地农民问题的调研报告》，经常委会会议审议通过建议案，报送市委市政府，引起市领导高度重视，并及时出台了《北京市建设征地补偿安置办法》等一系列政策措施，进一步促进了郊区农村的稳定和土地市场的整顿。举办了京津冀区域经济发展论坛，就三省市的经济发展规划和现状进行交流研讨。围绕企业产权改革、奥运科普、非公经济发展环境、农村信用社改革、旅游环境等问题进行考察、调查和追踪，提出了《关于加强我市奥运科普工作的联合建议》。进一步深化对财政预算的民主监督，建立监督程序；开展部门预算的监督，与有关专委会联合考察了教育经费的使用情况。组织部分委员以暗访形式对6个城区的菜市场、超市、餐饮等商业流通及服务场所进行考察，推动市场卫生状况的改善。召开协商监督座谈会，与市领导和有关部门负责人就本市商业流通发展规划、非公经济的发展、旅游管理条例等一些涉及全局的问题，沟通情况，提出意见建议。

城建环保委员会 全年共组织活动86次，出席1819人次。围绕缓解北京城市交通拥堵问题，与民革等7个民主党派市委组成联合调研组开展调查研究，形成了《关于缓解北京城市交通拥堵问题的调研报告》，经常委会会议审议通过建议案，报送市委市政府研究参考。围绕危旧房改造与古都风貌保护问题，与有关专委会和部分民主党派市委组成联合调研组开展调查研究，组织了通报会、研讨座谈会、视察等活动18次，委员们逐步形成了“严格执行城市规划，切实保护古都风貌，积极推进危房改造”的共识。组织委员对城建方面的13类、524件提案进行了分析，并对关于改进本市公共交通问题等3件提案进行了重点督办。先后协助市城管行政执法局等部门聘请20多位委员担任特约监督员。结合大气污染治理、供暖体制改革、轨道交通建设、奥运场馆建设规划调整、市政基础设施配套建设、水价调整等情况，开展了视察、座谈、通报等不同形式的活动，为委员了解市情、社情，建言献策提供条件。接待了全国政协及外省市政协来京视察和座谈活动；参加了全国历史文化名城政协联系会第14次会议和华北五省市政协人口资源环境工作联席会议。

教文卫体委员会 全年共组织活动83次，出席1200多人次。围绕京郊基础教育情况，与部分民主党派市委联合进行调研，形成了《关于京郊义务教育几个问题的调研报告》，经常委会会议审议通过建议案，报送市委市政府，受到市领导重视。围绕制定2010年前全市教育发展规划问题，多次召开委员座谈会，提出意见建议。开展教育、文化和卫生方面的民主监督，通过考察，对“非典”预防工作进行督促检查；与市政协财政预算民主监督小组合作，就教育经费使用情况，与市财政部门、教育主管部门和学校领导交换意见，并提出建议；视察了本市中考、高考和成考招生录取现场；考察了文化场所、歌舞娱乐场所和演出市场，对市政府发展文化事业方面的工作提出意见建议。对“在经济适用房住宅区建立公办义务教育学校”的提案进行重点督办，从建设规划及当前应着力研究解决的问题等方面提出建议。就医院体制改革和建立新型农村合作医疗情况问题，组织系列考察活动；与有关民主党派市委共同举办了关于北京城乡统筹发展中的医疗问题研讨会。就“人文奥运”和“心理卫生咨询服务体系建设”问题召开专题研讨会，向市政府有关部门提出建议。召开情况通报会，邀请市有关部门负责同志通报教育、卫生、文化和文物工作情况；在第20个教师节前夕，慰问了延庆县的山区师生；与有关单位联合举办了第18届卢沟桥醒狮越野跑“珠江·峰景杯”比赛；还接待了外省市政协来京考察团。

社会和法制委员会 全年共组织活动95次，出席1800余人次。围绕本市对流浪乞讨人员管理和救助工作，与有关民主党派市委联合开展专题调研，提出了《关于加强我市对流浪乞讨人员管理和救助工作的调研报告》，经主席会议审议通过，形成建议案报送市委市政府，受到市领导重视，促进了市政府对有关具体问题的解决。围绕首都社会治安综合治理基层组织建设情况，进行调查研究，提出了《关于加强首都社会治安综合治理基层组织建设的调研报告》，经主席会议审议通过，形成建议案报送市委市政府，受到市领导及有关部门重视。首都社会治安综合治理工作民主监督小组探索多种活动方式，通过参与调研提高了民主监督的组织化程度；工会、妇女儿童、法律等工作小组，分别参与了各自领域中相关立法的调研、讨论和修改，促进了相关法规的进一步完善；组织委员就发挥民主监督在惩治和预防腐败中的作用、开展民主监督的有效形式和方法等方面进行深入探讨，增强民主监督工作的实效性；组织了司法建设、消防安全、禁毒戒毒、残疾儿童康复等方面的视察考察活动；组织委员就社会救助状况、"十五"时期妇女儿童发展规划实施情况、未成年人不良行为矫正、社会治安等问题进行座谈；召开提案分析座谈会，对351件提案进行了分析。

民族和宗教委员会 全年共组织活动46次，出席600多人次。围绕如何加快本市少数民族乡(村)经济发展问题，与民盟市委、市工商联组成调研组开展调查研究，形成了《关于进一步加快少数民族乡(村)经济发展的调研报告》，提出了五条发展经济的建议。经主席会议审议通过建议案，报送市委市政府，市主要领导均作出批示。组织委员就《北京市少数民族权益保障条例》和《北京市宗教事务条例》的贯彻落实情况，视察了部分区(县)的宗教活动场所、清真副食产品生产和管理等情况。组织委员与奥组委领导就尊重不同国家民族的风俗习惯和宗教信仰、志愿者培训、应对突发事件等涉及民族和宗教方面的问题进行座谈，提出建议。通过组织委员参加五大宗教节日、举办"北京市民族和宗教界国庆中秋茶话会"、参加"北京市宗教界为麻风病人献爱心募捐活动"等，增进了各宗教界之间的感情联络和相互合作与支持。组织宗教界人士为部分区县的家庭寄养指导中心、民族小学等单位捐资、捐赠图书和电脑。接待了全国政协民族和宗教委在京调研活动，还接待了外省市政协来京考察团。

港澳台侨委员会 全年共组织活动53次，出席1573人次。组织委员学习中共十六届三中与四中全会精神、国家有关港澳台侨工作方针政策、胡锦涛同志重要讲话及《政协章程修正案》和新颁布的《行政许可法》等；围绕归国留学人员在京创业融资问题开展调查研究；通过视察，对优化北京投资与发展环境有关建议进行追踪落实；组织港澳委员就本市低保政策落实、社会福利养老、来京务工人员工作及生活、突发公共卫生事件医疗救助体系等问题进行了专项视察，提出意见建议。对委员们在各种活动中发表的意见建议进行整理，形成了5万字的材料报送市委市政府。邀请70多位市政协工作顾问和海外朋友来京参加国庆55周年活动，并与市政协领导进行了座谈，提出了12个方面40余条意见建议，报送市领导参阅；征集、编纂了委员、顾问及海外专家学者《为北京经济和社会发展建言献策论文集》。对区县政协40余名从事港澳台侨工作的干部进行了业务培训；接待港澳台及海外华侨华人来访团组37批，1142人次。配合市侨办作好《中华人民共和国归侨侨眷权益保护法实施办法》的宣传活动，并进行了监督视察；协助全国人大和市人大对北京市的执法检查，对一些委员和海外顾问申诉的积案进行清理反映。以反对"台独"、遏制"台独"为首要任务开展对台工作，加强对台交流；邀请在京港澳台侨各界朋友参加传统和重要节日活动，增进友谊、凝聚人心；为港澳委员、工作顾问及海外朋友就医看病、落实房屋政策等排忧解难；为港澳委员及海外朋友牵线搭桥，在北京市医疗卫生、慈善事业、残疾人事业及水污染治理项目等方面捐资出力，以实现他们报效祖国的愿望。

【重要活动】

北京市政协新闻宣传工作座谈会 2004年7月2日，市政协办公厅与中共北京市委宣传部联合召开，满运来副主席主持。市政协主席程世峨，全国政协研究室主任卞晋平，市委副书记龙新民，市委常委、宣传部长蔡赴朝出席会议并讲话。市政协有关负责同志介绍了“北京市政协好新闻”奖评选情况和十届市政协新闻宣传工作情况；《北京日报》、北京电视台、《北京青年报》、《北京娱乐信报》等新闻单位分别介绍了宣传报道十届市政协各项工作的经验和体会；会议还向荣获“北京市政协好新闻”奖的59名中央和市属新闻单位的编辑、记者进行颁奖。

议政会 市政协办公厅与中共北京市委统战部共同组织召开3次议政会。2004年7月22日、10月22日、11月9日，本市各民主党派、人民团体负责人和民族宗教界代表人士分别听取了副市长、奥组委常务副主席刘敬民关于奥运行动规划中人文奥运实施情况的通报并进行座谈；听取了市农委主任李进山关于北京市贯彻落实《中共中央、国务院关于促进农民增加收入若干政策的意见》的情况通报并进行座谈；听取了副市长刘志华和市规划委主任陈刚关于北京城市总体规划修编情况的通报并进行座谈，与会各界人士提出了意见和建议。

纪念邓小平同志诞辰100周年座谈会 2004年8月16日，由市政协学习委员会、研究室和北京市人民政协理论与实践研究会共同召开。满运来副主席、李建华秘书长等市政协领导和各界委员、研究会理事、有关方面的专家学者与市政协机关干部共50余人出席会议。周淑真等7位同志作了大会发言。与会者深切缅怀邓小平同志的丰功伟绩和他对人民政协事业发展作出的不可磨灭的贡献，研讨在新世纪新阶段继续高举邓小平理论伟大旗帜，认真贯彻“三个代表”重要思想，为推进首都改革开放、现代化建设、人民政协事业的发展作出积极贡献。满运来副主席在讲话中结合人民政协工作实际，就邓小平同志开创了人民政协工作的新局面、邓小平同志提出了一系列开创人民政协事业新局面的重要理论观点进行了论述；并就高举邓小平理论伟大旗帜，以“三个代表”重要思想为指导，扎实推进人民政协工作提出希望和要求。

北方七省区市政协工作研讨会第17次会议 2004年9月14日至17日，北方七省区市政协工作研讨会第17次会议在北京召开，来自北京市、天津市、河北省、山西省、内蒙古自治区、山东省、河南省等七省区市的政协领导和有关负责人出席会议。开幕会由北京市政协主席程世峨致辞，全国政协副秘书长齐续春应邀出席会议，中共北京市委副书记龙新民到会祝贺并讲话，北京市副市长张茅介绍了北京市近年来的经济和社会发展情况。与会同志以邓小平理论和“三个代表”重要思想为指导，围绕“落实科学发展观、增强履行职能实效，加强履行民主监督职能、发挥民主监督作用”等问题进行了深入探讨；并紧密结合当前经济、社会发展和政协工作的新情况、新问题，总结交流了七省区市近年来履行职能的新经验，反映了各地政协工作的新进展，主要有：加强理论学习，提高落实科学发展观的自觉性和主动性；围绕中心、服务大局，把促进发展作为履行职能的第一要务；把握科学发展观的本质，积极维护人民群众的切身利益；采取多种形式开展民主监督，切实履行民主监督职能；探索民主监督的有效途径，加大民主监督的力度；加强自身建设，为履行职能提供保障。研讨会期间，还考察了北京市现代农业、制造业发展和生态环境建设、历史文化保护等情况。闭幕会上，讨论通过了本次研讨会会议纪要，北京市政协主席程世峨致闭幕词。

组织常委视察 2004年9月23日至24日，本会常委就北京市产业结构调整和国有企业发展情况进行了视察。听取了翟鸿祥副市长关于本市产业结构调整和国有企业发展的情况通报，视察了京东方科技集团股份有限公司、北一大限（北京）机床有限公司、北京欧曼重汽厂、北人印刷机械股份有限公司和恒有源科技股份有限公司，并与市政府领导进行了座谈。

人民政协民主监督理论与实践研讨会暨北京市人民政协理论与实践研究会二届三次理事大会 2004年10月29日至30日召开，市政协副主席、研究会副会长叶文虎和市政协秘书长、研究会副会长李建华分别主持。市政协主席、研究会会长程世峨出席会议并讲话。研究会名誉会长陈广文，市政协副主席、研究会监事长黄以云，市政协副主席、研究会副会长满运来，全国政协研究室副主任陈惠丰，市社科联等部门领导出席会议。研究会名誉理事、理事、监事，来自各区县政协和各民主党派的团体会员代表，向大会提交论文的作者以及部分市政协机关干部等百余人参加了本次研讨会。会议学习贯彻中共十六届四中全会和胡锦涛总书记在庆祝人民政协成立55周年大会上的讲话精神，总结研究会工作；从理论与实践的结合上研讨新形势下的人民政协民主监督问题，进一步推进人民政协民主监督工作。程世峨主席在讲话中指出，推进政协民主监督一要充分认识政协履行民主监督职能是一个不断探索、与时俱进的过程；二要正确认识并准确把握政协民主监督的性质和特点；三要全面认识并积极发挥政协民主监督的优势。研讨会收到论文38篇，15位同志作了大会发言。

庆祝北京市政协成立五十五周年大会 2004年11月11日，中共北京市委办公厅、市政协办公厅联合召开。中共中央政治局委员、北京市委书记刘淇出席会议并讲话，程世峨主席主持会议并讲话；全国人大常委会副委员长许嘉璐、傅铁山，全国政协副主席王忠禹，全国政协原副主席孙孚凌，市长王岐山，市人大常委会主任于均波，以及市委、市人大、市政府、市政协、市高法、市检察院、北京奥组委的领导同志，市政协老领导、市各民主党派工商联负责人、无党派人士、各族各界代表出席会议。刘淇在讲话中对本市人民政协工作提出三个方面的要求：要认真学习胡锦涛总书记在庆祝人民政协成立五十五周年大会上的讲话精神，进一步提高对人民政协工作重要性的认识；要进一步发挥人民政协在首都现代化建设中的重要作用，不断开创人民政协工作新局面；要进一步加强和改善党对政协工作的领导，不断推进首都社会主义民主政治建设。程世峨主席强调，要认真学习领会和全面贯彻落实刘淇同志的讲话精神，全市各级政协组织要努力加强自身建设，更好地履行政治协商、民主监督、参政议政职能，开创人民政协工作的新局面，为实现"新北京、新奥运"的战略目标、为推进首都改革开放和现代化建设做出新的贡献。

庆祝北京市政协成立五十五周年座谈会 2004年11月16日，本会召开庆祝政协北京市委员会成立55周年座谈会，满运来副主席主持。全国人大副委员长、市政协副主席傅铁山，市政协副主席韩汝琦、朱相远、陈建生，原市政协副主席沈仁道，市政协部分副秘书长、常委、委员，市委统战部等有关部门负责人等出席了座谈会。与会人员从不同角度回顾了市政协55年来的光辉历程和在首都社会主义现代化建设中做出的重要贡献，展望了人民政协事业的美好前景，畅谈了从事政协工作的心得体会，抒发了对人民政协事业的热爱之情。黄以云副主席在讲话中强调，要深入学习胡锦涛同志在庆祝人民政协成立55周年大会上的讲话，按照中共北京市委的要求和部署，在历届政协工作的基础上，坚持中国共产党的领导，以邓小平理论和“三个代表”重要思想统领政协工作，保持人民政协正确的政治方向；坚持围绕中心、服务大局的原则，树立和落实科学发展观，为促进首都经济发展和社会全面进步献计出力；坚持把握团结和民主两大主题，认真履行政治协商、民主监督、参政议政职能，发挥人民政协在首都政治文明建设中的特点和优势；坚持发挥人民政协爱国统一战线组织的作用，最广泛、最充分地调动一切积极因素，为构建社会主义和谐社会贡献力量；坚持加强自身建设，提高政协组织的凝聚力和创造力，为更好地履行职能提供保障，努力开创市政协工作的新局面，为推动本市社会主义物质文明、政治文明和精神文明协调发展作出新的更大贡献。

【重要文件】

常务委员会工作报告（2004年2月15日）（摘要） 2003年工作回顾：（一）围绕本市中心工作，积极开展协商监督。十届一次会议期间，各界委员认真听取和讨论市政府工作报告及其他有关报告，就率先基本实现现代化和关系首都改革发展稳定的重要问题提出许多意见和建议。中共北京市委、市人民政府领导出席会议、听取意见，体现了民主协商精神。会上，各界委员在充分酝酿、民主协商的基础上，选举产生了十届市政协常委会和主席会议组成人员，圆满完成了换届工作。围绕做好非典防治工作和促进国民经济持续健康发展；优化发展环境，加快首都经济发展；加快推进本市社会救助体系建设；推进北京节水型城市建设；加强首都公共卫生建设与管理等问题在常委会会议上进行协商讨论，先后形成了4项建议案和1项建议材料。主管副市长分别到会听取委员意见并通报了相关工作，他们认为委员们提出的建议切实中肯，表示认真研究采纳。与中共北京市委统战部联合，就郊区农业现代化和农村城市化、优化本市发展环境、党风廉政建设和反腐败等问题，召开了三次议政会。常委会和各专委会组织视察、考察活动110次。通过视察、考察，委员们进一步了解本市各项事业的发展情况，并提出意见和建议，发挥了民主监督作用。财政预算民主监督小组两次听取市财政局关于本市财政预算和财政预算执行等情况的报告，认真研究讨论，向市政府及有关部门提出了建议；新闻舆论导向和舆论监督民主评议小组对本市新闻媒体的舆论导向和舆论监督情况特别是非典和国庆期间的新闻报道情况进行评议，促进新闻媒体改进工作；社会治安综合治理工作民主监督小组听取首都社会治安综合治理办公室工作情况通报，并提出意见建议。在《北京市依法治市工作规划》等政策法规出台前，组织委员进行讨论，提出修改意见，促使相关政策法规进一步完善。与市总工会共同就贯彻落实《北京市实施<中华人民共和国工会法>办法》情况进行专项检查，发挥了对法律执行情况的监督作用。

（二）运用调查和研讨等多种形式，积极参政议政。围绕优化发展环境这一全市重点工作开展调研。开展了“关于改善政府行政行为，优化首都经济发展环境的调研”、“关于进一步优化本市私营个体经济司法保障环境的调研”、“关于优化北京投资与发展环境的若干建议——对部分在京港澳台侨资企业状况的调研”。形成了《关于优化发展环境，加快首都经济发展的建议案》，经常委会审议通过后送中共北京市委、市人民政府研究参考。市委书记刘淇、代市长王岐山分别作出批示；市委办公厅以《情况交流》文件的形式将此建议案及调研报告、考察报告印发市委、市政府各委办局和各区县委与政府，要求认真学习研究和采纳。针对一些具有全局性、前瞻性的问题开展调研，常委会组织有关专委会进行重点调研，形成了《关于加快推进本市社会救助体系建设的建议案》和《关于推进北京节水型城市建设的建议案》。针对非典期间暴露的一些深层次问题，常委会组织有关专委会进行重点调研，形成了《关于进一步加强首都公共卫生建设与管理的建议案》。这些建议案送市委、市政府后，均受到高度重视，有关市领导分别作了批示，促进了相关决策的民主化、科学化。各专委会还分别就提高市民文明素质、克服不文明陋习，本市商业街区规划建设，城乡结合部地区失地农民，困难企业退休职工生活困难等问题，进行深入调研和研讨，提出建议和措施，推动了相关问题的解决。

（三）加强和改进提案工作，进一步发挥提案在履行职能中的作用。将提案改为直接交到市委、市政府等机关的主管部门，再由他们交到所属部门承办，进一步规范和理顺了提案办理工作程序，明确了提案办理工作职责，提案的按时办复率和办案效果有了明显提高。十届一次会议期间的委员提案，办复率达到99.7%；2003年有七成多提案的建议得到采纳或部分采纳。对涉及群众切身利益，关乎全市工作重点的有关问题进行重点督办，取得了明显效果。向中共北京市委提出了《关于进一步加强党派提案工作的意见和建议》。在此基础上，中共北京市委办公厅发出《关于印发<进一步做好党派提案工作暂行办法>的通知》，使党派提案工作进一步纳入制度化、规范化和程序化的轨道。还与市政府合作召开市情通报会，为委员进行提案选题提供参考，为他们更好地运用提案履行职能创造条件。

（四）拓展和深化反映社情民意工作，主动为政协履行职能服务。依靠各界委员、党派团体、专委会和区县政协，围绕优化发展环境、维护社会稳定、抗击非典、城市建设与管理、危改与保护古都风貌等重要问题，反映了大量社情民意。共编报信息刊物《诤友》544期，反映意见建议1600余条。其中，市委、市政府和全国政协共采用150余篇，刘淇、王岐山等市领导共批示120余件次，对有的重要信息，中央领导同志还作了批示。在调查研究的基础上，制定《政协北京市委员会关于反映社情民意信息工作的规定（试行）》，进一步规范了反映社情民意的信息工作。开通了反映社情民意电子信箱；聘请了部分委员担任信息工作顾问；编发了《信息工作通讯》，定期发布信息报送参考要点；编报了《领导参阅》，将一些综合性的重要信息直报、专报市委和市政府主要领导；注意将市领导批示内容及有关部门办理落实结果及时反馈给委员，推动反映社情民意工作取得新进展。围绕"进一步加强和深化反映社情民意工作"进行专题调研，举办本市政协系统信息工作研讨培训班，注重反映社情民意的信息向深（有深度）、重（分量重）、新（有新意）拓展。

（五）建立健全规章制度，推进履行职能的制度化、规范化和程序化。召开座谈会，征求参加本会的民主党派、部分政协委员和区县政协对修改政协章程的意见。经主席会议审议通过，形成本会《关于对<中国人民政治协商会议章程>的修改建议》，送请中共北京市委常委会议讨论同意后，报送全国政协。常委会和主席会议先后制定和修订了《政协北京市委员会常务委员会工作规则》、《政协北京市委员会议政会工作规则》、《政协北京市委员会专门委员会通则》、《政协北京市委员会关于加强与委员联系的意见》等规章制度。各专门委员会和机关各部门也建立、完善了相关工作制度和办事程序。

（六）发挥政协优势，为抗击非典献计出力。从2003年2月中旬市政协报送关于广东发现非典型肺炎应引起我市卫生部门高度注意的信息，到6月下旬抗击非典斗争取得阶段性重大胜利期间，有120余位市政协委员、300余位民主党派成员和区县政协委员，共提出千余条关于防治非典的意见建议。信息部门进行分析整理，向市委、市政府和全国政协报送信息170余期，反映意见建议820余条，为决策提供了有价值的参考，受到市委、市政府的重视，许多意见建议被采纳。在抗击非典斗争中，各界委员积极发挥作用，特别是医药卫生界的许多委员战斗在第一线，发扬无私无畏和救死扶伤的精神，作出了突出贡献；一些委员自愿承接为医院修建非典病房，主动捐款捐物，义务提供服务等，体现了可贵精神。适时组织各界委员就非典疫情对经济和社会的影响等问题进行座谈和研讨，向市委、市政府报送了《非典对首都经济的影响及对策建议》、《非典对首都经贸和旅游会展业的影响及对策建议》、《对如何进一步做好抗击非典工作的建议》等。召开常委会会议，就非典防治和首都经济发展问题进行专题研讨，向市委、市政府报送了《市政协委员对本市非典防治工作和促进国民经济持续健康发展问题的意见和建议》。这些意见建议受到市委、市政府的重视，为夺取抗击非典和首都经济发展的双胜利提供了决策参考。

（七）发挥人民政协统一战线组织的作用，为维护首都团结稳定和推进祖国统一大业贡献力量。市政协领导走访各民主党派市委、市工商联；通过联合开展调研，联合召开研讨会、座谈会，加大民主党派提案办理力度等方式，努力为民主党派在政协发挥作用创造条件。积极为各界别委员更好地发挥作用提供载体、创造条件。经科委、社法委、港澳台侨委、民宗委等专委会成立了相应的界别工作小组。组织民族宗教界委员进行学习、座谈，增进不同信仰委员之间的了解与沟通。组织委员到清真副食品生产地考察，促进《北京市少数民族权益保障条例》的贯彻执行；组织委员对少数民族乡进行考察，为发展经济建言献策；加强同民族宗教界人士的联系，反映他们的困难和要求；多方协调，促进宗教房产等政策的落实，努力增进首都各族人民以及宗教界人士的团结和友谊。认真组织委员学习宣传"和平统一、一国两制"的基本方针，围绕推进祖国统一进程和"建设新北京、办好新奥运"的目标广交朋友、广集良策。创新工作机制，为港澳台侨委员履行职责和海内外朋友对首都建设建言献策创造条件；组织港澳台同胞和海外侨胞来京参加国庆活动；为港澳台同胞和海外侨胞来京创业和捐医助学、支持首都公益事业牵线搭桥。及时向委员通报台情和中央对台工作部署，坚决反对"台独"分裂行径，积极促进京台经济文化交流交往。就落实《中华人民共和国台湾同胞投资保护法》和《中华人民共和国归侨侨眷权益保护法》进行视察、座谈，提出意见和建议。

（八）加强自身建设，推进政协工作。常委会专题研究自身建设问题，对组成人员提出树立学习意识、责任意识、委员主体意识、艰苦奋斗意识和表率意识的要求；制定《常务委员会关于加强思想作风建设的意见》，对常委会及其组成人员的思想作风建设作出具体规定。及时组建各专门委员会，研究专委会工作，为各专委会工作的顺利开展奠定了思想和组织基础。举办三期新委员学习培训班，就中共十六大报告、宪法和政协章程、履行职能的方法和形式等进行学习，使新委员进一步提高了政治素质和参政议政能力，增强了履行职责的责任感和使命感。通过举办报告会、座谈会等形式,组织委员学习“三个代表”重要思想、胡锦涛同志“七一”讲话、中共十六届三中全会精神、抗击非典先进人物事迹,了解国际局势、民族和宗教知识等,使委员进一步提高了思想理论水平,开阔了视野,增长了才干。制定了加强机关干部队伍建设的相关制度。举办了四期机关干部学习班,深入学习领会中共十六大精神,提高贯彻落实十六大精神的自觉性。在机关开展“电子政务”培训,提高了机关干部的计算机知识水平和操作能力。加强机关信息系统建设,进一步提高了信息化工作水平。积极做好政协新闻宣传、理论研究和文史等工作,扩大人民政协的社会影响。市政协领导多次到区县政协进行调研,了解各区县政协贯彻落实全市政协工作会议精神的情况并指导工作。

2003年,市政协组织履行职能的各项活动603次,委员参加近万人次,各项工作取得新的进展。常委会在实践中体会到,做好新一届政协工作:一要依靠中共北京市委领导和市人民政府及社会各方面的大力支持;二要坚持常委会总体工作思路;三要坚持在继承中发展,在发展中创新;四要注重发挥市政协的整体优势。在看到成绩的同时,也要清醒地认识到存在的问题和差距:一是民主监督工作有待于进一步加强;二是委员参与政协活动的面有待于进一步拓宽;三是机关建设有待于进一步加强。

2004年重点做好以下六方面工作:(一)加强学习,用“三个代表”重要思想统领政协工作;(二)围绕关系首都工作大局的重要问题开展政治协商;(三)积极探索民主监督的有效途径;(四)进一步提高参政议政的实效;(五)发挥政协优势,为维护首都团结稳定和推进祖国统一大业作贡献;(六)进一步加强自身建设,努力提高履行职能的水平。

中共北京市委书记刘淇在庆祝中国人民政治协商会议北京市委员会成立五十五周年大会上的讲话(2004年11月11日)(摘要) 中共中央召开庆祝中国人民政治协商会议成立55周年大会,胡锦涛总书记发表重要讲话,对做好新时期的政协工作提出了新的要求。下面,就学习贯彻胡锦涛总书记讲话精神,做好北京市政协工作讲几点意见。

一、认真学习贯彻胡锦涛总书记的讲话精神,进一步提高对人民政协工作重要性的认识。全市各级党委、政府,各级政协组织都要认真学习、深刻领会、准确把握总书记的重要讲话精神,进一步提高对人民政协工作重要性的认识,全面推进人民政协工作,把最广泛的爱国统一战线巩固好、发展好,把中国共产党领导的多党合作和政治协商制度坚持好、完善好。北京市政协作为人民政协事业的一部分,在党中央的亲切关怀和各界人士的大力支持下,也已经走过了55年的光辉历程。55年来,特别是改革开放以来,人民政协的工作不断得到加强和完善,焕发出强大的生机和蓬勃的活力。市委高度重视人民政协工作,始终坚持和不断完善中国共产党领导的多党合作和政治协商制度,大力加强和改善党对政协工作的领导。2002年,专门召开了全市政协工作会议,制定了《中共北京市委关于加强人民政协工作的决定》,为全面加强人民政协工作提供了重要依据。多年来,全市各级政协组织按照人民政协章程,始终坚持正确的政治方向,认真贯彻中央的路线方针政策,在市委的领导下,紧紧围绕着首都工作的大局,做了大量卓有成效的工作,发挥了不可替代的重要作用。

二、进一步发挥人民政协在首都现代化建设中的重要作用,不断开创人民政协工作新局面。全市各级政协组织和广大政协委员，都要切实增强首都意识、大局意识、责任意识，坚持以邓小平理论和“三个代表”重要思想为指导，认真贯彻胡锦涛总书记的重要讲话精神和政协章程，高举爱国主义和社会主义旗帜，紧紧把握团结、民主两大主题，按照努力走在全国前列的要求，围绕全市工作大局，不断提高政治协商、民主监督、参政议政的水平，为推动首都的社会主义物质文明、政治文明、精神文明协调发展做出新的更大的贡献。第一，围绕中心、服务大局，为促进首都经济社会协调发展作出新的贡献。第二，充分发挥人民政协的特点和优势，在政治协商、民主监督、参政议政的制度化、规范化和程序化建设上迈出新的步伐。第三，认真履行职能，在构建社会主义和谐社会上有新的作为。第四，认真贯彻政协章程，在切实加强自身建设方面取得新的进展。

三、进一步加强和改善党对政协工作的领导，不断推进首都社会主义民主政治建设。一是要把做好政协工作作为加强党的执政能力建设的一项重要任务。全市各级党组织都要把加强和改善对政协工作的领导，推动政协富有成效地开展工作，充分发挥政协在首都政治生活中的作用，作为加强党的执政能力建设的一个重要方面。要善于运用人民政协这一政治组织和民主形式为实现党的总目标、总任务服务。要通过发挥政协这一重要机构的作用，发展社会主义民主政治，推进社会主义政治文明建设，集中各方面的意志、智慧和力量，推动首都的现代化建设。二是要按照总揽全局、协调各方的原则，切实加强和改善对政协工作的领导。要继续贯彻落实《中共北京市委关于加强人民政协工作的决定》，要把政协工作摆上党委工作的重要议事日程，全盘考虑、统筹安排，不断增强搞好政协工作的主动性和预见性。定期听取政协党组的工作汇报，加强对政协工作的研究和指导，解决好政协在开展工作中遇到的问题和困难。政协党组在做好政协工作中肩负着重大责任，必须坚定不移地贯彻党的基本理论、基本路线、基本纲领、基本经验，坚定不移地贯彻执行党关于人民政协的方针政策，把党的有关重大决策和工作部署贯彻到人民政协的全部工作中去，扎扎实实地完成党所赋予的各项任务。要通过自己的工作，推动参加人民政协的各民主党派、人民团体和各族各界人士自觉接受中国共产党的领导。要通过广泛深入的协商和讨论，使党的主张成为各民主党派、人民团体和各族各界人士的共识，团结人民政协各参加单位和广大政协委员为实现党提出的共同目标和任务而奋斗。三是支持和保证政协依法履行职能。要积极推进政协履行职能的制度化、规范化和程序化，不断地规范民主协商内容、程序，提高协商的质量和实效。依法保护政协委员的民主权利，鼓励政协委员负责任地提出意见和建议。要主动给政协出题目、交任务，支持政协开展视察、考察和专题调研，并积极促进调研成果的转化和落实。各级党委政府都要认真倾听来自政协的批评和建议，高度重视政协建议案和提案的办理工作，主要领导要亲自批阅、重点督办，及时答复，发挥和运用好提案这一履行职能的形式，提高提案的实效。要及时通报首都经济社会发展的情况，交流信息，为广大政协委员知情明政创造更好的条件，深入了解市情，帮助他们提高参政议政的针对性。加强对人民政协工作的宣传，把对政协的宣传纳入各级党委宣传工作的总体部署，通过多种形式切实加大宣传力度，扩大人民政协的社会影响，努力提高全社会对政协工作重要性的认识，为政协开展工作创造良好的社会舆论环境。高度重视并切实加强政协机关的干部队伍建设，统筹规划，按照革命化、年轻化、知识化、专业化标准和德才兼备的原则，加强政协干部的选拔、交流和任用，加大对政协干部的培训工作力度，提高干部的整体素质，增强政协机关的活力。

《关于推进城乡统筹发展，切实解决失地农民问题的建议案》(2004年4月22日政协北京市第十届委员会常务委员会第9次会议通过)(略)

《关于缓解北京城市交通拥堵问题的建议案》(2004年6月24日政协北京市第十届委员会常务委员会第10次会议通过)(略)

《关于加强危旧房改造与古都风貌保护工作的建议案》(2004年8月26日政协北京市第十届委员会常务委员会第11次会议通过)(略)

《关于进一步加强京郊义务教育的建议案》(2004年8月26日政协北京市第十届委员会常务委员会第11次会议通过)(略)

《关于加强首都社会治安综合治理基层组织建设的建议案》(2004年6月10日政协北京市第十届委员会第14次主席会议通过)(略)

《关于加强我市对流浪乞讨人员管理和救助工作的建议案》(2004年6月10日政协北京市第十届委员会第14次主席会议通过)(略)

《关于进一步加快本市少数民族乡(村)经济发展的建议案》(2004年6月10日政协北京市第十届委员会第14次主席会议通过)(略)

《关于进一步加强政协民主监督工作的建议案》(2004年12月23日政协北京市第十届委员会第17次主席会议通过)(略)

【组织概况】

委员增补名单

(2004年2月5日政协北京市第十届委员会常务委员会第6次会议通过)

马　刚(回族)　王振华(女)
吕跃进　李申虹(女)
李淑华(女，回族)　余世昌
沈乃宏　初建华　张　湘
张文华　张春平　陈伟华(女)
陈健心(女)　林克庆
范文彦　周京生　郑慕智
赵荣山　姜昕华(女)
倪国锋　高树旺　彭喜忠

【北京市各级政协领导人名单】

北京市政协

主　席

程世峨(女)

副主席

黄以云　黄承祥　韩汝琦
朱相远　傅铁山　满运来(回族)
王长连　张和平　陈难先
陈建生　叶文虎　唐晓青(女)

秘书长

李建华

区县政协主席

东城区	吴弘勇
西城区	张春平
崇文区	张　湘
宣武区	张文华
朝阳区	李　明
海淀区	王珍明
丰台区	初建华
石景山区	倪国锋
门头沟区	赵志安
房山区	范文彦
通州区	王玉辉
顺义区	陶宝金
昌平区	王振华(女)
大兴区	高树旺
平谷区	韩凤武
怀柔区	石伟奎
密云县	郑亚娟(女)
延庆县	王孝彬

北京市各级政协组织和委员数

（截至2004年底）

项目＼级别	直辖市	市辖区	县	合计
组织数	1	16	2	19
委员数	728	3622	286	4636

（王晓欣　编写　张平夫　审稿）

政 协 天 津 市 委 员 会

【全体委员会议】

十一届二次会议 2004年1月10日至15日在天津宾馆召开,应出席会议的委员779人,实到委员648人。1月10日下午,市政协主席宋平顺主持了开幕式。会议的指导思想是:以邓小平理论和"三个代表"重要思想为指导,在中共天津市委的领导下,认真贯彻落实中共十六大、十六届三中全会和市委八届五次全会精神,按照市委提出的"整体推进,协调发展,追求高水平,实现新跨越"的总要求,进一步动员全市政协委员和各族各界人士,高举爱国主义、社会主义旗帜,紧紧围绕天津在新阶段的目标任务,认真履行政治协商、民主监督和参政议政职能,把市政协十一届二次会议开成一个团结、民主、求实、奋进的大会,开成一个团结动员全市各族各界人士,为促进"三步走"战略第二步目标共同奋斗的大会。这次会议的主要任务是:听取和审议市十一届政协常务委员会工作报告;听取和审议市十一届政协常务委员会提案工作报告;列席市十四届人大二次会议、听取和讨论政府工作报告和其他报告;通过市政协十一届二次会议决议。市政协副主席卢金发向大会作了常务委员会工作报告,市政协副主席曹秀荣向大会作了常务委员会提案工作报告。会议期间,与会委员列席了市十四届人大二次会议,听取并讨论了市长戴相龙所作的《政府工作报告》及其他报告。委员们一致赞同,并就贯彻落实市委八届五次会议精神,实现"三步走"第二步战略目标,提出了许多意见和建议。会议期间共收到提案949件,经提案委员会审查立案933件。会议审议通过了市政协十一届二次会议决议。在大会闭幕会上,中共中央政治局委员、市委书记张立昌和市政协主席宋平顺分别作了重要讲话。中共天津市委、市人大常委会、市政府有关领导同志,市高级人民法院、市人民检察院、武警天津总队的主要负责同志,历届市政协主席、副主席,市各民主党派、工商联和有关人民团体的主要负责同志,在津全国人大常委会委员、全国政协常委、全国政协委员出席了大会开幕式和闭幕式。

【常务委员会会议】

第4次会议 2004年1月2日在市政协召开,会议学习贯彻市委八届五次全会精神,审议通过了《政协天津市委员会关于学习贯彻中共天津市委八届五次全会精神的决定》,会议审议通过了关于召开市政协十一届二次会议的决定;审议通过了市政协十一届二次会议议程和日程的建议;市政协十一届二次会议秘书长、副秘书长名单;审议通过了市十一届政协常委会工作报告,并确定报告人;审议通过了市十一届政协常委会提案工作报告,并确定报告人;审议通过了《政协天津市委员会专门委员会通则》。市政协主席宋平顺出席会议并讲话。市政协副主席卢金发主持会议。市政协副主席叶厚荣、周绍熹、姚建铨、曹秀荣、赵克正、蔡世彦、王家瑜、朱坦、陆锡蕾和秘书长陈福顺出席了会议。在津全国政协委员,市各民主党派、工商联、台联、侨联和各区县政协负责同志列席会议。

第5次会议 2004年1月13日在天津大礼堂举行。市政协主席宋平顺主持会议。会议听取了大会秘书长陈福顺关于各组审议市十一届政协常委会工作报告、提案工作报告情况,讨论政府工作报告情况的汇报;审议并原则通过了市政协十一届二次会议决议(草案);听取了市政协十一届二次会议期间提案征集审查的情况。市政协副主席卢金发、叶厚荣、周绍熹、曹秀荣、赵克正、王家瑜、朱坦、陆锡蕾和秘书长陈福顺出席会议。

第6次会议 2004年3月19日在市政协召开。会议传达学习了十届全国人大二次会议、全国政协十届二次会议和市委常委扩大会议精神，审议通过了市政协2004年工作要点。市政协主席宋平顺主持会议并讲话。市政协副主席卢金发、叶厚荣、赵克正、蔡世彦、王家瑜、朱坦、陆锡蕾和秘书长陈福顺出席会议。

第7次会议 2004年7月22日在天津宾馆召开，会议传达贯彻了全国政协十届六次常委会议精神，按照科学发展观的要求，围绕发展区县经济进行专题协商。7名委员作了大会发言，29个单位和委员提交了书面发言。市政协主席宋平顺出席会议并讲话。市委副书记、常务副市长黄兴国应邀出席会议并讲话。市政协副主席卢金发主持会议。市政协副主席叶厚荣、周绍熹、曹秀荣、赵克正、蔡世彦、王家瑜、朱坦和秘书长陈福顺出席会议。市政府秘书长何荣林，市委办公厅、研究室，市政府办公厅、研究室，市发改委、市经委、市建委、市农委、市财政局、市规划和国土资源局等有关方面负责同志应邀到会听取委员的意见和建议。在津全国政协委员，市各民主党派、工商联、台联、侨联及各区县政协的负责同志参加了会议。

第8次会议 2004年10月29日，在市政协举行，会议深入学习贯彻中共十六届四中全会和市委八届六次全会精神，围绕加快滨海新区建设进行专题协商。市委副书记、市长戴相龙应邀出席会议并讲话。市政协主席宋平顺出席会议并讲话。市委常委、滨海新区工委书记皮黔生应邀出席会议并讲话。市政协副主席卢金发主持会议。市政协副主席叶厚荣、姚建铨、曹秀荣、赵克正、蔡世彦、王家瑜、朱坦、陆锡蕾和市政府秘书长何荣林、市政协秘书长陈福顺出席会议。8名委员作了大会发言，23个单位和委员提交了书面发言。会议审议通过了《市十一届政协常务委员会关于调整专门委员会设置的决定》、《市十一届政协常务委员会关于设立委员联络室的决定》。市委办公厅、研究室，市政府办公厅、研究室，市发改委、市经委、市科委、市规划局、市建委、市交委等有关方面负责同志应邀到会听取委员的意见和建议。在津全国政协委员，市各民主党派、工商联、台联、侨联及各区县政协的负责同志参加了会议。

【专门委员会工作】

提案委员会 十一届二次会议以来，共收到提案1004件，经审查立案987件。对未立案的17件，按委员来信已转有关部门办理。一年来，主要做了以下工作：一是采取多种措施，提高提案质量。1. 强化提案质量意识，每会必讲提案质量。2. 严把提案审查关，建立了由提案委员会办公室初审、委员复审和主任、副主任审定的“三级”审查程序，严格按照《条例》规定的立案标准审查立案。3. 加大服务力度，采取多种方式组织委员开展知情视察活动，向全体委员寄发了征集提案信函、《提案工作情况通报》和《天津市人民政府若干重点工作完成情况汇编》等材料。4. 抓好集中培训，分别举办了区县政协和市各民主党派、工商联及有关人民团体提案工作人员培训班。5. 召开优秀提案表彰会，对2003、2004年度优秀提案暨提案人进行推荐和评选，召开表彰大会，编印了优秀提案选编。二是创新促办方式，确保提案办理实效。采取“领导重点促办、面上整体促办、难点跟踪促办、热点专题促办”四结合的促办方式，推动提案落实。三是加强与政协各组成单位和办理提案的党政职能部门的合作，完善提案信息管理系统。四是推动提案宣传工作。加强与有关部门的工作联系，召开提案宣传工作会议，协办“建言议政”专题节目，协助天津电视台拍摄提案宣传专题片。

学习委员会 一年来，主要做了以下工作：一是配合机关有关处室组织举办了

4期“学习贯彻宪法、政协章程学习班”。二是举办了纪念邓小平同志百年诞辰活动，出版纪念专辑《“永远的怀念”——纪念邓小平同志诞辰100周年》。三是召开部分委员座谈会，交流学习胡锦涛同志在邓小平同志诞辰100周年纪念大会和庆祝人民政协成立55周年大会上的重要讲话以及张立昌同志在“天津市纪念人民政协成立55周年座谈会”上的重要讲话的心得和体会。四是组织举办了树立科学发展观专题报告会和现代军事知识讲座。五是组织视察活动。六是编辑出版《学习参考资料》，做好订阅、发行工作。七是配合提案委员会做好市政协副主席领衔促办提案活动。八是坚持学习工作联席会议制度，加强了与市各民主党派、工商联宣传部门的沟通合作。

经济委员会 一年来，共开展各项专题调研、专题视察、专题座谈等活动83项次，形成调研报告9篇，专题报告8篇。一是围绕市政协中心工作，做好专题常委会和主席协商会议的前期调研和组织筹备工作。组织筹备“发展区县经济”专题常委会，分三次召开了18个区县政协主席座谈会，深入区县调研，完成了《关于大力发展我市区县经济的建议》、《关于全面推进我市农业产业化的对策建议》、《关于发展区县特色工业的建议》、《关于拓宽中小企业融资渠道的对策建议》以及与市工商联联合调研的《关于进一步优化民营经济发展环境，大力推进我市区县经济快速健康发展》等5篇调研报告，汇总常委会上37篇调研报告的主要意见，形成综合报告报送市委、市政府；组织委员就“加快我市滨海新区建设”专题常委会的相关课题进行调研，完成了《关于进一步规划调整好滨海新区产业结构的建议》和《强化功能和服务作用发挥滨海新区在我国北方经济发展中的作用》两篇调研报告；与市有关部门协作，完成了关于促进我市民营企业职业经理人队伍建设和完善高技能人才培养机制，加强高技能人才队伍建设两篇调研报告。二是围绕我市经济发展和人民群众关心的热点、难点问题开展调研。三是组织委员就我市就业、再就业等情况开展视察活动。四是就我市投资环境问题进行跟踪调研，并针对如何进一步完善我市投资环境提出改进意见和建议。五是加强与兄弟省市政协的联系与协作。参加了京津冀三省市政协经济委员会“区域经济发展论坛”第一次会议，围绕政协如何搭建“区域经济发展论坛”平台及“区域经济发展”两个议题展开讨论，并将会议情况向市委、市政府作专题汇报。为纪念天津建城600周年与有关部门协作编纂完成《近代天津工业与企业制度》一书。

科技教育委员会 一年里，共开展专题调研、视察、座谈会、研讨会等各类活动50余项次，完成调研报告7篇。围绕“实施人才强市战略”的主席协商会议题，先后召开6次主任会议和专题座谈会议，深入调研论证，形成《关于实施人才强市战略若干问题的意见与建议》的综合报告，并综合会上意见，形成人才问题综合报告，报送市委、市政府。围绕“加强我市未成年人思想道德建设”、“提升教师职业道德”、“发展职业教育”等问题，召开座谈会，开展调查研究。召开庆祝第20个教师节茶话会。围绕“发展区县经济”和“滨海新区建设”两个专题协商常委会议题，形成了《加快科技创新，支撑滨海新区快速健康发展》和《充分发挥科技在农村经济发展中的引领和支撑作用》两篇调研报告。就委员和群众关心的“高新技术产业发展”、“重点学科建设”等问题开展视察。

城建环境委员会 全年共开展活动82项次，其中召开知情报告会1次、专题调研12项、专题视察16次、专题座谈会21

次、调研推动会1次、专题论证会2次。一是围绕市委市政府中心任务建言立论。围绕“加快滨海新区发展”议题开展调研，历时半年时间，共形成调研报告31篇；在争取党中央、国务院的支持，加快滨海新区的建设和发展方面，做了大量有效工作；围绕“大力发展区县经济”专题常委会议议题，组织委员围绕区县土地合理规划利用等问题，开展调研，形成了《搞好生态小城镇建设，促进区县经济的可持续发展》和《发展区县经济要与推进农村城市化进程紧密结合》的调研报告；围绕“实施人才强市战略”的主席协商会议题，深入调研，提供了《关于我市人才战略问题的思考》和《关于进一步完善和做好吸引海外留学人员工作的建议》两篇调研报告。二是根据委员的要求和社会关注的热点、难点问题，组织委员围绕津滨轻轨建设、公交建设、污水处理和再生水利用等内容开展专题视察活动，将委员所提建议及时整理，向市委、市政府报送《关于加快我市公交行业发展的几点建议》、《关于我市交通问题的几点建议》等多篇社情民意专报。三是加强委员会自身建设。

医卫文体委员会 一年来，组织委员开展专题调研19次、座谈8次、视察活动15次、专题讲座4次。一是围绕常委会和主席协商会议题，组织专题调研。围绕“发展区县经济”议题，进行调研、视察、考察等活动，将委员的意见建议进行归纳整理，撰写了《积极调整卫生资源，促进区域经济发展》的调研报告；围绕“实施人才战略”主席协商会议题组织委员调研，与有关部门和专家进行座谈、研讨，完成了《关于我市文化人才的培养和使用情况的调研报告》。二是参加全国政协教科文卫体委员会组织的关于农村、农民问题的协作调研，撰写了《关于天津市新型农村合作医疗试点工作的调研报告》、《关于天津市农村体育情况的调研报告》，上报全国政协，并作大会发言。三是围绕市委、市政府中心工作，就人民群众关注的热点、焦点问题组织专题视察。向市委、市政府报送了《关于加强高致病性禽流感防治的建议》、《关于加强我市图书市场建设的建议》等社情民意专报。四是做好联谊工作，密切委员之间的联系，组织了医学新技术介绍会、营养与健康讲座等活动。五是积极吸收国内外先进理念，为我市医疗卫生、体育事业发展服务。六是采取不同方式，多渠道为委员服务。

社会及法制委员会 在“政协委员协助政法系统加强队伍建设”活动的基础上，动员全市各级政协委员，开展了“协助政法系统加强基层队伍建设”的活动。召开“政协委员协助政法系统加强基层队伍建设活动总结暨先进事迹报告会”，撰写《关于加强我市政法系统基层队伍建设的意见建议》，报送市委、市政府。围绕“发展区县经济”常委会议协商议题，对我市区县民营经济发展方面取得的成绩和存在的问题及困难进行调研，撰写了《优化行政执法环境，进一步推动区县民营经济发展》的调研报告。就青少年健康成长，就业、再就业以及社保等社会关注的问题组织委员进行视察、调研，撰写了《关于加强未成年人法律保护工作的意见建议》。围绕制定、实施有关政策法规，进行视察座谈，提出意见建议。制定了《政协天津市委员会关于特邀监督员工作的意见》和实施细则。通过举办专题讲座和座谈会的形式，广泛联系委员和信教群众。与天津警备区联合举办了庆“八一”中华长城杯乒乓球大赛。

文史资料委员会 围绕天津建城600周年，组织系列活动。组织创作编辑出版了《画说天津600年》大型精品画册；编辑精品图书《中国历史文化名城——天津》；配合市政府提出的发展天津特色旅游问题，协助市旅游局，总结归纳了天津历史人文资源500例；主办了“纪念天津设卫建城600周年学术座谈会”；与市有关部门共同主办了“600轮岁月，600年天津”系列报道；为天津电视台拍摄专题片提供大量素材、介绍采访对象；为《今晚报》撰写了百位天津近代名人史料。组织委员就历史文化名城保护问题调研考察，形成了《关于保护中华基督教青年会旧址的建议》、《紧急呼吁：在古文化街整体改造中应保护好天后宫》等社情民意专报；《发展滨海旅游的几点建议》调研报告中所提的建议被吸纳到市旅游局整体规划中。征集各类史料约50万字，编辑出版史料约200万字；出版了《天津文史资料选辑》两辑、《近代天津九大银行家》；编辑史料专集《中国著名老字号今昔》、《海河畔走来的歌唱家》和近代名人系列的《收藏家》、《自然科学家》等；召开《天津文史资料选辑》创刊百辑座谈会；为纪念人民政协成立55周年，协助全国政协征集史料6篇。筹建“口述史研究会”；受全国政协委托，承办“全国政协名人故居研讨会”，将会上专家学者针对天津名人故居保护工作中存在问题所提的建议报送市委、市政府，引起市主要领导的高度重视。贯彻落实全国政协暨地方政协文史委主任会议精神，召开天津市政协文史工作会议。

港澳台侨委员会 一年来，认真组织委员学习中共中央和市委重要会议精神，结合时事政治组织了“台湾大选的情况分析”、“纪念陈嘉庚诞辰130周年座谈会”等报告会、座谈会12场(次)；积极开展联络接待和组织出访工作。编印了中英文版《新世纪的天津》宣传手册；举办了多场投资环境报告会、座谈会，促成了一批合作项目；举办了庆祝香港回归七周年暨加强津港两地经济交流座谈会。接待了日本、加拿大以及港澳台等国家和地区的朋友32批(次)，约350余人；日本香道、能乐代表团分别访问天津，举办了纪念天津建城600年香会和能乐表演；举办海峡两岸大学生音乐素质教育夏令营活动。围绕“加快滨海新区建设”、“大力发展区县经济”两个专题常委会议题和“实施人才强市战略”主席协商会议题，联合台盟、台联开展专题调研，形成了《我市“三资企业”人才问题及建议》的专题报告；走访了19家台资企业，帮助协调解决问题，受到企业的好评；率港澳委员参加了在四川举行的“西博会”。加强了委员会自身建设，草拟了《关于加强与委员会委员的联系，充分发挥委员主体作用的几点意见》。完成了天津市各界人士棋牌联谊会的换届工作。

【重要活动】

主席促办提案工作 2004年，市政协继续开展主席领衔促办提案工作。市政协主席宋平顺，副主席卢金发、叶厚荣、周绍熹、姚建铨、曹秀荣、赵克正、蔡世彦、王家瑜、朱坦、陆锡蕾，分别完成了各自重点提案的促办工作。这些提案是：关于加强我市“城市农民工”犯罪预防治理的建议；关于加快我市中介服务业发展的建议；弘扬敬老爱老美德，加强社会公德教育；大力发展我市区县经济的建议；关于加强我市学校信息管理工作的建议；关于建立有效地维护民营企业合法权益渠道的建议；加强农产品现代物流体系建设，努力打造天津东北亚菜篮子的几点建议；关于解决食品安全问题的几点建议；发展我市旅游业的对策建议；关于改善我市交通安全状况的几点建议；进一步完善和做好吸引海外留学人员工作，为全面建设小康社会和国际化大都市储备人才问题；关于促进我市科技企业孵化器发展的几点意见；关于加强高级技术工人培养的几点建议。

走访各民主党派工商联和有关人民团体 2004年春节后，市政协主席宋平顺，市政协副主席卢金发、曹秀荣、王家瑜和秘书长陈福顺分别走访了本市各民主党派、工商联和有关人民团体，与各民主党派、工商联和有关人民团体负责同志，就深入贯彻市委八届五次全会和“两会”精神，在促进实施“三步走”第二步战略中更好地发挥民主党派作用，进行了亲切交谈，认真听取大家的意见和建议。

天津文史资料选辑创刊百辑纪念座谈会 2004年2月6日在市政协举行。市政协副主席卢金发、蔡世彦，老同志刘晋峰、石坚，市政协部分委员、《天津文史资料选辑》部分作者和读者代表出席座谈会。全国政协文史资料委员会副主任李仁臣应邀出席，并代表全国政协文史资料委员会向《天津文史资料选辑》出版百辑表示祝贺。

纪念天津设卫建城600周年系列活动

一、纪念天津建城600周年专题报告会 2004年4月2日在市政协举行。市政协文史资料委员会副主任、著名史学家罗澍伟作了“走近中国历史文化名城——天津”的专题报告。市政协副主席蔡世彦出席了报告会。

二、筹备《画说天津600年》国画创作活动 该活动历时600天，在天津600年历史发展中，节选了600个结点，确立了必须表现的115个重大题材，组织发动300多名画家，以600年来天津重大历史事件、历史人物、历史见证为题材进行创作，展现了天津的历史特别是改革开放以来取得的成就。2004年6月22日，市政协召开《画说天津600年》国画创作活动组委会第一次会议，听取一年来该活动进展情况汇报，就下一步工作进行研究部署。市政协主席宋平顺出席会议并讲话。市政协副主席卢金发、曹秀荣、王家瑜，秘书长陈福顺和《画说天津600年》创作活动组委会以及艺委会全体成员及知名画家代表参加会议。

三、《画说天津600年》画册首发式暨作品研讨会 2004年12月21日在市政协俱乐部举行。市政协主席宋平顺出席会议并讲话。市政协副主席卢金发致辞，市政协副主席曹秀荣、蔡世彦、王家瑜和秘书长陈福顺出席。该画册从近400幅画作中精选了119幅作品，体裁以国画为主，兼顾油画、版画、烙画等艺术形式。会上，市领导为受赠单位代表颁发画册，各位专家学者对以津派国画为主体的艺术创作活动进行深入研讨。《画说天津600年》组委会、艺委会全体成员，创作活动的书画家和部分市政协委员等参加首发仪式。

全国政协考察团来津考察 2004年4月9日至10日，全国政协常委、全国政协人口资源环境委员会主任陈邦柱率全国政协考察团一行来津，就进一步加快天津滨海新区建设、促进区域经济发展问题进行考察。市委副书记、市长戴相龙与考察团一行座谈并交换意见，市政协主席宋平顺主持座谈会。考察团在津期间，考察了开发区、天津港集装箱码头、保税区国际汽车城等地，听取了滨海新区发展情况的汇报。市领导同志崔津渡、陈质枫、卢金发、周绍熹、曹秀荣、王家瑜和市政协秘书长陈福顺等分别出席座谈会并陪同考察。

学习贯彻政协章程报告会 2004年4月28日在天津礼堂中剧场举行。市政协主席宋平顺出席报告会并会见专程来津作政协章程学习报告的全国政协常委、副秘书长、政协章程修改领导小组办公室副主任李昌鉴同志。市政协副主席王家瑜主持报告会。秘书长陈福顺出席。在津全国政协委员，市政协委员，市委各工委、各区县局党委分管统战政协工作的负责同志，市政协办公厅、研究室、专委会有关负责同志，各区县政协主席、副主席出席了报告会。

政协章程学习班 2004年4月29日至5月19日，市政协按照中共中央办公厅、全国政协和中共天津市委的要求，先后举办4期政协章程学习班，认真学习贯彻

《中国人民政治协商会议章程》。市政协副主席卢金发、曹秀荣、王家瑜和秘书长陈福顺分别出席4期学习班开班仪式并作动员讲话。在津全国政协委员、市政协委员、各区县政协负责同志和市政协机关干部参加了学习班。

全国政协委员视察区县经济 2004年6月10日,在津的全国政协委员就发展区县经济问题视察了北辰区开发区,并听取了市计委、市农委和北辰区有关负责同志关于加快发展本市区县经济情况的汇报。市政协主席宋平顺参加视察和座谈。市政协副主席叶厚荣、周绍熹、陆锡蕾和有关部门负责同志参加视察活动。

市政协理论研究会换届大会 2004年7月30日在市政协俱乐部举行。市政协副主席卢金发,市政协秘书长陈福顺出席会议并讲话。会议审议并通过了理论研究会第二届理事会工作报告;按照换届改选有关程序产生了第三届理事会领导机构和常务理事,决定聘请卢金发为名誉会长,选举陈福顺为会长;审议通过了修改《天津市政协理论研究会章程》的有关事项。会议还就如何以"三个代表"重要思想为指导,推动政协理论研究工作再上新水平等议题,进行了探讨和交流。

纪念邓小平诞辰100周年座谈会 2004年8月18日在市政协召开。市政协主席宋平顺出席会议并讲话。市政协副主席卢金发主持会议。市政协副主席叶厚荣、周绍熹、曹秀荣、赵克正、蔡世彦、王家瑜、陆锡蕾和秘书长陈福顺出席。会上,市各民主党派、工商联,区县政协及有关单位代表分别发言,从不同侧面深切缅怀邓小平同志的丰功伟绩和对人民政协事业做出的巨大贡献,充分表达了全市各族各界群众高举邓小平理论伟大旗帜,坚定地走建设中国特色社会主义道路的信心和决心。市各民主党派、工商联、台联、侨联及各区县政协,市政协机关负责同志出席座谈会。

港澳台侨中秋联欢会 2004年9月27日在天津利顺德大饭店举行。市政协主席宋平顺出席并致辞。市政协副主席卢金发、曹秀荣、赵克正、蔡世彦、王家瑜出席,市政协秘书长陈福顺主持此项活动。港澳台侨委员会部分委员及在津的港、澳、台、侨资企业界人士出席联欢会。

直辖市八城区政协座谈会 2004年10月12日,由和平区政协和大港区政协共同主办的直辖市八城区政协第三次工作座谈会在津召开。北京市东城区、西城区,上海市黄浦区、杨浦区,重庆市沙坪区、渝中区,天津市和平区、大港区政协的代表就新时期、新阶段履行政协职能的思路和方法进行探讨。市政协副主席卢金发出席会议并讲话,市政协秘书长陈福顺出席。

政协委员协助政法系统加强基层队伍建设总结会 2004年12月10日,在市政协召开"政协委员协助政法系统加强基层队伍建设活动总结暨先进事迹报告会"。会议总结了政协委员协助政法系统加强基层队伍建设活动的情况,介绍了加强基层队伍建设的经验和做法,宣读了政协委员评选的100个政法系统基层先进集体名单。市政协主席、市委政法委书记宋平顺出席会议并讲话,市政协副主席卢金发、曹秀荣,市高级人民法院院长张柏峰以及公检法司主要领导同志出席会议。

部分委员与市长座谈会 2004年12月,市政协组织部分委员分别与市长戴相龙,常务副市长黄兴国和副市长孙海麟、杨栋梁、崔津渡、陈质枫、只升华、张俊芳就工业、区县经济、第三产业、国企改革、未成年人教育等问题进行座谈,提出了许多意见和建议。市政协副主席卢金发、赵克正、蔡世彦、王家瑜、陆锡蕾等分别出席座谈会。

【重要文件】

常委会工作报告(2004年1月10日)

（摘要） 第一部分 2003年工作回顾。2003年是全面贯彻落实中共十六大精神的第一年，是我市实施“三步走”战略目标的第一年，也是本届政协的开局之年。一年来，常委会在中共天津市委领导下，坚持以邓小平理论和“三个代表”重要思想为指导，认真贯彻中共十六大、十六届三中全会和市委八届三次、四次、五次全会精神，高举爱国主义、社会主义旗帜，突出团结、民主两大主题，围绕中心，服务大局，切实履行政协职能，在历届政协工作基础上，与时俱进，务实求新，圆满完成市政协十一届一次会议确定的工作任务，为促进我市改革发展稳定和实施“三步走”战略作出了新贡献。

一、增进共识，学习工作取得新成效；

二、围绕中心，政治协商再上新水平；

三、拓展领域，民主监督实现新突破；

四、讲求实效，参政议政获得新成果；

五、形成合力，团结工作取得新发展；

六、夯实基础，自身建设迈出新步伐。

第二部分 2004年工作意见。

一、增强使命感和自觉性，认真搞好学习；

二、围绕中心工作，搞好协商议政；

三、加大力度，切实履行民主监督职能；

四、密切同各方面的联系与合作，促进大团结、大联合；

五、积极反映社情民意，努力维护社会稳定；

六、加强自身建设，不断提高整体素质。

市政协十一届二次会议决议（2004年1月15日）（摘要） 会议同意市十一届政协常务委员会工作报告和提案工作报告。会议赞同戴相龙市长所作的《政府工作报告》及其他报告。会议指出，2004年是全面贯彻落实中共十六大和十六届三中全会精神的重要一年，也是我市开始实施第二步战略部署，在高起点上实现新跨越的关键一年。以“三五八十”四大奋斗目标的全面实现和“三步走”战略第一步任务的全面完成为标志，天津的改革开放和现代化建设进入了一个追求更高水平、更加协调发展的新阶段。全市各级政协组织和广大政协委员要进一步把思想和行动统一到市委八届五次全会精神上来，正确把握新阶段的新特点和着力点，按照全市工作“整体推进，协调发展，追求高水平，实现新跨越”的总要求，紧紧围绕市委确定的目标和任务，充分发挥政协优势，认真履行政治协商、民主监督、参政议政职能，以创新的精神做好各项工作，为促进我市经济持续快速协调健康发展和社会全面进步，实现“三步走”第二步战略目标作出积极的贡献。会议强调，实现祖国完全统一，是大势所趋，人心所向。要按照“和平统一、一国两制”的基本方针和现阶段发展两岸关系、推进祖国和平统一进程的八项主张，积极开展对台工作和海内外联谊工作，坚决反对任何形式的“台独”分裂活动，为完成祖国统一大业作出不懈的努力。会议号召，各级政协组织、全体政协委员和各族各界人士，要紧密团结在以胡锦涛同志为总书记的中共中央周围，高举邓小平理论和“三个代表”重要思想的伟大旗帜，深入学习贯彻中共十六大精神，在中共天津市委的领导下，团结一切可以团结的力量，调动一切积极因素，同心同德，群策群力，开拓进取，扎实工作，为完成市委八届五次全会提出的各项任务，加快实施“三步走”战略，全面建设小康社会，作出新的更大的贡献。

中共中央政治局委员、市委书记张立昌在市政协十一届二次会议闭幕会上的讲话（2004年1月15日）（摘要） 这次政协会议，开得很好。全体政协委员在一系列重大问题上，达到了高度的统一，形成了高度的共识，表现出了强烈的责任感和使命感。多年来，全市各级政协组织和广大政协委员，紧紧围绕全市的中心工作，以加快天津发展为己任，认真履行政治协商、民主监督、参政议政的职能，做了大量富有成效的工作，为天津的改革开放和现代化建设做出了重要贡献。实施第二步战略部署，任务十分繁重，对各方面工作提出了新的标准、新的要求。我们必须把群众的积极性调动起来，把群众的智慧集中起来，把群众的力量凝聚起来，人尽其才，才尽其用，群策群力，共创大业。政协组织人才荟萃，联系广泛，有着不可替代的作用。希望大家充分发挥自身的优势，及时反馈社情民意，积极建言献策，为实现新的奋斗目标做出更大的贡献。全市各级党委一定要从建设社会主义政治文明的高度，切实加强和改善对政协工作的领导，加强同民主党派的合作共事，坚持重大问题协商于决策之前，增进全市的大团结，形成同心同德干事业的强大合力。

市政协主席宋平顺在市政协十一届二次会议闭幕会上的讲话（2004 年 1 月 15 日）（摘要） 我们这次会议，坚持以邓小平理论和“三个代表”重要思想为指导，认真学习贯彻中共十六大、十六届三中全会和市委八届五次全会精神，围绕促进实施“三步走”第二步战略部署进行协商议政，建言献策，充分履行了人民政协政治协商、民主监督、参政议政职能。会议开得隆重、热烈，富有成效，是一次团结、民主、求实、奋进的大会，是动员广大政协委员和全市各族各界群众，向着新的目标开拓前进的大会。在新的一年里，我们要深入贯彻落实市委八届五次全会精神，坚持和完善中国共产党领导的多党合作和政治协商制度，紧紧围绕全市的中心工作，更好地履行职能、发挥作用，努力推动人民政协事业的新发展，在促进天津现代化建设的各项事业中体现更大的作为。（一）把握大势，增进共识，把思想和行动进一步统一到市委八届五次全会精神上来；（二）围绕中心，服务大局，充分履行政治协商、民主监督、参政议政职能；（三）注重学习，提高素质，不断加强和改进政协组织的自身建设。让我们紧密团结在以胡锦涛同志为总书记的中共中央周围，高举邓小平理论伟大旗帜，全面贯彻“三个代表”重要思想，深入落实中央和市委的决策部署，巩固和发展新阶段的爱国统一战线，努力推动各方面的大团结、大联合，组织动员全市各族各界群众，为实施“三步走”战略努力奋斗，共同开创天津更加美好的未来。

市政协关于学习贯彻市委八届五次全会精神的决定（2004 年 1 月 2 日市政协第 4 次常委会通过）（略）

市十一届政协常务委员会关于调整专门委员会设置的决定（2004 年 10 月 29 日市政协第 8 次常委会议通过）（略）

市十一届政协常务委员会关于设立委员联络室的决定（2004 年 10 月 29 日市政协第 8 次常委会议通过）（略）

【组织概况】

机关机构调整情况 根据工作需要和政协章程的有关规定，经市十一届政协第 8 次常委会议通过，于 2004 年 10 月，将学习委员会、文史资料委员会合并为学习和文史资料委员会，并建立委员联络室（正局）。

【天津市各级政协领导人名单】

天津市政协

主　席

宋平顺

副主席

卢金发　叶厚荣

周绍熹　姚建铨　曹秀荣（女）

赵克正　蔡世彦　王家瑜

朱　坦　陆锡蕾（女）

秘书长

陈福顺

区县政协主席

和平区	孔令莉(女)	大港区	谢克俭
河东区	崔治凤	东丽区	陈章伟
河西区	沈树和	西青区	刘聿旺
河北区	张林元	津南区	李国文
南开区	陈柏龄	北辰区	魏积良
红桥区	魏志祥	武清区	冯祥生
塘沽区	谷正义	宝坻区	侯　隽(女)
汉沽区	张耀武	蓟　县	王春玉
		静海县	刘家安
		宁河县	李东海

天津市各级政协组织和委员数

（截至2004年底）

级别/项目	直辖市	市辖区	县	合计
组织数	1	15	3	19
委员数	778	3376	647	4801

（王晓欣　编写　张平夫　审稿）

政 协 河 北 省 委 员 会

【全体委员会议】

九届二次会议 2004年1月6日至12日在石家庄举行。本次大会应出席委员764名,实到729名。会议听取并审议了省政协主席赵金铎代表省政协九届常务委员会所作的工作报告和省政协副主席赵燕代表省政协九届常务委员会所作的提案工作情况报告。出席会议的委员列席了河北省十届人大二次会议,听取并协商讨论了季允石省长所作的《政府工作报告》和会议期间的其他重要报告。会议审议通过了《政协河北省第九届委员会第二次会议政治决议》、《政协河北省第九届委员会第二次会议关于常务委员会工作报告的决议》、《政协河北省第九届委员会第二次会议关于常务委员会九届一次会议以来提案工作情况报告的决议》和《政协河北省第九届委员会提案委员会关于第二次会议提案审查情况的报告》。会议增选刘兆亮、孙建群、李振台、张国斌、张春富、贾珍山、郭东海和常丽虹为九届省政协常务委员。会议期间,提案委员会共收到提案655件,立案636件,其中集体提案110件。筛选重要提案26件,编印《提案选登》,中共河北省委、省政府领导对其中25件作了重要批示。会议共印发大会发言材料40份,其中9位委员作了大会发言。中共河北省委、省政府领导及有关部门负责人听取了大会发言,分别参加了港澳委员座谈会和各有关界别小组的讨论,听取意见。会议结束时,省政协主席赵金铎以"发扬成绩,再接再厉,努力把全省政协工作提高到一个新水平"为题作了重要讲话。

【常务委员会会议】

第5次会议 2004年1月10日晚在石家庄举行。会议应出席常务委员会组成人员151名,实际出席126名。省政协主席赵金铎主持会议。会议听取了中共河北省委副书记刘德旺关于增选政协河北省第九届委员会常务委员会常务委员候选人名单(草案)的说明。会议审议通过了常务委员候选人名单(草案),政协河北省第九届委员会第二次会议选举办法(草案),总监票人、监票人建议名单,《政协河北省第九届委员会第二次会议政治决议》(草案),《政协河北省第九届委员会第二次会议关于常务委员会工作报告的决议》(草案),《政协河北省第九届委员会第二次会议关于常务委员会九届一次会议以来提案工作情况报告的决议》(草案),《政协河北省第九届委员会提案委员会关于第二次会议提案审查情况的报告》(草案),决定将常务委员候选人名单(草案)和上述文件(草案),提请九届二次会议审议。

第6次会议 2004年3月22日至24日在石家庄举行。会议应出席常务委员会组成人员159名,实际出席127名。会议传达了全国政协十届二次会议和中共河北省委六届五次会议精神。听取了省政协秘书长解玉琦关于起草《政协河北省第九届委员会2004年工作要点》(草案)、《政协河北省委员会关于创建学习型政协组织的若干意见》(试行)(草案)、《政协河北省委员会常务委员会工作规则》(修正案)(草案)和《政协河北省委员会专门委员会通则》(修正案)(草案)的说明,并审议通过了上述文件(草案)。与会同志还听取了外交部政策研究室副主任解晓岩关于国际形势的辅导报告。会议结束时,省政协主席赵金铎作了题为"求真务实,真抓实干,努力开创政协工作新局面"的讲话。

第7次会议 2004年6月22日至24日在石家庄举行。会议应出席常务委员会组成人员158名,实际出席118名。会议的中心议题是讨论关于进一步推进农业产业化发展问题。会议听取了省政府副省长宋恩华关于全省农业产业化经营情况的介绍和中央财经领导小组办公室副主任、中央农村工作领导小组办公室主任陈锡文关于三农问题的辅导报告，视察了石家庄市栾城县农业产业化发展情况，有19名常委、委员作了大会发言或提交了大会书面发言。会议还听取了省政协秘书长解玉琦关于人事事项的说明，并审议通过了人事事项。会议结束时，省政协主席赵金铎讲话。

第8次会议 2004年9月20日至22日在保定市举行。会议应出席常务委员会组成人员157名，实际出席108名。会议的中心议题是讨论关于推进农村二、三产业发展，拓宽农民增收渠道问题。会议听取了省政府副省长柳宝全关于全省农村二、三产业发展情况的介绍，参观考察了保定市农村二、三产业发展情况，有35名常委、委员作了大会发言或提交了大会书面发言。会议还传达学习了中共河北省委政协工作会议精神，听取了全国人大财经委员会委员林兆木关于科学发展观的专题讲座和省政府督查室主任郑春田关于省政府系统办理省政协九届二次会议提案工作进展情况的报告。会议结束时，省政协主席赵金铎讲话。

第9次会议 2004年12月7日至9日在石家庄举行。会议应出席常务委员会组成人员156名，实际出席118名。会议的中心议题是讨论关于深入开展文明生态村创建问题。会议听取了中共河北省委常委、宣传部长张群生关于全省文明生态村创建活动的情况介绍和教科文卫体委员会主任谭玉琛代表教科文卫体委员会所作的《关于我省深入开展文明生态村创建活动的意见和建议》的发言，参观考察了石家庄鹿泉市创建文明生态村情况，有25名常委、委员作了大会发言或提交了大会书面发言。会议还听取了中共河北省委常委、统战部长陈秀芳关于增补九届省政协委员的说明，协商增补王庆明、王宏伟、冯文海、朱立秋、李英琪、张学义、俞定海、贾永信、蒋春澜、詹文宏为九届省政协委员；听取了省政协秘书长解玉琦关于人事事项的说明和省政协副秘书长彰无忌关于起草《中国人民政治协商会议河北省委员会关于加强委员自身建设，发挥委员主体作用的意见》（草案）的说明，并审议通过了《意见》（草案）和人事事项；听取了中共中央党校党建教研室副主任、世界政党比较研究中心主任王长江教授关于学习中共十六届四中全会精神的辅导报告；通过了《关于召开政协河北省第九届委员会第三次会议的决定》。会议结束时，省政协主席赵金铎讲话。

【专门委员会工作】

提案委员会 通过组织委员培训、印发参考题目、召开提案工作研讨会等措施，提高了提案质量；采取省政协领导督办提案，选择重要提案送省委、省政府领导批示，现场视察协商办理，与省委、省政府联合督办等形式，提高了提案办理质量。省政协九届二次会议以来，共收到提案693件，经审查立案665件，其中集体提案114件。在办复的665件提案中，所提问题已经解决和部分解决的340件，占办复总数的51.1%；正在解决和列入规划逐步解决的190件，占28.6%；因政策、体制和条件不能解决已做解释说明的134件，占20.3%。重视提案工作的制度化、规范化、程序化建设，制定了《政协河北省委员会办公厅关于办理政协提案的意见》，以中共河北省委办公厅、省政府办公厅文件转发；修改制定了《关于提案审查立案的实施办法》等12项规章制度，并编辑成册，印发省政协委员、政协各参加单位和有关部门。组织召开了全省政协提案工作会议，推动了全省政协提案工作迈上新台阶、开创新局面。

人口资源环境委员会 联合省旅游局、省国土资源厅对保定市旅游资源的整合、开发和保护情况进行调研，并邀请省九三学社、省国土资源厅、省旅游局、省林业局等单位召开了座谈会。根据调研和座谈情况，形成了《关于整合旅游资源，打造旅游强省的建议》和《关于推动太行山红色旅游的建议》，报送省委、省政府。省长和主管副省长分别作出批示，省发展和改革委员会按照省领导批示，召集有关部门认真进行了研究落实。联合省林业局组织委员对张家口市的京津沙源治理工程建设情况进行调研，形成专题调研报告送省政府，省政府有关领导作了批示。筹备成立了河北省可持续发展研究会，拓宽了工作领域和履行职能的渠道。与省气象局、省可持续发展研究会联合召开了河北省可持续发展研讨会。围绕省政协九届七次、九次常委会议议题组织委员进行调研，形成《从建设经济强省的高度狠抓农产品质量管理》的发言材料，并在七次常委会议上作了发言，向九次常委会议提交了《积极投身文明生态村建设，促进人口计生工作整体水平提高》和《农村沼气是小康建设的切入点》两篇书面发言材料。与团中央和团省委等有关部门联合组织了"同饮一江水，共护母亲河"燕赵绿色行和"可持续发展的河北：相约碧水蓝天——2004 燕赵青年在行动"两项活动。与省人大城环委、省建设厅联合组织了河北省城市容貌"燕赵杯"竞赛检查活动。参加了全国政协人口资源环境委员会举办的全国暨地方政协人口资源环境委员会培训班，参与协办了全国政协召开的国际人口与发展论坛。召开了全省政协人口资源环境委员会工作座谈会，加强了工作交流与指导。

文史资料委员会 在 2003 年工作的基础上，重点完成了《邓小平与河北》专题史料的补充、筛选、编辑和出版等工作。该书于邓小平百年华诞之际出版发行，并召开了首发式暨出版座谈会。全书分上、下两编，共收文稿 70 篇，40 余万字，照片近百幅，第一次全景式反映了邓小平在河北的光辉革命实践及其对河北的深厚情缘，受到社会各界的高度评价。完成了《光彩事业在河北》专集的史料征编工作，共征编稿件 40 余篇，15 万字，并以《文史精华》增刊形式发表。部分完成了《战斗在敌后的日人反战同盟》专集的史料征编工作。编辑出版《文史精华》12 期和增刊两期。积极探索文史资料工作为现实服务的新途径，组织委员对晋察冀边区革命遗址进行调研，形成近万字的调研报告，以提案形式报送省领导及有关部门，省委主要领导、分管领导和省政协主要领导分别作出重要批示，要求有关部门和地方认真研究采纳；组织委员就文化、旅游等方面的问题进行研讨、座谈，通过提案、反映社情民意等形式提出意见建议，促进了有关问题的解决。通过举办干部培训班、印发学习资料、组织参观、考察等形式，加强对政协文史干部的学习培训，全省文史工作队伍的素质进一步提高。召开全省政协文史资料工作会议，将修订后的《河北省建国后文史资料征编参考大纲》印发到县级政协，加强了对市县政协文史工作的指导。

财政经济委员会 重点组织委员就发展农村二、三产业，拓宽农民增收渠道问题进行调研，组织委员撰写调研报告 48 份，为开好省政协九届八次常委会议提供了重要保证。综合调研和常委会议讨论情况，形成《关于加快我省农村二、三产业发展，拓宽农民增收渠道的建议》，以省政协办公厅文件报送省委、省政府。省委、省政府 5 位领导先后批示，责成省中小企业局、省农业厅等 14 个部门积极采纳所提建议，《人民政协报》也以"积极探索推陈出新"为题在头版头条作了报道。组织委员对公路建设情况进行视察，形成的视察报告受到省政府的高度重视，省长和主管副省长分别作了批示。组织委员中的专家学者，就省发展和改革委员会《关于发展我省第三产业的安排意见》（征求意见稿）、《关于扩大部分县（市）管理权限的意见》（送审稿）进行研究论证，提出意见、建议。与北京、天津两市政协经济委员会联合发起“京津冀政协经济委员会区域经济发展论坛”，并在北京举办的第一次论坛上作了“强化合作共赢意识，加快建立资源补偿机制”的主题发言。参加了全国二十省（区、市）政协经济委员会第十二次联系会议，并作了“加快培育龙头企业，促进河北农业产业化升级”的重点发言。筹备成立了河北省民营企业家（政协委员）联谊会，为民营企业家参政议政搭建平台。

农业委员会 牵头组织协调委员、有关专门委员会和省有关民主党派，对加快河北农业产业化这一重点课题进行调研，形成《关于加快我省农业产业化发展的几点建议》，在省政协九届七次常委会上作了发言，并向常委会提交了“农业产业化龙头企业发展问卷调查情况分析”的书面报告。会后，综合常委会议情况，形成《关于加快我省农业产业化发展的九点建议》。省政府对《建议》十分重视，办公厅专门下发文件，将《建议》涉及到的九项内容逐项分解到有关厅局，责成研究落实。在省委、省政府召开的全省农业产业化工作会议上，《建议》还被作为会议材料全文印发。为全面了解河北扶贫开发工作的现状和存在问题，组织委员深入邯郸、张家口两市的5县（区），对14个扶贫开发项目进行视察，形成《关于我省扶贫开发工作情况的视察报告》，送省政府供决策参考。与财政经济委员会和人口资源环境委员会共同组织委员考察了邯郸市成安县、邱县保护性耕作示范区，将其采用涂层缓释肥料与保护性耕作模式的成功经验，推荐为省政协九届三次会议大会发言重点材料。在2003年工作的基础上，完成了《无公害农产品技术手册》5个分册，150万字的修订、评审和出版工作。与省扶贫办、河北农业大学联合举办农业科技培训班，对赤城、易县、顺平、临城、肃宁等5个省政协科技扶贫联系县的60多名农村科技人员、种养大户和基层农村干部，进行了为期5天的科技培训，帮助他们了解和掌握有关的最新农业生产科技知识和实用技术。参与筹备成立了“河北省现代农业物流协会”。

教科文卫体委员会 重点组织委员就深入开展文明生态村创建活动进行调研，形成《关于我省深入开展文明生态村创建活动的意见建议》，报送省委、省政府，省委主要领导和分管领导分别作出重要批示，要求有关部门认真研究采纳，《人民政协报》也以“为了五千万农民的期盼”为题，在头版头条对这项工作作了报道。组织召开了“关爱、救助贫困大学生”、“加强和改进未成年人思想道德建设”座谈会，分别形成《省政协关于召开“关爱、救助贫困大学生”座谈会纪要》和《部分省政协委员关于加强和改进未成年人思想道德建设的意见和建议》，报送省委、省政府。组织部分委员就民营企业科技创新情况进行调研，就省重点文物保护单位高阳布里留法勤工俭学工艺学校旧址进行考察，并分别将意见、建议报送省委、省政府。组织委员通过联谊活动，提出《关于融合我省信息资源，加快数字河北建设的建议》的集体提案。组织委员先后赴辛集市和灵寿县开展教育下乡和大型“三下乡”活动。参加了对省科技厅、省卫生监督局、省人民医院、省儿童医院等部门的行风评议和社会监督活动。完成了全国政协教科文卫体委员会组织的关于农村体育工作和建立新型农村合作医疗体制的协作调研。召开全省各市政协教科文卫体委员会主任会议，交流经验，指导工作。

社会和法制委员会 围绕省政协九届

八次、九次常委会议议题，选择“三农”问题中的有关课题组织委员进行调研，形成的《关于健全和完善我省农村劳动力转移服务体系的建议》、《关于加强农村法制宣传教育工作的几点建议》、《关于在文明生态村创建活动中发挥广大妇女积极性作用的建议》和《关于发挥广大农村青年在创建文明生态村活动中积极作用的建议》，分别作为省政协九届八次、九次常委会大会发言或大会书面发言。其中《关于加强农村法制宣传教育工作的几点建议》报送省委供参考。组织委员赴石家庄、承德、保定等市，就全省城市无障碍设施建设情况进行视察，形成视察报告报送省政府。积极组织和发动本委员会委员通过撰写提案、反映社情民意履行职责，共提出委员个人、委员联名和本委员会集体提案50余件，反映《关于我国劳动法亟待补充和修改的建议》等社情民意7篇，并被有关部门采纳。参加了全国政协社会和法制委员会召开的专题研讨会，提交了《关于未成年人思想道德建设情况及对策》研讨材料。参加北方八省区市政协社法委联系会议，交流做好专委会工作的经验。召开全省各市政协社会和法制委员会工作座谈会，沟通情况，总结经验，推动工作。

民族和宗教委员会　围绕省政协九届七次常委会议议题，组织民族宗教界委员赴部分民族县、民族乡，就少数民族地方农业产业化发展情况进行调研，形成《促进少数民族地方农业产业化发展的意见建议》，作为九届七次常委会议发言材料。在《河北省宗教事务条例》颁布一周年之际，组织部分常委、委员与省民族宗教事务厅负责人一起，就该《条例》的贯彻落实情况进行视察，形成《关于视察〈河北省宗教事务条例〉贯彻落实情况的报告》，以省政协办公厅文件报送省政府。省长和主管副省长分别作出批示，要求有关部门认真研究采纳。走访民族和宗教界委员，加强与他们的联系，反映他们的意见和建议。配合省爱国宗教团体积极开展扶贫济困活动。参加了全国政协民族宗教工作研讨班和全国部分省(区、市)政协第六次民族宗教工作研讨会，作了《把握大局，与时俱进，努力开创政协民族宗教工作新局面》的发言。召开全省各市政协民族和宗教委员会主任座谈会，交流经验，推动工作。

港澳台侨和外事委员会　组织港澳委员召开“CEPA与冀港经济合作”专题座谈会，提出不少有价值的意见、建议。就扩大农产品出口问题进行专题调研，形成《关于扩大我省农产品出口的建议》，作为省政协九届八次常委会议大会发言材料。组织部分委员赴廊坊、唐山视察了“三胞”投资企业，形成的视察报告以省政协办公厅文件报送省政府。利用走访、慰问等形式，加强与台资企业协会负责人的联系，努力做好在冀台商的工作。通过召开座谈会、港澳委员活动小组会议等形式，鼓励和支持港澳委员为维护港澳的繁荣稳定作出贡献。完成了港澳委员捐建3所小学的有关工作。举办河北省海外同胞教育基金会第十二次颁奖活动，向200名优秀教师和80名优秀学生颁发奖金12.4万元。与省人大民侨委、省外办、省侨联联合举办“侨法宣传月”活动。参加全国政协港澳台侨和外事委员会工作经验交流会和省四侨联席会，交流经验，推动工作。召开全省政协港澳台侨工作座谈会，加强联系，指导工作。

【重要活动】

河北省人民政协理论研究会二届一次会员大会暨全省政协反映社情民意工作研讨会　2004年3月24日至25日在石家庄举行。24日上午召开了河北省人民政协理论研究会二届一次会员大会。省政协主席赵金铎，副主席杨迁、赵铁练，秘书长解玉琦，河北省人民政协理论研究会第二届会员出席会议。会议审议通过了《河北省人民政协理论研究会第一届理事会工作报告》、《河北省人民政协理论研究会章程》(修正案),选举产生了研究会第二届理事会。会议期间,召开了研究会二届一次理事会议,选举省政协主席赵金铎为河北省人民政协理论研究会会长,省政协副主席杨迁为研究会副会长,省政协副主席赵铁练为研究会常务副会长,省政协秘书长解玉琦为研究会秘书长,尹文儒等19人被选为研究会常务理事。会议还决定了河北省人民政协理论研究会副秘书长和办事机构。24日下午和25日召开了全省政协反映社情民意工作研讨会。省人民政协理论研究会会长、常务副会长、副会长、秘书长、常务理事、理事和会员,研讨会论文作者,省反映社情民意联系点负责人出席会议。会议共印发研讨材料20篇,有8人作大会发言。与会人员还听取了全国政协研究室助理巡视员陶建平关于反映社情民意工作的辅导报告。会议结束时,省人民政协理论研究会会长、省政协主席赵金铎作总结讲话。

河北省政协委员学习会议 2004年4月13日至14日在石家庄举行。驻冀全国政协委员、部分省政协委员和省政协机关全体干部参加会议。会议专题学习了新修订的政协章程。省政协主席赵金铎主持会议,中共河北省委副书记张毅代表省委作动员讲话。全国政协副秘书长、政协章程修改领导小组办公室副主任李昌鉴介绍了修改政协章程的时代背景、政协章程的主要内容和精神实质,并就如何学习贯彻政协章程作了专题辅导。与会人员还分组进行了讨论。通过学习,进一步提高了政协委员和政协机关干部对修改政协章程在人民政协事业发展史上重要意义的认识,增强了学习贯彻政协章程的自觉性和主动性,对动员全省各级政协组织和广大政协委员迅速掀起学习政协章程的热潮,进一步开创政协工作新局面,起到了有力的推动作用。

中共河北省委政协工作会议 2004年8月8日至9日在秦皇岛市举行。中共河北省委常委,省人大常委会副主任,省人民政府有关副省长,省法院、省检察院主要领导,各设区市市委书记、联系政协工作的副书记、政协主席、统战部长,省直有关部门负责人参加会议。中共河北省委书记白克明、省长季允石、省政协主席赵金铎分别作了重要讲话。白克明在讲话中从把政协工作摆上党委工作的重要位置,大力支持人民政协充分履行职能,以创新的精神推进政协工作的制度化、规范化、程序化,加强政协领导班子、政协委员和机关干部队伍建设,切实解决政协机关建设中的实际问题等五个方面,对各级党委进一步加强和改进对政协工作的领导提出了明确要求。他在讲话中还要求全省各级政协组织要在团结人、凝聚人,加强协商监督,建言立论和反映社情民意工作等方面不断取得新进展。会议结束时,中共河北省委副书记刘德旺作了总结讲话,对如何贯彻落实会议精神提出具体要求。

纪念人民政协成立55周年座谈会 2004年9月20日在保定市举行。省政协主席赵金铎主持会议。中共河北省委副书记刘德旺出席会议并讲话。他在讲话中要求全省各级政协组织要继承和发扬人民政协的优良传统,围绕中心、服务大局,更加全面地履行职能,更加充分地发挥作用。中共河北省委常委、统战部长陈秀芳,九届省政协副主席,省政协原部分副主席,部分省政协常委,部分市政协主席出席会议。与会人员结合自身经历和工作实践,从不同侧面和不同角度回顾了人民政协成立55年来的光辉历程,表达了对人民政协事业发展的信心和决心。

河北省政协提案工作会议 2004年10月9日至11日在石家庄举行。这次会议是省政协有史以来规模最大的一次提案工作会议,11个设区市政协主管提案工作的副主席,省委办公厅、省政府办公厅及省直各承办单位的负责人和提案工作联络员,省政协厅室委主任,省各民主党派、工商联和有关人民团体负责人,共260余人出席会议。会议传达了全国政协第五次提案工作座谈会和中共河北省委政协工作会议精神,总结交流了提案工作经验,研究探讨了在新形势下进一步提高提案工作质量问题,表彰了省直优秀提案工作联络员。省政协主席赵金铎、副主席赵铁练分别作了重要讲话,省政协副主席刘健生和秘书长解玉琦先后主持会议。

【重要文件】

常务委员会工作报告(2004年1月6日)(摘要) 一年来,省政协在全国政协的指导和中共河北省委的领导下,高举爱国主义和社会主义的旗帜,牢牢把握团结和民主两大主题,以奋发有为、与时俱进的精神状态,求真务实、开拓创新的工作作风,紧紧围绕省委、省政府的工作中心,发挥自身优势,认真履行政治协商、民主监督和参政议政职能,为我省加快改革发展和全面建设小康社会作出了积极贡献。

一、发扬政协自我学习的优良传统,认真组织和推动委员学习贯彻"三个代表"重要思想。

主要抓了三个方面的工作:一是抓思想发动,进行反复深入的学习动员。在省政协九届一次会议和之后召开的常委会议上以及机关开展的"树、讲、求"教育活动中,通过印发文件、领导讲话,强调学习"三个代表"重要思想的重大意义,并作出计划安排,提出明确要求。二是抓专题辅导。通过组织专题报告会、播放录音录像、印发学习辅导材料、举办培训班等多种形式,组织和推动委员把"三个代表"重要思想的学习逐步引向深入。三是抓学风,用理论指导实践。大力弘扬理论联系实际的学风,自觉做到用"三个代表"重要思想指导实践,推动工作。通过认真、深入的学习,广大政协委员在充分认识"三个代表"重要思想时代背景、实践基础、科学内涵、精神实质和历史地位的基础上,形成了履行职能为民的广泛共识,增强了贯彻"三个代表"重要思想的自觉性、坚定性。

二、把促进发展作为履行职能的第一要务,积极议政建言、献计出力。

按照省政协工作要点,先后组织各种重要活动70多次,其中开展调研、视察、考察活动24次,形成报告13份;举办研讨会、座谈会6次,交流论文上百篇。

根据省政协确定的我省城市社区建设、小城镇建设、民营经济发展和加快职业教育改革与发展等4个重点调研课题,专门安排3次常委会议进行深入协商讨论。为了确保课题成果质量,省政协把功夫下在调查研究上。比如在进行加快河北民营经济发展的调研时,省政协直接向民营企业经营者发放2300份无记名调查问卷,逐个走访了175家民营企业的经营者,较好地弄清了民营企业经营者的真实想法,全面了解到河北发展环境的真实情况,在此基础上撰写出调研报告。调研工作的扎实深入,有力地保证了常委会议的协商议事质量,形成的常委会议建议案都受到省委、省政府领导的高度重视。《关于进一步优化环境,促进河北民营经济发展的建议案》,省委、省政府收到后,先后六次召开会议,研究改进措施。省民营经济领导小组办公室及时将《建议案》反映的问题和提出的建议进行分解,交由16个省直部门办理。《关于进一步推进我省城市社区建设的建议案》和《关于加快我省小城镇发展的建议案》,报送省委、省政府后,不少意见、建议被吸收、采纳。《关于进一步加快我省职业教育改革和发展的建议案》,也就有关问题提出了很好的建议,为省委、省政府科学决策提供了重要参考。

有关专门委员会根据省委的工作部署,就文明生态村建设问题进行深入调研,形成了《关于我省开展文明生态村创建活动的几点建议》。省委主要领导作了重要批示,予以充分肯定。省委将这一批示及政协《建议》一起印发省直有关部门。省精神文明建设委员会在起草《关于在全省农村广泛开展创建文明生态村活动的实施意见》时,吸收了《建议》中的有关意见和建议。

省政协除重点通过专题调研议政建言外,办公厅和有关专门委员会还通过多种形式组织委员为我省经济社会发展献计献策。举行提高农民组织化程度专题研讨会;分别就我省海洋环境保护、省会大气环境污染治理、高考考试现场、生态建设与保护、重大项目建设投资、监狱法和人民防空法的贯彻实施等情况,组织委员开展视察、考察;组织驻沧州的省政协委员赴邯郸、驻张家口的省政协委员赴石家庄,分别就文物保护与利用、城市社区建设开展视察。这些视察、考察等活动大都形成了专项报告,为党政领导掌握实情、改进工作提供了依据。

三、发挥政协联系广泛、贴近群众的优势,努力维护人民群众的根本利益。

把提案作为为民代言、为民立论、为民办事的有效载体,不断加大工作力度。通过组织培训、印发辅导材料、召开提案工作会议、举办集体提案和委员中的中共党员负责同志座谈会、编写提案参考题目、加强重要提案运作等措施,推动广大省政协委员和省各民主党派、工商联、有关人民团体,积极提出提案,提高提案自身质量。通过省政协常委会议审议省政府提案办理工作报告、主席会议督办、主席副主席督办及与党政有关部门现场协商办案等形式,促进提案办理质量的提高。截至去年底,省政协共收到提案 724 件,经审查立案交有关单位办理的 700 件,已有 693 件得到办复,其中有 358 件所提问题已经解决和部分解决,在维护人民群众根本利益上发挥了积极作用。

按照"力求真实、注重质量、争取快速、突出特色"的要求,不断拓宽了解和反映社情民意的渠道,广泛收集、及时反映政协委员、政协各参加单位、政协各专委会和市县政协的意见、建议。一年来,先后向全国政协报送《社情民意》47 期,向省委、省政府领导和省委信息中心报送 112 期。报送的《社情民意》不少反映了同人民群众现实利益直接相关的问题,省委、省政府领导对《社情民意》反映的问题和建议十分重视,先后作出不少重要批示,使一些问题得到了妥善处理和解决。

动员和组织广大委员,积极投身非典防治工作。按照省委、省政府的部署,省政协多次召开主席会议和主席办公会议,研究、部署政协抗击非典的有关工作。及时向全体省政协委员转发全国政协致全国政协委员的一封信,号召广大政协委员结合本职工作,发挥专业特长,为防治非典工作献计出力。有关专门委员会根据疫情的变化,先后五次组织委员进行座谈,就抗击非典、创建健康文明生活环境、建立非典防治长效机制、坚持经济建设与防治非典"两手抓"等方面,向省委、省政府提出意见和建议。充分发挥《社情民意》内刊直通车的优势,迅速收集和反映广大政协委员关于防治非典的具体意见,为省委、省政府科学决策提供依据和参考。响应省委号召,开展向抗击非典一线的医务工作者送温暖、献爱心活动,广大政协委员特别是一些港澳委员和机关工作人员踊跃捐款捐物,据不完全统计，共折合人民币700多万元。

积极为人民群众办实事、做好事。组织有关方面的委员和专家、学者，编印《无公害农产品实用技术手册》，到部分贫困县开展科技服务、农业实用技术讲座、大型义诊、教育下乡等活动；港澳委员积极捐资助教，新建了两所希望小学，通过河北省海外同胞教育基金会向贫困县的200名优秀教师和80名优秀学生颁发了奖金；省政协领导同志在抓好扶贫点的同时，联系全省11个设区市文明生态村建设并分别确定一至两个村作为省政协机关创建示范点；搞好文史资料的征集与出版，在为人民群众提供精神食粮和丰富文化生活方面付出了积极的努力。

四、巩固和发展爱国统一战线，围绕大目标促进大团结。

一是广泛宣传党的路线、方针、政策。积极推动参加政协的各党派、团体和各族各界人士，与各自代表的群众保持密切的联系，弘扬“树正气、讲团结、求发展”的主旋律，努力把全省人民的智慧和力量凝聚到聚精会神搞建设、一心一意谋发展上来。二是协助省委、省政府做好民族宗教工作。组织有关委员就促进我省民族乡经济社会发展问题，开展视察，提出意见和建议；以“引导宗教与社会主义社会相适应”为题，举办经验交流会，努力将各宗教团体和信教群众的积极性和创造性凝聚到全面建设小康社会之中；通过走访和参加重要活动，加强与民族、宗教界委员的联系，反映他们的愿望和要求，促进不同民族、不同宗教信仰的人民群众的团结。三是发挥政协界别优势，动员各方面的力量，协助省委、省政府做好协调关系、沟通思想、理顺情绪、化解矛盾的工作，切实维护社会的团结稳定。四是深入开展对港澳台侨的联谊活动。组织省政协工作访问团赴港澳看望委员，通报省情，征求意见，鼓励他们继续为港澳长期稳定、繁荣和我省经济建设贡献力量；组织力量，走访在我省投资的台商和港澳委员，了解情况，帮助解决实际问题，并同重点台资企业建立联系制度；本着“积极主动、推动交流”的精神，先后接待了台湾工党、台湾工会代表团等8批来访团组，积极宣传“一国两制”的基本方针；积极开展对外友好交往活动，广泛接触华人华侨和有关社团，增进友谊，促进合作。

五、适应形势发展的需要，切实加强自身建设。

一是着力抓好委员队伍建设，不断提高委员参政议政能力。先后对省直和驻各市的省政协委员进行了分期、分批培训；通过播放录像、印发学习材料等形式，组织和推动委员深入学习人民政协的基本理论和基本知识，使新委员尽快进入角色。进一步密切同委员的联系，省政协主席、副主席分别联系一至两个驻各市的委员活动小组，同时联系若干名委员，经常沟通情况，交流思想，真心诚意地同他们交朋友；通过组织形势报告会、委员座谈会、委员接待日、委员活动日、参观考察等活动，实现履行职能的经常化，使委员在知情明政、知情议政中不断提高综合素质。

二是根据政协工作实践的需要，进一步加强制度建设。针对政协工作中出现的新情况，重点修订了《政协河北省委员会常务委员会工作规则》、《政协河北省委员会专门委员会通则》等制度；为适应政协工作发展的需要，制定了《政协河北省委员会主席会议工作规则(试行)》、《政协河北省委员会关于加强与委员联系的暂行办法》、《河北省政协委员视察工作条例》、《政协河北省委员会办公厅关于办理政协提案的意见》等。

三是从思想教育入手，努力加强机关建设。重点抓好“三个代表”重要思想和中共十六大精神的学习，加深了对“三个代表”重要思想和中共十六大精神的理解，根据省委统一部署，集中两个月时间，在机关开展了“树正气、讲团结、求发展”教育活动。还积极开展民主集中制教育和警示教育。

在肯定成绩的同时，也应当清醒地看到，我们的工作还存在一些问题和不足，如政治协商的形式比较单一，民主监督的渠道相对较少，参政议政的质量有的不够高，如何充分发挥委员的主体作用，有待进一步探索实践，机关建设也有待进一步加强等。我们要积极运用以往政协工作的成功经验，充分借鉴兄弟省市区政协工作的好做法、好经验，努力解决工作中存在的问题，克服不足，把今年的工作做得更好。

在新的一年里，省政协工作的总体要求是：在全国政协的指导和中共河北省委的领导下，坚持以邓小平理论和“三个代表”重要思想为指导，深入学习贯彻中共十六大、十六届三中全会和中央经济工作会议精神，落实省委六届三次全会提出的各项目标任务以及省委的各项重要工作部署，坚持和完善中国共产党领导的多党合作和政治协商制度，牢牢把握团结和民主两大主题，高扬“树正气、讲团结、求发展”的主旋律，与时俱进、开拓创新，全面提高履行职能的质量和水平，为建设完善的社会主义市场经济体制，促进全省经济持续快速协调健康发展和社会全面进步作出新的贡献。

一、把学习摆在更加突出的位置，努力创建学习型政协组织。

二、集中精力，紧紧围绕发展中的重大问题履行职能。

三、发挥优势，积极协助省委、省政府做好团结稳定的工作。

四、加强海外联谊，努力做好促进祖国统一的工作。

五、坚持与时俱进，加大政协工作的创新力度。

《政协河北省委员会关于创建学习型政协组织的意见》（试行）（2004年3月24日政协河北省第九届委员会常务委员会第6次会议通过）。 主要内容：一、充分认识创建学习型政协组织的重要意义；二、创建学习型政协组织的学习内容；三、创建学习型政协组织应把握的原则；四、努力构建具有政协特色的学习体系；五、不断拓宽创建学习型政协组织的方式方法；六、建立健全创建学习型政协组织的运行机制。

《政协河北省委员会关于加强委员自身建设充分发挥委员主体作用的意见》（2004年12月8日政协河北省第九届委员会常务委员会第9次会议通过）。 主要内容：一、加强学习，提高委员参政议政的能力和水平；二、认真履行委员职责，自觉行使委员权利；三、严肃例会纪律，保证会议出席率；四、适应政协工作需要，做好委员推荐和调整工作；五、建立激励机制，调动委员参政议政的积极性；六、做好服务工作，为委员履行职责提供保障。

【组织概况】

常务委员增选名单（2004年1月11日政协河北省第九届委员会第二次会议通过）

刘兆亮　孙建群　李振台　张国斌
张春富　贾珍山　郭东海　常丽虹（女）

委员增补名单（2004年12月9日政协河北省第九届委员会常务委员会第9次会议通过）

王庆明　王宏伟　冯文海　朱立秋
李英琪　张学义　俞定海　贾永信
蒋春澜　詹文宏

不再担任常务委员、委员名单（2004年12月7日政协河北省第九届委员会常务委员会第9次会议通过）

赵　星

不再担任常务委员名单（2004年12月

9日政协河北省第九届委员会常务委员会第9次会议通过)

赵银海

撤销常务委员名单(2004年6月24日政协河北省第九届委员会常务委员会第7次会议通过)

王运芳

【河北省各级政协领导人名单】

河北省政协

主　席

赵金铎(满族)

副主席

赵　燕(女)　杨　迁(女)

刘健生　秦朝镇　王建忠

赵铁练　刘德忠　李有成

段惠军　丛　斌

秘书长

解玉琦

石家庄市

市政协主席　李宏英

县(市、区)政协主席

长安区　李士奎

桥东区　田玉芬(女)

桥西区　路中林

新华区　周玉林

裕华区　陈小凤(女)

辛集市　刘存柱

藁城市　牛振友

晋州市　张务卿

新乐市　杨运良

鹿泉市　田栓锁

正定县　徐　玲(女)

栾城县　高梅淑(女)

井陉县　赵二军

无极县　胡海江

深泽县　郝建农

行唐县　赵大水

灵寿县　郝建英(女)

平山县　张大平

赵　县　李丰贵

元氏县　史全斌

高邑县　陈金锁

赞皇县　秦三梅(女)

矿　区　康贵春

承德市

市政协主席　张振存

县(区)政协主席

双桥区　郭晓波(满族)

双滦区　李长银

鹰手营子矿区　何庆云

兴隆县　刘丽珍(女)

平泉县　付　贵(满族)

承德县　吕凤岭

隆化县　孙凤高

丰宁满族自治县　张清艳(女)

滦平县　孔祥臣(满族)

围场满族蒙古族自治县　孙　祥(满族)

宽城满族自治县　郎　青(满族)

张家口市

市政协主席　王建雄

县(区)政协主席

桥东区　王桂海

桥西区　董德增

宣化区　李翠莲(女)

下花园区　刘金泉

宣化县　李明芝(女)

怀来县　李英田

赤城县　蒋瑞海

涿鹿县　刘秉生

蔚　县　蔡德新

阳原县　李树恩

怀安县　李俊来

万全县　杨　树

崇礼县　范振雄

张北县　李银生

沽源县　马文林

尚义县 田丽亚(女)
康保县 李进财

秦皇岛市

市政协主席 张玉书
县(区)政协主席
海港区 王振生
北戴河区 高连永
山海关区 王德立
抚宁县 王连成
昌黎县 卞国林
卢龙县 孟凡林
青龙满族自治县 刘玉宗(满族)

唐山市

市政协主席 郑宝林
县(市、区)政协主席
古冶区 赵 锋
开平区 孙占友
丰润区 孟卫国
丰南区 崔振兴
路北区 宋桂荣(女)
路南区 鲍中和
遵化市 赵久明
迁安市 任秀成
滦南县 姚凤华(女)
滦 县 李晓光
迁西县 杨广田
玉田县 马淑芹(女)
唐海县 王金生
乐亭县 阴淑芬(女)

廊坊市

市政协主席 连树臣
县(市、区)政协主席
安次区 田继连
广阳区 张千祥
三河市 邢文柱
霸州市 杜印忠
香河县 刘玉海
文安县 刘瑞起
大城县 杜连元
大厂县 杨德忠
固安县 张德军
永清县 韩金斗

保定市

市政协主席 王庆明
县(市、区)政协主席
新市区 张跃华
北市区 张国安
南市区 石光第
涿州市 张英歌
高碑店市 李恩友
定州市 赵国军
安国市 陈克祥(兼)
清苑县 丛国栋
满城县 范福生
顺平县 苑振玉
望都县 安进喜
高阳县 林海泉
定兴县 文大华
涞水县 张桂才
涞源县 李文喜
容城县 张国栋
阜平县 白宗纲
唐 县 马庆山
易 县 贾延清
安新县 徐彩玲(女)
蠡 县 齐国振
博野县 郭泽民
曲阳县 陈建勋
雄 县 庞福学
徐水县 张建国(兼)

沧州市

市政协主席 蔡 华
县(市、区)政协主席

新华区 刘纯才
运河区 张明发
任丘市 姜东胜(兼)
泊头市 刘增琴(女,回族)
黄骅市 刘靖亭(回族)
河间市 贾瑞琪
沧　县 张景怀
孟村回族自治县 肖振华(回族)
献　县 史均奎
东光县 刘长池
肃宁县 王炳申(兼)
南皮县 庞树旺
吴桥县 孙兰贵
青　县 欧世发
盐山县 郭建英(兼)
海兴县 张振海(兼)

衡水市

市政协主席 田结实
县(市、区)政协主席
桃城区 李振水
冀州市 胡广利
深州市 崔晓卓(女)
枣强县 高新会(女)
武邑县 周新起
武强县 于彩凤(女)
饶阳县 许素云(女)
安平县 王占民
故城县 郭居娥(女)
景　县 邓文华
阜城县 多方如

邢台市

市政协主席 崔宝玉
县(市、区)政协主席
桥西区 郝明建
桥东区 鲁继田
沙河市 刘玉贵
南宫市 李平然(女)
邢台县 关学峰
清河县 钱士合
内邱县 齐朝文
临城县 尉赴津(女)
隆尧县 张华兴
任　县 黄金花(女)
柏乡县 李顺谦
南和县 薛秀杰
宁晋县 刘月斗
巨鹿县 贾春英
平乡县 霍贵山
新河县 赵秋静(女)
广宗县 李云豪
威　县 罗兆群
临西县 甄志国

邯郸市

市政协主席 王光龙
县(市、区)政协主席
丛台区 关清江
复兴区 刘景元
邯山区 韩法刚
峰峰矿区 王云岩
武安市 李午明
鸡泽县 安树森
邱　县 李宝林
永年县 李志科
曲周县 冯怀林
邯郸县 土怀章
肥乡县 王援朝
馆陶县 宋向华
涉　县 樊爱国
广平县 王保岭
成安县 薄清林
魏　县 路爱荣(女)
磁　县 秦玉亮
临漳县 郭庆昌
大名县 高连生

河北省各级政协组织和委员数

（截至 2004 年底）

级别 项目	省	设区的市	县(不设区的市、市辖区)	合计
组织数	1	11	172	184
委员数	764	5201	30173	36138

（齐为民　编写　张桂勇　审稿）

政 协 山 西 省 委 员 会

【全体委员会议】

九届二次会议 2004年2月10日至16日在太原召开。会议应出席委员536名,实到498名。薛荣哲副主席作了题为《以"三个代表"重要思想为指导,把我省政协工作提高到新的水平》的工作报告,张正明副主席作了《九届一次会议以来提案工作情况的报告》。会议期间,委员们列席了省十届人大二次会议,听取并讨论了张宝顺省长所作的《政府工作报告》及其他报告;表决通过了《中国人民政治协商会议第九届山西省委员会第二次会议政治决议》、《中国人民政治协商会议第九届山西省委员会常务委员会工作报告的决议》、《中国人民政治协商会议第九届山西省委员会第二次会议关于政协第九届山西省委员会第一次会议以来提案工作情况报告的决议》;听取了《关于动员社会各方面力量推进劳务输出的建议》、《加减乘除并用,千方百计增加农民收入》、《农村小康任重道远》、《以芦笋为突破口,促进农产品出口贸易》、《发展民营经济是实现我省农村小康的现实选择》等大会发言;举行了以"社会保障"为主题的电视议政会。

刘泽民主席作了闭幕讲话。他指出,此次大会,各位委员以饱满的热情和高度的责任感,围绕我省完善社会主义市场经济体制和全面建设小康社会的目标,对事关我省改革发展稳定大局和人民群众切身利益的重要问题,进行了充分的协商讨论,提出了许多意见和建议。大家还就深入贯彻中共山西省委政协工作会议精神,进一步做好新时期政协工作,发表了许多宝贵的见解。会议始终洋溢着民主和谐、坦诚建言、求真务实、团结鼓劲的气氛,是一次广集民智、凝聚人心、与时俱进、催人奋进的大会。他要求,在新的一年里,各级政协组织和政协委员,一要保持奋发有为的精神状态。要有关注民生、参与国是的政治热忱;要有对履行职责极其用心的敬业精神;要有坚忍不拔的意志和锲而不舍的精神。二要坚持求真务实讲真话。要从党和人民的根本利益出发,求真务实讲真话;要胆识兼备,求真务实讲真话;要营造讲真话的环境,保护讲真话的权利。

【常务委员会议】

第5次会议 2004年2月7日至8日在太原召开。应出席常委104名,实到89名。刘泽民主席主持开幕会并在闭幕会上作了重要讲话。会议围绕《政府工作报告(征求意见稿)》、《省政协常务委员会工作报告(讨论稿)》、《省政协常务委员会提案工作情况报告(讨论稿)》和省政协九届二次会议的相关事宜进行了认真讨论。会议审议并原则通过了《政协第九届山西省委员会常务委员会工作报告》,并推举报告人;审议通过了《政协第九届山西省委员会常务委员会关于九届一次会议以来提案工作情况的报告》,并推举报告人;听取讨论了省委办公厅、省政府办公厅关于政协第九届山西省委员会第一次会议以来提案办理情况的通报;审议通过了省政协九届二次会议的有关事宜。中共山西省委常委、常务副省长范堆相,副省长牛仁亮出席会议并听取意见。

第6次会议 2004年2月14日在太原召开。应出席常委104名,实到88名。会议由省政协主席刘泽民主持。会议审议并原则通过了《政协第九届山西省委员会第二次会议政治决议》(草案)、《关于政协第九届山西省委员会常务委员会工作报告的决议》(草案)、《关于政协第九届山西省委员会提案工作报告的决议》(草案)。

第7次会议 2004年5月31日至6月2日在太原召开。会议应出席常委104名,实到78名。省政协主席刘泽民主持会议并作闭幕讲话。会议听取了副省长梁滨关于我省小城镇建设的情况通报,吕日周副主席所作的《关于用科学发展观指导我省小城镇建设的建议(讨论稿)》的说明,及由中国城市规划学会常务理事、博士生导师、山西省小城镇建设领导组副组长曹昌智主讲的《发展小城镇,加快城镇化——21世纪中国的重大战略选择》的专题报告。审议通过了《用科学发展观指导我省小城镇建设的建议(草案)》,同意任命丁杰为文史资料委员会副主任,免去王立安、张弦吕梁地区工作委员会副主任职务。会议期间,围绕小城镇建设这一议题,委员们进行了热烈讨论,认为用科学发展观指导小城镇建设符合以人为本的科学发展要求,对山西经济社会的可持续发展和全面建设小康社会具有重要的意义。

第8次会议　2004年8月3日至5日在大同召开。应出席常委104名,实到76名。省政协主席刘泽民主持开幕会并在闭幕会上作了讲话。会议学习了全国政协十届六次常委会议精神,听取了副省长靳善忠关于我省劳动就业和社会保障工作情况的通报、周然副主席关于《坚持以人为本,大力加强社会保障体系建设的建议(讨论稿)》的说明,审议通过了《坚持以人为本,大力加强社会保障体系建设的建议》。省劳动厅党组书记、厅长,国家劳动和社会保障部工资研究所客座研究员李顺通主讲了《社会保障制度的建立及发展概况》;省政协委员、山西大学商务学院副院长、国家自然科学基金委员会管理学部评审专家容和平主讲了《关于建立健全山西社会保障体系的若干理论思考》。会议期间,省政协常委们参观了大同市的市政建设和文物古迹,对市政规划、建设和文物古迹的开发与保护提出了建议和意见。

第9次会议　2004年11月30日至12月2日在太原召开。会议应出席常委103名,实到83名。会议期间,省委副书记、省长张宝顺作了重要讲话并通报了全省经济工作情况,省政协主席刘泽民主持会议并作了《牢固树立科学的人才观,大力实施人才强国战略》的讲话。常务副省长范堆相听取委员发言并讲话。省政协副主席聂向庭作《通过机制创新,发挥人才作用,加强执政资源建设的建议(讨论稿)》的说明。会议围绕我省人才问题进行了认真、热烈的讨论,审议通过了《关于学习贯彻中共十六届四中全会和中共山西省委八届六次全会精神的意见》、《通过机制创新,发挥人才作用,加强执政资源建设的建议》和《关于召开省政协第九届山西省委员会第三次会议的决定》。与会人员和省政协机关干部还集体收看了由中央党校党建教研部主任、博导王长江作的关于"不断改革和完善党的领导方式和执政方式"的录像报告。省委、省政府办公厅、省编办、省人事厅等相关部门负责人和机关厅级领导列席会议。

【专委会工作】

提案委员会　运用现代化信息传输手段,率先在全国实现了政协提案的网上征集和网上办理,全面提高了提案工作的效率。一年来共征集委员提案和党派团体提案624件,其中立案处理531件,作为意见处理93件,立案率为85%,办复率达100%。特别是由省政府省长领办、省政协主席督办的13件重点提案,在张宝顺省长亲自主持下,全部如期办理完毕。实行中小学教育"一费制"、清理整顿开发区等一些重点提案的办理,在社会上产生了较大的影响,取得了良好的社会效益。

经济和人口资源委员会　一、围绕全省非公有制经济发展不足问题,展开调研,向省委、省政府提交了"关于加快我省非公有制经济发展的几点建议",引起高度重视。二、围绕新型工业化进程中的就业问题,与省总工会共同组织了省政协首届"山西发展论坛"。会议共征集论文230余篇,就完善法律法规体系、政策取向、就业渠道和方式、劳动者素质等方面进行了深入研究探讨，并提出了建议。三、举办山西老工业基地创新发展战略研讨会，向省委报送了有关建议报告。四、组织委员和有关专家就山西煤运公司改制方案进行了论证。五、组织召开了人口资源环境学习座谈会。六、加强沟通，参加了在武汉召开的国际人口与发展论坛、全国政协举办的人口资源环境培训班、二十省市区政协经济委员会第十二次联系会议、华北五省区政协人口资源委员会联系会议。

农村委员会 一、承担并完成了省政协九届七次常委会“关于用科学发展观指导我省小城镇建设”议题的调研任务。二、组织政协委员开展专题调研。一是完成我省防治高致病性禽流感情况的调研报告，并报送省政府。二是赴雁门关朔州生态畜牧经济区进行考察，并起草了有关考察报告。三是对沿黄河地区全面建设小康社会情况进行了专题考察。四是到省中小企业局就如何贯彻落实省委、省政府《关于进一步加快非公有制经济发展的决定》进行调研，形成了《关于对全省民营经济工作的调研报告》。五是就我省的核桃产业发展情况及存在问题进行专题调研，形成《关于支持龙头企业，发展我省干果产业的建议》，报送省委、省政府。六是就发展县域经济到河津市进行专题调研，向省委、省政府报送了《关于对河津市实行计划单列市的建议》。三、5月12日举办了以如何促进我省农村剩余劳动力的转移为主题的“省长接待委员日”活动。

科教文卫体委员会 一、完成常委会工作要点和工作责任制规定的任务。围绕人才问题进行调研，撰写《通过机制创新，发挥人才作用，加强执政资源建设的建议》，并为常委会议准备了参阅材料和大会发言材料。承办了11月19日“省长接待政协委员日”活动。二、关注群众利益，加大民主监督力度。一是对太原市政府在市政建设过程中违法占用群众体育设施问题进行视察督办。二是高考期间视察忻州市高考工作和招生录取工作。三是关注“百姓放心医院”创建工作，积极参与医疗机构及相关部门的行风评议工作。三、视察大同大学筹备工作，对其进展缓慢，难以通过验收等情况及时报告省委、省政府，省政府常务会议及时研究，分管副省长现场办公，推进了大同大学的筹建工作。四、深化对口联系，扩大工作交往。第一次召开了省市政协教科文卫体委员会工作联系暨人才问题研讨会。五、其他。一是通过全国政协信息渠道反映的企业退休教师待遇问题得到国务院高度重视，于2004年1月出台了具体解决办法。二是就县级政府商务机构设置问题进行调研并提交调研报告。三是参加了全省义务教育“一费制”和规范调整全省医疗服务项目价格的听证会。四是参加义务教育标准化建设评估验收工作。

社会法制委员会 一、建设调研型专委会。开展社会保障体系建设调研，汇编《山西省社会保障体系建设调研报告集》、《山西省政协九届八次常委会大会发言材料集》。起草《坚持以人为本，大力加强社会保障体系建设的建议》，报送省委、省政府。《人民政协报》对此作了专门报道。二、建设服务型专委会。一是筹备召开了省高院、省检察院、省监察委员会工作情况通报会。二是对晋城市社会治安综合治理工作进行了调研视察，参加了省综治委组织的推进建设“平安三晋”，创建“平安县”活动。三是以《关于未成年人犯罪问题的思考》和《深化体制改革，缩小贫富差距》两份材料，参加了全国政协在云南召开的有关研讨会。四是努力做好立法协商工作。对省人大法工委送交的《山西省道路交通安全条例》(草案)征求意见稿、《山西省实施<中华人民共和国道路交通安全法>办法》(草案)征求意见稿提出修改意见。五是积极参加“第十六次全国‘扫黄’、‘打非’电视电话会议暨山西省2004年‘扫黄’、‘打非’工作动员会议”、道路交通安全会议、全国集中处理涉法上访问题电视电话会议、社会治安综合治理工作会议等10余次有关会议。六是服务基层群众,扎扎实实做好信访工作。三、建设进取型专委会。一是政协行评办设在社法委办公室,我们积极推荐委员担任有关部门的行风监督员,参与了46个厅(局、委)的行风评议工作。二是参加了全省贯彻实施行政许可法和深化行政审批制度改革的情况大检查。三是参与省委政协工作晋中组督查调研。四、建设学习型专委会。一是承办全省“星联泰盛杯”《政协章程》知识竞赛。二是加强专委会学习。五、建设交流型专委会。参加了在内蒙古召开的政协社会法制工作经验交流会等。六、建设和谐型专委会。

民族宗教委员会 一、进行关于科学发展我省少数民族经济和清真品牌产品的调研,撰写有关建议报送省委、省政府。二、以《创新进取、努力做好新时期人民政协民族宗教工作》一文两次在全国政协有关会议上作了交流;应全国政协和省政协九届九次常委会要求,撰写了《试论新时期人民政协民族宗教工作的地位和作用》和《贯彻十六届四中全会精神,大力加强我省少数民族干部和人才培养教育》两篇文章。三、帮助做好落实民族宗教政策工作,促进社会安定团结与和谐稳定。帮助天主教太原教区和有关方面落实了洞儿沟房地产政策,使这一拖了十几年的老大难问题得到解决。提交了“关于维护交城县玄中寺门票合法权益”的报告,使问题得到了解决。四、加强联系。参加了全国政协民族宗教工作北戴河会议和全国部分省(市、区)政协第六次民族宗教工作黑龙江研讨会;出席了国家民委关于培养少数民族干部的山西座谈会和省里召开的全省宗教工作座谈会、民族宗教信息工作会;参加了全省政协工作督查;起草了《关于迅速采取措施,消灭五台山落叶松虫害,保护五台山森林的建议》,报送范堆相副省长。

文史资料委员会 一、开展晋商史料征集工作。召开晋商史料征集工作座谈会,对史料征集和《晋商史料全览》的编辑出版工作提出了安排部署,向全国有关30多家兄弟省市政协发出《关于请求协助征集晋商史料的函》;在媒体刊登《征集晋商史料的启事》。二、为科学决策建言立论。一是赴桂湘赣和云贵渝考察;二是提出《关于建立山西根祖文化研究中心的建议》的提案,报送省政府;三是为拯救民间传统文化遗产提出了《关于抢救保护开发利用孝义皮影艺术的建议》,报送省委、省政府。三、举办全省政协文史工作培训班,对各市县政协分管文史工作的副主席、文史委主任、文史办主任和工作人员进行了文史资料工作基础理论和业务知识的培训,有118人参加。四、认真办好《文史月刊》12期,编印了一期《文史导刊》和一期《山西文史》,编写《文史工作教程》,共计215万多字。五、完成其他任务。一是承担了全国政协文史委主任会议安排的协作任务,参加了全国暨地方政协文史委主任会议。二是承担了全国政协《名人故居》山西部分的史料征编工作。三是参加了全国政协文史工作培训学习。四是参加了省委政协工作组赴临汾市的督查调研。

学习宣传委员会 一、编发《学习资料》12期,约50万字。二、承办了由省政协和省委组织部、省委党校共同举办的省政协委员和基层政协主席学习新《政协章程》培训班;承办了由中共山西省委、山西省政协联合举行的学习贯彻新修改的《政协章程》报告会。三、承办在《山西日报》创办《参政建言》栏目工作。四、加强对外新闻宣传报道工作。五、继续办好山西省政协合唱团,开展文艺宣传。参加了20余场次大型文化活动,其中主要有:组织了庆祝人民政协成立55周年《政协之声》大型文艺晚会;参加纪念邓小平同志诞辰100周年文艺活动;组织了《唱响心中的歌》大型音乐会;组织了"八一"建军节慰问武警演出。六、开展文艺下基层活动。分别赴榆次市郭家堡乡南关村、忻州市北陵桥村、吕梁市离石区进行了慰问演出。七、举办了"庆祝人民政协成立55周年书画展"。八、认真开展调查研究。一是赴代县就当地贯彻科学发展观的情况进行了为期一周的调查研究,形成了《统筹兼顾、全面发展的有益探索——代县以科学发展观指导工作实践的调查与启示》专题调研报告,报送省委、省政府;二是赴云南省围绕旅游业的发展进行了为期10天的考察;三是参与了省政协社会保障体系建设调研。九、其他工作。一是承办了省政协办公厅和省委统战部联合举办的"省城各界人士迎春茶话会";二是承办了省政协九届二次会议文艺晚会;三是承担了省政协机关参加山西省全民健身展示大会秧歌比赛的组织工作;四是参加了省委政协工作会议赴运城督查调研组的有关工作。

港澳台侨和外事委员会 一、加强学习。一是组织委员学习新修改的《中华人民共和国侨眷权益保护法实施方案》;二是参加全省台办主任工作会议;三是致信全体委员和重点联系人士,要求在台湾大选和公投的大是大非面前立场坚定地反对台独和分裂。二、加强工作。一是就维护台商合法权益,优化山西投资环境,对大同、太原的5家台资企业进行考察,省委办公厅《工作研究和交流》全文刊登了考察报告;二是组织9月3日的"省长接待委员日";三是参加省委政协工作组赴忻州、长治二市的督查调研。三、加强联谊。一是赴江西、安徽、上海市政协考察对口委员会的先进经验;二是为全国政协副主席罗豪才来晋考察准备了《弘扬三晋文化,做好港澳台侨工作》的汇报材料;三是接待德意志银行考察团一行,组织同省电力、煤炭等部门的领导就投资可行性进行了探讨;四是接待台湾佛光人文社会学院教授宋光宇来晋考察团;五是参加了全国政协举办的港澳台侨和外事委员会会议。四、加强调研。对忻州、太原两市加强党的执政能力建设问题进行了社情民意问卷调查。

【重要活动】

省城各族各界人士迎春茶话会 1月16日上午,省政协办公厅、中共山西省委统战部在太原举办"2004年省城各界人士迎春茶话会"。省政协主席刘泽民主持会议,中共山西省委书记、省人大常委会主任田成平出席会议并讲话。民盟山西省委副主委曲成毅、省总工会常务副主席徐改清分别代表各民主党派、工商联、无党派爱国人士和各人民团体发言。省委、省人大、省政府、省政协及省武警总队领导,省级各民主党派、工商联、人民团体负责人及无党派民主人士,省政府参事、文史馆员及有关方面的同志参加了茶话会并观看了精彩的文艺节目。

全省市(地)县(市、区)政协主席(主任)座谈会 2月9日在太原召开。省政协主席刘泽民主持会议。省政协副主席、省委统战部部长吴锦文通报了省政协去年工作的基本情况。会议听取了各市(地)政协工作情况汇报,并就进一步贯彻落实省委政协工作会议精神进行了研究部署。

全省政协系统第11次信息工作会议 2月11日在太原召开。会议由省政协秘书长田喜荣主持。省政协主席刘泽民出席会议。常务副主席薛荣哲讲话,总结了

2003年工作经验，并就2004年如何把政协信息参政引向深入提出了具体要求。会议还表彰了2003年度政协信息工作先进单位、先进个人。

省政协委员视察我省高致病性禽流感防治工作 2月24日上午，省政协农村委员会组织部分省政协委员组成视察团，在副主席吕日周、阎爱英、周然的带领下，对我省高致病性禽流感防治工作进行了视察。视察团听取了省农业厅、太原市政府、晋源区政府的有关工作汇报，赴省家畜疫病防治站和太原市晋源区南张村进行了视察。

驻晋部分全国政协委员视察我省外向型经济和高新技术产业开发区 2月25日上午，部分驻晋全国政协委员在省政协主席刘泽民的带领下，就我省外向型经济和高新技术产业开发区的发展情况在太原市进行了视察。视察团在听取了省外经贸厅、太原市国家高新技术产业开发区的汇报后，赴太原国家高新技术产业开发区政务大厅、诚信广场、山西合创自动化有限公司、山西亚日电脑有限公司等高新技术企业进行视察。

全国政协在晋考察沿黄河地区小康建设 3月30日至4月2日，全国政协经济委员会副主任程安东率领调研组就我省沿黄河地区全面建设小康情况赴忻州、吕梁地区的企业和农村进行了深入的考察。期间，中共山西省委书记、省人大主任田成平会见了考察组一行。省政协主席刘泽民、副省长梁滨与调研组一行进行了座谈。省政协副主席吕日周全程陪同考察。

全国政协主席贾庆林来晋视察 4月20日，中共中央政治局常委、全国政协主席贾庆林，在中共山西省委书记、省人大常委会主任田成平，中共山西省委副书记、省长张宝顺，省政协主席刘泽民等领导的陪同下，来到省政协机关，亲切接见了省政协、省委统战部和省各民主党派负责人，就做好政协章程的学习、宣传、贯彻工作发表了重要讲话，并同省政协机关干部合影留念。

2004年委员学习培训班 5月10日至5月14日，由省政协和省委组织部、省委党校共同组织的九届省政协委员第3期学习培训班在省委党校举办，省政协主席刘泽民出席开学典礼并作了重要讲话。部分省政协委员、市县政协主席和市政协专委会主任参加了这次培训。

学习贯彻《政协章程》报告会 5月11日上午，为了进一步深入学习贯彻《政协章程》和贾庆林主席视察山西时的重要讲话精神，省委、省政协联合举办“全省学习贯彻《政协章程》报告会”，邀请全国政协研究室主任卞晋平作了关于学习贯彻《政协章程》的专题报告。中共山西省委书记田成平主持会议并就进一步深入学习贯彻《政协章程》作了重要讲话。

山西发展论坛 5月16日，省政协办公厅和省总工会在并联合举行首届《山西发展论坛》，就如何解决我省在新型工业化进程中的就业问题展开深入讨论。省政协常务副主席薛荣哲主持论坛，省政协主席刘泽民，省人大副主任、省工会主席姚新章，副省长靳善忠出席论坛并讲话。省劳动厅介绍了我省就业基本情况和存在的问题，10多位专家学者围绕新型工业化进程中的就业再就业等问题发言，中国劳动关系学院经济学博士沈琴琴教授就劳动就业问题作了专题讲座。

山西政协网站开通 6月1日，省政协网站开通仪式在太原举行。省政协主席刘泽民点击开通“山西政协网站”并讲话，副主席阎爱英主持开通仪式。副主席聂向庭、张正明、边鸣涛、吕日周、韩儒英、吴博威、周然，秘书长田喜荣及副秘书长，调研室主任、副主任，各专门委员会主任、专职

副主任,各市(地)政协主席和地区工委主任出席开通仪式。(网址:http://www.shanxizx.gov.cn)

《参政建言》在山西日报开栏 6月20日,按照中共中央政治局常委、全国政协主席贾庆林视察山西讲话和省委政协工作会议关于加大对人民政协工作宣传力度的要求,《参政建言》栏目在《山西日报》正式开设。

全国政协副主席罗豪才来晋视察 7月25日至26日,全国政协副主席、致公党中央主席罗豪才一行赴运城、临汾、晋中、太原等地就"弘扬三晋文化,做好港澳台工作"进行了视察。在并期间,刘泽民主席陪同视察并主持召开了座谈会。省政协副主席张正明全程陪同视察。

省、市政协秘书长工作座谈会 8月13日,省政协在太原召开省、市政协秘书长工作座谈会,就如何进一步做好新形势下政协秘书长工作进行了交流探讨。省政协主席刘泽民,常务副主席薛荣哲、副主席阎爱英出席座谈会并讲话,秘书长田喜荣主持座谈会,省政协副秘书长、调研室负责人和11个市政协秘书长出席座谈会。

省城各界人士纪念邓小平诞辰100周年座谈会 8月18日,省政协办公厅和省委统战部在湖滨饭店共同举办"省城各界人士纪念邓小平诞辰100周年座谈会"。省政协副主席、省委统战部部长吴锦文主持座谈会。省政协主席刘泽民和省委副书记薛延忠出席会议并讲话。省政协副主席边鸣涛、周然分别代表各民主党派省委、工商联以及各界人士发言。省政协常务副主席薛荣哲、副主席聂向庭、张正明、韩儒英、吴博威,秘书长田喜荣等出席座谈会。各民主党派省委、省工商联、侨联、台联、各宗教团体及省直有关单位负责人参加了座谈会。

全省政协办公厅办公室工作会议 8月27日在长治市召开,会议就新形势下进一步做好政协办公厅办公室工作进行了研究探讨。省政协常务副主席薛荣哲,秘书长田喜荣出席会议并讲话。副秘书长杨左卿主持会议。全省各市政协分管办公厅办公室工作的领导和办公厅办公室主任,长治市各县(市、区)政协主席、办公室负责人参加了会议。

庆祝人民政协成立55周年 9月22日,中共山西省委、山西省政协在太原召开"山西省庆祝人民政协成立55周年大会"。省政协主席刘泽民主持会议,中共山西省委书记、省人大常委会主任田成平出席会议并讲话,省政协副主席聂向庭代表各民主党派、工商联、无党派人士、人民团体致辞。22日晚,在太原市工人文化宫举行了文艺晚会。23日,在中共太原支部旧址举办了书画展。

"两院一委通报会" 10月12日,省高级人民法院院长李玉臻,省人民检察院副检察长郭建华,省纪委副书记、省监察委员会主任王俊忠向在并全国政协委员和省政协委员通报2004年以来的工作情况。省政协主席刘泽民主持会议。省委常委、政法委书记杜玉林出席会议并讲话。省政协副主席、秘书长和在并全国政协委员、部分省政协委员出席会议。

【重要文件】

常委会工作报告(摘要) 第一部分:2003年工作回顾。一、解放思想,与时俱进,着力推进政协工作的创新。(一)制定发展规划,明确创新的思路。在《2003年工作要点》中,把创新列为本届常委会的中心议题。九届二次常委会出台了《关于与时俱进,开拓创新,不断提高履行职能水平的若干意见》,明确了创新的指导思想、原则和思路,以及创新的内容、途径和目标。(二)突出政治理论学习,提高创新的能力。举办了政协委员培训班和市县政协主席培训班。邀请中国政法大学、国务院发展研究中心和省委宣传部的专家、学者进行了五次专题学习讲座。组织各类专题讲座、辅导报告、学习座谈会、讨论会30多次,购置学习资料1000余套,选编印发《学习资料》2万余册,30余万字。(三)健全组织,完善制度,强化创新的保证。协商任命了省政协副秘书长、调研室和各专门委员会正副主任。省政协九个专门委员会确定了各自的委员人选。重申了已有的规章制度24项,修订、补充规章制度5项,重新制定规章制度3项。(四)加大宣传,拓展活动,营造创新的氛围。举办了电视议政会和山西省"光大杯"政协统战知识电视大赛。组织了推进我省走新型工业化道路、促进农村全面建设小康社会的两次大型常委会专题调研活动;组织对民营企业、农村职业教育和医疗卫生、宗教工作、旅游产业发展、历史遗产保护、司法公正的调研活动;组织部分全国政协委员和省政协委员对我省重点行业和重点工程进行了11次视察,达400多人次;举办了以城镇化建设为主题的省长接待日活动;组织机关干部为残疾人、为战斗在"非典"一线白衣战士的捐款活动;举办了迎春茶话会、元旦联欢会和"十六大盛况"、"两会盛况"的图片展览,等等。

二、深入调研,精心准备,协助省委圆满召开了全省政协工作会议。2003年3月,省政协办公厅向市、县政协发出通知,要求按照中央《通知》和省委《决定》文件精神,认真进行对照检查。6月5日,省委召开政协工作督查调研动员大会,成立了以省政协主席、副主席为组长、省政协和省直有关部门厅处级干部为成员的百人督查调研队伍,赴11个市地认真督查;总结了1996年全省政协工作会议以来,全省各级党委政府落实中央和我省重要文件、重视支持政协工作、政协组织履行职能方面的新鲜经验,找出了工作的薄弱环节和存在问题,写出了调研报告,并向省委进行了汇报。为及时了解全国其他省市政协工作的最新动态,吸收和借鉴他们的成功经验,省政协调研室与30多个省、市政协进行了沟通联系,并由省政协秘书长带领考察组赴湖南、广东、福建进行考察学习,积极配合省委开展工作。11月24日至25日,省委政协工作会议在省城隆重召开。进一步总结了全省政协工作的基本经验,表彰了23个"党委政协工作先进集体",出台了《中共山西省委关于进一步加强新时期人民政协工作的决定》。

三、围绕中心,服务大局,履行职能取得了较大成效。(一)突出重点,搞好大事协商。就如何贯彻落实十六届三中全会《决定》精神向省委提出了建议;对修改《政协章程》集中形成了29条修改意见;参与了《山西省高速公路条例》、《山西省高新技术产业化项目及企业认定办法》等四部地方性法规的立法协商。(二)以提案和反映社情民意为主要形式,进一步加大民主监督的力度。一年来,提案委员会共征集提案592件,其中立案457件,作为意见处理135件,提案办复率为100%。我省在全国省级政协首家创办了委员提案网站,全年通过网上递交的提案达237件,占到提案总数的40%以上。"非典"期间委员就防治非典方面提出的19件提案,都在较短的时间内予以答复办理。由5位副省长领办、7位副主席督办的9件重点提案全部办理完毕。反映社情民意的信息工作连续三年荣获全国政协信息先进单位一等奖。全年共编发《社情民意》200多期,刊发信息900多条,被全国政协采用44条,中央、省领导批示和有关部门采用、采纳33条。(三)深入实际,调查研究,积极建言献策。2003年共提出较高质量和较高水平的建议报告20多份。(四)积极参加抗击非典的斗争。省政协领导多次深入到厂矿、社区和医疗一线进行视察和慰问。各级政协机关积极组织慰问和募捐活动，募集款物达7560余万元。

四、弘扬团结民主两大主题，进一步发挥政协爱国统一战线组织的优势。(一)加强与民主党派和人民团体的合作共事。一年来，仅党派、团体以组织名义提出的提案就有52件。(二)进一步拓展海内外联谊工作。一年来，共向港澳委员、海外华侨、海外社团寄送有关宣传资料178份；与省台湾同胞联谊会共同举办台湾形势报告会；促成了美国商会亚洲事务特别工作委员会联席主席侯力威一行访问山西；邀请在香港的山西籍全国政协委员、省政协委员及知名企业界人士来晋考察；在厦门、深圳等地建立了联络处。(三)协助党委和政府做好民族宗教工作。对晋中市的民族宗教工作进行了考察，写出了《关于做好新时期宗教工作的几点建议》、《关于平遥县宗教事务管理的经验和启示》、《关于尽快建立我省道教协会》等建议，引起了有关方面的重视。(四)充分发挥文史资料工作的特殊纽带作用。文史资料委员会安排部署了《建国前山西50年图集》、《晋商史料全览》等四套大型图书的征编工作，主持召开了华北地区政协文史协作会议，开展了海外华侨、华人史料的征集，与台湾山西同乡会正式建立了联系。集中精力抓好史料征集和文史书刊的出版工作，一年来共编辑出版了《文史月刊》12期、《文史导刊》2期，选编出版《山西文史》193万字。《文史月刊》被新闻出版局评为一级期刊。

第二部分：2004年工作建议。一、加强理论学习，思想认识要上新水平。二、全面贯彻落实省委政协工作会议精神，政协工作要有新成效。三、围绕中心，服务大局，履行职能要有新突破。四、加强自身建设要迈出新步伐。

九届二次会议政治决议(摘要) 会议认为，2003年是本届政协的开局之年，在中共山西省委领导下，省政协常委会和广大政协委员，认真学习贯彻“三个代表”重要思想、中共十六大和十六届三中全会精神，坚持团结和民主两大主题，坚持与时俱进、着力创新的工作思路，围绕中心、服务大局，切实履行政治协商、民主监督、参政议政职能，在我省经济建设和社会发展中发挥了重要作用，各项工作保持了连续性、稳定性、开创性，呈现出新的活力。特别是中共山西省委政协工作会议的召开，是新时期我省推进社会主义民主政治建设的重大举措。中共山西省委关于加强各级党委对政协工作的领导，支持政协履行职能，充分发挥政协作用的明确要求，对全省各级政协组织和广大政协委员是极大的鼓舞，为全省政协工作适应新形势、开创新局面指明了方向。

会议期间，政协委员列席了山西省第十届人民代表大会第二次会议。听取和讨论了张宝顺代省长所作的政府工作报告，表示赞同并予以高度评价；听取和讨论了省政府关于2003年国民经济和社会发展计划执行情况与2004年国民经济和社会发展计划草案的报告、关于2003年全省和省本级预算执行情况及2004年全省和省本级预算草案的报告；听取和讨论了省高级人民法院工作报告和省人民检察院工作报告，对以上报告表示赞同。

与会委员围绕深入推进经济结构调整、千方百计增加农民收入、继续深化国企改革、促进非公有制经济发展、实施科教兴省和人才强省战略、进一步扩大对外开放、转变政府职能、优化经济发展环境、切实做好就业再就业工作等事关全局的重大问题，提出了积极的意见和建议。

会议要求，省政协各参加单位和全体政协委员，要全面贯彻落实中共十六大、十六届三中全会和中共山西省委八届五次会议精神，牢固树立科学的发展观，围绕事关我省改革发展稳定的重大问题，完善社会主义市场经济体制的难点问题，涉及人民群众切身利益的热点问题，切实履行政治协商、民主监督、参政议政职能，为我省全面建设小康社会作出新的贡献；要继续坚持和完善中国共产党领导的多党合作和政治协商制度，紧紧把握团结和民主两大主题，把我省各民主党派、各人民团体和各族各界人士的思想统一到中共山西省委的决策部署上来，把智慧和力量凝聚到兴晋富民的宏伟目标上来，积极推动社会主义物质文明、政治文明和精神文明协调发展；要高举爱国主义、社会主义的旗帜，调动一切积极因素，巩固和发展最广泛的爱国统一战线，充分发挥人民政协团结各界、协调关系、化解矛盾、理顺情绪的作用，努力维护我省安定团结的政治局面；要始终不渝地坚持“和平统一、一国两制”的基本方针，加强与港澳台同胞和海外侨胞的联谊活动，扩大山西对外经济、文化、技术交流；要深入贯彻中共山西省委政协工作会议精神，积极探索、不断创新政协履行职能的内容和形式，进一步推进政协工作的制度化、规范化和程序化，努力使政协工作体现时代性，把握规律性，富于创造性。

2004年工作要点(2月24日九届十三次主席会议通过) 2004年是深入贯彻中共十六大和十六届三中全会精神，深化改革、扩大开放、促进发展的重要一年，也是实现我省“十五”计划和经济结构调整明显见效目标的关键一年。本年度省政协常委会工作的总要求是：以邓小平理论和“三个代表”重要思想为指导，全面贯彻落实中共十六大、十六届三中全会、省委八届五次全会和省委政协工作会议精神，团结各民主党派、人民团体和各族各界人士，在中共山西省委的领导下，围绕中心，服务大局，切实履行政治协商、民主监督和参政议政职能，不断提高政协工作的质量和水平，为巩固和发展安定团结的政治局面，为全面建设小康社会的宏伟目标贡献力量。

一、加强学习，提高政治理论水平。1.组织广大政协委员和机关干部系统学习马列主义、毛泽东思想、邓小平理论和“三个代表”重要思想；深入学习中共十六大、十六届三中全会、省委八届五次全会、省委政协工作会议精神、全国“两会”文件和新修订的《政协章程》。结合政协工作实际，进一步学习掌握中共中央关于统一战线和人民政协的理论、方针、政策，学习宪法和国家法律、法规，学习时事政治和科学技术知识。发挥省政协中心组的表率作用，把集中学习与自我学习结合起来，把政治理论学习与现实问题研讨结合起来；发挥常委会、专委会的组织作用，组织好政协委员的学习。2.通过举办专题报告会、学习座谈会、工作研讨会、学习培训班等形式，丰富学习的内容。结合三次常委会的专题，分别邀请著名专家、学者进行专题讲座。3.继续办好政协委员和市(地)、县(市、区)政协主席培训班，完成对本届新任省政协委员和市(地)、县(市、区)政协主席的培训。4.《山西政协工作》、《山西政协报》、《政协之友》、《文史月刊》和《学习资料》等机关报刊要开辟学习专栏，丰富内容，提高质量，使其成为学习、宣传中共中央路线、方针、政策和政协统战知识的阵地，为各级政协组织和广大政协委员学习提供方便。

二、贯彻省委政协工作会议精神，推进政协履行职能的制度化、规范化和程序化。5.认真学习、全面贯彻落实省委政协工作会议精神。根据省委《决定》，主动与省人大、省政府、省纪检委、省委组织部等单位加强联系，协商制定落实省委《决定》的相关配套措施，推进履行政协职能的制度化、规范化、程序化建设。下半年，协助省委对省委政协工作会议精神的落实情况进行一次督促检查。

三、围绕发展主题，提高协商议政水平。6. 开好三次常委会。九届七次常委会围绕城乡统筹发展，重点研究城镇化建设的问题；九届八次常委会围绕劳动就业和社会保障制度改革，重点研究就业再就业和社会保障的问题；九届九次常委会围绕人才强省战略，重点研究"吸引人才、留住人才和用好人才"的制度环境建设问题。7. 举办一次专题研讨会，专门研究山西老工业基地的改革发展问题。8. 举办"山西发展论坛"首次年会，主题为"新型工业化道路中的就业问题"。9. 各专门委员会要结合自身特点，发挥优势，除三次常委会和一次专题研讨会的题目外，每个专委会都要确立一个专题并向省委、省政府写出调查报告。选择人口发展战略、生态环境问题、非公有制经济发展、农村改革、科教文化体制改革、社会治安综合治理情况、民族情况和少数民族经济发展、旅游文化和旅游资源开发、外资企业发展等方面的热点问题，开展深入细致的调查研究，积极建言献策。10. 在坚持开展委员小组活动的同时，根据《省政协委员按界别活动的试行办法》，各界别要围绕省委、省政府的中心工作，结合本界别的实际，开展调查、视察和内引外联工作，每年活动1—2次。

四、探索民主监督的有效形式，加大民主监督力度。提高民主监督的实效。11. 围绕《中国共产党党内监督条例(试行)》的贯彻落实、市政建设、环境治理、社会保障和救助、安全生产等方面的工作，组织好委员视察活动。各专委会每季度都要有一次主题视察。12. 围绕省委、省政府的重大决策和群众普遍关心的热点、难点问题，进行民主监督，不断加大民主监督力度。根据省委《决定》要求，听取省纪检委、省法院、省检察院、省公安厅工作情况的通报。积极拓展民主监督的渠道和范围，探索民主监督与法律监督、党的纪律监督、司法监督、行政监督、新闻舆论监督结合的新形式。在认真总结各市地工作经验的基础上，着手制定《关于对行风政风进行民主评议的暂行办法》。组织委员对政府有关职能部门或相关行业进行一次民主评议。此项工作要充分准备，注重效果。13. 进一步做好提案工作。重点抓好提案的征集、督查、办理三个环节，努力提高提案质量。继续坚持政府省长领办、政协主席督办重点提案的作法，选择一些社会反映较为强烈、社会影响较为长远的提案进行督促办理，并增强办理工作的社会透明度。完善提案工作的网络化建设，采取网上征集、上网公布等形式提高办复速度。实行提案办理工作的责任追究制，加大提案办理力度。14. 围绕中央和省委、省政府决策的需要，拓展政协反映社情民意信息的来源。积极与党委、政府有关部门协调，制定《政协信息的落实反馈办法》。通过召开党派、专委会信息座谈会，组织市县政协信息员培训、外出考察等方式，拓展信息员的视野，提高信息工作的质量。15. 组织一到两次"省长接待委员日活动"，就人民群众关心的热点难点问题，向省政府提出有见地的意见和建议。16. 进一步做好政协主席接待政协委员日的工作，及时处理和解决委员反映的意见、建议和要求。17. 加强与《山西日报》、山西电视台等新闻媒体的合作，开辟专栏，普及政协统战知识，交流工作经验，反映社情民意和建言献策的重要成果，不断扩大政协的社会影响力。

五、发扬民主，增进共识，促进团结和稳定。18. 每季度要召开一次省政协秘书长与省各民主党派、工商联秘书长联系会议，沟通情况，交换意见，解决统一战线和政协工作中出现的各种问题。积极鼓励和支持参加政协的各民主党派、人民团体以组织的名义提提案和反映社情民意，邀请其成员参加省政协组织的重大课题的调研、视察活动。19. 充分发挥我省民族宗教文化资源丰厚的优势，支持民族宗教界加强自身建设，开展宗教文化交流，积极引导宗教与社会主义社会相适应。20. 加强与港澳台同胞和海外侨胞的联谊活动，组织部分市(地)、县(市、区)主席和政协委员出国访问和赴港澳地区考察，努力为山西对外开放做出积极贡献。

六、加强同全国政协和兄弟省、市政协的联系，加强对市(地)、县(市、区)政协工作的指导。21. 主动加强同全国政协的联系，接受全国政协的指导；加强同兄弟省、市政协的往来，广泛开展工作交流与合作。加强对市(地)、县(市、区)政协工作的指导，各专门委员会要选择一些政协工作和社会发展中的共性问题与基层政协对口部门开展联合调研。22. 坚持省政协主席、副主席联系市地政协的制度，主席、副主席一年至少一次赴所联系市地开展调查研究，进行工作指导。各专门委员会要同党委、政府的对口部门保持经常联系，相互沟通情况，联合搞好专题调查研究。

七、加强机关自身建设，进一步提高机关工作效率。23. 以建设“学习型机关”和“委员之家”为目标，切实加强机关的思想建设、组织建设、制度建设和作风建设；建立干部选拔、任用的竞争激励机制，完善规章制度，明确岗位责任，不断改进工作作风。尽力改善机关办公条件，开展丰富多彩的活动，不断推进机关的政治文明和精神文明建设。

贾庆林在会见山西省统一战线和人民政协工作干部时的讲话(2004 年 4 月 20 日)

今天，我和田成平书记、张宝顺省长，以及从北京来的几位同志一起，与大家见面，感到非常高兴。

山西是革命老区，统一战线工作有着优良的传统。近些年来，在省委、省政府的领导和支持下，各级统战部门和政协组织、各党派团体和广大政协委员，坚持以邓小平理论和“三个代表”重要思想为指导，紧密地围绕中心服务大局，为促进山西的经济社会发展，维护改革发展稳定大局，作出了重要贡献。这里，我向大家表示衷心的感谢！

当前，全国各地正在按照中共中央的统一部署，认真学习贯彻全国“两会”精神、学习贯彻宪法和政协章程。对于这次修改政协章程工作，中共中央十分重视。胡锦涛总书记对学习贯彻修订后的政协章程提出了明确要求，中共中央办公厅也专门就学习贯彻政协章程问题向各省区市党委、中央和国家机关各部门、军队各大单位的党委党组发出了通知。按照中央的要求，各省、自治区、直辖市党委普遍召开了常委扩大会议，“四套班子”领导同志带头学习；一些地方举办学习报告会或召开电视电话会，组织党委、人大、政府、政协和民主党派机关处以上干部集中进行学习；各省区市还普遍发出文件，要求各级党委加强领导，精心组织，认真贯彻落实好中办通知精神。我来山西后了解到，“两会”闭幕后，山西省委及时召开全省干部大会传达“两会”精神，省政协还分别召开党组会议、主席扩大会议和政协各参加单位负责人学习座谈会，并就全省政协系统学习贯彻政协章程工作作出了部署。可以说，一个学习贯彻政协章程、宣传人民政协的活动正在兴起。各级政协组织一定要抓住这一有利时机，推动人民政协事业的进一步发展。

学习贯彻政协章程，一定要抓住重点，把握精神实质。要全面准确地领会和把握“三个代表”重要思想对统一战线和人民政协工作的重大指导作用，从根本上保证统一战线和人民政协事业沿着正确的政治方向前进。要全面准确地领会和把握中国共产党领导的多党合作和政治协商制度是我国的一项基本政治制度,努力把这一基本政治制度坚持好、完善好、落实好。要全面准确地领会和把握人民政协的性质,充分认识人民政协在我国政治生活中的重要地位,切实发挥人民政协在社会主义物质文明、政治文明、精神文明建设中的作用。要全面准确地领会和把握在统一战线的表述中增加"社会主义事业的建设者"的重要性,最广泛最充分地调动一切积极因素,为实现中华民族伟大复兴增添新的力量。要全面准确地领会和把握团结和民主是人民政协的两大主题,更好地将团结和民主贯穿于人民政协工作的各个环节和全部过程。要全面准确地领会和把握人民政协政治协商、民主监督、参政议政的主要职能,进一步增强人民政协工作的生机和活力。

这六个"全面准确地领会和把握",是中办通知中提到的主要内容和精神实质。此外,各级政协组织还要全面准确地领会和把握把政协委员的条件和要求专列一条写入政协章程的重要意义。政协委员是各党派团体以及各族各界人士的代表,是政协工作的主体。如何充分发挥广大委员的作用,是我们应认真研究的课题。

学习贯彻政协章程,一定要联系实际,做到"三个结合"。一是要把学习贯彻政协章程同统一战线和人民政协履行职能结合起来,落实到围绕经济建设这个中心、服务改革发展稳定这个大局上来,落实到凝聚各方面力量,实现经济社会全面进步和人的全面发展上来。二是要把学习贯彻政协章程同加强统战部门和政协组织自身建设结合起来,使我们的各项工作都有章可循,推动统战和政协工作的制度化、规范化和程序化。三是要把学习贯彻政协章程同推动统一战线与人民政协的理论实践创新结合起来,积极探索和把握新世纪新阶段统战和政协工作的规律,提高运用科学理论分析和解决实际问题的能力。

统一战线和人民政协工作是党和国家工作全局的重要组成部分。学习贯彻政协章程,是统一战线和人民政协的重要任务,也是各级党委和政府的重要任务。各级党委要按照中办通知的要求,带头学习贯彻政协章程,切实加强对学习宣传贯彻政协章程工作的领导。各级统战部门和政协组织、各党派团体和广大政协委员,要做学习贯彻政协章程的模范。要充分利用报刊、广播、电视等新闻媒体,向全社会广泛宣传政协章程,宣传人民政协的基本知识,为人民政协履行职能创造更有利的社会环境。

去年中共山西省委召开政协工作会议,作出了进一步加强新时期人民政协工作的决定,对今后的统战和政协工作提出了更高的要求。我相信,在省委的领导和省政府的支持下,山西省的统战和政协工作一定会取得新的更大的进步,山西省的统战部门和政协组织在实现本省全面建设小康社会目标的进程中,一定会做出新的更大的贡献。

用科学发展观指导我省小城镇建设的建议(九届七次常委会通过)(摘要) 我省的小城镇建设要以县城为重点,积极稳妥地推进城镇化进程;要科学论证,合理规划小城镇建设;要正确处理城镇用地和土地保护制度的关系,加快"城中村"改造步伐;要大力发展民营经济,促进农村劳动力向非农产业转移;要改善农民进城环境,鼓励农民进城创业;要拓宽投资渠道,加快小城镇基础设施建设,逐步建立小城镇医保和社保体系;要统筹城乡教育经费,实现义务教育均衡发展。

坚持以人为本,大力加强社会保障体系建设的建议(九届八次常委会通过)(摘要) 提高认识,真正形成社会保障体系建设的强大合力;完善机制,为社会保障体系建设提供制度保证；健全法规，把社会保障体系建设纳入法制轨道；强化管理，保证社会保障基金的充实与安全；积极探索，努力推进农村社会保障体系建设；制定政策，切实维护进城农民工的合法权益。

通过机制创新，发挥人才作用，加强执政资源建设的建议（九届九次常委会通过）（摘要） 一要建立适应市场经济体制的灵活的编制管理机制；二要建立以专家为主，中立、公开的科研立项、经费管理机制；三要实行科研机构重组，人才队伍整合的机制；四要建立有利于发挥人才作用，提高创新能力的投入机制；五要建立公开、公平的信息共享机制；六要建立鼓励事业追求与行政职务脱钩的机制；七要建立政策落实检查监督机制；八要建立按市场供求关系给人才定价的机制。

关于开展民主评议行风工作的实施方案（省政协九届十六次主席会议通过）（略）

【山西省各级政协领导人名单】

山西省政协

主 席

刘泽民

副主席

薛荣哲 吴锦文 聂向庭
张正明 边鸣涛 吕日周
阎爱英 韩儒英 吴博威
周 然

秘书长

田喜荣

太原市

市政协主席 李海恒

县(市、区)政协主席

迎泽区 张文跃
杏花岭区 潘保杰
尖草坪区 王秀珍
万柏林区 李智凯
小店区 吴黑保
晋源区 王 海
清徐县 杨拴保
阳曲县 白海林
娄烦县 赵润元
古交市 王志忠

大同市

市政协主席 孙辅智

县(市、区)政协主席

城 区 崔建中
矿 区 张玉信
新荣区 任 祥
南郊区 贾兴宪
大同县 白 日
阳高县 安 鹏
灵丘县 王寿山
天镇县 贺儒庆
浑源县 陈新华
广灵县 邓以作
左云县 曹德龙

阳泉市

市政协主席 宋林岭

县(区)政协主席

城 区 刘 江(女)
矿 区 赵德华
郊 区 潘换梅
盂 县 胡耀斌
平定县 李铭魁

长治市

市政协主席 常福江

县(市、区)政协主席

城 区 杨栖莺(女)
郊 区 李秋莲(女)
长治县 傅永祥
潞城市 张书平
襄垣县 段保庆
武乡县 王建华

黎城县 蔡雷飚
平顺县 申树森
壶关县 李彦忠
长子县 常爱文
屯留县 李文斌
沁源县 赵海军
沁　县 张俊芳

晋城市
市政协主席 殷理田
县(市、区)政协主席
城　区 陈厚明
泽州县 申和金
高平市 廖沁平(女)
沁水县 马刘勤
阳城县 杨军茂
陵川县 常振华

朔州市
市政协主席 卢维邦
县(区)政协主席
城　区 李在塘
平鲁区 焦　文
山阴县 王　双
应　县 张美蓉(女)
怀仁县 解　瑜
右玉县 刘　义

忻州市
市政协主席 李玉清
县(市、区)政协主席
忻府区 樊春喜
原平市 任先艇
代　县 程耀邦
繁峙县 李凤岐
定襄县 刘子恒
五台县 卢斌卿
静乐县 王心田
岢岚县 任保顺

保德县 康文全
五寨县 林步森
河曲县 王满仓
偏关县 郝　涌
神池县 冯　耀
宁武县 李应成

晋中市
市政协主席 李儒敏
县(市、区)政协主席
榆次区 郑先华(女)
寿阳县 刘迎春
昔阳县 张世英
榆社县 李云生
太谷县 王江峰
左权县 韩卫平
和顺县 范乃文
祁　县 张礼明
平遥县 王维钢
灵石县 蔺计爱(女)
介休市 董世勇

吕梁市
市政协主席 李盘盛
县(市)政协主席
离石市 高候英(女)
孝义市 任张广
汾阳市 郝玉珠
文水县 吴庆武
临　县 阎金英
交口县 王贵双
柳林县 曹大斌
交城县 侯恩印
兴　县 白文毅
方山县 薛永泽
石楼县 孟纯林
中阳县 郭润保
岚　县 赵志忠

临汾市

市政协主席 张岗望

县(市、区)政协主席

尧都区 王九菊(女)
侯马市 张永文
隰县 王有才
永和县 任启玉
安泽县 刘金龙
洪洞县 刘绍康
霍州市 伍瑞昌
翼城县 张保安
浮山县 杨红旗
曲沃县 吴宪堂
吉县 张锦中(女)
襄汾县 张拽牛
大宁县 贺寅生
乡宁县 阎灵娣(女)
古县 李进裕
蒲县 殷仲玺
汾西县 马五锁

运城市

市政协主席 李天祥

县(市、区)政协主席

盐湖区 牛建平
永济市 刘临生
河津市 王锡义
临猗县 邹通玺
万荣县 畅启仁
稷山县 马寅录
新绛县 马怀茂
绛县 田茂忠
垣曲县 靳建邦
闻喜县 王延平
夏县 王琨
平陆县 陈苹果(女)
芮城县 王民当

山西省各级政协组织和委员数

(截至2004年底)

项目＼级别	省	市	县(不设区的市、市辖区)	合计
组织数	1	11	119	131
委员数	532	3598	16782	20912

(郭玉玺 编写 田喜荣、杨临生 审稿)

政协内蒙古自治区委员会

【全体委员会议】

九届二次会议 2004年1月7日至13日在呼和浩特召开。会议应出席委员485人,实到委员432人。自治区党委书记兼人大常委会主任储波、政府主席杨晶,驻我区全国政协常委和部分委员、长期在我区工作的老同志应邀出席会议。自治区有关委办厅局和有关方面的负责人,民主党派、各盟市政协和统战部负责人列席会议。王占主席主持开幕会。会议听取并审议了政协内蒙古自治区第九届委员会常务委员会工作报告和政协内蒙古自治区第九届委员会常务委员会一次会议以来提案工作情况的报告。列席内蒙古自治区第十届人民代表大会第二次会议,听取并讨论《政府工作报告》、自治区2003年国民经济和社会发展计划执行情况与2004年计划报告、自治区2003年财政预算执行情况和2004年财政预算报告及法检两院报告。通过了政协内蒙古自治区九届委员会第二次会议政治决议、政协内蒙古自治区九届委员会常务委员会工作报告的决议、政协内蒙古自治区九届委员会常务委员会关于九届一次会议以来提案工作情况报告的决议、政协内蒙古自治区九届委员会第二次会议提案审查情况的报告。大会闭幕时,王占主席作讲话。

【常务委员会会议】

第5次会议 2004年1月12日在呼和浩特召开。包俊臣副主席主持开幕会。会议审议通过了政协内蒙古自治区九届委员会第二次会议政治决议(草案)、政协内蒙古自治区九届委员会常务委员会工作报告的决议(草案)、政协内蒙古自治区九届委员会常务委员会关于九届一次会议以来提案工作情况报告的决议(草案)、政协内蒙古自治区九届委员会第二次会议提案审查情况的报告、关于王玉山兼任港澳台侨联络和外事委员会主任的决定、关于牛敏任提案委员会专职副主任的决定、关于撤消肖占武九届政协常务委员和港澳台侨联络和外事委员会主任的决定。

第6次会议 2004年5月12日至14日在呼和浩特召开。王占主席主持开幕会。会议听取关于自治区政协九届二次会议以来主席会议工作情况的报告,听取了自治区政府副秘书长吕二喜关于当前经济运行情况的通报;审议通过了《自治区政协九届常委会关于学习和贯彻政协章程的决议》;围绕贯彻落实中共十六届三中全会精神,促进经济社会全面、协调、可持续发展建言献策,审议并原则通过了《关于加快少数民族相对集中地区经济社会发展的建议》、《关于抓好粮食生产、确保农民增收的若干建议》、《关于加强动物疫病防治体系建设建议》三个建议案;审议通过了人事任免事项。

第7次会议 2004年9月29日至29日在呼和浩特市召开。王占主席主持开幕会。会议学习了中共十六届四中全会精神,学习了胡锦涛总书记在庆祝中国人民政治协商会议成立55周年大会上的讲话和全国政协十届七次常委会议精神,审议通过了《中国人民政治协商会议内蒙古自治区第九届委员会常务委员会关于学习贯彻中共十六届四中全会精神的决议》。会议通报了自治区政协主席会议前八个月工作情况和九届政协以来建议案落实情况,围绕促进自治区经济社会全面、协调、可持续发展积极建言献策。会议还审议通过人事任免事项。

第8次会议 2004年12月25日至27日在呼和浩特召开。王占主席主持开幕会。这次会议的主要任务是为即将召开的九届三次全委会议做准备。会议听取了自治区党委常委、统战部长伏来旺就增补委员建议名单的说明、自治区副主席连辑对我区经济社会发展情况的通报、自治区政府秘书长乌兰巴特尔关于九届二次会议以来提案办理情况的通报；审议通过了政协内蒙古自治区第九届委员会第三次会议议程（草案）、日程；审议通过了政协九届委员会常务委员会工作报告，确定王占主席为报告人；审议通过了政协九届委员会常务委员会关于九届二次会议以来提案工作情况的报告，确定包俊臣副主席为报告人；审议通过了政协九届三次会议秘书长和副秘书长名单、九届三次会议编组办法和小组召集人名单；审议通过了王志峰等18人辞去委员职务的请求、增补云二柱等38人为政协内蒙古自治区九届委员会委员、黎丽等人的任免决定。会议还重点讨论了《政府工作报告》（征求意见稿），审议了自治区政协九届七次常委会议以来主席会议工作情况的书面报告和各专门委员会2004年度工作的书面报告。

【专门委员会工作】

提案委员会 九届二次会议以来，共提出提案485件。审查立案479件，其中6个民主党派99件，政协九届二次会议界别小组1件，政协专门委员会4件，未予立案的6件，已转作委员来信处理。提出提案的委员236人，占委员总数的48.7%。自1月17日到12月12日，已收到84个承办单位的提案答复件共计885件次，办复提案477件，占提案总数的99.6%。其中A类答复件（解决或基本解决的）176件，占提案总数的36.7%；B类答复件（列出计划两三年可解决的）272件，占提案总数的56.8%；C类答复件（因条件限制一时不能解决的）29件，占提案总数的6.1%。至12月12日前尚未答复的提案2件，占提案总数的0.4%。从总的情况看，今年各承办单位认真贯彻自治区党委办公厅、政府办公厅有关文件精神，提案办理的进度、质量均好于往年。在催办和督办工作中，提案委员会特别注意与自治区党委、政府办公厅督查室的联系、沟通和协作，在一些重点提案、紧急提案的办理工作中，把政协的催办、督办与党委和政府的督查工作结合起来，推动了提案的落实，收到了很好的效果。在推动提案工作方面，提案委员会主要做出了以下几方面的努力：一是贯彻落实全国政协第五次提案工作座谈会精神。9月上旬，召开了全区政协提案工作座谈会。会议传达贯彻了全国政协第五次提案工作座谈会精神，使与会人员能够深刻理解会议的精神实质，在实际工作中逐步贯彻落实。结合贯彻会议精神和各地政协提案工作的实际，就如何提高提案质量问题进行了深入探讨。二是突出重点提案的督办工作。对九届二次会议提出的提案进行综合分析和筛选，经主席会议审议，确定了17件重点提案，以《重要提案摘报》的形式，向自治区党政主要领导和有关承办单位通报。这些重点提案由委员会和办公室专人负责，进行协调催办。2004年重点提案的办理，与往年有所不同，按照主席会议决定，各专委会主任要分工负责重点提案的督办工作，因此，今年提案委及办公室为重点提案的督办做了大量的准备工作，提供了各种基础材料，并与承办单位、政协委员、督办方建立了很好的联系。委员们对答复比较满意。三是组织开展提案办理工作的考察活动。提案委员会会同区政府督查室分别对阿拉善盟行政公署、赤峰市政府、区卫生厅等提案承办单位的办理情况进行了考察。

经济委员会 一是关注“三农”问题，就我区粮食生产、农民增收和农村牧区基础设施建设进行调查研究。4月，分东、西两个调研组赴通辽市、巴盟的部分旗县，就当地贯彻中央1号文件，抓好粮食生产和农民增收的有关情况进行了专题调研，提交了《抓好粮食生产，确保农民增收》的调研报告，区政协第六次常委会以建议案的形式报送自治区党委和政府,引起了自治区政府的高度重视。关注我区动物疫病防治体系建设,确保产品质量安全。就我区动物疫病防治体系存在的基层动物防疫机构不健全,防治经营投入不足,基础设施建设滞后,缺乏动物防疫风险机制,责任追究制落实不到位等问题,向自治区政协第六次常委会提出要完善我区重大动物疫病监测预警体系等六项建议,常委会以建议案的形式报送自治区政府,引起了政府分管领导及有关部门的重视,并且在较短的时期内,加大了动物疫病防治方面的资金投入和基础设施建设的力度,使我区的动物疫病监测预警体系有了较快发展。针对近年来我区农牧区基础设施较差的状况,组织委员就农牧区的交通、水利、电力、通信等基础设施建设工作情况进行了视察,并向自治区政协七次常委会议提交了《关于加强农村牧区基础设施建设的几点建议》的发言材料,就资金紧缺,投融资困难问题提出三点建议。二是全面了解自治区经济运行情况,组织委员到企业视察。先后视察了呼铁局集二线、民航内蒙古机场集团公司等。视察后就企业目前存在的问题和需要解决的问题,用《内蒙古政协信息》的形式,报送自治区政府,引起了自治区政府的重视。三是重视县域经济,就旗县经济发展情况,组织委员视察。多次组织委员分别对乌兰察布市和阿拉善盟部分旗县经济发展情况进行了视察。视察中,委员们对高耗能企业带来的污染问题提出了治理建议。委员们还就如何更好地开发、利用可再生的风能、太阳能等清洁能源进行了探讨。四是参加了自治区政府对电石、铁合金、焦炭方面的整顿督察工作。

人口资源环境委员会 按照《人口资源环境委员会2004年工作要点》所确定的目标,一是精心选题,务求实效,切实搞好专题调研。组织委员就我区人口规模与可持续发展问题进行调研。年初,对全区人口发展问题进行调研。通过对全区人口增长速度、计划生育成效、城乡人口结构、人口老龄化、城镇化建设,以及经济发展与人口、资源、环境相适应等问题进行了较为全面的调查分析,同时又组织了三次专家学者研讨会,于7月上旬形成了《关于我区人口规模与可持续发展的调研报告》,先后在自治区政协九届六次常委会、华北五省市区政协人口资源环境工作联席会议上进行了交流。组织委员就我区水资源状况进行调研。我区是水资源严重短缺的省区之一。3月开始,会同自治区水利部门的专家、学者对全区水资源状况进行调研,形成了《关于我区水资源状况的调研报告》。随后专门组织召开了三次专题研讨会,邀请有关专家学者和部分委员针对"水利工程投入不足,水利基础设施薄弱,水资源管理体制不顺,水资源浪费严重,水环境污染突出"等问题进行了研讨论证,并就建立科学合理的管水用水体制,实现依法管水,优化配置水资源,建设节水型社会等问题提出了意见和建议。组织委员就我区煤田勘探和煤炭资源开发保障能力情况进行调研,并组织了两次研讨会,形成了《关于加强我区煤田勘探工作,增强煤炭资源保障能力的调研报告》,引起了自治区主要领导的高度重视,杨晶主席做了重要批示,6月上旬,自治区副主席赵双连率政府办公厅、政研室、发改委、煤炭工业局、地矿厅、环保局等部门的负责人,专门到自治区政协召开了座谈会,就全区经济发展、资源开发和实施可持续发展战略听取了自治区政协及相关委员的意见。组织委员就我区风能资源开发利用进行专项调研,并召开了两次专门研讨会,形成了《关于我区风能资源开发利用情况的调研报告》。二是针对群众关注的热点问题组织委员进行视察。对赤峰元宝山露天煤矿严重浪费水资源状况和巴盟乌拉特前旗造纸厂生产排污造成黄河严重污染情况进行视察，提出治理建议。协助全国政协视察团，对我区资源开发和草原生态保护情况进行视察。三是加强内外联系，创造良好工作氛围。今年以来，通过走访委员，参加区内外政协活动，组织赴区外考察，做好外省市政协考察团接待工作等，加强了多方联系和交流，密切了各方面的关系。积极开展走访委员活动。

科教文卫体委员会 一是进一步密切同委员的联系，充分调动委员参政议政的积极性，广泛征求委员的意见，积极开展走访委员的活动，加强与委员的密切联系，为委员参政议政提供服务。二是组织委员开展视察、调研，积极为自治区经济社会发展建言献策。全年共组织视察、调研 8 次，形成调研报告 6 份，其中作为政协常委会专题论坛发言的 1 份，大会发言的 3 份，有 3 份被政协办公厅作为社情民意专报党政领导及有关方面。一年来，组织委员先后对呼市地区开展城乡科普工作、对锡盟、赤峰市文物保护工作进行了专项视察；对我区农业标准化与农民增收问题、青少年科技教育问题、农村牧区普及九年义务制教育问题、新型农村合作医疗试点工作情况、《体育法》和《全民健身计划纲要》实施情况等进行了专题调研，形成了《关于农业标准化与农民增收的思考》、《内蒙古青少年科技教育情况的调查与建议》、《我区农村牧区义务教育现状问题及建议》、《关于我区职业教育现状的调查与思考》、《关于内蒙古自治区新型农村牧区合作医疗试点工作的调查报告》、《关于自治区群众体育工作的调查报告》等报告。三是加强同各方面的联系，努力提高履行职能的水平。通过参加全国性会议、到外省区考察，加强同基层政协和职能部门的联系等形式，学习借鉴外省区的经验，加深对我区有关情况的了解，达到了开拓思路、改进工作的目的。组织部分卫生界的委员和卫生厅的有关负责人，赴河南、安徽等地进行考察；参加了全国西部地区政协职业教育研讨会，并在会上作了《关于我区职业教育现状的调查与思考》的专题发言。在赴基层视察、调研的过程中，我们注意同盟市、旗县政协加强对口联系，吸收他们共同视察、调研，对顺利完成视察、调研工作起到了积极作用。

民族和宗教委员会 一是开展视察调研。组织委员就呼市、包头两地奶牛养殖产业的发展和建立风险保障机制与社会化服务体系的情况，先后组织了两次调研，形成了《关于呼包二市奶牛养殖业社会化服务体系和风险保障机制建设情况的调研报告》，就奶业龙头企业和养殖户合理解决利益分配、建立奶牛养殖风险保障体系和以疾病防控为中心的社会化服务网络问题提出了建议。组织委员就兴安盟、通辽市四个蒙古族相对集中且又贫困旗县的经济社会发展和扶贫解困情况进行了专题调研。调研组详细了解了近年来的总体发展情况和扶贫工作的具体进展，并与当地党政部门和基层干部群众座谈，共同商讨了今后的发展思路和扶贫解困的政策措施。随后形成的《关于加快蒙古族聚居区经济社会发展的调查报告》以常委会建议案的形式提交自治区党委，引起自治区党政部门的重视。组织视察组赴阿拉善盟考察，了解阿盟近年来经济社会发展的总体情况、生态建设取得的成绩与经验、黑河流域生态恢复状况，考察了实施生态搬迁以来，搬迁区牧民群众生产生活、医疗卫生和疫病防控状况，还侧重了解了阿盟经济社会发展中遇到的困难及亟待解决的问题，形成了《关于自治区政协民族和宗教委员会赴阿盟视察的情况汇报》，就解决阿盟在经济发展和生态建设方面存在的困难和问题提出建议。组织部分委员和教育界的专家学者先后赴赤峰市、通辽市、兴安盟、呼伦贝尔市、巴彦淖尔市、鄂尔多斯市等地开展专题调研，着重了解了各地贯彻落实教育部《2003至2007年教育振兴计划》的有关情况、对民族基础教育的投入情况以及当前民族教育发展进程中存在的主要困难和问题，并在加大对民族教育的投入、吸纳社会力量办学、探索适合民族聚居区特点的办学机制、降低农牧民教育负担及辍学比例等方面提出了意见和建议。三是增进与民族宗教界委员的思想沟通与感情联络，充分发挥委员的主体作用。通过召集学习会、通报会、座谈会等形式，让委员充分了解我区经济社会发展形势和政协工作动态，同时了解委员及周围民族宗教界群众的意愿和呼声，为委员知情出力创造条件；通过经常性地拜访和慰问民族宗教界代表人士，加强情感交流，密切工作联系，及时了解并帮助解决他们工作、生活中遇到的具体困难，以增强他们做好政协工作的热情和信心；通过委员走访活动，密切了政协组织与委员及民族宗教界人士之间的情感，增强了凝聚力和向心力，为委员尽职尽责参政议政营造了更好的条件。四是搞好工作交流，注重借鉴经验，推动政协民族宗教工作与时俱进。11月中旬，组织召开了全区政协民族宗教工作座谈会，学习贯彻党的十六届四中全会和胡锦涛总书记在庆祝人民政协成立五十五周年大会上的讲话精神并进行工作交流。参加了由全国政协民宗委组织的政协民族宗教工作研讨班和全国部分省区政协民族宗教工作研讨会。

文史资料委员会　一年来，充分调动政协文史委委员及其所联系的社会各界人士、各盟市政协文史委和各有关部门的积极性，认真开展文史资料征集工作并组织调研。(一)“三不两利”与“稳宽长”丛书的征集、编辑、出版工作进展顺利。从2002年开始，文史资料委员会对1947年至1962年期间内蒙古民主改革和社会主义改造时乌兰夫同志提出的在牧区实行“不斗、不分、不划阶级”，“牧工、牧主两利”，“政策要稳、办法要宽、时间要长”的政策(简称“三不两利”、“稳宽长”政策)进行史料征集并组织专题调研。今年以来，通过对历史文献资料的搜集、研究和选编，对牧区民主改革及合作化时期在牧区工作过的老同志和知情人的访问，对散于各种文稿中的回忆文章和评价文章的搜集整理，组织专题调研，召开座谈会、研讨会等，已完成了《“三不两利”与“稳宽长”·文献与资料》一书征集、编辑、审稿工作，此书约30万字，将于2005年2月之前印刷出版，与广大读者见面；感悟“三不两利”、“稳宽长”与牧区全面建设小康社会论文部分共征集了74篇，约60万字，已完成初编工作(约30万字)；“三不两利”与“稳宽长”口述资料部分，采访了近40位老同志，先后共收集整理了25篇，约25万字，现已完成初编工作。(二)完成了《内蒙古自治区政协委员风采录》一书的征集、编辑工作，即将印刷出版。与此同时，今年年初，向全区各级政协印发了有关征集盟市、旗县两级政协委员风采录稿件的通知，多数政协指定专人负责此项工作，现大部分盟市旗县两级政协的稿件征集工作已基本完成，其余部分盟市旗县两级政协的稿件征集工作正在进展中。(三)根据全国政协文史委的《本届政协文史资料选题协作规划》，制定完成了《本届政协文史资料选题协作规划》。文史委与文史资料选题协作的盟市政协及时取得联系，商谈了有关事宜，提出了具体要求，通过相互交流，认识趋于一致。现已着手进行的文史资料协作选题有：1.通辽市政协文史资料委员会牵头，与全国政协文史资料委员会、赤峰市政协文史资料委员会协作征编出版《日寇侵华罪行录》；2.与全国政协文史资料委员会协作征编出版《名人故居(文稿、图片)》；3.由呼伦贝尔市政协文史资料委员会牵头，与莫力达瓦达斡尔族自治旗、鄂伦春族自治旗、鄂温克族自治旗政协文史资料委员会协作征编出版《三少民族百年实录》。另外，积极组织委员开展专题调研活动。3至4月间，组织部分委员，先后赴鄂尔多斯市、通辽市、赤峰市、锡盟，就促进农牧民技能培训，推动农村牧区剩余劳动力向二、三产业转移和农村牧区人口向城镇转移，增加农牧民的收入，加快全面建设小康社会进程有关问题，进行专题调研，形成三个专题调研报告，即《农村牧区富余劳动力转移面临的问题与对策》、《对牧区统筹人与自然和谐可持续发展的思考》和《关于呼伦贝尔市部分民族乡义务教育与民族教育状况的调查报告》，均引起有关方面的重视。11月，组织自治区、包头市两级委员视察了包头市爱国主义教育基地建设情况，并撰写了题为《关于包头市爱国主义教育基地情况的视察报告》，就建设爱国主义教育基地工作中存在的困难和需要进一步解决的问题提出意见建议。此外，委员会组织委员参加政协组织的各种学习会、报告会，参加了全国暨地方政协文史委员会主任会议、全国政协文史干部培训班等，提高委员素质和参政议政水平。

港澳台侨联络和外事委员会 一是结合贯彻落实《中华人民共和国归侨侨眷权益保护法实施办法》开展工作。首先，为了开展好“侨法宣传月”活动，我委与自治区人大、政府、统战部的侨务部门联合下发了文件，通知盟市相关部门要切实提高对学习贯彻《侨法》及《实施办法》的认识，并对宣传月提出了明确具体的要求。其次是组织委员到呼市地区进行专题调研，形成了《加大侨务工作力度，为自治区经济建设服务》的报告，就全区的侨务工作提出建议和意见，在九届七次常委会上进行交流。二是发挥委员的主体作用，认真开展调研活动。4月，组织部分委员赴包头市，对《台湾同胞投资保护法》及《实施细则》贯彻落实情况进行调研，并针对调研中发现的问题，委员们提了一些建议和看法。三是发挥政协的优势，广泛开展海外联谊和民间外交。今年接待国外客人6批，3人次，有美国、日本、澳大利亚以及港澳台客人。接待了以日本坂田东扶会社中田忠夫社长为团长的日本“鄂尔多斯支援会”一行12人，前往鄂托克旗开展营造1万亩的“中日友谊林”义务植树活动。该团中有一名鄂托克旗籍哈斯格尔女士乐身居异乡，始终没有忘记家乡父老，她向旗蒙医院捐赠价值28万元人民币的医疗器械，其他日本友人捐赠了22万元人民币，他们的善举，为改善牧区的医疗条件及草原的生态环境，为增进中日两国人民之间的友好往来做出了贡献。自治区政协驻香港委员黎祖森先生，今年先后两次向乌海市海勃湾区中医院、巴彦淖尔市医院、呼和浩特市武川县中医院捐赠了三台价值6万元人民币的哮喘治疗仪，并要求用仪器免费为患者治疗，解除患者病痛。同时，加强与兄弟省市政协的交往，今年以来接待兄弟省市政协来我区考察的团组共计11批，110人次。同时，委员会积极开展民间外交，今年组织、承办了8个团组出国考察。每个考察团都为积极宣传内蒙古、深入参政议政提供了一种新思路和新视角。

社会和法制委员会 一是选准调研课题，认真开展专题调研。今年把预防未成年人犯罪和非公有制经济发展的法制环境列为重点调研课题，组织委员进行深入调研，形成了《关于我区预防未成年人犯罪情况的调研报告》，提出了进一步优化未成年人健康成长的社会环境等六条对策和建议，报送自治区党委。关于非公有制经济发展的法制环境课题的调研，在去年调研的基础上，今年又组成调研组，深入到乌海等部分盟市进行调研，还赴非公有制经济发展较快的江浙地区考察。通过调研和考察,形成了《关于我区非公有制经济发展的社会法制环境的调查报告》,提出了制约自治区当前非公有制经济发展的四大问题和促进非公有制经济发展的四项建议,引起社会各方面的关注和有关部门的重视。二是针对社会热点问题开展视察。组织委员对呼和浩特第一看守所、第三看守所、自治区看守所和自治区女子监狱、呼和浩特市第二监狱,就贯彻实施《监狱法》和《看守所条例》情况进行了视察。视察组对在视察中发现的问题和了解到的一些困难,通过提案、信息等方式,向有关部门反映。三是突出特点,发挥优势,为推进依法治区建言献策。一年来,在立法协商、法规建设、执法监督等方面,积极建言献策。对自治区人大关于《全国人大常委会关于完善人民陪审员制度的决定(草案)》,对《自治区党委、政府关于进一步加强依法治区工作意见》,委员们提出修改意见和建议,得到了有关部门的重视和采纳。委员监督员活跃在政法系统和有关执法执纪职能部门,体察社情民意,反映群众呼声,针对存在的问题,提出意见和建议,得到了有关部门和群众的好评。今年还推荐委员参加了自治区监察厅组织的行风评议工作。四是拓宽工作思路,扩大工作成效。承办了北方部分省(市、区)政协社法委工作联系会,总结、交流了近年来政协社法委工作的经验和做法,对新形势下政协民主监督的思路进行了探讨。参加了全国政协社法委召开的社会和法制工作研讨会和西部十二省区市政协工作联系会。通过会议、接待等各种方式的联系和交流,与全国政协、兄弟省区市政协进一步增进了友谊,密切了联系,拓宽了工作思路。同时,积极参加自治区有关部门和社会各界召开的涉及我委工作范围的工作会、电视电话会、情况通报会、座谈会、交流会等各种会议和其它各项社会活动,进一步扩大了人民政协的影响。进一步加强与盟市、旗县政协的协作,除及时向盟市政协通报工作计划、总结、报告等信息外,主要采取以重点课题为纽带与各盟市、旗县政协对口协同调研方式,受到盟市、旗县政协同志的重视和欢迎。

【重要活动】

举办学习贯彻中共十六届三中全会《决定》读书会　王占主席主持读书会。傅守正副主席作重点发言,刘芝兰副主席、郭宝恒副主席等中心组成员畅谈了学习《决定》的体会。大家一致认为,中共十六届三中全会坚持以“三个代表”重要思想为指导,深化和拓展了十六大报告提出的战略性部署,紧密结合我国经济社会发展中的重大问题和群众生产生活中的实际问题,紧密结合执政党建设特别是干部队伍建设中要解决的迫切问题,紧紧抓住发展这个执政兴国的第一要务,根据立党为公、执政为民的要求,坚持解放思想、实事求是、与时俱进,在完善社会主义市场经济体制上作出深化改革开放的历史性决策,成功地回答了如何进一步搞好社会主义市场经济和社会发展的战略思路问题,是坚持“三个代表”重要思想的具体体现,也是贯彻落实“三个代表”重要思想的重大举措。大家希望,政协组织和政协委员要紧密结合人民政协工作的实际,学习好、贯彻好、落实好中共十六届三中全会精神,为完善我区社会主义市场经济体制贡献才智和力量。

传达贯彻全国政协十届二次会议精神　3月19日,内蒙古自治区政协召开传达贯彻全国政协十届二次会议精神大会。包俊臣副主席主持大会,驻呼的自治区政协委员、政协机关全体干部职工参加了大会。全国政协常委、自治区政协副主席许柏年全面系统地传达了会议概况和会议精神,学习了自治区党委书记储波、政府主席杨晶在区直机关传达贯彻全国“两会”精神干部大会上的讲话。包俊臣副主席就贯彻落实会议精神提出了几点具体意见：一要认真抓好会议文件的传达、学习；二要继续推进政治协商、民主监督、参政议政的规范化、制度化和程序化建设；三要继续加强调查研究，积极建言献策；四要继续做好增强团结和维护社会稳定的工作；五要广泛开展同港澳台侨人士的团结联谊工作和对外友好交往；六要进一步加强自身建设；七要求真务实，开拓进取，不断开创政协工作新局面。

学习新修订的宪法和政协章程读书会 3月24日和3月31日，自治区政协举办读书会，重点学习新修订的宪法和政协章程。王占主席主持了两次读书会，并作了重点发言。傅守正、包俊臣、许柏年、罗锡恩、盖山林、韩振祥、郛宝恒等参加了读书会。大家认为，学习宪法和政协章程，要深刻领会和准确把握确立"三个代表"重要思想在国家政治和社会生活中指导地位的重要意义，坚持以"三个代表"重要思想统一全党全国各族人民的思想和行动；要深刻领会和准确把握推动物质文明、政治文明和精神文明协调发展的科学内涵，牢固树立和认真落实科学的发展观，不断发展社会主义市场经济、社会主义民主政治和社会主义先进文化；要深刻领会和准确把握在统一战线表述中增加社会主义事业的建设者的重要意义，坚持党关于爱国统一战线的各项方针政策，最广泛、最充分地调动一切积极因素。王占主席在读书会上还强调，面对新形势、新任务，人民政协必须始终坚持解放思想、实事求是、与时俱进，在新的实践中，不断推进理论创新、制度创新和工作创新，使人民政协的各项工作真正体现时代性、把握规律性、富于创造性。要围绕中心，服务大局，把履行职能的着力点放在促进地方经济发展和社会进步上来。在履行职能时，要有自觉性、主动性和积极性；增强前瞻性、可行性和实效性；要在思路上求新，调研上求真，建言上求实，立论上求深，不断提高政协会议质量、视察质量、提案质量和反映社情民意质量，做到人无我有，人有我新，人新我深，把人民政协的作用真正发挥好。

《宪法》知识专题讲座 5月14日下午，自治区政协举办了《宪法》知识专题讲座，邀请自治区政协委员、内蒙古大学法学院常务副院长、副教授丁文英做《人权与私人财产权入宪——中国宪政发展的里程碑》专题讲座。自治区政协副主席傅守正主持讲座，自治区政协主席王占，副主席包俊臣、奇英成、刘芝兰、郛宝恒，参加自治区政协九届六次常委会议的全体与会人员和政协机关全体工作人员听取了讲座。

举办学习贯彻中共十六届四中全会精神报告会 10月9日下午，内蒙古自治区政协举办学习贯彻中共十六届四中全会精神报告会，邀请自治区党委常委、统战部部长伏来旺做学习辅导报告。自治区政协副主席傅守正主持报告会，自治区政协、自治区党委统战部全体干部，驻呼部分自治区政协常委、委员，驻呼部分全国政协常委、委员，自治区民进机关全体干部，社会主义学院处级干部等100多人参加了报告会。

【重要文件】

第九届委员会常务委员会工作报告(2004年1月7日)(摘要) 第一部分。一年来，自治区政协坚持以邓小平理论和"三个代表"重要思想为指导，认真贯彻落实中共十六大精神，牢牢把握团结、民主两大主题，把推进发展作为履行职能的第一要务，求真务实，开拓创新，取得了令人鼓舞的成绩，为推动自治区物质文明、政治文明和精神文明建设，做出了积极贡献。(一)努力搞好专题议政，服务全区工作大局。去年年初，自治区党委从全面建设小康社会的高度，做出建设民族文化大区的战略决策。

自治区政协主席会议决定，把建设民族文化大区作为九届二次常委会议乃至今后一个时期参政议政的重要议题，要求围绕这一专题，以深化文化体制改革、加快文化产业发展为切入点，组织动员各级政协组织和政协委员，在全区范围内开展广泛深入的调查研究，为自治区党委、政府提供质量较高的决策参考。自治区政协先后组织六个调研组，由几位副主席带队，分别深入到9个盟市的40多个旗县和区直有关单位，组织召开了有近千人次参加的49次各类座谈会、研讨会，形成了30多篇调查报告，收集整理了120多条意见和建议。在深入调查研究的基础上，经过二、三次常委会议协商讨论通过，形成了《关于深化文化体制改革，加快文化产业发展的建议案》，报送自治区党委、政府，得到主要领导的充分肯定。储波同志批示："政协对文化产业改革和发展的专题调研有一定深度，请政府在作相关决策时参考。"在去年全区文化工作会议上出台的《内蒙古党委、政府关于进一步加快文化发展的决定》中，吸纳了《建议案》的主要内容。九届三次常委会议在继续围绕建设民族文化大区协商讨论的同时，还针对经济社会发展当中的突出问题进行专题议政。刚刚闭幕的九届四次常委会议成功地运用"专题论坛"这种形式，选择"三农""三牧"问题、优化投资环境、煤炭行业治理整顿、国有企业改革、民营经济发展、加强社会保障等十多个问题，常委们自选专题参加讨论，发表了许多真知灼见。会议期间，自治区政府代主席杨晶同志应邀到会，就全区经济社会发展情况作了重要报告，丰富了会议内容，使专题议政更加富有成效。一年来，自治区政协各专委会和广大委员积极主动、扎实工作，开展了广泛深入的专题调研。即使在非典蔓延时期，有些调研活动也没有停止。去年，自治区政协先后形成一大批调研报告，其中有十多篇报送自治区党委、政府。这些调研报告紧紧围绕全区中心工作和人民群众关注的热点、难点问题，提出了许多较有参考价值的意见和建议，为党政领导所重视。

(二)巩固和发展爱国统一战线，促进团结稳定。委员会坚持团结和民主两大主题，认真研究新的历史条件下社会结构、利益格局的新变化及其对统一战线和政协工作提出的新要求，进一步加强同各党派、团体和各族各界人士的联系与沟通，认真听取他们的意见和建议，及时反映他们的愿望和要求。在组织重要调研和重大活动时，主动邀请他们参加，进一步密切了政协组织同参加单位和各界委员的联系，增进了共识，加深了友谊，增强了人民政协的亲和力和凝聚力，促进了统一战线内部的大团结、大联合。改革开放和市场经济的新形势，给民族和宗教工作带来了许多新情况、新问题。自治区政协从维护边疆地区团结稳定、促进各民族共同繁荣出发，始终关注不同民族、不同信仰群众的思想情绪和切身利益，始终关注少数民族的生产生活问题，始终关注党的民族和宗教政策的贯彻落实。今年以来，我们对呼伦贝尔市边境牧业旗经济社会发展状况进行视察，客观地反映了这些地方在民族教育、医疗卫生、扶贫开发、工业用电等方面的困难，提出了解决问题的若干建议，受到有关部门的重视。我们曾多次走访、慰问宗教界代表人士，及时把他们生活上的困难反映给民政部门，建议给予具体关照。在开展对乌兰夫同志建国前后在牧区实行"三不两利、稳宽长"政策调查研究的过程中，坚持以史为鉴、开拓创新、服务现实，动员和组织许多资深的老同志和知名人士，抢救性征集了大量有价值的史料。我们还联合自治区社会主义学院关注全区爱国主义教育基地建设，组织政协文史工作者在革命圣地井冈山举行文史工作研讨活动，努力使文史工作与爱国主义教育相结合，更好地发挥文史工作存史、资政、团结、育人的作用。自治区政协继续加强横向联系，积极开展对外交往。一年来，先后组织接待了全国政协和广西等二十多个省区的考察团，参与接待了来自埃及、巴西、日本等国家和港澳台地区的友好人士，组织自治区政协驻港澳特别行政区委员赴东部盟市视察，让越来越多的海内外朋友了解内蒙古。与此同时，我们联合政协各参加单位，广泛开展对外经济文化的交流与合作，共同为我区经济社会发展服务。(三)凝聚各方面力量，齐心协力抗击非典。去年上半年，我们国家和自治区有些地方遭受了非典疫情袭击。自治区政协坚决拥护中共中央和自治区党委的决策，迅速调整工作部署，一方面抓好履行职能的经常性工作，一方面积极协助党委、政府抗击非典。面对非典疫情，自治区政协委员讲大局、讲团结、讲责任、讲奉献，表现出高度的社会责任感和良好的精神状态。医疗卫生界的政协委员临危不惧，夜以继日地战斗在抗击非典的第一线。广大委员响应自治区政协的倡议，主动捐款捐物，奉献爱心。据不完全统计，自治区政协委员捐款、捐物累计总价值约3400多万元。这些举措在社会上引起良好反响，得到自治区党委、政府领导的高度赞赏。(四)采取多种形式，及时反映社情民意。提案工作在反映社情民意方面发挥了重要作用。九届一次会议以来，自治区政协共收到提案426件，立案415件。这些提案大部分是关注民生、反映民意的意见和建议，经过有关部门的认真办理，有效维护了人民群众的切身利益。人口资源和环境委员会提出的《关于尽快搬迁包头市石拐煤矿滑坡、塌陷区居民的提案》，直接关系到人民群众的生命安危，自治区政协作为紧急提案摘报自治区党委、政府，储波同志、杨晶同志都作了重要批示，包头市政府召开市长现场办公会，决定立即采取搬迁等八项措施。到去年十月底，这个矿区险情最重的65户居民已先期搬出，得到妥善安置。群众利益无小事。自治区政协注重在调查和视察过程中，及时发现那些为社会各界普遍关注、与群众利益休戚相关的问题，负责任地向党政部门作出反映。去年，先后对优化投资环境、发展民营经济、小学生素质教育、爱国卫生工作、公德和健康教育、法制环境建设等进行了调研和视察。另外，还组织委员参加了有关部门召开的情况通报会、座谈会，把来自各方面的意见和建议直接反映给有关部门。信息工作是了解民情、反映民意便捷而有效的形式。去年，我们通过信息渠道，共向全国政协和自治区党委、政府及有关部门报送《内蒙古政协信息》70期，反映社情民意150多条。其中，被全国政协采用和自治区党政领导做出重要批示的28期，60多条。这些信息为党政领导分析形势、制定政策提供了有价值的参考意见，在协助党和政府密切同人民群众的联系方面发挥了积极作用。为进一步做好信息工作，自治区政协召开了全区第二次政协信息工作联系会议，总结交流了各地政协信息工作的情况和经验，讨论制定了关于进一步加强信息工作的意见，在25个旗县市区建立了信息联系点，在各民主党派、工商联设立了信息联络站，为更好地反映社情民意畅通了渠道。(五)适应新形势、新任务要求，努力加强自身建设。一年来，我们从提高政协委员素质、提高政协干部队伍素质入手，以提高本届政协履行职能的能力和水平为目标，在理论学习、建章立制、机关建设等方面下功夫，进一步加强自身建设。一是加强理论学习。自治区政协积极响应中共中央和自治区党委关于兴起学习“三个代表”重要思想新高潮的号召，精心组织了不同层次、多种形式的学习活动。通过举办培训班、座谈会等形式，组织委员特别是新委员学习统一战线和人民政协理论以及提案工作和反映社情民意方面的知识，向委员通报全区改革开放和经济建设的有关情况，帮助委员提高认识，知情明政，调动委员参政议政的积极性。二是建章立制，进一步推进制度化、规范化、程序化建设。九届一次会议以来，政协主席会议、常委会先后制定和完善了一系列规章制度，为实现履行职能的制度化、规范化和程序化奠定了良好基础。主动争取自治区党委办公厅和政府办公厅联合转发了《关于办理政协提案的意见》，出台了自治区政协主席、副主席督办重点提案的意见，进一步规范了提案办理工作。九届政协修订完善了专门委员会通则和工作规则，专门召开专委会工作会议，使专委会工作更加活跃、更加规范。明确了各盟市政协主席为驻盟市自治区政协委员的活动召集人，使分散在各地的委员能够有组织地开展活动。坚持请盟市旗县政协主席列席例会，经常向他们通报工作、传递信息，不断改进和加强对盟市旗县政协工作的指导，使全区各级政协之间的关系更加密切，进一步形成了政协组织的整体优势。三是加强机关建设。自治区政协机关以学习贯彻“三个代表”重要思想为主线，结合全区开展的优化开放环境教育活动，促进机关干部政治、业务素质有了新的提高。机关办文、办会等各项政务工作有了新起色。后勤服务工作在改革中迈出新步伐。局域网的开通，加快了办公自动化进程。机构改革工作稳步推进，处级干部实行公开选拔和轮岗制度，处室年度工作普遍实行目标责任制，机关事务局和杂志社试行聘任制，调动了工作人员的积极性，提高了工作效率和服务质量。一年来，中央和自治区主要新闻媒体有关政协工作的宣传报道明显增多，扩大了政协的社会影响。在九届四次常委会议上，我们隆重表彰了被评为2000年以来政协好新闻的45件作品。第二部分。在新的一年里，自治区政协工作的总体思路是：以邓小平理论和“三个代表”重要思想为指导，深入贯彻中共十六大、十六届三中全会和自治区党委七届五次全委会议精神，牢牢把握团结和民主两大主题，努力提高政治协商、民主监督、参政议政的能力和水平，围绕中心，服务大局，选准角度，发挥优势，进一步开创政协工作新局面，为加快发展、富民强区、全面建设小康社会做出更大贡献。(一)加强学习，进一步提高履行职能的能力和水平。当前和今后一个时期，我们的首要任务是继续学习贯彻“三个代表”重要思想和中共十六大精神，深刻领会其科学内涵和精神实质，切实掌握其科学态度和创新精神，务必在武装思想、指导实践、推动工作上取得新成效。要继续发扬理论联系实际的优良学风，不断完善学习制度，改进学习方法，把学习活动搞得生动活泼、富有成效，努力把人民政协建设成为适应时代需要的学习型组织。(二)增强围绕中心、服务大局意识，始终把推进发展作为参政议政的第一要务。去年以来，我区经济社会发展总体形势较好，经济总量扩大，经济效益提高，带动了社会各项事业全面发展，整个国民经济进入了快速增长期。珍惜来势，抓住机遇，完善发展思路，采取有效措施，争取一个较长的快速增长期，是摆在各级党委、政府和全区各族人民面前的一项艰巨而繁重的任务。自治区政协要自觉地坚持围绕中心、服务大局，把思想认识统一到中共中央和自治区党委的决策上来，树立全面、协调、可持续的科学发展观，始终把推进发展作为参政议政的第一要务。要发挥政协“人才库”、“智囊团”的优势，紧紧围绕经济社会发展当中带有全局性、宏观性、前瞻性的重大问题，深入调查研究，积极建言献策，推进党委、政府决策的科学化、民主化，促进党委、政府各项决策的贯彻落实。今年，要重点围绕完善市场经济体制、加快经济结构调整、统筹城乡经济社会协调发展、发展第三产业和非公有制经济、优化开放环境以及推进政治文明、精神文明建设等问题，主动而富有成效地开展专题调研和协商议政。同时，密切关注社会上的热点、难点问题，在就业和再就业、增加农牧民收入、做好社会保障和救灾扶贫等方面，多做一些调查研究和反映社情民意的工作。（三）发挥政协优势，努力为改革和发展营造良好的社会环境。保持社会稳定是改革和发展的前提和保证，而人心的稳定与聚集是社会稳定的首要因素。我们要树立以人为本的理念，协助党委、政府团结好、联系好、交往好各方面的人士，引导好、调动好、发挥好各族各界群众的积极性，实现好、维护好、发展好最广大人民的根本利益。在政协组织的各种会议和活动中，要始终坚持平等协商的原则，营造各抒已见、畅所欲言、求同存异、增进共识的宽松氛围，使各方面的意见、建议、批评、要求都能充分反映和表达出来，形成一个宽松和谐、生动活泼的参政议政局面。要努力争取党委的领导、政府的支持和社会各方面的配合，探索更加有效的民主监督途径和形式，与党内监督、行政监督、法律监督、舆论监督相配合，围绕党委、政府重大决策的贯彻落实，国家和自治区法律法规的实施，政府机关改进作风、提高办事效率、改善投资环境、加强廉政建设等，做好民主监督工作。要继续运用调研、视察、提案、信息等行之有效的形式反映社情民意，经常开展委员走访、委员约谈、委员论坛活动，使反映社情民意的渠道更加方便快捷，及时把人民群众最关心的问题收集起来、反映上去。要认真办理和接待群众来信来访，利用各种方式做好通报情况、沟通思想的工作，正确地宣传党委、政府的政策主张，密切党群、干群关系，为党委和政府各项方针政策的贯彻落实减少阻力、增强合力。要发挥政协联系面广、位置超脱的优势，密切关注社会动态，居安思危，见微知著，努力把影响稳定的隐患消除在萌芽状态，巩固和发展安定团结的政治局面，为自治区经济社会发展营造长期和谐稳定的社会环境。（四）努力创造条件，充分发挥专委会和委员作用。新的一年里，常委会和主席会议将进一步加强对专委会工作的领导，注重了解和研究专委会工作，实行具体指导。办公厅要积极做好对专委会的协调和服务工作。要建立健全专委会联席会议制度，定期交流专委会工作经验，及时解决专委会工作中的突出问题。各专门委员会要本着少而精、专而深、重实效的原则，围绕常委会议议题，积极组织委员开展好调研、视察、协商活动，集中委员的群体智慧，更好地履行政协职能。要通过讲座、培训、参观、考察等形式，组织委员学习，为委员增强议政能力提供更好的条件。要切实办好委员论坛，为委员建言献策搭建新的平台。（五）与时俱进、开拓创新，进一步加强常委会和机关建设。新形势、新任务对人民政协工作提出了更高的要求。我们要紧跟形势发展和时代步伐，不断加强常委会建设。新的一年里，常委会要自觉学习和贯彻“三个代表”重要思想和中共十六大、十六届三中全会精神，增强政治意识、大局意识和责任意识，务必保持谦虚谨慎、不骄不躁的作风，务必保持艰苦奋斗的作风，求真务实，真抓实干，大兴调查研究之风，增强开拓创新精神，使各项工作更加贴近中心、贴近实际、贴近群众，不断提高组织领导能力和履行职能的水平。

王占主席在自治区第九届委员会第二次会议闭幕会上的讲话（2004 年 1 月 13 日）（摘要）　发展是中国共产党执政兴国的第一要务，也是人民政协履行职能的第一要务。从这个意义上说,我们围绕中心、服务大局,就必须牢牢把握“聚精会神搞建设、一心一意谋发展”这条主线。我们想问题、办事情、安排工作、开展活动,都必须紧紧抓住这条主线。因此,人民政协围绕第一要务,履行基本职能,既可以大有作为,又必须选准角度。这里的关键在于把我们的主要精力进一步集中到谋求发展上来,并且在具体实践中突出政协自身特点,发挥政协整体优势。深化改革是经济发展、社会进步的强大动力。当前,全区上下正在自治区党委的统一领导下,认真贯彻、全面落实《中共中央关于完善社会主义市场经济体制若干问题的决定》。这是一件全局性、战略性的大事,应当作为我们政协全年乃至今后一个时期的主要议题,请大家就此多做一些调查、研究、分析、论证的工作,多提一些言之有据、质量较高、切实可行的建设性意见,包括中肯的批评意见。各位委员都是各党派、各团体和各族各界的代表性人士,涵盖面大,联系面广,具有协助党委、政府做好这方面工作的独特优势。我们要认真研究新的历史条件下社会结构、利益格局的新变化及其对统一战线和人民政协工作提出的新要求,通过各种方式,利用各种渠道,多做争取同盟者、扩大同盟军的工作。不论区内外、国内外,不论哪一个阶层、哪一个界别,只要是热爱祖国、热爱内蒙古的,只要是关心、支持内蒙古发展的,就主动联络,广交朋友。接触的面越宽越好,团结的人越多越好。大家要在各自联系的那部分群众中,在所能接触到的社会面上,协助党委政府多做一些协调关系、增进共识的工作,释疑解惑、理顺情绪的工作,团结鼓劲、增添人气的工作,最大限度地调动一切积极因素,共同致力于全面建设小康社会的伟大事业。各位委员在各族各界群众中都有较大的影响,所处的地位又比较超脱,一定要牢固树立以民为本、参政为民的观念,始终把人民群众的利益放在第一位,把人民群众的呼声作为第一信号,把体察民情、反映民意、集中民智作为第一责任,更加自觉地协助党委、政府进一步做好关心群众生产生活的工作,特别是关爱弱势群体的工作,时刻想着他们的安危冷暖,主动帮助他们排忧解难。这次会议审议通过的政协常委会工作报告,明确提出要把本级政协建设成为适应时代要求的学习型政协组织的目标。这一点,已经得到全体委员的一致赞同。人民政协历来就有重视学习、提倡学习,组织和推动委员通过学习进行自我教育的优良传统。在50多年的光辉历程中,人民政协一直都把加强学习作为自身建设、履行职能的一项重要任务,具体而鲜明地写在自己的《章程》里。现在,我们又从建设学习型政协组织的层面,进一步强调加强学习。这是贯彻落实中共十六大关于把我们国家建设成为学习型社会的需要,是人民政协不断提高履行职责能力和水平的需要,也是政协委员提高自身素质、跟上时代步伐的需要。建设学习型政协组织是一个循序渐进的过程,日积月累的过程,逐步形成的过程,但是,更要看到广大委员都有很高的学习热情、宝贵的学习经验。只要在组织领导工作上,对于这件事情高度重视、严肃对待,并以科学的态度、正确的方法,把大家努力学习的积极性引导好、保护好、发挥好,就能进一步营造一种更加浓厚的学习氛围,朝着既定的目标一步一个脚印地扎实迈进。学习的目的全在于应用。我们希望大家都能以活到老、学到老、改造到老的精神,更加自觉地把加强学习同自我完善结合起来,同做好工作结合起来,在学以致用、用有所成、以用促学、学用相长上付出新的努力,取得新的成绩。几天来,委员们在围绕全区经济社会发展献计献策的同时,对进一步改进我们自身的工作提出了很多建设性的意见，体现了大家对人民政协事业的满腔热忱和做好工作的强烈愿望，使我们很受启发和鼓舞。大家的意见归结到一点，就是在新形势、新任务面前，人民政协工作也要不断谋划新思路、推出新举措、取得新进展，更好地体现时代性，把握规律性，富于创造性。制度建设是实现政协工作制度化、规范化、程序化的核心问题。这就要求我们在推进"三化"建设中，把制度建设放在突出位置，不断加以创新和完善。我们要坚持继承和发展相统一，一方面，对业已建立的行之有效的制度，应该很好地坚持，并不断完善。另一方面，对我们近些年来实践中探索出的好经验、好做法进行理论的概括和升华，用制度的形式确立下来，使各项工作更加规范有序。大家在讨论中普遍反映，由于制度不够健全，程序不够规范，渠道不够畅通，民主监督依然是我们全面履行职能的一个薄弱环节。在这方面，我们要加大工作力度，多做一些有益的探索，通过和有关方面沟通协商，建立具体、明确、可操作的制度和办法，使民主监督逐步走上制度化、规范化和程序化轨道。专题调研和专题议政是政协发挥优势、履行职能的重要途径。近几年，我们以常委会议题为纽带，以专委会为依托，同有关部门和专家学者紧密联合，与盟市旗县政协大力协同，深入进行专题调研，并在此基础上重点开展专题议政，取得了很好的效果。我们要善于总结这些有益的经验，进一步在提高专题调研和专题议政水平上探索新途径，在改进例会形式、提高议事质量上拿出新办法。政协委员始终是政协工作的主体。发挥好各级政协委员的群体作用，是提高政协履行职能整体水平的重要前提。我们应当积极创造条件，让委员多参加调研，多提提案，多参与一些重大事项的协商讨论。我们要通过办好"委员论坛"、举办听证会等形式，为委员参政议政搭建平台。我们还要经常走访委员及其所在单位，了解委员的工作情况，维护委员的合法权益。政协委员受各界群众之托，聚集到人民政协组织，担负着参与国是的重大使命。我们应该珍惜这份荣誉，对得起这个称号，不辱使命，不负众望，在履行职能和本职工作的双重岗位上用真心、使真劲，以实际行动维护人民政协的形象。在政协机关工作的同志，都要牢固树立统战意识、民主意识、服务意识、创新意识，还应具备让人敬佩、使人折服的好人品。我们要倡导讲团结、讲奉献、讲效率、讲协作的良好作风，提高工作水平，提供优质服务，把政协机关真正建成"委员之家"。

【组织概况】

增补委员名单（2004年12月27日政协内蒙古自治区**第九届委员会常务委员会第八次会议通过**（按姓氏笔画排列）

云二柱（蒙古族） 云战友（蒙古族）
云高怀（蒙古族） 王 今 王占荣
王纪言 王佐玉 王学东（女）
王继兴 王德宝（蒙古族） 仁钦（蒙古族）
乌其拉图（蒙古族）帅志凯 卢纯才
包天虎（蒙古族） 包丽玲（女，蒙古族）
宁 才（蒙古族） 吕靖原 刘香芸（女）
刘 瑞 孙学博 李玉然（女）
汪世清 张元斗 张占义 张玉岭
张向阳 陈玉仁 其木格（女，蒙古族）
孟兴凯 姚炳茂 钱浪腾（女，蒙古族）
徐公敏 徐 荣 陶克图（蒙古族）
简贵来 蔡铁木尔巴图（蒙古族）
戴洪九

辞去委员的名单（2004年12月27日政协内蒙古自治区第九届委员会常务委员会第八次会议通过）（按姓氏笔画排列）

王志峰 王树东 王铁小（蒙古族）
王登山（回族） 田学臣
白 锁（蒙古族） 阮景海 孙桂芳

李光席 张 玉(蒙古族)
苏 和(蒙古族) 陈相华(蒙古族)
金二毛(蒙古族) 周廷芳 贾荣昌
韩 钢 程树祥 朝伦巴特尔(蒙古族)

九原区 张宏伟
土默特右旗 张柱柱(蒙古族)
固阳县 李秀连
达尔罕茂明安联合旗
陈玉玲(女,蒙古族)

【内蒙古自治区各级政协领导人名单】

自治区

政协主席
王 占
副主席
傅守正 包俊臣(蒙古族)
许柏年 罗锡恩
奇英成(蒙古族) 盖山林(满族)
刘芝兰(女) 韩振祥
郇宝恒
秘书长
王玉山(蒙古族)

呼和浩特市

市政协主席 刘香芸(女)
县(旗、区)政协主席
新城区 朱祥福
回民区 白 云(回族)
玉泉区 郭爱成
塞罕区 云东贵(蒙古族)
土默特左旗 李建新
托克托县 康小虎(蒙古族)
清水河县 邢振悦
和林格尔县 伊明世(蒙古族)
武川县 宋征和

包头市

市政协主席 李玉然(女)
县(旗、区)政协主席
东河区 龙 梅(女,蒙古族)
昆都仑区 张福荣
青山区 路 健
石拐矿区 董淑贤(女,蒙古族)
白云鄂博矿区 张桂英(女)

乌海市

市政协主席 云高怀(蒙古族)
区政协主席
海勃湾区 石 瑛
海南区 王培林
乌达区 王根民

赤峰市

市政协主席 杨宝忠
县(旗、区)政协主席
红山区 郝庆云(女)
元宝山区 孟繁臣
松山区 张明华
阿鲁科尔沁旗 鞠喜玲
巴林左旗 范长才
巴林右旗 崔 义
林西县 王俊山
克什克腾旗 宋喜岭
翁牛特旗 张俊昌
喀喇沁旗 刘长华
宁城县 李显良(蒙古族)
敖汉旗 宋士清

呼伦贝尔市

市政协主席 赵凤林
县(旗、区)政协主席
海拉尔市 乌兰巴拉(蒙古族)
满洲里市 尤忠久
扎兰屯市 常秀峰(蒙古族)
牙克石市 马守士
额尔古纳市 戎占祥
根河市 王文明(满)
阿荣旗 郭 英(女)

莫力达瓦达斡尔族自治旗 褚士成
鄂伦春族自治旗 赛　林(鄂伦春族)
鄂温克族自治旗 杜　刚(鄂温克族)
新巴尔虎右旗 长　明(蒙古族)
新巴尔虎左旗 段捷飞(蒙古族)
陈巴尔虎旗 吴长贵(蒙古族)

兴安盟

盟政协主席 乌其拉图(蒙古族)
县(旗、区)政协主席
乌兰浩特市 陈长青(蒙古族)
阿尔山市 任忠民
科尔沁右翼前旗 卢玉玺(蒙古族)
科尔沁右翼中旗 庄　子(蒙古族)
扎赉特旗 乌力吉(蒙古族)
突泉县 张秀兰(女)

通辽市

市政协主席 王佐玉
科尔沁市区 华　君(蒙古族)
霍林郭勒市 刘胜彬
科尔沁左翼中旗 王玉兴(蒙古族)
科尔沁左翼后旗 刘　祥
开鲁县 闫淑云(女)
库伦旗 闫存武
奈曼旗 徐国兴
扎鲁特旗 杜　辉

锡林郭勒盟

盟政协主席 其木格(女,蒙古族)
县(旗、区)政协主席
锡林浩特市 褚延祺
二连浩特市 乌云毕力格(蒙古族)
阿巴嘎旗 李力量(蒙古族)
苏尼特左旗 孟　赫(蒙古族)
苏尼特右旗 宝德巴雅尔(蒙古族)
东乌珠穆沁旗 东布日勒(蒙古族)
西乌珠穆沁旗 赛音吉雅(蒙古族)
太仆寺旗 云成山(蒙古族)
镶黄旗 道尔吉扎布(蒙古族)
正镶白旗 李福强(蒙古族)
正蓝旗 布仁巴图(蒙古族)
多伦县 冯绵俊

乌兰察布市

市政协主席 帅志凯
县(旗、区)政协主席
集宁区 刘挺军
丰镇市 杨鸿钧
卓资县 霍元宏(满族)
化德县 王大圣
商都县 潘学礼
兴和县 包淑珍(女,蒙古族)
凉城县 刘常在
察哈尔右翼前旗 赵兵巴
察哈尔右翼中旗 彭　悦
察哈尔右翼后旗 梁建军
四子王旗 张改娥(女)

鄂尔多斯市

市政协主席 王德宝(蒙古族)
市(旗)政协主席
东胜市 梁清海
达拉特旗 董志强
准格尔旗 淡　憨
鄂托克前旗 千·敖云达来(蒙古族)
鄂托克旗 李月珍(女)
杭锦旗 李清义
乌审旗 阿迪雅(蒙古族)
伊金霍洛旗 那木吉拉(蒙古族)

巴彦淖尔市

市政协主席 张向阳
县(市、旗)政协主席
临河区 常存善
五原县 斐世忠

磴口县　　　　李新文
乌拉特前旗　　杨秀梅(女)
乌拉特后旗　　刘建中
乌拉特中旗　　皇甫义
杭锦后旗　　　钱达楞太(蒙古族)

阿拉善盟

盟政协主席　蔡铁木尔巴图(蒙古族)
旗政协主席
阿拉善左旗　哈斯巴托(蒙古族)
阿拉善右旗　张勉仁
额济纳旗　　永　红(蒙古族)

内蒙古自治区各级政协组织和委员数

(截至2004年底)

级别 / 项目	自治区	盟(市)	县(旗、不设区市、市辖区)	合计
组织数	1	12	101	114
委员数	502	2949	11752	15203

(张海容　编写　杨映成　审稿)

政 协 辽 宁 省 委 员 会

郭廷标　主　席

徐文才　副主席

【全体委员会议】

九届二次会议　2004年2月21日至25日在沈阳举行。大会执行主席郭廷标主持开幕大会。会议期间,委员们听取并审议通过了董万德副主席所作的《政协辽宁省第九届委员会常务委员会工作报告》和张成伦副主席所作的《政协辽宁省第九届委员会常务委员会关于九届一次会议以来提案工作情况的报告》;列席了省十届人大二次会议,听取并讨论了张文岳代省长所作的《政府工作报告》及辽宁省老工业基地振兴规划(草案)和其他报告;大会审议通过了关于接受张文岳同志辞去省政协主席职务请示的决定;选举郭廷标为省政协主席,徐文才为副主席,增选孙明堂、李洪彦、周福悦、宫贤斌为常务委员;审议通过了政协辽宁省第九届委员会第二次会议的各项决议;审议通过了政协辽宁省第九届委员会提案委员会关于九届二次会议提案审查情况的报告。会议认为,完成辽宁老工业基地振兴的宏伟事业,必须紧紧依靠全省人民的智慧和力量,紧紧依靠各党派团体、各族各界人士的团结奋斗。要坚持中国共产党领导的多党合作和政治协商制度,巩固和发展最广泛的爱国统一战线,团结一切可以团结的力量,调动一切积极因素,为振兴辽宁老工业基地增加助力,形成全力。省委副书记、代省长张文岳,新当选的省政协主席郭廷标分别在闭幕会上讲话。

【常务委员会会议】

第4次会议　2004年1月6日至8日在沈阳召开。会议听取了省高级人民法院和省人民检察院工作情况的通报;讨论了省政府工作报告(征求意见稿)、辽宁省人民政府关于辽宁省老工业基地调整改造振兴规划(草案);审议通过了省政协常委会工作报告;审议通过了省政协常委会关于九届一次会议以来提案工作情况的报告;审议通过了增补省政协委员名单及省政协九届二次会议有关事项;审议通过了关于授权主席会议审议政协辽宁省第九届委员会常务委员会第四次会议未尽事宜的决定。省委副书记、省政协主席张文岳在闭幕会上总结讲话。

第5次会议　2004年2月18日在沈阳召开。会议审议通过了政协辽宁省第九届委员会增补委员名单、关于接受张文岳同志辞去省政协主席职务的决定(草案)、政协辽宁省第九届委员会补选主席和增选副主席、常务委员候选人建议名单(草案)、省政协九届二次会议选举办法(草案)、省政协九届二次会议大会执行主席名单及政协辽宁省第九届委员会任命名单。任命李树森为省政协提案委员会副主任,孙明堂、方晓林、周福悦为省政协经济委员会副主任,王正刚、郭明顺为省政协人口资源环境委员会副主任,关玉波、寇有国、照元为省政协民族和宗教委员会副主任，马世侠、刘金树为省政协学习宣传和文史委员会副主任，省委书记、省人大主任闻世震出席会议并就省级领导班子部分成员调整和本次常委会议增补委员情况讲话。

第6次会议 2004年2月25日在沈阳召开。会议审议并原则通过了《政协辽宁省委员会常务委员会2004年工作要点》。郭廷标主席就做好2004年省政协常委会工作讲话，强调要切实抓好常委会自身的学习，深入开展调查研究，大力弘扬求真务实精神，加强与委员的联系，充分发挥专门委员会的作用。

第7次会议 2004年5月24日至25日在沈阳召开。会议以加强辽宁省发展软环境建设为主题。听取了省政协副主席徐文才《关于浙江、江苏、上海三省市加强经济发展软环境建设情况的考察报告》，21位常委、委员就软环境建设重在体制与机制创新、改善政策环境促进国企发展、转变政府职能造就老工业基地振兴良好环境、加强和改进审判工作等方面在大会上发言。会议审议并原则通过《关于加强我省发展软环境建设若干问题的建议案》；审议通过政协辽宁省委员会任命名单，任命陈政夫同志为省政协科教文卫体委员会副主任。闻世震、张文岳、郭廷标分别讲话。

第8次会议 2004年9月7日至8日在沈阳召开。会议以做好新形势下的“三农”工作、促进农民增收为主要议题。会议听取了省政府提案办理情况通报，省政协农民增收考察团考察河北、山东农民增收情况报告；常委会议共收到大会发言材料27篇、调研报告18篇、考察报告3篇、视察报告1篇；22位常委、委员就辽宁省农民增收问题在大会上发言；围绕如何增加农民收入问题进行了深入的讨论。会议形成的关于增加农民收入问题的建议包括加速推进农村富余劳动力转移、全力支持农业产业化经营、大力实施农业综合开发、积极推广农业标准化生产、大力发展外向型农业、大力推进农村金融改革和服务、进一步深化农村改革等7个方面。会议审议并通过了政协辽宁省第九届委员会人事任命事项。任命张忠华为政协辽宁省委员会副秘书长、王娟娟为港澳台侨委员会(外事委员会)副主任。常委会上，常委们还听取了赵新良副主席关于用科学发展观谋划东北老工业基地振兴的专题讲座。

【专门委员会工作】

提案委员会 省政协九届二次会议以来，提案委员会共征集提案638件，经审查立案621件，其中党派团体提案149件。到2004年12月末，立案的提案全部办结。政协提案在促进辽宁老工业基地振兴、推进社会主义精神文明和民主法制建设、解决社会热点问题等方面发挥了重要作用。通过举办报告会、组织视察和调查、编发学习资料等方式，帮助提案者了解辽宁老工业基地振兴和辽宁提前实现全面建设小康社会目标情况。在对立案提案进行综合分析基础上，将19件事关全局、立意深远、社会关注、操作性强的提案作为重点提案，送省委、省政府主要领导同志阅批。省政协主席、副主席领衔督办8件重点提案。会同省政府办公厅联合举办省政府系统提案办理培训班、联合对省政府46个厅(局)提案办理工作进行检查；会同省委办公厅走访提案相关部门，了解提案办理情况，促进建议落实。对提案人不满意的提案加大协调力度，对列入计划逐步解决的提案实行建档跟踪督办。商请省政府领导向省政协常委会通报当年政府系统承办的政协提案以及上年度纳入计划逐步解决提案的办理落实情况。制定《辽宁省政协主席、副主席督办重点提案实施办法》。根据《辽宁省政协优秀提案和先进承办单位、先进承办工作者表彰办法》，对九届省政协两年来的优秀提案、先进承办单位和先进承办工作者进行表彰。

经济委员会 就农民增收问题组成调研组开展专题调研和考察，围绕农村劳动力转移、粮食安全和农业结构优化、农村信用社支持农民增收等问题，到辽阳、朝阳、沈阳、铁岭、抚顺、丹东、大连等地开展调研，形成两份调研报告、三份大会发言。与社会法制委、港澳台侨外事委共同到河北、山东两省考察农民增收情况，形成考察报告，介绍两省农民增收的基本情况和特点、做法和经验。就发展环境建设问题到浙江、江苏和上海等地考察，起草了关于三省市加强经济发展环境建设情况的考察报告，提出了“进一步解放思想，转变观念，强化创新实干精神”、“坚持科学发展观，优化经济结构，促进经济快速持续健康发展”、“加快政府职能转变，依法行政，努力建设和完善良好的社会主义市场经济环境”等建议。组织3个委员调研组，就发展环境问题调查研究，向九届七次常委会议提交《关于改善政策环境，促进国企发展的几点建议》、《改善融资环境，振兴辽宁经济》、《加大金融支持力度，促进中小企业发展》3篇大会发言。组织经济委员会委员及专家学者围绕老工业基地振兴问题开展专题研究，出版了由赵新良副主席任主编的《拥抱市场春天—东北老工业基地振兴的理性思辨》和《回眸探索历程—国内外老工业基地振兴方略比较》研究专著。开展国有企业产权制度改革问题的调查研究，形成《国有企业改制和投资主体多元化考察报告》和《关于推进我省国有大中型工业企业投资主体多元化的几点建议》。参与辽宁“十一五”规划编制的前期课题研究，形成《辽宁沿海经济带发展战略研究》。就沈大高速公路改扩建工程建设情况和省农业综合开发情况组织视察，并组织民营企业家参观国企。

人口资源环境委员会 全年共开展调研4次、视察3次、考察1次，举办大型活动3项。就辽宁省土地管理与使用情况、环卫体制改革问题、失地农民社会保障问题、基层农业技术推广情况分别组织调查研究，形成了《关于我省土地管理与使用的几点建议》、《关于我省环卫体制改革问题的建议》、《关于我省失地农民安置问题的几点建议》、《关于基层农业技术推广情况的调查报告》。组织部分委员就新形势下“城市流动人口计划生育管理和计划生育奖励政策落实”情况、落实中央《关于加快林业发展的决定》和省有关加快林业发展的政策措施、辽东辽西林业建设工程开展视察，分别形成《关于我省人口和计划生育工作的建议》、《关于辽南地区林业生态建设情况的视察报告》。赴西北三省（区）学习考察防风固沙、环境治理、保护耕地及解决失地农民保障方面的工作经验。与有关部门联合发起辽宁省“关注森林”活动，组织开展营造“辽宁省政协委员林”、“关注森林—热爱大自然”摄影艺术展等系列活动。与省委宣传部、省人大教科文卫委员会、省人口和计划生育委员会联合主办“辽宁省人口与可持续发展论坛”。

教科文卫体委员会 就人才环境建设问题开展调研，以召开座谈会、印发调查问卷等形式，收集党政机关干部、事业单位专业技术人员和企业负责同志及各个界别省政协委员的意见和建议，在调研论证的基础上，形成了《关于我省专业技术人才环境建设有关问题的调研报告》；就调研中发现的突出问题，形成大会发言《实施人才强省战略应着重解决好的几个问题》。围绕农村义务教育、基本医疗卫生服务需求得不到满足，中小学辍学现象反弹、师资队伍力量薄弱，农民看病难、因病致贫、返贫现象仍很突出等问题进行调研，共召开座谈会25次，就相关内容赴黑龙江和内蒙古自治区考察，分别形成《关于我省义务教育情况调查报告》、《关于我省农村医疗卫生事业建设情况调查报告》和《加大农村乡镇卫生院的改革力度，进一步推进我省农村医疗卫生事业的发展》的大会发言材料。组织部分省政协委员对辽宁社会科学院的工作进行视察，形成《关于辽宁社会科学院发展情况的视察报告》，提出深化内部改革，创新机制，增强活力，加大扶持力度，增加财政投入等建议。就文化、体育进社区情况在省内开展视察，就视察中发现的问题提出了“对社区文化体育事业的建设应有一定的专项投入，对社区文化体育建设要有统一规划，进一步加强社区文化体育活动场所和设施建设”等6点建议；赴云南等省市学考察文化、体育进社区方面的作法和经验，在学习外省先进经验与省内调研相结合的基础上，形成《关于我省文化体育进社区情况的视察报告》。组织部分文艺界省政协委员，与有关部门共同举办“满乡枫叶红”文艺演出活动；组织书画界省政协委员及书画名家，举办省政协迎新年书画笔会。

社会和法制委员会 围绕法制环境建设问题开展调研，以法院审判情况作为调研的主要内容，先后召开5次省直有关部门情况通报会、座谈会和论证会，深入市县调研，旁听基层法院庭审，形成《加强改进审判工作，维护社会公正与正义》的调研报告和《关于加强和改进审判工作的几点建议》的常委会大会发言。就农村养老保险问题，组织召开座谈会，赴部分市县调研，形成《关于我省农村社会养老保险工作情况的调研报告》和常委会大会发言《关于我省农村养老保险工作存在的问题与建议》。会同团省委和省综治委联合开展未成年人法律保护专题调研，到沈阳、大连、鞍山等市召开省直有关厅局负责人参加的专题座谈会和基层法律工作者座谈会，考察省少年教养院、省未成年犯管教所，到派出所、街道、社区、法律援助中心调研，形成《关于加强未成年人法律保护工作的调查报告》。视察监狱体制改革、《婚姻法》和《红十字会法》贯彻实施、公安工作情况，形成《省政协委员对我省＜婚姻法＞实施情况的意见和建议》、《红十字会法贯彻实施情况的视察报告》。与省人大法制委员会共同研究起草了《辽宁省人大法制委员会与辽宁省政协社会和法制委员会立法协商工作联系制度》，对立法协商工作的内容、程序和工作方式等方面作了具体规定。就《辽宁省消费者权益保护条例(草案)》、《禁毒法(草案)》、《辽宁省道路交通事故行政责任追究暂行规定》(征求意见稿)、《辽宁省外商投资保护条例》开展立法协商。参与中国经济社会研究会和辽宁省政协共同在大连组织召开的中欧结构调整和再就业研讨会的有关筹备工作。召开辽宁省社会和法制研究会换届大会和研究会第四次理论研讨会，选举产生第二届研究会领导机构，通过新修改的研究会章程，确定新一届研究会会员，并就政治文明建设、法制环境建设和农村养老保险等问题进行研讨。

民族和宗教委员会 全年共开展6项调查和视察、考察，形成8篇专题报告。围绕辽宁农村税费改革、加快自治县交通环境建设开展调研，形成《关于民族自治县农村税费改革情况的调查与建议》、《关于加快我省民族自治县公路交通环境建设的建议》。组织委员对民族自治县农业产业化龙头企业发展情况进行视察并形成专题报告。就省政府《关于促进辽西北地区省扶贫开发工作重点县和民族自治县经济与社会发展的政策意见》的贯彻落实情况，会同省民委赴民族自治县调查了解贯彻文件精神取得的成果及存在的主要问题，形成调查报告，提出进一步完善和落实文件精神的建议。召开纪念民族区域自治法实施

20周年座谈会。赴安徽、江西、福建就宗教工作进行考察，结合辽宁实际，形成《关于当前我省宗教工作两个问题的建议》。组织民族宗教界部分委员，对鞍山市部分佛、道教活动场所开展争创文明宗教活动场所、争当文明教徒活动情况进行视察。

港澳台侨(外事)委员会 围绕九届七次、八次常委会关于加强我省软环境建设和农民增收两个议题分别到省内调研、到外省市考察，形成《关于我省外商投资环境的调查报告》、《加快我省农业产业化发展促进农民增收》、《陕西杨凌全国农业示范区考察报告》，并以《我省外商投资环境存在的问题与建议》在九届七次常委会上发言，以《加快我省农业产业化发展促进农民增收》为题在九届八次常委会上发言。省政协九届二次会议期间，组织与会港澳委员和特邀列席人士与省直有关部门领导座谈“振兴辽宁老工业基地与对外开放”，根据委员及特邀列席人士的发言撰写了《港澳侨委员对振兴辽宁老工业基地与对外开放工作的意见和建议》报送省委、省政府。接待了英国、法国、日本等数十个外国代表团，组团出访日本、澳大利亚、新西兰和一些欧美国家，促进辽宁与这些国家的经贸、教育、文化等方面的交流与合作。会同团省委等单位，组织省内60余名青年企业家和各市政协港澳台侨委赴港培训，举办香港委员座谈会，推动内地与港澳地区的交流与合作。组织政协委员赴台走访台湾知名人士，增进友谊和交往。会同省侨办等单位召开侨情通报会。

学习宣传和文史委员会 以中共十六届四中全会精神和政协章程为重点，组织开展学习。省政协分别以“三个代表”重要思想、十六届四中全会精神、科学发展观、全国“两会”精神等为中心议题，组织4次集中学习。印发《中心组学习参阅件》、《省政协学习中心组简报》。代省委、省政协分别起草《中共辽宁省委办公厅关于学习贯彻<中国人民政治协商会议章程>的意见》和《政协辽宁省委员会关于学习贯彻<中国人民政治协商会议章程>的意见》。配合有关部门筹备由省委、省政协共同举办的学习政协章程报告会，邀请全国政协秘书长、政协章程领导小组成员郑万通作《人民政协理论与实践的几个问题》专题辅导报告，省委、省人大、省政府、省政协、省军区领导，省直有关部门负责人，省各民主党派负责人，在沈全国政协委员、省政协常委听取辅导报告。承办辽宁省政协系统“红塔山杯”政协章程知识竞赛活动。编辑出版《学习之友》6期，30万字。联系新闻单位，组织对政协履行职能的宣传报道。一年里，各新闻媒体共刊播宣传政协的稿件约650篇(件)。编辑出版辽宁文史资料第53辑《历史珍忆》、第54辑《一代师表》。开展对“一五”、“二五”期间辽宁老工业基地建设史料征集。开展由全国政协责成我省政协牵头，东北三省政协协作的征集东北老工业基地专题史料工作。征集《政协委员风采录》(辽宁卷)和《回忆徐少甫同志文稿》。召开纪念邓小平诞辰100周年座谈会。围绕软环境建设、文物保护开发利用、未成年人思想道德建设等问题，开展调研、考察、视察，形成《加快社会信用体系建设，努力营造良好市场环境》的大会发言，提出立法保护文物的建议。就我省未成年人思想道德建设的思路、现状及对策举办情况通报会。

【重要活动】

驻辽全国政协委员视察辽宁原材料工业和装备制造业两大基地建设 9月13日至15日，以省政协主席郭廷标为团长的驻辽全国政协委员视察团视察沈阳、抚顺、本溪三市两大基地建设情况。听取了省政府关于全省两大基地建设情况的汇报并座谈交流,委员们就加快国有经济战略性调整重组,处理好两大基地建设与三大产业、城乡布局等关系,提高行业国际竞争力和企业核心竞争力等问题提出建议,形成视察报告报送全国政协和省委、省政府。

参加振兴辽宁老工业基地行业推进组的实践活动 按照省委的要求,组织有关常委、委员和专家,积极参与省石化、冶金两个行业发展的推进工作,经过深入调研,拟订了两个行业振兴纲要草案,并协调促进了一批重大项目的前期工作。参与省政府举办的各种招商活动,通过委员牵线搭桥,引进了一批外来投资项目。

【重要文件】

常委会工作报告(2004 年 2 月 21 日)(摘要)

第一部分,2003 年工作回顾。2003 年是我国历史上很不平凡的一年。以胡锦涛同志为总书记的新一届中央领导集体带领全党、全国各族人民,积极应对来自国内外的各种困难和挑战,战胜了突如其来的非典疫情,改革开放和现代化建设取得了举世瞩目的成就。2003 年也是我省发展历程中出现重大转折的一年。中央实施支持东北等老工业基地加快调整改造的重大战略,开启了辽宁走向振兴的新阶段。2003 年又是九届省政协的开局之年。新一届省政协及其常委会高举邓小平理论和“三个代表”重要思想伟大旗帜,紧密地团结在以胡锦涛同志为总书记的党中央周围,在中共辽宁省委的领导下,坚持共产党领导的多党合作和政治协商制度,牢牢把握团结民主两大主题,动员和组织全体政协委员、各民主党派、工商联、各人民团体和各族各界代表人士,紧紧围绕辽宁老工业基地的调整改造和提前实现全面建设小康社会的目标,认真履行政治协商、民主监督、参政议政职能,较好地完成了年初确定的各项工作任务,为推进我省的改革开放和现代化建设作出了积极贡献。一、认真学习贯彻“三个代表”重要思想。省政协印发了《关于贯彻〈中共中央关于在全党兴起学习贯彻“三个代表”重要思想新高潮的通知〉的意见》,推进了政协工作的开展,提高了政协履行职能的质量和水平。二、积极参加和支持抗击非典斗争。发挥政协人才众多的优势,为全省防治非典工作想办法、出主意。千方百计维护社会稳定。动员全体政协委员和各参加单位忠于职守,在各自岗位上为抗击非典献计出力。三、紧紧围绕全省大局履行职能。召开了以深化文化体制改革、加快文化产业发展和加快辽宁老工业基地调整改造振兴为主要议题的专题常委会议,形成了《关于发展文化产业和深化文化体制改革问题的建议案》,向省委、省政府建言献策。四、深入开展视察和专题调研。围绕民营经济发展、“一宫三陵”申报世界文化遗产、完善社会保障体系、推进民主法制建设、环境资源保护与可持续发展、扩大对外开放、少数民族地区经济发展、精神文明建设等问题,开展调查、视察活动近 50 次,形成调研、视察报告 30 余篇。五、加大提案和信息工作力度。注重发挥提案工作在履行政协职能中的重要作用。一年来,共征集提案 627 件,立案 617 件。并以省委办公厅、省政府办公厅文件的形式印发了《省政协提案工作条例》,推进了提案工作规范化、制度化、程序化。六、努力做好港澳台侨外事工作和文史工作。形成了《省政协港澳委员及特邀列席人士对我省对外开放的意见和建议》。七、切实加强政协自身建设。加强政协工作的规范化、制度化、程序化建设。建立和完善了主席会议规则、委员视察工作规则、九届省政协委员视察工作安排意见、在辽全国政协委员联络办法等规章制度。

第二部分,2004 年工作安排。一、加强学习,不断提高政协履行职能的水平。

二、深入调研，围绕老工业基地振兴建言献策。三、突出团结民主主题，为加快老工业基地振兴凝聚力量。四、加强自身建设，推动政协工作开拓创新。

中共辽宁省委关于进一步加强人民政协工作的意见(2004年11月11日)(摘要)

为深入贯彻党的十六大、十六届四中全会和胡锦涛同志在庆祝中国人民政治协商会议成立55周年大会上的讲话精神，巩固和发展最广泛的爱国统一战线，坚持和完善中国共产党领导的多党合作和政治协商制度，进一步加强和改善党对人民政协的领导，更好地发挥人民政协在振兴辽宁老工业基地和物质文明、政治文明、精神文明建设中的重要作用，不断开创政协工作新局面，现就加强新世纪新阶段我省人民政协工作提出如下意见。一、高度重视新形势下的人民政协工作，切实加强和改善党对政协工作的领导。提高对人民政协性质、地位和作用的认识，加强和改善党对政协工作的领导，支持人民政协履行好政治协商、民主监督、参政议政职能，把我省人民政协工作提高到一个新的水平。发挥政协党组在政协组织中的政治核心作用。政协党组要正确领会党委的决策和意图，认真完成党委赋予的各项任务，保证党的路线、方针、政策及同级党委的重大决策和工作部署在政协工作中得到全面贯彻落实。发挥各级政协组织在老工业基地振兴中的重要作用。加强统一战线和人民政协理论政策的学习、宣传和研究，推动人民政协的理论、制度和工作创新。二、积极推进人民政协履行职能的制度化、规范化和程序化建设。各级党委和政府要把人民政协的政治协商作为发扬社会主义民主的重要形式和广集民智、实行科学民主决策的重要环节，做到重大问题协商在党委决策之前、人大通过之前、政府实施之前。要认真倾听来自政协的批评和建议，自觉接受政协的民主监督。要充分发挥政协人才荟萃、智力雄厚的优势，支持政协围绕老工业基地振兴和全面建设小康社会中的重要问题以及人民群众普遍关心的问题，开展调查研究，反映社情民意，进行协商讨论，推进调研成果转化。要建立政协意见、建议的吸纳落实机制。三、各级政协组织要充分发挥自身优势，努力开创政协工作新局面。各级政协组织要坚持以邓小平理论和“三个代表”重要思想总揽政协工作，使政协工作真正体现时代性、把握规律性、富于创造性。全面提高履行职能的水平与实效。要牢固树立和全面落实科学发展观，围绕中心、服务大局，把促进发展作为履行职能的第一要务，把实现好、维护好、发展好最广大人民群众的根本利益作为政协工作的根本出发点和归宿，充分发挥自身优势，深入开展调查研究，为党委和政府决策提出有分量的意见和建议，为振兴辽宁老工业基地贡献力量。要高举爱国主义、社会主义旗帜，牢牢把握团结和民主两大主题，不断壮大最广泛的爱国统一战线，最广泛、最充分地调动一切积极因素，促进老工业基地振兴目标的加快实现。要主动适应新形势新任务的要求，依据宪法和政协章程的规定，全面加强自身建设。大力弘扬求真务实精神，大兴调查研究之风，努力提高政协工作的科学性、实效性。四、支持政协搞好自身建设，为政协履行职能创造条件。加强政协领导班子建设。重视政协委员队伍建设，支持委员履行职责。造就一支政治坚定、作风优良、经验丰富、业务熟练的高素质政协机关干部队伍。高度重视政协经费的保障工作。

关于加强我省发展软环境建设若干问题的建议案(略)

【组织概况】

主席选举名单(2004年2月25日省政协九届二次会议通过)

主　席

郭廷标

副主席增补名单(2004年2月25日九届二次会议通过)

徐文才

常务委员增补名单(2004年2月25日九届二次会议通过，按姓氏笔画为序)

孙明堂　李洪彦　周福悦

宫贤斌

委员增补名单(2004年1月8日政协辽宁省委员会九届四次常委会议通过，按姓氏笔画为序)

王淑雅(女，满族)　关和通(满族)

纪　波(女，回族)　孙明堂

李洪彦　闵英根(朝鲜族)

姜恩鸿　周福悦　徐文才

委员增补名单(2004年2月18日政协辽宁省委员会九届五次常委会议通过)

郭廷标(回族)

【辽宁省各级政协领导人名单】

辽宁省

政协主席

郭廷标(回族)

副主席

董万德　张成伦　徐文才

赵新良(满族)　张毓茂

姜笑琴(女)　王植时

张传庆　贺　旻(女)

孙桂芬(女)　金国生

秘书长

宁培秀

沈阳市(副省级)

市政协主席

赵金城

副主席

王声溢　王洁纯　闻大中

金厚家(回族)　李　楷

沈文波　李　峰　徐　璐(女)

刘国良

秘书长

吴贵民(满族)

县(市、区)政协主席

和平区　杨玉保

沈河区　常永秋

铁西区　甘　泉(女)

皇姑区　杨　光

大东区　卢八均(朝鲜族)

东陵区　金正九(朝鲜族)

于洪区　吕文侠

新城子区　李忠

苏家屯区　孙琪富

辽中县　杨先范

新民市　白文德

康平县　王凤仁(蒙古族)

法库县　毕恩江

大连市(副省级)

市政协主席

林庆民

副主席

李信忠　田树军　谭忠印

郑全慈(女)　董长海

王业滨　唐建武　施中岩

秘书长

刘善芳

县(市、区)政协主席

中山区　陈克勤

西岗区　王有台

沙河口区　李金孛

甘井子区　赵元敏

旅顺口区　刘永斌

金州区　曲国滨

瓦房店市　刘英华(女)

普兰店市　王秀兰(女)

庄河市　张凤全

长海县　刘福章

鞍山市

市政协主席 郎 英

县(市、区)政协主席

海城市 吕明胜

台安县 赵岩富

岫岩满族自治县 曹友波(满族)

铁东区 陈际腾

铁西区 王韶云(女)

立山区 隋 利(女)

千山区 赵洪胜

抚顺市

市政协主席 陈家洱

县(区)政协

抚顺县 郝传德

清原满族自治县 张立春(满族)

新宾满族自治县 胡金印(满族)

新抚区 高滨德

望花区 刘元祥

东洲区 刘远征

顺城区 陈庆霞(女,满族)

本溪市

市政协主席 田祖鸿

县(区)政协主席

本溪满族自治县 董玉珍(女,满族)

桓仁满族自治县 黄柏栋

平山区 蔡殿双

明山区 董崇生

溪湖区 陈忠贵

南芬区 闫荣仕(满族)

丹东市

市政协主席 单志赢

县(市、区)政协主席

振兴区 王国复

元宝区 董 群

振安区 任延发

东港市 王春兰(女)

凤城市 卢尚志

宽甸满族自治县 李公昌(满族)

锦州市

市政协主席 张绍文(满族)

县(市、区)政协主席

黑山县 马桂兰(女)

北宁市 孙世华(女)

凌海市 陈砚田

义 县 张春江

凌河区 王树仁

古塔区 翟云风

太和区 王玉满

营口市

市政协主席 李风云

市(区)政协主席

站前区 苏金发

西市区 刘丽华(女)

老边区 杨洪明

鲅鱼圈区 张天放(满族)

盖州市 杨兴华

大石桥市 石恩扬

阜新市

市政协主席 王 琮

县(区)政协主席

阜新蒙古族自治县 李来棠

彰武县 赵庆新

海洲区 张继民(女)

太平区 王景春

新邱区 高永成

细河区 李秀山

清河门区 李继荣(女)

辽阳市

市政协主席 王义信

县(市、区)政协主席

辽阳县 刘 斌

灯塔市 薛德义
白塔区 高元华
文圣区 李志俭
宏伟区 苏吉田
弓长岭区 富长顺
太子河区 杜习智

铁岭市

市政协主席 邓午辰
县(市、区)政协主席
铁岭县 祁绍福
开原市 张景涛(满族)
昌图县 李运启
西丰县 贺文升
调兵山市 张国臣
银州区 姜权友
清河区 张印通

朝阳市

市政协主席 王振基
县(市、区)政协主席
北票市 邱忠春
凌源市 郭树平
朝阳县 李 野
建平县 张兴芳
喀左蒙古族自治县 李天龙(蒙古族)
双塔区 张含国
龙城区 李焕新

盘锦市

市政协主席 于 捷
县(区)政协主席
盘山县 赵长山
大洼县 李炳成
兴隆台区 张海东
双台子区 杨春光

葫芦岛市

市政协主席 刘知良
县(市、区)政协主席
兴城市 康 伟
建昌县 蔡振鹏
绥中县 田树槐
连山区 支剑锋(满族)
龙港区 王德瑞
南票区 孟兆林(满族)

辽宁省各级政协组织和委员数

(截至2004年底)

级别 项目	省	副省级市	设区的市	县(不设区的市、市辖区)	合计
组织数	1	2	12	100	115
委员数	760	1079	5583	19604	27026

(梁笑颖 胡家宇 编写 尹学义 审稿)

政 协 吉 林 省 委 员 会

【全体委员会议】

九届二次会议 2004年2月9日至12日在长春召开。本次大会应出席委员521人，实到477人。王国发主席主持开幕式。中共吉林省委书记、吉林省人大主任王云坤、省长洪虎等省领导到会祝贺。会议审议并通过了吉林省政协副主席魏敏学所作的九届常务委员会工作报告和赵家治副主席所作的提案工作情况的报告。列席了吉林省第十届人民代表大会第二次会议。听取并讨论了省长洪虎所作的政府工作报告和计划、财政等报告。审议并通过了《中国人民政治协商会议吉林省第九届委员会第二次会议决议》。会议期间，举办了“振兴我省老工业基地”、“振兴我省老工业基地,实现可持续发展”、“教育改革与人才兴业”、“民主与法制建设”、“振兴吉林老工业基地港澳委员”等5个论坛。印发大会书面发言53份，委员提交提案279件。王国发主席在闭幕式上作了讲话。

【常务委员会会议】

第5次会议 2004年1月8日至9日在长春召开。会议审议通过了政协吉林省第九届委员会常务委员会工作报告和政协吉林省第九届委员会关于九届一次会议以来提案工作情况的报告。审议通过了政协吉林省第九届委员会第二次会议工作机构和会议议程、日程。增补了石金玉等6位委员。在长全国政协委员、各市(州)政协主席、省政协副秘书长及办公厅、研究室、各专门委员会负责人、省政府有关厅局负责人列席会议。

第6次会议 2004年2月11日在长春召开。会议审议通过了《中国人民政治协商会议吉林省第九届委员会第二次会议决议》(草案)、政协吉林省第九届委员会常务委员会2004年工作要点。审议通过了有关人事事项。

第7次会议 2004年6月29日至30日在长春召开。会议审议通过了省政协经济科技委员会提交的《关于深化国企改革发展混合所有制经济的建议》,并作为建议案报送省委、省政府。车黎明、潘国立等常委及长春市副市长张安顺、通化市副市长赵贵霖作了大会发言。王国发主席在闭幕会上讲了话。在长全国政协委员、各市(州)政协主席、省政协副秘书长及办公厅、研究室、各专门委员会负责人、省政府有关厅局负责人列席会议。

第8次会议 2004年9月27日至28日在长春召开。会议审议通过了省政协文化教育卫生委员会提交的《关于我省职业教育情况的调查报告》,并作为建议案报送省委、省政府。听取了吉林省教育厅关于全省职业教育情况的报告和长春市政府关于长春市职业教育发展情况的报告。张书局、张天鹏、车黎明、孙焕华等常委代表各讨论小组作了大会发言。会议审议通过了《政协吉林省委员会专门委员会通则》及有关人事事项。王国发主席在闭幕会上讲了话。在长全国政协委员、各市(州)政协主席、省政协副秘书长及办公厅、研究室、各专门委员会负责人、省政府有关厅局负责人列席会议。

第9次会议 2004年12月27日至28日在长春召开。会议审议通过了政协吉林省第九届委员会常务委员会工作报告和政协吉林省第九届委员会常务委员会关于九届二次会议以来提案工作情况的报告。审议通过了《中国人民政治协商会议吉林省委员会提案工作条例(修订草案)》。审议通过了政协吉林省第九届委员会第三次会议议程、日程及会议工作机构和有关人事事项。在长全国政协委员、各市(州)政协主席、省政协副秘书长及办公厅、研究室、各专门委员会负责人、省政府有关厅局负责人列席会议。

【专门委员会工作】

提案委员会 一、提案的征集、办理工作。省政协九届二次会议以来，共收到提案352件。经审查，立案336件，截至2004年底已基本办复。立案提案重点突出了振兴东北老工业基地、三农问题、促进非公有制经济发展和实施人才战略四大问题。二、"政协委员建言"活动。2004年，在《吉林日报》和《协商新报》上共计刊登了24期87篇"政协委员建言"。三、加强对市、县提案委员会的指导。吉林省政协提案委到省内九个市(州)调查研究，交流了情况，推广了经验，进行了业务指导，召开了"全省提案工作座谈会"。四、由省政协副主席赵家治、别胜学带队，提案委就吉林省民营经济优化资本结构、产业结构和组织结构，解决民营经济发展的资金瓶颈，推进资本多元化和混合所有制经济的发展，提升民营经济的技术水平和管理水平，形成新的产业优势和经济增长点以及优化吉林省民营经济发展的环境等问题开展调研。五、加强自身建设，为提案工作搞好服务。1. 省政协提案委召开了有各市(州)提案委主任、省委督查室、省政府议案处负责人参加的工作会议和由全体提案委员会委员、各民主党派、工商联、人民团体有关人员参加的会议，传达全国政协第五次提案工作座谈会精神，提高对提案工作的认识。2. 完善规章制度，为提案工作提供制度保障。根据全国政协修改的《提案工作条例》，省政协提案委修改了《中国人民政治协商会议吉林省委员会提案工作条例》和《提案审查工作实施细则》，并经主席会议、常委会议审议通过。创立了《关于评选表彰优秀提案办法》。3. 引进计算机管理软件，推进提案管理现代化，并实现提案的网上交办和网上答复。

经济科技委员会 一、组织委员调研和视察。1. 由省政协副主席孙耀廷、别胜学带队，省政协经科委组织部分委员就推进体制、机制创新，促进老工业基地调整、改造、振兴等问题先后到长春、吉林、通化等地企业进行调研，并赴山东省、辽宁省进行考察。形成了《关于深化国企改革，发展混合所有制经济的建议》，经九届七次常委会审议通过，报送省委、省政府。2. 由省政协主席王国发带队，组织部分常委、委员先后对长春、松原、白城3个地区小康示范村建设情况及部分农业综合开发项目进行了视察，邀请了省财政厅、省农委、省交通厅、省电力有限公司的负责人参加并介绍了相关情况。视察后，形成了《关于对我省小康示范村建设情况的视察报告》，报送省委、省政府。省委办公厅以《参阅件》24期转发全省。3. 由省政协副主席孙耀廷带队，组织部分常委、委员，会同省农委、省财政厅等部门，先后到农安县、榆树市、公主岭市、前郭县、洮南市、梅河口市和靖宇县进行调研，形成了《关于我省粮食直补工作的调研报告》，报送省委、省政府。二、省政协经科委召开了部分委员及非委员的专家座谈会，就高致病性禽流感的防治工作进行了研究和论证，形成了《关于防治高致病性禽流感的几点建议》，报送省委、省政府。副省长杨庆才在报告上给予批示。三、参与省政协召开的"省长与委员座谈会"的筹备工作，组织协调了部分委员就经济发展软环境、走可持续发展道路、现代物流业发展、新发展观与吉林省经济发展等问题作了专题发言。四、参加港澳台侨委组织的招商引资座谈会、走访台商和港澳委员培训班等活动，并向港澳委员介绍了我省的经济工作形势。五、承担吉林省政协九届二次全会的大会发言和经济发展论坛工作。组织了10位委员在经济发展论坛上作了专题发言，完成了近20万字发言材料的审核、校对、印刷、汇编等工作。六、加强有关政策、法律法规以及专业知识的学习。

做到政治学习与专业知识学习相结合，工作与学习相结合，委办学习与委员学习相结合。

人口资源环境委员会 一、组织委员调研和视察。1. 由省政协副主席孙耀廷带队，组织部分委员就长春市区生态环境建设和旅游资源开发情况进行调研，并赴广西、贵州、安徽等省(区)就生态环境建设和旅游资源开发方面进行考察，形成了《关于长春市区生态环境建设和旅游资源开发的调研报告》和《尽快解决农安县氟病区防病改水问题的建议》的调研报告，并经主席会议审议通过，报送省委、省政府。2. 组织部分委员到长春、四平、松原等地就吉林省贯彻实施《人口与计划生育法》的情况进行了调研。形成了《关于对我省贯彻实施＜人口与计划生育法＞有关问题的建议》，经主席会议通过，报送省委、省政府。3. 由省政协主席王国发带队，组织专家和委员到前郭县、乾安县就吉生羊草改造盐碱地情况进行了视察。并会同省科技厅组织召开了省内草业专家座谈会，就有关技术问题和预期经济社会效益进行了讨论。二、承办了省政协九届二次全会"振兴老工业基地，实现可持续发展"论坛。三、承办了东北三省和内蒙古自治区政协人资环委工作联系会议。三省一区政协人资环委主任、副主任及办公室工作人员 15 人参加会议，省政协副主席孙耀廷到会并讲话。四、加强学习。听取了有关专家、学者作的《全面建设小康社会的科学发展观》、《人口可持续发展》、《资源与社会经济发展》和《循环经济的原理与应用》等讲座。

文化教育卫生委员会 一、组织委员调研和视察。1. 由省政协副主席常万海带队，组织部分常委、委员，会同省教育厅、省劳动和社会保障厅，就我省职业教育现状先后到四平、吉林、长春等地进行调研。形成了《关于我省职业教育情况的调查报告》，经省政协九届八次常委会审议通过，并在此基础上形成了《关于大力推进和发展我省职业教育的建议案》，报送省委、省政府。2. 由省政协副主席常万海带队，文教委有关同志赴琼、鄂、豫三省就其新型农村合作医疗工作情况进行考察。由省政协主席王国发带队，组织部分常委、委员先后到四平、吉林、延边等地就我省新型农村合作医疗试点工作进展情况进行视察。听取了吉林省卫生厅和四平市、公主岭市等有关部门的情况介绍，深入乡(镇)、村(屯)的医疗卫生院(所、站)了解情况，听取意见。形成了《关于我省新型农村合作医疗试点工作情况的视察报告》，经主席会议审议通过，报送省委、省政府。省委办公厅以《参阅件》形式转发全省。二、开好会议，提高建言立论质量。1. 研究确定 2004 年的调研题目。2. 召开通报协商会。省政协文教委组织部分常委、委员听取了吉林省教育厅和省招生办负责人通报 2004 年招生准备工作情况，并就我省高校招生一些政策性问题提出意见和建议。3. 召开全省政协文教工作座谈会。省政协副主席常万海在会上作了讲话。三、围绕政协中心工作，弘扬传统文化。1. 举办书画笔会暨书画研讨会。2. 举办"庆祝人民政协成立 55 周年书画作品展"。省政协主席王国发，全国政协提案委副主任张岳琦，省委副书记林炎志等出席了开幕式。

社会法制宗教委员会 一、组织委员调研与视察。1. 由省政协副主席赵家治、伍龙章带队，组织部分常委、委员，会同省劳动和社会保障厅、省民建就吉林省下岗职工再就业的情况，先后到长春、四平、辽源、通化等地进行调研。2. 由省政协主席王国发、副主席赵家治、修福金、别胜学带队，组织部分常委、委员到长春、辽源两市就职工基本生活保障、养老保险、失业保险、医疗保险等方面的情况进行视察，并形成了视察报告，报送省委、省政府。二、立法协商、参政议政。组织委员就《吉林省见义勇为人员奖励和保护条例》（征求意见稿）、《吉林省改善法制环境促进经济发展的若干规定》（征求意见稿）及《妇女权益保障法》的修改进行了研讨，提出了意见和建议。三、承办了“振兴吉林老工业基地”论坛。四、组织召开了全省政协社会法制宗教工作研讨会，与会人员就新形式下如何做好政协的社会法制和民族宗教工作，围绕调研的选题、工作面的兼顾和切入点等问题进行了研讨，赵家治副主席在闭幕式上作了讲话。

文史资料委员会 一、召开全省政协文史工作会议，贯彻落实全国暨地方政协文史委主任会议精神。吉林省各市州分管文史工作的负责人和各省级民主党派、工商联、台联、侨联及省政协文史委有关人员参加会议，围绕继续深入挖掘利用伪满史料、征集出版解放战争和建国后史料，以及文史工作如何为现实服务、为政协参政议政服务，进行了讨论。二、召开东北三省政协文史工作联系会议，研究落实合作征集、编写东北老工业基地史料的任务。魏敏学副主席出席会议并讲了话。三、由省政协副主席常万海带队，组织部分常委、委员就吉林省文物古迹保护和利用情况进行视察，并形成报告，经主席会议通过，报送省委、省政府。四、完成了《吉林老工业基地资料选编》、《向海香海寺》、《查干湖》、《政协委员风采录（吉林卷）》等四本书的编辑任务。

港澳台侨和外事委员会 一、举办中澳新企业家恳谈及项目交流会。组织部分市（州）有关企业，与澳大利亚澳华友好协会、新西兰华商协会举办了“振兴东北中澳新企业家恳谈及项目交流会”。二、与吉林省政府、国务院侨务办公室共同主办“吉林省第三届海外华人华侨专业人士恳谈及项目对接会”。三、协助省委、省政府在英国和德国举办振兴吉林老工业基地的推介会。四、举办香港和澳门委员培训班。介绍了吉林省经济发展现状和老工业基地调整、改造的思路。结合学习政协章程，明确了作为政协委员的基本条件和当好政协委员的基本要求。五、与吉林省人大民侨外委、省侨办、省侨联共同举办“侨法培训班”，宣传贯彻新修改的《中华人民共和国归侨侨眷权益保护法》。六、开展联谊活动。1. 与吉林省海外联谊会、省青年联合会、香港青年联合会共同举办了“吉林—香港青年才俊高峰会”。与会人员围绕“多元化资本运作与老工业基地经济发展及吉林香港经济互动的机遇和挑战”进行了研讨。2. 与新疆维吾尔自治区政协联合举办了“吉林—新疆姊妹天池摄影展”，促进两省区政协友好合作与工作交流。

【重要活动】

省长与委员共商省是 一、2004 年 1 月 14 日，省长洪虎、副省长王儒林、李斌、陈晓光与省政协委员座谈会在长春召开。王国发主席主持会议并讲了话。洪虎向与会委员通报了吉林省经济社会发展情况和振兴吉林老工业基地相关情况以及 2004 年工作安排。省政协副主席伍龙章、修福金和董德明等 10 位省政协委员分别就振兴吉林老工业基地、进一步扩大就业与完善社会保障体系和重视人民群众的医疗等问题提出了意见和建议。王国发主席在讲话中指出，省政府领导和综合部门负责人到省政协与委员座谈，通报情况，听取意见，已经形成制度，这充分体现了省政府对委员意见的重视，对政协工作的支持，为省政协委员了解省情、参政议政提供了很好的机会。二、2004 年 8 月 2 日，省长洪虎、副省长王儒林、杨庆才、陈晓光、牛海军与省政协委员座谈会在长春召开。王国发主席主持会议并讲了话。洪虎向与会委员通报了吉林省上半年经济形势和省政府有关工作情况。薛玉山等10位省政协委员分别就振兴吉林老工业基地、农村经济发展、非公有经济发展、旅游业发展、推进国企改革和社会保险、新发展观与吉林省经济发展及发展现代物流等方面提出意见和建议。省政协副主席魏敏学、赵家治、伍龙章、李慧珍、孙耀廷、修福金、别胜学、段成桂,秘书长王富远和办公厅、研究室、各专门委员会负责人参加了座谈会。

协商恳谈会　一、2004年3月11日,省政协召开第三次协商恳谈会。协商的议题是中小学教育收费问题。与会委员们听取了省教育厅关于我省中小学教育收费情况的介绍,并就教育收费中存在的问题提出了意见和建议。省政协副主席常万海出席会议并讲了话。省政协秘书长王富远及部分常委、委员和省教育厅、省财政厅、省计委、省物价局、省监察厅等负责人出席会议。二、2004年3月16日,省政协召开第四次协商恳谈会。协商的议题是关于我省药品采购过程中存在的问题。与会委员听取了卫生和医药部门关于吉林省医疗机构及药品出售的有关情况介绍,并就如何逐步解决药品回扣等问题提出了意见和建议。省政协副主席常万海出席会议并讲了话。省政协秘书长王富远及部分常委、委员和省卫生厅、省监察厅、省物价局、省药监局等负责人出席会议。三、2004年10月9日,省政协召开第五次协商恳谈会,协商的议题是营造良好社会环境,预防青少年违法犯罪。会议由省政协副主席赵家治主持,省政协秘书长王富远、部分省政协委员、长春市政协委员、省教育厅、省公安厅、省司法厅、省文化厅、省广电局、省妇联、省新闻出版局、省关心下一代工作委员会、综合治理办公室等有关部门负责人出席会议。赵家治副主席在会上讲了话。

全省政协主席座谈会　2004年5月11日至12日在长春召开。全省市(州)、县(市、区)政协主席出席了会议。全国政协副秘书长李昌鉴到会作学习政协章程的辅导报告。榆树市等10个县(市、区)政协在会上交流了工作经验。王国发主席在会上就如何做好新世纪新阶段的人民政协工作讲了三点意见。一是深入学习贯彻政协章程,增强做好新世纪新阶段政协工作的主动性。二是围绕振兴吉林老工业基地的战略部署,充分发挥人民政协的职能作用。三是进一步加强自身建设,努力提高工作水平。

反映社情民意座谈会　一、2004年7月2日,省政协举办医药卫生界委员反映社情民意座谈会。省政协副主席常万海出席会议。来自省、市部分综合医院、专科医院、医学院校、中医诊所和药品生产企业的委员就当前医患关系、新闻媒体导向、医疗体制改革、药品采购招标等问题提出了意见和建议。二、2004年10月28日,省政协举办农业界委员反映社情民意座谈会。省政协副主席孙耀廷出席座谈会并讲了话。委员们就吉林省实行免征农业税、粮食直补政策后农民的受益情况、存在的问题进行了座谈,并就在新形势下如何做好农村工作提出了意见和建议。

省政协发展论坛　一、2004年7月13日,省政协第三次发展论坛在长春举行。论坛的主题是振兴吉林老工业基地创建良好法制环境。论坛由省政协副主席赵家治主持。王清文等9位省政协委员就国企重组转制、外商投资、社会诚信体系建立、司法保障及执法监督等方面坦诚建言,出谋划策。省委副书记吴广才、副省长王儒林到会听取意见和建议。省政协副主席魏敏学、阎洪臣、李慧珍、段长桂、秘书长王富远出席论坛。省直有关部门负责人,在长全国政协委员,省政协部分委员和各民主党派、工商联负责人出席论坛。二、2004年

10月20日，省政协第四次发展论坛在长春举行，论坛主题是人与自然和谐发展。论坛由省政协副主席孙耀廷主持，副省长陈晓光出席论坛。盛连喜等3位省政协委员就吉林省人与自然和谐发展现状及未来设想作了专题发言。省政协副主席魏敏学、常万海、伍龙章、修福金、段成桂、秘书长王富远出席论坛。省直有关部门负责人，在长全国政协委员，省政协部分委员和各民主党派、工商联负责人出席论坛。本次论坛收到书面发言6份。

专题议政会 2004年11月19日，省政协首次专题议政会在长春召开。会议由省政协主席王国发主持。省委副书记林炎志、副省长李斌出席了会议。省级各民主党派、工商联就促进吉林省老工业基地振兴作了专题报告。省政协副主席魏敏学、阎洪臣、常万海、伍龙章、李慧珍、修福金、别胜学、段成桂、秘书长王富远出席会议。省级各民主党派、工商联、省直有关部门负责人、省政协副秘书长和办公厅、研究室、各专门委员会负责人出席会议。

【重要文件】

常务委员会工作报告(2004年2月9日)(摘要) 2003年是九届省政协的第一年，省政协常务委员会把发展作为履行职能的第一要务，把握团结和民主两大主题，围绕中心，服务大局，坚持中国共产党领导的多党合作和政治协商制度，进一步巩固和发展爱国统一战线，为促进和维护全省改革发展稳定的大局做出了新的贡献。一、紧紧围绕发展第一要务，履行政协职能取得了新成效。专题调研和政治协商突出发展议题，发挥政协优势，推动对外开放和招商引资，积极稳妥地开展民主监督，为营造良好的发展环境搞好服务，积极参加抗击非典的斗争。二、坚持与时俱进，开创了生动活泼的工作局面。组织开展了发展论坛、协商恳谈和委员建言三项创新活动，建立了反映社情民意小型座谈会制度。三、进一步强化反映社情民意和提案工作，促进了决策民主化、科学化。了解和反映社情民意是政协委员密切联系群众、向党政领导建言献策的重要途径。过去一年，吉林省政协继续推进反映社情民意工作的规范化、制度化建设，制定了《关于加强全省政协政务性信息工作的意见》，召开了全省政协信息工作座谈会，进一步建立健全了信息网络和工作机制。提案工作是政协履行职能的重要形式，也是了解和反映社情民意的重要渠道。四、巩固发展爱国统一战线，推动了大团结、大联合。积极开展促进祖国统一和联谊交往工作，加强与兄弟省市政协的交流与学习，高度重视政协宣传工作。一年来的工作实践证明，在履行政协职能过程中，把握团结和民主两大主题，同社会各界密切联系，广泛交往，有助于充分发挥人民政协的特点和优势，推动各党派、各团体和各族各界人士共同致力于民族团结和振兴的大目标。五、认真完善制度，切实加强了自身建设。2004年省政协工作的指导思想是：在中共吉林省委的领导下，以邓小平理论和“三个代表”重要思想为指导，认真贯彻中共十六届三中全会和省委八届四次、五次全会精神，围绕中心，服务大局，促进发展，维护稳定，以团结和民主为主题，认真履行政协职能，为振兴吉林老工业基地、全面建设小康社会做出新的贡献。主要工作任务：一、围绕发展经济和推进“二次创业”，积极献计出力。二、把握团结和民主两大主题，认真履行职能。三、着眼于促进祖国统一和加强经贸合作，扩大友好交往。四、发挥政协委员的主体作用，夯实工作基础。五、加强对市、县政协的工作指导，发挥整体优势。六、进一步推进政协机关建设，提高服务质量。

省政协主席王国发在九届二次会议闭幕式上的讲话(2004年2月12日)(摘要)

一、进一步提高对人民政协性质、地位和作用的认识，增强履行政协职能的主动性。1. 巩固和发展新时期的爱国统一战线，需要人民政协高举爱国主义和社会主义旗帜，努力发展共同大目标下的大团结。2. 坚持和完善中国共产党领导的多党合作和政治协商制度，需要人民政协认真搞好各党派、团体和无党派人士的合作共事。3. 发展社会主义民主政治，建设社会主义政治文明，需要人民政协发挥政治协商、民主监督和参政议政的作用。二、围绕发展这个第一要务，服务振兴吉林老工业基地的大局，增强履行政协职能的开拓性。1. 要发挥人民政协代表性广、包容性大的优势，做好团结各界、凝聚人心的工作。2. 要发挥人民政协智力密集、人才荟萃的优势，为振兴吉林老工业基地献计出力。3. 要发挥人民政协联系广泛、上通下达的优势，努力维护安定团结的社会政治局面。三、切实加强自身建设，与时俱进，恪尽职守，增强履行政协职能的实效性。要努力加强学习，增强责任意识，加强制度建设，做好服务保障。

《政协吉林省委员会专门委员会通则》(2004 年 9 月 28 日)(摘要)　第一章、总则(共 4 条)。第二章、组织(共 6 条)。第三章、工作制度(共 6 条)。第四章、附则(共 1 条)。

《吉林省政协提案审查实施细则》(2004 年 12 月 13 日)(摘要)　提案审查是提案委员会的一项主要工作。根据《政协吉林省委员会提案工作条例》的有关规定，为使提案审查工作规范化、制度化、程序化，保证提案质量，发挥提案在履行人民政协职能中的重要作用，特制定本实施细则。一、提案者资格的审查(共 4 条)。二、提案内容的审查(共 3 条)。三、提案格式的审查(共 4 条)。四、提案立案的原则(共 5 条)。五、提案审查程序(共 2 条)。

【组织概况】

委员增补名单(以下为 2004 年 1 月 9 日第 5 次常委会议通过)

石金玉(回族)　刘国兴　王丽颖(女)
荣万程　鹿　云(女)　孙　进

(以下 2004 年 12 月 28 日第 9 次常委会议通过)

王乐天　王继涛　王焕永　尹爱青(女)
邓　悦　冯晓京　申守勤　白玉发
仲伟同　刘　野　刘春梅(女)
刘菊秋(女)　朱　彤(女)
宋村珠　李国良(满族)　谷　峪(女)
陈金生(满族)　周丽影(女，满族)
郑玉良　郑吉虎　施立学(满族)
唐仁举　崔基玉(女，朝鲜族)
柴雅华(女)　程文贵　董立岩
董继宏　韩自忠　蓝春雨　霍凤兰(女)

免去委员名单(以下为 2004 年 1 月 9 日第 5 次常委会议通过)

孙玉祥　赵　争　刘俊来　吴长明
高成堂

(以下为 2004 年 12 月 28 日第 9 次常委会议通过)

那永卓(满族)　许英洙(朝鲜族)
丁四保　李永生　于学刚　张显平
孙慧志(女)　蓝　军　浦生林
李有如　李宝林　周任赤　宋馀财
王文成(蒙古族)　杨凤祥

【吉林省各级政协领导人名单】

吉林省政协

主　席

王国发

副主席

魏敏学　赵家治　阎洪臣
常万海　伍龙章　李慧珍(女)
孙耀廷　修福金　别胜学
段成桂

秘书长

王富远

长春市(副省级)

主　席

张绪明

副主席

战月昌　毛连方　范新早

宛祝平(回族)　薛　康

赵吉光　宋　勇　刘化文

秘书长

崔玮德(朝鲜族)

县(市、区)政协主席

朝阳区　孙宝和

南关区　邹宝华

宽城区　薛秉新

二道区　李柏林

绿园区　赵国峰

榆树市　宋志学

农安县　崔立群

德惠市　赵文杰

九台市　李文波

双阳区　胡玉荣(女)

吉林市

主　席　赵锡水

县(市、区)政协主席

昌邑区　张文祥

船营区　吴连瑞

龙潭区　杨玉林

丰满区　王新伟

永吉县　高印才

舒兰市　刘启田

磐石市　裴　生

蛟河市　王德荣

桦甸市　张宜兴

四平市

主　席　张元富

县(市、区)政协主席

铁东区　刘　鹏

铁西区　秦　祥

公主岭市　李梓臣

梨树县　李　彦

双辽市　田　才

伊通县　赵炳顺

通化市

主　席　钟培秀

县(市、区)政协主席

东昌区　吕新生

二道江区　邹古秀

梅河口市　于　信

集安市　杨德令

通化县　李云凤(女,满族)

柳河县　刘　勇

辉南县　高　安

白城市

主　席　刘宝泉(蒙古族)

县(市、区)政协主席

洮北区　马建义

洮南市　张利民

大安市　耿继民

镇赉县　朱力学

通榆县　白长祯(蒙古族)

辽源市

主　席　董继宏

县(市、区)政协主席

龙山区　孙国敏

西安区　张凤兰(女)

东丰县　韩振文

东辽县　尤　才

松原市

主　席　王凤树

县(市、区)政协主席

宁江区　盖子臣

扶余县　张绍文

前郭县 刘加绪
长岭县 欧祥正
乾安县 孙介文

白山市

主 席 刘洪发
县(市、区)政协主席
八道江区 李政珍(女)
临江市 郑振海
江源县 吴增良
靖宇县 邢学忠
长白县 金顺子(女,朝鲜族)
抚松县 张祥学

延边朝鲜族自治州

主 席 黄 铄
县(市、区)政协主席
和龙市 顾才德
敦化市 王保民
图们市 董克敏
龙井市 李江海
延吉市 马文学(朝鲜族)
珲春市 李春禄(朝鲜族)
汪清县 杨慎东
安图县 艾忠厚(满族)

吉林省各级政协组织和委员数

(截至2004年底)

项目＼级别	省	副省级市	设区的市(自治州)	县(市、区)	合计
组织数	1	1	8	60	70
委员数	534	535	2637	12064	15770

(梁红建 编写 周建华 审稿)

政 协 黑 龙 江 省 委 员 会

【全体委员会议】

九届二次会议 2004年2月8日至13日在哈尔滨市召开。委员应出席780人,到会736人。会议主要议程:一、韩桂芝主席致开幕词。二、省委书记、省人大主任宋法棠在开幕式上作了重要讲话。宋法棠充分肯定了省政协九届一次会议以来的工作,并从四个方面对做好新时期全省政协工作提出希望:要充分发挥人民政协的人才智力优势,围绕抓好第一要务献计出力,在推动加快发展上做出新贡献;要充分发挥人民政协联系广泛的优势,积极推进对外对内开放,在搞好招商引资上做出新贡献;要充分发挥人民政协地位超脱的优势,大力加强民主监督,在改善投资发展环境上做出新贡献;要充分发挥人民政协代表性和包容性强的优势,做好凝聚人心、加强团结的工作,在维护社会稳定上做出新贡献。全省各级政协组织和政协委员要认清肩负的重大历史责任,坚持共产党的领导不动摇,坚持高举团结和民主的旗帜不动摇,坚持履行政治协商、民主监督、参政议政职能不动摇,全面加强自身思想、组织、作风建设,把推动全省加快发展作为第一要务,发挥优势,主动工作,争创新业绩,做出新贡献。三、审议、通过了曹广亮副主席所作的政协黑龙江省委员会常委会工作报告。四、审议、通过了曹亚范副主席所作的政协黑龙江省委员会九届一次会议以来提案工作报告。五、大会发言。六、协商讨论了张左己省长所作的政府工作报告、省2004年国民经济和社会发展计划草案、2003年预算执行情况和2004年预算的报告,省高级人民法院和省人民检察院工作报告。七、增选了省政协常委。八、通过了政协黑龙江省第九届委员会第二次会议政治决议。会议号召,人民政协的各参加单位、各级政协组织和广大政协委员要紧密团结在以胡锦涛同志为总书记的中共中央周围,在中共黑龙江省委的正确领导下,高举邓小平理论和"三个代表"重要思想的伟大旗帜,解放思想,振奋精神,开拓创新,为重振我省老工业基地雄风,为实现"努力快发展、全面建小康"的战略目标而努力奋斗。九、通过了常委会工作报告的决议。十、通过了曹亚范副主席所作的提案审查情况的报告。十一、对2003年度委员在"五个一"活动中成绩优异者给予表彰并颁奖。十二、韩桂芝主席在闭幕会上作了题为《围绕中心工作,服务发展大局,在全面振兴老工业基地中有更大作为》的讲话。

【常务委员会会议】

第5次常委会议 2004年2月7日在哈尔滨市召开,韩桂芝主席主持会议。会议议题:(1)讨论并通过九届第二次会议秘书长、副秘书长建议名单(草案);(2)讨论并通过小组划分原则和召集人建议名单(草案);(3)讨论并通过常委会工作报告(草案);(4)增补专委会副主任、省政协委员;(5)讨论增补常委人选;(6)讨论选举办法(草案)、总监票人、监票人名单。

第6次常委会议 2004年2月12日在哈尔滨市召开。韩桂芝主席主持会议。会议议题:(1)大会秘书长报告分组讨论的情况;(2)协商通过各项决议(修改稿);(3)听取组织组对各组酝酿候选人、选举办法(草案)、总监票人和监票人建议名单汇报。

第7次常委会议 2004年6月9日至10日在省政协召开。会议议题:一、全国政协副秘书长李昌鉴到会作关于深入学习新修订的《政协章程》的辅导报告;二、省委常委、组织部部长刘海生到会传达中央关于免去韩桂芝省政协主席职务的文件;三、通过免去韩桂芝省政协主席职务的决议,并提交省政协九届第三次全会备案;四、曹广亮副主席作《深入学习贯彻宪法和政协章程,努力开创全省政协工作新局面》总结讲话。

第8次常委会议 2004年9月16日至17日在省政协召开。会议议题：按照省委、省政府《关于全面提高对外开放水平促进经济加快发展的意见》要求，进一步动员政协参加单位和广大政协委员，统一思想认识，突出政协特点，努力发挥优势，就促进老工业基地调整改造、引进战略投资者、加快开发区和工业园区建设、优化招商引资环境、发展现代服务业、鼓励民营企业进入国际市场等方面，开展调查研究，建言献策，为进一步提高对外开放水平、全面招商引资做出新的贡献。王利民副省长到会通报了我省对外开放工作情况。曹广亮副主席做题为《畅所欲言谋扩大对外开放之策，发挥优势尽政协促进发展之责》的总结讲话。

第9次常委会议 2004年12月23日至24日在省政协召开。会议议题：就我省农村基础教育发展问题进行协商讨论，建言献策，为进一步提高农民素质、推动科教兴农、调整农村经济结构、繁荣农村经济、增加农民收入，推动振兴东北老工业基地战略的实施，早日实现省委提出的“努力快发展、全面建小康”的战略目标做贡献。副省长程幼东到会通报了我省农村基础教育情况。会议讨论并通过了《关于我省农村基础教育发展问题的建议案》，报送省委、省政府。曹广亮副主席作题为《发挥政协优势，找准尽责角度，为加快我省农村基础教育发展贡献力量》的总结讲话。

【专门委员会工作】

提案委员会 重点提案领导督办，取得实效。一般提案催办工作力度大、效果好。九届二次会议期间，经主席会议确定24件提案为九届二次会议的重点提案，10位副主席分工督办16件，请各位副主席在重点提案交办单上签批意见，由省委、省政府有关领导批示，转交承办单位办理落实，重点提案已于2004年6月初全部办理完毕，提案者对办理结果全部满意。提案委员会坚持“快办”、“办好”的原则，加大了催办力度。要求承办单位即收即办，一般政策建议性提案办理时限不超过三个月。提案委与省政府办公厅、哈尔滨市政府办公厅及各承办单位密切配合，加大了催办力度，先后召开了11次提案督办会、现场办案会、提案者和承办单位相互讲评对话会，及时沟通情况，推进办理速度，使提案的满意率达到95%以上。截止到6月初，九届二次会议期间立案的570件提案就办理完毕，到11月1日，全年649件提案全部办理完毕。其中，被党政承办单位已经解决和列入计划解决的提案为557件，占立案总数的86%，年初制定的广进严出的工作设想得到实现。2004年6月30日至7月5日，举办了华北、东北地区政协提案工作座谈会。

文史和学习委员会 关于文史工作：(一)完成了黑龙江文史资料第36辑《抗联英雄于天放》的编辑出版工作。(二)完成了黑龙江文史资料第37辑《黑龙江省老工业基地》一书的征稿、编辑和出版工作。当年征稿，当年出书。(三)开展了黑龙江文史资料《知识青年在黑龙江》的征稿工作。(四)代省新闻出版局审阅绥化市北林区文史资料书稿一部，约9万多字。(五)参加了全国政协浙江义乌会议、天津名人故居研讨会和东北三省政协文史工作协作会议。(六)完成了全国政协“人民政协成立55周年专辑”《人民政协纪事》的组稿工作，受到全国政协的表扬。关于学习工作：(一)完成了全省第十六期市县政协主席、委员和干部学习班的筹备、组织和服务工作。(二)完成了六期《学习与交流》的编发工作。(三)举办了贯彻十六届四中全会精神专题辅导报告会。九届第七次常委会议主题是学习修改后的新宪法和政协章程。主席会议确立常委会的大会发言由本委员会承办,委员会圆满地完成了任务,保证了大会发言的质量。

经济委员会 突出重点、围绕中心开展调研和视察工作。重点调研:2004年经济委承担了省政协关于森工林区发展接续产业问题的重点调研课题。2004年6月,组织部分委员成立调研组,在迟建福副主席带领下,听取了省森工总局等部门的情况介绍,深入到伊春、大兴安岭等市(地)及松花江林管局进行调查,先后听取了当地政府和森工有关部门的情况介绍,并对基层林区发展接续产业情况进行调研,多次召开了有基层林区干部、工人参加的座谈会,认真听取各方面的意见和建议。为了学习外省的先进经验和做法,2004年10月底,迟建福副主席率调研组一行赴安徽、江西、湖南三省考察。调研组在充分调查研究的基础上,形成了《关于我省森工林区发展接续产业的调查报告》已报送省政府。专题调查和视察。经济委紧紧围绕经济建设的中心,依据专业组各自特点,就全省经济发展的全局性、战略性问题,积极开展调查、视察活动,提出有分量的意见和建议,受到各方面的好评和领导的重视,取得较好成效。农业组组织部分委员就"关于我省实施大豆振兴计划实施情况"进行视察,形成了《关于我省大豆振兴计划实施情况的视察报告》,报送省政府后,申立国副省长做了批示;城建交通组组织委员就"我省通乡、通村公路建设情况"进行视察,形成了《关于我省村村通公路建设情况的视察报告》,报送省政府后,刘海生副省长做出了批示;工业调查组赴7个地市对14个有代表性的国有大中型企业人才情况进行调查,形成了《关于我省国有大中型企业人才问题的调查报告》,提出了一些具体的意见和建议,报送省委、省政府,省委组织部的《人才简报》予以转载;财贸组就我省现代物流业发展情况进行调研,先后对大庆、绥芬河、东宁等市县的现代物流发展情况进行深入调查,形成了《关于我省现代物流发展情况的调查报告》,报送省政府后,受到省领导重视,副省长刘海生责成省政府二处办理,并要求在《报告》的基础上,听取有关委员、专家的意见,形成政府决策意见;民营经济组在刘文泮副主席带领下,组织委员对我省非公有制企业人才问题进行视察,形成了《关于我省非公有制企业人才问题的报告》,以《政协信息》的形式报送给省领导。

科教文卫体委员会 认真开展调查研究,努力建言献策。广泛深入地开展了"关于我省农村基础教育发展现状"的调研工作。在张树平副主席的带领下,组织有关委员和专家分两个调研组深入到省直、哈尔滨、齐齐哈尔、绥化、黑河等市地的六个县及乡村屯开展调研,并多次召开由县乡领导、中小学校校长、学生及学生家长参加的座谈会,广泛听取各方面的意见。为开阔思路,学习外省先进经验,到吉林、河北两省考察,并与两省的教育厅负责人座谈交流。经过反复研究各方面的材料,广泛征求意见,形成了《关于我省农村基础教育发展现状的调研报告》及其建议案,经主席会议审议,提请九届第九次常委会议审议通过。与全国政协协作开展调研。委员会与全国政协协作开展了"关于我省农村体育活动状况"的调研。2004年10月初,调研报告报全国政协科教文卫体委员会;与全国政协协作开展"关于我省新型农村合作医疗体系建设情况"的调研,调研报告已报送全国政协并引起有关部门的高度重视;组织教育界委员,在张树平副主席的领导下,就我省民办教育发展的现状进行了专题调研,形成了《关于我省民办教育发展情况的调研报告》,被评为2004年全省党政领导干部优秀调研成果。

社会和法制委员会 一是组织委员认

真学习中共十六大和十六届四中全会精神，采取集中与分散相结合的学习方式，坚持理论联系实际，注重学习效果，进一步增强了政协委员在新形势下做好工作的责任感和使命感。二是采取以会代训、交流信息、委员联谊等多种形式，加强委员统战理论和政协章程的学习，进一步明确了政协委员职责、履行职能的方法和基本途径，为委员履行职能奠定基础。三是组织委员学习宪法、行政许可法、行政诉讼法、行政赔偿法等与社法委工作相关的法律、法规，适应履行职能需要。四是规范化、制度化和程序化建设。完善了各项工作制度；修改完善了社法委及其办事机构工作人员岗位责任制，明确职责，落实责任。提高素质，强化服务。重点调研。曹亚范副主席带队，组织委员、专家就省政协重点调研题目"我省收入分配问题"到省直有关单位和哈尔滨、大兴安岭、齐齐哈尔、绥化等市地进行专题调研。同时，参加全国政协社会和法制委在云南召开的收入分配专题研讨会，就我省收入分配领域的现状、存在的问题在会议上进行了交流，就缩小收入差距，防止贫富分化向全国政协和国家有关部委提出建议。就"未成年人权益保障问题"到大庆、黑河、大兴安岭及所属县市进行调研，调研报告在全国政协社会和法制委召开的专题研讨会上进行了交流。收入分配、未成年人保护两篇调研报告已报省委、省政府，并被全国政协社法委主办的《社会和法制委工作通讯》刊物采用。立法协商。一是就省人大转交的《哈尔滨市物业管理条例》草案，组织委员和专家进行讨论，协商的意见得到有关立法部门的采纳。二是组织委员参加省政府法制办组织的关于农民工工资保障规定的协商讨论，就有效保护农民工合法权益，侵害农民工合法权益的法律责任等方面提出意见。三是组织委员和法律专家参与新闻单位组织的建设"平安龙江"专题讨论，委员就维护社会政治安定、创新社会治安综合治理工作，强化综治基层基础建设提出意见建议。

民族和宗教委员会 重点调研。2004年6月，组织民族界部分委员，分两个组，就"我省西部地区少数民族农牧民收入状况"进行调研，这是省政协的重点调研题目。调研组深入到我省西部齐齐哈尔市的梅里斯达斡尔族区、富拉尔基区、讷河、富裕、泰来和大庆市的杜尔伯特蒙古族自治县、肇源等7个县(市、区)达斡尔、鄂温克、柯尔克孜、蒙古等4个少数民族聚居的12个民族乡，20个民族村进行调研。调研组深入106户农牧民家庭，体察了这四个少数民族农牧民的生活状况；了解了中央一号文件的落实和近几年农牧民收入、消费情况；听取了县、乡情况介绍；先后召开了14次座谈会；与县(市、区)乡(镇)、村干部讨论了有关促进农牧民增收问题，形成了《关于我省西部地区少数民族农牧民收入状况的调研报告》。调研报告报送省政府后，王东华、申立国副省长作了批示。对我省治理基督教"三乱"专项工作进行视察。2004年9月下旬，宗教组部分委员视察组到牡丹江市，对我省治理宗教"三乱"(乱传教、乱设点、乱聚会)专项工作进行视察。视察组听取了牡丹江市治理"三乱"工作的情况汇报；视察了宗教活动场所；分别与宗教工作干部和宗教教职人员进行座谈。视察组还深入到东宁县，对基层治理"三乱"工作情况进行详细了解，听取了省宗教局召开的全省治理"三乱"工作情况汇报，形成了《关于视察我省治理基督教"三乱"专项工作情况的报告》报送省政府。与民族和宗教界人士广泛联系，热心为他们服务。元旦、春节期间，政协领导带队分别走访民族、宗教界上层人士20余次。走访期间，与他们促膝谈心，问寒问暖，相互沟通、交流；始终坚持热情为委员和民族宗教界人士服务，截止到年底共接待委员和民宗界人士140多人次，为他们联系就医、协调事情，接待上访、化解矛盾等，让他们体会到政协的温暖。

台港澳侨联络和外事委员会 一、九届二次全会前，把招商引资项目提供给有关港澳海外委员和顾问，以便他们在港澳和海外推介。在会议期间，及时与省外经贸厅等有关部门联系和协调，就有关项目与委员进行沟通和洽谈。二、2004年5月，协调澳门和海外常委孙恩光、袁歆先生率港澳商界投资考察团前来黑龙江省齐齐哈尔、牡丹江等地，就马铃薯加工项目进行了考察，拟投资建立淀粉加工厂并达成了意向协议，预计总投资额为4亿元人民币。三、哈洽会期间，组织港澳委员参会，帮助他们协调解决存在的问题，并请曹广亮副主席到会视察了委员的展位。哈洽会后，委员会荣获省政府授予第十五届哈洽会突出贡献奖。四、2004年7月，接待台湾经济文化参访团，积极开展招商引资工作，为参访团团员、台湾大顺电气公司董事长朱万芳先生牵线联系了七台河市的合作项目，经双方洽谈，初步达成了进一步运作的意向。五、2004年6月，香港南益集团董事长、黑龙江省经济顾问林树哲先生随港澳工商界人士东北考察团来我省考察时，提出了建立"龙港经济发展促进会"的建议，委员会认为建立"龙港经济发展促进会"很有必要，为此，委员会与省侨联共同起草了关于筹建"龙港经济发展促进会"的报告，省领导宋法棠、张左己和栗战书同志分别做了批示，2004年11月香港活动周期间举行了促进会成立大会，张左己省长亲临大会并讲了话。六、2004年11月，黑龙江省在香港举办了以振兴东北老工业基地、黑龙江与香港联手开拓俄罗斯市场为主题的黑龙江(香港)活动周。委员会与省发改委、商务厅和招商局等部门密切配合，组织港澳委员参加活动周的各项活动，并请他们联络和邀请港澳工商界人士积极参会，还应齐齐哈尔市的要求向港澳委员发出了参加齐齐哈尔商务日的邀请，为活动周的成功举办做出了贡献，受到了省领导的表扬。七、为了加大在港澳地区宣传和推介我省的力度，配合招商引资工作的开展，今年下半年，委员会与香港《大公报》联合在大公报上开辟了"龙港直通车"栏目，报道省政协港澳委员在我省投资办企业的情况，通过这一栏目进一步扩大我省与港澳地区的交流与合作。重点调研。"进一步提高我省对外开放水平"是省政协重点调研题目，九届第八次常委会议中心议题，委员会参与和承担了专题调研和委员视察工作。2004年第四季度，开展了"关于港澳、海外委员在我省投资情况的专题调研"，现已形成调研报告。组织委员到东宁县对边境口岸情况进行视察。

人口资源环境委员会 专题调研。组织委员就"加强我省地质遗迹保护，促进旅游事业发展问题"、"建设生态示范省，保护生态环境"、"对我省出生人口性别比偏高问题"的专题调研。以上调研，受到省领导及省政府有关厅局和相关市地党政领导的高度重视，有些建议已纳入领导决策。在《关于加强我省地质遗迹保护促进旅游事业发展问题的调查报告》上，副省长申立国作了重要批示，省国土资源厅高度重视，对提出的建议提出了具体的办理意见。在《关于我省西部地区土地沙漠化现状及其治理对策的调查报告》上，申立国副省长做了重要批示。《人民政协报》还以"黑龙江省政协就治理土地沙漠化问题呼吁，尽快构建防控体系，严防土地沙化加重"为题，做了专题报道，引起社会广泛关注。

【重要活动】

庆祝人民政协成立55周年暨第二届邓小平人民政协理论研讨会 2004年9

月15日在省政协召开。省政协副主席曹广亮、曹亚范、欧阳吟、刘文泮、迟建福、王涛志、陈述涛、梁荣欣、何小平,秘书长白树清,驻我省的全国政协委员,各民主党派和工商联负责人在内的省政协常委会组成人员,省政协副秘书长、各市(地)政协主席、工委主任,省政协办公厅、研究室、各专委会负责人及机关副厅级以上干部,省委宣传部、省委统战部、省委党校、省社科院、省社科联、省社会主义学院等负责人以及会议研讨发言的部分优秀论文作者出席会议。会议以邓小平理论和"三个代表"重要思想为指导,深入贯彻落实全国政协十届二次会议和全国政协纪念邓小平同志诞辰100周年暨邓小平关于人民政协理论研讨会精神。学习贾庆林主席的重要讲话。并围绕加强人民政协理论研究,探索人民政协工作规律,总结交流政协工作经验,推进全省人民政协事业不断发展进行了认真研讨。省委副书记刘东辉到会并做题为《推动人民政协理论创新和工作创新,促进我省人民政协事业的不断发展》重要讲话。刘东辉强调:一、充分认识新形势下加强人民政协理论研究的重大意义。一是建设社会主义政治文明的需要。二是政协工作开拓创新的需要。三是坚持与时俱进,完善和发展人民政协理论体系的需要。二、努力把人民政协理论研究工作提高到一个新的水平。一是必须坚持以"三个代表"重要思想为指导。必须坚持理论联系实际。二是必须推动人民政协的理论创新。三、切实加强对人民政协理论研究工作的领导。一是要把研究工作纳入重要议事日程。二是加强研究队伍建设。三是要调动各方面开展研究的积极性。四是要有组织有计划地开展系列化专题化研究。省政协党组副书记、常务副主席曹广亮做了总结讲话。

全国政协港澳委员考察团到黑龙江考察 全国政协副主席廖晖率港澳地区部分全国政协委员、一些大企业和财团的代表,电讯、运输、零售、法律、会计等专业界人士以及香港特别行政区和澳门特别行政区政府的有关官员共120多人参加了考察。考察团听取了有关省、市情况介绍,参观了一些大型国有企业和合资企业。

华北、东北地区提案工作座谈会 2004年6月30日至7月5日 华北、东北地区政协提案工作座谈会分别在哈尔滨、牡丹江市召开。全国政协常委、提案委员会副主任范宝俊到会并讲话。曹亚范副主席,秘书长白树清出席会议。

驻澳门全国政协常委视察团到黑龙江省视察 2004年7月16日至23日,在全国政协副主席张怀西的带领下,以全国政协常委吴福先生为团长,全国政协常委李勇武和全国政协常委杨俊文为副团长的驻澳门全国政协委员视察团一行18人来我省视察。视察的重点是落实中央东北老工业基地振兴战略的情况,以及落实科学发展观,推动黑龙江省实施可持续发展的情况。委员们听取了黑龙江省委、省政府关于黑龙江省经济发展与社会进步、生态环境和可持续发展、东北老工业基地振兴及边境贸易等情况的汇报,省委副书记刘东辉、省政府副省长程幼东出席了汇报会;委员们先后视察了哈飞集团、哈尔滨工业大学、牡丹江、镜泊湖、东宁、大庆、省八一农大等地方和单位;省委、省政府、省政协有关领导同委员们进行座谈。省委书记宋法棠、省委副书记栗战书,省政协副主席曹广亮等领导参加座谈会。

全国部分省(市、区)政协第六次民族宗教工作研讨会 2004年8月16日至20日,29个省(市、区)政协民族和宗教(社会法制)委员会及其办公室的负责人,部分省政协副主席出席会议。

驻黑龙江省全国政协委员视察我省国有企业改革情况 2004年10月27日至28

日，省政协副主席、省委统战部部长王涛志率全国政协委员驻黑龙江省视察团先后到黑龙江乳业集团和哈尔滨空调机厂视察并与企业负责人及职工代表座谈。省长助理、省国资委主任胡祥鼎向视察团全面介绍了我省国企改革的进展情况、遇到的困难和亟待中央帮助解决的问题。对于我省国企改革存在的问题，全国政协委员将以提案形式向全国政协反映。

【重要文件】

常委会工作报告（2004 年 2 月 8 日）（摘要）

第一部分，2003 年省政协常委会在省委的领导下，做了大量工作，为我省“努力快发展、全面建小康”做出了积极贡献。一、紧密围绕省委、省政府的中心工作和重大决策积极参政议政。论证黑龙江省全面建小康纲要，形成《关于论证〈黑龙江省全面建设小康社会纲要〉的建议案》，就科学确定黑龙江省全面建设小康社会的指标体系等七个方面提出了 30 多条建议，受到省委、省政府的高度重视并被采纳。分别就依法行政优化经济发展环境，加快农村富余劳动力转移，促进县域经济发展，全省民族地区和少数民族加快全面建设小康社会若干问题的调查等得到省委、省政府有关领导的重视和采纳。一年来先后就我省老工业基地改造、走新型工业化道路、退耕还林情况、粮食收购状况、北药开发、民办教育发展、高科技园区建设、改善交通环境、深入开发历史文化资源等 14 个专题，开展调研，许多建议得到重视并被采纳。邀请全国著名专家学者来我省考察，围绕振兴老工业基地相关问题举办专题论证会和报告会。二、以委员视察和提案为主要形式的民主监督取得新进展。主席、副主席带队对部分市、县和省直单位开展“两风”建设工作进行视察。组织关于治理教育乱收费、煤炭安全生产、哈尔滨市城市环境状况等视察，有效地促进了问题的解决。截至 2003 年 7 月，主席分工督办的 11 件重点提案全部办结，其中农工党省委提出的《关于实施沃土工程，实现农业可持续发展战略建议》的提案，被列入国家防治东北水土流失的重点整治规划。建立了省政协常委和各民主党派、工商联负责人与省委、省政府领导的“直通车”制度。三、发挥联系广泛的优势，为我省扩大开放做出了贡献。共接待来访团组 60 余批。福建省政协港澳委员考察团一行在团长林树哲先生的带领下先后两次来访，就感兴趣的项目和对俄边贸进行考察，林先生被省政府聘请为经济顾问。四、积极为人民群众办实事、办好事。为落实“开展 10 项利民行动、办好 33 件实事”的部署，组织政协委员和各民主党派、工商联成员开展捐资助学、扶贫解困、科技咨询和医疗服务。五、协助党委、政府切实做好维护社会稳定工作。发挥政协组织的优势，密切关注下岗职工、困难企业职工和其他社会弱势群体的实际困难，及时反映他们的愿望和呼声；随时走访民族宗教界上层代表人士，调动了他们爱国爱教、建设小康社会的积极性；发挥老委员在议政献策、反映民意、咨询服务等方面的作用。

第二部分，主要体会。第一，始终坚持以邓小平理论和“三个代表团”重要思想为指导，是政协工作与时俱进、不断创新的强大动力。第二，始终坚持围绕中心、服务大局，与省委、省政府工作保持步调一致，是做好政协工作的关键所在。第三，始终坚持依靠党委重视、政府支持，是做好政协工作的重要保证。第四，始终坚持从政协自身特点出发，摆正位置，选准角度，发挥优势，是做好政协工作的基本前提。第五，始终坚持履行政协职能贴近社会、贴近实践、贴近群众，是做好政协工作的根本要求。第六，始终坚持抓好政协自身建设，提高队伍素质，是做好政协工作的基础条件。

第三部分，2004年是我省深化改革、扩大开放、抢抓机遇、加快发展的重要一年。新的一年，全省政协工作总的指导思想是：坚持以邓小平理论和“三个代表”重要思想为指导，深入贯彻中共十六大、十六届三中全会和省委经济工作会议精神，围绕省委确定的以振兴老工业基地为中心，突出重点、全面推进的工作部署，充分发挥人民政协自身优势，切实履行政治协商、民主监督、参政议政职能，团结和动员全省各民主党派、工商联、无党派人士和各族各界人士，大兴求真务实之风，同心协力、埋头苦干，为我省“努力快发展、全面建小康”做出新的贡献。突出抓好以下10件事：一、围绕全面建设老工业基地大兴调查研究之风，积极参政议政。二、努力为推动全省招商引资献计出力。三、以优化经济发展环境为重点，进一步加强民主监督工作。四、以开发精品提案和提高办理质量为目标，进一步做好提案工作。五、进一步做好凝聚人心、维护社会稳定工作。六、认真落实省委确定的“开展10项利民行动、办好33件实事”的部署，组织各级政协组织和委员为群众解难题，办实事。七、在发挥委员主体作用上取得新突破，八、进一步加强政协机关干部队伍建设。九、进一步做好改善政协工作条件的工作。十、加强人民政协宣传工作，扩大社会影响。

【组织概况】

免去韩桂芝主席职务的决定 2004年6月10日，政协黑龙江省第九届委员会常务委员会第七次会议决定，因涉嫌重大经济问题，已构成严重违纪，免去韩桂芝政协黑龙江省第九届委员会主席职务，并报政协黑龙江省第九届委员会第三次会议备案确认。

免去洪英华常委、委员资格的决定 2004年12月24日，政协黑龙江省第九届委员会常务委员会第九次会议决定，因严重违纪，免去洪英华政协黑龙江省第九届委员会常务委员会常务委员、委员资格，免去其常务委员资格报政协黑龙江省第九届委员会第三次会议备案确认。

增补委员名单（2004年2月7日第五次常务委员会通过）

吕　诚　倪红伟　栾　莹（女）
张　岭　李铁民　郑　君　赵殿举
梁　岚（女）　韩慧峰　吴　岩（女）
薛英威　周元生　赵宝权　肖志敏
王振生　张　宏（女）　卢禹舜
陈玉平　孙秀冬（女）　邓文滨
刘　燕（女）　何伟志　张振华
庞可培（女）　郑建强　刘　鲲
刘国兴　徐衍民　常广义　穆　竟（女）
薛兴发　王应海　于松岭　赵英刚
王佩杰（女）　张　抒（女）
张广兴　王恒军

增补常委名单（2004年2月13日九届二次会议通过）

刘　鲲　徐衍民　张振华　刘国兴
赵英刚　卢禹舜　王恒军　张成秀
张剑峰　袁启鸿　王　静（女）
王振生　刘　平　孙东生　孙柏林
曲之平　曲秀芬（女）　朱效利
张素梅（女）　肖志敏　林志国
郑秋鹏（女）　唐新伟　栾　莹（女）
韩慧峰　赖　伟　薛　伟

【黑龙江省各级政协领导人名单】

黑龙江省政协

副主席

曹广亮　曹亚范（女）
欧阳吟　刘文泮　迟建福
张树平　王涛志　陈述涛
梁荣欣　何小平

秘书长

白树清

哈尔滨市(副省级)

主　席

杨国俊

副主席

王华放　谢英梅(女)

齐燕滨　杨亚光　姚建亭

肖鸿麟　张郑婴　解应龙

纪效民

秘书长

宋建滨

县(市、区)政协主席

道里区　王小保
南岗区　周祥彬
道外区　孙玉坤
香坊区　孙凤祥
动力区　李荣安
平房区　张益相
呼兰区　牛长发
松北区　张基春(女)
五常市　柴万林
双城市　王明才
阿城市　何广录
尚志市　乔慧志(女)
巴彦县　张景兴
木兰县　张润田
通河县　孙秀林
依兰县　张树霖
延寿县　于素华(女)
宾　县　王晓光
方正县　郎治国

齐齐哈尔市

主　席　张志良

县(市、区)政协主席

龙沙区　邵秀英
建华区　刘忠宝
铁锋区　张玉齐(女)
富拉尔基区　刘忠山
碾子山区　韩建国
梅里斯达斡尔族区　韩鸿山
昂昂溪区　刘文义
讷河市　马贵友
克山县　黄　印
拜泉县　苏喜昌(女)
依安县　张国芳(女)
克东县　董保才
富裕县　孙国才
甘南县　孙英杰
龙江县　郭淑云(女)
泰来县　宫淑琴(女)

牡丹江市

主　席　李永军

县(市、区)政协主席

东安区　张玉香(女)
西安区　蒋学君(女)
爱民区　许景文
阳明区　石砚章
绥芬河市　刘欣
海林市　计砚东
东宁县　陈德祥
穆棱市　梁兆宽
林口县　崔因贵
宁安市　胡恒森

佳木斯市

主　席　韩树礼

县(市、区)政协主席

郊区(永红区)　魏律民
向阳区　谭书文
前进区　龚万学
东风区　李灿龙
富锦市　郭建民
同江市　顾士文
桦南县　李广兴
汤原县　孙希平
桦川县　高　钰

抚远县 史月英(女)

大庆市

主　席 李福民

县(市、区)政协主席

龙凤区 刘　杰
大同区 李若臣
萨尔图区 李春丰
红岗区 孙如增
让胡路区 王兆君
肇州县 于淑范(女)
肇源县 姜文和
林甸县 王玉昌
杜尔伯特蒙古族自治县 李忠惠

鸡西市

主　席 刘殿武

县(市、区)政协主席

鸡冠区 韩桂兰(女)
城子河区 于世兰(女)
滴道区 薄启云
恒山区 张立升
梨树区 李殿君
麻山区 姚利芳(女)
密山市 张吉秀
虎林市 张延炬
鸡东县 刘继东

双鸭山市

主　席 徐维众

县(市、区)政协主席

尖山区 栾广明
宝山区 刘喜全
岭东区 段旭武
四方台区 邵海林
饶河县 张敬德
宝清县 邓国奎
集贤县 李文革
友谊县 沈明文

伊春市

主　席 孟宪斌

县(市、区)政协主席

乌马河区 王晓东
美溪区 任春芝(女)
西林区 黄科明
翠峦区 岳洪明
友好区 周凤武
带岭区 李春野
南岔区 戴　翔
伊春区 孙永和
金山屯区 苗德义
乌伊岭区 李荣华
新青区 赵福志
汤旺河区 冯焕贵
红星区 孟繁华(女)
五营区 高云学
上甘岭区 焦培太
铁力市 郭忠彬
嘉荫县 田文惠

七台河市

主　席 潘乃仓

县(市、区)政协主席

桃山区 白景文
新兴区 白　羽
茄子河区 董吉太
勃利县 李国福

鹤岗市

主　席 王礼民

县(市、区)政协主席

东山区 张国钧
向阳区 杨　荣
工农区 刘相柱
南山区 杜凤友
兴山区 张友发
兴安区 李来兴(女)
绥滨县 高崇武

萝北县　　宿兴华

黑河市

主席　　韩　伟

县(市、区)政协主席

爱辉区　　郭建华

北安市　　刘金恒

嫩江县　　刘广文

孙吴县　　德爱勤

五大连池市　　赵宪英

逊克县　　何长江

绥化市

主　席　　赵金铭

县(市、区)政协主席

肇东市　　任松岭

安达市　　贾喜民

海伦市　　赵树芳

兰西县　　王俊峰

庆安县　　刘景仁

绥棱县　　王振才

望奎县　　马洪海

明水县　　高淑琴(女)

青冈县　　王国栋

北林区　　于文学

大兴安岭地区

县(市、区)政协主席

加格达奇区　　王云峰

松岭区　　雷金荣(女)

新林区　　李泽召

呼中区　　王东宽

漠河县　　钱　鹏

塔河县　　李玉才

呼玛县　　陈守德

黑龙江省各级政协组织和委员数

(截至 2004 年底)

项目＼级别	省级	副省级市哈尔滨市	地级级市	县(县级市)	合计
组织数	1	1	11	134	147
委员数	774	588	3400	19705	24467

(王　东　编写　李玉成　何伟志　闫永华　审稿)

政 协 上 海 市 委 员 会

沈红光　副主席

杨奇庆　秘书长

【全体委员会议】

十届二次会议　2004 年 1 月 11 ~ 15 日，中国人民政治协商会议上海市第十届委员会第二次会议在上海展览中心中央大厅举行。本次会议应出席委员 790 名，实到 702 名。市政协主席蒋以任，副主席宋仪侨、王生洪、谢丽娟、左焕琛、俞云波、黄关从、石四箴、王荣华、王新奎出席会议。

会议审议通过蒋以任主席代表常务委员会所作的工作报告、王荣华副主席代表常务委员会所作的关于提案工作情况的报告。与会委员列席市十二届人大二次会议，听取并讨论市政府工作报告、市高级法院工作报告、市检察院工作报告与其他重要报告。中共中央政治局委员、上海市委书记陈良宇和韩正、龚学平等市领导出席开幕和闭幕会议，并分别参加专题讨论，听取大会发言，与政协委员共商上海改革开放、现代化建设之大计。中共上海市委副书记王安顺在闭幕会议上讲话。会议审议通过《政协上海市第十届委员会第二次会议决议》。《决议》指出，要更加紧密地团结在以胡锦涛同志为总书记的中共中央周围，以邓小平理论和“三个代表”重要思想为指导，在中共上海市委的领导下，贯彻落实中共十六大、十六届三中全会和中共上海市委八届四次全会精神，高举爱国主义和社会主义的旗帜，巩固和发展爱国统一战线，正确认识和把握政协工作面临的新形势新任务，同心同德、与时俱进、求真务实、奋发有为，为推进社会主义物质文明、政治文明和精神文明建设，为上海的改革开放和现代化建设，为人民政协光荣事业的不断发展，作出新的更大的贡献。会议补选沈红光为市政协副主席，杨奇庆为秘书长，王禄宁、李维屏为常务委员。会议期间，共收到提案 946 件。

【常务委员会会议】

第七次会议　2004 年 1 月 10 日举行，蒋以任主席主持。会议决定增补杨奇庆为市政协委员。会议审议补选市政协常务委员会组成人员候选人名单（草案）、选举办法（草案）及总监票人、监票人名单（草案），并决定将上述事项提请市政协十届二次会议审议。

第八次会议　2004 年 1 月 14 日举行，蒋以任主席主持。会议通过补选市政协常务委员会组成人员候选人名单、选举办法（草案）和总监票人、监票人名单（草案），并决定将候选人名单提请市政协十届二次会议选举，将选举办法（草案）和总监票人、监票人名单（草案）提请市政协十届二次会议通过。会议审议通过市政协十届二次会议决议（草案），并决定将决议（草案）修改后提请市政协十届二次会议审议通过。会议还听取市政协十届二次会议分组讨论情况的汇报。

第九次扩大会议　2004 年 3 月 19 日

举行，蒋以任主席主持。会议传达全国政协十届二次会议精神，通报2004年市政协专题调研工作情况。

第十次会议 2004年5月26日举行，蒋以任主席主持。会议邀请中共上海市委副书记殷一璀通报关于上海文化事业发展和改革情况。会议审议并原则通过《政协上海市委员会关于学习贯彻〈中国人民政治协商会议章程〉的意见》、《政协上海市委员会关于进一步加强反映社情民意工作的试行意见》。会议通报2004年市政协重点调研课题进展情况、关于市政协主席、副主席促进办理十届二次会议部分重点提案情况、关于市政协领导与委员网上交流情况。

第十一次会议 2004年7月21日举行，蒋以任主席主持。会议邀请周禹鹏副市长作关于本市当前经济形势报告并听取意见建议。会议传达中共上海市委常委会在听取市政协2004年上半年工作情况和下半年工作安排后市委主要领导的讲话精神。会议审议并原则通过《关于上海加快建设资源节约型城市的思考和建议》，决定将该课题报告修改后作为常委会建议案报送中共上海市委、市政府供决策参考。会议决定张丽任市政协副秘书长。

第十二次会议 2004年9月29日举行，蒋以任主席主持。会议邀请中共上海市委副书记罗世谦通报本市党风廉政建设和统一战线工作情况。会议审议并原则通过《关于城市化进程中落实本市离土农民社会保障的若干建议》、《关于促进上海公共交通发展的若干建议》，并决定将上述《建议》修改后作为常委会建议案报送中共上海市委、市政府供决策参考。会议传达学习中共十六届四中全会精神和胡锦涛总书记在庆祝人民政协成立55周年大会上的重要讲话精神。

第十三次会议 2004年11月24日举行，蒋以任主席主持。会议邀请中共上海市委副书记王安顺通报本市党建工作情况。会议审议《关于推进上海市高等教育综合改革试验的若干建议(草案)》，并要求修改后再次提交常委会议审议。

第十四次会议 2004年12月22日举行，蒋以任主席主持。会议决定市政协十届三次会议于2005年1月17日举行，会期5天。会议传达中共上海市委八届六次全会精神，审议通过市政协十届三次会议议程(草案)、日程(草案)和秘书长、副秘书长名单，并决定将议程(草案)、日程(草案)提交市政协十届三次会议预备会议审议通过。会议审议通过市政协常务委员会工作报告和提案工作报告，并决定将上述报告修改后提交市政协十届三次会议审议。会议审议通过《关于推进上海市高等教育体制机制和投资三位一体联动改革的若干建议》，并决定将《建议》修改后作为常委会建议案报送中共上海市委、市政府供决策参考。

【专门委员会工作】

提案委员会 全年共收到提案1106件，经审查立案1051件，已全部办复。主要工作：一、做好提案的征集工作，进一步提高提案质量。一是在全会前和年中两次致函征集提案，并为委员提供参考选题。二是在政协网站的“委员直通车”上开通“提案议题和附议”栏目，以网络互动的形式，为委员酝酿提案选题、征集附议、发表见解和提出建议提供服务。三是举办两期十届新委员提案工作学习班，继续开展提案工作培训。二、宣传贯彻《中共上海市委办公厅、市政府办公厅转发〈市政协办公厅关于进一步做好本市提案办理工作的意见〉的通知》精神，积极推动提案办理。一是选择《关于加快现代服务业发展的建议》、《关于建设上海国际金融中心的建议》等14件重点提案，以组织专题协商会、座谈会、跟踪调研、视察等形式，由市政协主席和各位副主席分别领衔重点促办。二是对迎接世博会、缓解城市交通拥堵、社会困难群体救助、文化广播传媒等群众关注、议题集中的11类提案加以归并办理。三是成立专题调查组,围绕提案中涉及的重视中小学生午餐专题进行调研,向有关部门提出报告。四是开展对市房地资源局和市医保局的提案办理工作的评议。三、加强提案工作制度化、规范化和程序化建设。为进一步规范主席、副主席促办重点提案及进一步提高反映社情民意工作质量,起草《市政协主席、副主席促进办理部分重点提案的实施办法(试行)》和《市政协关于进一步加强反映社情民意工作的试行意见》。四、做好市政协评选表彰优秀提案的组织工作,发挥高质量提案的典型示范作用。承办市政协提案工作会议暨优秀提案表彰会,从市政协十届一次会议以来的2070件提案中,遴选66件优秀提案报请市政协表彰。五、加强协作交流,形成工作合力。走访市经委等13家提案承办单位,共同探讨提高办理实效的方法和途径。与经济委员会、人口资源环境建设委员会、教科文卫体委员会、社会与法制委员会、民族宗教委员会联合开展提案的调研跟踪活动5次。组织委员考察广东、浙江等地的提案工作和社情民意工作。六、进一步加强反映社情民意工作。一是在各民主党派、人民团体、政协专委会(办公室)和区县政协中聘请40多名反映社情民意信息员,进行了两次工作培训。定期向政协委员发送《市政协反映社情民意征询表》。二是承办市政协反映社情民意工作座谈会,举办社情民意座谈会3次。年内,共编发《社情民意》102期,《社情民意》(专报)24期、《建言》22期。

经济委员会 主要工作:一、组织实施市政协"建设上海资源节约型城市的研究"课题调研,相继形成市政协主席会议建议案《关于当前上海开展资源节约型城市建设的六点建议》、市政协常委会建议案《关于上海加快建设资源节约型城市的思考和建议》,并与市政协科技成果转化促进会合作,举办资源节约型科技成果转化项目展示会、资源节约型城市建设和成果转化专题研讨会,进一步扩大课题调研的社会影响,宣传资源节约的理念。二、积极开展专题调研。与上海WTO咨询事务中心合作,开展推进本市企业集团实施"走出去"战略专题调研,赴南美洲考察利用两个市场、两种资源加快上海经济发展情况,形成《推进上海大企业集团进一步"走出去"的若干建议》。与市工商联合作,深入民营企业,开展"本市民营经济的市场准入范围及相关的投融资政策研究"课题调研,形成《关于上海私营企业市场准入问题的若干建议》。与民建上海市委合作,开展"关于落实人才强市战略中的分配制度问题研究"课题调研,形成《关于人才强市战略中分配制度改革的若干思考和建议》。与市工业经济联合会合作,开展"本市先进装备业现状及加快发展的若干问题"课题调研,形成《本市发展先进装备制造业需要注意的问题及对策》。赴上海电气(集团)总公司、建材(集团)公司等企业,开展"国有大企业集团股份制改革"课题调研,形成委员会建议案《推进本市国有控股集团股份制改革的思考》。开展"加快上海金融中心建设"课题调研,探索加快上海金融中心建设的突破口,形成《关于加快上海金融中心建设的若干建议》。三、组织热点讨论会和知情考察。针对年初禽流感疫情传播的严重情况和国有企业产权制度改革进程中的深层次问题,先后召开"禽流感对本市经济的影响及对策"热点讨论会、"国有企业产权改革"热点讨论会,组织委员、专家就热点问题集思广益,建言献策。开展"农业'一元化'建设"系列考察,并与市农林局联合举办专题研讨会,深化思路和建议。组织委员赴南汇考察洋山深水港和临港新城建设情况,赴云南考察私营经济发展情况。四、深化对本市经济形势的评估和分析工作。组建“经济形势评估和分析”课题组,把重点集中于影响经济发展的不确定因素,突出预测和警示功能。五、重视以提案等形式参政议政和开展界别委员活动。全年根据课题调研、知情考察提出的意见建议,形成委员会提案8件(其中优秀提案1件)、《社情民意》1期、《建言》3期,内容涉及金融、交通、园区管理、促进资源节约、保护弱势群体等诸多方面。4月下旬,以“中央宏观调控政策与上海金融市场的发展”为主题,组织经济界委员进行主题沙龙活动,就宏观政策和经济领域问题交换意见和看法。六、进一步加强与市人大、市政府职能部门的专题协商。一是组织讨论《上海市促进就业若干规定(草案)》,与市人大财经委员会进行对口协商。二是在继续组织开展调研情况通报协商会的同时,就本市“十一五”规划制定情况、上半年本市经济运行情况等专题,与市发展改革委、市经委、市外资委等部门进行座谈协商。七、参与市政协视察评议工作,形成《专项视察评议组经济组评议本市工商行政管理工作情况综述》。

人口资源环境建设委员会 主要工作:一、重视政治理论和业务学习,为委员参政议政服务。结合工作实际和专业特点,以全体会议、主任会议、委员座谈会、专题报告会等形式,组织委员学习中共十六届四中全会和中共上海市委八届五次全会精神,学习中央人口资源环境工作会议和上海市人口资源环境工作会议精神,学习胡锦涛同志在上海考察工作时的讲话和在庆祝人民政协成立55周年大会上的讲话,学习新修订的政协章程,并邀请国家中长期科学和技术发展规划城市公共安全课题组副组长何永年作“关于城市公共安全的中长期规划”专题报告,邀请上海社会科学院城市发展研究中心主任张泓铭作“关于本市房地产发展趋势及国内外比较”专题报告,邀请美国自然资源保护委员会、绿色建筑协会专家罗伯特 ·瓦特森作“绿色建筑带动上海的节能节水”专题讲座,邀请复旦大学人口研究所所长彭希哲作“关于国际大都市人口调控比较”专题报告。二、开展调研和视察,为本市经济和社会协调发展出谋献策。组织实施市政协“促进上海公共交通发展的对策研究”重点课题调研,形成市政协常委会建议案《关于促进上海公共交通发展的若干建议》。组织实施市政协“上海中心城区人口规模变化与调控对策研究”课题调研,形成市政协主席会议建议案《关于加强上海市中心城区人口规模调控的若干建议》。开展“上海城市公共安全研究”课题调研,完成调研总报告及5份分报告,形成市政协主席会议建议案《关于应对自然灾害对上海城市公共安全影响的若干建议》。与区县政协联络指导组联合开展“关于上海房地产发展趋势和对策研究”课题调研,形成《关于上海房地产(住宅)发展的若干建议》。与全国政协和江苏、浙江省政协人口资源环境建设委员会联合开展“关于长三角气候变化与生态环境研究”课题调研,组织力量参与市政协“建设上海资源节约型城市的研究”、“本市流动人口管理”等课题调研。在市政协平时和年末视察中,组织“苏州河两岸房地产开发和环境综合整治情况”、“本市危险固体废弃物处置和垃圾生化处理情况”、“本市交通设施建设情况”专题视察。三、组织论坛和专题议政会,建言立论。承办市政协上海郊区发展论坛,组织政协委员和专家学者为加快市郊的城市化进程建言立论。与虹口区政协联合举办航运中心建设与北外滩发展论坛。与嘉兴市政府、《人民日报》华东分社、中国未来研究会在嘉兴联合举办长江三角洲城乡一体化论坛。参与组织市政协“关于世博会规划方案”和“交通排堵保畅”两个专题议政会;组织委员对崇明岛规划方案进行论证,提出进一步完善规划方案的意见和建议。

教科文卫体委员会 主要工作:一、结合实际自觉学习,提高履行职能的能力。以举办报告会、学习交流会等形式,组织委员认真学习邓小平理论和“三个代表”重要思想,学习胡锦涛同志在庆祝人民政协成立55周年大会上的重要讲话,学习新修订的政协章程,学习中共十六届三中、四中全会和中共上海市委八届四次、五次会议精神,学习现代科学技术知识,坚持和完善主任、常务副主任学习会议制度。二、组织课题调研和举办论坛,为实施科教兴市主战略建言献策。组织实施市政协“关于本市教育综合改革试验情况”重点课题调研,承办市政协“推进上海教育综合改革试验”论坛,形成市政协常委会建议案《关于推进上海市高等教育体制、机制和投资三位一体联动改革的若干建议》。开展“关于本市中小型科技企业情况”课题调研,形成市政协主席会议建议案《关于促进本市科技型小企业发展的若干建议》。开展“上海儿童文化建设情况”课题调研,形成市政协主席会议建议案《上海儿童文化建设调查报告》。开展“关于本市公共卫生体系建设情况”课题调研,形成市政协主席会议建议案《关于本市公共卫生体系建设的若干建议》。开展“关于本市竞技体育后备人才队伍建设”课题调研,形成市政协主席会议建议案《关于上海竞技体育后备人才队伍建设的若干建议》。同时,教育方面,围绕本市高校教学质量问题和幼托入学高峰情况开展调研;科技方面,就转制后科研院所发展情况开展调研;文化方面,就区县图书馆建设情况开展调研,并分别完成调研报告。与市质量技术监督局联合举办“标准化与提高上海城市综合竞争力”论坛暨上海市标准化成果展示会。还组织力量参与市政协“关于对本市流动人口管理”课题调研,形成调研报告《进市务工就业农民子女义务教育的现状及对策》。三、重视做好提案和反映社情民意工作。一是健全开展提案工作的机制。成立提案小组,对以委员会名义提交的提案进行重点研讨。从专题调研、社情民意中挖掘素材,及时将比较集中的意见建议转化为提案。二是创新收集社情民意方式。面向全市医卫工作者进行大规模问卷调查,得到各种信息数千条,并通过计算机进行深度分析。根据不同内容,分别形成社情民意或委员会提案。三是建立主任、常务副主任走访委员制度。全年走访委员10人,深入了解委员的实际困难和具体想法,形成委员访谈7篇,专报1篇。四是召开委员社情民意座谈会,选择热点问题反映社情民意。四、组建系列沙龙,突出团结主题,营造和谐氛围。一是根据活跃界别活动、突出界别特点的原则,先后组建了职业教育界委员沙龙、科技界委员沙龙、出版界委员沙龙、医卫界委员沙龙、体育界委员沙龙,寓议政于联谊之中。二是根据委员兴趣爱好,组建了爱歌艺术沙龙、文物鉴赏沙龙、音乐欣赏沙龙、钓鱼沙龙及国际标准舞培训班,共有850余人次参加了各类艺术沙龙活动。

社会和法制委员会 主要工作:一、组织实施市政协“城市化进程中落实本市离土农民社会保障”重点课题调研,形成市政协常委会建议案《关于城市化进程中落实本市离土农民社会保障的若干建议》。牵头组织实施市政协“本市流动人口管理”课题调研,组织市政协关于“本市流动人口管理情况”专题视察,形成市政协主席会议建议案《关于对本市流动人口管理若干问题的建议》,并对建议案落实情况进行跟踪视察。承办市政协城市精神论坛(法制环境专题)，为提高上海法治化水平建言立论。二、结合实际进行专题调研和视察。开展“关于本市贯彻《行政许可法》实施前后情况”的调研，组织市政协“本市贯彻《行政许可法》实施前准备工作情况”的专题视察。开展“关于完善未成年人保护法律体系”的调研，撰写《调研报告关于完善未成年人保护法律体系的思考》。开展“养老事业”调研，视察本市养老工作，赴江西考察养老工作情况，并筹备召开专题研讨会。在市政协年末视察中，组织“促进司法公正，维护司法权威”专题视察。三、组织学习、考察，帮助委员知情明政。邀请市国际战略问题研究会专家介绍我国隐蔽战线工作情况，考察红十字会防灾救灾库，组织委员了解市检察院第一分院关于“加强监管执法、加强监管监督”、“保障在押人员合法权益、保障刑事诉讼活动顺利进行”的工作情况，并考察市看守所。四、发挥专业优势，积极参政议政。组织委员对《上海市行政许可办理规定》、《上海市临时性行政许可设定程序规定》、《上海市监督检查从事行政许可事项的规定》、《上海市企业信用征信管理办法》、《中华人民共和国治安管理处罚法(草案)》进行讨论协商，提出修改意见和建议。组织委员参加对市政府工作报告、市高级法院和市检察院工作报告等文稿的协商讨论，建言献策。参与中共上海市委政法委《关于全面推进预防和减少犯罪工作体系建设的实施意见》、中共上海市委办公厅《关于“促进司法公正，维护司法权威”工作情况的汇报》文稿的修改工作。全年形成委员会提案2件，《社情民意》7期。五、组织力量参与市政协专项视察评议工作，形成视察评议分报告。

民族和宗教委员会 主要工作：一、认真组织学习，形成思想共识。一是结合时事政治，学习中共十六届三中、四中全会精神，认真领会科学发展观的深刻内涵和实质；学习胡锦涛同志在上海考察时的讲话。二是结合政协工作特点，学习新修订的政协章程，增强履行基本职能的责任感、使命感和自觉性。三是结合委员会工作实际，请市民族和宗教事务委员会领导定期为委员通报本市民族、宗教情况，请宗教研究所研究员罗伟虹作“关于世界新兴宗教”和“改革开放形势下我国宗教面临的新情况、新问题”的报告，请佛教、天主教的负责人讲解佛教、天主教的教义教理、基本情况和面临的问题，增进各教之间的相互了解与团结和睦。二、开展课题调研，积极建言献策。一是开展关于“本市宗教院校办学情况”的课题调研，召开加强本市宗教教职人员教育和培养专题座谈会，完成调研报告《关于加强本市宗教院校建设和宗教教职人员培养的建议》，并形成委员会提案2件。二是开展关于“本市清真副食品供应情况”的课题调研，完成调研报告《本市清真副食品供应情况》，并形成委员会提案2件，《建言》1期。与提案委员会联合对提案办理情况进行跟踪了解，提高提案办理质量。三是参与市政协“本市流动人口管理”课题调研，开展“本市外来流动人口中民族和宗教人员情况”的调研。分别召开本市五大宗教团体负责人、部分区少数民族联合会负责干部座谈会，了解分析外来流动人口中民族、宗教人员情况和特点、规律，提出要充分尊重民族、宗教的特殊性，把工作落实在社区，把矛盾解决在萌芽状态等建议。四是与提案委员会联合，对委员提案《要求解决宗教教职人员养老保险问题》进行跟踪调研，推动了宗教团体教职人员养老保险问题的落实。三、参与立法讨论，反映社情民意。一是组织宗教界委员座谈会，对市人大常委会《关于修改〈上海市宗教事务条例〉的决定(草案)》进行讨论，提出在《条例》中应增加“反对邪教、抵御渗透”等意见建议。二是重视做好反映社情民意工作。通过区县政协民族和宗教工作信息员网络，广泛收集社情民意；通过专题调研和走访交谈，及时发现社情民意。年内，形成委员会《社情民意》1期、《社情民意》(专报)1期。四、开展走访谈心，增强凝聚力。年内，走访和慰问民族、宗教界委员和代表人士19人次，认真听取他们的意见建议，了解和反映他们的思想状况和实际问题。此外，还组织委员参观本市重大工程和桃浦新镇，了解改革开放和经济建设的新成果。

文史资料委员会 主要工作：一、组织学习、考察，为推进工作打下基础。以全体会议、主任会议和其他会议形式，组织委员学习中共中央十六届三中、四中全会精神、中共上海市委八届五次、六次全会精神，传达全国暨地方政协文史委员会主任会议精神、华东地区政协第19次文史资料工作协作会议精神，并围绕市委、市政府中心工作和社会热点问题，研究制订文史资料选题协作规划，讨论新形势下做好文史资料工作的意义和举措。为收集和了解史料，做好文史编纂工作，组织委员考察江南造船(集团)有限责任公司，参观金融、铁路博物馆，组织专家教授赴浙江义乌、温州考察陈望道先生、苏步青先生故居。此外，组织委员赴新疆考察文史工作，并协商合作事宜。二、努力推进文史工作。承办市政协文史工作会议，提出市政协文史资料工作规划，对新形势下继续推进文史资料工作具有重要指导意义。年内，与闸北区政协合作，编辑出版《上海文史资料选辑》第110辑(闸北卷)，约30万字；与卢湾区政协合作，编辑出版《上海文史资料选辑》第111辑(卢湾卷)，约30万字；与静安区政协合作，编辑出版《上海文史资料选辑》第112辑(静安卷)，约30万字；编辑出版《上海文史资料选辑》第113辑，约26万字。与全国政协文史资料委员会合作，征编宝钢发展史料，约30万字；与上海汽车工业集团合作，征编上海汽车工业发展史料，约40万字。与新疆自治区政协、黑龙江省政协合作，着手《上海儿女在新疆》、《上海儿女在黑龙江》史料征编工作。三、组织课题调研和视察，履行基本职能。与致公党市委联合开展“关于保护优秀历史建筑、历史文化风貌区和保护中妥善安置居民问题”的课题调研，完成调研报告，提出关于强化保护工作和妥善安置居民的若干建议。先后组织市政协“本市‘老字号’名厂名店的现状与发展情况”专题视察、“本市特色建筑保护情况”专题视察，并在《建言》上撰文“关于进一步做好福泉山遗址保护和开发工作的建议”，报送有关方面参考。四、继续开展《上海人民政协志(续编)》、《上海现代文化名人画传丛书》编纂工作。《政协志》和《名人画传丛书》的编纂工作取得很大进展。年内，召开有关工作会议31次，并组织专家教授对《政协志》和《陈望道传》、《周谷城传》、《苏步青传》、《谢希德传》等文稿进行评阅。组织区县政协、民主党派市委有关人士就《政协志》编写工作、建国后史料的征集工作赴云南考察。

港澳台侨委员会 主要工作：一、加强学习，知情明政，增进共识。以全体会议、主任会议、港澳地区委员小组会形式，组织委员学习胡锦涛同志在庆祝人民政协成立55周年大会上的讲话和新修订的政协章程。邀请清华大学台湾研究所所长刘震涛作关于《两岸经济关系中的若干问题》的专题报告。会同市台办、市台盟、市台联会举行上海各界人士纪念江泽民同志《为促进祖国统一大业的完成而继续奋斗》的讲话发表9周年座谈会，重温江泽民同志推进祖国和平统一进程的8项主张。定期赴香港向港澳委员介绍上海经济社会发展情况和政协工作情况，鼓励委员为港澳的经济繁荣和社会稳定作出贡献，为改善上海的投资环境建言献策。二、履行职能,建言献策,服务大局。年内,形成委员会提案2件。与台盟市委,市侨办、市侨联联合开展“在沪台资企业发展情况”课题调研,形成市政协主席会议建议案《在沪台资企业发展的若干建议》。配合全国政协港澳台侨委员会开展“海峡两岸空中、海上通航情况”专题调研,组织市台办、市建委、民航华东管理局、市港口管理局以及上海机场集团等11家单位与调研组座谈,提出上海方面对“三通”的意见和建议。在市政协年末视察中,组织“上海与香港、澳门、台湾地区经贸合作情况”专题视察。组织港澳委员与姜斯宪副市长座谈,就上海经济和社会发展提出意见和建议。组织港澳委员赴黑龙江考察,为振兴东北老工业基地献计出力。港澳委员还捐款56万元,帮助该省海林市新安镇朝鲜族中心小学和宾县鸟河乡万发希望小学重建新校舍。三、推进沪台民间交往,加强对台工作。邀请台胞联络组成员和在沪台商出席市政协十届二次会议开、闭幕式,邀请在沪台胞代表出席市政协组织的重大节庆活动。重视做好台湾岛内在政治上有影响的上层知名人士及代表人物的接待工作,先后接待台湾大学生参访团、台北女议员代表团、台湾知名人士陈立夫先生弟弟陈祖烈先生一行、台湾知名人士何伟康先生一行、台湾文化访问团等重要来访团组。同时,采用不同形式与访沪台湾各界人士接触,开展工作,先后参加第七次沪台经贸法律理论与实务研讨会、2004年海峡两岸小学初中教育学术研讨会、上海应昌期围棋学校5周年庆典、2004年沪台金融论坛等活动。在台湾“总统选举”前夕,召开学习江泽民同志对台重要讲话座谈会,邀请本市各民主党派代表、部分委员和专家就两岸统一、反对分裂的有关情况发表意见和建议,一致要求全国人大常委会通过立法,推进祖国和平统一大业。四、拓展领域,进一步做好海内外华人、华侨的工作。邀请归国留学生出席市政协十届二次会议开、闭幕式。推动解决本市侨房代经租房问题,参与“侨法宣传月”活动和本市侨务法规和侨务行政执法情况视察,维护本市华侨和侨眷的合法权益。关心支持在沪侨商组织的发展,组织侨商会会长与市政协领导座谈会,参加上海市侨商会成立一周年庆典,鼓励侨商广泛联系海内外工商企业,引进资金、技术和人才,为促进上海经济社会的繁荣发展做出贡献。为进一步加强海外华文教育,弘扬中华文化,召开上海华文教育专题座谈会,探讨在新形势下如何开创华文教育的新局面。积极开展海外联谊工作,先后接待泰国正大集团副董事长李绍祝、西班牙籍华人叶济盛先生、厄瓜多尔侨领访问团、美国旧金山中华总会馆访华团、泰华进出口商会青年企业家访华团、瑞典瑞京华人协会、菲律宾中正学院校友总会访问团、南太地区参政华人访问团等重要团组;参加“相聚长三角—海外投资发展服务活动周”、海外人士“2004相聚上海·共谋发展”活动、“2004海外华裔中青年企业家华夏行”等重要活动。

对外友好委员会 主要工作:一、加强学习,提高认识。结合实际组织委员深入学习中共十六届三中、四中全会精神,学习胡锦涛同志在人民政协成立55周年大会上的讲话精神,统一思想,提高认识,推动各项工作的开展。二、开展对外友好活动,增进与各国人民的友谊。协助市政协领导会见来自13个国家的华人华侨8批,接待欧盟经济社会委员会代表团、阿尔及利亚经济社会理事会代表团和尼加拉瓜经济社会研究会代表团,并积极做好未建交国家尼加拉瓜来访人员的接待工作。先后与日本日中协会、美国美中友协、加拿大加中友协、澳大利亚澳中友协、新西兰新中友协、埃及埃中友协、古巴古中友协、俄罗斯国际科学文化合作中心开展交流交往活动。负责组织市政协友好代表团出访法国、比利时、丹麦,协办2004上海国际少年儿童文化艺术节。三、开展课题调研和视察。开展"改善外籍人士生活工作环境"课题调研,组织市政协"上海国际学校办学情况"、"上海国际医院和国际社区现状"两个专题视察,形成市政协主席会议建议案《关于上海改善外籍人士生活工作环境的若干建议》。在市政协年末视察中组织"本市现代服务业发展情况"专题视察,参与组织市政协跨区视察。四、做好反映社情民意工作。结合课题调研,注重了解和反映在沪外籍人士的意见建议,召开在沪外籍人士社情民意座谈会4次,形成《社情民意》1期、《社情民意》(专报)2期。

学习指导组 主要工作:一、加强计划性、针对性,做好市政协学习活动的组织策划工作。按照中共市政协党组提出的总体要求,确定全年学习工作以邓小平理论和"三个代表"重要思想为指导,以学习领会中共十六届三中全会精神为重点,全面贯彻落实科学发展观,更好地为履行政协职能服务;在年度学习工作计划基础上,根据形势和任务的需要,研究确定每季度学习工作重点,并提出具体的学习内容和学习方式建议。年内,共组织策划层次较高的学习会16次。二、以学习贯彻中共十六届三中全会精神为重点,组织科学发展观的系列学习活动。为帮助委员了解科学发展观提出的现实背景和深刻内涵,组织了系列讲座,先后邀请中共中央政策研究室副主任郑新立作专题报告,邀请中共上海市委宣传部副部长郝铁川作"关于大力实施人才强国战略"报告,邀请同济大学可持续发展研究中心常务副主任诸大建作"可持续发展与中国"报告,邀请复旦大学世界经济研究所所长华民作"变革世界中的新发展观"报告,邀请复旦大学历史地理研究中心主任葛剑雄作"上海移民的兴起和发展"等专题报告。中共十六届四中全会召开后,为帮助委员进一步领会全会精神,充分认识加强党的执政能力建设的重要性和紧迫性,邀请中央党校党建部主任卢先福作导读报告。为深刻领会胡锦涛同志在庆祝人民政协成立55周年大会上的讲话精神,邀请全国政协研究室主任卞晋平作辅导报告。三、开展学习《宪法》和政协章程等活动。为引导委员深刻理解党中央关于修宪的总原则,全面准确领会和把握修宪的精神实质,邀请上海社会科学院副院长沈国明作辅导报告。为帮助委员深入学习新修订的政协章程,邀请全国政协办公厅原冬平作辅导报告。为配合《行政许可法》的贯彻实施,邀请国务院法制办公室副主任汪永清作专题报告。四、围绕委员关心的热点、难点问题,组织学习活动。先后邀请上海财经大学马克思主义研究学院院长程恩富作"繁荣发展哲学社会科学"的专题报告,邀请国务院发展研究中心副主任谢伏瞻作经济形势报告,邀请上海社会科学院世界经济与政治研究院副院长周建明、复旦大学美国研究中心主任倪世雄作有关台湾问题的专题报告,邀请上海国际问题研究所所长俞新天作国际形势报告。五、加强学习交流,拓宽工作思路。组织委员赴崇明县政协考察,交流学习工作经验;组织市区县政协学习工作交流会,探讨新形势下提高政协学习工作实效性的思路。此外,编发《学习参考资料》6期及增刊1期,共3万余册。

区县政协联络指导组 主要工作:一、加强学习,提高履行职能自觉性。一是结合工作实际,深入学习贯彻新修订的政协章程,相继组织市区县政协学习贯彻政协章程座谈会和交流会,深化对政协章程的理性认识,进一步增强做好人民政协工作的责任感和使命感。二是结合新形势新任务，学习贯彻胡锦涛同志在庆祝人民政协成立55周年大会上的讲话，组织中共市区县政协党组专题学习交流会，进一步加强自身建设，以推进履行职能的制度化、规范化、程序化。二、开展调研，注重工作实效性。在去年调研的基础上，就区县政协不驻会副主席职级待遇问题继续进行调研，召开座谈会听取各区县政协主席的意见和建议，并形成正式意见报市政协党组。选择带有共性特点的课题，与区县政协联合进行调研，组织专题研讨，形成《关于促进本市郊区农民增收的若干建议》。与人口资源环境建设委员会联合进行"上海房地产发展趋势和对策研究"课题调研，形成《关于上海房地产（住宅）发展的若干建议》。此外，选编区县政协的调研报告。三、组织跨区视察，为区县经济和社会发展服务。为配合中共上海市委探索建立社区网格化管理运作机制，组织在闸北区、徐汇区工作或居住的市政协委员对徐汇区的社区网格化管理运作情况进行视察，进一步推动了该区的社区网格化管理。为推动地区经济发展，组织在青浦区、松江区、嘉定区工作或居住的市政协委员分别对三区的招商引资工作进行交流视察。四、加强联络指导，努力拓展工作。先后召开区县政协主席例会1次、秘书长例会3次，及时传达全国政协、中共上海市委和市政协党组的会议文件及领导讲话精神，通报市政协工作和活动情况，探讨和交流开展工作的新思路、新举措、新经验。分别走访16家区县政协，通过走访，了解和掌握区县政协工作动态，促进区县政协的横向联系和交流。为纪念中华人民共和国和人民政协成立55周年，在杨浦区政协、嘉定区政协协助下，举办上海市区县政协书画作品巡展。组织区县政协主席赴山西、河南和苏北地区考察工作，组织区县政协秘书长赴吉林考察工作，学习借鉴外地经验，增强区县政协工作活力。

【重要活动】

召开上海市政协专门委员会工作会议 2004年2月25日，市政协在江海厅召开专门委员会工作会议，总结交流专委会工作情况和经验，探讨在新形势下如何加强专委会的自身建设，以进一步提高专委会履行职能的能力和水平。蒋以任主席讲话，宋仪侨副主席作市政协专委会工作报告，王荣华副主席主持会议。

召开系列专题议政会 2004年2月至12月，市政协召开专题议政会26次，先后就本市社会治安与城市管理、贯彻《中共中央关于完善社会主义市场经济体制若干问题的决定》的实施意见、2004年医保年度个人医疗账户计入标准与"三项标准"调整、外环绿化带拆违整治工作、上海世博会规划范围、排水费调整、政法系统工作、"关于工伤保险等本市劳动保障近期将要出台的若干办法"、城市交通排堵保畅工作方案、区县政府机构改革方案、加强社区建设和社区党建工作、推进本市城市文化事业改革和发展、上海世博会规划方案、城市文化事业改革和发展、《上海市居住证暂行规定》和2004年调整本市退休人员养老金的情况、就医诊疗费调整方案、"实施人才强市战略行动纲要"、事业单位体制改革、上海现代服务业发展和《上海优先发展先进制造业行动方案》、黄浦江两岸综合开发、食品安全监督管理职能调整、实施科教兴市主战略、城市建设和管理及市政府工作报告、市高级法院工作报告、市检察院工作报告等专题进行协商议政。政协委员共计1000余人次参加。中共上海市委、市政府及其有关部门领导分别出席会议，通报情况，听取委员意见和建议。

开展"建设上海资源节约型城市的研究"课题调研 "建设上海资源节约型城市

的研究”是市政协重点调研课题。2004年3月,市政协组成由经济委员会参加的课题组。3月至7月,课题组赴市发展改革委、市经委、市建委、市房地资源局、市水务局、市核电办、申能集团公司、市电力公司、中国石油化工公司上海分公司调查了解情况,赴澳大利亚、新西兰考察资源节约型城市建设情况。共计召开专题座谈会、专家座谈会15次,编发《调研简报》4期。在调研的基础上,相继形成市政协主席会议建议案《关于当前上海开展资源节约型城市建设的六点建议》、市政协常委会建议案《关于上海加快建设资源节约型城市的思考和建议》。

开展“促进上海公共交通发展的对策研究”课题调研 “促进上海公共交通发展的对策研究”是市政协重点调研课题。2004年3月至7月,市政协课题组根据调研课题细化设立8个分课题,借助有关科研力量,开展综合调研。先后组织专题报告会,了解《上海市城市交通白皮书》整体实施情况;深入市交通局、市交巡警总队、浦东新区、松江区、市规划院、市交通规划研究所、公共交通客运管理处、巴士集团、交通投资公司调查了解实际情况;召开专题座谈会听取市发改委、市建委、市规划局、市财政局、市房地资源局、市物价局、市交巡警总队和部分公共汽(电)车企业的意见和建议;赴北京、广州考察。共计召开调研座谈会14次,编发调研简报13期,完成调研主报告及6份分报告。在调研的基础上,形成市政协常委会建议案《关于促进上海公共交通发展的若干建议》。

组织委员视察 为使委员视察做到经常、深入、有实效,经市政协主席会议研究决定,2004年委员视察改变以往一年两次集中视察的方法,采取平时视察和年末集中视察相结合的形式进行。2004年3月至10月,市政协组织委员开展平时视察。分23个专题,对本市企业实施“走出去”战略支持体系情况、宗教院校办学情况、清真副食品市场供应情况、规划会议精神落实情况——苏州河两岸开发情况与环境、儿童文化建设情况、竞技体育后备人才队伍建设情况、外来人员管理情况、危险废弃物集中处理情况、公共卫生中心建设情况、在《中华人民共和国行政许可法》实施前状况、国有大企业集团实现股份制转制情况、改制后的科研院所发展情况、“养老”工作情况、“老字号”名厂名店现状和发展情况、宗教人士参加社保试点情况、《个人信用征信管理试行办法》贯彻执行情况、民营经济的市场准入范围及相关的投融资政策研究情况、“三医”联动农村方面情况以及加快上海国际金融中心建设提案办理情况、上海教育综合改革试验情况、临港新城建设情况、上海国际学校办学情况、国际医院和国际社区现状进行视察。11月16日至30日,组织以知情参政为主的年末视察,为市政协十届三次会议作准备。分11个专题,对本市教育工作会议落实情况、科教兴市重大项目推进情况、社区卫生体系建设情况、建设资源节约型城市启动情况、交通设施的建设情况、文艺院团体制改革情况、“促进司法公正、维护司法权威”情况、历史特色建筑保护情况、规划工作会议落实情况、现代服务业发展情况以及上海与香港、澳门和台湾地区经贸合作情况进行视察。有近2000人次参加了平时视察和年末视察。政协委员在视察中提出的意见和建议,经整理归纳报送中共上海市委、市政府及有关部门参考。

举办上海郊区发展论坛 2004年4月15日,市政协在江海厅举办上海郊区发展论坛。蒋以任主席致辞,宋仪侨副主席主持会议。唐登杰副市长在论坛上讲话,来自中共中央政策研究室、中国小城镇改革发展中心、上海社会科学院、江苏省社会科学院、复旦大学、交通大学、同济大学、华东师范大学、上海市规划院、上海市经委、宁波市政协、嘉定区政府、松江区政府等部门和单位的专家学者,从上海郊区的战略定位、产业发展、非农产业与非农就业、教科文卫体设施配套、环境保护和生态建设、"三农"问题和国际大都市郊区发展对比等方面建言立论,为上海郊区发展提出新的思路和建议。论坛共发表论文 15 篇,各界人士 200 余人出席。

召开学习贯彻政协章程研讨会 2004 年 4 月 21 日,市政协在江海厅召开学习贯彻政协章程研讨会。与会专家学者围绕如何以政协章程为指导,充分发挥社会各阶层在三个文明中的作用和新时期政协工作的特点、内容、任务进行理论探讨。蒋以任主席在会上讲话,对学习贯彻政协章程提出要求。宋仪侨副主席主持会议,部分民主党派市委领导、市政协有关部门和区县政协负责同志等出席。

开展"城市化进程中落实本市离土农民社会保障"课题调研 "城市化进程中落实本市离土农民社会保障"是市政协重点调研课题。2004 年 4 月至 9 月,市政协组成由社会和法制委员会、农工党上海市委参加的课题组,深入本市嘉定、宝山、闵行、青浦、南汇、浦东、金山、奉贤和崇明 9 个区县开展调研。先后召开专题座谈会 13 次,完成调研报告。在调研的基础上,形成市政协常委会建议案《关于城市化进程中落实本市离土农民社会保障的若干建议》。

开展"本市教育综合改革试验情况"课题调研并举办论坛 "本市教育综合改革试验情况"是市政协重点调研课题。2004 年 4 月至 11 月,市政协组成以教科文卫体委员会为主,有关方面专家学者参加的课题组,对上海教育综合改革试验情况进行调研。课题组请市教育委员会、市政府发展研究中心、市发展和改革委员会、市财政局介绍实际情况;召开专题座谈会,听取上海交通大学、上海外国语大学、上海市教育科学研究院、中国太平洋保险(集团)股份有限公司、上海浦东发展银行等 30 余所大学、科研院所和企业的意见建议;赴复旦大学、申教投资公司、城市建设投资公司调查了解情况;赴北京、广东、江苏、浙江、深圳考察深化教育改革和推进教育现代化建设情况。共计召开座谈会 31 次,个别访谈委员 9 次,编发调研简报 8 期、专报 4 期。9 月 23 日,市政协在江海厅举办推进上海教育综合改革试验论坛。宋仪侨副主席致辞,王荣华副主席主持。来自上海市教育科学研究院、东华大学、上海师范大学、上海大学和华东师范大学的专家学者围绕如何推进教育体制、机制和投融资三位一体的整体联动改革,如何形成新型政府、学校、社会的互动关系等问题进行探讨,建言立论。严隽琪副市长讲话,王新奎副主席作论坛点评。在调研和论坛的基础上,完成调研总报告及 4 份分报告,起草形成市政协常委会建议案《关于推进上海市高等教育体制机制和投资三位一体联动改革的若干建议》。

召开学习贯彻政协章程座谈会 2004 年 6 月 8 日,中共上海市委召开学习贯彻《中国人民政治协商会议章程》座谈会,以进一步推动全市各级党组织和广大党员干部学习贯彻政协章程,坚持和完善中国共产党领导的多党合作和政治协商制度,更好地发挥政协在上海社会主义物质文明、政治文明和精神文明建设中的重要作用。中共中央政治局委员、上海市委书记陈良宇,市政协主席蒋以任在会上讲话。中共上海市委副书记王安顺主持会议。中共徐汇区委书记茅明贵、市科教党委书记李宣海、市政协教科文卫体委员会主任周鹤龄先后发言,结合工作实际,交流学习贯彻政协章程的认识体会和工作思路。

召开学习贯彻十六届三中全会精神，树立和落实科学发展观交流会 2004年6月17日，市政协在江海厅召开学习贯彻十六届三中全会精神，树立和落实科学发展观交流会。政协委员、专家学者等有关方面人士200余人出席，从城市资源节约、社会就业、发展民营经济、深化经济体制改革、城乡统筹等方面交流树立和落实科学发展观的思路和体会。

召开上海市政协文史工作会议 2004年6月30日，市政协在丽都厅召开文史工作会议，传达全国暨地方政协文史委员会主任会议精神，交流本市开展文史工作的情况和经验，提出市政协文史资料工作规划。蒋以任主席致辞。全国政协文史委员会副主任龚心瀚、市政协副主席王荣华出席并讲话。

举办城市精神论坛(法治环境专题) 2004年9月16日，市政协在丽都厅举办城市精神论坛(法治环境专题)，专家学者、各界人士120余人出席，从法治环境、法治文化和市民法律素质等不同角度，对提高上海法治化水平这一主题进行深入探讨，建言献策。市政协主席蒋以任，中共上海市委常委、市委宣传部部长王仲伟先后讲话，俞云波副主席主持会议。论坛共发表论文10篇。

举办人民政协知识网上竞赛活动 2004年8月23日至9月12日，为庆祝人民政协成立五十五周年，由市政协主办，上海市电信有限公司、东方网协办的“上海电信杯”人民政协知识网上竞赛在东方网、上海热线、市政协网页上举行。蒋以任主席任竞赛组委会名誉主任，宋仪侨副主席任主任。共有35家单位参加团体赛，32449人参加个人赛。

举行上海市庆祝中国人民政治协商会议成立五十五周年大会 2004年9月22日，中共上海市委在上海展览中心举行大会，庆祝中国人民政治协商会议成立五十五周年。中共中央政治局委员、上海市委书记陈良宇，市政协主席蒋以任在大会上讲话。市领导韩正、龚学平等与各界人士1000余人出席。中共上海市委副书记王安顺主持大会。

首次开展专项视察评议 2004年10月至12月，市政协组成由经济委员会、社会和法制委员会、提案委员会参加的视察评议组，以依法行政、贯彻落实《行政许可法》和办理政协提案情况为重点，对本市工商行政管理工作进行视察评议。视察评议组视察了市消保委、市卫生局卫生监督所和月星家居公司、福佑路小商品市场等15家生产企业和大型批发零售市场，同时以走访、专题座谈、网上交流、问卷调查、网页评议的形式，了解市国资委、市二中院等23家相关政府部门、司法及法律服务机构和503位政协委员对本市工商行政管理工作的意见建议。发放调查问卷485份，回收436份。政协委员在视察评议中提出的意见建议共计79项，经整理归纳，报送中共上海市委、市政府参考。

召开上海市政协2004年提案工作会议暨优秀提案表彰会 2004年11月17日，市政协在政协礼堂召开2004年提案工作会议暨优秀提案表彰会，总结交流市政协十届二次会议以来提案工作情况和经验，结合贯彻全国政协提案工作会议精神推进下一阶段的提案工作。会议表彰66件优秀提案。蒋以任主席颁奖并讲话，宋仪侨副主席主持会议。王荣华副主席作工作报告，左焕琛副主席宣读表彰决定。

【重要文件】

常务委员会工作报告(2004年1月11日)(摘要) 市政协常委会坚持了集体领导的制度，在全市人民的支持下，依靠广大政协委员的积极努力和热情支持，紧紧围绕全市的中心任务，认真履行职能，各项工作保持了连续性、稳定性、开创性，呈现了新的活力，有了良好的开端。一、认真学习贯彻“三个代表”重要思想和中共十六大精神。根据形势的发展，每个阶段的学习都突出一个主题。上半年着重学习中共十六大和十六届二中全会精神。下半年着重学习“三个代表”重要思想和胡锦涛同志在“三个代表”重要思想理论研讨会上的讲话。在中共十六大召开一周年之际，我们还组织了“三个代表”重要思想学习交流会。中共十六届三中全会召开后，我们着重学习全会提出的科学发展观和“五个统筹”、“五个坚持”的原则以及改革发展的目标和部署，研究政协积极开展调研、参政议政的新课题和新思路。一年来，根据政协的特点，我们分层次、多形式地开展学习。一是组织好主席会议和中心组的学习。二是针对本届政协中有一半以上是新委员的特点，组织了新委员学习会，为委员了解职责、熟悉情况创造条件。三是加强专委会之间、市区县政协之间的学习交流。二、齐心协力支持抗击非典工作。去年，突如其来的非典疫情使本市面临严峻考验，市政协积极参与了抗击非典的工作，发出了致全体政协委员的公开信，号召委员和各界人士众志成城、守望相助。在主席会议和常委会议上，认真学习中共中央和中共上海市委关于抗击非典的指示，支持市政府采取的各项政策措施，邀请有关部门领导通报疫情和介绍防治工作。还组织委员到重点部门，了解防治非典的措施在基层的落实情况，慰问医务人员和企业职工。7、8月间，上海遇到了持续高温，给全市人民的生活和工作带来较大的困难，市政协又多次组织委员深入到电厂、供水、环卫、交通等部门和单位，慰问在一线工作的干部和职工，并及时了解情况，帮助反映解决基层的实际困难和要求。三、围绕执政兴国的第一要务建言献策。去年，市政协围绕上海新发展的重点和难点，坚持在全局性、宏观性、前瞻性，特别在实效性上下功夫，多层次地开展专题调研。去年常委会确定了四个重点专题，由六个专委会和指导组联合组织专题调研，100多位委员参加，克服了非典和持续高温带来的困难，历时4个多月。在深入调研和举办多种形式专题研讨会的基础上，四个专题都形成了常委会建议案。在确保重点专题的基础上，各专委会还根据各自优势，开展了20多个专题调研，组织委员积极围绕中心工作献计献策。四、组织好政治协商的各项活动。首先，我们组织好主席会议、常委会议等例会的协商，去年除全会以外，共召开主席会议16次，常委会议6次，围绕本市大政方针制定和实施过程中的重大问题进行讨论。其次，组织好“专题议政会”，协商重要决策和重要改革方案。去年共举行了13次。第三，组织好专题座谈会，也是本届政协使委员们参政议政做到经常化的一种新形式。每周一次，每次邀请8至10位委员参加，在座谈会的选题上，注意围绕本市全局性工作和社会关注的重点、热点问题，特别是一些具有前瞻性的专题，组织委员建言献策。去年专题座谈会共召开30次，有近300位委员参加。五、开展集中视察和参与特邀监督。按照突出重点、专题调研和提案跟踪办理相结合的原则，分别组织了委员年中视察和年末视察，两次视察均为13个专题。一年来，市政协积极参与全市特邀监督员的工作，制定了市政协《关于开展推荐特邀监督员工作的意见》，推荐160位委员担任25个职能部门和单位的特邀监督员。六、加强提案和反映社情民意工作。2003年政协委员及各专委会、各党派团体提出并经立案办理的提案达1019件。中共上海市委、市政府联合转发了《市政协办公厅关于进一步做好本市提案办理工作的意见》。为了进一步发挥提案在政协履行职能中的作用,去年10月召开了提案工作会议,制定了《关于进一步加强提案工作的意见》和《关于提案审查工作的实施细则》,对提高提案质量、促进提案办理、加强提案宣传等都作了明确的规定。去年还实行了市政协领导促办重点提案的制度,由主席、副主席和委员一起,直接到有关基层单位跟踪了解,促进落实。为了促进提案办理的实效性,还多次召开了重点提案办理协商会,对一些比较集中的提案,由提案者与承办单位一起商讨解决办法。去年,市政协进一步加强了反映社情民意的工作,调整了工作机构和职责,共收到委员反映的社情民意200多条,编发《社情民意》专刊79期、《建言》专报11期,及时报送市领导和有关部门。召开市民座谈会是去年市政协联系群众、了解社情民意的一种新的探索,每次邀请8至10位市民进行座谈,听取和了解对各方面工作的意见和建议,这种形式在一定程度上起到了协调关系、化解矛盾、增进共识的作用。去年共组织了4次,邀请了近40位市民。七、做好团结各界和对内对外合作交流工作。加强了同各民主党派、工商联和人民团体的联系合作,市政协领导走访了各民主党派、工商联,探望老一代民主党派的代表人士,定期召开市政协与各民主党派、工商联秘书长联席会议,及时通报市政协重要工作情况;市政协在组织重要会议时,邀请各民主党派以党派名义作口头或书面发言;各专委会与民主党派联手开展重点提案的跟踪和重点专题的调研。去年,市政协加强了港澳台侨工作,热情关心支持港澳委员和港澳人士在沪的投资经营和文化、教育等社会活动,并举办了沪港商贸和社会诚信论坛。同时,关心在沪投资工作生活的台湾同胞,召开在沪台胞座谈会,听取他们对投资环境的意见,增进了解和互信,鼓励台胞共同为祖国统一作贡献。去年,我们还加强与归国华侨、侨眷、海外侨胞及归国留学人员的联系,支持他们建立上海侨商会,为报效祖国出力。一年来,市政协接待了外国友人和港澳台侨社团等30多批来访团组,推进了合作交流。去年,还认真开展建国后文史资料的征集出版工作,编辑出版了《张瑞芳画传》、《上海360°》等图书和文集,宣传各界人士的社会贡献,展示上海的发展变化。八、努力推进政协工作的创新探索和自身建设。首先是倡导调查研究之风,增强工作的主动性和创造性。去年组织了三次推进政协工作发展的调研:一是参与市委关于推进社会主义政治文明建设分课题的调研;二是根据全国政协的要求,开展了政协章程修改的调研;三是结合工作实际,开展了有关政协职能和机关自身建设的18个专题的调研工作。其次是探索政协工作的新领域。为了进一步发挥政协委员海内外联系广泛的优势,扩大爱国统一战线,加强人民政协的对外友好交往工作,根据上海建设现代化国际大都市的特点和需要,去年8月成立了市政协对外友好委员会。为响应实施科教兴市战略的号召,发挥政协人才荟萃和联系各界的优势,成立了上海科技成果转化促进会,搭建信息交流、"产学研"结合、科技成果转化和科研攻关的公共服务平台。为了进一步加强人民政协理论和实践研究,去年成立了人民政协理论与实践专家咨询组,在理论和实践两个层面上推进政协工作的研究。

【组织概况】

补选副主席名单(2004年1月15日市政协十届二次会议补选)

沈红光

补选秘书长名单(2004年1月15日市政协十届二次会议补选)

杨奇庆

补选常务委员名单(2004年1月15日

市政协十届二次会议补选）

王禄宁　李维屏

增补委员名单（2004 年 1 月 10 日第 7 次常委会议增补）

杨奇庆

【上海市各级政协领导人名单】

上海市政协

主　席

蒋以任

副主席

宋仪侨　沈红光　王生洪

谢丽娟（女）　左焕琛（女）

俞云波　黄关从　石四箴（女）

王荣华　王新奎

秘书长

杨奇庆

区县政协主席

黄浦区　赵　矛

卢湾区　翁蕴珍（女）

徐汇区　张　旗

长宁区　齐允海

静安区　施耀新

普陀区　林爱娟（女）

闸北区　张丽丽（女）

虹口区　葛文卿

杨浦区　曹一丁（至 2004 年 3 月）

李文连（自 2004 年 3 月）

闵行区　罗云芳（女）

嘉定区　周关东

宝山区　杜玉英（女）

金山区　沈效良

松江区　曹伟达

青浦区　周德海

浦东新区　林泉璋

南汇区　吴　岭（女）

奉贤区　胡镇寰

崇明县　范陈杰

上海市各级政协组织和委员数

（截至 2004 年底）

项目＼级别	直辖市	市辖区	县	合计
组织数	1	18	1	20
委员数	790	4775	175	5740

（沈培端　编写　杨奇庆　审稿）

政 协 江 苏 省 委 员 会

【全体委员会议】

九届二次会议 2004年2月22日至26日在南京举行。中共江苏省委书记李源潮在会议开幕时发表题为《以人为本,建设全面协调可持续发展的新江苏》的重要讲话。委员们认为,李源潮书记的讲话深刻阐述了树立和落实科学发展观的重要意义,明确了以人为本、全面协调可持续发展新江苏的要求,体现了"三个代表"重要思想和中共十六大、十六届三中全会精神,对加快江苏发展、实现"两个率先"具有重要的指导意义。会议听取和审议了许仲林主席所作的省政协常委会工作报告和林玉英副主席所作的常委会关于提案工作情况的报告。委员们列席了省十届人大二次会议,听取和讨论了梁保华省长所作的政府工作报告及江苏省国民经济和社会发展计划报告、财政预算报告,讨论了省高级人民法院和省人民检察院工作报告。会议期间,举行了两次委员大会发言和11个专题座谈会,省委、省政府领导及有关部门负责人分别听取委员发言和参加专题座谈会。会议通过提案委员会关于二次会议提案初步审查情况的报告和九届二次会议决议。会议决议号召全省各级政协组织和广大政协委员团结各界人士,在中共江苏省委的领导下,更加紧密地团结在以胡锦涛同志为总书记的中共中央周围,高举邓小平理论伟大旗帜,全面贯彻"三个代表"重要思想,树立和落实科学发展观,解放思想,开拓进取,求真务实,共同奋斗,为全面完成全省改革和发展的各项任务,加快实现"两个率先",作出新的更大的贡献。许仲林主席在会议闭幕时讲话。

【常务委员会会议】

第4次会议 2004年1月12日在宁举行。会议审议通过九届政协常委会工作报告和常委会关于提案工作情况的报告,决定提交省政协九届二次会议审议。审议通过关于召开省政协九届二次会议的决定,并审议通过省政协九届二次会议议程(草案)和日程(草案),决定提交省政协九届二次会议预备会议审议。会议增补朱慈尧为省九届政协委员,撤销周脉廷省九届政协委员资格。许仲林主席在会议结束时讲话。

第5次会议 2004年5月18日至19日在宁举行。会议传达学习胡锦涛总书记在江苏考察时的重要讲话精神,听取省政府关于全省经济体制改革情况的通报并进行协商讨论,11位委员在大会上发言,就全省深化经济体制改革提出了许多建设性的意见和建议。许仲林主席在会议结束时讲话。

第6次会议 2004年7月20日至21日在宁举行。会议邀请梁保华省长作《全面贯彻落实科学发展观,努力实现经济既快又好发展》的报告,听取了省经贸委关于资源开发利用情况和省环保厅关于环境保护情况的通报。委员们围绕全省经济和人口资源环境协调发展问题进行协商讨论,共收到大会发言材料20篇,有11位委员作了大会发言。许仲林主席在会议结束时讲话。

第7次会议 2004年10月20日至21日在宁举行。会议学习讨论中共十六届四中全会精神和胡锦涛总书记在庆祝人民政协成立55周年大会上的讲话精神,听取省委、省政府关于建设法治江苏和关于全面贯彻落实科学发展观、促进全省经济与社会协调发展情况的通报。会议围绕这些主题进行了协商讨论,共收到发言材料33篇,有12位委员在大会上发言,提出许多意见和建议。会议还听取和讨论了省政府办公厅关于省政协九届二次会议提案办理情况的通报。会议增补李君超、查美龙为省九届政协委员,同意黄志伟、陈爱平、储富祥、刘政焕因工作调动辞去省九届政协委员的请求，撤销周震球省九届政协委员资格。许仲林主席在会议结束时讲话。

【专门委员会工作】

提案委员会 2004年,共收到委员提案826件,立案789件,其中省各民主党派、工商联、人民团体、省政协专门委员会集体提案161件。委员个人提案444件，联名提案184件。立案的提案分别交省委、省人大、省政府有关部门、各省辖市政府等104个单位办理。提案委员会加强对提案办理工作的督促与检查,加大"面对面"协商办理提案的力度,并确定了规范教育收费、保障农副产品质量安全等9件重点提案,由主席、副主席进行督办。截至年底,提案全部办复。其中,被承办单位采纳、有关问题已经解决或基本解决的246件,占总数的31.2%;被承办单位列入规划、准备逐步解决的369件,占总数的46.8%;留作参考的96件,占总数的12.1%。

学习委员会 以学习"三个代表"重要思想、中共十六大和十六届四中全会精神、科学发展观以及新修改的《宪法》和《政协章程》为重点,大力推进学习工作。举办两期委员学习研讨班。举行以重视和支持哲学社会科学事业发展为主题的委员月谈会。编发《学习资料》15期。协同组织专委会驻会主任、副主任的学习。参加在湖北省召开的华东、中南地区政协学习宣传工作研讨会第九次会议。召开全省13个地级市政协学习工作座谈会。

文史委员会 组织学习贯彻全国暨地方政协文史委员会主任会议精神,进一步明确政协文史资料工作的地位、作用和主要任务。编辑出版《钟山风雨》刊物。就历史街区与老街的保护和利用问题,组织委员进行视察,并围绕该课题举办委员月谈会。开展《江苏百年老店》、《江苏名人故居》和《人民政协纪事》等专题图书的征编工作。参加华东地区政协第十九次文史工作协作会议。组织委员赴湖北、河南考察历史遗址保护和利用的情况。

经济委员会 组织委员就沿东陇海线产业带建设进行调研,起草《关于沿东陇海线产业带建设的建议案》,经主席会议审议报送省委、省政府。牵头起草《关于当前我省经济社会发展中几个问题的建议》,经主席会议审议后报送省委、省政府。组织委员就国有企业改革与发展、深化经济体制改革等课题,开展调研、视察,承办关于加快国有企业改革的委员论坛。牵头组织关于发展民营经济政策落实情况的民主监督活动。就中央1号文件的贯彻落实、农村金融体制改革、东海库区经济发展、落实宏观调控土地政策等,开展调研视察、提案跟踪办理、对口协商等活动。

科技委员会 组织委员就全省财政科技投入状况、沿沪宁线高新技术产业带建设和科技创新等问题,分别开展调研,形成视察报告1份、起草主席会议建议案1份。组织委员考察华东电子集团、省航天局、中科院植物研究所等单位,了解科技发展和改革情况。走访本委员会委员,与所在单位加强沟通。召开各类座谈会、学习和联谊活动25次,参加活动的委员379人次。

人口资源环境委员会 配合省政协办公厅组织在苏全国政协委员视察江苏水资源的保护情况。组织委员就全省湿地保护和利用、城乡供水、城市规划和建设等问题进行调研。组织委员对全省环保工作进行视察,举办关于资源保护和利用的委员月谈会。参加第五次长江水环境保护研讨会。积极配合全国政协人资环委开展第二届"关注森林奖"和第二届"梁希林业宣传奖"评选活动。

教育文化委员会 组织委员就加强农村基层文化建设、推动博物馆业科学发展、提升幼儿教育整体水平、推进网吧专项整治、继续完善义务教育投入体制等进行调研和视察,形成调研、视察报告5份。举办全省政协教文卫体委员会工作研讨会,参加西部地区省市区政协职业教育工作研讨会。召开专委会全体会议2次,主任会议2次。举办教育界、文化艺术界、社会科学界、新闻出版界委员活动5次。举办委员月谈会、情况通报会、座谈会7次,参加委员56人次。

医卫体育委员会 围绕建立新型农村合作医疗制度、加快城镇医疗卫生体制改革和十运会准备情况,组织委员进行调研视察,向省委、省政府提交调研、视察报告。以委员会名义提交关于加强农村医药市场监管、坚决制止在新闻媒介上刊登传播虚假医疗广告、建议每年提取部分福利彩票基金用于残疾人康复工作的提案和社情民意。举办委员月谈会、研讨会、专家座谈会6次,参加委员103人次。

社会法制(民族宗教)委员会 组织委员对农村进城务工人员权益保障问题、宗教问题的调研,就平安江苏创建情况和全省红十字会工作的开展情况进行专题视察,牵头组织关于省级机关转变职能转变作风和社会保障政策落实情况的民主监督,形成专题调研、视察报告2份,专题民主监督报告2份,社情民意1份,向省委、省政府提出建议。

港澳台侨(外事)委员会 组织委员就"走出去"利用国外煤炭资源发展江苏经济进行调研,为拟"走出去"的企业开展咨询活动。组织委员视察涉外窗口单位。组织省政协港澳特区委员视察南京郊县,考察陕西省。牵头组织省"五侨"代表团赴澳大利亚、新西兰进行海外侨务考察活动,联合省贸促会组织考察团赴台湾进行考察。接待港澳台侨同胞及海外友好人士约30批200多人次。

【重要活动】

召开庆祝人民政协成立55周年座谈会 9月21日上午,省政协在南京召开座谈会,庆祝人民政协成立55周年。省政协主席许仲林主持座谈会,各界代表人士纷纷发言,从不同角度回顾人民政协55年的光辉历程,畅谈对人民政协的认识和做好政协工作的体会,展望人民政协事业发展的光辉前景。中共江苏省委书记李源潮在大家发言后发表讲话。省长梁保华,省人大常委会副主任王武龙,省政协副主席王荣炳、林玉英、李仁、林祥国、黄因慧等出席座谈会。

学习贯彻新修订的政协章程 2004年,省政协把学习宣传贯彻新修订的政协章程作为一项重要任务来抓。4月6日,主席会议中心组举行学习会,听取全国政协委员、苏州大学教授杨海坤的辅导报告,并进行认真讨论,对全省各级政协学习贯彻政协章程作出部署。4月21日,省政协和南京市政协联合举行学习章程报告会,邀请全国政协秘书长郑万通作辅导报告。5月14日,在中共江苏省委召开的学习贯彻政协章程座谈会上,省政协主席许仲林等同志发言,畅谈学习贯彻章程的认识和体会,省委书记李源潮对学习贯彻政协章程提出要求。7月27日至31日,8月1日至5日,在连云港市举办两期学习研讨班,组织68名委员集中学习科学发展观和政协新章程。

中央新闻单位采访团来江苏采访报道政协工作 由人民日报、新华社等14家新闻单位组成的中央新闻单位采访团在全国政协副秘书长李昌鉴团长的率领下于5月24日至6月2日在江苏采访政协工作。采访团围绕服务"两个率先",积极履行职能这一主题,对江苏经济社会发展情况,以及省政协和各市政协工作进行深入细致地采访。中共江苏省委书记李源潮、省长梁保华接受采访团的书面采访，省政协主席许仲林和部分省政协委员接受集体采访。

全国政协"保护长江万里行"考察团来苏考察 由全国政协副主席李贵鲜、全国政协人口资源环境委员会主任陈邦柱率领的"保护长江万里行"考察团一行于10月20日至21日在江苏考察长江水资源保护情况。省政协主席许仲林，省委常委、苏州市委书记王珉，副省长何权，省政协副主席林玉英、吴冬华等分别陪同考察。

华东六省一市政协提案工作座谈会在南京召开 华东六省一市政协提案工作座谈会于5月11日至14日在南京召开。会议主要任务是交流开展政协提案工作的经验与体会，探讨当前提案工作面临的新问题。省政协主席许仲林在会议开幕式上致辞。来自华东六省一市以及北京、重庆市政协的领导、提案委员会及办公室的负责同志50多人参加会议，并交流做好提案工作的经验。全国政协提案委副主任倪豪梅、副秘书长傅志煌莅会指导。

召开政协履行民主监督职能研讨会 12月7日至8日，省政协在南京召开履行民主监督职能研讨会。会议以"三个代表"重要思想为指导，深入学习贯彻中共十六届四中全会精神和胡锦涛总书记在庆祝人民政协成立55周年大会上讲话精神，围绕政协履行民主监督职能，总结实践经验，进行理论探讨，推动政协履行职能工作不断发展。13个省辖市政协主席、省政协各专门委员会的主任在研讨会作经验交流，并进行研讨。许仲林主席作总结讲话。

【重要文件】

政协江苏省委员会关于学习贯彻胡锦涛总书记在庆祝人民政协成立55周年大会上重要讲话的通知(2004年9月29日)(摘要)

一、全面领会和把握胡锦涛总书记重要讲话的精神实质。一要充分认识发挥人民政协在国家政治生活中的作用是加强中国共产党执政能力建设的重要方面。二要充分认识人民政协事业发展55年取得的宝贵经验。三要充分认识新世纪新阶段开展人民政协工作的方针原则和要求。四要充分认识坚持中国共产党的领导是人民政协开展工作必须始终遵循的一项基本原则。

二、以胡锦涛总书记重要讲话为指导，全面推进政协工作。把胡锦涛总书记的重要讲话精神全面贯彻落实到全省各级政协的工作之中，按照发展社会主义民主政治的要求，以与时俱进的精神，不断探索开展政协工作的新形式和新方法，提高对政协工作规律的认识和把握能力，创造性地开展工作。

三、认真落实胡锦涛总书记重要讲话精神，进一步加强政协的自身建设。把思想理论建设摆在各级政协各项工作的首位，继续建立健全政协各项规章制度，逐步完善各项工作程序。加强作风建设。重视和加强政协组织的干部队伍建设。

中共江苏省委书记李源潮在省政协九届二次会议上的讲话《以人为本，建设全面协调可持续发展的新江苏》(2004年2月22日)(摘要) 江苏的"两个率先"，必须是全面协调可持续发展的率先。中共中央总书记胡锦涛同志在党的十六届三中全会上提出了"以人为本、全面协调可持续发展的科学发展观"，这是江苏实现"两个率先"极为重要的指导思想，无论是从发展要求看，还是从人民群众的迫切需要看，江苏都应该走全面协调可持续发展的道路。

实现全面小康是江苏的当务之急。全面建设小康社会必须以百姓需要为依据，以人民满意为标准，充分体现"五个统筹"的内涵特征。江苏的小康应当是三大文明全面进步的小康，应当是经济社会协调发展的小康，应当是城乡协调发展的小康，应当是区域共同发展的小康，应当是人与自然和谐发展的小康。

江苏要实现全面协调可持续发展，必须统筹解决好当前经济社会发展中的突出矛盾和紧迫问题。我们要加快社会事业发展。要加快法制建设。要加快文化建设。要加快苏北发展。要加快生态建设。

以人为本是共产党的执政理念。以人为本就要替人民群众解决实际困难。当前，要着力解决好关系人民群众切身利益的突出问题。要进一步做好增加就业、落实社会保障工作。要坚决纠正土地征用中侵害农民利益的问题，坚决纠正城镇拆迁中侵害居民利益的问题，坚决纠正企业改制中侵害职工合法权益的问题，坚决纠正拖欠和克扣农民工工资的问题，坚决纠正教育乱收费和药品购销中不正之风的问题，在可能的条件下，让最广大的群众都享受到改革开放和发展的成果。

新的一年里，希望各级政协牢牢把握团结和民主两大主题，紧紧围绕"两个率先"的大局，充分发挥自身优势，更好履行三大职能，为江苏的全面协调可持续发展作出新的贡献！

省九届政协常委会工作报告(2004年2月22日)(摘要)

一、2003年的工作回顾

(一)兴起学习高潮，用"三个代表"重要思想指导新时期的政协工作。主席会议认真贯彻中共江苏省委的要求，及时提出《关于兴起学习贯彻"三个代表"重要思想新高潮的意见》。举办了省政协新委员学习研讨班和市县政协新任主席学习研讨班，每次常委会议举办学习报告会。广大委员结合自身工作实际努力学习、实践。召开以"三个代表"重要思想指导政协工作实践研讨会，组织专门委员会主任和各市政协主席进行研讨和交流，进一步明确了政协深入学习贯彻"三个代表"重要思想的要求和措施。

(二)紧紧围绕"两个率先"目标，把促进和服务发展作为政协工作的中心任务。动员和组织各界委员，为夺取抗击非典和经济建设双胜利献计出力。先后召开两次主席会议，听取省委、省政府关于防治非典情况的通报，向各界委员提出了积极投入抗击非典斗争的要求。举办关于抗击非典的委员月谈会，向省委、省政府报送有关抗击非典的《社情民意》简报20多期，组织各专门委员会就非典对江苏经济和社会发展的影响及对策进行重点调研，对做好防治非典工作、克服非典影响、促进经济发展、加强公共卫生体系建设等，提出了许多建议。

围绕中央和省委重大决策，做好统一思想、凝聚力量的工作。省政协主席会议提出了《关于学习贯彻省委十届五次全会精神的意见》。中共十六届三中全会和省委十届六次全会召开后，主席会议及时进行学习讨论，提出贯彻意见，动员广大委员为推进改革、建立完善的社会主义市场经济体制积极献计出力。

围绕我省大政方针和经济、社会生活中的重要问题，加强政治协商。在抗击非典的关键时刻，在省委十届五次、六次全会召开之前，李源潮书记先后三次到省政协，就我省防治非典的措施、实现"两个率先"的决策部署、完善市场经济体制的意见和经济发展的目标措施等，通报情况，直接听取意见，充分体现了省委、省政府对政协工作的高度重视和广纳群言的民主作风。在省政协九届二次、三次常委会议和十一次、十二次主席会议上，省政府负责同志分别通报了全省经济和社会发展、关心群众利益、提高居民收入以及深化农村税费改革的情况。委员们在协商讨论中提出的意见和建议，受到省委、省政府高度重视。

充分发挥政协优势，加强对全省现代

化建设重大问题的研究,为加快发展建言献策。一年来,共完成视察调研课题 21 个。组织 90 多名委员,就沿江开发问题进行重点视察,并举办以沿江开发为内容的委员论坛,经主席会议讨论,提出了关于加快实施沿江开发战略的建议案,就沿江开发的总体规划、机制政策、产业布局、基础设施建设、资源环境保护等提出 19 条建议。组织近 60 名委员对民营经济发展情况进行重点视察,并经九届二次常委会议讨论,提出了关于推动我省民营经济发展的建议案。各专门委员会分别组织委员就我省特色优势产业科技创新、实施"走出去"战略、壮大县域经济等课题进行深入调研,提出了 19 份调研报告。

树立科学发展观,围绕促进经济、社会和人口资源环境的协调发展,开展参政议政。举办坚持全面、协调、可持续发展的委员论坛。组织各民主党派、工商联委员对环境保护问题进行联合视察。举办加强农村环境污染治理的委员月谈会,开展了对海洋环境保护、徐州煤矿塌陷地复垦开发情况的调研和视察。组织委员对我省农村义务教育、职业教育和培训、民办高等教育、保护和发展地方戏曲和百年老店等进行调研、视察。

(三)坚持为民宗旨,把团结各界群众、反映群众意愿、维护群众利益作为重要职责。坚持团结和民主两大主题,广泛调动社会各方面的积极性和创造性。注重发挥省各民主党派、工商联在政协中的重要作用。省各民主党派、工商联在全委会议和常委会议上,以组织名义提交大会发言 19 份,提案 114 件。在宁委员建立 24 个界别委员联系小组,开展经常性活动。加强与民族宗教界人士的团结。积极开展与港澳台侨人士联谊工作,组织港澳地区委员来省内视察沿江开发情况。

围绕关系群众利益的重大问题,积极开展协商监督,提出建议。省政协九届三次常委会议以关心群众切身利益、解决群众实际困难为主要议题,开展协商讨论。组织委员对农产品质量安全、整顿规范农村医药市场等群众关心的热点问题进行深入调研,与有关部门开展对口协商,加强民主监督。委员们尤为关注困难群众和受灾群众的生产生活,在调查研究的基础上,对加大再就业优惠政策落实力度、重点扶持"4050"和双下岗人员再就业、建立农村最低生活保障制度、安排好灾区群众生产生活等提出建议,受到省委、省政府的重视和采纳。

加强提案和反映社情民意工作,推动群众关心的一些问题得以解决。政协委员和政协各参加单位提案立案的共 746 件,委员提案提出的问题已经解决、正在解决或列入计划准备解决的占提案总数的 84.4%。召开社情民意工作座谈会,制定《关于进一步加强反映社情民意工作的意见》。编印《社情民意》简报 91 期,省委、省政府领导 58 人次对 46 件社情民意信息作出批示,有关部门认真研究办理,使群众关注的一些问题得到及时解决。

(四)坚持与时俱进,加强制度建设,努力提高参政议政水平。注重研究新情况,提出新举措。在履行职能的过程中,更加注重紧贴省委、省政府的中心工作,认真安排各项协商监督、参政议政活动。更加注重探索履行职能的新途径、新形式,加强了主席会议的专题协商和专门委员会的对口协商,改进了委员视察调研组织方式。更加注重发挥政协的整体功能,在积极组织在宁委员开展活动的同时,加强了宁外委员视察调研的组织工作。更加注重加强与有关部门的联系和配合。政协机关的建设和服务工作也有新的加强。

大力推进规范化制度化程序化建设。制定了进一步加强专门委员会工作、发挥委员主体作用、发挥政协界别作用三项制度,进一步明确了专门委员会的职责,明确了发挥政协界别作用的重点和要求。

完善提案办理工作制度。中共中央办公厅、国务院办公厅转发《全国政协办公厅关于办理政协提案的意见》后,省政协及时提出贯彻落实的建议,省委办公厅、省政府办公厅下发了《关于认真做好省政协提案办理工作的通知》,对进一步做好提案办理工作、提高办理质量,提出了明确要求。

工作还存在一些不足之处。比如,专题调查研究还不够深入,需要进一步提高质量和水平;政治协商和民主监督的职能需要进一步加强,努力改进方式,提高实效;在发挥专门委员会职能作用和委员主体作用方面,还要作出进一步努力;有些调研成果的转化和提案的落实还不够理想,需要进一步加强跟踪和催办等等。这些问题,我们将在今后的工作中认真加以改进。

二、2004 年的工作任务

2004 年是全面落实中共十六大和十六届三中全会精神,实现"十五"计划目标的关键一年。省政协工作的总体要求是,以邓小平理论和"三个代表"重要思想为指导,在中共江苏省委的领导下,深入贯彻中共十六大、十六届三中全会和省委十届五次、六次全会精神,紧紧围绕实现"两个率先"目标,牢牢把握团结和民主两大主题,以推进改革、促进全面协调发展和维护、实现群众利益为重点,全面履行职能,充分调动一切积极因素,为加快发展、富民强省作出新贡献。

(一)把学习贯彻"三个代表"重要思想新高潮的活动不断推向深入。通过学习,努力把握"三个代表"重要思想的科学内涵和精神实质,在深刻领会和牢牢把握解放思想、实事求是、与时俱进这个精髓,发展这个党执政兴国的第一要务,立党为公、执政为民这个本质上达到新高度。

(二)围绕中心、服务大局,为改革发展稳定献计出力。把推进改革、为完善社会主义市场经济体制建言献策作为政协工作的重要任务,牢固树立科学发展观,坚持以人为本,为促进全面、协调、可持续发展,为全面完成今年全省经济和社会发展的各项目标任务,积极献计出力。积极协助党委、政府做好协调关系、扩大共识、化解矛盾、维护稳定的工作。

(三)全面履行三项职能,进一步发挥政协在社会主义民主政治建设中的重要作用。精心组织好对我省大政方针和经济社会发展重大问题的协商。围绕国家大政方针和省委、省政府重大决策的贯彻、执行情况,围绕群众关心的热点问题,积极探索民主监督的新途径、新形式,加大民主监督力度。进一步拓展参政议政领域,围绕关系群众切身利益的重要问题,开展调查研究,向党委、政府提出意见和建议。

(四)努力开拓创新,不断提高工作水平。切实加强学习和调查研究工作,推动委员发扬求真务实作风,深入基层,深入群众,倾听各方面意见,虚心向基层和广大群众学习,努力提高参政议政的能力和水平。继续推进规范化制度化程序化建设。全国政协十届二次会议修改政协《章程》后,要认真贯彻落实,并结合省政协工作实际,进一步完善各项工作制度。适应新形势、新任务的要求,进一步拓展工作领域,创新工作机制,改进工作方式,更好地发挥政协在我省政治生活中的重要作用。

关于沿东陇海线产业带建设的建议案

(2004 年 4 月 12 日江苏省政协第十七次主席会议通过)(摘要)

1. 进一步统一思想,形成加快产业带建设的合力。鼓励东陇海沿线地区的干部群众抢抓机遇,树立信心,自加压力,奋发有为,为产业带建设作出不懈的努力。

2. 以科学的发展观为指导,完善产业

带规划。建议进一步完善《江苏省沿东陇海线产业带建设总体规划》。规划制定:一要更好地体现以科学的发展观为指导,坚持产业发展和生态、环境的同步建设。二要处理好一、二、三产业协调发展的关系,重点扶持已具备一定优势的制造业、农副产品和特色资源深度加工业以及与产业发展相适应的现代物流等第三产业。三是科学制定产业布局、资源与环境保护等专项规划,四是切实维护规划的严肃性和权威性。

3. 为沿线开发区建设创造良好的发展条件。建议对产业带中开发区建设存在的用地、政策扶持等问题,专题加以研究,及时帮助解决急需解决的一些问题。

4. 采取切实措施加快连云港港口建设。对连云港港口提出的 10 万吨级深水航道疏浚工程,建议省政府帮助协调落实扶持资金,并协调省交通产业、交通控股和国信集团等企业先注入资本金,与港口合资抓紧启动建设。建议实施集装箱运输"绿色通道"政策。

5. 大力扶持重点产业发展,促进产业集群的形成。一要进一步壮大龙头企业,加快产品市场拓展,科学合理地扩张规模。二要帮助产业带在重大项目特别是外资大项目的争取和引进上实现突破。三要加大扶持农业产业化龙头企业的力度,增强其带动能力。四要以物流为发展重点,培育连云港港口产业的发展。五要大力发展旅游产业,帮助开通"新亚欧大陆桥旅游快车"。

6. 进一步加快交通基础设施建设。建议规划建设徐州、连云港绕城公路,连云港市至观音机场和徐州市至白塔埠机场的快速通道;加快建设连云港港口运输设施,争取国家尽早安排建设徐州至连云港段铁路电气化改造工程;开通徐、连两市到南京的航空支线。

7. 促进电力基地建设。建议抓紧徐塘电厂扩建等项目建设,积极做好田湾核电二期、抽水蓄能电站等项目的前期工作。

8. 加大财政支持力度。

9. 用电价政策推动我省部分产业向北转移。为推动苏南工业,特别是能源消耗较多的产品生产向东陇海沿线地区转移,吸引外地工业投资,建议降低该地区工业特别是能耗相对较多工业的用电价格。

10. 建立良性循环的金融体系。建议为该地区争取国家政策,支持外资银行、民资银行进入,支持尽快建立信用担保体系,采取信托计划等吸收民间资本参与沿东陇海线产业带建设,支持徐、连建立诚信体系、构建金融安全区。

11. 研究制定边界政策,扩大沿线四县经济管理权限。

12. 加快人才培养。建议省政府投入必要的财力帮助东陇海沿线地区加快职业教育发展;增加农民流动就业培训专项经费;充分发挥徐连现有高校培养高层次人才及各类人才的作用,建议组织南大、东大和省内重点高校对口支持徐连地区。

13. 节约资源,保护环境。高度重视水资源对徐连地区经济发展支撑力严重不足的问题,加快对产业带建设地区矿产资源的勘查。各类发展规划要从当地资源和环境承受力出发,坚持环保第一审批权。提高非再生资源采掘企业的准入门槛,提高资源加工类企业的科技含量,积极扶持资源回收、再加工型企业。

14. 珍惜土地并切实维护农民权益。一要高度警惕新一轮圈地热,提高单位土地的投资强度。二要保证当地耕地占补平衡。三要依法执行土地补偿政策。

15. 加强领导,狠抓落实。建议成立专门的领导班子,精心组织,协调指挥,明确责任。

关于当前经济社会发展中几个问题的

建议(2004年11月29日江苏省政协第二十三次主席会议通过)(摘要)

一、加速推进科技创新。建议:1.组织专题调研,摸清科技创新的现状,在适当时候召开全省科技创新大会,以省委、省政府名义作出加速推进科技创新的决定,进一步明确科技创新工作的重点和奋斗目标,推进创新的政策措施。2.加大科技投入。建议省和各地在编制明年财政预算时,对落实省、市、县三级科技三项费用和科学事业费提出明确要求。3.建立高层次的重大科技攻关项目的协调小组,组织全省性协作攻关,推进产学研结合,培育拥有自主知识产权的产品。

二、加快发展服务业。建议省委、省政府在适当时候召开专门会议,进一步动员和部署服务业的发展,颁布全省服务业发展规划,明确消费性服务业、生产性服务业和公共服务业的发展重点和相关措施。

三、强化服务,推动企业"走出去"。建议尽快制定实施"走出去"战略规划和近期工作指导意见。既着力培育大型跨国公司,打造"江苏品牌",更鼓励和支持面广量大的各种所有制形式的中小企业跨出国门,投资、经商、办企业。

四、高度重视解决全省能源资源短缺的问题。建议:1.组建省能源公司。统筹规划,积极开拓国际业务,建立稳定的海外煤炭、石油、天然气等传统能源供应基地。同时,鼓励和推动相关企业到省外或海外投资建设木材、铁矿砂、铜、铝等原材料基地。2.积极促进可再生能源和新能源的研发和推广利用。

五、强化生态保护和环境治理。1.加大长江江苏段流域的水环境整治力度,严格控制入江污染物排放总量。2.尽快出台江苏省沿江建设规划,明确沿江地区城市、产业、生态功能布局,保护好沿江地区的生态环境。3.高度重视城市居民生活环境的改善和提高。4.加快政府环保系统的能力建设,坚决扭转"违法成本低,守法成本高,执法成本更高"的非正常状态。

六、健全城乡低保制度和社会保障体系。建议增大财政支出中用于社会保障和公共事业的比例。加速建立全省农村居民最低生活保障制度,建立生活指数与物价指数相挂钩的城乡低保标准动态调整机制。确保城镇所有就业人员全部纳入基本养老和医疗保险范围。建立健全社会保障资金多渠道筹措机制。

七、扩大县级自主权。

八、进一步加大对苏北发展的支持力度。建议:1.以行政推动与市场引导相结合,制定并落实鼓励产业向苏北转移的具体政策。2.继续加大财政转移支付力度,在两三年内解决苏北部分县乡保持正常运转存在的困难。积极扶持苏北农村教育、科技、公共卫生等社会事业的发展。确保农村中小学教师享受与城市中小学教师同等的待遇。3.利用全省教育资源,进一步加强对苏北地区青壮年农民的职业培训,提高就业技能。

九、保持党政主要领导任期内的相对稳定。建议在干部选拔、任用上严格执行省委关于党政主要领导任期的规定。强化科学决策、民主决策机制和工作责任制,实行决策失误追究制。按科学发展观的要求,抓紧制定新的干部政绩考核体系。

十、大兴勤俭节约之风。建议:1.严格控制党政机关新建行政中心和办公楼,坚决制止党政机关超标准装修办公用房。2.严格控制过多过滥的各类"节"、"周"、"会",尤其要制止动用公共财政或向企事业单位强令摊派费用的高耗低效的造势活动。3.承办全国性大型文化、体育等活动,应尽量减少新建活动设施,必须新建的,应落实大型活动结束后设施的有效利用、运行资金的来源和投资回收的有关措施。

关于发挥民主党派、工商联和无党派人士在政协中作用的意见(2004年6月24日江苏省政协第二十次主席会议通过)(摘要) 一、充分认识发挥民主党派、工商联和无党派人士在政协中作用的重要性。充分发挥民主党派、工商联和无党派人士在政协中的作用,是坚持人民政协性质和特点,充分发挥政协优势的重要基础,是进一步活跃和推动政协工作,更好地履行职能的可靠保证,是调动一切积极因素,共同致力于我省率先全面建成小康社会、率先基本实现现代化宏伟目标的迫切需要。

二、认真贯彻"长期共存、互相监督、肝胆相照、荣辱与共"的方针,搞好合作共事。加强理论学习,不断增强在共同政治基础上的团结合作。加强与省各民主党派、工商联和无党派人士在政协内部的合作共事。一是健全主席会议和秘书长会议制度。二是政协专门委员会主任、副主任和委员中,省各民主党派、工商联和无党派人士的委员要占一定比例。三是中共党员委员要自觉地、真诚地、积极地与民主党派、工商联和无党派人士交朋友。四是切实尊重和保护各民主党派、工商联和无党派人士享有的宪法和政协章程规定的权利和职责,保障他们在政协的各种会议和活动中提出批评和发表不同意见的自由。

三、为省各民主党派、工商联和无党派人士参政议政创造良好条件。组织省各民主党派、工商联和无党派人士参加政协的各项会议和活动。鼓励和支持省各民主党派、工商联以党派、团体名义提出提案。鼓励和支持省各民主党派、工商联在政协全委会议和常委会议上以组织名义进行大会发言。充分发挥省各民主党派、工商联和无党派人士在反映社情民意工作中的作用。

四、政协机关要为省各民主党派、工商联和无党派人士发挥作用搞好服务。

【组织概况】

委员增补名单(以下为2004年10月21日省政协九届7次常委会议通过)

李君超 查美龙

(2004年1月12日省政协九届4次常委会议通过)

朱慈尧

委员辞职名单

(因工作调动2004年10月21日省政协九届7次常委会议通过)

黄志伟 陈爱平 储富祥 刘政焕

委员撤销名单

(2004年1月12日省政协九届4次常委会议通过)

周脉廷

(2004年10月21日省政协九届7次常委会议通过)

周震球

【江苏省各级政协领导人名单】

江苏省

省政协主席

许仲林

副主席

王荣炳 林玉英(女)
闵乃本 朱兆良 冯健亲
陈凌孚 李 仁 吴冬华
林祥国 陆 军 曹卫星
黄因慧

秘书长

赵京玉

南京市(副省级)

市政协主席

汪正生

副主席

张伯兴 于基汾 穆西南
孙南雄 徐纪根 吕庆继
钱继红(女) 陈 圻
朱晓进 严以新

秘书长
陈五一

县(市、区)政协主席

玄武区	吴金珠(女)
鼓楼区	于化亭
白下区	季守法
秦淮区	丁长森
建邺区	杨炎明(女)
下关区	梁学明
雨花台区	赵　轮
栖霞区	黄玉兰(女)
浦口区	李传邦
江宁区	詹双定
六合区	张春华
溧水县	江　萍(女)
高淳县	王来兴

无锡市

市政协主席　韩　军

县(市、区)政协主席

江阴市	孙福康
宜兴市	吴国成
锡山区	薛文荣
崇安区	黄汉林
南长区	蔄天海
北塘区	胡传华
滨湖区	周富梁
惠山区	徐菊培

徐州市

市政协主席　胡振龙

县(市、区)政协主席

丰　县	史亚林
沛　县	吴天英(女)
铜山县	姚香远
睢宁县	胡守军
邳州市	王效先
新沂市	吴淑芬(女)
鼓楼区	付立华
云龙区	孟宪芳(女)
泉山区	魏　静(女)
九里区	郑群德
贾汪区	刘厚远

常州市

市政协主席　曹锦成

县(市、区)政协主席

金坛市	陆美凤(女)
溧阳市	房惟辛
武进区	杨锡根
天宁区	吴伯瑜
钟楼区	孟东杰
戚墅堰区	黄彩华(女)
新北区	杨建忠

苏州市

市政协主席　冯瑞渡

县(市、区)政协主席

常熟市	王伟民
张家港市	钱学仁
太仓市	金世明
吴江市	沈恩德
昆山市	沈卫群
吴中区	陈忠南
平江区	袁以新
沧浪区	潘　霖
金阊区	刘古锵
相城区	顾梅生
虎丘区	王仁元

南通市

市政协主席　程亚民

县(市、区)政协主席

海安县	翟厚才
如皋市	刘桂江
如东县	翁士豪
通州市	张秀兰(女)
海门市	徐永兵

启东市 范成昌
崇川区 朱洁莲(女)
港闸区 高庆森

连云港市
市政协主席 俞素娥(女)
县(市、区)政协主席
赣榆县 杨淑之
东海县 刘桓益
灌云县 刘佩让
灌南县 史耀晴
新浦区 吴新明
连云区 赵雨军
海州区 窦延忠

淮安市
市政协主席 陈从亮
县(市、区)政协主席
涟水县 张学明
洪泽县 周长林
金湖县 胡 进(女)
盱眙县 王 斌
淮阴区 王祥生
清浦区 王留生
清河区 朱 涛
楚州区 朱国仁

盐城市
市政协主席 计高成
县(市、区)政协主席
响水县 高兆项
滨海县 顾正岚
阜宁县 陈世明
射阳县 陆体才
建湖县 唐修国
大丰市 朱达丰
东台市 王业频
盐都区 崔 军
亭湖区 张德楼

扬州市
市政协主席 徐益民
县(市、区)政协主席
高邮市 朱德辉
宝应县 韩国柱
江都市 倪玉泉
仪征市 陈广喜
邗江区 钱德永
广陵区 马桓宝
维扬区 吴 红(女)

镇江市
市政协主席 周大平
县(市、区)政协主席
丹阳市 巢纪顺
扬中市 孙金林
句容市 王远根
丹徒区 龚玉华
京口区 贾国祥
润州区 倪惠民

泰州市
市政协主席 陈克勤
县(市、区)政协主席
靖江市 苏增耀
泰兴市 刘军林
姜堰市 高永明
兴化市 范学忠
海陵区 王向红
高港区 刘时根

宿迁市
市政协主席 朱玉振
县(市、区)政协主席
沭阳县 丁建平
泗阳县 张理惠
泗洪县 王益和
宿豫区 程欣然
宿城区 张福泉

江苏省各级政协组织和委员数

（截至2004年底）

项目＼级别	省级	副省级市	设区的市	县(不设区的市、市辖区)	合计
组织数	1	1	12	106	120
委员数	756	463	4708	21926	27853

（刘松汉　常成宝　编写　丁泽生　审稿）

政 协 浙 江 省 委 员 会

【全体委员会议】

九届二次会议 2004年2月9日至13日在杭州召开。会议应出席委员668名,实到619名。会议听取并审议了李金明主席所作的政协浙江省第九届委员会常务委员会工作报告和陈昭典副主席所作的政协第九届浙江省委员会常务委员会关于九届一次会议以来提案工作情况的报告;审议并通过了政协第九届浙江省委员会第二次会议提案审查委员会关于九届二次会议提案审查情况的报告。与会委员列席了省十届人大二次会议,听取并讨论了吕祖善省长所作的《政府工作报告》,以及其他有关报告。会议共收到提案798件,经提案委员会审查立案758件。会议共收到大会发言材料97篇。会议审议通过了《中国人民政治协商会议第九届浙江省委员会第二次会议决议》。《决议》认为,九届省政协在开局之年,坚持以邓小平理论和"三个代表"重要思想统领政协各项工作,围绕中心,服务大局,在继承中创新,在创新中提高,把握"献策不决策,议政不行政,立论不立法,宽松不放松"的工作方位,坚持团结和民主两大主题,切实履行政治协商、民主监督、参政议政职能,巩固和发展最广泛的爱国统一战线,较好地完成了省政协九届一次会议确定的各项任务。《决议》指出,面对新的形势和任务,全体政协委员要增强政治意识、大局意识和责任意识,大力弘扬求真务实精神,大兴求真务实之风,更加奋发有为地做好各项工作。《决议》要求,全省各级政协组织、政协各参加单位、广大政协委员和各族各界人士,要紧密地团结在以胡锦涛同志为总书记的中共中央周围,高举邓小平理论和"三个代表"重要思想伟大旗帜,在中共浙江省委的领导下,同心协力,求真务实,为争取我省今年各项工作的新成绩,为发展我省人民政协事业的新局面作出新的更大贡献。省党政军领导出席会议开幕式和闭幕式。中共浙江省委书记习近平出席闭幕会并讲话。

【常务委员会会议】

第6次会议 2004年3月13日在杭州召开。李金明主席主持会议。会议主要议程:审议通过政协第九届浙江省委员会第二次会议《决议》(草案);审议通过政协第九届浙江省委员会提案委员会关于九届二次会议提案审查情况的报告(草案);审议通过《关于免去张建武同志省政协办公厅主任职务的决定》;审议通过《政协第九届浙江省委员会办公厅主任名单》。

第7次会议 2004年6月7日至9日在杭州举行。李金明主席主持会议并讲话。会议主要议程:听取中共浙江省委夏宝龙副书记关于学习贯彻省委十一届六次全体(扩大)会议精神,维护社会稳定、建设平安浙江的情况通报;听取中共浙江省委周国富副书记关于我省反腐倡廉工作的情况通报;就维护社会稳定、建设平安浙江问题开展协商讨论,提出意见和建议,并与省直有关部门负责人进行双向交流;邀请部分群众代表旁听常委会;审议通过有关人事事项。

第8次会议 2004年9月27日至28日在杭州举行。李金明主席主持会议并讲话。会议主要议程:学习贯彻中共十六届四中全会精神,加强党的执政能力建设;听取中共浙江省委乔传秀副书记关于我省机关效能建设的情况通报;围绕加强机关效能建设建言献策;与省直有关部门就机关效能建设问题进行双向交流;邀请部门群众代表旁听会议;审议通过关于撤销姚越健政协第九届浙江省委员会委员资格的决定。

第9次会议 2004年12月28日至30日在杭州举行。李金明主席主持会议并讲话。会议主要议程:深入学习贯彻中共十六届四中全会、中央经济工作会议和中共浙江省委十一届七次全体(扩大)会议、全省经济工作会议精神;协商讨论社会保障体系建设有关问题;审议通过关于召开政协第九届浙江省委员会第三次会议的决定;审议通过政协第九届浙江省委员会第三次会议议程;审议通过政协第九届浙江省委员会常务委员会工作报告及报告人;审议通过政协第九届浙江省委员会常务委员会关于九届二次会议以来提案工作情况的报告及报告人;审议通过关于扩大政协第九届浙江省委员会规模的决定;审议通过有关人事事项。中共浙江省委书记习近平参加会议并讲话;省直有关部门负责人到会听取意见建议。

【专门委员会工作】

提案委员会 一是积极协助省政协召开全省政协提案工作会议,传达贯彻全国政协第五次提案工作座谈会精神,总结经验,交流体会。二是通过"征集提案信"、编发提案参考题目等途径,明确征集提案的指导思想和重要内容,并以座谈会、约谈会、情况通报会及调研、视察等活动为载体,帮助委员了解政情与民情。三是切实把好立案关,专门聘请律师协助审查提案,进一步提高提案质量。四是先后走访21家提案重点承办单位,听取各单位对提案交办的意见,了解提案办理进展情况,商讨如何提高提案办理质量和效率。五是加强新闻宣传力度,扩大提案影响力,监督提案办理落实情况。六是重新修订《省政协提案工作条例》、《关于提案审查立案实施细则》、《优秀提案评选表彰办法》、《重点提案的产生办法和办理规定》;制定出台《政协浙江省委员会关于进一步加强提案工作的意见》;省政府建立了重点提案省长领办制度和提案办理"回头看"制度,进一步增强了提案工作的规范性和有序性。

经济委员会 一是牵头负责省政协"深化省属国有企业改革"重点调研课题,与省政协办公厅、研究室、有关专委会和有关省级民主党派共同努力,圆满完成调研任务,形成了《以布局调整为突破口,以营运机构为重点,加快推进省属国有企业改革》的调研报告,受到省委、省政府、省政协领导的高度重视。二是认真组织委员先后视察钱江四桥、钱江新城、杭州高新技术开发区和义乌中国小商品城,针对存在问题和具体困难,积极提出对策建议。三是先后召开三次片会,加强省市政协经济委员会之间的联系沟通。四是加强委员会自身建设,及时调整补充委员队伍;加强与有关部门的联系,在情况通报、信息交流、课题调研、考察学习等方面加强合作和交流;创办《经济委简讯》,积极为委员知情知政服务。五是积极指导企业家之友社开展多种形式的联络联谊活动。

农业和农村工作委员会 一是积极参与省政协"统筹城乡经济社会发展"重点课题调研,完成"提高农业组织化程度,推进农业产业化经营"和"深化农村土地制度改革"二个子专题的调研任务,形成了《关于稳步推进我省农村与土地结合的社区股份合作制改革的建议》和《发展农村专业合作经济组织是统筹城乡发展的历史选择》的调研报告。二是认真组织委员就"浙北水资源优化配置"和"滩涂围垦"有关问题开展视察,形成了《关于优化浙北水资源配置的建议》和《关于我省滩涂围垦情况的视察报告》,引起了省委、省政府领导和有关部门的高度重视。三是积极参与"地税局机关效能建设"监督活动。四是召开全省政协农业和农村工作委员会工作会议,交流经验,促进工作;召开联系委员座谈会,加强与委员的联系。

人口资源环境委员会 一是积极协助全国政协人口资源环境委员会在浙举办培训班,开展多种形式的学习交流。二是积极参与省政协“统筹城乡经济社会发展”重点课题调研工作，完成“以城市化带动城乡一体化”和“统筹浙江城乡就业和社会保障体系建设”两个子课题的调研任务，形成了《坚持城市化带动战略，加快城乡统筹发展步伐》、《关于统筹城乡就业若干问题的研究》和《统筹城乡的浙江社会保障体系研究》调研子报告。三是围绕“我省生态公益林建设若干问题”和“影响我省出生人口素质问题”，组织委员开展专题调研，形成了《关于生态公益林建设若干问题的建议》和《关于影响我省出生人口素质若干问题的研究》的调研报告，引起了省委、省政府和有关部门的高度重视。四是举行以“大力发展可再生能源促进我省经济社会可持续发展”为主题的委员约谈会，在广泛进行视察考察基础上，分别就风能、太阳能、潮汐能和沼气等可再生能源的开发利用，积极提出意见和建议。

科技教育委员会　一是围绕高教园区建设问题，先后组织委员赴浙江传媒学院、浙江师范大学进行考察；围绕基础教育问题，组织委员赴景宁畲族自治县、淳安县等欠发达地区调研，形成《关于我省欠发达地区义务教育的调研报告》；召开“低收入流动人口子女入学情况座谈会”，积极为低收入流动人口子女教育问题建言献策。二是就我省科技体制改革、科技创新体系建设、促进民营企业利用高科技实现二次腾飞等问题，组织委员开展专题调研，形成了《关于加速发展高科技，实现产业化的建议》的调研报告。三是召开以“落实科教兴省”为主题的委员约谈会，就我省发展高科技、实现产业化提出意见和建议。四是与革命老区促进会、省革命老区建设办公室和省教育学院共同举办教育扶贫班，培训我省“欠发达乡镇”100名中小学校长；赴淳安县汾口镇慰问镇中心小学和完市村小学的教师。五是召开全省政协科教委员会工作会议。

文化卫生体育委员会　一是就省属艺术院团体制改革问题开展专题调研，积极为我省文化体制改革试点工作建言献策，形成《对省属艺术院团体制改革的几点思考》的调研报告。二是积极参与民主监督活动，承担社会保障体系建设中有关城乡医疗保障问题的专项民主监督，组织委员先后赴金华、衢州等地开展监督调研，召开群众听证会，广泛听取各方的意见，形成《关于城乡医疗保障情况的调研报告》。三是继续开展医疗扶贫活动，组织省政协专家医疗队赴岱山县为渔民开展义诊，共诊治患者1600余人次。四是召开委员约谈会，组织文学艺术、社会科学、新闻出版、医药卫生等界别的委员，积极为办好“中国第七届艺术节”建言献策。五是组织委员就我省公共卫生应急机制建设、第十三届全省运动会体育场馆设施建设等情况开展视察，针对存在问题，提出对策建议。

社会法制委员会　一是与杭州市青少年研究所、省总工会联合开展“加强未成年人思想道德建设与法律保护问题”和“收入分配体制改革问题”专题调研，形成《关于加强未成年人思想道德建设与法律保护的调研报告》和《完善职工分配机制抑制过大贫富差距》的调研报告，报送省委、省政府。二是围绕构建和谐社会，组织委员参与对社会保障体系建设中有关问题的民主监督，参与省政协组织的“维护社会稳定，建设平安浙江”视察活动，就维护社会稳定工作建言献策。三是先后组织委员对《浙江省人民代表大会常务委员会关于修改〈浙江省村民委员会选举办法〉的决定(草案)》等多部地方性法律、法规的修改，提出意见和建议。四是主动协助有关部门做好信访工作，组织委员积极参与行风监督、执法专项检查、妇女权益保障等工作。六是召开全省政协社会法制工作会议。

文史资料委员会 一是组织委员先后就博物馆改革与发展情况、杭州西溪湿地综合保护一期工程建设情况、我省民间手工艺保护开发和利用情况，开展调研视察；围绕外来务工人员的医疗保障、养老保险和技能培训等问题，召开委员约谈会，积极提出意见建议。二是制定本届省政协文史资料征编方案和协作规划，开展全省政协优秀文史资料图书评选活动，不断提高文史资料征编工作水平。全年共征集史料20篇，约15万字；出版了350万字的《浙江文史大典》、34万字的《史海拾珍》。三是加强对市县文史资料工作的指导和服务，先后为丽水市政协等13个单位办理准印证17个，审阅书稿17部、计457万字；协助省新四军研究会做好《何克希百年诞辰》(初稿)的审稿编辑工作；继续做好《政协志》的编撰工作。四是协助全国政协召开全国暨地方政协文史委员会主任会议，承办华东地区政协第十九次文史工作协作会，召开全省政协文史工作会议。

港澳台侨委员会 一是针对新形式下政协港澳台侨工作面临的新情况、新问题，组织委员开展专题调研；制定出台特邀委员工作条例，规范特邀委员工作。二是加强港澳侨委员、特邀委员培训，邀请有关领导和专家学者作专题辅导报告，进一步提高委员履行职能的能力。三是专程派员赴港，向政协委员和特邀委员宣传中央方针政策；利用省政协代表团出访机会，召开欧洲片委员座谈会，加强与委员的联络联系。四是与有关部门共同组织实施“港澳委员视察杭州湾产业带”的活动；积极配合省政协“深化国有企业改革”重点课题调研工作；组织以特邀委员为骨干的来自七个国家和地区的海外企业家一行19人赴江西省考察。五是加大对台工作力度，与省六家涉台部门共同组织了“浙江省纪念江泽民《为促进祖国统一大业的完成而继续努力奋斗》重要讲话发表九周年”座谈会，主动走访台商协会，组织代表团赴台湾考察。六是认真做好接待来访工作，全年共接待省政协港澳侨委员、本委特邀委员以及海外人士29批178人次。

【重要活动】

中共浙江省委全省政协工作会议 2004年9月2日至3日在杭州召开。会议专门研究部署了加强和改善党对政协工作的领导、推进人民政协履行职能制度化、规范化、程序化建设问题。会上，习近平书记作了重要讲话，省长吕祖善就政府如何支持政协工作提出具体意见，省政协主席李金明、省委副书记梁平波分别讲话，七个市的市委作了专题发言。这次会议对各级党委加强和改进对政协工作的领导提出了新的要求。会后，中共浙江省委下发了《关于加强和改善党的领导，支持人民政协履行职能制度化、规范化和程序化建设的意见》，进一步明确了“三化”建设的目标和任务。

全省政协主席读书班 8月16日至20日在杭州举行。会议认真学习邓小平理论、“三个代表”重要思想和中共中央、中共浙江省委一系列重要会议精神；听取了吕社善省长关于当前我省经济社会发展情况的通报和全国政协原冬平局长关于政协章程的辅导报告；专门研究了推进政协工作“三化”建设的有关问题，进一步统一了思想、提高了认识、理清了思路。

“深化省属国有企业改革”重点课题调研 按照中共浙江省委的要求，省政协组织力量，并联合省级各民主党派和工商联、省有关部门以及高校专家学者，组成课题组，深入23家省级国资营运机构开展调研，形成了《以布局调整为突破口，以营运机构为重点，加快推进省属国有企业改革》调研报告。习近平书记、吕祖善省长专门听取汇报，充分肯定了调研工作，并作出重要批示。省委、省政府办公厅下发的《关于加快推进省属国有企业改革的实施意见》,充分吸收了调研组提出的意见建议。

“统筹城乡经济社会发展”重点课题调研 按照中共浙江省委的要求,省政协组织力量,并联合四个民主党派、十个市政协、两个省直厅局和浙江大学等单位,开展联动调研,形成了《加快转变城乡二元结构,从根本上解决“三农”问题》的综合报告和21篇分报告,并召开调研成果汇报会。省委、省政府主要领导对调研工作给予了高度评价。省政府办公厅及时把意见和建议分解到15个部门予以落实。

“社会保障体系建设”专项集体民主监督 按照中共浙江省委的要求,省政协组织三个民主监督组分赴6个市调研,同时组织部分在浙全国政协委员和省政协委员开展视察。11月26日,省政协民主监督组专门举行了关于社会保障体系建设有关问题的听证会,直接倾听群众对我省社保工作的意见,近百位群众代表参加会议,20多名群众代表发言,梁平波副书记及省级有关部门负责人到会听取意见。12月28日,召开九届九次常委会议专题协商讨论我省社会保障体系建设问题。

【重要文件】

常务委员会工作报告(2004年2月9日)(摘要)

一、加强理论学习,明确工作方位。按照中央和省委的统一部署,迅速兴起学习贯彻“三个代表”重要思想新高潮,要求领导干部带头学,突出重点学,结合实际学,联系历史学,按照专题学,划分层次学。举办了省、市、县三级政协主席读书班和新任九届省政协委员培训班。通过学习,大家深刻认识到,要把“三个代表”重要思想落实到政协工作中去,就要适应中国共产党所处历史方位的新变化,摆正自身位置,明确工作职责,真正做到到位而不越位、不缺位、不错位;就要坚持马克思主义的认识论、方法论,正确理解和把握政协“献策不决策,议政不行政,立论不立法,宽松不放松”的工作方位;就要充分认识新时期政协工作的重要性,努力做到服务大局有高度,建言献策有深度,民主监督有力度,团结联合有广度,自身建设有强度。

二、注重调查研究,积极建言献策。把促进发展作为政协履行职能的第一要务,围绕我省全面建设小康社会、提前基本实现现代化的宏伟目标和“八八”战略的实施,深入开展调查研究,全年共形成专题调研报告102篇。坚持做到重点课题调研与经常性建言献策相结合、同步跟踪调研与超前调研相结合、大题目与小题目相结合,全面提高履行职能成效。较好地完成省委交给的“积极参与长江三角洲地区经济合作与交流”和“加快我省先进制造业基地建设”两个重点课题的调研任务,形成《关于贯彻省委决策,主动接轨上海,积极参与长江三角洲经济合作与交流的若干建议》、《依托传统产业,整合提升块状经济,加快浙江先进制造业基地建设的建议》和调研报告,并召开九届三次、四次常委会议进行专题协商讨论。省政协各专委会围绕我省经济社会发展中的重点、难点问题,组织委员广泛开展调查研究,提出的许多意见和建议得到有关领导和部门的重视和采纳。

三、选准热点问题,开展民主监督。选准人民群众关注的社会热点问题,通过政协例会、调研视察、明查暗访、新闻发布、政协提案、政协信息、举报等多种途径,积极开展民主监督。组成四个民主监督组,着重就教育、医药、道路交通和农民负担等四个领域存在的乱收费和不合理收费问题,开展专项民主监督。注重把民主监督与行风监督、舆论监督和群众监督结合起来,形成监督合力。省政协民主监督组与省纠风办联合召开听证会,重点就医药领域里群众反映强烈的问题，倾听民众心声。中央和省市新闻媒体对听证会作了跟踪报道。省有关部门根据人民群众的意见和建议，及时在全省医药系统开展了行风教育和专项治理。召开九届五次常委会议，就我省教育、医药、道路交通、农民负担四个领域收费方面存在的突出问题，开展协商监督。同时，还首次邀请40位群众代表旁听常委会议，并请部分群众代表在会上发表意见，扩大了人民群众有序的、直接的政治参与。

四、发挥政协优势，为抗击"非典"献计出力，认真贯彻中共中央和浙江省委的指示精神，动员全省政协系统迅速行动起来，积极投入抗击"非典"的斗争。向全体政协委员发出了公开信，号召委员为抗击"非典"献计出力。召开九届二次常委会议，专题讨论"非典"防治工作。组织有关专家，在浙江电视台举办防治"非典"系列讲座。通过政协信息、政协提案等各种渠道，及时向各级党委、政府反映"非典"防治工作中出现的新情况、新问题，出主意、献良策。积极组织开展公益活动，据不完全统计，在浙全国政协委员、省政协委员及所在单位捐款捐物达1000多万元；港澳侨委员和港澳台侨委员会特邀委员，会同港澳同胞和海外侨胞捐款捐物达2000多万元；省工商联发动会员单位和成员为"非典"防治工作捐款捐物达6000多万元。

五、健全工作制度，推进"三化"建设，省政协九届三次常委会议在认真总结近几年来政协工作经验基础上，结合新形势、新任务，修订了《中国人民政治协商会议浙江省委员会常务委员会工作规则》和《中国人民政治协商会议浙江省委员会专门委员会通则》；修订或制订了省政协主席会议工作规则、省政协领导日常活动的若干规定、专委会工作制度、政协提案办理制度、联系政协常委制度、港澳台侨委员会特邀委员工作条例等，使政协工作在各个环节上的规章制度更加健全。根据全国政协《关于征求修改政协章程意见建议的通知》，及时召开有关会议，广泛征求了意见和建议。

六、拓宽民主渠道，做好提案和信息工作，提案工作继续坚持重点提案主席督办制度，完善"三见面"办案、现场办案、与视察调研结合办案和通报办案情况等工作方式；通过联合举办提案办理人员培训班、召开提案办理座谈会、参与政府系统提案办理工作目标责任制考核、开展最满意承办件和最不满意承办件评选工作等途径，进一步提高政协提案办理质量。省级各民主党派、工商联、有关人民团体、省政协专委会和广大政协委员，以提案形式提出意见建议696件，经审查立案的678件，已全部办复。政协信息工作坚持以提高质量为目的，以健全工作网络为方法，以加强骨干队伍建设为基础，拓宽政协信息来源，畅通反映社情民意渠道。省政协办公厅编发的《政协信息（专报）》，被全国政协采用后报送中央和国务院有关领导的有51期，得到省党政领导批示32则。我省政协信息工作成绩显著，受到全国政协的表彰。

七、搞好联络联谊，扩大对外交往，组织港澳委员赴温州、丽水地区考察。积极牵线搭桥，推动和协助港澳侨委员、港澳台侨委员会特邀委员来我省投资创业。省政协港澳台侨委员会新增20名特邀委员，并首次邀请台湾知名人士加入。认真做好接待来访和出国访问工作，加强与国外上层组织和华侨社团的友好交往，促进我省对外开放。积极开展对台工作，加强与台湾知名人士联系，扩大民间交往，积极宣传"和平统一、一国两制"基本方针，努力推进浙台两地的经贸文化交流，促进祖国和平统一大业。

八、加强文史资料和宣传工作，扩大政协影响，充分发挥政协文史资料在统一战线工作中的特色和优势，认真做好文史资料的征集出版工作。全年共征编文史资料37篇,27万字;出版《浙江文史资料目录》;完成《史林珍闻》史料的征集工作;加强与海外文史社团的联系,认真做好抗日战争史料的收集、整理、出版和宣传方面的交流与合作。全面启动《浙江省政协志》的编纂工作。进一步加强与省内外新闻单位的密切联系,及时宣传报道政协的重要工作和活动,营造良好的舆论氛围,不断扩大政协的社会影响。省政协主办的《联谊报》,坚持正确舆论导向,突出政协统战特色,努力加强职业自律,按照"三贴近"的要求,及时宣传报道党的统一战线的方针政策,积极反映各界人士的意见建议,开展舆论监督,受到广大读者的好评。

九、以机构改革为契机,加强政协机关建设　按照省委的要求,顺利完成了机构改革任务。通过调整机构设置,进一步理顺职责关系,完善工作机制;采取民主推荐、竞争上岗、双向选择等方式,公开进行干部选拔任用和人员轮岗调整,优化干部结构,进一步调动了机关干部职工的积极性和创造性。与此同时,按照"内强素质,增强凝聚力;外树形象,扩大影响力"的要求,大力开展以"学先进、树正气、讲团结、比贡献"为主要内容的机关思想作风建设活动。

省政协2004年工作的总体要求是:以邓小平理论和"三个代表"重要思想为指导,全面贯彻落实中共十六大、十六届三中全会和省委的各项部署,牢牢把握团结和民主两大主题,求真务实,开拓进取,认真履行政治协商、民主监督、参政议政职能,扎实推进政协工作的制度化、规范化、程序化建设,为不断巩固和发展最广泛的爱国统一战线,促进我省经济社会协调发展,全面完成我省今年的各项任务,作出新的更大的贡献。重点做好六个方面的工作。一是深入学习贯彻"三个代表"重要思想,进一步强化政协工作的思想理论基础。二是围绕省委、省政府中心工作,深入开展调查研究。三是努力维护安定团结的政治局面,为全面建设小康社会凝聚力量。四是建立长效机制,深化民主监督。五是积极推进"三化"建设,充分发挥政协在政治文明建设中的重要作用。六是拓宽对外交往和联谊渠道,努力促进祖国统一大业。

中共浙江省委关于加强和改善党的领导支持人民政协履行职能制度化规范化和程序化建设的意见(2004年9月2日)(摘要)

一、人民政协履行职能"三化"建设的总体要求:1. 进入新世纪,人民政协必须适应新形势新任务要求,进一步发挥政治协商、民主监督和参政议政的重要作用,巩固和发展爱国统一战线,调动一切积极因素,团结一切可以团结的力量,为我省经济发展和社会全面进步作出新贡献。2. 各级党委要充分认识新时期人民政协在社会主义现代化建设中的重要地位和作用,进一步加强和改善对政协工作的领导。做好新时期的人民政协工作,重在推进"三化"建设。3. 推进人民政协履行职能"三化"建设,必须坚持以邓小平理论和"三个代表"重要思想为指导,全面贯彻党的十六大精神,以宪法和《政协章程》为依据,以制度建设为核心,以规范程序为抓手,努力形成有章可循、行为规范、操作有序的工作机制。

二、坚持和完善政治协商制度。1. 各级党委、政府要按照中共中央和中共浙江省委的要求,高度重视人民政协的政治协商在重大决策中的作用,把重大问题的政治协商纳入决策程序,努力推进决策的科学化民主化。2. 规范协商程序开好协商会议。每年年初,各级政协党组要根据党委、政府的年度工作要点,主动向党委提出重要协商议题的安排建议。党委要重视政协党组提出的建议，并由党委、人大常委会和政府办公室(厅)会同政协办公室(厅)就政治协商有关问题进行认真研究，确定协商议题制订工作计划。

三、切实加强民主监督工作。1.各级党委、政府要支持人民政协充分运用各种民主监督形式，开展专项民主监督。支持人民政协不断探索民主监督新形式，促进民主监督与法律监督、行政监督、纪律监督相结合，并逐步加以完善，努力形成民主监督的长效机制。2.各级党委、政府及其部门要认真听取政协民主监督中提出的批评意见，并以书面形式向政协反馈整改情况。建立民主监督交办事项的责任追究制度。切实保障政协委员民主监督权利。司法机关对有犯罪嫌疑的政协委员采取限制人身自由措施时，应事先向同级政协党组通报。

四、重视发挥参政议政作用。1.各级党委和政府要支持和指导政协围绕中心、服务大局，组织调查和研究，积极建言献策。建立健全各项工作制度。2.认真落实政协参政议政所提出的意见建议。对政协常委会议或主席会议提出的建议案，有关方面或部门应认真负责地进行研究处理，并将结果以正式文件形式作出答复。加大政协提案办理的督查力度。对政协报送的调研报告、反映的社情民意，党政领导要及时阅批，有关部门要认真研究采纳。

五、加强和改善党对政协工作的领导。1.各级党委要把政协工作摆在重要位置。2.加强对人民政协理论的学习研究和政协工作的宣传。3.充分发挥政协党组的作用。党委要善于通过政协党组实施对政协工作的领导，对事关人民政协事业的重要问题，应事先征求政协党组的意见。政协党组要认真履行党委赋予的职责。4.加强政协委员队伍建设和管理。规范政协委员人选产生程序。加强政协委员的日常管理，具体管理办法由政协党组另行制定。5.加强政协组织建设。加强政协领导班子建设，优化知识结构和年龄结构，保持合理的党内外比例。加强政协专门委员会建设，保证专门委员会工作的连续性和稳定性。合理确定政协的机构设置和人员编制，各级政协的工作机构名称应相对统一。加强政协机关干部队伍建设。各级党委要把政协机关干部的培养、使用纳入党政干部队伍建设的总体规划，同时加大政协机关与党政机关及其他部门之间的干部交流力度，并形成制度，长期坚持。15.逐步改善政协的工作条件。切实保证政协的经常性经费和其他必要的活动经费。逐步改善政协的办公用房、工作用车、干部培训等条件，加强政协信息化建设。6.各级党委要根据本意见，制定贯彻落实的具体实施意见。

【组织概况】

委员增补名单(2004年6月9日第7次常委会议通过)

吴　晶(女)　张泽熙　施荣耀

(2004年12月30日第9次常委会议通过)

万　斌　王平章　胡福林

辞去委员名单(2004年6月9日第7次常委会议通过)

齐德全

撤销委员资格名单(2004年9月28日第8次常委会议通过)

姚越健

【浙江省各级政协领导人名单】

浙江省

政协主席

李金明

副主席

龙安定　李　青　陈昭典

张蔚文　王玉娣(女)　吴国华

徐鸿道　彭图治(土家族)

冯培恩　徐冠巨

秘书长

俞文华

杭州市(副省级)

市政协主席

虞荣仁

副主席

马时雍　施锦祥　蒋福弟

鲍世甲　曾东元　俞国庆

陈振濂　韩国熹　郁嘉玲(女)

秘书长

徐泉海

县(市、区)政协主席

上城区　杨全岁

下城区　赵洁生

江干区　蒋妙玉

拱墅区　毛　宏(女)

西湖区　柳宗宝

萧山区　沈奔新

余杭区　李小花(女)

富阳区　胡志坚

建德市　刘志新

桐庐县　徐国相

临安市　方金贵

淳安县　沈建平(女)

宁波市(副省级)

市政协主席

王卓辉

副主席

李秀琍　陈守义　周子正

项性平　陈云金　励奎铭

范　谊　傅　丹

秘书长

谢永康

县(市、区)政协主席

海曙区　江伟利(女)

江北区　胡德法

江东区　王兴国

镇海区　郑信才

北仑区　汪友诚

鄞州区　朱禹宝

奉化市　丁传良

余姚市　魏新友

慈溪市　胡惠强

象山县　张雪明

宁海县　杨加和

温州市

市政协主席　蒋云峰

县(市、区)政协主席

鹿城区　周美新

龙湾区　朱文松

瓯海区　虞文成

瑞安市　张女珍(女)

乐清市　周必华

永嘉县　汪大清

洞头县　苏彩环(女)

平阳县　王纪树

苍南县　雷必贵

文成县　徐世征

泰顺县　夏志笔

湖州市

市政协主席　沈荣林

县(市、区)政协主席

德清县　柴志良

安吉县　肖金莲(女)

长兴县　张全镇

嘉兴市

市政协主席　徐良骥

县(市、区)政协主席

平湖市　陆致远

海宁市　金富荣

桐乡市　徐八斤

嘉善县 吴金林
海盐县 袁世和

绍兴市

市政协主席 沈云姑
县(市、区)政协主席
越城区 金绍轩
诸暨市 黄灿荣
上虞市 章永志
绍兴县 赵六四
新昌县 王学洪
嵊州市 朱钦苗

金华市

市政协主席 李成昌
县政协主席
婺城区 吴振华
金东区 楼科进
兰溪市 黄升太
义乌市 万关华
东阳市 康益民
永康市 应兰玉(女)
浦江县 朱金祥
武义县 钟明祥
磐安县 张瑞晋

衢州市

市政协主席 童效武
县(市、区)政协主席
柯城区 吴永康
衢江区 陈锦标
江山市 陆洪涛
常山县 余鹤樑
开化县 吴水松
龙游县 谢森炎

舟山市

市政协主席 徐显伏
县(市、区)政协主席
定海区 章惟康
普陀区 牟永胜
嵊泗县 邬志林
岱山县 叶宽宏

台州市

市政协主席 朱福初
县(市、区)政协主席
椒江区 钟夫寿
黄岩区 王富友
路桥区 罗小通
临海市 尤福初
温岭市 张学明
天台县 杨廉素
三门县 李先琦
玉环县 吴德美
仙居县 滕显木

丽水市

市政协主席 施基城
县(市、区)政协主席
莲都区 朱祖新
龙泉市 俞福尧
松阳县 张增礼
云和县 符香环(女)
青田县 郑朝多
缙云县 杨大平
庆元县 包建平
遂昌县 吴维生
景宁县 彭岳舜

浙江省各级政协组织和委员数

（截至2004年底）

级别 项目	省	副省级市	设区的市	县(不设区的市、市辖区)	合计
组织数	1	2	9	85	97
委员数	672	911	3514	15626	20723

（王洪中　编写　戴学林　审稿）

政 协 安 徽 省 委 员 会

白泰平　秘书长

【全体委员会议】

九届二次会议　2004年1月11日至15日在合肥举行。本次会议共有委员742人,出席会议的委员668人。大会由方兆祥主席主持。会议听取了卢家丰副主席代表省政协常委会所作的工作报告。与会人员还列席了省十届人大二次会议,听取并讨论了省政府工作报告和其他重要报告。会议补选白泰平为秘书长,增选毛光祥等4人为常委。会议通过了《政协安徽省委员会九届二次会议政治决议》。《决议》号召人民政协的各参加单位、各级组织和全体委员,紧紧团结在以胡锦涛同志为总书记的中共中央周围,在邓小平理论和“三个代表”重要思想指引下,紧紧围绕团结和民主两大主题,切实履行职能,解放思想,实事求是,同心同德,群策群力,在中共安徽省委的领导下,为全面完成今年我省经济社会发展的各项任务,为实现加快发展、富民强省、全面建设小康社会的宏伟目标作出新的更大的贡献。方兆祥主席在闭幕会上讲了话,他提出建成完善的社会主义市场经济体制,实现加快发展、富民强省、全面建设小康社会的宏伟目标,是全省上下的历史责任,也是对全省人民的严峻考验,需要全省上下包括广大政协委员,努力做到“言必信,行必果”。

【常务委员会会议】

第6次会议　2004年1月14日在合肥举行。省政协主席方兆祥主持会议。会议听取和审议了赵培根副主席关于九届二次会议各组审议和讨论情况的综合汇报,通过了补选秘书长和增选常务委员候选人名单、省政协九届二次会议政治决议草案、省政协九届二次会议关于省政协九届常委会工作报告的决议草案、省政协九届二次会议提案审查情况的报告草案、省政协九届二次会议选举办法和总监票人、监票人名单。

第7次会议　2004年4月26日至28日在合肥举行。会议审议通过了省政协建设“信用安徽”资政会提交的《关于建设“信用安徽”的建议案》。会议得到了省委和省政府的高度重视,省委书记王太华和各位副书记出席了会议,省长王金山作了重要讲话。

第8次会议　2004年8月16日至19日在马鞍山举行。专题研究构建我省加工制造业基地问题。会议听取了徐立全副省长关于我省构建加工制造业基地的情况通报,讨论通过了报送省委、省政府的《关于促进我省加工制造业基地建设的调研报告》。

第9次会议　2004年10月19日至21日在淮北举行。会议主要围绕进一步发挥界别作用进行了研讨和交流,省政协主席方兆祥讲了话。审议并通过了发挥政协界别作用研讨会提交的《关于进一步发挥界别作用的意见(试行)》和有关人事任免事项。

【专门委员会工作】

提案委员会 广大委员和省政协各参加单位积极运用提案形式参政议政，建言献策。提案委员会共收到提案610件，经审查，立案580件，立案率达95.08%。提案的内容主要围绕促进我省经济、社会和各项事业发展，促进党和政府民主、科学决策，从实现人民群众的根本利益出发，关注热点和难点问题。集体提案数量增多，质量较高。提案办结率100%，委员对提案办理结果反馈意见，满意率和基本满意率为98.1%。提案委员会在认真做好提案征集、审查立案和交办工作，积极开展提案督查督办，切实加强调查研究，稳步推进提案工作的信息化、网络化建设的基础上，努力争取省委、省政府领导阅批重点提案，并进一步加强主席领衔督办重点提案工作。在深入调研的基础上，召开了我省职业教育改革与发展问题的委员专题座谈会。

经济委员会 把促进发展作为履行职能的第一要务，以“构建加工制造业基地”专题常委会为重点，开展了多次专家座谈会和委员会主任会议，邀请各民主党派、工商联和各市政协经济委员会合作联动，在省内外开展调研，向省政协“构建加工制造业基地”专题常委会提交了《关于促进我省加工制造业基地建设的调研报告》。召开了我省商业零售业发展情况的委员专题座谈会，与省有关部门联合举办了民营经济发展论坛，组织了发展农业产业化专题视察，召开了省辖市政协经济委员会工作会议。编印学习资料《情况交流》5期。

教科文卫体委员会 组织召开了“高校毕业生就业情况”委员专题座谈会，向省政府提交了《关于我省高校毕业生就业情况的调研报告》，省政府领导高度重视，以《政务参阅》形式印发省政府各有关部门和全省各市县。参加了建设“信用安徽”资政会实施方案和问卷设计工作。召开了“预防禽流感”座谈会，开展了加快促进民营医院发展、推行新型农村合作医疗试点工作情况、农村体育现状等调研，考察了文化市场管理和文化产业发展情况，视察了市县公共场所体育设施建设情况，组织专家开展送医下乡。

社会和法制委员会 通过考察、座谈、调研和访谈等形式，开展了关于政府信用建设情况的调研，向省政协建设“信用安徽”资政会提交了《关于政府信用建设的调研报告》。组织委员对芜湖社会治安综合治理进行专题视察，形成的视察报告受到省委领导同志的重视。开展了我省法律援助工作情况、皖豫两省交界地区禁毒情况和收入分配体制改革的调研。组织委员对维护企业职工合法权益进行考察。召开了“社会困难群体合法权益保护问题”委员专题座谈会，参加了全国政协组织的“维护农村进城务工人员权益保护”调研，与滁州市政协联合向全国政协社法委专题研讨会提交了《关于未成年人违法犯罪情况的调查报告》大会发言材料。

民族和宗教委员会 通过组织委员学习，宣传贯彻了党的民族宗教政策，先后考察了宁国云梯畲族乡农产品加工、阜南县蒙洼地区水利工程和当地生产情况，视察了马鞍山市及马鞍山钢铁公司的经营管理情况。开展了提高民族乡排水防洪能力、民族乡农业产业结构调整情况、基层宗教管理工作中存在的问题和农村基督教场所依法管理、宗教活动场所教职人员配备问题的调研。加强与委员的联系，组织了民族宗教界新春茶话会、座谈会和联谊会。

文史资料委员会 积极征编出版有政协特色和安徽特色的优秀文史刊物《江淮文史》，2004年共征集史料220万字，刊发史料90万字；并新辟了“民工潮”栏目。由省市县政协协作的《安徽文史资料全书》、《安徽名人故居》征编出版工作进展顺利，编辑完成了《文史资料存稿选编集粹丛书》。通过调查研究，向省政协建设“信用安徽”资政会提交了“个人信用建设”的专题调研报告。视察了黄山市徽文化资源的保护、开发和利用情况，赴四川考察文史工作情况，召开了安徽地域文化问题委员专题座谈会，省辖市政协文史委主任会议，参加了有关著名历史人物陈独秀等学术研究活动。

港澳台侨和外事委员会 一是深入开展企业信用建设专题调研，参与筹备建设“信用安徽”资政会。二是组织开展全省港澳台侨投资企业情况调研，形成的调研报告报送省委省政府，引起了有关领导的重视。组织委员赴浙江、福建考察港澳台侨和外事工作以及招商引资情况，赴黑龙江、辽宁考察中央振兴东北老工业基地战略实施情况和投资环境情况。三是宣传贯彻党的对台方针政策，加强与台湾各界人士的交流与合作。组织了省政协赴台经贸考察团，举办了“扩大皖台交流交往，促进祖国统一大业”委员专题座谈会、台湾形势报告会、中秋茶话会。四是努力拓展海外联谊和对外交往工作，促进海内外华侨华人的大团结、大联合。五是加强与中共中央和全国政协有关部门的联系，密切与省直涉外等部门、各省政协的交流与合作。

人口资源环境委员会 一是开展了5项专题调研，关于巢湖、淮河污染治理“十五”计划执行情况、关于土地市场秩序治理整顿情况、关于扶助农村计划生育特困家庭情况、关于绿色食品开发情况和关于野生动物保护管理工作情况的调研。二是视察了我省治淮重点工程建设，召开了治淮工作委员专题座谈会。三是注重成果转化，向九届二次会议提交了《我省人口性别比升高问题的分析与对策建议》大会发言，省委省政府高度重视并作了重要批示。四是《关于扶助农村计划生育特困家庭情况的调研报告》，被国家人口计生委以《调查研究》形式全文转发。五是组织了赴新疆、甘肃考察生态建设和环境保护工作先进经验，召开了全省政协人口资源环境工作座谈会，参加了长江流域十三省市政协长江水环境保护第五次研讨会和全国政协组织的长江保护万里行活动。

【重要活动】

“政协工作江淮行” 2004年5月，组织了由10家新闻媒体及网站联合参加的第三次“政协工作江淮行”新闻采访团。先后赴蚌埠、淮北、亳州、阜阳等4市2县开展系列采访，充分反映各级党委、政府对政协工作的关心、重视和支持，反映各级政协和广大委员围绕大局履行职能的新成果。安徽日报、省广播电台、省电视台等媒体同时推出系列报道，参加采访的各新闻单位共发稿65篇，电视新闻稿8条，图片37幅，编辑了《2004年政协工作江淮行》作品集，为政协工作营造了更加宽松和谐的舆论环境。

政协论坛 采取“委员说，说委员”的方式，围绕社会事业发展的需要，邀请委员就所从事的工作和行业进行访谈，谈社会关注和群众关心的话题，形成正确的社会舆论。在省委宣传部、省科协、省农委、省工商联和省黄梅戏剧院的大力合作下，制作完成了“科教兴皖　人才为本”、“聚焦农民增收”、“解读光彩事业”、“话说黄梅戏”4期节目，省内主要新闻媒体在重要版面、重要时段上集中刊播，取得了良好效果。

纪念人民政协成立五十五周年座谈会 2004年9月20日在合肥举行，参加会议的有省委、省人大、省政府主要领导，省政协主席副主席、原八届政协副主席、省委统战部、省各民主党派和工商联、省总工会、共青团、妇联、科协、侨联、台联、民族宗教等社会各界、无党派人士以及省政协机关干部。会议由方兆祥主席主持，陈心昭副主席代表省各民主党派、王鹤龄副主席代表省工商联、李慕唐委员代表社会各界发言。省委书记王太华讲了话。讲话回顾了人民政协成立55周年的光辉历程，概括了省政协近年来作出的积极贡献，并对省政协工作提出了希望和要求。

参与接待全国政协主席贾庆林来皖调研 2004年12月17日至21日，全国政协主席贾庆林一行就贯彻落实中央经济工作会议精神，发挥统一战线和人民政协的作用，促进经济社会全面发展来皖调研。并专程来到省政协机关亲切会见了省政协、省委统战部、省各民主党派、工商联负责人及省政协机关部门负责同志，对统战、政协工作提出了两点意见，一是要把促进发展作为履行职能的第一要务不放松，二是要突出为构建社会主义和谐社会服务这个重点不动摇。在听取省委、省政府和省政协工作汇报时后，贾庆林主席作了重要讲话。他充分肯定了安徽省各级政协组织和统战部门，在省委、省政府的领导和支持下，围绕中心，服务大局，认真履行职能，充分发挥优势，为推动富民强省、全面建设小康社会，做了大量扎实有效的工作，积累了不少经验。省政协在此期间在安徽日报专版刊登了《聚力谋全局　同心写华章——省政协2004年工作精彩镜头回放》，省广播电台同时播报。

【重要文件】

第九届委员会常委会工报告(2004年1月11日)(摘要)　报告分两个部分。第一部分回顾了九届一次会议以来省政协常委会的工作。一、突出中心，服务中心，紧紧围绕第一要务履行职能。省政协九届二次常委会议邀请了省委、省政府负责同志对三个文明建设情况进行通报，使广大委员进一步明确了履行职能的重点。组织委员开展了走新型工业化道路、高新技术开发区和经济技术开发区建设、煤电基地建设、加快民营经济发展、引进外资工作、小城镇规划和建设、农业产业化发展、农村集体建设用地使用权流转试点工作、扶贫开发、退耕还林工程实施情况、发展民族地区经济、“两山一湖”旅游总体规划实施情况、社会治安综合治理、未成年人违法犯罪情况、医疗卫生服务体系建设、宗教管理工作、楚文化遗存保护管理和开发利用等一系列的调研、视察和考察活动。委员们在深入基层、掌握实情的基础上，经过集思广益、精心锤炼，形成了一批质量较高的参政议政成果。省党政领导和有关部门对这些成果给予了高度重视，并认真采纳。省政协九届四次常委会议专题研究“走新型工业化道路”问题，形成了《关于我省走新型工业化道路发展思路的调研报告》，客观分析了我省工业化的现状，提出了我省走新型工业化道路的发展思路，并就新型工业化起步阶段应采取的措施提出了8点建议。九届一次会议以来，共收到提案604件，经审查立案591件。半数以上的提案都紧扣发展这个第一要务，全年办结率100%。二、精心组织，精心打造，召开“加快民营经济发展”资政会。形成了关于制约我省民营经济发展思想障碍、关于民营经济发展环境、关于扩展民间投资领域等专题调研报告。通过组织发放12000份问卷调查，形成定量分析报告。在深入调研的基础上形成的建议案，从4个方面提出了15条具体建议。省委办公厅以《内部通报》形式，将建议案印发各地各部门参阅。三、关注民生，凝聚民心，巩固团结稳定的良好局面。1. 齐心协力共抗非典。省政协及时发出《致全省政协委员的信》，省政协负责同志分赴阜阳市第二人民医院等救治单位，送去慰问金和药品。2. 积极投身抗洪救灾。去年夏季我省淮河、滁河流域发生严重洪涝灾害。省政协负责同志多次深入到受灾严重的阜南、颍上等地,慰问受灾群众,并就群众的安全转移、生活安置、疫病防治、灾后重建等项工作提出建议。广大政协委员和各级政协机关干部职工也纷纷向灾区人民捐款捐物。3. 关心群众生产生活。省政协负责同志带领省直有关部门赴祁门、临泉等地,就扶贫开发工作和下岗失业人员再就业情况进行调研,为群众办实事,为促进再就业政策落实提出了不少建议。继续开展送医下乡,为群众义诊活动。4. 积极反映社情民意。一年来,共编发《社情民意》244 期,数量和质量都有明显提高,不少意见和建议受到了省领导和有关部门的重视。5. 凝聚人心增进团结。进一步密切与各民主党派、人民团体的联系与合作。安排 7 位民主党派和工商联的同志任省政协副秘书长,列席省政协主席会议;进一步加强与民族宗教界人士的联系,积极促进民族地区经济发展。进一步扩大与港澳台及海外人士联络的渠道。四、开拓思路,强化基础,发挥专门委员会的重要作用。去年 8 月,召开了全省政协专门委员会工作研讨会,提高了对专委会性质、特点、任务的认识,总结了工作经验,提出了今后开拓创新的工作思路和工作方法;形成了《关于加强和改进专门委员会工作的若干意见》,提出了 5 个方面共 21 条具体意见。省委办公厅转发了这个《意见》。五、贴近委员,依托媒体,通过宣传工作树立政协良好形象。举办了以"全面建设小康社会"为主题的 5 期政协论坛节目。在省内主要新闻媒体的重要版面、重要时段上集中刊播,取得了较好效果。开展了第二次"政协工作江淮行"宣传活动。组织省级主要新闻单位和部分中央驻皖新闻单位的记者,对巢湖、安庆、六安、淮南等地政协工作进行了专题采访和报道。报刊质量得到提高,宣传体系进一步健全。《江淮时报》对省政协重大活动的报道迅速充分,对全省各级政协组织、政协委员和统战系统工作情况的报道全面深入,较好地发挥了政协宣传工作的主渠道作用。《江淮文史》,刊发了一批质量较高的稿件,被选为中国学术期刊统计源期刊、中国期刊全文数据库收录期刊,在海内外读者中有较好的评价,发挥了团结联系各界人士的纽带作用。《安徽政协》全年编发 8 期,形式更趋活跃,质量有新的提高。《人民政协报》安徽记者站不断扩大稿源,全年发稿 50 余篇,有效宣传了我省政协工作。安徽政协网站开通运行,全年发布各类文件信息 650 余篇,通过互联网媒体,进一步健全了政协工作的宣传体系。去年年底,举办了第三届宣传政协工作好新闻评选活动。评出的获奖作品主题突出、题材广泛、角度新颖,生动展示了这两年来我省各级政协组织和广大委员参政议政的精神风貌。六、顺应形势,适应需要,切实加强政协自身建设。认真研读十六大报告、《"三个代表"重要思想学习纲要》、《中共中央关于完善社会主义市场经济体制若干问题的决定》等重要文献。并举办了省政协第一期新委员培训班,重点学习了"三个代表"重要思想和中共三代领导集体关于人民政协的重要思想。积极推进履行职能的"三化"建设。《关于委托合肥以外各市政协主席为所在地省政协委员活动召集人的通知》、《关于组织委员赴外省考察有关问题的若干意见》等文件,形成了一些规范的做法,使委员在全会闭会期间有了参与活动的更多机会。在加强与市县政协联系方面,方兆祥主席和各位副主席经常深入市县政协,就以创新的思路和精神推动工作、做好反映社情民意工作、政协委员要积极参与国是努力建言献策、政协要把发展作为履行职能的第一要务等问题,开展工作调研。

继续坚持省辖市政协主席的“三个一”活动制度、列席省政协常委会议制度，进一步形成了省市县政协上下联动的工作格局。切实加强机关建设。制定了《省政协机关选拔任用工作实施办法(试行)》和《省政协机关2003年精神文明建设工作意见》等规章制度，认真做好选拔任用干部工作，机关作风建设有了新的改进。第二部分主要是2004年工作部署。一、发扬人民政协学习的优良传统，夯实政协工作的思想基础。兴起学习贯彻“三个代表”重要思想新高潮。继续把深入学习贯彻“三个代表”重要思想摆在首要位置。拟在上半年举办5期学习研讨班，分批组织省辖市政协主席、副主席和省政协机关厅处级干部进行集中学习研讨。二、紧扣改革发展履行职能，明确政协工作的着力点。充分发挥政协在完善社会主义市场经济体制中的优势和作用，就建设合肥科教城、人才队伍建设、加快发展职业教育、农业农村和农民问题、劳动者权益保障、民族地区经济和社会发展、淮河治理等问题，开展深入细致的调查研究。着力抓好几项重点工作。今年将“打造信用安徽”作为资政会的主题。通过重点研究各级政府和部门如何取信于民、企业如何取信于用户、公民如何取信于人的问题，找出我省在诚信建设上的症结所在，提出改善社会信用关系、增强全社会信任度的对策，推进诚信体系建设。召开“走新型工业化道路”专题常委会，将重点研究“构建我省加工制造业基地”问题，就推进制造业结构升级、优化制造业布局、以高新技术提升改造传统产业、建设强有力的产业支撑体系问题，提出意见和建议。《政协论坛》采取“委员说，说委员”的方式，围绕社会事业发展的需要，邀请政协委员就委员所从事的工作和行业进行访谈，谈社会关注和群众关心的话题，形成正确的社会舆论。开展第三次“政协工作江淮行”宣传活动。三、维护团结稳定和群众根本利益，为营造良好社会环境献计出力。引导宗教与社会主义社会相适应，维护好国家的最高利益和民族的整体利益。发挥文史工作在团结联谊、资政育人中的重要作用。进一步加强同港澳台同胞、海外华人华侨的联谊，促进对外交流交往，坚决维护并促进祖国统一大业。扩大政协组织的包容性和代表性，把不断变化中的社会阶层和代表人物包容进来、团结起来，巩固和发展最广泛的爱国统一战线。四、充分依靠广大委员，进一步形成政协工作的创新局面。要进一步发挥委员的主体作用，建立健全培训、服务和激励委员的有效机制。发挥政协专门委员会的重要作用。各专委会要认真贯彻全省政协专门委员会工作研讨会精神，进一步加强与委员的联系。进一步发挥委员的作用。进一步为委员履行职能做好服务工作，搭建好委员知情出力的平台。今年是举办委员专题座谈会的第一年，各专委会要围绕重点工作，依靠广大委员，认真选题并精心组织实施，开好头，起好步。探索政协界别活动的方法。今年将与各民主党派、工商联举行一次全省性的联合调研活动，并召开工作研讨会，探索进一步发挥界别作用的规范化、制度化做法。五、进一步加强机关建设，为政协履行职能提供有力保障。建设学习型机关、研究型机关、服务型机关，扎扎实实将为委员履行职能服务的各项工作落到实处。

方兆祥主席在省政协九届二次会议闭幕会上的讲话(2004年1月15日)(摘要) 建成完善的社会主义市场经济体制，实现加快发展、富民强省、全面建设小康社会的宏伟目标，是全省上下的历史责任，也是对全省人民的严峻考验。历史责任是一副光荣的重担，严峻考验是一股强大的动力。我们认为，需要全省上下包括广大政协委员，努力做到“言必信，行必果”。“言必信，行必果”是一种美德，是一种准则，是一种作风，是一种力量，是一种资本。历史经验表明，人无信不立，家无信不和，业无信不旺，国无信不稳，世无信不安。但是，在实际工作中，我们往往看到有些现象并非如此，比如，有时表态到位，认识并不到位，有时部署到位，落实并不到位，有时措施到位，节奏并不到位，有时前期到位，最终并不到位，凡此种种，与“言必信，行必果”的要求相距甚远，不仅使党的方针、政策和措施落不到实处、见不了成效，而且使党的形象和威信受损；使群众的热情和信心受挫；使组织失信、工作失据、群众失望。对此，我们在新的征途上需要认真加以解决。首先，要言行一致，做到言出行随、言出必行。其次，要说干就干，做到动如雷霆、行如疾风。第三，要一抓到底，做到善于坚持、勇于制胜。

安徽省政协关于认真学习贯彻宪法和政协章程的意见(2004年4月2日)(摘要) 一、要充分认识学习宪法和政协章程的重要意义，提高学习贯彻的自觉性。全省各级政协组织、政协各参加单位和广大政协委员，都要认真学习、广泛宣传、切实贯彻，完整、准确地认识和把握这次宪法和政协章程修改的意义和各项内容，进一步增强宪法意识，维护宪法尊严，提高依照宪法和政协章程履行职责的自觉性。二、要全面准确地领会和把握宪法修正案和政协章程修正案的精神实质，坚持政协工作正确的政治方向。要在学习宪法和政协章程的过程中切实做到：谋划工作，以宪法和政协章程为根本依据；推进工作，以宪法和政协章程为强大动力；检验工作，以实施宪法和政协章程的成效为根本标准。要在履行职能的各项活动中，始终按照宪法和政协章程办事，始终坚持政协工作坚定正确的政治方向。三、要发扬联系实际的学风，切实推进政协工作的新发展和新实践。要发扬联系实际、学以致用的学风，要弘扬求真务实精神，大兴求真务实之风，要围绕团结和民主两大主题，全面履行政治协商、民主监督、参政议政职能，为适应社会主义民主政治建设的需要，逐步建立和完善各种程序，进一步实现政协工作的制度化、规范化和程序化。四、切实加强学习贯彻工作的组织和领导，认真学习宪法和政协章程，是当前各级政协组织、政协各参加单位和广大政协委员的一项重要政治任务。各级政协组织要积极主动配合有关部门检查和总结中共中央和中共安徽省委关于政协工作有关规定的贯彻落实情况。各省辖市政协要及时将本地区政协组织和政协委员学习贯彻宪法和政协章程的情况以书面的形式报省政协。

关于建设“信用安徽”的建议案(2004年4月28日)(摘要) 一、为信用建设营造良好的舆论和制度环境。1. 营造舆论环境，弘扬信用文化。2. 优化法制环境，奠定制度框架。二、塑造良好的诚信政府形象。3. 树立科学的政绩观，做到科学民主决策。4. 坚持依法行政，规范自身行为。5. 建立保障政府诚信的工作机制。一是政策执行的督查机制。二是政府诚信的评价机制。三是公民诉求的回应机制。6. 解决诚信缺失的突出问题，切实兑现承诺。三、打造诚实守信企业。7. 引导企业树立诚实守信的思想观念。8. 帮助企业建立信用自律机制。9. 建立企业信用评价机制。10. 强化行业协会的信用功能。11. 建立企业征信平台。四、着手个人信用建设。12. 加强公民道德建设和信用文化建设。13. 尽快制订《个人信用建设实施方案》。第一阶段要初步制订个人信用法规和行业标准规范，第二阶段要基本形成个人信用法规制度体系，第三阶段要建成健全的能够充分满足市场需求的社会诚信体系。14. 鼓励信用消费，夯实信用建设实践基础。15. 立足省情,大力推广信用农户的成功经验。五、推进信用信息平台和信用中介机构建设。16. 明确"信用安徽"信息平台建设的目标和思路。17. 建立健全信用信息平台的管理体系。18. 建设科学的信用信息数据库。19. 大力发展信用中介机构。六、切实加强对信用建设的领导和监管。20. 加强组织领导。21. 强化信用监管。22. 加大依法惩戒力度。

关于促进我省加工制造业基地建设的报告(2004 年 8 月 17 日)(摘要) 通过对我省加工制造业现状和特征分析,提出我省加工制造业基地建设方向和重点,对建设我省加工制造业基地提出了八条主要对策建议。一是加强对加工制造业基地建设的领导;二是突破行政区划障碍,实现区域整合;三是加快流通业和物流业升级,以骨干企业为基础,建立生产制造中心、采购中心、研发中心、服务中心和地区营运中心,逐步形成促进加工制造业基地需要的社会化、专业化物流服务体系;四是通过国有资产置换和对国有经济有进有退的战略调整,使国有资本从竞争性领域完全退出;五是改革政府对企业投资的管理制度,特别要积极支持民间资本和民营企业进入国家政策允许的投资领域;六是坚持办好开发区和工业园区,使园区经济成为加工制造业招商引资的重要载体;七是积极发挥政策引导作用;八是从法律上保障企业的发展不受干扰,在人才流动、技术转让、资源配置等具体问题上,使加工制造企业能切实享受各种承诺的优惠政策,进一步完善和优化企业发展的软环境。

方兆祥主席在九届九次常委会议暨发挥界别作用研讨会上的讲话(2004 年 10 月 21 日)(摘要) 讲话共分为三个部分。一、正确认识界别在政协整体工作中的重要作用。1. 界别是人民政协产生、存在和发展的社会基础。2. 界别是人民政协区别于其他组织的显著特征。3. 界别是人民政协性质的集中体现。4. 界别是人民政协发挥作用的有效载体。二、探索发挥界别作用应注意掌握的几个原则。1. 突出一个主体。探索发挥界别作用,出发点就是使委员的主体作用通过界别这个渠道更好地发挥出来。2. 围绕两大主题。界别是政协围绕团结和民主两大主题履行职能的重要形式,它充分体现了团结各界的包容性和发扬民主的广泛性。3. 坚持两项创新。一是观念创新。二是方法创新。4. 把握三个关系。一是从纵向发展看,要把握界别的静态与动态的关系。二是从横向构成上看,要把握界别共性与个性的关系。三是从活动方式上看,要把握界别区别与联系的关系。三、进一步发挥界别作用的主要渠道。1. 要以全会为重要舞台。2. 要以专委会为重要依托。3. 要以提案为重要手段。4. 要以调研视察为重要途径。5. 要以反映社情民意为重要渠道。6. 要以制度建设为重要基础。

政协安徽省委员会关于进一步发挥界别作用的意见(试行)(2004 年 10 月 21 日)(摘要) 意见分为 3 个部分共 11 条。一、发挥界别作用的重要意义、指导思想和总体要求。1. 充分认识发挥界别作用的重要意义。2. 进一步明确发挥政协界别作用的指导思想。3. 准确把握发挥界别作用的总体要求。二、进一步发挥界别作用的主要渠道。4. 发挥界别在政协例会中的重要作用。5. 发挥界别在提案工作中的重要作用。6. 发挥界别在调研视察中的重要作用。7. 发挥界别在反映社情民意方面的重要作用。8. 发挥界别在专门委员会工作中的重要作用。三、加强对界别工作的领导和协调。9. 把发挥界别作用纳入政协工作年度计划。10. 建立界别召集人联系制度。11. 建立界别工作联络机制。

【组织概况】

九届二次会议补选秘书长、增选常务委员名单(2004 年 1 月 15 日)

秘书长(1 人)

白泰平(回族)

常务委员

毛光祥　张兰贵　陈兆钧　徐卫华

【安徽省各级政协领导人名单】

安徽省

政协主席

方兆祥

副主席

秦德文　卢家丰　陈心昭

方兆本　俞祖彭　王鹤龄

战秋萍(女)　郑牧民

赵培根　刘光复

秘书长

白泰平

合肥市

市政协主席　周富如

县(区)政协主席

肥东县　杨炳华

肥西县　解正荣

长丰县　曹光忠

瑶海区　郝敬勉

庐阳区　杨善安

蜀山区　朱士林

包河区　王春生

淮北市

市政协主席　郭云修

县(区)政协主席

濉溪县　刘　勇

烈山区　亓　森

杜集区　欧阳林芝(女)

相山区　李光普

亳州市

市政协主席　雅中庆

县(区)政协主席

涡阳县　范新安

蒙城县　张俊民

利辛县　张洪星

谯城区　赵凤岐

宿州市

市政协主席　姜元

县(区)政协主席

砀山县　韩爱云(女)

萧　县　吴忠领

灵璧县　刘家生

泗　县　戴朝华

埇桥区　赵允明(女)

蚌埠市

市政协主席　郑大发

县(区)政协主席

怀远县　年汉东

五河县　韩宏忠

固镇县　王正武

龙子湖区　李振明

蚌山区　张永春

禹会区　龚成张

淮上区　孙本国

阜阳市

市政协主席　林文森

县(市、区)政协主席

界首市　牛　魁

临泉县　李玉玺

太和县　于文印

阜南县　刘金宇

颍上县　白　飚

颍州区　朱霞(女)

颍东区　颜廷斌

颍泉区　赵德才

淮南市

市政协主席　姜典法

县(区)政协主席

凤台县　缪纯新

八公山区　吴常明

谢家集区　余家全

潘集区　李正好

田家庵区　朱满亭

大通区　宫传林

滁州市

市政协主席　陈维灿

县(市、区)政协主席

天长市　戴长生

明光市　韦守柱

来安县　潘汉年

全椒县　柏桂泉

定远县　张世清

凤阳县　张运江

琅琊区　孙　协

南谯区　陈学志

六安市

市政协主席　程世龙

县(区)政协主席

寿　县　戴克奎

霍邱县　桑永宽

舒城县　曾家友

金寨县　周其成

霍山县　张家海

金安区　王积田

裕安区　张令铸

马鞍山市

市政协主席　顾章根

县(区)政协主席

当涂县　赵皖生

金家庄区　陈国光

花山区　傅玉琴(女)

雨山区　魏来源

巢湖市

市政协主席　刘纯洁

县(区)政协主席

庐江县　徐济银

无为县　邢献宝

含山县　周能武

和　县　章恒清

居巢区　廖新民

芜湖市

市政协主席　方　成

县(区)政协主席

芜湖县　陈济堂

繁昌县　严孝进

南陵县　杨梅生

镜湖区　曹天民

新芜湖　邢昌海

鸠江区　陶贤宝

马塘区　朱成霞(女)

宣城市

市政协主席　胡传玲(女)

县(市、区)政协主席

郎溪县　赵荣新

广德县　夏忠德

宁国市　张贤南

泾　县　王沪生

绩溪县　任启平

旌德县　黄学龙

宣州区　柴元孝

铜陵市

市政协主席　孟永范

县(区)政协主席

铜陵县　葛群英(女)

铜官山区　汪小照

狮子山区　许先睦

郊　区　胡家仓

池州市

市政协主席　程铭义

县(区)政协主席

东至县　钱继发

青阳县　孔晓宝

石台县　胡松柏

贵池区　耿绪良

安庆市

市政协主席　张世云

县(市、区)政协主席

桐城市　陈谋德

怀宁县　孙云林

枞阳县　钱门胜

潜山县　丁伯祥

太湖县　王中华

宿松县　朱治平

望江县　汪进舟

岳西县　方留印

大观区　刘宜彪

迎江区　倪申礼

郊　区　丁邦华

黄山市

市政协主席　杨立威

县(区)政协主席

歙　县　仇家灏

休宁县　程本焕

黟　县　余重阳

祁门县　徐子铎

屯溪区　余登成

徽州区　杜臣武

黄山区　孟　涛

安徽省各级政协组织和委员数

(截至2004年底)

项目＼级别	省	设区的市	县(不设区的市、市辖区)	合计
组织数	1	17	105	123
委员数	742	6120	17483	24345

(任吉梅　编写　杨玉华　审稿)

政 协 福 建 省 委 员 会

【全体委员会议】

九届二次会议 2004年1月6日至11日在福州召开。九届省政协委员680人,出席会议607人。委员们听取和审议了九届省政协常委会工作报告和九届省政协提案工作情况的报告,审议通过了省政协九届二次会议决议和提案审查情况的报告。委员们列席了省十届人大第二次会议,一致赞同卢展工省长所作的政府工作报告;赞同省计划、预算报告和省法院、检察院的工作报告。省政协经济科技委员会、文教卫体委员会、社会法制委员会、学习宣传委员会、港澳侨台委员会、民族宗教委员会和文史资料委员会分别向会议提交了书面工作总结。全会期间,共收到提案747件,经审查立案687件,未立案的提案作为委员来信和情况反映,转请有关部门处理。共收到大会发言材料96份,其中有14人作了大会发言。会议安排了"公路网络和农村路网建设"、"农村义务教育"、"民族乡村建设小康社会"、"爱国主义教育基地建设"四个专题座谈会,省政府领导和有关部门领导分别到会通报有关情况,认真听取委员的意见和建议,并对有些问题当场作了答复。全会期间,中共福建省委代理书记、省长卢展工和在榕的省委常委、副省长参加全会的每一次大会,听取小组讨论,与委员进行交流和协商,还出席省政协港澳华侨委员和港澳列席人员座谈会,听取意见和建议,共商福建发展大计。省政协主席陈明义在闭幕会上作重要讲话。

【常务委员会会议】

第5次会议 2004年1月10日在福州召开。会议听取了省政协九届二次会议秘书长叶家松关于各组对政协常委会工作报告、政府工作报告、省政协九届二次会议决议(草案)讨论情况的汇报和关于增补部分专门委员会副主任的说明;审议通过了省政协九届二次会议决议(草案),并提请大会表决。增补陈良富、林思诚为九届省政协提案委员会副主任,增补宋祥文、张学梅、黄文石为九届省政协经济科技委员会副主任。

第6次会议 2004年5月20日至21日在福州召开。会议的主要议题是学习政协章程,以科学的发展观为指导,为建设对外开放、协调发展、全面繁荣的海峡西岸经济区献计献策。与会常委听取了中共福建省委副书记黄瑞霖所作的《以科学发展观为指导,为建设海峡西岸经济区献计献策》的专题报告,听取了全国政协副秘书长李昌鉴所作的关于《政协章程》的学习辅导报告。会议就省政协各专门委员会、各民主党派、工商联和设区市政协提供的28份专题调研报告进行认真讨论。省政协副主席、省致公党主委王钦敏等13位委员作大会发言,围绕建设海峡西岸经济区坦诚建言,献计献策。会议还通过了有关人事调整事项。

第7次会议 2004年9月27日至28日在福州召开。会议主题是传达学习中共十六届四中全会和省委常委(扩大)会议精神,研究加强新时期人民政协工作的有关问题。省委副书记王三运传达了中共十六届四中全会和省委常委(扩大)会议精神。与会常委一致表示坚决拥护中共十六届四中全会通过的各项决定,坚决拥护胡锦涛同志任中央军委主席,完全赞同全会对江泽民同志的高度评价。省政协主席陈明义在会上的讲话中强调,全省各级政协组织、政协各参加单位和广大政协委员要认真贯彻落实中共十六届四中全会的精神和省委《通知》精神,紧紧抓住发展这个第一要务,不断提高履行政协职能的能力,努力开创政协工作新局面。会议审议并原则通过了《关于进一步发挥省政协委员尤其是省会外委员作用的意见(试行)》。

第8次会议 2004年12月22日在福

州召开。会议的主要议题是协商关于召开省政协九届三次会议的有关事宜。时任中共福建省委副书记、代省长黄小晶在会上传达了省委七届八次全体会议精神，并通报了《政府工作报告》（征求意见稿）起草情况及主要内容。会议审议通过了《政协第九届福建省委员会常务委员会工作报告》（讨论稿）、《政协第九届福建省委员会常务委员会关于省政协九届二次会议以来提案工作情况的报告》（讨论稿）、《政协第九届福建省委员会第三次会议议程》（草案），《关于召开政协第九届福建省委员会第三次会议的决定》、《政协九届福建省委员会增补委员名单》以及其他有关事宜。

【专门委员会工作】

提案委员会 共收到提案785件，立案724件，经过97个承办单位及有关方面的共同努力，已全部办复。一、树立和落实科学发展观，为加快建设海峡西岸经济区建言献策。这类提案有344件，占总数的48%。省经贸委吸收提案中的委员建议，形成《关于加快产业集聚，培育产业集群的若干意见》，提交省委七届七次全会讨论，省委、省政府以文件形式下发。二、坚持先进文化的前进方向，为建设有中国特色的社会主义文化献计出力。这类提案有196件，占总数的27%。如《关于加快县石山遗址保护和建设的建议》、《关于加强我省人才管理，调动人才创新的建议》等提案，多位省领导做出批示，被省直有关部门采纳。三、围绕团结和民主两大主题，为推动民主政治建设和构建社会主义和谐社会发挥作用。这类提案有184件，占总数的25%。省物价局和省卫生厅针对《降低虚高药价，保障人民群众切身利益》提案的建议，出台了《福建省医疗服务价格管理暂行办法》等文件，使人民群众反映强烈的药价问题得到缓解。四、加强领导，高度重视提案工作。省委、省政府、省政协领导对报送的《重要提案摘报》及提案办理工作做了41件次批示，其中中共福建省委代理书记卢展工批示了10件。省政协主席、副主席坚持重点提案督办制度，带队调研、考察，召开座谈会，协商重点提案的落实。五、协调各方，努力提高提案工作水平。召开办理座谈会21场，有46个承办单位343人次参与了"三结合"办理提案活动。与《福建日报》、省广播电台、省电视台建立经常性的联系，通过《提案追踪》、《提案纵横》等栏目，深入报道提案工作。建立激励机制，通过表彰活动树立典型，推动提案工作整体水平的提高。六、规范程序，努力实现提案工作的高效有序。规范提案的审查、立案和交办工作，严格把握立案标准，改进审查立案程序。推动大多数提案承办单位建立了领导分管、专人负责的工作机制和审核督查、考核评比等制度。

经济科技委员会 一、围绕省委中心工作，开展专题调研。就"加快发展我省中心城市"、"培育与发展产业集群"两大重点课题赴福州、厦门、泉州等地进行调研，召开了近20场座谈会和协商会，许多意见和建议得到省政府及有关部门采纳。开展了关于提高我省农产品竞争力、加强外来有害生物控制等问题的调研，提出对策和建议。二、围绕社会关注的热点问题，组织委员视察。组织委员赴福州长乐、福清和莆田、仙游等地视察我省水利工程建设使用情况，《中国水利报告》、《福建日报》等作了报道。视察了晋安、鼓楼两区加快省会中心城市建设的情况，福州市政府采纳了委员建议，对城市管理、城市公共设施建设、文物保护等方面存在的问题采取了多项整改措施。三、组织委员开展走访活动。赴宁德、三明、南平等地走访、了解我省县域经济发展情况；赴龙岩市、上杭县和连城县走访，了解矿业可持续发展情况和我省地质灾害情况；赴三明市的明溪、沙县和尤溪县走访，了解农村公路建设情况。走访活动受到了各地各部门的热情欢迎，促进了有关问题的解决。四、召开各种形式的会议，积极履行政协职能。召开全省政协经济科技委员会工作联系会议，就联合开展的调研课题进行研讨。召开15场情况通报会，分别邀请省政府办公厅、省计委、经贸委、建设厅等几十家单位通报情况。五、参与重点提案的落实和立法前的协商工作。认真督办"加快我省港口建设的若干建议"和"加快建设福建深水大港和港口工业区"两件重点提案，促进了提案的落实。就《中华人民共和国企业破产法（草案）》、《福建省人民政府贯彻国务院〈全面推进依法行政实施纲要〉的实施意见》（征求意见稿）等有关立法方面的文件进行协商，提出修改意见。六、加强委员会自身建设。坚持学习制度，定期召开主任会议、全体委员会议。

文教卫体委员会 一、促进文化工作发展。组织部分文艺界省政协委员，赴福州、南平两地开展农村文化建设情况的专题调研，召开15场座谈会，提出了5条意见和建议，报送党政领导和有关部门。举办纪念邓小平诞辰100周年诗歌吟诵会，从近千余件新旧诗稿中遴选百余篇，汇编成诗文集《心声》。赴厦门、漳州、泉州就闽南文化研究的现状开展调研。二、促进教育事业发展。赴福州、厦门、泉州就进城务工农民子女义务教育情况进行调研，召开12场座谈会，提出6点意见和建议。与省人大教科文卫委员会联合主办第六届"海峡·冰心杯"《先辈的故事》主题征文活动。赴福州、泉州就民办教育发展情况和《民办教育促进法》的贯彻实施情况进行调研。视察了省老年大学，呼吁形成全社会关心支持老年教育的良好氛围。三、促进卫生和体育事业发展。组织医疗专家深入建宁县的伊家乡、均口镇为群众"义诊"，共诊治患者约700人次。组织委员赴省、市有关部门，就突发公共卫生事件应急体系建设情况进行视察。赴漳州、龙岩、莆田，就我省竞技体育后备人才的培育机制、基础设施及有关政策等问题开展调研。四、做好其他方面工作。召开全省政协文教卫体委员会工作联席会，总结经验，探索新的工作思路和方法。举办纪念人民政协55周年书画摄影展，省市政协委员及书画界人士300余人出席了开幕式。

社会和法制委员会 一、加强学习，努力提高参政议政能力。召开学习《政协章程》座谈会，通过主任会议及各种形式学习《宪法》和《政协章程》。认真学习《中共中央关于加强党的执政能力建设的决定》，把四中全会精神落实到委员会工作的各个方面。认真学习胡锦涛总书记在庆祝中国人民政治协商会议成立55周年的重要讲话，进一步增强工作的责任感、使命感。二、搞好专题调研工作。先后赴福州、厦门、龙岩、泉州、宁德调研建立城乡统一的劳动力市场问题。就"加强法制建设，促进海峡西岸经济区大发展"问题、"未成年人的法律保护"问题进行调研。参与"进一步加强政协工作研究"子课题的调研。各项调研报告提出的意见和建议，得到了省委、省政府的高度重视。三、开展专题视察。视察了福州市公安"交巡警管理体制改革"情况，提出4个方面的建议，福州市委领导作出批示，要求抓好落实。《人民政协报》对视察情况作了专题报道。四、协助办公厅召开常委专题会议。邀请省高院院长陈旭、省检察院检察长倪英达到会分别通报工作情况，省政协委员就两院继续加强基层院建设、进一步重视农村案件等发表了意见和建议。五、做好学习考察工作，向中央和省有关部门报送了考察报告。组团赴甘肃、内蒙古考察。组织委员考察我省残疾人工作情况，提出五点建议，陈芸副省长在考察报告上作出批示。六、开展联谊和慰问活动。联合省妇联召开纪念“三八”节座谈会，联合团省委举办“五四”青年节纪念活动。召开纪念“八一”建军节军队委员座谈会，慰问南京军区福州总医院医务工作者。

学习宣传委员会 一、学习工作有了新的发展。每月编印一期《学习资料》。与经济科技委、社会和法制委联合举办了3场学习报告会。举办省政协委员、市县政协主席培训班、暑期读书会，150多位学员参加，省委书记卢展工等省领导专程看望读书会学员。二、宣传工作有了新的成效。参加了政协章程宣讲团，先后到部分市、县党委学习中心组、政协和大学宣讲21场，党政领导、政协委员共3000多人听取了宣讲。与省委宣传部联合组织省新闻单位记者采访团，赴莆田市及其所辖的涵江、城厢、秀屿区和仙游县采访政协工作，发稿总数近30篇。开展了两次舆论导向评议，分别对一年来省主要媒体(一报两台)和海峡都市报、东南快报、福州晚报宣传报道工作进行评议。中共福建省委宣传部、福建报业集团、省广电集团有关负责人到会听取意见。三、参政议政作出了新的努力。围绕社会诚信建设问题，组织委员前往莆田市调研，并赴漳州视察。向省委、省政府提出了六点意见和建议。四、自身建设有了新的进步。坚持工作制度，定期召开主任会议和本委全体委员会议。通过与兄弟省市政协的交流，不断提高履行职能的水平。

港澳台侨和外事委员会 一、做好对台工作，推进祖国和平统一。与六个省直涉台单位建立了联系制度，共同举办“进一步做好台湾人民工作研讨会”。赴龙岩市就“进一步做好台湾人民工作”进行调研，分别组团赴金门、马祖考察交流，走访当地社团组织，做台湾人民工作。二、召开省、市两级政协港澳台侨和外事委员会工作会议。会议总结了一年来的工作情况，明确了新一年的任务。原省台办主任梁茂淦同志作台海形势问题的报告。三、组织港澳华侨委员参政议政。组织香港委员一行20多人赴福州、宁德考察，委员们捐资20万元人民币捐建一所希望小学。组织港澳委员一行45人赴云南省考察，委员们给云南贫困乡村捐建两所希望小学。在深圳、珠海召开港澳委员、海联会理事座谈会。四、围绕中心，认真做好专题调研工作。赴福州、厦门、漳州、泉州、莆田、宁德等市调研闽台经济合作问题，召开座谈会9场，走访19家台资企业，形成调研报告报送省委、省政府。五、做好侨务工作，拓展对外交流。举办省“五侨”联席会议，探讨了以侨促统的思路和做法。在省招商会和海交会期间，通过各种形式，做好海外侨胞的联络、联谊工作。承办陈嘉庚先生诞辰130周年纪念活动，弘扬爱国主义精神。六、注重学习，提高委员会的工作水平。召开了9次主任会议，学习十六届四中全会精神、中央对台工作方针政策、学习《宪法》和《政协章程》。发挥理论联系实际的学风，提高履行职能的水平。

民族和宗教委员会 一、牢牢把握发展第一要务，促进民族地区经济发展。组织委员对我省民族乡(村)建设小康社会情况进行调研，形成调查报告，提出八点意见和建议，其中关于民族干部培养等建议被省政府采纳。走访上杭县庐丰、官庄畲族乡，了解民族乡基本情况。对全省18个民族乡的历年债务情况进行全面调查，将调查情况作为社情民意向省领导反映。组织部分医卫界省政协委员赴福州市北峰黄土岗畲族村开展义诊，共诊治病人百余人次，受到了当地畲族群众的欢迎。二、紧扣“团结和民主”两大主题，促进宗教界在构建和谐社会中发挥积极作用。召开“宗教与社会发展进步”座谈会，开展走访活动，广交宗教界朋友。赴厦门市和泉州市考察南普陀寺、清真寺等宗教活动场所,还考察了省佛学院、省道教协会、省基督教“三自”爱国会和省天主教爱国会,引导宗教与社会主义社会相适应。举办宗教界文艺演出,省政协领导、部分在榕省政协委员、省级宗教团体负责人等300多人观看演出。组织宗教考察团赴马来西亚、斯里兰卡两国进行友好访问。三、积极推进“三化”建设,提高委员参政议政能力和专委会工作水平。重新修订《福建省政协民族和宗教委员会工作简则》。坚持委员会主任每周一次的会议制度。在龙岩召开全省政协民族宗教工作座谈会,总结交流经验。

文史资料委员会 一、做好征集、编辑出版工作。清理库存史料,编辑出版了约30万字的《文史资料选编·政治军事编》第四册,收文37篇。征集有关纪念省政协成立50周年的文稿47篇,编辑出版了20多万字的纪念文集——《回顾与展望》。编辑出版《八闽文物摄影大赛作品集》,征集280幅入选。征集、编辑了“纪念邓小平诞辰100周年”文史资料文稿4篇。编辑完成约20万字的《文明的呼声——视察、考察、调研材料汇编》。完成约30万字的《文史资料选编·政治军事编第五册》的初编工作。参加全国政协六个专题协作征编工作。召开“省、市两级政协文史资料工作座谈会”,研究征编工作。二、积极开展视察、考察、调研及相关文史活动。与省政协提案委员会、省建设厅等单位组成联合调研组,赴福州市开展“历史文化遗产保护与中心城市建设”专题调研,提出6条意见和建议,中共福建省委代理书记卢展工作出重要批示。中共福州市委、市政府认真采纳有关建议,实施“三坊七巷”和朱紫坊的保护规划。组织委员视察福州、南平、厦门等地的非物质文化遗产保护工作。承办“严复诞辰150周年纪念大会暨学术研讨会”,省、市领导及海内外人士,共200多人参加了纪念会。三、加强委员自身建设工作。开好委员会主任会议和全体委员会议。组织有关人员分期分批参加党校和全国政协文史资料委员会举办的文史干部培训班,提高政治理论素养和业务能力。

【重要活动】

举办严复诞辰150周年纪念大会 2月8日在福州召开。海内外有关专家学者,严复在两岸亲属,省委、省政府、省政协领导、社会各界人士以及严复后裔200多人参加了纪念大会。全国政协主席贾庆林向大会发来了贺电。大会组委会共收到贺信、贺电、题词及题字共48件。严倬云女士、北京大学常务副校长迟惠生教授等专家、学者在会上作了发言。省政协主席陈明义在纪念大会上讲话。他说,在推进全面建设小康社会的新形势下,要弘扬严复先生那种勇于追求先进文化、变革图强精神,实事求是,扎扎实实地推进社会主义现代化建设。大会还举行了《中国近代启蒙思想家》、《严复墨迹》、《严复年谱新编》等一批研究严复新书的首发式。

纪念邓小平同志诞辰100周年座谈会 8月23日在福州举行。历届省政协领导,省委统战部、省政协办公厅、省政协各专委会负责人,省各民主党派、工商联负责人,委员代表和社会各界知名人士等共70多人参加了座谈会。许多与会同志还满怀深情地朗诵了纪念邓小平同志的诗歌,共同缅怀一代伟人的丰功伟绩与崇高风范。陈明义主席在会上讲话,他说:邓小平同志开创了新时期人民政协事业,我们要高举邓小平理论和“三个代表”重要思想伟大旗帜,在中共福建省委领导下,认真贯彻十六大和十六届三中全会及省委七届七次全体会议精神,为加快建设海峡西岸经济区和福建的繁荣发展贡献力量。

纪念中国人民政治协商会议成立 55

周年大会 9月14日上午在福州隆重举行，省委、省人大、省政府、省政协领导，在榕全国政协委员、省政协常委等共400多人参加了纪念大会。中共福建省委代理书记卢展工在会上作重要讲话。他说，人民政协在福建的发展实践，积累了丰富经验，形成了优良传统，这些优良传统和经验十分珍贵，一定要坚持好、发扬好，把我省各级政协工作提高到一个新水平。省政协主席陈明义在讲话中强调，全省各级政协要始终坚持以"三个代表"重要思想统领政协工作全局，把促进发展作为人民政协履行职能的第一要务，为加快海峡西岸经济区建设献计出力。省民盟和省妇联负责人分别代表各民主党派、工商联和各人民团体在大会上发言。与此同时，还举办了纪念人民政协成立55周年书画摄影展。

纪念陈嘉庚先生诞辰130周年座谈会 10月20日省政协与厦门市联合主办。全国政协副主席罗豪才，全国政协港澳台侨委员会主任郭东坡，全国侨联主席林兆枢，国务院侨办副主任许又声，中共福建省委、省人大、省政协领导及厦门市委负责人，陈嘉庚后裔以及来自世界各地的华人华侨代表200多人出席会议。罗豪才副主席在发言中深切缅怀了陈嘉庚先生的光辉业绩，希望广大海外侨胞和国内归侨、侨眷学习陈嘉庚先生伟大的爱国主义精神，在爱国主义旗帜下促成最广泛的大团结，为祖国繁荣和促进祖国统一大业，实现中华民族伟大复兴而不懈奋斗。全国侨联主席林兆枢、省政协副主席金能筹、陈嘉庚先生后裔陈元济等在座谈会上先后发言。

中共福建省委第三次全省政协工作会议 11月11日至12日在福州召开。会议回顾和总结了1999年第二次全省政协工作会议以来的工作，研究部署如何进一步加强新时期的政协工作。中共福建省委代理书记、省长卢展工出席会议，并作了题为《充分发挥人民政协的特点和优势，为建设海峡西岸经济区作新贡献》的重要讲话，省政协主席陈明义在会上作了题为《围绕中心，把握主题，努力开创政协工作新局面》的工作报告。会议讨论审议了《中共福建省委关于进一步加强新时期人民政协工作的决定》。中共省委常委，省人大、省政府、省政协领导；省政协常委；省各民主党派、工商联负责人；在榕的省直有关单位副厅级以上干部共800多人出席了会议。大会印发了33篇经验交流材料，其中福州市委、泉州市政协、省委组织部等7个单位在会上作了发言。这次会议，达到了统一思想、明确任务、交流经验、拓展思路的目的，对于进一步加强和改善党对政协工作的领导，开创政协工作新局面，起到了重要的推动作用。

举行《政协章程》电视知识竞赛 12月22日至23日，福建省政协办公厅举行学习政协章程电视知识竞赛。全省各设区市政协，省各民主党派、工商联，省直有关部门组织的23支代表队近百人参加。比赛内容包括《政协章程》，人民政协的理论、政策、知识以及福建省政协的概况。经过预赛、复赛，有6支代表队进入决赛。23日晚，在福建电视台演播厅举行了决赛，经过一番激烈的角逐后，省民盟代表队获得一等奖；龙岩市政协代表队、福州市政协代表队获得二等奖，南平市政协代表队、莆田市政协代表队和省九三学社代表队获得三等奖。省政协主席陈明义，副主席金能筹、王耀华、陈家骅、叶家松观看了决赛。

【重要文件】

常委会工作报告（2004年元月6日）（摘要） 第一部分 2003年工作回顾。（一）认真组织学习，坚持用"三个代表"重要思想统领政协工作。制定了《关于兴起学习贯彻"三个代表"重要思想新高潮的意见》，先后举办了学习和实践"三个代表"重要思想、加快发展县域经济、实施项目带动战略、抗击“非典”、中国载人航天工程等学习报告会。加强对新委员和政协机关干部的培训。先后举办8期由省政协新委员和市、县政协主席,省各民主党派、工商联负责人,政协老同志以及省政协机关干部参加的培训班、读书会。(二)围绕中心工作,不断推进政治协商。举行了4个专题的对口协商,委员们分别就构建三条战略通道、就业与再就业、建设生态省、实施人才战略问题献计献策。召开以“加快我省经济发展和全面建设小康社会”为主题的第三次常委会议,就加快发展县域经济、公正对待进城务工农民、促进外贸出口、加强农村九年制义务教育等问题提出了许多意见和建议。组织部分委员就有关法规和规章的制定开展研讨,进行立法前协商论证。多次举行常委专题会和情况通报会,分别听取省法院、省检察院和省直15个部门的工作情况通报。(三)深入开展调研,为全面建设小康社会献计出力。把深入调研,围绕全面建设小康社会参政议政摆在突出位置,围绕加快我省县域经济发展和关系群众切身利益的问题,全年组织调研45次,提交调研报告29份,许多意见和建议得到省委、省政府及省有关部门的重视和采纳。组织委员积极投入抗击“非典”的斗争,就如何防止非典疫情向农村蔓延、打击非法经营防非典伪劣物品、加强公共卫生建设等问题,提出了许多意见和建议。据不完全统计,闽籍港澳全国政协委员、省政协港澳委员、驻闽全国政协委员、省政协委员向国家卫生部和非典疫情较为严重的兄弟省、市及我省有关部门捐献款、物合计人民币2000多万元。(四)运用各种形式,切实加强民主监督。通过一些重点提案的督办,如关于进一步推动我省软件产业发展、保护福州“第一古榕”等提案的办理,促进了有关问题的解决,推动了政协的民主监督。向全国政协、中共福建省委、省政府报送反映社情民意专报件100多期,促进了一些问题的妥善解决。组织13个视察团,分别就社会治安综合治理、爱国主义教育基地建设、高考考风考纪、医疗制度改革、宗教房产政策的落实等专题进行视察,实施民主监督。政协委员中受聘的人民监督员、特邀检察员、审计员、教育督导员和行风评议代表,积极参加各类检查和行风评议活动,推动有关部门依法行政。(五)拓展同民主党派和各界人士的联系,巩固和发展爱国统一战线。省政协领导班子成员经常走访省各民主党派、工商联,帮助他们反映和解决困难。邀请各民主党派、工商联领导参加省政协重要会议、重大活动和重要课题的调研,做好非公经济人士的工作,反映他们对经济建设和社会发展的意见和建议。加强与港澳台侨人士的联系和沟通。首次组团赴台湾、香港开展书画交流活动。走访部分台资企业,加强与台商联络联谊。组织省政协港澳委员赴黑龙江、甘肃两省参观考察,为他们投资兴业和参政议政创造条件。协助省有关部门在港开展招商联谊活动。(六)积极探索,努力推进政协理论研究和政协宣传工作。积极参与《政协章程》修改工作。采取开会座谈、个别走访等方式,广泛征求意见,形成了20多份书面修改意见材料,并将这些意见综合报送全国政协。加强政协理论的研究。首次举办“政协工作论坛”,各有关单位共提交论文32篇,有9位代表在会上发言。加强政协宣传工作。福建日报和省电视台分别开设《提案追踪》专题栏目,定期进行宣传。组织记者采访团赴宁德市采访政协工作。创办《政协天地》杂志,与全国政协书画室联合在京举办“福建当代国画优秀作品展”。(七)密切与市县(区)政协和兄弟省(市、区)政协联系,更好地发挥政协组织的整体优势。通过邀请市县政协主席参加省政协的各种会议、举办市县政协主席读书班，召开设区市政协主席工作座谈会，与市、县政协开展联合调研视察等形式，密切与市县政协的联系与协作。做好驻山西省的全国政协委员来闽视察的有关工作，组织驻闽全国政协委员到南平视察农业产业化和农民增收问题。（八）切实加强自身建设，努力提高参政议政水平。省政协领导认真贯彻民主集中制原则，自觉坚持民主生活会和联系挂钩点等制度，经常带队深入基层，调查研究，不断改进工作作风和工作方法。在9个辖区市政协和高校设立16个委员小组，建立健全了委员联系制度。切实加强机关干部的思想、组织和作风建设，成立省政协研究室，在互联网建立完成了“福建政协网站”。省政协办公厅荣获第八届省级文明单位、第三届省直机关党建工作先进单位。

第二部分 2004 年工作意见 （一）深入学习贯彻中共十六大精神和“三个代表”重要思想，提高履行职能的能力和水平。（二）围绕我省全面建设小康社会和建立完善社会主义市场经济体制的各项任务献计献策。（三）把团结各界、凝聚人心的工作摆在突出位置，为社会稳定和祖国统一多做贡献。（四）积极探索，努力推进政协履行职能的制度化、规范化、程序化。（五）积极做好第三次全省政协工作会议的筹备工作，努力开拓我省政协工作新局面。

【福建省各级政协领导名单】

福建省

政协主席

陈明义

副主席

潘心城 金能筹 王耀华

李祖可 陈家骅 苍震华

叶家松 吴新涛 王钦敏

秘书长

叶家松（兼）

厦门市（副省级）

市政协主席

陈修茂

副主席

陈维钦 叶天捷 陈耀中

庄 威 郑兰荪 林仁川

江曙霞（女） 桂其明

秘书长

陈 韬

区政协主席

思明区 江韵兰（女）

湖里区 吴仁福

同安区 杨宏祥

集美区 汤养初

翔安区 林国耀

海沧区 纪 军

福州市

市政协主席 王文贵

县（市、区）政协主席

鼓楼区 陆世旺

台江区 高珠英（女）

仓山区 陈朝明

晋安区 陈 涟

马尾区 王兆贵

福清市 方裕开

长乐市 李俊湘

闽侯县 谢光星

闽清县 郑振连

永泰县 吴秋惠（女）

平潭县 翁晓岚（女）

连江县 郑厚雄

罗源县 朱碧娟（女）

漳州市

市政协主席 林殿阁

县（市、区）政协主席

芗城区 张庆宗

龙文区 邹三分

龙海市 柯莲英(女)
漳浦县 杨国华
华安县 邹忠钦
东山县 高爱明
长泰县 戴和兴
云霄县 张東香(女)
南靖县 陈常姓
平和县 蔡福民
诏安县 沈木聪

泉州市
市政协主席 傅圆圆(女)
县(市、区)政协主席
鲤城区 黄金辉
丰泽区 苏解放
洛江区 谢定昌
泉港区 吴建民
晋江市 陈长庚
南安市 黄永俊
石狮市 丁家全
惠安县 吴龙昭
安溪县 苏宇霖
德化县 吕素珠(女)
永春县 林金星

三明市
市政协主席 吕少郎
县(市、区)政协主席
三元区 武爱民
梅列区 黄勤炎
永安市 叶培坤
清流县 许天赠
宁化县 罗朝祥
建宁县 徐水泉
泰宁县 梁清荣
明溪县 陈　澄
将乐县 游永涌
沙　县 赖忠厚
尤溪县 陈修栋

大田县 周隆超

莆田市
市政协主席 翁毅彪
县(区)政协主席
城厢区 郑文凤
涵江区 陈文泉
荔城区 何益中
秀屿区 康乃良
仙游县 王加林

南平市
市政协主席 宫维祺
县(市、区)政协主席
延平区 陈鼎璋
邵武市 赵金印
武夷山市 肖天喜
建瓯市 卓吉卿(女)
建阳市 邱运财
顺昌县 杨理庆
浦城县 刘水金
光泽县 张崇泰
松溪县 魏炳发
政和县 黄昌明

龙岩市
市政协主席 杨金龙
县(市、区)政协主席
新罗区 郑江湖
漳平市 陈家鸿
永定县 余德辉
上杭县 温文标
武平县 曾德金
长汀县 林联锦
连城县 林　旭

宁德市
市政协主席 姚智梅(女)
县(市、区)政协主席

蕉城区	钟家尧	周宁县	唐　颐
福安市	杨金柱	柘荣县	沈绍芳(女)
福鼎市	李宗廉	古田县	江宋堂
霞浦县	曾　春	屏南县	叶海游
寿宁县	刘美森		

福建省各级政协组织和委员数

（截至2004年底）

级别/项目	省级	副省级	地级市	县(市、区)	合计
组织数	1	1	8	84	94
委员数	684	377	2844	13568	17473

（程润江　编写　吴建春　审稿）

政 协 江 西 省 委 员 会

胡剑平　秘书长

【全体委员会议】

九届二次会议　2004年2月7日至11日在南昌举行。九届委员会共有委员683名，出席会议的委员650名。钟起煌主席主持了开幕会。会议听取和审议了韩京承副主席所作的常务委员会工作报告和殷国光副主席所作的提案工作情况的报告；与会委员列席了江西省十届人大二次会议，听取和讨论了省长黄智权所作的《政府工作报告》和其他重要报告；补选胡剑平为政协江西省第九届委员会秘书长，增选史忠良等3人为政协江西省第九届委员会常务委员；通过了《政协江西省第九届委员会第二次会议决议》和《政协江西省第九届委员会第二次会议提案审查情况的报告》。会议期间，委员们通过小组讨论、大会发言、联组专题讨论和提案、反映社情民意等形式，就树立和落实科学发展观，实现江西在中部地区崛起、全面建设小康社会等问题提出了许多建设性的意见和建议，表现了高度的政治责任感和积极参政议政的热情。中共江西省委书记孟建柱、省长黄智权等省委、省政府全体领导同志分别参加6个联组的专题讨论，听取委员的意见和建议；省委、省政府领导和有关部门负责同志听取了大会发言。会议通过的《决议》要求，在本届省政协工作取得良好开局的基础上，2004年省政协要坚持以邓小平理论和"三个代表"重要思想为指导，牢牢把握团结和民主两大主题，紧紧围绕第一要务履行职能，继续开拓前进。钟起煌主席在闭幕会上作了讲话。他说，面对新的形势、新的任务、新的要求，我们要紧贴中心、与时俱进、狠抓落实，不断开创新的局面。要牢固树立中心意识，不断增强大局观念。从政协的实际出发，突出政协的特点，发挥政协的优势，把建言献策的重点，放在党委政府重视的事情上，放在人民群众关心的事情上，放在政协有能力做好的事情上。要坚持与时俱进、开拓创新，用时代发展的要求审视自己，用改革的精神完善自己，使政协工作跟上时代的发展，符合形势的要求。要以求真务实精神加强对工作的跟踪问效，把虚事做实、把实事做深。

【常务委员会会议】

第5次会议　2004年2月6日在南昌召开。会议审议通过了政协江西省第九届委员会设置人口资源环境委员会的决定、关于同意于丽等同志辞去政协江西省第九届委员会委员职务的决定、关于撤销王荣春政协江西省第九届委员会委员资格的决定，会议增补肖震宇等21人为九届省政协委员。

第6次会议　2004年2月10日在南昌召开。会议审议通过了省政协九届二次会议选举办法(草案)和选举大会总监票人、监票人名单(草案)，审议通过了补选秘书长、增补常务委员候选人名单，审议通过了省政协九届二次会议决议(草案)和关于省政协九届二次会议提案审查情况的报告(草案),听取了省政协九届二次会议开幕以来有关情况的汇报。

第7次会议 2004年2月12日在南昌召开。会议听取了胡剑平秘书长关于起草省政协常委会2004年工作要点(讨论稿)情况的说明,审议通过了省政协常委会2004年工作要点和关于省政协开展"为解决'三农'问题献计献策年"活动的意见、关于进一步加强专门委员会工作的意见、关于进一步发挥委员主体作用的意见等三个配套文件。

第8次会议 2004年6月9日至10日在南昌召开。会议专题协商讨论增加农民收入问题。省委副书记彭宏松、副省长危朝安应邀到会听取发言并讲话。会议听取了雍忠诚副主席所作的关于江西农民增收几个问题的调研报告,听取了丰城市等6个农民增收典型的经验介绍。会议首次分设三个专题论坛,分别就粮食产业与农业结构调整、转移农村劳动力、深化农村改革进行了协商讨论,首次邀请了11位农民代表列席会议并在论坛上发言。

第9次会议 2004年9月19日至20日在南昌召开。会议专题协商讨论关于发展农村教育问题。会议听取了黄定元副主席作关于发展江西农村教育的调研报告,听取了省政府副秘书长郑克强代表省政府所作的《以更大的精力、更多的财力发展农村教育,努力开创我省农村教育工作新局面》的情况通报,邀请了有关典型单位和农村教育工作者及农民代表在会上发言。会议通过了省政协人事任命事项。

第10次会议 2004年12月25日至27日在南昌召开。省委副书记、常务副省长吴新雄应邀到会,就《政府工作报告(征求意见稿)》的有关情况作了说明。会议协商讨论了《政府工作报告(征求意见稿)》;审议通过了《政协江西省第九届委员会常务委员会工作报告》;审议通过了《关于省政协九届二次会议以来提案工作情况的报告》;听取了省政协各专门委员会工作报告;审议通过了关于召开政协江西省第九届委员会第三次会议的决定;审议通过了政协江西省第九届委员会第三次会议议程(草案)和日程(草案)。

【专门委员会工作】

提案委员会 九届二次会议以来,共收到提案880件,经审查立案856件。其中,六个民主党派省委会和省工商联提案103件,省政协专门委员会提案1件。提案数量比上年有较大幅度的增加。提案办复856件,办复率为100%,其中,问题已经解决或列入计划准备解决的占89.4%;因条件所限一时难以解决的,承办单位也实事求是地向委员作了解释。在工作中主要采取了以下新举措:一是开展提案调研并做好加工深化工作。在九届二次会议"会中办案"的基础上,围绕省政协开展的"为解决'三农'问题献计献策年"活动,选择委员提案比较集中的"改善农民进城务工环境"问题进行了调研,并参加九届八次常委会议专题论坛讨论。二是开展提案跟踪问效。三是采取积极措施进一步提高提案质量。四是重点提案督办有新的改进。五是综合利用提案资源。六是创办《重要提案摘报》。共编发14期,省委、省政府领导先后作出9次批示。七是听取委员意见,进一步改进提案工作。提案的办理落实,产生了积极的作用:一是促进了相关政策措施的制定和出台。二是促进了我省经济发展和社会进步决策措施的实施。三是促进了人民群众关心的问题得到解决。

经济科技委员会 全年共组织专题调研和视察32次,其中形成主席会议建议案1份,调研、视察报告12份。举办各类专题协商座谈会、情况通报会、工作研讨会、学习和联谊活动26次,委员参加活动400余人次。牵头组织了关于农民增收问题的专题调研,形成报告提交九届八次常委会议。会后吸收常委们提出的意见,形成了《关于我省农民增收几个问题的建议案》,报送省委、省政府后受到高度重视。围绕加快江西信息化建设进程、推动江西外贸出口持续增长组织了专题调研,就病险水库加固、粮食直补工作等全省经济难点热点问题开展了视察,提交了用信息化推动政府职能转变的提案,还成立了工业、农业、财贸金融和科技四个委员活动小组,开展了富有成效的活动。

教文卫体委员会 全年以"为解决'三农'问题献计献策年"活动为重点,共开展各项活动55次。牵头组织了关于发展江西农村教育的专题调研,经九届九次常委会议协商讨论后,向省委、省政府报送了建议案。开展了关于江西农村体育工作的专题调研,并参加了全国政协教科文卫体委员会和国家体育总局在上海举办的研讨会。围绕新型农村合作医疗试点工作组织委员进行了集中视察。成立了高等教育、职业教育、普通教育、文化、卫生、体育等六个委员活动小组,开展了农村义务教育和职业教育情况调研、医疗咨询服务、送文化和送体育器材下乡等活动。组建了省政协光华艺术团,多次参加演出和联谊活动。

社会和法制委员会 开展了7次调研视察活动,向省委、省政府及有关部门报送调查报告6份,专报1份。其中《关于我省依法管理宗教事务情况的调查报告》,受到了省委、省政府的高度重视,省委书记孟建柱作出重要批示。牵头组织了关于江西食品安全保障体系建设情况的调研,并综合调研情况和委员意见形成了建议案。承办了以视察消防工作和消防部队建设情况为内容的委员活动日,向省委、省政府报送了《关于加强我省消防工作和消防部队建设的几点意见和建议》的专报。组织委员参与了《江西省环境保护监督管理体制》、《江西省依法行政定期报告制度》等9个地方性法律法规、条例的立法协商活动,提出45条修改意见。

文史委员会 开展了江西农村文化基础设施建设与农村文化生活情况、江西申报世界文化遗产工作情况等专题调研,组织委员视察了赣州市保持历史文化名城特色工作,对"整治滕王阁景区内外环境,提升省会城市文化品位"的第394号提案进行了重点督办。成立了"文博活动小组"和"新闻出版活动小组",视察了进贤县李渡古代酒作坊和文港毛笔市场。编辑出版《文史大观》2期,完成了参与全国政协协作选题《人民政协纪事》、《剿匪纪实》等文史资料专辑的稿件征集、编辑工作,征集稿件20多篇,计10多万字。

港澳台侨委员会 组织特邀界港澳委员深入南昌、萍乡等地视察,形成《关于我省开放型经济发展情况的视察报告》,省委书记孟建柱对报告作出了批示。积极引导港澳委员及港澳台侨有关人士开展捐资兴教活动,共接受捐资269万元,建设7所希望学校。广泛开展联谊交友活动,成立了对外经济文化俱乐部,组织委员参加了第九届澳门缅华互助会、澳门斗门同乡会、澳门闽台总商会等庆典活动,赴葡萄牙、西班牙等国家考察。接待了浙江省政协港澳海外企业家考察团、澳门缅华互助会赴赣考察团等15批海内外客商。配合省政府在香港举办招商引资项目推介会,邀请了150名港澳客商出席。

人口资源环境委员会 牵头组织了关于人才问题的专题调研,召开了专题协商会议,共提交1份主报告和25份分报告,多角度反映了江西人才工作现状和发展态势,有针对性地提出了对策建议,形成了报送省委、省政府的建议案。开展了科学利用森林资源、促进农民增加收入和农村女孩受教育、建立农村计划生育利益导向机制等专题调研。组织委员对移民扶贫工作进行视察，并就上犹县库区移民存在缺粮、缺房、缺生产资料等问题反映了社情民意，得到省领导重视。成立了人口、资源、环境3个活动小组，积极开展调研、考察等活动。针对机构新、人员新、任务新的情况，举办了首期委员培训班，提高委员履行职责的能力。

【重要活动】

各界人士迎春文艺晚会 2004年1月14日，省政协在南昌举办各界人士迎春文艺晚会。省党政军领导、老同志以及来自省各条战线、各民主党派和港澳台侨各界人士代表千余人参加了晚会。

贾庆林看望江西政协统战干部 2004年3月28日，在江西视察、调研工作的中共中央政治局常委、全国政协主席贾庆林专程来到省政协机关，亲切看望了省政协、省委统战部、各民主党派省委会、省工商联负责同志及省政协机关干部。贾庆林发表了重要讲话，强调各级党委、政府、统战各部门和政协各级组织要提高认识，统一思想，增强学习贯彻政协章程的自觉性和主动性。

驻赣全国政协委员赴云南视察 2004年5月24日至6月2日，以省政协主席钟起煌为团长，副主席刘运来、倪国熙为副团长的驻赣全国政协委员视察团就农业产业结构调整问题赴云南进行了视察，视察团在深入调查和科学分析的基础上，提出了进一步加大农业领域招商引资力度、进一步加大农村劳动力转移力度等5条建议，还就云南省在农业产业结构调整中遇到的一些实际困难，积极向中央有关部门反映情况。

食品安全保障体系建设情况调研意见反馈会 2004年9月10日在南昌召开。省政协主席钟起煌出席会议并讲话，副省长凌成兴应邀参加会议。由各民主党派省委会、省工商联和省政协社法委组成的7个调研组分别反馈了江西食品安全法律法规建设、食品安全监管体制建设等方面存在的问题。省政协副主席金异综合各调研组意见提出了完善江西食品安全保障体系建设的建议。省食品药品监督管理局等9个政府职能部门的负责同志在会上表明了认真采纳省政协建议的态度。省食品安全领导小组召开专门会议，提出了采纳省政协建议的10条意见。

各界人士中秋茶话会 2004年9月28日，省政协举行全省各界人士中秋茶话会。省政协主席钟起煌作了讲话。省委、省人大、省政府、省政协领导同志出席了会议。

白立忱率京外全国政协常委视察团来赣视察 2004年10月13日至22日，以全国政协副主席白立忱为团长的京外全国政协常委赴赣视察团，先后在南昌、吉安、九江等地就加强食品安全保障体系建设情况进行视察。省长黄智权代表省委、省政府对视察团的到来表示欢迎和感谢，副省长凌成兴汇报了全省食品安全工作情况。视察结束时召开了情况反馈会，白立忱副主席作了讲话。省委副书记傅克诚，省政协主席钟起煌，副省长凌成兴，省政协副主席韩京承、金异以及省有关部门的负责同志到会听取了视察团对加强江西食品安全保障体系建设的意见和建议。

人才问题专题协商会 2004年11月24日在南昌召开。省委副书记王君到会听取意见并讲话，省政协主席钟起煌出席会议。省长助理熊盛文代表省政府通报了我省贯彻落实全国人才工作会议精神和建设高素质人才队伍的情况。会议听取了省政协副主席倪国熙作关于江西人才问题的调研报告。部分省政协常委、委员就如何做好江西人才工作作了发言。

【重要文件】

常务委员会工作报告(2004 年 2 月 7 日)(摘要) 2003 年九届省政协的工作实现了良好开局,在以往的基础上有了新进展,取得了新成效,为我省的改革、发展和稳定做出了积极贡献。一、兴起学习贯彻十六大精神和“三个代表”重要思想新高潮,以新高潮引领和带动各项工作开创新局面。一是领导班子带头学习。二是大规模培训。全年由省政协主办和协调有关方面举办的培训班共 21 个,培训总量达 700 余人次,其广度、深度和力度为多年来所未有。三是坚持学以致用、学用相长。通过学习培训,广大政协委员和政协干部用“三个代表”重要思想统领和贯穿政协工作的自觉性明显提高,对做好新形势下人民政协工作的使命感和责任感明显增强,参政议政水平和热情明显提升。二、紧贴中心、服务发展,常委会专题协商实现新突破。常委会紧贴省委、省政府的中心工作,抓住加快推进我省工业园区建设和农村医疗卫生体制改革这两个全省上下普遍关注的重大问题,分别作为九届二次和三次常委会议的中心议题,举全常委会之力,比较成功地写出了本届省政协的“开篇之作”。协商中发表的调研报告、常委发言和会后形成的建议案,都得到了省委、省政府领导的充分肯定并作出重要批示。关于加快工业园区建设的建议案,省委、省政府在制定十一届四次全会文件和配套措施时,作了充分吸纳。关于农村医疗卫生体制改革的建议案,对推进我省农村新型合作医疗制度改革试点、大力加强农村卫生工作,提供了重要借鉴和参考。两次专题协商都呈现出选题准、调研深、协商形式新和效果好的特点。三、发挥优势,突出特色,专委会专题调研积极活跃,一批调研成果引起省委、省政府的关注和重视。在省政协分管领导的带领和具体组织下,各专委会扬优成势,调研工作呈现出你追我赶的活跃态势。全年共完成专题调研 14 项,大部分进入了党政部门的工作决策。四、加大工作力度,促进办理落实,提案在推动实际工作中发挥的作用日益明显。一是加大提案征集力度,二是加大集体提案组织力度,三是加大重点提案督办力度,使提案工作整体水平上了一个台阶。全年提案总数达 683 件,实现了委员人均一件的历史性突破。由省政协主席和副主席以及各专委会督办的 25 件重点提案,件件都办得有着落、有成效、有影响。五、突出委员主体,促进人才“出库”、智囊“解囊”,“四个一”活动初见成效。去年在委员中开展了以履行职能为主要内容的“四个一”活动,在各设区市和港澳特别行政区分别成立了联络组,并建立了评先奖优激励机制,激活了委员履行职能的积极性和参政议政的热情。据统计,全年共有 2169 人次参加了“四个一”活动,其中参加视察、调研和委员活动日的 917 人次,提出提案的 724 人次,反映社情民意和提出建议的 528 人次。六、加强对市县政协的联系与指导,上下互动、左右联动,整体工作水平有新的提高。一是建立了主席和副主席与市县政协挂点联系制度;二是在省政协设立了“市县政协工作委员会”,作为省政协一个非常设机构;三是对市县政协主席进行培训。这些措施,密切了省政协和市县政协的联系,增强了凝聚力和亲和力,对于整合各级政协的力量,形成上下一心抓工作的合力、提升工作整体水平,发挥了积极作用。七、积极开展对外联谊工作,为宣传推介江西、扩大对外开放作贡献。八、一手抓事业发展,一手抓机关建设,机关面貌发生了较大变化。以加强培训为载体,兴起了学习贯彻“三个代表”重要思想新高潮;实行了目标管理制和岗位责任制;大力推行计算机网络办公;强化团队精神，积极参加省直“四办”运动会并荣获团体一等奖。在新的一年里，省政协工作的指导思想是：坚持以邓小平理论和“三个代表”重要思想为指导，牢牢把握团结和民主两大主题，紧紧围绕第一要务履行职能，按照本届省政协确定的“五个新”，即努力使履行职能的各项工作有新进展，各专门委员会的工作有新开拓，发挥委员主体作用有新成效，政协工作制度化、规范化、程序化建设有新探索，为经济建设和社会发展服务有新贡献的总体目标，继续开拓前进。主要任务是：一、把学习贯彻“三个代表”重要思想新高潮引向深入。二、开展“为解决‘三农’问题献计献策年”活动。三、进一步发挥委员的主体作用。四、努力推进民主监督工作。五、进一步加强对市县政协的联系和指导。六、进一步加强政协机关建设。

关于我省农民增收几个问题的建议案（2004年6月21日）（摘要） 一、近年来我省农民收入的总体情况。当前影响我省农民增收的突出问题是：传统农业结构还没有得到根本改变；农业产业化龙头企业带动能力不强；资源和国民收入在城乡之间分配不协调，投入少，制约了农村的基础设施建设；政府职能转变慢，农村社会化服务体系不健全；农村劳动力综合素质较低。二、增加我省农民收入的几点建议。1.以市场为导向，按照工业化理念，大力调整农业经济结构，积极推进农业产业化。要以农业比较优势为基础，以国内外市场为导向，继续大力调整农业结构；要坚持用现代工业化理念改造、提升农业，推动农业产业化进程；要加大力度，培育和壮大龙头企业，着力解决目前我省龙头企业普遍存在的“散、小、弱”问题。2.大力推进工业化和城市化进程，改善农民进城就业环境，促进农村富余劳动力向二、三产业和城镇转移。要加快城镇化进程，就地吸纳农村劳动力；要大力发展二、三产业，把农民从土地上解放出来；要改善农民进城就业环境，提高农村劳务输出的组织化程度，推动农村劳动力有序转移，拓宽农民增收的渠道。3.进一步深化农村体制改革，建立健全农村社会化服务体系。4.转变政府职能，强化政府对农村的社会管理和公共服务功能。

关于完善我省食品安全保障体系建设的建议案（2004年9月20日）（摘要） 一、加强食品安全法制建设，确保食品安全有法可依。要研究制定《江西省食品安全监管条例》；尽快制订我省的生猪定点屠宰管理办法和农产品市场管理办法，改变我省肉品等农产品监管的无序状态，步入法制轨道；加紧制定我省重大食品安全事故处理办法。二、建立统一、高效、权威的食品安全监管体系，形成地方政府负总责的食品安全管理格局。建议省委、省政府出台一个加强食品安全监督管理的指导性意见；尽快建立有效的食品安全协调机制，大力整合监管力量，推进综合执法和联合执法；对食品安全的日常监管工作实行分段管理。三、加大投入，整合资源，为食品安全监管创造必要的工作条件。四、全面推行食品生产经营企业准入制，全面启动农产品市场准入制。五、建立食品安全监管信息网络平台。六、加大食品安全的宣传教育力度，充分动员社会力量实施监督。七、加大学校及周边餐饮摊贩的整治力度。

关于发展我省农村教育的建议案（2004年10月19日）（摘要） 一、我省农村教育改革与发展取得了明显进步，但存在的问题不少。突出表现在：农村学校运转困难、师资力量普遍薄弱、教育教学脱离实际、城乡教育发展差距拉大、一些地方仍然存在“三乱”现象、职业教育步履艰难。二、加快发展我省农村教育的几点建议。进一步提高对发展农村教育的认识，坚持把“以人为本”作为发展农村教育总的指导思想;健全经费投入机制,明确各级政府对农村义务教育投入的责任;加强师资队伍建设;加大对口帮扶力度;大力发展职业教育和成人教育;加大力度整治农村教育的外部环境;调整优化教育内部结构,提高办学效益。

关于我省人才问题的建议案(2004年12月30日)(摘要) 我省人才工作虽取得明显成效,但与加快江西发展、实现江西在中部地区崛起的要求相比,仍存在人才总量偏少、急需人才相对匮乏、人才结构分布不均衡等问题。为此建议:一、围绕江西崛起目标,进行人才工作定位,构筑急需人才平台。二、根据江西发展需要,加大急需人才培养力度。三、以"领军人才建设工程"为载体,建立领军人才开发机制。四、完善人才市场体系,发挥人才市场的基础性作用。五、调整高校专业结构,提高办学层次,加强创业教育。六、以能力和业绩为导向,建立人才评价制度。七、以人尽其才为目标,搭建人才发展进步平台。八、刚柔相济,引进急需和领军人才。九、重视企业人才问题,提升企业整体竞争能力。十、加大人才工作和人力资源开发投入,落实人才强省战略。

【组织概况】

秘书长补选名单(2004年2月11日九届二次会议选举通过)

胡剑平

常委增选名单(2004年2月11日九届二次会议选举通过)

史忠良 王际民 俞景陆

委员辞职名单(2004年2月6日第5次常委会议通过)

于 丽 马岩波 王乐秋 方家驷
李广振 吴中东 陈梦雄 姚向红
涂予青 黄鹤翩 雷敏生 廖奇志

撤销委员资格名单(2004年2月6日第5次常委会议通过)

王荣春

委员增补名单(2004年2月6日第5次常委会议通过)

肖震宇 陈至发 肖春莲(女)
胡淑珠(女) 柯黎明 胡汉平
李道鹏 廖 涛(女) 吴小莲(女)
张 莉(女) 朱春生 金 麟
龙国英 黄志红 于忠国 翟大仁
刘乎威 张 伟(女) 王德洪
李贤水 杨 斌

【江西省各级政协领导人名单】

江西省

省政协主席

钟起煌

副主席

韩京承 王林森 黄懋衡(女)
黄定元 刘运来 张华康
金 异 般国光 雍忠诚
倪国熙 一 诚

秘书长

胡剑平

南昌市

市政协主席 陈守朴

县(市、区)政协主席

南昌县 王火生
新建县 胡邦奎
进贤县 张茂华
安义县 张 芸(女)
东湖区 赵 波
西湖区 余茂生
青云谱区 王 华
湾里区 兰玉华(女)
青山湖区 虞信远

九江市

市政协主席 胡春如(女)

县(市、区)政协主席

九江县 徐隆凤

瑞昌市 万文松

武宁县 刘品一(女)

修水县 杨　健

永修县 戴会阶

德安县 岳永香(女)

星子县 欧阳勤喜

湖口县 方志明

都昌县 吴德春

彭泽县 朱忠玲

浔阳区 杨朱记

庐山区 廖济奎

景德镇市

市政协主席 龚农民

县(市、区)政协主席

乐平市 占冬生

浮梁县 张承龙

昌江区 李冬季

珠山区 余玉龙

萍乡市

市政协主席 陈世国

县(市、区)政协主席

莲花县 陈丙娇(女)

安源区 曾书康

湘东区 彭长九

上栗县 柳晓元

芦溪县 张绵远

新余市

市政协主席 熊　巍

县(市、区)政协主席

分宜县 易荣秀(女)

渝水区 刘海清

鹰潭市

市政协主席 李东堂

县(市、区)政协主席

贵溪市 吴金荣

余江县 宋平先

月湖区 张周庭

赣州市

市政协主席 罗春涛

县(市、区)政协主席

章贡区

赣　县 曹良海

南康市 谢福明

信丰县 刘和秀(女)

大余县 谢燕谏

上犹县 刘烈德

崇义县 刘大新

安远县 杜开荣

龙南县 钟朋荣

定南县 利胜才

全南县 邓诗海

宁都县 邓宏志

于都县 张武兴

兴国县 刘开连

瑞金市 张茂棉

会昌县 刘庆生

寻乌县 古西华

石城县 黄光庆

宜春市

市政协主席 吴同国

县(市、区)政协主席

袁州区 黄亦祥

樟树市 傅顺秀

丰城市 熊生根

靖安县 邓琤琥

奉新县 邹仕镗

高安市 闵秀英(女)

上高县 喻九根

铜鼓县 陈添菊(女)

宜丰县 程远明

万载县　王金根

上饶市

市政协主席　王际贤

县(市、区)政协主席

信州区　曾祥水

婺源县　戴月英(女)

横峰县　姜寿福

万年县　尤红根

余干县　张自生

鄱阳县　陈子峰

德兴市　姜炳火

铅山县　游天林

广丰县　周重明

弋阳县　周金才

玉山县　倪贤才

上饶县　祝家炎

吉安市

市政协主席　周谷生

县(市、区)政协主席

青原区　李炳华

吉州区　陈文惠

井冈山市　贺福荣

安福县　郑莲华(女)

吉安县　罗福祥

吉水县　唐富水

永丰县　毛国强

新干县　苏仕彼

峡江县　罗晓军

遂川县　黄明祈

泰和县　徐海冲

万安县　谢水香(女)

永新县　周　浩

抚州市

市政协主席　李品行

县(市、区)政协主席

临川区　罗火生

金溪县　喻怀祥

资溪县　余启明

崇仁县　张国英

南丰县　黄应根

南城县　邓水保

东乡县　辛象其

宜黄县　曾建军

乐安县　杨水生

广昌县　蓝忠民

黎川县　张仕龙

江西省各级政协组织和委员数

(截至2004年底)

项目＼级别	省	设区的市	县(市、区)	合计
组织数	1	11	99	111
委员数	683	3684	16699	21066

(叶　舟　编写　石弘宝　审稿)

政 协 山 东 省 委 员 会

孙淑义　主　席

【全体委员会议】

九届二次会议　2004年1月7日在济南举行。政协山东省第九届委员会委员759人，726名委员出席了会议。会议期间，听取和审议了林书香副主席代表九届省政协常委会作的工作报告和张敏副主席代表九届省政协常委会作的关于提案工作情况的报告。有10位委员就加快山东省改革开放和现代化建设，加强物质文明、政治文明、精神文明建设以及维护社会稳定等重大问题，作了大会发言，另有60多位委员提交了大会书面发言。列席了山东省第十届人民代表大会第二次会议，听取并讨论了省政府工作报告和其他报告。会议同意吴爱英辞去九届省政协主席职务，补选孙淑义为九届省政协主席。会议审议通过了省政协九届二次会议政治决议、常委会工作报告的决议、提案工作情况报告的决议和提案审查情况的报告。新补选的省政协主席孙淑义作闭幕讲话。

【常务委员会会议】

第5次会议　2004年1月6日在济南举行。常委会组成人员应出席151人，到会120人。会议听取了省政协副主席、省委统战部部长齐乃贵关于九届省政协人事安排事项的说明，审议通过了有关人事事项。同意吴爱英辞去九届省政协委员职务；增补孙淑义、李明启为九届省政协委员；撤销陆峰九届省政协委员资格。审议通过了关于更改省政协台港澳侨和外事委员会名称的决定。

第6次会议　2004年1月12日在济南举行。常委会组成人员应出席151人，到会131人。会议听取了省政协九届二次会议秘书处关于各组讨论情况的汇报；审议了省政协九届二次会议政治决议（草案）、省政协九届二次会议关于常务委员会工作报告的决议（草案）、关于提案工作情况报告的决议（草案）和提案审查情况的报告（草案）。

第7次会议　2004年3月31日至4月1日在济南举行。常委会组成人员应出席151人，到会119人。会议传达学习了全国政协十届二次会议精神，学习了新修订的《宪法》和《政协章程》，审议通过了《政协山东省委员会2004年工作要点》，听取了全国政协副主席、中共中央统战部部长刘延东作的《学习贯彻“三个代表”重要思想，不断开创新世纪新阶段爱国统一战线新局面》的报告。省政协主席孙淑义在会议结束时作了重要讲话。

第8次会议　2004年6月28日至29日在济南举行。常委会组成人员应出席151人，到会119人。中共山东省委副书记、省长韩寓群通报了我省经济运行情况和下半年主要工作；会议传达了温家宝总理在山东视察时的讲话精神；听取了关于加快我省民营经济发展和加工贸易发展两个调研组调研情况的汇报；审议通过了《关于落实科学发展观，抢抓机遇，把我省民营经济做大做强的建议案》和《关于加快加工贸易发展的建议案》；会议增补赵承凤为九届省政协委员，并审议通过了其他有关人事事项。会议结束时，省政协主席孙淑义作了重要讲话。

第9次会议 2004年9月27日至29日在济南举行。常委会组成人员应出席151人，到会117人。会议传达学习了胡锦涛总书记在中共十六届四中全会上作的工作报告和重要讲话；传达学习了胡锦涛总书记在庆祝人民政协成立55周年大会上的重要讲话和贾庆林主席在庆祝人民政协成立55周年座谈会上的重要讲话；听取了关于加快我省文化产业发展和推进“平安山东”建设两个建议案起草情况的说明；审议通过了《政协山东省委员会关于深入学习贯彻中共十六届四中全会精神的意见》，审议通过了《关于加快我省文化产业发展的建议案》和《关于推进“平安山东”建设，建立维护社会稳定长效机制的建议案》。孙淑义主席作了闭幕讲话。

第10次会议 2004年12月15日至16日在济南举行。常委会组成人员应出席151人，到会112人。会议听取了《政府工作报告》（征求意见稿）起草情况的说明和省政协九届三次会议筹备工作情况的汇报；审议通过了《关于召开政协山东省第九届委员会第三次会议的决定》；审议通过了政协山东省第九届委员会第三次会议议程（草案）和日程（草案）；审议通过了政协山东省第九届委员会常务委员会工作报告（讨论稿）并推举报告人；审议通过了政协山东省第九届委员会常务委员会提案工作报告（讨论稿）并推举报告人；审议通过了省政协九届三次会议秘书长、副秘书长名单，各组召集人名单，常委轮值名单。

【专门委员会工作】

提案委员会 一、完成了2004年度提案的征集、审查、交办和办理工作。一年来，共收到提案668件，立案637件。首次编辑了《山东省政协九届二次会议提案及承办单位情况汇编》，并编印了《2004年度提案选编》、《提案追踪》和《全省政协提案工作座谈会文集》，共3600册，约60万字。二、召开了全省政协第六次提案工作座谈会。传达了全国政协第五次提案工作座谈会精神，交流了近年来全省各级政协提案工作的经验。三、组织委员围绕重点提案的办理和落实，开展了专题调研和检查督办活动。一是组织专题调研。组织部分委员赴山西、陕西、宁夏考察旅游产业发展情况，提出了《加快发展我省旅游产业的建议》；二是运用检查、视察、现场协商、座谈沟通等方式，推动提案落到实处。组织提案委员会委员、部分提案人，邀请省政府办公厅和新闻单位参加，对省委组织部、省财政厅、省教育厅、省公安厅办理提案工作进行了视察，涉及提案204件；会同济南市政府，组织部分提案人与公用事业部门就有关市政建设的7件提案办理进行了座谈。四、承担了省政协九届8次常委会议“关于加快发展我省民营经济”的调研和建议案起草工作。五、继续与齐鲁电视台联合，创新《提案追踪》栏目，由宣传省政协提案为主，改为报道省、市、县三级政协的提案工作。六、加强提案统计工作。对省政协九届一次、九届二次全委会议期间委员提出提案的情况进行了分类和统计，建立了委员提交提案情况档案。省统计局将部分提案统计数据列入省级长期直报范围。

经济委员会 一、围绕加快我省加工贸易发展，组织委员深入调研，建言献策。在省内4市8县召开12次座谈会，考察20多家企业。形成的《关于加快加工贸易发展的建议案》经九届8次常委会议审议通过报送省委。省委副书记、省长韩寓群，副省长孙守璞作重要批示；二、组织委员开展专题调研。围绕农业保险、失地农民生活保障、行业协会管理等问题，组织委员进行了专题调研，分别提出了《关于加快发展我省农业保险事业的建议》、《关于建立完善我省失地农民基本生活长效保障制度的建议》、《关于改革和完善我省行业协会管理体制的建议》，均报送省政府。三、围绕人民群众关心的热点问题组织视察。先后围绕年初突发的高致病性禽流感、农村基础设施建设和"环保与发展"等问题进行专题视察，提出了《关于进一步做好高致病性禽流感防治工作的建议》报送省政府；《关于对我省农村基础设施建设问题的几点建议》，通过《政协信息》专报省政府分管领导参阅。四、为解决人民生产生活问题献计出力。与省工商联、省扶贫办联合组织了"政协委员、工商联会员企业家及知名企业自愿捐助部分贫困村解决吃水难活动"。省内10家知名企业向全省政协委员、工商联会员企业家和其他企业、企业家发出了《倡议书》，并率先捐助700多万元。五、围绕我省全局性战略有关问题开展软科学研究。与山东经济学院联合承担了"山东半岛城市群与日韩产业协作区发展战略及模式研究"，形成研究报告并报省科技厅。

人口资源环境委员会　一、紧紧围绕省委、省政府的工作重点，组织委员开展专题调研、视察和考察。一是建立完善计划生育利益导向机制，组织委员赴9市19个县(市、区)、38个乡镇(街办)、38个村居，进行专题调研，形成了《关于建立完善计划生育利益导向机制的调查报告》，副省长王军民作出重要批示；二是就加强自然灾害预警应急机制建设，组织委员赴青岛、淄博两市进行专题调研，向省政府提交了《关于加强自然灾害预警应急机制建设的调查报告》，省委副书记、省长韩寓群，副省长谢玉堂、赵克志分别作出批示；三是就土地市场建设，组织委员分赴6市进行专题调研。二、积极开展视察。组织委员先后视察了省地震局、省气象局、省国土测绘院，形成了《关于加强山东基础测绘，促进电子政务基础平台建设的建议》；赴临朐、寿光、青州等县市视察了森林资源保护和生态环境建设。三、推动委员围绕全省中心工作和人民群众普遍关注的热点问题，积极建言献策，提交提案近30件；参加了山东省保护母亲河活动和济南节水保泉活动。四、开展了"关于生态省建设的经济产业政策研究"的软课题研究。组织有关委员，会同山东大学拟定了研究课题，并参加了省科技厅组织的网上申报和竞拍活动，该课题已正式立项。

科教文卫体委员会　一、围绕常委会议重要议题开展专题调研。就发展我省文化产业，组织委员对济南、青岛、潍坊、济宁、德州等市进行考察，起草了《关于加快我省文化产业发展的建议案》，经省政协九届9次常委会议审议通过，报送省委，省委领导就建议案的落实作出批示。二、配合全国政协开展调研。先后参加了全国政协教科文卫体委员会组织的关于发展我省全民健身服务业、新型农村合作医疗制度试点、农村义务教育3项专题调研，调研成果报全国政协教科文卫体委员会进行交流，并报送中共中央、国务院及省委、省政府。副省长林廷生对《关于发展我省全民健身服务业的建议》作出批示。三、注重发挥提案作用。一是组织委员对驻济高校进行专题视察，以委员会名义在省政协九届二次会议上提出提案，《山东内参》作了转载；二是与省政协提案委员会、省财政厅、省体育局共同举办议政会，对"关于提高运动员伙食标准"的提案进行了协商，省财政厅予以落实。四、积极参与立法协商和监督活动。一是先后参加了省人大教科文卫体委员会和省政府有关部门举办的关于修订《著作权保护法(修正案)》、《山东省全民体育健身条例(草案)》、《山东省义务教育“一费制”收费办法(草案)》和《山东省科学技术奖励办法》、《山东省科学技术奖励条例实施细则》、《关于广智院整体迁建、异地保护方案》等专题座谈会;二是推荐有关委员担任政府执法部门监督员和有关医疗单位监督员。五、开展软科学研究。邀请省直有关部门、民主党派和高校部分专家、学者组成课题组,对全省文化产业发展现状、资源优势、产品特色及市场前景等分设11个子课题进行专项研究,并将“发展文化产业”列为山东省软科学研究计划重点课题,已申报立项。

港澳台侨和外事委员会 一、就实施“走出去”战略进行了调研。组建了专委会委员和有关部门负责人参加的实施“走出去”战略联合调研组,赴烟台、滨州、青岛、日照、临沂等市和胜利油田调研,向省委、省政府报送了《关于加快我省实施“走出去”战略的调研报告》,省委副书记、省长韩寓群作了重要批示,省政府主办的《内部情况通报》外经贸专刊全文转载。二、组织委员赴济南、烟台、平度、蒙阴等地,对港澳委员及华人、华侨在我省投资和捐赠中出现的矛盾、纠纷进行调查,协助有关部门初步解决了部分纠纷。三、认真开展考察、视察活动。一是组织港澳委员赴黑龙江、吉林两省就经济发展情况特别是对黑龙江省的招商引资、投资环境以及边境贸易等进行考察,达成了一些合作项目;二是组织部分委员赴滨州、烟台、威海等地对公安边防部队建设海上平安山东、提高边防管理服务水平情况进行了视察。四、制订了《省政协聘请港澳台侨和外事委员会顾问实施办法》,聘任13名港澳台侨和外事委员会顾问。五、召开了省政协港澳委员中秋联谊座谈会,通报了我省经济发展主要情况和省政协主要工作;向不再担任省政协委员的16位往届港澳委员颁发了荣誉证书和纪念牌。六、认真做好海内外来访团组接待工作。先后接待了全国政协邀请来华访问的纳米比亚议会代表团、荷兰部分侨团负责人访问团;承办了全国政协在山东召开的“弘扬儒学、齐鲁文化,做好港澳台侨工作”座谈会。一年来,共接待海内外“三胞”和国际友好人士来访团组4个、80多人次。

社会法制委员会 一、深化专题调研。组织委员赴5市8县(市),召开市县政府部门领导干部和基层干部群众、省市政协委员等300多人次参加的23次座谈会,撰写了《关于提高行政执法水平,推进法制政府建设问题的调查报告》,报省政府后受到高度重视。二、参与“平安山东”建设。一是开展了关于推进“平安山东”建设调研。赴济南、威海、泰安、菏泽等市及所属县、区,召开了22次,近300人参加的座谈会,考察了25个基层单位,向省政协委员寄发了200多份问卷调查表,提出了《关于推进“平安山东”建设,建立维护社会稳定长效机制的建议案》,经省政协九届9次常委会议审议后,报送省委,省委办公厅加按语以参阅件全文印发省委常委、省政府、各市党委和政府,省直有关部门。二是召开全省政协社会法制委员会专题座谈会,交流了对“平安山东”建设调研、视察情况和各地开展政协社会法制工作的经验;三是认真处理人民来信来访,协助省高院妥善解决23户居民因拆迁引起的有关问题。三、围绕保障弱势群体权益开展视察。一是就保护未成年人权益情况赴烟台、东营两市进行了视察,提出了《关于进一步加强未成年人权益保护工作的几点建议》,副省长、省未成年人保护委员会主任王军民作出重要批示,省未成年人保护委员会办公室将建议转报团中央。二是就老年人权益保障法律法规实施情况组织委员到滨州、莱芜、枣庄和日照4市进行了视察，撰写了《关于保障老年人权益法律法规实施情况的视察报告》，报送省政府后，副省长谢玉堂作了批示。

民族和宗教委员会 一、围绕中心，开展视察。邀请省委统战部、省宗教局有关部门参加，视察了大灵岩寺、兴国禅寺等历史著名寺观，形成了《关于佛道教历史著名寺观管理情况的考察报告》；组织部分少数民族委员先后赴6市、15县（市、区），就我省半数以上少数民族乡、村的经济发展情况进行了专题视察，形成了《我省农村少数民族经济发展情况视察报告》。二、发挥界别优势，促进社会和谐。专委会委员为少数民族集中的村镇、学校、机关和党校作了10余次关于马克思主义民族观、促进民族团结等主题的讲座。三、建立机制，搞好协作。建立了对口部门联系制度，加强与省委统战部、省民委、省宗教局、各宗教团体的协调与合作；先后参加了"全国政协民族和宗教工作研讨会"和"全国部分省（市、区）政协第六次民族和宗教工作研讨会"；接待了黑龙江省政协、北京市政协两个赴鲁考察团。

文史资料委员会 一是组织委员，邀请省委宣传部、省文化厅等部门，对聊城、德州、滨州3市的爱国主义教育基地及近现代历史遗迹、名人故居的保护和发挥作用情况进行了视察。二是召开了全省政协文史工作会议，总结交流了近年来各市政协开展文史资料工作的经验和情况，制订了《山东省建国后史料征集提纲》；举办了全省政协文史干部第二期培训班，对青岛等9市的县、市（区）80多名文史干部进行了培训。三是完成了8卷本、300余万字的《山东重要历史事件》丛书的编辑出版，举行了首发式。五是在《春秋》杂志上开设了庆祝人民政协成立55周年、纪念邓小平诞辰100周年等专栏，编发有关纪念文章。全年共编辑出版《春秋》6期。六是组织部分委员并邀请省内有关高等院校、科研单位、党史、史志、出版等部门的专家学者，对征集和编纂山东历史名人、齐鲁家族文化、民营经济发展历程等课题进行了论证，拟定了征集和编辑方案。

【重要活动】

省委、省政协举行新时期统一战线工作报告会 3月31日，省委、省政协在济南举办新时期统一战线工作报告会。全国政协副主席、中央统战部部长刘延东作了题为《学习贯彻"三个代表"重要思想，不断开创新世纪新阶段爱国统一战线新局面》的报告。中共山东省委书记、省人大常委会主任张高丽出席报告会并讲话。省政协主席孙淑义主持报告会。

省政协举行学习政协章程报告会 6月30日，九届省政协常委会举办学习政协章程报告会。全国政协常委、副秘书长、政协章程修改领导小组办公室副主任李昌鉴做学习政协章程辅导。部分省政协委员和省政协、省委统战部、省各民主党派、济南市政协机关干部600余人出席了报告会。省政协主席孙淑义主持报告会。

山东省举行庆祝人民政协成立55周年大会 9月13日，山东省庆祝人民政协成立55周年大会在济南隆重举行。中共山东省委书记、省人大常委会主任张高丽出席会议并讲话。民革山东省委主委周鸿兴代表各民主党派、工商联、人民团体及各界人士致辞。省委、省府、省人大常委会及驻济全国政协常委、曾在省政协和济南市政协担任过领导职务的老同志参加了庆祝大会。省政协主席孙淑义主持会议。

"弘扬儒学、齐鲁文化，做好港澳台侨工作"座谈会 9月17日，全国政协港澳台侨委员会"弘扬儒学、齐鲁文化，做好港澳台侨工作"座谈会在济南召开。全国政协副主席、致公党中央主席罗豪才，全国政协港澳台侨委员会副主任张道诚，全国政协港澳台侨局局长乐美真以及山东省有关单位的负责人、省政协港澳台侨和外事委员会委员出席了座谈会。罗豪才副主席在座谈会结束时讲了话。

驻津全国政协委员在山东视察 9月19日至27日，部分驻津全国政协委员，在天津市政协副主席、市委统战部部长叶厚荣带领下，来我省就农业产业化进行视察。

省政协召开庆祝人民政协成立55周年座谈会 9月24日，省政协召开庆祝人民政协成立55周年座谈会。省政协主席孙淑义出席座谈会并讲话。省各民主党派、省工商联负责人，省总工会、曾担任省政协领导职务的老同志、省政协机关各部门负责人参加了座谈会。

省政协举行《山东重要历史事件》丛书首发式 9月28日，省政协举行《山东重要历史事件》丛书首发式。孙淑义主席在首发式上作讲话。王宗廉副主席介绍了《山东重要历史事件》丛书的编辑出版情况。

全省政协第六次提案工作座谈会 11月16日至17日，全省政协第六次提案工作座谈会在济南召开。省政协主席孙淑义出席开幕大会并讲话。

全省政协行政后勤工作经验交流会 11月25日至26日，全省政协行政后勤工作经验交流会在临沂召开，会议交流了省市政协行政后勤工作经验。

全省政协干部教育培训工作座谈会 12月2日至3日，首次全省政协干部教育培训工作座谈会在济南召开。会议传达学习了全国政协干部教育培训工作座谈会精神，讨论了《全省政协干部教育培训计划》。省政协主席孙淑义出席会议并讲话。

【重要文件】

常委会工作报告(2004年1月7日)(摘要) 报告首先回顾了九届省政协一年来的工作。一年来，在中共山东省委的领导下，省政协坚持以邓小平理论和"三个代表"重要思想为指导，深入学习贯彻十六大精神，牢牢把握团结、民主两大主题，紧紧围绕我省改革发展稳定的大局，认真履行政治协商、民主监督、参政议政职能，为我省改革开放和社会主义现代化建设作出了积极贡献。1.认真学习贯彻"三个代表"重要思想和中共十六大精神，始终保持坚定正确的政治方向；2.坚持把发展作为履行职能的第一要务，为加快全省经济社会发展贡献力量；3.发挥政协自身优势，积极参加抗击非典斗争；4.努力维护人民群众根本利益，促进全省和谐稳定；5.重视政协提案工作，进一步提高履行职能的实效；6.发挥委员主体作用，委员活动扎实活跃；7.强化专委会基础作用，不断增强政协工作的活力；8.加强政协自身建设，推动政协工作全面发展。关于九届省政协2004年度工作：(一)深入贯彻落实"三个代表"重要思想和中共十六届三中全会精神；(二)紧紧围绕全省的中心工作履行职能；(三)进一步密切同各界群众的联系；(四)积极维护全省的团结稳定；(五)继续加强政协自身建设。

孙淑义主席在省政协九届二次会议闭幕会上的讲话(2003年1月12日)(摘要) 关于做好九届省政协工作。(一)要站在时代的前列，高扬创新的旗帜，坚持以"三个代表"重要思想统领政协工作全局，保证政协工作始终沿着正确的方向前进；始终不渝地坚持和维护中国共产党的领导，坚决贯彻执行党的基本理论、基本路线、基本纲领、基本经验和统一战线政策，坚持和不断完善中国共产党领导的多党合作和政治协商制度，保证党的路线、方针、政策在政协工作中的贯彻执行；紧紧围绕发展这个第一要务履行职能，充分发挥政协优势，围绕中心，服务大局，在全面建设小康社会的广阔舞台上发挥更大的作用；把维护和实现人民群众的根本利益作为履行职能的根本出发点和落脚点，积极反映社情民意，协助党委政府实现好、维护好、发展好人民群众的根本利益。（二）必须以强烈的使命感和责任感，与时俱进，开拓创新，积极围绕全省政治、经济和社会生活中的重大问题献计出力，为促进全省的物质文明、政治文明和精神文明建设，为推动山东改革开放和现代化建设发挥新的更大的作用。（三）必须牢牢把握团结、民主这两大主题，努力做好协调关系、化解矛盾、增进共识、凝聚力量的工作。要把发挥协调作用，促进各个方面关系的和谐，作为政协工作的一个着力点，通过积极的工作，维护党委的领导，支持政府的工作，促进政协同各民族、各阶层、各组织之间的协调和和谐，促进政协内部各党派、各团体和广大委员之间的协调和和谐。（四）政协委员要把学习作为终身任务，向书本学习、向实践学习、向群众学习。要深入实际、深入实践、深入群众，总结基层和群众创造的新鲜经验，努力实现从感性认识到理性认识的飞跃，更好地指导实践，推动新时期政协工作的开展。

省政协九届二次会议政治决议（2004年1月12日政协山东省第九届委员会第二次会议全体会议通过）

中国人民政治协商会议第九届山东省委员会第二次会议，听取和讨论了韩寓群省长所作的政府工作报告，表示赞同并给予高度评价。听取和讨论了山东省2003年国民经济和社会发展计划执行情况与2004年计划草案的报告、山东省2003年预算执行情况和2004年预算草案的报告、山东省高级人民法院工作报告和山东省人民检察院工作报告，对以上报告表示赞同。

会议认为，过去的一年，中共山东省委带领全省各族人民，坚持以“三个代表”重要思想和中共十六大精神为指导解放思想，干事创业，同心同德，拼搏奋斗，全力推进改革开放和社会主义现代化建设，取得了抗击非典和抗洪救灾的重大胜利，圆满完成了省十届人大一次会议确定的各项任务。全省经济快速发展，社会事业全面进步，安定团结的政治局面进一步巩固，人民生活继续改善，我省经济社会发展进入一个新的阶段。

会议认为，过去一年取得的成绩令人鼓舞，但前进道路上还有不少矛盾、困难和问题。我们一定要坚定信心，进一步增强压力感和紧迫感，保持清醒头脑，调动一切积极因素，振奋精神，奋发有为，为我省不断加快发展步伐作出应有贡献。要继续全面贯彻落实中共十六大、十六届三中全会和省委八届五次全会精神，坚持以人为本和“五个统筹”，树立全面、协调、可持续的发展观，按照中共山东省委“一二三四五六”的总体要求和工作思路，围绕结构调整、“三农”、“三个亮点”、制度建设和制度创新、建设制造业强省、实现服务业发展新跨越、促进区域经济协调发展、实施人才强省战略、建设生态省等事关我省经济社会发展的重大战略问题，积极建言立论，献计出力。要倍加顾全大局，倍加珍视团结，倍加珍视稳定，积极做好团结各界、凝聚人心的工作，最大限度地把一切可以团结的力量团结起来，把一切积极因素调动起来，营造团结稳定、干事创业的氛围。要时刻牢记两个“务必”，谦虚谨慎、不骄不躁、艰苦奋斗，努力促进最广大人民群众根本利益的实现。要高举爱国主义旗帜，坚决维护“和平统一、一国两制”的基本方针、积极推进祖国和平统一进程的八项主张，加强两岸人员的往来和经济文化等领域的交流，为促进祖国统一大业，实现中华民族的伟大复兴贡献力量。

会议号召，全省各级政协组织和广大

委员,紧密团结在以胡锦涛同志为总书记的中共中央周围,以邓小平理论和"三个代表"重要思想为指导,在中共山东省委的坚强领导下,坚持和完善中国共产党领导的多党合作和政治协商制度,围绕团结和民主两大主题积极履行职能,进一步解放思想,实事求是,与时俱进,开拓创新,为实现省八次党代会确定的宏伟目标,建设"大而强、富而美"的社会主义新山东而努力奋斗!

【机构设置】

2004年1月6日九届5次常委会议审议通过了关于将省政协台港澳侨和外事委员会更改为省政协港澳台侨和外事委员会的决定。

【组织概况】

主席补选名单(2004年1月17日九届二次会议通过)

孙淑义

委员增补名单(2004年1月6日九届5次常委会议通过)

孙淑义　李明启

委员增补名单(2004年6月29日九届8次常委会议通过)

赵承凤

主席辞职名单(2004年1月17日九届二次会议通过)

吴爱英(女)

委员辞职名单(2004年1月6日九届5次常委会议通过)

吴爱英(女)

撤销委员职务名单(2004年1月6日九届5次常委会议通过)

陆　峰

【山东省各级政协领导人名单】

山东省

政协主席

孙淑义

副主席

王久祜　林书香　周鸿兴
朱　铭　张　敏　乔延春
王宗廉　齐乃贵
苗淑菊(女)　王志民

秘书长

袁义法

济南市(副省级)

市政协主席

徐华东

副主席

张印峰　饶曼妮(女)
吴泽浩　孟宪杰　李兴春
孟　涛　王可敏　刘子栋
包怡斐(女)　高元坤

秘书长

王忠林

县(市、区)政协主席

历下区　赵广忠
市中区　高金同
槐荫区　徐承鲁
天桥区　舒孝堂
历城区　谭传友
长清区　张化福
章丘市　刘家和
平阴县　韩明印
济阳县　骆合清
商河县　王兴怀

青岛市(副省级)

市政协主席

张旭升

副主席

邹立健　闵祥超　梁有新
张纪良　宋建民　展文良
麦康森　张培军　顾　枫
相建海　宋修岐

秘书长

王增元

县(市、区)政协主席
市南区 刘绪海
市北区 王华莉(女)
四方区 盛玉军(女)
李沧区 袁学法
黄岛区 张元禄
崂山区 尹典正
城阳区 崔永利(女)
胶州市 刘才栋
即墨市 李义安
平度市 徐韶功
胶南市 宋建文
莱西市 苏安平

淄博市
市政协主席 冯梦令
县(市、区)政协主席
张店区 周成国
淄川区 蒋宗海
临淄区 吴　军
博山区 李祖晨
周村区 张德业
桓台县 尹德喜
高青县 陈国华(女)
沂源县 周世莲(女)

枣庄市
市政协主席 杜学平
县(市、区)政协主席
市中区 张秀岭
山亭区 董沂峰
台儿庄区 张景福
峄城区 陈增玉
薛城区 谢允文
滕州市 孙云飞

东营市
市政协主席 陈锡山
县(市、区)政协主席
东营区 赵　幂(女)
河口区 孙学孟
垦利县 单连涛
利津县 高秀珍(女)
广饶县 钟景训

烟台市
市政协主席 栾秉良
县(市、区)政协主席
芝罘区 孙常兴
福山区 李来雁
莱山区 史兴雨
牟平区 孙学平
龙口市 吴长怀
莱阳市 刘文君
莱州市 李培刚
蓬莱市 罗仁康
招远市 张桂芬
栖霞市 刘玉耀
海阳市 徐国田
长岛县 王国强

潍坊市
市政协主席 迟昭厚
县(市、区)政协主席
潍城区 张元茂
坊子区 齐宝礼
寒亭区 玄克胜
奎文区 徐福生
青州市 田立胜
诸城市 郭金泰
寿光市 王守福
安丘市 李国祥
高密市 田绍义
昌邑市 张正德
昌乐县 杜介祥
临朐县 杨显伟

济宁市

市政协主席 王润廷

县(市、区)政协主席

市中区 张 煜
任城区 段常臣
曲阜市 柳亚峰
兖州市 张茂英(女)
邹城市 聂凤银
汶上县 杨作甫
泗水县 张怀莲(女)
微山县 朱先贵
鱼台县 闵华峰
金乡县 韩振中
嘉祥县 张金城
梁山县 臧凤柱

泰安市

市政协主席 张树禹

县(市、区)政协主席

泰山区 路少先
岱岳区 李来芳
新泰市 栾兆玺
肥城市 刘长香(女)
宁阳县 施桂民
东平县 张 辉

威海市

市政协主席 于兰模

县(市、区)政协主席

环翠区 曹旭波
荣成市 蔡殿惠
文登市 刘永忠
乳山市 赵维和

日照市

政协主席 邵长福

县(市、区)政协主席

东港区 张 彦
五莲县 胡德新
莒 县 李建法
岚山区 王广举

莱芜市

市政协主席 杜焕常

县(市、区)政协主席

莱城区 王 华
钢城区 朱致存

临沂市

市政协主席

张洪涛(至2004年6月12日辞职)
李桂祥(于2004年6月12日当选)

县(市、区)政协主席

兰山区 颜景芳
罗庄区 李俊修
河东区 韩继霞(女)
沂南县 季保富
沂水县 杨忠来
蒙阴县 张 军
莒南县 杨文明
临沭县 张守仕
郯城县 刘子和
苍山县 刘 霞(女)
费 县 崔现彬(回族)
平邑县 郑运明

德州市

市政协主席 李怀喜

县(市、区)政协主席

德城区 盖学峰
乐陵市 王建民
禹城市 贾桂凤(女)
陵 县 王学云
宁津县 银连春
庆云县 于国明
临邑县 张 栋
齐河县 徐师孝
平原县 杨文平

夏津县　商庆文
武城县　任永贵

聊城市

市政协主席　赵振兰(女)
县(市、区)政协主席
东昌府区　赵松鹍
临清市　蒋保江
高唐县　李玉兰(女)
茌平县　殷庆太
东阿县　崔玉琳
阳谷县　潘福章
莘　县　张晓民
冠　县　潘秀章

滨州市

市政协主席　林则茂
县(市、区)政协主席
滨城区　顾清森
沾化县　卢文芝
博兴县　李在军
邹平县　宫敬宝
惠民县　袁炳银
阳信县　张同祥
无棣县　马宝华

菏泽市

市政协主席　孔令昌
县(市、区)政协主席
牡丹区　彭合礼
鄄城县　任仲义
郓城县　徐淑珍
巨野县　吴天立
成武县　秦建国
单　县　孙培超
曹　县　武忠贵
东明县　杨芳相
定陶县　王彤宇

山东省各级政协组织和委员数

（截至2004年底）

级别 / 项目	省	副省级市	市	县(市、区)	合计
组织数	1	2	15	140	158
委员数	760	1157	5492	28803	36212

（马素珍　王嵩博　编写　于国光　审稿）

政 协 河 南 省 委 员 会

【全体委员会议】

九届二次会议 2004年2月8日至13日在郑州召开。本次会议应出席委员836人,实到委员756人。会议听取并审议了张洪华副主席代表常务委员会所作的工作报告,审议了九届一次会议以来提案工作情况的报告。与会委员列席了河南省十届人大二次会议,听取并讨论了李成玉省长所作的《政府工作报告》和其他报告。会议围绕河南国民经济和社会发展中的重大问题进行了协商讨论。中共河南省委、省政府及有关部门的负责同志到会听取委员发言。大会期间,共收到提案687件,立案671件。会议审议通过了《中国人民政治协商会议河南省第九届委员会第二次会议政治决议》、《关于常务委员会工作报告的决议》、《关于九届一次会议以来提案工作情况报告的决议》、《提案审查委员会关于九届二次会议提案审查情况的报告》。会议认为,过去的一年,全省人民在中共河南省委领导下,以邓小平理论和"三个代表"重要思想为指导,夺取了防治非典工作的阶段性重大胜利和抗洪抢险的全面胜利;国民经济持续快速增长,对外开放取得明显成效;社会主义政治文明和精神文明建设得到加强,社会大局保持稳定,实现了全面建设小康社会的良好开局。会议号召,全省各级政协组织、政协各参加单位和广大政协委员,要更加紧密地团结在以胡锦涛同志为总书记的中共中央周围,以邓小平理论和"三个代表"重要思想为指导,在中共河南省委领导下,解放思想,实事求是,与时俱进,开拓创新,为全面建设小康社会,实现中原崛起而努力奋斗。范钦臣主席在大会闭幕时就贯彻落实十六届三中全会决定讲了话。

【常务委员会会议】

第5次会议 2004年2月13日在郑州举行。本次会议应到委员169人,实到委员158人。会议听取了省政协九届二次会议委员讨论情况的综合汇报,审议通过了《中国人民政治协商会议河南省第九届委员会第二次会议政治决议》(草案)、《中国人民政治协商会议河南省第九届委员会第二次会议关于常务委员会工作报告的决议》(草案)、《中国人民政治协商会议河南省第九届委员会第二次会议提案委员会关于九届一次会议以来提案工作情况报告的决议》(草案)和《中国人民政治协商会议河南省第九届委员会提案委员会关于九届二次会议提案审查情况的报告》(草案)。

第6次会议 2004年3月23日至24日在郑州举行。本次会议应到委员169人,实到委员152人。会议传达学习了十届全国人大二次会议和全国政协十届二次会议精神,学习讨论了全国"两会"精神和《政协章程》(修正案)。出席常委会的全体同志还赴许昌市视察了瑞贝卡发制品股份有限公司、鄢陵县花木交易信息中心和北方花卉集团。范钦臣主席在会议结束时就学习贯彻政协章程讲了话。

第7次会议 2004年6月16日至18日在郑州举行。会议应到委员169人,实到委员142人。会议学习了全国政协主席贾庆林在视察河南省政协机关时的讲话,印发了省政协《关于深入学习贯彻全国政协主席贾庆林在视察河南省政协机关时重要讲话精神的意见》,审议了《关于驻豫全国政协委员赴浙江省视察城市化建设情况的报告》、《郭国三副主席带队赴安徽、江苏省考察政协机关建设情况的报告》、《关于降低农业税税率和对种粮农民直接补贴政策落实情况的报告》、《关于河南农业和农村经济发展有关情况的通报》、《河南省粮食流通体制改革情况》,会议讨论了我省"三农"问题,编印委员发言材料35份。增补张建中为教科文卫体委员会副主任、陈庆禄为人口资源环境委员会副主任、佘继标为政协委员。范钦臣主席作了《关于转移农村富余劳动力的思考》的讲话。

第8次会议 2004年9月16日至17日在郑州举行。会议应到委员168人,实到委员132人。会议审议了提案委员会关于九届二次会议以来提案办理情况的报告,听取省商务厅关于我省对外开放情况的汇报,观看我省对外开放情况专题片,讨论了我省对外开放问题,编印委员发言材料20份,增补韩彦莉为农业委员会副主任,同意王天林不再任常委、学习和文史委员会副主任职务。会议还印发了《河南省政协贯彻〈中共河南省委关于省级领导干部和省直机关带头真抓实干狠抓落实的决定〉的实施意见》、《河南省代表团访问南非、坦桑尼亚情况报告》。会议结束时,范钦臣主席就全面提高我省对外开放水平讲了话。

第9次会议 2004年12月16日至17日在郑州举行。会议应到委员168人,实到委员131人。会议听取并讨论了李成玉省长关于我省经济社会发展情况的通报、省委统战部部长曹维新关于省政协委员调整增补的说明,原则通过关于召开政协第九届河南省委员会第三次会议的决定,审议通过了政协河南省委员会常务委员会2005年工作要点、政协第九届河南省委员会常务委员会工作报告并推举报告人,审议通过政协第九届河南省委员会常务委员会关于提案工作情况的报告、政协第九届河南省委员会第三次会议议程(草案)和日程、政协第九届河南省委员会第三次会议副秘书长名单、委员分组办法、委员组召集人名单和列席人员名单、政协第九届河南省委员会委员调整名单和委员增补名单,增补张放涛为学习和文史资料委员会副主任。会议结束时,范钦臣主席就开好政协九届三次全会讲了话。

【专门委员会工作】

提案委员会 九届二次会议以来,共收到提案790件,经提案委员会审查立案768件。截至2004年12月底已全部办复。委员提案所提意见和建议得到采纳和列入计划准备采纳的597件,占提案总数的77.7%。提案委员会认真贯彻落实省政协九届二次会议对提案工作的要求,充分发挥提案在履行政协职能中的重要作用,坚持以提高提案工作质量为重点,主要做了以下工作:一是做好提案的征集、审查、立案工作。二是认真办理提案。三是积极参与省政协大型视察活动。四是承办全省政协第四次提案工作座谈会。五是加强与有关方面的联谊与交流。六是加大提案工作宣传和监督力度。

经济委员会 一是围绕常委会中心议题进行了银行业支持"三农"、促进河南农产品出口、河南省外向型经济发展情况以及境外劳务输出情况四项调研。针对存在的问题提出具体建议。二是发挥界别优势,做好团结、联谊工作。先后对世界500强及跨国公司在豫投资企业的在华总部进行了走访。组织了河南人在上海调研活动。邀请郑州电视台拍摄河南省对外开放专题片,目前已完成四个专题片的拍摄。三是完成主席会议交办的任务。视察了河南省物流业,就河南省公路港务局的发展提出了建议。邀请郑州海关等部门对拉脱维亚提出里加港中国进出口货物吞吐量少等问题进行座谈讨论。就整合河南省铝工业资源、调整铝工业产品结构向有关部门提出了建议。四是注重调研成果的转化。以每个专题调研形成的意见、建议为基础,加工整理后形成界别集体提案,提交有关部门。

农业委员会 一是组织委员调研。先后对河南省农田水利基本建设情况、农业信息体系网络建设情况、农业产业化经营情况、延津县发展粮食定单农业情况进行调研，分别写出调查报告，针对存在的问题提出建议。吕德彬副省长批示：延津县发展粮食定单农业情况的调研报告对发展我省粮食定单生产和促进农民增收具有重要意义。二是视察了河南省气象工作和供销合作系统改革与发展情况，对信阳劳务经济进行了考察，对他们取得的成绩给予充分肯定。三是到河南省畜牧局，就推进现代畜牧业的发展进行座谈，并提出建议。

人口资源环境委员会 一是组织委员对南水北调中线工程水源地河南省南阳水质保护情况进行视察，提出意见和建议。二是开展专题调研。先后对焦作、新乡、濮阳、商丘沼气生态模式园，嵩县、栾川天然林保护工程，河南省煤炭行业对外开放进行调研，形成专题调研报告。三是委员会成员分别参加行风整顿的监督检查和信访排查工作。四是积极配合全国政协人口资源环境委员会开展专题调研并参加有关活动。

教科文卫体委员会 一是围绕农村合作医疗试点工作、农村劳动力职业技能培训、利用历史文化优势促进对外开放、以信息化带动工业化和高等教育对外开放问题组织专题调研5次，分别写出调研报告，报送有关部门。二是就河南省普通高招考试录取情况、郑州大学新校区建设情况、黄河医学专修学院和河南农业职业学院办学情况进行视察，提出意见和建议。三是与民族和宗教委员会联合组织医卫界委员、专家赴少数民族聚居区为群众义诊1500多人次、作专题报告4场。四是参加西部省、市、区政协职业教育研讨会，筹建河南省政协书画院和中原(河洛)文化学会。

社会和法制委员会 一是围绕农村社会治安、农村富余劳动力转移、妇女在农村经济中发挥作用问题进行调研，形成专题调研报告。其中《农村社会治安大局稳定，存在的问题不容忽视》的调研报告得到省委常委、政法委书记张世军批示：将所提建议列入综治工作，抓好落实。二是配合全国政协社法委对青少年的法律保护和社会收入分配体制改革情况进行了调研。三是做好群众信访工作，参加对口单位行风评议和检查督导。

民族和宗教委员会 一是围绕民族区域经济发展情况和河南省“东引西进”战略的实施情况进行了调研，提出具体意见和建议。二是加强与民族宗教界委员的联系，共走访委员9次，参加了郑州神学院教堂的爱心活动和圣诞节。三是与教科文卫体委员会联合，赴少数民族聚居地区进行讲学和义诊。部分委员还参加了职能部门行风评议。

港澳台侨委员会 一是全会期间组织港澳台侨组的委员到新郑港区台商投资区考察。二是对河南省“三农”问题和对外开放问题进行调研。为配合对外开放，组织委员会专程到浙江、温州调研，并写出报告。三是开展了河洛文化研究工作。成功举办第四届河洛文化国际研讨会。呈报的《赴闽湘徽沪考察地域文化研究工作报告》得到省委书记李克强、省委常委李柏拴、副省长贾连朝、王菊梅批示：省政协可以考虑发挥优势，以一定的民间组织形式推动中原文化研究，党委有关部门予以支持。四是积极开展联谊活动、促进友好往来。由香港郭富城先生捐资在驻马店上蔡县兴建一所希望小学已于9月份竣工。五是完成了对全省归侨情况的调查摸底工作。参与了中原城市群投资洽谈会的前期准备工作。

学习和文史资料委员会 一是编辑出版《河南文史资料》4辑，清理库存史料300万字。二是注重政协系统文史队伍建设，对三门峡、新乡、鹤壁、濮阳、郑州等市政协的文史工作者进行培训。三是组织召开全省政协文史工作会议,参与全国政协文史资料协作工作,编印《学习参考资料》4 期。对河南省图书馆视察后提出的《河南省图书馆古籍善本保管条件亟待改善》提案,已经得到落实。

市级政协工作委员会 一是组织委员深入调研,分别对河南省"三农"问题和对外开放问题进行调研,并写出专题调研报告,发挥委员参政议政作用。二是加强对省辖市政协的联系和指导。召开河南省省辖市政协主席联系会第八次会议,及时了解各地贯彻省委政协工作会议情况,总结推广他们的经验。

【重要活动】

开展河洛文化研究 2004 年初,根据全国政协副主席罗豪才加强对河洛文化研究的建议,省政协先后组织召开有关单位协调会、专家学者座谈会、在《光明日报》开辟专栏,组织了赴湘、鄂、皖、赣等 9 省市考察地域文化,争取到省和国家社科基金资助,在省社科院建立了河洛文化研究中心,开通了河洛文化研究网站。7 月 13 日,省政协在北京召开河洛文化国际研讨会预备会议。陈义初副主席认真征询了与会的海外和香港来宾的意见。10 月 26 日至 28 日,第四届河洛文化国际研讨会在郑州、洛阳举行。全国政协副主席罗豪才、港澳台侨委员会主任郭东坡出席会议并讲话;河南省委副书记王全书到会致辞;省政协主席范钦臣、省委常委、郑州市委书记李克,省政协副主席陈义初、秘书长余保江出席会议。来自香港、台湾、韩国、日本等海内外知名专家学者 150 余人出席了研讨会。会议收到学术论文 93 篇。会议决定,第五届河洛文化国际研讨会于 2006 年在洛阳召开。省政协上报的河洛文化研究综述得到贾连朝副省长批示:河洛文化研究工作卓有成效,请有关部门继续配合、支持。

组织县域经济、新型工业化视察 2004 年 2 月下旬至 4 月下旬,省政协 10 个专门委员会分赴全省开展县域经济视察。这次视察历时 2 个月,视察团走遍了全省 18 个省辖市 109 个县(市),视察了 280 多个乡(镇)、1000 多家企业。共有 13 名省级领导、近千名各级政协委员、政协工作者和有关专家学者参加视察。为了配合这次活动,3 月 27 日至 4 月 5 日,张洪华副主席率团赴山东菏泽、潍坊、青岛、威海、烟台、聊城等市考察了当地县域经济发展状况。4 月 26 日至 28 日,省政协邀请各民主党派、工商联和省直有关部门的负责同志,在巩义市召开县域经济视察情况汇报会,12 位视察团成员对加快我省县域经济发展提出了意见和建议。6 月 8 日,省政协举行专门会议,就全省县域经济视察过程中各地反映的 5 个方面 39 个具体问题向省政府反馈。省委常委、常务副省长王明义到会听取意见,他要求各厅局对所有问题要在 6 月底以前全部答复完毕并逐一向省政协进行反馈。会后,省政协向省委、省政府报送了建议案,有关领导批示:所提建议很好,请有关部门研究采纳。2004 年 7 月下旬至 9 月底,省政协围绕加快我省新型工业化进程组织了大型视察活动。10 多位省级领导、近百位厅级干部以及省政协 10 个专门委员会和各民主党派、工商联参加了这次视察。为配合这次视察活动,8 月 6 日至 20 日,张洪华副主席率团赴辽宁、吉林、黑龙江三省,考察了东北老工业基地调整改造情况。10 月 13 日至 14 日,省政协新型工业化视察情况汇报会在洛阳召开。会议共收到视察报告 14 份,13 位视察团成员作了大会发言。范钦臣主席充分肯定这次视察活动所取得的成绩,并就如何以新型工业化为主导做大做强区域性中心城市发表了讲话。省委常委、洛阳市委书记孙善武、副省长史济春到会听取了大会发言。

全国政协主席贾庆林视察河南省政协机关 2004年5月17日上午，全国政协主席贾庆林视察了河南省政协机关。接见了省政协、省委统战部和各民主党派负责同志，并发表重要讲话。他充分肯定了河南省统一战线和人民政协工作取得的成绩，并提出四点要求：一要认真学习和贯彻政协章程。二要树立和落实科学发展观。三要努力增进团结、促进稳定。四要实施人才战略，加强统一战线和人民政协干部队伍建设。

驻豫全国政协委员视察浙江城市化建设 2004年5月24日至6月4日，根据全国政协的安排，以省政协主席范钦臣为团长，副主席张涛为副团长的驻豫全国政协委员视察团对浙江省城市化建设情况进行了视察。视察团听取了浙江省推进城市化工作的汇报，考察了杭州、金华、温州、宁波、舟山、绍兴6个省辖市10多个县(市)区的城市化建设情况，参观了40余个城市建设项目。在视察结束时，视察团向浙江省委、省政府、省政协反馈了视察情况，并对今后加快城市化进程提出了意见和建议。全国政协委员、省人大常委会副主任袁祖亮、省政协副主席张玉麟、毛增华参加了视察。

省辖市政协秘书长座谈会 2004年7月27日至29日，省辖市政协秘书长座谈会第四次会议在商丘市召开。省政协副主席郭国三、秘书长余保江以及各省辖市政协秘书长参加了会议。会议传达了全国政协干部教育培训工作座谈会精神，通过了《协商论坛》杂志编委会组成人员名单，印发了河南省政协2004—2007年干部教育培训计划(征求意见稿)。洛阳、安阳、商丘、三门峡四市政协秘书长在会上发了言。郭国三副主席就认真组织各级政协委员和机关干部深入学习政协章程、推进“三化”建设讲了话。

陈义初副主席赴上海调研 2004年8月16日至20日，陈义初副主席带领省政协调研组一行6人及多家媒体记者赴上海，就河南人在沪创业情况进行了专题调研。调研组先后走访了8家在沪企业，约谈了4位河南籍在沪高级经理人，召开了部分河南籍企业家座谈会和在沪务工人员座谈会，与上海市政府有关部门联手，帮助驻沪企业解决了一些实际问题。调研组通过分析河南人到沪创业的原因及河南的引资优势，对进一步扩大河南对外开放、加强沪豫合作提出了具体建议。

范钦臣主席视察河南邮政通信广场 2004年9月28日下午，省政协主席范钦臣到河南邮政通信广场视察。河南邮政通信广场位于郑州市花园路中段，是省邮政局投资兴建的集加工、商务、商业功能于一体的大型综合性楼宇，是我省重点建设工程。范钦臣主席详细了解了工程建设情况，他希望河南邮政部门紧紧围绕省委、省政府中心工作，进一步发挥行业优势，大胆创新，加快发展，为促进河南经济社会发展，实现中原崛起做出新贡献。

省政协举办首期省辖市政协主席培训班 2004年12月6日至15日，省政协在省委党校举办了首期省辖市政协主席培训班，来自18个省辖市的40位政协主席、副主席参加了培训。省委副书记支树平、省政协主席范钦臣、副主席张洪华、郭国三、秘书长余保江以及省委组织部、统战部，省委党校的领导出席了开学典礼。省委副书记支树平和省政协副主席张洪华分别讲了话。省政协领导和有关专家教授分别就加强党的执政能力建设、科学发展观以及人民政协的性质、职能和经常性工作作了专题报告。

【重要文件】

常委会工作报告(2004年2月8日)(摘要)

2003年,省九届政协常委会以邓小平理论和"三个代表"重要思想为指导,认真贯彻中共十六大、十六届三中全会和省委七届五次全会精神,把促进发展作为履行职能的第一要务,围绕中心,服务大局,求真务实,开拓创新,圆满完成了各项任务。1. 专题议政,常委会议取得新成效。九届政协第一次常委会议就进一步加强常委会工作、充分发挥专委会作用、提高办公厅工作水平做出了总体部署,提出了明确要求。第二次常委会议审议通过了河南省政协五年工作要点和2003年工作要点,围绕一心一意谋发展进行了协商讨论。第三次常委会议,围绕继续深化国有企业改革、大力发展非公有制经济,开展了专题议政。第四次常委会议,以加快培育我省旅游产业、促进旅游经济快速发展为中心议题,对加快我省从旅游资源大省向旅游经济强省跨越提出了对策建议。2. 创新形式,委员视察迈上新台阶。一是组织了委员、有关专家、银行负责人、民营企业家等40余人对开封市属工业企业进行了调研和视察。二是由省政协领导同志带队对郑州市的城市建设进行了视察。三是组织驻豫全国政协委员和省政协委员,并邀请有关部门负责同志和专家学者参加,由主席、副主席带队,分10个团对全省18个省辖市的85个在建和即将开工的省重点工程进行了视察。去年4月,我国发生了非典疫情,省政协立即召开主席会议,专题研究贯彻落实省委、省政府关于抗击非典疫情的指示精神。由4位副主席带队赴4个省辖市督查非典防治工作。省政协主要领导会同省委统战部、省各民主党派、工商联的负责同志,带领部分省政协委员到抗击非典一线,慰问广大医务人员和抗非工作人员。去年10月,黄河兰考段发生了生产堤决口险情,值此危急时刻,范钦臣主席率省政协、省各民主党派、工商联、省直有关部门负责人,亲赴抗洪一线视察灾情,并乘船到黄河险段慰问抢险官兵和群众。3. 突出重点,调查研究取得新成果。在非典肆虐时期,政协领导带队赴郑州、南阳就非典疫情对我省经济发展的影响情况进行了调研,形成了《非典疫情对我省经济发展的影响及对策》的调研报告,省委、省政府多位领导同志批示,对报告给予了充分肯定。各专委会和常委们根据年度工作要点,选择我省国有企业改革、非公有制经济发展、旅游业发展、粮食购销市场化改革、水污染防治等问题进行调研,形成了80多份专题调研报告。有的调研报告受到省委、省政府领导的重视,为省委、省政府科学决策提供了重要参考。4. 跟踪督办,提案工作有了新进步。一年来,我们通过召开会议,寄发材料,领导带队到承办单位督促检查,制订《关于办理政协提案的意见》、《关于评选表彰优秀提案和提案办理先进单位的办法》等工作,努力提高提案质量和办理质量。共收到提案687件,立案671件,截止12月31日,提案已办复665件,占应办总数的99%。5. 拓宽渠道,团结联谊呈现新局面。九届政协常委会重视发挥民主党派、工商联与无党派人士在政协工作中的作用,及时通报情况,邀请他们参加视察、慰问等重要活动。一年来,编发《政协信息》80多期,中央和省主要新闻媒体关于省政协工作的报道达100多篇(条),展示了政协委员和各界人士一心一意谋发展、团结奋进做贡献的精神风貌。加强了与新的社会阶层人士的联系,与省工商联、河南信息广播电台联办了《民营企业之声》专栏,组织委员视察民族聚居区经济发展情况,走访民族宗教界知名人士。制定了加强与港澳地区省政协委员联系的暂行办法,举办了"省会港澳台侨同胞暨眷属代表人士中秋联谊会”，重新修订了《建国后史料征集选题大纲》，编辑出版了4辑文史资料，发挥了文史资料在服务爱国统一战线和存史、资政、团结、育人等方面的独特作用。6. 积极协助，省委政协工作会议取得圆满成功。去年10月，省委召开了政协工作会议。我们积极协助省委开好这次会议，配合省委组织了14个调研组，对全省18个省辖市贯彻落实2000年省委政协工作会议精神情况进行了调研。在此基础上，向省委常委会作了汇报，对会议的指导思想、主要内容和着重解决的问题提出了具体意见和建议。会议形成的《中共河南省委关于新时期继续加强人民政协工作的意见》下发全省贯彻执行。7. 开阔视野，政协工作纵向指导和横向联系得到进一步加强。一是认真贯彻全国政协的有关会议精神，积极主动地接受全国政协的指导，配合全国政协的工作。二是加强了与兄弟省市区政协的联系和交流，承办了中南六省区政协工作座谈会，参加了北方七省区政协工作研讨会，接待兄弟省市区政协来豫考察团组20个。三是召开了省辖市政协发挥委员作用经验交流会、主席联系会、秘书长座谈会、接待工作座谈会，全省政协宣传工作会议、信访工作会议，对新形势下更好地发挥委员的主体作用，拓展政协履行职能的领域等问题进行了交流研讨。四是创办、编发了《政协工作通报》18期，加强了省市两级政协组织间的情况交流和工作指导。五是赴洛阳市进行了调研，形成了《关于县级政协组织发挥职能作用情况的调研报告》，为指导县级政协工作提供了参考。8. 注重学习，自身建设水平有了新提高。一是加强了学习。二是强化了制度建设。政协机关以建设学习型、服务型机关为契机，结合世界观、人生观、价值观教育活动，集中进行了为期一个月的思想作风整顿，机关全体干部职工的精神风貌发生了很大变化。2004年是实现“十五”计划的关键一年，也是深化改革，扩大开放，促进发展的重要一年。常委会要继续高举爱国主义和社会主义两面旗帜，坚持团结民主两大主题，围绕中心，服务大局，切实履行政协职能。1. 加强理论学习，提高参政议政水平。2. 围绕全面建设小康社会宏伟目标，积极建言献策。3. 坚持团结民主两大主题，推进社会主义政治文明建设。4. 协助党委政府，全力维护社会稳定。5. 发挥自身优势，继续做好团结联谊工作。6. 加大工作力度，搞好政协自身建设。

范钦臣主席在九届二次会议闭幕会上的讲话(2004年2月13日)(摘要) 根据省政协九届四次常委会议的意见，今年我们把学习贯彻十六届三中全会决定，为完善社会主义市场经济体制献计出力作为工作的重中之重，希望各级政协组织和广大政协委员认真抓好落实。1. 学好《决定》，统一思想。通过学习，深刻领会《决定》的精神，把思想进一步统一到《决定》精神上来，不断增强贯彻落实《决定》的主动性、自觉性和坚定性。2. 参政议政，建言献策。今年我们计划安排两次常委会专题议政，分别协商讨论我省“三农”问题和扩大开放问题；计划就加快发展我省县域经济、加快我省新型工业化进程两个课题开展大型视察活动；还计划就加快中原城市群的发展问题进行战略研讨。3. 围绕落实，加强监督。要敢于讲真话、报实情，向党委、政府坦诚直言，并在党委、政府的支持下，不断加大民主监督力度，丰富民主监督的形式和内容，增强民主监督的实效。4. 协调关系，促进稳定。要努力协调好人民政协内部各党派、团体和各族各界人士之间的关系。要密切关注各种影响社会稳定的因素，协助党委和政府把隐患消除在萌芽状态，巩固和发展民主团结、生动活泼、安定和谐的政治局面，为《决定》的贯彻落实创造良好的社会环境。5. 身体力行，探索创新。希望广大政协委员身体力行，率先垂范，既注重立言，又注重立行，既注重宏观献策，又注重微观出力，从我做起，从现在做起，有智出智，有力出力，多干实事，务求实效。

【组织概况】

委员增补名单（2004 年 12 月 17 日政协第九届河南省委员会常务委员会第九次会议通过）（按姓氏笔画排序）

于常海　马东安　马志成　马和平（女）
马露霞（女）　王彦华（女）
计承江　叶振南　冯凌云　任传国
庆志英（女）　刘振军　许竹英（女）
李文斌　李志弘（女）　李秀奇
李学敏（女）　李建中　李福州
杨力民　杨柏林　杨崇林　杨惠琴（女）
余学文　陈英杰（女）　陈徐凤兰（女）
张　杰　张全国　张桂香（女）
林大辉　周大伟　赵　徽　赵功佩
赵胜修　秦海彬　党国典　郭守苓
郭骏伟　唐广辉　黄炽雄　黄真伟
程广安　解朝来　霍好胜

免去委员资格名单（2004 年 12 月 17 日政协第九届河南省委员会常务委员会第九次会议通过）（按姓氏笔画排序）

王永波　王卓祺　王炳祥　王献安
王照平　邓来法　邢合荣（女）
伏秀霞（女）　刘建华　刘洪涛
刘桂梅（女）　严广柏　李　征（女）
李　萍（女）　李　强　李柳身
李培育　杨素芳（女）　吴艳平（女）
陈振兴　张庆义　张秉德　范　萍（女）
范正刚　赵　琛　赵兰英（女）
侯玉梅（女）　姚保国　钱晓玲（女）
郭绍伟　唐艳青（女）　黄兴维
常　莉（女）　梁铁虎　董汉生
谢安顺　蓝　晨（女）

【河南省各级政协领导人名单】

河南省

政协主席
　范钦臣
副主席
　张洪华　郭国三　张　涛
　张汉英（女）　张广兴
　张玉麟　曹维新　陈义初
　毛增华　曹策问
秘书长
　余保江

郑州市

市政协主席　杨惠琴（女）
县（市、区）政协主席
金水区　刘建峰
二七区　汪爱英（女）
中原区　乔秀花（女）（兼）
管城区　于秀兰（女）
惠济区　常万智
上街区　张福祥
新郑市　陈莉（女，满族）（兼）
中牟县　杨保立
新密市　朱永森
荥阳市　刘建东（兼）
巩义市　魏新潮
登封市　李松坤

开封市

市政协主席　程广安
县（市、区）政协主席
鼓楼区　陈福祥
顺河区　虎　玲（女）
龙亭区　张俊英（女）
南关区　白　明
郊　区　王芳岭
开封县　张　立
兰考县　杨旗胜
杞　县　卞玉生

通许县　徐同君
尉氏县　任洪河

洛阳市
市政协主席　潘汉平
县(市、区)政协主席
西工区　李克印
涧西区　李忠国
老城区　杨振轩
瀍河区　符　强
洛龙区　郭绍安
吉利区　姚香兰(女)
孟津县　聂　军
伊川县　司志华(兼)
偃师市　牛文庆
宜阳县　吴立刚(兼)
洛宁县　孙晓伟(兼)
新安县　王正辉
汝阳县　崔宏刚(兼)
嵩　县　李德清
栾川县　郝明献

平顶山市
市政协主席　刘振军
县(市、区)政协主席
新华区　隋国忠
卫东区　王星聚
湛河区　王章记
石龙区　陈凤云
汝州市　鲁更臣
舞钢市　高宝山
宝丰县　胡成义
鲁山县　郝元方
郏　县　李栓勤
叶　县　冯国堂

新乡市
市政协主席　赵胜修
县(市、区)政协主席
卫滨区　岳庚寅
红旗区　梁继平
牧野区　徐启领
凤泉区　张昌然
辉县市　郭清怀
获嘉县　王建国
卫辉市　曹祖温
新乡县　陈志东
原阳县　刘宗训
延津县　王宝震
封丘县　程丁合
长垣县　朱汉枝(女)

焦作市
市政协主席　赵功佩
县(市、区)政协主席
解放区　牛学云
中站区　张爱武
马村区　买明亮
山阳区　刘永琪
孟州市　杨歪祥
修武县　浮习楼
博爱县　牛生霞(女)
武陟县　宋土生
温　县　周清水
沁阳市　唐自立

安阳市
市政协主席　赵　徽
县(市、区)政协主席
北关区　李振武
文峰区　孙敬喜
龙安区　刘　钧
殷都区　路尚廷
安阳县　张奎堂
滑　县　柴学志
汤阴县　刘保印
林州市　梁雪山
内黄县　张五杰

鹤壁市

市政协主席 李福州

县(市、区)政协主席

山城区 李广平

淇滨区 侯保德

鹤山区 王维生

浚　县 王金明

淇　县 宋青山

濮阳市

市政协主席 孔德钦

县(市、区)政协主席

华龙区 韦付根

濮阳县 张广恩

清丰县 赵朝培

南乐县 (暂缺)

台前县 (暂缺)

范　县 房延祥

三门峡市

市政协主席 张兰印

县(市、区)政协主席

湖滨区 廉　武

灵宝市 王　军

义马市 宋惠学

陕　县 员万印

渑池县 张忠厚

卢氏县 张润水

许昌市

市政协主席 党国典

县(市、区)政协主席

魏都区 张广田

许昌县 刘根法

鄢陵县 陈晓多(女)

禹州市 董立民

襄城县 张　岗

长葛市 王庆绍

漯河市

市政协主席 王相富

县(市、区)政协主席

源汇区 于法友

舞阳县 王玉山

郾城区 藏纪周

临颍县 蒋学政

召陵区 张栓峰

南阳市

市政协主席 解朝来

县(市、区)政协主席

卧龙区 宋志强

宛城区 程广宗

内乡县 薛章栓

镇平县 王凡斌

唐河县 马喜平

桐柏县 郭树宪

邓州市 杨德堂

方城县 单国成

西峡县 郭双才

新野县 张明甫

南召县 李顺堂

淅川县 王吉成(兼)

社旗县 王　琴(女)(兼)

商丘市

市政协主席 张春学

县(市、区)政协主席

梁园区 刘进志

睢阳区 杜秀云(女)

民权县 刘世田

睢　县 刘继仁

宁陵县 张清爱(女)

柘城县 杨守和

夏邑县 曹长福

永城市 苏永新

虞城县 马传卿

周口市

市政协主席　田有申

县(市、区)政协主席

川汇区　李道灵(女)

郸城县　王洪轩

西华县　郭广禄

项城县　刘子旭

太康县　万进山

鹿邑县　陈万敏

沈丘县　郑西民

淮阳县　韩友谊

扶沟县　张国安

商水县　宋传修

驻马店市

市政协主席　李焕庭

县(市、区)政协主席

驿城区　王百川

遂平县　李云鹏

确山县　申明华

泌阳县　焦相贤

正阳县　王保庆

上蔡县　王立新

汝南县　贺国超

西平县　张泽泉

新蔡县　王守平

平舆县　李学俭

信阳市

市政协主席　余学文

县(市、区)政协主席

浉河区　张俊德

平桥区　高兴隆

罗山县　汪建成

潢川县　李秀明

固始县　梁万祥

息　县　何承惠

淮滨县　王文龙

光山县　郭殿远

商城县　徐　静(女)

新　县　曾宪森

济源市

市政协主席　任传国

河南省各级政协组织和委员数

(截至2004年底)

项目＼级别	省	设区的市	县(不设区的市、市辖区)	合计
组织数	1	18	157	176
委员数	836	6684	29210	36730

(牛海棠　编写　丁新娥　审稿)

政 协 湖 北 省 委 员 会

【全体委员会议】

九届二次会议 2004年2月2日至7日在武汉召开。本次会议应到委员640人,实到564人,符合章程规定。开幕时,中共中央政治局委员、中共湖北省委书记俞正声致辞。会议听取并审议了丁凤英副主席受政协湖北省第九届委员会常务委员会的委托所作的《政协湖北省第九届委员会常务委员会工作报告》和翁行德副主席受政协湖北省第九届委员会常务委员会的委托所作的《政协湖北省第九届委员会常务委员会关于提案工作情况的报告》。郑楚光副主席宣读了政协湖北省委员会《关于表彰省政协九届一次会议以来优秀提案的决定》,31件优秀提案受到表彰。委员们列席了湖北省十届人大二次会议,听取并讨论了罗清泉省长所作的《政府工作报告》和省高级人民法院、省人民检察院的工作报告以及计划、财政等工作报告。会议通过了《政治决议》、《关于常务委员会工作报告的决议》、《关于提案工作情况报告的决议》和《关于省政协九届二次会议提案审查情况的报告》。会议认为,在过去的一年里,九届省政协在中共湖北省委的领导和全国政协的指导下,紧密团结全省各民主党派、工商联等人民团体和无党派人士及各族各界人士,围绕中心,服务大局,认真履行职能,为推进湖北的改革开放和现代化建设,维护社会稳定,做出了重要贡献。大会期间,委员们以饱满的政治热情和高度的责任感使命感,围绕树立和落实科学发展观,全面建设小康社会,促进全省物质文明、政治文明和精神文明协调发展等方面提出了许多建设性的意见和建议。会议闭幕时,王生铁主席作了重要讲话。

【常务委员会会议】

第6次会议 2004年2月5日在武汉召开。会议审议了政协湖北省第九届委员会第二次会议《关于常务委员会工作报告的决议(审议稿)》、《关于提案工作情况报告的决议(审议稿)》、《政治决议(审议稿)》和《关于省政协九届二次会议提案审查情况的报告(审议稿)》。会议决定将以上文件提交全体委员会议讨论。

第7次会议 2004年2月7日在武汉召开。会议审议并通过了《政协湖北省第九届委员会第二次会议政治决议(草案)》、《政协湖北省第九届委员会第二次会议关于常务委员会工作报告的决议(草案)》、《政协湖北省第九届委员会第二次会议关于提案工作情况报告的决议(草案)》和《政协湖北省第九届委员会第二次会议关于提案审查情况的报告(草案)》。会议决定将上述有关决议和提案审查情况的报告提交全体委员会议表决。

第8次会议 2004年2月8日在武汉召开。会议讨论并通过了《湖北省政协2004年工作要点》,通过了《关于同意接受郭正明同志辞去九届省政协副秘书长职务的决定》。省政协常委、省外事侨务办公室主任唐振雄作了国际形势报告,省商务厅厅长尹汉宁作了全省商务工作情况的报告,由此省政协启动了定期就有关工作和问题举行专题报告会制度。

第9次会议 2004年6月3日至5日在武汉召开。会议的主要议题是围绕发展县域经济,协商讨论科教兴鄂、人才强省战略和改善投资环境、加大招商引资力度等问题。在调查研究和分组讨论的基础上,省政协副主席郭生练,常委金启方、王宗贤、程剑、李文钊、曹安俊、章默英、王红玲、李午、王述义,委员刘海新、吴福海等,就依靠科技进步促进县域经济发展、发展农村职业教育和山区基础教育、改善投资环境、完善外商投诉机制、坚持耕地保护与合理利用、加强农村基层卫生工作等问题作了大会发言。省委书记俞正声到会听取发言并讲话,副省长刘友凡、任世茂率省直有关部门负责人到会听取意见。王生铁主席在会议结束时作了重要讲话。会后，与会人员听取了省政协常委、省司法厅副厅长、武汉大学博士生导师李仁真所作的《行政许可法》专题讲座。

第10次会议 2004年9月15日至17日在武汉召开。会议的主要议题是协商讨论以工业化带动农业产业化，促进农业增效、农民增收的问题。中共湖北省委副书记、省长罗清泉到会通报了全省上半年经济运行情况和下半年经济工作安排。在调查研究和分组讨论的基础上，常委王红玲、魏建国、黄向东、徐少杰、陈良才、李思慎、田继林，委员严奉宪、殷勇、鄢烈文，省农工民主党党员张原等，分别代表省级有关民主党派、工商联和省政协有关专门委员会，就大力发展农村专业合作组织、发展农产品深加工业和绿色农业、推进农村信用社体制改革与发展、农村人力资源开发与剩余劳动力转移、失地农民合法权益保护等问题进行了发言。副省长蒋大国率省直有关部门负责人到会听取发言并讲话。王生铁主席在会议结束时作了重要讲话。会后，与会人员听取了中国科学院武汉水生物研究所研究员、博士生导师刘永定所作的"水环境、水生态与可持续发展"专题讲座。

第11次会议 2004年12月2日至3日在武汉召开。会议的主要议题是围绕鼓励支持和积极引导非公有制经济发展问题，按照省委关于激活民间投资的要求，重点协商讨论湖北民营经济发展的现状与对策；审议通过省政协九届三次会议的有关文件。会议开始时，蒙美路副主席传达了中共中央政治局常委、全国政协主席贾庆林在2004年11月19日接见湖北省政协领导、中共湖北省委统战部和省各民主党派、工商联负责同志及省政协机关干部时的讲话精神。在调查研究和分组讨论的基础上，常委宋德福、沈福权、郭定东、程剑、游先胜，委员黄立国、杨少杰，省民建会员左海聪，省九三学社社员姚莉等，分别代表省级有关民主党派、工商联和省政协有关专门委员会，就湖北民营经济发展问题进行了发言。会议听取了陈春林秘书长《关于常务委员会工作报告起草情况的说明》等。会议通过了《关于召开中国人民政治协商会议湖北省第九届委员会第三次会议的决定》。会议讨论并原则通过了《政协湖北省第九届委员会第三次会议议程(审议稿)》、《政协湖北省第九届委员会第三次会议日程(审议稿)》、《政协湖北省第九届委员会常务委员会工作报告》、《政协湖北省第九届委员会常务委员会关于提案工作情况的报告》；通过了《政协湖北省第九届委员会第三次会议列席人员范围》、《政协湖北省第九届委员会第三次会议秘书长、副秘书长名单》、《政协湖北省第九届委员会第三次会议通过决议方式的决定》。会议推举丁凤英副主席代表九届省政协常务委员会向省政协九届三次会议作《政协湖北省第九届委员会常务委员会工作报告》，推举郑楚光副主席代表九届省政协常务委员会向省政协九届三次会议作《政协湖北省第九届委员会常务委员会关于提案工作情况的报告》。王生铁主席在会议结束时作了重要讲话。会后，与会人员听取了郑楚光副主席所作的"能源和环境问题"专题讲座。

【专门委员会工作】

提案委员会 主要工作：省政协九届一次会议以来共收到提案566件，经审查立案548件，已全部办复。据统计，提案采纳率为94%，当年落实率为25%，委员满意率和基本满意率为97%。一、印发《提案参考要目》，加强知情引导，为提高提案质量打好基础。二、强化重点提案办理，扩大重点提案的影响力。一是将重点提案编发了20期《提案摘报》，报送省委、省政府领导督办；二是坚持主席分工督办重点提案制度，主席、副主席率队督办了11件重点提案，如关于“把血防工作作为执政为民的大事来抓”的提案等，经主席督办取得明显成效；三是联系省委、省政府督查室，认真做好重点提案现场督办的组织、协调、服务和检查、落实工作，促使重点提案当年启动、当年见效；四是采取多种方式组织提案人参与提案督办落实活动。三、通过抓承办大户、抓归类办理、抓多方联动、抓见面沟通，推动提案的办理，发挥提案的整体效能。四、借重媒体效应，促进重点难点问题的解决。一是继续与湖北电视经济频道联合举办《提案追踪》专栏节目，共播出52期，既大力彰显政协提案的作用，又促进一些热点难点问题的解决。该专栏节目在2004年10月中国国际广播影视博览会评选活动中荣获全国“电视百佳栏目”；二是根据新闻媒体的不同特点，在《人民政协报》、《湖北日报》等报刊和电台、电视台刊播有关提案的新闻和专题节目；三是编辑出版《使命》一书，介绍提案提出和办理两方面的典型案例。五、召开了全省政协提案工作座谈会。

经济委员会 主要工作：一、认真完成省政协常委会安排的调研任务，共向常委会议提交调研和考察报告6份，如向第九次常委会议提交了《从招商引资看我省县域经济投资环境的改善》的调研报告，向第十次常委会议提交了《关于我省农产品加工业发展的调查报告》，向第十一次常委会议提交了《关于我省民营经济发展现状及对策建议》的调查报告。二、积极关注社会热点问题。一是组织委员对电网建设滞后造成电力能源短缺问题进行了调研，形成《我国电力体制改革应注意解决好电网建设滞后问题》的提案，委托在鄂全国政协委员提交全国政协十届二次会议；二是针对粮食及农产品价格上涨幅度较大引起部分干群担忧的问题进行了调研，形成了《关于当前农业和农村工作几个问题的调查报告》和《对当前粮食涨价的几点看法》，后者在内部刊物发表；三是针对松宜矿务局改革难的问题进行了调研，向省政府提出了三条建议；四是针对民营经济反映突出的问题，对襄樊市民营经济进行了视察，向省委、省政府呈报了《关于视察襄樊市民营经济的情况反映》，引起省领导的重视；五是对襄樊市小城镇规划编制问题进行了视察；六是委员会副主任沈福权《关于汉江上游开发生态保护及农民脱贫致富的调查与建议》，省委书记俞正声作了重要批示，引起十堰市委、市政府的高度重视。三、接待、协助“全国政协粮食安全问题调研组”和“全国政协统筹城乡发展专题调研组”完成了在鄂的调研任务。

人口资源环境委员会 主要工作：主办和协办全国性大型活动4次，开展专题调研、视察和考察10次，举办各类研讨会、座谈会、报告会12次，形成文字材料35份。一、推动长江生态环境保护工作，确保长江流域经济社会可持续发展。一是承办了“长江流域十三省市政协长江水环境保护第五次研讨会”，起草了呈报国务院的《长江流域十三省市政协关于加强长江流域水资源与水环境保护的建议》；二是积极协助并参加全国政协举办的“保护长江万里行”活动；三是主动配合并参与全国政协南水北调中线工程水源保障问题专项调研。二、按照全国政协和省委、省政府的指示精神，承担了“国际人口与发展论坛”部分筹备工作和出席论坛的全国政协系统来宾的联络接待服务工作；组织委员对孝感市人口与计划生育工作进行了视察，向省委、省政府呈送了视察报告。三、关注全省湿地保护工作，促进生态环境建设。一是就洪湖湿地保护建言献策，省政协副主席、委员会主任蔡述明《关于优化洪湖管理，保护湿地资源的建议》，受到省委书记俞正声高度重视；二是对武汉市新洲区涨渡湖湿地、鄂州市梁子湖湿地保护情况进行了调查。四、认真完成常委会调研课题，向常委会议提交了四份调查报告，即《抓住两大生态工程机遇，促进山区县域经济可持续发展》、《坚持耕地保护与合理利用，促进县域经济的持续发展》、《关于加快我省绿色农业发展步伐的调查与建议》、《关于我省民营经济大发展面临的五大问题》。五、以委员会名义提出提案。如关于建立省级救灾备荒种子储备制度的提案，省农业厅和财政厅依据提案建议共同制定了《湖北省救灾备荒种子储备管理办法》。

教科文卫体委员会 主要工作：共开展调查、视察活动 9 次，学习座谈活动 15 次，形成文字材料 12 份。一、突出重点，深入开展调查研究。一是认真完成常委会的调研课题。围绕“发展县域经济和实施科教兴鄂战略”议题，在调查研究的基础上，向省政协九届第九次常委会议提交了 5 份调研报告，即《大力发展农村职业教育，全面服务县域经济》、《加强农村基层卫生工作，促进我省经济社会协调发展》、《加大科教兴农力度，促进县域经济发展》、《依靠科技进步促进中小企业快速发展》、《湖北省专业技术人才队伍建设存在的问题与对策》，报省委、省政府后，省委书记俞正声，副省长刘友凡、辜胜阻对其中三份报告作了重要批示，促进了有关工作；二是联合省教育厅对黄冈市落实民办教师政策的情况进行了调查，形成了《关于我省落实民办教师政策工作中存在的问题与建议》的调查报告，省委书记俞正声，省长罗清泉，副省长周坚卫、辜胜阻都作了重要批示，省财政安排 5000 多万元专项资金用于解决和落实民办教师政策问题。此外，还对税费改革后农村基础教育、南水北调对丹江口库区文物保护的影响、农村体育发展、广播电视网络建设等问题进行了调研，提出了意见和建议。二、发挥优势，为基层群众办实事。一是联合省卫生厅、省人民医院等单位，组织专家教授开展了送医送药下乡活动，深受潜江市群众欢迎；二是向省委、省政府写出专题报告，呼吁帮助恩施州 178 所中小学解决饮水难问题，引起省领导重视。三、由蒙美路副主席带队，对河南、青海两省文化产业发展情况进行了考察，提出了进一步促进湖北文化产业发展的意见和建议。

社会和法制委员会 主要工作：共组织专题调研和视察活动 8 次，召开专题研讨会 2 次，提交调研、视察和考察报告 10 份。一、围绕中心，突出重点，为推进依法治省建言献策。根据常委会议议题，就社会各界比较关注的农村法制建设、失地农民合法权益保护、农民工合法权益保护和法院“执行难”等问题进行了调研和视察，形成了《切实加强农村法制建设，为县域经济发展打好基础》、《关于失地农民合法权益保护的几点建议》、《切实保护农民工合法权益，为民营经济发展提供不竭的劳力资源》的调研报告和《关于法院执行工作的视察报告》。二、以重点课题为纽带，形成“协同调研、集中研讨”工作机制。一是与市县政协联合调研，召开了“失地农民合法权益保护专题研讨会”；二是与省有关职能部门联合调研，形成《关于加强未成年人法律保护的建议》，在全国政协社会和法制委员会在昆明举办的专题研讨会上作大会发言；三是与大专院校、科研院所联合调研，召开了“收入分配制度改革专题座谈会”，形成《当前收入分配领域存在的主要问题及对策建议》，提交全国政协社会和法制委员会专题研讨会。三、注重调研成果转化。在对我省农村五保“福星工程”实施情况进行视察的基础上，形成《关于农村五保“福星工程”的视察报告》，省长罗清泉、副省长蒋大国作了重要批示。在《人民政协报》发表《农村“福星工程”要处理好四个关系》，该文荣获“全国理论创新优秀学术成果”二等奖和“树立科学发展观与人才管理理论研讨会”优秀论文一等奖。在《湖北日报》发表《就业再就业面面观》、《撑起失地农民权益保护伞》、《关注“问题少年”》、《农民工权益保护探源》等专栏文章，扩大了政协的社会影响。

民族和宗教委员会 主要工作：一、把促进民族地区社会经济全面发展作为参政议政的重中之重。一是对“一州两县”（恩施州、五峰县、长阳县）落实民族地区扶持政策的情况进行了调查；二是对民族地区科技、人才工作和农村基础教育问题进行了专题调研，形成了《推动科技进步发挥人才作用促进民族地区县域经济发展》和《关于山区基础教育的调查与思考》两篇调查报告，在省政协九届第九次常委会议上作了大会发言，前者全文发表在《人民政协报》，后者被省政协办公厅以函件反映给省教育厅后引起高度重视，省教育厅决定从2005年起三年内贴息拨付恩施州7000万元国家“两基”攻坚和寄宿制学校危房改造资金、3700万元教育信息化建设资金；三是对恩施州农业增效、农民增收和农民专业合作组织发展情况进行了调查，形成《关于恩施州农业增效、农民增收情况的调查报告》和《大力发展农民专业合作社促进农业增效、农民增收》的调查报告，在省政协九届第十次常委会议上作了专题发言，省委副书记邓道坤对前者作了重要批示，后者被省委办公厅《决策参考》全文转载；四是经过调查研究，撰写了三篇论文提交全国政协民族和宗教委员会在重庆召开的“武陵山民族地区经济社会发展”座谈会；五是对恩施州民营经济发展情况进行了调查，形成《湖北省民族地区民营经济发展问题调查报告》，在省政协九届第十一次常委会议上作了发言。二、引导宗教与社会主义社会相适应，鼓励支持宗教界为经济社会发展做贡献。一是启动了由省佛教协会副会长、五祖寺方丈见忍法师主持的慈缘志业湖北办公室组织实施、委员会支持的“科技与信息扶贫工程”乡镇网站建设，已开通乡镇网站148个，对加快全省乡镇信息系统建设、构筑农村基层信息网络平台、促进城乡经济社会协调发展起到积极作用；二是支持省基督教爱国会和省道教协会通过捐资助学修路、扶贫济困、为蕲春县药业基地引进资金等多种形式，为湖北经济社会发展做贡献；三是就当阳玉泉寺等重点宗教活动场所管理情况进行了调研。

文史资料委员会 主要工作：一、召开了全省政协文史资料工作会议。二、努力做好文史资料的征集出版工作，共征集史料100多万字，出版《湖北文史》两辑35万字。全国政协文史资料委员会委托湖北省政协牵头的《五七干校》、《长江治理》两本图书史料的征集工作完成过半。三、根据省政协办公厅统一安排，委员会办公室承担的《湖北政协志》编撰工作正式启动。四、协助湖北省政协文史研究会进行了换届。五、对黄石、宜昌等地政协文史资料工作为发展县域经济服务的情况进行了调查；对武汉、黄冈等地名人故居保护与利用情况进行了视察，提出了意见和建议。

港澳台侨和外事委员会 主要工作：一、根据省委要求，参与了集中排查外商在鄂投资积案工作，积极与有关方面联系协调，协助一些外商投资企业解决了多年未解的积案，为改善湖北投资环境做出贡献。二、开展专题调研，积极建言献策。一是根据常委会工作安排，对武汉、襄樊、荆州等地外商（重点是港澳台商）投资企业进行了调研，形成了《关于改善我省投资环境的调研报告》和《关于建立权威机构完善投诉机制的建议》两份调研报告，在省政协九届第九次常委会议上作专题发言，受到省委书记俞正声的肯定；二是对鄂州、咸宁等地民营经济融资环境问题进行了调查，形成《关于我省民营经济融资环境的调研报告》，在省政协九届第十一次常委会议上作专题发言。三、加强联谊，广交朋友，为湖北招商引资、促进经济发展服务。一是通过组织省政协办公厅代表团访问港澳，组织湖北省优秀教师及医卫工作者访问澳门，组织港澳委员来鄂考察，接待香港工商界考察团、全国政协组织的香港知名企业家投资考察团来鄂考察等活动，加强了同港澳委员和港澳同胞的联系，达到了加深感情、宣传湖北、促进合作的目的；二是通过接待境外客人，帮助其洽谈合作事宜，加强与海外华人华侨的联系，如王生铁主席会见了欧洲华侨华人社团联合会执行主席蒋平一行、马来西亚著名华人领袖李三春一行，丁凤英副主席会见了西班牙瑞迪集团董事长何光瑨女士一行、韩国中华总商会会长袁栋国一行等；三是承担了主席、副主席出访任务的联络服务工作。

【重要活动】

积极开展人民政协对外交流活动 2004年元月份王生铁主席率湖北省经济友好代表团访问马来西亚、印度尼西亚，四月份王少阶副主席率湖北省文化代表团访问埃及、南非，八月份丁凤英副主席率湖北省政协友好代表团访问英国、西班牙，九月份张荣国副主席率湖北省海外交流代表团访问泰国、缅甸，十月份王生铁主席率湖北经济代表团访问澳大利亚、新西兰，十一月份翁行德副主席率湖北省经济代表团访问俄罗斯、土库曼斯坦，十二月份蒙美路副主席率湖北省友好代表团访问日本、韩国，胡永继副主席湖北省经济代表团访问约旦、阿联酋、法国。这些访问对促进有关国家了解湖北、了解中国，对促进湖北对外开放、招商引资起到了积极的推动作用。

省政协领导专题研究专门委员会工作 2004年2月16日至23日，省政协主席王生铁，副主席丁凤英、蒙美路集中时间和精力，到八个专门委员会进行调研，听取专委会工作情况汇报，与专委会主任、副主任和办公室工作人员共同研究如何更好地发挥专委会的基础作用等问题。分管专委会工作的副主席王少阶、蔡述明、翁行德、胡永继，秘书长陈春林，联系专委会工作的副秘书长参加了座谈。王生铁主席就如何开展好专委会工作讲了重要意见。

《宪法》与《政协章程》学习报告会 2004年3月31日在武昌举行。武汉大学法学院宪法学专家周叶中教授主讲了《宪法》的基本理论、基本制度、我国宪法的历史发展、基本特征和宪法修改的指导思想、原则、重点及具体内容。全国政协办公厅四局局长原冬平就《政协章程》修改的有关内容和对政协工作的推动作用作了讲述。在鄂全国政协委员、省政协常委、在汉省政协委员和省政协机关全体干部职工及省各民主党派机关干部参加了学习报告会。省政协主席王生铁、副主席丁凤英分别主持报告会并作重要讲话。

全省市州县(市区)政协主席及理论骨干培训班 2004年5月31日至6月2日在省委党校召开。全国政协副秘书长李昌鉴，武汉大学法学教授秦前红，省委党校副校长顾杰，省政协提案委员会主任张玉权，省政协办公厅巡视员毛家书等分别就深刻领会“三个代表”重要思想，深入贯彻中共十六大和十六届三中全会精神、树立和落实科学发展观，党的统一战线理论和人民政协的性质、地位、作用，《宪法》理论与《宪法》修改，如何开展政协的调查研究等问题进行了辅导讲座。王生铁主席在毕业典礼上作了重要讲话。丁凤英、蒙美路副主席，陈春林秘书长出席了开学仪式和毕业典礼。

华东中南地区政协第九次学习宣传工作研讨会 2004年6月14日在武汉召开。13省市政协在会上交流了政协学习宣传工作经验。湖北省政协提出加强学习、建设学习型政协，并建立了一系列学习制度，定期举办专题报告会，分期分批举办新委员培训班、政协主席和理论骨干培训班等，进一步提高了政协委员参政议政的能力。开展了“参政议政楚天行”新闻采访活动，开辟了“提案追踪”专题电视栏目，定期评选政协好新闻等，扩大了政协的社会影响。这些做法和经验得到与会者的赞同。省政协副主席蒙美路、秘书长陈春林出席了会议。

全省政协文史资料工作会议 2004年6月29日在武汉召开。会议传达了全国暨地方政协文史资料委员会主任会议精神，总结部署了全省政协文史资料工作，研讨了新时期政协文史资料工作的新思路。会议对刘思华等70名政协文史资料先进工作者给予了表彰。蒙美路副主席在会上作了重要讲话。陈春林秘书长出席了会议。

学习《政协章程》和任长霞先进事迹交流会 2004年8月16日在武汉召开。省政协机关全体干部职工、部分专委会组成人员和离退休老同志参加了会议。11位同志畅谈了学习新修订的《政协章程》和任长霞先进事迹的体会。王生铁主席在会议结束时发表重要讲话。副主席丁凤英、蒙美路、胡永继，秘书长陈春林出席了会议。

全省市州政协主席座谈会 2004年8月27日至30日在神农架林区召开。来自全省17个市、州、省直管市和神农架林区的政协主席出席了会议，并在会上交流了各地学习贯彻新修订的《政协章程》精神、努力做好政协工作的经验和体会。王生铁主席在会上作了重要讲话。副主席蒙美路、张荣国、胡永继、郭生练、周宜开，秘书长陈春林出席了会议。

全国政协副主席王忠禹在湖北调研 2004年9月6日至12日，全国政协副主席王忠禹到湖北出席“国际人口与发展论坛”期间，在省政协主席王生铁等陪同下，到武汉、荆州、宜昌、十堰、襄樊、神农架林区等地进行了调研。调研期间，王忠禹就政协工作与部分市、县(区)政协主要负责同志进行了座谈，对湖北各级政协围绕中心、服务大局、履行职能的工作给予了充分肯定，并强调指出，各级政协和广大政协委员要充分发挥人民政协的优势，围绕发展第一要务，积极参政议政、建言献策，为加快湖北发展、推进“三个文明”建设做出应有的贡献。

庆祝人民政协成立55周年座谈会 2004年9月21日在武汉召开。在汉全国政协委员和省政协委员，省各民主党派和工商联负责人，省政协专委会负责人和省政协机关全体干部，在集中收看庆祝中国人民政治协商会议成立55周年大会电视直播后进行了座谈。大家一致表示，要以中共十六届四中全会精神为指导，认真贯彻落实胡锦涛总书记的重要讲话精神，充分认识新世纪新阶段人民政协的重要地位和作用，进一步增强责任感和使命感，将人民政协事业不断推向前进。王生铁主席作了重要讲话，蒙美路副主席主持会议并讲话，副主席蔡述明、胡永继，秘书长陈春林出席会议。

长江流域十三省市政协“长江流域水环境保护第五次研讨会” 2004年10月11日在武汉召开。这次研讨会的主要议题是为实现长江流域全面、协调、可持续发展，为国家“十一五”规划相关内容的编制建言献策。会议建议设立长江流域管理委员会，完善流域水资源与水环境保护管理体制；制定《长江流域水资源与水环境保护条例》，完善流域法规体系；创建"长江流域环境与发展论坛"，吸引更多的国内外资金投向长江流域的自然保护与发展。省政协主席王生铁到会致辞。全国政协人口资源环境委员会副主任张人为出席会议并讲话。副省长阮成发介绍了湖北省经济社会发展和水体保护等情况。省政协副主席蔡述明主持会议。国家水利部、国土资源部、农业部、国家环保总局、林业局、长江水利委员会、世界自然基金会有关部门负责人，长江流域13省市政协负责人，湖北省政协秘书长陈春林出席了会议。

人民政协与加强党的执政能力建设理论研讨会 2004年10月27日，湖北省人民政协理论研究会围绕"认真学习贯彻中共十六届四中全会精神和胡锦涛总书记在庆祝人民政协成立55周年大会上的讲话精神，全面推进政协工作"的主题，召开了研讨会，政协各参加单位、大专院校和科研机构的专家学者20多人出席了研讨会。

王生铁主席走访民主党派 王生铁主席于2004年11月至12月分别到省民革、省民盟、省民进、省农工、省九三学社机关，了解民主党派工作情况和存在的困难，学习民主党派工作经验，并看望了民主党派机关干部职工。通过走访，进一步加强了省政协与民主党派的联系，鼓舞了民主党派参政议政的热情。

全国政协主席贾庆林视察省政协机关 2004年11月15日至20日，中共中央政治局常委、全国政协主席贾庆林在中共湖北省委书记俞正声、省长罗清泉、省政协主席王生铁的陪同下，先后视察了神农架林区、宜昌市和武汉市。省政协向贾庆林主席汇报了换届以来的主要工作情况。19日下午，贾庆林主席视察了省政协机关，会见了省政协、省委统战部、省各民主党派、工商联负责人和省政协机关全体干部职工，与大家合影留念并发表重要讲话。贾庆林主席在肯定了湖北政协和统战工作后强调指出，构建社会主义和谐社会是我们党从全面建设小康社会全局出发确定的一项重大战略任务，在构建社会主义和谐社会的伟大进程中，统一战线和人民政协肩负着义不容辞的责任，各级政协组织和统战部门要把和谐社会建设摆在重要位置，扎扎实实地履行职能、开展工作，为构建社会主义和谐社会服务。省政协副主席蒙美路、王少阶、蔡述明、郑楚光、张荣国、翁行德、胡永继、郭生练、周宜开，秘书长陈春林参加了会见。

中共党员政协常委读书班 2004年11月23日在武汉举办。参加读书班的常委认真学习了《中共中央关于加强党的执政能力建设的决定》和胡锦涛总书记在庆祝中国人民政治协商会议成立55周年大会上的讲话精神，学习了中共中央政治局常委、全国政协主席贾庆林在接见湖北省政协、省委统战部和各民主党派、工商联负责人及省政协机关干部时的讲话精神和中共湖北省委八届七次全会精神，交流了学习体会，围绕如何进一步发挥党员先锋模范作用、更好地履行委员职责展开了热烈讨论。王生铁主席在读书班上作了重要讲话，蒙美路副主席作了总结讲话，副主席翁行德、胡永继出席读书班。

全省政协提案工作座谈会 2004年11月25日在黄石市召开。会议传达学习了全国政协第五次提案工作座谈会精神，总结交流了全省各级政协近年来提案工作的经验，研讨了当前和今后一个时期的政协提案工作。王生铁主席出席会议并作重要讲话。郑楚光副主席主持会议。翁行德副主席作了《坚持求实创新，提高整体质量，推动政协提案工作不断发展》的主题报告。

湖北省各界人士迎新茶话会 2004年12月30日下午在省政协举行。湖北省各族各界人士300余人出席茶话会。茶话会由省政协主席王生铁主持。中共中央政治局委员、中共湖北省委书记俞正声在会上致辞。俞正声指出，过去的一年，是我省各项事业在新世纪新阶段取得全面发展的重要一年，湖北的发展和进步，是全省人民团结奋斗、开拓进取的结果，也凝聚着全省各级政协组织、广大政协委员、各民主党派、工商联、无党派人士、各人民团体和各族各界人士的心血和智慧。俞正声强调，在新的一年里，我们要把"三个代表"重要思想学习活动不断引向深入，广泛开展保持共产党员先进性教育活动；要进一步贯彻落实科学发展观，以科学发展观统领经济社会工作全局，加快湖北发展；要坚持以人为本，把维护和发展人民群众的根本利益作为经济工作的出发点和落脚点；要坚持不懈地开展党风廉政建设和反腐败斗争，坚持立党为公、执政为民，努力构建和谐湖北。俞正声希望全省各级政协组织和广大政协委员，继续发扬优良传统，切实履行职能，团结一切可以团结的力量，调动一切积极因素，为湖北的经济发展和社会进步献计出力。省民盟主委郭生练代表各民主党派、工商联和无党派人士，省妇联主席张岱梨代表各人民团体在大会上发言。

采取多种措施加强机关建设 一是加强了思想作风建设。省政协办公厅分期分批对机关工作人员进行了培训，集中学习了新修改的《宪法》和《政协章程》、胡锦涛总书记在庆祝人民政协成立55周年大会上的讲话和中共十六届四中全会精神，积极开展向任长霞、周国知等先进典型的学习活动，机关作风不断改进，为委员、为基层政协服务的意识不断增强，服务质量不断提高。二是加强了组织建设。根据工作需要，理顺了工作机制，按照省委安排，交流了干部，充实了秘书长班子，切实加强了对机关工作的领导。省政协机关党委进行了换届，选举产生了中共湖北省政协机关第四届委员会和第一届纪律检查委员会。三是加强了制度建设，推动了政协工作规范化、制度化和程序化进程。四是加强了基础设施建设。省政协网站开通；省政协委员活动中心动工兴建。五是加强了政协理论研究。省政协办公厅成立了政协理论研究组，就政协理论研究工作进行了部署并取得了一批理论研究成果。2004年度省政协办公厅被评为全省档案工作先进集体、省直支持农村小康建设先进单位、武昌区文明单位。

【重要文件】

政协湖北省第九届委员会常务委员会工作报告（2004年2月2日）（摘要） 一、2003年工作情况。2003年是九届省政协的开局之年。省政协常务委员会牢牢把握团结和民主两大主题，紧紧围绕发展第一要务，组织委员认真履行政治协商、民主监督、参政议政职能，在历届政协工作的基础上，经过广大委员的共同努力，各项工作呈现出良好开端。1. 加强思想作风建设，委员们的责任感和使命感进一步增强。本届政协把加强思想作风建设作为工作起步的关键环节，用了近半年时间，狠抓了思想作风建设。先后召开了一次常委会议，五次主席会议，两次各民主党派和工商联负责人会议，三次专门委员会主任会议，一次全省市州政协主席座谈会，举办了一期新委员培训班，就如何加强思想作风建设、发挥政协作用问题进行了深入研讨，达成了共识，增进了共同政治基础上的团结与合作。2. 围绕中心，服务大局，参政议政取得了良好成效。省委、省政府作出了大力发展县域经济的决策，省政协常委会在认真分析我省经济发展现状的基础上，决定将"落实省委决策，拓展县域经济"作为本届政协参政议政的重点，一抓五年不放松，每年有侧重点，认真调研，深入分析，提出对策，供省委决策参考。2003年上半年，主席、多位副主席亲自带队，组织各专委会，会同有关部门，就“落实省委决策，拓展县域经济”问题，深入到8个市州、18个县市的企业和乡村进行调研。同时，委托全省12个地级市、64个县、市政协同时开展调研，发出并收回了700多份调查问卷。这次大规模的调研，形成了1份总体报告、1份问卷分析报告和8份专题报告。在第三次常委会议协商讨论的基础上，主席会议向省委、省政府提出了《关于落实省委决策，拓展县域经济若干问题的建议案》，省委、省政府高度重视。中共中央政治局委员、省委书记俞正声作了重要批示，省委办公厅和省政府办公厅以文件形式将《建议案》转发各地参考。下半年，围绕科教兴鄂战略，就加快运用信息技术改造传统产业、开发利用“两江(汉江、清江)”资源以及“两江”生态环境保护等议题进行了调研，经第四次常委会议协商讨论，提出了20多条意见和建议供省委、省政府参考；各专门委员会也围绕我省经济和社会发展中的重要问题，开展了深入细致的专题调研活动，形成了30多篇调研报告，《人民政协报》、《湖北日报》、新华社《内部参考》、省委《决策参考》、《长江日报·内参》等多次刊登省政协调查报告，对促进科学决策、民主决策起到了积极作用，较好地发挥了专委会在政协工作中的基础作用；积极参加了防治非典斗争，为阶段性战胜非典献计出力。按照省委统一部署，主席、副主席分赴“抗非”第一线，深入基层检查工作情况，慰问第一线的医护人员。委员们就药品生产供应、药品价格管理、宠物管理、网吧管理、公共卫生安全等方面，积极主动地提出5件提案，有效地配合了抗击非典工作。3. 加大提案督办力度，反映社情民意工作有了新进展。截至2003年底，共收到提案633件，经审查立案589件，已全部办复。意见采纳率为93%。坚持主席督办重点提案制度，2003年由主席督办了7件重点提案，都取得了明显成效。与湖北电视经济频道联合举办的《提案追踪》专栏节目，2003年共播出52期，扩大了提案的社会影响；充分发挥委员贴近群众、联系广泛的优势，积极拓展信息网络，做好信访工作，提高信息质量。截至2003年底，共编发《各界反映》168期，许多信息击中时弊，言之有理，得到省委、省政府的肯定，被全国政协评为信息工作先进单位。4. 加强团结，发扬民主，人民政协的凝聚力得到进一步增强。一是建立了主席、副主席分工联系党派、工商联制度，主席会议成员分别走访了各民主党派、工商联机关，了解他们的工作、生活情况，帮助反映其困难和要求。二是先后三次召开民主党派、工商联负责人座谈会，听取意见和建议，为民主党派、工商联和无党派人士在政协工作中充分发挥作用创造条件。三是重视发挥党外人士在政协工作中的作用。主席会议成员在政治上相互信任，工作上分工负责，密切配合，互相支持。四是积极主动向省委推荐党外人士到政协任职。五是加强同委员的联系。发扬民主，在政协的各种会议上，坚持民主协商、平等议事，鼓励讲真话、报实情，努力做到知无不言，言无不尽。许多委员赞扬政协气氛融洽，可以直抒胸臆，是真心实意发扬民主的场所。5. 加强自身建设，推进了政协工作的规范化、制度化和程序化。换届之后，我们及时完成了八个专门委员会的组建工作，明确了各专委会的分管副主席、联系专委会的副秘书长，使专委会的工作很快有组织、有计划地开展起来。为推动省政协工作的规范化、制度化和程序化，经主席会议、常委会议认真协商审议，修订和制定了12项规章制度，其中修订完善了《常务委员会工作规则》、《主席会议工作规则》、《专门委员会组织通则》、《秘书长、副秘书长工作规则》、《提案工作条例》、《关于委员视察工作的暂行规定》和《驻武汉市外省政协委员活动召集人的决定》等;新制定了《关于进一步发挥委员作用的意见》、《关于进一步发挥各民主党派、工商联和无党派人士作用的意见》、《关于进一步发挥界别作用的意见》、《关于常委、委员参加会议的有关规定》、《驻武汉市外省政协委员视察工作组织细则》等规章制度,从而保证了省政协的各项工作都能有章可循、有条不紊地进行。根据全国政协的文件通知精神,积极参加了《政协章程》的修改工作。机关建设进一步加强,完成了机构改革的后续工作,干部职工及时到职到岗,经过竞岗、轮岗,机关干部职工的精神面貌、工作作风有明显改进,为委员服务的质量和水平有明显提高。加强了人民政协理论研究和宣传工作。6. 加强联系与指导,推动全省政协工作共同发展。二、2004 年工作。1. 加强学习,不断提高政策理论水平和参政议政能力。2. 围绕经济发展和社会全面进步,积极建言献策。3. 突出团结、民主两大主题,为营造经济社会发展的良好环境服务。4. 加大民主监督力度,为建设政治文明献计出力。5. 进一步加强自身建设,全面推进政协工作上新台阶。

中共湖北省委书记俞正声在省政协九届二次会议开幕式上的致辞(2004 年 2 月 2 日)(摘要) 一年来,全省各级政协组织和广大政协委员高举爱国主义和社会主义两面旗帜,紧扣中心、服务大局,积极建言立论、议政献策,为促进我省物质文明、政治文明和精神文明建设,做出了重要贡献,发挥了其他组织不可替代的作用。在新的一年里,希望全省各级政协组织和广大政协委员,进一步增强使命感和责任感,牢牢把握团结和民主两大主题,再接再厉,扎实工作,为湖北的改革、发展和稳定再立新功!要坚持把促进发展作为履行职能的首要任务;要创新民主监督方式,促进决策的科学化和民主化;要充分发挥人才荟萃、智力密集、联系广泛的优势,积极开展对外交往;要进一步密切同各界群众的联系,畅通下情上达的渠道,协助各级党委和政府维护好人民群众的根本利益;要积极做好沟通思想、增进共识、协调关系、化解矛盾、凝聚人心、团结鼓劲的工作,巩固和发展我省安定团结的社会政治局面。各级党委要从战略和全局的高度,充分认识人民政协的重要地位和作用,切实加强和改善对政协工作的领导。要更加主动地同政协多协商、多沟通、多交流,切实做到平等相处、相互尊重、广开言路,认真听取各界人士的意见,真心实意接受政协的民主监督,切实改进工作。要支持和保证人民政协充分履行职能,各级政府及有关部门对政协组织和政协委员提出的提案、意见和建议,要积极负责地办理,及时作出答复,主动抓好落实,努力采纳他们的调研成果,尊重他们的劳动创造。要保障各民主党派依照宪法和政协章程享有的民主权利,尊重和支持担任领导职务的党外人士,使他们有职、有责、有权,更好地发挥专长,开展工作。要及时帮助解决政协工作中遇到的实际困难和问题,为政协更好地开展工作创造宽松的氛围和良好的条件。

王生铁主席在省政协九届二次会议闭幕会上的讲话(2004 年 2 月 7 日)(摘要) 一、实践"三个代表",履行政协职能。政协委员满怀报国之志和兴国之才,应不负人民重托、不辱历史使命,以满腔热忱谋发展之策,建发展之言,献发展之计,尽发展之力。我们必须以"三个代表"重要思想总揽政协工作全局,努力做好以下工作:一是加强学习。二是提高履行职能的水平。三是突出发展这一中心。四是充分发扬民主。五是不断增进团结。六是为招商引资牵线搭桥。七是推进社会主义政治文明建设。

八是提高提案工作水平。九是积极反映社情民意。十是扩大联谊交往。二、增强群众观念，参政议政为民。把维护广大人民群众的根本利益作为政协履行职能的出发点和归宿是人民政协的本质要求。政协委员来自不同的党派、团体、界别和阶层，观察问题、分析问题有不同的视角、不同的侧重点，但都是团结在爱国主义、社会主义的旗帜下，都是为了维护和实现最广大人民群众的根本利益。新形势下人民政协为人民谋利益，就是要弘扬团结、民主精神，把不同党派、不同阶层、不同民族、不同信仰的人团结起来，为改革开放和全面建设小康社会贡献力量；就是要充分利用人民政协这一独特的民主形式，广开言路，广纳善言，营造知无不言、言无不尽、融洽和谐、生动活泼的氛围，积极推进社会主义政治文明建设；就是要充分发挥人民政协的广泛代表性和界别优势，加强同社会各界的联系，畅通反映社情民意的渠道，如实反映不同群体的愿望和要求。三、改进思想作风，坚持求真务实。我们要大力倡导政协委员树立四种精神：一是全心全意为人民服务的奉献精神；二是与时俱进、开拓创新的精神；三是互相尊重、坦诚相待、平等议事、团结协作的精神；四是艰苦创业的精神，共同致力于中华民族的伟大复兴。在作风建设上，一要发扬理论联系实际的作风，二要发扬密切联系群众的作风，三要发扬求真务实的作风，四要发扬雷厉风行的作风。

湖北省人民政府关于进一步加强与省人大省政协工作联系的若干规定(鄂政发[2004]10号)(2004年3月1日)(内容略)

关于认真学习贯彻全国“两会”精神的通知(2004年3月25日丁凤英副主席签发)(内容略)

关于认真学习贯彻《中华人民共和国宪法》和《中国人民政治协商会议章程》的通知(2004年3月29日蒙美路副主席签发)(内容略)

关于保障非中共代表人士参政议政时间工作条件及待遇的通知(鄂办发[2004]32号)(2004年4月25日)(内容略)

关于以科学发展观为指导 依靠科技进步促进县域经济发展的建议案(2004年7月14日政协湖北省第九届委员会第20次主席会议通过)(内容略)

关于认真学习贯彻中共十六届四中全会精神的通知(2004年9月30日蒙美路副主席签发)(内容略)

关于学习贯彻胡锦涛同志在庆祝中国人民政治协商会议成立55周年大会上讲话精神的通知(2004年9月30日蒙美路副主席签发)(内容略)

【组织概况】

湖北省政协机构设置 政协湖北省第九届委员会设8个专门委员会即提案委员会、经济委员会、人口资源环境委员会、教科文卫体委员会、社会和法制委员会、民族和宗教委员会、文史资料委员会、港澳台侨和外事委员会，其办事机构为政协湖北省委员会办公厅。办公厅内设1个副厅级机构、15个处级机构，即研究室(副厅级，下辖3个处：综合处、宣传处、信息处)、秘书处、人事处(与中共政协湖北省委员会办公厅机关党委合署办公)、行政处、联络处和8个专门委员会办公室。办公厅另设离退休干部处。

【湖北省各级政协领导人名单】

湖北省

政协主席

王生铁

副主席

丁凤英(女) 蒙美路(女)

王少阶 蔡述明 郑楚光

张荣国 翁行德 胡永继

郭生练 周宜开

秘书长

陈春林

武汉市(副省级)

市政协主席

刘善壁

副主席

刘彩木　李昌禄　龚非力

梁守恕　贾震涛　杨付华(女)

肖志钢　陈振中　杨云彦

秘书长

周启新

区县政协主席

江岸区　段　静(女)

江汉区　张　骏

硚口区　宋环芝(女)

汉阳区　王　红(女)

武昌区　汪国辉

青山区　张三提

洪山区　纪大成

蔡甸区　秦新民

江夏区　涂才凤

东西湖区　余启田

汉南区　曾桂生

黄陂区　李志堂

新洲区　罗咏南

黄石市

市政协主席　郭远东

县(市、区)政协主席

黄石港区　范国强

西塞山区　陈声信

下陆区　喻昌义

铁山区　史宾胜

大冶市　郭衍炳

阳新县　王义杰

十堰市

市政协主席　孔庆藻

县(市、区)政协主席

张湾区　王建明

茅箭区　黄小平

郧　县　孔凡洲

郧西县　李明顺

竹溪县　李海祥

竹山县　刘声齐

房　县　张歌莺

丹江口市　武发胜

荆州市

市政协主席　卢孝云

县(市、区)政协主席

荆州区　陈天新

沙市区　杨龙璇

石首市　刘益俊

洪湖市　刘时耕

江陵县　罗运贵

松滋市　肖夕映

公安县　李大军

监利县　邓南阔

宜昌市

市政协主席　李　泉

县(市、区)政协主席

西陵区　李建民

点军区　黄正才

伍家岗区　冉隆群(女)

猇亭区　庞世益

夷陵区　袁启勋

当阳市　熊和平

枝江市　谭克焕

宜都市　李家华

远安县　余宗银

兴山县　舒化彦

秭归县　周功彪

长阳自治县　李世金

五峰自治县　李延恕

襄樊市

市政协主席　姚祥栋

县(市、区)政协主席
襄城区 徐正柱
樊城区 郦旭生
襄阳区 任光智
枣阳市 杜国保
宜城市 石昌国
老河口市 吴秀华(女)
南漳县 严高喜
谷城县 卢荣轩
保康县 赵厚文

荆门市
市政协主席 何木生
县(市、区)政协主席
东宝区 陶子龙
掇刀区 陈 革
钟祥市 李友生
京山县 田文彪
沙洋县 张尚贵

孝感市
市政协主席 张文启
县(市、区)政协主席
孝南区 丁孝国
汉川市 高本祥
应城市 舒企春
安陆市 阎春文
云梦县 聂治洲
大悟县 谈荣耕
孝昌县 李传友

黄冈市
市政协主席 胡荃蓉(女)
县(市、区)政协主席
黄州区 杜东华
麻城市 杨恩金
武穴市 李至平
团风县 肖伯勋
红安县 梅祖怀
罗田县 方锋刚
英山县 夏云峰
浠水县 陈志远
蕲春县 陈文耀
黄梅县 袁六盛

鄂州市
市政协主席 周旺生
各区政协主席
鄂城区 吴竹林
华容区 胡 澜
梁子湖区 熊新文

咸宁市
市政协主席 饶 鹏
县(市、区)政协主席
咸安区 李国文
赤壁市 魏善祥
嘉鱼县 杨绍峰
通城县 庞熙明
崇阳县 金耀华
通山县 陈敬初(女)

恩施自治州
州政协主席 李正双(土家族)
县(市、区)政协主席
恩施市 刘宗烈(土家族)
利川市 覃太智(土家族)
建始县 严奉轩(土家族)
巴东县 林廷芳
咸丰县 舒代伦(土家族)
宣恩县 曾宪凡(土家族)
来凤县 郑之宁
鹤峰县 傅卫民(土家族)

随州市
市政协主席 徐晓伟
县(市、区)政协主席
曾都区 邹少平

广水市 陈国均

仙桃市(省直管市,副地级)

市政协主席 姚海波

天门市(省直管市,副地级)

市政协主席 江德寿

潜江市(省直管市,副地级)

市政协主席 刘祖寿

神农架林区(省直管林区,副地级)

区政协主席 张元启

湖北省各级政协组织和委员数

(截至2004年底)

级别/项目	省级	副省级	市级(含自治州、省直管市、林区)	县(市、区)级	合计
组织数	1	1	16	98	116
委员数	640	585	5038	19910	26173

(杨延昭 编写 陈春林 审稿)

政 协 湖 南 省 委 员 会

文选德　副主席

【全体委员会议】

九届二次会议　2004年1月8日至13日在长沙举行。会议应到委员732人，实到694人。会议听取并审议了胡彪主席代表常委会所作的《政协湖南省第九届委员会常务委员会工作报告》，王汀明副主席所作的《政协湖南省第九届委员会常务委员会关于政协九届一次会议以来提案工作情况的报告》。与会委员列席了湖南省第十届人民代表大会第二次会议，听取并协商讨论了周伯华代省长所作的政府工作报告和其他报告。

原全国政协副主席毛致用出席了会议。中共湖南省委书记、省人大常委会主任杨正午等党政领导以及省直有关部门负责人到会听取了委员们的意见和建议。会议通过了《中国人民政治协商会议湖南省第九届委员会第二次会议政治决议》、《中国人民政治协商会议湖南省第九届委员会第二次会议关于政协湖南省第九届委员会常务委员会工作报告的决议》、《中国人民政治协商会议湖南省第九届委员会第二次会议关于九届一次会议以来提案工作情况报告的决议》和《政协湖南省第九届委员会第二次会议关于提案审查情况的报告》。会议增选文选德为省政协副主席，增选陈振华、赖明勇为省政协常委。

【常务委员会会议】

第5次会议　2004年1月12日至13日在长沙举行。会议应到常委133人，实到130人。会上，中共湖南省委副书记戚和平作了《关于补选湖南省人民政府省长候选人建议名单和省政协有关人事安排的说明》。会议通过了政协湖南省第九届委员会关于人事任免的表决办法(草案)；通过了政协湖南省第九届委员会第二次会议总监票人、监票人名单(草案)；协商通过了人事任免事项，任命王超祥为办公厅副主任；听取了各组召集人关于各组对政府工作报告和其他报告协商讨论情况的综合汇报。会议通过了《政协湖南省第九届委员会关于常务委员会工作报告的决议》(草案)，通过了《政协湖南省第九届委员会第二次会议关于政协九届一次会议以来提案工作情况报告的决议》(草案)，通过了《政协湖南省第九届委员会第二次会议政治决议》(草案)。中共湖南省委常委、省委统战部部长石玉珍，副省长杨泰波、徐宪平和省直有关部门负责人到会听取意见。

第6次会议　2004年3月17日在长沙举行。会议应到常委133人，实到101人。17日上午，与会常委列席了中共湖南省委召开的“两会”精神传达贯彻大会。下午，李贻衡副主席向常委们介绍了全国“两会”的基本情况，并传达了全国人民代表大会常务委员会副委员长王兆国所作的《关于〈中华人民共和国宪法修正案(草案)〉的说明》和政协全国委员会秘书长郑万通所作的《关于中国人民政治协商会议章程修正案(草案)的说明》两个重要文件。胡彪主席在会上作了讲话，提出要认真学习宪法，维护宪法的权威；认真学习修改后的政协章程，进一步增强履行职能的自觉性；认真学习贯彻落实“两会”精神，促进政协工作的顺利开展。

第7次会议 2004年6月28日至30日在长沙举行。会议应到常委133人，实到96人。会议期间，李刚铤等13位常委分别代表省政协办公厅、省政协专门委员会和各民主党派、省工商联作了大会发言，交流学习《宪法》和《政协章程》的心得体会。会议审议并通过了《关于加速湖南省县域经济发展向中共湖南省委、省人民政府的建议案》。中共湖南省委副书记谢康生、副省长杨泰波以及省直各有关部门负责人应邀出席会议，听取常委们的意见和建议。谢康生、杨泰波对调研成果给予了肯定。胡彪主席在会上作了讲话，提出要进一步把学习贯彻宪法和政协章程的活动引向深入；要进一步为促进湖南省县域经济的发展、加快推进“三化”进程献计出力；要积极为中共湖南省委开好全省政协工作会议做好各项筹备工作。

第8次会议 2004年9月28日至29日在长沙举行。会议应到常委133人，实到112人。会议传达了中共十六届四中全会精神和胡锦涛总书记在庆祝人民政协成立55周年大会上的讲话精神，常委们分组进行了认真的学习和讨论。会议听取了章锐夫副主席所作的关于食品药品行业民主评议调研工作及报告的说明，10位委员在大会上作了发言，对食品和药品价格问题进行了民主评议。省卫生厅、省工商局、省质监局、省食品药品监督管理局、省物价局等相关职能部门负责人在会上就民主评议中所涉及的食品安全与药品价格问题作了表态。中共湖南省委副书记谢康生，省委常委、省委统战部部长石玉珍，副省长郑茂清和省直有关部门负责人应邀出席会议。10位公民应邀到会旁听，见证了民主评议的整个过程。谢康生、郑茂清在讲话中对这次民主评议的方式与成效给予了肯定。胡彪主席在会上就如何贯彻落实中共十六届四中全会精神作了讲话。

第9次会议 2004年12月28日至29日在长沙举行。会议应到常委133人，实到112人。会议期间，常委们听取了关于落实科学发展观、加快湖南发展的讲座；省政协秘书长李刚铤作了关于政协湖南省第九届委员会常务委员会工作报告(草案)和政协湖南省第九届委员会第三次会议议程(草案)、日程(草案)的说明；中共湖南省委常委、省委统战部部长石玉珍作了关于人事任免事项的说明。会议审议通过了《关于召开政协湖南省第九届委员会第三次会议的决定》；审议通过了政协湖南省第九届委员会第三次会议议程(草案)、日程(草案)；审议通过了《政协湖南省第九届委员会常务委员会关于省政协九届二次会议以来提案工作情况的报告》；协商通过了《政协湖南省第九届委员会第三次会议大会秘书长、副秘书长和各组召集人名单》(草案)；协商通过了有关人事任免事项。胡彪主席在闭幕讲话中提出要深入学习中央和中共湖南省委经济工作会议精神；认真贯彻落实全省人大政协会议精神，不断提高政协工作的水平和实效；继续认真做好省政协九届三次会议的各项准备。

【专门委员会工作】

提案委员会 一是认真办理提案。2004年共收到提案793件，经审查立案775件。为办理好委员提案，5月中旬，会同省人大、省政府办公厅对12个省直承办单位进行了检查评议。7月，在省政协主席和各位副主席的带领下，到承办单位督办重点提案。至11月底，所有提案全部办复完毕，委员满意和基本满意率达93%。一些提案所反映的问题得到了较好的解决，为本省经济社会发展起到了积极的促进作用。二是召开提案办理座谈会。3月，召开了先进承办单位及提案办理任务在30件以上的承办单位负责人座谈会，交流提案办理经验，推动了提案工作的开展。三是举办提案主任培训班。4月，举办了全省市州、县（市、区）政协提案主任培训班，取得了较好的效果。

经济科技委员会　一是组织委员认真学习。一年来，组织委员认真学习了邓小平理论、“三个代表”重要思想、中共十六届四中全会精神，学习《宪法》、《政协章程》，学习有关政策法规和科学知识。通过学习，进一步提高了委员们参政议政、建言献策的水平。二是配合办公厅就民营经济发展、县域经济发展和国土使用、金融融资等问题开展调查研究。并参与了医药食品行业民主评议活动。同时，认真搞好《信息化带动工业化》、《三峡工程对洞庭湖区的影响及其对策研究》等课题的跟踪落实工作，促进调研成果的转化。三是反映社情民意，协助基层解决了一些实际问题。

人口资源环境委员会　是认真开展调查研究工作。3月组织委员赴岳阳、邵阳进行调研，形成了《湖南省出生人口性别比例偏高严重，建议省委、省政府予以特别关注》的调研报告，《决策天地》刊登了该报告。5、6月组织委员和专家到益阳等五市州就农村能源情况进行调研，形成了《关于加强湖南省农村能源建设的几点建议》。委员们提出的意见和建议，得到了中共湖南省委、省政府领导的重视和肯定，并批示有关部门认真研究采纳。二是举办培训班。7月，与省国土资源厅联合举办了全省政协人口资源环境工作培训班，省政协人口资源环境委员会委员、各市州政协分管人口资源环境工作的副主席和人口资源环境委员会主任近60人参加了培训。期间，还召开了全省政协人口资源环境工作会议，交流了工作经验。三是开展视察活动。10月，与省绿化委员会等单位一道，共同开展了“保卫绿色、关注森林”的视察活动，组织委员和省会新闻媒体赴常德、娄底、岳阳三市，围绕“城市绿化与生态城市建设”进行了视察。11月，组织委员赴株洲、岳阳二市进行了矿山地质环境保护视察活动。同时，还积极参加全国政协组织的“长江万里行”等宣传活动。

文教卫体委员会　一是围绕重大问题开展调研。2004年上半年，组织医卫界委员与省卫生厅一道，赴长沙等5个施行新型农村合作医疗试点工作的市县，就湖南省新型农村合作医疗试点情况进行调研，形成了《关于湖南省新型农村合作医疗试点情况的调查报告》。下半年，组织教育界的委员和相关专家，同省教育厅的有关部门一道，就我省县区的中等职业教育存在的问题进行调研，形成了《关于我省县区职业教育存在的问题与建议》的调研报告。此外，还组织委员就人民群众关心的城市医疗服务体系和民办教育发展环境等问题进行调研。二是召开了工作经验交流会。5月，召开了全省政协文教卫体工作经验交流会，总结了近年来全省各级政协的文教卫体工作。三是认真做好接待和联谊工作。2004年，先后接待了来湘考察、调研的全国政协、卫生部“血吸虫病的防治”联合调研组以及山东等省政协考察团和调研组。

法制群团委员会　一是充分发挥委员的提案作用。在运用委员提案、建议，充分发挥政协委员作用方面作了一些工作，其中不少好的提案和建议，如《要进一步加大湖南省道路交通事故多发路段和公路安全隐患路段排查治理工作的力度》的提案，经有关部门的采纳后，产生了较好的社会效果。二是认真开展调研、视察工作。一年来，先后就交通安全和消防安全工作、城市社区治安综合治理情况、未成年人的法律保护情况、临时聘用人员的合同签定情况进行了调研和视察，所提意见和建议均得到有关部门的采纳。此外，接待了全国政协副主席阿不来提·阿不都热西提率领的全国政协社法委"农村进城务工人员权益保护"赴湘考察组一行，对长沙等市的外来务工人员的合同签定、子女教育、医疗卫生、劳动保护等方面情况进行了认真的了解。三是加强民主监督工作。7月，召开了省、市、区政协委员座谈会，征求委员们对省检察院及反贪工作的意见和建议。10月，与提案委召开座谈会，听取省公安厅领导对"在'两会'期间部分省政协委员对公安工作所提建议"的办理情况。委员们就所提提案的办理情况及公安队伍建设等方面的问题与省公安厅领导交换意见。此外，还推荐了5名委员担任省检察院的人民监督员，一位委员担任省食品药品监督员。积极参加由有关部门组织的"社会治安综合治理"、"扫黄打非"、"检查评议"、"处理涉法上访"等方面的工作，认真履行民主监督的职能。同时，认真做好来信来访工作和委员维权工作，一些问题得到了较好的处理。

文史学习委员会　一是收集整理、编辑出版文史资料。一年来，编辑出版了《三湘私立名校》、《党和人民的骆驼任弼时》两本书，基本完成了《忆吕振羽》、《湘籍名人自述》两本书的征集、编辑工作。《湖南人在祖国各地与海外》、《湖湘文库》、《湘菜文化丛书》三本丛书进展工作顺利，其中，《湖南人在深圳》已编辑出版。认真落实全国政协布置的协作项目，由湖南主编的《新中国剿匪纪实》和参编的《名人故居博览》等13个协作项目的组稿工作已经开始。二是开展调研、考察。5、6月，组织委员围绕"名人故居保护及建设"问题，对近50处名人故居及纪念馆的保护、建设和利用情况进行考察。召开了民族民间文化保护座谈会。参与起草了向全国政协提交的把湘西列为全国民族民间文化试点区的提案。目前，湘西已被列入全国民族民间文化试验区范围。三是全年共编辑了12期《学习参考资料》。此处，还参与了黄兴诞辰130周年，魏源诞辰210周年纪念活动的组织协调工作。

民族宗教委员会　一是促进民族地区经济社会发展。组织委员赴永州、邵阳等市，就民族乡经济发展情况开展调查研究。就湘南34个瑶族民族乡比照湘西开发地区享受有关优惠政策、江华瑶族自治县纳入湘西开发范围等问题向中共湖南省委、省政府提出了意见和建议；就我省怀化、张家界市纳入武陵山民族地区经济协作范围的问题向全国政协民族和宗教委员会提出了意见和建议，并得到了重视和采纳。为改变湘南桂阳、常宁、新田、祁阳四县(市)交界的四瑶乡交通道路的落后状况，继续向有关部门呼吁，力促四瑶乡公路早日修通。二是引导宗教与社会主义社会相适应。年初，组织部分委员对湖南圣经学校和长沙市几个宗教活动场所进行考察，就圣经学校在办学中存在的主要困难和问题，向中共湖南省委、省政府提出意见和建议。8月，与省宗教局联合举办了湖南省首届"宗教与社会主义社会相适应"研讨会。三是发挥委员主体作用，提高参政议政实效。组织委员认真学习了全国政协十届二次会议精神、全国宗教工作座谈会精神、修订后的《宪法》和《政协章程》等。继续开展"五个一"活动，据统计，一年来，提交提案45件，向有关部门书面反映社情民意8条，为贫困地区和灾区引进、筹集或捐助了一些资金。四是加强与省直有关单位、民族地区和宗教团体的联系，大力宣传民族宗教政策。一年来，向《人民政协报》、《中国宗教》、《湖南日报》、《湘声报》、《信息与参考》等多家报刊投送稿件17篇，加大了政协民族宗教工作的影响。

港澳台侨和外事委员会 一、积极为促进我省的改革发展建言献策。组织部分委员、专家学者深入开展了“CEPA与中介组织”专题调研，形成了17万字的“在CEPA框架下加快湖南与香港两地中介组织合作的调查与建议”。该调研报告荣获省政协2004年度调研报告一等奖。11月21日至22日与省政府发改委联合举办的“CEPA与湖南经济发展高峰论坛”，与会代表围绕泛珠江三角区域经济和社会发展中的重大问题及湖南的发展问题，提出了富有前瞻性、可行性的意见和建议。二、竭诚服务委员，为湖南招商引资牵线搭桥。促成了一些香港委员及其他港澳人士来湘投资，还促成港澳委员为岳阳、湘潭等地希望工程捐款60万元。三、加强对外交往，努力拓宽工作领域。热情做好来湘投资、考察、访问、交流、观光的港澳同胞、海外侨胞和国际友人的接待工作。陪同省政协领导接待了荷兰部分侨团负责人考察团、香港新界区原区事顾问代表团等约200人次，促进了我省对外经济、文化、科技的交流与合作。积极“走出去”，开展民间外交，组团赴西欧和澳大利亚、新西兰考察。

【重要活动】

民营经济发展情况调研 民营经济一直是省政协高度关注的重点课题。受中共湖南省委的委托，省政协主席胡彪带领部分政协委员，自2003年7月至2004年8月，着重就我省民营经济发展有关政策的落实情况进行了调研。课题组围绕民营经济“市场准入”、“融资渠道”、“发展环境”、“人才建设”以及“土地供应”、“信用社改革”等6个专题，组织政协委员和专家学者，深入到全省14个市（州）、部分县和有关部门，听取工作情况汇报，召开民营企业家座谈会，考察了100多家民营企业，形成了《关于湖南省民营经济发展情况的调查报告》和6个子课题报告。报告针对存在的问题，提出了进一步解放思想、转变观念，在全社会营造大力发展民营经济的良好氛围；进一步完善配套措施，放宽市场准入，降低投资门槛；进一步调动政府、银行、企业等方面的积极性，拓宽民营企业融资渠道；进一步加快体制改革步伐，切实解决影响民营经济发展环境的深层次问题；进一步重视和加强民营经济人才队伍建设五条建议。中共湖南省委、省政府对调研成果给予了重视和肯定，有关职能部门认真研究并采纳了调查报告中关于民营经济发展的措施和对策。

加速湖南县域经济发展调研 2004年3月至6月，省政协组织政协委员、省直有关部门负责人和专家学者组成的课题组，深入到全省14个市州及28个县市开展广泛深入的调查研究，还到发达省市考察，进行对比性研究，并形成了总调研报告。九届省政协第七次常委会议经过认真协商讨论，向中共湖南省委、省人民政府提交了《关于加速湖南县域经济发展的建议案》。建议案得到了中共湖南省委、省政府的重视和肯定，并在关于加快县域经济发展的专题会议上，以及出台的《关于加快湖南省县域经济发展的决定》中，吸收和采纳了建议案中的意见和建议。

食品、药品行业民主评议 2004年2月到9月，省政协组织政协委员、部分民主党派成员、有关部门负责人和专家学者，通过座谈、走访、考察、发放问卷等形式，对全省食品、药品行业中存在的问题进行了深入细致的调研,并在九届省政协第八次常委会议上进行了民主评议,向中共湖南省委、省政府和有关部门提出了加强食品安全和药品价格监管、确保人民群众身体健康的意见和建议。省政府常务会议对省政协常委会议的评议意见进行了专题研究,有关部门针对民主评议中提出的问题和意见逐一提出了整改措施。这是湖南省政协第一次在常委会议上对有关问题进行民主评议,也是第一次邀请公民代表旁听省政协的参政议政活动。

全省市州政协秘书长联席会议 2004年7月5日至10日,全省市州政协秘书长联席会议在张家界市、湘西自治州和怀化市召开。会议由省政协秘书长李刚铤主持。省政协副主席章锐夫和全省各市州政协秘书长(副秘书长)出席了会议。会议听取了各市州政协贯彻落实2000年中共湖南省委政协工作会议精神和学习贯彻政协章程的情况汇报,总结交流了各地政协开展工作的经验,反映了各地政协工作中存在的问题。会议认为,自2000年中共湖南省委政协工作会议以来,全省政协的工作环境不断优化,政协自身建设有了进一步加强,各市州政协工作富有特色,取得了新的成效。会议认为,通过学习贯彻政协章程,增强了广大委员做好政协工作的责任感和使命感,扩大了政协的影响,加深了社会各界对政协的认识,为人民政协履行职能创造了更好的条件。这次会议,广泛征求了各市、州政协对即将召开的中共湖南省委政协工作会议的意见。大家从要进一步争取各级党委加强对政协工作的领导,重视和支持政协工作;要认真学习贯彻政协章程;要对2000年以来贯彻落实中共湖南省委政协工作会议精神的情况进行一次回顾、督查;要加强政协干部的交流力度;要规范政协委员的产生程序,把好政协委员"入口关";要加强政协履行职能的规范化、制度化和程序化建设;要加强政协的宣传工作和理论研究工作;要进一步改善政协的工作条件;要对政协的机构设置、人员编制作进一步规范等方面提出了意见和建议。会议协商决定,2005年的全省市州政协秘书长联席会议将在衡阳、郴州、永州三市召开。章锐夫副主席就如何进一步贯彻落实政协章程,搞好政协工作作了讲话。

全省市州政协主席座谈会 2004年8月18日至19日,全省市州政协主席座谈会在长沙召开。省政协主席胡彪,副主席文选德、李贻衡、章锐夫、阳宝华、王汀明、龙国键及秘书长李刚铤出席了会议。会议总结了近年来全省各地政协工作的经验和作法,并就如何进一步推进政协工作提出了意见和建议。胡彪主席在会上作了讲话,提出要以"三个代表"重要思想为指导,努力开创我省政协工作新局面;要精心准备,迎接中共湖南省委人大、政协工作会议的召开;要大力开展宣传活动,为中共湖南省委召开全省人大、政协工作会议营造良好的社会氛围。

庆祝人民政协成立55周年 2004年9月30日,湖南省省会各界人士在长沙集会,庆祝中国人民政治协商会议成立55周年。省领导杨正午、周伯华、胡彪、孙载夫、谢康生、刘正、刘夫生、王克英、王四连、文选德、李贻衡、姚守拙、卢光琇、章锐夫、阳宝华、王汀明、龙国键、谢勇、黄明开和省政协秘书长李刚铤出席了会议。庆祝大会由省政协主席胡彪主持。中共湖南省委书记、省人大常委会主任杨正午作了讲话。各市州政协主席,省直机关、中央在湘有关单位主要负责人和出席、列席省政协九届八次常委会议的人员参加了大会。

举办"CEPA与湖南经济发展高峰论坛"。为了促进香港、澳门与内地"更紧密经贸关系安排"协议的全面实施,进一步加强对湘港澳三地经济差异与互补性的全面分析和研究，构建交流平台，2004 年 11 月 21 日至 22 日，省政协港澳台侨和外事委员会与省发展和改革委员会共同举办了“CEPA 与湖南经济发展高峰论坛”。国家有关部门负责人、著名经济学家以及来自湘、港、澳、台四地的专家学者、企业家等 150 多名与会代表，围绕泛珠三角区域经济和社会发展中的重大问题，特别是湖南发展的重大问题，提出了许多富有前瞻性、可行性的意见和建议。这次活动，促进了湖南与港澳地区经济合作的深化和发展。

【重要文件】

常务委员会工作报告(2004 年 1 月 8 日)(摘要)　2003 年，在中共湖南省委的领导下，九届省政协坚持以邓小平理论和“三个代表”重要思想为指导，认真贯彻中共十六大精神，坚持团结和民主两大主题，紧紧围绕中共湖南省委八届五次、六次全会提出的各项任务，按照省政协九届一次会议的要求，认真履行职能，与时俱进，开拓创新，各项工作取得了新的成绩。一、认真学习贯彻“三个代表”重要思想和中共十六大精神，履行政协职能的责任感和使命感进一步增强。遵照中共中央关于《“三个代表”重要思想学习纲要》和胡锦涛同志在“三个代表”重要思想理论研讨会上的讲话精神，及时召开了主席会议，对学习作了专门部署；组织在长沙的省政协常委和各界人士听取了省委领导所做的学习十六大精神辅导报告；举办了台湾形势报告会，深刻理解十六大报告提出的今后一个时期对台工作的指导思想和总体要求；进一步健全了学习制度，每次常委会都选择一个专题，邀请有关专家、学者进行辅导；根据市州、县(市、区)政协换届后新当选的政协主席较多的情况，先后分 3 批组织到全国政协培训中心集中学习政协理论和政协工作知识。二、围绕第一要务开展调查研究，为促进全省经济发展积极建言献策。为推进全省开放型经济的发展，去年 2 月至 8 月，省政协组织政协委员、省直有关职能部门负责人和专家学者开展了广泛深入的调查研究。在省内外召开座谈会 37 次，调查访问上千人次。同时，通过上网搜集了大量资料，在媒体上开辟专栏开展讨论，广泛听取社会各界的意见。在此基础上，形成了近 20 万字的调研报告。省政协九届三次常委会议经过认真协商讨论，向省委、省政府报送了《关于加快湖南省开放型经济发展的建议案》。为推进全省工业化进程，省政协组织政协委员、有关部门领导和专家学者，从去年 4 月至 11 月，就全省工业化和信息化发展情况，开展专题调研，先后考察了全省 12 个市的 100 多家单位和企业，召开了 60 多次座谈会；撰写了 20 多万字的课题报告。省政协九届四次常委会议经过协商讨论，向省委、省政府报送了《关于大力实施以信息化带动工业化发展战略的建议案》。根据省委、省政府召开的全省民营经济工作会议精神，省政协先后 5 次组织政协委员、有关部门负责人和专家学者，深入本省一些市、县和有关部门，就民营经济发展情况进行调研和考察。认真听取了各地领导和民营企业家对发展民营经济的意见和建议，为推动全省民营经济的发展献计出力。省政协各专门委员会还结合自身特点，选择事关全省改革、发展、稳定的热点和难点问题，组织委员先后就洞庭湖湿地保护、矿山资源环境治理、建立新型农村合作医疗制度、农村义务教育投入机制、公安队伍公正执法情况、非公有制经济法制环境、湘菜产业的发展、工商行政管理体制改革、湘东地区历史文化和旅游资源的开发与建设等课题开展调研、视察活动，形成了一批调研、视察报告，其中许多意见和建议得到了省委、省政府及有关部门的重视和采纳。去年 10 月，“长江流域十一省市政协长江水环境保护第四次研讨会”在湖南省召开，人口资源环境委员会围绕会议主题，开展了洞庭湖湿地保护情况的调研，并在此基础上，综合参加会议的十省市政协意见，形成了《关于加强长江流域湿地保护与开发的建议》，受到了国务院领导的高度重视。三、努力探索民主监督的有效途径，为推进社会主义政治文明建设发挥了重要作用。在运用好政协例会、视察等监督方式的同时，积极探索民主监督的有效途径，切实加大了民主监督工作的力度。了解和反映社情民意工作取得了新进展。一年来，省政协加大了社情民意的收集、整理、编报和反馈工作力度。在全省各级政协、各民主党派和工商联机关建立了信息员队伍，在省政协网站上设立了“政协信箱”，畅通了反映社情民意的渠道。共整理编发信息215条，一些事关全省经济社会发展和人民群众根本利益的意见与建议得到采纳，帮助群众解决了一些实际问题。发挥委员界别作用作出了新探索。建立了每两个月召开一次界别座谈会的制度。就党委政府关心、人民群众关注的热点问题邀请有关界别的委员进行座谈，建言献策，实施民主监督。一年来，先后就公安队伍执法质量情况、防治“非典”工作、开放型经济发展、信息化建设、民族地区经济社会发展等专题召开了界别座谈会。为进一步规范特约监督员工作的开展，适时召开了特约监督员座谈会，交流经验，提高了特约监督员工作的积极性和主动性，进一步增强了监督工作的实效。提案工作有了新举措。省政协九届一次会议以来，共收到提案804件，立案792件。为了落实好委员提案，积极推行“现场办案”、“走访办案”，提高面商率，增强了解决问题的针对性和实效性；在提案督办中，注意发挥政协的整体功能，省政协办公厅和各专门委员会通力合作，共同督办提案。到去年年底，所有提案已经办复。委员对提案答复的满意率和基本满意率达93%。四、广泛联系和团结社会各界人士，为巩固和发展爱国统一战线发挥了积极作用。省政协坚持团结、民主两大主题，充分发挥各民主党派、工商联、各人民团体和各界人士在参政议政中的重要作用，支持各民主党派、工商联以党派、团体的名义开展各项活动；政协的重点调研、视察、提案督办等重大活动，都邀请民主党派人士共同参与；对以党派名义提出的提案或建议，进行了重点督办；坚持不定期走访各民主党派，了解他们的工作情况，听取他们的意见，并及时向省委、省政府反映他们的意见和要求。先后召开了省政协新老港澳委员座谈会、在湘台资企业家座谈会，组织了部分委员和书画家赴澳门开展了文化交流活动，接待来湘观光、考察、投资的“三胞”和海外知名人士300多人次。围绕全省经济建设中心，为招商引资做好牵线搭桥工作，促成了一些投资项目落户湖南。积极开展对外友好交往活动。接待了来自美国、安哥拉、德国等外国代表团40余人次；组团赴日本、韩国、瑞典、荷兰等国家和地区访问，促进了湖南省对外经济、文化和科技的交流与合作。民族宗教委员会开展了民族地区经济发展的调研，向省委、省政府提出了意见和建议；组织委员考察了长沙的重要宗教活动场所，视察了湘潭市的宗教工作，考察和视察报告中所提意见和建议，引起了省委、省政府领导的高度重视。五、积极投入抗击“非典”的斗争，为维护人民健康和社会稳定做了大量工作。去年上半年，我国遭遇了一场突如其来的“非典”疫情灾害。省政协按照中共中央、国务院的指示精神和省委、省政府的统一部署，及时调整了年初的工作计划，把“非典”防治工作作为一件重中之重的大事来抓，做了大量卓有成效的工作。4月下旬发出了《致省政协委员的信》，号召广大政协委员发挥自身优势，团结各界人士，为做好全省“非典”防治工作献计出力。全省各级政协委员，特别是医药卫生界的委员，义无反顾，积极投入到抗击“非典”斗争的第一线；省政协几位领导带队，先后赴长沙、岳阳、湘西自治州、张家界、怀化、株洲等地检查指导“非典”防治工作；5月份，专门就如何防治“非典”召开了第二次界别座谈会，来自医药卫生界的部分省政协委员和专家，就防治“非典”提出了许多意见和建议；为防止“非典”疫情向农村扩散，组织了委员中的部分专家学者视察组，分别深入到平江、浏阳、攸县等地农村进行视察，并向省委、省政府提交了《关于视察平江、浏阳、攸县农村防治“非典”工作情况的报告》，为农村防治“非典”工作献计献策。六、适应新形势新要求，自身建设进一步加强。健全了各项规章制度。根据全国政协的要求，就修改《政协章程》，多次召开座谈会，对加强“三化”建设进行了研究探讨。在此基础上，新制订了《关于进一步发挥省政协委员作用和完善省政协例会制度的决定》，进一步修订完善了《常委会工作规则》、《专门委员会通则》、《提案工作条例》、《秘书长办公会议制度》和《委员持证视察条例》等规章制度，为做好政协工作提供了有力的保证。加强了思想作风建设。通过举办学习“三个代表”重要思想、中共十六大精神经验交流会、开展向郑培民同志学习、进行“两个务必”教育等活动，加强了机关思想作风建设，提高了机关干部职工的政治思想素质，改进了机关作风，提高了服务水平。办公自动化建设迈上了新台阶，工作效率进一步提高。加大了政协宣传工作的力度。省政协机关报《湘声报》和《湖南政协》内刊，不断提高办报办刊水平，加强对各级政协组织和政协委员履行政协职能的报道，充分发挥了政协学习宣传的作用。湖南政协网站通过改版，增加了容量，更新了内容，取得了较好的宣传效果。加强了文史资料工作。继续编辑出版《二十世纪湖南文史资料文库》和其他文史资料；《湖南文史》和《学习参考资料》提高了编辑质量，扩大了信息量，增强了可读性，受到了广泛欢迎。加强了对市州县政协的联系和指导。召开了市州政协秘书长联席会议，交流政协工作的新经验，也为基层政协解决了一些实际问题。2004年，省政协工作的指导思想是：以邓小平理论和“三个代表”重要思想为指导，在中共湖南省委的领导下，全面贯彻中共十六大、十六届三中全会和省委八届六次会议精神，牢牢把握团结和民主两大主题，充分发挥政协优势，切实履行政协职能，解放思想，实事求是，与时俱进，开拓创新，最广泛最充分地调动一切积极因素，为完善全省社会主义市场经济体制，推进工业化、城镇化和农业产业化进程，为促进全省“三个文明”建设和祖国统一大业，做出新的贡献。一、深入学习贯彻“三个代表”重要思想和中共十六届三中全会精神。二、紧紧围绕加快湖南省发展的中心任务建言献策。三、进一步强化民主监督职能。四、认真做好团结各界、凝聚人心的工作。五、积极推进政协工作的制度化、规范化、程序化建设。

【组织概况】

副主席增选名单（以下为2004年1月12日省政协九届二次会议通过）

文选德

常务委员增选名单（以下为2004年1月12日省政协九届二次会议通过）

陈振华　赖明勇

委员增补名单（以下为2004年12月29日省政协九届九次常委会议通过）

王超祥　匡彦博　刘春林
刘德美（土家族）　许金生　李德炎
吴子牛　余洪伟　张迎龙　欧阳彪
昌燕华　姚永告　蒋湘晖

委员辞免名单（以下为2004年12月

29日省政协九届九次常委会议通过)

古祖雪 卢斌华 许石林 李咏芳(女)

杨流芳 邹贻谋 蒋永清 熊海斌

撤销委员职务名单(以下为2004年12月29日省政协九届九次常委会议通过)

王道生

【湖南省各级政协领导人名单】

湖南省

政协主席

胡 彪

副主席

文选德 李贻衡 袁隆平

姚守拙 卢光琇(女)

章锐夫 阳宝华 王汀明

刘 晓 龙国键 谢 勇

秘书长

李刚铤

长沙市

主 席 简用超

县(市、区)政协主席

芙蓉区 李宗范

天心区 郑 蓬(女)

岳麓区 易定明

开福区 罗妹华(女)

雨花区 杜正国

长沙县 李世安

望城县 杨万千

浏阳市 李中琪

宁乡县 贺应辉

衡阳市

市政协主席 刘增科

县(市、区)政协主席

衡南县 贺庚华

衡阳县 廖新生

衡山县 李朝生

衡东县 谭泽银

祁东县 匡德轩

常宁市 刘志湘(女)

耒阳市 陈纪琪

南岳区 王铁雄

雁峰区 邹学涧

石鼓区 阳新华

珠晖区 彭彰松

蒸湘区 毛菊桂

株洲市

主 席 赵占一

县(市、区)政协主席

株洲县 何宗琪

醴陵市 许若云

攸 县 夏玉珠(女)

炎陵县 李秋明

茶陵县 谭国元

芦淞区 李关生

天元区 粟蒲先(女)

荷塘区 言忠良

石峰区 单月林

湘潭市

主 席 殷正海

县(市、区)政协主席

湘潭县 徐启明

湘乡市 贺金荣

韶山市 赵正坤

雨湖区 郭特强

岳塘区 张松泉

邵阳市

主 席 刘志刚

县(市、区)政协主席

邵阳县 吕敬忠

邵东县 何友成

隆回县 王成华

洞口县 刘千苟

绥宁县 刘郁金

城步苗族自治县 李德文(苗族)

武冈市　肖时雄
新宁县　谢道圻
新邵县　周少臣
大祥区　胡水清
双清区　刘解放
北塔区　袁晓星

岳阳市
主　席　张治雄
县(市、区)政协主席
平江县　李志辉
岳阳县　余振东
华容县　张祖荣
湘阴县　单斗才
临湘市　方友华
汨罗市　彭　祥
岳阳楼区　于其化
云溪区　刘祖赐
君山区　余岳良

常德市
主　席　刘春林
县(市、区)政协主席
武陵区　陈杏元(女)
鼎城区　许忠诚
汉寿县　施隆庭
桃源县　熊文龙
临澧县　涂绪德(女)
石门县　周共柱
澧　县　贺家斌
安乡县　龚德湘
津　市　贺修双

张家界
主　席　刘德美(土家族)
县(市、区)政协主席
慈利县　周满香(女,土家族)
桑植县　金中华
永定区　彭国武(土家族)
武陵源区　李正元

益阳市
主　席　陆国柱
县(市、区)政协主席
赫山区　彭静云(女)
资阳区　黄凤阁
安化县　夏尔安
桃江县　刘　萍(女)
沅江市　张映芳(女)
南　县　郭履平

郴州市
主　席　周建国
县(市、区)政协主席
北湖区　王　梅
苏仙区　王火生
资兴市　李宙华
桂阳县　邹玉成
宜章县　陈木松
永兴县　何孝德
嘉禾县　李　峰
临武县　胡开元(女)
桂东县　朱惠芳
汝城县　黄金庆
安仁县　李勇材

永州市
主席　蒋桃生
县(市、区)政协主席
东安县　沈生国
冷水滩区　陈开明
芝山区　吴起军
祁阳县　钟上元
双牌县　刘石清
道　县　李显昌(瑶族)
江永县　邓道恒
江华县　蒙长清(瑶族)
宁远县　欧阳维西

新田县　葵竹英(女)
蓝山县　黄楚政

怀化市

主　席　张进成(侗族)

县(市、区)政协主席

沅陵县　黄茂林
辰溪县　向金云(女)
溆浦县　荆　华(女)
麻阳县　张时华(苗族)
新晃县　张忠勇(苗族)
芷江县　邱云桂(侗族)
鹤城区　周友庚
中方县　田友兴
洪江市　周长生
洪江区　李任斌
会同县　丁光文
靖州县　刘　辉(女)
通道县　粟明坤(侗族)

娄底市

主　席　谢凤龄

县(市、区)政协主席

娄星区　邓国雄
冷水江市　康承贵
涟源市　廖仲生
双峰县　李和平
新化县　康新阶

湘西自治州

主　席　向后兴(土家族)

县(市、区)政协主席

吉首市　石家文(苗族)
泸溪县　张大智(苗族)
凤凰县　吴凤齐(苗族)
花垣县　石昌明(苗族)
古丈县　向邦金
保靖县
永顺县　刘纯玺(土家族)
龙山县　彭大胜(土家族)

湖南省各级政协组织和委员数

(截至2004年底)

项目＼级别	省	设区的市(州)	县(不设区的市、市辖区)	合计
组织数	1	14	123	138
委员数	735	4628	24347	29710

(毛学军　刘武聪　编写　王超祥　审稿)

政 协 广 东 省 委 员 会

陈绍基 主 席

李统书 副主席

杨 懂 秘书长

【全体委员会议】

九届二次会议 2004年2月8日至13日在广州举行。出席本次会议的委员共822人,占委员总数的92%。省政协副主席石安海、彭宇贤、韩大建、王珣章、王兆林、朱小丹、周天鸿、罗富和、姚志彬、陈蔚文,秘书长琚立铭出席了开幕大会。陈绍基主席,石安海、彭宇贤、韩大建、王珣章、王兆林、周天鸿、罗富和、姚志彬、陈蔚文、李统书副主席,秘书长杨懂出席了闭幕大会。会议听取和审议了王珣章副主席代表省政协第九届委员会常务委员会所作的工作报告、陈蔚文副主席代表省政协常委会作的提案工作提案报告。与会委员列席了省十届人大二次会议,听取并讨论了省政府工作报告及有关报告。会议同意朱小丹辞去副主席、常委、委员职务,琚立铭辞去秘书长职务,宋海、李嘉、李沛霖、钟小健辞去常委、委员职务。会议选举陈绍基为省政协第九届委员会主席,李统书为副主席,杨懂为秘书长,仇水旺、李统书、陈中秋、陈绍基、郭梓文、郭喜泉、盘建梅、梁明等8人为常务委员。表彰了省政协第九届委员会第一次会议以来的25件优秀提案。会议共收到提案739件,立案680件,其中民主党派提出的提案74件。会议期间,有20位委员在大会上发言。会议审议通过了省政协九届二次会议决议。会议同意省政协常委会工作报告和提案工作报告,赞同黄华华省长所作的政府工作报告。会议要求,全省各级政协组织和政协委员深入学习中共十六届三中全会和中共广东省委九届四次全会的精神,抓落实,促发展,为我省各项事业全面、协调、可持续发展积极出谋献策。认真学习贯彻落实全省政协工作会议精神,推进政协工作不断向前发展。会议号召,全省各级政协组织和广大政协委员,紧密团结在以胡锦涛同志为总书记的中共中央周围,以邓小平理论和"三个代表"重要思想为指导,在中共广东省委领导下,同心同德,励精图治,求真务实,与时俱进,更加富有成效地履行职能,为实现祖国的完全统一,为我省全面建设小康社会、率先基本实现社会主义现代化作出新的更大的贡献。中共中央政治局委员、中共广东省委书记张德江同志和省委、省人大、省政府、省军区、省纪委、省法院、省检察院的其他负责同志到会祝贺。省委、省政府领导还参加了综合组座谈会、专题座谈会和小组讨论。

【常务委员会会议】

第4次会议 2004年1月7日至9日在广州举行。会议讨论了政府工作报告(征求意见稿),审议并原则上通过了政协广东省第九届委员会常务委员会工作报告(草案)和提案工作报告(草案),听取并讨论了省高级人民法院、省人民检察院的工作情况通报,协商了政协广东省第九届委员会增补委员名单,决定增补陈绍基等60人为九届省政协委员,增补郑睦鑫为经济委员会副主任、古华民为港澳台侨外事委员会副主任。会议同意林亚杰同志因任职年龄原因辞去政协广东省委员会副秘书长职务,同意廖志刚等10位同志因工作变动等原因辞去九届省政协委员职务。

第5次会议 2004年2月11日在广州举行。会议听取了省委副书记刘玉浦作关于政协广东省第九届委员会部分常委会组成人员辞职及补选常委会部分组成人员候选人名单(草案)的说明;通过朱小丹、琚立铭、宋海、李嘉、李沛霖、钟小健等常委辞职的事项;酝酿协商政协广东省第九届委员会主席、副主席、秘书长、常委候选人人选名单(草案);审议广东省政协九届二次会议选举办法(草案)、审议选举大会的监票员、副总监票员、总监票员名单(草案);审议政协广东省第九届委员会第二次会议决议(草案);经会议审议通过,决定增补邵忠为政协广东省第九届委员会副秘书长。

第6次会议 2004年6月21日至22日在广州举行。会议的主要议题是围绕弘扬岭南文化,促进文化大省建设问题进行专题议政。会议听取了雷于蓝副省长关于广东推进文化大省建设情况的通报,听取了省政协调研组的调研情况汇报。常委们围绕会议议题进行认真讨论,积极献计献策。会议形成了《广东省政协常委会议关于弘扬岭南文化,促进文化大省建设若干问题的建议》。陈绍基主席在闭幕会上指出,加快推进文化大省建设,既是当前的一项紧迫任务,又是关系广东全面建设小康社会,率先基本实现社会主义现代化事业全局的一项战略任务。政协要充分发挥人才优势,在促进文化人才涌现和文化事业繁荣方面更有作为;发挥组织优势,在动员社会力量建设文化大省方面更有作为;发挥职能优势,在文化大省建设创造条件、提供服务方面更有作为。陈绍基主席要求,各级政协组织和广大政协委员要结合新的形势和任务,加强参政议政能力建设,提高围绕中心、服务大局的能力,提高把握参政议政规律性的能力,提高坚持求真务实的能力,为把广东建设成为经济强省和文化大省,成为物质文明、政治文明、精神文明协调发展的先进省,作出新的更大的贡献。

第7次会议 2004年10月9日至10日在广州召开。会议传达学习了中共十六届四中全会、中共广东省委九届五次会议精神;听取了游宁丰副省长关于我省实施CEPA的情况通报;听取了省政协调研组关于"我省在实施CEPA中遇到的问题与对策"专题调研的报告。会议形成了《广东省政协常委会议关于我省实施CEPA若干问题的建议》。省政协主席陈绍基出席闭幕会并作讲话。陈绍基主席在讲话中充分肯定了我省各级政协组织和广大政协委员在实施CEPA中发挥的作用,并希望政协委员继续关注CEPA的实施等有关我省经济社会发展的重大问题,为我省新一轮的发展积极建言献策,作出贡献。陈绍基主席要求各级政协组织和广大政协委员,要围绕省委九届五次全会提出的增强驾驭社会主义市场经济的能力、增强发展社会主义民主政治的能力、增强建设社会主义先进文化的能力、增强构建社会主义和谐社会的能力、增强解决群众生产生活问题的能力的目标和任务,牢固树立和认真落实科学发展观,努力提高围绕中心、服务大局的能力,提高求真务实、深入调研的能力,提高发现问题、促进问题解决的能力,提高团结各方、形成合力的能力,提高发扬民主、有效监督的能力,提高改革积弊、开拓创新的能力，更好地履行政治协商、民主监督、参政议政的职能，在我省全面建设小康社会，率先基本实现社会主义现代化的进程中创造新的业绩。副省长谢强华到会听取意见。

第8次会议 2004年12月29日至30日在广州举行。会议讨论了省政府工作报告(征求意见稿)和省高级人民法院、省人民检察院的工作情况通报(书面)，审议并原则上通过了政协广东省第九届委员会常务委员会工作报告(草案)和提案工作报告(草案)。会议决定，2005年1月21日至25日在广州召开政协广东省第九届委员会第三次会议，并通过了会议议程及日程安排的建议。省委副书记、省长黄华华同志到会作关于省政府工作报告(征求意见稿)的说明，陈绍基主席在闭幕会上作了讲话。陈绍基主席指出，总结省政协九届二次会议以来的工作，主要有几点体会：一是高举旗帜，把握方向；二是党委重视，各方支持；三是围绕中心，服务大局；四是贴近群众，反映民意；五是加强学习，提高能力；六是既要继承，更要创新。他强调，学习贯彻胡锦涛总书记视察广东的重要讲话精神，学习贯彻中共广东省委九届六次全会精神，对于做好明年工作，加快建设经济强省、文化大省、法治社会、和谐广东，实现富裕安康，更好地发挥排头兵作用，具有十分重要的意义。各级政协组织和广大政协委员要把学习贯彻胡锦涛总书记重要讲话精神和中共广东省委九届六次全会精神，作为当前的重要政治任务来抓。贯彻落实胡锦涛总书记讲话精神和省委九届六次全会精神，做好明年的政协工作，必须在思想方法和工作方法上做到"全局、为民、尽责、务实"。"全局"，就是围绕中心，服务大局。"为民"，就是增强群众观念，树立和落实正确的群众观。"尽责"，就是增强历史使命感和社会责任感，认真履行职责，认真做好工作。"务实"，就是讲真话，办实事，求真务实，不摆花架子，真抓实干，务求实效。

【专门委员会工作】

提案委员会 九届二次会议以来，共提交提案793件，立案723件，其中省各民主党派提案71件。至年底，提案全部办复。问题得到解决的提案共516件。通过组织委员参加有关学习班、报告会，与省各民主党派、承办单位就提案的撰写、办理等工作进行交流等多种形式，积极提高提案质量。召开全省提案工作研讨会，推动政协工作上新台阶。大力抓好重点提案的办理落实，尝试分层次督办提案的新方法。第13次主席会议确定了"关于我省物业管理行业现状、存在问题及建议"等5件重点提案由省政协副主席领衔督办。围绕"应对'绿色壁垒'，推动我省农业化标准化建设"、"提高广东服装行业竞争力"等问题，开展视察、调研。加大了提案工作的宣传和信息报送的力度。在《人民日报》、《人民政协报》、省市报刊、电视台等新闻媒体上刊播300多篇消息。

经济委员会 组织委员就"改善投资环境，提高引资水平"问题开展专题调研，提出"加强组织领导，形成吸收外资的整体合力"等8条建议。在此基础上，省政协召开专题协商座谈会。省政府有关领导对调研成果予以高度评价，要求省外经贸厅研究采纳。省政府办公厅向全省各地级以上市转发了相关的调研报告和建议。就"十项民心工程"的落实情况、加快广东民营经济发展等问题，进行视察，提出了意见和建议。对我省集体所有制企业改革中遇到的问题和困难，组织委员进行视察，提出了意见和建议。省长黄华华在报告上的批示要求省经贸委等有关部门研究和吸纳省政协所提建议，并抓好落实。针对我省供销社系统长期存在的困难问题，组织委员进行视察，提出了改革的意见和建议。省委书记张德江和省长黄华华在建议上作了重要批示。加强了与全国政协及兄弟省政协经济委员会的联系和沟通。与教科文卫体委员会联合参与了民建中央、省政协、深圳市政府在深圳市联合举办的“2004年风险投资论坛”。召开全省地级以上市政协经济委员会主任座谈会,交流工作情况和经验体会。注意收集和反映社情民意,《建议在肇庆西江段设立危险品专用码头》、《关于新出口退税政策实施后的情况反映》、《建议涉外经贸政策出台前安排咨询解释期》等7份信息,受到重视并被采纳。

人口资源环境委员会 召开全体委员会议,深入学习中共十六届四中全会和省委九届五次会议精神。组织委员对东江中上游生态公益林建设与保护、广州湿地保护等问题进行调研,提出了意见和建议,得到省政府主要领导和有关部门的重视。就湛江市渔港经济区规划建设及环境治理情况、中山市城镇环境规划和治理情况等问题,组织委员视察。举办首届“中国清洁生产技术与循环经济”研讨会。就“环境污染与食品安全问题”进行研讨,提出重视农田土壤污染这类“感觉不到的污染”的建议,报送省委省政府,省长黄华华对此作了重要批示。召开全省地级以上市政协人口资源环境委员会工作研讨会,交流经验,探讨工作方法。积极参加省政府组织的“城乡水利防洪减灾工程建设情况”大检查,省水利厅组织的“东江水资源状况”调研,选派委员担任省环境保护社会监督员。

教科文卫体委员会 围绕常委会“弘扬岭南文化,促进文化大省”的议政专题,先后到省文化厅、省博物馆等单位和汕尾等9市进行调研,形成调研报告并提出建议。省政协第二季度常委会就此问题进行了专题议政。省委书记张德江、省长黄华华等省领导对常委会建议作了重要批示,要求宣传、文化等部门认真研究吸纳省政协的建议。组织委员就“构建科技创新体系,推进科技强省建设”问题开展调研,与省科学院等科研院所进行座谈,走访了中山大学等高校,在调研基础上,提出了建设科技创新平台、发展和完善以企业为主体的工程技术研究中心等6条建议。省政协主席会议在听取调研组的汇报后,讨论形成了主席会议建议。张德江、黄华华等省领导认为建议可以作为推进科技强省的参考,要求科技厅认真研究、采纳落实。省科技厅提出了吸纳省政协建议的具体意见函复省政协办公厅。与提案委员会联合召开艾滋病防治座谈会,为省政府决策提供参考。与省民盟联合进行“促进我省职业教育发展”的调研。为支持广州大学城建设,由陈绍基主席带队,组织委员视察广州大学城。就振兴我省医药产业发展、食盐卫生安全、中学体育课程改革等问题进行视察。与佛山市政协联合承办第七届广东政协杯台球赛。召开全省地级以上市政协教科文卫体委员会主任联系会议,交流工作经验。与经济委员会合作,为“2004年中国风险投资论坛”在深圳召开做了大量筹备工作。选派委员参加省委组织部、省教育厅组织的督导检查组,参与我省县级党政主要领导干部基础教育实绩考核工作。送戏下乡到德庆县和封开县,受到当地群众的热烈欢迎。

学习和文史资料委员会 多次承办省政协学习中心组的学习组织工作,组织学习中心组成员及省各民主党派、省工商联负责人深入学习中共十六大、十六届三中、四中全会精神,学习胡锦涛总书记“七一”重要讲话和省委九届五次、六次全会精神,学习修改后的《宪法》和《政协章程》。全国“两会”结束后,举行了学习贯彻全国“两会”精神座谈会。完成了库存文史资料2600多万字的清理、编辑、校对工作。编辑了《广东文史资料存稿选编》、《广东政协五十年》等书。就“珠三角旅游资源的保护利用”、“农民减负和增收”等问题开展调研视察。召开全省地方政协文史工作座谈会。承办了纪念丘逢甲诞辰140周年学术研讨会,协助珠江电影制片公司拍摄了电视纪录片《丘逢甲》,编辑《广东省政协纪念丘逢甲诞辰140周年学术研讨会论文集》。组织委员赴东北、西南、华东地区考察当地历史文化资源的保护利用开发情况,交流文史资料工作经验。

社会和法制委员会 组织委员赴广州、佛山等6市,就妥善处理征地、拆迁引发的群众上访问题进行专题调研,形成《关于妥善处理征地、拆迁引发的群众上访问题调研报告》和主席会议建议的送审稿。黄华华等省领导在省政协主席会议建议上批示,要求省直有关部门认真吸纳省政协的建议。围绕我省劳教工作问题,赴广州、佛山等地视察,形成《对劳教工作的专题视察报告》送省委省政府。组织委员就韶关市乳源县少数民族移民生产生活情况、广州市社会治安、惠州汕尾两市实施“十项民心工程”、揭阳等地残疾人就业和特殊教育等方面的问题进行视察考察,并提出了意见和建议。承办了“宗教与社会主义社会相适应研讨会”的筹办工作,整理出版研讨会论文集。研讨会得到了全国政协和国家宗教局有关领导的充分肯定,在社会上产生了积极影响。召开全省政协社会和法制委员会主任座谈会,总结交流工作情况和经验。承办了省政协“情系山区演出团”送戏下乡活动,社会反响很好。承办了由省政协办公厅与省妇联联合举办的广东省各界已故知名人士亲属迎春茶话会的筹备工作。加强了与省人大、省法院等有关部门的联系,交流工作情况。派出委员参加省直工委组织的省直机关行风评议工作。

港澳台侨外事委员会 围绕常委会“关于广东在实施CEPA中遇到的问题及对策”的议政专题,赴香港、澳门、广州等地进行调研,广泛听取粤港澳三地政府有关负责人、企业家及社团的意见和建议,了解我省实施CEPA取得的成效和问题,形成调研报告。省政府领导在听取了省政协调研组的意见和建议后认为,省政协调研组提出的意见客观中肯,所提的建议操作性强,省政府将认真研究吸纳。组织委员赴韶关就加快广东山区经济发展问题进行视察,赴梅州就扩大粤港经济合作腹地、促进粤东山区加快发展进行视察,赴肇庆就加快旅游产业发展问题进行视察。对珠海市实施“十项民心工程”情况进行视察。加强与港澳委员及有关社团的联络。11次赴港澳,参加港区省政协委员庆回归七周年联欢会、粤港青年交流促进会成立、香港客属各界庆祝香港特别行政区成立七周年等庆典活动。参加港澳委员例会,通报政协工作情况。做好港澳台侨人士的接待、服务工作。接待了港澳台侨胞10批323人次。积极关注台胞、侨胞在粤投资遇到的问题及困难。继续坚持参加“五侨”联席会议。积极开展对外交往工作。组团出访俄罗斯、法国、瑞典、澳大利亚、荷兰等12个国家,接待了越南祖国阵线中央委员会代表团、罗马尼亚参议院外委会代表团等国家的16个团组,增进了与各国相关机构的友好往来与交流。召开粤西片10个地级市政协港澳台侨外事委员会工作经验交流会。

【重要活动】

举行专题协商座谈会 2004年4月至12月,省政协在深入调研的基础上,先后召开了关于改善投资环境、提高引资水平,构建科技创新体系、推进科技强省建设,妥善处理征地拆迁引发的群众上访问题,东江中上游生态公益林建设与保护情况,珠三角旅游资源保护利用开发情况的专题协商座谈会。这5次专题协商座谈会都邀请省委、省政府领导及有关部门负责同志参加，进行面对面的协商座谈，提出了有针对性的意见和建议，并分别形成主席会议建议报送中共广东省委、省政府。

开办提高参政议政能力培训班 为做好政协委员和机关干部的教育培训工作，成立了培训工作领导小组和办公室，陈绍基主席任组长，石安海副主席和杨懂秘书长任副组长，制定了 2004 年至 2007 年的培训计划，拟分 7 批对省政协委员、全省地级以上市政协主席和省政协机关干部进行全面的脱产培训，提高履行职能的水平。第一期培训班以提高参政议政能力为主题，于 8 月份在省委党校开办，230 名学员接受了为期 5 天的培训。培训班邀请全国政协、国家宗教局、省政府的有关领导和北京大学、国防大学的专家学者前来授课，省政协主席陈绍基出席开班典礼并作动员讲话。他指出，人民政协要围绕中心，服务大局，就必须进一步提高参政议政能力。加强学习是提高参政议政能力的必然要求，是适应国际国内形势的需要，是人民政协工作与时俱进、开拓创新的需要，是提高政协委员和政协干部自身素质的需要。通过学习邓小平理论和"三个代表"重要思想，学习新修订的政协章程，学习统战政协理论和基本知识，了解国际国内经济、政治、外交、军事形势以及我省省情，进一步提高政协委员和政协干部的政治素质和参政议政能力。陈绍基主席强调，我省各级政协组织及广大政协委员要围绕省委、省政府提出的实施四大战略，增创五大优势，抓好十项民心工程、推进文化大省建设、加强泛珠三角区域合作等基本思路和重大举措进行参政议政，献计出力，做到知情明政，围绕中心，服务大局，解放思想，干事创业，以更好地为我省加快发展、率先发展、协调发展，率先基本实现社会主义现代化作出更大的贡献。由于领导重视，主题突出，授课老师讲得生动精彩，学员反映很好，得到全国政协有关领导的较高评价。

召开"建设和谐广东研讨会" 11 月 26 日在广州举行这次研讨会。会议的主题是：以邓小平理论和"三个代表"重要思想为指导，贯彻落实中共十六届四中全会和省委九届五次全会精神，探讨建设社会主义和谐社会、建设和谐广东的意义、条件的措施，为省委、省政府推进和谐广东建设提供有价值的对策参考。省政协主席陈绍基，副主席韩大建、罗富和、陈蔚文，秘书长杨懂，省政协机关领导、专委会领导，近 40 个省直部门和各民主党派领导，部分政协委员、专家学者共 160 余人参加了会议。罗富和副主席主持了会议，陈绍基主席作了讲话，杨懂秘书长作了会议总结。陈绍基主席指出，建设和谐广东，是我省加快发展创造稳定社会环境的迫切要求，是促进我省社会主义物质文明、政治文明和精神文明协调发展的迫切要求，是实现我省富裕安康的迫切要求，是坚持以人为本，更好地维护、实现和发展人民群众根本利益的迫切要求。政协必须紧紧围绕十六届四中全会提出的建设社会主义和谐社会的要求和省委九届五次全会提出的建设和谐广东这一中心工作，认真履行职能，在建设和谐广东中发挥积极作用。一要认真履行促进发展的职能，努力夯实和谐广东的物质基础。二要大力推进政治文明建设，努力完善和谐广东的制度基础。三要高高举起团结的旗帜，努力扩大和谐广东的群众基础。四要始终坚持民主的主题，努力充实和谐广东的法治基础。五要认真做好反映社情民意的工作，努力加强和谐广东的感情基础。六要充分发挥政协的人才优势，努力增强和谐广东的社会基础。与会者围绕建设和谐广东的理论与实践问题进行了深入广泛的探讨，提出了不少针对性、操作性较强的对策措施。会后形成《省直部门和社会各界对建设和谐广东的意见和建议》报省委。省委书记张德江同志在《建议》上批示:“省政协根据省委九届五次全会精神,召开建设和谐广东研讨会,是围绕省委中心工作开展参政议政、民主协商的重要举措,同时也有利于调动政协委员的积极性。所整理的《意见和建议》很好,请办公厅转发省直各部门和各市委。”会议共收到论文94篇,会后出版了研讨会论文集。

召开“宗教与社会主义社会相适应研讨会” 会议于2004年10月11至12日在广州召开,省民族宗教事务委员会协办。会议就宗教与社会主义社会相适应的重要意义,如何引导宗教与社会主义相适应,宗教如何适应社会主义社会等问题进行了研讨。省政协主席陈绍基在开幕式上讲话。陈绍基在讲话中指出,积极引导宗教与社会主义社会相适应,是我们党对马克思主义宗教观和社会主义宗教政策的重要发展和理论创新。做好新时期的宗教工作,引导宗教与社会主义社会相适应,是一项长期、重要而艰巨的任务,需要党和政府切实加强领导,需要宗教界自身不断努力,需要人民政协这一爱国统一战线组织充分发挥其独特的优势和作用。会议由省政协副主席石安海主持,国家宗教局副局长王作安在开幕式上致词。全国政协常委、民宗委副主任黄璜,省政府副省长雷于蓝,省政协副主席、省委统战部部长李统书,省政协秘书长杨懂,省民宗委主任温兰子,省各民主党派、省工商联,省政协机关和各专委会负责同志,以及专家学者共100多人出席。

庆祝人民政协成立55周年座谈会 座谈会于2004年9月21日在广州举行。省政协副主席周天鸿、罗富和、陈蔚文、李统书,省政协老领导祁烽、潘金培、林东海,省各民主党派、省工商联、各人民团体负责人,无党派人士、宗教界和少数民族代表等约50人出席了座谈会。会议由杨懂秘书长主持。石安海副主席作了重要讲话。会议学习胡锦涛总书记在人民政协成立五十五周年座谈会上的讲话精神,回顾了人民政协五十五年的光辉历程,畅谈坚持和完善共产党领导的多党合作和政治协商制度的重大意义。

加强与各界人士的联谊工作 一是以球会友,以曲会友。2004年1月17日至19日,在佛山市举行了第七届政协杯台球赛。3月27日,在江门市举办了第七届政协杯高尔夫球友谊赛,8个国家的驻穗总领馆官员和港澳委员、台商代表等200余人参加了比赛。7月至11月,举办了首届“政协杯”乒乓球赛,全省21个地级以上市共有50支代表队、3000多人次分别参加了广州、汕头、江门和韶关市的分片赛,省直单位、中央驻穗单位的选手参加了广州片的初赛。11月29日上午,首届“政协杯”乒乓球总决赛在广州市天河体育中心隆重开幕。省政协主席陈绍基在开幕式上致辞。全国政协港澳台侨委员会副主任郭荣昌,国际奥委会委员、中国奥委会名誉主席何振梁,省人大副主任汤维英,省政协副主席王兆林、罗富和、李统书,省政协秘书长杨懂等出席了开幕式。这次比赛,推动了全民健身运动,促进了我省乒乓球事业的发展,增进我省各级政协之间、政协与兄弟单位及社会各界人士之间的联系和友谊。12月,举行广东省政协第一届“四洲杯”粤曲演唱大赛。本次比赛由省政协和省文联联合主办,香港四洲集团赞助,是改革开放以来我省粤曲演唱规模最大、影响最广泛的一次活动。全省14个地级以上市2000多名选手报名参赛,其中年龄最小的是仅8岁的小学生,年长的已逾70岁,青年人占参赛总人数的70%。通过这些活动,弘扬岭南优秀传统文化,推动了我省群众性粤曲演唱艺术的繁荣和发展。二是积极开展送戏下乡活动。组织“广东省政协情满南粤演出团”送戏下乡到德庆县和封开县。与省歌舞剧院合作，组成省政协“情系山区演出团”赴茂名、化州、高州、信宜、电白等地送戏下乡义演，受到群众的热烈欢迎。《人民日报》、《人民政协报》等媒体对省政协十年来送戏下乡到山区、少数民族地区的活动进行了长篇报道，社会反响很好。

组织委员视察 2004年省政协围绕省委关于“建设经济强省、文化大省、法治社会、和谐广东和实现富裕安康”的总目标和省政协的主要任务，本着“小型、专项、节约、实效”的原则和“求实、规范、安全、协作”的要求，共组织了22个视察团，对农村经济发展、农民减负增收、集体所有制企业改革、城镇环境规划管理和治理、劳教工作、职业教育发展、医药产业发展、扩大粤港经济合作腹地、困难群众生产生活情况、“十项民心工程”的实施等专题进行了视察，共提交报告38篇。所提意见和建议得到了省委省政府的重视。

【重要文件】

常委会工作报告（2004年2月24日）（摘要） 第一部分：一年来的工作回顾

（一）加强学习和理论研究，以邓小平理论和“三个代表”重要思想指导政协工作。常委会坚持以邓小平理论和“三个代表”重要思想统领各项工作，适应时代需要，加强理论学习。重视发挥学习中心组的作用，有计划、有重点地开展各种形式的学习。组织委员认真学习“三个代表”重要思想，认真学习中共十六大及十六届三中全会、省第九次党代会及省委九届二次、三次、四次全会精神，认真学习胡锦涛总书记视察广东和“七一”重要讲话精神。全国“两会”召开以后，及时召开会议传达。省政协机关也组织了对“三个代表”重要思想以及中央和省委重要会议和文件精神的学习。通过学习，进一步加深了对“三个代表”重要思想重大意义的认识，增强了在实际工作中贯彻落实“三个代表”重要思想的自觉性，进一步明确了新世纪新阶段政协工作的方向和任务。加强了人民政协理论与实践的研究。举办了“政治文明与人民政协”专题研讨会，对政治文明的内涵和表现、政治文明建设的重要性及其实现形式、人民政协在政治文明建设中的地位与作用等重大理论与实践问题进行了认真深入的探讨。会后编辑出版了《政治文明与人民政协专题研讨会论文集》。

（二）积极主动做好工作，配合省委召开广东省政协工作会议。2003年7月31日至8月1日，中共广东省委召开了全省政协工作会议。这是我省政协成立以来第一次由省委召开的全省政协工作会议，在我省政协工作历史上具有重大的意义和影响。为开好这次会议，省政协积极配合省委进行了认真筹备。去年4至6月，省政协办公厅会同省委统战部、省委政策研究室、省政府调研室组成联合调研组，在省内展开了深入广泛的调研。在此基础上，形成了针对性较强的调研材料，提出新时期做好政协工作必须解决八个方面问题的报告上报省委。这次会议以“三个代表”重要思想和党的十六大精神为指导，全面贯彻落实胡锦涛总书记“七一”重要讲话和视察广东重要讲话精神，总结交流加强和改善党对政协工作的领导及开展政协工作的经验，动员我省各级政协组织和委员围绕我省全面建设小康社会、率先基本实现社会主义现代化的总目标、总任务，积极履行职能，为我省加快发展，率先发展，协调发展，当好排头兵作出积极的贡献。会议充分阐述了做好新时期政协工作的重大意义，要求各级党委进一步加强和改善对政协工作的领导，各级政府切实支持政协履行职能。会议充分肯定了近年来全省政协工作取得的成绩，要求各级政协组织积极主动、大胆探索，努力在履行三大职能方面取得新的成绩。会议希望各级政协委员增强责任感、使命感,认真履行委员的权利和义务。会后,根据省委、省政府主要领导同志的讲话精神,省委下发了《广东省政协工作会议纪要》。

(三)围绕中心,服务大局,协商议政工作取得新进展。一年来,常委会紧紧围绕中共广东省委和省政府的中心工作,服务全省经济、社会发展的大局,积极开展协商、议政活动,主要从三个方面展开:一是认真开好全体会议。省政协九届一次会议期间,委员们认真听取和讨论了省政府工作报告及其他报告,并就三农问题、区域经济协调发展、加快民营经济发展、实施科教兴粤战略和可持续发展战略、加强与港澳的交流与合作、依法治省与精神文明建设等关系全省经济社会发展的重大问题与省委、省政府领导及有关部门广泛讨论、协商,并以大会发言和提案等方式,提出了很多建设性的意见和建议。二是对常委会议政的专题精心筛选,精心组织。去年2月份,主席会议根据省委、省政府的决策和工作部署,经过反复研究、精心筛选,确定把"加快我省高等教育发展的若干问题"和"加快城镇化步伐,促进我省农村经济更快发展"两个专题,作为第二次和第三次常委会议的议政专题。为开好加快我省高等教育发展的专题议政会,省政协组成两个调研组,赴中山大学、深圳大学、广东外语外贸大学等八所普通公办高校和岭南、新安等四所民办职业技术学院进行深入的调研。会议期间,省政府领导同志到会作了关于广东高等教育的情况通报。经过认真讨论,形成了《广东省政协常委会议关于加快广东高等教育发展若干问题的建议》,提出了积极利用社会资金、扩大高校办学的自主权、鼓励扶持民办高校、采取多项措施尽快缓解师资紧缺的矛盾、优化高等教育的结构和布局、拓宽入口和疏通出口等意见和建议。省委主要领导对该《建议》作了重要批示,要求省教育厅研究处理。省政协九届三次常委会议就加快城镇化步伐、促进我省农村经济更快发展进行专题议政。会前,省政协组织几个调研组到全省不同类型地区作了深入的调研。会议期间,省委领导同志到会讲话,省政府领导同志作了关于我省推进城镇化工作的情况通报。常委们对这一专题进行认真的讨论,提出了坚持以工业化为核心,增强城镇的经济实力和产业基础;规划先行,按市场经济和可持续发展要求统筹城乡建设和发展;以创造良好的人居环境为中心,全面提高城镇生态环境质量;加大对山区和欠发达地区城镇化的扶持力度等建议。会后,向省委、省政府报送了《广东省政协常委会议关于加快我省城镇化发展若干问题的建议》,为省委、省政府及有关部门的决策提供了参考。三是就若干重大问题开展专题协商。去年,省政协选择我省经济社会发展中的一些重大问题,包括珠江三角洲城乡生活污水与垃圾处理、促进我省会展业健康快速发展、禁毒、文物保护和利用、加快台资企业在广东的发展等开展专题协商。每个专题都由副主席带队进行了深入的调研。在此基础上,召开了有省政府领导及有关部门负责同志参加的五次专题协商座谈会,并分别形成了主席会议建议。这些意见针对性、操作性较强,受到了省委、省政府的重视,省委主要领导在部分材料上作了批示,推动了相关工作的开展。如关于《政协广东省委员会主席会议关于进一步做好我省禁毒工作的建议》,省禁毒办对落实省领导批示,采纳省政协主席会议建议的有关情况,逐条作了回复。去年12月,省委张德江书记亲自带队到机关听取省政协对省委工作的意见和建议,对省政协一年来围绕中心,服务大局,积极履行职能所取得的成绩予以充分肯定。

（四）积极探索，民主监督渠道进一步拓宽。常委会积极探索民主监督的有效形式，拓展民主监督的渠道，加大民主监督的力度，主要表现在如下几个方面：一是加大提案办理力度，促进提案质量的提高。九届一次会议以来，委员以提案的形式提出意见和建议共516件，立案491件，其中以党派、团体名义提出的提案54件。所有提案均已办复。加大了重点提案办理的力度，进一步规范了重点提案的推选、审定、督办、办理程序。围绕党和政府的中心工作以及群众反映的热点问题，选出5件重点提案，由副主席分别领衔督办。在重点提案办理过程中，主办单位都确定了专门负责的领导和办理机构，制定详细的办理方案，并邀请政协领导、提案办理人及有关会办单位，共同协商办理措施，有力地推动了重点提案的办理落实。在抓好重点提案督办的同时，其他提案也得到了切实、认真的办理，整体办理质量得到提高。二是民主监督的形式有所创新。按照省委的要求，选派部分委员，由副主席带队，参加省直机关作风建设年活动督查组，对70个重点单位开展作风建设年活动的情况进行全过程指导、督查，帮助省直单位查找和解决机关作风存在的问题，并及时向省直机关作风建设年活动领导小组反馈意见。这次督查活动促进了有关单位改进工作、转变作风，是对民主监督形式的一次有益探索。根据省委主要领导同志的意见，为推动省委、省政府"十项民心工程"的实施，省政协组织五个视察检查组，由8位副主席带队，对珠海等10个市实施"十项民心工程"的情况进行视察检查。经过深入细致的视察、了解，形成10份专题报告送省委。这次视察检查活动促进了各地加快实施民心工程的步伐。三是通过多种渠道反映社情民意。报送信息224期，其中报全国政协32期，省委采用134期。通过"直通快车"向省委报送委员重要建议16件。这些信息所反映的意见和建议，对促进我省经济社会发展，维护社会稳定发挥了积极作用，也为党政部门掌握情况、改进工作提供了参考。我会主办的《同舟共进》杂志，积极反映社情民意，针砭时弊，开展理论探讨，弘扬先进文化，发挥了民主监督作用。四是广泛开展调研、视察活动。围绕常委会议政和专题协商座谈会的有关专题，以及促进非公有制经济发展的法律环境、我省精神卫生状况、科研院所推进改革的情况等开展了专题调研。根据省委的意见和省政协的工作安排，组织委员进行了五次专题视察。由省政协副主席带队，分别就我省开展农村合作医疗、公安机关开展警务活动公开化制度化规范化建设、部分山区市县落实减免农村贫困学生书杂费政策、东深供水工程建设、广湛高速公路建设等方面的情况进行了较为深入的调查研究，写出了专题视察报告，供省委、省政府参考。组织了二十三个视察团，分赴全省各地开展多方面视察。视察内容包括农村税费改革、规范农村土地流转、加快我省民营经济发展、《广东省人口与计划生育条例》的实施、解决群众饮水难问题、司法系统开展法律援助等群众关心的热点问题，共撰写视察报告二十三份。许多视察团通过视察，对当地的相关工作提出了中肯的意见和建议，受到了当地党政领导和有关部门的重视。通过视察，也为委员们了解省情民情，提高参政议政水平创造了条件。

（五）和衷共济，在抗击非典斗争中发挥积极作用。去年上半年，全国暴发了罕见的非典型肺炎疫情。我省各级政协组织和广大政协委员按照省委、省政府的统一部署，积极投入到抗击非典的斗争中，发挥了重要作用。在抗击非典的紧张阶段，省政协向在抗击非典第一线的政协委员发出了慰问信，对他们无私奉献的精神表示崇高的敬意,并通过他们向全体战斗在第一线的医护人员表示衷心的感谢。在抗击非典期间,由省政协副主席带队,组织委员视察了第九十三届中国出口商品交易会,对参展单位和工作人员表示慰问和鼓励。为积极配合省委、省政府抗击非典工作,省政协发挥人才荟萃的优势,召开医卫界部分委员座谈会,围绕做好非典防治工作提出了很多很好的意见、建议,并及时以书面形式报送省委、省政府。省委省政府主要领导同志很快作出批示,高度评价政协委员所提的意见、建议,并要求有关部门认真研究落实。为抗击非典,广大政协委员慷慨解囊,奉献爱心,踊跃捐款捐物。省政协港区委员捐资200万元作为广东中西医结合抗击非典的专项基金。为讴歌战斗在抗"非"第一线的广大医护人员,省政协出版了《伏魔战歌》一书,并向一线医护人员赠送8000多册。在抗击非典期间,省政府领导到省政协向在穗的省政协常委和全国政协委员通报我省防治情况,为政协委员参政议政创造了条件。

(六)高举爱国主义和社会主义旗帜,促进爱国统一战线的巩固和发展。省政协高举爱国主义和社会主义两面旗帜,突出团结、民主的主题,促进爱国统一战线的巩固和壮大,为维护我省团结稳定繁荣的大局、推进祖国和平统一大业发挥了积极作用。常委会十分重视在各项工作和活动中加强与省各民主党派、工商联的联系,邀请他们参加专题协商座谈会、学习讨论会,并就共同关心的问题联合开展调研。省政协领导还多次邀请省各民主党派和工商联负责人座谈,及时沟通情况,协商问题,听取意见。此外,还定期召开省政协、各民主党派和工商联秘书长座谈会,加强了相互的联系与合作,增进了统一战线内部的团结。为加强与各界人士的团结,省政协开展了多方面的工作。如牵头举办了广东省各界人士迎春茶话会和纪念孙中山先生诞辰137周年活动。"省政协情系山区演出团"赴五华、兴宁、梅县等地开展送戏下乡活动。与省妇联联合举办广东省各界已故知名人士亲属迎春茶话会。举办了"政协杯"高尔夫球友谊赛和台球赛等。一年来,征编出版文史资料工作成效显著。共征编、整理各类史料稿件500多万字,发挥了"存史、资政、团结、育人"的作用。进一步加强了与港澳台侨同胞的联谊工作。省政协领导、机关和专委会领导赴港澳看望委员,通报省政协工作情况,听取意见,加强了与港澳委员及有关社团的联络。此外,组织香港委员赴京拜访了全国政协、中央统战部、国务院港澳办等部门,就促进香港繁荣稳定,加强香港与内地经贸合作等问题进行了交流。随后还组织港区委员赴山东省考察。在省内,组织港澳委员视察了东深供水工程和湛江等地,加深了港澳委员对我省各地投资环境和经济发展情况的了解,促进了港澳与粤西地区的经济合作。在做好台胞、侨胞联谊工作方面,省政协加强与省有关部门的联系,协助台胞解决一些实际困难。与致公党中央和有关部门联合举办了纪念著名侨领司徒美堂诞辰135周年活动,认真做好海外侨团和嘉宾的接待工作。省政协领导还出席了全球越柬老华侨华人恳亲大会和世界越棉寮华人团体联合会第十一届会员代表大会。通过这些活动,促进了海内外中华儿女的大团结、大联合,对反对"台独",推进祖国的完全统一大业起到了积极的作用。在开展对外交往方面,一年来,接待了全国政协邀请来访的波兰参议院代表团、泰国议会代表团和斐济议长一行。组团赴南非等国进行了友好访问。通过这些工作,活跃了对外友好交往,扩大了人民政协的影响。

(七)加强对市县政协的联系与指导,重视与兄弟省(区)市政协的经验交流。通过邀请全国政协委员和市、县(区)政协主席列席全体会议、常委会议等形式,及时通报中共中央和省委有关政协工作的指示,以及全省政协工作的情况。省政协领导和机关领导经常深入市县政协调研,了解市县政协的工作情况,广泛听取意见。省政协有关专委会也召开了对口会议,及时与市县政协相关部门沟通情况,交流经验,研讨问题,有的还与市政协联合开展专题调研,密切了与市县政协的联系和协作。为加强对市县政协干部的培训,省政协办公厅与省委党校联合举办县级政协主席培训班,与省社会主义学院联合举办政协干部培训班,组织4批各级政协干部参加全国政协干部培训班的学习。内部刊物《广东政协》加强了理论研究、政策宣传和经验交流,起到了积极的指导作用。省委和省政协领导出席了全国政协在苏州召开的政协章程修改工作座谈会,并作大会发言。接待全国政协及兄弟省(区)市政协来粤考察团组180余批。各专委会和机关有关部门的同志也到外省学习兄弟省(区)市政协的工作经验,对推动我省政协工作产生了积极作用。

(八)加强自身建设,改进机关作风。九届省政协在开局之年,加强了委员的学习培训工作,组织了对各专委会主任和委员的培训。委员们通过学习,加深了对政协历史、地位、作用和基本职能的认识,进一步提高了坚持共产党领导的多党合作和政治协商制度的自觉性,增强了大局意识,提高了参政议政的积极性。积极配合全国政协做好政协章程的修改工作,召开了多次座谈会,认真听取省各民主党派、工商联、无党派人士和地级以上市政协的意见,在此基础上提出了关于政协章程的修改意见,经省委常委会议讨论后,上报全国政协。为加强机关的思想建设、作风建设和制度建设,按照省直机关作风建设年活动的要求,省政协机关干部认真学习胡锦涛总书记"七一"重要讲话,加深对"三个代表"重要思想科学内涵与重大意义的理解,增强了实践"三个代表"重要思想的自觉性。按照创新观念、创新体制、创新服务和优化发展环境的要求,发动干部群众查找差距,以创新和求实的态度抓好整改,着力解决影响机关建设的一些突出问题。以建设服务型机关为目标,采取有力措施,加强了领导班子建设,建立与完善有效的办事程序和工作机制。机关工作人员增强了服务意识,机关作风得到改进。去年省政协的工作能够取得新的进展,是中共广东省委正确领导的结果,是省政府和社会各方面大力支持和配合、政协各参加单位和全体委员共同努力的结果。

第二部分:2004年工作意见

(一)深入学习"三个代表"重要思想,在实践中认真贯彻落实。(二)落实全省政协工作会议精神,开创我省政协工作新局面。(三)围绕省委省政府的中心工作和群众关心的热点、难点问题,积极建言献策。(四)进一步探索民主监督的有效形式。(五)努力促进爱国统一战线的巩固和发展。(六)进一步加强政协自身建设。

【组织概况】

主席补选名单(2004年2月13日九届二次会议通过)

陈绍基

副主席补选名单(2004年2月13日九届二次会议通过)

李统书

秘书长补选名单(2004年2月13日九届二次会议通过)

杨　懂

常务委员增选名单(2004年2月13日九届二次会议通过)

仇水旺　李统书　陈中秋　陈绍基
郭梓文　郭喜泉　盘建梅　梁　明

委员增补名单(2004年1月7日九届四次常委会通过)

陈绍基 李统书 黄煜祯 胡百龙
孔少琼(女) 黄惊雷 宋 亮
唐晓萍(女) 严瑋玉(女)
许宁生 郭清宏 陈建飚 陈中秋
赖悦辉 赵 健 邓 原 冯新送
钟康实 林 军 张春林 刘奕志
王扶松 陈建锋 林伟建 彭秋野
邵 忠 杨 松(女) 姚宇翔
林典来 黄绍龙 易洪深 卢景辉
陈景亮 龚俊龙 朱克林 释明慧(女)
王志高 赖益成 叶月坚 蔡仁秀
潘春青 李 瑞 欧汉波 关则双
冯汉辉 胡锡辉 曾百友 柯 带(女)
杨 海 许裕长 郭鉴泉 徐 峰
罗君美(女) 罗庆琮 邹锡昌
郭泽伟 张金善 林玫生 李子丰
霍丽斯(女)

副主席辞职名单(2004年2月13日九届二次会议通过)

朱小丹

秘书长辞职名单(2004年2月13日九届二次会议通过)

琚立铭

常务委员、委员辞职名单(2004年2月13日九届二次会议通过)

朱小丹 宋 海 李 嘉 李沛霖
钟小健

委员辞职名单(2004年1月7日九届四次常委会通过)

廖志刚 冯兆荣 陈桐荣 黄光苗
王敏贤(女) 区永熙 张华峰
叶顺兴(女) 林金城 陆 波

【广东省各级政协领导人名单】

广东省

政协主席

陈绍基

副主席

石安海 彭禹贤 韩大建
王珣章 王兆林 周天鸿
罗富和 姚志彬 陈蔚文
李统书

秘书长

杨 懂

广州市(副省级)

市政协主席

陈开枝

副主席

王德业 廖志刚 陈纪萱
冼若瑶(女) 张学政
李勤德 林生珠 傅汉洵
黎宝松 杨育铨 苏志刚

秘书长

黄继胜

区(市)政协主席

越秀区 宋江澎
东山区 官展平(女)
海珠区 庄国平
荔湾区 黄丽嫦
天河区 杨南聪
白云区 邝振标
黄埔区 杨 勇
芳村区 陈延铭
花都区 黄水记
番禺区 莫灿章
从化市 李玉宜(女)
增城市 徐金贵

深圳市(副省级)

市政协主席

李德成

副主席

刘 涛 廖军文 周长瑚
刘家琛 吴井田 王正明
邱 玫(女) 陶笃纯

李连和

秘书长

姚欣耀

区政协主席

福田区 吴连成

罗湖区 陈耀辉

南山区 彭文德

盐田区 张全方

宝安区 彭晋行

龙岗区 苏品宗

珠海市

市政协主席 余炳林

县(区)政协主席

香洲区 林伟明

斗门区 黄景湖

金湾区 王定一

汕头市

市政协主席 赖益成

县(市、区)政协主席

金平区 蔡廷和

龙湖区 林展宏

澄海区 陈细雄

濠江区 郭春兴

潮阳市 连少如(女)

潮南区 江 蟹

南澳县 柯锡春

韶关市

市政协主席 邓苏夏

县(市、区)政协主席

浈江区 赵炎伟

武江区 杨应光

曲江区 叶汉辉

乐昌市 李雄涛

南雄市 曾昭佑

仁化县 施大江

始兴县 阳日成

翁源县 刘卫标

新丰县 王必梅

乳源县 邓运良

河源市

市政协主席 黄煜祯

县(市、区)政协主席

源城区 刘 耿

东源县 魏阳兴

和平县 朱文金

龙川县 张志君

紫金县 叶就成

连平县 余金照

梅州市

市政协主席 魏潘尧

县(市、区)政协主席

梅江区 丘琳昌

兴宁市 彭旺贤

梅 县 李定凯

平远县 刘达裕

蕉岭县 宁全兴

大埔县 钟校柱

丰顺县 陈修想

五华县 傅运彬

惠州市

市政协主席 叶月坚

县(市、区)政协主席

惠城区 林玉坤

惠阳市 魏志业

惠东县 刘桂儒

博罗县 林畅雄

龙门县 杨绍冲

汕尾市

市政协主席 彭洪辉

县(市、区)政协主席

城区 吴通
海丰县 洪胜顿
陆丰市 黄陆火
陆河县 叶佐略

东莞市

市政协主席 袁李松

中山市

市政协主席 郑金钻

江门市

市政协主席 赵善祥
县(市)政协主席
蓬江区 张秀萍(女)
江海区 李灼冰
新会区 甄沃南
台山市 黄小玲(女)
开平市 周松镇
鹤山市 郭华超
恩平市 侯才长

佛山市

市政协主席 甄灿球
县(市)政协主席
禅城区 肖少华
南海区 谢兆镗
顺德区 杨肖英
高明区 吕耀江
三水区 刘宁

阳江市

市政协主席 周裕光
县(市)政协主席
阳春市 关则荣
阳西县 陈亨
阳东县 余天胜
江城区 林莲子

湛江市

市政协主席 黄国威
县(市、区)政协主席
雷州市 陈秀琴(女)
廉江市 宋圣全
吴川市 吴卫国
遂溪县 程南成
徐闻县 王天爱
赤坎区 叶春
霞山区 汪洋
坡头区 叶振宏
麻章区 余康培

茂名市

市政协主席 李瑞
县(市、区)政协主席
信宜市 刘显昌
高州市 陆植槐
化州市 陈有毅
电白县 杨景秀
茂南区 黎锐泰

肇庆市

市政协主席 蔡仁秀
县(市、区)政协主席
端州区 陈华
鼎湖区 李昌
四会市 吴水日
高要市 甘雄伦
广宁县 杨沛容
德庆县 李广宋
封开县 易维成
怀集县 钱卓先

清远市

市政协主席 梁戈文
县(市、区)政协主席
清城区 张春贤
英德市 吴树森

连州市 周永信
佛冈县 缪树森
清新县 苏桂明
连山县 韦承林
连南县 房卫民
阳山县 廖松华

潮州市
市政协主席 潘青春
县(区)政协主席
湘桥区 陈启茂
潮安县 黄楚臣
饶平县 余宣楷

揭阳市
市政协主席 欧汉波
县(市、区)政协主席
榕城区 谢炳芝
普宁市 刘惠光
揭东县 沈丁汉
揭西县 高银林
惠来县 朱炳坤

云浮市
市政协主席 梅任骏
县(市、区)政协主席
云城区 李宜佳
罗定市 朱子文
新兴县 梁锦波
郁南县 莫以哉
云安县 朱祖球

广东省各级政协组织和委员数

（截至2004年底）

级别 项目	省	副省级市	设区(县)的市	县(不设区的市、市辖区)	合计
组织数	1	2	19	120	142
委员数	891	950	6096	21416	29353

（李 军 编写 梁 川 审稿）

政协广西壮族自治区委员会

【全体委员会议】

九届二次会议 2004年1月6日至11日在南宁举行。应出席委员662人,实到644人。马庆生主席主持开幕会。会议听取了中共广西壮族自治区委员会书记曹伯纯所作的重要讲话,听取并审议了王汉民副主席代表常务委员会所作的《中国人民政治协商会议广西壮族自治区第九届委员会常务委员会工作报告》和潘鸿权副主席代表常务委员会所作的《中国人民政治协商会议广西壮族自治区第九届委员会常务委员会关于自治区政协九届一次会议以来提案工作情况的报告》。列席了自治区十届人大二次会议,听取并讨论了自治区代主席陆兵所作的《政府工作报告》和其他重要报告。会议期间,12位委员作了大会发言,56位委员作书面发言;共收到提案511件,立案496件。会议通过了《中国人民政治协商会议广西壮族自治区第九届委员会第二次会议政治决议》、《中国人民政治协商会议广西壮族自治区第九届委员会第二次会议关于常务委员会工作报告的决议》、《中国人民政治协商会议广西壮族自治区第九届委员会第二次会议关于自治区政协九届一次会议以来提案工作情况报告的决议》和《中国人民政治协商会议广西壮族自治区第九届委员会提案委员会关于自治区政协九届二次会议提案审查情况的报告》。马庆生主席在闭幕会上作了讲话。

【常务委员会会议】

第5次会议 2004年1月10日上午在南宁举行。应出席委员103人,实到79人。马庆生主席主持会议。会议听取了大会秘书长区品秋关于各组讨论情况的综合汇报;审议通过了《中国人民政治协商会议广西壮族自治区第九届委员会第二次会议政治决议(草案)》、《中国人民政治协商会议广西壮族自治区第九届委员会第二次会议关于常务委员会工作报告的决议(草案)》、《中国人民政治协商会议广西壮族自治区第九届委员会第二次会议关于自治区政协九届一次会议以来提案工作情况报告的决议(草案)》,《中国人民政治协商会议广西壮族自治区第九届委员会提案委员会关于自治区政协九届二次会议提案审查情况的报告(草案)》。上述草案将提请自治区政协九届二次会议审议。

第6次会议 2004年4月27日至29日在南宁举行。应出席委员103人,实到71人。马庆生主席主持会议。会议的主要议题是传达学习全国“两会”精神,围绕应对建立中国—东盟自由贸易区,办好中国—东盟博览会,加快广西经济社会发展建言献策。自治区副主席李金早以书面形式向会议通报了中国—东盟博览会筹备工作进展情况。会议听取了潘鸿权副主席关于以办好中国—东盟博览会为契机、抓住建立中国—东盟自由贸易区机遇、加快我区经济社会发展的调研报告,王汉民副主席关于出访缅甸、老挝和菲律宾三国情况的报告,组织了大会发言。会议经过充分讨论和研究,通过了《关于以办好中国—东盟博览会为契机,抓住建立中国—东盟自由贸易区机遇,加快我区经济社会发展的建议案》。会议通过了政协广西壮族自治区第九届委员会专门委员会副主任增补名单,决定增补刘维身为政协广西壮族自治区第九届委员会港澳台侨和外事委员会副主任;通过了陈听正不再担任政协广西壮族自治区第九届委员会常务委员、经济委员会副主任、委员职务的决定:通过了黄华宽、刘树森、陈秋华不再担任政协广西壮族自治区第九届委员会委员的决定;通过了陈崇法不再担任政协广西壮族自治区第九届委员会副秘书长职务的决定;通过了关于撤消廖春林政协广西壮族自治区第九届委员会委员资格的决定。马庆生主席在闭幕会上作了讲话。

第7次会议 2004年8月16日至18日在南宁举行。应出席委员103人，实到78人。马庆生主席主持会议。会议的主要议题是树立和落实科学发展观，借鉴长三角、珠三角发展经验，研究广西“十一五”发展思路。自治区副主席张文学应邀到会通报了全区上半年经济建设工作情况。会议听取了王汉民副主席关于借鉴长三角、珠三角发展经验，研究广西“十一五”发展思路的专题调研情况报告，组织了大会发言。会议就借鉴长三角、珠三角发展经验，对广西“十一五”经济发展思路进行了研究和探讨，审议通过了《关于广西“十一五”经济发展思路的建议案》。会议增补蔡永伦为政协广西壮族自治区第九届委员会委员；通过了政协广西壮族自治区第九届委员会专门委员会副主任增补名单，决定增补蔡永伦、欧阳斌南为政协广西壮族自治区第九届委员会经济委员会副主任。马庆生主席在闭幕会上作了讲话。

第8次会议 2004年12月22日至24日在南宁举行。应出席委员103人，实到81人。马庆生主席主持会议。会议的主要议题是研究探讨广西县域经济发展问题及审议自治区政协九届三次会议的有关文件。自治区副主席马飚应邀到会通报了广西县域经济发展情况。会议听取了卢湖山副主席所作的关于广西县域经济发展的调研报告，并就县域经济发展现状与对策提出了意见和建议。会议通过了关于召开自治区政协第九届委员会第三次会议的决定；审议通过了自治区政协第九届委员会常务委员会工作报告及报告人；审议通过了自治区政协第九届委员会常务委员会关于自治区政协九届二次会议以来提案工作情况的报告及报告人；审议通过了自治区政协第九届委员会第三次会议议程（草案）、日程；审议通过了自治区政协第九届委员会第三次会议秘书长、副秘书长名单；审议了自治区政协委员视察崇左、百色、贵港、桂林、北海、来宾等市的视察报告和自治区政协领导出访考察的情况报告。会议增补万朗、田建华、冯成善、郑皆连、谢景开、蔡江生为政协广西壮族自治区第九届委员会委员；通过了王武陵不再担任政协广西壮族自治区第九届委员会常务委员、委员的决定；通过了政协广两壮族自治区第九届委员会专门委员会副主任增补名单，决定增补谢景开为政协广西壮族自治区第九届委员会提案委员会副主任、蔡江生为政协广西壮族自治区第九届委员会社会和法制委员会副主任、万朗为政协广西壮族自治区第九届委员会港澳台侨和外事委员会副主任；通过了免去钟学荣的政协广西壮族自治区第九届委员会文史和学习委员会副主任职务的决定：通过了孙海宁任政协广西壮族自治区第九届委员会副秘书长、文子忠不再担任政协广西壮族自治区第九届委员会副秘书长职务的决定。马庆生主席在闭幕会上作了讲话。

【专门委员会工作】

提案委员会 全年收到提案562件，经审查立案的547件，其中民主党派提案105件、人民团体提案8件，办复率为100%。组织委员学习政协章程、提案工作条例及提案工作相关文件。走访自治区各民主党派，就进一步做好民主党派的提案工作进行座谈和交流。召开自治区各民主党派、人民团体和政协专门委员会提案工作座谈会，交流做好提案工作的经验。走访自治区水利厅和移民局，了解提案办理情况。举办全区政协提案工作研讨班，自治区各民主党派、人民团体和政协专门委员会及全区各市政协和部分县政协分管提案工作的领导和工作人员参加了研讨班，就中共十六大和十六届四中全会精神、全国政协第五次提案工作座谈会精神、提案工作业务知识、广西目前经济发展和社情民意情况进行了学习和研讨。参加中南六省区政协第15次提案工作座谈会，协办西部十二省区市政协提案工作座谈会。

经济委员会 组织委员学习中共十六大和十六届三中、四中全会精神，学习全国“两会”精神；赴广西沿边8个县(市、区)对边境贸易和边境旅游的发展问题进行了专题调研，形成了《关于广西边境贸易和边境旅游发展情况的调研报告》，自治区领导对调研报告作出批示，并转自治区商务厅、口岸办、交通厅、外事办、出入境检验检疫局、南宁海关等部门参阅；承办自治区“如何走新型工业化道路、加快工业化进程、提高工业化水平”的课题研究，组织全区各市政协经济委员会就该课题开展调查研究，并召开研讨会，提出意见和建议。参与常委会专题的调研工作，向常委会提交了《关于广西经济社会发展和“十一五”发展思路的调研报告》和《关于广西“十一五”经济发展思路的建议案》。

农业委员会 举办两次委员活动日，参观广西农业科学院工作成果，听取情况汇报，并就有关问题提交《关于建议南宁市修改相思湖新区建设规划，确保广西农业科学院科研用地的提案》；邀请自治区农业厅、水产牧畜局、粮食局负责人介绍广西农业、水产牧畜业生产情况和全区粮食工作情况，介绍全国农村税费改革会议精神，考察粮食部门企业。参与常委会专题的调研工作，向常委会提交了《借鉴长三角珠三角发展经验，创新广西“十一五”发展思路的考察报告》。组织委员就农业与农村经济形势问题赴崇左市和上思、宁明、大新三县进行调查，赴四川、江西、安徽等省进行考察，形成了《今年以来一市三县农业农村经济形势调查与分析》的调查报告。赴辽宁、吉林、黑龙江、河南四省考察农业与农村工作，形成了《关于借鉴外省经验促进广西农民增收的思路和建议》的考察报告，并在常委会上作了发言。

人口资源环境委员会 举办委员活动日，到井冈山进行革命传统教育。举办广西人口与计生形势讲座。组织委员到来宾、河池、柳州三市就石漠化情况进行调研，写出《关于西南石漠化防治列入国家西部大开发生态建设重点项目的调研报告》；到金秀、恭城、龙胜瑶族自治县就计生工作和人口出生性别比情况进行调研，写出《抓紧做好社会宣传和社会保障工作，促进广西人口出生性别比趋衡》的调研报告；对《中华人民共和国固体废物污染环境防治法(修订草案)》、《广西壮族自治区海域使用管理条例(草案)(征求意见稿)》、《南宁市城市市容环境卫生管理条例》进行讨论，提出修改意见和建议。提交3件有关广西文化资源、自然资源合理利用的提案，编辑《人口、资源、环境动态》4期。参加全国暨地方政协人口资源环境委员会工作培训。

教育科技文化卫生体育委员会 召开全区各市政协教科文卫体委员会联席会，就广西各市普九攻坚工作情况进行了探讨，提出意见和建议；参加西部12省市区政协职业教育专题研讨会，就广西职业教育现状与对策在会上作了交流。组织委员对广西中小学普九攻坚、农村体育工作进行调研，听取了自治区教育厅、体育局和农民体育协会的情况介绍，并到百色、贵港、南宁三市及所辖的四县(区)，桂林市及天等、德保、田阳、临桂、龙胜等县进行调研，撰写了《关于广西普九攻坚工作情况的调研报告》、《关于广西农村体育现状及问题的调研报告》；到辽宁、吉林和黑龙江三省政协考察教科文卫体委员会工作，并写出考察报告。加强与对口部门的联系，走访教育厅、文化厅、卫生厅和体育局，了解相关事业的发展情况。牵线搭桥引资35万元为马山县新建一所小学，为河池、百色、天等、博白487名贫困生发放香港基础教育奖学金，协助委员引资6000万元在南宁建立一家药业公司。

社会和法制委员会 组织委员对行政绩效、未成年人犯罪及预防和处置群体性事件专题进行调研，撰写《关于推行行政绩效评价制度的建议》、《我区未成年人犯罪现状及防治对策》、《从源头上预防和处置群体性事件》的调研报告；对《广西壮族自治区关于预防和制止家庭暴力的决定(草案)》、《广西壮族自治区农业机械安全监督管理条例》、《广西壮族自治区海域使用管理条例(草案)》、《广西壮族自治区烟草专卖管理条例(草案)》及《自治区党委、自治区人民政府关于加强社会治安防范工作的意见》(征求意见稿)进行讨论，提出了修改意见和建议。参加西部省区市政协第八次社会和法制工作研讨会、全国政协社会和法制委员会专题研讨会。组织委员赴新加坡、马来西亚、泰国和港澳地区考察。

民族和宗教委员会 召开全体委员会议，学习全国"两会"精神和政协章程。组织委员到三江侗族自治县、龙胜各族自治县、富川瑶族自治县就县域经济发展状况进行考察，撰写了《关于三江、龙胜、富川自治县县域经济发展情况的考察报告》，参与常委会专题的调研工作，向常委会提交了《关于我区县域经济发展的调研报告》；到福建、浙江、安徽三省政协考察开展民族和宗教工作的经验，到内蒙古、山西、陕西三省区政协就政协开展民族和宗教工作及县域经济发展情况进行考察。参加全国政协举办的民族和宗教工作研讨班，并以《认真履行职能，积极建言献策，努力做好民族和宗教工作》为题在会上作了发言；参加全国部分省市区政协第六次民族和宗教工作研讨班，就进一步做好政协的民族和宗教工作在会上发言。

港澳台侨和外事委员会 一是开展学习活动。组织委员学习政协章程，学习胡锦涛同志在纪念人民政协成立55周年大会上的重要讲话。二是开展专题调研活动。与全区各市政协有关委员会联合就港澳委员在广西投资办实业的情况进行调研，提出意见和建议；就广西华文教育情况到广西有关大学、华侨学校进行调查，撰写调查报告并提交全国政协港澳台侨委员会；到崇左市就发挥边境贸易优势做好港澳台侨工作进行调研。三是开展"三个一"活动。围绕办好在南宁举办的中国—东盟博览会，在港澳委员及港澳台有关人士中开展"为办好中国—东盟博览会提出一条好建议、推荐一家知名企业参展，为广西引进一个投资项目"的活动，并到香港、澳门了解活动进展情况，有20多位委员及有关人士向自治区博览局提出了办好博览会的建议。四是组织出访、联谊活动。组团到港澳地区和新加坡、马来西亚、泰国、印度尼西亚等国家考察，接待来广西考察旅游的港澳台侨人士130多人次，参加了香港广西联谊总会活动。组织在桂投资的台商到钦州市开展联谊活动，参观了解该市改革开放和投资环境情况。

文史和学习委员会 一是学习方面的主要工作：举办全区政协文史和学习委员会干部研讨班，学习政协章程、文史和有关知识，交流开展文史和学习工作的做法和经验。协助办公厅及市、县(区)举办学习报告会，就学习政协章程与人民政协问题作了12场报告。编印《学习资料》12期。二是文史方面的主要工作：继续清理库存文史资料，编辑《新桂系纪实续编》；整理黄旭初日记；参加全国政协组织的文史大协作，完成《人民政协成立55周年》、《瑶族百年实录》的征稿和编辑工作。赴贵港、梧州、贺州、桂林、柳州等地，考察当地保护和利用文物资源，开展爱国主义教育与发展旅游业的情况，并写出考察报告。赴浙江、天津参加全国政协文史委员会召开的全国暨地方政协文史委员会主任会议和名人故居研讨会；参加中南、华东地区政协学习工作协作会议和西南、中南地区政协文史工作协作会议。

【重要活动】

纪念邓小平同志诞辰100周年座谈会 2004年8月19日在邓小平同志发动和领导百色起义、创建中国工农红军第七军的百色召开。马庆生主席，王汉民、梁超然、卢湖山、梁裕宁、徐文彦、章崇任副主席，办公厅和专门委员会领导、部分市、县(区)政协主席出席了座谈会，百色市委、市人大、市政府、市政协的领导也应邀出席座谈会。王汉民副主席主持会议，马庆生主席在讲话中指出，我们纪念邓小平同志，就要更加深入地了解邓小平理论的丰富内容和邓小平同志的丰功伟绩，更加充分地认识高举邓小平理论伟大旗帜，全面贯彻“三个代表”重要思想的深远意义，更加坚定走中国特色社会主义道路的信念；就要更好地学习邓小平同志关于新时期人民政协工作的重要论述，更好地坚持和完善中国共产党领导的多党合作和政治协商制度，更好地发挥人民政协在我区政治生活中的重要作用。座谈会上，百色市委书记梁春禄，自治区政协副主席、民盟广西区委会主委梁超然，百色市政协主席卢新贵，自治区政协文史和学习委员会主任程贞生先后发言。座谈会前，与会人员参观了红七军军部旧址、百色起义纪念碑和百色起义纪念馆，并向百色起义革命烈士敬献了花圈。

驻桂全国政协委员视察陕西 2004年10月10日至19日，以马庆生委员为团长的全国政协委员(驻广西)视察团，在陕西省就旅游资源开发利用情况进行了为期10天的视察。视察团先后深入西安、延安、咸阳、宝鸡等市的19个重点旅游景点和旅游设施进行实地考察，并召开座谈会11次，听取当地旅游部门对旅游资源开发利用情况的介绍，详细了解陕西省各地开发利用旅游资源好的经验、好的做法以及取得的成效。陕西省委书记、省人大常委会主任李建国，省政协主席艾丕善，省委副书记、西安市委书记袁纯清，省委常委、常务副省长陈德铭，副省长张伟分别会见了视察团全体成员，介绍了省、市旅游业发展情况。

发挥全国政协京外委员作用座谈会 2004年10月20日在广西北海召开。座谈会的主要内容是检查落实各地贯彻落实《政协全国委员会办公厅关于进一步发挥全国政协委员尤其京外委员作用的意见(试行)》的有关情况，探讨交流如何充分发挥全国政协京外委员作用的问题。全国政协副主席王忠禹主持会议并作了讲话。天津、辽宁、上海、河南、广东、海南、四川、陕西、广西等9省区市政协负责人出席会议，并分别在座谈会上发言。全国政协副秘书长赵喜明、李昌鉴，自治区政协副主席王汉民出席了会议。

全国政协副主席王忠禹赴广西考察 2004年10月19日至23日，全国政协副主席王忠禹在广西考察工作。自治区领导曹伯纯、马庆生、李纪恒、车荣福、温卡华、俞曙霞、梁超然、卢湖山、邓浦东、徐文彦等看望了王忠禹一行。自治区党委副书记刘奇葆、自治区政协副主席王汉民陪同考察。期间，王忠禹副主席到广西政协机关，看望主席、副主席和办公厅、专门委员会领导以及机关干部职工，与大家合影留念，并了解机关工作和办公设备情况。

全国政协委员视察广西 2004年11月16日至27日，以全国政协副主席陈奎元为团长的全国政协视察团，对广西内河航运资源的开发保护和利用情况进行了为期11天的视察。视察团听取了自治区副主席杨道喜关于广西内河航运资源开发利用有关情况汇报，前往百色、大化、贵港、桂平、梧州、桂林等市县视察了当地的水利、水电、航电枢纽、升船机、船闸、航道以及港口、码头。自治区党委书记曹伯纯会见了视察团一行。自治区政协副主席王汉民、潘鸿权陪同视察团视察。

西部十二省区市政协提案工作座谈会 2004年11月23日至27日在广西南宁召开。甘肃、云南、陕西、广西、新疆、内蒙古、贵州、宁夏、四川、西藏、青海、重庆等十二省区市政协领导和从事提案工作的同志出席会议,北京市政协应邀派员出席了会议。会议学习了全国政协第五次提案工作座谈会精神和贾庆林主席的重要讲话,总结交流了近年来提案工作的经验,就新形势下如何提高提案工作质量,特别是如何通过提案工作,落实科学发展观,推进科学决策、民主决策、依法决策,促进西部地区经济社会的协调发展、建设和谐社会,进行了交流和讨论。全国政协提案委员会主任傅杰在会上作了讲话,自治区副主席马飚在会上介绍了广西经济发展情况。

委员视察 全年共组织常委视察团、委员视察团、界别视察团9个,200名委员参加了视察,提交视察报告9份,内容涉及县域经济、内河航运资源保护与开发、高新技术产业园区、农村经济和农民增收、民营经济和国有企业改制等方面。还组织驻桂全国政协委员视察广西大型国有企业,并就视察中形成的重要意见和建议,以视察报告形式报送自治区党委、政府。马庆生主席,王汉民、俞曙霞、梁裕宁、徐文彦、章崇任副主席分别率团赴柳州、百色、贵港、桂林、北海、来宾、崇左等市视察。

对外交往活动 2004年9月14日至26日,以王汉民副主席为团长的广西政协代表团赴委内瑞拉、巴西就促进两国企业与广西企业的合作交流、推动广西农垦总公司与委内瑞拉剑麻开发合作项目进行考察。2004年11月13日至27日,以俞曙霞副主席为团长的广西政协考察团赴俄罗斯、丹麦两国就现代教育问题进行了考察。

【重要文件】

常委会工作报告(2004年1月6日)(摘要) 2003年工作的回顾:一、围绕发展大局,认真履行政治协商职能。坚持围绕中心,服务大局,把促进发展作为履行职能的第一要务,有组织有计划地推进政治协商,针对不同的协商层次和内容,充分运用全会、常委会、专门委员会等多种协商形式,使协商活动开展得生动活泼,富有成效。在九届一次全会期间,组织委员就自治区人民政府工作报告,自治区国民经济与社会发展计划执行情况及计划草案的报告,自治区财政预算执行情况及预算草案的报告,自治区高级人民法院、人民检察院的工作报告进行了认真协商讨论,提出了修改完善意见。选择人力资源开发与利用、发展民营经济扩大就业和再就业渠道、促进农民增收的问题,作为常委会专题协商议政内容。第二次常委会从深化体制改革,优化人才开发和使用环境,设立广西人力资源开发基金等方面提出建议;第三次常委会从拓宽就业空间,优化法制环境、政务环境等方面,为促进我区民营经济的发展建言献策;第四次常委会从统筹城乡发展、提高农民收入水平的角度,提出了扶持龙头产业推进农业产业化经营、尽快制定出台农村土地承包经营流转管理规定、加强农民外出务工的组织领导、加大财政金融对农业的投入力度、尽快免除农业特产税和免掉贫困县农业税、增加财政对农村教育的投入、加大扶贫力度等观点鲜明的建议。围绕法律法规的草案和修正案草案,有关专门委员会认真组织委员中的专家学者进行研讨,提出了意见和建议。二、积极求实探索,努力加大民主监督力度。坚持以协商讨论和批评建议为主要形式的民主监督,加大民主监督力度,鼓励支持政协组成单位和委员以提交提案、反映社情民意、参加视察等形式开展民主监督，使民主监督的质量和水平有所提高。加强了对提高提案工作质量的研究，不断强化质量意识，以高质量的提案展示委员参政议政的水平，以高质量的服务推动提案办理质量的提高。一年来，政协委员、参加政协的各民主党派和人民团体、政协专门委员会提交经立案办理的提案544件，就宏观性、全局性、经济和社会发展的重大问题提出书面意见和建议，为自治区政府及有关部门掌握实情、制定政策、改进工作起到了积极的作用。做好反映社情民意的工作，启动了政协信息专报快速通道，为党委和政府了解民情、体察民意、集中民智发挥了重要作用。一年来，收到反映社情民意信息615条，整理报送信息30期，对领导批示的社情民意，进行跟踪督办，促使一些关系百姓生计的实际问题得到重视和解决。围绕中心，着眼大局，组织委员视察，强化民主监督的实效性。一年来，共组织常委视察团、委员视察团、界别视察团21个，有360名常委和委员参加了视察，形成视察报告18份，就地方改革开放、经济和社会发展的重要问题提出了意见和建议。三、拓展工作领域，着力提高参政议政实效。在认真履行政治协商、民主监督职能的同时，积极拓展和延伸工作领域，断充实活动内容，广开言路，发挥政协特点和委员专长，开展了丰富多样的参政议政活动。通过交流各专门委员会工作情况，探讨加强和改进专门委员会工作的思路和方法，从思想上进一步明确了专门委员会在政协工作中的地位和作用、工作任务和工作方式，从而增强了专门委员会工作的责任感。专门委员会除承担常委会会议专题调研任务外，还根据各自特点，选择党政高度重视、群众普遍关注的问题，组织委员参与工业化、环境保护、公路东向通道、城市医疗服务体系、台资企业、民族文化资源、自然资源、革命和历史文物等15项专题调研活动。委员是政协工作的主体，把调动委员的积极性和创造性作为工作的出发点，在发挥界别优势方面作了一些尝试，为委员拓宽了知情献智的平台，为委员知情明政创造条件。四、突出团结民主主题，巩固发展爱国统一战线。团结和民主是政协工作的主题。重视政协各组成单位履行职能作用的发挥，积极做好团结各界、凝聚人心的工作，充分体现政协作为爱国统一战线组织、共产党领导的多党合作和政治协商的重要机构的作用。贯彻"长期共存、互相监督、肝胆相照、荣辱与共"的方针，运用各种形式，促进各党派团体和各族各界人士的团结合作。在各个界别之间、委员之间，提倡相互尊重、相互学习，多联系、多沟通、多交流，在合作共事中加深理解、增进共识。积极宣传贯彻中央的民族政策和宗教政策，认真反映少数民族和宗教界人士的意见和要求，重视发挥少数民族和宗教界委员的作用，促进了民族团结和社会稳定。五、积极开展联谊工作，努力扩大友好往来。人民政协有着广泛的联系面，充分运用这个有利条件，加强对港澳台侨代表人士的工作，最大限度地团结海内外各方面力量，不断增强中华民族的凝聚力。积极探索"一国两制"条件下联系香港、澳门特别行政区广西政协委员的有效形式。同时积极投身经济发展、社会进步事业，为特别行政区的繁荣稳定，为加强港澳和我区的交流与合作做出了应有的贡献。按照"和平统一、一国两制"的基本方针和现阶段发展两岸关系、推进祖国和平统一进程的八项主张，加强同台湾民间团体和人士的交往，发挥港澳委员和港澳人士以及海外侨胞的桥梁作用，积极开展反对分裂、促进祖国完全统一的工作，组织团组到台湾考察，增进相互了解，积极促进桂台间的联系与交流。根据自身特点,多渠道地开展对外友好交往活动,增进了国际社会对中国特别是对我区的了解,加强了同国外有关机构和人士的友好往来,扩大了政协的影响。六、加强学习和宣传,不断夯实工作基础。结合政协实际开展学习活动。通过学习,克服松懈和等待的心态,适应岗位和角色的转换,摒弃无所作为的思想,弘扬与时俱进的精神,增强了全面贯彻"三个代表"重要思想的自觉性,增强了贯彻执行共产党领导的多党合作和政治协商制度的自觉性,增强了履行政协职能的积极性和主动性。在政协章程修改工作中加强学习指导。通过学习,熟悉了统一战线和人民政协工作的理论政策和优良传统,掌握了政协工作的规律和方法,增强了做好政协工作的责任感和使命感。加强与各新闻媒体的沟通和联系。在报道重要会议和活动的同时,突出了政协履行职能的实效和影响。密切了同市县政协及全国、兄弟省区市政协的联系与协作。邀请市县政协主席列席自治区政协常委会议,及时通报中央和自治区重要会议精神、自治区政协工作情况。与市县政协及相关专门委员会开展联合调研、提案督办和专题研讨活动,促进了政协工作整体水平的提高。

2004年的工作任务:一、深入学习贯彻中共十六大、十六届三中全会精神。进一步增强坚持中国共产党领导,为全面建设小康社会服务的自觉性和坚定性;增强深化经济体制改革、促进经济社会全面发展的自觉性和坚定性;增强坚持依法治国基本方略,贯彻宪法的自觉性和坚定性。把各党派团体和各族各界人士的智慧和力量凝聚到中央、自治区决策和部署上来,形成促进深化改革的强大合力,把我区改革开放和现代化建设事业不断推向前进。二、围绕加快推进我区经济体制改革的重大问题建言献策。为推进实现宏观经济改革与微观经济改革相协调、经济领域改革与社会领域改革相协调、城市改革与农村改革相协调、经济体制改革与政治体制改革相协调,促进经济社会和人的全面发展提供广泛的智力支持。三、学习贯彻政协章程,继续推进政协工作规范化、制度化和程序化建设。克服和避免在政治协商民主监督方面的随意性,使中共十六大关于"支持政协围绕团结和民主两大主题履行职能"、"保证人民政协发挥政治协商、民主监督、参政议政的作用"的精神落到实处,推进人民政协事业的新发展。四、努力协助党委和政府协调关系、化解矛盾,维护民族团结和社会稳定。维护和发展民主团结、生动活泼、安定和谐的政治局面,以保证完善社会主义市场经济体制改革各项重大措施的顺利实施,为改革和发展减少阻力,增加动力,形成合力。五、继续做好联谊工作,促进实现祖国完全统一。要继续按照自治区外交工作总体部署,进一步发挥自身的特点和优势,不断开辟新的对外交往渠道,拓展新的对外交往领域,以中国—东盟自由贸易区建立及在南宁举办中国—东盟博览会为契机,按照自治区加强与东盟各国联系的工作思路,继续开展出访活动,与出访国相关机构和人士进行接触与交流,增进相互之间的友谊和信任,努力为促进我区创新区域合作机制、提高对外开放水平、提升国际竞争力创造更好的国际环境。六、继续加强自身建设,不断提高政协工作水平。要解放思想,与时俱进,勇于实践,大胆探索,加强政协理论研究,完善政协工作机制,整合政协组织的资源,突出整体功能,形成集合优势,切实发挥好委员的主体作用、专门委员会的基础作用、界别的纽带作用和各级政协的联动作用,不断提高履行职能的实效。

中共广西壮族自治区委员会书记曹伯纯在自治区政协九届二次会议开幕会上的

讲话(2004 年 1 月 6 日)(摘要) 全区各级政协组织和广大政协委员，要牢记使命，把学习邓小平理论和“三个代表”重要思想同学习贯彻中共十六大和十六届三中全会精神紧密结合起来，同全面建设小康社会的实践紧密结合起来，同统一战线和政协工作的实践紧密结合起来，牢牢抓住发展这个第一要务，发挥人才荟萃、智力密集的优势，开展形式多样、扎实有效的调研活动，努力建言献策，为各级党委、政府民主决策科学决策当高参、出良策。发挥联系广泛、位置超脱的优势，在我区进一步扩大对外开放中，特别是在引进资金、引进项目、引进人才等方面牵线搭桥、贡献力量。密切同各界群众的联系，了解民情、反映民意、集中民智。充分发挥人民政协协调关系、化解矛盾、理顺情绪、增进团结的作用，协助党委政府做好群众的思想政治工作，巩固和发展民主团结、安定和谐、生动活泼的政治局面，切实把各族群众的思想和行动统一到加快广西的改革与发展上来。同时，我们更热切地希望各位委员深入领会中央精神，紧密联系广西实际，对如何实现今年自治区党委、政府确定的工作目标出谋献策，为我区经济建设和社会发展多作贡献。

政治决议(2004 年 1 月 11 日)(摘要)

会议赞同自治区代主席陆兵所作的政府工作报告及其他报告。会议认为， 年来我区在加快富民兴桂新跨越、全面建设小康社会的征程中取得了显著成绩，全区民族团结，社会稳定，各项社会事业有新进展，可持续发展能力继续提高。会议认为，今年是全面落实中共十六大、十六届三中全会精神，深化改革、扩大开放、加快发展的重要一年。自治区政协各参加单位和全体政协委员，要紧紧抓住发展这个第一要务，树立全面发展、协调发展和可持续发展的科学发展观，围绕事关完善社会主义市场经济体制全局的重大问题、完善社会主义市场经济体制中的难点问题、涉及人民群众切身利益的现实问题，切实履行政治协商、民主监督、参政议政职能，为促进经济社会和人的全面发展作出新贡献；要坚持和完善共产党领导的多党合作和政治协商制度，牢牢把握团结和民主两大主题，把参加自治区政协的各党派各团体和各族各界人士的思想统一到加快发展上来，把智慧和力量凝聚到中央和自治区决策部署上来，形成促进深化改革的强大合力，积极促进社会主义物质文明、政治文明和精神文明协调发展；要高举爱国主义、社会主义的旗帜，把团结各界、凝聚人心的工作摆在突出的位置，调动一切积极因素，巩固和发展最广泛的爱国统一战线，不断为我区加快发展增添新力量，充分发挥人民政协协调关系、化解矛盾、理顺情绪、增进团结的作用，自觉维护稳定，巩固和发展民主团结、生动活泼、安定和谐的政治局面；要在实践中积极探索、努力创新，推进政协工作制度化、规范化和程序化，使政协工作体现时代性，把握规律性，富于创造性。

【组织概况】

不再担任常委、委员职务名单

陈听正(2004 年 4 月 29 日第 6 次常委会议通过)

王武陵(2004 年 12 月 24 日第 8 次常委会议通过)

不再担任委员名单

黄华宽、刘树森、陈秋华(2004 年 4 月 29 日第 6 次常委会议通过)

撤销委员名单

廖春林(2004 年 4 月 29 日第 6 次常委会议通过)

增补委员名单

蔡永伦(2004 年 8 月 18 日第 7 次常委会议通过)

万朗(女)、田建华(满族)、冯成善(瑶

族)、郑皆连、谢景开、蔡江生(回族)(2004年12月24日第8次常委会议通过)

逝世委员名单

覃孟佳(2004.2)

【广西壮族自治区各级政协领导人名单】

广西壮族自治区

政协主席

马庆生(回族)

副主席

王汉民 姜兴和 俞曙霞(女)

梁超然 卢湖山(壮族)

邓浦东 梁裕宁(女,壮族)

徐文彦 潘鸿权(壮族)

章崇任(回族)

秘书长

区品秋(壮族)

南宁市

市政协主席 张发良

县(市、区)政协主席

兴宁区 杨崇振

新城区 张宝昌

城北区 杨庆佳

江南区 杜惠南

永新区 李乃玲

邕宁县 邓 锋

武鸣县 莫兰明(女,壮族)

横 县 梁达溪

宾阳县 韦春林

上林县 韦日兴

隆安县 韦才团

马山县 梁正荣

柳州市

市政协主席 蒋纯基

县(市、区)政协主席

城中区 梁鉴泉

鱼峰区

马晓生(至2004年10月)

龚道静(2004年10月起)

柳南区 覃宣贤

柳北区 林杰党

柳江县 钟冠强

柳城县 张 青

鹿寨县 郑一鸣

融安县 龙功积

三江侗族自治县 韦宗超

融水苗族自治县 石统权

桂林市

市政协主席 吴旭敦

县(区、市)政协主席

秀峰区 邹瑞应

叠彩区 梁尚林

象山区 夏可忠

七星区 陆新元

雁山区 刘德本

阳朔县 邹延勇

临桂县 李恩旺

灵川县 卢新忠(瑶族)

全州县 蒋良嘉

兴安县 韩志华

永福县 徐元声

灌阳县 文家合

龙胜各族自治县 李兴业(苗族)

资源县 唐纯武

平乐县 赖善华

荔浦县 朱名江

恭城瑶族自治县 林中贤

梧州市

市政协主席 梁家智

县(市、区)政协主席

万秀区 何启树

蝶山区 罗超明

长洲区(郊区) 蒙丽群

苍梧县 李盛球

藤　县　　陈　华
蒙山县　　徐惠兰(女,壮族)
岑溪市　　梁树青

北海市
市政协主席　　宁　铿
县(市、区)政协主席
海城区
辛继斌(至2004年12月)
许光远(2004年12月起)
银海区　　林秀霞(女)
铁山港区　　黄润军
合浦县　　王伦才

防城港市
市政协主席　　黄荣明(壮族)
县(市、区)政协主席
港口区　　阮茂兴
防城区　　余立棠
上思县　　袁振华
东兴市　　毛　炎

钦州市
市政协主席　　熊武疆
县(市、区)政协主席
钦南区
冯保国(2004年9月起)
钦北区　　秦惠珍(女)
灵山县　　梁多英(女)
浦北县　　蒙子干

贵港市
市政协主席　　廖毅民
县(市、区)政协主席
港北区　　陆云松
港南区　　李林先
覃塘区　　蔡天秀
平南县　　彭雅联
桂平市　　许小红(女)

玉林市
市政协主席　　苏荣纲
县(市、区)政协主席
玉州区　　杨伟广
容　县　　黄汉生
陆川县　　王志娟
博白县　　凌世耀
兴业县　　黄万强
北流市　　张向明

百色市
市政协主席　　卢新贵(瑶族)
县(市、区)政协主席
右江区　　韦宗涛(壮族)
田阳县　　黄大章(壮族)
田东县　　罗有助(壮族)
平果县　　许忠实(壮族)
德保县　　梁　平(壮族)
靖西县　　赵庆廷(壮族)
那坡县　　莫启政(壮族)
凌云县　　罗　谦(壮族)
乐业县　　罗永交(壮族)
田林县　　李可田(壮族)
隆林各族自治县　　杨光富(苗族)
西林县　　黄少仑(壮族)

贺州市
市政协主席　　赖国荣
县(市、区)政协主席
八步区　　黄国翰
昭平县　　罗业祯
钟山县　　贝光辉
富川瑶族自治县　　唐辉文

河池市
市政协主席　　覃绍明
县(市、区)政协主席　金城江区
余广知
罗城仫佬族自治县　　谢士鸾(女)

环江毛南族自治县　周众意
南丹县　马世荣
天峨县　韦汉群
凤山县　王子开
东兰县　陈耀灵
巴马瑶族自治县　韦高新
都安瑶族自治县　蓝翠玉(女)
大化瑶族自治县　姚昌群
宜州市　罗启贵

来宾市

市政协主席
廖春林(至2004年2月)
冯成善(2004年2月起)
县(市、区)政协主席
兴宾区　覃文录(壮族)
象州县　陈启文(壮族)
武宣县　罗骏和(壮族)
金秀瑶族自治县　莫金梅(女,瑶族)
忻城县　黄维安(壮族)
合山市　谭尚仕(壮族)

崇左市

市政协主席
范乃武(自2003年7月起)
县(市、区)政协主席
江州区(崇左县)
李志林(自2003年8月起)
扶绥县　雷莲青(女)
大新县　梁华新
天等县　许汉丰
宁明县　陈维金(女)
龙州县　赵国忠
凭祥市　黄伟荣

广西壮族自治区各级政协组织和委员数

（截至2004年底）

项目 \ 级别	自治区	地级市	县	合计
组织数	1	14	109	124
委员数	666	4283	15929	20878

（彭燕萍　编写　陆荣甫　审稿）

政 协 海 南 省 委 员 会

【全体委员会议】

四届二次会议 2004年2月23日至27日在海口举行。四届省政协委员340名,出席会议305名。省政协主席王广宪,副主席洪寿祥、李明天、王辉丰、林安彬、伉铁保、符气浩、林栖风、肖若海,秘书长邱国虎出席会议。洪寿祥、林安彬先后主持了会议。中共海南省委书记汪啸风,副书记、代省长卫留成等省领导到会祝贺,并参加小组讨论和大会发言,听取了委员们的意见和建议。会议听取和审议了省政协主席王广宪代表常委会作的常委会工作报告和副主席肖若海代表常委会作的提案工作报告;列席海南省三届人大二次会议,听取和讨论了《政府工作报告》和其他报告。会议同意林方略辞去四届省政协常务委员职务,补选左传牛等四人为四届省政协常务委员。会议通过了《政协海南省第四届委员会第二次会议政治决议》。会议号召,全省各级政协组织和政协委员,紧密团结在以胡锦涛同志为总书记的中共中央周围,在中共海南省委的领导下,高举邓小平理论伟大旗帜,全面贯彻"三个代表"重要思想,解放思想,振奋精神,求真务实,扎实工作,为全面完成我省今年经济社会发展的各项任务,实现全面建设小康社会的宏伟目标而努力奋斗!

【常务委员会会议】

第4次会议 2004年1月15日在海口举行。应出席的常委会组成人员50名,到会38名。会议听取了代省长卫留成作关于2003年省政府工作基本情况和2004年省政府工作基本思路的通报,对省政府工作报告(征求意见稿)进行协商讨论。会议审议通过《关于召开政协海南省第四届委员会第二次会议的决定》,决定省政协四届二次会议于2004年2月14日至18日在海口召开,并原则通过了《政协海南省第四届委员会常务委员会工作报告》、《政协海南省第四届委员会常务委员会关于四届一次会议以来提案工作情况的报告》及提交省政协四届二次会议的有关文件。会议决定由王广宪主席代表常委会向四届二次会议作工作报告,由肖若海副主席代表常委会向四届二次会议作提案工作报告。会议同意张德强等12人辞去第四届省政协委员,决定增补强富朝等27人为第四届省政协委员。

第5次会议 2004年2月6日在海口举行。应出席的常委会组成人员50名,到会35名。会议决定海南省政协四届二次会议改为2004年2月23日到27日在海口举行,并审议通过了《政协海南省第四届委员会第二次会议日程(草案)》。

第6次会议 2004年2月26日在海口举行。应出席的常委会组成人员50名,到会38名。会议审议了政协海南省第四届委员会第二次会议选举办法(草案);审议了补选、增选第四届省政协常务委员候选人名单(草案),政协海南省第四届委员会第二次会议总监票人、监票人名单(草案);审议了政协海南省第四届委员会第二次会议政治决议(草案);审议了政协海南省第四届委员会第二次会议关于常务委员会工作报告的决议(草案);审议了政协海南省第四届委员会提案委员会关于省政协四届二次会议提案审查情况的报告(草案)。

第7次会议 2004年2月27日在海口举行。应出席的常委会组成人员50名,到会37名。会议审议通过了政协海南省第四届委员会第二次会议选举办法(草案);审议通过了补选、增选第四届省政协常务委员候选人名单(草案);审议通过了政协海南省第四届委员会第二次会议总监票人、监票人名单(草案);审议通过了政协海南省第四届委员会第二次会议政治决议(草案);审议通过了政协海南省第四届委员会第二次会议关于常务委员会工作报告的决议(草案);审议通过了政协海南省第四届委员会提案委员会关于省政协四届二次会议提案审查情况的报告(草案)。

第8次会议 2004年3月19日在海口举行。会议应出席的常委会组成人员53名,到会32名。会议听取省政协主席王广宪传达贯彻政协第十届全国委员会第二次会议精神和中共海南省委常委(扩大)会议精神,审议并原则通过《政协海南省委员会2004年工作要点》。

第9次会议 2004年7月19日、20日在海口举行。会议应出席的常委会组成人员53名,到会42名。会议听取省政协副主席洪寿祥传达政协第十届全国委员会常务委员会第六次会议精神,省政协各专委会负责人以及海口、澄迈、临高等市县政协的领导围绕"牢固树立和落实科学发展观,促进海南全面、协调、可持续发展"作了发言。

第10次会议 2004年10月9日在海口举行。会议应出席的常委会组成人员53名,到会39名。与会同志学习了《中共中央关于加强党的执政能力建设的决定》和中共十六届四中全会公报,学习了胡锦涛同志在庆祝人民政协成立55周年大会上的重要讲话,听取了省政协主席王广宪传达全国政协十届常委会第七次会议精神,省政协副主席林安彬以及部分常委围绕学习心得体会作了大会发言。

【专门委员会工作】

提案委员会 一是做好提案征集、审查、交办和催办工作。四届二次会议以来,共收到提案457件,经审查立案420件,并案7件。截至12月中旬,已全部办复,其中,所提问题已经解决或基本解决的99件,正在解决或列入计划解决的218件,因条件限制或其他原因需要以后解决的78件,未被采纳的25件。二是结合重点提案的办理,组织委员对发挥海南农垦在统筹我省城乡发展中的作用问题进行调研,为深化海南农垦改革提供决策参考。三是深入万宁市等部分市县召开提案工作座谈会,加强对市县政协提案工作的指导。三是组织委员到儋州市、五指山市检查《中共海南省委关于推进我省政协政治协商、民主监督、参政议政规范化制度化建设的意见》贯彻执行情况。

经济委员会 组织委员对海南钢铁公司重组改制问题、海南电力发展问题、海南农村基础设施建设问题等进行调研,形成3篇调研报告,为省政府及有关部门提供决策参考;组织委员对"南海观音"工程、海口经济职业技术学院、粤海铁路海口站、海南诚利集团等进行视察;组织委员到海口市、东方市、乐东县检查《中共海南省委关于推进我省政协政治协商、民主监督、参政议政规范化制度化建设的意见》贯彻执行情况;组织委员参与对《关于重视解决松涛水库周边移民长期存在饮水难问题的建议》重点提案进行协商督办;同省发展与改革厅、农垦总局、省国有资产管理委员会、省工业联合会共同举办"海南省创建学习型企业"活动和"中小企业与民营经济发展论坛"活动;开展委员活动日活动,专委会领导走访部分委员。

人口资源环境委员会 组织委员对地热资源开发利用问题、珊瑚礁生态保护和开发问题等进行调研,形成2篇调研报告,为省政府及有关部门提供决策参考;组织委员、省直有关单位负责人、新闻单位记者到万宁市治坡村毁林现场视察,并以协商座谈和提案的形式参与对治坡村毁林案的调查和反映,促进问题依法解决;组织委员赴云南、四川、重庆考察开发利用和保护旅游(地热)资源情况;组织委员到临高县、昌江县以及省国土资源环境厅、省人口计划生育局、水务局、省林业局、省地质勘查开发局检查《中共海南省委关于推进我省政协政治协商、民主监督、参政议政规范化制度化建设的意见》贯彻执行情况；组织委员参与对《关于建议省政府尽快查处万宁市治坡村毁林案的提案》进行视察督办；开展委员活动日活动，专委会领导走访部分委员。

教科文卫体委员会 组织委员与农工党海南省委员会、九三学社海南省委员会联合对海南农业科技推广情况、海南新型农村合作医疗试点工作情况进行调研，形成2篇调研报告，为省政府及有关部门提供决策参考；组织委员赴山东、安徽考察政协工作；组织委员到三亚市、万宁市检查《中共海南省委关于推进我省政协政治协商、民主监督、参政议政规范化制度化建设的意见》贯彻执行情况；与农工党海南省委员会、九三学社海南省委员会联合组织委员和医疗专家送医送药下乡，开展扶贫义诊活动。

社会和法制委员会 组织委员对海南户籍制度改革情况、海南农民工社会政策问题、海南省未成年人犯罪问题、海南贯彻执行《残疾人保障法》情况、海南再就业工作情况等进行调研，形成5篇调研报告，为省政府及有关部门提供决策参考；组织委员到保亭县、陵水县以及省高级人民法院、省人民检察院、省公安厅、省司法厅检查《中共海南省委关于推进我省政协政治协商、民主监督、参政议政规范化制度化建设的意见》贯彻执行情况；组织委员参与对《关于加强海南省基层派出所基础设施装备及经费保障问题的建议》重点提案进行协商督办；组织委员到西沙群岛、南新农场、新华安保公司视察；联合农工党海南省委员会、省戒毒指导中心等单位举办禁毒工作座谈会；认真做好信访工作，处理信访案件20多件。

民族和宗教委员会 组织委员对海南中部地区经济发展问题、海口和临高两市县宗教教产落实情况进行调研，形成2篇调研报告，为省政府及有关部门提供决策参考；组织委员到澄迈县视察民族工作；组织委员赴新疆、内蒙古考察政协民族和宗教工作；组织委员到琼中县、白沙县以及省民族宗教事务厅检查《中共海南省委关于推进我省政协政治协商、民主监督、参政议政规范化制度化建设的意见》贯彻执行情况；组织委员参与对《关于加强我省民族地区农村科技队伍建设的建议》、《关于整治昌江沿海荒漠地的建议》两个重点提案进行协商督办；参加在黑龙江省举办的全国部分省(市、区)政协第六次民族宗教工作研讨会；组织委员活动日；组织委员视察琼中县什运乡什统村委会文明生态村、乌石大边河水果基地。

文史资料委员会 征集史料100多篇，约100万字；正在编辑出版《海南文史资料》第十九辑，约30万字；参加全国政协文史委征集出版《人民政协纪事》工作，征集的史料《洋浦风波前前后后》被收录；参加全国政协文史委员会在浙江义乌召开的全国暨地方政协文史委员会主任会议；参加全国政协文史委员会在天津召开的名人故居研讨会，会后，开展了对海南名人故居的普查摸底工作，并着手征编名人故居资料；参加在四川举行的西南、中南政协文史工作第二次协作会议；组织委员对海南中部地区经济发展问题进行调研，为省政府及有关部门提供决策参考；召开全省政协第六次文史资料工作会议；组织委员到澄迈县、定安县检查《中共海南省委关于推进我省政协政治协商、民主监督、参政议政规范化制度化建设的意见》贯彻执行情况；组织委员到澄迈县视察大成殿、澄江里桥等古建筑。

港澳台侨外事委员会 组织委员赴广东省考察推进“9+2”区域合作进程、推进粤港合作以及政协工作情况,形成考察报告,为省政府及有关部门提供决策参考;主持召开省"五侨"单位座谈会,共同讨论海南侨资企业发展问题;配合有关单位做好第八届海南乡团联谊大会的筹备与服务工作;组织委员到文昌市、琼海市、屯昌县以及省台湾事务办公室、省外事侨务办公室检查《中共海南省委关于推进我省政协政治协商、民主监督、参政议政规范化制度化建设的意见》贯彻执行情况;配合省政协办公厅、省政府外事侨务办公室接待9批共百余人次港澳台侨客人;为港澳委员企业家在海南开展扶贫招工活动做好牵线搭桥和摸底登记工作。

【重要活动】

纪念邓小平同志诞辰100周年暨学习邓小平人民政协理论座谈会 2004年8月16日在海口召开。省政协副主席林安彬主持会议。省政协主席王广宪和有关方面人士在会上讲话,深切怀念邓小平同志的丰功伟绩和对人民政协事业发展做出的杰出贡献,对学习邓小平统一战线、人民政协理论和实践进行认真的交流,对新形势下如何开拓人民政协工作新局面问题进行探讨。

全省政协第六次文史资料工作会议 2004年9月6日在海口召开。省政协副主席李明天出席会议并讲了话。省政协文史委员会、各市县政协、各民主党派省委、省总商会(工商联)及省直机关有关单位负责人共60多人参加了会议。会议以邓小平理论和"三个代表"重要思想为指导,学习贯彻全国政协暨地方政协文史委员会主任会议精神,总结近年来的文史资料工作和部署本届政协文史资料工作任务,交流近年来全省各级政协开展文史资料工作的经验,研究新形势下如何进一步做好文史资料工作,动员和组织全省各级政协文史工作部门和有关方面的力量,推动文史资料工作继续创新、不断发展。

省委、省政协举行庆祝人民政协成立55周年座谈会 2004年9月21日在海口召开。省政协副主席洪寿祥主持会议。省委常委、统战部长王守初代表省委在会上讲话。省政协副主席林安彬、李明天和有关方面人士分别在会上发言。大家认真学习胡锦涛总书记在庆祝人民政协成立55周年大会上的重要讲话,回顾了人民政协55年来的光辉历程,畅谈人民政协事业发展的伟大业绩和16年来我省政协工作所取得的成绩、实践经验和体会。与会者纷纷表示,要围绕党和国家的大政方针,在认真做好建言献策的同时,始终心系普通老百姓安危,团结一心,开拓进取,求真务实,勤奋工作,为加快海南的发展做出更大的贡献。

中南六省(区)政协工作座谈会 2004年10月10日在海口举行。海南、广东、湖南、湖北、河南、广西等中南六省(区)的部分领导及有关人员出席会议。各省(区)政协领导分别在会上发言,交流本届省(区)政协换届以来围绕中心、服务大局的做法、经验和体会,探讨新形势下围绕中心、服务大局,提高政协履行职能实效的新途径。省政协主席王广宪在会上致辞。副省长刘琦应邀出席座谈会,并介绍了海南建省以来经济社会发展情况。

省政协香港委员座谈会 2004年11月17日在香港举行。省政协副主席洪寿祥向省政协香港委员通报了海南省2004年前三季度经济发展情况和省政协的工作情况。在港的省政协委员对海南的改革开放和现代化建设以及省政协的工作提出了意见和建议。座谈会由省政协秘书长邱国虎主持,4名在港省政协常委和14名委员出席了座谈会。

中共海南省委召开全省政协工作会议 2004年11月30日在海口举行。会议分别由中共海南省委副书记、省长卫留成，中共海南省委副书记罗保铭主持。会议的主要任务是：以邓小平理论和"三个代表"重要思想为指导，深入贯彻党的十六大和十六届四中全会精神，认真学习胡锦涛同志在庆祝人民政协成立55周年大会上的重要讲话精神，进一步贯彻落实《中共中央办公厅关于学习贯彻<中国人民政治协商会议章程>的通知》要求，总结交流近几年我省政协工作的经验，就进一步加强和改进党对政协工作的领导，推进政协履行职能的制度化、规范化、程序化，更好地发挥人民政协在全面建设小康社会进程中的重要作用进行全面部署。全国政协秘书长郑万通作了《关于人民政协理论和实践的几个问题》的专题报告。中共海南省委书记汪啸风、省政协主席王广宪分别在会上发表了重要讲话。中共海口市委、三亚市委、琼海市委、定安县委、白沙黎族自治县委，省政府办公厅、省发展与改革厅、省司法厅等8个单位的领导在会上作了典型发言。

发挥委员主体作用座谈会　2004年12月24日在海口举行。省政协主席王广宪、副主席洪寿祥、林安彬、肖若海，秘书长邱国虎以及17名省政协委员参加了座谈会。座谈中，省政协委员结合自己的工作实践，从不同角度畅谈了充分发挥自身优势，积极履行职责的经验和体会。省政协主席王广宪最后作了讲话，对换届以来省政协委员在履行职能中所取得的成绩和经验给予肯定，并对进一步发挥委员主体作用提出了具体要求。

【重要文件】

常委会工作报告（2004年2月23日）（摘要）　一年来，常委会以"三个代表"重要思想和中共十六大精神为指导，紧紧围绕省委、省政府中心工作，积极履行政治协商、民主监督、参政议政职能，各项工作稳步、活跃、有序地开展，为促进我省经济社会全面发展、维护改革发展稳定大局做出了积极贡献。

（一）加强学习，提高认识，适应新形势对人民政协工作的要求。通过专题讲座、研讨会、举办新委员学习活动、编发学习资料等多种形式，深入学习"三个代表"重要思想、中共十六大和十六届三中全会精神，学习党的统一战线理论和人民政协知识。结合贯彻落实中共海南省委四届三次、四次会议精神，召开专题研讨会，就新形势下如何创新省政协工作进行研讨。

（二）围绕加快我省经济社会发展建言献策。先后就农业、农村和农民工作，发展优势产业，实施人才强省战略，推进产权、制度创新，加快国企改革，促进非公有制经济健康发展等问题，召开了四届二次、三次常委会议进行广泛的协商和讨论，提出了具体建议。省政协四届四次常委会议围绕《政府工作报告》要点进行协商讨论，代省长卫留成到会通报情况，与委员们共商海南经济社会发展大计。省政协组织了两次规模较大的视察活动。一是组织常委视察洋浦经济开发区，二是组织省政协港澳委员对海南招商引资和投资软环境建设情况进行视察。还组织委员就提高我省境外游客比例、琼台农业合作、推进农村医疗卫生事业等问题进行调研，提出调研报告13份。

（三）在抗击非典的斗争中充分发挥政协优势。在抗击非典斗争的关键时刻，省政协分别向省政协委员和从事医务工作的省政协委员发出了公开信和慰问信，省政协领导还深入所联系的党派、团体、界别和联系点，号召全体省政协委员行动起来，以自身优势，为非典防治工作献计出力。广大委员和党派成员积极响应号召，不仅发挥专长、献计献策，而且纷纷投身抗击非典的公益活动，据不完全统计，共捐资捐物计1823.4万元。

（四）积极探索履行职能的新途径。四届一次会议以后，常委会积极组织委员开展政治协商活动，与党政有关部门对口协商19次，并在政治协商中实施民主监督，努力探索政治协商和民主监督相结合的新形式。

（五）坚持团结与民主两大主题，发展爱国统一战线。省政协注重发挥民主党派、总商会（工商联）与无党派人士在履行职能中的作用。积极支持和鼓励民主党派、总商会（工商联）对我省经济社会发展中的重大问题发表意见和建议。积极开展民族和宗教工作。多形式、多渠道地开展海外联谊和促进祖国统一工作。发挥文史资料团结育人的社会功能，完成30万字的《海南土改资料》的编辑、出版和发行工作。

（六）进一步加强与全国政协、兄弟省（区、市）和市县政协的联系和交往。

（七）加强提案和反映社情民意工作，拓宽社会主义民主渠道。省政协四届一次会议以来，共收到提案349件，立案317件，已全部办复。共编印《社情民意摘报》20期，《政协信息》62期。其中，关于生产防治非典产品企业非正常停产的问题，在《社情民意摘报》上反映以后，引起了省政府有关部门的关注，并得到了妥善解决。

（八）加强政协自身建设。常委会议和主席会议分别对《常务委员会工作规则》、《专门委员会通则》、《省政协领导干部学习制度》等7项制度进行了修订和制定，及时完成了8个专门委员会的组建工作，建立健全了专委会的各项规章制度。狠抓机关作风建设。政协宣传工作呈现出新的气象。

2004年的主要任务：（一）深入学习贯彻"三个代表"重要思想和中共十六大、十六届三中全会精神。（二）努力提高履行职能的能力和水平。（三）牢牢把握团结和民主两大主题，巩固和发展最广泛的爱国统一战线。（四）加大工作力度，推动政协自身建设再上新台阶。

中共海南省委书记汪啸风在全省政协工作会议上的讲话（2004年11月30日）一、充分认识新世纪新阶段加强人民政协工作的重要意义。第一，加强新时期人民政协工作是树立和落实科学发展观、全面建设小康社会的现实需要。第二，加强新时期人民政协工作，是落实基本政治制度、推进政治文明建设的具体实践。第三，加强新时期人民政协工作，是凝聚人心，实现大团结、大联合，构建社会主义和谐社会的客观要求。第四，加强新时期人民政协工作，是增强党的执政能力、巩固党的执政地位的重要途径。

二、各级党委要进一步加强和改进对政协工作的领导，为政协更好地履行职能提供有力保证。第一，要把加强政协工作作为党委统揽全局的重要内容。第二，要大力支持人民政协充分履行职能。第三，要以创新的精神推进政协工作的制度化、规范化、程序化。第四，要加强政协领导班子、政协委员和政协机关干部队伍建设。第五，要切实解决政协机关建设中的实际问题。

三、各级政协组织要切实加强自身建设，不断开创政协工作的新局面。一是团结人、凝聚人的工作要有新进展。二是协商监督工作要有新进展。三是建言立论工作要有新进展。四是反映社情民意工作要有新进展。当前，尤其要注意抓好三个方面的工作：第一，要抓好主体作用的发挥。第二，要抓好制度建设。第三，要抓好机关建设。

省政协主席王广宪在全省政协工作会议上的讲话（2004年11月30日） 一、近几年来全省各级政协工作的简要回顾。（一）围绕中心，服务大局，认真履行政治协商、民主监督、参政议政职能。（二）努力做好大团结大联合工作，巩固发展广泛的爱国统一战线。（三）发挥政协优势，努力做好港澳台同胞和海外华侨华人联谊工作。（四）努力为经济发展和社会进步办实事。（五）自身建设进一步加强。

二、求真务实，开拓创新，把我省政协工作提高到一个新水平。（一）坚持和依靠党的领导，确保政协工作正确的政治方向。（二）围绕中心、服务大局，认真履行政协职能。（三）牢牢把握团结和民主两大主题，巩固和发展最广泛的爱国统一战线。（四）加强制度建设，推进履行职能的制度化、规范化、程序化。（五）大力加强政协自身建设，不断提高履行职能的能力和水平。

【组织概况】

常务委员增选补选名单（以下为2004年2月27日省政协四届二次会议通过）

左传生　庄子通　郑庭锦　强富朝

不再担任委员名单（以下为2004年1月15日省政协第4次常委会议通过）

张德强　周庆年　邓全施　黄良照（黎族）
符桂和（黎族）　陈显春　蒋应雄
王若娴（女）　刘明炎　韩兰丰
郑世能　符雅芳（黎族）

替补、增补委员名单（以下为2004年1月15日省政协第4次常委会议通过）

强富朝　蒋志敏　刘纪鹏（满族）
郑绍儒　苏庆兴（黎族）　欧德荣
王仕锦　周　云　林北川　张　萍（女）
王美珍（女）　雷大宪　林天学（黎族）
黄文胜（黎族）　王光业（黎族）
林宏杰　龙仕忠　符元生（黎族）
符凤莲（女，黎族）刘远生（苗族）
汤旭东　王传荣（女）　宋世锋
赵建平　陈嘉新　张海山　符之冠

【海南省各级政协领导人名单】

海南省

政协主席

王广宪

副主席

洪寿祥　李明天（苗族）
吴葵光　王辉丰　林安彬（回族）
伉铁保　符气浩　林栖凤（女）
肖若海

秘书长

邱国虎

海口市

市政协主席　郑绍儒

三亚市

市政协主席　苏庆兴

县（市）政协主席

五指山市　王永兴
文昌市　林明利
琼海市　王振芳
万宁市　欧德荣
儋州市　张乾造
东方市　文其光
澄迈县　文丁开
乐东黎族自治县　林吉文
定安县　洪大华
屯昌县　王仕锦
临高县　刘志强
陵水黎族自治县　苏光明
昌江黎族自治县　钟文秋
白沙黎族自治县　符儒定
琼中黎族苗族自治县　邱育斌
保亭黎族苗族自治县　周　云

海南省各级政协组织和委员数

（截至 2004 年底）

级别 项目	省	地级市	县(县级市)	合计
组织数	1	2	16	19
委员数	340	456	2314	3110

（王龙壮　编写　钟　彪　审稿）

政 协 重 庆 市 委 员 会

【全体委员会议】

二届二次会议 于2004年1月4日至10日在重庆举行。会议应出席委员821名,实到776名,因病因事请假45名。中共重庆市委、市人大常委会、市人民政府及驻渝部队和政协原重庆市第一届委员会的主要领导出席了开幕式和闭幕式。市级各主要部委办局负责人和在渝的十届全国政协委员列席了会议。

大会开幕式由市政协主席刘志忠主持。会议听取并审议了陈邦国副主席代表政协重庆市第二届委员会常务委员会所作的工作报告,窦瑞华副主席代表政协重庆市第二届委员会常务委员会所作的提案工作报告;列席了市二届人大二次会议,听取并协商讨论了市政府工作报告及计划、财政、移民工作报告,协商讨论了市高级人民法院工作报告和市人民检察院工作报告;讨论了2004年市政协工作要点;审议并通过了市政协二届二次会议决议、市政协二届二次会议关于二届常委会工作报告的决议、市政协二届二次会议关于二届常委会提案工作情况报告的决议。大会共收到68篇发言稿,24位委员小组召集人或小组推选的代表在大会上作了小组讨论情况综合汇报。大会共收到提案1693件,经提案委员会审查立案1516件,其中集体提案316件。举行了联组讨论、大会发言、提案现场办理,组织市政协港澳委员开展了视察和交流座谈活动。在闭幕式上,中共重庆市委书记黄镇东和市政协主席刘志忠分别作了重要讲话。

【常务委员会会议】

第6次会议 2004年1月8日召开。会议听取了关于市政协二届二次会议情况的综合汇报;审议并通过了二届市政协提案委员会关于二届二次会议提案审查情况的报告;审议了市政协二届二次会议决议(草案)、市政协二届二次会议关于二届常委会工作报告的决议(草案)、市政协二届二次会议关于二届常委会提案工作情况报告的决议(草案)。市政协主席刘志忠主持会议。

第7次会议 2004年3月25日召开。会议听取了市政协副主席陈邦国、夏培度关于《中共中央办公厅关于学习中国人民政治协商会议新修改的政协章程的通知》和全国政协十届二次会议精神的传达;学习讨论了新修订的宪法和政协章程。市政协主席刘志忠主持会议并作了重要讲话。

第8次会议 2004年6月23日至24日召开。会议传达了市委第二次政协工作会议精神;讨论了如何树立和落实科学发展观问题;审议通过了有关人事事项。会议分别围绕坚持以经济建设为中心,增强可持续发展能力;坚持城乡协调发展,解决“三农”问题;坚持区域协调发展,统筹我市三大经济区的发展;坚持经济社会协调发展,促进社会全面进步;坚持改革开放,提高对外开放水平等五个专题开展了专题讨论。共收到47份发言材料,有28个单位或个人在会上进行了交流发言。市委副书记邢元敏到会听取意见并作了重要讲话,市政协主席刘志忠作了总结讲话。

第9次会议 2004年9月29日召开。会议听取了市委副书记姜异康关于中共十六届四中全会精神的传达;听取了市政府副市长童小平关于我市当前的经济形势,市发改委主任于学信关于贯彻中央宏观调控的政策措施,市政府秘书长陈和平关于提案办理情况,市政协副主席李兵关于市政协党组民主生活会情况的通报;审议通过了有关人事事项。会议还分组讨论了如何贯彻落实中共十六届四中全会精神、如何进一步贯彻中央加强宏观调控方针政策,促进我市经济快速、健康发展的问题。市政协主席刘志忠主持会议并作了重要讲话。

第10次会议 2004年12月17日召开。会议听取了市政协二届三次会议筹备情况汇报，决定市政协二届三次会议于2005年1月11日至16日举行；审议通过了政协重庆市第二届委员会常务委员会工作报告及报告人，政协重庆市第二届委员会常务委员会关于政协二届二次会议以来提案工作情况的报告及报告人，市政协二届三次会议议程（草案）、日程、列席人员范围、各次大会主持人名单；会议还审议通过了有关人事事项，审议了市政协2005年工作要点。市政协主席刘志忠主持会议。

【专门委员会工作】

提案委员会 二届一次会议以来共收到提案1693件，立案1516件。截至2004年12月31日，所有提案全部办复。其中，所提问题得到解决或基本解决的为20%，列入工作计划正在或即将解决的为67%，以后解决的为13%。市政协主席会议、主席、副主席和专门委员会分别对22件重点提案进行了督办；市政府有关领导对9份重点提案进行了阅批；先后派员参加了承办单位组织的各类办理座谈会、协商会30多次，协助承办单位办理落实提案建议；首次分组走访了15个承办提案较多的单位；首次将提案纳入各专门委员会年终视察的内容；首次在互联网上进行提案提交和提案查阅；召开集体提案座谈会，选择部分提案进行点评；制定了《政协重庆市委员会优秀提案评选表彰试行办法》。

学习及文史委员会 组织开展了“重庆历史文化名镇和传统风貌镇的现状及保护对策”及“重庆十大旅游精品系列工程”专题调研，并与市政府相关部门进行了对口专题协商；提出了《关于加强重庆历史名城宣传工作的建议》等8件集体提案；督办了《关于尽快修编〈重庆历史文化名城保护规划〉的建议》、《关于振兴我市传统工艺美术产业的建议》2件重点提案；制定了《〈重庆旅游文史系列丛书〉编辑实施指导意见》，并完成巴南、合川卷的组稿送审工作，完成了《重庆民营企业创业纪实》中的“重庆市工商联会长、副会长专集”组稿工作；征集出版了《重庆文史资料》第8辑，启动了《三峡工程移民纪实》丛书的有关协调工作；承办了市政协“庆祝人民政协成立55周年书画展”。

经济委员会 进一步开展了“加快重庆新型工业化发展”专题调研，先后召开了6次专题研讨会、论证会，形成并向市政府报送了《加快重庆新型工业化发展的补充意见和建议》；同有关部门开展了联合调研，提出了“做大做强重庆汽车摩托车产业、建设北部新区汽车城的相关政策措施”和“加强三峡库区基础设施建设，加大产业调整布局力度，把库区建设成国家级生态经济特区的建议”；组织委员分别对食品生产厂和西部药城、水轮机厂的信息化改造、菜园坝大桥和三峡博物馆等进行了视察，提出了意见建议；督办了“加强食品卫生管理、规范食品市场秩序”、“关于在推进城镇化进程中适当发展就业型企业的建议”、“关于加强对民工权益保障的提案”、“关于加快深化市属国有商贸企业产权制度改革”、“关于张关风景区污染治理建议”5件提案。组织委员赴成都、广西、海南考察。

农业委员会 组织开展了“三峡库区产业空虚化”、“加强我市粮食综合生产能力建设”、“推进我市农业业主承包经营”、“水利工程供水水价”等专题调研，向市政府及有关部门报送了相关的专题调研报告；组织委员对农业机械化、供销社“两社两化”、农产品加工业、农作物种子市场管理等工作情况进行了视察，提出了意见建议；督办了“关怀农村弱势群体，建立农村社会保障体系”、“关于彻底解决农村人畜饮水问题”2件提案；参与了对有关区县和部门贯彻落实市委第二次政协工作会议精神情况的督查，参与了市政协民主评议市政管理委员会工作和关于进一步改善我市对外开放投资环境的专题调研，提出了意见建议；组织委员赴江苏、新疆考察。

城乡建设环境保护委员会 牵头组织市政协各组成单位和有关专门委员会，开展了对市政管理委员会工作的民主评议，起草了报送市委的《关于开展民主评议市政管理委员会工作的情况报告》；组织开展了"关于我市土地资源可持续合理利用与集中整治储备"、"关于加快我市山水园林城市建设步伐"、"关于加强城市安全防灾体系及应急机制建设"等专题调研，在有市委、市政府领导及有关部门参加的专题协商会上发表了意见建议，并向市委报送了调研报告；组织开展了"城镇化发展及其扶持政策落实情况"、"库区城镇占地移民后期扶持问题"、"城市净水工程和排水工程建设情况"、"主城区净空工程进展情况"、"菜园坝、石板坡长江大桥建设情况"和"长生桥垃圾场周边环境污染及生猪定点屠宰问题"等专题调研，形成并向市政府及有关部门报送了相关专题调研报告；督办了"梁滩河流污染综合整治"、"加强户外广告设置管理"2件提案；参加了"解决库区产业空心化问题"调研及专题协商通报会，形成了专题报告和关于发展旅游产业的调研报告；参加了市委、市政府组织的园林绿化"三创"检查、区县主要领导环保实绩考核、城镇化发展情况等有关工作情况检查论证活动，发表了意见建议；组织了关于迎接亚太城市市长峰会及整治市容环境工作的情况通报会，参加了国土资源管理体制改革和城市形象设计等征求意见活动；组织委员先后赴上海、浙江、福建等省市政协调研，形成了调研报告。

科教文卫体委员会 组织开展了"我市农村义务教育"、"三大科技平台建设"2项专题调研，形成了《关于我市农村义务教育存在的问题及意见建议》；参与了"农村体育工作发展情况"、"职业教育与西部大开发"、"信息化建设"、"市容市貌环境卫生"4项专题调研，形成了《关于重庆市农村体育工作的调研报告》、《关于重庆市职业教育的调查报告》、《关于加快信息化建设，带动工业化发展的研究》的报告、《关于市容市貌环境卫生工作专题调研报告》；开展了"农村出生婴儿性别比"、"农村卫生厕所建设"、"三峡博物馆布展"、"普通高校招生录取现场"、"广电广告播放管理"、"中医药高等教育发展"等15项专题视察，提出了意见建议；举办了关于我市生产力促进中心建设、职教改革发展、农村富余劳动力转移培训教育、文化体制改革、网吧整治、医院改革与发展、传染病救治体系建设和艾滋病防治等方面工作座谈会或情况通报会；督办了"关于解决重庆市贫困人口医疗保障问题的建议"、"拆迁房评估机构的公信度"2件提案；召开了市级对口部门负责人和办公室主任联席会议。

社会法制委员会 组织开展了"未成年人法律保护问题"专题调研，形成了《营造环境，强化责任，完善制度，狠抓落实——未成年人的法律保护专题调研报告》；参与了"大力发展我市劳动密集型产业"、"进一步改善我市对外开放投资软环境"、"打击制售假冒伪劣商品侵犯知识产权工作"等专题调研，形成并向市政府报送了相关调研报告；开展了对残疾人生产、生活、公安消防工作、监狱体制改革试点工作、公安队伍建设、劳教工作、福利事业和福利彩票发行工作情况的视察，提出了意见和建议；参加了对市政管理委员会工作的评议调研，形成了《完善职能 创新机制 依法行政 加强监督》调研报告；督办了《关于继续贯彻中共中央1999年6号文件精神，进一步落实政法部门领导干部双重管理和政法队伍经费保障的建议》、《规范发展我市区巡逻队的建议》2件提案；参加了全国政协社会和法制委员会在昆明市召开的专题研讨会；组织委员赴新疆、青海考察了监狱体制改革情况。

民族宗教委员会 组织开展了“石柱县卫生事业发展情况”、“宗教自养和宗教人才建设情况”、“民族地区树立和落实科学发展观情况”等专题调研，形成了《关于我市石柱土家族自治县卫生事业发展情况的调研报告》、《关于我市宗教自养和宗教人才建设情况调查的报告》，并报送市委、市政府及有关部门；形成了《关于提请中央加大对重庆市少数民族地区扶持力度的报告》，已经市政协办公厅报送全国政协民族和宗教委员会；开展了《重庆城市民族工作平台建设》、《市场经济体制下城市清真食品问题的解决途径》课题调研，形成并向市政府及有关部门报送了意见建议；承办了“武陵山区民族地区经济社会发展座谈会”，代全国政协民宗委起草了《武陵山民族地区经济社会发展座谈会会议纪要》和《加快武陵山民族地区经济社会发展的意见建议》；组织委员视察了重庆华陶瓷业有限公司、重庆渝北清真宰牲场等民族贸易企业，提出了意见和建议；督办了《关于加强双桂堂根治白蚁及文物保护工作的建议》、《尽快落实市委市政府黔江现场办公会精神，加快在民族地区创办大学步伐的建议》2件提案；参加了全国政协组织的民族宗教工作研讨班，并作了《抓发展，促适应，做好新形势下人民政协的民族宗教工作》的发言。组织委员赴上海、南京、武汉三省市考察民族工作，提出了相关考察报告。

港澳台侨和外事委员会 组织开展了“进一步提高我市对外开放水平”、“投资软环境的症结问题”等专题调研，形成并向市政府报送了《关于提高我市对外开放水平的补充建议》、《关于重庆软环境症结问题的调研报告》；承办了由市政协召开的“扩大对外开放及投资软环境的症结问题”专题议政会；参与了对我市新华侨华人和“海归”人士在渝创业的情况调研；对民主评议市外经委工作整改意见进行跟踪监督；督办了“建设临港工业区，布局沿江产业带”、“加大重庆市出口产品和市场结构调整力度，加快出口基地建设的调研建议”2件提案；组织委员视察了市外经委、重庆工学院、新华侨华人创办的高新技术企业、留学生创业园、金夫人婚纱影楼摄影公司、重庆国际复合材料公司，提出了意见和建议。首次组织港澳委员回渝视察，使他们进一步了解重庆，认真履行委员职责；会同重庆海外联谊会举办在渝港澳企业家进行交流，为港澳企业家构筑信息平台；举办了台湾形势报告会，承办了“六台”联系会，增强了渝台交流与合作；会见并与泰国经贸代表团、美国西雅图美籍华人代表团、美国慈善家代表团进行了座谈。

区县政协工作联络委员会 会同沙坪坝区政协召开了“重庆市政协发挥委员主体作用经验推广会”；加强与区县政协联系，经常以片区的形式实施集中联系与指导，不定期编发《政协动态》；在走访调研的基础上，提请市政协出台了《关于加大对区县政协工作指导力度的意见》；组织并参与了“促进农民增收问题”和“朝天门综合交易市场发展情况”专题调研，并在各区县政协和委员小组调研的基础上，形成了专题简报；配合市政协办公厅和研究室，参与了区县政协主席研究班、区县政协机关干部培训班和区县政协经验交流会的有关组织和筹备；配合市政协办公厅和研究室，组织举办庆祝人民政协成立55周年统战知识竞赛、理论研讨会和庆祝大会；督办了《关于加快长寿港区规划建设》、《关于加快长江提水及黄瓜山隧洞应急工程建设》2件提案；组织16个区县政协领导赴江苏、福建、山西、陕西、内蒙、宁夏、西藏和上海等省区市考察。

【重要活动】

学习贯彻中共十六届四中全会精神 2004年9月，制定了《政协重庆市委员会关于认真学习贯彻中共十六届四中全会精神的意见》，并通过常委会议、主席会议、各专门委员会会议和各种形式的报告会、座谈会，动员和组织市政协各组成单位、专门委员会、政协委员和机关干部，认真学习了中共十六届四中全会精神；学习了胡锦涛总书记在庆祝人民政协成立55周年大会上的重要讲话，学习了新修改的宪法和政协章程，举办了宪法和政协章程知识竞赛。进一步增强了各民主党派、人民团体和各族各界人士以邓小平理论和"三个代表"重要思想为指导，为加快推进富民兴渝、全面建设小康社会服务的自觉性和坚定性，为创新发展政协工作奠定了坚实的思想基础。

开展走访市级各民主党派、工商联、大型企业和区县政协的调研活动 为配合市委召开第二次政协工作会议，2004年2月，由主席、副主席带队，深入市级各民主党派、工商联、人民团体、各区县（自治县、市）、有关部门、大型企业、大专院校调研，召开了10多个座谈会，了解市委第一次政协工作会议精神的贯彻情况，听取在新形势下加强和改善党对政协工作的领导及进一步发挥人民政协作用的具体意见，配合市委草拟了会议的有关报告和文件。

民主评议市政管理委员会工作 2004年7月至10月，组织开展了对市政管理委员会工作的民主评议。市政协组织四个调研组，先后走访了有关市级部门、区县和企业等65个单位，召开了56个座谈会，发动部分城区政协开展调研，开设报纸专栏和专门网页，广泛听取区县党委、有关部门、各类企业和市民群众对市政管理委员会工作的评价和意见。形成了《政协重庆市委员会关于对市政管理委员会工作的评议意见》和4份专题调研报告、6份区县政协调研情况材料，向市委报送了《政协重庆市委员会关于民主评议市政管理委员会工作的情况报告》。

举办"两班一会" 2004年7月22日，举办了区县（自治县、市）政协主席研讨班，就如何贯彻落实市委第二次政协工作会议精神，不断开创政协工作新局面，进行了认真研究和讨论。8位区县政协领导进行了大会交流发言。市政协副主席陈邦国作了动员讲话。市政协主席刘志忠，副主席黄立沛在会议结束时作了讲话，副主席李兵，秘书长王长寿分别主持了大会。副主席许忠民、夏培度、尹明善，市政协各专委会主任，机关副局级以上领导以及各区县（自治县、市）政协主席（副主席）参加了研讨班的学习；9月22日至23日，举办了第二期区县政协机关干部培训班，组织了提案工作辅导讲座，传达了全国政协第五次提案工作座谈会精神，交流了提案工作经验，研讨了进一步做好政协提案工作的有关问题；2004年12月，召开了"区县政协暨市政协地区委员小组工作经验交流会"，就如何做好新时期政协工作进行了经验交流。与会人员从不同的角度，交流了各自富有特色的做法和经验。

首次举办"重庆市政协发挥委员主体作用经验推广会" 2004年3月，市政协在沙坪坝区举办了"重庆市政协发挥委员主体作用经验推广会"，研讨发挥委员主体作用问题。沙坪坝区政协就如何充分发挥委员主体作用作了经验介绍。（略）

庆祝人民政协成立55周年活动 召开了全市庆祝人民政协成立55周年大会，市委书记黄镇东在会上作了重要讲话，充分肯定了人民政协的地位和作用，高度评价了政协在我市各个历史时期做出的重要贡献;举办了“人民政协在社会主义政治文明建设中的地位和作用”、“推进履行政协职能的制度化、规范化、程序化”理论研讨会,收到市级各民主党派、工商联、人民团体、市政协有关专委会和区县政协77篇论文,评出15篇优秀论文,进行了大会交流,推进了人民政协的理论研究工作;举办了庆祝人民政协成立55周年统战政协知识竞赛,政协委员、政协工作者和各区县(自治县、市)政协300余人参加了预赛和决赛,广泛宣传了人民政协的性质、地位和作用,扩大了人民政协的社会影响;举办了庆祝人民政协成立55周年美术书法作品展,展出了200余件作品。

专委会工作座谈会 2004年11月,举办了专委会工作座谈会,市政协10个专委会和7个区县政协专委会在会上作了经验交流发言。一致认为,做好专委会工作要坚持围绕中心,服务大局;要切实做好团结各界、凝聚人心的工作;要突出重点,统筹兼顾,在“专”字上下功夫,在“新”字上做文章;要重调研,摸实情,讲实际,办实事;要选准角度,发挥优势,突出特色。市政协主席刘志忠参加会议并作了重要讲话,市政协秘书长王长寿主持会议。

年终视察活动 2004年11月上旬至12月上旬,市政协组织委员对促进农民增收、轻轨建设及管理、全市区县疾控中心、国债建设项目、新华侨华人创业情况、贯彻执行《种子法》的情况、“两江四岸”健身长廊工程的建设情况、北部新区的发展与建设情况、外资企业创业情况等进行了年终视察。在渝全国政协委员、市区及近郊区县有关委员参加了年终视察。

【重要文件】

常委会工作报告(2004年1月5日)(摘要) 报告分二个部分。一、回顾2004年市政协主要工作:(一)深入学习贯彻“三个代表”重要思想和中共十六大精神;(二)围绕第一要务积极建言献策;(三)积极拓宽民主监督的渠道;(四)认真做好提案和反映社情民意工作;(五)切实发挥专门委员会的基础作用和委员的主体作用;(六)充分发挥各民主党派、工商联、人民团体在政协中的作用;(七)加强对区县政协工作的联系与指导;(八)推进履行政协职能的制度化、规范化和程序化;(九)开展对外交往和联谊交友活动;(十)加强政协自身建设。二、2005年主要工作:(一)把兴起学习“三个代表”重要思想新高潮和学习贯彻中共十六大精神活动引向深入;(二)认真履行政协职能,切实做到政治协商有方、民主监督有力、参政议政有为;(三)完善各项规章制度,着力推进履行政协职能的制度化、规范化和程序化;(四)突出界别特色,进一步发挥各党派团体和各族各界人士在人民政协中的作用;(五)促进大团结大联合,密切联系群众,维护社会稳定;(六)进一步加强对区县政协的联系和指导,扩大与各省市区政协的交流;(七)不断加强自身建设,进一步提高工作水平。

中共重庆市委书记黄镇东在市政协二届二次会议上的讲话(2004年1月10日)(摘要) 全市各级政协组织和广大政协委员,要切实按照市委二届四次全委会的部署和要求,紧紧围绕中心,牢牢把握主题,不断增强加快重庆发展和振兴的政治责任感、历史使命感,认清形势,坚定信心,突出特色,发挥优势,继往开来,再接再厉,努力把我市政协工作提高到一个新的水平,并对全市各级政协组织提出希望:第一,希望人民政协充分发挥勤于学习、善于学习的优势,努力建设学习型政协。第二,希望人民政协充分发挥视野开阔、思路宽广的优势,为深化改革建言献策。第三,希望人民政协充分发挥人才荟萃、智力密集的优势,为加快发展献计出力。第四,希望人民政协充分发挥联系广泛、渠道畅通的优势,为维护稳定贡献力量。第五,希望人民政协充分发挥自我完善、自我提高的优势,进一步加强自身建设。

市委书记黄镇东在庆祝人民政协成立55周年大会上的讲话(2004年9月13日)(摘要) 各级政协要牢固树立和落实科学发展观,更好地为全市经济社会发展服务;要坚持和发扬民主,更好地在全市民主政治建设中发挥积极作用;要多做协调关系、化解矛盾的工作,更好地为维护全市社会政治稳定贡献力量。各级党委要加强和改善对政协工作的领导,保证政协充分履行法律赋予的职能;要加强和改善对政协工作的领导,积极创造条件支持政协依法履行职能,采取有效措施搞好同各党派团体和各族各界人士的团结合作和民主协商;要认真对待来自政协的意见和建议,加强同民主党派、人民团体和党外人士的联系,团结各方面的积极力量,推动我市经济社会快速发展。各级政协党组要加强自身建设,在政协工作中起好政治核心作用,保证党的路线方针政策得到切实贯彻执行。

市政协主席刘志忠在市政协二届二次会议闭幕会上的讲话(2004年1月10日)(摘要) 市政协要在中共重庆市委领导下,高举邓小平理论和"三个代表"重要思想伟大旗帜,全面贯彻十六大和十六届三中全会精神,坚持和完善共产党领导的多党合作和政治协商制度,突出团结和民主两大主题,紧紧围绕全面建设小康社会和完善社会主义市场经济体制,充分发挥人民政协的优势和作用,不断提高履行职能的水平和实效,为重庆社会主义物质文明、政治文明、精神文明协调发展做出新的贡献。一、以"三个代表"重要思想统领政协工作,全面贯彻十六大和十六届三中全会精神;二、坚持围绕中心、服务大局,切实履行人民政协职能;三、团结各界,凝聚人心,努力形成促进发展和创新全市政协工作的合力。

《政协重庆市委员会关于进一步加强反映社情民意工作的意见》 该意见分为把握社情民意的原则、明确反映社情民意的内容、强化反映社情民意的责任、拓宽反映社情民意的信息源、加强反映社情民意职能部门建设、完善反映社情民意工作的激励措施六部分23条。

《政协重庆市委员会关于认真学习贯彻中共十六届四中全会精神的意见》(2004年9月27日政协重庆市第二届委员会第20次主席会议通过) 该意见分为充分认识中共十六届四中全会的重大意义、认真学习领会中共十六届四中全会的主要精神、联系政协工作实际认真学习贯彻中共十六届四中全会精神三大部分。

《政协重庆市委员会关于评选优秀政协委员的办法》(2004年11月18日政协重庆市第二届委员会第22次主席会议通过) 评选对象和条件、评选办法。(略)

《政协重庆市委员会优秀提案评选表彰试行办法》 (2004年11月18日政协重庆市第二届委员会第22次主席会议通过) 该办法分优秀提案评选条件、优秀提案产生办法、评选范围与比例、表彰奖励办法四部分共九条。(略)

【机构设置】

常务委员会下设 提案委员会、学习及文史委员会、经济委员会、农业委员会、城乡建设环境保护委员会、科教文卫体委员会、社会法制委员会、民族宗教委员会、港澳台侨和外事委员会、区县政协工作联络委员会和办公厅、研究室。

机关工作部门有 办公厅秘书处、政治处、党委办、信息处、接待处、保卫处、行政处、离退休人员工作处,研究室综合处、理论宣传处,提案委办公室、文史委办公室、经济委办公室、农业委办公室、城环委办公室、科教文卫体委办公室、社法委办公室、民宗委办公室、港澳台侨和外事委办公室、政协工作联络委办公室,《重庆政协报》社、市政协服务中心、市政协培训中心(属事业性质的处级单位)。

【组织概况】

常委辞职名单

(2004年12月17日政协重庆市第二届委员会常务委员会第10次会议通过)

皮晓青　郭渝平

委员辞职名单

(2004年9月29日政协重庆市第二届委员会常务委员会第9次会议通过)

冯沈萍

(2004年12月17日政协重庆市第二届委员会常务委员会第10次会议通过)

李长明　皮晓青　刘金瑜　韩乐成

撤销委员资格名单(2003年9月25日政协重庆市第二届委员会常务委员会第4次会议通过)

欧茂林

(2004年9月29日政协重庆市第二届委员会常务委员会第9次会议通过)

徐庆扬　张小川

去世委员名单

韦思琪　何玉琼

增补委员名单(2004年12月17日政协重庆市第二届委员会常务委员会第10次常委会通过)

张　复　张意龙　胡庭吉　叶贵本
王胜利　陈宏逵　王国槐　王大用
赖邦凡　余桂芳(女)　李　增(女)
史锦杰　罗成友　谭建祥　刘　伟
高葆旺　黄绍林　赵希贵　薛文琪(女)
梁正华　全修治　夏晓华(女)
吉　强　刘君芳(女)　姜　丽(女)
杨守林　张承康　龚卫国　张　欣
刘明华　董　青(女)　张　鲁
隆克平　殷幼平(女)　赵宗芳(女)
陈　枞　裴小蕙(女)　刘德绍
卢德龙　段泽勇　李天明　李冬梅(女)
张太宇　徐嘉红(女)　杨长林
李学春　骆文龙　曾维才　卢志红
刘中全　伍本银　曾凡跃　蒋万跃
童　强　蒋丽苓(女)　蔡　毅

【重庆市各级政协领导人名单】

重庆市

政协主席

刘志忠

副主席

陈邦国　李　兵　许忠民
窦瑞华　黄立沛　辜文兴
李　明　夏培度　王孝询
尹明善

秘书长

王长寿

区县(自治县、市)政协主席

万州区　洪景明
涪陵区　许仕伦
黔江区　刘作禄
渝中区　孙德龙
大渡口区　倪凤朝
江北区　何庆智(女)
沙坪坝区　何泽政
九龙坡区　邓宗良
南岸区　陈金秀(女)
北碚区　丁正国
万盛区　岳建忠
渝北区　邱福林
巴南区　张泽方
长寿区　颜克亮
江津市　刘树人
合川市　张均凤(女)
永川市　肖坤华(女)
綦江县　胡邦义
潼南县　王忠德
铜梁县　逯兴国
大足县　黄　铭

荣昌县	程福财	开　县	陈远辉
璧山县	莫元礼	云阳县	邬治民
梁平县	朱美继	奉节县	杨前和
城口县	彭培轩	巫山县	黄天亮
南川市	陈　均	巫溪县	吴立宪
丰都县	涂远扬	石柱土家族自治县	冉隆柏
垫江县	冉隆兴	秀山土家族苗族自治县	郭忠亮
武隆县	唐承云	酉阳土家族苗族自治县	张世模
忠　县	王正堂	彭水苗族土家族自治县	黎万洪

重庆市各级政协组织和委员数

（截至2004年底）

级别 项目	直辖市	市辖区	县(不设区的市、自治县)	合计
组织数	1	14	25	40
委员数	868	3518	6240	10626

（李　鹏　谢亚玲　编写　熊康敏　审稿）

政 协 四 川 省 委 员 会

杨海清　副主席

【全体委员会议】

九届二次会议　2004年2月10日至15日在成都举行。应到委员890人,实到794人。孙同川副主席主持大会。会议听取并审议通过了冯崇泰副主席所作的常委会工作报告和王恒丰副主席所作的提案工作报告;听取并讨论省人民政府工作报告和计划、财政、法院、检察院工作报告;审议通过了省政协九届二次会议决议;补选杨海清为九届省政协副主席,石万俭、花欣、胡月鹤、洪清宜、徐宽宁、康大寿、释宗性等7人为常务委员;同意刘绍先辞去九届省政协副主席职务。会议期间举办了首次委员论坛,研讨"三农"问题。中共四川省委书记张学忠在闭幕会上发表了题为《朝着全面建设小康社会宏伟目标乘胜前进》的讲话。讲话共分五个部分:一、总结去年的工作;二、关于加快四川的发展;三、关于增进同群众的感情;四、关于干部队伍建设;五、关于做好新时期人民政协工作。秦玉琴主席在会议闭幕时讲话。她强调,全省各级政协要大兴学习之风,着力提高履行职能的水平;大兴调查研究之风,为全面建设小康社会建言献策;大兴团结共事之风,着力做好调动一切积极因素的工作;大兴学习之风,着力提高履行职能的水平;大兴求真务实之风,着力推进政协工作制度化、规范化、程序化建设。

【常务委员会会议】

第5次会议　本次常委会分两次会议完成。2004年2月8日,第一次会议在成都举行。应到常委174人,实到164人。会议由孙同川副主席主持。会议听取了关于增补九届省政协委员建议名单的说明;协商通过了撤销、增补九届省政协委员建议名单;审议并原则通过了政协第九届四川省委员会第二次会议日程(草案);审议通过了政协第九届四川省委员会第二次会议秘书长、副秘书长建议名单;审议通过了《政协四川省委员会2004年工作要点》及《关于政协四川省委员会常务委员会会议出席情况通报的规定》。

2004年2月12日,第二次会议在成都举行。应到常委174人,实到150人。会议由秦玉琴主席主持。中共四川省委副书记刘鹏代表中共四川省委到会作关于人事安排的说明。会议审议了补选九届省政协副主席、常委候选人建议名单;审议通过了《中国人民政治协商会议第九届四川省委员会第二次会议选举办法》,审议通过了总监票员、监票员、总计票员、计票员建议名单。审议通过了关于政协第九届四川省委员会常务委员会工作报告的决议(草案),关于九届一次会议以来提案工作情况报告的决议(草案),政协第九届四川省委员会第二次会议决议(草案),同意提交大会讨论。

第6次会议 2004年6月28日至30日在成都举行。应到常委174人，实到148人。会议认真学习了中共中央政治局常委、全国政协主席贾庆林来四川考察讲话精神。听取了中共四川省委常委、省工业领导小组组长甘道明关于加快新型工业化进程，推进四川经济跨越式发展的报告。听取了省政协秘书长彭柏林关于民主评议全省民营经济发展环境的报告和有关人事任免事项的说明。任命熊树林、李朝亮同志为政协四川省委员会提案委员会副主任，任命李万友同志为政协四川省委员会农业委员会副主任。秦玉琴主席在会议结束时作了重要讲话。她要求，一是认真学习贯彻全国政协领导来川视察的讲话精神，增强履行职能的自觉性、主动性和创造性；二是认真总结，切实履行民主监督职能；三是加强学习，深入调研，切实履职，不断提高参政议政水平。四川省优秀共产党员雍宗满等11名公民旁听了会议。

第7次会议 2004年9月27日至29日在成都举行。应到常委174人，实到148人。会议学习了胡锦涛同志在纪念人民政协成立55周年大会上的重要讲话；传达了全国政协十届七次常委会议精神；中共四川省委副书记刘鹏传达了中共十六届四中全会精神，副省长柯尊平作了关于四川省1—8月经济运行情况及后几个月经济工作安排意见的情况通报；审议通过了《统筹城乡协调发展，大力促进农民增收》、《关于促进进城务工农民合法权益保障的意见和建议》、《坚持科学发展观，推进我省乡镇卫生院改革与发展》3个调研报告。审议通过并任命江云同志为政协四川省委员会经济委员会副主任。秦玉琴主席在会议结束时作了重要讲话。13名省政协委员列席了会议，10名公民旁听了会议。

第8次会议 2004年12月21日至22日在成都举行。应到常委174人，实到152人。秦玉琴主席、孙同川副主席分别主持了开幕、闭幕大会。冯崇泰副主席传达了中共四川省委八届四次全会精神，副省长王怀臣通报了省2004年经济运行情况和2005年经济工作安排的情况，省政府秘书长李洪仁通报了省政府系统办理省政协九届二次会议提案工作的情况；听取了秦玉琴主席所作的省政协九届主席会议工作报告；省政协秘书长彭柏林作了关于人事任免的说明和各组讨论情况的报告；审议通过了关于召开省政协九届三次会议的决定，会议定于2005年1月19日在蓉召开，会期六天；审议通过了省政协九届三次会议议程、日程；审议通过了政协第九届四川省委员会常务委员会工作报告及报告人；审议通过了政协第九届四川省委员会常务委员会关于九届二次会议以来提案工作情况的报告及报告人；审议通过了政协第九届四川省委员会常务委员会关于授权主席会议审议九届八次常委会议未尽事宜的决定；审议通过了《大力发展职业教育、培养技能人才》、《深化四川省地方科研院所改革与发展的几点建议》、《四川入境旅游的发展及建议》3个调研报告；审议通过了《政协四川省委员会工作规则》、《政协四川省委员会全体会议工作规则》、《政协四川省委员会常务委员会工作规则》；通过了有关人事事项；会议还举行了四川省第六届政协好新闻颁奖仪式。

【专门委员会工作】

提案委员会 2004年，共收到提案1011件，经审查立案的942件，占提案总数的93.18%，作为意见处理的69件。其中党派、团体和政协专门委员会提案147件，委员个人或联名提案795件，提出提案的委员计1846人次。截至2004年12月31日，提案已全部办理完毕，委员满意率达94%。在提高提案质量、办理质量和服务质量方面，主要做了以下工作：一是进一步夯实提案的征集、审查、交办等基础性工作。二是出台了《政协四川省委员会关于重要提案阅示督办的暂行规定》。三是与省委、省政府及有关部门的联系与协调，联合办案，联合督察督办。四是召开全省提案工作会议，总结工作，交流经验。五是加强对提案工作的宣传力度，为提案工作营造良好的工作氛围。六是对九届一次、二次会议的100件优秀提案进行表彰。关于充分利用CEPA机遇积极促进川澳关系、解决少数民族边远地区通讯设施、采取措施进一步加强禽流感防治、切实保护失地农民利益、促进城乡协调发展、解决拖欠农民工工资问题等一批重要提案得到省委、省政府及有关部门的高度重视，推动了有关问题的及时解决。

经济委员会 组织委员对培育和完善电力市场、加快现代物流业发展、保障成都金堂电厂二期电煤供应等9个课题进行调研，向省委、省政府报送了相关调研报告，均受到重视和采纳。1月至6月，组织开展了对全省民营经济发展环境的民主评议工作，并编发了近40万字的《全省民营经济发展环境民主评议材料汇编》。组织委员对省投资集团、国栋集团、和邦集团、德胜集团、竹叶青茶叶等企业进行了视察和考察。会同有关部门赴阿坝州对民族地区通信发展情况进行视察，形成的《关于三州乡镇通信扶贫工程的情况报告》，受到省委、省政府的重视和采纳，对“三州乡镇通信扶贫工程”的正式启动起到了促进作用。与成都市政协联合举办了“四川会展经济论坛”，编印了“四川会展经济论坛文集”。赴西藏、山西、陕西、内蒙、上海、浙江、安徽等省就重大装备基地建设、旅游经济、西部大开发等问题进行了考察。接待了上海、江西、山西、新疆、陕西、内蒙、重庆等7个省（市、区）政协考察团及省内市州政协的同志，共计100余人次。

人口资源环境委员会 紧紧围绕人口、资源、环境三大基本国策，组织委员分别对长江珍稀水生物种保护、城市动物园发展、水电站、水利枢纽工程建设中的移民问题、我省循环经济、出生人口性别比例、加快发展入境旅游及打造五大景区品牌、城镇污水处理市场化、丘陵地区水资源承载能力等课题开展视察调研。其中，《坚持科学发展观，走循环经济之路》的调研报告，经省政协九届七次常委会审议通过，报省委、省政府参考；关于《我省水能资源开发中不能忽视群众利益问题》的调研报告中的对策建议，需要国家支持解决的问题，转化为提案，请驻川全国政协常委带到全国政协常委会上反映后，引起重视，推动了一些问题的解决。赴青海、甘肃、宁夏、内蒙古等省区，考察旅游资源开发与保护、退耕还林还草的做法与经验。配合全国政协人口资源环境委员会在四川省广安市建设“人民政协林”；陪同全国政协副主席张思卿率团赴宜宾市举行“保护长江万里行”启动仪式。应省人大城环委的委托，组织部分委员对省建设厅主要负责人进行了民主评议。

教育委员会 4～6月，组织开展对四川省地方普通高校基本办学条件的调研，对四川师范大学、四川音乐学院、内江师范学院、宜宾学院等8所学校进行了考察，了解高校办学条件的基本情况、存在的困难和问题，提出改善普通高校基本办学条件的5条建议；4～11月，组织开展大力发展职业教育、培养技能人才的调研，形成了《大力发展职业技术教育，培养技能人才》的调研报告，有针对性地提出了加快职业教育和技术工人培训的8条对策建议；4月以来，组织开展对农村教育的调研，提出了加快农村教育发展的6条对策建议，引起省委省政府的高度重视；11月，组织开展特殊教育事业现状的调研，针对经费缺乏、条件简陋、教师待遇低、体制不完善等问题和困难，提出的意见建议得到省委、省政府的高度重视和采纳。9月，承办了省政协庆祝第20个教师节茶话会。赴甘孜州、凉山州考察《四川省民族地区教育发展十年行动计划》的落实情况，慰问学校和教师，向九龙县城区东方红小学和冕宁县民族中学分别赠送了5000元慰问金。组织委员赴广元市视察农村教育和职业教育情况。根据委员和群众关注的热点问题，提出了《关于治理教育乱收费的几点建议》。牵线为甘孜州九龙中学、阿坝州小金中学建立图书馆，帮助获赠价值20万元的图书。组织部分委员赴海南、山西考察民办教育、职业教育情况。先后接待了新疆、江西、江苏、广西、北京、甘肃、陕西等省和省内市州县政协的同行。

科技委员会 3～4月，在成都、绵阳、德阳、广元等11个市对全省民营科技企业的发展情况进行调研，并到福建、浙江等省作了对比调研，形成了《关于加快我省民营科技企业发展的几点建议》，经省政协九届六次常委会议审议通过后报送省委、省政府，受到重视和采纳。7～8月，针对推动科技资源共享，增强科技创新能力的问题进行专题调研，形成了《以科学发展观为指导，积极推动四川科技资源共享》的调研报告，并作为省政协第七次会议的专题发言之一，得到省委副书记陶武先、副省长柯尊平的重要批示。联合省科技厅就我省科研院所改革与发展问题进行深入调研，形成了《关于深化四川省地方科研院所的改革与发展的几点建议》，经九届省政协常委会第八次会议审议后报省委、省政府。赴甘孜、凉山、阿坝三州对民族地区科技工作的发展情况进行了调研，并到青海、甘肃、宁夏等省（区）作对比调研，形成了《关于我省民族地区科技工作情况的调研报告》，有针对性地提出了促进民族地区科技发展的若干建议，得到省委、省政府的重视和采纳。6月，视察了东方电气集团公司。8月，视察了四川航天工业总公司。对甘孜州、阿坝州的中藏药产业化情况进行视察，形成《关于加快四川中藏药发展的视察报告》。一年来提出提案80多件，其中，《在我省实行省长与人大代表、政协委员约见制度的建议》的提案促成了《四川省人民政府办公厅关于省政府领导与省人大代表、省政协委员约见制度的实施意见》的出台和实施。《建立健全电子垃圾回收法律法规》的社情民意被全国政协采纳，《应当加强政府投资基本建设领域中的投资评审职能》等2条社情民意被省委采纳。完成了《四川省艾滋病防治政策环境调研及政策开发研究》课题，编辑了科技委员会年刊。

文体医卫委员会 会同有关部门，对成都、攀枝花、泸州等10个市30个县的乡镇卫生院体制改革情况进行调研，形成了《坚持科学发展观，推进我省乡镇卫生院改革与发展》的调研报告，经省政协九届七次常委会议审议通过，报省委、省政府后受到重视和采纳。就"发展壮大四川体育旅游产业"的调研课题，与省体育局、省社科院等单位组成调研组，赴阿坝州、凉山州和都江堰市考察了汽车运动、汽车旅游、漂流及户外休闲运动等体育旅游产业开展情况，还分别召开了座谈会，提出了意见建议。就中央和四川省艾滋病防治工作会议的贯彻落实情况，会同省卫生厅先后赴宜宾市、凉山州进行了专题调研。考察了大邑县安仁文化名镇及建川博物馆筹建情况。3月底，考察了省歌舞剧院。会同致公党四川省委等有关单位先后赴峨边县及阿坝县启动促进民族地区卫生技术发展第四期工程。6月上旬，联合教育、科技委员会召开了全省政协教科文卫体委员会工作经验交流会。7月中旬，考察了成都西区医院。9月中旬前往阿坝州对羌族文化的保护和开发情况进行了视察。11月上旬,组织委员视察了四川科伦药业股份有限公司、四川科伦医药贸易有限公司和成都新繁食品有限公司。11月中旬,参与了省委政策研究室和省体育局关于“新时期体育发展思路与对策研究”课题的调研,并赴江苏、河南两省考察。参与省政协开展的关于民营经济发展环境评议活动。对凉山州艾滋病情况进行了调研。承担了庆祝四川省政协成立50周年文艺晚会的策划和组织工作。

社会法制委员会 配合省政协组织的“全省民营经济发展环境评议”活动,围绕加强民营经济发展的法制环境进行重点调研,与经济委共同完成《关于民主评议我省民营经济法制环境的报告》,并形成《优化我省民营经济发展法制环境的几点建议》报送省委、省政府,得到重视和采纳。根据调研中反映的情况整理写出“关于增加禽畜鲜活产品绿色通道品种”的社情民意,被有关部门采用。联合省劳动保障厅、省社科院开展了进城务工农民合法权益保障专题调研,形成了《进城务工农民合法权益保障专题调研报告》和《关于促进进城务工农民合法权益保障工作的意见和建议》。国务院副总理黄菊在考察四川省时在《关于促进进城务工农民合法权益保障工作的意见和建议》上批示:“政协的建议很好,请有关职能部门研究采纳”。开展了《城市生活无着的流浪乞讨人员救助管理办法》贯彻执行情况、律师工作和法律援助工作情况的视察,关于《我省的律师工作和法律援助工作情况视察报告》,得到省委、省政府及有关部门的重视和采纳。建立了定期开展法律咨询和召开对口政法部门联系会制度。举行了各界妇女庆祝“三八”节联谊活动。到浙江、上海、新疆、青海等10省(市)进行考察,接待了海南、江西、云南等7个省政协社法委来川考察工作。全年还开展座谈会、通报会、研讨会9次,撰写提案和社情民意46件。

民族宗教委员会 上半年,配合省政协组织的全省民营经济发展环境民主评议活动,对民族地区民营经济发展的软环境问题进行调研,形成了《关于进一步改善我省民族地区民营经济发展软环境的几点建议》,得到省委、省政府的重视和采纳,省政府办公厅出台了《关于促进民族地区民营经济发展的实施意见》。8月,会同省发展改革委员会等单位组成联合调研组,赴甘孜、阿坝、凉山三州对民族地区乡镇通讯情况进行调研,形成了《关于我省民族地区乡镇通讯建设情况的调查报告》,报送省委、省政府,引起领导与相关部门的高度重视和采纳。下半年,先后深入甘孜、阿坝、泸州、宜宾等市州的部分县(区),就宗教教职人员培养情况进行专题调研,形成了《关于我省宗教教职人员培养教育的调查报告》报送省委、省政府。配合全国政协民宗委在阿坝、凉山、宜宾等市、州开展了“树立和落实科学发展观,加快民族地区经济社会发展”的调研,形成了调研报告。5月中旬,视察了三州在蓉的润禾兴农科技股份有限公司、大吉实业集团等几家民营企业。7月中旬,赴甘孜、阿坝两州的炉霍、色达、壤塘三县视察了乡村道路建设、退牧还草及“人草畜”三配套工程建设情况,形成的视察报告引起省委、省政府领导的重视。12月,视察了省基督教三自爱国运动委员会和西南民族大学。9月下旬,召开了部分市州政协宗教工作会议。组织委员赴黑龙江、辽宁考察,接待省内外客人20余批。出席了在黑龙江省召开的“全国部分省(市、区)政协第六次民族宗教工作研讨会”。会同省人大民宗委、省民委开展了《民族区域自治法》颁布20周年纪念活动。

文史资料和学习委员会 参与庆祝四川政协成立50周年系列活动,举办了“四川省纪念邓小平诞辰100周年人民政协理论研讨会”,编辑出版《邓小平人民政协理论研究》、《情倾政协50年》等书。承办了省政协新委员第二期学习培训会。协助办公厅举办新章程学习会、省政协常委会专题讲座。编发《学习参考》四期。组织委员和专家会同省旅游局、省建委、省文物局到17个省级历史文化古镇考察,开展《科学保护、开发、经营古镇,为促进我省旅游和文化强省献策》的专题调研。对邓小平故居、朱德故居、陈毅故居、张澜故居、张爱萍故居、罗瑞卿故居以及巴中、达州、甘孜、凉山、等市州的红军遗址、遗迹和博物馆、纪念性建筑进行考察,开展《四川主要革命历史人物故居与红军文化的保护利用》专题调研。7月,召开了全省文史资料和学习工作座谈会。10月,举办了西南、中南地区政协文史工作第五次协作会议。11月,组织委员视察了四川省图书馆、四川省博物馆,并参观了成都市图书馆、丝绸博物馆、省电影公司等。提交《关于建立四川省方志馆并将其列入基建计划的再次建议》、《尽快制定“成都市历史文化名城规划”的建议》、《将川西古典园林作为一个整体的文化遗址,申报世界文化遗产的建议》等四份提案。提交《关于规划编制四川省人文资源保护与开发目录谱系,以作为文化强省的重要依据的建议》等六份社情民意。编辑出版了《四川文史资料选辑》第47辑。启动《天府神游》的改版工作。完成了《人民政协成立55周年》、《著名党外人士史料》、《名人故居》、《成渝铁路》等17个协作项目的协作任务。制定了《省政协文史资料和学习委员会工作规则(试行)》。

港澳台侨和外事委员会 年初召开了全省政协港澳台侨和外事工作座谈会。九届二次全委会期间,组织港澳委员视察了大邑县和龙泉驿区社会经济发展情况。6月,组织部分港澳委员考察了甘孜州水能资源和旅游资源开发情况,视察了二郎山隧道、泸定桥、冷竹关电站和海螺沟风景区。11月下旬,组织委员赴泸州、内江视察侨务工作和侨资企业。与人口资源环境委员会联合开展入境旅游调研,形成《加速四川入境旅游发展的建议》的调研报告,提交省政协九届八次常委会审议,受到好评,引起有关领导的重视和采纳。组织开展了积极推动台资实现梯度转移和友城工作两项调研。协助办理省政协领导、机关干部、政协委员的出访61人次。承办了中秋联谊会、“四川省政协庆祝澳门回归五周年座谈会”。配合有关部门进行纪念邓小平同志诞辰100周年宣传活动。组织外宣组赴广安考察,在外报、外刊上发表歌颂邓小平丰功伟绩以及宣传广安发展变化的稿件640多篇。接待兄弟省市政协客人、海外和台、港、澳地区来川考察团200多人次。

地方政协和联络委员会 起草了《四川省政协委员视察工作规则》。编印了《中共四川省委政协工作会议文件汇编》。5~9月,分四个组先后赴川北、川南、川西8个市州及所属部分县(市、区),对贯彻落实省委政协工作会议精神情况进行调查研究,重点了解了各地履行政协职能制度化、规范化、程序化建设的情况,提出对策建议,得到省委的重视和采纳。以蓉外省政协委员为主要对象,采取主动“下访”联络沟通、调研联络沟通、书信联络沟通等方式,加强与委员的联系。参与庆祝四川省政协成立50周年系列活动,承担了全省各级《政协委员风采录》入编材料的收集和整理工作。先后组织了4批64名地方新任政协主席、副主席和秘书长参加全国政协干部培训中心在北戴河和北海举办的培训班。积极配合并参与了省政协办公厅组织的对近300名新任省政协委员的培训工作。围绕落实《中共四川省委关于省人大、省政协领导同志及省政协委员政治、生活待遇问题的通知》精神进行了深入的调查,发现问题，及时向有关部门反映。协助地方政协向省财政厅争取困难补助150多万元。

农业委员会 组织委员先后赴成都、绵阳、巴中、乐山等7个市，近30个县(区)和部分乡镇对重点调研课题进行了为期3个月的调研，形成了《统筹城乡协调发展，大力促进农民增收》的调研报告，经九届省政协第七次常委会议审议通过并报省委、省政府，得到省委、省政府分管领导的重视。1月，赴眉山市洪雅县阳平乳业集团，对集团所属的种牛场、牛奶加工厂进行了调研。2月，与人口资源环境委员会一道赴宜宾市，就珍稀鱼类的保护情况进行了调研。九届二次全委会期间，与省政协办公厅联合承办了"三农论坛"，200多名委员参加了论坛，17名委员作了演讲，反响强烈。论坛结束后，将委员发言汇总成《省政协九届二次全会"三农"问题的意见和建议》的报告，报送省委、省政府，得到重视和采纳。6月，与成都市政协及省、市民革共同对金堂东风水库的扩建问题进行了调研，形成的《关于金堂东风水库扩建工程的视察报告》引起成都市政府的高度重视和采纳。12月，组织全体委员赴内江、自贡，就农田水利基本建设情况进行视察。还与成都市政协地方委联合，组织部分委员赴大邑县视察了农业产业化龙头企业和农民新村建设情况。

智力扶贫领导小组 5~9月，赴达州市、巴中市、广元市、凉山州、阿坝州对重点调研课题《四川省贫困地区农业实用技术推广应用现状及建议》进行调研，总结典型经验，找出存在的主要问题，并有针对性地提出相应的对策建议。在广安市、邛崃市、资阳市雁江区等分别举办了5期共225人参加的菌草栽培技术培训班。联合省致公党四川省委、四川省卫生协会，与北京大学第三医院协商达成协议，从2004年开始，在5—10年内，北京大学第三医院每年为四川民族地区、贫困地区免费代培2—3名医疗技术骨干，今年落实为红原县、北川县、雷波县各培训1名医疗技术骨干的指标。与中国核动力研究院、致公党四川省委、成都云克药业有限责任公司共同发起"核力"爱心扶贫助学项目，在盐亭县大兴回族乡首批资助8名失学女孩重返校园。7月，对我省荷兰医疗项目进行跟踪检查。9月，为川东北遭遇特大洪灾的受灾群众争取捐赠棉被、床单2000套。与卧龙特区中心医院签订了对口帮扶协议。深化2003年《四川省扶贫开发重点县农村劳动力能力建设及富余劳力外出务工的现状、问题及建议》的调研成果，对蒲江县、资阳市、邛崃市的劳务输出问题进行了后续跟踪考察。

书画研究院 4月下旬，为庆祝"人民政协成立55周年书画展览"征集作品送京展出。7月，与省委老干局、省委党校、省诗书画院、省美协、省书协联合举办"四川省纪念邓小平同志诞辰100周年书画展"；参与了省政协书画院老院长、著名书画家周北溪先生逝世周年纪念活动。9月，编印出版《庆祝建国54周年暨省政协书画研究院建院20周年书画展览作品集》。11月，完成对省政协新办公楼组织装饰书画的"二期工程。

【重要活动】

省政协新年茶话会 2004年元旦前夕在成都举行。省政协主席秦玉琴主持会议并致词。中共四川省委书记、省人大主任张学忠出席会议并讲话，民建四川省委主委王恒丰代表省级各民主党派、工商联、无党派人士致辞，四川省党政军负责人和各族各界代表人士约400人出席了茶话会。四川省文艺家表演了精彩的文艺节目。

省政协工作汇报会 2004年1月9日

在成都召开。省政协主席秦玉琴主持会议并总结了2003年的工作情况,介绍了省政协2004年的工作要点和关于2004年调研题目的初步打算。省委书记张学忠、省长张中伟、副书记陶武先出席会议并讲话。省领导刘鹏、李崇僖、郭永祥等出席了会议。

省政协开展全省民营经济发展环境评议活动 2004年1月9日,省政协在成都召开全省民营经济发展环境评议动员大会。冯崇泰副主席主持会议,孙同川副主席作动员讲话,副主席王恒丰宣读评议方案。秦玉琴主席出席了会议。2004年3月9日,全省民营经济发展环境评议员培训会在成都召开。2004年6月22日,全省民营经济发展环境评议总结大会在成都召开。省政协主席秦玉琴、省委副书记陶武先、副省长张作哈出席会议并讲话。省政协副主席、评议领导小组副组长阿称宣读了《关于民主评议全省民营经济发展环境的报告》。

省政协新委员第二期培训会 2004年2月9日在成都举行。近300名新委员参加了培训。省政协副主席刘绍先主持会议并讲话。省政协副主席陈官权作了《关于人民政协的几个问题》的辅导讲话。

省政协学习贯彻新修订的《中国人民政治协商会议章程》会议 2004年4月15日,省委召开四川省学习贯彻政协章程报告会,省委书记张学忠在会上作了重要讲话。全国政协秘书长郑万通作了报告。23日,省政协召开主席扩大会议,学习贯彻《中国人民政治协商会议章程》,省政协主席秦玉琴主持会议并作了讲话。

中共中央政治局常委、全国政协主席贾庆林等领导看望四川省政协机关干部职工 2004年6月15日,中央政治局常委、全国政协主席贾庆林、全国政协常务副主席王忠禹、副主席刘延东,全国政协秘书长郑万通等领导一行在四川视察工作时,到四川省政协机关看望了机关干部职工并合影留念。贾庆林主席作了重要讲话。随后,全国政协常务副主席王忠禹主持召开了履行职能座谈会,听取省政协主席秦玉琴及部分市、县政协负责人的相关汇报并讲话。

四川省纪念邓小平同志诞辰100周年人民政协理论研讨会 2004年7月13日在成都召开。省政协主席秦玉琴主持会议。中共四川省委书记、省人大主任张学忠作了题为《坚持和发展邓小平统一战线理论 努力做好新时期人民政协工作》的讲话,秦玉琴作了题为《在邓小平人民政协理论指引下不断开创人民政协工作新局面》的讲话。在蓉省政协常委、省级有关部门负责人,各民主党派、工商联负责人,市(州)政协负责人以及论文作者共200余人参加了会议。

省政协学习研讨会 2004年8月7日至12日在甘孜州举行。会议围绕树立和落实科学发展观,结合四川实际,就如何贯彻好"五个统筹"、搞好宏观调控献计出力,进一步提高政协工作水平等问题进行了认真的学习和研讨。省政协主席、副主席,秘书长,各市、州政协主席,省政协副秘书长、各专门委员会主任和专职副主任、研究室主任和副主任、机关党委书记等70余人参加会议。省政协主席秦玉琴作学习动员讲话,省委副书记陶武先作了重要讲话。

全省政协研究室工作会议 2004年8月28日,全省政协研究室第一次工作会议在成都召开。会议指出,人民政协事业的实践和发展,对人民政协理论提出了新的更高的要求。政协研究室要进一步解放思想、更新观念、忠于职守、加强联系、取长补短、切磋交流、增强合作,不断提高工作质量,为政协履行职能搞好服务,当好参谋;要加强政协理论研究、理论创新和工作创新,不断总结经验,探索开创政协工作新局面的方法和途径,为政协的实际工作提供有力的理论支撑;要按照建立学习型、服务型、效益型政协机关的要求,提高干部队伍素质,使研究室工作更有活力,更有实效。省政协主席秦玉琴致信表示祝贺。全国政协研究室主任卞晋平,省政协副主席冯崇泰出席会议并讲话。省政协秘书长彭柏林出席了会议,省政协副秘书长、研究室主任陈宏志主持了会议。全省21个市州政协分管研究室的副主席和研究室主任参加了会议。

四川省庆祝人民政协成立五十五周年座谈会 2004年9月27日在成都举行。省政协主席秦玉琴主持了会议并讲话。各民主党派、工商联、无党派的代表人士在会上作了热情洋溢的发言,大家回顾了人民政协走过的55年光辉历程,抒发了对人民政协事业的热爱之情,展望了人民政协前程远大、大有可为的美好前景。中共四川省委副书记刘鹏同志就学习和贯彻胡锦涛总书记在庆祝人民政协成立55周年大会上的讲话精神作了讲话。

全省市州政协秘书长联系会议 2004年10月13日在阿坝州理县召开。会议以邓小平理论和"三个代表"重要思想为指导,围绕政协秘书长工作职责,交流政协机关制度化、规范化、程序化建设的经验,研究如何做好政协办公厅(室)工作。省政协副主席冯崇泰、秘书长彭柏林在会上作了讲话。

省政协首次专门委员会工作经验交流会 2004年12月1日至2日在西昌召开。省政协主席、副主席、省政协秘书长以及省政协各专门委员会主任、副主任参加会议。省政协副主席孙同川、冯崇泰主持了会议。会议围绕认真贯彻落实中共十六届四中全会精神和胡锦涛总书记在庆祝人民政协成立55周年大会上重要讲话精神,就省政协专委会如何创造性地做好工作,加强自身建设,认真履行职能,开创专委会工作新局面的新思路、新举措进行了交流探讨。省政协主席秦玉琴在会上作了重要讲话。

省政协第六届好新闻评选活动 2004年12月22日在成都举行。在各单位推荐的105件新闻作品中,共有66件获奖。其中,一等奖15件,二等奖21件,三等奖30件。

【重要文件】

常务委员会工作报告(2004年2月10日)(摘要)

第一部分:2003年,四川省政协在中共四川省委的领导下,坚持以邓小平理论和"三个代表"重要思想为指导,组织和动员政协委员围绕中心,服务大局,突出特色,履行职能,为推进我省"三个转变"、加快跨越式发展做出了贡献。

(一)认真学习贯彻中共十六大精神,用"三个代表"重要思想统领政协工作全局

一年来,始终坚持把学习、贯彻、实践"三个代表"重要思想摆在政协工作的首位。通过全委会、常委会、主席会、专题座谈会和新委员培训等形式,组织和推动政协各组成单位和委员深入学习邓小平理论和"三个代表"重要思想,学习中共十六大精神和中共四川省委八届三次会议精神。胡锦涛同志"七一"重要讲话发表后,省政协召开了座谈会和学习研讨会,就兴起学习贯彻"三个代表"重要思想新高潮作出安排和部署。中共十六届三中全会召开后,省政协主席扩大会议和第三次常委会议及时组织学习和贯彻,制定了《关于学习贯彻〈中共中央关于完善社会主义市场经济体制若干问题的决定〉的意见》。通过学习,参加政协的各党派、各团体和各族各界人士,进一步领会和把握"三个代表"重要思想的实质、精髓和灵魂,统一思想,凝聚人心,集聚力量,增强了做好政协工作自觉性

和主动性。

(二)充分发挥参政议政主渠道作用

在九届一次会议上,委员们以高度的政治责任感和对人民负责的精神,认真协商了政府工作报告和两院、计划、财政等报告。通过大会发言、小组讨论、撰写提案、反映社情民意等形式,对关系全省改革发展稳定的重大问题,如深化国企改革、增强农业基础地位、促进民营经济发展、关注弱势群体生活、加强民主法制建设和精神文明建设等,积极提出意见和建议。

2003年省政协共召开了四次常委会议。第一次常委会对贯彻省政协九届一次会议精神,讨论全年工作要点,设立常委会办事机构和工作机构等问题进行审议,作出安排和部署。第二次常委会对我省农村全面建设小康社会中的热点、难点问题,特别是农村税费改革后的突出问题进行讨论,审议通过了关于我省农村税费改革后出现的新情况和新问题及其对策、搞好农村义务教育、加强农村科技服务体系建设等3篇调研报告;提出了用产业化推进农业现代化、加大农村基础设施建设、维护农村社会稳定、强化农村卫生科技工作、大力发展农村义务教育、切实减轻农民负担和建设农村小康社会必须实行物质文明与精神文明并重等36条建议,得到了省委、省政府的重视和采纳。第三次常委会审议通过了关于经营城市、吸纳人才和发展民营经济等5个专题调研报告,在促进土地资源向土地资本转变、人才资源向人才资本转变、民间资金向民营资本转变、构建有机协调"三个转变"的体制环境等方面提出16条建议,为推进我省经济社会协调发展提供了决策参考。第四次常委会听取并审议了主席会议工作报告,审议通过了关于四川缺电原因及对策、强化社会治安防范工作、促进文化产业发展等调研报告。

(三)专题调查研究活跃深入

常委会坚持把调查研究工作摆在突出位置,不断改进调研方法,努力提高调研质量。一是政协主席承担省委重大调研课题,主席会议成员带头开展调查研究,发挥领导作用;二是专委会广泛开展专题调研,发挥了基础作用;三是集聚各党派、各界别的力量,发挥了整体作用;四是整合省和地方政协资源,发挥了联动作用。一年来,围绕加快国有企业改革、推进经济结构调整、促进民族教育发展、实施退牧还草工程、改善民营企业发展环境、建立企业诚信监督体系、促进人才交流以及劳务输出、高校毕业生就业等专题,组织开展专题调研30余项,形成专题调研报告26件。省委、省政府对政协的调研报告十分重视,很多意见和建议得到采纳,有的还作出批示,督促落实。

(四)加强政协工作的制度化、规范化、程序化建设

一年来,修订了《政协四川省委员会会议制度》、《主席会议工作制度》、《秘书长、副秘书长工作规则》、《专门委员会与省政府部门对口协商制度》、《充分发挥委员作用的意见》等重要工作制度和规定,减少工作的盲目性和随意性,提高了工作效率和水平。同时,以创新的精神,建立了《省政协委员列席常委会议制度》和《公民旁听常委会议制度》,并在常委会上组织实施,取得了较好的效果,受到广大委员和社会各界的好评。

(五)积极参与抗击非典的斗争

去年,我国一些地区发生了非典疫情。在这场严重灾害中,常委会坚决贯彻中共中央坚持一手抓防治非典工作不放松、一手抓经济建设不动摇的战略决策,按照中共四川省委的部署,动员全省各级政协和政协委员"立足本职、发挥优势、抗击非典、促进发展"。通过召开座谈会、开展调查视察、反映社情民意、慰问抗击非典一线的医

务工作者、组织委员和政协机关干部向灾区捐资捐物等活动，积极参与到抗击非典的斗争中，为夺取“双胜利”贡献了力量。

(六)加大提案督办力度，积极反映社情民意

九届一次会议以来，各民主党派、工商联、各人民团体和各界委员共提出提案915件，经审查立案881件，其中以各民主党派和工商联名义提出的提案173件。提案总量、集体提案数量，都较往年有所增加。提案办复率达97%。

一年来，共收到委员反映社情民意的信息160多条，向全国政协和中共四川省委报送社情民意信息95条，接待人民群众来信、来访1892件(次)，领导批示127件，批件回复达30%，一些关系百姓生计的实际问题得到较好解决。

(七)发展和壮大了爱国统一战线

通过换届，适时调整了委员的构成，吸纳了新的社会阶层和群体的代表，扩大了政协的联系面和团结面。积极开展联谊交友工作。省政协主席会议建立了主席恳谈会制度，为领导班子成员交流思想、联谊交心、协调工作创造了好的环境，为多党合作创造新的形式。通过举办新年茶话会、中秋联谊会、庆祝国庆暨省政协书画院成立二十周年书画展等活动，加强同香港同胞、澳门同胞、台湾同胞和海外侨胞的联系和交流，宣传四川、宣传人民政协、宣传“一国两制”方针和政策，为促进祖国统一贡献了力量。去年，我们还接待全国政协及各省(市区)政协来我省的考察、视察、学习、交流活动66批，接待包括港澳台地区及海外团体客人15批；先后组织省及地方政协的部分政协委员赴欧洲、澳大利亚、新西兰等考察。

2003年10月，省政协召开了首次全省政协宣传工作会议。中共四川省委宣传部制订了关于进一步加强政协宣传工作的文件。《人民政协报》四川记者站、《四川日报》、《四川政协报》、省电台、电视台等新闻媒体加大了对省政协工作的宣传，写出许多高质量的稿件，有的稿件获得了全国政协的表彰。政协外宣工作得到加强，400余篇稿件在港澳台和海外华文报刊发表。

坚持文史资料“存史、资政、团结、育人”的宗旨，抢救保存了大量“三亲”史料，编辑出版了《四川文史资料选辑》第47辑。编辑出版了《天府神游》一书，充分展示了四川优越的旅游资源。

(八)为省委召开政协工作会议做好筹备工作

2003年11月26至27日，中共四川省委政协工作会议在成都召开。省委、省人大、省政府、省政协的主要领导出席会议，各市州党委书记、联系政协工作的副书记、政协主席和省级各部门、民主党派、工商联负责人参加会议。省委书记张学忠在讲话中充分肯定了近年来政协工作在发展中取得的显著成绩，深刻阐述了新时期人民政协的重大意义，对进一步加强和改善党对政协工作的领导，更好地发挥政协的作用，提出了明确的要求和殷切的希望。省委副书记、省长张中伟同志就政府如何自觉接受政协的民主监督和支持政协工作也作了重要讲话。会后，省委制定颁发的《新世纪新阶段关于加强人民政协工作的意见》，对推进全省政协工作的新发展、加快民主政治建设、建设社会主义政治文明具有重要意义。

积极推进省政协机关思想建设、组织建设、作风建设和制度建设。组织机关干部职工认真学习贯彻中共十六大和十六届三中全会精神，深入开展保持共产党员先进性教育活动，开展创建文明机关活动，全面加强了制度建设，组织职工业务技能培训，推进干部人事制度改革，加强干部队伍建设。机关内部开展了树立典型，表彰先

进等活动。干部职工工作热情高涨，办文办事效率提高，保证了常委会各项工作的开展。

第二部分：2004年，四川省政协工作的总体要求是：以邓小平理论和“三个代表”重要思想为指导，深入贯彻中共十六大和十六届三中全会精神，按照中共四川省八届三次全委会和省委政协工作会议的部署，牢牢把握团结和民主两大主题，围绕中心、服务大局，同心协力、乘势而上，求实创新、与时俱进，切实履行政治协商、民主监督、参政议政的职能，为加快“三个转变”、推进四川发展新跨越、全面建设小康社会作出新贡献。

(一)进一步兴起学习“三个代表”重要思想新高潮

全省各级政协组织要按照中央和省委的统一部署和要求，组织参加政协的各党派、各团体和各族各界人士进一步兴起学习“三个代表”重要思想的新高潮，坚持用“三个代表”重要思想统领政协工作。要采取多种形式，把学习“三个代表”重要思想同贯彻中共十六届三中全会精神结合起来，同促进和推动“三个转变”、实现全省新跨越结合起来，同政协自身工作的实际结合起来，倡导勤奋学习、民主讨论、求真务实的良好风气。通过学习，把思想统一到中共十六大和十六届三中全会精神上来，统一到中共四川省八届三次全委会精神上来，增强做好政协工作的自觉性和主动性，不负重托，不辱使命，不断推进政协工作的创新和发展。

(二)围绕第一要务切实履行政协职能

要紧紧围绕发展这个第一要务，把为实现全面建设小康社会的目标服务贯彻到履行职能的各项工作和各个环节中去。要开好政协的主席会、常委会和全委会，不断改进和完善政治协商、民主监督、参政议政的方式和方法。政治协商要坚持“三在前”、“三在先”的原则，进一步搞好政协全委会议整体协商、主席会议重点协商、常委会议专题协商和专委会对口协商。民主监督要加大力度，尤其对事关群众利益的重大问题，更要加强监督。要把积极开展民主评议作为民主监督的一种有效形式。今年省政协将与各地政协上下联动，重点对民营经济的发展环境开展民主评议活动，推进民营经济进一步发展。参政议政要力求实效，要围绕党政中心工作，高质量地完成省委交给政协的调研课题，同时要选择党政重视、群众关心、政协有能力做好的课题，认真组织委员开展视察、考察、专题调研、咨询论证等活动，献良策出实招，多做实事。

(三)开展调查研究，积极建言献策

要按照中央经济工作会议和省委八届三次全会提出的任务，树立科学的发展观，努力实现全面、协调和可持续发展，推进“三个转变”，实现全省跨越式发展目标。今年省政协要围绕完善社会主义市场经济体制，按照“五个统筹”、“五个坚持”的要求，着重就深化国有企业和科技体制改革，发展旅游经济，扩大就业和再就业，加强农村基础设施建设，促进农民增加收入，推进民办教育，加快民营经济发展，搞好公共卫生体系建设等问题，开展调查研究，踊跃建言献策。省政协各专门委员会要切实搞好专题调研，突出重点，精选议题，深入实际，深入群众，深入基层，进一步提高专题调研的总体水平，并且积极推动调研成果的转化。

(四)不断创新，推进履行职能的规范化、制度化、程序化建设

去年召开的中共四川省委政协工作会议，制定了关于加强新世纪新阶段人民政协工作的《意见》。这个重要文件对于加强政协工作的规范化、制度化、程序化建设具有重要作用。省政协和各级政协要结合学习新修订的政协章程，总结行之有效的好

经验，修订和完善已有的各项规章；要根据新形势，分析新情况，针对新问题，出台新的制度措施，使政协的规章、制度更具有针对性、可操作性；要抓好规章制度的落实，做到切实不表面，实效不空泛。2004年省政协将按照省委的部署，就各地贯彻省委政协工作会议精神的情况进行一次检查，总结推广好的做法，针对存在的问题提出改进意见和建议，进一步推动政协工作的健康发展。要注重加强人民政协理论的研究，用理论创新推动制度创新、工作创新。要拓展内容、丰富形式，既生动活跃、又中规中矩，更好地增强政协工作的服务性、实效性。

（五）努力增强团结，为维护稳定做贡献

全省各级政协要突出团结和民主两大主题，维护和发展民主团结、生动活泼、安定和谐的政治局面，促进完善社会主义市场经济体制改革各项重大措施的顺利实施。要加强同各民主党派、工商联和无党派人士、各人民团体和各族各界的联系与沟通，反映他们的意见和呼声，倾听他们的批评和建议。在经济结构和社会关系出现新变化的情况下，人民政协要充分发挥自身的优势，把工作的切入点放在维护人民群众的根本利益上，关注群众生活，关心群众疾苦，特别是关心下岗失业人员、失地农民和老少边穷地区群众的困难，就推进就业再就业、完善社会保障体系和搞好扶贫攻坚等，多建言献策，多做力所能及的实事。要积极协助党委和政府做好了解民情、反映民意、排忧解难的工作，做好协调关系、理顺情绪、化解矛盾、增进团结的工作，把不同党派、不同团体、不同阶层、不同民族、不同信仰的人团结起来，增进共识，形成合力，关注民生，参与国是，共同致力于四川的发展与振兴。

（六）提高工作质量，强化自身建设

全省各级政协组织和政协委员要以高度的责任感和使命感，进一步解放思想、振奋精神，始终坚持党对政协工作的领导。重大事项、重大问题要向党委主动请示、汇报。要拓宽新的工作领域，创造新的工作形式，制定新的工作措施。要贯彻省委有关文件精神，进一步解决好委员的政治生活待遇，改善委员履行职能的工作条件，提高委员参政议政能力。要充分发挥政协常委会和主席会的领导作用，委员的主体作用，专委会的基础作用，界别的桥梁纽带作用。要主动加强同人大、政府的联系，坚持人大、政府、政协相互参加有关重要会议和活动的制度，坚持党委、人大、政府、政协秘书长联系会议制度。互通情况，交流信息，联合开展调查、检查等工作。要加大人民政协和统一战线理论的学习和研究，积极宣传人民政协的重要工作和重大活动。

政协四川省委员会常务委员会工作规则（2004年12月22日政协第九届四川省委员会常务委员会第八次会议通过）全文共四章二十二条（内容略）。

政协四川省委员会提案工作条例（试行）（2004年12月27日政协第九届四川省委员会第27次主席会议通过）全文共六章二十七条（内容略）。

政协四川省委员会委员视察工作规则（2004年12月27日政协第九届四川省委员会第27次主席会议通过）共二十条（内容略）。

政协四川省委员会反映社情民意信息工作规定（2004年12月27日政协第九届四川省委员会第27次主席会议通过）共十九条（内容略）。

政协四川省委员会主席会议工作规则

(2004年12月27日政协第九届四川省委员会第27次主席会议通过)共十九条(内容略)。

政协四川省委员会主席恳谈会工作规则(2004年12月27日政协第九届四川省委员会第27次主席会议通过)共十一条(内容略)。

政协四川省委员会秘书长会议工作规则(2004年12月27日政协四川省委员会第27次主席会议通过)共二十三条(内容略)。

政协四川省委员会专门委员会通则(2004年12月27日政协第九届四川省委员会第27次主席会议通过)共五章二十一条(内容略)。

【组织概况】

副主席辞职名单:

(以下为2004年2月15日九届二次会议通过)

刘绍先

副主席补选名单:

(以下为2004年2月15日九届二次会议通过)

杨海清

常务委员增选名单:

(以下为2004年2月15日九届二次会议通过)

石万俭　花　欣　胡月鹤　洪清宜

徐宽宁　康大寿　释宗性

委员增补名单:

(以下为2004年2月8日九届5次常委会议通过)

王怀茂　孙康敏　杨顺成　杨海清

杨通华　阿　鸽(女,彝族)周昌亮

撤销委员资格名单:(以下为2004年2月8日九届5次常委会议通过)

邓晓莉

【四川省各级政协领导人名单】

四川省

政协主席

秦玉琴(女)

副主席

孙同川　冯崇泰　李　进(女)

王恒丰　陈官权　吴正德

阿　称(藏族)　苟建丽(女)

何志尧　陈　杰　肖光成

刘应明　陈次昌　杨海清

秘书长

彭柏林

成都市(副省级)

市政协主席

骆隆森

副主席

孙家𤩽　张继海　郭应富

贺大经　赵惠民　高　庆(女)

傅勇林　侯一平　章恩筹

秘书长

张开柱

县(市、区)政协主席

锦江区	王文成
青羊区	钟家福
武侯区	王正文
成华区	孙　帆(女)
金牛区	张文友
龙泉驿区	唐成斌
青白江区	李光明
新都区	罗时武
金堂县	任胜英(女)
双流县	周德洪
温江区	宋崇文
郫　县	魏　伟
彭州市	刘纪章

都江堰市	王彝福
崇州市	张春生
大邑县	徐松华
邛崃市	熊定能
蒲江县	吴立民
新津县	陶南洪

自贡市

市政协主席	徐大蒙
县(区)政协主席	
自流井区	黄立容(女)
贡井区	章斯健
大安区	赵　华(女)
沿滩区	龙学敏
荣　县	虞良廷
富顺县	周正聪

攀枝花市

市政协主席	赵世华
县(区)政协主席	
东　区	王志德
西　区	卢宗祥
仁和区	罗世华
米易县	刘　敏
盐边县	沈　昌

泸州市

市政协主席	徐龙治
县(区)政协主席	
江阳区	唐荣良
龙马潭区	赖朝祥
纳溪区	秦敬林
泸　县	田修国
合江县	李世贤
叙永县	梅世强
古蔺县	曾凡毅

德阳市

市政协主席	陈华国
县(市、区)政协主席	
旌阳区	谢智源
罗江县	邓华明
绵竹市	代　青
中江县	岳素华(女)
广汉市	蔡松柏
什邡市	陈在惠(女)

绵阳市

市政协主席	邱文德
县(市、区)政协主席	
涪城区	秦廷汉
游仙区	雍远奉
安　县	邓诗琼(女)
江油市	范来山
梓潼县	李和平
平武县	郑　晓
北川县	杨应庆
三台县	苏才华
盐亭县	谭吉甫

广元市

市政协主席	赵立中
县(区)政协主席	
市中区	邢国连
元坝区	李奎元
朝天区	贾光升
剑阁县	王成书
旺苍县	何万隆
青川县	党兴谷
苍溪县	杨秋良

遂宁市

市政协主席	邓新民
县(区)政协主席	
船山区	蒋光学
蓬溪县	冯佳才
射洪县	符安君
大英县	聂常林

安居区 王启林

内江市

市政协主席 胡文洪

县(区)政协主席

市中区 刘扬贵

东兴区 荣道富

资中县 许蜀宗

威远县 张卿祥

隆昌县 李国成

乐山市

市政协主席 林 蓉(女)

县(市、区)政协主席

市中区 张德银

五通桥区 刘星荣

沙湾区 赵本茹

金口河区 张贤福

犍为县 胡东升

井研县 刘 荣

峨眉山市 张元森

夹江县 宋秀莲(女)

沐川县 张又循

峨边县 张少雨

马边县 张三才

宜宾市

市政协主席 魏在禄

县(区)政协主席

翠屏区 黄 明(女)

宜宾县 陶天华

南溪县 陈昌钰

江安县 刘明富(女)

长宁县 傅正蓉(女)

高 县 廖益萍(女)

筠连县 许 虹(女)

珙 县 王学刚

兴文县 彭 屏

屏山县 成远恒

南充市

市政协主席 任德俭

县(市、区)政协主席

顺庆区 苏世琼(女)

高坪区 陈春华(女)

嘉陵区 赵大伦

南部县 何善奇

营山县 王朝林

蓬安县 苏树学

仪陇县 肖开勇

西充县 冯顺华(女)

阆中市 冯大文

广安市

市政协主席 张泽忠

县(市、区)政协主席

广安区 郑维伦

华蓥市 王守秩

岳池县 莫兴荣

武胜县 张柏林

邻水县 鄢承均

达州市

市政协主席 陈志明

县(市、区)政协主席

通川区 高贤忠

达 县 郭光弟

宣汉县 张正迪

开江县 汤文玉(女)

大竹县 黄建群

渠 县 刘 森

万源市 刘明显

巴中市

市政协主席 苟必伦

县(区)政协主席

巴州区 祝 毅

通江县 邓国平

南江县 杜纯裕

平昌县 胡继昌

雅安市

市政协主席 李清源

县(区)政协主席

雨城区 李　荣

名山县 王　维

荥经县 兰树秋

汉源县 王琼祥(女)

石棉县 羊建忠

天全县 罗开清(女)

芦山县 罗文钧

宝兴县 何洪星

眉山市

市政协主席 严文清

县(区)政协主席

东坡区 何德明

仁寿县 李德全

洪雅县 周述明

彭山县 周云福

丹棱县 芦献平

青神县 侯清富

资阳市

市政协主席 卿光国

县(市、区)政协主席

雁江区 魏远英(女)

简阳市 吴明春

安岳县 袁　韧

乐至县 罗军蜀

阿坝州

州政协主席 杨海青

县政协主席

马尔康县 格尔玛

汶川县 张清立

理　县 张德英(女)

茂　县 张兴运(女)

松潘县 赵希明

九寨沟县 格　梅(女)

金川县 王友军

小金县 汤义清

黑水县 夏拉甫

壤塘县 头　丹

阿坝县 兰木科(女)

若尔盖县 纳　果

红原县 罗尔基

甘孜州

州政协主席 洛松曲批

县政协主席

康定县 杜吉泽登

泸定县 孙光骏

丹巴县 西　绕

九龙县 八青克哈

雅江县 施双元

道孚县 多　吉

炉霍县 扎西泽仁

甘孜县 阿　西

新龙县 呷绒多吉

德格县 安　地

白玉县 白马西绕

石渠县 洛珠彭措

色达县 泽　波

理塘县 小公布

巴塘县 洛松当却

乡城县 杨建安

稻城县 龙龙

得荣县 亚古翁吉

凉山州

州政协主席 陈其中

县(市)政协主席

西昌市 刘光祥

木里藏族自治县 易永德

盐源县 刘联贵

德昌县 张沛荣

会理县	付正友	喜德县	吉额瓦各
会东县	徐　树	冕宁县	骆木加
宁南县	高建文	越西县	邹向志
普格县	拉马瓦体	甘洛县	阿西衣伍
布拖县	蔡启成	美姑县	沙马古衣
金阳县	白热且	雷波县	涂太恩
昭觉县	陈开福		

四川省各级政协组织和委员数

（截至2004年底）

项目＼级别	省	副省级市	设区的市(州)	县(不设区的市、市辖区)	合计
组织数	1	1	20	180	202
委员数	890	646	7322	32346	41204

（庞　毅　张长安　编写　陈宏志　钟　钢　陈卓宜　审稿）

政 协 贵 州 省 委 员 会

【全体委员会议】

九届二次会议 2004年1月6日至12日在贵阳举行。本次大会应出席委员573名，实到518名。王思齐主席主持会议。会议听取和审议莫时仁副主席作的《中国人民政治协商会议第九届贵州省委员会常务委员会工作报告》。出席会议的委员列席省人大十届二次会议，听取并讨论石秀诗省长作的《政府工作报告》及其他有关报告。通过本次会议《决议》。《决议》指出：2003年，在中共贵州省委领导和全国政协指导下，在省人大、省政府大力支持下，省政协坚持以邓小平理论和"三个代表"重要思想为指导，坚持中国共产党领导的多党合作和政治协商制度，认真贯彻中共十六大、十六届三中全会和中共贵州省第九次代表大会、中共贵州省委九届三次、四次全会精神，围绕中心、服务大局，发挥优势、履行职能，各项工作都取得新进展，为贵州省改革开放和社会主义物质文明、政治文明、精神文明建设做出了贡献。会议同意《常委会工作报告》提出的2004年工作总体要求和安排部署，要求常委会认真组织实施。会议认为《政府工作报告》对2003年省政府工作的总结实事求是，提出的2004年省政府工作思路清晰，目标明确，措施有力，切实可行，鼓舞人心，催人奋进。委员们就加快贵州经济社会发展的一些重大问题，坦诚建言，献计献策。会议强调：2004年是实现"十五"计划的关键一年，一定要以邓小平理论和"三个代表"重要思想为指导，牢牢把握团结和民主两大主题，把促进发展作为履行职能的第一要务，围绕中共贵州省委、省政府的中心任务，选择对全省经济社会发展具有综合性、全局性、前瞻性的课题，深入调查研究，积极建言献策；要深入了解和反映社情民意，协助党委和政府做好协调关系、理顺情绪、化解矛盾、凝聚人心的工作，维护社会团结稳定；要切实加强自身建设，推进履行职能制度化、规范化和程序化，把政协工作提高到新水平。王思齐主席在闭幕会上作了重要讲话。

【常务委员会会议】

第5次会议 2004年1月12日在贵阳举行。会议审议通过省政协九届二次会议提案审查情况报告(草案)；审议通过政协九届二次会议决议(草案)。

第6次会议 2004年3月29日在贵阳举行。会议传达贯彻全国政协十届二次会议和十届全国人大二次会议精神；分组学习《中华人民共和国宪法》和《中国人民政治协商会议章程》。王思齐主席在闭幕会上讲话。

第7次会议 2004年8月3日在贵阳举行。会议传达中共贵州省委九届五次全体扩大会议精神和全国政协十届六次常委会议精神；听取省政府副省长包克辛通报全省上半年经济社会发展情况；部分省政协委员与省长石秀诗就贵州经济社会发展有关问题进行座谈；通过《关于加快推进我省规模以上国有工业企业股份制改革的建议案》、《关于加强我省艾滋病防治工作的建议案》和有关人事事项。

第8次会议 2004年11月29日在贵阳举行。会议传达贯彻中共十六届四中全会精神、中共贵州省委九届六次全会精神和全国政协十届七次常委会议精神；听取省政协各专门委员会关于2004年工作情况和2005年工作初步打算汇报；听取省政府2004年省政协提案办理情况通报(书面)；审议通过有关人事事项。王思齐主席在闭幕会上作讲话。

【专门委员会工作】

提案委员会 促使提案由数量型向质量型转变，提案办理由答复型向落实型转变，服务工作由被动应付型向主动服务型转变，初步形成了联合办理、整体推进、协调高效的工作机制。主动加强同党委、政府有关部门及提案承办单位的联系，采取紧急提案立即督办，重点提案重点督办，多方协商现场督办，委员视察面上督办，上年提案回访督办，借助媒体舆论督办，对办理不满意的提案追踪督办等方式，有力地推进了提案办理和落实。精选《从规范殡葬服务费标准入手，加大我省殡葬改革推进的力度》、《加强经济适用住房的建设和管理》、《建议我省尽快研究制定〈关于推进特色食品产业加快发展的若干意见〉》、《加强农民工培训的建议》、《对贵新公路中央分隔带增加防护措施的建议》、《关于抢救水书的建议》6件提案作为主席会议督办的提案，送贵州省人民政府重点办理。会同文史与学习委员会举办全省市(州)县两级政协领导干部提案工作进修班。赴遵义市、安顺市、黔东南州和南明、六枝、黔西、修文县(区)调研，会同省教育厅、省经贸委、省国资委赴六盘水、遵义、贵阳市，就全省国有企业办中小学教育资源现状及整合情况进行调研，写出调研报告送省人民政府参考。会同省政协办公厅，推荐部分提案供贵州电视台制作节目进行报道。在《贵州政协报》开辟专栏介绍提案工作知识、提案工作经验，刊登办理及办复范例。编印《贵州省政协九届一次会议提案与办理选编》，出席全国政协第五次提案工作座谈会、西部省(区、市)政协第十五次提案工作联席会议，并在大会上交流了经验。组织委员赴黑龙江、吉林、辽宁省政协考察提案工作，同来访的广东、福建、浙江、江西省政协座谈交流提案工作经验。

经济委员会 就国有规模以上工业企业股份制改革情况进行调研，形成建议案报送中共贵州省委、省政府参考。视察贵阳、遵义、六盘水、安顺省级以上开发区，写出视察报告，提出的建议受到当地党委、政府重视。赴江苏、浙江、福建省考察民营经济发展情况，结合实际提出加快贵州民营经济发展4条建议。考察福建省长乐市拟到贵州招工企业生产生活条件，协助长乐市政府顺利完成在贵阳招工任务。考察34家农业产业化省级以上龙头企业，提出9条建议。加强同所联系委员的沟通。开展走访委员活动，听取委员的意见和建议，协调解决委员提出的问题。就1996年至1998年全省城镇集体企业清算情况进行调研，将有关情况向省政府反映。会同安龙县、清镇市政协，协调解决外来投资企业在当地出现的纠纷，化解或缓解了矛盾。协助筹划成立贵州省工商联温州商会、贵阳市工商联福建长乐商会。协助贵阳市工商联福建长乐商会引进年产15万吨以上焦化厂9个，租赁和新建铁合金项目50余个，钢铁企业17个，大型精细化工企业1个，机电公司及超市30多个，总投资22亿元。

人口资源环境委员会 对粮食产区、缺粮区、水土流失及石漠化严重区进行调研，形成省政协相应《建议案》报送中共贵州省委、省政府参考。全国政协将此《建议案》送国家林业局研究处理。对全省出生人口性别进行调研，写出调研报告，提出的意见和建议得到中共贵州省委、省政府重视，并纳入政府立法程序。赴威宁自治县就草海生态环境保护情况进行视察，写出《关于国家级自然保护区威宁草海湿地生态保护情况的视察报告》报送中共贵州省委、省政府参考。对2003年报送的《政协贵州省委员会关于黔中水资源保护与开发的建议案》落实情况进行跟踪视察。召开全省政协人口资源环境工作座谈会，邀请省人口计生委、省环保局、贵州大学的专家分别作人口、资源、环境专题报告。会同省人大环境资源委员会、省环保局、遵义市政府举办“贵州省保护饮用水源”座谈会。参加省人大法制工作委员会对《贵阳市禁止选择性终止妊娠规定》、《贵阳市建设循环经济生态城市条例》、《贵阳市容和环境卫生管理条例(草案)》、《贵阳市水库管理办法》等法规的修改。推荐3名委员分别任省政府纠正行业不正之风办公室、省环保局的评议代表和评议员。出席全国政协人资环委、外事委、国家人口计生委在湖北召开的“国际人口与发展论坛”和长江流域13省市政协水环境保护研讨会。

科技教育委员会 视察贵州大学、贵州民族学院、贵州财经学院、贵阳医学院、遵义医学院、遵义师范学院、黔南民族师范学院、贵州商业专科学校后勤社会化改革情况,写出《关于继续推进我省高校后勤社会化改革的视察报告》,提出的建议引起省政府及省教育厅重视。省教育厅专门召开高校后勤处和后勤集团负责人会议落实,并进行高校后勤服务实体法人地位试点。组织委员就贵州省农村义务教育投入情况进行调研,写出《我省农村义务教育投入情况的调研报告》,提出8条建议,受到有关部门重视。到贵州海尔电器有限公司、乌江机电有限责任公司、群建齿轮有限公司、航天圆通汽车制造公司、双阳飞机制造厂、贵州黎阳航空发动机公司考察,对军工企业进一步开拓创新,提升优势特色产品等方面提出建议。筹备召开西部地区政协职业教育研讨会,完成《西部地区政协职业教育研讨会文件汇编》,供与会代表和有关部门参考。邀请省科技厅、省教育厅、省财政厅、省科协负责人通报有关情况。对《中共贵州省纪委、贵州省监察厅关于教育乱收费行为的党纪政纪处分暂行规定(征求意见稿)》提出意见。

文化卫生体育委员会 赴贵阳、遵义、毕节、铜仁等地就艾滋病防治工作进行调研,调查公务员、医务人员、宾馆服务人员、工人、农民、战士、大中专学生、社区居民1952人,形成《关于加强我省艾滋病防治工作的建议案》,从加强组织领导,加强艾滋病防治法制化建设,坚持预防为主,转变观念,加大政府投入,加强监督力度,建立跟踪监管机制,严格控制艾滋病传播8个方面提出建议,报送中共贵州省委、省政府决策参考。中共贵州省委书记钱运录作了批示,省卫生厅采纳了建议。配合全国政协教科文卫体委员会,组织本会委员赴新型农村合作医疗试点县息烽、平坝、独山等地开展专题调研,将调研的情况、建议上报,并会同全国政协教科文卫体委员会赴黔调研组对此进行深入调研。组织本会委员赴安徽、浙江等省考察民俗民间文化保护和开发工作,对黔东南州及凯里、天柱、锦屏、黎平、从江、榕江等县(市),黔南州三都水族自治县的民族民间文化保护和利用情况进行考察,提出进一步加强民族民间文化保护方面的立法建设、将民族民间文化保护经费列入地方财政预算、以县为单位成立民族民间文化保护委员会,培训民族民间文化人才等建议,引起中共贵州省委、省政府高度重视,有关领导作了批示。开展文化、卫生、体育界委员小组履行政协职能的活动,筹备成立贵州省政协书画室,举办庆祝人民政协成立55周年书画展。会同中共贵州省委宣传部、省文化厅和省新闻出版局捐赠图书给清镇、水城等6个县市图书馆,筹资帮助紫云自治县大营乡解决人畜饮水困难和册亨县坡妹乡医院改善基础设施。同贵州电视台合作完成《布依歌舞》电视艺术片外景拍摄和后期制作。开展了文化、卫生、科技下乡活动。

社会与法制委员会 赴贵阳市、遵义市、黔南州及部分县市区,就未成年人法律保护情况开展调研,写出《关于我省未成年人法律保护的调研报告》,提出切实加强领导、充实办事机构和增加投入、加大综合治理力度、进一步完善法律法规和制度,充分发挥家庭、学校和社会的积极作用,做好失足未成年人的教育挽救工作等建议，并形成省政协相关建议案，报送中共贵州省委、省政府。中共贵州省委书记钱运录作了批示，省公安厅专题进行研究，制定了相应措施。配合全国政协社会和法制委员会调研组深入贵阳、遵义市和黔东南州，就收入分配体制改革问题进行调研，听取省劳动和社会保障厅、省国资委、省经贸委、省财政厅、省人事厅、省农业厅、省统计局、省总工会的意见，还同省政府交换了意见。会同省劳动和社会保障厅、省总工会等，赴六盘水市、遵义市及部分县，就维护职工合法权益情况进行视察，写出《关于维护职工合法权益情况的视察报告》，提出加强领导、加大劳动监察力度和队伍建设，进一步落实再就业优惠政策，进一步加大清欠工作力度，做好安全生产工作，健全非公有制企业工会、加快有关法规修订工作等建议，报送中共贵州省委、省政府参考。赴毕节地区、安顺市及部分县市，对依法行政尤其是政务公开情况进行视察，写出《关于依法行政情况的视察报告》，提出转变观念、完善制度和强化监督、加强整治、健全机制、加强培训等建议，中共贵州省委、省政府负责人作了批示。组织委员考察恒霸药业有限公司，赴上海、江西、浙江考察非公有制经济发展环境，写出《江西、浙江、上海非公有制经济发展的考察报告》引起有关部门重视。参加省政府法制办公室开展推进依法行政工作调研，对省政府法制办公室《关于贵州省实施〈工伤保险条例〉办法（草案）》和省人大法制委员会《贵州省实施〈中华人民共和国归侨侨眷权益保护法〉办法（修订草案）》、《贵州省工会条例》、《贵阳市养犬规定》，省社会治安综合治理委员会《贵州省社会治安防控体系建设实施意见》提出了修改意见。向省人民检察院、省公安厅推荐了"人民监督员"、"警风监督员"。参加中共贵州省委宣传部、政法委、省综治委、省公安厅开展的法制宣传、执法监督活动。筹备召开西部省（区、市）政协第八次社会与法制工作研讨会。

民族与宗教委员会　对黔西南州及其册亨、望谟县，黔南州及其贵定、福泉、瓮安、惠水等县市和道真自治县城镇化建设情况进行调研，并到广西自治区考察，写出《贵州民族地区以县城为中心的城镇化建设调研报告》，报送中共贵州省委、省政府参考，并在全国政协十届六次常委会议上发言。参加全国政协民族和宗教委员会举办的民族宗教工作研讨班，出席全国部分省（区、市）政协第六次民族宗教工作研讨会和全国政协召开的武陵山民族地区经济社会发展座谈会，交流了工作情况并提出了建议。视察贵州尤其是民族地区乡村公路经济发展状况，写出《关于我省公路经济发展状况的视察报告》。协调有关部门拨款160万元，解决了"好一多"乳业交通难问题。举办首期贵州苗族医药培训班。协调省有关部门拨款10万元维修了安龙县德卧镇1所小学危房。配合全国政协民族和宗教委员会调研组就贵州民族地区人才教育培训情况进行调研，提出的意见和建议，受到省长石秀诗重视并作批示。

文史与学习委员会　会同贵州社会主义学院举办全省市县两级政协分管提案工作的副主席研讨班，编发4期《学习参考资料》供委员学习，举办"贵州资本市场的发展与展望"专题讲座，对全省政协文史工作干部进行培训。组织委员对城市社会养老问题进行调研，写出《关于我省城市养老情况的调研报告》，提出政府要重视鼓励引导支持社会力量兴办养老事业、尽快出台《贵州省社会养老机构管理办法》、加强相关宣传工作等建议，引起中共贵州省委书记钱运录重视并作批示。对毕节地区、黔西南州及部分县市民族文物保护开发利用情况进行视察，写出视察报告，提出加强相关法律法规宣传、健全各级文物行政管理机构和提高文物保护人员素质、加大政府投入、进一步理顺文物保护与开发利用关系的意见和建议。组织委员界别小组和有关专家赴三都水族自治县、荔波县就“水书”抢救情况进行调查，写出《关于水书抢救情况的调查报告》，提出成立水书抢救领导小组、提高水书抢救重要性的认识、欢迎国内外专家学者参与水书研究、重视培养新生力量、加大经费投入、建设水书博物馆的建议。对安顺、六盘水、黔西南、毕节、铜仁市州地及部分县市区的精神文明建设工作进行视察，写出视察报告报送中共贵州省委、省政府和省精神文明建设指导委员会参考。赴新疆、甘肃考察文物保护开发利用情况，写出考察报告送省有关部门参考。召开全省政协文史工作会议，规划和落实了15项史料征集及编辑工作，特别是对贵州省政协牵头征集编辑的《苗族百年实录》、《布依族百年实录》、《水族百年实录》、《仡佬族百年实录》选题进行了部署。为全国政协编辑出版的《人民政协纪事》提供38篇史料稿，被采用6篇。为湖南省政协编辑的《剿匪反霸纪事》提供史料稿11篇。协助龙里、南明、贵定、江口县(区)编辑出版《贵州旅游文史系列丛书》。完成《贵州文史资料存稿选编》(1—4册)的编辑送印。会同民建贵州省委引进资金，帮助玉屏侗族自治县、石阡县各建了一所小学。走访了本会部分委员工作单位，协调解决了委员反映的问题。出席全国政协文史委员会召开的《名人故里》一书的讨论会和西南、中南地区政协第五次文史工作协作会。

港澳台侨与外事委员会 对部分“三资”企业安置就业情况进行调研，提出进一步营造良好投资环境、增加就业岗位、关注员工社会保障、开发人力资源、提高职业技术教育水平、构建良好法制环境、为劳资双方提供法律保护等意见和建议。视察省政协香港委员在黔投资企业，帮助反映面临的问题和困难。组织省政协港澳委员就贵州省及贵阳市、铜仁地区经济社会发展情况进行视察，捐款22万元帮助印江自治县修建茶园小学。会同省政府发展研究中心、贵州日报社召开“贵州与东盟经济贸易合作的现状与展望研讨会”，在《贵州日报》上开辟专栏进行讨论。会同省涉侨部门召开学习贯彻《中华人民共和国归侨侨眷权益保护法》座谈会，参加省人大民族宗教侨务委员会召开的《贵州省〈中华人民共和国归侨侨眷权益保护法〉实施办法》论证会和涉侨部门第九次联席会。召开“邓庭琮教育基金”受助学生座谈会和“邓庭琮教育基金”颁奖会。

【重要活动】

贵州省政协纪念邓小平诞辰100周年暨学习邓小平人民政协理论座谈会 2004年8月17日在贵阳举行。省政协主席王思齐作重要讲话，副主席莫时仁主持会议。全国人大代表、省政协原主席龙志毅，省政协原主席苗春亭，省政协副主席马文骏、许乐仁、伍席源、李金顺、李平、李嘉琥、王录生，全国政协委员、省政协原副主席袁荣贵，省政协秘书长洪宗良及省政协原副主席李元栋、吴若秋、程天赋、王惠业、吴静波、蒙素芬、唐弘仁、王思明、安迪伟、王德懋、蒋希文、王玉璞及省政协办公厅、各专门委员会、各民主党派省委、省人民团体和市州政协、地区工委负责人出席会议。龙志毅及中共贵州省委统战部副部长林庆筑、民革贵州省委副主委王世杰、民盟贵州省委副主委袁长江、农工民主党贵州省委主委付家祥、致公党贵州省委主委陈汉彬、九三学社贵州省委秘书长姜刚杰、贵州省总工会副主席韩介明、贵州省工商联会长张芝庭、贵阳市政协副主席杜云峰、少数民族代表严天华发言，深切缅怀邓小平的丰功伟绩和对人民政协事业作出的杰出贡献。

贵州省庆祝人民政协成立55周年座谈会 2004年9月28日在贵阳举行。中共贵州省委书记钱运录作重要讲话，省政协主席王思齐主持会议。中共贵州省委副书记、省长石秀诗，中共贵州省委副书记孙淦、黄瑶、曹洪兴，中共贵州省委常委王正福、姜延虎、王晓东、龙超云，副省长刘鸿庥，省政协副主席马文骏、许乐仁、伍席源、李金顺、何永康、李嘉琥、王录生、相小青，全国人大代表、省政协原主席龙志毅，全国政协委员、省政协原副主席袁荣贵，省政协原副主席李元栋、王思明及省政协办公厅、各专门委员会、各民主党派省委、有关人民团体主要负责人等出席会议。省政协原主席苗春亭，省政协常委、九三学社贵州省委副主委吕建军，省政协常委、共青团贵州省委副书记陈昌旭，省政协委员、省政协办公厅巡视员郭福基在会上发言。

省政协主席副主席视察贵阳市非公有制经济发展情况 2004年10月25日至27日，省政协主席王思齐，副主席莫时仁、马文骏、许乐仁、李金顺、何永康、李平、李嘉琥、王录生、相小青，秘书长洪宗良视察了英利药业有限公司、老干妈风味食品有限责任公司、鼎罐食城、利美康医疗股份有限公司、鸿基房地产开发有限公司等非公有制企业，详细了解生产经营情况，听取对发展非公有制经济的意见和建议，并与中共贵阳市委、市政府交换意见。

全省政协提案工作经验交流会 2004年11月3日至4日在六盘水市举行。省政协主席王思齐在开幕会上讲话，省政协副主席马文骏、李金顺、李嘉琥、相小青出席会议。会议学习全国政协主席贾庆林、副主席王忠禹在全国政协第五次提案工作座谈会上的重要讲话。贵阳市政府、六盘水市政府、省交通厅、独山县政府介绍办理政协提案情况及经验；民进贵州省委等13个单位介绍提案工作经验。

【重要文件】

常委会工作报告（2004年1月6日）（摘要）

一、加强理论学习，提高履行职能水平。省政协常委会议、主席会议坚持把学习贯彻中共十六大精神，兴起学习贯彻"三个代表"重要思想新高潮作为首要政治任务，通过举办培训班、专题讲座等形式，密切联系改革开放和现代化建设以及政协工作实际，组织政协委员深入学习邓小平理论、"三个代表"重要思想和中共十六大、十六届二中、三中全会精神；胡锦涛总书记"七一"重要讲话和在省部级主要领导干部学习贯彻"三个代表"重要思想专题研讨班上的重要讲话；全国"两会"精神和贾庆林主席关于政协工作的重要讲话；中共贵州省第九次代表大会、中共贵州省委九届三次、四次全会精神及统一战线和人民政协理论知识等。举办市(州)县两级政协负责人"学习'三个代表'重要思想，努力办好政协工作"培训班。

二、履行政协职能，增强工作实效。坚持把贵州经济社会发展重大问题作为全委会议、常委会议、主席会议和专委会议的重要内容进行协商，建言献策。在省政协九届一次会议期间，委员们听取和讨论《政府工作报告》及其他有关报告，提出意见和建议。在省长与部分省政协委员座谈会上，20位政协委员分别就抓住机遇打造能源强省、推进经济强县建设、发展民营经济、推进无公害农产品生产、关注食品安全、加快黔中水利枢纽工程建设等问题发言。专委会与有关部门就立法执法、文化卫生体育事业、民族和宗教事务、涉侨涉台工作等方面的内容开展协商。每季度举行一次省政协领导与委员约谈会，省政协主席、副主席先后与50多位政协委员就社会关注的热点、难点问题进行约谈，并将委员们反映的社情民意，通过《贵州政协信息》向中共贵州省委、省政府反映。探索政协民主监督与新闻舆论监督相结合的路子，同贵州电视台联办“政协委员论坛”节目。坚持用经验指导和推动工作，召开全省市州政协工作经验交流会。

三、开展调研视察，为党政决策建言献策。主席会议审议确定11个重点调研课题，各专委会组织委员进行专题调研后，写出13份调研报告，形成加强“西电东送”工程电煤建设、加快发展以苗药为代表的中药现代化科技产业等4份建议案，报送中共贵州省委、省政府供决策参考。开展提案办理、实施“西电东送”工程、贵阳市南明河综合治理、中药现代化科技产业基地建设、投资环境、非典预防、食品安全、法律援助、民族地区小康建设和社会主义精神文明建设等视察，提出意见和建议。

四、采取有力措施，做好提案工作。帮助委员学习提案知识、熟悉提案工作。同省政府商定建立了每年第三季度向省政协常委会议书面通报办理省政协提案情况制度。将《关于绥阳宽阔水自然保护区与双河溶洞系统区域合并申报国家级地质公园以促进黔北保护区带建设的建议》等6件提案，作为主席会议督办的重点提案，促进了有关问题的解决。2003年立案的496件提案已全部办复，满意和基本满意率为95.09%。

五、做好信息和信访工作，及时了解和反映社情民意。聘请59名特约信息员，编发《贵州政协信息》81期，引起中共贵州省委、省政府重视，有关领导作批示并反馈的有28期，促进了人民群众关注的一些热点问题的解决。接待来访420人次，转办来信181件，解决了来信来访政协委员、统战人士和人民群众的一些实际问题，维护了他们的合法权益。

六、重视宣传工作，推动政协工作深入开展。做好省政协重要会议、重要活动宣传报道，组织新闻采访组赴有关市县对政协工作取得的成绩、经验，以及政协委员为当地经济社会发展、扶贫济困、捐资助学做贡献的先进事迹进行专题采访报道。《贵州政协报》、《文史天地》、《贵州政协工作》发挥了宣传作用和对基层政协工作的指导作用。举办贵州省第六届政协好新闻评选活动，从13家省新闻单位和9个市州政协、省政协地区工委办公室初评后推荐的71件作品中，评出一等奖4件，二、三等奖30件。

七、开展联谊活动，促进交流与合作。省政协领导率港澳台侨与外事委员会赴港澳看望在港澳的省政协和贵阳市政协委员，向政协委员和香港贵州联谊会理事、贵州海外联谊会理事、其他友好社团及各界朋友介绍贵州经济社会发展、实施西部大开发战略、新阶段扶贫开发工作进展情况及省政协工作情况，欢迎他们到贵州考察、投资办企业和其他公益事业；接待香港贵州联谊会和澳门冻肉食品商会访问团及友好人士来黔访问。

八、投身预防非典工作。发挥政协人才优势，为预防非典建言献策；组织委员到贵阳、黔东南、黔南和黔西南等地视察，向当地党委、政府和有关部门反映预防非典工作中的问题；组织有关专家下乡向群众宣传防治非典知识。

九、发挥联系广泛的优势，多办实事好事。促进贵州省与兄弟省市的经济技术合作，如协调武汉烟草集团扩大在贵州的烤烟基地，由年供应5万担提高到20万担；通过政协委员联系温州投资商开发清水江流域梯级电站。与有关部门配合引进资金200万元，分别在紫云自治县、修文县、平坝县、兴义市、花溪区修建希望小学和资助贫困学生。组织文化科技卫生“三下乡”，向贫困乡村捐赠一批图书、衣物、药品药具、体育器材，开展文艺表演和科普知识宣传。组织各类专家、学者和科技人员9280人次参加智力支边，完成智力支边项目710个，培训各类人员近3万人次，推广了农业新技术、新品种。与贵州电视台联合拍摄电视专题片《苗族舞蹈——人与山水的旋转》，荣获第21届中国电视金鹰奖专题电视文艺节目优秀作品奖，与中央电视台、贵州电视台联合拍摄的电视剧《解放贵阳》受到观众喜爱和好评。

十、加强自身建设，推进政协工作制度化、规范化和程序化。制定和完善《贵州省政协主席会议工作原则》、《关于建立外出参加会议和活动报告制度的意见(试行)》等。将科技与教育两个委员会合并为科技教育委员会，另设人口资源环境委员会。按照委员界别和专业特点，依托专委会组成若干委员活动小组，推选或指定召集人，开展视察、考察、调研、学习和联谊等活动。

政协贵州省委员会关于进一步加强反映社情民意工作的意见(试行)(2004年5月28日政协第九届贵州省委员会第15次主席会议通过)(摘要)

一、深刻认识反映社情民意工作的重要性

1. 反映社情民意是实践"三个代表"重要思想的必然要求，是实事求是和群众路线的具体体现，是畅通社会主义民主渠道的重要举措。做好反映社情民意工作，有利于促进决策民主化、科学化，有利于实行民主监督，有利于维护和发展安定团结的政治局面。

2. 反映社情民意是政协履行职能的重要基础和关键环节。全省各级政协要深入基层、深入实际、深入群众，开展调查研究，认真倾听群众的呼声，了解群众的要求，体察群众的情绪，及时、准确地向党和政府反映社情民意，保持反映社情民意渠道的畅通。

3. 人民政协工作主题是团结和民主。只有真正了解民情、尊重民意、顺乎民心，才能实现团结和民主。

4. 人民政协履行职能的各项工作都应与了解和反映社情民意密切联系。认真做好了解和反映社情民意工作，对于发挥政协委员参政议政积极性，活跃人民政协工作，更好地发挥人民政协在国家政治生活中的作用，具有非常重要的意义。

二、努力把握反映社情民意工作的原则

5. 反映社情民意要力求真实。坚持实事求是，反对弄虚作假，有喜报喜，有忧报忧，真实地反映社会情况和政协委员及各界人士的意见。

6. 反映社情民意要注重质量。着眼大局，贴近实际，贴近群众，充分反映需要中央和地方决策部门了解的有分量、有价值的信息。

7. 反映社情民意要突出特色，注意界别性，避免一般化。要重视反映其他渠道不易掌握、不易反映、难以得到的社会情况和群众意见；重视反映统战人士的看法，包括各种不同意见；重视反映各个界别和特殊群体的要求，包括那些反映人数不是很多但需要合理兼顾的意见。

8. 反映社情民意要及时快速。减少环节，提高效率，重要信息一事一报，急事急报，必要时跟踪连续报。

三、充分发挥政协委员的主体作用

9. 政协委员是人民政协反映社情民意的主体。政协委员应当自觉地把社会荣誉与社会责任统一起来，密切联系群众，特别是本界别的群众，经常地、主动地反映他们的愿望和要求，每年向省政协提供1至2条有价值的社情民意信息。

10. 政协组织要为政协委员学习理论、熟悉政策、扩大视野、把握全局创造条件，使他们敢于反映、乐于反映、善于反映社情民意。

11. 政协委员依照党的方针政策和政协章程履行职能，反映社情民意，是政协委员的民主权利，要采取有效措施予以保障。当政协委员在开展这项工作受到不公正对待时，政协组织有责任配合有关方面予以纠正。

四、认真做好反映社情民意的协调工作

12. 要主动征询党政机关对政协反映社情民意工作的意见，加强与党政机关的协调配合。发挥各民主党派、工商联、人民团体等参加政协单位在反映社情民意工作中的作用，密切同他们的联系。必要时政协可对所反映的重要社情民意进行跟踪了解，力求取得实效。

13. 密切同各市、州政协和省政协各地区工委的联系，根据需要在基层政协设立若干反映社情民意工作的联系点，共同做好反映社情民意工作。

14. 组织政协委员了解和反映社情民意是专门委员会的重要职责。专门委员会工作应与反映社情民意工作相结合，要有计划、有组织、有侧重地收集各自所联系的界别反映的社情民意，并结合形势的变化和重要政策的贯彻，进行系统深入的调查研究，作出正确的判断，提出有价值的建议。

五、不断完善反映社情民意工作机制

15. 广辟反映社情民意的信息来源。充分运用政协各种会议、委员视察、专题调研、提案、信访等方式，收集和反映社情民意。

16. 进一步规范反映社情民意的方式。那些不宜公开，又事关决策的重要情况和意见，应通过内部刊物予以反映。

17. 注重发挥政协界别的优势和作用。政协是以界别为单位组成的机构，各界别要注意与各自代表的群众保持密切联系，经常了解他们的愿望、意见和要求，包括容易被忽视的少数人的特殊要求。

18. 省政协各专委会、各地区工委、各市州政协和各民主党派省委、省工商联，原则上每季度向省政协提供1至2条有价值的社情民意信息。

19. 建立反映社情民意信息的通报制度。省政协办公厅要从信息报送、采用、计分等方面入手，建立通报制度。

20. 不断提高反映社情民意工作的现代化水平。要增加办公自动化建设的投入，逐步实现政协贵州省委员会与各民主党派省委、省工商联、省有关人民团体、省政协各地区工委、各市州政协和省政协反映社情民意工作联系点的微机联网，保证社情民意快捷、畅通传递和资料共享。

21.《贵州政协信息》主要刊登向中共贵州省委、省人民政府、省政协领导以及有关部门反映的社情民意信息。《社情民意信息专报》主要刊登向中共贵州省委、省人民政府领导反映的特别重要和特殊敏感性的社情民意信息。要严格工作程序和报送方式。

六、切实加强对反映社情民意工作的领导

22. 要建立政协领导分工责任制，把此项工作列入重要议事日程，定期研究、部署和检查，并纳入机关目标考核重要内容。

23. 全省各级政协组织应明确反映社情民意工作的专门机构，配备得力干部，作好综合协调和各项服务工作。

24. 进一步加强从事反映社情民意工作的干部队伍建设，关心他们的成长，采取切实措施，在阅读文件、参加会议和活动以及业务培训等方面，为他们提高自身素质和开展工作提供条件。

25. 从事反映社情民意工作的干部要努力学习马克思主义、毛泽东思想、邓小平理论和“三个代表”重要思想；要熟悉党的路线方针政策、国家法律法规;要熟悉统一战线和人民政协的基本理论和基本知识;要努力学习科学文化知识,掌握现代化信息技术手段;发扬爱岗敬业、刻苦钻研、勤奋工作、无私奉献的精神,培养严谨、务实的工作作风,不断提高工作效率和服务质量。

26. 要通过交流经验、组织培训、奖励先进等多种方式,不断提高反映社情民意工作的水平。

【贵州省各级政协领导人名单】

贵州省

政协主席

王思齐

副主席

莫时仁(布依族)　马文骏

许乐仁　伍席源　李金顺

何永康　李　平　李嘉琥

王录生　相小青

秘书长

洪宗良

贵阳市

市政协主席　王选才

县(市、区)政协主席

云岩区　杨芝芳(女)

南明区　郭敬阳(女)

花溪区　李秀明

乌当区　田茂康

白云区　江金文

小河区　叶华山

清镇市　黄学芬(女)

开阳县　王梅庆(满族)

修文县　殷建中

息烽县　吴德屏

遵义市

市政协主席　周大新

县(市、区)政协主席

红花岗区　何　曼(女)

汇川区　王晓东

仁怀市　王德碧

赤水市　王昌乾

遵义县　张大六

习水县　秦中涛

桐梓县　娄恒炬

余庆县　杨胜洪(土家族)

正安县　曾润素(女)

湄潭县　杨昌华

绥阳县　刘之礼

凤冈县　李廷学

道真仡佬族苗族自治县

周世晓(仡佬族)

务川仡佬族苗族自治县

卢汝明(仡佬族)

六盘水市

市政协主席　易胜金

县(市、区)政协主席

六枝特区　张廷模

盘　县　许昆贤(女)

钟山区　穆　彪

水城县　颜昌友

安顺市

市政协主席　胡德伦

县(市、区)政协主席

西秀区　杨朝忠(苗族)

平坝县　谢发忠(白族)

普定县　(暂缺)

镇宁布依族苗族自治县

余文亮(布依族)

紫云苗族布依族自治县

陈茹森

关岭布依族苗族自治县

罗成顺(布依族)

黔东南苗族侗族自治州

州政协主席　邓锦洲

县(市)政协主席

凯里市　宋超荣(僅家人)

黄平县　潘敬秋(苗族)

施秉县　张祖安

镇远县　朱　鸣(女)

三穗县　杨胜林

岑巩县　刘寿奎

天柱县　陈守金(侗族)

麻江县　李明德(苗族)

丹寨县　吴成华(苗族)

雷山县　张世荣(苗族)

台江县　刘耀密(苗族)

剑河县　王秀贤(侗族)

榕江县　龙正荣(侗族)

锦屏县　杨顺炎(侗族)

黎平县　朱卫平

从江县　李明德

黔南布依族苗族自治州

州政协主席　胡品荣(水族)

县(市)政协主席

都匀市　刘光乾

福泉市　李桂林(布依族)

独山县　莫龙新(布依族)

平塘县　胡国栋(布依族)

罗甸县　陈邦禄(苗族)

荔波县　田景胜(水族)

瓮安县　梁隆平

龙里县　范吉林

贵定县　方昌国

惠水县　吴文辉(苗族)

长顺县　陈祥斌(布依族)

三都水族自治县　莫善余(水族)

黔西南布依族苗族自治州

州政协主席　王胜业

县(市)政协主席

兴义市　吕正毅

兴仁县　姚天涛

普安县　李春芳

晴隆县　彭德洪

贞丰县　王明华

安龙县　韦永芝(女,布依族)

册亨县　韦忠道(布依族)

望谟县　韦光兴(苗族)

铜仁地区

县(市)政协主席

铜仁市　黄昌富(土家族)

万山特区　谭克冬

松桃苗族自治县

戴启来(土家族)

石阡县　刘德远(侗族)

德江县　安高宣(土家族)

江口县　卫茂芳

思南县　余觉英(女,蒙古族)

玉屏侗族自治县

关祖珍(女,侗族)

印江土家族苗族自治县

王朝文(苗族)

沿河土家族自治县

陈朝禄(土家族)

毕节地区

县(市)政协主席

毕节市　杨国兵(苗族)

纳雍县　李德超(白族)

赫章县　安顺光(彝族)

黔西县　罗德智(彝族)

大方县　黄仲祥(彝族)

织金县　陈宏枢(穿青人)

金沙县　张维林(彝族)

威宁彝族回族苗族自治县

李怀明

贵州省各级政协组织和委员数

（截至2004年底）

级别 项目	省	自治州 （设区的市）	县（自治县、不设区 的市、市辖区、特区）	合计
组织数	1	7	88	96
委员数	573	2281	13685	16539

（方家印　朱礼武　编写　郭福基　审稿）

政 协 云 南 省 委 员 会

【全体委员会议】

九届二次会议 2004年2月10日至15日在昆明举行。会议审议通过了常务委员会工作报告;审议通过了关于九届一次会议以来的提案工作情况报告。与会委员列席了云南省人大十届二次会议,听取并协商讨论了徐荣凯省长所作的《政府工作报告》,云南省2003年国民经济和社会发展计划执行情况和2004年国民经济和社会发展计划的报告,云南省2003年地方财政预算执行情况和2004年地方财政预算的报告,云南省高级人民法院工作报告和云南省人民检察院工作报告。会议期间,省委、省政府领导和省直有关厅局委办的负责人到会,听取委员对《政府工作报告》的意见和建议。会议收到提案834件,经提案委员会立案819件。杨崇汇主席在闭幕会上讲话。

【常务委员会会议】

第5次会议 2004年4月1日至2日在昆明举行。听取罗黎辉副主席传达全国政协十届二次会议精神并学习讨论;听取了中共云南省委政策研究室、省政府研究室负责同志通报全年省委、省政府工作要点及重点调研课题情况。任命和金玉为省政协人口资源环境委员会副主任,张宁为省政协民族和宗教委员会副主任;因工作需要,余祖广、马良泽不再担任省政协办公厅副主任职务。

第6次会议 2004年7月14日至16日在昆明召开。这次会议的主题是坚持以人为本,树立科学的发展观,为促进云南经济、社会和人的全面发展献计出力。省政协主席杨崇汇主持会议。会议审议通过了本次常委会议议程、日程(草案);听取了许克敏副主席传达全国政协十届六次常委会议精神;听取了省政府副省长孔垂柱关于云南省上半年经济运行情况及近期经济工作重点的通报;会议还听取了省政协教科文卫体委员会主任段金堂作《关于加快我省软件产业发展的建议案》(草案)的说明。

第7次会议 2004年10月11日至12日在昆明召开。这次会议的主题是:学习贯彻中共十六届四中全会精神和中共中央总书记胡锦涛同志在庆祝人民政协成立55周年大会上的讲话精神。省政协副主席管国忠和省政协副主席陈勋儒分别传达了中共十六届四中全会和全国政协十届七次常委会议精神。省政府经济委员会主任刘绍忠向会议通报了关于我省非公有制经济的发展情况;审议并原则通过了省政协《关于改善我省非公有制经济发展法制环境的建议案》和《关于加快边境县经济社会发展步伐的建议案》;任命刘企文为省政协提案委员会副主任。杨崇汇主席在会议上作了《学习贯彻中共十六届四中全会精神,不断提高人民政协的参政议政能力》的重要讲话。

第8次会议 2004年12月14日至16日在昆明召开,会议审议通过了关于召开政协云南省第九届委员会第三次会议的决定(草案);原则通过政协云南省第九届委员会第三次会议议程(草案)和日程(草案);原则通过《政协云南省第九届委员会常务委员会工作报告》(草案);原则通过《政协云南省第九届委员会常务委员会关于政协九届二次会议以来提案工作情况的报告》(草案);通过《政协云南省委员会关于加快云南省县域特色经济发展建议案》(草案);通过政协云南省第九届委员会第三次会议列席人员范围;通过关于授权主席会议审定政协云南省第九届委员会常务委员会第八次会议未尽事宜的决定;通过有关人事事项。听取省政府副省长吴晓青关于省政协九届二次会议以来提案办理情况通报。

【专门委员会工作】

提案委员会 一年来,共收到提案

834件，立案819件。加强了提案办理过程中的督办、协调，参与重点提案督办、面商，牵头组织联合重点提案办理前的调研，对10件立意高、质量好、围绕中心、事关大局、领导重视、群众关心的提案深入到基层调研；召开了提案表彰大会，表彰了50件优秀提案；召开了3次全体委员会议；召开了全省政协第十三次提案工作座谈会；编辑了《优秀提案汇编》并印发给委员；广泛深入开展提案宣传，通过报刊、广播、电视，宣传报道提案工作近百篇，继续在云南电视台开设《提案聚焦》，在云南政协报开辟《提案视角》栏目。

文史委员会 结合全省情况，围绕建设民族文化大省的主题调研，先后对省级历史文化名城保山、腾冲，世界自然遗产“三江并流”怒江片区所属的民族历史文化遗产、国家级和省级重点文物保护单位、国家级地质公园等20余处和西双版纳勐腊县易武古镇调查研究，提出了意见和建议；编辑《云南文史集萃》，从全省800多辑1亿多字资料中清理、筛选数千万字，已完成了复审工作，2005年初可望出版发行；组织考察团到江西、福建两省就如何做好历史文化遗产保护进行考察。

经济委员会 一年来，先后组织委员调研了云南25个边境县(市)的经济社会发展情况、省直10个部门和8个州市的县域经济发展情况、云南省主要食用农产品质量安全现状、14个经济发展水平差异较大的县的农业产业化经营的发展情况和大姚、永胜灾后恢复情况等，并提出了意见和建议；通过调研，形成了《关于加快边境县经济社会发展步伐的建议案》、《关于加快云南省县域特色经济发展的建议案》并获常委会议通过报中共云南省委、省政府；围绕云南经济工作重点和热点问题，组织参加了主席约谈会、文艺恳谈会、调研会等，其中，仅专题调研会就召开22次，提交专题报告40余份，提出意见建议70多条；参加了全省环保系统、电信系统的行风评议、省国企改革的督导等工作。

人口资源环境委员会 先后围绕昆明市抗旱保供水，楚雄、文山、大理、怒江、玉溪、丽江、迪庆等州、市的老龄工作，九大高原湖泊的生态环境问题，富民县钛矿产业发展状况等组织委员进行了调研，提出了意见和建议；组织委员参加省政府有关人口、资源、环保的文件的协商讨论；召开了全省各州市政协人口、资源、环境委员会工作座谈会；参加了云南省旅游系统行风评议跟踪检查；编辑了《城市垃圾研讨会论文集》、《云南省提高老年人生活生命质量对策研讨会论文集》。

科教文卫体委员会 组织委员开展专题调研、视察12次，主要内容为：全省文化体制改革和文化产业发展情况，蒙自县石榴、枇杷发生病虫害问题，云南省10年来贯彻落实《中华人民共和国红十字法》情况，云南软件产业发展现状，西部贫困地区“两基”攻坚落实情况，部分县市体育后备人才培养情况，云南省新型农村合作医疗试点工作情况，基层乡镇体育工作情况，并提出了意见和建议，有的还形成了调研报告；举办了全省9个重点地区6个重点市县政协领导干部的防治艾滋病知识与政策培训；召开了全省政协教科文卫体工作座谈会；在昆明医学院举办了第20个教师节茶话会；组织画家书法家到企业视察采风。

港澳台侨和外事委员会 组织委员对全省口岸建设管理和边境地区对外贸易情况，红河州经济社会发展情况进行调研；召开了全省政协外联工作座谈会；接待港澳台同胞、海外华侨华人和越南、韩国、泰国等国赴滇访问考察团31个400余人次；参与组团或参团出访考察了老挝、泰国、美国、巴西、埃及、摩洛哥、叙利亚、利比亚、约旦、新西兰等19个国家和香港特区；组织召开了云南省海外经济合作促进会一届四次理事会；与保山市联合举办了纪念抗日战争胜利60周年研讨会。

社会和法制委员会 组织委员就云南省改善非公有制经济发展的法制环境促进非公有制经济的快速发展，修订《云南省法律援助办法》，贯彻落实省委工青妇工作会议精神，加快边境县社会经济发展方面的法制建设以及未成年人法律保护问题等进行调研，其中关于改善非公有制经济发展的法制环境，促进非公有制经济的快速发展形成了建议案报省委、省政府；组织委员对《云南省禁毒条例(修订草案)》等32件法律、法规协商讨论，提出修改意见、建议160余条；召开了“法律援助”和“进一步改善非公有制经济发展的法制环境”的专题研讨会。

民族和宗教委员会 组织委员分别对8个州市、25个县，就加快云南省民族地区全面建设小康社会步伐问题，对昆明、大理、楚雄、德宏、迪庆等地的宗教工作，对怒江流域民族地区资源保护与开发问题进行了专题调研，提出了意见建议；就宗教活动场所管理情况在楚雄州、丽江市开展调研；召开了情况通报会；加强与有关方面的联系，参加了有关民族宗教方面的活动。组织部分少数民族委员赴上海、江苏、浙江考察城市民族宗教工作。

【重要活动】

纪念邓小平诞辰100周年活动 在邓小平同志诞辰100周年时，云南省政协及各民主党派省委开展了多种纪念活动。8月26日，省政协举行纪念座谈会，杨崇汇主席发表了题为《坚持以邓小平理论和“三个代表”重要思想为指导，不断推进新世纪人民政协理论创新和工作创新》的讲话。民盟省委、农工党省委、民建省委等也举办了座谈会和其他纪念活动。

庆祝人民政协成立55周年暨云南省政协成立50周年座谈会 2004年9月23日在昆明人民胜利堂举行，中共云南省委书记、省人大主任白恩培和省党政军领导出席会议。白恩培在会上发表了重要讲话。省政协主席杨崇汇发表了题为《发扬成绩，总结经验，与时俱进，开拓创新，努力开创人民政协事业的更大发展》的讲话。

全国政协领导在云南省视察 今年，全国政协领导先后在云南视察工作。5月20日至23日和10月21日，全国政协副主席李蒙先后两次到云南省了解三峡库区及金沙江生态环境保护和水电开发建设情况；5月6日，全国政协副主席周铁农在云南视察；11月9日至11日，全国政协副主席徐匡迪在云南视察了昆明物理研究所、开明船舶设备集团有限公司等单位。

全省政协系统领导干部学习贯彻《宪法》和《政协章程》专题学习班 2004年5月24日至28日在昆明举行。省政协主席、副主席、秘书长、副秘书长、研究室和各专门委员会主任、各州市政协主席、地区政协工委主任等参加了学习班学习。全国政协有关部门负责人、各级政协领导交流了学习《宪法》和《政协章程》的体会，杨崇汇主席在学习班结束时讲话。

【重要文件】

常委会工作报告(2004年2月10日)(摘要) 报告第一部分对云南省政协2003年的工作作了总结。主要是：(一)深入学习贯彻中共十六大精神和“三个代表”重要思想；(二)服从全省工作大局，紧紧围绕发展第一要务履行职能；(三)积极推进政协履行职能的制度化、规范化和程序化；(四)积极参与抗击非典斗争，协助党委、政府做好非典防治工作；(五)了解民情，反映民意，努力做好维护稳定和促进团结工作；(六)发挥优势，动员社会力量办实事；(七)密切与基层政协的联系，加强对基层政协工作的指导；(八)加强联谊，扩大交往；

(九)加强机关建设。报告第二部分对2004年的工作作了安排。2004年是我省经济社会发展步入快速发展期的关键一年。根据当前政协工作面临的形势和任务,今年省政协工作的总体要求是:以邓小平理论和"三个代表"重要思想为指导,在中共云南省委的领导下,继续贯彻落实中共云南省委七届四次、五次全委会精神,突出团结和民主两大主题,紧紧围绕党委、政府的中心工作履行政治协商、民主监督、参政议政职能,积极推进政协履行职能的制度化、规范化和程序化建设,与时俱进,开拓创新,努力把我省政协工作提高到一个新水平,为云南的经济社会发展做出新的贡献。主要抓好以下几个方面:(一)继续深入学习"三个代表"重要思想,自觉用"三个代表"重要思想指导工作;(二)按照发展是第一要务的要求,围绕省委、省政府的中心工作建言献策;(三)认真贯彻落实《中共云南省委关于积极推进人民政协履行职能制度化、规范化和程序化的意见》精神,积极推进政协履行职能的"三化"建设;(四)以促进非公有制经济发展和改善云南投资环境为重点开展民主监督;(五)积极反映社情民意,加强信访信息工作;(六)突出团结和民主两大主题,进一步做好团结联谊工作。以云南投资环境为重点开展民主监督;(七)继续抓好自身建设。

《坚持以邓小平理论和"三个代表"重要思想为指导,不断推进新世纪人民政协的理论创新和工作创新》(2004年8月26日杨崇汇主席在云南省政协纪念邓小平同志诞辰100周年座谈会上的讲话)(摘要)

邓小平同志曾担任第五届全国政协主席,是新时期人民政协事业和人民政协理论的奠基人。邓小平同志继承和发展了毛泽东、周恩来等中共第一代领导集体关于统一战线和人民政协的基本思想,从建立和完善社会主义民主政治体制的高度,对我国阶级状况的根本变化、民主党派的性质、统一战线的扩大、人民政协的性质、任务及其工作方针等作了深刻论述,系统地回答了新时期人民政协的一系列基本问题。以邓小平人民政协理论指导我们的工作,必须着重牢牢把握:政协的性质、地位、作用,充分发挥人民政协统一战线组织的优势;把握好人民政协必须遵循的方针、原则,坚持政协工作的正确方向;把握好政协职能,发挥政协的整体作用、专委会的基础作用和委员的主体作用;把握好团结、民主两大主题,巩固和壮大爱国统一战线;继续发扬自我教育、自我改造的优良传统,不断提高人民政协的工作水平。深切缅怀邓小平同志的丰功伟绩和对人民政协事业发展做出的杰出贡献,我们必须继续深入研究和宣传邓小平关于新时期人民政协的理论,坚决贯彻落实中共中央和中共云南省委对人民政协工作的新要求,坚持科学发展观,及时总结以邓小平理论和"三个代表"重要思想指导政协工作的新经验,在以胡锦涛同志为总书记的中共中央和中共云南省委的领导下,不断推进新世纪新阶段人民政协的理论创新和工作创新,推进人民政协事业不断向前发展,努力为云南与全国同步实现全面建设小康社会的目标不断做出新贡献。

《在庆祝中国人民政治协商会议成立55周年暨云南省政协成立50周年座谈会上的讲话》(2004年9月23日)(中共云南省委书记、省人大常委会主任白恩培)(要点)　政协云南省委员会1955年2月正式成立,回顾人民政协在云南走过的历程,同样是辉煌的。全省各级政协组织和广大政协委员,必须进一步认清形势,坚定信心,紧紧围绕中心,牢牢把握主题,发挥独特优势,切实履行好政治协商、民主监督、参政议政的职能。

《充分发挥委员作用和界别优势,为云

南经济社会的快速发展做贡献》(2004年2月15日)(杨崇汇主席在省政协九届二次会议闭幕会上的讲话)(要点) 一、要牢固树立委员是政协工作主体的观念。必须把充分发挥委员作用和界别优势作为一项带根本性的工作任务来抓。充分发挥委员作用,是实现党和政府执政为民宗旨的需要;是实现党和政府科学决策的需要;是提高政协工作整体水平的基础和关键。二、充分调动广大委员的积极性,努力探索发挥委员作用和界别优势的途径和方式。要进一步发挥民主党派在政协工作中的重要作用;积极探索发挥委员作用和界别优势的途径和方式,努力形成良好的经常性工作机制。三、依靠委员作用和界别优势,为全面推进云南省经济社会快速发展做贡献。政协委员既要加强政治业务学习,又要在实践中不断增强参政议政本领。政协委员履行职能既要立足本职,又要胸怀全局,提出重点,关注热点,着力于难点,努力为全省加快经济社会发展献计出力。

【云南省各级政协领导人名单】

云南省

政协主席

杨崇汇

副主席

孟继尧 和占钧(纳西族)

马开贤(回族) 许克敏

陈勋儒 苏正国 管国忠(傣族)

曾 华 罗黎辉

李先猷(哈尼族)

秘书长

龙忠志(彝族)

昆明市

市政协主席 徐之信

县(市、区)政协主席

五华区 段瑞珊

盘龙区 李如春

官渡区 余超群(彝族)

西山区 赵洪义

东川区 王永华

呈贡县 母开轩

晋宁县 李永安

安宁市 张 毅

富民县 李永芳

宜良县 姜育文

石林县 周大民

嵩明县 杨秀松

禄劝县 何贵祥

寻甸县 杨友太

昭通市

市政协主席 张孝洪

县(区)政协主席

昭阳区 吴兴武(彝族)

鲁甸县 朱志文(苗族)

巧家县 陈堂洲

盐津县 冯学兰

大关县 童成清

永善县 孔荣华(回族)

绥江县 王惠银

镇雄县 吴道文

彝良县 颜永庆

威信县 吴必田

水富县 朱家才

曲靖市

市政协主席 王 敏

县(市、区)政协主席

麒麟区 顾晓富

沾益县 李家云

马龙县 刘文开

宣威市 沈庆美

富源县 陇聪明(彝族)

罗平县 王琼芳(女)

会泽县 何禹清

师宗县 何平华(回族)

陆良县　郑学荣

楚雄彝族自治州

州政协主席　杨成彪

市(县)政协主席

楚雄市　普廷会(彝族)

双柏县　杞光明(彝族)

牟定县　高荣兴

南华县　何兆芹

大姚县　赵乐军

姚安县　王炳昌(彝族)

永仁县　刘祥武

元谋县　陈廷朝

武定县　刘绍明

禄丰县　普子光(彝族)

玉溪市

市政协主席　孟祖永

县(区)政协主席

红塔区　杨德运

江川县　赵少春

澄江县　李云兆

通海县　周艳芳(女)

华宁县　马安吉(回族)

易门县　马军有

峨山县　马穆生

新平县　罗永祥(彝族)

元江县　谢光亚(傣族)

红河哈尼族彝族自治州

州政协主席　段登陆

市(县)政协主席

个旧市　杨树文

开远市　付华萍(女)

蒙自县　钟　麟

屏边县　邱　晨(彝族)

建水县　赵晓凌(女)

石屏县　张朝平(傣族)

弥勒县　周树华

泸西县　马曙光(回族)

元阳县　车高学(哈尼族)

红河县　李勒然(哈尼族)

金平县　苦自昌(彝族)

绿春县　杨玉沙(哈尼族)

河口县　王家明(壮族)

文山壮族苗族自治州

州政协主席　巩运成

县政协主席

文山县　黄龙才

砚山县　赵砚生

西畴县　何开端(壮族)

麻栗坡县　陶金昌(苗族)

马关县　沈章华(壮族)

丘北县　戚守存

广南县　韦忠良(壮族)

富宁县　苏建达(壮族)

思茅地区

市(县)政协主席

思茅市　蔡元庆

普洱县　杨发春(彝族)

墨江县　薛光海

景东县　杨学进(彝族)

景谷县　王　诚

镇沅县　张启义(傣族)

江城县　李开连(哈尼族)

孟连县　岩　平(佤族)

澜沧县　杨家亮

西盟县　魏岩本(佤族)

西双版纳傣族自治州

州政协主席　杨志祥(拉祜族)

市(县)政协主席

景洪市　谢永兴

勐海县　岩　比(傣族)

勐腊县　罗长生(彝族)

大理白族自治州

州政协主席 赵有生

市(县)政协主席

大理市 忻德昆(彝族)

漾濞县 祁焕然(彝族)

祥云县 张美仁

宾川县 陈家旺(白族)

弥渡县 杨曦昌

南涧县 董德海

巍山县 孙 云

永平县 艾连钦

云龙县 吕 森(傣族)

洱源县 汤必春

剑川县 高嘉德(白族)

鹤庆县 李福海(白族)

保山市

市政协主席 胡应舒(傈僳族)

线(区)政协主席

隆阳区 陈学范(女)

施甸县 杨启发(布朗族)

腾冲县 张饶良(女)

龙陵县 陈自达

昌宁县 刘文允

德宏傣族景颇族自治州

州政协主席 杨文忠(白族)

市(县)政协主席

潞西县 杨跃先

梁河县 杨牙友(景颇族)

盈江县 王振泽

陇川县 尹以稳

瑞丽市 杨治祥

丽江市

市政协主席 杨文彬(彝族)

县(区)政协主席

古城区 和念古(纳西族)

玉龙县 和家伟(纳西族)

永胜县 和耀福(纳西族)

宁蒗县 和建华(摩梭人)

华坪县 林天宏

怒江傈僳族自治州

州政协主席 吴花才(傈僳族)

县政协主席

泸水县 罗福盛(白族)

福贡县 牛裔观(纳西族)

贡山县 赵学煌(傈僳族)

兰坪县 和正荣(傈僳族)

迪庆藏族自治州

州政协主席 陈永生(藏族)

县政协主席

香格里拉县 马建国(藏族)

德钦县 培 楚(藏族)

维西县 金丽香(女,白族)

临沧市

市政协主席 刘世胤

临翔区 黄 丽(女)

凤庆县 郭惠庆

云 县 刘银良(彝族)

永德县 胡应华

镇康县 李加兴(彝族)

双江县 赵文光

耿马县 赵应平

沧源县 肖国才(佤族)

云南省各级政协组织和委员数

（截至2004年底）

级别 项目	省	州（设区的市）	县（市辖区、不设区的市）	合计
组织数	1	15	129	145
委员数	646	4482	22978	28106

（董保延　编写　马孝初　审稿）

政协西藏自治区委员会

【全体委员会议】

八届二次会议 2004年5月15日到21日在拉萨举行。政协西藏自治区第八届委员会共有委员476人,出席会议委员378人。帕巴拉·格列朗杰主持开幕会。会议听取并审议了政协西藏自治区第八届委员会常务委员会工作报告;听取并审议了政协西藏自治区第八届委员会常务委员会关于政协八届一次会议以来提案工作情况的报告;列席第八届西藏自治区人民代表大会第三次会议;听取并讨论向巴平措主席所作《政府工作报告》及其他重要报告;审议并通过了政协西藏自治区第八届委员会第二次会议有关决议和政协八届二次会议提案审查情况的报告;学习并讨论新修订的《宪法》和政协《章程》。

【常务委员会会议】

第4次会议 2004年5月11日至12日在拉萨举行。会议审议通过政协西藏自治区第八届委员会常务委员会第四次会议议程;审议通过关于召开政协西藏自治区第八届委员会第二次会议的决定;审议通过政协西藏自治区第八届委员会第二次会议议程;审议通过政协西藏自治区第八届委员会常务委员会工作报告和报告人;审议通过政协西藏自治区第八届委员会常务委员会关于政协八届一次会议以来提案工作情况的报告;传达全国政协十届二次会议精神;通过人事任职事项。

第5次会议 2004年5月20日至21日在拉萨召开。主要议题是:审议通过政协西藏自治区第八届委员会第二次会议政治决议;审议通过政协西藏自治区第八届委员会第二次会议关于常务委员会工作报告的决议;审议通过政协西藏自治区第八届委员会第二次会议关于政协八届一次会议以来提案工作情况报告的决议;审议通过政协西藏自治区第八届委员会提案委员会关于政协八届二次会议提案审查情况的报告。

第6次会议 2004年11月9日至10日在拉萨召开。会议审议通过政协西藏自治区第八届委员会常务委员会第六次会议议程;传达贯彻自治区党委六届六次全委(扩大)会议精神;报告自治区政协2004年度工作情况;通过有关人事任免事项。

【专门委员会工作】

经济环境资源委员会 在分管领导的带领下,先后走访区农牧厅、水利厅、乡企局、环保局等有关单位,就我区天然草场保护与建设工作进行座谈,大家对草场承包责任制,建立草原执法机构,农牧区小城镇的建设,退牧还草,禁牧、休牧,资金整合等方面进行讨论并交换了意见。全国政协人口资源环境委员会和区政协经济环境资源委员会组成联合调研组,对那曲、日喀则、山南地区、比如县、班嘎县、定日县、雅江中段河谷进行了调研,形成两级专委会各自专题调研报告,分别上报国务院和区党委、政府。组织召开了由政府有关职能部门领导和民营企业家参加的恳谈会,得到了民营企业家及政府有关部门的好评。

提案委员会 八届二次全委会期间和会后委员们提供了382件提案,经审查,立案366件,占提案总数的96%。截止到2004年11月20日共收答复366件,占立案总数的100%。其中提案所提建议已落实或正在落实的95件,占立案总数的26%,创造条件今后解决的187件,占立案总数的51%,因条件所限或暂无法落实的87件,占立案总数的23%。组织部分政协委员深入昌都、林芝、拉萨市和山南四个地市及十个县开展调研活动,了解提案办理落实情况,交换意见,共同探讨如何提高提案办理质量的问题,并形成五个调研报告。

文史民族宗教法制委员会 编辑《西藏文史资料选辑》藏汉文版各两辑,约60万字,《西藏文史资料选辑》藏文版24辑已出版，汉文版22、23辑和藏文版25辑正在印刷出版之中。组织力量完成600余部藏文古籍的篇目工作。组成调研组深入山南、那曲、林芝地区调研，听取三地区情况介绍，走访农牧民家庭，考察民营企业、牧区小学，视察青藏铁路工地、羊八井地热电厂，视察桑耶寺、昌珠寺、孝登寺、喇嘛林寺和甘丹寺。还对我区未成年人法律保护专题进行了调研。通过座谈、情况介绍、实地考察，了解了我区未成年人法律保护工作取得的成就和需进一步加强的薄弱环节。形成了《西藏自治区未成年人法律保护专题的调研报告》。报告呈报区党委，受到了区党委领导的高度重视。

社会科教文卫体育委员会 完成了两次全国政协和北京市政协赴藏专题调研组的接待任务。北京市政协在山南调研了加查县农村教育和山南地区职业技术教育的情况。北京市政协向我会赠送了价值150万元的保健药品。全国政协教科文卫体育委员会在拉萨和日喀则进行了调研。到日喀则考察了珠峰大本营，专题调研了定日县和江孜县的农村群众体育活动开展情况。组织部分委员及区计生委前往山南地区桑日县三乡一镇，对农牧区医疗卫生工作情况和农牧区人口计划生育情况进行了深入调研。形成两个调研报告：《西藏自治区政协调研组关于山南地区桑日县农牧区医疗制度改革工作情况的报告》、《自治区政协（区人口计生委）联合调研组赴山南地区桑日县开展人口和计划生育情况调研报告》，已上报区党委、政府办公厅。组织区政协委员视察布达拉宫、罗布林卡重点文物保护维修工作。

【重要活动】

自治区政协举行各族各界迎2004年藏历木猴新年茶话会 2004年2月17日下午，自治区政协邀请各族各界人士举行藏历木猴新年茶话会。全国政协副主席、自治区政协主席帕巴拉·格列朗杰，全国政协民族宗教委员会副主任、全国妇联副主席巴桑，自治区党政军领导徐明阳、布穷、杨松、巴桑顿珠、洛桑顿珠、桑顶·多吉帕姆·德庆曲珍、永仲嘎瓦、群培、向巴嘎登、阿扣、土登才旺、解学智、吴英杰、洛桑江村、白玛赤林、甲热·洛桑旦增、郝鹏、尧西·旺堆、次仁卓嘎、珠康·土登克珠、平措、益希单增、策墨林·丹增赤列、扎门·赤列旺杰、多嘉、刘成俊等出席茶话会。区党委常务副书记、区政协党组书记徐明阳在茶话会上发表了重要讲话。他强调，政协各族要按照胡锦涛同志对政协工作的重要指示精神，围绕中心、服务大局，突出特点、发挥优势，积极开展工作。要高举邓小平理论和“三个代表”重要思想伟大旗帜，继续深入贯彻党的十六大、十六届三中全会和中央第四次西藏工作座谈会精神，认真落实区党委六届五次全委（扩大）会议和全区经济工作会议的各项决策和部署，紧紧围绕区党委的中心工作和全区的工作大局，把发展作为政协参政议政的第一要务，作为政协人士团结奋斗的第一要务，充分发挥“政治协商、民主监督、参政议政”的职能作用，最广泛最充分地调动一切积极因素，积极建言献策，为我区的社会主义物质文明、政治文明、精神文明建设做出新的更大贡献。

自治区政协召开政协理论中心组（扩大）会议 2004年4月2日，政协理论中心组传达学习《中共中央办公厅关于学习和贯彻〈中国人民政治协商会议章程〉的通知》，并组织大家共同学习了新修订的《政协章程》，并就有关《政协章程》的学习和贯彻提出了三点要求：一要充分认识学习贯彻《政协章程》的重要意义，增强学习贯彻的自觉性和主动性；二要精心组织、深入学习，切实把学习和贯彻《政协章程》作为当前政协系统学习工作的一项重要任务抓紧抓好；三要深刻领会，全面准确地把握《政协章程》的主要内容和精神实质。

自治区政协系统深入学习贯彻政协《章程》 2004年4月12日，自治区政协专门下发了《中共西藏自治区政协党组关于学习贯彻〈中国人民政治协商会议章程〉的安排意见》文件，自治区政协机关和全区七地(市)政协，按照要求，把学习贯彻章程作为当前的一项重要工作，放在突出位置，由于各级政协领导班子起到了模范带头作用，进而在全区政协组织中迅速掀起了一个学习宣传贯彻政协章程的热潮。学习贯彻章程的主要措施和方法：1. 为提高政协委员学习贯彻政协章程的自觉性，鉴于基层政协的同志不懂汉语的实际，区政协及时译印藏文版章程，迅速发行到基层政协组织和委员手中。2. 今年4月份，区政协还专门召开主席扩大会议，组织在拉萨的区政协常委、全国政协委员、区政协机关副厅级以上领导干部学习贯彻政协章程。区党委常委、区政协副主席、区党委统战部部长巴桑顿珠在扩大的区政协主席会议上就学习贯彻章程作了重要讲话。3、5月20日，区政协办公厅召开七地(市)政协负责人会议，就前段学习章程情况听取汇报，部署了下一步学习安排。4. 区政协机关和各地(市)政协除保证每周二、四下午的委员职工正常学习外，中心组从原来的地级以上干部学习扩大到副科级和非领导职务人员。5. 各地区采取灵活多样的方式举办了政协常委培训班，邀请专家向常委及列席的部分区政协委员，各县、区政协主席驻会委员进行了系统讲解。6. 学习采取了集中与自学相结合，理论辅导与座谈相结合的方式，并通过写体会，办专栏等形式把学习引向深入，做到了时间、内容、人员三落实。

自治区政协与江西省政协赴藏考察团举行座谈会 2004年6月6日，由江西省政协副主席金异为团长的江西省政协社会和法制委员会、港澳台侨委员会赴藏考察团一行16人与区政协举行了座谈会。自治区政协副主席顿珠、平措、副秘书长张万生参加了座谈会。江西省政协考察团的委员在发言中表示，他们都是第一次来藏，通过几天的参观考察，收获很大，体会极深。真是百闻不如一见，西藏人民在中国共产党的领导下，经济社会等各方面的发展超出了他们来之前的想像，西藏山好、水好、人更好。回去一定大力宣传西藏，详细介绍西藏，为西藏的招商引资牵线搭桥。

自治区政协与厦门市政协赴藏考察团举行座谈会 2004年6月9日下午，由厦门市政协副主席陈耀中带队的社会法制委员会一行9人与区政协举行了座谈会。自治区政协副主席次仁卓嘎、区政协民族宗教法制委员会主任德青旺姆参加，杨河副秘书长主持会议。次仁卓嘎副主席介绍了西藏的基本概况和区政协的基本情况，德青旺姆介绍了民族宗教法制委员会的工作情况。厦门市政协委员、市民族宗教局副局长代表陈耀中副主席讲话。双方对民族宗教工作和法制建设工作进行了广泛的交流，达到了预期的目的。

自治区政协与北京市政协考察团举行座谈会 2004年6月16日，自治区政协副主席次仁卓嘎与北京市政协副主席张和平率领的赴藏考察组一行10人举行了座谈会。次仁卓嘎向张和平率领的考察组一行详细介绍了西藏及西藏政协的基本情况。自治区教育厅的负责同志向考察组介绍了我区的基础教育情况，详细说明了我区《实施"两基"攻坚的思路和措施》，特别在"措施"上作了重点介绍。

自治区政协与全国政协社会和法制委员会举行座谈会 2004年6月17日，全国政协社会和法制委员会副主任刘家琛为组长的全国政协未成年人法律保护专题调研组一行12人与区政协举行座谈会。自治区政协副主席加保主持座谈会。参加座谈会的有自治区政府常务副主席土登才旺、区政协副主席尧西·旺堆、区政协秘书长罗松多吉、副秘书长杨河、文史民族宗教法制委员会副主任斯朗格列及自治区有关部门负责人。自治区政府常务副主席土登才旺向全国政协赴藏调研组介绍了我区经济社会发展的基本情况。自治区政法委、公、检、法、教育厅、文化厅等有关部门结合各自工作领域的实际，逐一介绍了未成年人法律保护的一些情况，谈了存在的问题，提出了一些很好的意见和建议。

自治区政协领导赴拉萨市4县(区)调研 2004年8月4日至10日，自治区政协副主席平措、乔元忠带领区政协提案委员会部分委员先后对拉萨市墨竹工卡、城关区、曲水三县(区)的植树造林、农牧民增收、小流域治理、拉鲁湿地保护、预防草场沙化和直孔电站环境保护等项目进行了调研。

自治区政协举行学习胡锦涛同志在邓小平同志诞辰100周年大会上重要讲话精神会议 2004年8月26日下午，区政协理论中心组举行学习胡锦涛同志在邓小平同志诞辰100周年大会上重要讲话会议。全国政协副主席、区政协主席帕巴拉·格列朗杰，区政协副主席拉敏·索朗伦珠、尧西·旺堆、顿珠、平措、乔元忠、策墨林·单增赤列、扎门·赤列旺杰，秘书长罗松多吉及各位副秘书长，各专委会正、副主任、专职常委及机关处级以上干部参加了学习。

自治区政协副主席顿珠主持会议并就区政协如何学习贯彻好胡锦涛同志重要讲话精神提出了安排意见。

自治区政协各族各界委员举行纪念《民族区域自治法》颁布实施20周年座谈会 2004年9月20日下午，自治区政协举行各族各界委员及有关人士座谈会，纪念《中华人民共和国民族区域自治法》颁布实施20周年。参加座谈会的有区党委常务副书记、区政协党组书记徐明阳，区政协副主席巴桑顿珠、拉敏·索朗伦珠、尧西·旺堆、顿珠、次仁卓嘎、曾忠义，各位副秘书长、各专委会负责人、在拉萨的自治区政协常委、驻会委员及在拉萨的全国政协委员、区党委统战部、区民宗委、区佛协的有关负责人。

巴桑顿珠副主席主持座谈会。徐明阳同志作了重要讲话。讲话全面回顾了二十年来《民族区域自治法》在我区实施中取得的辉煌成就，总结了二十年来《民族区域自治法》在我区实践中取得的基本经验，这对我们今后继续贯彻落实《民族区域自治法》，进一步坚持和完善民族区域自治制度，巩固和发展爱国统一战线，切实履行好人民政协政治协商、民主监督、参政议政的职能具有重要的指导意义。

自治区政协认真学习党的十六届四中全会精神 2004年9月21日下午，自治区政协科级以上干部认真学习中国共产党十六届中央委员会第四次全体会议精神。会议由政协副秘书长索朗培杰主持。

会上，大家一致认为，党的十六届四中全会是在党的十六大以后，我们党召开的又一次十分重要的会议，是我们党建党83年、执政55年来第一次专题研究加强党的执政能力建设的会议。中央政治局团结带领全党和全国各族人民，坚持以邓小平理论和“三个代表”重要思想为指导，开创了改革开放和社会主义现代化建设的新局面；要继续推进现代化建设、完成祖国统一大业、维护世界和平与促进共同发展，必须大力加强党的执政能力建设；我们党执政55年来，团结带领各族人民取得了举世瞩目的成就，积累了执政的成功经验。

自治区政协组织政协委员收看首都各界隆重庆祝人民政协成立55周年实况转播 2004年9月21日上午，在拉萨的全国政协委员、区政协委员在自治区政协集中收看了人民政协成立55周年庆祝大会的电视实况转播。自治区政协副主席顿珠、次仁卓嘎出席。

收看结束后,次仁卓嘎在接受记者采访时说,今天是人民政协成立55周年纪念日。55年前的今天,中国人民政治协商会议召开了第一届全体会议,这次会议代行全国人民代表大会职权,宣告了新中国的诞生,选举产生了中央人民政府委员会,通过了具有临时宪法性质的《中国人民政治协商会议共同纲领》。这次会议对于进一步加强统一战线,团结一切可以团结的力量,调动一切可以调动的积极因素,充分发挥了独特的作用。次仁卓嘎说,自治区政协要以庆祝人民政协成立55周年为契机,深入贯彻落实胡锦涛总书记的重要讲话精神,在区党委的坚强领导下,深入调查研究,积极建言献策,充分发挥人民政协的作用。

【重要文件】

常务委员会工作报告(2004年5月15日)(摘要) 在过去的一年中,新一届政协常委会把促进发展作为履行职能的第一要务,牢牢把握团结和民主两大主题,围绕中心,服务大局,在区党委的领导下,认真履行政治协商、民主监督、参政议政职能,为促进全区改革发展和稳定大局做出了新的贡献。1. 把学习贯彻"三个代表"重要思想和中共十六大精神摆在政协工作首位;2. 围绕中心,服务大局,履行职能迈出了新步伐;3. 深入开展反分裂斗争,为维护我区社会局势稳定发挥应有的作用;4. 反映社情民意和提案工作有了新进展;5. 进一步加强了对地(市)县政协工作的指导和与全国政协及兄弟省市政协的联系;6. 完善制度,切实加强自身建设。2004年的主要工作:1. 深入学习"三个代表"重要思想,推动政协各项工作;2. 围绕中心,服务大局,紧扣改革发展履行职能;3. 为维护团结稳定和群众的根本利益,营造良好的社会环境献计出力;4. 充分发挥广大委员的作用,进一步开创政协工作新局面;5. 进一步加强机关建设,为政协履行职能提供有力的保障。

【组织概况】

(2004年5月12日中国人民政治协商会议西藏自治区第八届委员会常务委员会第四次会议通过)

任命张万生为政协西藏自治区委员会副秘书长

(2004年11月10日中国人民政治协商会议第八届西藏自治区委员会常务委员会第六次会议通过)

任命魏洪罗为政协西藏自治区委员会副秘书长;

免去杨河的政协西藏自治区委员会副秘书长职务。

【西藏自治区各级政协领导人名单】

西藏自治区

政协主席

帕巴拉·格列朗杰

副主席

李立国(汉族) 巴桑顿珠
拉敏·索朗伦珠 尧西·旺堆
顿 珠 次仁卓嘎(女)
曲 加 加 保
珠康·土登克珠 平 措
曾忠义 益希单增 金毅明
乔元忠(汉族) 才旺班典
策墨林·单增赤列
扎门·赤列旺杰

秘书长

罗松多吉

拉萨市政协

主 席 朱春生(汉族)

县(区)政协主席

城关区 李明成(汉族)

堆龙德庆县 多　吉

日喀则地区政协

主　席 索朗石达

县(市)政协主席

日喀则市 达娃次仁

亚东县 索朗旦增

江孜县 米　玛

山南地区政协

主　席 次仁罗布

县政协主席

乃东县 次仁巴吾

林芝地区政协

主　席 王金元(汉族)

县政协主席

林芝县 塔　青

察隅县 罗　洛

墨脱县 绕　杰

米林县 多布杰

工布江达县 王保国

波密县 赵卫毛

朗　县 洛　桑

昌都地区政协

主　席 土登次仁

县政协主席

昌都县 泽登扎西

江达县 索朗干布

类乌齐县 泽仁拉加

丁青县 布尼玛

察雅县 陈来群培

芒康县 扎西次培

那曲地区政协

主　席 杰　巴

县政协主席

那曲县 次仁多吉

比如县 李龙文

索　县 江村曲加

尼玛县 格　尼

安多县 卿立亮

班嘎县 嘎玛益西

巴青县 张海章

阿里地区政协

主　席 加　措

县政协主席

日土县 旦真次仁

嘎尔县 桑珠

札达县 洛桑

普兰县 (暂缺)

西藏自治区各级政协组织和委员数

(截至2004年底)

项目＼级别	自治区	地　区	县市区	合计
组织数	1	7	30	38
委员数	476	1298	1013	2787

(建　军　编写　计明南加　审稿)

政 协 陕 西 省 委 员 会

【全体委员会议】

九届二次会议 2004年2月1日至5日在西安举行。本次会议应到委员590人,实到558人。中共陕西省委书记、省人大主任李建国,省委副书记、省长贾治邦等党政军领导和省级各民主党派、工商联负责人及长期从事政协工作的老同志出席了大会。会议听取并审议了朱振义副主席代表常委会所作的常委会工作报告和石学友副主席代表常委会所作的九届一次会议以来提案工作情况的报告。与会委员列席了省十届人大二次会议,听取并讨论了贾治邦省长所作的省人民政府工作报告及其他重要报告,讨论了省高级人民法院和省人民检察院的工作报告。会议通过了九届二次会议政治决议和常委会工作报告的决议。表彰了省政协九届一次会议以来的优秀提案。会议期间举行了大会发言,与会委员就我省贯彻落实科学发展观、改善投资环境、加快体制改革、促进农民增收等事关全省经济社会发展全局的重要问题提出了许多意见和建议。与会委员围绕省政协常委会工作报告、提案工作报告和省政府工作报告及计划、财政等报告,讨论了一年来省政府和省政协的工作,提出了许多意见和建议。会议形成了《政协陕西省委员会九届二次会议对〈政府工作报告〉的修改意见和今后改进政府工作的建议》。艾丕善主席在闭幕会上作了题为《树立科学发展观 为加快陕西经济发展做贡献》的讲话。会议号召,全省各级政协组织和广大委员,紧密地团结在以胡锦涛同志为总书记的中共中央周围,高举邓小平理论伟大旗帜,全面贯彻"三个代表"重要思想,深入落实中共十六大、十六届三中全会和省委十届四次会议精神,在中共陕西省委的领导下,围绕中心,服务大局,发挥优势,体现特色,求真务实,同心同德,认真履行政治协商、民主监督、参政议政三项职能,为促进陕西经济和社会全面协调可持续发展,为实现全面建设小康社会和建设西部经济强省的宏伟目标,为开创我省人民政协事业的新局面而努力奋斗!

【常务委员会会议】

第6次会议 2004年2月4日在西安举行。本次会议常委会组成人员应出席113人,实到106人。艾丕善主席主持会议。会议审议通过了政协陕西省第九届委员会第三次会议政治决议(草案)、政协陕西省第九届委员会第三次会议关于常务委员会工作报告的决议(草案)、政协陕西省第九届委员会提案委员会关于九届二次会议以来提案工作报告的决议(草案)和政协陕西省第九届委员会第三次会议关于提案审查情况的报告(草案)。

第7次会议 2004年4月1日至2日在西安举行。本次会议常委会组成人员应出席113人,实到108人。艾丕善主席主持会议。会议听取了李雅芳副主席关于全国"两会"精神的传达报告,听取了全国政协研究室卞晋平主任关于《政协章程》修正案的学习辅导报告,学习了《中华人民共和国宪法修正案》、《中国人民政治协商会议章程修正案》,审议并通过了《政协陕西省委员会常务委员会组成人员守则》(试行)。艾丕善主席在闭幕讲话时,要求全省各级政协组织和广大政协委员认真学习贯彻宪法和政协章程,围绕陕西省的发展大局履行职能,要求省政协切实加强常委会的自身建设。

第8次会议 2004年6月28日至30日在西安举行。本次会议常委会组成人员应出席113人,实到106人。我省有关企业负责人应邀参加了会议。艾丕善主席主持会议。会议的主要议题是贯彻科学发展观,协商讨论陕西省国有企业改革与发展问题。会上,巩德顺副省长通报了我省国有企业改革与发展情况,省有关企业负责人介绍了本企业改革情况。会议组织常委会组成人员视察了省广电中心、省广电网络公司、西部影视集团。艾丕善主席在闭幕大会上作了重要讲话,他结合我省实际,强调了国有企业在国民经济中发挥的特殊功能和主导作用,指出了我省国有企业改革过程中存在的问题和今后工作的重点,要求全省各级政协组织把国有企业改革与发展作为履行职能的重点,协助党委政府调动各方面积极性,进一步为深化我省国有企业改革与发展凝聚人心、增添力量。

第9次会议 2004年9月27日至29日在西安举行。本次会议常委会组成人员应出席113人,实到102人。艾丕善主席主持会议。会议的主要议题是贯彻中共十六届四中全会精神,树立和落实科学的发展观,促进陕西文化产业的发展。朱振义副主席传达了全国政协十届七次常委会议精神,潘连生副省长通报了我省文化产业发展情况,西安市李雪梅副市长通报了西安市文化体制改革综合试点工作进展情况。会上,常委们围绕如何充分利用陕西文化资源丰富的优势,推动文化产业的发展,促进我省经济建设和社会全面进步进行了专题发言和分组讨论,提出了很多很好的意见和建议。艾丕善主席在总结讲话中指出,发展文化产业是繁荣社会主义文化、全面建设小康社会的需要;陕西省文化产业的发展必须依靠改革创新;政协组织在促进我省文化产业的发展中,要充分发挥优势,争取有所作为。

第10次会议 2004年12月29日至31日在西安举行。本次会议常委会组成人员应出席113人,实到105人。艾丕善主席主持会议。会议的主要议题是学习贯彻中共陕西省委政协工作会议精神,审议通过关于召开政协陕西省第九届委员会第三次会议的决定(草案),审议政协陕西省第九届委员会常务委员会工作报告(草案),审议政协陕西省第九届委员会常务委员会关于九届二次会议以来提案工作情况的报告(草案),审议通过政协陕西省第九届委员会第三次会议分组办法和小组召集人建议名单(草案),审议通过政协陕西省委员会办公厅和各专门委员会2004年工作总结与2005年工作设想(讨论稿)。与会常委分组讨论了上述文件,并提出了许多修改意见。会议决定增补丰镇平等21名同志为省政协委员;增补霍志诚、白有铭为提案委员会副主任,强文祥为文史资料委员会副主任,高盈民、刘孝文、胡梦琪(女)为经济委员会副主任,胡守贤为科技委员会副主任,王孙安为文化教育委员会副主任,杨世兴为医药卫生体育委员会副主任,冯吴平、张建申为社会与法制委员会副主任,陈振虎、金延为祖国统一侨务外事委员会副主任。会议还邀请省政协科技委员会主任孙海鹰作了题为《关于区域科技发展若干战略问题》的专题讲座。艾丕善主席在讲话时强调了学习和贯彻中共十六届三中、四中全会,中央经济工作会议和省委政协工作会议,省委十届六次全会精神的重大意义;回顾了一年来省政协各项工作取得的成绩;要求委员们珍惜一年一次的最高层次协商议政的机会,认真负责地做好全委会议的各项准备工作,保证会议开出成效。

【专门委员会工作】

提案委员会 九届二次会议以来,共收到提案701件,经审查立案658件,立案率为93.9%,另外43件已转交给有关部门参考。截至年底,已办复651件,办复率为98.9%。提案工作主要坚持了以下做法:一、为委员知情和写好提案服务,努力提高提案质量。印发《致全体委员和各民主党派、团体的信》,向委员通报省委的中心工作和主要任务,确保提案的质量。全会期间向每位委员发送《提案范本》、《提案参考手册》、《政协提案学习参考资料》等学习材料。二、突出重点，推动提案的办理和落实。注重抓好党派、团体提案的督办；领导亲自督办；加强与承办单位的联系，促进提案的办理。三、开展政协提案工作理论研讨和经验交流活动，推动提案工作的开展。编辑出版《政协提案工作研究》一书，积极总结经验，创新工作方法。

经济委员会 紧紧围绕我省经济发展这一中心任务，从政协的性质和特点出发，认真履行职能，积极开展调查研究、协商监督、参政议政和建言献策活动。一、着重就全省经济发展的重大问题开展调查研究，为省委省政府提供决策建议。1. 围绕国有企业改革与发展，组织委员深入基层，听取和讨论国有企业改革中的困难和问题，组织有关部门、专家进行了多次座谈，邀请省内10多家国有大中型企业和民营企业负责人列席常委会，形成了《关于我省国有困难企业改革的难点及对策的调研报告》和《关于省政协九届八次常委会对我省国企改革发展问题讨论情况的报告》，剖析了国有企业改革面临的困难和问题，对困难企业的改制方式提出了五种对策模式。2. 围绕省政府、省政协第二次联席会议的中心议题，组织陕西省政协考察团分别于8月中旬和10月下旬赴东北三省和川渝鄂三省市考察国有企业改革和发展情况，两次考察都得到了当地政府和政协的大力协助，收集了详细的资料，在此基础上形成了《东北老工业基地考察报告》和《川渝鄂三省市国企改革考察报告》，送交省政府参考。3. 围绕民营企业发展这一主线，组织高峰论坛，以转型时期西部企业竞争力与可持续发展为主题，邀请相关专家学者和多名著名企业家共同为陕西民营企业的发展出谋划策。二、将农民增收问题作为2004年的主要工作，进行深入调研。8月份组织部分委员赴凤翔、岐山、扶风进行调研，形成了《关于对我省农民增收情况的调研报告》，对做好农村工作，发展壮大农业经济，促进农民增收，具有现实的指导意义，得到省委、省政府重视。9月份在榆林市组织召开陕西省地方政协经济委员会第二次主任联系会议。总结了各地政协组织在增加农民收入方面的新路子、新方法。三、组织委员于4月下旬对长安区经济园区的建设情况进行了考察，提出了意见和建议。四、参加全国二十省市区政协经济委员会第十二次联系会议。

人口资源环境委员会 坚持全面协调可持续的科学发展观，围绕省委、省政府的中心工作和人民群众关心的热点问题开展工作，组织委员深入实际调查研究，认真履行各项职能。一、认真开展调研视察，积极建言献策。1. 先后两次组织委员赴安康、汉中就汉江水质污染防治工作进行视察。与当地政府及相关县区进行座谈，了解情况，交换意见，形成的视察报告，引起了省委、省政府领导的重视，《陕西政报》作了全文刊载，并于12月对该报告的落实情况进行了回访、追踪。2. 为了了解我省新出生人口性别比的现状，组织委员赴宝鸡市岐山县、眉县，西安市户县调查新出生人口性别比现状，并就该问题产生的原因和治理情况进行了分析研究，形成了视察报告，得到省委领导的重视，在社会上引起了广泛好评。3. 协助全国政协在陕进行“关于南水北调中线工程水源保障问题”的调研。二、加强与省政府对口部门的联系。1. 与省气象局、西安市气象局联合主办“世界气象日”座谈会，进一步与有关方面领导、专家和政协委员加强联系，增强了社会各界和人民群众对气象的高度关注。2. 国庆节前，组织委员到华清池走访委员、参观联谊。三、参与湖北、广东、黑龙江省政协人口资源环境委员会来陕考察的接待工作。

科技委员会 以中共十六大、十六届四中全会精神为指导，坚持以人为本，全面协调可持续发展的科学发展观，紧紧围绕政协陕西省委员会的中心工作，认真履行三大职能。主要做了以下工作：一、精心选题，开展视察调研活动。1.组织委员和部分专家学者先后到渭南、宝鸡、商洛、汉中、咸阳、榆林、延安等市的部分县区就我省农村科普工作进行了长时间的深入调研，提出了“必须树立农村科普工作新观念”，“必须大力加强农村科普组织网络和队伍建设”，“必须明确当前农村科普工作的重点对象”，“必须进一步改善农村科普工作条件”，“必须动员全社会各方力量形成推动农村科普工作合力”等五条意见和建议。2.为了推动榆林煤炭资源的转化，组织委员深入榆阳区、神木县、靖边县十六个厂矿、科研单位进行视察、调研。针对陕北能源化工业基地建设中及“三个转化”中存在的一些困难和值得进一步思考研究的问题，向省委、省政府提出了九条建议。3.组织委员、专家和中药制造企业的负责人赴西安、咸阳、杨凌、安康等市区就中药的研发和产业化问题进行跟踪调查。听取了各市医药主管部门对中药产业发展情况的介绍，与中药企业、科研单位负责人、技术人员进行座谈，考察了一些中药厂、中药研究所，并就我省中药发展的方向，中药管理机制的建立，中药研发和产业如何形成规模，更具特色等问题，向省委、省政府提出了建议。二、加强与相关部门的联系。与省科技厅、教育厅、科协联合举办“走进科普周”宣传活动，增强了广大人民群众学科学、用科学的积极性，增强了省政协与上述单位的联系。三、举行联谊活动，增强委员凝聚力。四、认真做好接待工作，加强与外省政协相关专门委员会之间的联系。

文化教育委员会 树立和落实科学发展观，重点围绕促进陕西文化产业发展开展各项活动。一、加强联系，积极通报情况。召开文教委员会全体委员会议，邀请省教育厅、省文化厅、省广电局、省文物局等政府厅局领导通报各部门2004年工作设想，重点了解各部门在加快我省文化产业发展方面的情况。参加在贵州召开的西部省市政协文教委员会第四次工作研讨会暨职业教育研讨会。二、精心组织视察和考察。1.4月份，组织委员赴上海、湖南、江西考察文化产业发展情况；7月份，组织委员赴东北三省考察发展文化产业的经验。在查阅大量资料和认真考察的基础上，向常委会提交了《关于陕西文化产业发展问题》的主题发言报告。认真分析了陕西文化产业发展中的六大问题，得到常委们的好评。2.11月上旬组织部分委员赴西安市和宝鸡市就我省贯彻执行《文物保护法》进行专题视察。重点对大遗址的保护及环境的治理情况进行视察。指出了文物保护工作中存在的四个问题，并提出了改进方法。三、发挥省辖市政协的作用，为我省经济社会全面发展出谋划策。在搞好调研的同时，加强与各省辖市政协的合作，围绕我省文化产业发展这一中心问题，先后形成22份有情况、有问题、有思路、有对策、有建议的调研报告，经过汇总形成《关于省政协九届九次常委会议对发展陕西文化产业问题讨论情况的报告》，并向中共陕西省委报送。

医疗卫生体育委员会 围绕省委、省政府的中心工作，组织委员对我省卫生、体育和食品、药品发展中的难点、热点问题，深入实际，认真调研，充分发挥委员的专长和优势，取得良好效果。一、组织委员听取相关部门的情况介绍，了解我省医卫体方面的发展状况，为参政议政、建言献策奠定基础。二、围绕贯彻落实《中共中央、国务院关于进一步加强农村卫生工作的决定》，组织部分委员开展专题调研。通过对洛川、淳化、镇安三个新型农村合作医疗试点县的调研，对我省的新型农村合作医疗试点情况有了比较深入、全面、细致的了解。在充分肯定成绩的同时，提出了九点建议，得到主管领导的批示。《医院领导决策内参》第23期以“新合医不应成为‘富人俱乐部’”为题予以报道，取得良好效果。三、发挥自身优势，多做实事。1.积极关心和支持中国造血干细胞捐献者资料库陕西(分库)管理中心的成立。2.积极发动委员向贫困山区人民献爱心。先后向贫困山区捐赠价值近200多万元的物品和药品。3.坚持深入开展“三下乡”活动。4.会同铜川市政协编纂完成《中华药王孙思邈》一书，对研究孙思邈，弘扬传统医药文化，发展铜川旅游文化事业，具有重要意义。四、加强横向联系，做好接待工作。

社会与法制委员会 根据自身工作特点，坚持围绕中心、服务大局，认真履行政协基本职能，开展调查、考察、视察等各项活动40余次，为我省经济社会发展积极建言献策。一、认真开展调研，积极建言立论。1.关注“三农”问题，积极围绕农村社会保障制度的建立和完善开展专题调研。先后深入到西安、渭南、咸阳等五市九县区开展调研，召开各种类型通报、座谈会12次，对6个乡镇和办事处进行考察，就建立适合省情的农村社会保障长效机制、失地农民的技能培训和再就业等问题提出五条建议，引起了广泛关注。2.为构建“安全陕西”，加强公安队伍建设建言献策。组织委员就延安、榆林两市公安队伍建设进行了视察，采取多种形式，了解民情民意，收集掌握情况，提出了尽早建立全省干警培训中心，加大基层派出所、看守所建设，增加全省警力编制，加强干警思想政治、业务作风建设等多条建议。3.召开专题座谈会，邀请省政法委、省公安厅、团省委等部门探讨未成年人法律保护问题。4.积极开展各项参政议政活动。二、加强联系，增进交流。组织委员先后赴东北和山东考察，开阔了眼界，增加了与兄弟省市政协的联系。三、加强委员自身建设。

民族宗教委员会 以邓小平理论和“三个代表”重要思想为指导，正确贯彻中央民族宗教工作座谈会议和省委宗教工作会议精神，围绕我省中心工作，结合自身实际，积极拓展工作，认真履行职能。一、围绕群众关心的问题，积极建言献策。先后组织委员就我省少数民族教育、滥建庙宇和民族宗教政策落实情况进行了调研和视察，形成了《关于西安市少数民族教育存在问题的报告》、《西安市少数民族教育发展计划》等文件，这些工作的开展，促进我们提出了许多解决实际问题的建议和意见，取得了良好效果。二、加强学习，增强做好民族工作的能力。先后召开六次专题讲座，深入学习民族宗教理论政策和民族宗教知识，增强了工作的紧迫感和责任感，提高了业务素质。三、加强横向联系，认真学习外省的宝贵经验。5月份组织部分委员赴云南、广西的民族地区进行考察，学到了许多经验。

祖国统一侨务外事委员会 贯彻落实中央关于“一国两制”实现祖国统一和对外工作的基本方针和原则，高举爱国主义和社会主义旗帜，围绕中心工作，认真履行职能。一、加强海内外联谊工作，加大对台工作力度，促进祖国统一大业。通过邀请、函电、接待等方式，保持与台胞特别是台湾上层人士的联系，收集他们对祖国统一的意见和建议，加强与台商的联系，为其来陕考察提供方便，运用我省文化底蕴深厚，历史文物丰富的优势，增强台胞的认同感。利用和开拓民间交流渠道，加强与港澳同胞和海外侨胞的联络。二、利用自身优势，为陕西企业走出去搭建平台。三、开展人民外交，扩大政协在海外的影响，促进陕西经济发展。会同省政府有关部门，促成了艾丕善主席率陕西省友好代表团对俄罗斯、罗马尼亚、匈牙利的友好访问,促成四位副主席对日本、澳大利亚、新西兰、埃及、南非的友好访问。组织部分委员和基层政协负责人对德国、澳大利亚、新西兰的考察,扩大了政协在海外的影响力,增进了与访问国议会间的了解和友谊,加强了与当地华人的联系。还接待了来陕访问的各国代表团共 8 批 97 人,对宣传政协,宣传陕西起到了良好的促进作用。

文史资料委员会 适应人民政协工作和社会主义文化事业前进发展的新形势,努力探索文史资料工作为物质文明、政治文明、精神文明建设服务的新路子,保持特点,开拓创新,取得了新的成绩。一、积极组织委员开展视察活动。上半年组织委员对我省合阳、韩城、华阴三地的历史文化名城和自然景观的保护利用情况进行视察,提出五点意见、建议,得到了有关方面的好评。二、树立精品意识,编辑出版文史资料。编辑出版了《人民艺术家马健翎》一书,在陕西各界人士中引起较大反响。三、召开文史工作座谈会,研究部署新时期我省文史委工作。四、积极主动参与各种协作,促进文史工作的开展。5 月,参加在浙江义乌举行的全国暨地方政协文史委主任会议,推荐的"政协圆我渭河梦"一文被收入《人民政协 55 周年》一书;参加西北五省区暨西安市政协文史工作协作会议,与兄弟省区进行交流,并介绍了经验;协助全国政协举办文史干部培训班;为全国政协和外省市政协来陕考察做好各项服务工作。

【重要活动】

陕西企业'走出去'实务研讨会 2004 年 2 月 12 日,根据省委书记李建国的提议,省政协办公厅和省对外开放领导小组办公室在西安联合举办"陕西企业'走出去'实务研讨会"。省政协常委、罗马尼亚丰佳国际集团公司董事长耿健向近 200 位企业、金融界人士作了题为《新视角:决定企业未来的战略选择》的演讲,部分金融、保险机构的负责人介绍了信贷、保险方面的相关政策。省政协主席艾丕善出席并讲话,希望我省企业家进一步解放思想,发挥比较优势,开拓国际市场。省政协副主席朱振义、石学友、庞家钰、陆栋、刘石民出席。与会人士认为,以举办实务研讨会这种方式为企业家"充电",对于转变我省企业经营理念,帮助企业拓宽视野,具有很好的效果。

全国政协年鉴暨研究室工作交流会 2004 年 4 月 24 至 26 日,由全国政协研究室主办、陕西省政协研究室承办的全国政协年鉴暨研究室工作交流会在西安召开。全国政协秘书长郑万通和各省、自治区、直辖市政协研究室的负责同志及年鉴编辑人员共 70 多人出席。与会同志交流了各地研究室工作情况,商讨了政协理论研究协作课题,完成了 2003 年政协年鉴会稿工作,部署了 2004 年政协年鉴的编辑工作。陕西省政协主席艾丕善出席开幕会并讲话,省政协副主席朱振义、石学友和秘书长姚毅出席会议。

学习贯彻政协章程辅导报告会 2004 年 4 月 26 日,中共陕西省委举行学习贯彻政协章程辅导报告会,中共中央委员、全国政协秘书长郑万通应邀作报告。省委书记李建国主持报告会并就学习贯彻政协章程、努力推进政协工作发表讲话。省政协主席艾丕善,全国政协常委安启元,全国政协研究室主任卞晋平,省人大副主任桂中岳,省政协副主席朱振义、刘锦才、石学友、庞家钰,省委、省人大、省政府、省政协各部门和省级各民主党派、工商联负责同志,出席全国政协年鉴暨研究室工作交流会的代表,共 300 人出席。

艾丕善主席调研政协工作 5 月中下旬,省政协主席艾丕善分别到西安市、铜川市调研政协工作。在西安市,他听取了西安市和碑林、雁塔两区有关工作汇报,与有关人士就进一步做好政协工作进行了座谈,他希望西安市各级政协深入学习贯彻政协章程,切实提高履行职能水平。在市委、市政协领导陪同下,艾丕善一行还视察了部分城市建设项目。省政协副主席庞家钰、秘书长姚毅陪同调研。在铜川市,他听取了市委、市政协的工作汇报,与区县政协主席和市级各民主党派工商联负责人就进一步做好政协工作进行了座谈,他希望铜川市各级政协深入学习贯彻政协章程,树立和落实科学发展观,努力提高参政议政水平。在市委、市政协领导陪同下,艾丕善一行还考察了部分企业和市政建设。省政协副秘书长、研究室主任苗均全陪同调研。

省政府、省政协领导第二次联席会议 2004年7月20日,省政府、省政协领导第二次联席会议在西安召开。省长贾治邦、省政协主席艾丕善出席会议并讲话,常务副省长陈德铭通报了全省上半年经济运行情况和省政府下半年的主要工作,省政协副主席朱振义通报了省九届政协常委会第八次会议对我省国有企业改革和发展问题的讨论情况及其建议,省政协副主席田源及有关专门委员会负责人发了言。贾治邦在讲话中要求继续坚持和完善政府与政协联席会议制度,真正把会议办成参政议政会、重大问题通报分析会、推动经济社会发展的促进会。

驻陕全国政协委员视察渭河上中游流域综合治理情况 2004年7月25至31日,以全国政协委员、陕西省政协主席艾丕善和全国政协常委安启元为团长的在陕全国政协委员视察渭河上中游流域综合治理情况。期间,视察团听取了甘肃、陕西两省政府及水利、建设、环保部门近期相关工作汇报,并从渭河源头——甘肃省定西地区的渭源县出发,沿途考察了甘、陕两省渭河上中游流域定西、天水、宝鸡段。考察团随后向全国政协办公厅提交《关于渭河上中游综合治理情况的视察报告》,提出要用科学的发展观落实即将实施的《渭河流域近期重点综合治理规划》,坚持全面规划、统筹兼顾、标本兼治、综合治理的原则,围绕“调水、节水、治污、清淤和防灾保安”等重点,狠抓落实,加快渭河流域综合治理步伐。

陕西省政协工作座谈会 2004年8月5至6日,陕西省政协工作座谈会在延安召开。省政协主席艾丕善,副主席朱振义、田源,副秘书长兼研究室主任苗均全,各设区市和部分县(区、市)政协主席出席。会议总结交流了近年来市、县两级政协工作的新鲜经验,分析了新形势下履行职能面临的新情况和新问题,探讨了进一步推动我省政协工作的新思路和新办法。艾丕善在会议总结讲话中要求,各地政协要在总结经验的基础上,继续探索,不断努力,进一步推动我省政协工作取得新的进展。

省政协主席艾丕善率陕西省友好代表团出访俄罗斯等国 2004年9月9至23日,应俄罗斯联邦卡卢加州州长、罗马尼亚共和国布泽乌省省长和匈牙利共和国琼格拉达州议长的邀请,省政协主席艾丕善率陕西省友好代表团前往上述三省(州)进行访问。访问期间,代表团广泛接触当地政府和商界人士,积极宣传陕西的优势,推动经贸合作,进一步巩固和发展了我省与三省(州)的友谊,加强了省政协与三省(州)议会间的交往。省政协秘书长姚毅陪同出访。

庆祝人民政协成立55周年陕西国画优秀作品展 2004年9月27至10月7日,省政协在西安举办庆祝人民政协成立55周年陕西国画优秀作品展。本次展览共展出作品110幅。省委书记李建国为画展题词,省政协副主席艾丕善出席开幕式并讲话，他希望通过这项活动，大力弘扬中华民族的优秀文化，继承和发展先进文化，繁荣我省的国画艺术，为我省的经济建设和社会进步增光添彩。省政协副主席田源、陆栋、刘石民、张生朝和秘书长姚毅出席。

全省政协文史资料工作座谈会 2004年10月9至11日，省政协文史资料委员会在西安召开全省政协文史资料工作座谈会。会议确定，本届政协要在抓紧做好建国前史料征集、出版的同时，重视做好建国后史料的征集出版工作，继续做好库存史料的清理、保管和利用工作，继续探索文史资料工作为现实服务的新途径。省政协副主席陆栋和副秘书长冯钧平出席会议并讲话。

第五次全国地方政协报刊工作座谈会 2004年10月23至26日，由全国政协办公厅主办、陕西省政协办公厅协办的第五次全国地方政协报刊工作座谈会在西安举行，来自全国各省、自治区、直辖市政协的有关负责同志和地方政协报刊负责人出席，交流了各地政协报刊工作的经验，探讨了如何进一步办好政协报刊的相关问题。全国政协副秘书长陈洪、陕西省政协副主席田源和秘书长姚毅、副秘书长苗均全出席。

全省政协提案工作理论研讨会 2004年11月10至12日，省政协提案委员在西安召开全省政协提案工作理论研讨会，传达全国政协第五次提案工作座谈会精神，研讨新时期人民政协提案工作理论。省政协主席艾丕善在会上强调，要认真总结提案工作的基本经验，努力提高提案工作的整体水平，推动提案工作不断向前发展。省政协副主席朱振义、田源、李雅芳、刘锦才、石学友、庞家钰、胡悦、陆栋、刘石民、张生朝和秘书长姚毅出席会议。

省委政协工作会议 2004年11月28至29日，中共陕西省委召开政协工作会议，会议通过了《关于进一步加强和改进人民政协工作的意见》，就深刻认识人民政协的重要地位和作用、加强和改善党对政协的领导、推进政协工作制度化、规范化、程序化和加强政协自身建设等重大问题提出明确要求。省委书记李建国在讲话中要求，各级党委切实加强和改善党对政协工作的领导，充分发挥人民政协的职能作用，努力开创我省政协工作的新局面。省委副书记、代省长陈德铭主持会议。省政协主席艾丕善就全省政协系统学习贯彻会议精神讲话。省委、省人大、省政府、省政协和有关部门负责人，各市、县(区)党委书记、政协主席和杨凌示范区党工委书记出席会议。

全省政协社会和法制工作会议 2004年12月8至10日，省政协社会和法制委员会在西安召开全省政协社会和法制工作会议。省政协主席艾丕善出席并讲话，要求进一步做好新时期政协社会和法制工作。省政协副主席田源出席会议。会议听取了省社会治安综合治理办公室关于全省社会治安综合治理情况的报告，听取了全国政协社会和法制委员会专题研讨会精神的传达报告，研讨了新时期政协社会和法制工作重点和规律以及今后工作的思路和方向。

【重要文件】

省政协九届常务委员会工作报告 (2004年2月1日)(摘要) 2003年是全面贯彻落实中共十六大精神的第一年，也是实施全面建设小康社会"三步走"战略的开局之年。一年来，新一届省政协以邓小平理论和"三个代表"重要思想为指导，坚持团结民主两大主题，认真学习贯彻中共十六大、十六届三中全会和省委十届二次、三次会议精神，围绕我省经济和社会生活中的重大问题、人民群众关注的热点、难点问题，认真履行政治协商、民主监督、参政议政职能，积极、稳步、活跃、有序地开展各项工作，为我省全面建设小康社会、加快建设西部经济强省做出了积极贡献。一、大力加强理论学习，努力提高政协整体素质和参政议政水平。二、认真履行政治协商职能，积极促进我省重大决策的民主化、科学化。三、积极开展经常性民主监督、参政议政活动，促进经济和社会各项事业健康发展。四、充分发挥政协优势，积极参加防治非典和抗洪救灾斗争。五、密切联系各界人士，积极维护统一战线团结、稳定、振奋、活跃的局面。六、积极协调社会各方，切实帮助基层人民群众办实事、办好事。七、大力加强自身建设，努力推进政协工作制度化、规范化和程序化。

实践表明，新一届省政协开局良好。2004年是实现“十五”计划的关键一年，也是全面落实中共十六大和十六届三中全会精神，深化改革、扩大开放、促进发展的重要一年。在新的一年里，省政协工作的指导思想和总体要求是：坚持以邓小平理论和“三个代表”重要思想为指导，深入学习贯彻中共十六大和十六届三中全会精神，按照中共陕西省委十届四次全会提出的要求，动员和团结参加政协的各党派、团体和各族各界代表人士，紧密结合全面建设小康社会的实践，紧密结合推进改革发展稳定的实践，紧密结合加强政协自身建设的实践，充分发挥人才荟萃、位置超脱、联系广泛、渠道畅通的优势，积极开展形式多样、活跃有序、富有特点、体现特色的活动，认真履行政治协商、民主监督、参政议政职能，促进我省全面、协调、可持续发展，为确保完成全省以经济建设为中心的各项任务，开创我省人民政协事业的新局面做出新的贡献。一、紧紧围绕事关陕西发展和改革的重大现实问题履行职能、建言献策。二、全力协助党和政府维护团结稳定的政治局面。三、积极做好海内外联谊、人民外交和文史资料工作。四、坚持不懈地抓好以“三个代表”重要思想为核心内容的理论学习活动。五、进一步推进政协工作的制度化、规范化、程序化。六、进一步加强政协的作风建设。七、更好地发挥民主党派和工商联在政协中的作用。八、更加自觉地坚持和依靠中国共产党的领导。

回顾过去，我们无比自豪；展望未来，我们豪情满怀。让我们高举邓小平理论伟大旗帜，全面贯彻“三个代表”重要思想，紧密团结在以胡锦涛为总书记的中共中央周围，在中共陕西省委的领导下，围绕中心，服务大局，发挥优势，体现特色，求真务实，同心同德，为促进陕西经济和社会全面协调可持续发展，为实现全面建设小康社会和建设西部经济强省的宏伟目标，为开创我省人民政协事业的新局面而努力奋斗。

艾丕善主席在省政协九届二次会议闭幕式上的讲话(2004年2月5日)(摘要)
中国人民政治协商会议陕西省第九届委员会第二次会议，经过全体委员的努力，圆满完成了各项议程。这次大会对过去一年我省在抗击非典和抗洪救灾严峻考验下，各方面工作取得的成绩，给予了充分肯定，对新一年推动我省经济持续快速协调健康发展和社会全面进步，提出了许多宝贵的意见和建议。这是一次团结力量、凝聚人心、求真务实、催人奋进的大会，必将对陕西经济社会的发展产生重要而又积极的影响。

一、发展是人类社会永恒的主题，是硬道理，是执政兴国的第一要务，也是陕西最为紧迫的问题。我们必须清醒地看到我省经济发展的全国的位次，清醒地认识我们面临的挑战，不断增强忧患意识和责任意识，奋起直追，加快发展，全力摆脱落后状态。发展对陕西来讲，有着诸多有利条件。从全国来看，一是通过全面贯彻落实中共十六大和十六届三中全会精神，将进一步改善我省加快发展的体制环境；二是按照邓小平同志“两个大局”的思想和中央实施西部大开发的战略，国家将继续实施积极的财政政策，必然进一步推动包括陕西在内的整个西部地区的发展；三是我省仍是国家公路、能源和生态环境建设的投资重点地区，投资对经济增长的拉动仍将保持一个较高水平。从全省来看，一是以西安为中心的关中地区有望成为国内外有影响的科技产业和加工业高地；二是陕北以其丰厚的煤、气、油等地下资源，可建成国家级能源重化工基地；三是陕南水电和动植物、矿产资源等十分丰富；四是陕西是领略华夏历史文化的重要旅游胜地和全国重要的果品生产基地；五是陕西发展的思路清晰，发展的任务明确，全省上下加快发展的积极性空前高涨，发展的内在要求不断增强。我省加快发展的挑战与机遇并存，困难与希望同在，我们一定要认清形势、明确任务，增强信心、开拓进取，进一步推动充满生机和活力的陕西走向更加美好的明天。

二、紧紧抓住本世纪20年我国发展的重要战略机遇期，推动陕西快速健康发展，是当前摆在我省面前的一项十分重要而又紧迫的任务。全委会期间，委员们从多角度、多侧面对如何加快陕西发展提出了许多重要的意见和建议。一是树立全面协调可持续的发展观。发展不仅应当尊重经济规律，还应尊重社会和自然的发展规律。发展应该在自然界涵养能力和更新能力允许的范围内，实现经济社会的持续健康发展和人与自然的和谐共存。二是着力调整经济结构，提高经济运行的质量和效益。经济结构的调整优化，直接关系着经济整体素质、竞争能力和发展后劲的不断提高。目前，陕西的经济结构层次还相对较低，所有制结构不尽合理，工业化程度有待提高，民营企业比重有待加大，支柱产业竞争力有待增强，名牌产品数量有待增多。三是运用科技进步推动经济的快速发展。目前，陕西实力较强的高新科技和比较滞后的经济水平并存，先进的文化与保守的思想观念并存，蓬勃发展的高等教育与落后的基础教育并存。要改变这种现状，必须进一步深化科技体制改革，建立健全适应市场经济的科技创新体系，制定促进科技发展的优惠政策，完善多渠道投入运行机制；必须继续保持现有科教优势，使科学技术尽快转化成为现实生产力；必须统筹解决高新科技、发达教育、先进文化和经济发展相对滞后的不协调问题。四是扩大对外开放，推动经济市场化进程。我们要进一步转变观念，拓宽思路，开阔视野，放开手脚，大力做好开放市场、招商引资工作；要把吸引国内外资金与引进先进技术、现代管理和专门人才结合起来，提升自身持续创新能力；要采取市场多元化策略，面向市场调整商品结构，以质量和信誉取胜，占领国内外市场；要以更大的胆略和更灵活的形式，有效实施“引进来”、“走出去”战略，推动经济在大范围、宽领域和高层次上参与国内外竞争，以开放促改革，以开放促调整，以开放促发展。五是营造和巩固加快陕西发展的良好环境。1. 要努力营造团结奋进的人文环境。2. 要营造和谐稳定的社会环境。3. 要营造诚信法治的投资环境。4. 要营造高效廉洁的政务环境。5. 要建设完善的体制环境。6. 要建设良好的生态环境。六是以思想的大解放促进经济的大发展。我们要在加快发展的问题上达到认识统一、行动一致，广泛树立艰苦奋斗的创业观、只干不论争的务实观、海纳百川的人才观、与时俱进的创新观、只争朝夕的机遇观，要敢于打破传统思维方式，用世界眼光审时度势、争创一流，促进经济持续快速协调健康发展。

三、改革开放20多年来，省政协在中共陕西省委的领导下，坚持团结、民主两大主题，高举爱国主义和社会主义两面旗帜，坚决贯彻执行以经济建设为中心、坚持四项基本原则、坚持改革开放的基本路线，认真履行职能，为加快陕西经济发展做出了重要贡献。但我们面临的前景更加广阔，我们肩负的责任更加重大。我们要高举邓小平理论伟大旗帜，以“三个代表”重要思想为指导，在中共十六大和省委十届四次全会精神的指引下，围绕中心，服务大局，与时俱进，开拓创新，为加快陕西经济发展做出新的更大的贡献！

中共陕西省委书记李建国在省委政协工作会议上的讲话（2004年11月28日）（摘要） 这次省委政协工作会议，是在全省认真贯彻落实党的十六届四中全会和省委十届五次全会精神，加强党的执政能力建设，加快建设西部经济强省的新形势下召开的。会议的主要任务是，总结我省政协工作的成绩和经验，讨论《中共陕西省委关于进一步加强和改进人民政协工作的意见》，研究解决政协工作遇到的新问题，进一步加强和改善党对政协工作的领导，促进我省政协工作不断开创新局面。

一、认真学习胡锦涛总书记的重要讲话，不断增强做好人民政协工作的使命感和责任感。（略）

二、五十四年来我省政协工作取得了显著成就，在陕西社会主义现代化建设中发挥了重要作用。（略）

三、充分发挥人民政协的职能作用，为建设西部经济强省做出新的贡献。本世纪头20年，我们必须紧紧抓住并且可以大有作为的重要战略机遇期，加快把陕西经济搞上去，实现我省“三步走”战略目标，推动三个文明协调发展。这就给我省政协工作提出了新的更高的要求。当前和今后一个时期，我省政协工作的总体要求是：以邓小平理论和“三个代表”重要思想为指导，深入学习贯彻党的十六大、十六届四中全会和省委十届五次全会精神，牢固树立和全面落实科学发展观，坚持和完善中国共产党领导的多党合作和政治协商制度，在中共陕西省委的领导下，高举爱国主义和社会主义旗帜，牢牢把握团结和民主两大主题，围绕实现全面建设小康社会、加快建设西部经济强省的目标，认真履行政治协商、民主监督、参政议政职能，为陕西改革开放和社会主义现代化事业而共同奋斗。第一，牢固树立和认真落实科学发展观，紧紧围绕建设西部经济强省的宏伟目标履行职能。第二，切实做好各方面的团结工作，为维护社会稳定发挥积极作用。第三，不断完善人民政协工作运行机制，推动政协履行职能的制度化、规范化、程序化。第四，重视加强自身建设，进一步提高履行职能的能力和水平。

四、切实加强和改善党对政协工作的领导，努力为政协履行职能创造良好条件。政协工作是我们党全部工作的重要组成部分。加强和改善党对人民政协的领导，既是做好新时期人民政协工作的根本保证，也是加强党的执政能力建设的一个重要方面。各级党委要把做好政协工作作为一项长期的战略任务，高度重视，认真抓好。一是切实把政协工作摆上重要议事日程。要紧紧围绕提高党的执政能力建设的总目标，深刻认识人民政协工作的重要性，进一步加强对人民政协工作的领导。按照党总揽全局、协调各方的原则，把政协工作纳入党委工作的总体布局，摆在重要位置，统一安排部署。二是大力支持人民政协充分履行职能。各级党委和政府要结合工作实际，积极开展政治协商。要支持政协搞好民主监督。各级党政领导机关和司法机关及其工作人员履行职能、遵纪守法、勤政廉政等情况，都要自觉接受人民政协的监督。

要重视各民主党派、各族各界代表人士对我们各级党委的思想建设、组织建设和作风建设等方面提出的意见和建议，以促进各级党委加强自身建设。要拓展参政议政领域，加强与各民主党派的联系。各级党委要给政协出题目，交任务，使人民政协履行职能的工作更具有针对性，更富有成效。三是充分发挥各级政协党组的核心领导作用。各级政协党组是同级党委的派出机构，对于实现党对政协工作的领导负有重大责任，必须坚定不移地贯彻党的路线方针政策，把党委的重大决策和工作部署落实到政协的实际工作中去，扎扎实实地完成党委赋予的各项任务。四是重视加强政协领导班子和干部队伍建设。各级党委要把政协领导班子配备与同级党政领导班子的配备统筹安排，选拔熟悉政协工作的优秀干部进入各级政协领导班子，注意优化政协领导班子结构。五是积极主动地为政协工作创造良好条件。要从政协工作的实际出发，切实帮助政协解决具体困难和实际问题。

同志们，人民政协在陕西全面建设小康社会、加快推进建设西部经济强省的宏伟事业中，肩负着重大的责任，地位非常重要，工作大有可为。让我们紧密地团结在以胡锦涛同志为总书记的党中央周围，高举邓小平理论和“三个代表”重要思想伟大旗帜，牢固树立和全面落实科学发展观，全面贯彻党的十六届四中全会和省委十届五次全会精神，同心同德、解放思想、求真务实、埋头苦干，不断开创我省人民政协工作和社会主义现代化建设的新局面！

中共陕西省委关于进一步加强和改进人民政协工作的意见（2004 年 12 月 3 日）（摘要） 近年来，我省各级党委认真贯彻落实中央和省委关于加强人民政协工作的要求，重视和支持政协工作，加强和改善对政协工作的领导，取得了新的进步。全省各级政协围绕发展这个中心，坚持团结和民主两大主题，认真履行政治协商、民主监督、参政议政职能，在我省建设社会主义物质文明、政治文明、精神文明和维护团结稳定中发挥了重要作用。新世纪新阶段，为了全面贯彻邓小平理论和“三个代表”重要思想，认真落实党的十六大、十六届四中全会和胡锦涛总书记在庆祝中国人民政治协商会议成立 55 周年大会上的重要讲话精神，现结合实际，就进一步加强和改进政协工作提出如下意见：

一、深刻认识人民政协的重要地位和作用。1. 人民政协是中国人民爱国统一战线组织、中国共产党领导的多党合作和政治协商的重要机构、我国政治生活中发扬社会主义民主的重要形式。2. 在新世纪新阶段党中央高度重视政协工作。

二、充分发挥人民政协在我省社会主义现代化建设中的重要作用。3. 全省各级政协组织要坚持以“三个代表”重要思想统揽政协工作，努力使政协工作体现时代性、把握规律性、富有创造性。4. 全省各级政协组织要按照围绕中心、服务大局的要求，积极为我省的社会主义物质文明、政治文明、精神文明建设贡献力量。5. 全省各级政协组织要切实做好各方面的团结工作，不断壮大最广泛的爱国统一战线。

三、推进政协工作制度化、规范化和程序化。6. 进一步推进政治协商的制度化、规范化和程序化。7. 进一步推进民主监督的制度化、规范化和程序化。8. 进一步推进参政议政的制度化、规范化和程序化。9. 进一步完善政协委员履行职能的保障机制。

四、切实加强政协的自身建设。10. 高度重视政协领导班子建设。11. 切实加强政协委员和政协干部队伍建设。12. 要把作风建设摆在重要位置，大力弘扬求真务实精神，大兴求真务实之风，经常深入基层，深入群众，体察群众疾苦，倾听群众呼声，反映群众意愿。13. 合理设置政协的机构和编制。14. 为政协开展工作提供经费保障。

五、加强人民政协理论和实践的宣传教育。15. 加强和改进对政协工作的宣传。16. 加强对党政干部进行统一战线和人民政协理论的教育培训。

六、加强和改善党对政协的领导。17. 党对政协工作的领导，主要是政治、思想和组织的领导。18. 党委要把政协工作纳入工作的总体布局，列入重要议事日程，统一研究、统一部署。19. 党委书记要坚持用一定时间和精力抓政协工作，确定一名副书记联系政协工作。20. 各级政协党组是同级党委的派出机构，对于实现党对政协工作的领导负有重大责任。

【组织概况】

委员增补名单（2004 年 12 月 30 日省政协九届十次常委会议通过）

丰镇平　王欢畅　王家春　车建营
刘德勤（女）　严志祥　何俊杰
张先德　张保庆　张超英（女）
李小平（女）　杨东明　杨光明
杨学勤（女）　陈虎林　陈靖劳
常延丽（女）　蒋庄德　韩　烨
鲁俊毅　薛安平

【陕西省各级政协领导人名单】

陕西省

政协主席

艾丕善

副主席

朱振义　田　源　陈宗兴
李雅芳（女）　刘锦才
石学友　庞家钰　胡　悦
陆　栋　刘石民　张生朝

秘书长

姚　毅

西安市（副省级）

市政协主席

傅继德

副主席

张　波　陈振虎　于小文（女）
胡剑虹　王应凯　董群惠
徐　忠　鲁骏柱　李广瑞

县（市、区）政协主席（区为副地级）

莲湖区　田　瑛（女）
新城区　吕建伟
碑林区　赵　亮
雁塔区　张宝玺
未央区　高玉清（女）
灞桥区　郗哲民
长安区　成德奇
阎良区　胡海彦
临潼区　韩　韬
户　县　吴如意
周至县　刘崇德
高陵县　郑毅涛
蓝田县　田文杰

咸阳市

市政协主席　杨光明

县（市、区）政协主席

秦都区　员培衍
渭城区　孙建彬
兴平市　陈　勇
武功县　孙胜利
乾　县　黄　琦
礼泉县　王志强
泾阳县　惠玉德
三原县　云三可
永寿县　于建军
彬　县　辛科科
旬邑县　燕满全
长武县　李中发
淳化县　郑禄辉

延安市

市政协主席 韩烨

县(市、区)政协主席

宝塔区 张俊雷
子长县 郝生荣
吴旗县 闫占堂
黄龙县 王廷彦
延川县 高凤兰(女)
黄陵县 刘飞
安塞县 朱辽成
富县 张凤英(女)
洛川县 吴宏利
延长县 刘江
宜川县 李东明
志丹县 刘世贵
甘泉县 程远

宝鸡市

市政协主席 陈继荣

县(市、区)政协主席

金台区 杨振龙
渭滨区 刘德明
陈仓区 段兴奇
凤翔县 宁永哲
岐山县 索富平
扶风县 马志斌
眉县 卢文远
麟游县 闫巧梅(女)
陇县 张恩科
凤县 高海
太白县 宫志宏
千阳县 吕述谦

渭南市

市政协主席 王杰山

县(市、区)政协主席

韩城市 郑铁成
临渭区 梁向东
华县 张云霄(女)
华阴市 高鹏
潼关县 陈长乐
大荔县 刘西峰
蒲城县 李兰州
合阳县 张兴邦
白水县 雷超武
澄城县 李双宝
富平县 田即晓

汉中市

市政协主席 张帆

县(市、区)政协主席

汉台区 殷光明
南郑县 李发元
留坝县 姜寅兰(女)
勉县 陈庆生
宁强县 姚志强
略阳县 冯新涛
洋县 李余德
佛坪县 刘振邦
城固县 杨剑敏
西乡县 程华新
镇巴县 刘吉华

铜川市

市政协主席 杨志良

县(市、区)政协主席

王益区 赵怀玺
印台区 张海娟(女)
耀州区 任军民
宜君县 杨尚青

榆林市

市政协主席 刘汉兴

县(市、区)政协主席

榆阳区 张满阳
神木县 焦调瑜(女)
府谷县 段裕田
定边县 高登山

靖边县 冯怀玉(女)
横山县 刘仲瑜
绥德县 景建荣
米脂县 张海水
佳　县 贺玉德
吴堡县 李永明
清涧县 曹光辉
子洲县 庞　瑶(女)

安康市
市政协主席 罗正全
县(市、区)政协主席
汉滨区 李学乾
宁陕县 朱明生
石泉县 韩永进
汉阴县 杨英子(女)
岚皋县 徐代元
紫阳县 李辉新
旬阳县 陈楚明
平利县 黄宏斌
镇坪县 陈宗华
白河县 刘慧芳(女)

商洛市
市政协主席 唐庆华
县(市、区)政协主席
商州区 王治勋
洛南县 胡焕明
山阳县 李崇敏
丹凤县 杨淑云(女)
商南县 刘忠诚
镇安县 张坤余
柞水县 樊成柱

杨陵区(县级)
政协主席 朱林章

陕西省各级政协组织和委员数

(截至2004年底)

级别 / 项目	省	副省级市	设区的市	县(市辖区、不设区的市)	合计
组织数	1	1	9	107	118
委员数	607	518	2757	14686	18568

(高红霞　靳海斌　编写　姚　毅　苗均全　审稿)

政 协 甘 肃 省 委 员 会

【全体委员会议】

九届二次会议 2004年1月8日至12日在兰州召开。本次会议应到委员507名,实到472名。会议审议通过了崔正华副主席代表常委会所作的工作报告、陈剑虹副主席代表常委会所作的关于政协甘肃省九届一次会议以来提案工作情况的报告;通过了政协甘肃省第九届委员会第二次会议政治决议、政协甘肃省第九届委员会第二次会议关于常务委员会工作报告的决议、政协甘肃省第九届委员会第二次会议关于九届一次会议以来提案工作情况报告的决议、政协甘肃省第九届委员会提案委员会关于九届二次会议提案审查情况的报告。

中共甘肃省委书记苏荣在开幕大会上发表讲话,充分肯定了省政协及全省各级政协一年来的工作,并就进一步做好人民政协工作提出了希望和要求。省政协主席仲兆隆在会议闭幕时发表了讲话。会议期间,委员们列席了省人大十届二次会议,听取和讨论了陆浩省长所作的政府工作报告和其他重要报告。在小组讨论的基础上,25名委员作了大会发言。会议期间,还举行了经济界和工商联界别的委员联组会议,就国有企业改革问题进行专题座谈讨论,省委书记苏荣、省长陆浩在听取委员们的发言后讲了话。省委、省政府领导带领省直有关部门负责同志参加了联组座谈会、大会发言和小组讨论,听取委员们的意见和建议,并与委员一起协商议政,共谋加快甘肃发展大计。会议期间共收到提案715件,立案686件,占收到提案总数的95.9%。参与提案的委员占委员总数的55.6%。省党政军领导应邀出席了开幕和闭幕大会。各市、州政协主席,驻甘全国政协委员,省政协各部门负责同志,省委统战部副部长和各市、州、地委统战部部长列席了会议。

【常务委员会会议】

第5次会议 2004年1月6日在兰州召开。94名常委出席了会议。会议通过了关于召开政协甘肃省第九届委员会第二次会议的决定、政协甘肃省第九届委员会第二次会议议程(草案)和日程、政协甘肃省第九届委员会常务委员会工作报告及报告人、政协甘肃省第九届委员会常务委员会关于政协甘肃省九届一次会议以来提案工作情况的报告及报告人、政协甘肃省第九届委员会第二次会议分组办法和小组召集人名单。省政协主席仲兆隆主持了开幕会。省政协副主席崔正华主持闭幕会并发表讲话。

第6次会议 2004年1月10日在兰州召开。96名常委出席了会议。会议通过了政协甘肃省九届二次会议政治决议(草案)、政协甘肃省九届二次会议关于常务委员会工作报告的决议(草案)、政协甘肃省九届二次会议关于九届一次会议以来提案工作情况报告的决议(草案)、政协甘肃省第九届委员会提案委员会关于九届二次会议提案审查情况的报告(草案)。省政协副主席崔正华主持会议。

第7次会议 2004年7月14日至15日在兰州召开。89名常委出席了会议。会议听取了省委常委、副省长徐守盛关于上半年全省经济运行情况的报告;听取了周宜兴副主席传达的全国政协十届六次常委会议精神;听取了朱作勇副主席传达的省委政协工作会议精神;讨论并通过了有关人事事项。省政协副主席崔正华在会议结束时发表讲话,就贯彻落实省委政协工作会议精神,进一步做好政协工作提出了希望。

第8次会议 2004年10月25日至27日在兰州召开。92名常委出席了会议。会议听取了省政协副主席崔正华传达的中共十六届四中全会和全国政协十届七次常委会议精神;听取了省政协副主席朱作勇所作的资源型城市可持续发展建议案的说明和报告;听取了省政府秘书长程正明所作的省政府办公厅关于省政协九届二次会议以来提案办理情况的通报;通过了《政协甘肃省委员会常务委员会关于我省资源型城市可持续发展问题的建议案》。省政协主席仲兆隆在会议结束时发表讲话,就政协如何更好地学习贯彻中共十六届四中全会精神提出了希望。

【专门委员会工作】

提案委员会 共收到提案741件,立案712件,已全部办复完毕。已经解决或基本解决的260件,占立案总数的36.5%;正在解决或列入计划逐步解决的237件,占33.3%;因条件所限暂时不能解决留待以后研究的174件,占24.4%;留作参考或向上级有关部门反映的41件,占5.8%。全年主要工作:一是积极做好知情服务和宣传引导,努力提高提案质量。二是加强协调配合,创新办理方式,不断提高办理质量。主席和9位副主席督办重要提案9件,现场办案21次,办理提案21件。三是对省直有关单位的提案办理工作进行了视察。四是组织召开全省政协提案工作学习研讨会,总结交流经验,提升提案工作整体水平。五是加大提案工作的宣传力度。六是完成了优秀提案评选表彰的准备工作。

社会和法制委员会 组织委员就我省项目引进和建设中的行政执法情况、我省农民进城务工就业的权益保障情况、我省收入分配体制改革情况进行调研,形成了《关于我省项目引进和建设中行政执法情况的专题调研报告》、《关于我省农民进城务工权益保障情况的调研报告》、《加快收入分配体制改革,促进经济社会协调发展》的专题调研报告,报送全国政协社会和法制委员会、省政府和有关部门研究参考。参与了对《中华人民共和国刑法修正案(五)(草案)》等国家和地方性重要法律、法规草案的协商讨论,提出修改意见47条。提出提案6件。参加了全国政协召开的专题研讨会和西部12省、市、区政协社会和法制工作交流会。推荐有关委员和工作人员担任公、检、法和通信部门的监督员。

文史资料和学习委员会 筹备召开了全省市、州、地政协文史委主任会议,研究讨论了《甘肃丝绸之路旅游文化》史料专辑的选题和征稿工作,共征集到50多万字的稿件,上卷已付印。承办了西北五省(区)暨西安市政协第18次文史资料协作会议。参加了全国暨地方政协文史委主任会议和全国政协在天津市召开的名人故居研讨会。编印《学习参考资料》四辑,约20万字。

经济委员会 深入开展调查研究,形成了《关于龙头企业推进农业产业化、增加农民收入、带动区域经济发展的调研报告》、《关于嘉峪关、玉门两资源型城市可持续发展问题调研报告》等,其中《关于兰州、天水两市下划企业改革工作情况的视察报告》,经主席会议讨论通过后,形成了《对下划国有企业深化改革的建议案》报送省委、省政府。对在调研中发现的关于天水市部分下划企业职工过冬取暖困难问题,通过《甘肃政协信息》向省委、省政府领导及有关部门作了反映。承办了全国二十省市区政协经济委员会第12次联系会议。组织部分委员参加了全省电信行业民主评议行风活动。

人口资源环境委员会 组织三个调研组,就我省资源型城市可持续发展问题进行了调查研究,形成了《关于白银、金昌资源型城市可持续发展问题的调查报告》;组织起草了《政协甘肃省委员会常务委员会关于我省资源型城市可持续发展问题的建议案》稿。提交了《关于请求国家将甘肃省纳入振兴东北等老工业基地改造试点的建议案》等三份提案。对平凉地区基层计划生育服务网络建设情况进行了视察。参加了甘肃省环保系统民主评议行风监督活动、“十一五”煤炭行业重大项目的专题调研视察。组织了对河西地区企业的节能、节水、环保项目的视察和筛选论证。参加了由全国政协人口资源环境委员会、国家人口与计划生育委员会、国家外事委员会联合举办的“国际人口与发展论坛会”。

科教文卫体委员会 组织部分委员参加了我省资源型城市可持续发展问题调研,形成了《关于资源型城市可持续发展的几点建议》和两个调研报告。组织委员对文化、卫生、体育有关情况进行调研,形成了《关于我省文化产业发展情况的调查报告》、《关于加快我省文化产业发展的建议》、《关于我省新型农村合作医疗试点工作情况的报告》、《甘肃省农村体育现状调查与发展对策》等报告和建议。组织和邀请有关委员和专家赴基层开展医疗手术、讲座、服务咨询等活动。组织委员就省科技馆建设、《四库全书》的保管及藏书楼的修建情况进行了视察,并向全国政协作了汇报。会同办公厅举办了“甘肃省政协委员书画展”,并向全国政协书画展选送了11幅优秀作品。

民族和宗教委员会 组织部分委员和有关专家,就加快我省少数民族地区畜牧业产业化发展和农牧民增收问题进行了调研,形成了《关于加快我省少数民族地区畜牧业产业化发展,促进农牧民增收的调查报告》和《关于加快我省民族地区旅游资源开发,促进旅游业发展的调查报告》。就加快民族地区经济发展问题提交了提案。组织委员就少数民族地区民营企业发展情况进行了视察。走访慰问宗教界上层人士。联合省九三学社组成医疗专家组,赴少数民族地区开展送医送药下乡活动。

港澳台侨和外事委员会 一年来的主要工作:一是对外事旅游文化资源开发利用情况进行了调研,形成了《关于对外事旅游资源开发利用情况的调查报告》。二是与基层市政协联合开展了侨务工作调研,形成了《开发港澳台侨资源,服务甘肃经济发展》的调查报告。三是对泾川西王母文化遗产进行了调研讨论,完成了西王母文化遗产研究课题的论证、申报等工作。四是举办了“外事论坛”。五是举办国际形势报告会。六是积极开展对外联谊。

【重要活动】

资源型城市可持续发展的调研 2004年5月初到6月底,由省政协领导分别带领3个调研组,到白银、金昌、嘉峪关、玉门、华亭等有关市县和部分资源型企业,就资源型城市可持续发展问题进行调查研究,并考察了江西、湖南两省资源型城市的经济转型情况。在此基础上,形成了相关调研报告和建议案草案。邀请我省资源型城市政府、企业和有关省直部门的负责同志,对建议案草案和相关调研报告进行了研讨。九届八次常委会议上,审议通过了《政协甘肃省委员会常务委员会关于我省资源型城市可持续发展问题的建议案》。省委书记苏荣、省长陆浩和分管领导均作了批示,认为建议视野开阔,内容翔实,分析问题透彻,思路清晰,对解决资源型城市可持续发展问题具有重要的指导作用。省委、省政府转发了建议案。要求各地各部门认真研究参考。省政府还专门发出督查通知,把建议案中需要省政府有关部门、单位研究办理的事项作了分解,并对办理提出明确的要求。

中共甘肃省委政协工作会议 2004年6月28日至29日在兰州召开。省委书记苏荣、省长陆浩、省政协主席仲兆隆出席会议并分别发表讲话。与会人员学习了宪法和政协章程,对《中共甘肃省委关于进一步加强人民政协工作的意见(讨论稿)》进行了讨论，就拓展深化政协工作进行了交流。省委常委，省政协主席、副主席，各市州委书记、政协主席，陇南地区政协工委主任，省委、省政府有关部门负责同志，省政协秘书长、副秘书长，省政协各部门负责同志，共120多人参加了会议。省委书记苏荣的讲话，阐述了省委召开政协工作会议的主要目标，充分肯定了我省政协工作近年来取得的成绩，同时强调各级党委和政府要进一步提高对政协工作重要性的认识；大力支持各级政协认真履行职能，更好地发挥统一战线和人民政协的特点和优势；要切实加强党对政协工作的领导，努力开创政协工作新局面。省长陆浩在讲话中指出，各级政协认真履行职能，为加快我省经济社会发展发挥了重要作用；要服从服务于改革发展大局，认真做好新时期的政协工作；要大力支持政协工作，开创政协工作新局面。省政协主席仲兆隆在讲话中总结了会议取得的主要成果，着重就贯彻落实会议精神提出了明确要求。一要认真学习宣传会议精神，进一步提高思想认识，不断增强做好政协工作的使命感和责任感；二要紧紧围绕发展第一要务积极参政议政，完成好今年各项重大调研和视察任务；三要坚持与时俱进，开拓创新，在不断深化和拓展政协工作上积累新经验；四、始终不渝地坚持党对政协工作的领导，保证政协工作沿着正确方向不断发展。

驻陕全国政协委员来甘视察 7月26日至7月30日，以全国政协委员、陕西省政协主席艾丕善和全国政协常委安启元为团长的驻陕全国政协委员一行，对甘肃境内的渭河流域治理情况进行了视察。省政协主席仲兆隆主持召开座谈会，副省长负小苏、省政协副主席朱作勇、李宇鸿出席座谈会。朱作勇副主席和省水利厅负责同志陪同视察。

全国政协副主席李蒙来甘视察 8月17日至8月25日，以全国政协副主席李蒙为团长的全国政协对外友好界委员视察团，就人才培养和使用情况在兰州、白银、天水、会宁等市县进行了视察。李蒙副主席还应邀出席了天水伏羲文化旅游节和兰洽会开幕式。李宇鸿副主席陪同视察。

二十省市区政协经济委员会第12次联系会议 9月10日至11日在兰州召开。全国政协副秘书长齐续春出席会议。省政协主席仲兆隆在开幕会上致词，省委常委、常务副省长徐守盛介绍了甘肃经济社会发展情况。与会同志考察了敦煌、嘉峪关、酒泉等地农业产业化龙头企业和城市建设情况。省政协副主席喇敏智、李宇鸿出席会议，北京、天津等17个省(市、区)政协的分管副主席和经济(农业)委员会负责同志70多人参加会议。

西北五省(区)暨西安市政协第18次文史资料工作协作会议 8月31日至9月2日在天水召开。会议就进一步加强文史资料整理、出版的协作进行了探讨交流。全国政协文史委员会副主任刘枫出席会议，甘肃、陕西、青海、宁夏和西安市政协分管文史工作的领导以及文史委员会负责同志参加了会议，浙江、安徽、上海等省市政协文史委员会负责同志应邀出席会议。省政协副主席俞正、蔚振忠出席会议并作讲话。

庆祝人民政协成立55周年大会 9月20日在兰州举行。省政协主席仲兆隆、省委副书记马西林分别发表讲话。在兰全国政协委员、省政协委员，省直机关有关部门负责同志，各市、州政协，政协陇南地区工委负责同志，部分县(市、区)政协主席和省政协、省级各民主党派、工商联机关干部参加了庆祝大会。

促发展抓项目专题议政会 10月27日上午在省政协机关举行。部分省政协常委和委员着重就政协如何围绕抓项目建设做好工作，抓项目工作中存在的问题及解决途径提出了许多意见建议。省政协主席仲兆隆主持会议并讲话。省委常委、统战部部长黄亦纯、副省长孙小系参加会议并讲了话。省政协副主席，秘书长出席会议。省委、省政府、省政协有关部门负责同志到会听取委员的意见和建议。

委员学习培训班 10月28日至11月8日举行。省政协主席仲兆隆，副主席崔正华、朱作勇分别出席，发表讲话或作专题辅导报告。400多名省政协委员学习了宪法、政协章程、统一战线和人民政协理论。

对下划国有企业深化改革情况的视察 2004年11月，在省政协有关领导带领下，组织委员对下划兰州、天水两市的45家国有企业改革与发展情况进行了视察。主席会议听取并审议了视察情况报告，向省委、省政府报送了《对下划企业进一步深化改革的建议案》，省委主要领导作了批示，要求各级领导要认真研究，下大气力搞好国有企业改革。

【重要文件】

常委会工作报告（2004年1月8日）（摘要） 一、2003年的主要工作。一年来，常委会以"三个代表"重要思想为统领，认真贯彻中共十六大和十六届三中全会精神，高举旗帜，服务大局，把握主题，开拓创新，全面完成了本届政协开局之年的各项工作任务，为促进我省经济社会发展发挥了应有的作用，作出了积极的贡献。1. 加强理论学习，不断提高实践"三个代表"重要思想的自觉性。2. 紧扣发展第一要务参政议政，围绕全面建设小康社会建言献策。3. 深入开展调研视察和协商讨论，努力为促进我省经济社会发展献策出力。4. 积极了解和反映社情民意，切实做好提案工作，不断增强民主监督的实效。5. 努力做好团结各界、凝聚人心的工作，为维护改革发展的良好局面尽心竭力。6. 密切与全国政协的联系，加强对市州政协工作的指导。7. 重视组织建设，完善规章制度，自身建设得到加强。二、2004年工作要点。常委会工作的总体思路是：以邓小平理论和"三个代表"重要思想为指导，认真贯彻落实中共十六大、十六届三中全会精神和中共甘肃省十届四次全委会议精神，坚持以人为本，树立全面、协调、可持续的发展观，以加快发展为第一要务，围绕中心、服务大局、选准角度、发挥优势、突出重点、体现特色，不断推动政协工作与时俱进、创新发展，为实现我省今年经济社会发展目标作出应有的贡献。1. 继续深入学习领会中共十六大和十六届三中全会精神，进一步增强履行政治协商、民主监督、参政议政职能的责任感。2. 紧紧围绕发展第一要务开展调研、视察，为深化改革、促进发展建言献策。3. 改进和加强政治协商与民主监督，为党政决策提供具有广泛民主基础的支持。4. 努力做好提案和映社情民意工作，畅通人民群众反映意见要求的渠道。5. 牢牢把握团结民主两大主题，为保持良好的改革发展环境作出积极的贡献。6. 与时俱进，开拓创新，积极探索和改进履行职能的途径和方式。

九届二次会议政治决议（2004年1月12日）（摘要） 会议认为，中共甘肃省十届四次全委会议学习贯彻中共十六届三中全会精神，提出了高举发展的旗帜、高举改革的旗帜，加强党的建设这个根本保证的战略方针，作出了发展抓项目、改革抓企业的重要部署，坚定不移地贯彻和实施这一方针和部署，是现阶段全省工作的中心和大局。会议认为，高举发展、改革的旗帜，把握和利用好重要历史机遇期，紧紧抓住发展第一要务，聚精会神搞建设、一心一意谋发展，对于我们这样一个欠发达的省份来说，尤为重要、更为迫切。会议强调，全省各级政协组织要适应新形势新任务对政协工作的新要求，认真学习贯彻中共十六大、十六届三中全会和中共甘肃省十届四次全委会议精神，以及省委书记苏荣同志在本次会议所作的重要讲话中对政协工作提出的希望和要求，坚持与时俱进，进一步完善工作思路，创新工作机制，突出工作重点。围绕中心、服务大局，把促进发展作为第一要务，紧扣我省经济社会发展中的重大问题以及人民群众关注的热点难点问题，认真开展政治协商、民主监督、参政议政，积极建言献策。要牢牢把握团结民主两大主题，始终坚持中国共产党领导的多党合作和政治协商制度，坚持“长期共存、互相监督、肝胆相照、荣辱与共”的方针，努力做好协调关系、化解矛盾、增进共识、凝聚人心的工作，最大限度地把一切可以团结的力量团结起来，把一切积极因素调动起来，不断巩固和发展最广泛的爱国统一战线，努力营造我省经济社会发展的良好环境。要深入实际、贴近群众、关注民生，积极了解和反映社情民意，协助党委和政府实现好、维护好、发展好最广大人民的根本利益。为推进人民政协工作不断向前发展、促进我省社会主义物质文明、政治文明、精神文明协调发展做出不懈的努力。

中共甘肃省委书记苏荣在省政协九届二次会议上的讲话(2004 年 1 月 8 日)(摘要)　在过去的一年里，省政协以及全省各级政协组织，以邓小平理论和“三个代表”重要思想为指导，认真履行政治协商、民主监督、参政议政的职能，各方面工作取得了新的成绩，有力地促进了全省经济社会发展和维护了社会稳定。省委对省政协九届委员会及其常委会的工作是满意的。各级政协组织和政协委员要深入学习贯彻中共十六大和十六届三中全会精神，在把握重要机遇期、落实好发展这个第一要务中充分发挥作用；切实履行政治协商、民主监督、参政议政职能，在推进社会主义民主政治建设中充分发挥作用；协助党委、政府做好协调关系、化解矛盾的工作，在维护全省改革发展稳定大局中充分发挥作用；不断加强政协组织自身建设，为人民政协更好地发挥职能作用提供组织保证和制度保障。

仲兆隆主席在省政协九届二次会议结束时的讲话(2004 年 1 月 12 日)(摘要)　当前和今后一个时期我省政协工作面临的新的形势和任务：一是坚持用“三个代表”重要思想统领政协工作，不断巩固多党合作的思想政治基础，切实搞好政治协商、民主监督、参政议政，需要长期不懈的努力。二是抓住战略机遇期加快甘肃发展，要求政协工作必须更好地围绕第一要务履行职能，想实招，鼓实劲，办实事。三是对于国有经济比重很大、国有企业较多的我省来说，重点解决企业发展的体制性障碍，在更大范围更高层次上发挥市场在资源配置中的基础作用，是我省深化改革的关键。四是中共甘肃省十届四次全委会议，提出发展抓项目、改革抓企业、保证抓党建的工作方针，贯彻落实好这一方针，是现阶段我省的中心任务。五是加快我省经济社会发展，遏制并逐步缩小我省同全国同西部省市区的差距，紧要而迫切，任重而道远。六是我国经济和社会结构已经并将继续发生深刻变化，巩固和发展爱国统一战线的任务十分繁重。七是全国政协十届二次会议将对政协章程进行修改。学习贯彻修改后的政协章程，进一步推进政治协商、民主监督、参政议政的制度化、规范化、程序化，加强社会主义政治文明建设，是我们面临的新课题。我们要充分认识新形势和新任务对政协工作的新要求，在“三个代表”重要思想的指引下，把思想和行动统一到中共十六大和十六届三中全会的总体部署上来，统一到中共甘肃省十届四次全委会议精神上来,坚持与时俱进,改革创新,使我省政协工作更好地体现时代性、富有创造性,不断注入新的活力。一、紧紧围绕第一要务履行职能,为深化改革、促进发展献策出力。要为抓项目促发展献计出力;要为深化国有企业改革建言献策;要为促进经济社会全面协调发展贡献力量;要为营造我省良好的发展环境尽心竭力。二、牢牢把握团结民主两大主题,努力维护和发展团结稳定的政治局面。要增进各族各界的团结合作,不断巩固和发展最广泛的爱国统一战线;要充分发扬民主,畅通各族各界人士反映意见和建议的渠道;要努力做好协调关系、化解矛盾、凝聚人心的工作。三、发挥群体优势,突出整体功能,不断提高参政议政的实效和水平。政协组织必须抓好自身建设,建立良好的运行机制,改进工作作风,创新活动方式,努力提高参政议政的整体水平。

中共甘肃省委关于进一步加强人民政协工作的意见(2004 年 9 月 7 日)(摘要)一、充分认识人民政协的性质、地位、作用和我省政协工作面临的新任务。二、紧紧围绕团结和民主两大主题履行职能,为加快我省全面建设小康社会进程建言献策。各级政协组织要把促进发展作为履行职能的第一要务,坚持以人为本,全面、协调、可持续的发展观,围绕加快社会主义现代化建设这一中心任务议政建言。要在推进我省民主政治建设中发挥积极作用。要在进一步发展和壮大我省爱国统一战线中发挥积极作用。三、进一步完善政治协商、民主监督、参政议政机制,积极推进政协履行职能的制度化、规范化和程序化。各级党委、政府要搞好各个层面的政治协商。要把政治协商作为科学决策的重要环节纳入决策程序。每年政协全委会后,党委、政府要制定年度协商计划,有目的、有重点、分层面地进行协商沟通。要切实坚持协商在党委决策之前,人大通过之前,政府决定之前。协商中委员提出的合理意见、建议,党委、政府要认真研究吸纳,并将办理结果及时向政协作出书面答复。要坚持和完善党委、政府向同级政协定期或不定期通报全局工作和重大问题、重要情况的制度;政府部门和"两院"聘请政协委员担任廉政建设监督员及特邀检察员、监察员、审计员制度;政协委员与执纪执法部门联合检查制度;政协委员民主评议政府部门工作制度;司法、纪检、监察部门向政协通报工作制度;邀请政协委员参加有关听证会制度。各级党政部门要高度重视政协的监督意见和批评建议,并将研究采纳情况向政协作出书面答复。要进一步拓展民主监督渠道,创新民主监督形式,增强民主监督实效。党政主要领导要亲自阅批政协主席会议、常委会议提出的重要建议案,对涉及全局的特别重大的建议案,应在党委常委会或政府常务会上进行研究。党政部门对政协提案和重要调研报告,要认真研究办理,并作出书面答复。党政领导和有关部门领导要认真阅批政协专报、专送的重要社情民意信息。四、切实加强和改善党对政协工作的领导,努力加强人民政协自身建设。各级党委要按照党总揽全局、协调各方的原则,把政协工作摆在全局工作的重要位置,切实从政治原则、政治方向和重大方针政策上加强领导,保证政协工作正确的政治方向。每届党委任期内召开一次政协工作会议,每年听取一次政协党组工作汇报,专题研究部署政协工作,切实解决政协工作中遇到的困难和问题。各级党委要向政协出题目、交任务、提要求,使人民政协履行职能的工作更加生动活泼、富有成效。各级党政领导干部要认真学习统一战线和人民政协理论以及政协章程,各级党校要把统一战线和人民政协理论作为干部培训教育的内容,增强各级干部的统战意识。

不是同级党委常委的政协主席或党组书记列席同级党委常委会议。要定期检查党委、政府有关政协工作制度规定的贯彻执行情况,总结经验,改进工作,保证党对政协工作的各项要求落到实处。要把研究中国共产党领导的多党合作和政治协商制度及人民政协理论,纳入全省社会科学研究总体规划。党委宣传部门要组织新闻媒体,有计划、有重点地宣传多党合作与政治协商制度,宣传人民政协的性质、地位和作用,宣传人民政协和各民主党派开展的重要活动,宣传政协履行职能的经验、成效以及委员参政议政的典型事迹。各级党委要善于通过政协党组对政协工作实施领导。对事关人民政协履行职能的重大问题,要充分听取政协党组的意见。对政协党组请示的问题,党委要及时研究答复。政协党组要加强自身建设,充分发挥在政协工作中的政治核心作用,保证党的路线方针政策在政协贯彻执行。各级党委及其有关部门要认真贯彻中共中央关于政协人事安排的有关规定,对政协委员的安排,要及时与政协党组协商沟通,充分征求政协党组的意见。要把政治坚定、善于做统一战线工作,能够团结和带领各民主党派、社会各界人士一道工作的同志配备到政协领导班子中。要重视党外干部的培养、选拔和使用。各级党委和有关部门要重视解决政协机关尤其是基层政协机关干部年龄结构、领导与工作人员结构不合理、干部交流不畅等问题。各级政府要大力支持政协履行职能的各项工作,为政协开展活动,发挥作用创造条件。政府要有一名领导联系政协。

【甘肃省各级政协领导人名单】

甘肃省

政协主席

仲兆隆

副主席

陈剑虹 拜玉凤(女,回族)

崔正华 朱作勇 喇敏智(回族)

杨镇刚(藏族) 周宜兴

李宇鸿 德哇仓(藏族)

俞 正 蔚振忠

秘书长

薛映承

兰州市

市政协主席 赵士通

县(市、区)政协主席

城关区 李振海

七里河区 王光达

西固区 刘公明

安宁区 黎望海

红古区 史贤舜

榆中县 孙殿福

皋兰县 高志武

永登县 吴玉梅(女)

天水市

市政协主席 王志荣

县(市、区)政协主席

秦城区 王惠麟

麦积区 张广禄

武山县 刘遂绪

甘谷县 张志文

秦安县 张德友

张家川县 李栋一

清水县 刘怀珍(女)

白银市

市政协主席 卢克诚

县(市、区)政协主席

白银区 寇自嘉

平川区 雷永忠

景泰县 谈守礼

靖远县 罗成德

会宁县 李 琨

金昌市

市政协主席　曹长庚

县(市、区)政协主席

永昌县　索玉善(满族)

金川区　张俊礼

嘉峪关市

市政协主席　路志龙

临夏州

州政协主席　苟国正

县(市、区)政协主席

临夏市　魏光辉

临夏县　周　钰(回族)

永靖县　罗仕谦

东乡县　唐占兴

和政县　沈志平

广河县　马绍先(回族)

康乐县　张治国

积石山县　龚恒元

甘南州

州政协主席　范志斌

县(市、区)政协主席

合作市　韩雪峰(藏族)

夏河县　曹玉兰(藏族)

碌曲县　斗　绕(藏族)

玛曲县　尕　考(藏族)

迭部县　杨志昌(藏族)

临潭县　丁云青(回族)

卓尼县　杨世英(藏族)

舟曲县　闵权政(藏族)

庆阳市

市政协主席　刘全宝

县(市、区)政协主席

西峰区　杜富前

环　县　王镇海

庆城县　贾兴勤

华池县　李秋香(女)

合水县　宋文海

镇原县　姜正海

宁　县　宋维斌

正宁县　周致家

平凉市

市政协主席

王应天(2004年12月起)

李世奇(至2004年12月)

县(市、区)政协主席

崆峒区　陈长江

静宁县　陈向华(女)

泾川县　姜子英

灵台县　李　梅(女)

崇信县　信国勋

华亭县

邵海荣(2004年12月起)

程振忠(至2004年12月)

庄浪县　杨振基

陇南市

市政协主席　邱正保

县(市、区)政协主席

成　县　白云升

武都区　李汉林

文　县　杜生虎

西和县　赵继士

徽　县　张结晶

康　县　田生才

两当县　刘素琴(女)

礼　县　马忠惠

宕昌县　刘　述

定西市

市政协主席　秦素梅(女)

县(市、区)政协主席

安定区　杨海荣

临洮县　张学东

陇西县 朱自武
通渭县 丁顺昌
渭源县 牟俊仁
漳　县 赵玉忠
岷　县 张致明

武威市
市政协主席 曾继伟
县(市、区)政协主席
凉州区 师福学
天祝县 马官保(女,蒙古族)
古浪县 隆　潮
民勤县 毛集高

张掖市
市政协主席 郭尚俊
县(市、区)政协主席
甘州区 罗正庆
肃南县 陈生元(裕固族)
高台县 袁成高
临泽县 程耀禄
山丹县 张百祥
民乐县 宋根儒

酒泉市
市政协主席 闫生茂
县(市、区)政协主席
肃州区 李洪斌
玉门市 李永祥
敦煌市 年海义
金塔县 张天相
安西县 孟世勇
肃北县 常　寿(蒙古族)
阿克塞县 哈　泰(哈萨克族)

甘肃省各级政协组织和委员数

（截至2004年底）

级别 / 项目	省级	地级市	县级(市、区)	合计
组织数	1	14	86	101
委员数	507	3659	9349	13515

（刘　永　马期远　郭巍丽　编写　邢永安　审稿）

政协宁夏回族自治区委员会

【全体委员会议】

八届二次会议 2004年2月4日至10日在银川举行。应出席会议委员382人,实到356人。自治区政协主席任启兴、副主席任怀祥分别主持会议开幕式和闭幕式。会议听取和审议了任怀祥代表常务委员会所作的工作报告和周振中副主席所作的提案工作报告。与会人员列席了自治区人大九届二次会议,听取并讨论了《政府工作报告》和其他报告。会议对常委会一年来的工作表示满意。会议审议通过了《中国人民政治协商会议宁夏回族自治区第八届委员会第二次会议政治决议》。会议认为,2003年,全区各族人民在自治区党委、政府的领导下,高举邓小平理论伟大旗帜,努力践行"三个代表"重要思想,认真贯彻中共十六大和十六届三中全会精神,围绕全面建设小康社会的目标,始终把加快发展作为富民强区的第一要务,克服了非典疫情及农业缺水、工业缺电等各种不利因素的制约和影响,保持了国民经济持续快速健康发展和各项社会事业协调推进的良好势头。《政府工作报告》对自治区2003年的工作总结是实事求是的,2004年的主要工作目标和任务,思路清晰,措施有力,符合我区的实际,体现了执政为民和求真务实的精神。会议指出,2004年是实现"十五"计划的关键一年,也是继续深化改革、扩大开放、加快发展的重要一年,所面临的形势是希望与困难同在,机遇和挑战并存。我们必须进一步增加加快发展的紧迫感和责任感,切实把思想统一到中共十六大和十六届三中全会精神上来,统一到自治区党委的决策和部署上来;必须惜时如金,抢抓机遇,奋力拼搏,多干事,干成事;必须牢记责任与使命,坚定信心,乘势而上,以积极的态度、务实的作风、科学的精神,扎扎实实地做好各项工作,为实现我区全面建设小康社会的宏伟目标奠定更加坚实的基础。大会期间,共举行常委会议2次,大会发言2次,选举大会1次;收到大会发言材料36份,有25名委员分别代表民主党派、工商联或以个人名义作了大会发言;收到提案333件,其中委员提案247件,团体提案86件,经审查立案332件。会议选举史兴全、纪海亮为常务委员。任启兴在闭幕会上就加快发展,竭尽全力为全面建设小康社会服务作了重要的讲话。自治区政协副主席金晓昀、梁俭、马国权、李增林、陈育宁、马占山、马瑞文出席会议。自治区党政军领导出席了开幕会和闭幕会,并分别听取了委员的大会发言和小组讨论。

【常务委员会会议】

第7次会议 2004年2月5日在银川举行。应到89人,实到74人。会议首先由自治区党委组织部负责人作了《关于增选自治区政协第八届委员会常务委员建议名单的说明》。会议审议通过了增选自治区政协第八届委员会常务委员名单,提交委员分组讨论。会议还审议通过了政协八届二次会议选举办法(草案),提交委员分组讨论。

第8次会议 2004年2月8日在银川举行。应到89人,实到76人。会议审议通过了自治区政协八届二次会议政治决议(草案)、关于常委会工作报告的决议(草案)、关于八届二次会议提案审查情况的报告(草案)和政协八届二次会议选举办法(草案);常务委员候选人名单,监票人、总监票人名单,提交大会选举、审议通过。

第9次会议 2004年3月18日在银川举行。应到89人,实到75人。任怀祥主持会议。任启兴向与会常委传达全国政协十届二次会议精神,并作了《认真学习贯彻"两会"精神为我区经济社会全面发展做贡献》的讲话,对学习贯彻"两会"精神提出了要求。

第10次会议 2004年6月2日在银川举行。应到89人,实到73人。会议专题研究讨论人才环境问题。会前,围绕本次会议主题,自治区政协先后召开委员座谈会、发放问卷、深入市县及有关单位调研,作了大量的准备工作。会议听取了自治区党委组织部、人事厅、科技厅负责同志关于全区人才工作情况的通报,听取了政协四个专题调研组人才环境问题调研情况的通报。会议还通过了《政协宁夏回族自治区委员会常务委员会议事规则》和《政协宁夏回族自治区委员会关于自治区政协委员参加政协会议和活动的暂行规定》。任启兴在闭幕会上讲了话。

第11次会议 2004年9月13日至14日在银川举行。应到89人,实到76人。会议专题讨论“三农”问题,重点是农民增收问题。为开好这次常委会议,会前,自治区政协组织四个调研组深入到全区农村进行调研。会议听取了自治区副主席赵廷杰《关于今年以来我区的“三农”工作》的情况通报,还听取了自治区政协四个调研组和部分常委关于我区“三农”工作情况的大会发言。会议还特别邀请了10位乡村基层干部和农民代表列席并作大会发言。会议同意通过关于卢瑞安等同志辞去政协委员的决定,增补了姚爱兴等三名同志为自治区政协委员。任启兴在会议结束时讲了话。

第12次会议 2004年11月16日在银川举行。应到89人,实到72人。任启兴主席,任怀祥副主席分别主持会议。会议的中心任务是学习贯彻中共十六届四中全会精神和自治区党委九届八次全会精神,与会人员围绕加强党的执政能力建设进行了深入的讨论。会议审议通过了《政协宁夏回族自治区委员会关于学习贯彻中共十六届四中全会精神的决议》。任启兴作了题为《深入贯彻学习四中全会精神,努力提高政协履行职能的能力》的讲话。

第13次会议 2004年12月27日在银川举行。应到89人,实到72人。会议审议通过了关于召开自治区政协八届三次会议的决定和八届三次会议议程、日程等有关文件;审议修改了常委会工作报告和提案工作情况的报告,并原则予以通过,提交八届三次会议审议。审议了自治区政协各专门委员会关于2004年工作总结和2005年工作要点;通过了增补委员和人事任免事项。会议还听取了自治区政府关于自治区政协八届二次会议提案办理情况的通报,自治区发改委、财政厅关于2004年工作情况的通报。任启兴在闭幕会上就开好八届三次会议提出了要求。

【专门委员会工作】

提案委员会 八届二次会议以来共收到提案472件,立案436件,其中委员提案367件,各民主党派、工商联、人民团体和政协专门委员会提案105件。截止2005年1月底,已办理370件,办结率85.6%。主要工作:1. 共召开五次全体委员会议,学习中共十六届四中全会和全国政协第五次提案工作座谈会精神。2. 加强与党政有关部门的联系,邀请政府部门的负责人向委员介绍自治区经济社会发展规划、发展现状、工作重点等。3. 加强与民主党派、人民团体的联系,通过召开座谈会,沟通、商讨党派团体提案工作情况,促进党派团体提高提案质量。4. 加强委员相互间的联谊和交流,组织委员赴外省考察,视察银川市基础设施建设、社区医疗服务、文化教育事业发展等,帮助委员开阔视野,拓展提案思路。5. 编印《政协提案工作手册》,八届一次会议《提案选编》等资料。与承办单位保持密切联系,采取检查督办、到承办单位调研、加大现场办案力度等行之有效的办法,促进提案的办理与落实。2004年自治区党政领导亲自批阅政协提案7件,还现场参加调研并邀请提案人座谈，当面听取提案人的意见和建议，使一些关注民心民情的提案得到了及时的办理。

经济委员会 共开展各类活动15项(次)，其中专题调研3项，视察考察4次，课题研究项目1个，召开座谈讨论会6次，主任会议1次，全体委员会议1次；上报调研报告3份，编印《政协工作简讯》8期。主要工作：1. 在盐池县、海原县和原州区开展《宁夏中部干旱带禁牧封育草原利用方式研究项目》课题研究；2. 就自治区企业管理和技术人才，石嘴山市惠农区加快城乡统筹、实现城乡一体化，"三农"问题主要是农民增收情况进行调研；3. 视察了黄河沙坡头水利枢纽及配套工程建设情况、宁东能源重化工基地建设情况，赴兄弟省市就农业产业化、农副产品加工、城市化建设等方面的工作进行考察；4. 与自治区发改委联合召开宁夏"十一五"规划思路专家咨询会1次，组织政协委员参加宁夏可持续发展、惠农区城乡统筹发展试验区等问题专题座谈会。

人口资源环境委员会 主要工作：1. 组织委员参加全国政协人口资源环境工作培训班、国际人口与发展论坛、中加合作地方(宁夏)清洁发展机制(CDM)能力建设示范项目启动会、清洁发展机制(CDM)能力建设集中培训班，可再生能源利用研讨会等，与自治区党委宣传部、自治区党校、宁夏人民广播电台共同举办了"宁南山区生态建设理论研讨会"。2. 将课题研究成果形成的《关于资源型老工业基地石嘴山市产业振兴对策与政策建议》专题报送自治区党委、政府，自治区党政领导分别做了重要批示；承担并完成了自治区2003年社科规划研究项目《建设固原市成为中国西部生态实验区的可行性论证与研究》课题；开展了《大银川生态节水型城市建设项目与措施》的研究工作；3. 与港澳台侨联络委员会、民族和宗教委员会共同完成关于科研院所人才环境问题和"三农"问题的调研，形成《继续深化改革，为专业技术人才发展营造良好的体制环境》的报告、《关于固原市"三农"问题的调研报告》，提交常委会议；开展专题调研，分别形成《关于我区矿山环境保护工作的调研报告》、《关于促进中卫市加快发展的若干建议》的调研报告。4. 组织委员开展视察2次，根据委员意见建议整理出调研报告2份；向八届二次会议提交提案35件，大会发言材料4份。

教育科技文化卫生体育委员会 主要工作：参与了"三农"问题的专题调研；配合全国政协工作，开展新型农村合作医疗专题协作调研，形成了《宁夏新型农村合作医疗试点工作调研报告》；围绕西部十二省市区政协教科文卫体委员会联系会议主题进行调研，形成《重视发挥职业实用人才的作用》研讨论文；围绕推动宁夏CDM机制研究、开发、利用等问题，在本委和各方面的共同努力下，最终达成"中国—加拿大地方(宁夏)清洁发展机制能力建设示范项目协议"；就全区文化基础设施建设、旅游发展情况开展专题调研，形成了《关于我区文化基础设施建设情况的调研报告》、《关于提升我区旅游文化品位，促进旅游业发展的调研报告》等，同时就文化基础设施建设方面存在的困难和问题，分别向全国政协和自治区党委、政府报送了4条社情民意；参与了《宁夏回族自治区〈中华人民共和国民办教育促进法实施细则〉(草案)》(征求意见稿)的修改；参与了自治区政府对盐池县"普九"评估验收以及西吉县、海原县、同心县"普九"督查工作；应邀参与了有关部门行风建设评估调查活动；组织举办了委员书法作品展和书画笔会活动，组织书法讲座6次，协助全国政协征集6幅书画作品参加"庆祝人民政协成立55周年书画展览”和“关注森林—绿我中华”全国书画大赛。

社会和法制委员会 开展专题调研3次，视察6次，召开情况通报会、座谈会6次，举办法制讲座1次。邀请法学专家向在银自治区政协委员讲授《宪法修正案》；组织委员就人才环境和“三农”问题进行专题调研，形成了《关于我区医疗卫生系统人才环境情况的调研报告》、《关于吴忠市农民增收情况的调研报告》；关注妇女合法权益，就妇女权益保障情况进行调研，形成《关于我区妇女权益保障情况的调研报告》；先后就监狱劳教工作、出入境检验检疫工作、未成年人思想道德建设及未成年人权益保障情况、《土地管理法》的贯彻执行情况、工会组织建设及维护职工权益情况、律师工作等进行了视察，视察中反映的问题和主要意见建议，以《政协工作简讯》等形式转送有关部门参阅；推荐8位委员担任自治区海关、社会保险局、司法厅、交通厅等单位的特邀监督员；组织部分委员就公安系统纠风整改工作进行认真座谈，对行政机关、行政执法部门、重点窗口行业的行风进行评议；组织委员对《宁夏回族自治区行政许可监督办法》等3件法规草案提出修改意见；参加了全国政协社法委召开的专题研讨会、西部省(区、市)政协第八次社会与法制研讨会；加强与对口部门和市、县(区)政协的联系，并制订了《自治区政协社会和法制委员会关于加强同市县(区)政协相关委员会对口联系的意见》。

民族和宗教委员会 制订年度工作计划；组织委员撰写提案和社情民意，共撰写提案20件，反映社情民意8件；由本委主任主编的《健康速递》计40万字，以自治区政协的名义正式出版发行。与有关委员会联合完成了常委会的专题调研任务，形成了《关于我区医疗卫生系统人才环境情况的调研报告》、《关于固原市“三农”问题的调研报告》；配合自治区人大常委会和有关部门搞好宣传、学习、贯彻《民族区域自治法》的活动；组织部分委员和石嘴山、吴忠、固原市政协分管民族宗教工作的副主席，到外省考察；参加了在北戴河举办的全国政协民族宗教工作研讨班，向研讨班提交了《如何做好新时期政协的民族宗教工作》的交流材料；参加了在哈尔滨举办的全国部分省市(区)政协第六次民族和宗教工作研讨会，向会议提交了题为《发挥民族宗教委员会的特长和优势，进一步做好新时期民族和宗教工作》的材料；在各宗教团体节庆日期间，随同自治区政协领导到宗教活动场所祝贺，看望、慰问宗教界人士；制订完善了各项规章制度。

文史和学习委员会 认真贯彻全国暨地方政协文史委员会主任会议精神，召开了本委全体委员和五市政协文史委员会主任会议，并通过《文史通讯》将会议主要精神印发市县(区)政协和委员会全体委员；继续抓好《宁夏文史资料集萃》的编辑出版工作。完成资料收集和筛选，先行出版《集萃·人物卷》；为《宁夏文史资料》第27辑(水利专辑)征稿40余篇20万余字；参与《民国宁夏风云实录》的编辑工作；继续加强建国后史料的征集出版工作，为《治沙治荒、改善生态环境》(暂名)征集稿件30余篇、约23万字；为《奉献者足迹》征稿30篇、约15万字；与政协办公厅共同完成了八届政协《委员风采录》的组稿、编辑、审定、校对等工作；围绕常委会主题就中卫市“三农”问题进行调研，重点是农民增收情况进行了调研，形成调研报告提交常委会；与有关单位对吴忠市“董府”及“马月坡寨子”遗址进行考察，形成了《关于对吴忠市“董府”及“马月坡寨子”的考察报告》；编印《学习参考资料》8期；积极参加全国政协协作选题，完成《人民政协纪实》一书的供稿任务。

港澳台侨联络委员会　在台湾“3·20公投”前夕，与宁夏中华爱国工程联合会、自治区侨联共同召开学习邓小平同志《一个国家，两种制度》座谈会，邀请宁夏大学教授介绍近期香港和台湾情况；邀请自治区台湾事务办公室负责人，向委员通报当前台湾局势和两岸关系情况及中共中央对台方针政策，同时请自治区政协副主席梁俭通报了台湾局势、两岸关系情况及对台工作；首次组织有关人员赴台参访，加强与宁夏籍在台人士及委员亲属的联系；组织委员学习《中华人民共和国归侨侨眷权益保护法实施办法》，向本委委员、机关工作人员、各市县政协发放《侨法宣传手册》；编发了《港澳台侨情摘编》学习资料5期；加强与委员的联谊和沟通以及同港澳地区和海外友人的联系，主动登门看望，邀请他们参加活动，组织看望问候委员；围绕常委会议主题与其他委员会联合进行调研，提出了意见和建议；组织委员就企业在发展过程中存在的问题以及宁夏招商引资政策环境的优化问题进行视察；2004年委员个人或委员联名提案共50件，报送信息13条。其中《关于解决沙湖湿地保护开发中有关问题的建议》、《关于平罗城市供水扩建及管网改造工程的建议》得到了有关部门的重视，已向国家上报了项目计划；2004年，朱奕龙常委向青少年发展基金会捐款200万元，将用于再建10所希望小学。

【重要活动】

视察宁夏社会福利机构　2004年1月6日，任启兴主席，周振中、曹维新副主席和秘书长朱玉华等领导前往宁夏儿童福利院、宁夏社会福利院、宁夏聋儿康复中心和银川市金凤区老年公寓等社会福利机构视察，看望了这里的儿童、老人和工作人员，并为他们送去了慰问金。

视察市场供应和春运情况　2004年1月7日，任启兴主席，金晓韵、梁俭、马瑞文、曹维新副主席和秘书长朱玉华先后来到永宁国家粮食储备库、银川北环蔬菜批发市场、富宁街双宝超市、新华百货老大楼、银川南门汽车站、北门旅游汽车站及银川火车站等单位，对春节期间银川市的粮食储备供应、商品物资供应及公路、铁路运输等情况进行视察。视察组肯定了永宁国家粮食储备库、银川北环蔬菜批发市场、富宁街双宝超市、新华百货老大楼春节期间的准备工作。

调研我区经济社会发展情况　2004年2月中旬，任启兴主席率在宁全国政协委员赴固原、吴忠、石嘴山、银川市进行调研。任启兴等全国政协委员深入到固原市原州区中河乡卫生院、固原回中，了解乡(镇)卫生院、村卫生室基础设施建设及基本医疗设备和发展民族教育等有关问题；在吴忠市就农业税改革、封山禁牧、黄河湿地保护等进行调研；调研组考察了石嘴山市星海湖工程和银川市鸣翠湖项目建设情况，并与两市党政领导和在两市的自治区政协委员进行了座谈。任怀祥、周振中、梁俭、马国权、曹维新副主席和秘书长朱玉华等参加了调研。

赴山东考察经济建设情况　2004年3月29日至4月9日，任启兴主席一行五人赴山东省青岛市、烟台市、威海市、泰安市、济宁市、枣庄市和海尔集团、南山集团、山东科技大学考察。考察团认为，改革开放以来，山东省的经济一直持续、快速、健康发展，产业结构日趋合理，经济效益不断提高，国内生产总值已经突破万亿元大关，国民经济主要指标居全国前列。山东省政协工作非常活跃，在履行职能、为经济建设服务、发挥政协优势、维护群众利益、强化专委会基础作用、增强政协工作活力、加强政协自身建设、推动政协工作全面发展等方面有许多成功经验。考察后形成《学山东　找不足　务实创新促发展》调研报告，并送报自治区党委、政府。

视察职业技术教育发展情况 2004年5月28日，任启兴主席，周振中、马国权、李增林、陈育宁副主席和秘书长朱玉华及部分政协常委来到宁夏技术职业学院，就我区职业技术教育发展情况进行视察。

视察民营经济发展 2004年6月8日至22日任启兴主席带领部分常委，到银川市、石嘴山市、吴忠市、中卫市的20多家民营企业视察。任启兴针对各市民营企业发展状况发表了意见。在石嘴山市，他强调政府要为民营经济发展创造优良环境；在吴忠市，他建议政府要调整思路促进民营企业发展；在中卫市，他提出了民营企业发展“五要五不要”共勉；在银川市，他指出要把发展民营经济摆到更加突出的位置。

全国政协委员在宁夏视察农业基础设施情况 2004年6月15日，由全国政协常委高占祥率领的全国政协委员视察团赴石嘴山市、银川市、中卫市、固原市和吴忠市视察宁夏农业基础设施情况。通过为期10天的视察，委员们建议宁夏在农业基础设施建设和经济建设中要突出以人为本，把占宁夏人口大多数的欠发达地区的广大人民的温饱、健康和全面发展作为发展经济的目标；要加大南部地区水利工程建设的投入；要做大做强宁夏的特色产业；要加强旅游业的宣传并加大旅游资源的整合力度；要重视挖掘和整理回族特色文化；要大力发展民营经济，促进自主创业。

视察宁东能源重化工基地 2004年7月16日，自治区政协主席任启兴，人大常委会副主任马昌裔、韩有为、李国芳、余今晓、陈守信，自治区政协副主席任怀祥、周振中、梁俭、马国权等对宁东能源重化工基地建设情况进行视察。

西北五省(区)暨西安市政协第十次后勤工作会议 2004年8月7日，西北五省(区)暨西安市政协第十次后勤工作会议在银川召开。全国政协副秘书长孙怀山，宁夏回族自治区政协副主席任怀祥出席会议并讲话。全国政协服务局、机关事物管理局领导及北京、上海、内蒙古、福建、江苏省、市、区政协的代表应邀参加会议。

纪念邓小平诞辰100周年暨庆祝人民政协成立55周年座谈会 2004年9月15日，自治区政协召开纪念邓小平诞辰100周年暨人民政协成立55周年座谈会。座谈会上，全国政协常委、民盟宁夏区委会主委朱佩玲，全国政协委员、宁夏文联名誉主席张贤亮，石嘴山市政协主席刘昆，自治区政协文史和学习委员会主任张怀武、固原市政协主席张玉翠、民革宁夏区委会副主委张守志、自治区工商联副会长吴继平先后发言。任启兴主席在座谈会上作了重要讲话。任怀祥副主席主持了座谈会，副主席金晓昀、梁俭、马国权、李增林，秘书长朱玉华和在银的全国政协委员，自治区各民主党派、工商联负责人、自治区政协机关处以上干部，各市、县(区)政协主席等参加了会议。

驻宁全国政协委员赴江苏视察 2004年9月20日，驻宁第十届全国政协委员由任启兴主席带队赴江苏南京、无锡、江阴、苏州、张家港、扬州、镇江市就经济建设情况进行视察并形成了《关于江苏省沿江开发建设情况的视察报告》，报送全国政协及自治区党委、政府。

全区政协第四次提案工作座谈会 2004年11月17日在银川召开。任启兴主席，任怀祥、金晓昀、周振中、梁俭、马国权、马瑞文副主席出席了会议。会议传达了全国政协第五次提案工作座谈会精神，总结交流了近年来我区各级政协提案工作和承办单位的主要做法和经验，探讨了新形势下进一步做好人民政协提案工作的新思路和新方法。任启兴在座谈会结束时讲了话。

调研治沙劳模生产生活情况 2004年12月24日，为摆脱治沙劳模面临诸如“越治越穷”等实际问题，任启兴主席一行来到盐池、灵武濒临沙漠边缘的乡镇对治沙劳模生产生活情况进行调研。任启兴在调研中强调，治沙工作要兼顾生态效益和经济效益，要帮助治沙人发展一些投入小、见效快的项目，走立体式开发之路，在政策和资金上给予支持，实现个体治沙工作的可持续发展。

【重要文件】

常委会工作报告（2004年2月4日）（摘要） 一、八届一次会议以来工作回顾：（一）坚持学习，为做好政协工作奠定坚实的思想基础。（二）服务大局，常委会协商议政水平有所提高。组织部分委员、常委和有关专家组成四个调研组，分赴12个市县区进行调研，形成了《关于我区封育禁牧问题的建议》；组织在宁全国政协委员、部分区政协常委深入13个市县区，就城镇改造规划、拆迁户安置，基础设施的建设、重点工程的施工、综合功能提升，工业园区的布局、特点、进园企业产业结构、投资建设、环境保护、失地农户的补偿、安置等问题进行调研。（三）建言立论，专门委员会工作日趋活跃。共组织参观、视察、考察活动31次，举办情况通报会、专题报告会、各类座谈会32次，开展调研活动22次，撰写调研、视察、考察报告24份。（四）发挥优势，积极参加抗击非典斗争。（五）关注民生，提案和反映社情民意工作有了新进展。2003年，各民主党派、工商联、有关人民团体和政协委员共提出提案332件，共征集社情民意256条。（六）抓住契机，加强了对宁夏的宣传。（七）适应形势发展，加强了自身建设。二、2004年工作要点。（一）继续深入学习贯彻中共十六大和中共十六届三中全会精神。（二）紧扣发展这一执政兴国的第一要务参政议政。（三）努力维护安定团结的社会政治局面。（四）切实搞好政协自身建设。

任启兴主席在八届二次会议闭幕会上的讲话（2004年2月10日）（摘要） 一、人民政协要为加快发展积极建言献策。二、人民政协要为加快发展努力凝聚力量。三、人民政协要为加快发展全面提供智力支持。四、人民政协要为加快发展切实搞好民主监督。五、人民政协要为加快发展及时反映社情民意。六、人民政协要为加快发展不断加强自身建设。

《关于学习贯彻中共十六届四中全会精神的决议》（2004年11月16日） 中国人民政治协商会议宁夏回族自治区第八届委员会常务委员会第12次会议，认真学习贯彻中共十六届四中全会精神，完全拥护胡锦涛同志在中共十六届四中全会上代表中央政治局所作的工作报告和重要讲话，完全拥护全会审议通过的《中共中央关于加强党的执政能力建设的决定》和中共宁夏回族自治区委员会关于贯彻《中共中央关于加强党的执政能力建设的决定》的意见。中共十六届四中全会，是在全国人民紧紧抓住重要战略机遇期，推进我国改革开放和现代化建设的重要历史阶段，全面加快小康社会建设步伐的新形势下召开的一次十分重要的会议。全会审议通过的《中共中央关于加强党的执政能力建设的决定》，坚持以邓小平理论和“三个代表”重要思想为指导，全面分析了当前的形势和任务，科学总结了中国共产党执政的主要经验，明确提出了加强中国共产党的执政能力建设的指导思想、总体目标和主要任务，是指导我们全面推进中国特色社会主义伟大事业和中国共产党的建设新的伟大工程的纲领性文件。中共十六届四中全会《决定》，就巩固和发展最广泛的爱国统一战线，如何进一步坚持和完善中国共产党领导的多党合作和政治协商制度等，做出了重要部署，提出了明确要求，为今后更好地做好政协工作指明了方向，提供了强大的思想武器，对于新时期新阶段人民政协履行职能、发挥作用具有十分重要的指导意义。认真学习贯彻中共十六届四中全会精神，是当前和今后一个时期人民政协的重要政治任务。全区各级政协组织和广大政协委员，一定要充分认识加强执政党能力建设的重要性和紧迫性，努力增强学习贯彻的自觉性和坚定性。要以高度的政治责任感和使命感，按照中共中央和自治区党委的统一要求，迅速行动起来，周密部署，精心组织，全面系统地学习，深刻领会和准确把握其精神实质，把思想和行动切实统一到中共中央和自治区党委的决策部署上来。学习贯彻中共十六届四中全会精神，要同进一步深入学习邓小平理论、“三个代表”重要思想结合起来，不断增强用邓小平理论和“三个代表”重要思想指导政协工作的自觉性和坚定性；要同学习政协章程、胡锦涛同志在庆祝人民政协成立55周年大会上的重要讲话精神结合起来，深刻领会中共中央领导同志关于人民政协工作的指示精神，努力推进政协履行职能的制度化、规范化、程序化；要同提高政协履行职能的能力建设和人民政协事业的未来发展结合起来，创新工作思路，完善工作机制，使政协工作更好地体现时代性、把握规律性、富于创造性。学习贯彻中共十六届四中全会精神，要发扬理论联系实际的学风，坚定不移地把促进发展作为政协履行职能的第一要务，树立和落实科学发展观，围绕我区经济社会发展中的突出矛盾和人民群众普遍关心的热点问题，选择一些具有综合性、全局性、前瞻性的课题，深入开展调查研究，提出有见解、有分量的意见建议，为推动宁夏经济社会发展和全面建设小康社会服务。要充分发挥政协的政治优势，认真贯彻“长期共存、互相监督、肝胆相照、荣辱与共”的方针，坚持民主协商、求同存异的原则，充分发挥各民主党派参政党的作用，切实搞好同各民主党派、无党派人士的团结合作，积极推进民主政治建设，更好地为发展社会主义民主政治服务。要坚持以人为本，切实把维护人民群众的根本利益作为政协一切工作的出发点和落脚点，进一步畅通反映社情民意的渠道，紧紧抓住人民群众最现实、最关心、最直接的问题，如实反映人民群众的意愿和要求。要积极协助党委、政府做好协调关系、化解矛盾、理顺情绪的工作，努力维护我区发展、安定、团结的政治局面，更好地为构建社会主义和谐社会服务。坚持中国共产党领导，是人民政协在我国政治生活中正确发挥作用的根本保证。人民政协的各级组织，参加政协的各民主党派、人民团体和各族各界人士，都要坚决拥护和接受中国共产党的领导，更加紧密地团结在以胡锦涛同志为总书记的中共中央周围，自觉用邓小平理论和“三个代表”重要思想统揽各项工作，认真贯彻落实中共十六届四中全会精神，努力加强自身的思想、组织、制度和作风建设，进一步突出团结和民主两大主题，同心同德，团结一致，求真务实，开拓进取，为全面建设小康社会、加快我区社会主义现代化建设步伐做出新的更大的贡献！

政协宁夏回族自治区委员会常务委员会议事规则（2004年6月3日自治区政协八届10次常委会议通过）（略）

政协宁夏回族自治区委员会关于自治区政协委员参加政协会议和活动的暂行规定（2004年6月3日自治区政协八届10次常委会议通过）　为认真履行人民政协政治协商、民主监督、参政议政职能，推进政协工作的制度化、规范化、程序化建设，进一步规范自治区政协委员履行职能、参加会议和活动的行为，根据《中国人民政治协商会议章程》,结合自治区政协工作实际,特制定本暂行规定。

一、自治区政协委员应自觉地把政治荣誉同肩负的责任统一起来,不断增强履行政协职能的责任感、使命感,积极参加政协组织的会议、调研、视察、学习、培训、座谈等活动,不断提高参政议政能力。

二、自治区政协委员、常务委员应按时出席政协的全体会议、常务委员会会议,因病或其他特殊原因不能参加会议的,须在会前以书面形式向自治区政协办公厅(秘书处)请假。每届任期内,委员2次不请假又全程不参加全体会议的,常务委员3次不请假又全程不参加常务委员会会议的,由自治区政协办公厅报主席会议批准后,在一定范围内予以通报。委员无故累计全程缺席全体会议3次,视为自动辞去委员职务;常务委员无故累计全程缺席常务委员会会议5次,视为自动辞去常务委员职务。由自治区政协主席会议报告自治区党委的同时,将中共党员政协委员、政协常委的有关情况告知自治区党委组织部,将非中共党员政协委员、政协常委的有关情况告知自治区党委统战部,并通知其本人和所在单位。

三、自治区政协委员应密切联系自己所代表的党派、团体和群众,积极反映他们的意见和要求。每位委员每年至少应反映一条社情民意,提出一件提案。政协委员在一届任期内,未反映一条社情民意,也未提出一件提案的,换届时自治区政协将建议不再推荐其连任下一届委员。

四、本暂行规定经自治区政协常务委员会审议通过后施行。解释权属自治区政协常务委员会。

【机构设置】

2003年12月31日,经国务院批准对宁夏区划进行调整。撤销石嘴山市石嘴山区、惠农县、陶乐县,原石嘴山区、惠农县合并设立惠农区;撤销中卫县成立地级中卫市,将原吴忠市所辖中宁县、固原市所辖海原县,划归中卫市管辖。上述区、市、县政协随之作相应变更和调整。

【组织概况】

增选常委名单(2004年2月9日自治区政协八届二次会议通过)

史兴全　纪海亮

增补委员名单(2004年9月14日自治区政协八届11次常委会通过)

姚爱兴　张曼新　温炳成

(2004年12月27日自治区政协八届13次常委会通过)

马英杰(回族)　王有才　陈新洲

马玉章(回族)　陈庆梓

辞职委员名单(2004年9月14日自治区政协八届11次常委会通过)

卢瑞安　黎叶宝萍　申尊敬

孙　晗　聂明亮

【宁夏回族自治区各级政协领导人名单】

宁夏回族自治区

政协主席

任启兴

副主席

任怀祥　金晓昀(女,回族)

周振中　梁俭　马国权(回族)

李增林　陈育宁　马占山(回族)

马瑞文(回族)　曹维新

秘书长

朱玉华

银川市

政协主席　洪梅香(女,回族)

县(区、市)政协主席

兴庆区　朱根利

金凤区　张玉宝

西夏区　刘建林(回族)

永宁县　王　成

贺兰县　王　林
灵武市　马希贤(回族)

石嘴山市
政协主席　刘　昆
县(区)政协主席
大武口区　徐建东
惠农区　李宝林
平罗县　何子江

吴忠市
政协主席　马三保(回族)
县(区、市)政协主席
利通区　马世武(回族)
青铜峡市　郑岩松
盐池县　陈其昌
同心县　马炳德(回族)

固原市
政协主席　张玉翠(女,回族)
县(区)政协主席
原州区　余秉金
西吉县　马正文(回族)
隆德县　任　荣
　　孙富东(回族,2004年3月任)
泾源县　丁文清(回族)
彭阳县　杨　忠

中卫市
政协主席　王有才
县政协主席
中宁县　田贵强
　　魏金山(2004年8月任)
海原县　徐存德

宁夏回族自治区各级政协组织和委员数

（截至2004年底）

级别 项目	自治区	设区的市	县(不设区的市、市辖区	合计
组织数	1	4	21	26
委员数	385	874	2052	3311

（蒋玉敏　蒋永忠　编写　武全喜　审稿）

政 协 青 海 省 委 员 会

陈瑞珍 副主席

【全体委员会议】

九届二次会议 2004年1月6日至12日在西宁举行。九届政协委员344人，出席会议278人。会议听取并审议了蔡巨乐副主席所作的政协青海省第九届委员会常务委员会工作报告，寻兴才副主席所作的政协青海省第九届委员会常务委员会关于九届一次会议以来提案工作情况的报告。列席了青海省十届人大二次会议，听取并讨论了杨传堂代省长所作的政府工作报告，以及计划、财政和“两院”报告。15位委员作了大会发言，29位委员和基层政协提交了书面发言材料。增选陈瑞珍(女)为政协青海省第九届委员会副主席。通过了九届二次会议决议。省政协主席桑结加在闭幕会上作了讲话。会议决议提出：2004年是深化改革，扩大开放，促进发展的重要一年，也是实现“十五”计划的关键一年。人民政协要进一步坚持和完善中国共产党领导的多党合作和政治协商制度，进一步巩固和发展爱国统一战线，不断为中华民族的伟大复兴增添新的力量。要继续深入学习“三个代表”重要思想，在武装头脑，指导实践，推动工作上下功夫。要进一步抓住西部大开发的历史性机遇，全面落实中共青海省委提出的保持和发展的良好势头；保持和发展全省各族人民群众的生活水平不断提高，不断得到实惠的势头；保持和发展全省社会稳定，各族人民团结和谐，积极奋进的势头的要求，认真贯彻中共十六届三中全会和中共青海省委第十届三次全委会议的精神，深化经济体制改革，完善社会主义市场经济体制，坚持以人为本，树立全面、协调、可持续发展的发展观，努力促进社会主义物质文明、政治文明、精神文明协调发展。要牢记“两个务必”，切实转变工作作风，以与时俱进的思想观念和奋发有为的精神状态，动员和凝聚社会各界力量，做好各方面的工作，促进全省经济和社会发展目标的实现。

【常务委员会】

第5次会议 2004年1月9日在西宁召开，常委54人出席。审议通过《关于增选政协第九届青海省委员会副主席候选人建议名单》。省政协主席桑结加主持会议。

第6次会议 2004年1月12日在西宁召开，常委54人出席。听取政协第九届青海省委员会第二次会议各组讨论情况的汇报；通过政协第九届青海省委员会第二次会议选举办法(草案)；通过政协第九届青海省委员会第二次会议总监票人、监票人名单(草案)；通过增选政协第九届青海省委员会副主席候选人名单；通过政协第九届青海省委员会第二次会议决议(草案)。

第7次会议 2004年3月12日至13日在西宁召开，常委51人出席。会议传达学习全国政协九届二次会议精神，学习新修订的宪法和政协章程。与会同志围绕会议主题，认真学习，深入讨论，表示要以学习宪法和政协章程为契机，进一步增强主动性，认真做好各项工作。审议通过了《政协青海省委员会关于学习贯彻新修订的宪法和政协章程的意见》。

第8次会议 2004年6月17日至18日在西宁召开，常委45人出席。围绕进一步深化高教改革，努力提高我省高校办学质量进行专题研讨。听取了副省长马培华《关于我省高等教育改革发展情况的报告》，胡令浩同志代表省政协教科文卫体委员会所作的《进一步深化高教改革，努力提高我省高校办学质量》的主题发言，13位同志作了大会发言。会议审议通过了《政协海东地区工作委员会条例》(修订稿)，决定张振华任青海省政协海东地区工作委员会主任、杨曙光任青海省政协副秘书长。桑结加主席在会议结束时作了讲话，他指出人才问题历来是关系党和国家事业发展的重大问题，要树立科学人才观，充分认识全面实施"人才强省"战略的重要性和紧迫性；围绕实施"人才强省"战略，加快高教改革与发展；发挥人民政协优势，为"人才强省"战略建言立论。

第9次会议 2004年10月12日至13日在西宁召开，常委40人出席。会议主要议题是学习贯彻全国政协十届七次常委会议精神；围绕树立科学发展观，加速青海工业化进程建言献策。听取了副省长徐福顺《关于青海省工业化进程情况》的通报，马正党同志代表省政协经济委员会所作的《关于加速青海工业化进程的调研报告》的主题发言。11位同志围绕会议主题，作了大会发言。与会同志围绕贯彻落实中共十六届四中全会精神和胡锦涛总书记在庆祝人民政协成立55周年大会上的重要讲话精神，贯彻落实科学发展观，加速青海工业化进程进行了热烈讨论，集思广益，发表了许多好的意见建议。会议审议了青海省政协代表团访问日本的情况报告，通过了《申忠玉同志为政协第九届青海省委员会经济委员会主任的决定》。桑结加主席在会议结束时作了讲话。

第10次会议 2004年12月23日至24日在西宁召开，常委47人出席。听取了省政协秘书长石文章所作的《关于省政协九届三次会议筹备工作情况的说明》和中共青海省委统战部副部长廖文顺关于人事事项的说明；审议通过了政协第九届青海省委员会常务委员会工作报告(草案)和政协第九届青海省委员会常务委员会关于九届二次会议以来提案工作情况的报告(草案)，并推举蔡巨乐、寻兴才为两个报告的报告人；审议通过《关于召开政协第九届青海省委员会第三次会议的决定》；审议通过了政协第九届青海省委员会第三次会议议程、日程(草案)；审议通过了人事事项，决定增补于扬等10人为九届省政协委员，尤拉等11人不再担任省政协委员。

【专门委员会】

提案委员会 九届二次会议以来，共收到提案380件，是历次全委会提案最多的一次。其中党派团体和政协专委会提案64件，占提案总数的16.84%。经审查立案373件，报全国政协1件，作为来信处理7件，到2004年12月底已全部办复。提案中所提问题和建议已经落实或基本落实的116件，占已办复提案的31.2%；正在研究处理或列入计划逐步解决的121件，占32.5%；留待今后工作中借鉴参考的106件，占28.5%；因条件所限或其他原因暂不能解决的29件，占7.8%。提案工作注重以下几项工作：一是加强对提案工作的领导，二是注重提高提案质量，三是督促办理推动落实，四是严格程序完善制度。

经济委员会 组织委员围绕省政协常委会确定的重点议政课题——"加速青海

工业化进程”进行深入细致的调研，形成了《关于加速青海工业化进程的调研报告》，并作为省政协九届九次常委会议主题报告。报告经审议后，报中共青海省委、省政府，引起高度重视。组织委员就环湖地区畜牧业发展情况进行调研，并形成《加速发展环青海湖现代畜牧业的对策建议》调研报告。有选择、有重点地开展视察活动，就乐都县大蒜、循化县线椒标准区项目建设，互助县农产品加工企业发展，西宁中油燃气公司市场运营、西宁国家级高新技术经济开发区发展等情况进行视察。同时就调研、视察中的一些问题以信息或社情民意形式反映，得到有关部门重视。参加全国二十省市区政协经济委员会联系会议，广泛交流，加深友谊。

人口资源环境委员会 组织委员对全省完善土地补偿机制情况进行深入调研，形成了《关于我省完善土地补偿机制情况的调研报告》，报省委、省政府后引起重视，主要领导作了重要批示。分别对青海湖裸鲤救护工作，黄南州林区病虫害防治情况，湟水河流域水污染治理情况进行视察，并就视察中的一些问题以信息及社情民意形式反映，得到有关领导和部门的重视。围绕已确定的调研、视察课题，先后到有关部门听取情况介绍，了解工作动态，进行专题座谈，以求共同探讨问题，研究对策，加强协作。积极参加全国政协和外省政协举办的相关活动，进一步宣传青海，扩大交流。

教科文卫体委员会 组织委员围绕省政协常委会确定的重点议政课题——“提高我省高校办学质量”进行深入细致调研，形成了《深化高教改革，努力提高我省高校办学质量》的调研报告，并作为省政协九届八次常委会议主题报告，与会常委给予很高评价，许多意见建议在随后召开的全省高教工作会议中被采纳；就推行新型农村合作医疗试点工作情况，深入基层进行调研。分别围绕做好全省文化遗产保护工作，文化、科技、卫生三下乡活动开展情况进行视察，并就相关问题通过“社情民意”形式报省委、省政府及有关部门。国际护士节和教师节期间，通过新闻媒体向全省护理工作者和广大教师发出《慰问信》，致以节日的祝贺。

民族宗教和港澳台侨委员会 组织委员就“两基”教育情况进行调研，形成了《关于海西州“两基”教育工作的调研报告》，省委、省政府主要领导对此作出重要批示。分别就民族团结创建活动情况，贯彻落实《青海省宗教活动场所管理规定》和《青海省宗教教职人员管理规定》情况，西宁地区、单位开展民族团结进步创建活动情况进行视察。重视在调研、视察活动中了解和搜集社情民意，许多社情民意得到省委、省政府领导的高度重视，并作出重要批示。发挥优势，为民族团结进步和社会稳定做贡献，一是加强党的民族宗教政策宣传；二是发挥宗教界上层人士的作用，广泛接触社会各阶层，利用宗教活动和不同场所，进行宗教与社会主义社会相适应的新阐释；三是举办庆祝人民政协成立55周年暨港澳台侨和归国藏胞迎中秋茶话会；四是积极搭桥引线，争取资金，改变贫困地区办学条件。参加全国政协举办的各种活动，组织委员赴外省考察。

社会和法制委员会 抓好学习，加强与对口联系部门的联系和合作，为开展工作打下良好的基础。组织委员就未成年人法律保护、三江源环境保护中如何维护农牧民利益问题进行调研，分别形成《关于未成年人法律保护中存在的突出问题的调研报告》和《关于“三江源”生态保护中农牧民合法权益保护问题的调研报告》，报送省委、省政府后受到重视。分别就政法系统实行各项禁令和便民措施情况，相关单位对《消防法》执行情况进行视察。结合调研视察，注意把反映社情民意贯穿工作始终，及时编发社情民意，许多社情民意得到省领导的高度重视，并作出重要批示。组织委员赴外省学习考察，加强了联系，扩大了视野，加深了友谊。参加省人大、省监察厅组成的城市规范情况联合检查。

学习和文史委员会 编印《学习资料》共9期，收编各类文章160篇，86万余字，印发3600册，得到委员好评。编辑出版了《高原明珠——青海水利水电建设纪实》，征集到了57万余字史料和近百幅珍贵照片，真实地纪录了青海水利、水电建设开发的历史脚步和建设者们的丰功伟绩。积极组织为全国政协《人民政协纪要》撰稿，三位委员所撰写稿件全部收录。组织委员就全省文物保护工作进行跟踪调研，提出的意见建议有独到的视角，得到了省领导的重视。组织委员视察了部分私营企业，针对他们发展中出现的不同问题，提出意见建议。组织委员对全省水利资源开发建设情况进行视察。

【重要活动】

青海省第十二届政协好新闻评选 由青海省政协办公厅主办的青海省第十二届宣传中国共产党领导的多党合作和政治协商制度好新闻评选活动于2004年6月25日揭晓。此次评选共收到稿件31件，经过评选，评定了21件作品分获一、二、三等奖。

民主党派、工商联提案工作座谈会 2004年7月21日在大通县召开。省各民主党派、工商联的负责同志，省政协各专门委员会及省政协办公厅负责同志参加了会议。省政协提案委员会副主任孙仲良从党派提案的主要特点、内容、今后工作建议等方面，介绍了省政协九届一次会议以来各民主党派和工商联提案情况。各民主党派、工商联围绕政协提案工作如何适应新形势，进一步提高提案质量、办理质量和服务质量，树立精品意识，从而发挥民主党派、工商联在政协中的重要作用进行了广泛的讨论和交流。会议结束时，桑结加主席讲话。他指出，党派提案在省政协提案工作中处于十分重要的地位，要进一步提高党派提案的质量，加大办理工作的力度，尽职尽责、为党派提案工作搞好服务。

纪念邓小平同志诞辰100周年座谈会 2004年8月20日在西宁举行。在宁的全国政协委员、省政协委员、各民主党派省委、省工商联负责同志和省政协机关干部约100多人参加。周贤安等7位委员分别代表各民主党派、各族各界人士发言，深切缅怀了邓小平同志的丰功伟绩，表达了对伟人的深切怀念之情。桑结加主席讲了话。

第15次州市政协联系会议 2004年8月25日至27日在西宁召开。各州市政协、政协海东工委、部分县（区）政协，省政协各专委会、办公厅负责同志参加了会议。会议议题是以党的十六大精神和中共青海省委十届四次全委会议精神为指导，学习政协章程，加强自身建设，交流履行职能的做法和经验。会议指出，中共青海省委十届四次全委会议总结了西部大开发以来青海发展的成绩，安排部署了今后工作发展的目标和任务，也对新世纪新阶段人民政协工作提出了更高的要求。我们要以“三个代表”重要思想为指导，认真学习《政协章程》和省委十届四次全委会议精神，巩固发展和壮大最广泛的爱国统一战线，团结和动员各党派团体、各族各界人士，共同推进社会主义物质文明、政治文明和精神文明的协调发展。各地之间将继续加强联系和沟通交流，共同促进政协工作。省政协主席桑结加就今后坚持开好全省政协联系会议，不断推进全省政协工作迈上新台阶作了讲话。

**庆祝人民政协成立55周年暨中秋茶

话会 2004年9月24日在西宁举行。中共青海省委副书记骆惠宁，中共青海省委常委、统战部部长仁青加，副省长穆东升，省各民主党派、工商联和有关部门负责同志，九届省政协部分委员和港澳台侨界代表出席会议。与会同志畅谈人民政协55年来的光辉历程，期盼祖国和平统一大业早日实现。中共青海省委副书记骆惠宁作了讲话。

新年茶话会 2004年12月31日在西宁举行。中共青海省委书记赵乐际，省委副书记、代省长宋秀岩，省政协主席桑结加及省委、省人大、省政府、省政协、省军区、省高级人民法院、省人民检察院、驻军部队和省武警总队，在宁全国人大代表、全国政协委员，各民主党派省委、省工商联、各人民团体的负责同志，在宁的部分老同志和各族各界人士，有关专家学者约160余人欢集一堂，畅谈国是，共叙友情，喜庆佳节。中共青海省委书记赵乐际发表了热情洋溢的讲话。

【重要文件】

常委会工作报告（2004年1月6日）（摘要） 第一部分。2003年，是全面贯彻中共十六大精神的第一年，也是九届省政协的开局之年。在中共青海省委的领导下，本会坚持以邓小平理论和“三个代表”重要思想为指导，高举爱国主义、社会主义旗帜，牢牢把握团结和民主两大主题，自觉服从和服务于全省改革发展稳定的大局，解放思想，更新观念，与时俱进，开拓创新，团结全体政协委员和政协各参加单位以及各族各界人士，认真贯彻中共十六大和省第十次党代会精神，紧紧抓住发展这个党执政兴国的第一要务，围绕促进全省国民经济持续快速健康发展，维护和实现最广大人民群众的根本利益，按照求新、求活、求深、求实的要求，切实有效地履行职能，为促进全省物质文明、政治文明和精神文明的协调发展作出了应有的贡献。一、抓学习提高，抓建章立制，建设学习型政协组织，加强自身建设。始终把加强学习，努力建设学习型政协组织作为新一届政协首要的基础工作来抓，采取各种形式，使学习取得成效；以机构改革为契机，制定了进一步加强专门委员会工作意见等8个规章制度，常务委员会等6个工作规划进一步修订和完善；机关机构改革顺利完成。二、围绕中心，突出重点，专题议政取得成效。充分运用全体会议、常委会议和主席会议以及专题调研、视察等多种形式，对全省改革开放、经济建设、社会稳定的重大问题协商讨论，建言献策。三、关注社情，反映民意，提案和反映社情民意工作上了新台阶。采取与承办单位加强联系合作，重点提案领导批办督办，提案人与承办单位面对面协商办案，带案视察等形式，推动了提案工作；反映社情民意工作成为新一届政协工作开局之年的一个亮点，全年编发《青海政协信息》104期，《社情民意》44期，共有42期得到省委、省政府领导的重要批示。四、抓住重点，发挥委员作用，调研、视察取得丰硕成果。进行各种调研、视察30余次，形成调研报告10份，大会发言94篇，对促进全省经济社会发展起到了积极作用。五、及时化解矛盾。努力凝聚人心，为维护全省的安定团结尽职尽责。主动配合全省民族团结进步创建活动。六、结合省情，专题调研，为进一步发挥民主党派在政协组织中的作用和改进基层政协工作的指导进行了有益的探索。分别召开会议，进一步总结、探讨了今后工作。七、加强宣传，扩大联络，为落实省委“走出去，请进来”的对外开放战略多做工作。

第二部分。在新的一年里，省政协常委会将高举邓小平理论伟大旗帜，以“三个代表”重要思想为指导，认真贯彻落实中共十六大、十六届三中全会和省委十届三次全委会议精神，在中共青海省委的领导下，团结政协委员和参加政协的各党派、无党派人士、人民团体和各族各界代表人士，紧紧围绕富民强省、全面建设小康社会的奋斗目标，服务大局，履行职能，同心同德，开拓进取，为推进全省经济社会全面发展做出新的更大的成绩。一、认真学习贯彻中共十六届三中全会精神，为完善社会主义市场经济体制建言献策。选准调研题目，强化专题调研，注重实效，搞好例会协商，抓住机遇，推进我省完善社会主义市场经济体制和深化经济体制改革，促进我省"富民强省、建设小康"奋斗目标的实现。二、坚定不移地把发展作为人民政协履行职能的第一要务。把有利于发展、促进发展、实现发展作为履行政治协商、民主监督、参政议政职能的出发点和落脚点，献发展之计，谋发展之策，不断推进青海全面建设小康社会的进程。三、发挥政协优势，维护社会稳定，发展安定团结的政治局面。四、努力探索人民政协在新形势下履行职能的新形式新方法。探索和不断丰富具有界别特点的活动；探索进一步发挥委员的主体作用；探索和创造更加富有成效的省政协对基层政协的联系和指导方式，丰富内容，增强联系和指导的效果；探索政协委员和党派团体发挥民主监督的新方法新途径。五、努力提高政协机关工作水平。倡导和弘扬敬业精神，务实精神和创新精神，不断改进工作作风，不断提高工作水平，为人民政协事业的发展提供切实有效的保障。

桑结加主席在青海省政协九届二次会议闭幕会上的讲话(2004年1月12日)(摘要)　2003年是九届省政协的开局之年。我们在中共青海省委的领导下，在省人民政府的大力支持下，坚持以邓小平理论和"三个代表"重要思想为指导，高举两面旗帜，把握两大主题，遵循围绕中心、服务大局、有所作为、有所创新的思路，认真履行职能，政协委员的基础作用得到进一步发挥；以建章立制为重点的制度化、规范化、程序化建设有了新的进展；各种调研视察活跃有序，并取一定成效；专题参政议政效果明显、富有特点；提案办理、信息和反映社情民意工作成为政协及其委员履行职能的一个亮点；从理论和实践的结合上，就如何进一步发挥各民主党派、工商联在人民政协组织中的作用，进一步加强省政协对基层政协的指导等问题作了有益的研究探索；在理顺关系、化解矛盾、增进团结、凝聚人心方面做了一些力所能及的工作。总之，九届省政协开局之年的工作有特点、有进步、有成绩。今年，省政协围绕以下方面开展工作。一、围绕中心，服务大局，为我省深化改革，加快发展献计出力。要按照省委的统一部署，注意发挥政协的优势和特点，不论例会参政议政，还是各种形式的委员视察、调研、提案、反映社情民意，都要立足省情实际，认真研究落实《决定》过程中出现的新情况、新问题，精心选择经济社会发展中的若干热点和难点问题，深入开展专题调研，在充分论证的基础上提出意见和建议，为青海的改革发展提供有价值的决策依据。全省各级政协组织和广大政协委员，在为全省经济社会全面发展履行职能的过程中，要牢固树立全面、协调和可持续的科学发展观，在这个科学发展观的指导下，立足省情实际，树立快速、持续发展的意识。发展经济是实现全面发展的前提和基础。像我省这样的后发展地区，在坚持速度与效益统一的前提下，必须保持较快的发展速度。如果我们不发展的快一点，就没法逐步缩小与沿海内地的差距，没法与全国同步实现全面建设小康的目标。二、密切联系各族各界群众，为反映民意，集中民智，实现民利履行职能。坚定不移地站在广大人民群众根本利益的立场上，坚持尊重社会发展规律与尊重人民历史主体地位的一致,坚持为崇高理想奋斗与为最广大人民谋利益的一致,坚持围绕中心履行职能与实现人民利益的一致,始终把全心全意为人民服务作为政协一切工作的宗旨,把实现最广大人民群众的利益作为政协工作的出发点和归宿。牢记群众利益无小事的道理,尽可能多地深入基层、深入群众,多到困难多、问题多、矛盾多的地方,多做体察民情、反映民意的工作,多做排忧解难、理顺情绪的工作,多做协调关系、化解矛盾的工作。充分发挥人民政协联系广泛、协调关系、化解矛盾的优势,加强同各方面人士的联系,团结的人越多越好,团结的面越广越好,最大限度地把一切可以团结的力量都团结起来,把一切积极因素都调动起来。三、加强学习,与时俱进,不断开创政协工作新局面。当前,首要任务是学习和实践"三个代表"重要思想。要坚持用邓小平理论和"三个代表"重要思想武装头脑,指导实践,促进工作,改造自我。其次,要努力学经济,学管理,学科技,学法律,学历史,学习统一战线和人民政协知识,用知识这个全人类的共同财富,不断地充实自己、武装自己。进一步增强"五个意识",一是要进一步增强政治意识,在复杂局面中始终保持坚定的政治立场和高度的政治敏锐性,坚持人民政协工作的正确方向;二是要进一步提高团结意识,及时把新的社会阶层和群体的代表人士吸纳到政协组织中来,扩大政协的团结面和联系面;三是要进一步增强大局意识,围绕省委对全省工作的决策和部署,切实发挥职能,为全面建设小康社会提供有力的智力支持;四是要进一步增强民主意识,善于求同存异,体谅包容,平等待人,协商办事,不断推进社会主义政治文明建设;五是要进一步增强创新意识,研究新情况,解决新问题,提出新思路,做出新贡献。不断推进人民政协事业向前发展。

政协第九届青海省委员会常务委员会关于政协青海省委员会海东地区工作委员会工作条例修订稿的决定(2004年6月18日)　政协第九届青海省委员会常务委员会第八次会议,审议通过政协海东地区工作委员会工作条例修订稿。修订后的工作条例自通过之日起实施。(《工作条例修订稿》略)

【组织概况】

副主席增选名单(2004年1月12日九届二次会议通过)

陈瑞珍(女)

委员增补名单(2004年10月13日九届九次常委会议通过)

申忠玉

(2004年12月24日九届十次常委会议通过)

于　杨　马　林　曲国华　刘树仁
刘智贤(藏族)　米占良(土族)
吴生业　张世辉　张振华　赵启中

不再担任常务委员名单(2004年1月12日九届二次全委会议通过)

谢济三

不再担任委员名单(2004年12月24日九届十次常委会议通过)

尤　拉　吴占文　文　学　李兴俊
郭梓楠　王志平　包国英　潘君昂
张伟清　马　兰　邹佳明

【青海省各级政协领导人名单】

青海省

政协主席

桑结加(藏族)

副主席

蔡巨乐　寻兴才　韩生贵(回族)
王孝榆　岳世淑(女)
西纳·洛桑旦贝坚赞(藏族)
刘光中　马福海(回族)
鲍义志(土族)　蒲文成

仁青安杰(藏族) 陈瑞珍(女)

秘书长

石文章

西宁市

市政协主席 姚国恒

区(县)政协主席

城东区 李志贞

城中区 戴福山

城西区 王福邦

城北区 张建华

大通回族土族自治县 孙文兰(女)

湟中县 赵邦王月

湟源县 李富成

海东地区

民和回族土族自治县 赵永寿(土族)

化隆回族土族自治县 拉 加(藏族)

循化撒拉族自治县 韩启祯(撒拉族)

互助土族自治县 补海峰(土族)

乐都县 逯启秀(女)

平安县 苏阳千(藏族)

海南藏族自治州

州政协主席 才卜加(藏族)

县政协主席

共和县 卓玛加(藏族)

贵南县 昌 明(藏族)

同德县 罗秀加(藏族)

兴海县 曼 科(藏族)

贵德县 田国华

海西蒙古族藏族自治州

州政协主席 来扎喜(藏族)

县(市)政协主席

格尔木市 马家峰

德令哈市 陈居统

乌兰县 王志来

都兰县 蔡 拜(蒙古族)

天峻县 沙 保(藏族)

海北藏族自治州

州政协主席 华 科(蒙古族)

县政协主席

祁连县 张永福(藏族)

刚察县 刘福来(土族)

海晏县 成列加措(藏族)

门源回族自治县 陈国顺

黄南藏族自治州

州政协主席 段著佳(藏族)

县政协主席

同仁县 然 角(藏族)

尖扎县 公保吉(女,藏族)

泽库县 旦 增(藏族)

河南蒙古族自治县 智 华(蒙古族)

果洛藏族自治州

州政协主席 旦 正(藏族)

县政协主席

玛沁县 巴元旦(藏族)

甘德县 才让贡(藏族)

达日县 亚 尼(藏族)

久治县 王东山

玉树藏族自治州

州政协主席 昂江多杰(藏族)

县政协主席

玉树县 戈旺尕(藏族)

囊谦县 才旺成林(藏族)

称多县 江 永(藏族)

治多县 马次巴登(藏族)

曲麻来县 查 吾(藏族)

青海省各级政协组织和委员数

（截至 2004 年底）

项目＼级别	省级	自治州（地级市）	县(市、区)	合计
组织数	1	7	41	49
委员数	342	1243	3151	4736

（赵小鹏　编写　王心岳　审稿）

政协新疆维吾尔自治区委员会

【全体委员会议】

九届二次会议 2004年1月6日至12日在乌鲁木齐举行。应出席委员475名，实到426名。会议审议通过了艾斯海提·克里木拜主席所作的常务委员会工作报告，审议通过了政协九届二次会议政治决议和提案工作情况的报告。与会人员列席了自治区人大十届二次会议，协商讨论了自治区政府工作报告和计划、财政、法院、检察院工作报告。委员们就推进农业现代化，千方百计增加农民收入，发挥资源优势，加快推进工业化进程，加快非公有制经济发展，加强基础设施和生态环境建设，做好民族、宗教和侨务工作等问题，提出了意见和建议。会议期间共收到委员提案946件，正式立案922件。中共中央政治局委员、自治区党委书记王乐泉与自治区党政军及生产建设兵团领导出席了开、闭幕大会，并参加小组或联组讨论，听取大会发言。艾斯海提·克里木拜主席在会议闭幕时作了讲话。他指出，要充分发挥政协的优势，牢牢抓住发展这个第一要务，树立全面、协调和可持续的科学发展观，围绕自治区经济和社会发展的全局性重大问题调查研究，提出有创见性的思路和对策建议。他强调，稳定是新疆的大局，保持社会政治稳定，是利用好本世纪头二十年重要战略机遇期的必然要求，各级政协组织和全体政协委员要自觉肩负起维护新疆社会政治稳定的重要职责。

【常务委员会会议】

第5次会议 2004年1月12日在乌鲁木齐举行。会议听取了自治区政协九届二次会议各组讨论情况的综合汇报；审议通过了自治区政协九届二次会议政治决议（草案）、政协九届二次会议关于常务委员会工作报告的决议（草案），关于九届一次会议以来提案工作情况报告的决议（草案）、提案委员会关于九届二次会议提案审查情况的报告（草案）。自治区政协副主席、党委统战部部长张玉忠作了关于增选九届政协常委名单（草案）的说明。会议审议通过了自治区九届政协常委会2004年工作要点。自治区政协主席艾斯海提·克里木拜主持会议。

第6次会议 2004年5月18日至20日在乌鲁木齐举行。会议集中学习了宪法和政协章程；自治区政协副主席李东辉、姚永锋分别传达了全国政协干部教育培训工作座谈会情况和中央对新疆发展与稳定做出重要部署的精神；自治区政协副主席、自治区党委统战部部长张玉忠作了学习政协章程的辅导报告；会议原则通过了关于保护和提高我区粮食综合生产能力、增加农民收入的两份建议案；通过了有关人事任免事项。自治区政协主席艾斯海提·克里木拜主持会议并讲话。

第7次会议 2004年9月27日至29日在乌鲁木齐举行。会议传达学习了党的十六届四中全会精神和全国政协十届六次、七次常委会议精神，并就优化新疆经济发展环境问题进行了协商讨论。自治区政协主席艾斯海提·克里木拜主持会议并就全区各级政协认真传达学习和贯彻落实好十六届四中全会精神，树立和落实科学发展观，充分发挥政协优势，为优化新疆经济发展环境，促进新疆经济发展贡献力量作重要讲话。自治区党委副书记、自治区常务副主席王金祥通报了新疆经济发展环境的有关情况，自治区政协副主席李东辉传达了全国政协十届七次常委会议精神。

第8次会议 2004年12月21日至23日在乌鲁木齐举行。这次会议的主要任务是，审议通过自治区政协九届常务委员会工作报告、提案工作情况的报告，审议通过关于召开自治区政协九届三次会议的决定、议程、日程等，书面审议自治区政协各专门委员会2004年工作总结报告，协商增补自治区政协委员名单和有关人事任免事项。自治区政协主席艾斯海提·克里木拜主持会议并讲话。

【专门委员会工作】

提案委员会 制订重点提案确定和督办的暂行办法、优秀提案和提案先进承办单位与个人的表彰办法，提出关于办理政协提案的意见，建立了提案工作的有关制度。筛选确定农民增收、环境保护等19件重点提案，并由自治区政协主要领导亲自督办，加强了提案的督办力度。召开提案工作座谈会，研究提案办理措施，改进提案工作思路，推动了提案工作向重质量、讲实效方面的转变。全年共收到提案1010件，立案972件，办理962件，办复率达99%。

经济科技委员会 将委员会的工作与常委会议的议题紧密结合起来，就增加农民收入、优化经济发展服务环境问题开展了系列的调研活动，向常委会议提交了有关专题报告。大胆尝试委员活动的新办法，在协商讨论的基础上，确定由委员牵头，组织实施有关课题的调研。对粮食安全、农民增收、金融业支持地方经济发展和畜牧"三站"建设4个课题的专题调研工作，分别由委员亲自组织并撰写报告，既调动了委员的积极性，又提高了参政议政水平。

民族宗教社会法制委员会 组织宗教工作情况的专题调研，深入基层，走访群众，广泛座谈，掌握了大量宗教工作的新情况新问题，自治区领导专门听取调研组的汇报，为自治区依法加强宗教管理工作提供了重要参考意见。组织委员视察有关法规的贯彻实施情况，积极促进社会法制建设。关注我区青少年权益保护问题，认真组织专题调研，积极反映有关情况，引起了全国政协和部分省市政协的重视。

教文卫体委员会 组织教育界的专家学者，就高等教育有关问题进行调研论证，向自治区党委常委会全面系统地汇报了新疆民办高等教育、高校学科建设和少数民族教育的有关情况，所提建议得到自治区党委的高度重视，解决了高等教育的一些重要问题，发挥了重要的咨询参考作用。充分发挥委员的专业特长和参政热情，在哈密、塔城、阿勒泰等地区开展义务诊治、专题讲座等智力咨询服务活动，向农牧区捐献医药用品、文体器材等，收到了良好的社会效果。

人口资源环境委员会 组织委员就抗震安居工程、额尔齐斯河流域水资源开发利用、艾比湖生态环境保护、退牧还草、肉食品安全、计划生育政策落实等问题进行调研、视察。关于新疆煤田灭火工作的建议引起全国政协的高度重视，中央和自治区主要领导都作出了重要批示，加快了新疆煤田灭火工作的进度。

港澳台侨和群团联络委员会 发挥自身优势，拓宽工作领域，积极为宣传新疆、建设新疆牵线搭桥。通过举办新疆·吉林姊妹天池摄影展、召开迎中秋话友谊座谈会、邀请知名外商来新疆考察、重视与港澳台侨人士建立联系、走访自治区政协港澳委员、参加赴周边国家的经贸考察和招商活动、组织新疆投资环境和对外开放口岸建设的调研等，积极主动地为宣传新疆大开发的良好形势和招商引资做工作。

文史资料和学习委员会 继续贯彻"存史、资政、团结、育人"的方针，全年共征集文史资料约35万字，编译出版了维吾尔文、汉文《新编新疆文史资料第一辑》。加强了对基层政协文史工作的指导和调研，与有关地州政协合作，选编了4集少数民族专题史料。编印了维吾尔文、汉文《学习参考资料》各2期。

【重要活动】

常委学习会议 2004年3月17日在乌鲁木齐召开。自治区政协主席艾斯海提·克里木拜主持会议，自治区政协副主席张玉忠从政协工作、修改宪法、修改政协章程等方面传达了全国政协十届二次会议精神。

自治区政协和自治区党校联合举办政协干部岗位培训班 为推动全区政协工作不断发展，经自治区党委批准，从2004年起，由自治区政协和自治区党校联合举办政协干部岗位培训班。培训班纳入自治区党校主体班次，每年1期，每期40人，培训对象为州（市）政协主席、副主席，政协地工委主任、副主任，县（市、区）政协主席。首期培训班于5月9日至7月9日举行，39名学员系统学习了中央三代领导关于统一战线和人民政协的重要论述，以及当代经济、科技、法制、民族宗教等知识。

在新疆的全国政协委员赴粤视察 2004年6月2日至12日，以全国政协委员、自治区政协主席艾斯海提·克里木拜为团长的"在新疆的全国政协委员视察团"一行31人赴广东省视察，先后在广州、佛山、中山、珠海、深圳等地对民营经济发展情况进行了视察。

自治区政协召开第五次提案工作座谈会 2004年6月29日在乌鲁木齐举行。自治区政协主席艾斯海提·克里木拜在会上作了讲话。他指出，提案是政协委员和政协参加单位履行职能的重要形式，也是党政部门直接听取社会各界及人民群众意见的重要渠道。自治区政协九届二次会议收到的提案已经超过1000件，要使提案真正得到党政职能部门的重视，关键在于提案自身的质量。要正确处理提案数量与质量的关系，在提高质量上下功夫。自治区九届政协高度重视提案工作，制定《重点提案确定和督办的暂行办法》，主席、副主席亲自督办重点案件，使提案办理力度不断加大，办理方式不断创新，取得了新的成效。会议对自治区政协九届一次会议的13件优秀提案、15个提案先进承办单位和14名提案承办先进工作者进行了表彰。自治区党委常委、自治区副主席艾力更·伊明巴海出席会议并讲话，自治区政协副主席姚永锋在会议结束时作总结讲话。

新年茶话会 2004年12月31日在乌鲁木齐举行。茶话会由自治区党委副书记、政协主席艾斯海提·克里木拜主持。中共中央政治局委员、自治区党委书记王乐泉发表重要讲话。自治区政协副主席、民盟新疆区委会主委朱振中代表各民主党派，自治区政协委员艾力·扎依提代表各族各界人士在茶话会上讲话。自治区党政军、新疆生产建设兵团主要领导，在乌鲁木齐的全国人大代表、政协委员，各民主党派、工商联及政协参加单位的主要负责同志，在乌鲁木齐的全国、自治区劳动模范代表，爱国宗教界、少数民族代表，民营企业家代表，各族各界和有关方面负责同志出席茶话会。

【重要文件】

常委会工作报告（2004年1月6日）（摘要） 一、2003年工作（一）学习贯彻"三个代表"重要思想深入扎实；（二）履行职能注重实效；（三）维护稳定尽心竭力；（四）关心群众真心诚意；（五）联系各方面更为紧密；（六）指导基层更加有力；（七）自身建设富有成效。工作中有以下几点体会：第一，坚持共产党对政协工作的领导，争取政府及有关部门支持，是推动政协工作不断发展的保障；第二，重视学习培训，统一思想认识，是做好新时期政协工作的基础；第三，发挥专门委员会和政协委员作用，加强与民主党派和基层政协的联系，是夯实政协工作基础的要求；第四，围绕自治区中心工作，服务于团结稳定大局，是提高政协工作水平的关键。二、2004年工作（一）继续推动政协委员学习，不断提高履行职能的综合素质；（二）紧紧围绕发展这个第一要务，认真履行政治协商、民主监督、参政议政职能；(三)深入切实地开展群众工作，积极维护民族团结和社会稳定；(四)切实加强自身建设，努力提高政协工作水平。

关于自治区政协常务委员会会议请假的规定(试行)(2004年4月22日自治区九届政协第25次主席会议通过)

自治区政协常务委员会会议是常委会组成人员履行职能的主要形式。为了改进会议作风，提高会议质量，依据《中国人民政治协商会议章程》第二十四条“全国委员会委员和地方委员会委员要切实联系群众，了解和反映他们的愿望和要求，参加本会组织的会议和活动”和《中国人民政治协商会议新疆维吾尔自治区委员会常务委员会工作规则》第十四条“常务委员会组成人员，必须如期参加常务委员会会议，因病或其他特殊原因不能出席会议时，须请假”的规定，制定本规定。

一、常务委员会组成人员必须按时参加常务委会员会议。因病或其他特殊原因不能出席常务委员会会议，须及时请假。

二、常务委员会组成人员按以下程序请假：

(一)会议全程请假。收到通知后，在会议召开两天以前向自治区政协办公厅递交书面请假报告(驻地州市常委可通过电报、电话、传真等方式)，说明请假原因，并经主持日常工作的副主席或秘书长批准。

(二)会议期间请假。提前以口头或书面形式向秘书长请假，说明请假原因，并经批准。

(三)自治区政协办公厅将请假情况汇总后向自治区政协主席会议报告。

三、建立常务委员会组成人员出席会议情况通报制度。常务委员会组成人员参加常务委员会会议的出席、请假和缺席情况，由自治区政协办公厅通过适当方式向常务委员会组成人员和自治区党委组织部、统战部等有关方面予以通报。

自治区政协关于重点提案确定和督办的暂行办法(2004年4月22日自治区九届政协第25次主席会议通过)

第一条 为进一步发挥重点提案在提案工作中的示范作用，提高提案质量、办理质量、服务质量，推进提案工作的制度化、规范化、程序化建设，根据《中共中央办公厅、国务院办公厅关于转发〈全国政协办公厅关于办理政协提案的意见〉的通知》精神和《政协新疆维吾尔自治区委员会提案工作条例》的规定，特制定本办法。

第二条 重点提案确定的范围。

重点提案必须在具备立案标准的基础上，以宏观、战略、前瞻、可行等方面更高的要求进行认真筛选，充分体现科学发展观，本着少而精、好中选优、优中选精的原则从严确定范围：

(一)提案内容应围绕自治区党委、人民政府的中心工作，服务新疆改革发展稳定大局，有关爱国统一战线的重大问题，地方重大事务及人民群众普遍关心的问题提出重要的意见、建议。

(二)所提建议对承办单位改进工作有明显作用，或具有前瞻性，对长远规范、宏观决策具有重要参考价值。

(三)提案所反映的问题应实事求是，依据充分，重点突出，建议具体，有较强的针对性、可操作性。

(四)提案必须具备“严肃性、科学性、可行性”的标准和“有情况、有分析、有可行性建议”的要求。

(五)自治区党政领导阅批的提案。

(六)自治区政协领导在全体会议期间阅批的提案专报。

第三条 重点提案确定的程序

(一)自治区政协全体会议期间，大会秘书处提案组提出推荐意见报提案委员会审议。

(二)提案委员会与各提案承办单位协商推荐。

(三)提案委员会组织有关部门、有关人员对筛选的重点提案进行复核。

(四)提案委员会提出重点提案送审意见报主席会议。

(五)重点提案由主席会议审定。

第四条 重点提案的交办

重点提案的交办因案而异,可在政协全会期间或其他特殊情况下先行交办,也可随其他提案同时交办,交办时要予以注明,提出办理要求。有重要社情的提案需即刻转交有关承办部门办理的,可在提案正式交办前转交,并做好备案工作。

第五条 重点提案的督办

(一)重点提案经选择须由自治区政协主席、副主席、秘书长领衔督办,由主席会议研究决定。

(二)自治区政协主席、副主席阅批的重点提案分别由自治区党委办公厅、自治区人民政府办公厅呈送自治区党委、自治区人民政府有关领导批示。

自治区党委办公厅、自治区人民政府办公厅将自治区党委、政府领导对政协提案批示件一并分送各承办单位办理,同时抄送自治区政协提案委员会备案。

(三)承办单位对确定的重点提案要及时办理,必要时应与提案人进行面商,承办单位主要领导必须参加,同时邀请自治区政协领导、自治区政协提案委员会或自治区党委办公厅、自治区人民政府办公厅领导参加。

(四)自治区政协提案委员会要加强与自治区党委办公厅、自治区人民政府办公厅和承办单位的联系,掌握办理动态,并协助负责督办的政协领导做好提案跟踪办理工作,直至落实。

(五)自治区政协可组织政协专门委员会的组成人员、提案人及有关人员对重点提案办理情况作专题视察或调查。

(六)适时进行重点提案办理进展情况的通报。

第六条 本办法由提案委员会负责实施和解释。

关于保护和提高新疆粮食综合生产能力的建议案(摘要)(2004年5月20日自治区政协九届六次常委会议通过) 提出以下建议:一是确立全区口粮产销平衡,自给有余,争取国家支持,建成国家优质粮食基地的目标;二是突出抓好主产区和主渠道两个重点建设;三是建立粮食行政首长负责制、储备制、补贴制三项制度;四是落实扶持种粮大户和家庭农场、探索粮食政策性保险、依靠科技提高单产和调整粮食品种结构、整合粮食管理体制以推进产业化步伐四项政策。

关于发展农村经济 增加农民收入的建议案(摘要)(2004年5月20日自治区政协九届六次常委会议通过) 提出以下建议:一是落实党的农村政策,维护农牧民的合法权益;二是坚持以市场为导向,加快农村经济结构调整;三是加强农村、牧区基础设施建设,为农牧民增收夯实基础;四是深化农村、牧区改革,为农牧民增收提供制度保证;五是推进城镇化进程,加快农村、牧区富余劳动力的转移与就业;六是加强领导,搞好农牧民增收的服务。

【机构设置】

新疆政协办公厅机构设置(概况)

2004年4月,自治区政协机关机构改革顺利完成。按照自治区党委批准的自治区政协机关机构改革方案,本次机构改革中,政协机关(办公厅)内设1个副厅级机构(办公厅研究室,下设3个处级机构:理论研究处,基层政协工作处和信息处),18个处级机构(含7个专门委员会办公室)和机关纪检组、机关党委。行政编制96名,单列编制10名，事业编制59名。

【组织概况】

常务委员增选名单（2004年1月12日自治区政协九届二次会议通过）

哈布勒·吾斯满（哈萨克族）

委员增补名单（以下为2004年9月29日自治区政协九届七次常委会议通过）

张作祖　托肯·苏来曼（哈萨克族）

李香明　项明琴（女）　罗建基

（以下为2004年12月23日自治区政协九届八次常委会议通过）

金生辉　朱江平

迪来塞木·热西提（女，维吾尔族）

董长明　熊辉银　王敬乾　吴敦夫

辞职委员名单（2004年12月23日自治区政协九届八次常委会议通过）

贾帕尔·阿比布拉（维吾尔族）

伊宪甲

撤销委员资格名单（2004年12月23日自治区政协九届八次常委会议通过）

艾克拉木·艾沙由夫　侯受德

【新疆维吾尔自治区各级政协领导人名单】

新疆维吾尔自治区

政协主席

艾斯海提·克里木拜（哈萨克族）

副主席

李东辉

吾甫尔·阿不都拉（维吾尔族）

阿不都卡德尔·乃斯尔丁（维吾尔族）

张贵亭（回族）　姚永锋

蒋　珊　阿荣汗阿吉（维吾尔族）

阿不都热依木·阿吉伊明（维吾尔族）

赛尔杰（蒙古族）　朱振中

张玉忠　黄昌元

夏力甫汉（哈萨克族）

秘书长

居来提·买买提明（维吾尔族）

乌鲁木齐市

市政协主席　马赛民

县（区）政协主席

天山区　王风林

沙依巴克区　黄继松

头屯河区　阿不都热合曼·卡德尔（维吾尔族）

水磨沟区　邵　梅（女）

新市区　阿不都艾尼·托乎提（维吾尔族）

东山区　周治国

达坂城区　乔祥圻

乌鲁木齐县　韩福新

克拉玛依市

市政协主席　玉素甫江·阿不都热西提（维吾尔族）

区政协主席

独山子区　张德新

石河子市

市政协主席　吐尔逊别克·坎吉别克（哈萨克族）

五家渠市

市政协主席　徐赢洲

阿拉尔市

市政协主席　艾买提·沙比尔（维吾尔族）

图木舒克市

市政协主席　祖农·牙生（维吾尔族）

伊犁哈萨克自治州

州政协主席　库尔班江·买买提（维吾尔族）

县(市)政协主席
奎屯市　刘道华
伊宁市　张科宝
伊宁县　阿布都力木·比西尔(维吾尔族)
霍城县　刘志琦
尼勒克县　木哈西(哈萨克族)
昭苏县　唐沙哈尔·巴根(哈萨克族)
特克斯县　吐尔逊·艾买提(维吾尔族)
巩留县　再娜甫·吾玛尔江(女,维吾尔族)
新源县　阔别根(哈萨克族)
察布查尔锡伯自治县　买买提·哈那提别克(哈萨克族)

塔城地区

县(市)政协主席
塔城市　金克太(达斡尔族)
乌苏市　王武寿
额敏县　吐拉别克·阿克巴勒(哈萨克族)
裕民县　巴哈提汗(女,哈萨克族)
托里县　贺扎道拉·布列克拜(哈萨克族)
沙湾县　张保林
和布克赛尔蒙古自治县　赛格孜拜·哈日哈巴提(哈萨克族)

阿勒泰地区

县(市)政协主席
阿勒泰市　阿合买提·海达尔(哈萨克族)
哈巴河县　努呼玛尔·桑斯孜拜(哈萨克族)
布尔津县　吐尔斯別克·沙德汗(哈萨克族)
吉木乃县　居曼·阿布里马金(哈萨克族)
福海县　斯拉木汗·阿布勒哈克(哈萨克族)
富蕴县　热马赞·依沙(哈萨克族)
青河县　翁哈尔别克(哈萨克族)

博尔塔拉蒙古自治州

州政协主席　朱国相
县(市)政协主席
博乐市　沙依劳(哈萨克族)
精河县　库那西·阿库甫(维吾尔族)
温泉县　聂现清

昌吉回族自治州

州政协主席　陈庆勇
县(市)政协主席
昌吉市　冯海明
米泉市　桑凤君
玛纳斯县　李志兴
呼图壁县　杨维忠
阜康市　郭承华
吉木萨尔县　侯东升
奇台县　徐文前
木垒哈萨克自治县　徐永泉

吐鲁番地区

县(市)政协主席

吐鲁番市　卡德尔·库尔班(维吾尔族)
托克逊县　阿不力提甫·肉孜(维吾尔族)
鄯善县　阿不都热西提·艾合买提(维吾尔族)

哈密地区

县(市)政协主席
哈密市　阿合买提·排祖拉(维吾尔族)
伊吾县　艾力·麻木提(维吾尔族)
巴里坤哈萨克自治县　托汉(哈萨克族)

巴音郭楞蒙古自治州

州政协主席　吾布力哈斯木·祖农(维吾尔族)

县(市)政协主席
库尔勒市　张喜模
和静县　周建设
和硕县　马心坦
博湖县　孙朝俊
轮台县　秦建设
尉犁县　渠敬国
若羌县　孙学东
且末县　吴　旭
焉耆回族自治县　艾则孜·沙依提(维吾尔族)

阿克苏地区

县(市)政协主席
阿克苏市　闫明英
温宿县　王　峰
拜城县　阿不都肉苏力·尕依提(维吾尔族)
库车县　刘全山
新和县　巴拉提·艾山(维吾尔族)
沙雅县　乌斯曼·沙木沙克(维吾尔族)
乌什县　武庆海
阿瓦提县　买买提·先米西(维吾尔族)
柯坪县　冯志和

克孜勒苏柯尔克孜自治州

州政协主席　阿米娜·阿不都热合曼(女,维吾尔族)

县(市)政协主席
阿图什市　托乎提·艾则孜(维吾尔族)
阿合奇县　吐坎(柯尔克孜族)
乌恰县　毛政川
阿克陶县　吐尔逊·库尔班(维吾尔族)

喀什地区

县(市)政协主席
喀什市　阿不都拉·阿木提(维吾尔族)
疏勒县　司依提·沙地尔(维吾尔族)
疏附县　买买提·阿布都拉(维吾尔族)
巴楚县　买买提明·托乎提(维吾尔族)
伽师县　阿不都克里木·艾买提(维吾尔族)
岳普湖县　买合木提·艾合买提(维吾尔族)
英吉沙县　买买提·居肉甫(维吾尔族)
麦盖提县　那曼·艾沙(维吾尔族)
莎车县　玉素因·玉素甫(维吾尔族)

泽普县　阿不来提·沙衣提(维吾尔族)

叶城县　阿不都热西提·托乎提(维吾尔族)

塔什库尔干塔吉克自治县

莫尼·塔比力迪(塔吉克族)

和田地区

县(市)政协主席

和田市　买买提托乎提·吐送托乎提(维吾尔族)

和田县　艾则孜·努尔(维吾尔族)

皮山县　阿巴斯·玉素甫(维吾尔族)

墨玉县　阿巴白克·居玛(维吾尔族)

洛浦县　阿不都拉·吐尔地(维吾尔族)

于田县　买买提江·吾甫尔(维吾尔族)

策勒县　苏来曼·依布拉音(维吾尔族)

民丰县　苏来曼·吐尔地(维吾尔族)

新疆维吾尔自治区各级政协组织和委员数

(截至2004年底)

级别 项目	自治区	设区的市 (自治州)	县(不设区的 市、市辖区)	合计
组织数	1	7	96	104
委员数	478	1610	10361	12449

(牛汝亚　编写　李　痴　审稿)

附：

地方各级政协组织和委员数统计表(截至2004年底)

级别 / 项目 / 省自治区直辖市	省(自治区、直辖市)		副省级市		设区的市(州、盟、地区)		县(不设区的市、市辖区)		合计	
	组织数	委员数	组织数	委员数	组织数	委员数	组织数	委员数	组织数	委员数
北京	1	728			16	3622	2	286	19	4636
天津	1	778			15	3376	3	647	19	4801
河北	1	764			11	5201	172	30173	184	36138
山西	1	532			11	3598	119	16782	131	20912
内蒙古	1	502			12	2949	101	11752	114	15203
辽宁	1	760	2	1079	12	5583	100	19604	115	27026
吉林	1	534	1	535	8	2637	60	12064	70	15770
黑龙江	1	774	1	588	11	3400	134	19705	147	24467
上海	1	790			18	4775	1	175	20	5740
江苏	1	756	1	463	12	4708	106	21926	120	27853
浙江	1	672	2	911	9	3514	85	15626	97	20723
安徽	1	742			17	6120	105	17483	123	24345
福建	1	684	1	377	8	2844	84	13568	94	17473
江西	1	683			11	3684	99	16699	111	21066
山东	1	760	2	1157	15	5492	140	28803	158	36212

（续上表）

级别 项目 省自治区直辖市	省（自治区、直辖市）		副省级市		设区的市（州、盟、地区）		县（不设区的市、市辖区）		合计	
	组织数	委员数	组织数	委员数	组织数	委员数	组织数	委员数	组织数	委员数
河南	1	836			18	6684	157	29210	176	36730
湖北	1	640	1	585	16	5038	98	19910	116	26173
湖南	1	735			14	4628	123	24347	138	29710
广东	1	891	2	950	19	6096	120	21416	142	29353
广西	1	666			14	4283	109	15929	124	20878
海南	1	340			2	456	16	2314	19	3110
重庆	1	868			14	3518	25	6240	40	10626
四川	1	890	1	646	20	7322	180	32346	202	41204
贵州	1	573			7	2281	88	13685	96	16539
云南	1	646			15	4482	129	22978	145	28106
西藏	1	476			7	1298	30	1013	38	2787
陕西	1	607	1	518	9	2757	107	14686	118	18568
甘肃	1	507			14	3659	86	9349	101	13515
宁夏	1	385			4	874	21	2052	26	3311
青海	1	342			7	1243	41	3151	49	4736
新疆	1	478			7	1610	96	10361	104	12449
合计	31	20339	15	7809	373	117732	2737	454280	3156	600160

责任编辑:李京明
装帧设计:肖　辉

图书在版编目(CIP)数据

中国人民政治协商会议年鉴　2004/郑万通主编
-北京:人民出版社,2005.12

ISBN　7-01-005371-5
Ⅰ.中…
Ⅱ.郑…
Ⅲ.中国人民政治协商会议-2004-年鉴
Ⅳ.D627-54

中国版本图书馆 CIP 数据核字(2006)第 003802 号

ISBN 7-01-005371-5

9 787010 053714 >

中国人民政治协商会议年鉴
2004
ZHONGGUO　RENMIN　ZHENGZHI　XIESHANG　HUIYI　NIANJIAN
郑万通　主编

人民出版社出版发行
(100706　北京朝阳门内大街 166 号)
北京新华印刷厂印刷
2005 年 12 月第 1 版　2005 年 12 月北京第 1 次印刷
开本:787×1092 毫米　1/16　印张:51.25　插页:9
字数:1000 千字　印数:1—3000 册
ISBN　7-01-005371-5　　定价:80.00 元